寿光市志

（1991—2010）

寿光市地方史志编纂委员会 编

方志出版社
Publishing House of Local Records

图书在版编目（CIP）数据

寿光市志：1991—2010 / 寿光市地方史志编纂委员会编. — 北京 ：方志出版社，2017.4
ISBN 978-7-5144-2402-7

Ⅰ. ①寿… Ⅱ. ①寿…Ⅲ. ①寿光—地方志—1991-2010 Ⅳ. ①K295.23

中国版本图书馆 CIP 数据核字（2017）第 073658 号

寿光市志（1991—2010）

编　　者：寿光市地方史志编纂委员会
责任编辑：刘方圆
出 版 人：冀祥德
出 版 者：方志出版社
地址 北京市朝阳区潘家园东里 9 号（国家方志馆 4 层）
邮编 100021
网址 http://www.fzph.org
发　　行：方志出版社图书经营销售中心
电话（010）67110500
经　　销：各地新华书店
印　　刷：山东千运印业有限公司
开　　本：889×1194　1/16
印　　张：55
字　　数：1186 千字
版　　次：2017 年 4 月第 1 版　2017 年 4 月第 1 次印刷
印　　数：0001 ～ 1000 册
ISBN 978-7-5144-2402-7　定价：560.00 元

寿光精神

务实　创新　争先　诚信

寿光名片

中国蔬菜之乡

世界海盐生产发祥地

中国海盐之都

国家生态园林城市

国家卫生城市

全国“两基”工作先进市

国家园林城市

全国粮食生产先进县

全国文化先进县

国家节水型城市

国家环保模范城市

全国造林绿化百佳县

中国改革 10 强县

国家食品安全示范县

全国改革开放 30 周年 18 个重大典型之一

全国体育先进县

中国人居环境奖

中国十佳和谐可持续发展城市

联合国人居奖

中国十佳休闲宜居生态城市

国家科技进步示范市

全国计划生育优质服务先进县

中国优秀旅游城市

全国农村饮水安全示范县

全国县域经济与县域基本竞争力百强县

全国网络百强县

中国金融生态城市

全国文明城市

寿光市历届地方史志编纂委员会

2011年5月

名誉主任：孙明亮

主　　任：朱兰玺

副 主 任：杨建华　李宝华　林立星　刘煜东　王宏伟

成　　员：丁世超　韩兴武　孙永乐　刘水明　韩迎祥　贾政红　李　燕　王全国　马春光　赵洪波　魏华山　姜　森　周杰三　王兴民　韩成吉　张祥森　孙居良　焦方增

2015年11月

名誉主任：朱兰玺

主　　任：赵绪春

副 主 任：邱　旺　李宝华　武治强　刘广斌　付乐启

成　　员：张云鹏　刘志强　葛树涛　李秉桦　吴振平　刘效国　刘国明　寇振彤　马康生　韩成吉　姜　森　李群成　周杰三　张洪水　张树强　张祥森　孙居良　李　鹏

2017年5月

名誉主任：朱兰玺

主　　任：赵绪春

副 主 任：孙修炜　张振城　李增国　袁义林

成　　员：刘中华　刘志强　李炳泉　李秉桦　王维春　刘效国　崔维川　庞清滨　刘国明　王宏伟　王立新　张国峰　姜　森　李群成　周杰三　张洪水　张祥森　李　鹏

《寿光市志(1991—2010)》审编人员

主　　审：袁义林

副 主 审：刘志强

特邀顾问：王伯祥　马金忠

顾　　问：王天德　黄凤岩　姜洪佩　王炳富　杨德峰

　　　　　王茂兴　方新启　王冠三

主　　编：李　鹏

编　　辑：李秀东　赫德英　燕汝泮　桑锦缃　杨　娟

参　　编：韩兴武　焦方增　董小亮　林长青　郑滨海

　　　　　彭兴田

核　　稿：陈守仁　杨东旭　孙仲春　孙红岩　于海庆

图　　片：朱在军　袁　伟

2008 年 5 月 9 日，中共中央总书记、国家主席、中央军委主席习近平（前排右二，时任中共中央政治局常委、中央书记处书记、国家副主席）视察寿光市

2006 年 4 月 27 日，原中共中央总书记、国家主席、中央军委主席江泽民（前排右二）视察寿光市

2005年4月7—8日，时任中共中央总书记、国家主席、中央军委主席胡锦涛（前排左二）到先进性教育活动联系点寿光市调研

1999 年 5 月 17—18 日，时任中共中央政治局常委、全国人大常委会委员长李鹏（前排左二）视察寿光市

1996 年 3 月 21 日，时任中共中央政治局常委、国务院副总理朱镕基（中）视察寿光市

2005 年 7 月 4 日，时任中共中央政治局常委、全国人大常委会委员长吴邦国（中）视察寿光市

1995 年 12 月 15—17 日，时任中共中央政治局候补委员、中央书记处书记温家宝（前排左一）视察寿光市

2003 年 6 月 22 日，时任中共中央政治局常委、全国政协主席贾庆林（前排右二）视察寿光市

1993 年 5 月 2 日，时任中共中央政治局委员、中央书记处书记、中央纪委书记尉健行（前排右一）到寿光县检查指导工作

2002 年 5 月 1 日，时任中共中央政治局常委、国务院副总理李岚清（中）视察寿光市

2000 年 7 月 15 日，时任中央政治局候补委员、中央书记处书记，中共中央组织部部长曾庆红（前排左二）视察寿光市

2004 年 5 月 3 日，时任中共中央政治局常委李长春（前排右二）视察寿光市

2012 年 4 月 21 日，时任中共中央政治局常委、中央纪委书记贺国强（前排左一）在寿光市调研

城区新貌

POLICE

人民广场

金海路

渤海路商业街

东城一角

城区一角

圣城一角

仓圣公园

现代农业产业园

蔬菜大棚

蔬菜博览会展厅

蔬菜博览会采摘机器人

单棵产 6000 公斤的西红柿树

寿光特产渤海对虾

寿光特产梭子蟹

渤海莱州湾渔民捕捞

寿北盐田风光

原盐生产

寿光港

油田

晨鸣纸业集团造纸生产线

联盟化工集团尿素、合成氨厂区全景

羊口先进制造业产业园

社会福利中心

城区商场一角

寿光市社会福利中心
寿光市社会福利中心

寿光生态农业观光园

林海生态博览园

双王城风景区

东城夜色

东城全福元商业街

体育中心

全民健身长跑

群众文艺汇演

新型农村社区

孙家集街道三元朱村

2004 年 9 月，圣城中央花园出土的明代谷粒

大汶口文化晚期黑陶豆（国家一级文物）

商代玉戈（国家一级文物）

西周铜甗（国家二级文物）

东汉镂空铜熏炉（国家一级文物）

唐代鸡形二彩壶（国家二级文物）

寿光市政区图

鲁SN(2010) 039号 寿光市国土资源局 山东省地图出版社 编制

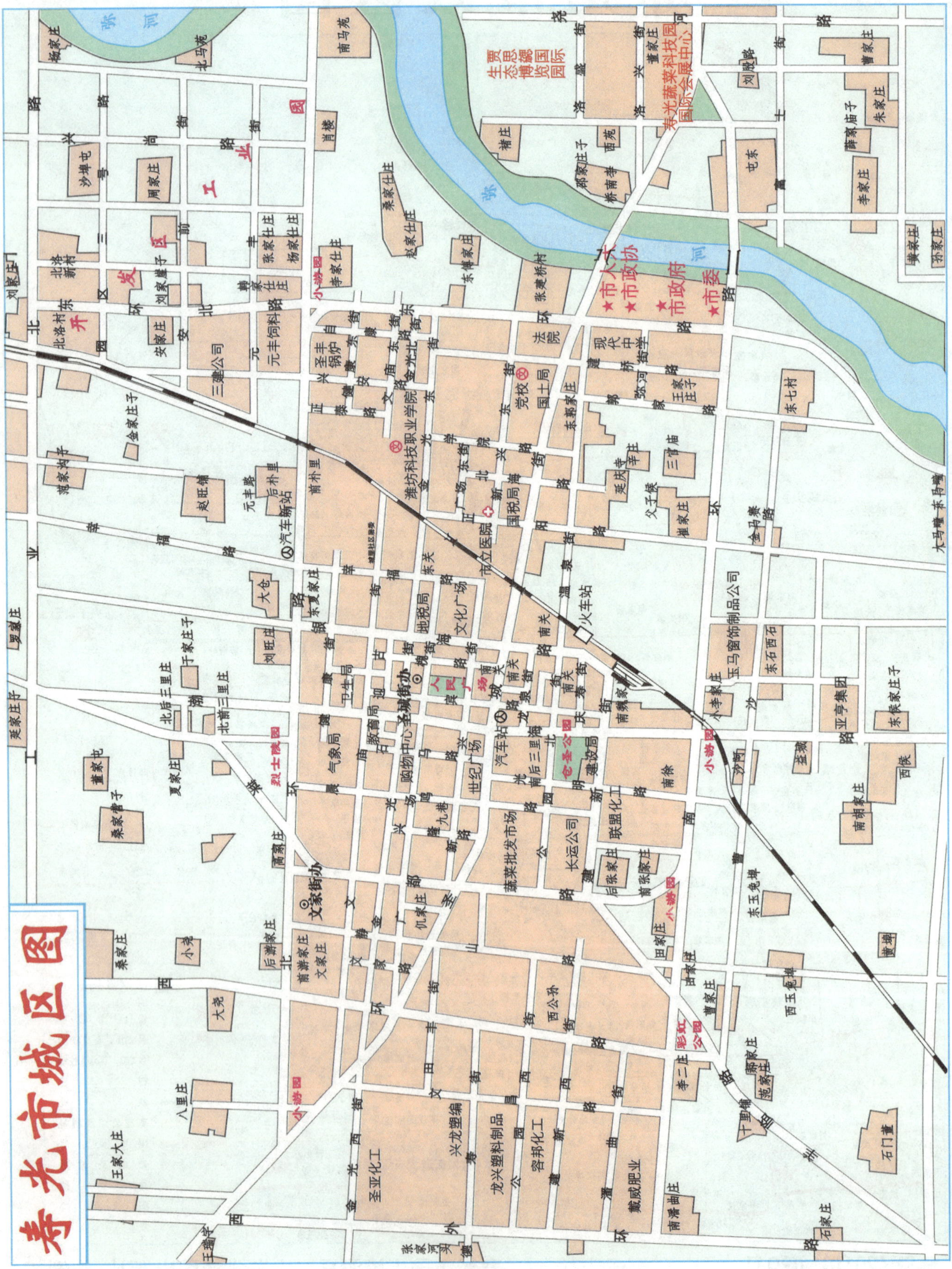

寿光市国土资源局　山东省地图出版社　编制

鲁SN(2010) 039号

前排左起：郭能勇 郭建群 傅廷伟 赵绪春 李 刚 李天程 刘广斌 王现军 王笃银

中排左起：桑锦缃 李 瑜 李 鹏 孙鹏波 刘志强 林卫成 李长山 焦 凌 孙铭杰 杨 娟

后排左起：刘洪昌 曲福刚 程森枝 王志伟 刘伟刚 谭绪刚 赫德英 王军亭 徐传国 李秀东

序 一

《寿光市志（1991—2010）》的编纂出版，是寿光市政府第二轮修志的成果，是全市人民的一件大事、盛事，可喜可贺！

治国者以史为鉴，治郡者以志为鉴。志书是记载一个地方政治、经济、文化、自然和乡土民情等历史的百科全书。志书有历史的连续性和鲜明的时代性。揽卷展阅，可知其发展、晓其变化、明其举措。古人云“以史为鉴可以知兴替”，真实地表述出志书对一个地区的重要作用。

《寿光市志（1991—2010）》是1992年版《寿光县志》的续编，断限为1991—2010年。这20年，正值改革开放深入发展的关键时期。历届市委、市政府团结带领全市人民，以建设富强、和谐现代化中等城市为目标，秉承以人为本、科学发展理念，不断优化城市发展布局，加快推动产业转型升级，全面提升公共服务水平，切实改善民计民生，全市经济社会发展成果丰硕、前所未有，呈现出经济繁荣、政治安定、文化昌盛、社会和谐、生态优化、人民安居乐业的良好局面。志书将这些辉煌业绩全面系统、客观真实地记录下来，体现了“务实、创新、争先、诚信”的寿光精神，对于资政育人、裨益当代、通鉴后世、惠及千秋具有重大的现实意义和深远的历史意义。

编纂志书是一项艰苦且具有创造性的劳动，是一项浩繁巨大的社会系统工程，它凝聚了全市各级党委、政府和全体史志工作者的智慧和心血。希望广大干部群众读好志书，用好志书，承前启后，继往开来，为全市经济社会转型跨越发展作出新的更大贡献！

中共寿光市委书记 朱兰玺

2016年12月

序　二

盛世修志，是中华民族的优良传统，也是民族文化的一大特色。历史上有远见卓识的政治家都非常重视编修志书。寿光编修志书已经形成传统。明崇祯七年（1634年），始修《寿光县志》，之后，清康熙、乾隆、嘉庆、光绪及民国年间分别编修《寿光县志》多次，中华人民共和国成立后编修2次。此轮编纂《寿光市志（1991—2010）》是寿光历史上第11次修志，也是寿光撤县设市以来第一部市志。该志继承地方志编修传统，全面、客观、系统地记述本行政区域的自然、政治、经济、文化和民俗等方面的历史和现状，其观点鲜明、内容丰富、资料翔实、体例完备，既富有时代特色，又体现地方特点，是权威的地情和乡土教材。

此轮编纂的《寿光市志（1991—2010）》，自启动至今成书，历时6年之多。在市委、市政府的正确领导和各级各部门的密切配合下，市史志办公室的工作人员同心同德，始终抱定对历史负责、对人民负责、对党的事业负责的信念，广征博采、不辞辛劳、数易其稿、精益求精，并举各方之卓见终成洋洋百万言宏篇巨著。

修志为用。《寿光市志（1991—2010）》的出版，必将激发社会各界热爱寿光、建设寿光的自豪感和责任感，更好地凝聚各方智慧和力量。希望各级各部门将这部存史、资政、育人的新编《寿光市志》使用好，以古鉴今，继往开来，不断作出新业绩、实现新跨越，谱写寿光历史新篇章。

寿光市人民政府市长

2016年12月

凡 例

一、本志以马克思列宁主义、毛泽东思想、邓小平理论、“三个代表”重要思想和科学发展观为指导，贯彻落实习近平总书记系列重要讲话精神和治国理政新理念、新思想、新战略，坚持辩证唯物主义和历史唯物主义的立场、观点、方法，存真求实，全面、客观、系统地记述寿光自然和社会的历史与现状。

二、本志为1992年版《寿光县志》的续志，上限为1991年，下限至2010年。为表述事物的完整性，部分内容适当上溯或下延。记述内容突出时代特色。

三、本志采用述、记、志、传、图、表、录等体裁，以志为主，表随志附。首设概述，次设大事记，中设专志27编，编下设章、节，必要时设目、子目，后设人物、附录。

四、本志文体采用规范的语体文、记述体。使用公元纪年，阿拉伯数字书写，个别内容需用朝代、农历纪年的，括注公元纪年。

五、本志地名称谓以寿光市人民政府公布的名称为准。政区用当时名称。古地名除必要时用历史名称外，均用现行标准地名。行政组织机构、社会团体、企事业单位等特定名称首次出现用全称，重复出现用简称。

六、本志人物编坚持生不立传原则，收录标准为本籍人物。

七、本志各项数据，以寿光市统计局公布的数字为准，市统计局未作统计的采用各有关单位提供的数据。数字用法执行国家标准。计量单位，原则上采用现行国家法定计量单位，但涉及农耕土地面积的计量单位沿用习惯用法，使用“亩”；盐田面积使用“公亩”。

八、本志中区域面积、道路、海岸线及河流长度等，凡与《寿光县志》《寿光地名志》《寿光年鉴》等不一致的，多因区划调整、人工修建或最新权威测量所致，文中一般不作说明。

九、本志沿用前志地理环境、建置沿革、风景名胜、文物古籍等部分内容，以保持志书的连贯性和丰富性。

十、1993年6月1日，经国务院批准，寿光撤县设市。本志以1993年8月8日召开庆祝大会为撤县设市时间。

十一、巨淀湖名称中的“巨”，现多用作“洰”，本志沿用前志名称，使用“巨淀湖”。

十二、表格中“—”表示数据不存在，“\”表示数据缺失。

十三、本志资料来源于档案、文献、有关部门提供的基础文稿及社会访问调查等方面，资料来源广泛，概不注明出处。

目 录

第四编　交通 邮电

第五编　经济综述

第六编　农　业

第七编 蔬 菜

第八编 工 业

第九编　盐　业

第十编　商贸服务业

第十一编 开放 开发

第十二编 财政 税务 金融

第十三编 经济管理

第十四编 中共地方组织

第十五编 地方权力机关

第十六编　地方人民政府

第十七编　政协地方组织

第十八编　社会团体

第十九编 民 政

第二十编 人力资源和社会保障

第二十一编 法治 武装

第二十二编 教 育

第二十三编 科学技术

第二十四编 卫生 体育

第二十五编 文化 旅游

第二十六编 社会生活

第二十七编 镇（街道）概况

人 物

附 录

概述

一

寿光是中国蔬菜之乡、中国海盐之都。寿光市位于山东省北部，渤海莱州湾西南畔。东临潍坊市潍城区和寒亭区，西界东营市广饶县，南接青州市和昌乐县，北濒渤海。至2010年，辖5个街道、9个镇，975个行政村（居）。总面积1990平方公里，户籍总人口103.9万人，有汉族、回族、满族等39个民族，530个姓氏。

市境属平原区。寿光处于鲁中山地以北，主要由弥河冲洪积微倾斜平原和海陆交互沉积形成的滨海平原组成，地势是一个自南而北缓慢降低的平原区。海拔最高点在孙家集街道三元朱村东南角埠顶处，高程49.5米；最低点在营里镇老河口附近，高程1米。寿光南部属缓岗区，土壤类型多为褐土和潮褐土，宜种粮食和蔬菜。中部地势平缓，属微斜平原区，分布有河滩高地、缓平坡地、河间洼地等微地貌单元，土壤类型多为潮土和砂姜黑土。北部属滨海浅平洼地，地形部位低，土壤为盐土。河流有弥河、尧河、丹河、桂河、织女河等17条，其中弥河为最大河流，纵贯市境南北，至营里镇经滨海经济开发区注入渤海。气候属暖温带大陆季风性气候，四季分明。年均气温为13.6℃。年均降水量为582.9毫米。

寿光历史悠久。远在7000年前，就有人在此聚居、渔猎、耕种。夏朝，属斟灌国。西周时，属纪国，故城在今纪台镇纪台村。西汉时置寿光县，史书始见寿光县之名。三国时，属青州乐安郡。晋属青州乐安国。南北朝时无寿光县名。隋代时复置寿光县。唐代、宋代属青州北海郡，金时属益都府，元代属益都路，明代、清代属青州府。中华民国时期，先后属胶东道、淄青道、山东省政府。抗日战争和解放战争时期，政区多变，曾分为寿光县、寿南县和益寿县的一部分。中华人民共和国成立初期，益寿县撤销，寿南县并入寿光县，县政府移至今城区，隶属于山东省昌潍专区（先后称昌潍地区、潍坊地区、潍坊市）。1993年6月，经国务院批准，撤销寿光县，设立寿光市，归潍坊市代管。

寿光文化灿烂。境内古聚落遗址文化发展序列清楚，北辛文化、大汶口文化、龙山文化、岳石文化连绵不断，一脉相承。中华人民共和国成立后三次文物普查发现古文化遗址（群）156处，边线王龙山文化城堡是1986年全国发现的3大龙山文化城堡中最大的一座，双王城盐业遗址被评为2008年中国十大考古发现之一。市博物馆收藏可移动文物2300余件（套），其中国家三级以上文物614件（套）。寿光老八景熙台秋月、望海崇台、仓颉双井、宋台神釜、周疃海市、雾现霜城、王高银刹、星落石臼，余韵犹存，令人神往；寿光新八景弥水环翠、林海觅幽、圣园寻芳、菜乡硅谷、巨淀丰碑、银杏承云、银滩映日、广场情韵，新时新貌，美不胜收。“宏源白酒传统酿造技艺”“闹海”“月宫图”于2009年被山东省人民政府列入第二批省级非物质文化遗产名录。

寿光英贤辈出。在这块古老而又充满生机的热土上，孕育了一代代文臣武将、圣哲先贤、专家学者。仓颉在此造字，始有华夏文明；夙沙氏煮海为盐，被尊为盐宗；伯益穿井，惠及黎庶；少康中兴，劝课农桑，百姓多有余粮；秦王嬴政，筑台望海，盐赋兴秦统一列强；武帝躬耕巨淀，发展农耕文明；布衣丞相公孙弘，辅佐社稷，奠定“文景之治”基础；名相王猛，披褐入秦；北魏贾思勰著中国最早农书《齐民要术》，享誉世界，被尊为贾子、农圣；明代阳河刘珝，一代帝师，三朝元老；李封出仕，镇守湖广，两袖清风，纪晓岚为其题写碑名；一代才子安致远，撰修康熙《寿光县志》，惠及后人；民间神医李莪华，德艺双馨留芳名。近现代，更是人才辈出，其中马保三高举义旗，打响鲁东抗日第一枪；陈少敏从军抗日，捍卫真理兴国振邦；百姓书记王伯祥、大棚蔬菜发明人王乐义，被确定为全国重大典型，分别在北京人民大会堂举办先进事迹报告会；运动健将奚爱华，2008年为中国赢得奥运赛艇第一金。他们都是寿光的骄傲。

寿光资源丰富。全市土地总面积298.5万亩，其中耕地155.6万亩，未利用的沙滩、沟壑、滩涂、荒地等开发潜力较大。地下储有石油、煤、矿盐、钾盐、地热、河砂、黏土等。所产“王婆”香瓜、寿光大鸡、寿光大葱、桂河芹菜、三疣梭子蟹、渤海对虾等地方特产享誉全国。盐田面积143.1万公亩，原盐年产量466.5万吨，约占全国的1/13。水资源总量3.3亿立方米，年均可利用水资源量2.3亿立方米，人均占有水资源量约317立方米，有多家水厂进行纯净水生产。农业生态旅游突出，有国家级农业旅游示范点2家，国家AAAA级景区3家、AAA级1家、AA级1家，先后获中国优秀旅游城市、中国优秀生态旅游城市称号。

二

1991—2010年，正是国家由计划经济向市场经济转型、各项改革开放继续深化的重要时期。在这一时期，寿光经济发展也迈出了历史性的重大一步。农业，由实施农业产业化战略到社会主义新农村建设，再到城乡均衡一体化发展；工业，从企业兼并重组、股份制改革，到重点培育和壮大骨干企业，再到“工业强市”战略提出和实施，均取得了令人鼓舞、振奋的成就。商业贸易、城建环保、交通通讯、教科文卫等各个领域、各行各业在改革发展的过程中也都取得了重大发展和突破。

国民经济全面发展。2010年，全市实现地区生产总值470.3亿元，是1991年的19.3倍。完成财政总收入56.2亿元，是1991年的35.1倍。全市一、二、三产比重由1991年的40.2 ∶ 43.4 ∶ 16.4调整到2010年的14.2 ∶ 51.9 ∶ 33.9。过去以农业为主的单一经济被迅速发展的工业、服务业等全面发展的综合经济所替代。得天独厚的地理和资源优势，日趋优化和膨胀的产业优势，使得寿光这块古老的土地充满生机和活力。

农业综合实力提升。1989年，寿光自发明冬暖式大棚蔬菜种植技术后，市委、市政府大力实施大棚蔬菜规模化种植、标准化生产，至2010年全市蔬菜种植面积84.7万亩，冬暖式蔬菜大棚40万个，蔬菜总产量达到438.6万吨。1991年以后，市委、市政府大力实施农业产业化战略，围绕粮、棉、果、菜、畜、水产等主导产业和重点产品，兴办龙头企业、加强基地建设，探索建立了“龙头+基地+农户”基本经营模式，开展专业化、规范化经营，实现全市农业增加值每年以17.8%的速度递增。自2000年始，以“展示蔬菜之乡风采，加强技术合作交流，创造繁荣交易环境，倡导绿色市场文明”为主题，举办中国（寿光）国际蔬菜科技博览会，到2010年，已连续举办了11届，累计签约项目1049个，签约额820.4亿元，贸易额1087.9亿元。2006年开始，开展社会主义新农村建设，建成了一批基础配套完善、设施功能齐全的小城镇和社区。至2010年，全市林木覆盖率达18.1%，城乡一体化建设和新农村建设不断发展。寿光市被确定为全国50个国家现代农业示范区之一，先后获全国造林绿化百佳县、全国水土保持生态环境规范化建设示范市和全国粮食生产先进县等称号。

工业发展势头强劲。20世纪90年代初，县委、县政府审时度势、科学决策，先后提出了名牌立市、品牌兴市、工业强市的发展思路，狠抓企业改制、技术创新、优化结构、招商引资，有力地促进了全县工业经济的发展。1991年，全县工业总产值30.6亿元，其中乡（镇）及以上工业企业完成21.3亿元。开发增补县以上空白产品80余种，推广应用新技术20余项。2000年，全市工业利税、利润、增加值、总资产、净资产5项指标绝对值均居潍坊市各县市区首位。2010年，形成了汽车制造、石油装备、海洋化工、轻工纺织、生物医药、新型材料、节能环保以及新型能源等8大主导产业。拥有中国驰名商标9项、山东省著名商标37项、山东省名牌产品40项、企业技术中心22家。全市规模以上工业企业达661家，完成工业总产值978.1亿元，是1991年的45.9倍。

商业贸易繁荣兴旺。1991—2010年，正是全市商业流通体制、经营方式、商业结构等发生变化转折的关键时期。改革开放深入推进和商业体制转变加快，促进了全市商贸流通的发展和繁荣，各类市场应运而生。山东全福元购物广场、佳乐家寿光超市、银座集团寿光商城、万泉钢材市场、南魏摩托车市场、北关汽车维修市场等132家大中型综合或专业市场如雨后春笋般发展。各种物流风生水起。建立起了寿光农产品物流、原盐物流、钢铁物流、纸业物流、化肥物流、服装物流等40多家物流园或商品流通企业，其中寿光农产品物流园被确定为全国十大农副产品专业集贸批发市场之一，成为辐射全国30个省（市、自治区）的蔬菜集散中心、价格形成中心和信息交流中心。饮食服务档次提升。山东晨鸣国际大酒店、凯莱大酒店、阳光温泉大酒店、富华大酒店、华纳大酒店等一批星级高端酒店，体现了超前思维和现代化理念。金融、保险、邮政、电信、广播电视等发展迅猛，规模档次、质量水平今非昔比。

基础设施建设加快。1991年以来，针对人口增加、产业扩张等因素带来的城市规模急剧膨胀实际，市（县）委、市（县）政府充分认识到基础设施建设对于提升城市承载能力、满足居民生活需要乃至招商引资的重大作用，不惜投巨资进行城市改造和基础设施建设。城区居民居住条件得到较大改善。建成兆祥、现代、中央花园、西城首府、美林花园、鸿基花园、左岸绿洲、卡诺岛等一批住宅小区，开发建筑面积780万平方米，人均居住面积和居住环境质量显著提升。生态环境有了较大改善。先后建设仓圣公园、人民广场、弥河公园、中华牡丹园、彩虹公园、生态农业观光园、东城公园、现代游园、滨河湿地公园，城市建成区绿化面积达1427万平方米，绿化覆盖率达44%，人均公园绿地面积21.5平方米。城乡路网建设全面推进。先后制订了“九五”“十五”时期公路建设总体规划和“村村通沥青路”战略，至2010年全市14个镇（街道）的975个行政村（居）全部实现了村村通沥青路，全市公路通车里程达到3848公里，其中农村公路通车里程3105.5公里。邮政通信业变化巨大。全市固定电话达38.2万户，互联网用户突破8万户，移动电话用户突破100万人。其他各业发展齐头并进，自来水普及率100%，城区排水管网密度达每平方公里12公里，城区管道燃气普及率达到67%，有线电视实现村村通。寿光市先后获国家园林城市、国家环保模范城市等称号。

教科文卫硕果累累。教育事业快速发展。1991—2010年，全市（县）共为国家输送大中专学生9.8万人，其中本科5.5万人。基础教育均衡发展、学前教育全面发展等“寿光模式”经验得到社会各界认同，被教育部和省教育厅批准在全国、全省推广。寿光市先后被评为全国职业教育先进县、全国“两基”（基本实施九年义务教育、基本扫除青壮年文盲）工作先进市。科技兴寿成果显著。全市建有各类科研机构（包括协会、学会、科研院所、农技协会等）370家，其中民营科技机构225家。1991—2010年，共获得地市级以上科技成果奖228项，其中国家级1项、省部级55项、地市级172项。寿光市被评为全国科技进步示范市。文化兴市成为共识。20年来，在音乐、书画、戏剧、舞蹈等各个艺术门类中，创作出一大批思想性与艺术性相统一，深受群众喜爱的优秀作品。《十里长堤赏梨花》等3首歌曲获全国“黄河杯”征歌大赛金奖；电影《另类村姑》、电视记录片《齐民要术》等在中央电视台有关栏目播出；《中国儿歌一千首》插图，作为中国唯一作品入选意大利第25届世界儿童图书插图展览。卫生事业成绩斐然。全市推广转化医疗新技术300多项，25项科研成果获省和潍坊市科技进步奖。预防保健和疾病控制工作也取得明显成效。寿光市先后被评为全国卫生工作先进市、国家卫生城市、国家食品安全示范县。

人民生活质量显著改善。随着经济社会的不断发展，人民物质生活随之改善，精神生活日益丰富，全市人民生活从温饱型进入小康型。居民收入水平提高。2010年，农村居民人均手存现金和存款余额2.4万元，是1991年的29.6倍，城镇在岗职工平均工资3.8万元，是1991年的17.2倍。精神文明建设扎实有效。开展文明城市、文明村镇、文明单位、文明行业创建活动，至2010年，全市60%的村建成普及型文化大院，省级以上文明单位25家，14人被评为潍坊市以上道德模范。社会保障机制日益完善。在农村，建立完善了新型农村合作医疗、农村养老保险和最低生活保障等制度。在城镇，则建立起了以养老保险为核心的社会保障体系，同时建立起了城镇居民最低生活保障、失业、工伤、生育等社会保障制度。居民消费水平显著提高。农村居民人均生活消费支出8527.4元，是1991年的11.4倍，且移动电话、电脑、家用汽车取代了20世纪80年代的自行车、缝纫机、手表“老三件”，90年代的彩电、冰箱、洗衣机“新三件”进入寻常百姓家，成为普通家庭基本生活用品。住房、教育、医疗保健、旅游、文化娱乐等方面的消费成为居民消费新热点。富足而有尊严的生活成为广大居民普遍追求。

三

1991—2010年的20年，是寿光人民解放思想、更新观念、开拓创新、干事创业的20年；是寿光城乡面貌日新月异、各项事业蒸蒸日上、人民生活显著提高的20年。这一时期，寿光人民实现了由温饱迈向小康、由相对落后逐步崛起的历史性转折。这是寿光市发展史上的一个新的里程碑。全市（县）人民在求索中思考，在比较中抉择，在艰难中奋起，与时俱进、拼搏进取，经济建设和社会各项事业取得辉煌成就。成绩与不足共存，机遇和挑战同在，当前，全市改革正处在攻坚阶段，各种关系和各种矛盾需要调整理顺；经济社会发展尚在爬坡过坎，诸多困难问题和艰难险阻需要解决克服。主要是经济总量偏少，行业发展不够平衡；高新技术产业比重小，现代服务业发展滞后，结构性矛盾比较突出；节能减排、环境保护压力大，资源节约利用率低；新农村建设任务艰巨，农民持续增收难度大；社会事业发展不全面，一些事关群众利益的问题有待解决；部门行业群体之间收入不平衡，贫富差距拉大；社会管理存在薄弱环节，执政能力水平有待进一步提高。科学发展、率先发展、跨越发展、均衡发展、全面实现城乡一体化发展，是寿光发展中不可回避的历史性选择。

20年的成就令人振奋，奋斗的历程难以忘怀，发展的经验弥足珍贵。20年的经验给人以深刻的启示：要走符合寿光实际的富民强市之路，实现国民经济更好更快发展，夺取全面建设小康社会新胜利，必须以科学发展观统领全局，牢牢把握科学发展、均衡发展这一主题；必须坚持解放思想，改革创新，以经济建设为中心，聚精会神搞建设，一心一意谋发展；必须始终坚持以人为本，改善民生，和谐发展，让人民群众享受更多的发展成果；必须坚持勇当全省排头兵的担当精神，团结协作，形成合力，倍加珍惜同心同德干事业、谋发展的大好局面。

昨天铸就辉煌，今日跨越赶超，明天更加美好。全市人民将在市委、市政府的领导下，大力弘扬“务实、创新、争先、诚信”的寿光精神，围绕“建设品质寿光，创造美好生活”的总目标，牢固树立创新、协调、绿色、开放、共享的发展理念，大力实施去产能、去库存、去杠杆、降成本、补短板，精准发力，定向施策，努力实现更高质量、更有效率、更加公平、更可持续的发展，续写寿光发展的新篇章！

大事记

1991 年

1 月 16—17 日 中纪委副书记王德瑛，在省纪委副书记袁波陪同下到寿光调查党风党纪、农村综合治理及纠正不正之风等情况。

2 月 7 日 中共中央政治局委员、国务院副总理田纪云，带领农业部部长刘中一、水利部部长杨振怀、林业部部长高德占和全国农村工作会议代表，到寿光视察蔬菜生产和流通、北部开发等工作。省长赵志浩、副省长王乐泉陪同考察。

2 月 24—25 日 国务委员陈俊生在省长赵志浩、副省长王乐泉陪同下，到寿光视察、指导蔬菜生产等工作。

3 月 3 日 中共寿光县八届二次全委（扩大）会议召开。会议审议并原则通过《寿光县国民经济和社会发展第八个五年计划及十年规划纲要（草案）》。

4 月 16 日 “全国小氮肥厂技术改造提高效益增强县级财政能力经验交流会”在寿光县召开。国务院副总理田纪云致信祝贺，化工部部长顾秀莲到会并讲话。

5 月 20 日 全国政协副主席王恩茂在省政协副主席金宝珍陪同下，对寿光蔬菜批发市场、孙家集镇三元朱村蔬菜大棚进行考察。

7 月 寿光县供电公司被省经贸委评为省级节能企业。

10 月 27 日 中共寿光县委工作会议召开，会议就进一步搞好国营大中型企业和县、乡骨干企业问题进行研究和部署。

10 月 李光信任中共寿光县委书记。

同月 寿光有线电视前端安装调试成功。

11 月 9—18 日 县委副书记、县长马金忠等一行 5 人应邀到美国、中国香港地区进行经贸考察洽谈活动，共洽谈新项目 15 个，其中签订 4 个项目协议书、5 个项目意向书。

12 月 27 日 寿光县第十一届人大常委会第十二次会议召开。会议作出《关于加强体育工作的决议》。

1992 年

1 月 9 日 省人大常委会主任李振，在潍坊市委书记赵长风陪同下视察寿光蔬菜批发市场。

1 月 18 日 在全省建设工作会议上，寿光县被省政府授予城市建设先进单位称号。

3 月 2 日 在国家工商行政管理总局举办的全国十大专业集贸市场新闻发布会上，寿光蔬菜批发市场以成交量最大、辐射面广，被列为全国十大专业集贸批发市场之一。

3 月 31 日 中共寿光县八届四次全委（扩大）会议决定，在寿光城以东、潍高路以北，建立面积为 6.6 平方公里的经济开发区。

4 月 28 日 省交通厅小清河航运局千吨级货轮首航仪式在寿光县羊口港举行。

5 月 3 日 国际供销合作社联盟和马来西亚、印度、泰国、越南等 10 个国家的供销合作组织负责人，在中华全国供销合作总社负责人的陪同下，参观县供销社扶持蔬菜生产参与市场流通情况。

5 月 13 日 建设部将羊角沟镇确定为省级小城镇建设试点镇。

6 月 1 日 寿光仓圣公园第一期建设工程完工并向游人开放。

6 月 6 日 寿光县全国体育先进县达标工作通过验收。

7 月 30 日 寿光啤酒厂生产的奥蕾牌啤酒，在比利时布鲁塞尔举行的世界酒类质量评比会上获得金奖。

8 月 12 日 寿光节能设备厂研制生产的螺旋板换热器，获中国新产品新技术博览会科技创新奖。

9月3日 潍坊市第一家人才市场——寿光县人才市场在寿光县人事局干部培训中心正式营业。

10月9日 大型现代化工业品交易市场——寿光县西苑大世界商场在县城建成营业。该商场总投资1200万元，占地面积49.5亩，建筑面积3万平方米。

12月13—18日 寿光县初级中等义务教育通过省政府义务教育评估验收，整体水平达到优秀，是全国第4个通过验收的单位。

12月24日 寿光县第十一届人民代表大会常务委员会第二十一次会议决定，接受李福明、白永生辞去寿光县副县长职务的请求。

1993年

1月18日 北魏农学家贾思勰大型雕像在县白酒厂落成。

1月30日 县委书记李光信调任潍坊市委秘书长，马金忠任中共寿光县委书记。

2月8—13日 政协寿光县五届一次会议召开，选举姜洪佩为政协主席，韩冠生、张继功、孙占岐、王焕新、刘玉福、栾玉芬为副主席。

2月10—13日 寿光县第十二届人民代表大会第一次会议召开。选举王天德为县人大常委会主任，齐来吉、楼华皋、徐洪春、于好光、杨克谦、田效忠为县人大常委会副主任；选举鞠法昌为寿光县县长，蔺燕春、黄凤岩、王坤山、杨学荣、姜绍华、李春水为副县长；选举杨德钧为寿光县人民法院院长，郝新阶为寿光县人民检察院检察长。

3月1日 下午2时许，稻田镇崔西村董翠云，为抢救烈火中的2名儿童，用自己的身体护住她们而英勇牺牲。1995年8月，被山东省人民政府追认为烈士。

3月28日 新编《寿光县志》（1992年版）由中国大百科全书出版社上海分社出版。

5月2日 中共中央政治局委员、中央书记处书记、中央纪委书记尉健行到寿光县检查指导工作，对寿光县市场建设、党建及反腐败工作给予高度评价。

5月12日 全国六省一市文化工作会议期间，与会人员在文化部常务副部长高占祥带领下，由省委副书记吴爱英陪同，参观新建的寿光文化中心。

6月1日 民政部行文批复山东省：经国务院批准，撤销寿光县，设立寿光市（县级），由省直辖。

6月14日 下午5时许，纪台乡降冰雹持续10分钟。冰雹大的像山楂，小的如花生米，受灾面积17.5平方公里，经济损失达665万元。

6月23日 省政府印发文件，传达民政部关于寿光撤县设市的批复，并确定寿光市由潍坊市代管。

6月28日 羊口港被列入国家二级对外开放口岸规划。

7月29日 经省政府批准，撤销南河乡，设立营里镇。

8月5日 寿光县第十二届人民代表大会常务委员会第四次会议决定：寿光设市后，国槐为寿光市市树，月季花为寿光市市花，贾思勰雕像为寿光市市雕。

8月8日 寿光市在市体育馆召开撤县设市庆祝大会，副省长张瑞凤、潍坊市市长王大海分别代表山东省委、省政府和潍坊市委、市政府讲话。

9月6日 山东省教育界早期知名人士李植庭塑像在寿光第二中学落成。

12月24日 寿光镇西公孙村发生一起重大食物中毒事件。有27人食物中毒，其中年龄最大的64岁，最小2周岁。经抢救，中毒人员全部脱险。

1994 年

1 月 26 日　对外经济贸易合作部正式同意授予寿光市外贸总公司进出口经营权，成为潍坊市第一家取得进出口经营权的市（县、区）。

1 月 26—29 日　全省一轻工作会议在寿光市召开，寿光市被评为 1993 年度山东省一轻工业经济强市（县），寿光造纸厂、啤酒厂、岔河盐场、菜央子盐场被授予 1993 年度明星企业称号。

2 月 23—24 日　共青团中央书记处书记巴音朝鲁在共青团山东省委书记赵树丛陪同下，考察寿光蔬菜批发市场、孙家集镇三元朱村、台头镇三座楼村和郑辇村的农村蔬菜市场和农村建设工作。

4 月 5 日　经省政府批准，撤销南柴乡，设立化龙镇。

5 月 23 日　寿光市古城乡贺家村出土一尊南北朝时期的石佛。该佛高 3.2 米、重 3 余吨，工艺精湛。对于研究南北朝时期的佛教文化及民间工艺具有较高价值。

5 月 31 日　市委书记马金忠当选为潍坊市委常委。

6 月 18 日　18 时 40 分许，寿光市联社贸易公司营业楼发生火灾，死亡 7 人，直接损失 50 万元。

6 月 28 日　市委办公室收到国务院总理李鹏给寿光市侯镇人民的亲笔信。来信回忆侯镇人民在解放战争时期踊跃参军、支前的情景，高度赞扬侯镇人民为革命作出的贡献，勉励侯镇人民在改革开放的新形势下再接再厉，争取更大成绩。

7 月 11 日　经省政府批准，撤销寒桥乡、田柳乡、北洛乡，设立寒桥镇、田柳镇、北洛镇。

7 月下旬　寿光市处结一起特大菜农投诉案件，涉及 14 个行政村 75 户菜农，受害蔬菜面积 45 亩。最后达成协议，由厂方向菜农赔偿 5.3 万元的经济损失。

9 月中旬　国家统计局公布 1993 年度农林牧渔总产值全国百强县排名榜，寿光市以农林牧渔产值 27.7 亿元位列全国百强县第 7 位、全省第 2 位，在潍坊市居首位。同时公布的 1993 年度全国粮食总产量最高的百强县中，寿光市以粮食总产量 7.3 亿公斤，列第 35 位。

12 月 13 日　寿光市服装厂生产的“仙霞”西装在全国畅销国产商品展销活动中被评为全国最畅销商品，获金桥奖，成为全国服装行业八大名牌之一。

12 月 19 日　寿光市无公害蔬菜进京直供直销座谈会在北京人民大会堂陕西厅举行。国务委员、国防部部长迟浩田，全国人大常委会副委员长阿沛·阿旺晋美，全国人大常委会副委员长廖汉生，原中顾委常委李德生、陈锡联、王平，北京市副市长段强，中共山东省委副书记李文全等中央和省级领导应邀出席会议。会议新闻当晚在中央电视台《新闻联播》栏目播出。会后到年底，中央级及北京各大新闻单位登稿 86 篇。

12 月 26 日　山东省口岸办公室组织并邀请国家驻鲁各查验单位的领导，对羊口港二类口岸开放现场进行正式验收，确定羊口港实行二类口岸开放，结束潍坊市无对外开放口岸历史。

12 月 29 日　经省政府批准，撤销洛城乡、岔河乡、王望乡，设立洛城镇、岔河镇、王望镇。

1995 年

2 月 7—14 日　农历正月初八至正月十五，寿光市城区举行大规模群众性游乐活动，100 多部彩车、近 40 支秧歌队和 14 个街头文艺演唱队共2000余人参加。这次活动是历年来规模最大的一次。

4月6日 由农业部、国务院农村发展研究中心、农民日报社、经济日报社联合举办的全国首批百家中国特产之乡命名大会在北京人民大会堂举行。寿光市被命名为中国蔬菜之乡。

4月20日 鞠法昌任中共寿光市委书记。

5月16日 北京市人民政府向寿光进京运菜车辆发放特别通行证。

5月31日 17时10分左右，寿光镇南关村冷藏厂恒温库存放蒜薹的货架倒塌，部分操作人员被埋，10人死亡、4人重伤。

6月14日 寿光市作为山东省唯一的代表，顺利通过全国农村初级卫生保健复核评审组的中期评估验收，被确认为全面达到国家标准。

6月20日 经省政府批准，撤销留吕乡、道口乡，设立留吕镇、道口镇。

7月21日 寿光市地质矿产局成立，寿光市规划国土矿产局更名为寿光市规划国土局。

9月3日 弥河上游水库泄洪，寿光11个沿弥河乡（镇）受灾。洪水淹没玉米9110亩、棉花6200亩、大豆1.4万亩、果园2400亩、花生3380亩、地瓜650亩、盐田2.7万公亩，溶化掉原盐7.4万吨，总计经济损失4109万元。

10月11日 国家统计局公布第三届中国综合实力百强县名单，寿光市列第73位。

10月19—20日 寿光市名牌战略理论研讨会召开。中共中央办公厅研究室、调研室，国务院发展研究中心，求是杂志社、中央电视台，省政府、省政协、省一轻厅等单位领导、专家和新闻工作者出席研讨会。寿光市委书记鞠法昌作题为加快由小康向富裕型跨越的报告。

12月 寿光市被省政府命名为山东省“八五”技术改造先进单位，名列全省县级第2位。

1996年

1月10日 山东（寿光）鲁丽人造板集团有限公司经国家经贸委、农业部批准为国家级乡镇企业集团。

1月27—30日 国家经贸委、国家统计局、财政部等6部门审定市造纸集团股份有限公司进档为国家大型（一）企业。

2月1日 在全国农业工作会议上，寿光市被农业部授予粮食生产先进县（市）、菜篮子产品生产先进县（市）称号。

2月28日 新华社电传在寿光报社正式开通。

3月21日 中共中央政治局常委、国务院副总理朱镕基，在省委书记、省人大常委会主任赵志浩，省长李春亭陪同下，先后考察寒桥万亩粮食生产方、寿光蔬菜批发市场、文家万亩韭菜方、寿光镇李二村蔬菜大棚、胡营乡钓鱼台村新式高标准蔬菜大棚。

5月10日 《寿光年鉴》编纂工作动员会议召开，1991—1995卷编纂工作全面展开。

5月27日 省内外小麦专家对寿光市71万亩小麦进行测产验收，亩产达到505.6公斤，小麦千斤市通过验收。

6月11日 召开全市1996年度农民负担费用和劳务合同签订会议，市长李群同各乡（镇）政府主要负责人签订责任状。这是市政府同各乡（镇）政府就农民负担问题第一次签订合同。

7月18日 寿光市洛城镇前尹村籍的中国人民解放军战士刘振海，在新疆巴音布鲁克地区一次抢险救灾中，为抢救人民群众财产而光荣牺牲，年仅23岁，被追认为革命烈士。

7月25日 寿光市与新疆阜康市、石河子市、昌吉市签订友好城市缔约书。

8月31日 全市农业基本建设会议召开。全市今冬明春农业基本建设计划总投工1000万个，完成总工程量2000万立方米，重点完成农田水利、林业、水产、道路、村镇建设和高产高效农业综合开发六大建设任务。

9月3日 潍坊市委宣传部在寿光召开全民读书活动现场会，推广寿光市开展全民读书活动的经验。

10月11日 市十二届人大常委会召开第二十九次会议。会议表决通过关于授予陈永兴、王乐义寿光人民勋章的决定。会议还决定接受李群辞去市长职务的请求，任命刘命信为代理市长。

12月26日 市政协副主席、成人中专校长、齐鲁职业技术学院院长王焕新被授予潍坊人民勋章。

1997年

1月11日 财政部部长刘仲黎一行，在副省长张瑞凤陪同下，考察寿光市财政工作，并参观孙家集镇钓鱼台村高标准蔬菜大棚和市蔬菜批发市场。

2月14日 全市工业工作会议召开，市委出台《关于加快工业发展的决定》，专题研究加快建设工业强市的问题。

3月24日 无滴大棚膜的主要原料DOD、DOA生产线在寿光市银龙公司试车成功。

5月3日 在1997年度北京国际服饰博览会上，仙霞西服获服装品牌金奖。

6月9日 在甘肃酒泉召开的第五次全国文化先进县经验交流会上，包括寿光市在内的全国69个县（市、区）被命名为第五批全国文化先进县（市、区）。

7月24日 以日本山口县农村部参事柏桓靖颜为团长的林业考察团，在副市长王坤山陪同下，考察寿光市林业生产和绿色生态工程建设。

8月14日 市政府召开《贾思勰志》评稿会，来自全国的27名知名专家及有关领导进行学术性研讨。

8月19—20日 受11号台风影响，寿光市遭受大风、暴雨袭击。全市平均降雨量135毫米，降水量超过160毫米的乡（镇）有北洛、台头、寿光、王高，风力7级，最大达9级以上，造成直接经济损失4亿元。

9月6日 中国驻荷兰大使馆代办周从吾一行，在市长刘命信的陪同下，参观市蔬菜批发市场、万芳花卉集团。

9月12—18日 孙家集街道三元朱村党支部书记王乐义赴京参加中国共产党第十五次全国代表大会。

10月15—17日 全国素质教育评价专题研讨会在寿光市召开。来自全国14个省市的50多位专家及全国素质教育评价委员会的理事，对素质教育问题进行研讨。

11月13日 第一部《寿光年鉴》（1991—1995）由市史志办公室编纂，山东省人民出版社出版发行。全书共82万字。

11月17—20日 在全省年鉴评比中，《寿光年鉴》（1991—1995）囊括所设所有奖项的特等奖。

11月29日 市新城热电厂正式投产并一次试运行成功。新城热电厂年发电量4300万千瓦时，供汽25万吨，年创产值4300万元。

12月1日 山东晨鸣热电股份有限公司正式成立。

1998年

1月 孙家集镇三元朱村党支部书记王乐义被省委、省政府命名为山东省农村科技大王称号。

2月20日 全市农村制度建设和农村经济管理工作会议召开，确定1998年度农业和农村工作总的目标是农业增效、农民增收。

3月5日 晨鸣集团董事长陈永兴赴京参加第九届全国人大一次会议。

3月13日 全市蔬菜工作会议召开，制定1998年蔬菜生产发展目标是：面积达到58万亩，总产30亿公斤，总收入28亿元。

4月22日 潍坊市鲁台经贸洽谈会闭幕，寿光市共签订合同、协议项目10项，合同、协议外资总额4197.9万美元。

4月30日 市委、市政府在市政府招待所会议厅召开劳动模范命名表彰大会，共表彰奖励山东省、潍坊市、寿光市劳动模范57人。

5月21日 市委、市政府召开全市“110”社会服务联动工作大会，全市一个以“110”为龙头，以维护社会治安、服务群众为主要功能，由政府统一组织领导、有关部门配套联动、全社会共同参与的综合报警服务运作机制正式启动。

6月17日 新华社、人民日报社、光明日报社、大众日报社、山东电视台等新闻媒体采访市公安局“民心工程”开展情况，市领导刘命信、张世臣、王守福、王焕新等参加座谈并接受采访。

6月21日 潍坊市农业现代化试点座谈会在寿光市召开，稻田镇被列为潍坊市农业现代化试点镇。

8月8日 山东巨能电力集团有限责任公司成立，这是寿光市电力发展史上一项重大举措。该公司以山东寿光巨能电力有限公司为核心层企业，有5个紧密层企业，集团总注册资金2.3亿元。

9月2日 由寿光市和省农委农村开发报社联合主办的1998年度中国寿光新技术新产品交流交易会在市体育馆召开，来自全国300多家农资生产经营企业和农业科研单位的代表参加会议。会议展示全国最先进的蔬菜种植管理技术及多种蔬菜新品种。

10月6日 荷兰女王特派员、北荷兰省省长范科莫纳德先生率政府暨商务代表团，到寿光市考察农业工作。

11月3日 省级园林城市检查团到寿光市检查验收，检查团成员对寿光市的园林规划、建设、管理工作给予较高评价。

11月16日 来自全省17个地市农业技术推广部门的分管领导，部分乡（镇）分管农业生产的副乡（镇）长等共160人，参加在寿光市举办的全省高效农业生产与发展技术培训班。

12月12日 投资7.5亿元的晨鸣纸业集团10万吨高级文化用纸项目一次试车成功。该项目全部采用微机控制，是国内国有企业投资规模较大、设备最先进的造纸生产线。

1999年

1月6日 市人民医院成功开展心脏两侧介入手术。

1月15日 全市史志工作经验交流会暨《羊口镇志》首发式在羊口镇举行。

2月 在省外经贸委、省一轻厅共同组织召开的外商投资先进技术企业确认评估会上，晨鸣集团获得外商投资先进技术企业称号，继续享受延长3年减半缴纳企业所得税等国家优惠政策。

4月1日 中共中央政治局委员、山东省委书记吴官正率省委办公厅、省委研究室、省统计局的有关人员一行8人，在寿光市进行为期4天的蹲点调查。

4月5日 原北方交通大学副教授、留日农学博士薛彦斌，以调动方式落户寿光市，担任市长助理、蔬菜市场管理处副主任、蔬菜产业集团副总经理，成为在寿光市工作的第一位博士。

5月17—18日 中共中央政治局常委、全国人大常委会委员长李鹏及夫人朱琳到寿光市先后视察稻田镇国家级农业现代化示范区、鲁丽集团、蔬菜批发市场、晨鸣纸业集团、胡营乡绿色食品示范基地，对寿光市发展高效农业、搞好国有企业等工作给予充分肯定。

5月30日 全市农村工作会议召开，提出在农业和农村工作中要抓好结构调整、现代化示范工程建设、农产品市场开拓三项政策落实。

6月 市农业高新技术走廊开工建设。该走廊全长16.3公里，规划面积7.5万亩，建设内容包括28个高新科技重点项目、6万亩农业现代化示范区和小城镇建设3个方面，项目总投资2.5亿元。

7月3日 寿光现代中学奠基。现代中学投资3亿元，总建筑面积19万平方米，由同济大学按国家级示范性普通高中标准设计。

9月22日 寿光市第一部系统介绍寿光籍著名烈士事迹的著作——《寿光市著名烈士传》举行首发式。

10月1日 为庆祝中华人民共和国成立50周年，一部全面反映寿光市建设成就的大型宣传画册《中国蔬菜之乡——寿光》出版发行。

11月6日 投资8000万元的金玉米开发有限公司二期工程建成投产。至此，全国最大的淀粉生产线在寿光市建成。

11月8日 寿光市至黑龙江省哈尔滨市蔬菜“绿色通道”正式开通。

12月9日 寿光市法律援助中心揭牌成立。

12月18日 市种子市场正式营业。该市场投资5000万元，占地80亩，建筑面积3.5万平方米，年交易量超过3500吨。

2000年

1月3日 寿光市2000年春节群众文化活动动员大会召开。春节期间的文化活动主要包括6项内容：社会群众文化活动、市区广场文化活动、春节文艺会演、春节大型工艺灯展、第三届宏源杯春联大奖赛、市直各文化单位开展的活动。

1月23日 万芳花卉有限公司与台商王世鹏就合资建设寿光三和园艺有限公司一事达成协议。

2月16日 寿光市与北京大学生命科学学院优质蔬菜快繁技术研究协议签字仪式在市政府招待所举行。根据协议，寿光市与该学院将在未来几年内建立研究机构，培养研究人员，研究柿子椒、西红柿和茄子等优良品种的组培技术，建设优质蔬菜生产厂。

3月22日 山东寿光永安男子篮球队成立。

4月8日 英国、法国、德国、意大利等14国驻华使节及其夫人一行24人，参观寿光诺华种子有限公司、市蔬菜高科技示范园、寿光蔬菜批发市场和兴建中的欧洲村。

4月20日 由国家国内贸易局、农业部全国菜篮子工程办公室、潍坊市人民政府、寿光市人民政府和中国果菜杂志社联合主办，以展示蔬菜之乡风采、加强技术交流合作、创造繁荣交易环境、倡导绿色市场为主题的中国（寿光）蔬菜博览会在寿光蔬菜批发市场开幕。全国政协副主席周铁农，全国妇联副主席、书记处第一书记顾秀莲出席开幕式。

5月21日 新华社发通稿《新时期农村党支部书记的好榜样——王乐义》。

6月18日 山东晨鸣纸业集团与山东轻工业学院签署共建研究生实践基地的协议，并在晨鸣二厂举行山东轻工业学院研究生实践基地揭牌仪式。

7月13日 市个体私营经济发展委员会成立。负责对全市个体私营经济发展进行规划、指导、协调和服务，委员会办公室设在市乡镇企业局。

7月15日 中共中央政治局候补委员、中央书记处书记，中共中央组织部部长曾庆红到寿光市检查指导工作。

8月15日 市物价检查所被国家发展计划委员会命名为国家级规范化物价检查所，授牌仪式在市物价检查所举行。

9月22日 寿光市对乡（镇）区划进行调整，有6个乡（镇）撤并。王望镇合并到稻田镇，东埠乡合并到纪台镇，赵庙乡合并到田马镇，广陵乡合并到上口镇，牛头镇合并到台头镇，胡营乡合并到孙家集镇。

11月17日 中国科学院院士、中国农业大学动科院院长吴常信到市慈伦种鸡场考察。寿光鸡被纳入省优质良种肉鸡产业化开发项目。

12月26日 孙家集镇三元朱村党支部书记王乐义、山东晨鸣纸业集团股份有限公司董事长陈永兴被授予潍坊人民勋章。

2001年

1月13—14日 全省计划生育优质服务试点县检查组到寿光市考察和调研，对寿光计划生育工作给予充分肯定。

2月2日 寿光市获全省社会治安综合治理模范城市称号。

3月上旬 由市史志办公室编纂的《贾思勰志》出版，该书得到中共中央政治局委员、山东省委书记姜春云赞誉并题词。

3月28—29日 洛城镇屯东村种植蘑菇能手张美莲等被全国妇女双学双比领导小组评为全国十大农民女状元。

4月18日 新加坡果菜代表团一行21人，对寿光市蔬菜水果种植、加工及进出口贸易进行全面考察。

4月20日 第二届中国（寿光）国际蔬菜博览会开幕。

4月28日 山东省最大的油压启闭拦河闸——弥河寒桥拦河闸工程在寿光市洛城镇奠基。该工程共设13孔闸，每孔净宽16米，总长228.4米。

5月29日 寿光市仙霞集团董事长王金栋被中共中央组织部、人事部、解放军总政治部等部委授予全国模范军队转业干部称号，并受到江泽民、朱镕基等党和国家领导人接见。

6月5日 中共中央政治局委员、中国社会科学院院长李铁映到寿光市考察。

7月19日 三峡库区重庆市忠县95户357名移民迁住寿光市。

8月28日 市委组织部拍摄的《寿光Ⅰ型大拱棚的建造及棚内蔬菜栽培技术》科教片，被中共中央组织部和中国科协评为全国百部优秀科教电教片。

10月21—27日 全国农村妇女高科技蔬菜栽培培训班在寿光市举办。来自中西部地区8省（市、自治区）近170名妇女干部和农村妇女骨干参加培训。

11月10日 以越南富安省科技厅厅长阮文勇为团长的科技农业代表团，到寿光市考察生态农业发展和农业科技推广情况。

12月 城关工商所被团中央、国家工商总局授予全国优秀青少年维权岗称号。

2002年

1月 寿光市侯镇酒厂生产的宏源老酒、宏源老窖获得中国优质白酒称号。

2月17日 由首都师范大学和潍坊科技

职业学院联合举办的研究生教学站揭牌仪式在潍坊科技职业学院举行。

3月1日 商务部授予百货大楼有限公司全国优秀无假货示范单位称号。

3月22日 寿光市委托中国戏曲学院附中为市京剧团培养学员40人，以解决京剧后继无人问题。

4月17日 全省农村党员蔬菜栽培技术培训班在市委党校开课。来自全省各地的200多名学员利用7天时间，学习无公害蔬菜标准化生产等技术。

4月20日 以绿色与科技为主题的第三届中国（寿光）国际蔬菜科技博览会开幕，全国政协副主席孙孚凌出席开幕式。

5月1日 中共中央政治局常委、国务院副总理李岚清，在中共中央政治局委员、山东省委书记吴官正，省长张高丽陪同下到寿光市考察。

5月6日 全国政协副主席、中国工程院院长宋健到寿光市考察。

5月 第二部《寿光年鉴》（1996—2000）由市史志办公室编纂，中华书局出版发行。全书共80万字。

7月9日 寿光市人民法院被最高人民法院授予全国人民满意的好法院称号。

8月6日 晨鸣集团15.3万吨铜版纸项目全线建成投产，标志着山东迄今为止投资规模最大的技术改造项目竣工，成为寿光市工业发展的重要里程碑。

9月11日 全国人大常委会委员、法律委员会副主任胡光宝，农业部部长张宝文一行17人，到寿光市参观考察农村发展基本情况。

10月23日 寿光市村村通沥青路庆典在纪台镇举行。

11月8—14日 孙家集街道三元朱村党支部书记王乐义赴京参加中国共产党第十六次全国代表大会。

12月14日 第二届全国县域经济基本竞争力百强县（市）揭晓，寿光市列第42位。

2003年

1月15日 由公安部、交通部、审计署等单位组成的联合调研组一行8人，到寿光市调研寿光至北京、哈尔滨“绿色通道”畅通和治理公路“三乱”工作情况。

3月5日 晨鸣集团副总经理李雪芹赴京参加第十届全国人大一次会议。

4月20日 第四届中国（寿光）国际蔬菜科技博览会在寿光国际会展中心开幕，全国政协副主席张思卿出席开幕式。

5月21日 为支援首都抗击“非典”（传染性非典型肺炎），寿光市在14日内无偿支援北京22.5万公斤蔬菜后，再次援助17.5万公斤蔬菜。

6月1日 市委决定，自1日至30日在全市党员干部中开展解放思想读书月活动。

6月22日 中共中央政治局常委、全国政协主席贾庆林在省、潍坊市有关领导陪同下，考察寿光农业、农村等工作。

7月26日 古巴参观团在新疆建设兵团有关负责人等陪同下，到寿光市参观考察农业工作。

8月19日 中国公路学会理事长李居昌带领调研组，调研寿光市农村公路建设情况，并给予充分肯定。

9月27日 寿光市大众文化产业发展有限公司成立，下设12个分公司，注册资金260万元，开创寿光文化产业集团化经营模式。

10月11日 寿光市遭遇特大风暴潮，潍坊市市长及时赶到现场制定救援方案，45名被困民工全部获救。这次风暴潮造成经济损失2.6亿元。

11月14日 由国家标准委、农业部等部委联合召开的全国农业标准化工作会议公布本年度的全国无公害食品行动监测结果，寿光蔬菜标准化生产在全国37个试点城市中名列第3位。

11月26日 第三届全国县域经济基本竞争力评选结果揭晓，寿光市位居全国百强县第38位。

12月17日 寿光市法院获得全国模范法院称号。

2004年

2月7日 寿光市被省政府授予山东省园林城市称号，同时获山东省适宜人居环境奖。

4月20日 第五届中国（寿光）国际蔬菜科技博览会开幕，全国政协副主席王忠禹出席开幕式。

5月3日 中共中央政治局常委李长春，在省、潍坊市有关领导陪同下到寿光市考察工作。

6月19日 最高人民检察院检察长贾春旺，在省委副书记高新亭、省检察院检察长国家森陪同下，到寿光市考察工作。

6月25日 中共中央办公厅、中共中央组织部联合调研组一行4人，在省委组织部副部长孙述涛陪同下，先后到稻田镇、蔬菜高科技示范园、晨鸣集团就农村党建工作进行专题调研。

7月5日 全国人大常委会副委员长、全国妇联主席顾秀莲带领参加全国省市区妇联主席会议的代表，在省、潍坊市有关领导陪同下，到寿光考察农业“三化”（标准化、产业化、国际化）和农村妇女增收致富现场。

8月20日 潍坊市保持共产党员先进性教育活动试点工作在稻田镇展开。这次活动为期半个月，潍坊市委书记张传林把稻田镇确定为联系点。

9月1日 圣城中央花园施工现场挖掘出土大量炭化的明代谷物，被媒体誉为“千年粮仓”。全国各大新闻媒体及40多家网站转帖报道。

9月25日 2003年全国综合发展百强县评比结果新闻发布会在北京人民大会堂举行。寿光市2003年综合实力跃居全国百强第53位。

10月13—18日 市政府撤销有百年历史的西关大集。

10月30日 在第四届全国村长论坛上，全国劳动模范，党的十五大、十六大代表，孙家集街道三元朱村党支部书记王乐义当选为中国十大杰出村干部。

11月 侯镇党委获山东省先进基层党组织称号。

12月19日 乌干达司法部长简纳特带领该国司法代表团一行6人，到寿光市考察工农业项目建设情况。

2005年

1月4日 寿光市2004年百家企业评议职能部门最终结果公布。市国税局、市供电公司、市人事局名列前三位。

2月6日 省委书记张高丽在省、潍坊市有关领导陪同下，到寿光市就开展保持共产党员先进性教育活动情况进行调研。

3月10日 寿光市人民法院院长王春花被全国妇联、最高人民法院授予全国巾帼建功标兵称号。

4月7—8日 中共中央总书记、国家主席、中央军委主席胡锦涛到先进性教育活动联系点寿光市调研，并发表重要讲话。中共中央政治局候补委员、中央书记处书记、中共中央办公厅主任王刚，山东省委书记张高丽、省长韩寓群陪同调研。

4月20日 第六届中国（寿光）国际蔬菜科技博览会在寿光国际会展中心开幕，全国政协副主席阿不来提·阿不都热西提出席开幕式。

5月21日 寿光林海生态博览园通过验收，成为国家AAA级旅游景区。

7月4日 中共中央政治局常委、全国人大常委会委员长吴邦国，在省委书记、省人大常委会主任张高丽，潍坊市委书记、潍坊市人大常委会主任张传林，潍坊市委副书记、市长张新起等陪同下，到寿光市视察工作。

9月6日 中国工程院院士专家组一行30人，到寿光就“中国区域农业资源合理配置、环境综合治理和农业协调发展战略研究”进行考察调研。

9月30日 寿光市博物馆原馆长贾效孔主编的《寿光考古与文物》一书出版发行，该书是寿光市第一部文物专著。

10月12—23日 第十届全国运动会举行，寿光选手获得2金2银的好成绩。寿光籍选手孙文利、孙文勇分获男子3000米障碍赛冠亚军，孙文勇同时获男子5000米冠军，奚爱华获赛艇女子2000米单人双桨亚军。

11月14日 中国旅游报刊协会秘书长、中国优秀旅游城市评定委员会赴山东验收组组长李南通报，寿光市创建中国优秀旅游城市工作通过中国优秀旅游城市评定委员会验收组现场验收。

12月21日 国家工商总局授予寿光市工商行政管理局外商投资企业核准登记权，这是被授予的潍坊市唯一一家县级局。

2006年

1月16日 寿光市召开2005年度进出口过6亿美元庆祝大会，并提出2006年进出口总额突破7亿美元、出口创汇突破5亿美元的目标。

2月17日 全国保持共产党员先进性、建设社会主义新农村重大典型——王乐义先进事迹报告会在北京人民大会堂小礼堂举行。中宣部、农业部、山东省委领导，中直机关及北京农业系统干部群众，共800人参加报告会。

3月 农业部发布2006年第一次农产品质量信息，根据国际食品法典委员会（CAC）标准判定，寿光市蔬菜合格率排名全国第二位。

4月20日 以绿色、科技、未来为主题的第七届中国（寿光）国际蔬菜科技博览会在寿光国际会展中心开幕，全国政协副主席李蒙出席开幕式。

4月27日 原中共中央总书记、国家主席、中央军委主席江泽民，在省委书记、省人大常委会主任张高丽，省长韩寓群陪同下视察第七届中国（寿光）国际蔬菜科技博览会。

5月9—10日 全国保持共产党员先进性教育活动与党的先进性建设理论研讨会在北京市京西宾馆举行。潍坊市委常委、寿光市委书记徐振溪作大会发言。寿光市委撰写的《建设群众满意工程的理论意义和实践途径》被评为全国保持共产党员先进性教育活动与党的先进性建设理论研讨会入选论文。

6月 孙家集街道三元朱村党支部被授予全国先进基层党组织称号。

7月20日 寿光市被全国爱卫会正式命名为国家卫生城市。

9月29日 国家统计局公布的2005年度全国综合实力百强县（市）评比名单中，寿光市列第41位，比2004年度上升8个位次，比2000年度上升55个位次。这是寿光市连续第9次跻身全国综合实力百强县行列。

10月14日 国家统计局公布第二届全

国小城镇综合发展水平1000强名单，圣城街道、侯镇榜上有名。其中圣城街道列第509位，比首届评选前移304个位次；侯镇首次进入，列第830位。

10月 国务院信息化工作办公室批准寿光市为国家级县域经济信息化试点单位。这是山东省第一个国家级县域信息化试点市，也是全国13个县域信息化试点县（市）之一。

11月1日 在省政府公布的省级中心镇中，寿光市有3个镇榜上有名，分别是羊口镇、侯镇、稻田镇，其中羊口镇被列为国家重点镇。

12月29日 寿光市被国家发改委批准为首批国家级农村信息化综合信息服务示范市。

2007年

1月 第三部《寿光年鉴》（2001—2005）由市史志办公室编纂，中华书局出版发行。全书共90万字。

1月11日 在潍坊市委宣传部举办的潍坊市知名文化品牌评选活动颁奖典礼上，中国（寿光）国际蔬菜科技博览会被评为潍坊市十大文化品牌之一，担任菜博会总顾问的张嘉庆被评为潍坊市十大文化建设杰出人物。

2月12日 国家环保总局正式批准山东省寿光市、广东省广州市、浙江省义乌市、江苏省泰州市为国家环保模范城市。

3月4日 2006寿光年度人物暨年度新闻颁奖典礼在温泉大酒店举行。陈洪国、杨志强、刘子祥、王金栋、郭洪谦、马景海、张云三、袁景亮、鞠立坤、孙有华10人被评为2006寿光年度人物，张献忠、贾效孔等获提名奖。

3月25日 台头镇被建设部命名为中国建筑防水之乡。

3月26日 寿光市首个全国性学术研究会——中国贾思勰与《齐民要术》研究会成立。

4月20日 以绿色、科技、未来为主题的第八届中国（寿光）国际蔬菜科技博览会在寿光国际会展中心开幕。

5月19日 原中共中央政治局委员、全国政协副主席杨汝岱，先后到市蔬菜高科技示范园、弥河生态农业观光园视察。

6月1日 农业部部长孙政才一行，在副省长贾万志陪同下，先后到蔬菜高科技示范园、孙家集街道三元朱新村考察现代农业及新农村建设情况。

8月30日 山东省人民政府作出关于同意寿光市行政区划调整的批复：同意撤销田马镇，将原田马镇的行政区域并入稻田镇，镇政府驻地不变；撤销留吕镇，将原留吕镇的行政区域划归洛城街道，办事处机关驻地不变；大家洼街道划归潍坊市寒亭区管辖。

9月16日 寿光市举行国际会展中心农展馆奠基仪式。农展馆由序言厅、展位厅、蔬菜博物馆、蔬菜研究院、综合办公服务区等五部分组成，东西长220米，南北主跨81米，平均高度28米，可同时容纳1000个展位，每天接纳10万人次参观。

9月23日 原中共中央政治局委员、中央军委副主席、国务委员兼国防部长迟浩田上将，在副省长张昭福陪同下，到市蔬菜高科技示范园和弥河生态农业观光园视察。

10月15—21日 孙家集街道三元朱村党支部书记王乐义赴京参加中国共产党第十七次全国代表大会。

10月19日 寿光市老年服务中心正式启用。该中心累计投资1500万元，占地50亩，房间内全部按照星级宾馆设计，可同时接纳200位老年人入住养老。

12月 寿光市决定斥资1000万元，在全市14个镇（街道）975个村（居）广泛实施万户农民上网工程。该工程被列为山东省农村信息化推广扶持项目之一。28日，寿光市举行万户农民上网工程启动大会。

2008 年

1 月 2 日 寿光市被国家发改委、水利部列为“十一五”期间全国 100 个农村饮水安全工程示范县（市）之一，将在 2009 年彻底解决农村饮水不安全问题，实现城乡供水一体化。

1 月 29 日 潍坊市 2007 年度工业百强企业揭晓，寿光市有 14 家工业企业入围，分别是晨鸣纸业集团（第 3 位）、巨能控股集团（第 8 位）、联盟化工集团（第 12 位）、鲁丽集团（第 15 位）、墨龙石油机械（第 18 位）、凯马汽车（第 29 位）、鲁清防水（第 32 位）、富康制药（第 33 位）、新龙电化（第 37 位）、天成食品（第 39 位）、大地盐化（第 68 位）、泰丰汽车底盘制造（第 97 位）、天健化工（第 99 位）和卫东化工（第 100 位）。

2 月 5 日 农业部公布的 2008 年第一次农产品质量安全监测信息显示，蔬菜和畜禽产品监测合格率高于全国平均水平的有 22 个城市，寿光市排第 9 位，跨入全国农产品质量安全监管工作先进行列。

3 月 9 日 中共中央总书记、国家主席、中央军委主席胡锦涛到第十一届全国人民代表大会山东代表团会场，与山东代表共同讨论国务院总理温家宝所作的政府工作报告，听取有关寿光市 3 年来巨大变化的汇报，并高兴地对寿光代表说“请向寿光人民问好”。

4 月 10 日 教育部同意在潍坊科技职业学院的基础上组建潍坊科技学院。学院首批设置本科专业 5 个，即计算机科学与技术、化学工程与工艺、机械设计制造及其自动化、园艺、英语，2008 年开始招生。

4 月 20 日 以现代、科技、希望为主题的第九届中国（寿光）国际蔬菜科技博览会在寿光国际会展中心开幕，同时举办首届潍坊现代农业成果博览会，全国人大常委会副委员长司马义·铁力瓦尔地参加开幕式。

4 月 27 日 寿光市举行社会福利中心开工奠基仪式。该项目主要分为敬老院和残疾人综合服务中心两大部分，总建筑面积 5.7 万平方米，总投资 7700 万元，分两期建设。工程全部建成后，可集中供养五保老人 1500 余人。

5 月 9 日 中共中央政治局常委、中央书记处书记、国家副主席习近平，在省委书记姜异康，省委副书记、省长姜大明陪同下，先后到蔬菜高科技示范园、洛城农发集团、孙家集街道三元朱村，就推动科学发展观、促进社会和谐、加强党的建设等问题进行调研。

6 月 18 日 山东晨鸣纸业集团股份有限公司 H 股在香港联交所主板挂牌上市，成为国内第一家同时拥有 A 股、B 股、H 股三种股票的上市公司。

7 月 20 日 弥河管道调水工程正式竣工通水。该工程总投资 1.2 亿元，全长 43 公里，每年可调水 5000 万立方米。

7 月 寿光市列全国县域经济基本竞争力百强县第 24 位。

8 月 17 日 寿光籍运动员奚爱华与队友一起，获北京奥运会赛艇女子四人双桨金牌，这是中国赛艇队奥运历史上的第一枚金牌。

11 月 侯镇入选 2008 年度中国乡镇综合实力 500 强。

12 月 王乐义、崔效杰入选潍坊改革开放 30 年时代人物。

同月 寿光市被授予国家食品安全示范县称号。

2009 年

2 月 10 日 2008 寿光年度新闻、年度新闻人物颁奖典礼在寿光温泉大酒店举行。崔效杰、舒安、程东召、张云三、郭洪谦、奚爱华、郭锡禄、张春荣、于进、王景文被评为2008寿光年度新闻人物，李传民、杨志强、李衍、吕凡国、王红杰、蔡宏伟、田勇、应嵘、曹开田、薛茂林获提名奖。《寿光市成为全国改革开放30年18个重大典型之一》《习近平到寿光市调研》《寿光党建创出寿光模式》《潍坊两次观摩我市均获第一》《王乐义列席十七届三中全会》《寿光市创建成国家级食品安全示范县》等被评为2008寿光年度新闻。

3月 山东寿光双王城盐业遗址群入选2008年度全国十大考古新发现考古项目。

4月20日 以绿色、科技、创新、发展为主题的第十届中国（寿光）国际蔬菜科技博览会开幕，全国政协副主席、民进中央常务副主席罗富和出席开幕式。

4月 市人大党组书记、第一副主任杨德峰获全国五一劳动奖章。

8月6日 蔬菜产业集团七彩庄园品牌蔬菜被确定为第十一届全国运动会指定产品，这是寿光蔬菜首次以品牌菜身份走进全运会。

9月2日 全国领导干部学法用法工作经验交流电视电话会议召开。市委书记、市人大常委会主任孙明亮在山东分会场作典型发言，介绍寿光市领导干部学法用法的经验，在6个发言单位中，寿光市是全国唯一的县级单位。

9月20日 寿光市人民政府与山东楹联艺术家协会联合举办“农圣杯”海内外有奖大征联活动，共收到全国32个省（市、自治区）和加拿大、马来西亚等国家3728位楹联爱好者撰写的歌颂寿光发展作品2.2万副。

9月 第九届世界盐业大会在北京闭幕。来自联合国儿童基金会等7个国际组织和印度、美国、德国、澳大利亚等50多个国家和地区的1200多名代表，确立寿光市是世界海盐生产发祥地的地位。

10月30日 潍坊市时代功勋人物表彰大会召开。孙家集街道三元朱村党支部书记王乐义，沿海经济开发办工农科科长李学海，国有机械林场场长、党委副书记尹国良，市公安局原干警程东召，国家赛艇队队员奚爱华，山东晨鸣纸业集团股份有限公司董事长陈洪国，潍坊科技学院党委书记崔效杰，中国（寿光）国际蔬菜科技博览会总顾问张嘉庆，山东全福元商业集团董事长、总经理舒安，原道口乡民政助理员袁杜10人，被授予庆祝中华人民共和国成立60周年潍坊市100位时代功勋人物称号。

11月17日 中共中央政治局常委、中央书记处书记、国家副主席、中央党校校长习近平给离岗18年的寿光原县委书记王伯祥写信。信的原文是：“王伯祥同志：收到你的来信，认真阅读了《大地为鉴》一书。这本书记录了你作为一名党员领导干部，自觉实践全心全意为人民服务的根本宗旨，带领广大干部群众，解放思想、开拓进取、艰苦奋斗、战胜困难，努力建设一个繁荣新寿光的艰辛历程，看后感到很高兴很欣慰，也很受教育。广大党员干部尤其是各级领导干部，都应该大力弘扬党的优良作风，坚持为民、务实、清廉，发挥骨干带头作用，推动科学发展、促进社会和谐，服务人民、造福百姓。希望你珍惜荣誉、保重身体，继续为党和人民的事业发展作出新贡献”。之后，王伯祥被中央学习实践科学发展观活动办公室、中宣部确定为全国重大典型，并组织人民日报社、新华社、中央电视台等媒体组成新闻采访团，到寿光市进行为期一周的集中采访。12月20日，王伯祥先进事迹报告会在寿光市举行。12月24日下午，王伯祥先进事迹报告会在济南市举行。12月31日下午，王伯祥先进事迹报告会在北京人民大会堂举行。报告会前，中共中央政治局常委、中央书记处书记、国家副主席习近平，中共中央政治局委员、中央书记处书记、中共中央宣传部部长刘云山，中共中央政治局委员、中央书记处书记、中共中央组织部部长李源潮共同会见王伯祥和报告团全体成员。习近平指出，王伯祥同志是新时期县委书记的榜样。

11月27日　寿光市独根红韭菜和桂河芹菜通过农业部专家评审，成为寿光市首批获得地理标志认证的蔬菜产品。

12月31日　南水北调东线一期双王城水库工程建设动员大会在济南市召开，标志着寿光市双王城水库工程正式启动。双王城水库是南水北调东线胶东输水干线工程的重要组成部分，是胶东输水干线工程的关键控制性工程，同时也是国家扩大内需的重要项目。该水库占地面积1.1万亩，年可向寿光市供水3000万立方米。

12月　寿光市地方财政收入突破25亿元，列全省县市区第5位。

2010年

1月25日　中国城市信息化百强评选揭晓，寿光市被评为2009年度中国城市信息化综合实力百强城市，位列县级城市第14位。

3月11日　王伯祥先进事迹报告团赴北京，在中央党校报告厅为参加第一期县委书记任职培训班的388名学员作报告。

3月25—26日　2010年全国经济体制改革工作会议在重庆市召开。市委书记、市人大常委会主任孙明亮作为全国唯一的县级市代表出席会议并作题为《创新金融服务，促进农村和中小企业发展》的典型发言。

4月20日　以绿色、科技、发展、共享为主题的第十一届中国（寿光）国际蔬菜科技博览会在寿光国际会展中心开幕，全国人大常委会副委员长、民盟中央主席蒋树声出席开幕式。

同日　寿光市被中国楹联学会命名为中国楹联文化市。

4月26日　首届中华农圣文化国际研讨会在潍坊科技学院国际会议中心开幕。来自美国、英国、德国、日本、韩国、印度、以色列等10多个国家的205位农学专家、学者，国内各省市农业企业、农业科研机构的代表，以及潍坊科技学院贾思勰农学院师生共1800多人参加研讨会。

同日　寿光现代农业示范基地奠基仪式举行。该基地占地2000亩，包括占地面积150亩的现代化育苗区、480亩的蔬菜新品种新技术试验示范区、960亩的绿色有机蔬菜生产区，总投资9000万元。

6月11日　山东博润实业有限公司在美国纽约证券交易所首发上市，成为山东省首家在纽交所上市的民营企业。

8月4日　经农业部认定，寿光市被确定为全国50个国家现代农业示范区之一。

10月　山东墨龙集团A股在深圳证券交易所成功首发上市，融资12.6亿元。

12月26日　中央电视台财经频道（CCTV-2）“对话”栏目播出反映寿光市现代农业发展的专题节目《现代农业寿光密码》，市委书记、市人大常委会主任孙明亮介绍寿光如何发展现代农业，打造蔬菜“中国制造”的经验做法。

12月27日　寿光毛蚶、寿光蚂蚬、浮桥萝卜、寿光鸡、羊口咸蟹子、寿光大葱获国家农产品地理标志登记证书。

12月　寿光市获中国十佳和谐可持续发展城市（中小城市）和中国十佳休闲宜居生态城市称号。

第一编

地域环境

寿光市地处山东省北部，西汉置县。行政区划及其称谓因社会发展变化而多次变更。1949年新中国成立后，隶属于昌潍专区（先后改为昌潍地区、潍坊地区、潍坊市）。1993年，撤县设市，归潍坊市代管。寿光属暖温带大陆季风性气候，境内有河流17条，矿产资源主要有石油、矿盐、地下水等。2010年年底，全市辖5个街道、9个镇，共975个行政村（居委会）。

第一章 建置区划

第一节 地理位置

寿光市位于山东省北部，小清河下游，渤海莱州湾西南岸。北纬36°41′～37°19′，东经118°32′～119°10′。东邻潍坊市潍城区、寒亭区，西界东营市广饶县，南接青州市和昌乐县，北濒渤海。南北长60公里，东西宽48公里，海岸线长30公里，面积1990平方公里，占全省总面积的1.3%。

城区位于市境西南部，北纬36°52′，东经118°44′。至北京市直线距离400公里，至济南市165公里，至潍坊市37.5公里，至青州市区31公里，至广饶县城35.5公里，至昌乐县城20.5公里。

第二节 建置沿革

夏朝，属斟灌国。斟灌国故城即今洛城街道斟灌村。

商朝，属齐地，是逢伯陵的封域。

西周，属纪国，故城即今纪台镇纪台村。

春秋战国时期，属齐国。

秦朝，置郡县，属齐郡。

西汉，汉景帝中元二年（前148年）置寿光县，属青州刺史部北海郡管辖，自此史书始见寿光县之名。

三国魏时，寿光县属青州乐安郡。

西晋，寿光县隶属于青州乐安国。

南北朝时，无寿光县名。

隋代，隋文帝开皇六年（586年），在南朝宋博昌故城复置寿光县，隶属于青州北海郡。隋文帝开皇十六年（596年），于寿光县南设置闾邱县。到隋炀帝大业初年（605年），撤闾邱县，并入寿光县，此后寿光县境域基本趋向固定。

唐、宋、元、明、清各代，寿光县城址均在今城区。唐代隶属于河南道青州北海郡，宋代隶属于京东路青州北海郡，元代隶属于山东东西道宣慰司益都路，明代隶属于山东布政司青州府，清代隶属于山东省青州府。

中华民国前期，寿光县属山东省胶东道。民国14年（1925年）改属山东省淄青道，民国17年（1928年）后直属山东省政府。

抗日战争时期，寿光县有两个县级政权，一个是中国共产党领导的抗日民主政权，隶属于山东省清河区清东专员公署，县府在今台头镇牛头镇村一带。一个是国民党的县政府，隶属于国民党山东省第十四行政督察专员公署，县府在今古城街道尚家庄。另外，日本侵略军也扶持汪精卫伪国民政府建立傀儡县政权，驻寿光县城，隶属于日伪山东省公署青州道尹公署。其间，今寿光市境还划出益、寿、临、广四边县地，寿潍县地和昌潍县地。

解放战争时期及中华人民共和国成立初期，今寿光市境分为寿光县、寿南县，还有益寿县的一部分。寿光县政府于1948年7月成立，开始曾称寿北县，属山东省渤海区第三专区（后改称清河专区），县政府先在田柳庄，1950年5月移至今上口镇上口村，改属山东省昌潍专区。寿南县政府于1948年7月成立，属山东省昌潍专区，县政府先在今洛城街道屯田村，后移至寒桥村。益寿县于1945年8月成立，1952年6月撤销。

1953年8月，寿南县并入寿光县，县政府移至今城区，隶属于山东省昌潍专区。1967年昌潍专区改称昌潍地区，1981年7月改称潍坊地区，1983年10月改称潍坊市，寿光县均隶属之。

1993年6月，民政部行文批复山东省：经国务院批准，撤销寿光县，设立寿光市（县级），由省直辖。同月，省政府印发文件，确定寿光市归潍坊市代管。

第三节 行政区划

唐代以前，寿光县境内行政区划无考。唐代，全县分7个乡。北宋初年，全县辖6个乡。明代，全县分6乡、6隅、1镇（广陵镇），辖129社。清初，全县分6乡、10隅。1910年，全县划分为城区（县城周围）、镇区（侯镇周围）、牟平区等15个自治区域。民国21年（1932年），全县由15个区并为10个区，共辖114个乡（镇）、1065个村。1939年10月，在县境边界地区，组建益寿临广四边县。1942年，组建寿广益三边县。1943年9月，组建寿潍县（后改为昌潍县）。1945年5月，羊角沟改为市建制，8月从寿光划出，隶属于渤海区第五分区，1947年2月又撤市改区归属寿光。1945年曾组建益寿县。1948年7月，寿光县划分为寿光、寿南两个县。羊角沟又改区为市，1950年又改市为区，划归寿光县。1952年6月，羊角沟改为羊角沟特区，从寿光划出，直属昌潍专署管辖。1953年8月，寿南县并入寿光县，全县划分为17个区和2个镇（城关、侯镇）。1955年，羊角沟改区为镇，复归寿光。1956年1月调整区划，全县共设147个乡。1958年2月，全县共设29个乡、2个镇。同年9月，大办人民公社，将原31个乡（镇）组建为21个人民公社。1984年机构改革，撤销人民公社，组建乡（镇）政府，全县共划为10个镇、20个乡。

1991年，全县共分24个乡、10个镇，即张建桥乡、文家乡、古城乡、马店乡、丰城乡、南柴乡、胡营乡、北洛乡、南河乡、杨庄乡、卧铺乡、道口乡、田柳乡、广陵乡、岔河乡、五台乡、寒桥乡、洛城乡、纪台乡、东埠乡、王望乡、田马乡、赵庙乡、留吕乡，寿光镇、孙家集镇、台头镇、牛头镇、王高镇、大家洼镇、上口镇、侯镇、稻田镇、羊角沟镇。有990个自然村，988个村民委员会，6个居民委员会。

1992年3月，中共寿光县八届四次全委（扩大）会议决定，在寿光城以东、潍高路以北，建立面积为6.6平方公里的经济开发区。5月，建设部将羊角沟镇确定为省级小城镇建设试点镇。

1993年6月，经国务院批准，寿光撤县设市，由省直辖。同月，省政府确定由潍坊市代管。7月，经省政府批准，撤销南河乡，设立营里镇。8月，羊角沟镇更名为羊口镇。

1994年4月，撤销南柴乡，设立化龙镇。7月，寒桥、田柳、北洛分别撤乡设镇。10月，经省民政厅批准，稻田镇设立金三角居民委员会。12月，洛城、岔河、王望分别撤乡设镇。

1995年6月，留吕、道口分别撤乡设镇。

1996年1月，将原属马店乡的南王庄村、贾家庄村划归丰城乡。5月，纪台、田马、五台分别撤乡设镇。

1998年9月，成立并动工兴建占地4000亩的寿光林海生态博览园暨山东省渤海湾地区高效林业开发示范区、国家农业综合开发寿光机械林场项目区，博览园由上林（苗）下藕与鱼、蟹养殖区，特种海水、淡水鱼养殖区，生态农业观光游乐区三部分组成，于1999年9月建成投入使用。12月，侯镇西河南一村村民委员会改为鲁丽居民委员会。

2000年9月，对乡（镇）区划进行调整，有6个乡（镇）撤并。撤销王望镇，将其合并到稻田镇；撤销东埠乡，将其合并到纪台镇；撤销赵庙乡，将其合并到田马镇；撤销广陵乡，将其合并到上口镇；撤销牛头镇，将其合并到台头镇；撤销胡营乡，将其合并到孙家集镇。

2001年3月，撤销文家乡、马店乡，合并组建文家街道；撤销丰城乡，将其合并到化龙镇；撤销杨庄乡，将其合并到羊口镇；撤销五台镇、岔河镇，将其合并到侯镇；撤销寒桥镇，将其合并到洛城镇；寿光镇改为圣城街道，张建桥乡改为张建桥街道。至此，全市共分3个街道、17个镇、2个乡、1个开发区。9月，经市政府批准，在圣城街道设置10个社区，分别是汇文社区、古槐社区、石马社区、温泉社区、晨鸣社区、仓圣社区、建新社区、龙泉社区、站前社区、兆祥社区。在张建桥街道设置3个社区，分别是学院社区、向阳社区、现代社区。

在城区四环路以内，圣城、张建桥、文家3个街道各村设置社区居民委员会，与村委会一套班子、两块牌子，其中圣城街道26个：城里、东关、西关、九巷、高家、南关、北关、梨园、北坦、杨家、南前三里、南后三里、前张家庄、后张家庄、南魏家庄子、田家庄、燕家庄、徐家、小李家、东夏家庄、东公孙、西公孙、刘旺、仁和、小东关、北魏家庄；张建桥街道16个：张建桥、王家口子、椒园、崔家、父子侯、东营、东郭、延庆寺、南辛庄、前朴里、赵家仕庄、李家仕庄、东付家庄、东七、三官庙、后朴里；文家街道4个：文家、仉家、前游、后游。文家街道城区内党政机关、企事业单位不单设社区居民委员会，根据居住区域，分别由文家、仉家、前游、后游社区居民委员会管理。

2003年9月，撤销古城乡、北洛镇，合并设立古城街道；撤销张建桥街道，将其合并到圣城街道；撤销洛城镇，改称洛城街道；撤销孙家集镇，改称孙家集街道。

2005年1月，撤销大家洼镇，设立大家洼街道。7月，撤销卧铺乡，将其合并到羊口镇；撤销王高镇，将其合并到田柳镇；撤销道口镇，将其合并到营里镇。

2007年7月，经市政府批准，营里镇北辛庄子村民委员会更名为新庄子村民委员会。8月，撤销田马镇，将其合并到稻田镇；撤销留吕镇，将其合并到洛城街道；大家洼街道划归潍坊市寒亭区管辖。

2008年5月，洛城街道28个村民委员会改为社区居民委员会。村改居后实行一套班子、两块牌子。分别是：屯田西、屯田东、六股路、桥南李、邵家庄子、褚庄、西范、南亓疃、洛城西、洛城中、洛城东、董家庄前、董家庄后、坡子、小官道、安平、官桥、东马家庄、寒桥东、太平、复兴、惠民、寺西、南纸坊、北亓疃、河东隅、西刘、寒桥西。7月，文家街道新设置2个社区，分别是菜都社区、西城社区。

同年10月，市政府出台城市社区规划，以主要干道、街巷、河流等为界，以城区为中心，在四环路（东至弥河东岸豪源路、西至西环路、南至南环路以南金东街、北至北环路）以内，规划建设城市社区服务中心16个，总面积33.2平方公里。总户数5万户，总人口17.8万余人。其中，圣城街道13个：城南农村社区、龙泉社区、兆祥社区、古槐社区、现代社区、汇文社区、温泉社区、向阳社区、学院社区、建新社区、仓圣社区、石马社区、晨鸣社区。文家街道2个：西城社区、菜都社区。洛城街道1个：牡丹社区。

2009年12月，上口镇被列为省中心镇。2010年2月，全市于2008年12月规划设置的112个农村社区全部建成通过验收，被民政部命名为全国农村社区建设实验全覆盖示范单位。

2010年年底，全市辖圣城街道、文家街道、古城街道（与市经济开发区区街合一建制）、孙家集街道、洛城街道5个街道，化龙镇、营里镇、台头镇、田柳镇、上口镇、侯镇、纪台镇、稻田镇、羊口镇9个镇，共975个村（居）委，其中村民委员会922个、居民委员会53个。

2010年寿光市各镇（街道）所辖村（居）委统计表

表1-1-1

镇（街道）	村（居）民委员会名称及数量
圣城街道	东关居委、南关居委、城里居委、小东关居委、北坦居委、岳家庄、大仓、刘旺居委、东夏家庄居委、北魏家庄居委、南后三里居委、东玉兔埠、西玉兔埠、曹家、郝家、范家、十里铺、李二、田家庄居委、燕家庄居委、东公孙居委、西公孙居委、南前三里居委、南魏家庄子居委、小李家庄居委、仁和居委、东石、西石、沙阿、益城、南胡家庄、徐家居委、前张家庄居委、后张家庄居委、北关居委、西关居委、九巷居委、杨家居委、梨园居委、高家居委、于家庄子、北前三里、北后三里、北郭家庄、夏家庄、张建桥居委、王家口子居委、东付家庄居委、椒园居委、赵家仕庄居委、桑家仕庄、肖家楼、南马范、崔家居委、东七居委、西三官庙居委、父子侯居委、金马寨、东营居委、东郭居委、南辛庄居委、延庆寺居委、前朴里居委、后朴里居委、赵旺铺、金家庄子、杨家仕庄、李家仕庄居委、张家仕庄、韩家仕庄，共28个村委、42个居委
洛城街道	洛城西、洛城中、洛城东、坡子、小官道、安平、官桥、阎家庄、四里、董家庄前、董家庄后、屯田东、屯田西、六股路、邵家庄子、桥南李、西范、褚庄、南亓疃、黄家庄、薛家庙子、朱家、南李家庄、东孙家庄、唐家、南范、马家齐村前、马家齐村后、南官庄、北官庄、康家尧水、李家尧水前、李家尧水后、王家尧水西、王家尧水东、张家尧水、梁家尧水、黄家尧水、东刘、东高家庄、丁家店子、董家营子、岔河、浮桥、东范、谷家齐村、西高湛、王家、陈屯、复盛、刘家尧河、冯家尧河、杨家尧河、查芦、于家尧河、张桥、东马家庄、段家尧河、吕家尧河、寒桥东、寒桥西、太平、复兴、惠民、西刘、河东隅、北亓疃、寺西、南纸房、北纸房、南徐、饮马、后牟城东、后牟城西、中心牟城、安全牟城、韩家牟城、东锡家邵村、西锡家邵村、贤疃、王家疃、贤村东、贤村西、北徐、寨里、留吕、东张家庄、北马家庄、东陈家庄、郎家庄、南庄、后寨、金家庄子、斗鸡台、郭家营、东于、高淮、成家、东高湛东、东高湛西、卞家、崔家庄子、贾家、丁家楼、柴家、刘家、尹家前、尹家后、林家、东斟灌、西斟灌、斟灌城里、斟灌城南、北城西、南城西、辛庄子、屯上、董家庄子，共118个村委
文家街道	文家居委、前游居委、后游居委、仉家居委、西赵家庄子、先锋营、王家大庄、朱桥、八里、王家老庄、高家庄、庞家庄、刘桥、冯家、西文、南官桥、北官桥、王端宇、王家营西、王家营东、西河、东河、冀家、高家官庄、业家官庄、蔡家营东、蔡家营西、二黄、前刘家庄子、布政、安乐屯、南马店、北马店、钱埠、邱家庄、苏家庄、韩家庄、四合、北付家庄、桐业官庄、台柳庄、西陈、西潘曲、南潘曲、北潘曲、逢源、张家河头、岳家铺东、岳家铺西、大尧、小尧、董家屯、北胡家庄、桑家庄、桑家营子、吕家庄，共52个村委、4个居委
古城街道	古城一、古城二、前王、后王、义和、莱坞、贺家西、贺家东、金旺、瓦庙、前疃、苗家桥、顶盖、桥子、单家庄、徐家庄子、更新庄、久安官一、久安官二、久安官三、兴旺官、石头屋、东罗桥、西罗桥、袁家官、太平官、常治官、古城十里铺、桑家官庄、刘官庄、庵头、北冯、俎家庄、赵家井子、赵家庄、北洛、垒村、尚家庄、临泽一、临泽二、临泽三、南孙云子、北孙云子、罗家庄、沙埠屯、杨庄、戴家庄子、刘家庄、北马范、罗庄、范家沟子、安家庄、刘家崖子、王家庄、周家庄、贾庄、范家庄西、范家庄东、野虎、杨家庄、曹家庄，共61个村委

续表 1-1-1

镇（街道）	村（居）民委员会名称及数量
孙家集街道	孙家集、朱家峪、邢家庄、呙宋台、宋家庄、胡营西庄子、三元朱、五合、汤家庄、汤家埠、南刘、河涯王、高松、后杨、胡营王、蒋家集、三元孙、岳寺高、一甲、二甲、贾家庄、堤里、三甲、西侯家庄子、石门董、张家埠子、前周家庄、马疃张家庄、楼子李、陈家庄、小杨家庄、齐家、东侯家庄子、西颜方、西崔家庄、大李家庄、孙家、范于、潘家、丰顺王、肖家营、胡营孙、尚家、西张家庄、前杨、淄河店、后胡营、丁家庄、岳寺韩、石家庄、郭家庄、泽科、西马家、王裴、南马疃、北马疃、马疃卢家、边线王、牟家庄、黄埠、岳寺李、鲍家楼、东马疃、小店铺、达字刘、小董家庄、彭家庄、东颜方、钓鱼台、王庙、高阜营子、胡营一、胡营二、西屯、郑家庄、张家寨子、南王、三元王，共 78 个村委
羊口镇	第一居委、第二居委、第三居委、第四居委、第五居委、第六居委、宅科一、宅科二、宅科三、宅科四、宅科五、南宅科、郑家庄子、单家庄子、任家庄子、丁家庄子、李家坞、寇家坞一、寇家坞二、寇家坞三、寇家坞四、寇家坞五、寇家坞六、寇家坞七、卧铺、南木桥、北木桥、吴家卧铺、曹辛庄、刘旺庄、侯辛庄、郭井子、东桃园、西桃园、八面河、杨家庄子、官台、营子、王家庄子、齐家庄子、菜央子、杨家围子、六股路，共 37 个村委、6 个居委
侯镇	侯镇、侯镇一、侯镇二、侯镇三、侯镇四、侯家河东、孟家河东、李家河东、仉家、东河南、鲁丽居委、西河南二、王家巷、南寨、炉房、大道、北杨家、温家、张家庄子、岳庄、杨官庄、黄桥魏家、黄桥王家、泊头子、小泊头、黄桥张家东、黄桥张家西、四岐仓、河西、前下舟、后下舟、地沟、小地沟、黄家庄子、李家台、挑沟子、马家、三屋子、刘家辛章、王家辛章、赵家辛章、西岔河一、西岔河二、东岔河、甫刘、北寨、许家岭、郭家洼、李家官庄、刘家官庄、斜庙子、钟家、李家、老大营、神树坡、东南岭一、东南岭二、东南岭三、北宋岭、南宋岭、丰台岭、张家围子、台后、台西、台东、王疃、北辛庄、北崔家庄子、红庙子、果子园、河沟、西黄家庄子、申明亭、西柴庄、东柴庄、佛屋、草碾子、李桥、东毕一、东毕二、东毕三、西毕、碱疃、南仉庄东、南仉庄西、北仉庄、黄疃，共 86 个村委、1 个居委
稻田镇	东稻田、西稻田、西丹河、东丹河、潘家庄、北董、南齐、崔岭东、崔岭西、田家、魏方、梁武赵、德胜张、官路、李营、张家营后、张家营前、杨家营、高家营、常乐营、西刘营、东刘营、蒋家营、前东刘、东河沟、马寨、牛寨、李寨、宋家稻庄一、宋家稻庄二、宋家稻庄三、宋家稻庄四、董家稻庄一、董家稻庄二、潘家稻庄、王望一、王望二、王望三、常流、水南、吴家、兴隆、安埠、刘埠、管村、大伦、小伦、南慈、北慈、谭家、谭何、赵家、卜家庄、何家、南河涯、北河涯、田马一、田马二、南韩、灶户、毕家庄、马家村、高家埠、南里任、青田胡、西里、东里、河东里、殷家、北屯、宋家、西风亭、东风亭、孟家庄、太平寺、步家楼、阁上、阁后张、孟家桥、阁后王、圈子、官家庄、拉塔埠、东桂、葛家、西庞、南陈家庄、南夏、娄家、北夏、西桂、陶官前、陶官中、陶官后、尹家、魏家口、国家埠、桂河一、桂河二、桂河三、杨家、芳林院、卜家、东赵庙、西赵庙、东菜园、西菜园、韩家埠、狮子王、东庞陈、于家、增盛，共 112 个村委
台头镇	北台头、北洋头、前赵埠、后赵埠、南洋头、南台头、付家茅坨、马家茅坨、刘家茅坨、夏家茅坨、南兵、郑辇、北孙家庄子、官庄、大坨、小坨、禹王沟、三益、三座楼、东庄、汪家营、刘家河头、后寨子、连城庄子、一座楼、韩家庄子、明楼、太平庄、北蔺家庄、邢家茅坨东、邢家茅坨西、马家庄、付家庄、李王庄、彭家道口一、彭家道口二、彭家道口三、彭家道口四、牛头镇、张家庄、纪家桥子、辛庄，共 42 个村委
化龙镇	化龙桥、南柴、务本、辛家庄、魏家、鲍家、张屯、苏社、北柴东、北柴西、裴家岭、裴西、前张、马家庄子、和平、岳家、安乐、丰城一、丰城二、丰城三、丰城西、西庄子、城南、辛旺庄、西贾家庄、南王庄、小王庄、王庄前、王庄后、李家庄、崔家庄、二十里铺、夏家店子、辛店、信家桥、李家屯、芦家营、蔺家庄、三合、姚屯、信老、钦西、马庄、庆家庄、埠西一、埠西二、埠西三、白家桥、郝屯、乐业、板桥、中李、高家庄，共 53 个村委

续表 1-1-1

镇（街道）	村（居）民委员会名称及数量
纪台镇	纪台东、纪台西、齐家庄、姜家庄子、赵家尧河、凤凰庄子、前老庄、牛角、于家桥子、后老庄、堠子坡、玉皇庙、王家辛庄子、尹官庄、礼乐王、桂家、九阜官庄、宋家庄子、南李家官庄、三官庙、丁家尧河、吴家庙子、西高家庄、吴西刘、陈家尧河、小王家、耿家庄子、远水庄、同兴庄、尧河店子、纪西刘、东方东、东方西、孟家官庄、青龙孙、郝家庄、西曹、任家庄、韩家、桃园、青邱、张家楼子、张家庙子、冉家庄子、任家洼、前曹、曹官庄、东刘家庄子、铁匠庄子、后曹、东常家庄、西常家庄子、房家庄、王牟、赵家庄子、冯家庄、魏家官庄、苏秦庄、郭家庄、周家庄、王府庄、安家、殷家庄、黄孟庄、王桥、东埠、镇武庙、吕家庄一、吕家庄二、吕家庄三、吕家庄四、寨子，共 72 个村委
田柳镇	田柳、永甫庄、王高二、王高三、王高四、王高五、王高六、王高七、王高八、前王家庄子、申明亭、冯家宋、西王高、洼底桥、后疃、郎家营、西青冢子、陈家马庄、后王家庄子、袁家桥、东青冢子、朱家庄子、西兴王、马家塘、薛家庄、 刘家桥、唐家庄、于家庄、桑家庄子、丁家庄子、常家庄、杨疃、东头、李家宋、巨家庄、北岭、尹家宋、东埠头、中埠头、西埠头、前古河、后古河、张僧疃前、张僧疃后、赵家庄、孙家岭、李家庄子、王家庄、毛家庄、邢姚一、邢姚二、邢姚三、邢姚四、苇园子、芦家庄、南袁、刘家庄子、阇黎院、寨里、阎家庄子、南王里、北王里、朱家崖、邵家岭、西马庄、东马庄、北崔家庄、坡里，共 68 个村委
营里镇	营里社、西浊北、东浊北、前浊北、孙家庄、晋家疃、西中疃、东中疃、北李家庄、前南河、北南河、九曲、西北河、大北河、东北河、郝家柳杭、王家柳杭、杨家柳杭、北岔河、南岔河、中营、吴家营、袁刘、益隆道口、西道口、河北道口、东道口、孙河南、王河南、东黑冢子、齐家黑冢子、西黑冢子前、西黑冢子后、北辛庄子、鹿家庄子、周家庄子、吴家庄子、南王家庄子、南单前、南单后、北单、北陈家、北宋家庄子、李家湾、央子、陈家营、李家营、牟家营、王家圈、河崖子，共 50 个村委
上口镇	上口一、上口二、上口三、东北上口、西北上口、程北上口、赵王南楼前、赵王南楼后、南楼老庄、双井口、黄家河口、东堤、西堤、河疃、三北楼、颜家北楼、甄家北楼、张家北楼、王家北楼、西景明一、西景明二、西景明三、东景明、兴旺庄、李家南邵一、李家南邵二、李家南邵三、许家南邵、贾王南邵、郎家南邵、邵家留营、东方吕前、东方吕后、西方吕东、西方吕北、西方吕南、回河口、郭疃东、郭疃西、增城、前牟邵村、后牟邵村、杨家邵村、王家留营、付吴邵村一、付吴邵村二、张家留营、广陵一、广陵二、南广陵、东伦疃、西伦疃、西广陵、口子、小营、张家屯、南半截河、北半截河、郭家下口、吴家下口、齐家下口、任家下口、林家下口一、林家下口二、林家下口三，共 65 个村委

第二章 地质 地貌

第一节 地 质

构造单元划分 在大地构造上属于华北板块（Ⅰ级单元）、华北拗陷（Ⅱ级单元）、济阳拗陷（Ⅲ级单元）、东营拗陷（Ⅳ级单元），五级构造单元可分为东营凹陷（V_1）、广饶凸起（V_2）、牛头凹陷（V_3）、双河凸起（V_4）、寿光凸起（V_5）、昌乐凹陷（V_6）。

东营凹陷 位于寿光市最北部，南与广饶凸起相邻。受古近纪末期盆地整体抬升影响，该区东营组被完全剥蚀，新近系直接覆盖于古近系之上，古近系主要为沙河街组和孔店组，其下部为侏罗系和寒武系。

广饶凸起 北部为东营凹陷，南部为牛头凹陷和双河凸起，呈带状东西向展布，东部伸入莱洲湾。广饶凸起自古生代隆起后，一直处于剥蚀阶段，直到新近纪又开始接受沉积，使得其缺失古近纪和中生代地层，新近系直接覆盖于古生代寒武－奥陶系之上。

牛头凹陷 位于寿光市中部，北及东北为广饶凸起和双河凸起，南为寿光凸起和昌乐凹陷。该凹陷内地层差异较大，北部及东部新生界较厚，第四系、新近系和古近系均有发育，其下为侏罗－白垩系，基岩埋藏较深，而西南部新生界仅有第四系和新近系，且厚度较薄，直接覆盖于寒武系之上。

双河凸起 位于寿光市东北部，西北与广饶凸起相邻，西南与牛头凹陷相邻，东北伸入莱州湾。该凸起为一高凸起，新生界主要为第四系和新近系，下部为寒武－奥陶系，基岩埋深较浅。

寿光凸起 位于寿光市西南部，四周被牛头凹陷和昌乐凹陷所包围。该凸起为一高凸起，第四系和新近系很薄，下部为古生代寒武系和太古代泰山群，基岩埋深较浅。另外，根据区内钻孔资料，凸起东南部小范围内分布有古近纪沙河街组，而缺失寒武系，下部为太古代泰山群。

昌乐凹陷 位于寿光市最南部，第四系、新近系和古近系均有发育，根据附近物探资料，其下部为寒武－奥陶系。该区代表了2次重要的抬升剥蚀过程。孔一段沉积末期的构造抬升运动造成的剥蚀量较小，而沙河街末期的构造抬升运动使得该区普遍缺少沙三段、沙二段、沙一段以及东营组，剥蚀厚度较大。

地层岩性分布 根据区域地质、物探资料以及钻孔资料，寿光市发育的地层主要有第四纪平原组、新近纪明化镇组和馆陶组、古近纪沙河街组和孔店组、中生代侏罗－白垩系、古生代寒武－奥陶系、太古代泰山群。总体特征是各构造单元内地层向南倾，埋深及厚度由南向北增大。

第四纪平原组 主要为灰黄色、棕黄色黏土、砂质黏土夹粉砂－细砂层，常含有钙质结核，与下伏地层呈整合接触，厚度一般小于300米。

新近纪 在牛头凹陷南部及以南地区。该层顶板埋深小于300米，厚度一般小于300米，主要为棕红、灰绿色泥岩、砂质泥岩与棕黄色、灰绿色粉砂岩、泥质粉砂岩，并夹有黑色玄武岩，与下伏地层不整合接触。在东营凹陷、广饶凸起、双河凸起和牛头凹陷北部，该层自上而下又细分为明化镇组和馆陶组。明化镇组主要为土黄、棕黄、棕红色泥岩、砂质泥岩与灰白色砂岩，与下伏馆陶组整合接触。顶板埋深一般在200～300米，厚度以东营凹陷内最大，在500～600米，广饶凸起、双河凸起、牛头凹陷北部厚度在200～300米。馆陶组主要为灰白色细－中砂岩、砾状砂岩、灰绿色粉砂岩和棕红色泥岩的交互沉积，与下伏地层呈不整合接触。东营凹陷内顶板埋深700～850米，厚度小于300米；牛头凹陷北部顶板埋深400～500米，厚度100～200米；广饶凸起、双河凸起内顶板埋深500米左右，厚度小于100米。

古近纪沙河街组 除广饶凸起、双河凸起、寿光凸起西部、牛头凹陷西南部缺失外，其他地区均有分布。沙河街组自上而下分为四段，沙一段主要为深灰色泥岩、生物灰岩和灰质砂岩；沙二段为棕红色泥岩和灰色砂岩、含砾砂岩互层；沙三段上部以褐灰色、灰绿色泥岩为主，夹薄层细砂岩、灰质砂岩及白云岩，下部以浅灰色细砂岩为主，与褐灰色泥岩呈互层状；沙四段上部为灰色、灰

绿色泥岩夹油页岩、白云岩和薄层砂，下部为棕红色泥岩夹砂岩。东营凹陷内该层顶板埋深750～1100米，厚度450米左右，主要为沙三段和沙四段，沙一段和沙二段仅在北部有分布，厚度50～80米。牛头凹陷北部，顶板埋深500～700米，厚度900米左右，为沙三段和沙四段，其中沙三段400米左右，沙四段500米左右。牛头凹陷东部，顶板埋深350～550米，厚度500米左右，主要为沙四段。昌乐凹陷内顶板埋深200～400米，厚度250米左右，均为沙四段。寿光凸起内沙河街组仅在东南部有小面积分布，根据区内钻孔资料，顶板埋深485米，厚度175米，为沙四段。该层与下伏地层不整合接触。

古近纪孔店组　除广饶凸起、双河凸起、寿光凸起、牛头凹陷西南部缺失外，其他地区均有分布。东营凹陷内其顶板埋深1200～1550米，厚度150～650米，上部主要为紫红、棕红色泥岩与粉砂岩和细砂岩互层，下部主要为灰色泥岩、砂质泥岩夹粉砂岩。牛头凹陷和昌乐凹陷内孔店组自上而下分为孔一段和孔二段，孔一段为棕红色砂岩与棕红色、紫红色泥岩不等厚互层，孔二段主要为暗色泥岩夹炭质泥岩、页岩及薄层砂岩。在牛头凹陷北部，孔店组顶板埋深1550米左右，厚度550米左右；牛头凹陷东部，孔店组顶板埋深850～1050米，厚度达1600米；昌乐凹陷内，其顶板埋深500米左右，厚度1000米左右。孔店组与下伏地层不整合接触。

中生代侏罗－白垩系　2000米以浅仅在东营凹陷内有分布，区内钻孔揭露顶板埋深1575米、厚度234米，主要为红色砂泥岩和碎屑岩夹炭质泥岩，与下伏地层呈不整合接触。

古生代寒武－奥陶系　2000米以浅主要分布于东营凹陷、广饶凸起、双河凸起、牛头凹陷西南部、寿光凸起和昌乐凹陷内，岩性主要为灰色灰岩、白云岩及页岩等。该层顶板埋深在各构造单元有着较大差异，东营凹陷内为1800米左右，广饶凸起和双河凸起内为500～700米，牛头凹陷西南部在300米左右，寿光凸起为200米左右，东南部缺失该层，昌乐凹陷内顶板埋深为1400～1700米。寿光凸起内该层厚度500～600米，其他地区厚度达1500～1800米。

太古代泰山群　2000米以浅仅分布于寿光凸起内，顶板埋深600～800米，岩性为一套肉红色花岗片麻岩和浅灰绿、黑色花岗角闪岩。

玄武岩　根据山东省北部地区磁异常平面图和部分钻孔资料验证，寿光境内新近纪－第四纪地层内较广泛的存在玄武岩。这一时期火山多次活动，规模较大，活动性强。岩石化学成分偏碱性，类似大洋橄榄拉班玄武岩，属大陆碱性玄武岩类型。

断裂构造　区内断裂均为隐伏断裂，主要有广南断裂、何家官－寒桥断裂、五井断裂、临朐－玻山断裂等。

广南断裂　位于广饶凸起南部，是广饶凸起的南部边界，走向北东向，向东北延伸至莱洲湾，断裂北部为上升盘，南部为下降盘。该断裂活动时间长，始于古生代初期，止于新近纪。

何家官－寒桥断裂　该断裂是山东省物化探勘查院根据物探推测的断裂，走向东西向，倾向南，倾角40°左右，产生于古近纪，其间发生巨大的垂直升降运动，在第四纪仍有活动，力学性质为张性。该断裂是昌乐凹陷与寿光凸起和牛头凹陷的分界断裂，断裂中部被五井断裂切割。

五井断裂　寿光市内沿弥河一线发育于第四系之下，走向北东向，倾向以南东向为主，倾角70°～80°，宽5～20米。该断裂具有多期活动特点，为先张后压扭，南东盘下落，北西盘上升，新近纪之前活动较为强烈，之后活动相对较弱。

临朐－跋山断裂　该断裂是山东省地质调查院通过卫星照片解译，野外验证发现的一条大断裂，走向为南北向，近直立，宽10～100米，区域上长达上百公里，在寿光市隐伏于第四系之下，向南切割五井断裂，是寿光凸起的西界断裂。其产生时间可追溯到侏罗系三台组沉积之前，中生代活动较弱，新生代又强烈活动，并控制第三纪的沉积及火山岩的喷发，是仍在活动的断裂，其性质为先张后压。

另外，寿光市还有数条推测断裂，并构成凸起与凹陷的分界，如东营凹陷和广饶凸起的分界断裂，双河凸起和牛头凹陷的分界断裂，牛头凹陷与寿光凸起的分界断裂，并在部分构造单元内部也发育有一系列较小断裂，走向主要为东西向、南北向和北东向。

第二节 地 貌

寿光处于鲁中山地以北，主要由弥河冲洪积微倾斜平原和海陆交互沉积形成的滨海平原组成。地貌类型从冲积－洪积山前平原向冲积－洪积山前倾斜平原及冲积－海积微倾斜平原过渡。地势是一个自南而北缓慢降低的平原区，地形标高变化于49.5～1米之间。海拔最高点在孙家集街道三元朱村东南角埠顶处，高程49.5米；最低点在营里镇的老河口附近，高程1米，南北相对高差48.5米，水平距离70公里，平均坡降万分之七，地面坡度1.2/1000左右。西部平坦且地势略高，东部地形较低洼，东西地形相对高差2～5米。河流和地表径流自西南向东北流动，形成大平小不平的微地貌差异。全市地形总体分3部分，7个微地貌单元。

寿南缓岗区　西起孙家集街道大李家庄，经纪台镇张家庙子村附近至稻田镇管村以南，为泰沂山区北部洪积扇尾。成土母质多为冲积物，土质较好。全区地形部位高，地面起伏大，地表径流强，潜水埋深大于5米。土壤类型多为褐土和潮褐土。

中部微斜平原区　地势平缓，坡降很小，分布有河滩高地、缓平坡地、河间洼地等微地貌单元。因受河流影响，各地貌单元呈南北走向间隔条带状分布。土壤母质为河流冲积物，河滩高地主要分布在丹河以东，南起稻田镇田马村以北，北至侯镇南端；弥河沿岸南起纪台镇、孙家集街道，北至营里镇南部，以及寿光城以北，地形部位较高，海拔多在9米以上，潜水较深，水热条件好，主要发育着褐土化潮土和潮土。河间洼地与河滩高地呈间隔平行分布。缓平坡地主要分布在化龙镇中南部和文家街道西南部，地形部位低，潜水较浅，多发育湿潮土、潮土，部分低洼地区发育着砂姜黑土。

滨海浅平洼地　主要包括侯镇、营里镇和羊口镇的全部或大部及台头镇的北部。地形部位低，海拔在4～7米之间。成土母质为海相沉积物与河流冲积物迭次相间。地下水埋深1～3米，矿化度较高。土壤为滨海盐土和滨海潮盐土。

2010年寿光市微地貌单元分布情况表

表1-2-1

名 称	分 布 位 置
缓岗（埠丘）	孙家集街道、纪台镇大部分地区和稻田镇的南部地区

续表 1-2-1

名 称	分 布 位 置
河滩高地	（1）丹河东岸，南起稻田镇中部，北至侯镇南端 （2）弥河沿岸，南起纪台镇、孙家集街道，北至营里镇南部 （3）寿光城以北
河间洼地	与河滩高地呈间隔平行分布
缓平坡地	文家街道西南部及化龙镇中部和南部
微斜平地	从河滩高地、河间洼地到浅平洼地的过渡地带
浅平洼地	侯镇、营里镇和羊口镇的全部或大部，台头镇的北部
海滩地	渤海沿岸近海处，海拔高程约 1 ～ 2 米

第三章 气候 物候

第一节 气 候

为暖温带大陆季风性气候。年内四季分明：春季（3 ～ 5 月），受北方变性气团影响，天气逐渐变暖，气温回升快；夏季（6 ～ 8 月），受海上暖湿气团控制，天气炎热多雨，多刮东南风；秋季（9 ～ 11 月），海洋气团渐退，北方冷空气逐渐南侵，天气趋于凉爽；冬季（12 月～次年 2 月），受西北大陆气团控制，天气干燥寒冷，多刮西北风。

气温 1991—2010 年，年日平均气温为 13.6℃，日最高气温为 42.5℃（2009 年 6 月 25 日），日最低气温为 - 15.6℃（1997 年 1 月 6 日）；7 月份平均气温最高，为 27.1℃；1 月份平均气温最低，为 - 1.9℃。年气温差为 29℃。

1991—2010 年寿光市（县）各月平均气温表

表 1-3-1

月份	气温（℃）
平均	13.6
1	-1.9
2	1.6
3	7.1
4	14.5
5	20.2
6	24.9
7	27.1
8	25.7
9	21.4
10	15.1
11	7.2
12	0.6

日照 1991—2010年，年平均累计日照时数为2380.8小时，年最多2639.9小时（1997年），年最少为2156.5小时（2003年），日照百分率为53.8%。

1991—2010年寿光市（县）各月平均日照时数表

表1-3-2

月份	日照时数	日照百分率（%）
年平均	2380.8	53.8
1	167.8	54.3
2	168.7	54.8
3	205.5	55.2
4	231.1	58.5
5	260.5	59.3
6	230.0	52.5
7	195.8	44.2
8	188.3	45.3
9	198.6	54.0
10	197.3	57.2
11	173.0	57.1
12	164.4	55.2

降水 1991—2010年，年平均降水量为582.9毫米，年最大降水量为869毫米（2004年），年最少降水量为362.5毫米（2006年）。年内分配：春季87.3毫米，占全年的15%；夏季367毫米，占全年的62.9%；秋季103.7毫米，占全年的17.8%；冬季24.9毫米，占全年的4.3%。日最大降水量为176.1毫米（2001年8月4日）。

1991—2010年寿光市（县）平均年、季、月降水分布表

表1-3-3

年、季、月		降水量（毫米）	占年降水量(%)
年		582.9	100
春季	3月	12.6	15
	4月	25.3	
	5月	49.4	
夏季	6月	80.9	62.9
	7月	127.7	
	8月	158.4	
秋季	9月	51.5	17.8
	10月	32.2	
	11月	20.0	
冬季	12月	8.3	4.3
	1月	5.0	
	2月	11.6	

湿度与蒸发 境内湿度变化基本反映大陆性季风气候的特征。冬季受西伯利亚大陆气团控制，盛行偏北风，湿度小；夏季受海洋气团影响，多东南风，湿度大。水汽压历年平均值为12.1百帕，最大值出现在7月，为26.4百帕；最小值出现在1月，为3.3百帕。历年平均相对湿度为64%，8月最高，为80%；3月、4月最低，为54%。历年平均蒸发量为1814.1毫米；月平均蒸发量最大值出现在6月，为273.7毫米；最小值出现在1月，为45.6毫米。

1991—2010年寿光市（县）各月平均湿度与蒸发量表

表1-3-4

月份	水汽压（百帕）	相对湿度（%）	蒸发量（毫米）
全年	12.1	64	1814.1
1	3.3	61	45.6
2	3.9	57	75.5

续表 1-3-4

月份	水汽压（百帕）	相对湿度（%）	蒸发量（毫米）
全年	12.1	64	1814.1
3	5.2	54	150.5
4	8.7	54	217.3
5	13.3	59	262.9
6	18.9	63	273.7
7	26.4	75	215.8
8	26.1	80	168.6
9	18.1	72	154.5
10	11.2	65	123.4
11	6.5	63	76.6
12	4.1	63	49.8

气压和风　境内历年平均气压为 1013.7 百帕，1 月气压最高，为 1024.7 百帕；7 月气压最低，为 1000.7 百帕。上半年逐月下降，下半年逐月上升，年较差为 24 百帕。因受季风环流的影响，一年四季风向不一。主导风向是东南偏南风，冬季盛行西北偏西风，夏季盛行东南风。历年平均风速为 2.8 米／秒，4 月最大，为 3.4 米／秒；8 月、9 月最小，为 2.3 米／秒。年最大 10 分钟平均风速为 14.7 米／秒（西风），历年瞬间最大风速为 25.9 米／秒。

1991—2010 年寿光市（县）各月平均气压和风速表

表 1-3-5

月份	气压（百帕）	风速（米／秒）
全年	1013.7	2.8
1	1024.7	2.6
2	1021.9	2.8
3	1017.4	3.2
4	1011.4	3.4
5	1006.8	3.2
6	1002.4	3.0
7	1000.7	2.6

续表 1-3-5

月份	气压（百帕）	风速（米／秒）
全年	1013.7	2.8
8	1004.7	2.3
9	1011.3	2.3
10	1017.4	2.5
11	1021.2	2.6
12	1024.6	2.6

霜期　境内历年平均无霜期 204 天。初期一般出现在 10 月中旬，最早 10 月上旬，最晚 11 月中旬；终期一般在次年的 4 月中旬，最早 3 月上旬，最晚 5 月上旬。无霜期与日平均气温稳定通过 10℃的温暖期基本吻合。

地温与冻土　境内历年平均地面温度为 15.6℃，高于气温。1 月最低，平均 -1.9℃；7 月最高，平均 30.4℃。土壤温度浅层变化，冬季封冰温度为 0℃以下，春季温度回升迅速，夏季 7 月份达到极点；秋季 10 月后温度急速下降。1991—2010 年的平均地面冻结初日是 11 月 16 日，最早冻土初日是 11 月 8 日（1991 年），最晚冻土初日是 12 月 11 日（2007 年）；地面平均冻土终日是 2 月 13 日，最早为 1 月

23日(2000年),最晚冻土终日是4月1日(1996年)。历年最大冻土深度是41厘米(2003年)。

1991—2010年寿光市(县)各月平均地温表

表1-3-6

单位:摄氏度(℃)

月份	地面0厘米	地中5厘米	地中10厘米	地中15厘米	地中20厘米
全年	15.6	14.9	15.0	15.1	15.0
1	-1.9	-1.5	-1.1	-0.7	-0.2
2	2.3	2.1	2.2	2.2	2.3
3	9.0	8.2	8.1	8.0	7.8
4	17.9	16.1	15.8	15.5	15.0
5	24.5	22.9	22.5	22.1	21.5
6	29.4	27.7	27.2	26.9	26.3
7	30.4	28.8	28.4	28.2	27.7
8	28.6	27.3	27.1	27.3	27.1
9	24.0	23.1	23.1	23.3	23.3
10	16.2	16.7	17.0	17.4	17.7
11	6.9	7.7	8.3	9.0	9.5
12	0.1	0.4	1.1	1.8	2.5

第二节 物 候

物候表现 1991—2010年，境域受气候逐渐变暖、降雨量总体逐渐减少影响，物候发生变化，春季物候提前，秋季植物生长期延长，落叶期推后。

2010年寿光市四季变化物候表

表1-3-7

季节	物候现象
春季	冰冻、雪始融化。梨树展叶初花，桃树初花，榆树、柳树、杨树开花，槐树、泡桐树发芽，苹果花芽膨大、叶芽开绽，迎春花开。小麦返青拔节，地瓜育苗。燕子、斑鸠南来，青蛙出河，蛇复苏，喜鹊垒巢
夏季	苹果、桃子果实膨大，梨树结果，泡桐树、刺槐开花。地瓜栽秧，棉花出苗、现蕾，小麦抽穗、成熟，夏玉米播种、出苗，西瓜成熟。布谷鸟南来，壁虎、蝙蝠出穴，蝉始鸣唱
秋季	梨、桃子、苹果成熟，梨树、桃树、苹果树、泡桐树、杨树、榆树落叶。棉花开花成熟，夏玉米抽穗成熟，小麦播种、出苗、分蘖，地瓜、白菜、萝卜成熟。斑鸠北去，燕子、大雁、布谷鸟南迁，蟋蟀终鸣，蛇蛰眠，蛙入河，壁虎、蝙蝠入穴，蝉声止。始降霜
冬季	国槐、柳树落叶。降雪，结冰

物候及天气谚语 小雪封地，大雪封河。

小雪不封地，不过三两日。

大雪不封河，搁不住北风戳。

冷在三九，热在中伏。

一九、二九不出手，三九、四九冰上走；五九、六九沿河看柳，七九河冰开，八九燕子来；九九八十一，家里做饭坡里吃；九九加一九，耕牛遍地走。

云往东一阵风，云往西披蓑衣。

蚂蚁拦路，大雨如注；蚂蚁牵线，大雨立见；蚂蚁过冈，大雨乒乓；蚂蚁垒窝，大雨成河；蚂蚁成群爬上墙，雨水淋湿大屋梁；蚂蚁集群，大雨来临。

开门风，闭门雨。乌云接落日，不下（雨）今日下（雨）明日。

连刮三天东南风，下雨不用求仙灵。

东南的雨上不来，上来（淹）没锅台。

雨中蝉儿叫，宣告天晴了。

大雾不过三，过三十八天。

半夜青蛙叫，大雨已来到。

蛇过道，雨来了。

燕子钻天，（雨水）下满湾。

燕子钻天蛇过道，必有大雨到。

鱼虾翻湾，雨不过三。

瓮穿裙，雨淋人。

东虹雾露，西虹雨；出了南虹晒秫秫，出了北虹下涝雨。

虹吃云，下（雨）一指；云吃虹，下（雨）一丈。

清晨下雨当日晴，当日不晴下到明。

一场春雨一场暖，一场秋雨一场寒。

有钱难买五月里旱，六月里连阴吃饱饭。

大旱三年忘不了五月十三（农历）。

八月十五（农历）云遮月，正月十五（农历）雪打灯。

十月（农历）的天，后老婆的脸。

坷垃云，晒死人。

早霞不出门，晚霞行千里。

今晚鸡鸭早宿笼，明朝太阳红彤彤。

夏夜星密来日热。

月亮带风圈，一连刮三天。

天上鲤鱼斑，地上晒谷不用翻。

先下雨毛无大雨，后下雨毛不晴天。

春刮东南（风）夏刮北，秋刮西南不到黑。

第四章　水文

第一节　河流

境内共有17条河流，分大小5个水系，即弥河水系（包括西张僧河、张僧河东支）、丹河水系、塌河水系（包括阳河、织女河、龙泉河、乌阳河、王钦河、伏龙河、跃龙河、益寿新河、雷埠沟、小清河）、桂河水系（包括邢河）、崔家河水系（包括挑河子、芦洼沟、郭家营沟、斟灌沟）。最大河流是弥河，纵贯南北，将境域分为东西两部分。小清河从境域北端入海，长年流水，水上运输便利。

弥河　又称巨洋水。是一条天然山洪河道，发源于临朐县沂山西麓，流经临朐、青州两县市，由纪台镇王家村西南入寿光境，由南向北纵穿全境。弥河是寿光境内最大的径流河道，由于排泄上游山区之水，行洪时水流急、时间短。古时洪水泛滥频繁，徙流无定。据1951—2010年的水文资料，多年平均径流量2.3亿立方米。弥河历史上为常年流水河道，断流极少。20世纪80年代后，弥河成为季节性河流，且来水时间集中，大都在8月、9月份。青州谭坊水文站控制断面平均年断流天数达119天，最大年断流天数为269天。弥河在上口镇南半截河村北分为东、西两股泄洪：东股为老河道，在潍坊市滨海开发区双河村东北入海；西股为弥河分流，在下游汇入东、西张僧河，在羊口镇以东入海，泄洪能力1500立方米/秒。

弥河主河道全长206公里，其中境内60.4公里，分流河道长29公里。弥河流域内共兴建大中型水库3座（冶源水库、嵩山水库、黑虎山水库）。中华人民共和国成立后，弥河河道寿光段经多次治理，至2010年，境内沿河道建有9座拦河闸坝，分段拦截留存河水，用于工农业生产，弥河成为重要的地下水补给源和农业生态观光园，其中从纪台至寒桥段，建成沿河绿化带、湿地、滨河大道，创建成为国家级生态、农业观光园。

西张僧河 属弥河水系，是寿光西部的重要排水系统，源于孙家集街道，流经圣城、古城、田柳、台头、羊口等镇（街道），从清水泊农场场部东北部入营子沟后汇入弥河。境内全长41公里，上游河槽底宽10米，口宽16米，河槽泄流能力40立方米/秒，5年一遇排涝流量76立方米/秒。

张僧河东支 是寿光中部贯穿南北的一条骨干排涝及灌溉河道。源于寿光市孙家集街道，流经圣城、古城、田柳、营里、羊口等镇（街道），从清水泊农场前入弥河。河道总长35.4公里，城区段原底宽8～10米，口宽15～16米，深度2.5米。因受城区上游单位建设暗河尺寸的限制，2003—2004年，城区部分新建暗河，过水断面7.5～8平方米，流量15～16.8立方米/秒。

丹河 古称丹水。《竹书纪年》说的“尧放丹朱于丹水”，即指此水。发源于昌乐县，有大、小丹河2个源头，大丹河发源于昌乐县城西南的纪山，小丹河发源于昌乐县城东南的方山，两河在昌乐城西汇流向北入境，流经纪台、稻田、洛城、上口、侯镇5个镇（街道），经寿光市、寒亭区边界汇入弥河，注入渤海。丹河是寿光东部最大的河流，境内长50.4公里，20年一遇防洪流量337立方米/秒。2005—2007年，实施引弥入尧、丹、桂工程，将弥河、尧河、丹河、桂河河道串联，扩大回灌补源面积25万亩，年回灌补源量4000万立方米。

塌河 又称漏沟。塌河水系各支流呈扇形分布，均在巨淀湖附近汇入塌河干流。塌河自阳河入织女河汇口处开始，经巨淀湖东至李家坞村西，改道向东北，在八面河村东入小清河。塌河主要承泄临淄、青州、广饶三市（县）客水，汇入市境内水。境内长39.7公里，河底宽40～60米，排涝流量70立方米/秒，防洪流量125立方米/秒，20年一遇防洪流量493立方米/秒。

阳河 又称洋河。源于青州市为山、清凉山等山峪，经青州市、东营市广饶县入境。1978年5月，寿光县按照新的排水标准，将境内阳河进行改道治理，从付家庄村西北起，改道向北，经连城庄子村东、大坨村西，在一座楼村西入织女河。境内全长9.5公里，入境流域面积192.5平方公里。

织女河 又称女水，发源于临淄区、青州市的山丘地区，在台头镇刘家河头村入境，经巨淀湖南汇入塌河。境内全长9.9公里，入境流域面积341平方公里。

龙泉河 旧称灵泉河。源于青州市何官镇，由青州市张高村北入境，流经化龙镇、台头镇汇入阳河。境内长5.9公里，入境流域面积51平方公里，入阳河处流域面积86

平方公里。

乌阳河 又称乌阳沟、乌洋沟。源于青州市何官镇时家河村西北，北流，在邢家屯北入境，流经化龙镇、台头镇北洋头村西北汇入阳河。境内长14.5公里，入阳河处流域面积98平方公里。

王钦河 源于青州市何官镇王钦墓侧（口埠西），在青州市周家庄北入境，于北柴村北汇入乌阳河，境内长19.6公里，入境流域面积58.4平方公里。

伏龙河 又称附龙河。源于青州市何官镇北大王村东（口埠村南王钦墓侧），在文家街道安乐屯村西入境。原河道至北台头村入塌河，1978年后，从安乐屯以下河段已填平还耕。境内长20.5公里。

跃龙河 分东、西2条，俗称夹河。西跃龙河源于青州市何官镇口埠村北，在张楼店村东入境，经东罗桥村南与东跃龙河汇合，下游汇合处流域面积84平方公里。东跃龙河源于青州市口埠东与寿光交界处，在东罗桥村南与西跃龙河汇流。境内长15.8公里，下游汇合处流域面积69.7平方公里。

益寿新河 1977年10月，昌潍地区水利部门会同益都、寿光两县制订排水方案，设计挖益寿河，次年冬完成施工。新河西段西起青州市周家庄西南乌阳河，向东在周家庄南纳入王钦河，再向东入境，在文家街道安乐屯村西北纳入伏龙河，于庞家庄西纳入东、西跃龙河后向北，在巨淀湖东南汇入塌河。境内长28.4公里，入境流域面积252平方公里，流量118.2立方米/秒。

雷埠沟 源于东营市广饶县雷埠村西南，在南木桥村入境，经北木桥村东、东北坞村南入塌河。境内长7公里。

小清河 干流源于济南西部睦里闸，流经历城、章丘、邹平、高青、博兴、桓台、广饶等10个县（市、区），在羊口镇刘旺庄村入境，至羊口镇以东入渤海。小清河全长237公里，其中境内长28.5公里。该河流具有防洪、防潮、防涝、灌溉、航运等综合功能。20世纪70年代以前，小清河水清澈，鱼虾多。80年代开始，由于上游工厂排污严重，河水被污染，水质逐渐由清变黄变黑，水中生物生存困难，周边环境日益恶化。90年代中后期开始，由省政府统一部署，对小清河干流进行大规模治理，生态逐渐转好。

桂河 源于昌乐县方山，在稻田镇桂河村南入境，经稻田镇田家村南、管村北向东，经王望、伦家村北，下游注入寒亭区境内的大圩河故道。境内长19公里。桂河支流是邢河，源于昌乐县胶子山，在稻田镇贾家庄子西入境，经西庞陈、北夏、拉塔埠、崔家岭等村，在田家村以北注入桂河。境内长9.5公里。

崔家河 主河道在寒亭区，境内诸水是其支流，为寿光市东部和寒亭区西北部的排涝河道。包括郭家营沟、斟灌沟、芦洼沟、挑河子4条支流，均为人工开挖，承泄侯镇、洛城、稻田3个镇（街道）坡水，于寿、寒边界入崔家河。境内主河道长10.7公里，境内流域面积130平方公里。其中，郭家营沟：从稻田镇潘家稻庄村北起，经南庄村南和村东、郭家营村南和村东向北，在寒亭区傅家村西注入干流，境内长12公里，境内流域面积47平方公里。斟灌沟：从洛城街道东高湛村东起，经卞家村南、斟灌城南向东，在寒亭区傅家村西北与郭家营沟汇合为崔家河干流，境内长5.5公里，境内流域面积20.3平方公里。芦洼沟：从洛城街道辛庄子村北起，经侯镇碱疃村南、李家黄疃村南，在赵家黄疃村东北流入寒亭区境内，注入干流，境内长7.5公里，境内流域面积22.8平方公里。挑河子：从侯镇西毕村北起，经北仉庄村南，在赵家辛章村东南流入寒亭区境内，于禹王台村西北入干流，境内长12.3公里，境内流域面积 39.8 平方公里。

第二节 湖泊 水库

境内湖泊主要有巨淀湖、清水泊和双王城水库。其中巨淀湖和清水泊位于寿光西北部台头镇牛头镇村以北，古时湖、泊相连。

巨淀湖 古作钜定，今多作“洰淀湖”。位于境域西北部台头镇牛头镇村北，是寿光唯一天然湖泊，也是自然面貌保持最原始的湖泊。原湖水流畅旺，物产丰富，以盛产苇草、鱼虾著名，兼有引水灌溉之利。2010 年，巨淀湖面积由原来的5万多亩缩减到 1.5 万亩，水深 0.3～1.5 米，主要生产芦苇，年产芦苇 500 多万公斤。

1994 年起，台头镇及牛头镇开始发展巨淀湖旅游产业，配套建设水、电、路、林等基础设施，并对湖水进行污染治理，水质得到改善。2010 年，建成巨淀湖风景旅游区和红色旅游基地。

清水泊 位于巨淀湖以北，南与巨淀湖相通。过去，老淄河故道及跃龙、王钦等诸水先入巨淀湖，淤尽泥砂后，再流入此泊，故名清水泊。民国 12 年（1923 年），淄水改道，湖泊蓄水渐少，加之泊有漏沟北泄，逐渐干涸，今已淤积为平原芦苇洼地，湖泊不复存在。在明代，此地是青州衡王府的牧马场。中华人民共和国成立后，原湖区大部分被清水泊农场和市机械化林场垦为耕地和林区。20 世纪 60 年代，依据丰富地下卤水资源建立盐田。2008 年，该农场开始植树造林，建设生态林场。至 2010 年，下设 3 个农业分场、1 个自然村、2 个居委会，有职工 293 人。农场面积 5.4 万亩，其中棉田面积 1.8 万亩、生态林面积 1.3 万亩、盐田面积 1.5 万亩。是一个小型国有农垦企业。

双王城水库 双王城，史称盐城，又叫霜雪城，旧时有“雾现霜城”景观出现，今演称为双王城。1974 年 7 月，投资 36.4 万元，在原官台公社圈地近万亩，建成用于灌溉农田的双王城水库。该水库由大坝、截渗排水沟、进水闸、放水枢纽组成，总库容 1206.5 万立方米。夏冬引蓄弥河水，春秋放水灌田洗碱，灌溉面积 5.3 万亩。1981 年始，弥河断流，因无客水资源，水库干涸，逐渐失去原有作用，周围村民便在此开垦土地种植农作物，水库“撂荒”。

2003 年，国家启动南水北调工程，双王城水库被确定为国家南水北调工程的调蓄水库。2008 年 11 月通过国家发改委立项，2010 年 4 月完成征地拆迁，5 月 1 日正式动工建设，工期为两年半。工程占地面积 1.1 万亩，涉及羊口镇寇家坞等 8 个村庄和国有机械林场，总投资 8.1 亿元，设计水库最大库容 6150 万立方米，最大入库流量 8.6 立方米 / 秒，出库流量 28 立方米 / 秒，建成后计划向胶东地区年供水 4357 万立方米，向寿光市年供水 3000 万立方米。

第三节 海 湾

寿光市北临渤海莱州湾，海岸线长 30 公里，西起淄脉沟口，东至白浪河口，境内诸河流水均入海。

海水温度 浅海水温变化曲线与气温变化基本相同。15℃以上的时间约 150 天（5 月中旬至 9 月下旬）。最高水温 32℃（7 月），最低水温 -3.8℃（1 月）。结冰期多在农历腊月左右。

海水盐度 海水盐度在 12.28～31‰，pH 值 7.2～8.7。由于受河流和降雨影响的程度不同，离河口远的海域受影响较小，其盐度较高；离河口近的海域，受影响较大，盐度较低。

潮汐 沿海近岸水域，潮汐为正规半日潮，每天涨落2次，特殊情况出现3次。涨潮流向西南，水位抬高1.5米左右；退潮流向东北，最大流速每小时0.5海里。春季高潮水位平均0.8米，夏季1米，秋季1米，冬季0.7米。春季低潮水位平均-0.7米，夏季-0.5米，秋季-0.5米，冬季-0.7米。全年高潮平均水位0.8米，低潮平均水位-0.6米。历年潮水位峰值6.5米，出现在1992年9月。

波浪 沿海波浪以风浪为主，涌浪次之。渤海沿岸年发生风浪天数在160天左右，发生涌浪天数70天左右。平均波高约0.5～0.6米，一年中5米以上的大浪占1%左右，最大波高达8米。

第五章 土壤 植被

第一节 土 壤

土壤种类 境内土壤成土母质为洪积、冲积和海相沉积物。土壤分4个土类、8个亚类、13个土属、79个土种。土壤分布规律随地形、地下水变化而变化，一般从南到北依次分布褐土、潮褐土、脱潮土、潮土、湿潮土、砂姜黑土、滨海潮盐土。

褐土类 分褐土、潮褐土2个亚类。集中分布在洛城、纪台、孙家集和稻田等镇（街道）南部，面积15.3万亩。褐土的剖面通体呈棕色或褐色，层次发育明显，通常由耕作层、淀积黏化层、钙积层3个基本层段组成。剖面中有假菌丝体，因黏粒由表层向下移动，心土层较黏重并且有不甚明显的胶膜淀积。底土层中常有小型石灰结核（俗名干狗石），通体有石灰反应，上部弱，下部较强烈。

褐土类土壤（2000年摄）

潮土类 分为4个亚类，即脱潮土、潮土、湿潮土、盐化潮土。潮土是直接发育在河流冲积物上，受潮水作用形成的一类土壤，剖面层次明显，中、下部有明显的锈纹锈斑或铁锰结核。主要分布在境内中南部、中部河间洼地微斜平地上，面积138.3万亩。

砂姜黑土 仅1个亚类，即砂姜黑土亚类。主要分布在境内西部和东南部的浅平洼地和洼坡上。西部在化龙、文家、台头等镇（街道），东部南起纪台镇丁家尧河村，北至市良种场以南、稻田镇西桂河村以北，面积7.1万亩。砂姜黑土类剖面特征是：表层一般为后期覆盖褐色中壤质土，厚薄不等，下为黑灰色黏重坚硬的黑土层，底为灰黄杂色，含有砂姜。通体有石灰反应，pH值7.8～8。土壤有机质含量较高，但速效养分偏低，缺磷严重，物理性状较差，土性旱、冷、板、僵。砂姜黑土亚类有2个土属，4个土种。

盐土　仅1个亚类，即滨海潮盐土亚类。主要分布在滨海浅平洼地和海滩上，成土母质为海相沉积物，面积55.4万亩。境内盐土属氯化物盐土，盐分组成以氯化钠为主，土壤肥力偏低，土壤物理性状不良，结构性差，板结严重。

土壤结构　土壤中1～3毫米的团粒超过20%，是结构较好的土壤。从18个剖面的调查数字看，潮土表层1～3毫米的团粒23.5%，表层以下为30.2%，属较好的类型。盐土表层1～3毫米的团粒结构12.5%，表层以下土层为26%，表层结构不良，由表层积盐而造成。

土壤养分　按全国土壤普查养分分级标准衡量，境内耕层土壤养分含量属中下等水平，除含钾量较高外，主要养分有机质、氮、磷含量偏低，多数土地养分呈现不足。全市各镇（街道）和农场、林场的耕层土壤养分含量很不均衡，差异较大，有机质含量在0.818%～1.572%之间，以农场为最高，含量为1.572%，其次是杨庄、卧铺、古城等地，北洛、寒桥、纪台、田马等地有机质含量较低。

土壤通气状况　土壤总孔隙度50%～55%，通气孔隙度以10%～20%为宜。境内褐土、潮土、砂姜黑土、滨海潮盐土表层土壤总孔隙度分别为54.5%、53.5%、52.8%、52.6%，通气孔隙度分别为20.4%、14.3%、16.7%、14.1%。耕层以下总孔隙度分别为50.3%、51.3%、51.2%（滨海潮盐土未测），通气孔隙度分别为19.4%、13.3%、10.6%（滨海潮盐土未测）。四大土类的总孔隙度和通气孔隙度均较适宜。

（该节有关数据均为1980年全县土壤普查数据，之后未再进行土壤普查。）

第二节 植 被

寿光市属暖温带落叶阔叶林区。植被多为人工植被或次生植被。该地区气候条件优越，土壤类型多样，适生植物种类较多。分别有森林植被、天然灌草丛、栽培植被、城市植被等。

森林植被　境内乔木树种主要有楸树、毛白杨、刺槐、白榆、旱柳、枫杨、国槐、泡桐、毛白蜡等；经济树种主要有苹果、桃、梨、枣、葡萄、石榴、杏、樱桃、山楂、桑等；古树名木主要有银杏、国槐、枣树、文冠果、皂荚等。新引种栽培推广的杨树品种主要有L-35、T26、T66、I-102、L-802、I-107、中荷1号、L-323、L-324、I-69/55、W1-46、多倍体毛白杨系列品系30多个。新引进的品系，经多年栽培试验，其蓄积生长量或经济林产量比同类树种提高2～3倍，成为当地营造速生丰产林和经济林的主栽树种。

天然灌草丛　境内灌木树种主要有柽柳、紫穗槐、白腊灌丛等；草本植物主要有芦苇、马唐、狗尾草、牛筋草、结缕草、荩草等。灌木多与草本植物混生，形成大小不等的片状分布。

栽培植被　按用途分为粮食作物、油料作物、经济作物、蔬菜作物、药用植物、水生植物6类。主要有小麦、玉米、大豆、花生、棉花、白菜、萝卜、桔梗、谷类等。

城市植被　1991年始，寿光的绿化植被无论数量还是品种都逐年增加。至2010年，园林植物品种达800余种，其中常用的园林木本植物有55科118属249种。这些植物分布于各大公园、游园、道路绿地及单位庭院中，形成以环城绿化为环，公园、游园绿化为点，街道绿化为线，单位庭院绿化为面，弥河风景区、弥河生态观光园、中华牡丹园、滨河湿地公园、左岸绿洲等滨河绿化为带，点、线、面、带相结合，总量适宜、分布均衡、物种丰富、景观优美的城市生态绿地系统。寿光市先后获国家园林城市、中国人居环境奖、国家节水型城市、国家卫生城市、国家环保模范城市、中国优秀旅游城市等称号。

第六章 自然资源

第一节 土地资源

土地等次 根据1980年全国土壤普查技术规程确定，土地共分八级，寿光可利用土地共有五级，无一、六、八级地。

二级地 面积70.8万亩，根据土质和生产潜力细分为（Ⅰ）和（Ⅱ）两个亚级。其中：（Ⅰ）面积9.4万亩，占二级地的13.3%，分布于寿光城区周围和田柳、上口、纪台等镇的局部地区，土壤多为褐土化潮土。（Ⅱ）面积61.3万亩，占二级地的86.7%，分布于弥河两岸，南起纪台，北至田柳，包括孙家集、稻田、上口、台头、田柳、侯镇、圣城、古城等镇（街道）全部或部分地区，土壤主要有褐土、褐土化潮土和潮土，肥力状况较（Ⅰ）为低。

三级地 面积98.7万亩，主要分布于弥河下游（南起上口镇、北至羊口盐场以南）和丹河两岸（南起纪台镇张家楼子村、北至洛城街道官桥村一带）的部分地区，以及侯镇、台头镇全部和营里、羊口、文家等镇（街道）的大部分。土壤类型以湿潮土、盐化潮土、砂姜黑土为主。

四级地 面积25.9万亩，分布于弥河大堤以内，台头镇东北、林场周围、羊口盐场以及岔河盐场附近。土壤类型主要有潮土、盐化潮土和滨海潮盐土。

五级地 面积12.9万亩，主要分布于营里镇盐场西部和南部及巨淀湖附近。土壤以滨海潮盐土为主。

七级地 面积11.2万亩，分布于菜央子盐场和羊口盐场以北，为海滩地，土壤类型为滨海潮盐土。

沿海大潮高潮位与低潮位之间的潮浸地带为海滩涂，也叫潮间带。寿光的潮间带在上界面1.2米、下界面-0.4米范围内，其宽度不等，一般宽度5500米，最宽处达8000米。西起淄脉沟，东至白浪河。中潮区上缘至低潮区下缘，滩涂总面积约20万亩，高涂面积12.2万亩，人工养殖贝类潜力很大。

土地后备资源 至2010年，境内可开发利用的耕地后备资源28.3万亩。其中易开发土地8万亩，主要分布在寿光北部以及弥河沿线、塌河两侧、巨淀湖、双王城水库，占全部可开发利用耕地后备资源总量的28.3%；较易开发土地4万亩，主要分布在寿光中部、南部，占全部可开发利用耕地后备资源总量的14.1%；其余16.3万亩，为沿海滩涂及海域，主要分布在小清河两侧，较难开发，占全部可开发利用耕地后备资源总量的57.6%。由易开发、较易开发土地构成的12万亩耕地后备资源中，可开垦荒草地 1.1 万亩，可开垦盐碱地 5.2 万亩，可开垦湖泊水面、河流水面和内陆滩涂 5.7 万亩。

第二节 矿产资源

矿产资源按性质和主要工业用途一般分为金属矿产、非金属矿产、能源矿产和水气矿产 4 大类，寿光未发现金属矿产。到 2010 年，全市探明发现矿产 10 种，其中探明资源储量的矿产 7 种，分别为石油、地热、矿盐（天然卤水）、溴、钾盐、镁盐、地下水；已发现但未探明储量的矿产 3 种，分别为煤、砖瓦用黏土、建筑用砂。矿盐（地下卤水）伴生溴、钾盐、镁盐，储量丰富，是境内优势资源。

2010 年寿光市矿产资源情况表

表 1-6-1

矿产种类	探明储量的矿种		已发现尚未探明储量的矿种	
	数量	名　称	数量	名称
能源矿产	2	石油、地热	1	煤
非金属矿产	4	矿盐（天然卤水）、溴、钾盐、镁盐	2	砖瓦用黏土、建筑用砂
水气矿产	1	地下水	0	—
合　计	7		3	
	10			

能源矿产　煤　含煤预测区隐伏于境内西北部的八面河一带，属于广饶北部含煤预测区的一部分，总面积 373.3 平方公里，其中境内 187 平方公里。煤层赋存于石炭－二迭系中，含煤地层为山西组砂岩、泥岩及石炭系太原组含煤岩系，地质复杂，埋藏深，开采价值尚未定论。

石油　主要集中分布于境内北部莱州湾南岸地区的羊口镇以西八面河一带，即小清河与新塌河之间的三角地带，称八面河油田，属中型油田。八面河油田，1986 年勘探发现，1986 年 7 月江汉油田管理局承包开发，业务上接受胜利石油管理局领导，厂机关驻羊口镇。该油田位于寿光市与广饶县境内，小清河入海口两侧。构造上隶属于渤海湾盆地济阳拗陷、东营凹陷南斜坡东面八面河断裂构造带上，其北为广利洼陷，西北紧邻王家岗断裂构造带，西为纯化草桥断裂构造带，属于东营凹陷外含油环带。该油田勘探面积 1138 平方公里，含油层位于第四条冲积层、海基层及第三底层下第三系沙河街组第三段和第四段砂岩层（沙河街组地层分布面积 450 平方公里），是一个油源比较丰富、多油层、多断层、圈闭面积小、油气水关系复杂、由

八面河油田第一井（2010 年摄）

复杂小断块组成的复式油气聚集带。油藏多种类型，具有多套储盖组合、含油气层系多、井段长、油层厚度较大的共同特点。油层埋深 960 ～ 1490 米，厚度 6.4 ～ 11.8 米，石油相当密度 0.9489，黏度 1428×10^{-3} 帕秒，含蜡量 3.7%，含硫量 1.88%，凝固度 -3.4℃。2005 年 12 月，油田累积探明含油面积 83.6 平方公里，探明石油地质储量 14387×10^{4} 吨。

地热　主要位于圣城街道、洛城街道一带和北部的羊口、上口至侯镇北部的断裂带上。浅层地热埋藏 370 ～ 450 米，以淡水形式赋存，井口自然温度为 26 ～ 32℃，属于低温地热，单日上水量 500 立方米，可用于农业灌溉、饮用、洗涤、人工孵化、水产养殖等。根据 2001—2003 年地热资源普查，全市地热水可开采资源量 113.8 亿立方米，其中洛城和卧铺地区地热资源丰富，可折合标准煤 2.8 亿吨。

非金属矿产　矿盐（地下卤水）　主要集中在境内北部沿海滩涂，约 155 平方公里。根据省地质勘察单位对羊口盐区部分土样进行的测定结果，寿北盐区地下潜水层卤水为沙土层，约形成于 8 万～ 7 万年前的全新世晚期。早期第二层含水层（第一承压卤水层）约形成于 2.4 万～ 1.2 万年的特大海退早期，第三层卤水及以下的卤水层形成年代约大于 7 万年前。该区底层层序的建立，证明第四纪晚期以来曾发生过三次较大轮回的海陆变迁活动。1958 年，石油工业部北京地质勘察院对寿光北部地区的钻探资料表明，地下卤水浓度由海向陆方向呈低 - 高 - 低规律变化。2005 年年底，探明地下卤水资源储量约 39.6 亿立方米，其中氯化钠 3.2 亿吨、溴 136 万吨、氯化镁 4800 万吨。

黏土　寿光的砖瓦业历史悠久。烧制砖瓦、土陶的主要原料是依附于地表的黏土。寿光黏土资源遍布全境，有红丝黏土和黑黏土 2 种，储量丰富。

建筑用砂　境内建筑用砂主要分河砂和地下砂 2 种。河砂，即弥河河砂，主要分布在沿弥河的纪台、孙家集段至上口镇广陵段范围内。来源于弥河上游沂山摩天岭，是蚀源区的太古界片麻岩、混合花岗岩、混合岩形成的石英和长石碎屑，经冲洪积冲积沉积于弥河而成矿。由于过量开采，濒临枯竭。地下砂，即弥河地下砂，弥河在古时洪水频繁，河道摆动幅度大，沙滩徙流无定。境内主要有 3 条砂带：弥河东带、弥河西带和弥河主河道两侧滩头地带。

水气矿产　地下水具有矿产资源和水资源双重性质。寿光地处太沂山麓，渤海湾南岸，地势平坦，地表覆盖着深厚的第四纪松散层，充满着空隙，具有良好的储水条件。地下含水层的变化由南向北逐步加深，变化范围在 35 ～ 1002 米。因含水层的成因和分布不同，形成南北不同的水质。南部地表松散层为山前冲积洪积和弥河的冲积物，在 10 米以下一般有 2 ～ 20 米的好透水层，岩层为中粗砂，水源丰富，水质良好，是寿光市的主要淡水资源。北部地表松散层以海相沉积物为主，间以弥河等冲积物，成土母质含盐量高，为咸水区。2001 年，全市地下水资源总储量为 31.4 亿立方米，年可开采 2.4 亿立方米。

第三节　水资源

寿光市水资源包括地表水和地下水。随着全市经济社会快速发展，水资源分布不均、短缺和污染问题，成为制约经济社会发展和人民生活水平提高的重要因素。

地表水资源　主要来源于大气降水、河道径流、胶东调水工程引黄河水及污水回用，其中河道径流主要是弥河、小清河径流。据 1956—2010 年水文资料和潍坊市水资源评价报告，寿光多年平均径流深90毫米，平均径流总量1.7亿立方米。引黄客水资源量，年均在1000万立方米左右，主要用于寿北农田灌溉。污水回用量，2010年达到1200万立方米。

全市地表水，除弥河、小清河外，其他河道基本断流，其中弥河水质对全市地表水和地下水水环境起主要作用。20世纪中后期开始，随着工业经济和城市迅速发展，地表水水质经历趋向恶化又逐步改善的过程。至2010年，弥河、小清河水域现状水质较差，只能用于农田灌溉，主要污染源是上游市（县）工业废水和生活污水。

地下水资源 包括南部井灌区水资源量与北部深层水资源量之和。咸、淡水分界线（台头镇－巨淀湖－侯镇）以南1047平方公里为井灌区，地下水全部为淡水；咸、淡水分界线以北943平方公里的盐碱区，地下水为咸水、卤水和深层承压淡水等多种水体。2001年年末，南部井灌区地下水平均埋深为18.5米，水资源净储量约31.2亿立方米，较1980年水资源净储量42.3亿立方米减少11.1亿立方米。北部盐碱区深层承压淡水储量仅有0.2亿立方米。全市地下水资源总储量为31.4亿立方米，其中北部深层淡水资源允许开采量为340万立方米，储量极少。

地下水水质与地下水运动、周围介质、地貌、水文气象等有关，境内北部、南部形成不同水质。咸淡水分界线以南，地下水主要为碳酸钙、碳酸镁、碳酸钠型水，水质较好。咸淡水分界线以北，浅层地下水以氯化物型水为主，水质较差；深层承压淡水为碳酸钠、氯化物型水为主，水质一般。另外，北部地区咸水入侵，工业污水等渗透污染地下水，成为当地政府和人民群众共同关心的问题。

第四节 植物资源

食用植物 粮油类有小麦、大麦、玉米、高粱、谷子、黄豆、黑豆、绿豆、赤豆、荞麦、芝麻、花生、油菜等。果菜类有黄瓜、冬瓜、西瓜、丝瓜、南瓜、甜瓜、杏、桃、枣、梨、石榴、葡萄、苹果、韭菜、葱、元葱、蒜、萝卜、菠菜、胡萝卜、白菜、芹菜、花菜、莴苣、椒、芫荽、茼蒿、扁豆、豆角、蘑菇、姜、茄子、芸豆、山药、土豆、藕等。

饲料植物 有马绊草、茅草、芦草、白草、青草、席草、鹅冠草、蟋蟀草、碱蔓菁、地枣、野苜蓿等。

药用植物 有罗布麻、白屈菜、灯心草、菖蒲、香附子、蒲公英、马齿苋、青青菜、车前子、三棱草、酸枣、猪毛草、金银花、苏叶、半夏、栝楼、野菊花、生地、枸杞、麦冬、大青叶、益母草、芦菜根、艾、凤仙花、硬蒺藜、透骨草、败酱草、地绵草、台菜、荠菜、灰菜、茅根、兔丝、曲曲菜、小蓟、青蒿、扫帚菜、黄蓿菜等。

观赏植物 有铁树、罗汉、文竹、天竹、海棠、牡丹、芍药、君子兰、绣球、玉兰、杜鹃、冬青、合欢、丁香、玫瑰、月季、曲柳、垂柳、迎春、仙人掌、凤仙、夜来香、鸡冠、芭蕉、牵牛、珊瑚、花石榴、万年春、茉莉、半枝莲、紫藤、金莲、仙客来、米兰、栀子等。

用材植物 黄烟、草棉、黄麻、红麻、大麻、茼麻、青竹、毛竹、桑、柏、松、椿、榆、柳、杨、泡桐、棕榈、棉花、芦苇、红荆、碱蓬、臭椿、苞子、紫穗槐、红柳、皂角树、国槐、荻、壮草、狗皮草、蓖麻、苍耳等。

浮游植物 已鉴定的有80种，以近岸广盐种为主。优势种有骨条藻、大西洋尖菱形藻、日本星杆藻和布氏双尾藻等。

底栖植物 浅海底质主要是沙泥质，主要以高等种子植物眼子菜科的大叶藻为主。共有藻类 25 种，其中绿藻 5 种、褐藻 6 种、红藻 14 种。

第五节 动物资源

哺乳类 有牛、马、骡、驴、山羊、绵羊、奶羊、猪、兔、猫、狗、貂、野兔、野狸、狐狸、黄鼠狼、蝙蝠、刺猬、田鼠、地里猴、鼹鼠、獾等。

鸟类 有鸡、鸭、鹅、鹰、鸽、鹌鹑、麻雀、黄鹂、斑鸠、八哥、燕子、画眉、喜鹊、乌鸦、布谷鸟、啄木鸟、猫头鹰、灰喜鹊、布鸽、杜鹃、鱼鹰、蜡嘴、野鸡、鹈鹕、大雁、柳莺等。

鱼类 有小黄鱼、梭鱼、鲈鱼、黄姑鱼、青鳞鱼、鳕鱼、鲅鱼、带鱼、鲳鱼、鲱鱼、银鱼、比目鱼、斑鱼、真绸鱼、虾虎鱼、梅童鱼、鳙鱼、香梭、叫姑鱼、白姑鱼、鳎米鱼、鲢鱼、草鱼、红鲤鱼、镜鲤鱼、乌鲤鱼、鲫鱼、鲂鱼、鲶鱼、翘嘴红鱼、黄颡鱼、乌鳢鱼、泥鳅等。

两栖类和爬行类 有蛙、蛇等。

昆虫类 有蛾、蝶、蝉、蚕、蜜蜂、土鳖等。

甲壳类 虾有对虾、毛虾、米虾和蛆虾等，蟹有梭子蟹、日本大眼蟹、绒鳌蟹、近方蟹等。

贝类 有毛蚶、文蛤、牡蛎、四角蛤蛎、缢蛏、兰蛤、青蛤、鸭嘴蛤、红螺等。

浮游动物 约 34 种，主要物种有权刺纺锤水蚤、太平洋纺锤水蚤、中华哲水蚤、瘦尾胸刺水蚤、汤氏长足水蚤、双刺唇角水蚤、真刺唇角水蚤、钳形歪水蚤、刺尾歪水蚤、小拟哲水蚤、近缘大眼水蚤、强壮箭虫、夜光虫和其他挠足类幼虫、多毛类幼虫、长尾类幼虫、短尾类幼虫、海蛇尾长腕幼虫、瓣鳃类后期幼虫等。

第七章 自然灾害

第一节 旱 灾

干旱是境内最常见的自然灾害，因降水时空分布不均，常出现阶段性干旱，分为春旱、初夏旱、伏旱和秋旱。1991—2010 年，全年性的大旱共发生 3 次（1992 年、1994 年、2006 年），占 15%，偏旱年 1 次（2002 年），出现频率 5%。

春旱 春季降水量少，风速较大，蒸发量大，气温回升较快，水分供应不足，易造成春旱，自古有春雨贵如油的俗语。春季 3～5 月降水量小于 120 毫米就会出现不同程度的旱象。1991—2010 年，降水量小于 120 毫米出现年占 85%，多数年份不能满足小麦正常生长需要。其中有 7 年可以抢墒播种，另有 13 年不能抢墒播种，春旱出现频率 65%，平均 1.5 年一遇。1997 年上半年大旱，岔河镇 10 个村的群众饮水困难。2009 年，全市遭受春旱、秋旱，受灾人口 18 万人，农作物受旱面积 63 万亩，成灾面积 18 万亩，农作物减产 5%，农业经济损失 1500 万元。

初夏旱 5 月下旬至 6 月上旬是小麦生长后期和夏玉米的套种期，6 月中、下旬是夏玉米直播期。在这段时间里，降水量应大于40毫米或一次降水大于20毫米才能满足灌溉需要。1991—2010年，未出现上述条件的有16年，初夏旱出现频率80%，平均1.3年一遇。2001年，春、夏旱情严重，平均降雨量18毫米，造成9个乡（镇）26个村4350户1.3万人、3.4万头牲畜吃水困难。农作物受灾面积13万亩，其中北部8乡（镇）因旱夏播未完成1.6万亩，已播种的玉米、大豆、棉花受灾严重，旱死苗地1650亩。

伏旱　7月中旬到8月中旬这段时间连续15天无大于10毫米的降水，或连续10天无大于5毫米的降水。1991—2010年共出现伏旱14次，出现频率70%，平均2年一遇。

秋旱　8月中旬至9月上旬，以降水距平均百分率小于等于-50%为秋旱。1991—2010年共发生秋旱5次，出现频率25%，平均4年一遇。2002年秋季，持续高温无雨，全市普遍受灾，秋作物重灾面积132万亩，其中绝产25.5万亩，饮水困难人口3784人，直接经济损失2.3亿元。

第二节　涝灾

暴雨　1991—2010年，共出现暴雨28次，平均每年1.4次，年最多出现3次。其中出现大暴雨5次（1997年、1998年、2000年、2001年、2007年）。暴雨一般出现在6—9月，7—8月最多。2003年5月25日，全市遭受暴雨、大风袭击，直接经济损失443万元。2009年7月20日，羊口镇、台头镇局部连续遭受强降雨，部分村庄棉田受灾，面积2.1万亩，受灾人口2万人，直接经济损失300万元。

洪涝　1991—2010年，全市无全年性大涝，偏涝年份发生4次（1995年、2003年、2004年、2005年），占20%。洪涝分夏涝、秋涝，1991—2010年共发生夏涝4次、秋涝7次。

第三节　雹灾

全市冰雹多发生在4—10月，最早出现在3月28日，最晚出现在11月25日。冰雹路径主要有两条：一条从广饶县北部进入羊口镇，经营里镇北部并在弥河西岸一带加强后再分成两路，一路与海岸平行，经侯镇北部移往寒亭区境内；一路顺丹河方向，经侯镇、稻田镇移往昌乐县境内。另一条从广饶县中部进入羊口镇，经台头、化龙、文家、孙家集等镇（街道）在弥河西岸加强后，从纪台镇进入昌乐县境内。1991—2010年，境内共发生较大的冰雹灾害16次，其中1991—1995年2次、1996—2000年2次、2001—2005年9次，2006—2010年3次，共造成直接经济损失4.6亿元。

1991年5月14日，台头、牛头、北洛、上口、五台等地160个村遭大风、冰雹袭击，农作物受灾面积10.2万亩。1996年6月13日下午，10个乡（镇）遭雷雨、大风、冰雹袭击，风力9级，降雹20分钟以上，9万亩小麦、4.7万亩瓜菜、2.4万亩果园受灾严重，直接经济损失1.1亿元。2010年6月18日下午，羊口、营里、台头3镇21个村及清水泊农场三分场棉花等农作物遭受冰雹袭击，棉田、玉米田成灾面积分别为6.2万亩、4.6万亩，直接经济损失1.1亿元。

第四节　风灾

全市年平均大风（瞬时风速大于等于17米/秒）日数9.1天，历年最多为23天，全年以3月、4月、5月最多，8月、9月最少。境内北部地区大风次数较多，风速也明显偏大。造成直接经济损失超过千万元以上的风灾共4次，其中1996年6月13日风暴灾害造成经济损失6000多万元，2000年3月27日大风沙尘暴灾害造成经济损失1000多万元，2001年4月9日下午风暴灾害造成经济损失4055万元，2002年8月31日中午龙卷风灾害造成经济损失1800多万元。

第五节 霜 冻

寿光平均初霜冻出现在10月中旬，最早为10月上旬，最晚出现在11月中旬。平均晚（终）霜冻出现在4月中旬，最早出现3月上旬，最晚出现在5月上旬。历年平均无霜期204天。在小麦拔节和果树开花后出现的晚霜冻危害最严重。2002年4月25日的晚霜冻，气温达-3～-4℃，全市18个乡（镇）出现大面积冻害，造成24万亩棉花、19.5万亩果树、9495亩春菜受到不同程度的损害，小麦减产五成左右，造成经济损失3.6亿元。

第六节 低温连阴雨

低温连阴雨导致棉花烂种或落蕾烂桃，影响玉米正常灌浆成熟，促使某些病虫害发生发展。1991—2010年，发生在棉花播种期（4月11—30日）的低温连阴雨共5次，出现频率为25%，其中阴雨型3次、低温型2次。发生小麦收晒期间（6月11—30日）的连阴雨共8次，频率为40%，其中6月中旬4次、下旬4次，重连阴雨出现1次，在6月中旬。

第七节 风暴潮

寿光市地处渤海莱州湾南岸，海岸线长30公里，存在风暴潮风险，但爆发概率较小。1992年9月1日，羊口镇沿海遭风暴潮袭击，最大风力9～10级，最高潮位6.5米，超出警戒线1米，是1969年以来最大的风暴潮，造成直接经济损失2.3亿元。

2003年10月11日23时至12日凌晨，道口、羊口等地的滩涂养殖场遭受特大风暴潮袭击，潮水位达3.4米，海上风力11级，冲毁防潮堤坝15公里，冲毁虾池、蟹池、海参池6.5万亩，冲走、沉没大小船只42艘，冲毁盐田3.5万公亩，损失原盐6.4万吨，紧急转移被围困群众45人，倒塌房屋105间、蔬菜大棚4746个，直接经济损失2.6亿元。

2009年4月14日晚至15日凌晨，境内北部沿海遭受风暴潮袭击，最高潮水位5.4米，最大风力11级，浪高3米，羊口、田柳、营里3个镇受灾。共损毁房屋30间、蔬菜大棚98个、养殖棚80个、防潮大坝6700米、盐池197个、滩涂网箱4.5万亩，直接经济损失约2300万元。

第八节 虫 灾

2007年秋，寿光北部地区出现稻蝗，一般地片密度在每平方米20～30只，严重地片每平方米100余只，涉及面积2万亩。

2010年，全市14个镇（街道）全部发生第一、第二代美国白蛾疫情，前期危害面积4.8万亩，其中轻度发生2.7万亩、中度发生1.5万亩、重度发生0.6万亩。

第二编

人口

1991—2010年，人口自然增长率由1991年的3.6‰降至2010年的1.3‰，共增长30316人。这一时期，寿光市（县）人口状况主要有以下特点：人口平均寿命提高，全市70岁以上人口所占总人口的比例，由1990年的3.95%提高到2010年的6.78%；人口文化素质提高，全市大专以上学历人口所占总人口的比例，由2000年的2.17%提高到2010年的7.47%；人口老龄化问题初现端倪，65岁以上人口所占总人口的比例，由第四次人口普查的6.4%，上升到第六次人口普查的10.1%；生育管理也趋于规范化、制度化。

第一章 人口状况

1991年后，随着改革开放和社会主义市场经济的快速发展，群众的人口观、生育观发生重大变化，人口综合素质显著提高，人口流动幅度逐年上升，至2010年，全市迁入人口9.3万人，迁出人口15.8万人，户籍人口103.9万人。第六次人口普查结果显示，全市接受高等教育的人口达8.5万人，相当于第四次人口普查时的19.6倍（第四次人口普查在行政区域上包括大家洼镇，第五、六次人口普查数据则不包含，下同）。全市人口过快增长的势头得到有效控制，人口自然增长率由1991年的3.6‰降至2010年的1.3‰。（以下人口数据除标明是人口普查数据外，均为户籍人口数）

第一节 人口规模

1990年，第四次人口普查结果显示，全县总人口1008506人，其中农业户口923010人，非农业户口85496人，人口密度为每平方公里462.6人。2000年，第五次人口普查结果显示，全市总人口1081991人，人口密度为每平方公里496.3人，其中户籍总人口1057464人。2010年，第六次人口普查结果显示，全市总人口1139454人，人口密度为每平方公里572.6人，其中户籍总人口1039205人。

1991—2010年寿光市（县）户籍人口情况表

表2-1-1

年份	总户数（户）	户籍总人口（人）				
		合计	男	女	非农业	农业
1991	249985	1008889	514692	494197	92617	916272
1992	257812	1010737	514875	495862	95110	915627
1993	262096	1013436	515797	497639	99244	914192

续表 2-1-1

年份	总户数（户）	户籍总人口（人）				
		合计	男	女	非农业	农业
1994	263125	1016024	517672	498352	109274	906750
1995	279203	1022961	519555	503406	115652	907309
1996	281260	1028318	522142	506176	127427	900891
1997	286381	1036603	526617	509986	145320	891283
1998	292853	1044379	530784	513595	149819	894560
1999	295607	1051059	533642	517417	156894	894165
2000	299365	1057464	536610	520854	163273	894191
2001	298549	1060959	537467	523492	166593	894366
2002	301888	1063855	539566	524289	174237	889618
2003	304553	1064049	540106	523943	236951	827098
2004	306426	1072974	543848	529126	—	—
2005	313036	1077302	545326	531976	—	—
2006	325237	1083871	547832	536039	—	—
2007	299542	1021167	516095	505072	—	—
2008	303434	1025211	517326	507885	—	—
2009	310106	1032783	521124	511659	—	—
2010	319143	1039205	524494	514711	—	—

说明：自 2004 年起，公安局户籍人口取消农业和非农业区分

第二节 人口变动

自然变动 1991—2010 年，全市（县）出生人口最多的一年为 1995 年，新生人口 14198 人，人口出生率为 13.9‰。主要原因是受新婚人口和育龄妇女生育高峰期的影响，计划生育政策调整以及对漏报户口的彻底清查等因素的影响。出生人口最少的一年为 2007 年，新生人口 8520 人，人口出生率为 8.4‰。主要原因是受育龄妇女生育规律制约及贯彻落实计划生育奖惩措施等因素的影响。2010 年，全市共出生 10885 人，死亡 9570 人，自然增长率 1.3‰，创该段时期内最低水平。

1991—2010 年寿光市（县）人口自然变动表

表 2-1-2

年份	出生		死亡		自然增长	
	人数	出生率（‰）	人数	死亡率（‰）	人数	人口自然增长率（‰）
1991	9523	9.47	5892	5.86	3631	3.61
1992	8916	8.83	6451	6.39	2465	2.44
1993	9280	9.17	6364	6.29	2916	2.88

续表 2-1-2

年份	出生		死亡		自然增长	
	人数	出生率（‰）	人数	死亡率（‰）	人数	人口自然增长率（‰）
1994	11330	11.17	6543	6.45	4787	4.72
1995	14198	13.93	6345	6.22	7853	7.70
1996	14129	13.78	6571	6.41	7558	7.37
1997	14169	13.72	6410	6.21	7759	7.52
1998	13362	12.84	6068	5.83	7294	7.01
1999	12213	11.66	6444	6.15	5769	5.51
2000	12712	12.06	6495	6.16	6217	5.90
2001	11223	10.60	6170	5.83	5053	4.77
2002	10804	10.17	6221	5.86	4583	4.31
2003	9604	9.03	6805	6.40	2799	2.63
2004	10582	9.90	6368	5.96	4214	3.94
2005	10965	10.20	6777	6.30	4188	3.90
2006	10257	9.49	6238	5.77	4019	3.72
2007	8520	8.36	6379	6.26	2141	2.10
2008	8733	8.54	7074	6.91	1659	1.62
2009	9476	9.21	6595	6.41	2881	2.80
2010	10885	10.51	9570	9.24	1315	1.27

机械变动 1996 年迁入 4507 人，迁出 6986 人。2007 年，大家洼镇划归寒亭区，减少人口 66818 人。同年，全市迁出人口总和达到 72635 人。2010 年，全市迁入 4939 人，迁出 2478 人。15 年间，全市共迁入 92637 人，迁出 158473 人。

1996—2010 年寿光市迁入迁出人口统计表

表 2-1-3 单位：人

年份	迁入	迁出	年份	迁入	迁出
1996	4507	6986	2004	7723	8310
1997	5112	4896	2005	7818	7943
1998	4190	5332	2006	9374	7961
1999	6390	5820	2007	7325	72635
2000	4602	5482	2008	6364	4598
2001	5410	7019	2009	6871	2450
2002	6407	8246	2010	4939	2478
2003	5605	8317	合计	92637	158473

第三节 人口构成

性别构成 1991年全县户籍总人口1008889人。其中，男性514692人，约占总人口的51%；女性494197人，约占总人口的49%，男女性别比为104。2010年全市户籍总人口1039205人。其中，男性524494人，约占总人口的50.5%；女性514711人，约占总人口的49.5%，男女性别比为102。全市男女比例相对平衡。

年龄构成 2000年，第五次人口普查结果显示，全市0～14岁人口223221人，占全市人口的20.6%。15～64岁劳动年龄人口764968人，占总人口的70.7%。65岁以上人口93802人，占总人口的8.7%。

2010年，第六次人口普查结果显示，全市0～14岁人口171225人，占全市人口的15%。15～64岁劳动年龄人口853689人，占总人口的74.9%。65岁以上人口114540人，占总人口的10.1%。

第四、五、六次人口普查寿光市（县）人口年龄构成表

表2-1-4

年龄组（岁）	第四次人口普查（人）	第五次人口普查（人）	第六次人口普查（人）	年龄组（岁）	第四次人口普查（人）	第五次人口普查（人）	第六次人口普查（人）
0～4	103328	64735	53829	55～59	39499	43463	81468
5～9	84991	52701	53957	60～64	35493	37168	59410
10～14	75798	105785	63439	65～69	24970	34225	37337
15～19	98031	90987	66659	70～74	18489	28673	29591
20～24	102574	65835	111317	75～79	12818	16610	23985
25～29	92261	94619	88250	80～84	5912	9329	15735
30～34	76013	110953	73424	85～89	2250	3834	5847
35～39	85212	97059	96428	90～94	376	977	1711
40～44	65498	72258	110561	95～99	35	145	308
45～49	44605	86790	95918	100以上	2	9	26
50～54	40351	65836	70254	—	—	—	—

文化构成 2000年，第五次人口普查结果显示，全市大专以上学历23444人，占总人口的2.2%。高中、中专学历111838人，占总人口的10.3%。初中学历441722人，占总人口的40.8%。小学及扫盲班文化357148人，占总人口的33%，其中女性198575人、男性158573人。女性文盲半文盲人数约为男性的4倍。

2010年，第六次人口普查结果显示，全市大专以上学历85169人，占总人口的7.5%。初中学历492937人，占总人口的43.3%。小学及扫盲班文化291000人，占总人口的25.5%，其中女性162695人、男性128305人，女性人数是男性的1.3倍。2010年寿光市硕士研究生以上学历人数为1051人。

第五、六次人口普查寿光市人口文化构成情况表

表 2-1-5　　单位：人

受教育分类	第五次人口普查			第六次人口普查		
	人数	男	女	人数	男	女
6 岁及 6 岁以上人口	1003161	507022	496139	1074161	545459	528702
不识字或识字很少人口	69009	13794	55215	42766	8296	34470
小学（含扫盲班）	357148	158573	198575	291000	128305	162695
初中	441722	247384	194338	492937	262515	230422
高中	81207	54599	26608	162289	97016	65273
中专	30631	16969	13662	—	—	—
大专	17555	11336	6219	56791	32492	24299
大本	5829	4312	1517	27327	16230	11097
研究生	60	55	5	1051	605	446

说明：第六次人口普查不再区分高中、中专学历

民族构成　2000 年，第五次人口普查结果显示：全市共有 38 个民族，其中汉族 1080077 人，约占总人口的 99.82%；少数民族 37 个，人口 1914 人，约占总人口的 0.18%。其中彝族 343 人、哈尼族 339 人、蒙古族 245 人、满族 216 人、回族 117 人、苗族 90 人、白族 85 人、傣族 75 人、壮族 67 人、傈僳族 51 人、其他少数民族 286 人。

2010 年，第六次人口普查结果显示：全市共有 39 个民族，其中汉族 1137260 人，约占总人口的 99.81%；少数民族 38 个，人口 2194 人，约占总人口的 0.19%。其中满族 409 人、彝族 331 人、回族 238 人、蒙古族 219 人、哈尼族 193 人、布依族 181 人、苗族 96 人、土家族 89 人、傣族 87 人、壮族 62 人、其他少数民族 289 人。

2010 年寿光市各民族人口及分布情况表

表 2-1-6　　单位：人

镇（街道）	合计	汉族	满族	彝族	回族	蒙古族	哈尼族	布依族	苗族	土家族	傣族	壮族	其他少数民族
合计	1139454	1137260	409	331	238	219	193	181	96	89	87	62	289
圣城街道	251384	250601	246	46	112	112	8	87	23	35	1	13	100
文家街道	58312	58124	80	5	17	36	20	6	10	0	6	2	6
古城街道	60149	60070	6	10	12	7	19	0	4	1	3	1	16
洛城街道	106656	106559	14	23	6	3	9	0	11	3	15	5	8
孙家集街道	57268	57171	6	56	8	1	4	4	9	0	0	7	2
化龙镇	52660	52539	7	15	16	3	30	2	2	0	0	0	46

续表2-1-6

镇（街道）	合计	汉族	满族	彝族	回族	蒙古族	哈尼族	布依族	苗族	土家族	傣族	壮族	其他少数民族
营里镇	57091	56922	2	53	7	4	1	75	2	0	17	2	6
台头镇	60354	60218	4	12	4	15	48	2	15	2	19	0	15
田柳镇	67165	67119	0	5	0	2	22	0	0	0	1	0	16
上口镇	65770	65708	4	12	10	1	1	3	3	0	5	14	9
侯镇	96737	96652	2	28	0	8	0	2	4	3	13	9	16
纪台镇	52144	52068	11	35	5	0	4	0	1	5	3	2	10
稻田镇	93728	93637	6	20	15	1	12	0	2	2	3	5	25
羊口镇	60036	59872	21	11	26	26	15	0	10	38	1	2	14

职业构成　2000年，第五次人口普查结果显示，按7大职业类型分，专业技术人员30090人，其中男16120人、女13970人；国家机关、党群组织，企事业单位负责人12050人，其中男10770人、女1280人；办事员和有关人员8270人，其中男6630人、女1640人；农、林、牧、渔、水利业人员490170人，其中男240480人、女249690人；商业、服务业人员39480人，其中男19430人、女20050人；生产、运输设备操作人员76760人，其中男53840人、女22920人。不便分类的其他从业人员50人，其中男30人、女20人。

2010年，第六次人口普查结果显示，按7大职业类型分，专业技术人员36870人，其中男17260人、女19610人；国家机关、党群组织人员，企事业单位负责人12210人，其中男9590人、女2620人；办事员和有关人员10890人，其中男8600人、女2290人；农、林、牧、渔、水利业人员476910人，其中男233750人、女243160人；商业及服务业人员80530人，其中男36600人、女43930人；工业、运输业人员127360人，其中男90820人、女36540人；不便分类的其他从业人员280人，其中男210人、女70人。

行业构成　2000年，第五次人口普查结果显示，全市在业人员656870人，其中男347300人、女309570人。按16大行业分，农林牧渔业所占行业总人数比例最大，达74.7%；其他类行业所占比例最小，为0.05%。

2010年，第六次人口普查结果显示，全市在业人员745050人，其中男396830人、女348220人。按16大行业分，农林牧渔业所占行业总人数比例最大，达64.1%；科学研究和综合技术服务业所占比例最小，为0.06%。

第五、六次人口普查寿光市行业从业人口分布表

表2-1-7

职　业	第五次人口普查（人）			第六次人口普查（人）		
	总计	男	女	总计	男	女
合计	656870	347300	309570	745050	396830	348220

续表 2-1-7

职　业	第五次人口普查（人）			第六次人口普查（人）		
	总计	男	女	总计	男	女
农林牧渔业	490960	241220	249740	477330	234290	243040
采掘业	10450	8580	1870	9430	7330	2100
制造业	55800	32170	23630	89860	57210	32650
电力、燃气及水的生产和供应业	3630	2650	980	3050	2360	690
建筑业	12370	10840	1530	20930	17590	3340
地质勘探业、水利管理业	380	350	30	1500	1060	440
交通运输、仓储及邮电通信业	16110	13420	2690	22690	17720	4970
批发和零售贸易、餐饮业	27170	13330	13840	62030	26590	35440
金融、保险业	2330	1410	920	3090	1690	1400
房地产业	710	410	300	1750	1050	700
社会服务业	6990	4020	2970	17200	10740	6460
教育、卫生、文化艺术、体育广播电影电视和社会福利业	19110	9910	9200	23710	10170	13540
信息传输、计算机服务业和软件业	—	—	—	1720	1070	650
科学研究和综合技术服务业	370	260	110	410	310	100
国家机关、党政机关和社会团体	10170	8540	1630	10350	7650	2700
其他行业	320	190	130	—	—	—

婚姻构成　2000 年，第五次人口普查结果显示，全市 15 岁及 15 岁以上人口 860420 人，其中男 428830 人、女 431590 人；15 岁以上人口中未婚 162850 人，其中男 91180 人、女 71670 人。有配偶 643180 人，其中男 320450 人、女 322730 人。丧偶 51410 人，其中男 14940 人、女 36470 人。离婚 2980 人，其中男 2260 人、女 720 人。

2010 年，第六次人口普查长表（按住户的 10% 抽取）结果显示，全市 15 岁及 15 岁以上人口 97261 人，其中男 49245 人、女 48016 人；15 岁以上人口中未婚 18897 人，其中男 10792 人、女 8105 人。有配偶 72473 人，其中男 36410 人、女 36063 人。丧偶 5382 人，其中男 1720 人、女 3662 人。离婚 509 人，其中男 323 人、女 186 人。

家庭构成　根据第五次、第六次人口普查数据对照看，随着群众经济状况、生活水平、居住条件等方面的改善以及人口控制产生效果，中老年人寿命加长，3 代以上户数增幅较大。年轻一代独立意识增强，一代户增多。自 1989 年以来，单亲家庭亦有出现，呈增长趋势，但数量仍很少。

2010年寿光市家庭构成情况表

表 2-1-8

项目		第五次人口普查（人）	第六次人口普查（人）
家庭划分		314134	341539
按代分	一代户	67996	108686
	二代户	187026	162704
	三代户	57223	67589
	四代户	1887	2559
	五代户	2	1
	其他	0	0
按人口分	一人户	24880	38589
	二人户	53511	80707
	三人户	104749	104061
	四人户	77882	63320
	五人户	38649	37772
	六人户	12173	14374
	七人户	1857	2055
	八人户	311	402
	九人户	80	88
	十人及十人以上户	42	171
民族混合	单一民族户	312656	340703
	二个民族户	1476	831
	三个民族户	2	5
	四及四个以上民族户	0	0

姓氏构成 寿光居民以张、王、李、刘人口最多。改革开放后，外来人口增多，其中不少人落户寿光；云南、贵州等欠发达地区与寿光联姻数量逐渐增加；每年都有一定数量的外地学生到寿光就业；加入中国国籍并定居寿光的外国人等等，寿光姓氏数量进一步增大。1991年有382姓，2010年有530姓。

1991年寿光姓氏歌

毛茅汪王　赵孙汤唐　李黎历厉

栗董姚杨　刘柳周邹　胡扈吕黄

林蔺花华　叶业良梁　郑邓郝邵

邱郄邴郎　宋宗寇安　左佐舒常

徐许胥岳　高郜逢庞　苏粟宿耿

孔仉章张　朱祝竹诸　将蒋江姜

晋靳金锦　何贺霍桑　陈隋阿陶

马麻尚商　沈申褚初　包鲍房方

吴武伍巫　廖应庆康　纪季吉姬

籍冀乔庄　于禹尉庾　俞苗缪臧

卓禚仲钟 尹殷崔邢 牟穆慕木
罗骆成程 郭国果夏 毕崇冲种
傅侯修伦 薛雪洪宏 焦矫祖俎
游尤冷凌 戴代岱匡 丰逢封冯
景井荆靖 米糜孟蒙 魏隗韦伟
卫窦豆宁 石史施时 师聂乜农
公宫巩攻 贡龚饶滕 衣依伊仪
易翼拥熊 关冠管秦 卜步童佟
鞠菊琚翟 温闻文明 录路陆鹿
鲁逯绿平 卢芦泸贾 娄楼丁龙
奚锡席赫 池迟巴丛 牛纽来赖
班泊潘彭 艾霭薄劳 普蒲盖荣
菅简万婉 甄湛曹韩 单解仇车
查曾盛粘 燕延宴颜 艳阎闫严
齐亓祁綦 尼倪雷田 蔡萧荀苟
葛莫茹兰 梅柯权桂 项相向钱
曲璩任卡 白范番樊 谷古顾固
乐翁谢谭 慈惠司智 皮裴别袁
柴訾眘欧 辛信君阮 闵闽闰阚
柏贝峦栾 杜都拖底 卞边门玄
兴星满战 怀槐开南 费斐冼霰
刁孑党郇 诸葛盖丽 段考沙连

第二章 人口控制

第一节 管理机构

市人口和计划生育局 1991年，称县计划生育委员会，下设办公室、计划统计科、财会科、信访科、法制科。1992年7月，撤销信访科和法制科，组建法规信访科。1993年2月，增设流动人口管理科。1996年5月，增设宣传教育科、科学技术科，均为股级规格。1997年12月，增设市直计划生育办公室，股级规格。2001年，市计划生育委员会更名为市计划生育局。2005年2月，市计划生育局改称市人口和计划生育局（简称市计生局）。2010年，内设办公室、业务科、财务科、科学技术科、宣传教育科。下辖计划生育协会办公室、流动人口管理办公室、计划生育行政执法大队和计划生育服务站。局机关编制18人，实有11人。

市计划生育协会办公室 1991年6月，设立县计划生育协会办公室，股级规格，属社团组织，实行换届选举制度。1997年5月，升格为正科级全额拨款事业单位，定编5人，2010年实有10人。

市流动人口管理办公室 1997年5月，在市计生委流动人口管理科基础上成立，为副科级全额拨款事业单位，定编7人，2010年实有8人。

市计划生育行政执法大队 2007年9月成立，为副科级全额拨款事业单位，编制10人，2010年实有10人。

市计划生育服务站 1981年成立，1992年11月，内设宣传培训科、节育技术科、药具管理科、特技科、财务科和办公室。1993年，定编23人，经费改为差额拨款。2002年4月，改为全额拨款，定编30人。

镇村级计生机构 1985年，各乡（镇）

设立计划生育服务站，各村建立计划生育服务室。1993年6月，各乡（镇）配备计划生育专职干部。当年，各乡（镇）配备的计划生育专职干部全部转为计划生育助理员。1995年6月，设立乡（镇）计划生育办公室，股级规格。11月，撤销各乡（镇）配置的计划生育助理员，将乡（镇）计划生育办公室升格为副科级事业单位，隶属于乡（镇）政府领导。2002年始，市、乡（镇、街道）两级计生服务站由差额拨款改为全额拨款，乡（镇、街道）计生办配备一名实职副科级主任。2005年，实行村级计生主任工资由镇（街道）统筹发放，享受所在村村委主任工资待遇。2008年始，对镇（街道）计生人员工资实行市级统筹发放，对村计生主任（协会秘书长）实行“镇（街道）聘任、村任用、市备案”制度，由市财政每人每月发放200元固定补贴。2010年，全市共有镇（街道）计生服务站14个，干部职工300人；村级计划生育服务室975个，人员975人。

医务人员走上街头开展人口计生宣传活动（2009年7月摄）

第二节 宣传教育

1991年，继续实施计划生育宣传月制度，将每年1月10日至2月10日定为宣传月。同年始，计生部门与寿光电台、寿光电视台联合，先后开办《人口论坛》《人口与计划生育》专题栏目，每周黄金时间定期播出2次。1992年，召开10万人参加的纪念《中共中央关于控制我国人口增长致全体共产党员、共青团员的公开信》发表12周年大会，对242个计划生育宣传工作先进党支部和103名模范共产党员进行表彰。2004年始，在《寿光日报》设立“人口与计生”周刊，每周三定期出版。聘请8名报社记者为“寿光市人口计生工作义务宣传记者”。投资80万元，建设市乡村三级计生宽带网络。2005年始，在全省率先创办电视专题栏目《人口在线》。2006年3月，组织12辆轻型卡车宣传车队，进村开展为期15天的“村村通”计划生育政策法规宣传。2007年7月，市委宣传部、市计生局联合举办“希望之光”计生会演等5场大型文艺晚会。2009年，组织京剧团到各镇（街道）巡回演出计生节目，4月市委宣传部、市计生局、文家街道联合举办“践行科学发展观、建设新型婚育文化”知识竞赛。2010年10月，举办全市人口计生文艺会演。当年，市委、市政府召开全市新型婚育文化建设现场会，总结推广社区网格化宣传、企业生殖健康教育、人口国情教育进校园的工作经验。

第三节 计生服务

1991年始，市（县）、乡（镇）两级全部设立法制科（室），配备专（兼）职工作人员，专门负责计划生育依法行政工作。至1995年，共对90个不符合国家法律法规的计划生育文件、规定予以废止，制定出台相关计划生育政策规定。全市（县）继续落实对各村独生子女户、两女绝育户免义务工、减统筹提留等优待扶持政策。至1995年，先后为5289名两女户和独生子女户免除全年义务工，并减交80%统筹提留。1993年6月始，将独生子女费提高到每月10元。2002年9月，在全国率先建立"人口与计划生育公益金制度"，对孤寡、病残、生活陷入困难、不享受低保政策又低于本村人均收入水平的计生家庭进行救助，至2005年共救助5000余个贫困和病灾计划生育家庭。2005年始，全面开展奖励扶助制度，对计划生育家庭中60周岁以上的老人，每人每年发放600元奖励扶助金，当年共有1468名扶助对象领到"计划生育养老金"。同年10月，在潍坊市率先实行婚前免费健康查体制度，320对新人在市计生服务站进行免费婚检。之后，每年都将独生子女父母奖励费、技术服务免费资金全额纳入财政预算，并及时拨付到位。2008年始，对完成二孩生育计划、自愿结扎的家庭，给予一次性2000元奖励；对符合二胎生育条件，自愿退掉生育指标的独女户，给予一次性2000元奖励；对晚育夫妻给予一次性200元补助；对实行计划生育的模范家庭和困难家庭，给予每年1000元补助；对独生子女已死亡、伤残的，其父母每人每月分别给予100元和80元扶助金。同年10月，在全省率先成立免费婚前查体中心，实现结婚登记、婚前查体一条龙服务。同年，实行计划生育利益导向资金制度。2009年，出台《关于进一步健全完善人口和计划生育政策推动体系的意见》，进一步完善奖励、优先、优惠、扶持、救助、保障"六位一体"的人口计生政策体系，开展各类计划生育保险投保工作。至2010年，全市独生子女双全保险投保人数达10.6万人，投保金额3000万元；"母婴安康"保险投保人数24万人，投保金额1200万元，以上两种保险投保人数均占应投保人数的98%。市财政用于计划生育利益导向的资金预算达到700多万元。全市自愿退掉二孩指标的农村独女户家庭达554户。初婚婚检率达到99%以上。

第四节 计生管理

1991年，继续实行人口与计划生育目标管理责任考核，各单位党政"一把手"对计生工作负总责。加强对B超执机人员管理，严控婴儿性别比问题。1995年，全市有868个行政村达到计划生育"合格村"标准，占行政村总数的89%。开展单细胞、巨细胞、弓形体、风疹病毒"四项监测"，降低病残儿出生率。至1995年，共做巨细胞病毒血检1560例、B超检查674例，避免病残儿出生24例。1996年始，开展以出生人口、结婚、育龄妇女漏报、瞒报、漏管为主要内容的清查活动。1997年，乡（镇）、村两级取消沿用多年的已婚育龄妇女卡片档案，建立"已婚育龄妇女基础信息卡"。1998年，对计生工作实行有奖举报制度，共印发举报公开信50万份。建立计划生育垂直负责制，各单位办证、建档、验证"三率"稳定在95%以上。2001年，完善人口、计生、民政、卫生、教育、公安等部门的网络建设，实现信息互通和资源共享。2002年，网络系统实现国家、省、潍坊市及寿光市、乡（镇）5级互联。2006年，计生人员与群众签订"双向"承诺创评公约。

开展“诚信计生”实践活动，在村级评选出60个“诚信计生”模范村。2007年6月，市计生工作通过国家人口和计划生育信访规范化管理试点县验收。2010年，全市计划生育村民自治村975个，知情选择村926个，分别占到行政村总数的100%和95%。开展“家庭阳光幸福工程”，实施免费婚检、唐氏筛查、补充叶酸“三免”工作。全市共免费婚检6300余对，婚检率达98%以上；唐氏筛查9562人，筛查率达90%以上，补充叶酸率100%；指导150多名不孕不育育龄群众接受专业检查治疗。顺利通过国家人口和计划生育委员会组织的全国计划生育优质服务先进县（市）工作验收。

第五节 控制效果

1991年，“晚婚、晚育，少生、优生”已成为市民共识。至1995年，全市（县）实际出生人口比计划少生2.6万人，年均出生率为10.5‰，年均自然增长率为4.3‰，计划生育率、晚婚率分别为99.8%和98.8%。1991—1994年，连续4年获潍坊市人口与计划生育目标管理责任达标一等奖。1996—2000年，全市年均人口出生率控制在12.8‰，人口自然增长率6.7‰。计划生育率、晚婚率、晚育率分别为99.6%、97.4%和99.6%，出生婴儿缺陷发生率降至6‰，出生人口性别比控制在106以内。2001—2005年，全市实际出生人口比计划少生8656人；年均出生率、自然增长率分别为10‰和3.9‰。年均合法生育率、晚婚率分别为99.3%和96.6%。2005年，出生缺陷发生率为4‰。2006—2010年，全市实际出生人口比计划少生11075人；年均出生率、自然增长率分别为9.2‰和2.3‰。年均合法生育率、晚婚率分别为97.6%和80%，2010年年底性别比为103。

第三编

城乡建设

1991年后，全市（县）的城市与乡村建设坚持科学规划、超前运作、适度负债、依法实施、协调推进的原则，注重速度、质量、效能的高度统一，投资力度和工程建设量逐年加大，城乡建设始终保持超前投入状态。特别是进入21世纪后，资产运营机制被运用于基础设施建设，融资渠道日益拓宽，建设方式不断创新，为快速推进城乡建设提供了有力保障。经过20年的发展，从城市规划、市政工程、城市管理到环境保护等各个领域都得到了长足发展。2007年2月，寿光市获国家环保模范城市称号。

第一章　城市规划

第一节　管理机构

1993年以前，城市规划管理职能由市（县）城乡建设委员会内设的城市规划管理处负责。1993年11月，城市规划职能并入市规划国土矿产局。1997年8月，成立市城乡规划管理处，为市规划国土局内部股级科室。2002年5月，成立市城市规划办公室，为市国土资源局所属正科级自收自支事业单位，下设综合科、财务审计科、规划审批科、居民建房规划审批科、规划监察科5个职能科室，人员编制20人。同年11月，各乡（镇、街道）成立规划办公室，与土地和村镇建设管理所合署办公。同年12月，市城市规划办公室增设乡镇规划管理科。2003年6月，成立市规划与国土资源执法监察大队。2004年3月，市城市规划办公室更名为市规划局。同年11月，市规划局调整为市政府直属事业单位，归口市建设局。2005年1月，增设规划技术科，正式职工25人。2010年，属市政府序列工作部门，内设办公室、财务审计科、政工科、规划技术科、建设用地规划科、建设工程规划科、市政工程规划科、督查科、技术服务中心9个职能科室，正式职工39人。

第二节　总体规划

1995年城市总体规划编制要点　规划区范围　包括寿光镇、文家乡、建桥乡3个乡（镇）的行政管辖范围，总面积95平方公里。

城市性质　市区以绿色产业为主体，以花城菜都为特色的市域中心城市。

城市规模　2000年，市域总人口控制在110万人以内，城区人口18万人，城市用地19.47平方公里。2010年，市域总人口控制在115万人以内，城区人口25万～30万人，城市用地30.97平方公里。

城市用地规划布局　以圣城街为主轴，羊临路为次轴；以东、西向发展为主。东界至弥河，西界至文家庄，南界至南环路，北界至北环路。

2005年城市总体规划编制要点　规划区范围　划定为圣城、文家、洛城、古城、孙家集5个街道的行政管辖区域。

城市性质　以绿色环保产业为主导，具有花城菜都特色的生态园林城市。

城市规模　2010年，城区规划人口32万人，用地38平方公里。2020年，城区规划人口42万人，用地50平方公里。

城市用地发展方向　城市主要由南北的渤海路与东西的圣城街为主要发展轴线，城市发展方向以现有城区为主体向外围拓展，近期主要向东跨过弥河发展洛城组团及北洛组团，远期继续发展洛城组团、北洛组团，远景可向城区南部发展。

城市用地布局结构　城市总体空间结构为组团结构，三个环状及十字轴状的方格网道路，并结合弥河滨河绿化带、防护林带、农业生态园等楔形绿地以及自然村落和菜地，形成相对独立、有机联系的“一主两副”组团结构的空间规划格局，一主即寿光中心城区，两副即东面的洛城组团和北面的北洛组团。

2005年寿光市城市用地平衡表

表3-1-1

用地名称	面积（公顷）		占城市建设用地（%）		人均用地（平方米）	
	近期	远期	近期	远期	近期	远期
	2010年	2020年	2010年	2020年	2010年	2020年
居住用地	909.3	1155.6	23.9	23.2	28.4	27.5
公共设施用地	637.6	785.4	16.8	15.8	19.9	18.7
行政办公用地	112.5	127.9	3.0	2.6	3.5	3.1
商业金融用地	237.9	251.3	6.3	5.1	7.4	6.0
文化娱乐用地	68.9	87.9	1.8	1.8	2.2	2.1
体育用地	35.3	58.3	0.9	1.2	1.1	1.4
医疗卫生用地	40.4	60.9	1.1	1.2	1.3	1.5
教育科研用地	142.6	199.1	3.8	4.0	4.5	4.7
工业用地	1185.2	1491.8	31.2	30.0	37.0	35.5
仓储用地	46.3	86.1	1.2	1.7	1.5	2.1
对外交通用地	14.5	34.5	0.4	0.7	0.5	0.8
道路广场用地	645.0	815.1	17.0	16.4	20.2	19.4
市政设施用地	39.0	123.0	1.0	2.5	1.2	2.9
绿地	325.0	484.0	8.6	9.7	10.2	11.5
其中：公共绿地	248.0	343.5	6.5	6.9	7.8	8.2
合计	3801.8	4975.4	100.0	100.0	118.8	118.5

第三节 专题规划编制

1991—1995 年，先后完成电讯、排水、消防、绿化、供热等 10 多项专业规划和一批重点工程、重要基础设施规划，城区详细性规划覆盖率达到 72%。1996—2000 年，先后完成城市绿地、公交、防洪、环卫、集贸市场、抗震防灾、城市交通等 16 项专业规划，完成兆祥小区、现代小区、城市出入口等 60 余项控制性和修建性详细规划，控制性详细规划和修建性详细规划覆盖率分别达到 73% 和 62%。2003 年，完成晨鸣工业园、开发区工业园、东城工业园三大工业园区规划，总规划面积 113.3 平方公里，分别定位为综合性工业园区、综合性生态型工业区、城市新区。2005 年，完成渤海化工园的规划，规划面积 30 平方公里，功能定位是新型工业园区。2007 年，完成农产品物流园、市文化中心、国际会展中心和寿光新一中等的规划，总规划面积 3765 亩。2008 年，完成市民健身活动中心详细规划。

2009 年，完成建桥学校、寿光市新汽车站、城区“六大片区”（弥河新区、温泉片区、公园片区、中心片区、学院片区和城西片区）等的规划，其中建桥学校位于中心城区东侧的弥河新区内，用地面积 487.2 亩，规划初中班 90 个 4500 人，小学班 30 个 1350 人，幼儿园 700 人。2010 年，完成双王城生态经济区、寿光滨海经济开发区、企业总部办公群等的规划。其中双王城生态经济区位于寿光西北部，占地面积 313 平方公里，包括双王城水库、巨淀湖湿地、小清河入海口湿地、林海生态博览园 4 大区域，定位是打造集居住、休闲、旅游等功能于一体的现代生态经济板块；寿光滨海经济开发区，也称羊口沿海经济发展区，规划范围包括羊口镇、营里镇和侯镇 3 镇，约 995 平方公里，打造成寿光西部生态经济区、中部羊口城镇发展区、东部临港物流及工业发展区；企业总部办公群位于寿光东城新区，圣城街南侧、顺河路西侧，总规划面积 450 亩，建筑面积 80 万平方米。至 2010 年，全市年均完成大小专业规划 130 余项，中心城区控制性详细规划覆盖率达到 100%。

第四节 城市测绘

1993 年，成立市测绘管理办公室，隶属于市城乡建设委员会城市建设管理处，担负全市测绘管理工作。市测绘管理办公室先后完成《晨鸣工业园 1 ∶ 1000 地形图测绘》《寿光市城区控制测量》《寿光城区 1 ∶ 500 地形图测绘》《寿光景观大道 1 ∶ 1000 地形图测绘》《寿光市排水规划测量》等测绘项目。2004 年 4 月，完成《寿光交通旅游图》的征稿、编制、出版工作。2009 年，新开展沉降观测项目，通过沉降观测及时发现高层建筑的不稳定信号。至 2010 年，共施测 1 ∶ 500 比例尺地形图 1219 幅，计 116.7 平方公里。累计完成重点工程测绘项目 60 项，测图面积 326.9 平方公里。完成市体育馆和金色年华小区项目的沉降观测。同年，开展地下管线普查工作，共计完成探测管线点 5.9 万个，探测各类管线长度总计 1877.4 公里，探测完成 1 ∶ 500 综合地下管线图 776 幅，1 ∶ 500 专业地下管线图 4917 幅，建成地下综合管网地理信息管理系统。

第二章 城市建设

第一节 管理机构

1993年，撤销城乡建设环境保护委员会，成立市城乡建设委员会，内设办公室、政工科、财务审计科、乡村建设规划科、计划统计科5个科室，编制30人。下辖市城乡建设委员会城市规划管理处、市建筑工程管理处、市城乡建设委员会企业管理办公室、市房地产管理处、市环境卫生管理处、市园林绿化管理处、市散装水泥办公室、市仓圣公园管理处、市建筑工程质量监督站、市路灯管理所、市建筑设计研究院、市城乡建设人才培训中心、市城建监察大队、市城市建设房屋拆迁办公室、市燃气管理办公室、市勘察测绘管理办公室、市住房制度改革领导小组办公室、市建设装饰装潢公司、市热力公司、市汽车租赁公司20个股级事业单位。2001年12月，更名为市建设局，撤销市城市管理办公室，其职能移交市建设局承担。2002年5月，市建筑工程管理局退出市政府工作序列，改为事业编制，隶属于市建设局。2010年12月，将原市建设局职责、市房地产管理局行政管理职责整合，组建市住房和城乡建设局（简称市住建局）。将城区客运管理职能划归市交通运输局。市住建局内设办公室、组织人事科、督查科、财务审计科、政策法规科、村镇建设科、工程建设科、科技教育科、城市建设管理科9个科室，行政编制24人。辖市城市管理行政执法局1个行政单位，市建筑工程管理处、市园林绿化管理处、市生态农业观光园管理处、市环境卫生管理处、市城市管理执法监察大队5个正科级事业单位，市城市建设房屋拆迁管理办公室、市住房和城乡建设局城市建设管理处、市路灯管理所、市建筑工程质量监督站、市城市供排水管理处5个副科级事业单位，市城建综合管理办公室、市房地产开发管理办公室、市散装水泥办公室、市城建档案馆4个股级事业单位。

第二节 城区道路

1991—1995年，新建和改造城市道路总长度45公里，总面积65.5万平方米。1997—2000年，新建城市道路43.1公里，面积73.1万平方米。2000—2005年，新建城市道路148.5公里，改造道路54公里。2006—2010年，新建城市道路114.3公里，面积265.1万平方米。至2010年年底，城市道路总长度达到460多公里，人均占有道路面积30.1平方米。

渤海路改造工程 南起农圣街，北至文圣街。先后4次分段改造建设。2004年2—6月，投资3469万元，对圣城街至文圣街段进行改造建设，改造路段总长3110.2米，总面积6.6万平方米。2005年，投资601万元，对渤海路“非”字型路口进行改造。2006年，投资1602万元，对文圣街至北环路段进行拓宽改造，道路长度2750米，宽24米。2007年，投资2118万元，对农圣街至圣城街段进行改造建设。改造后的渤海路成为集休闲、娱乐、购物于一体的现代化商业街。

银海路改造工程 银海路为南北向主干道。2003年开始实施的银海路改造工程分两期进行。2003年4—10月，实施一期工程，投资2295万元，全长3.4公里，其中圣城街至建新街段主路面宽27米，圣城街至文圣街段主路面宽30米，规划道路红线宽度90米。2004—2005年，实施以绿化为主的二期工程建设，道路每侧绿化带宽30米，绿化面积14.6万平方米，至2005年年底基本完成。

金海路改造工程 金海路为南北向主干道。2009年4—10月，投资1016.2万元，主要改造建设人行道、非机动车道、排水管道、港湾式公交停靠站和更换路灯。改造断面形式为：路沿石向外依次为2米绿化带、4.5米慢车道、2.2米人行道。金海路改造完成后，向北与金光街东伸道路相接，向南与滨河大道贯通，成为市区景观大道。

农圣街改造工程 农圣街为东西向主干道。西起五里墩路口，东与圣城东街相交，全长12公里。1991年3—9月，进行拓宽建设。2006—2007年，进行道路挖补罩面。2010年，再次进行改造建设，由一块板道路改造为三块板断面形式，中间保留30米宽的主路面，两侧分别设9米绿化分隔带、7米辅道、2.5米人行道。

圣城街改造工程 圣城街为东西向主干道。2006年5—9月，投资1800余万元，对金海路至石马路段进行改造，改造长度5公里。2007年3—10月，投资2118万元，对石马路至黄海路段进行改造，道路长2850米。2009年9月至2010年年底，对圣城街西段进行改造建设，道路长3560米，为三块板形式。2010年，对圣城街东段进行改造建设，道路全长4780米，为三块板形式。

文圣街改造工程 文圣街西起黄海路，东至金海路，全长7302米，是贯穿市区东西、过境型主干道。1999年3月，进行第一次拓宽改造建设，同年9月全线通车。2010年，再次对该路段实施重点改造，改造为三块板形式，保留原有24米宽主路面作为机动车快车道，主路面两侧分别为3米绿化分隔带、7米辅道、3米人行道，对雨、污水管道分别进行埋设，对路两侧实施高标准绿化配套建设。

第三节 供水 排水

供水 1995年10月，投资1200万元建成城区第三供水厂（第一、第二供水厂分别建于1984年、1989年），位于农圣街与正阳路交叉路口南。至2000年年底，市区供水管网总长度65公里，日供水能力5万立方米。2001—2005年，投资2335万元铺设农圣街、金海路、商务小区等供水主管道25公里，完成渤海路、银海路、石马路等街道的管网改造工程。2003年，投资2198万元，开工建设东城供水厂，日供水能力2万立方米。至2005年年底，城区供水主管道144公里，日供水能力7万立方米。2006—2010年，投资2900万元，先后完成农圣街、正阳路、文圣街、银海路、东城工业园区等主干输水管道工程65公里。2009年3月，获国家节水型城市称号。同年9月，投资3347万元，建成城北供水厂（兼并第二供水厂），日供水能力3万立方米。同年10月，投资1563万元，建设科技工业园供水厂，日供6万立方米工业生产用水。至2010年，城区供水厂3座（第一供水厂废弃不用），供水管网总长度200余公里，日供水3.3万立方米，城区供水普及率、管网压力合格率均达100%。

排水 1991—1995年，城区铺设排水管道39公里，至1995年，排水管道长度67

公里，排水管网密度每平方公里6.1公里。1996年，投资1350万元，建设东污西调汇流工程，修建明沟6.3公里、暗沟8.7公里，实现城区污水集中排入污水处理厂。1997年，投资2500万元，在城区北部30公里处的盐碱地带新建成占地2470亩、日处理污水8万吨的芦苇湿地污水处理厂。至2000年，城区新建排水暗沟10条13.4公里，改造明沟6.5公里。投资4500万元，建成晨鸣污水处理厂。投资1350万元，建成城市污水汇流工程。投资300万元，建成晨鸣集团排水工程。2004年，重点实施三大园区排水工程，新增排水管道35.1公里。2005年，对金光东街、东升路排水沟进行雨污分流建设。2006年，重点实施潍高路排水工程，新建各类排水管道33公里。2007年，对张僧河西支明沟进行改造建设。建设幸福路、文圣街、农圣街等排水系统，建设排水管道46.2公里。2008年，实施富士街、顺河路、洛兴街等排水工程，长度达10公里。建设建新街辛庄段、物流园道路、菜都路北伸段、农圣街等道路的雨水、污水排水管道，长度12.1公里。完成张僧河东支明沟改造、农产品综合批发市场雨水沟迁移、工业污水沟明沟三大排水出口改造工程，改造长度5公里。2009年，建设建桥路南伸段、金光街东伸段等雨污排水管道和暗渠，总长度52.9公里。至2010年，共有污水处理厂18座，城区主干道路排水管道基本实现雨污分流，排水管网密度每平方公里12公里。

第四节 城区照明

1991年以前，县城路灯照明都是单一的白炽灯、汞灯，而且只有城区几条主要街道装有路灯。1992—1996年，城区共安装路灯430盏。至2000年年底，城区路灯达到1100余盏。2003年，城区路灯陆续更换为高压

城区夜景（2010年摄）

钠灯，灯具灯型多样化。路灯供电由共用变压器更换为路灯专用变压器，新增无功率自动补偿器，整个电子系统运行功率容量由原50、80千伏安增至100、160、200、250千伏安。2001—2005年，投资6690万元，安装路灯8800多盏，城区路灯总数达到50多种灯型、9900余盏。2005—2006年，完成路灯监控系统一期工程107个监控点的安装，2007—2008年完成二期工程38个监控点的安装，城区路灯智能监控率达到100%。2006年8月，成立夜景照明管理办公室，负责城区夜景照明亮化实施工作。2009年始，推广普及LED、金属卤化物灯等绿色照明产品。东升路是2009年试点安装LED路灯的第一条道路，共安装72基、144盏，用电量比普通灯节约30%。2009年下半年，设立夜景照明集中控制中心，对全市重点路段建（构）筑物的夜景照明设施安装集中控制管理设备，实现统一开启和关闭。2010年始，对新建道路路灯全部采用LED光源。同年年底，在市区滨河路安装太阳能、风能互补LED路灯226盏。至2010年，全市共有路灯专用变压器127台，各式路灯和景观灯60多个品种。

第五节 园林绿化

1991—1995年，城区植树60万株，建

城市绿化（2010 年摄）

成公共绿地 24.1 万平方米，建设大型公园 1 个。至 1995 年年底，城市建成区绿化覆盖率 31.5%，人均占有公共绿地面积 7.6 平方米。1996—2000 年，共投入 2.1 亿元，先后建成人民广场、弥河风景区、欧洲村、温泉游园、憩园等一批公共绿地以及金海路、文圣街、银海路等高档次的街道附属绿地。单位庭院、居住区的绿化档次不断提高，市区绿化面积 447.7 万平方米，人均公园绿地面积 9.8 平方米，市区绿化覆盖率由 1995 年年底的 31.5% 增长到 37%。2001—2005 年，共投入 3.2 亿元，新增绿化面积 800 余万平方米，城市绿化覆盖率达到 39%，绿地率达到 33.1%，人均公共绿地面积达到 13.2 平方米。2006—2010 年，先后建成生态农业观光园、东城公园、现代游园、商务小区绿地、文化中心绿地、弥河公园二期绿地、滨河湿地公园等 20 多个游园绿地。改造建设中华牡丹园及圣城街、银海路、农圣街、文圣街的绿化，对三大园区道路、建桥路、金光街、东环路、金海路南伸段、东升路、菜都路、顺河路、滨河大道、西环路等城区道路进行标准绿化。至 2010 年，城市建成区绿化总面积达 1427 万平方米，绿化覆盖率达 44%，绿地率达到 37.6%，人均公园绿地面积 21.5 平方米，先后获山东省园林城市、中国人居环境奖、国家生态园林城市等称号。

第六节 住宅小区建设

1994 年 5 月，市房地产开发公司成立，主要负责城区房地产开发建设。2000 年，投资 2.4 亿元，开发建设兆祥小区、现代小区，是全市最早的一批经济适用房，标志着房地产市场进入商品房时代。2003 年 3 月，美林花园开工建设，共建住宅楼 164 幢，建筑面积 47.3 万平方米，住户 2559 户。2004 年 1 月，环翠花园开工建设，是全市第一个高层住宅小区。2007 年，中央华府开工建设，其楼体高达百米，成为当时市内最高的地标性建筑。同年，杭州嘉园、西城首府、苏州园等房地产项目相继在城区西部开工建设。2008 年，霍氏卡诺岛成为弥河沿岸的第一个商业住宅楼盘。同年，名门公馆开工建设，是全市第一家酒店式公寓与沿街商铺相结合的居住小区。此后，华茂贵宾楼、凯德华 SOHO、东宇银海 SOHO 等酒店式公寓相继建设。2009 年 10 月，左岸绿洲项目通过住房和城乡建设部住宅性能认定项目初审，级别为 AA 级，是第一个通过 A 级住宅性能认定初审的项目。2010 年 4 月，寿光市被住房和城乡建设部列为全国 A 级住宅性能认定试点城市。至 2010 年，全市建成、在建高层建筑 321 幢，通过 A 级住宅性能认定初审项目 2 个。

第七节 标志性建筑

市文化中心　位于农圣街以南，东邻城市规划展览馆。总投资 3 亿元，占地 120 亩，建筑面积 4 万平方米，包括文化馆、图书馆、

市文化中心（2010年摄）

博物馆、群众艺术馆、科技馆、青少年活动中心及多功能剧场7部分。2007年8月开工建设，2009年4月竣工。2010年，获国家优质工程银质奖、山东省建筑工程质量泰山杯奖。

市人民医院外科病房楼 位于城区文圣街以南，银海路以西，2005年2月开工建设，2007年4月竣工，建筑面积5.6万平方米，总投资2.4亿元。2008年，获国家优质工程银质奖。

市市民健身活动中心 （见第二十四编第二章第二节设施建设）

寿光一中新区 位于文圣街以南，幸福路以东，正阳路以西。2007年3月开工，2008年8月竣工。总投资4.5亿元，占地480亩，总建筑面积18万平方米，可容纳150个教学班，7500名学生就读。

市软件园 占地812亩，总建筑面积38万平方米，总投资8.9亿元。2008年3月开工建设，至2010年年底，完成投资5.9亿元，建筑面积25万平方米，其中孵化大厦、会展中心、动漫大厦、呼叫中心、软件展示销售中心、科技研发基地、软件评测中心、信息中心、商务服务中心交付使用。是寿光市集软件研发、动漫制作、人才培养、技能培训、服务外包、文化创意、商务服务于一体的高新产业园区。

寿光广电大厦 位于城区金海路与圣城街交叉路口西北侧。2008年11月建成投用，总投资1.4亿元，占地30亩，建筑面积2.8万平方米，包括主楼（地下1层、地上21层）、裙楼（3层）、综合楼（4层），主体高100.2米。拥有1000平方米演播大厅、4个中小型虚拟演播室、观光电梯等设施，装有资源共享的摄录编播软件系统。实现装备数字化和办公网络化、自动化。

寿光国际会展中心 位于弥河以东，潍高路以北，豪源路与尧河路之间，市蔬菜高科技示范园内。2007年9月开工建设，2008年3月竣工，总投资4.2亿元，总建筑面积5.1万平方米。建成后成为历届中国（寿光）国际蔬菜科技博览会开幕式举办场地。

寿光国际会展中心（2010年摄）

第三章 城市管理

第一节 城管执法

1991年，城区市容市貌及环境卫生管理由县城乡建设委员会市政管理科负责。1999年，建成由市城建、公安、卫生、电业等部门组成的110联动网络机制，配备专门人员，实行依法治城。对渤海路、迎宾路、圣城街等12条主要街道的不规范广告匾牌进行清理，对乱搭乱建、乱摆乱放、乱贴乱画等违章行为实施管理。2003年6月，成立市城市管理执法监察大队，为正科级事业单位，编制45人，行使违章占道、车辆超重、噪音污染、违章停车、户外广告牌匾不规范等方面的行政处罚权。2004年6月，成立市城市管理行政执法局（简称市城管执法局），编制调至60人，开始招聘城市管理协管员。同年下半年，市城管执法局与市规划局建立规划审批联席会议制度，共同参与建设工程的规划审批。2005年，市城管执法局协同市交通、公安、工商等部门在城区实施客运三轮车禁行行动，先后查扣、处罚违规经营三轮车120余辆。2007年始，在市区主干道路两侧划设机动车和非机动车停车位，规范车辆停放秩序。2008年，先后在羊口、侯镇、文家等镇（街道）设立7个城管执法中队，执法范围向镇（街道）延伸。2009年，市政府印发《关于认定城市道路承载能力的批复》，规定市区道路承载能力为单车总重20吨，并在进出城区的主要路口设置40块大型提示牌。同年，出台鼓励使用高档材质广告牌的规定，凡使用亚克力或更高档材料制作户外广告牌匾的商铺，免除审批费用。至年底，共清理违规设置户外广告牌匾2800块，清理落地灯箱、竖置广告牌1200多块。至2010年，先后组织大型宣传活动9次，累计发放宣传材料3万余份；查处各类违法案件1.2万件，作出行政处罚3210件；依法取缔占道摊点5520个，整治广告牌匾8500余块，清理乱贴乱画、乱喷乱涂小广告6万余条；受理群众来信、来访、电话投诉案件1.3万起，处结率100%。

第二节 环境卫生管理

1991年，继续加强城区环境卫生治理。1992年，通过省级卫生城达标验收，获省级卫生城市称号。1993年8月，县城环境卫生管理所更名为市环境卫生管理处。1995年9月，市政府出台《寿光市城市市容环境卫生管理实施细则》，对环境卫生管理实施重大改革，改过去的“门前四包”（包门前卫生、绿化、无乱设摊点、安全秩序）为专业队伍保洁与“门前四包”相结合，改过去的无偿占用道路设施为交纳占用费，改过去的垃圾分散运输为统管统运，改过去的无偿收集、清运垃圾为收取垃圾处理费。2001年，按照市场化运作、企业化管理、精细化操作的原则，实行环境卫生有偿托管，垃圾无害化处理率

100%。2003 年 11 月，成立市环境卫生管理局。2006 年 7 月，寿光市获国家卫生城市称号。2008 年，全市 14 个镇（街道）驻地全部实现环境卫生有偿托管。2010 年 2 月，市环境卫生管理局更名为市环境卫生管理处（简称市环卫处）。至 2010 年年底，市环卫处有行政事业编制人员 58 人，环卫保洁模式逐步向以机械保洁为主、人工清扫为辅转变。

道路保洁 1991 年，城区主要道路保洁工作由县环卫所直接负责，随着城市规模不断扩大，保洁范围随之扩大。1995 年，城市道路清扫面积 87 万平方米，2001 年达到 170 万平方米，2006 年增加到 708.8 万平方米，2010 年扩大到 1033 万平方米，托管道路保洁面积从 2006 年的 300 多万平方米增加到 2010 年的 650 多万平方米。道路清扫从人工清扫向机械清扫过渡，清扫机械从无到有，逐步增加。2009 年，制定道路清洁新标准，将 1 平方米路面尘土不超过 50 克的标准，提高到不超过 20 克。至 2010 年，有大中小型道路清扫车辆 70 多台（部），日清刷面积 700 多万平方米，机械化清扫率由 2006 年的 29.5% 提高到 76%。

道路保洁（2010 年摄）

垃圾处理 1991 年，城区设置垃圾方箱 188 个。1995 年，城区每天清理垃圾粪便 20 吨左右。2001 年始，城区垃圾收集逐步撤销垃圾方箱，代之以聚乙烯塑料垃圾桶。城区每天生活垃圾清运 170 吨。2003 年，将城中村、城乡结合部村庄的生活垃圾收集清运纳入市环卫处托管。至 2004 年，垃圾方箱全部撤销，密封式垃圾桶达 4000 多个，城区 90% 以上区域使用塑料垃圾桶。2009 年 9 月，市政府印发《寿光市城乡生活垃圾收运处理一体化实施方案》，投资 3000 万元，在 14 个镇（街道）建成 17 座压缩式生活垃圾转运站，配套建设村级垃圾房 85 个，173 个村庄建成标准化垃圾收集设施，由市环卫处负责将各村（社区）的生活垃圾运至镇（街道）生活垃圾转运站，经压缩后运至垃圾处理厂进行无害化处理，形成户装、村清、镇运、市处理垃圾处理模式。至此，各镇（街道）的生活垃圾处理全部实现集中无害化处理。至 2010 年年底，城区日均清运生活垃圾 350 吨，城乡生活垃圾清运处理率 100%。

公共厕所管理 1991—1995 年，城区建成公共厕所 25 座，其中 75% 以上为新建水冲式公厕。1996—2003 年，随着旧城改造和城市建设需要，部分旧式厕所被拆除，新式环保公厕逐渐兴起。2004 年，投资 15 万元在圣城中央花园等地相继设置可移动式环保公厕，同时投资 50 多万元对原妇幼保健院南侧公厕进行高标准改造，在兆祥小区西侧建设高标准公厕。2005 年，对市区 17 座公厕进行高标准改造，公厕内部采用高档材料装修，外部铺设无障碍通道，两侧设置残疾人专用扶手架，为残疾人设置专门大便间、小便间及洗手间，实现使用自动化。2010 年，投资 450 多万元，在城区新建星级公厕 10 座，至年底市区公共厕所达到 48 座。

第三节 城市拆迁管理

1990 年 12 月，县城市建设房屋拆迁办公室成立，负责全县城市规划区内国有土地上的房屋拆迁工作。1991—2000 年，城市拆迁任务主要集中在旧城改造和工业园区建设，拆迁工作量较小。2001年以后，随着拆旧改旧和城市建设的不断加快，工程拆迁量和拆迁难度加大。按照依法拆迁、亲情拆迁、和谐拆迁的方针，坚持以人为本、阳光操作、积极稳妥的原则，至2005年共投资7.7亿元，先后完成环城路、圣城街、银海路、商务小区、人民广场、弥河生态农业观光园等项目的拆迁，共拆迁房屋103.4万平方米。2006—2010年，先后开展体育馆、文化中心、农产品物流园等89个重点拆迁项目的拆迁工作，共拆迁房屋72.4万平方米，拆迁补偿5亿元。

第四节 燃气、供热管理

燃气管理 1991年之前，城区居民大多使用蜂窝煤做饭，之后陆续使用瓶装石油液化气，也有少数单位和居民使用瓶组管道液化气。至2000年年底，瓶组管道液化气用户达1000多户。2001年1月，市华燊燃气发展有限公司成立，主要负责城区居民和城市公共服务业户天然气的供应，至2010年共铺设管道82公里。2003年6月，市宝力隆新能源工程有限公司成立，至2010年共完成2.2万户燃气设施安装。2005年7月，市实华燃气有限公司成立，主要负责工业企业供气，至2010年共铺设管道18.5公里。至2010年，市区天然气管道总长117.9公里，日用气量满负荷6.4万立方米，城区管道燃气普及率67%。城区以外以及城区内天然气管道没有到达的用户，以供应瓶装石油液化气为主，石油液化气年消耗量约为9900吨。全市有石油液化气储配站22座，其中城区7座，镇（街道）15座，供应能力基本满足市场需求。

供热管理 城市集中供热起步于20世纪90年代初。1991—2010年，山东晨鸣新力热电股份有限公司铺设供热主管线100余公里，主要负责市区银海路以西区域集中供暖，集中供热面积达到400万平方米。2004年12月，市金玉米热电有限公司竣工投产，主要担负城区银海路以东工业用户和居民冬季供暖任务，至2010年实际供热面积达360万平方米。2009年7月，潍坊市华源热力公司开工建设，承担城南片区的集中供热任务，至2010年供热管网铺设约20公里，实现巨能华府、德馨苑、水岸嘉苑3个小区的供暖。同年9月，市东城热力公司成立，负责弥河新区即金海路以东区域集中供热。2010年5月，市金惠热力公司成立，取代金玉米热电有限公司承担老城区银海路以东区域集中供热。至2010年，城区有晨鸣新力热电有限公司、金玉米热电厂、华源热力公司、金惠热力公司、东城热力公司5家供热企业，二级换热站400余座，集中供热面积706万平方米，城市集中供热普及率93.8%。

2007年前，老城区供热实行按面积收费。2007年始，实行供热计量改革，首先从鸿基花园、环翠花园、福盛家园推广示范，实行按面积、按流量的“两部制”供热价格试点。2008年开始大面积推广，市政府出台文件要求新建建筑必须安装供热计量装置。至2010年，实行供热计量收费的建筑面积达到219万平方米，占城市集中供热面积的37%。

第五节 建工管理

勘察设计 1992年6月，县建筑设计室建筑设计资质由丁级升为丙级。同年10月，县建筑设计室更名为县建筑设计研究院。1993年8月，成立市住宅建筑设计室。同年12月，成立市规划勘察设计研究院，具有规划设计丙级资质。1995年10月，市建筑设计研究院与市规划勘察设计研究院合并，成立市规划建筑设计研究院。2000年6月，成立市宏源钢结构建筑有限公司，具有钢结构工程专业承包一级资质。2002年，市住宅建筑设计室更名为市恒泰建筑设计院。2003年6月，市勘察设计研究院从市规划建筑设计研究院析出成立。2004年5月，市规划建筑设计研究院分为市建筑设计研究院和市规划设计研究院。2005年2月，市建筑设计研究院改制为市建筑设计研究院有限责任公司，具有建筑行业（建筑工程）设计乙级资质、市政行业设计丙级资质。同年7月，市规划设计研究院改制为市规划设计研究院有限公司。2006年3月，山东宏源集团有限公司获得轻型钢结构专项工程设计乙级资质。2007年1月，市勘察设计研究院改制为市勘察设计院有限责任公司。同年4月，市恒泰建筑设计院改制为市正阳建筑设计有限公司。2008年6月，成立潍坊天大创业建筑景观设计有限公司。2009年3月，成立山东鸿泰建设集团桩基公司岩土设计室，具有勘察专业类（岩土工程）乙级资质。至2010年，全市共有勘察设计单位7家，有专业技术人员155人。1991—2010年，共计完成勘察设计项目1740多项，钻井进尺4.7万米。

建筑工程质量管理　1991年始，以质量效益为中心，推行工程质量项目法人责任制、工程质量终身责任制。1994年始，连续3年被评为全省建筑行业10强县。1996年始，以实施民心工程建“放心楼”为工作重点，开展创建无质量通病住宅工程活动。同年始，实施工程质量监督检查登记制度。1998年，推广应用新技术、新材料、新工艺、新设备，重点推广应用新型墙体材料、粗直径钢筋对接、计算机管理技术等。2001年，开展工程质量创优活动，至2005年，有11个工程项目获代表工程奖，6个项目获优质结构工程奖。2009年，建成监督网络管理系统，监督事项全部实现网上办理，实现监督与检测实验联网办公。2010年，寿光建设集团承建的市人民医院外科病房楼、市文化中心获“国家优质工程”奖。市圣都建设集团、丰城建筑公司、岔河建筑公司参建的潍坊市早春园住宅小区获中国建筑工程鲁班奖。至2010年，全市共有4项工程获全国建筑工程装饰奖，30项工程获山东省建筑工程质量泰山杯奖，6项工程获山东省建筑装饰装修工程质量泰山杯奖，36项工程获潍坊市建筑工程质量鸢都杯奖，16项工程获潍坊市建筑装饰装修工程质量鸢都杯奖，227项工程被评为潍坊市优良工程，35项工程被评为潍坊市精品工程，10项工程被评为潍坊市优质结构工程。工程质量合格率100%。

建筑工程安全管理　1991年始，在年度资质检查中，对无固定场所、无健全管理机构、无资金设备、无工程业绩的“四无企业”，坚决予以取缔。1995年始，每年都开展安全生产周和五月安全月活动，进行拉网式安全生产、文明施工大检查。至2000年，共检查工地3600多个次，查出安全事故隐患1.2万项，下达安全隐患整改通知书2300余份，整改合格率95%以上。2001—2005年，为713个工程项目办理安全报监手续，为787个工程项目建筑工人办理意外伤害保险。2005年，根据国务院《建筑施工企业安全生产许可证管理规定》，对全市建筑企业实行安全生产许可制度，全市共有43家企业取得安全生产许可证。2006年，市政府出台《开展建筑施工现场安全生产专项整治的管理办法》，对易发事故源开展专项治理，特别对脚手架使用、高空作业、临时用电、塔吊检测与维护等环节进行重点整治。2007年，市政府出台《关于进一步规定建筑工程安全报监制度的通知》，对建筑工程参建各方主体的安全责任、安全防护、职工意外伤害保险、特种作业人员持证上岗及重大危险源控制情况等方面作出明确规定。2008年，市政府制订《建筑工程突发事件应急预案》。2010年，对建筑施工项目经理、专职安全员、特种作业人员进行工程安全教育培训，安全生产负伤率控制在0.5‰以下。

工程监理 1996年10月，成立市工程建设监理中心。2000年1月，成立山东省誉丰工程项目管理有限公司。2005年12月，成立山东东海华圣建设项目管理有限公司，具有乙级监理资质。2006年8月，山东誉丰工程项目管理有限公司完成改制，成为房屋建筑工程丙级、市政工程监理丙级监理企业。同年10月，市工程建设监理中心改制为市建设监理有限公司。2007年，成立潍坊圣泰建设管理有限公司，具有房屋建筑工程、市政公用工程丙级监理资质。2008年10月，成立市恒泰工程建设监理有限公司，公司监理等级为房屋建筑工程乙级监理资质和市政工程乙级监理资质。至2010年，全市本地监理企业发展到5家，共监理工程335个，监理建筑面积188万平方米，监理合同履约率100%，监理工程质量验收合格率100%。

第四章　村镇规划与建设

第一节　村镇规划

1991年始，按照高起点、高标准、高水平、超前性原则，对原有村镇规划分期分批进行调整完善。1995年，由中国城市规划设计研究院编制完成《寿光市城镇体系规划大纲》，将全市34个乡（镇）按地理位置、经济实力及发展前景划分为8个重点镇、6个卫星乡（镇）及20个一般乡（镇）。当年年底，全市所有乡（镇）均编制完成新一轮小城镇建设规划，编制规划楼房村98个。2000—2007年，实施乡（镇）行政区划调整，先后撤并王望镇、东埠乡、赵庙乡、广陵乡、牛头镇、胡营乡、马店乡、寒桥镇、丰城乡、岔河镇、杨庄乡、五台镇、北洛镇、张建桥街道、古城乡、卧铺乡、王高镇、道口镇等乡（镇、街道），新成立孙家集街道、洛城街道和古城街道。到2007年年底，全市共有小城镇14个，其中4个省级中心镇、4个潍坊市级中心镇，975个行政村。各镇总体规划全部修编完毕，村庄建设规划修编率达50%。2005年，成功举办村镇规划展。2009年，编制《寿光市城镇建设体系规划》，确定以城区为中心，以羊口、侯镇、稻田、上口等国家重点镇和省级中心镇为重点，一般集镇为基础的城镇结构体系。在羊口镇规划面积30平方公里的渤海工业园，园内包括工业园区、居住组团、公建服务区、交通系统、基础设施和生态系统。在侯镇、田柳、台头3镇分别规划3个项目区，按照不同定位，发展工业经济，带动小城镇建设。至2010年，全市14个镇（街道）和95%以上的村完成新一轮总体规划，各镇（街道）详细规划覆盖率80%。

第二节　村镇建设

1991—2010年20年间，村镇建设分4个阶段：

第一阶段，1991—1995年，确立以发展城镇经济为重点，推进农业产业化、农村城市化、城乡一体化和以城带镇、以镇促城、城镇一体、共同繁荣的新思路。1993年，市政府出台《关于加快小城镇建设的意见》，制定优惠政策，实施规划、基础、典型、特色4大发展战略，加快小城镇建设。至1995年，全市共完成村镇基础设施投资2.1亿元，新建村镇道路687公里，新增自来水受益乡（镇）31个、村庄453个，新增受益人口33.4万人。田柳、侯镇、岔河、卧铺等4个乡（镇）率先实现村村通沥青路。建设住宅317．6万平方米，其中建成楼房住宅31.1万平方米。各乡（镇）卫生院、敬老院、幼儿园、中小学校、商贸市场等服务设施逐步配套完善。1991年，寿光县被评为全省村镇建设先进单位，1995年5月，被省政府授予1992—1994年度村镇建设先进市称号。

第二阶段，1996—2000年，加强小城镇公共设施建设，每年小城镇建设资金投入都在2亿元以上。出台各种优惠政策，鼓励农民带资进镇建设。1998—1999年，农民进镇建设资金占到小城镇建设总投资的70%～80%。5年间，全市21个小城镇的基础设施基本配套，镇区内主要街道硬化率100%，路灯安装率100%，镇村区域基本实现三季有花、四季常青的绿化要求，其中20个乡（镇）建成公共绿地或小游园，人均绿化面积3.5平方米。21个小城镇建成中小型批发市场或集贸市场，18个小城镇形成商业一条街。

第三阶段，2001—2005年，实施道路畅通、功能完善、绿化亮化和小城镇安居4大工程，镇村基础设施建设投资达6.7亿元，新修、维修道路912公里，新修、维修排水沟1014公里，安装路灯6719盏，修建垃圾池738个，购置垃圾箱1366个。镇区主干道路硬化率100%，自来水通水率、路灯安装率100%。2002年，在全省率先实现村村通沥青（水泥）路。

第四阶段，2006—2010年，突出生态、文化、现代3大理念，实施城乡统筹和新型城镇化发展，抓好城、镇、村3个节点，实现城郊村向城区集中、镇郊村向镇区集中，周边村向中心村集中。2006年，完成第二轮乡（镇）总体规划修编工作。2009年始，按照《寿光市域村镇体系规划》《寿光市农村住宅建设和危房改造规划》和《寿光北部沿海开发战略规划》要求，进一步加大村镇基础设施建设力度。2010年，实施寿光市迁村并点战略，当年全市规划农村社区（小区）300个，建成农民居住社区（小区）91个，楼房979幢、601.7万平方米。5年间，共投资66.7亿元用于村镇建设。至2010年，建成国家级重点镇1个，省级中心镇4个，潍坊市级中心镇6个。全市城镇化水平达到55.5%。

稻田镇西刘营村农村社区（2010年摄）

第五章 房地产管理

第一节 管理机构

1991年，寿光县城房屋地产管理所隶属于县建委，股级规格，负责全县房地产管理工作。1992年7月，更名为寿光县城房屋地产管理处，股级规格。1994年12月，升格为副科级单位。1995年7月，更名为寿光市房地产管理局（简称市房管局），下设办公室、财务科、房地产管理所、房地产交易所、房地产评估所、房地产安全鉴定所、房改科、居民小区管理所、物业管理服务中心等科室。2001年12月，市房管局调整为市政府直属正科级事业单位。2005年12月，增设房地产档案管理科。2010年3月，更名为市房产管理服务中心，正科级事业单位，归口市住房和城乡建设局，内设综合科、财务审计科、房地产档案管理科3个职能科室，编制8人。

第二节 住房制度改革

1992年4月，成立县住房制度改革领导小组，次年成立市住房资金管理中心。1994年7月，根据山东省《城镇住房制度改革试行方案》精神，市政府出台《寿光市住房制度改革方案》，实行住房公积金制度和租金改革，住房公积金缴交额为工资总额的10%，单位和个人各占5%。1995年7月，根据国务院《关于深化城镇住房制度改革的决定》和山东省人民政府《关于城镇住房制度改革的意见》等文件精神，市政府出台《关于深化城镇住房制度改革的实施意见》，实行售房、提租、推行公积金的三位一体制度改革，房改工作从单项改革，进展到全面推进、综合配套的改革阶段。1999年1月，实施住房补贴制度。同年7月，成立市清房办公室，开展以清理机关事业单位干部职工一户占2套以上住房为主的清房工作，共受理群众来信和举报电话42件次，清理多占住房799套。2002年7月，市政府出台《关于进一步放开搞活住房二级市场的意见》，推进房改发证工作，取消限制房改房上市的政策性、体制性障碍，允许房改房上市交易。同年9月始，停止福利性实物分房制度，实施住房货币化分配，在职职工住房补贴按工资总额的25%随工资逐月发放。取消房改成本价、现住房折扣和一次付款折扣，按每平方米946元的房改市场价售房，公有住房每平方米月租金提高到2.9元。2005年1月，在职职工住房补贴提高到工资总额的35%。至2005年，全市出售公有住房170万平方米，归集售房款4.3亿元；住房补贴到位率75%。2008年3月，市政府出台《寿光市解决城市低收入家庭住房困难发展规划和年度计划（2008—2010）》，按季度发放廉租住房租赁补贴，实行动态管理，廉租住房的保障资金按照每平方米补贴4.5元的标准列入财政预算。同年7月，调整住房公积金上缴比例，职工和单位缴纳比例各为12%。2010年8月，建成首批80套廉租住房，按照弱势优先的原则，首先由城市低保家庭承租。当年，共对140户住房困难家庭发放廉租住房补贴26.5万元，发放率100%。

第三节 产权登记

1991年，县政府机关、学校、粮库等房产，由县人民政府直接管理；新建公房，谁建谁管。私房长期属于自行管理状态，基本没有房产交易。1993年，成立县城镇房屋产权管理工作领导小组，开始管理房屋产权产籍。1995年7月，建成房地产交易市场，开展房地产咨询、房地产价格评估、房地产经纪工作。1998年7月，按照省建委《关于制作颁发全国统一房屋权属证书的通知》要求，开始启用和换发全国统一房屋权属证书。至2000年，全市共完成产权登记400万平方米，登记率和发证率均为98%以上。2004年，成立农村房屋权属登记管理办公室，具体负责全市农村房屋权属登记和确权发证工作。2005年，启动农房产权登记工作，坚持“一户一宅”的核心政策，明确不同历史时期土地使用证明和规划证明的认定、审核方式，每套住宅收取登记费10元，测绘费每平方米1.4元。2008年7月，根据住房和城乡建设部《房屋登记办法》规定，对房屋登记规程进行调整，增加预告登记、更正登记和异议登记等业务类型。建成网上电子登记簿。同年12月，投资4000多万元，建成建筑面积2000多平方米的市房地产权属登记交易中心，财政、地税、银行等单位进驻办公，实现一个窗口受理、发证。至2010年年底，城区房屋产权证的换发工作基本结束，共换发新证4500余本，完成农房登记13万件，登记率75%以上。

第四节 物业管理

寿光市物业管理起步于1995年。同年10月，成立市物业管理服务中心，股级规格，主要对全市居民小区进行房屋维修和管理服务工作。1996—2000年，物业管理按照安、居、乐、业4字原则，实施绿化美化工程。南关、三里、工业3个居民小区可绿化面积的绿化率均达到95%以上，其中南关小区、三里小区被评为潍坊市级优秀物业管理小区。2002年8月，成立市场物业管理办公室，为股级事业单位，隶属于市房地产管理局，具体负责制定物业管理规章制度，对全市物业管理工作进行指导、监督、检查，协调物业服务企业与业主委员会关系等工作。2003年，实施物业管理企业资质等级管理制度，严格市场准入，规范管理收费。2005年年底，全市物业管理企业14家，从业人员400多人，7家企业被评为潍坊市优秀物业管理企业，兆祥小区被授予国家级优秀物业管理示范小区称号。2009年4月，市物业管理办公室升格为副科级。同年，依据《山东省物业管理条例》，推行新建物业质量保修金制度，对开发建设单位未履行保修责任，未按规定交存、补存住宅物业保修金的，一律不予办理商品房预（销）售登记，并记入企业信用档案向社会公布。至2010年，全市共有物业管理企业21家，其中一级资质2家、二级资质2家，管理项目122个，面积710多万平方米，从业人员1.1万余人，物业管理覆盖率60%以上。组建业主委员会15家。监管房地产开发项目39个，收缴物业保修金2893万元。有国家级优秀物业管理项目1个，省优级7个。

第六章 环境保护

第一节 管理机构

1984年，成立县环保局，1993年列入市政府序列部门，内设办公室、管理科、计财科、法规宣教科4个行政科室，下辖市环境监测站、市环境监理站、羊口环境监理站、市环保服务公司4个事业单位，定编54人。2002年，市环境监理站更名为市环境监察大队，正科级规格。2007年，增设生态保护科、环境信息中心，环境管理科更名为污染控制与监督管理科。市环境监察大队设立综合科、信访科、一中队、二中队、三中队、四中队和台头中队，编制27人。2008年，成立市污染物排放总量控制办公室，为副科级事业单位。2009年12月，成立羊口镇环保所、侯镇环保所、文家街道环保所、古城街道环保所、台头镇环保所，作为环保局的派出机构，均为股级事业单位。2010年，环保局共内设24个科室，定编107人。2007年，寿光市被国家环保总局命名为国家环保模范城市。

第二节 环境监测

空气监测 1991年始，开展大气环境监测。共布设10个城区采样点，监测项目为降尘和硫酸盐化速率2项，降尘从1991年3月份开始监测，每月1次。硫酸盐化速率从1991年10月监测，每月1次。1992年，增加县农技中心监测点，监测点位数增加到11个。同年，县环保局编制《寿光县城区大气监测优化布点研究》，将县环保局、化肥厂、农技中心3个点位增加二氧化硫、氮氧化物、总悬浮微粒3个监测项目，同步调试气压、气温、风速、相对湿度等4项气象参数。1998年，将监测项目中的氮氧化物、降尘和硫酸盐化速率3个项目取消，增加二氧化氮项目。1999年2月，购置大气连续自动采样器4台（套），安置采样亭，开展24小时连续手工采样监测。2001年12月始，按照省环境监测站提供的优化布点要求，用网格布点的方法对城区进行环境空气监测优化布点，到2003年3月优化布点工作全面完成，评选出监测站、世纪学校2个代表性监测点。2005年始，在线自动监测城区空气中二氧化硫、二氧化氮、可吸入颗粒物3个项目及气温、气压、风速、风向、相对湿度5项气象参数。2010年，投资158万元引进美国TAPI空气自动监测设备2套，在线监测二氧化硫、氮氧化物、二氧化氮、一氧化氮、一氧化碳、臭氧、可吸入颗粒物7项主要指标及气温、气压、风速、风向、湿度5项气象参数。当年，城区大气中二氧化硫、二氧化氮、总悬浮微粒超标率分别为1.3%、0.1%、6.6%。

1991—2010 年寿光市（县）城区大气主要污染物评价结果表

表 3-6-1　　单位：毫克 / 立方米

年份	二氧化硫		氮氧化物（二氧化氮）		总悬浮微粒	
	年日平均值	超标率（%）	年日平均值	超标率（%）	年日平均值	超标率（%）
1991	\	\	\	\	\	\
1992	0.070	0.0	0.032	0.4	0.280	36.7
1993	0.051	0.0	0.043	0.9	0.261	24.6
1994	0.055	0.0	0.032	0.0	0.243	18.3
1995	0.050	0.4	0.032	0.0	0.252	18.3
1996	0.049	0.0	0.034	0.0	0.245	13.3
1997	0.050	0.0	0.031	0.0	0.249	6.7
1998	0.048	0.0	0.030	0.0	0.250	13.3
1999	0.051	2.8	0.037	0.0	0.248	23.0
2000	0.049	1.2	0.029	0.0	0.269	26.7
2001	0.048	0.6	0.032	0.2	0.253	24.3
2002	0.052	4.4	0.036	0.0	0.255	18.9
2003	0.049	2.4	0.034	0.2	0.186	0.0
2004	0.047	0.0	0.033	0.0	0.185	0.4
2005	0.044	0.7	0.033	0.0	0.079	1.3
2006	0.054	1.2	0.036	1.4	0.083	3.0
2007	0.058	0.8	0.037	0.0	0.080	6.4
2008	0.054	1.0	0.037	0.0	0.076	5.7
2009	0.052	1.1	0.036	0.0	0.075	6.2
2010	0.054	1.3	0.035	0.1	0.077	6.6

降水监测　城区降水监测工作始于 1988 年，2000 年以后在城区内的 2 个监测点（县化肥厂、县环保局院内），其位置根据上级要求做过调整。1996—2000 年共监测降水样品 182 个，监测降水量 2532 毫米，pH 值检出范围 5.87 ～ 7.23，电导率检出范围为 31 ～ 190 微西 / 厘米，未出现酸雨。2001—2005 年监测降水 186 次，总降水量 2652.2 毫米，pH 值检出范围 6.02 ～ 7.84，电导率检出范围为 32.1 ～ 148 微西 / 厘米，未出现酸雨。2006—2010 年共监测降雨 62 次，总降水量 3337 毫米，pH 值检出范围 6.14 ～ 7.17，电导率检出范围为 32.6 ～ 90.5 微西 / 厘米，未出现酸雨。

饮用水监测　城区生活饮用水源地随着城市的发展和水资源的变迁，先后有寿光自来水公司一水厂、二水厂、三水厂，东城水厂，城北水厂建成投用。1996—2000 年，城区饮用水源地水质在1999年溶性总固体1项指标1个点位1次超标，其他指标均符合《地下水质量标准》（GB/T14848-93）中Ⅲ类标准。2001—2005年，每年按计划对饮用水源地二水厂、三水厂进行监测。城区饮用水源地水质各年度的监测结果中除总硬度、硝酸盐氮、氯化物3项符合《地下水质量标准》（GB/T14848-93）中Ⅱ类标准外，其他项目均符合Ⅰ类标准。2006—2010年，每年按计划对城区饮用水源地二水厂、三水厂进行监测，其中2010年对二水厂、三水厂水质进行39项内容的全指标分析。各年度的监测结果中除总硬度、硝酸盐氮符合《地下水质量标准》（GB/T14848-93）中Ⅲ类标准，钡、氯化物符合《地下水质量标准》（GB/T14848-93）中Ⅱ类标准外，其他项目均符合Ⅰ类标准。

地表水监测 主要对小清河、弥河、丹河、桂河、阳河、织女河6条跨区域河流进行监测。1996—2000年，共设置12个监测点位，控制小清河水系与弥河水系共计8条河流。2001—2005年，共设置7个监测断面，控制小清河水系和弥河水系共4条河流。2006—2010年，共设置13个监测断面，控制小清河水系和弥河水系共8条河流。以《地面水环境质量标准》（GB3838-88）中Ⅳ类标准，按综合污染指数法评价。

1991—2010年寿光市（县）地表水水质监测结果表

表3-6-2　　单位：毫克/升

年份	断面	pH	总硬度	溶解氧	COD	氨氮	高锰酸盐指数	水质级别
1991	羊口	7.87	877.2	0.48	96.0	4.06	22.33	Ⅳ
	侯辛	8.05	652.4	0.55	104.2	4.91	24.53	Ⅳ
	巨淀湖	8.04	1241.5	0.00	892.2	11.89	452.81	Ⅳ
	纪台	8.38	221.8	9.15	36.7	0.24	9.05	Ⅳ
	小营	8.52	181.2	8.65	38.5	0.09	9.82	Ⅳ
1992	羊口	8.37	2198.6	3.34	111.4	7.31	37.98	Ⅳ
	侯辛	8.09	1668.0	3.34	99.8	8.40	45.38	Ⅳ
	塌河	8.28	1234.4	0.00	2037.2	17.38	414.86	Ⅳ
	小清河	8.23	1933.0	3.34	105.6	7.85	41.68	Ⅳ
	弥河	8.04	231.6	8.36	45.8	1.43	13.84	Ⅳ
1993	羊口	7.84	1344.9	1.34	97.8	5.29	40.44	Ⅳ
	侯辛	7.76	1013.6	0.82	95.8	7.30	44.38	Ⅳ
	巨淀湖	8.06	964.0	—	1250.3	33.44	534.87	Ⅳ
	纪台	7.97	294.5	6.86	42.5	0.972	19.48	Ⅳ
	三座楼	7.62	498.5	—	2766.0	21.16	1126.90	Ⅳ
1994	羊口	8.09	712.5	0.16	128.0	9.36	45.59	Ⅳ
	侯辛	8.00	477.6	—	127.2	10.23	46.19	Ⅳ
	三座楼	8.06	440.0	—	2787.4	41.23	1288.50	Ⅳ

续表 3-6-2

年份	断面	pH	总硬度	溶解氧	COD	氨氮	高锰酸盐指数	水质级别
1995	羊口	7.89	827.6	—	124.4	10.75	44.0	Ⅳ
	侯辛	7.57	693.3	—	131.3	11.57	50.7	Ⅳ
	纪台	8.12	65.4	8.87	127.0	8.64	39.7	Ⅳ
	小营	7.54	260.0	6.98	54.6	2.66	17.1	Ⅳ
	巨淀湖	8.06	718.0	—	1563.6	17.57	646.1	Ⅳ
	三座楼	7.91	433.0	—	4254.6	1452.90	1842.0	Ⅳ
1996	羊口	7.82	576.1	1.98	117.0	8.52	43.8	劣Ⅴ
	侯辛	7.75	596.9	1.52	113.3	9.28	51.8	劣Ⅴ
	纪台	7.56	297.9	7.13	51.7	5.46	23.3	劣Ⅴ
	小营	7.54	294.0	7.50	27.6	0.46	9.9	劣Ⅴ
	三座楼	8.23	705.0	0.00	4315.0	34.30	1883.0	劣Ⅴ
	连城	7.93	416.0	0.00	1386.0	26.20	453.0	劣Ⅴ
1997	羊口	7.68	1168.0	1.02	137.0	10.30	63.6	劣Ⅴ
	侯辛	7.74	968.3	1.47	105.0	10.50	61.8	劣Ⅴ
	建桥	7.70	321.5	6.96	51.4	7.70	14.9	劣Ⅴ
	小营	7.83	372.2	9.46	35.2	2.82	17.3	劣Ⅴ
	三座楼	8.41	639.0	0.00	4180.0	34.60	1768.0	劣Ⅴ
	连城	8.14	—	0.00	1524.0	30.60	—	劣Ⅴ
1998	羊口	7.45	944.9	1.23	105.0	12.70	44.2	劣Ⅴ
	侯辛	7.50	796.7	2.91	69.0	11.20	30.2	劣Ⅴ
	建桥	7.70	418.9	6.95	60.0	5.72	23.2	劣Ⅴ
	小营	7.81	428.2	7.93	43.0	2.68	21.6	劣Ⅴ
	三座楼	7.17	796.9	0.00	3058.0	34.30	1217.0	劣Ⅴ
	连城	7.75	—	0.00	1138.0	29.90	—	劣Ⅴ
1999	羊口	7.71	709.6	0.88	116.0	12.29	44.7	劣Ⅴ
	侯辛	7.70	657.0	1.37	89.5	5.90	34.6	劣Ⅴ
	建桥	7.66	371.1	8.83	46.0	2.05	19.6	劣Ⅴ
	三座楼	7.58	782.3	0.00	1391.0	33.00	569.0	劣Ⅴ
	连城	7.72	—	—	651.0	34.60	—	劣Ⅴ
2000	羊口	7.30	1446.0	6.41	115.0	6.48	54.8	劣Ⅴ
	侯辛	7.62	890.5	2.80	93.0	6.90	40.5	劣Ⅴ

续表 3-6-2

年份	断面	pH	总硬度	溶解氧	COD	氨氮	高锰酸盐指数	水质级别
2000	建桥	7.77	284.0	7.72	51.0	2.26	22.0	劣V
	三座楼	7.82	453.0	0.00	834.0	32.70	390.0	劣V
	连城	7.67	—	—	703.0	27.70	—	劣V
2001	羊口	7.23	767.0	0.00	110.0	11.30	51.9	劣V
	侯辛	7.30	624.8	0.00	90.0	9.04	52.1	劣V
	建桥	7.38	—	—	39.5	1.72	—	劣V
	三座楼	7.11	418.0	0.00	1166.0	27.60	574.8	Ⅳ
	连城	7.50	—	—	1163.0	27.90	—	劣V
2002	羊口	—	1224.0	2.66	98.0	10.90	47.4	劣V
	侯辛	—	758.0	1.89	103.0	11.20	47.4	劣V
	建桥	—	304.0	10.90	50.0	2.52	23.1	Ⅳ
	三座楼	—	446.5	0.00	1177.0	33.10	546.0	劣V
	连城	—	—	—	450.0	29.20	—	劣V
2003	羊口	0.50	48.1	0.39	108.0	7.28	46.6	劣V
	侯辛	0.50	38.6	1.53	88.0	6.18	36.2	劣V
	建桥	0.23	4.9	7.40	27.3	1.19	9.4	Ⅳ
	小营	0.23	4.9	7.57	21.2	1.10	9.3	Ⅳ
	三座楼	1.20	240.8	0.00	513.0	29.70	223.0	劣V
2004	羊口	0.50	35.6	1.11	82.0	6.98	34.1	劣V
	侯辛	0.50	25.3	1.37	59.0	7.72	22.2	劣V
	建桥	0.28	4.6	5.64	27.8	1.25	8.3	Ⅳ
	小营	0.26	4.5	6.52	19.2	1.18	6.7	Ⅳ
	三座楼	0.80	208.0	0.00	447.0	27.00	187.0	劣V
2005	羊口	0.60	32.3	0.45	76.0	9.93	29.4	劣V
	侯辛	0.60	25.6	2.56	61.0	15.20	26.9	劣V
	建桥	0.30	4.7	8.46	26.0	1.06	8.8	Ⅳ
	小营	0.20	4.7	9.01	20.0	0.84	7.0	Ⅳ
	三座楼	1.00	164.0	0.00	374.0	18.00	144.0	劣V
2006	羊口	1.00	44.4	2.35	76.0	14.10	28.1	劣V
	侯辛	0.60	32.3	3.47	86.0	13.70	36.1	劣V
	建桥	0.30	9.8	5.64	35.0	1.84	12.4	V

续表 3-6-2

年份	断面	pH	总硬度	溶解氧	COD	氨氮	高锰酸盐指数	水质级别
2006	小营	0.20	6.4	7.10	26.0	1.18	7.1	V
	三座楼	2.30	120.0	0.00	276.0	12.67	98.9	劣V
	连城	—	—	—	169.0	18.68	—	劣V
2007	羊口	0.53	39.0	1.73	95.0	14.40	32.6	劣V
	侯辛	0.70	39.1	1.81	96.0	15.40	33.9	劣V
	建桥	0.20	14.0	6.66	46.0	1.62	11.0	V
	三座楼	1.55	76.9	0.00	193.0	10.40	68.4	劣V
	连城	—	—	—	156.0	16.90	—	劣V
2008	羊口	1.53	26.9	3.23	71.0	12.60	24.7	劣V
	侯辛	1.62	27.8	2.58	70.0	13.60	24.8	劣V
	建桥	0.40	5.5	7.22	25.0	1.05	9.0	IV
	小营	0.04	3.5	7.67	17.0	0.33	5.6	III
	三座楼	3.72	5.7	2.19	125.0	2.44	44.7	劣V
	连城	—	—	—	121.0	18.00	—	劣V
2009	羊口	0.90	25.1	2.25	72.0	11.10	25.0	劣V
	侯辛	0.90	26.1	2.14	77.0	13.00	27.2	劣V
	建桥	0.20	5.7	7.47	26.0	0.87	9.2	IV
	小营	0.04	3.7	7.91	17.6	0.49	5.6	III
	三座楼	3.72	29.1	2.80	141.0	7.99	50.0	劣V
	连城	—	—	—	178.0	80.00	—	劣V
2010	羊口	0.50	19.4	4.19	52.0	8.44	19.1	V
	侯辛	0.30	21.2	6.47	102.0	16.00	39.6	V
	建桥	0.20	5.4	7.89	28.0	1.46	8.1	IV
	三座楼	0.80	20.4	4.87	144.0	8.30	42.3	劣V
	连城	—	—	—	126.0	68.60	—	劣V

噪声监测 1995年始，城区环境噪声监测包括功能区噪声、道路交通噪声、区域环境噪声3项内容。1996—2000年，共设监测点位139个，其中功能区噪声定点监测设点9个，每年6月、11月分2次进行24小时连续监测。道路交通噪声监测设点21个，每年5月监测，监测道路总长52.8公里。区域环境噪声监测设点109个，每年5月分别在昼间、夜间进行监测，监测总面积49.1平方公里。2001—2004年，功能区噪声定点监测设点9个，每年5月、11月分2次进行24小时连续监测。道路交通噪声监测设点21个，监

测 2 条交通干线，每年 5 月监测。区域环境噪声监测设点 132 个，每年 5 月分别在昼间、夜间进行监测。2005 年，因城区扩大，城区结构调整，对城区重新进行网格布点和噪声功能区划分，功能区噪声设 4 个功能区 8 个监测点，分别在 5 月、11 月进行监测。道路交通噪声监测交通干线 9 条，48 个监测点，5 月份进行监测。区域环境噪声在全城区按 400 米 ×400 米网格布点 202 个，5 月份进行监测。2006—2009 年，噪声监测设 4 个功能区 8 个监测点，分别在 2 月、5 月、8 月、11 月进行监测。2010 年，区域噪声点位再次调整，新增 27 个监测点位，监测点位数达到 229 个，监测时间和频次不变。

1995—2010 年寿光市功能区噪声监测数据表

表 3-6-3　　　　单位：分贝

年份	一类区		二类区		三类区		四类区	
	昼间	夜间	昼间	夜间	昼间	夜间	昼间	夜间
1995	52.7	44.4	54.2	50.4	58.2	47.5	57.4	52.4
1996	52.8	43.4	56.0	48.4	59.5	53.9	65.8	55.2
1997	51.9	44.0	55.2	49.2	60.8	53.7	65.0	55.8
1998	53.2	42.9	55.6	48.8	60.6	52.9	65.0	53.6
1999	55.0	44.8	56.0	47.6	59.6	54.8	63.8	56.7
2000	53.4	44.5	55.4	47.8	59.6	53.9	66.0	56.6
2001	55.0	45.1	57.2	49.5	60.4	54.6	64.8	55.8
2002	53.8	42.2	57.2	48.0	61.5	53.0	64.4	55.5
2003	55.3	44.5	56.1	48.0	61.3	54.3	63.1	54.7
2004	54.8	44.0	56.5	46.6	60.3	51.9	62.8	52.3
2005	53.4	43.9	57.1	45.8	60.4	52.0	63.1	53.2
2006	54.3	43.1	56.5	46.8	59.8	52.3	63.4	53.3
2007	55.3	43.6	55.9	46.5	60.0	53.3	63.0	52.5
2008	54.3	44.5	57.3	48.6	58.1	51.6	60.4	52.4
2009	52.4	43.1	56.0	46.6	59.4	51.4	62.2	51.6
2010	52.5	41.5	57.4	47.4	61.0	52.8	62.5	51.9

1996—2010 年寿光市区域环境噪声监测数据表

表 3-6-4

年份	测点（个）	网格面积（平方米）	平均等效声级（分贝）	
			昼间	夜间
1996	109	300×300	57.1	—

续表 3-6-4

年份	测点（个）	网格面积（平方米）	平均等效声级（分贝）	
			昼间	夜间
1997	109	300×300	56.9	47.4
1998	109	300×300	56.6	47.3
1999	109	300×300	57.6	46.6
2000	109	300×300	54.8	45.6
2001	132	300×300	56.0	49.4
2002	132	300×300	55.6	43.0
2003	132	300×300	55.6	48.4
2004	132	300×300	55.3	47.9
2005	202	400×400	55.2	47.8
2006	202	400×400	55.2	47.8
2007	202	400×400	55.3	47.5
2008	202	400×400	55.2	48.5
2009	202	400×400	55.5	48.3
2010	229	400×400	55.4	48.1

1995—2010 年寿光市交通道路噪声监测数据表

表 3-6-5

年份	测点（个）	路长（千米）	车流量（辆／小时）	平均等效声级（分贝）	超过 70 分贝路段（%）
1995	20	9.15	390	68.2	0.0
1996	20	9.15	444	68.2	22.4
1997	21	10.90	665	68.5	20.7
1998	21	10.90	804	69.8	35.0
1999	21	10.90	1181	69.5	39.7
2000	21	10.90	1141	69.0	5.7
2001	21	10.90	860	67.8	1.2
2002	21	10.90	939	68.3	11.9
2003	21	10.90	1223	68.0	0.0
2004	14	7.86	953	68.0	0.0
2005	48	43.83	996	67.4	0.0
2006	48	43.83	1152	67.2	0.0

续表 3-6-5

年份	测点（个）	路长（千米）	车流量（辆 / 小时）	平均等效声级（分贝）	超过 70 分贝路段（%）
2007	48	43.83	1518	67.2	0.0
2008	48	43.83	1089	66.6	0.0
2009	48	43.83	1084	66.2	0.0
2010	48	43.83	1074	66.1	0.0

第三节 环境监察与治理

大气污染治理 1991 年始，先后对城区所有生产、生活炉灶等大气污染源进行集中清理整治，城市空气环境质量连年优于国家二级标准。1998 年年底，大气总悬浮微粒年日平均值每立方米 0.25 毫克，二氧化硫和氮氧化物年日平均值均达到国家环境空气质量二类标准。2001 年始，开展以国家级生态示范区建设为重点的生态市建设。2002 年 3 月，寿光市被国家环保局正式命名为国家级生态示范区。2004 年，针对台头、羊口等镇的大气污染问题，成立联合执法队伍，开展拉网式清理整治，先后拆除改造锅炉 256 台次，拆除烟囱 382 根，关停违法排污企业 78 家。2005 年，投资 138 万元在圣城街道和世纪学校建设 2 处大气自动监测站。2007 年，投资 660 万元建设环境监控中心。2007—2010 年，先后投资 2000 万元，在晨鸣纸业、联盟化工、金玉米、富康制药、盛泰淀粉等 52 家企业安装 92 套化学需氧量（COD）、氨氮、烟气在线监控设备。2009 年，重点对台头镇防水卷材企业，侯镇、羊口镇境内的异味污染源进行集中整治，并先后投资 3.2 亿元，建成晨鸣热电、金玉米热电、巨能发电厂、鲁丽集团烧结机等 13 处脱硫减排工程，大气环境质量明显改善。

水污染治理 从 20 世纪 80 年代初期开始建设污染治理设施。1991—1995 年，重点对污染严重的小造纸企业依法取缔，先后关停上口亚光造纸厂、稻田镇纤维板厂等 5 家污染严重的企业。1997 年 10 月，投资 2500 万元建设占地 2470 亩的污水处理厂，一期工程日处理污水能力 6 万吨。1999 年始，开展整治违法排污企业和清理污染源专项行动，至 2005 年，共出动检查人员 2680 人次，查处环境违法案件 167 起，关停 42 家生产能力不足 1 万吨的废纸造纸企业和 75 家小化工企业。2005 年，先后投资 4.5 亿元建设水污染治理设施 95 套。2007 年 2 月，寿光市被国家环保总局命名为国家环保模范城市。2009—2010 年，先后投资 11.5 亿元，完成 54 项治污减排工程建设；建设渤海化工园、侯镇项目区以及台头、化龙、稻田、纪台等 9 处污水处理厂；配套完善 14 个镇（街道）污水管网，对张僧河、塌河、营子沟进行高标准清淤治理，其中张僧河水质达到恢复鱼类生长标准。至 2010 年年底，全市共有污水处理厂 18 座，其中日处理 5000 吨以上污水处理厂 9 座，总污水处理能力达到 25 万吨，张僧河等 6 条河流水质达到一级 B 标准。由环保部推荐的孙家集街道三元朱村农村社区生活污水处理项目，在全国试点推广。

排污费征收 按照谁污染、谁付费的原则征收。征收种类有污水排污费、废气排污费、固体废物及危险废物排污费、噪声超标排污费等。征收对象是直接向环境排放污染物的单位和个体工商户。1991年，全县征收排污费153.7万元，涉及单位181家。至2010年，征收排污费2277.4万元，涉及单位224家。1991—2010年，共征收排污费1.4亿元。

1991—2010年寿光市（县）排污费征收情况表

表3-6-6

年份	征收单位数（个）	金额（万元）	年份	征收单位数(个）	金额（万元）
1991	181	153.7	2001	280	410.2
1992	192	242.2	2002	268	420.2
1993	225	242.2	2003	282	451.3
1994	236	280.1	2004	292	742.4
1995	248	298.7	2005	298	1100.9
1996	262	392.5	2006	170	547.3
1997	256	410.1	2007	137	1557.8
1998	295	351.1	2008	150	1545.2
1999	390	308.5	2009	134	1901.8
2000	350	370.8	2010	224	2277.4

环境信访　1991年，接收环境污染纠纷信访案件29起，全部得到妥善调解处理。1992—1999年，共接收环境纠纷信访案件560起，其中320件涉及水污染问题，处置率达100%。2003年始，空气污染和噪声扰民案件呈上升趋势，查处率和处结率均为100%。2008年，通过“寿光民声”接收投诉案件101起。2010年，共办理来信来访案件480件，市人大议案、市政协提案11件，“寿光民声”投诉案件600件，案件处置率、群众满意率均达100%。

第四编

交通 邮电

1991—2010年，寿光交通运输和邮电事业处于快速发展时期，特别是进入21世纪，为适应经济和社会事业发展需要，市委、市政府提出大力发展公共事业、促进经济发展的战略部署，先后组织实施了村村通程控电话、村村通沥青路等工程建设。至2010年，全市公路通车里程由1991年的901公里增加到3848公里，增长3.3倍，公路密度达到每百平方公里155.6公里。全市固定电话38.2万户，互联网用户突破8万户，移动电话用户突破100万人。

第一章 交通

第一节 管理机构

市交通局 1991年，县交通局为正科级行政单位，主管全县交通运输工作。1996年2月，成立市交通工程质量监督站，具体负责农村公路的建设管理工作，同时监督指导乡村级农村公路的建设工作。1997年5月，市交通局更名为市交通委员会。1998年1月，成立市交通服务中心，与市运管处合署办公。2002年1月，市交通委员会更名为市交通局。同年6月，成立市县乡公路管理处，为市交通局所属全额拨款事业单位，原由市公路局承担的县乡公路养护管理职能移交市交通局。2005年，市县乡公路管理处规格由副科级升为正科级。2010年2月，市交通局更名为市交通运输局（简称市交通局）。至2010年，市交通局有干部职工287人，内设办公室、政工科、财务科、审计科、综合科、法规科、交通工程质量监督站7个科室。下辖市县乡道路管理处、市港航和地方铁路管理处、市交通战备办公室3个正科级事业单位和市交通运输管理处、市稽查大队2个副科级事业单位，以及14个镇（街道）交通运输管理所。同时辖市德隆汽车运输有限公司、市交运汽车站有限公司、寿光长途汽车运输有限公司、山东金路交通实业有限公司、市通达公共交通运输有限公司、市瑞通运输有限公司6个局属企业。

市公路局 1991年，县公路局为正科级事业单位，隶属于潍坊市公路局，实行公路系统与地方政府双重领导体制。主要负责境内省道及部分市（县）乡（镇）道路修建、养护和养路费稽征等工作。1995年，市公路局下设9科1室，辖35个公路站（队）。有干部职工230人。1997年5月，成立市公路局产业开发中心，为副科级事业单位。1998年6月，成立市政府市路管理办公室，挂靠市公路局。2002年6月，市乡公路的修建及养护职责划归市交通局管理，取消市路管理办公室。2010年，内设办公室、政工科、财务科、养护科、路政科、审计科、安保科、工程机料基建科、生活服务中心、工程处及公路开发中心、养护工程处，下辖5个公路站及沥青拌合厂、碎石拌合厂等单位。

第二节 省道建设

1991年，全县有省道4条141.1公里，公路桥27座2418.3米，涵洞99道1935.9米。1993年12月，经省交通厅、财政厅、物价局批准，在潍高路弥河桥东侧设立收费处（2000年3月东移至k28+100米处，2004年10月又东移至k38米处）。2002年5月，该收费处移交潍坊市公路局管理。2010年，境内有6条省道干线，总长253.4公里。

潍高路 东起潍坊市，西至淄博市高青县。始建于1952年，原称潍博路，境内全长55.3公里。1997年，寿城西k41+500米至k59+200米广饶界17.7公里，加宽改造成宽18米二级沥青路面。1999年，寿城东段k19+200米至k35+100米长16公里改造成路面宽28.5米的一级沥青路面。同年，新修k35.1米至k46.8米长11.7公里，路面宽24米。2005年8月，寿城东16公里大修成路面宽28.5米一级沥青路面。2010年，自k19+124米至k27+000米、k35+000米至k61+200米共34.1公里中修罩面。

潍高路罩面（2010年摄）

羊青路 以前称羊益路、羊临路。2009年11月，建成宽24米一级沥青路（又称大西环）。同年，羊青路改线，经羊口、台头、化龙、文家、孙家集5镇（街道），境内全长67.4公里，原羊青路林海路口k13+003米至孙家集k62+300米由市公路局交市交通局养护。2010年，潍高路至青州交界10.7公里改造成路基宽26米、路面宽24米一级沥青路面。

新海路 原称辛沙路，西起河北省辛集，东至山东省烟台市莱州沙河镇。1998年改称新海路，东起山东省平度新河镇，西至河北省海兴县，经侯镇、营里2镇，境内长49.8公里。1992年，羊临路至昌大路段16.6公里改建成宽10米二级沥青路面。1993年，昌大路至寒亭界9.6公里段改造成宽10米二级沥青路面。1994年，羊临路至东营界23.6公里改造成宽10米的二级沥青路面。2002—2003年，东营界至寒亭段长49.8公里改造成宽15米的二级沥青路面。2009年，滨海界至岔河路口9.6公里由路面宽15米改造成宽24米一级沥青路面。2010年，k61+084米至k101+180米共40公里进行中修罩面。

大沂路 以前又称昌侯路、昌大路。北起大家洼街道，南至临朐县沂山镇，经侯镇、洛城、稻田3个镇（街道），境内长35.8公里。2009年，滨海界k6+500米至寒五路k17+150米的10.6公里改造成路基宽26米、路面宽24米一级沥青路面。2010年，寿济路口至稻田镇北9.8公里改造成路基宽16米、路面宽14米二级沥青路面，稻田镇十字路口至昌乐界10公里改造成路基宽26米、路面宽24米

大沂路改建（2010 年摄）

一级公路。

寿济路 东起大沂路口，西至济南市济阳县。经侯镇、洛城、古城、文家、化龙 5 镇（街道），境内长 32.5 公里。2001 年，修建青州界至潍高路 5 公里。2002 年，修建潍高路至弥河大桥 16.3 公里。2005 年，修建弥河桥至大沂路 11.2 公里。2010 年，建成全段路基宽 18 米、路面宽 16 米的二级公路。

大九路 北起大家洼街道，南至临朐县九山镇，2004 年 3 月开工建设，同年 9 月底建成通车，境内 12.6 公里。公路标准为二级，路基宽 17 米，路面宽 15 米，建有中桥 1 座，工程总投资 7000 万元。由潍坊市交通局建设并拥有路权，寿光市交通局代为管理。

第三节 县乡公路建设

1991—2001 年，县乡公路养护管理工作由市（县）公路局负责。2002 年后，由市交通局负责。1991 年始，按照县道县管、乡道乡管、村道村管的建设管理模式，县级农村公路由市（县）财政投资，市（县）公路局或交通局作为建设管理单位。2002 年，市交通工程质量监督站制定《寿光市“村村通沥青路工程”施工技术标准及施工要求》，对县乡道路进行全方位修建。2006 年始，由市交通局负责，先后完成羊田路、大西环路、进港路等重点骨干公路建设项目。至 2010 年，全市农村公路通车总里程达到 3105.5 公里，其中县道 12 条 289.3 公里（9 条列上级管护范围）、乡道 71 条 635.4 公里、村道 1086 条 2140.8 公里、专用路 4 条 40 公里。

2002 年底，在全省率先实现村村通等级沥青路（2003 年摄）

寿尧路 北起城区，途经圣城街道、孙家集街道、纪台镇，南至昌乐县尧沟镇与 309 国道相连，全长 16.8 公里。原为土质马车路，1991—1992 年对弥河桥北至寿光城区段 8 公里进行改造，建成路面宽 14 米的二级公路。1994 年 4 月，将纪台镇区至昌乐界 2.5 公里

寿尧路 (2010 年摄)

建成沥青路面，城区至弥河桥8公里段拓宽路面至16米。2001年，将该路从寿光市区0公里至纪西村南出口14.3公里处，建成路基宽32米、沥青路面宽30米、双向6车道的一级路；从纪西村南出口14.3公里处至昌乐界2.4公里，建设成路基宽8米、沥青路面宽7米、双向2车道的三级路。

一号路 东起潍坊市潍城区杏埠镇，经稻田镇、纪台镇，西至孙家集街道的边线王村，在青州境内与226省道相接。1991—2010年，多次维修改造。全长29.3公里，其中一级路1.4公里、三级路18.6公里、四级路9.3公里。

二号路 1989年，在马（店）大（沂路）路的基础上扩建而成，原长31.8公里。2005年，马店至昌大路段27.2公里改造成为寿济路的一部分；其余部分为二号路段，东起洛城街道东斟灌村东寒亭界，西至大沂路与寿济路相连接，全长4.6公里，其中三级路1.7公里、四级路2.9公里。

三号路 1989年，在彭（家道口）王（高）路、邢姚至羊益路路段等多条县乡村道基础上修建而成，东起上口镇小营村东，经营里镇、田柳镇，由台头镇明楼村西进入广饶县。全长32公里，其中一级路5.7公里、二级路17.6公里、三级路8.7公里。

南大路 西起营里镇（原南河乡），东至大家洼街道。1957年修建为沙土路，1987年改建为沥青路，路面宽6米。1999年、2006年进行2次大的拓宽改造。全长11.4公里，其中道口工业园至道口中学路段1.5公里，为双向4车道一级公路；其余路段9.9公里，为双向2车道一级公路。

卧甲路 1989年，在卧牛路等多条县乡路的基础上改造而成，北起羊口镇卧铺村，经台头镇、田柳镇、古城街道、文家街道、圣城街道，南至孙家集街道一甲村，纵贯寿光市西部全境，是境内较长的县级路，全长47.2公里，其中一级路0.5公里、二级路9.9公里、四级路36.8公里。

寒五路 始建于1965年，北起侯镇佛屋村北，与大沂路相接，经上口镇，南至洛城街道与潍高路相接，全长23公里，其中一级路2.4公里、二级路10.5公里、四级路10.1公里。2003—2010年先后进行6次大修改造。

林海路 1982年修建，东起老羊临路，西至卧铺村，全长7.6公里，是卧铺乡和寿光生态林场的主要运输通道。2005年，市政府投资1359万元，对羊临路至新海路交汇处路段5.5公里进行拓宽改造，建成双向4车道一级公路；其余部分2.1公里，东起新海路与羊青路改线交汇处，西至卧铺村，为双向4车道二级公路。

农圣街 东起洛城街道洛城村南，经圣城街道，西至文家街道与潍高路相接，东西穿越寿光市区南侧，全长12.8公里，为双向6车道一级公路。

羊田路 是贯穿境内南北的重要大动脉，是荣乌高速和济青高速连接线。北起羊口镇，南至省道大沂路，全长57公里，路面宽24米，双向4车道一级公路。2005年8月开工，2006年10月竣工通车，总投资3.2亿元。

大西环路 是继羊田路之后贯通寿光南北又一条重要通道。北起寿光市林海路，南

大西环路修建（2009年摄）

至省道羊青路，全长43.3公里，路面宽24米，双向4车道一级公路。2008年11月开工，2009年11月建成通车，总投资5.2亿元。

进港路 是寿光港的配套基础设施建设项目，东起寿光市与滨海开发区交界处，向西跨越弥河，终点止于羊口镇进港路，全长4.3公里，路面宽24米，双向4车道一级公路。2009年11月开工，2010年10月竣工，总投资1亿元。

第四节 桥梁涵洞建设

1991—2002年，县乡村级公路共建设大、中桥梁195座5421.4米。2003—2010年，共建设大、中桥梁23座2438.1米，总投资1.4亿元。至2010年，全市县、乡、村公路桥梁218座7859.5米，其中县级公路桥梁25座1430.3米、乡级公路桥梁95座3058.1米、村级公路桥梁98座3371.1米。县乡村3级公路共有涵洞340道。

2010年，境内6条省道干线公路有路桥45座3918.2米，涵洞273道8047米。

潍高路张建桥大桥 分南北2桥。第一座桥修建于1987年，为分离式桥梁，位于潍高路k49+968米处，空心板桥，横跨弥河，全长430.7米，桥面净宽11.7米，上部结构为33孔/13米，钢筋混凝土整体现浇空心板，下部结构为双柱式墩台，钻孔灌注桩基础。第二座桥建于2001年，为第一座桥的复制品，两桥并行，位于潍高路k49+971米处，全长443米，其桥宽、结构、桩基同第一座桥。

新海路弥河大桥 位于新海路k70+309米处，横跨弥河，修建于2002年，上部钢筋砼“T”梁桥。全长605.4米，30孔/20米。桥面宽16米。

2010年寿光市干线公路桥梁表

表4-1-1

名称	修建年份	桥梁名称	桥梁结构	孔数/孔径	桥长（米）	桥宽（米）
羊田路	1998	营子沟桥	桥梁	10孔/4.3米	44.4	15.5
	2006	营子沟二桥	空心板梁	4孔/13米	56.0	25.5
	2006	马塘沟桥	空心板梁	1孔/12米	18.0	26.0
	2006	张僧河桥	空心板梁	3孔/13米	43.0	25.5
	2009	劳改沟桥	空心板梁	1孔/10米	25.5	25.0
	2009	寇家坞桥	空心板梁	3孔/16米	54.0	25.0
	2009	引黄济青桥	空心板梁	2孔/20米	47.5	25.0
	2009	八里沟桥	空心板梁	3孔/16米	54.0	25.0
新海路	2002	新丹河桥	连续箱梁	3孔/13米	44.0	25.5
	2002	岔河桥	桥梁	3孔/4米	24.3	16.0
	2002	弥河桥	钢筋砼“T”梁	30孔/20米	605.4	16.0
	2002	张僧河桥	空心板梁	3孔/13米	51.0	16.0
	2002	营子沟桥	桥梁	3孔/5.1米	15.3	16.0

续表4-1-1

名称	修建年份	桥梁名称	桥梁结构	孔数/孔径	桥长（米）	桥宽（米）
新海路	2002	西张僧河桥	空心板梁	4孔/13米	64.0	16.0
	2002	小塌河桥	桥梁	3孔/8米	33.0	16.0
	2002	塌河桥	空心板梁	12孔/13米	160.6	16.4
	2002	小清河桥	钢筋砼“T”梁	22孔/20米	455.4	16.0
寿济路	2005	丹河桥	空心板梁	3孔/10米	34.1	17.0
	2005	弥河桥	空心板梁	22孔/20米	446.0	17.0
	2002	东张僧河桥	空心板梁	2孔/8米	26.6	17.0
	2002	西张僧河桥	空心板梁	2孔/8米	27.8	17.0
	2002	排水沟桥	空心板梁	1孔/8米	21.4	16.0
	2002	东跃龙河桥	空心板梁	3孔/13米	48.3	17.0
	2002	西跃龙河桥	空心板梁	3孔/10米	40.2	17.0
	2002	益寿河桥	空心板梁	3孔/10米	42.1	17.0
	2001	伏龙河桥	空心板梁	1孔/8米	16.8	17.0
	2001	王钦河桥	空心板梁	3孔/10米	39.4	17.0
潍高路	1990	桂河桥	桥梁	7孔/6米	57.1	30.0
	1990	丹河桥	空心板梁	14孔/8米	122.9	30.0
	1987	张建桥一桥	空心板梁	33孔/13米	430.7	11.7
	2001	张建桥二桥	空心板梁	33孔/13米	443.0	11.7
	1999	东张僧河桥	桥梁	3孔/5米	27.5	27.8
	1999	后游桥	桥梁	2孔/4.5米	22.0	27.8
	1997	跃龙河桥	拱桥	2孔/4米	16.8	24.0
	1997	益寿河桥	空心板梁	4孔/10米	51.7	23.0
	1997	伏龙河桥	拱桥	1孔/6米	13.7	27.7
	1997	辛旺桥	拱桥	1孔/5米	11.2	29.0
	1997	五羊沟桥	桥梁	2孔/6米	20.0	25.7
	1997	辛庄桥	桥梁	1孔/7米	7.7	25.7
大沂路	1992	官庄桥	空心板梁	2孔/8米	24.5	25.0
	1993	引黄济青桥	空心板梁	3孔/13米	43.0	25.0
	2009	佛卧桥	拱桥	1孔/6米	14.6	25.0
	2009	占河桥	空心板梁	3孔/10米	34.0	15.5
	2009	无名桥	桥梁	37孔/3米	14.7	15.6
大九路	2004	引黄济青桥	空心板梁	3孔/13米	25.0	25.0

第五节 公路货运

1991年，全县货运量654万吨，货运周转量6亿吨公里。县内主要有潍坊汽运总公司第十二汽车队、县运输公司等专业运输力量和其他社会运输力量，车辆类型以解放、东风、黄河普通货车、拖拉机为主。1992年始，专业运输公司的车辆推行承包责任制，专业运输力量逐渐减弱，社会运输力量不断壮大。1994年年底，市专业运输车队基本被社会运力取代。同年，对社会运力实行先审批后购车制度，避免社会运力盲目增加和重复投资。2000年，危化运输车辆实行集约化经营。2005年，受交通规费地区差别的影响，大型货车向内蒙古、甘肃、西藏、黑龙江等省份转籍过户增多，车辆数量首次出现负增长。2006年，按交通部的通知精神，对所有营运车辆换发全国统一制式的道路运输证，同时建立健全营运车辆管理档案和技术档案。2008年，实行燃油税改革，车辆不再缴纳交通规费，大型外挂车辆登记增多。2010年，市、镇、村三级农村物流网络形成。开通全省首个交通物流网和5812345交通呼叫中心。全市8家危化运输企业220多辆危化运输车辆，全部安装GPS定位系统，纳入潍坊交通管理平台统一管理。当年，新增货运汽车3300多辆，货运周转量达到95亿吨公里。

1991—2010年寿光市（县）货运情况表

表4-1-2

年份	货运量（万吨）	货运周转量（万吨公里）	货车	
			数量（辆）	载重量（吨）
1991	654	59810	3036	6416
1992	686	62303	3185	6730
1993	713	66992	3310	6995
1994	762	70518	3538	476
1995	808	74229	3751	7927
1996	848	79816	3937	8320
1997	882	84911	4095	8653
1998	917	89380	4257	8996
1999	953	93104	4425	9350
2000	970	101200	4504	9517
2001	1100	123200	5005	10635
2002	1200	155400	5562	11817
2003	1340	156200	6181	13130
2004	1500	168300	6868	14589
2005	1550	203200	5384	16738

续表 4-1-2

年份	货运量（万吨）	货运周转量（万吨公里）	货车	
			数量（辆）	载重量（吨）
2006	1605	254000	4313	29649
2007	1693	305000	5707	38125
2008	1886	658658	6930	97861
2009	2491	880033	11010	53582
2010	2762	950465	14333	94446

第六节　公路客运

1991年，县汽车站共有干部员工85人，下设4个三级车站（大家洼汽车站、羊口汽车站、侯镇汽车站、稻田汽车站），日发班次154个，日发送旅客5700人次。1994年9月，原潍坊汽车运输总公司寿光汽车站下放地方管理，更名为寿光汽车站总站，下设6个三级站（大家洼汽车站、羊口汽车站、侯镇汽车站、稻田汽车站、台头汽车站、上口汽车站），2个代办点（田柳代办点、营里代办点）。1995年10月，市联运公司与寿光汽车总站合并成立山东省寿光市联运总公司。同年11月，个体客车正式进站经营。2001年10月，市联运总公司改制为市交运汽车站有限公司，成为潍坊市交通系统第一家改制企业。2004—2005年，征地140亩，投资6000万元，在北环路与幸福路交汇处东北侧新建汽车站，主体建成后又接上级精神重新选址。2008年6月，按照省交通厅“人车分离，二级以上汽车站实行封闭发车”的管理要求，对汽车站实行封闭式发车管理，结束长达10多年的开放式管理模式。2009年5月，在市农圣街以南、健康街以北、兴隆路以西征地144亩，总投资2亿元，按国家一级客运站标准建设建筑面积3.6万平方米的汽车新站。同年12月，成立孙家集汽车站（三级站）。2010年6月，成立纪台汽车站（三级站）。至2010年年底，市交运汽车站有限公司下设汽车站、出租公司、货物快运中心和7个三级车站。有进站营运客车600余辆，营运线路97条，日发班次1000余个，日发送旅客5.6万人次。

1991—2010年寿光市（县）客运情况表

表 4-1-3

年份	客运量（万人次）	客运周转量（万人公里）	客车	
			数量（辆）	座位（个）
1991	218	10174	—	—
1992	238	10598	—	—
1993	255	11396	—	—
1994	278	12123	—	—

续表 4-1-3

年份	客运量（万人次）	客运周转量（万人公里）	客车	
			数量（辆）	座位（个）
1995	309	12761	—	—
1996	352	13722	—	—
1997	413	14598	—	—
1998	454	15367	—	—
1999	534	16008	—	—
2000	580	17400	214	2032
2001	645	18710	245	2540
2002	759	19200	262	3175
2003	893	24880	285	3969
2004	1051	29370	307	4962
2005	1169	33200	369	7439
2006	1375	43000	382	6634
2007	1528	50000	385	7022
2008	1661	77017	391	8293
2009	1875	87237	397	8553
2010	2052	95286	403	9375

第七节 公共交通

城市公交车（2010 年摄）

公交线路 1997 年以前，境内没有公交线路。1997 年，市建设局同佳木斯市公用事业局中巴客运管理办公室共同投资成立寿光市城市公共汽车公司，负责城市公共汽车营运与管理工作。2001 年 1 月，购进 10 部中巴车，开通 5 条公交线路。同年 6 月，公交管理办公室对原先运营的 4 条线路车辆进行更新换代。2002 年 6 月，成立市通达公共交通有限公司，负责全市 50 部公交车的经营活动。城市公共汽车交通管理办公室职能转为对公交公司经营活动的监督和服务。2005 年 7 月，购进无人售票大客车 20 部，开通环 2 路公交车。2007 年 5 月，购置 70 辆大型公交车，更新原有的50部中巴公交车，同时将每条线路上的运营车辆由10辆增加到12辆。2008年，购置6部大型公交车，公交车辆达到96部，运营线路7条，运营线路长度143.5公里，候车站亭86个，候车站牌300余块，线路覆盖市区及周边文家、洛城、孙家集、圣城4个街道和东城、晨鸣2个工业园区。2010年2月，公交公司由市建设局划归市交通运输局管理。当年，公交从业人员达200余人，日运送乘客4.2万人次。

出租车管理 1995年以前，出租车运营属于私有车主的个人行为，公安、交通、城建等部门按照部门职责各自管理，全市没有统一的管理机构。车辆类型多以面包车为主。1995年8月，按照《寿光市出租车辆管理办法》规定，寿光市交通局成立出租车管理办公室，将全市从事出租客运业务的200余部车辆纳入统一管理范围，当年办理载客营运证200余个。1996年，成立市交运出租车有限公司，隶属于市交运汽车站有限公司，负责全市出租车的运营管理。2002年，全市有出租车184辆。2005年，对出租车实行违章经营记录卡制度。全市235辆出租车全部更换为轿车出租车。2010年，全市共有出租车306辆，日运送乘客1万余人次。

第八节 交通管理

公路养护 1991年，全县有公路养护道班16处，专业养护队9个，养护里程141.5公里，综合好路率97%。1995年始，公路养护向畅、洁、舒、美方向发展。2002年，依据国家《公路管理条例》和《山东省公路养护质量实施办法》，在管好路产的同时，各公路站还承担维修路面、路肩、桥梁及绿化任务。同年6月，市乡公路的修建及养护职责由市公路局划归市交通局管理。2004年，市政府出台《寿光市农村公路养护管理暂行办法》和《补充规定》，进一步明确市道市管、乡道乡管、村道村管的农村公路养护管理责任主体。在全市16个镇、街道设立农村公路养护管理站，组建养护队伍，坚持日查、旬查、月查相结合和人员、责任、质量三落实。2010年，市公路养护科下设5个公路站（大区），养护境内省道干线路224.6公里、县道188.6公里，优良路率达91.7%；各镇、街道养护公路1100公里，年均拨付资金5000万元，优良路率达90%。

路政管理 1991年，县公路局成立养护路政科，在原有基础上增加公路两侧外沿以外控制区永久性建筑物的管理。1992年始，将养护路政职能分开增设路政科，配备路政人员和巡路车辆，划分责任区，管理和维护路权、产权，依法查处各种违章利用、侵占和破坏公路行为。1995年，全市33个乡（镇）交通管理所与乡（镇）路林科合署办公，具体负责本乡（镇）路林管护工作。

道路执法管理（2005年摄）

1998年始，市公路局每年与市公安、工商等部门配合开展公路路政综合治理活动。对控制红线内的违章建筑及利用公路进行集市贸易、打场晒粮、摆摊设点等违法行为进行治理整顿。2003年，全市公路都设有里程碑、百米桩、指向牌、示警桩，同时在穿越村镇、学校驻地路段设有限速标志及车行道中心线等公路标志。2009年，经省政府批准在潍高路k43+850米处，建规范性二类超限检测站1处，配执法人员26人，年均检测车辆2000余辆。1991—2010年，共组织各类执法检查2600余次，年均完成路政巡查50万公里，年均查处路政案件189件，各类路政案件查处率100%，结案率100%。

规费征收 交通规费主要包括公路养路费、公路运输管理费、公路客运附加费、公路货运附加费、车辆购置附加税、路港建设费、铁路道口安全管理费等税费。其中汽车养路费、铁路道口安全管理费、路港建设费由寿光市（县）公路局负责征收；除汽车以外的其他机动车的养路费，铁路道口安全管理费，路港建设费，所有营运车辆的运输管理费，客运、货运附加费由寿光市交通局负责征收。1992年8月，调整公路运输管理费计征标准。1994年7月，汽车养路费调整为每吨位190元，正三轮摩托车每月54元，侧三轮摩托车每月12元，二轮摩托车每月10元。1995年，开征铁路道口安全管理费。1996年1月，开征路港建设费，每月每吨位加收30元。2001年1月，车辆购置附加费改为车辆购置税。2005年1月，对从事田间作业和非经营运输的三轮汽车免征养路费。2009年1月始，取消公路养路费、公路运输管理费、客运附加费、货运附加费、路港建设费、铁路道口安全管理费6项收费，只保留车辆购置税。

1991—2008年寿光市（县）公路养路费征收情况表

表4-1-4　　　　单位：万元

年份	征收金额	年份	征收金额
1991	1808.6	2000	4794.2
1992	2089.3	2001	5361.6
1993	2535.6	2002	6298.4
1994	2838.7	2003	7033.4
1995	3702.3	2004	8536.7
1996	3755.1	2005	7156.7
1997	4533.3	2006	12137.3
1998	4669.5	2007	14041.3
1999	4644.2	2008	18303.5

交通运输管理服务大厅（2006年摄）

第九节 高速公路

济青高速公路 西起济南市，东至青岛市（代号G20），为国家高速公路网规划的一条东西横向线，是青银高速公路的东段。由交通部第一公路勘察设计院、交通部公路规划设计院、山东省交通规划设计院共同设计，交通部第一公路工程局等公司承建，于1993年年底建成通车。全长318公里，其中寿光段18.3公里，双向4车道，经纪台、孙家集2镇（街道）。设寿光收费站1处，位于济青高速公路168公里处（原11号出入口）的纪台镇，由主、辅12个单项口组成。

荣乌高速公路 东起山东省荣成市，西至内蒙古自治区乌海市（代号G18），由山东省交通规划设计院规划设计，科达集团股份有限公司、山东省滨州公路工程总公司、中铁三局集团有限公司、山东省公路工程总公司等公司承建，于2008年9月建成通车收费。全长1820公里，其中寿光段38.8公里，双向4车道，经侯镇、上口、田柳、营里、羊口、台头6镇，建有各类桥梁73座，由寿光荣乌高速公路管理处管辖，属潍坊市公路局管理。寿光荣乌高速公路管理处位于荣乌高速公路390公里处，设寿光东、北、西3个收费站，各由主、辅12个单项口组成。设12个收费中队，有干部职工90余人。

荣乌高速公路寿光北收费站（2010年摄）

第十节 港口与铁路

港口 1991年前，境内羊口港有3个百吨级、2个千吨级共5个泊位。1991年，建成6号、7号2个墩式1000吨级海运泊位。1999年，为羊口港发展的高峰阶段，吞吐量达80万吨。2009年，建成70米长的8号泊位。

寿光港一角（2010年摄）

随着国家经济政策和发展战略进一步向港口建设倾斜，以及国家黄河三角洲和蓝色经济圈发展区域的确定，寿光港航事业的发展迎来新机遇。2010年12月，与龙口港集团有限公司签订联合开发建设寿光港协议，协议年通过能力800万吨。当年，吞吐量109万吨。

铁路 益羊铁路为境内唯一铁路，以货运尤其盐运、碱运为主。一期工程青州市至大家洼镇于1987年5月建成通车，投资1.2亿元。二期工程宅羊铁路（羊口镇南宅科村—羊口港），是益羊铁路的延伸线，全长15.8公里，1993年12月建成通车。益羊铁路自南向北纵穿寿光全境，全长67.1公里，设寿光、寿光北、田柳、宅科、羊角沟5站。益羊铁路自建成后运量逐年增加，1991年寿光途经量为272.1万吨，至2010年途经量1517.5万吨。

1991—2010 年寿光市（县）铁路运量情况表

表 4-1-5

年份	运量（万吨）	周转量（万吨公里）	年份	运量（万吨）	周转量（万吨公里）
1991	272.1	18814.0	2001	403.8	26776.5
1992	271.8	18988.6	2002	456.9	29635.2
1993	302.2	21567.6	2003	462.7	28962.2
1994	303.2	21315.1	2004	527.8	32897.6
1995	357.7	25357.8	2005	544.2	34629.9
1996	368.3	26202.8	2006	630.1	38998.9
1997	378.1	26913.4	2007	756.2	46269.7
1998	383.3	27055.6	2008	1029.5	57102.7
1999	401.0	27649.3	2009	1264.7	65981.8
2000	397.6	26914.0	2010	1517.5	84996.6

第二章 邮电

第一节 管理机构

1991 年，县邮电局内设 2 室 6 科、3 个维护中心、4 个专业公司、17 个生产班组，下辖 33 个乡（镇）邮电支局，986 个村级邮电所。1998 年 9 月，实行邮电分营，分别成立市邮政局、电信局。

市邮政局 1998 年 9 月，内设综合办公室、邮政运营部、储汇经营部、财务部、车队、文印部、物业公司、速递公司、城区分局、封发班、邮票公司、报刊发行公司、投递班以及 4 个城区支局和 32 个乡（镇）支局。同年 11 月，新设报刊零售公司、总务科、解款押运班。1999 年，设立广告公司、

寿光市邮政局办公大楼（2002 年摄）

速递分局（原速递公司撤销）、市场开发营销部、迅达投递公司、光明路支局。2000年7月，撤销储汇经营部、保险业务组、报刊发行公司、报刊零售公司，设立储汇分局、业务代理部、邮政投递局。2001年4月，成立安全保卫部。同年9月，成立信息中心。同年12月，成立汇兑业务处理中心。2002年1月，撤销检查室、发投分局、营业班，成立发行公司、投递分局、报刊零售公司、185客户服务中心。2003年，成立物流公司、报刊发行公司、综合营业室、市场营销部。撤销报刊零售公司、汇兑中心。2004年，撤销邮政运营部、市场营销部等17个部（室、中心）。成立报刊零售分局。2005年，设立函件分局、市场经营部、业务检查运行部。撤销经营服务部、报刊零售分局。2006年4月，设立物流分局中邮快货部、函件分局营销部、广告公司营销部。2007年，成立储蓄资金调度管理中心、邮政储蓄信贷业务部。2008年3月，广告公司合并到函件分局，一中支局合并到新兴街营业室。同年5月，成立中国邮政储蓄银行寿光市支行。同年9月，设立网络运行部、电子商务部、储汇业务部，撤销业务检查运行部、代办电信业务部、投递分局、行业管理办公室。同年12月，成立潍坊邮政速递物流公司寿光营业部。2010年，邮政局辖30个农村支局、3个城市支局。

市电信局（通信公司、网通公司、联通公司） 1998年9月，市电信局内设综合办公室、市场经营部及32个乡（镇）支局。1999年，增设信息公司。移动公司析出，独立办公。2000年，增设总务科。2002年5月，中国电信南北分拆后，北方电信与原中国网通公司合并，成立新的中国网通公司，市电信局改称市通信公司，内设6个部室、10个中心及33个乡（镇）支局。2005年1月，改称中国网通（集团）有限公司寿光市分公司（简称寿光网通公司）。2008年12月，根据工业和信息化部对通信行业重组要求，原寿光联通公司GSM网络与寿光网通公司的宽带、固定电话、小灵通等业务合并成立中国联合网络通信有限公司寿光分公司（简称寿光新联通公司），人员根据业务职能划分，主体归入寿光新联通公司。2009年，大家洼营业部划归滨海公司，营业部减至19个。2010年，增设工程管理科，生产单位增至14个。下设综合部、财务部、市场部、网络部。主要经营国内、国际各类固定、移动电信等业务。

市移动公司 1999年7月，由市电信局析出成立，负责中国移动通讯集团公司在寿光地区的网络运营及营销服务，有员工22人。至2010年，中国移动通信集团山东有限公司寿光分公司（简称寿光移动公司）下设综合部、市场部、财务部、维护部、农村营销部、城区营销部、客服中心、分销商部等科室，有职工180人。下辖自办营业厅26个、乡村营业网点762个、代理商150家。连续多年被山东省消费者协会评为山东省消费者满意单位，被山东移动公司表彰为双十强县公司。

市电信公司 2004年5月成立，有员工3人，下设网络部、市场部、营业厅各1处。2008年，原寿光联通公司CDMA业务及人员并入。2010年，有员工52人，CDMA基站115座，固网机房16处。主要业务固定电话1.2万部，宽带0.9万户，移动电话2.1万部。

市铁通公司 2003年12月成立，至2010年，有员工10人，发展用户1000户，架设光缆1000余公里。

第二节 邮 政

网点分布 1991年，城区相继设立邮电支局。至1998年，邮电分营后，全市共设36个邮政支局，其中城区设东营业室、西营业室、渤海路支局、储蓄所共4家。乡（镇）设市场、大家洼、羊口、杨庄、卧铺、营里、田柳、王高、古城、丰城、台头、马店、孙家集、稻田、田马、留吕、寒桥、洛城、纪台、上口、五台、侯镇、岔河、道口、北洛、胡营、牛头、东埠、广陵、王望、赵庙、化龙共32个支局。2002年1月，将王望支局并入稻田支局，广陵支局并入上口支局，市区成立新兴街支局。同年12月，重新设置王望支局和广陵支局。2003年4月，撤销渤海路支局。2004年2月，城区设立永安路支局。2005年1月，设立学院支局。同年11月，成立一中支局、开发区支局邮政营业室和储蓄营业室。2006年7月，撤销永安路支局。2008年5月，新兴街邮政储蓄所、马店邮政支局划归中国邮政储蓄银行寿光市支行。同年9月，设立圣城街分局、光明路分局、新兴街分局，撤销光明路支局、新兴街支局、开发区邮政营业室。2009年3月，大家洼邮政支局划归潍坊市邮政局滨海分局管理。

至2010年，全市有邮政营业网点33个，其中农村支局30个、城市支局3个。建成城区投递线路22条、农村投递线路72条，总里程3300余公里。

邮政业务 特快专递 1993年始，办理特快专递业务。1994年5月，全市有22个支局开办特快专递业务。1997年始，特快专递业务迅速发展，至2003年年均增长10.4%。2006年，在市邮政局速递分局内部设立营销一部、营销二部、营销三部、营业室、封发室，年收寄国内特快专递12.9万件、国际特快2065件。2009年，实行速递物流改革，邮政速递业务划归潍坊邮政速递物流公司寿光营业部管理。2010年，邮政代理国内特快13.3万件、国际特快300件。

报刊发行 1991年，报刊征订业务采取邮政人员和社会人员发行相结合的办法。当年，全县发行报刊2200种。1996年，在主要街道设立报刊零售亭29个。1998年，实行订

报刊发行（1998年摄）

报送报箱办法。2001年，发行报纸1730万份、杂志33.6万份。2002年，发行报纸1558.2万份、杂志39.5万份。2006年始，订阅业务坚持常年收订、滚动发展的方针，发行业务收入逐年增加。2010年，全年发行报纸1386万份、杂志30.3万份。

函件包裹汇兑 1991年，经办的函件主要包括平信、挂号、明信片、印刷品等。包裹分普通包裹和直递包裹两大业务种类。当年，投送出口函件155.3万件，包裹2.5万件，汇票4.1万张。1994年始，因电信业和交通业的发展，函、包、汇业务量呈逐年下降趋势。1999年，对函、包、汇邮政资费进行调整，国内平信：首重100克以内，每重20克，本埠0.6元、外埠0.8元；续重101～2000克，每重100克，本埠1.2元、外埠2元。明信片每件不分本埠、外埠均为0.6元。挂号费每件2元。2004年，开通邮政电子汇兑业务。2005年，开办实时汇款、2小时汇款、24小时汇款、投单汇款等电子汇兑业务。2006年

11月，对函件业务中的信函和明信片资费进行调整，信函资费首重100克以内，每重20克本埠由0.6元调整为0.8元，外埠由0.8元调整为1.2元，100克以上的续重资费维持每重100克本埠1.2元、外埠2元不变，明信片资费由每件0.6元调整为0.8元。包裹每500克为一个计算单位，按照寄递里程分区核定资费。汇费每汇1元0.01元。每笔汇款汇费最低2元，最高50元。电报汇款每件加收电报费2元，汇款附言每字0.13元。保价费为每保1元0.01元，每件最低保价费1元。至2010年，函件业务达682.1万件、包裹2.8万件、汇票15.6万件，邮送广告445万件。

机要通信　1991年，只办理本县至全国各地的机要通信业务。1999年，对机要邮件资费进行调整。机要文件类：首重100克内，每重20克（不足20克按20克计算），本埠0.6元、外埠0.8元。续重101～2000克，每重100克（不足100克按100克计算），本埠1.2元、外埠2元。机要刊物类：首重100克（不足100克按100克计算），本埠0.3元、外埠0.6元，续重101～5000克，每重100克（不足100克按100克计算），本埠0.15元、外埠0.3元。挂号费每件2元。保密费每件1元。查询费免收。

集邮　1991年，县邮电局集邮门市部销售纪念邮票、特种邮票、纪念卡、明信片、纪念币集邮册等30余种。1997年起，邮票和集邮品发行量呈下降趋势。2000年始，连续11年开发中国（寿光）国际蔬菜科技博览会专题纪念邮册。2004年，开发王乐义个性化邮票和摆件，全年销售邮票19.4万枚、集邮品1.6万件。2006年，销售邮票11.5万枚、集邮品1.3万件。2007年，销售邮票12.5万枚、集邮品3881件。2009年，销售邮票2.7万枚、集邮品2.3万件。2010年，为王伯祥、王乐义、崔效杰、尹国良4位勤廉人物开发个性化邮票，制作《寿光勤廉人物》邮册。全年销售邮票2.2万枚、集邮品3.9万件。

物流　2002年始，开办邮政物流业务，主要为农民和大客户提供仓储、运输、配送、包装、货运代理、代收货款等物流服务。2003年，成立物流公司，建成以市邮政局为配送中心，31个乡（镇）支局（所）为骨干，近200家邮政三农服务站和农友之家为末梢的邮政服务三农平台。2005年，全面开展三农服务活动，按照统一标识、统一进货、统一配送、统一经营、统一服务、统一价格的经营模式，对农户实行点对点、门对门配送。当年，建立服务站点113个，服务农民9.3万人次。2007年，聘请三农服务站坐诊农艺师或厂家技术人员不定期到各镇（街道）召开产品推介会，现场教授科学种植、养殖方法，接受农民咨询。至2010年，有服务站点221个，年服务农民21.1万人次。

邮政物流（2003年摄）

邮政储蓄　1991—2010年，陆续完成绿卡工程、电子汇兑、银联卡改造、两网互通和代理保险、代理开放式基金系统、电子稽

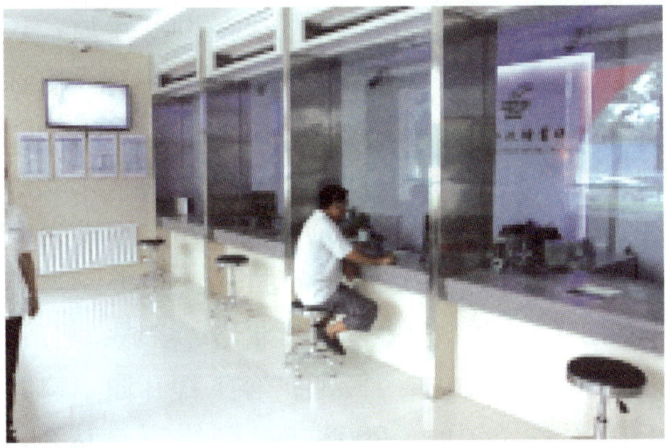
邮政储蓄银行大厅（2004年摄）

查系统等一系列全国性的金融信息化建设项目，业务范围包括邮政储蓄、代理保险、代发养老金、代发工资、代理国债、代收代付各种资费。1991年，实行邮政储蓄由银行代办改为县邮电局自办，业务种类有活期储蓄、定期储蓄、定活两便、零存整取4种。1992年起，储蓄业务得到快速发展，至1995年，开办储蓄业务的网点达到30个，发展储户3.3万户。1999年，36个邮电支局开办储蓄业务。2007年，全市邮政储蓄余额达到29亿元。2008年5月，中国邮政储蓄银行股份有限公司寿光市支行（简称寿光邮政储蓄银行）成立，与寿光市邮政局分业经营。至2010年，寿光邮政储蓄银行有员工91人，银行网点3个，邮政储蓄代理网点32个，储蓄余额34.3亿元，贷款1.9亿元，邮政电子汇款13.8万笔。

第三节 电 信

电报 1992年，安装报用传真机2部、GSX-140型电报印字机2部、JK412型中英文智能电报打字机2部。1995年6月，安装Y-1000型智能电报传真终端设备，加快电报传递速度。1996年8月，换用F180C100瓦台式电台，无线电台遇有紧急情况或有线电路阻断时，在15分钟以内开通使用。2001年8月，现代公众电报业务种类由8大类简化为天气、水情、公益、普通和公电5大类。调整后的业务传递处理等级分为3级传递处理，天气电报列为一级，水情、公益电报及重要业务（纳费业务）公电列为二级，普通电报、公务公电及一般业务（纳费业务）公电列为三级。当年发送电报1200份。2002年1月，取消汇款电报业务种类，改列为普通电报类，对天气、水情和公益三类重要电报，分别列为一、二级电报处理后，其局内和全程最大处理时限基本不变。至2010年，电报业务减至普通电报和公电电报2种，且数量极少。

固定电话 长途电话 1991年年底，开通S-1240型长途交换机120线，新增长途电路21条。开始启用长途直拨区号“05460”，进入全国自动拨号网。1992年3月，开通至潍坊数字微波，初装电路60条，新增长途电路44条。1993年，济烟微波干线工程竣工投运，当年新增长途电路58条，达到158条。1994年7月，投资280万元、全长40皮长公里的潍坊至寿光长途光缆工程竣工投运，新增长途电路324条。长途电话实现干线4次群微波和140Mb/s光缆两种大容量数字电路和自动传输网，打长途电话难的问题得到彻底解决。同年12月，撤销长途台。1995年，长途交换扩容1020门，达到1140门。建成C3潍坊本地网，寿光长途区号05460取消，统一使用0536潍坊长途区号，电话号码升至7位。1996年新增长途电路287条，达到1027条。1997年新增长途电路256条，达到1283条。1998年以后，长途电话平稳发展，先后开通SDH2.5G、SBS2.5G、SBS10G等设备。2006年，对农村信用社、农业银行营业网点进行长途电话装机改造，安装光端机、转换机89台。2010年，对全市医院、银行的光端机进行扩容，新增两兆端口192个。

市内电话 1991年12月，在潍坊市率先开通 S-1240 型 3000 门程控电话，与 2000 门纵横制交换机并网使用。1993—1995 年，完成市话二期、三期、四期共 1.7 万门扩容工程，市话程控交换机总容量达到 2 万门。1996 年，市话开始实施户线工程，当年完成南关小区、三里小区、西苑商城、西关新村等 98 座居民楼共计 5000 多户的户线工程。市话户线到位率达到 20%。1997 年，市话户线工程全面铺开，通信线路纳入建筑设计施工范围。1998 年，新兴街分局扩容 3326 门，开发区分局模块扩容 1535 门，市话交换机容量达到 3.2 万门。1999 年，市话接入网建设步伐加快，市区接入网工程初具规模。郊区接入网工程新建 7000 线接入网，架设 8 芯光缆 38 皮长公里，具备用光纤入户的接入能力。2000 年，全市电话机总数达到 19.5 万部，成为全省第一个年放号超过 10 万部的县级市。2001 年，本地网电话总数达到 22.4 万部，主线普及率达到每百人 20 部。2004 年 8 月，开始扩建管道电话专网，将党政通信专网扩大至乡（镇、街道）和 54 个市直部门，基本覆盖全市所有党政机关。2005 年，全市固定电话增加 9426 部，累计达到 28 万部。2006 年以后，受移动业务影响，固定电话业务量逐年下降。至 2010 年，市内固定电话 23 万部，户均普及率 90%。

1992 年，开始发展公用电话，当年安装公用电话 11 部。1993—1995 年，发展公用电话 250 部，累计达到 261 部，其中城区 164 部。1996 年 11 月，成立公用电话公司，负责全市公用电话的统一经营和管理。1998 年 5 月，在市区首次安装 30 个无人值守 IC 卡公话亭，年底共发展公用电话 458 部，累计达到 1500 多部，其中城区 500 多部。2001 年，开通 17900、17908 等 IP 电话业务，并开始宣传推广 17909 等 IP 电话业务。同年 3 月起，建立 IP 电话市场，中国电信 IP 电话费下降 50%。2003—2006 年，城区重点推广智能公话业务，累计发放 IP 电话卡 5.6 万张。2006 年后，IC 电话卡发放量逐年减少。至 2010 年，IC 电话卡基本退出市场。

2001 年 10 月，开始筹建小灵通（无线市话）开通工程，次年 2 月正式运营，成为全省第一个开通小灵通业务的试点县市。当年一期工程开通城区、马店、北洛、洛城、稻田、大家洼等区域，二、三期扩容工程开通羊口、王望等乡（镇）。2003 年，网络容量达到 5 万线，全市 21 个乡（镇、街道）驻地全部开通无线市话业务。2004—2005 年，陆续对网络进行扩容优化，全市原 33 个老乡（镇）所在村及交通主干道路实现小灵通信号无缝覆盖。2006 年，小灵通新增用户 8500 户，累计达到 7 万户。2007 年始，移动业务单向收费，小灵通价格优势被打破，用户数逐年下降。至 2010 年，小灵通用户 2.2 万户。

农村电话 1991 年，全县有 20 个乡（镇）开通程控电话。1992 年 12 月，建成 C4 规模混合本地网，农话装机 548 部，全县 34 个乡（镇）全部实现村村通电话。1993 年，实施村村通程控电话工程。当年年底，建成全数字本地网，农话装机 1209 部，全市 34 个乡（镇）所有行政村实现村村通程控电话，农话量列潍坊市第 1 位。1994 年，市委、市政府把提高电话普及率列入小康工程标准之一。同年 6 月，文家乡河头村进行电话村试点工作，安装电话 253 部，建成全市第一个电话村。至年底，文家乡安装农户住宅电话 2300 多部，电话普及率达到每百人 10 部，在潍坊市率先建成电话乡。1995 年 1 月，寿光镇、张建桥乡、羊口镇等乡（镇）建成电话乡（镇）。之后，固定电话业务持续增长，至 2004 年，农村电话达到 21 万部，电话普及率达到 91%。2006 年，新增固定电话 2613 部，城区、镇（街道）实现同号码移机。2006 年后，受移动电话业务影响，农村电话数量下降，至 2010 年，农村电话15.2万部。

移动电话 1993年2月，第一代移动通信系统模拟移动通信建成开通。1995年11月，第二代移动通信系统（GSM）建成开通。1999年7月，移动通信业务从原寿光市电信局剥离，成立寿光移动公司。当年用户达到1.5万户。2000年，第二代移动通信系统（GSM）过渡到2.5代移动通信系统（GPRS），建成基站50座，营业厅24个，用户猛增到6万户。2002年，在全市推广虚拟网业务，用户可灵活组网、缩位拨号，实现网内用户之间互相拨打电话全免费。在羊口等北部沿海乡（镇）建成100米铁塔，海上覆盖拓展到30公里以外。至2005年，基站达到120座，网络覆盖率99.9%，用户33万户。2008年，寿光移动公司与冬暖式大棚发源地孙家集街道三元朱村等集团客户合作，完成商用农村信息化系统，开通二维码食品追溯、蔬菜远程诊断、农业标准化生产测控等业务，大众日报、人民邮电报、新华网等新闻媒体进行详细报道。同年，寿光移动公司被省公司确定为农业信息化试点单位。2009年1月，中国移动获得TD-SCDMA牌照，开通无线宽带上网、手机电视、信息机等特色业务，寿光移动进入第三代移动通信（3G）时代。至2010年，主要经营134、135、136、137、138、139、150、151、152、157、158、159、182、183、187、188数字移动电话业务，拥有全球通、神州行、动感地带3大品牌，2G/3G基站总数达400余座，用户规模达90万人。

移动公司圣城东街营业厅（2010年摄）

1998年始，中国联通寿光公司筹建并开业运营，2004年1月正式成立，下设4个职能部门、6个业务部门。主要负责境内联通通信网的建设、经营和管理工作。1998年9月，开通GSM业务，当年基站达35座，总资产1500万元。2000年8月，开通GSM网预付费业务（如意通），总资产达1700万元。2002年1月，开通CDMA业务。同年9月，开通无线虚拟专用网业务，又称网中网业务，用户可灵活组网、实现缩位拨号。2008年，通信运营商改革重组，CDMA业务及网络整体划归市电信公司经营。当年，寿光新联通公司G网手机用户累计8万户，基站72座。2009年5月，寿光新联通公司开通3G业务（即第三代移动通信技术），可为用户提供视频电话、手机上网、手机电视、手机音乐等多种信息服务。至2010年年底，GSM基站总量150座，WCDMA基站总数80余座，用户10万人。

2004年5月，市电信公司成立后，建成机房5处，建设通信管道约10公里／孔。

圣城街电信营业厅（2008年10月摄）

2005年，增设接入机房5处。2008年9月，接收原寿光联通公司CDMA基站40余座，共享新联通基站40余座。2009年，市电信公司开通3G网络信号，覆盖城区和所有镇（街道）。2010年，CDMA基站达到115座，用户2.1万人。

互联网与宽带网 1998年5月，正式开展互联网业务。当年，安装信息服务器和接入服务器，启用169作为接入网号，与全省、全国公众信息网相联接，并进入国际互联网，初期供1000个拨号用户和30个DDN专线用户同时上网，注册上网用户497户。1999年，23个乡（镇）政府和21个市直部门上网，并在163/169信息港建立站点，84家大中小型企业上网并制作主页。至年底，共发展互联网用户880多户，ISDN用户79户，上网总数达到1330多户。2000年，按照省、潍坊市政府组织的“企业上网年”活动要求，市政府制定企业上网时间表和具体实施方案。至年底，发展PC机上网注册用户1.1万户，其中有184家市属企业上网，占市属企业总数的50%以上，全市互联网用户累计达到1.2万户。2001年3月，寿光市宽带网一期工程正式启动。同年6月，建成省内县级规模最大的宽带城域网。同年11月，全市1.7万名初中毕业生参加全省网上技能证书考试，成为全省唯一教育城域网应用的成功案例。2003年，开展电子报税业务，共发展电子证书650多户。2004年，完成对7000多个宽带用户的网络升级、改造。同年12月，新增宽带用户812户，累计达到1万多户，其中，ADSL用户7441户，LAN终端3383户。2006年12月，市电信公司发布“我的E家”，面向家庭客户开展宽带业务。2007年，宽带包月费用由原来的35元提高到40元、50元。全市228所学校全部实现联网。2008年，“万户农民上网工程”收效明显，共发展宽带业务1.8万部。先后为市政府、教育局、计生局等几十个单位建成城域网。2009年，共发展宽带用户2.3万户，列潍坊市各县（市、区）第1位。2010年，城乡宽带用户突破8万户。

无线寻呼 1992年，县126寻呼台正式开通，当年放号200户，次年达到1124户。1993年1月始，执行邮电部颁布《国内公用无线寻呼业务规程》，服务内容分为基本服务和特殊服务2种，基本服务内容包括为用户传呼姓氏、信息代码和公众电话号码等普通信息。特殊服务内容包括金融信息、股票行情、气象情报、到货通知等。1994年6月，开通127自动无线寻呼系统，同时启用汉字寻呼机第二地址码和两位代码短语。当年，寻呼用户达2639户。1995年，本地588无线寻呼网开通，当年放号3000户。至1998年，126、127寻呼机达到1.2万台，588寻呼机达到3.8万台。同年，无线寻呼业务改制为立国信寻呼公司。1999年，随着信息产业的快速发展，寻呼业务量迅速减少，至2002年2月，无线市话业务开通后，无线寻呼基本退出市场。

第五编

经济综述

1991—2010年，是寿光经济快速发展的20年。国内（地区）生产总值由1991年的24.4亿元增长到2010年的470.3亿元，增长18.3倍；产业结构由1995年的30:40.6:29.4调整为2010年的14.2:51.9:33.9，工业和第三产业比重加大；财政总收入由1991年的1.6亿元增长到2010年的56.2亿元，增长34.1倍；全社会固定资产投资由1991年的10.1亿元增长到2010年的271.1亿元，增长25.8倍。国内生产总值、人均纯收入、存款余额、全国百强县等排名始终列潍坊市或全省前列。

第一章　发展速度

第一节　经济总量

国内生产总值　20世纪90年代前，受传统产业影响，第一产业所占比重较大，二、三产业发展相对滞后。进入90年代后，工业经济逐渐繁荣，第三产业发展步伐加快。1991—2010年，全市（县）地区生产总值（1995年后使用国内生产总值数据）由1991年的24.4亿元增加到2010年的470.3亿元，增长18.3倍。第一产业增加值由1991年的9.8亿元，增加到2010年的67亿元，增长5.8倍。第二产业增加值由1991年的10.6亿元增加到2010年的244.1亿元，增长22倍。第三产业增加值由1991年的4亿元增加到2010年的159.2亿元，增长38.8倍。2000年，全市国内生产总值突破百亿元，是1991年的4.2倍。2008年，全市国内生产总值突破400亿元。2010年，人均地区生产总值达到4.5万元，是1991年的18.7倍。

1991—2010年寿光市（县）国内生产总值表

表5-1-1　　单位：亿元、元

年份	国内生产总值	第一产业增加值	第二产业增加值	第三产业增加值	人均国内生产总值
1991	24.4	9.8	10.6	4.0	2419
1992	31.1	10.9	12.9	7.3	3077
1993	53.3	16.9	22.2	14.4	5249
1994	62.0	19.3	25.6	18.2	6102
1995	59.2	17.7	24.0	17.4	5788
1996	73.9	23.4	28.6	21.9	7186
1997	71.9	23.3	28.3	20.3	6936
1998	98.1	29.7	37.5	30.9	10009

续表 5-1-1

年份	国内生产总值	第一产业增加值	第二产业增加值	第三产业增加值	人均国内生产总值
1999	91.0	25.7	36.8	28.5	9228
2000	102.3	27.1	41.6	33.6	10310
2001	116.1	28.6	47.7	39.9	11663
2002	132.0	28.8	57.9	45.3	13232
2003	155.5	32.2	69.7	53.7	15586
2004	193.0	35.4	90.8	66.8	19172
2005	231.2	39.4	116.7	75.1	22871
2006	268.1	42.4	139.5	86.2	26360
2007	332.9	48.2	175.7	108.9	32600
2008	400.6	51.5	216.8	132.2	39075
2009	416.7	60.6	204.7	151.4	40347
2010	470.3	67.0	244.1	159.2	45256

说明：1991—1994 年数值按地区生产总值计算，1995—2010 年数值按国内生产总值计算

固定资产投资 1991 年，全社会固定资产投资 10.1 亿元，其中全民所有制单位固定资产投资 1.9 亿元，城镇集体所有制单位 3.1 亿元，城乡私人固定资产投资 5.1 亿元。1994—1997 年，受国家宏观调控影响，全社会固定资产投资增幅维持在 4 个百分点左右。2001 年，全社会固定资产投资 35 亿元，其中工业投资 23.7 亿元，占 67.7%。2004 年，全社会固定资产投资首次突破百亿元，之后逐年增长，至 2010 年全社会固定资产投资 271.1 亿元，为 1991 年的 26.8 倍。

1991—2010 年寿光市（县）固定资产投资表

表 5-1-2　　单位：亿元

年份	投资额	年份	投资额
1991	10.1	1998	23.6
1992	8.5	1999	19.9
1993	17.0	2000	31.2
1994	17.4	2001	35.0
1995	17.5	2002	41.1
1996	18.5	2003	57.3
1997	19.1	2004	106.1

续表 5-1-2

年份	投资额	年份	投资额
2005	116.3	2008	177.8
2006	102.9	2009	222.0
2007	128.4	2010	271.1

规模以上工业总产值 1991 年，全市规模以上工业总产值为 21.3 亿元，其中国有企业 10.3 亿元，占比 48.3%；集体企业 11 亿元，占比 51.7%。2000 年，全市规模以上工业总产值为 93.2 亿元，其中国有企业 13.3 亿元，集体企业 24.3 亿元。2010 年，全市规模以上工业总产值为 978.1 亿元，为 1991 年的 45.9 倍。

1991—2010 年寿光市（县）规模以上工业总产值表

表 5-1-3

单位：亿元

年份	总计	国有企业	集体企业	其他内资企业	港澳台及外商投资企业
1991	21.3	10.3	11 .0	0.0	0 .0
1992	28.8	12.6	16.2	0 .0	0 .0
1993	49.1	20.8	23.7	1.6	3 .0
1994	78.7	23.8	48.9	3.1	2.9
1995	92.9	28.3	59.9	0 .0	4.7
1996	85.4	30.4	40.2	11.4	3.4
1997	66.9	13.6	34.8	10.2	8.3
1998	70.6	11.7	26.5	17.3	15.1
1999	82.6	12.8	27 .0	20.0	22.8
2000	93.2	13.3	24.3	22.8	32.8
2001	105.9	16.6	17.7	37.8	33.8
2002	143.7	18.1	17.6	51.9	56.1
2003	183.2	10.6	19.4	82.9	70.3
2004	270.4	26.1	34.8	121.9	87.6
2005	365.7	6.1	13.7	211.5	134.4
2006	448.2	4.9	19.0	257.6	166.7
2007	603.6	7.0	30.6	356.3	209.7
2008	729.8	7.5	43.2	426.2	252.9
2009	751.5	7.8	54.2	569.7	119.8

续表 5-1-3

年份	总计	国有企业	集体企业	其他内资企业	港澳台及外商投资企业
2010	978.1	6.4	70.7	746.3	154.7

说明：规模以上工业企业标准，1997年以前为乡及乡以上工业企业；1998—2006年为全部国有和年销售收入过500万元的非国有工业企业；2007—2010年为年主营业务收入达到500万元及以上的工业法人企业

财政收入 1991—1995年，全县财政总收入基本维持在1.5亿元左右。1996年，提出全市财政收支平衡目标，加大税收征管力度，强化预算约束，严格支出管理，全年完成地方财政收入2.2亿元，财政支出2.2亿元，市乡两级首次实现财政收支平衡。2003年，全市财政总收入首次突破10亿元大关。2005年，地方财政收入首次突破10亿元。2010年，全市财政总收入达到56.2亿元，其中地方财政收入32.3亿元，分别是1991年的35.1倍和23.1倍。

1991—2010年寿光市（县）财政收入表

表 5-1-4

单位：亿元

年份	财政总收入	地方财政收入	年份	财政总收入	地方财政收入
1991	1.6	1.4	2001	8.0	5.3
1992	1.8	1.4	2002	9.2	5.2
1993	1.8	1.6	2003	11.1	6.1
1994	1.9	1.2	2004	12.8	7.3
1995	2.0	1.4	2005	19.8	10.0
1996	3.4	2.2	2006	24.6	12.7
1997	3.8	2.7	2007	33.1	17.0
1998	5.3	3.4	2008	40.5	21.0
1999	6.6	3.9	2009	44.1	25.1
2000	7.1	4.4	2010	56.2	32.3

居民收入 1991年，农民人均总收入1737.3元，人均纯收入1167元，人均手存现金和存款余额794.7元，城镇在岗职工平均工资2203元。1995年，农民人均总收入4320元，人均纯收入2826元，城镇在岗职工平均工资6016元。1998年始，随着农民收入方式的多样化和收入水平的提高，收入结构随之发生变化，统计指标和统计口径也相应调整。2000年，农民人均总收入6315.2元，人均纯收入4010元，人均手存现金和存款余额6538.2元，城镇在岗职工平均工资8981元。2010年，农民人均总收入1.6万元，人均纯收入9495元，人均手存现金和存款余额2.4万元，分别是1991年的9倍、8.1倍和29.6倍。

城镇在岗职工平均工资 3.8 万元，是 1991 年的 17.2 倍。

第二节 横向位次

国内生产总值 1991—1996 年，省及潍坊市均未对各县（市、区）国内生产总值进行排名。1996 年始，潍坊市对各县（市、区）国内生产总值进行排名，1997—2010 年，寿光市国内生产总值历年居潍坊市各县（市、区）第 1 位。

储蓄存款 1991—1995 年，寿光市（县）各金融机构储蓄余额位列潍坊市各县（市、区）前 2 位，1996—2010 年始终位列第 1 位。2000 年始，省统计局对全省各县（市、区）储蓄余额进行排名，当年，寿光市位列第 14 位。2004 年，上升至第 8 位。至 2010 年，寿光市储蓄余额排名始终维持在全省第 10 位左右。

1991—2010 年寿光市（县）储蓄存款余额排名表

表 5-1-5 单位：亿元

年份	储蓄余额	潍坊市位次	全省位次	年份	储蓄余额	潍坊市位次	全省位次
1991	8.9	2	—	2001	88.9	1	14
1992	10.5	2	—	2002	101.0	1	13
1993	12.9	2	—	2003	115.8	1	13
1994	18.6	2	—	2004	136.9	1	8
1995	25.5	2	—	2005	163.6	1	9
1996	46.0	1	—	2006	188.6	1	10
1997	39.5	1	—	2007	213.5	1	11
1998	50.0	1	—	2008	266.9	1	10
1999	69.4	1	—	2009	326.6	1	10
2000	78.3	1	14	2010	394.6	1	9

人均纯收入 1991—1993 年，寿光市（县）农民人均纯收入列潍坊市各县（市、区）前 3 位。1994—2005 年，位列潍坊市各县（市、区）第 1 位。2000 年始，省统计局对全省各县（市、区）农民人均纯收入进行排名，当年寿光市位列全省各县（市、区）第 8 位。2002 年始，寿光市受人口快速增长影响，在全省位次有所下降，2003—2004 年维持在全省第 15 ～ 16 位，2005—2010 年维持在全省第 23 ～ 33 位。

1991—2010 年寿光市（县）农民人均纯收入排名表

表 5-1-6 单位：元

年份	人均纯收入	潍坊市位次	全省位次	年份	人均纯收入	潍坊市位次	全省位次
1991	1167	2	—	1992	1121	3	—

续表 5-1-6

年份	人均纯收入	潍坊市位次	全省位次	年份	人均纯收入	潍坊市位次	全省位次
1993	1550	3	—	2002	4302	1	12
1994	2180	1	—	2003	4508	1	15
1995	2826	1	—	2004	5016	1	16
1996	3250	1	—	2005	5566	1	23
1997	3314	1	—	2006	5936	2	33
1998	3650	1	—	2007	6619	1	29
1999	3850	1	—	2008	7654	2	33
2000	4010	1	8	2009	8274	2	32
2001	4256	1	8	2010	9495	2	31

全国百强县排名　1991 年始，国家统计局开展“全国县市社会经济综合指数前 100 名评比”（简称全国综合实力百强县评比）。次年，寿光县首次入围，列第 96 位。之后名次逐年前移，至 2003 年列第 53 位，2005 年列第 41 位。2007 年，国家统计局停止该项百强县评比。

2000 年始，国家统计局委托中国县域经济网，对全国 2000 多个县域的社会经济发展水平、发展活力和发展潜力 3 个方面进行评定（简称全国县域经济基本竞争力百强县评比），评选出全国县域经济基本竞争力百强县。2002 年，寿光市列第 42 位。之后寿光市位次逐年前移，至 2005 年列第 29 位。2006—2010 年，寿光市位次始终维持在全国第 24 ～ 29 位之间。

第二章　经济结构

第一节　产业结构

1991 年，第一产业、第二产业比重大，第三产业所占比重相对较小。1992 年后，进入产业结构调整期，至 1996 年第三产业比重由 1991 年的 16.4% 提高到 29.6%。进入 21 世纪，通过加大工业投入、招商引资、发展民营经济，工业经济快速发展，工业比重大幅提高。到 2010 年，工业比重占 51.9%。三产也得到稳步提升，第三产业比重由 1997 年的 28.2% 提高到 2010 年的 33.9%。

1991—2010年寿光市（县）三次产业结构比重表

表5-2-1

年份	第一产业（%）	第二产业（%）	第三产业（%）
1991	40.2	43.4	16.4
1992	35.2	41.8	23.0
1993	30.9	42.3	26.8
1994	31.1	41.4	27.5
1995	30.0	40.6	29.4
1996	31.7	38.7	29.6
1997	32.4	39.4	28.2
1998	30.3	38.2	31.5
1999	28.4	40.4	31.2
2000	26.5	40.7	32.8
2001	24.6	41.1	34.3
2002	21.8	43.9	34.3
2003	20.7	44.8	34.5
2004	18.4	47.0	34.6
2005	17.1	50.4	32.5
2006	15.8	52.0	32.2
2007	14.5	52.8	32.7
2008	12.9	54.1	33.0
2009	14.6	49.1	36.3
2010	14.2	51.9	33.9

第二节 投资结构

20世纪90年代后，实施以投资拉动经济增长战略。1991年，社会固定资产投资实现10.1亿元。其中，规模以上固定资产投资为2.9亿元，基本建设投资为1.8亿元，更新改造投资约1亿元，分别占全社会固定资产投资的28.1%、17.3%和9.8%。1998年始，房地产投资增长迅速，当年达1.3亿元。2004年，全社会固定资产投资突破百亿元，是1991年的10.5倍。2010年，全社会固定资产投资实现271.1亿元。其中，基建投资为117.8亿元，更新改造投资为108亿元，房地产投资为43.3亿元，分别是1991年的65.4倍、108倍和43.3倍。

1991—2010年寿光市（县）固定资产投资结构表

表 5-2-2　　　　单位：亿元

年份	总额	基本建设	更新改造	房地产开发	其他
1991	10.1	1.8	1.0	1.0	6.3
1992	8.5	1.0	0.6	0.3	6.6
1993	17.0	1.2	0.9	0.3	14.6
1994	17.4	0.6	2.2	0.3	14.3
1995	17.5	1.0	1.2	0.7	14.6
1996	18.5	2.0	1.7	0.6	14.2
1997	19.1	3.3	2.9	0.4	12.5
1998	23.6	2.8	7.0	1.3	12.5
1999	19.9	3.1	2.3	1.0	13.5
2000	31.2	4.3	11.6	1.8	13.5
2001	35.0	2.6	10.0	2.2	20.2
2002	41.1	5.3	12.6	2.4	20.8
2003	57.3	13.5	11.9	2.3	29.6
2004	106.1	76.7	18.2	6.4	4.8
2005	116.3	65.6	38.0	7.2	5.5
2006	102.9	70.4	21.5	7.4	3.6
2007	128.4	82.6	35.4	10.4	0.0
2008	177.8	119.0	48.1	7.8	2.9
2009	222.0	110.2	83.6	24.0	4.2
2010	271.1	117.8	108.0	43.3	2.0

第三节 消费结构

1991年，农民人均总支出1349.7元，主要包括家庭经营费用支出（占32.7%）、上缴集体承包支出（占7.3%）、生活消费支出（占55.5%）。生活消费支出中，食品支出325.9元（占43.5%）、住房支出147.9元（占19.7%）。1995年，人均拥有住房面积27平方米，住房结构由以前的砖木结构发展到钢筋混凝土结构；每百户拥有自行车263辆、缝纫机83架、手表194只、电风扇119台、洗衣机8台、电冰箱2台、摩托车4辆、收音机81台、黑白电视机66台、彩电18台、收录机31台。2000年，全市农民人均总支出4497.9元，主要包括家庭经营费用支出（占43.3%）、购置生产性固定资产支出（占3.3%）、缴纳税款支出（占1.5%）、上缴集体承包任务和推派支出（占3.5%）、生活消费支出（占47.2%）。1998年始，农村居民和城镇居民在衣着、饮食、居住条件等方面的差别逐渐缩小，消费结构趋向多样化。至2000年，农民人均拥有住房面积23.8平方米；每百户拥有自行车237辆、电风扇262台、洗衣机33台、电冰箱13台、摩托车63辆、黑白电视机30台、彩电90台、收录机33台、录像机1台、照相机10架、抽油烟机1台。

2007年始，城区居民消费实行统计。当年，城区居民人均消费10578元，主要包括食品类支出（占47.7%）、衣着类支出（占7%）、居住类支出（占9.6%）、家庭设备用品及服务类支出（占9.1%）、医疗保健类支出（占6%）、交通和通信类支出（占9.2%）、教育文化娱乐服务类支出（占11.3%）。2010年，全市农民人均总支出14875.1元，主要包括家庭经营费用支出（占37.8%）、购置生产性固定资产支出（占2.2%）、缴纳税款支出（占0.2%）、生活消费支出（占57.3%）。城区居民人均消费16039元，主要包括食品类支出（占31.1%）、衣着类支出（占16.6%）、居住类支出（占9.3%）、家庭设备用品及服务类支出（占7.9%）、医疗保健类支出（占5.9%）、交通和通信类支出（占16.7%）、教育文化娱乐服务类支出（占9.4%）。

全市城镇居民人均消费型支出逐年增加，特别是在食品、衣着方面的支出平稳增长，教育、医疗、住房、家庭设备用品及交通、文化娱乐方面的支出有较大幅度的上升。

第六编

农 业

进入20世纪90年代后，寿光市（县）开始实施农业产业化战略，发展优质高效农业，调整优化农业产业结构，培育发展经济合作组织，农业总产值不断提高。2005年，围绕建设社会主义新农村的战略目标，市委、市政府进一步深化实施农业产业化战略，大力发展现代农业，促进农业增产、农民增收、农村稳定。2010年，全市初步形成蔬菜、粮食、棉花、果品、肉牛、生猪、肉鸡等10多个主导产业，全市农林牧渔业总产值达到129.2亿元，其中种植业产值89.9亿元、林业产值4186万元、牧业25.5亿元、渔业10.5亿元、农林牧渔服务业2.8亿元。寿光市先后获全国造林绿化百佳县、全国水土保持生态环境规范化建设示范市、全国粮食生产先进县等称号。

第一章　种植业

第一节 管理机构

1993年，撤销县农业局，成立县农业服务中心，隶属于县农业委员会，正科级事业单位。1995年9月，成立市植保科技中心，股级规格，与市农业服务中心植保站一套机构、两块牌子。1996年12月，复设市农业局，撤销市农业服务中心。1997年11月，内设办公室、计财科，股级规格。1999年4月，成立市农业行政执法大队，股级事业单位，定编8人。2001年，市农业资源区划办公室、农村能源服务中心、清水泊农场划归市农业局。市农业局内设办公室、政工科、计划财务科、生产与经济信息科、科教与企业管理科5个科室。2006年6月，市蔬菜局更名为市蔬菜办公室，隶属于市农业局。同年，由市委农村工作领导小组办公室管理的农业标准化生产稽查大队更名为市农业行政执法大队，正科级全额拨款事业单位，定编13人，隶属于市农业局，撤销原隶属于市农业局的行政执法大队。2007年6月，市农业技术推广站并入市农业技术中心，保留市农业技术推广站牌子，定编13人。2009年2月，在各镇（街道）成立市农业行政执法大队镇（街道）中队。同年4月，成立市农业监督管理所。同年7月，成立市种子管理站。2010年12月，市农业局内设办公室、组织人事科、计划财务科、生产与经济信息科、科教与企业管理科5个科室，编制16人，下辖13个事业站室。2009年12月，寿光市被农业部授予全国粮食生产先进县称号。

第二节 粮食作物

境内适宜种植粮食作物，主要作物品种有小麦、玉米、高粱、谷子、地瓜等，其中小麦、玉米是主要粮食作物。高粱、谷子、地瓜等杂粮作物播种面积小、产量低。1991—2010年，寿光市（县）粮食作物生产演变情况，大致分3个阶段。

1991—1999年，粮食生产稳定期。其间，粮食生产稳定、播种面积大，一般在130万亩以上，面积最大年份为1991年，总产量最高年份为1996年。这一时期，寿光市（县）先后推行寿北大开发、科技兴农、农业标准化示范建设等战略，农业新技术、新成果得到广泛应用。

2000—2004年，粮食生产萎缩期。由于农业种植结构调整，压缩粮田面积，扩大高效经济作物特别是蔬菜种植，粮食播种面积不断缩减，由1999年的140.8万亩下降到2004年的79万亩，最少年份2003年仅77.4万亩。

2005—2010年，粮食生产回升期。受国家对种粮补贴等惠农政策刺激，农民种粮积极性高涨，粮食生产大幅回升，至2010年，播种面积回升到140.7万亩、总产65.2万吨。其间，粮食播种面积增幅较大，但粮食亩产提高不快，多在450公斤左右。

1991—2010年寿光市（县）粮食作物生产情况演变表

表6-1-1

年份	播种面积（万亩）	亩产（公斤）	总产（万吨）
1991	158.2	431	68.1
1992	150.1	454	68.2
1993	157.6	465	73.3
1994	147.3	501	73.9
1995	146.6	505	74.1
1996	141.6	528	74.7
1997	135.0	425	57.3
1998	140.2	504	70.7
1999	140.8	489	68.9
2000	116.2	417	48.5
2001	100.4	429	43.8
2002	94.1	366	34.4
2003	77.4	412	31.9
2004	79.0	443	35.0
2005	112.8	439	49.5
2006	121.8	440	53.6
2007	123.5	453	55.9
2008	128.8	477	61.5
2009	135.0	487	65.8
2010	140.7	464	65.2

小麦 20世纪90年代，小麦品种主要以鲁麦7号为主。1996年始，引进优质专用小麦鲁麦23号、莱州137号。到2001年，全市小麦面积48万亩，其中优质专用小麦25万亩，占全市小麦总面积的52.1%；高产抗倒伏品种鲁麦23号8万亩，占16.6%；鲁麦7号7万亩，占14.6%；莱州137号5万亩，占10.4%；耐碱品种山农45号2万亩，占4.2%；其他小麦品种1万亩，占2.1%。2002—2004年，小麦价格走低，影响粮农种粮积极性，小麦种植面积由2001年的48万亩，降至2004年的28.4万亩，产量由2001年21.9万吨，降至2004年的12.3万吨。2005年，以济麦20号、济麦21号为主要品种，推广面积30万亩。2008年，开始以优质、高产、抗病、抗倒伏品种济麦22号、良星99号、济南17号为主。2010年，种植面积70.1万亩。

小麦超高产栽培攻关田（2008年摄）

1991—2010年寿光市（县）小麦种植面积和产量表

表6-1-2

年份	面积（万亩）	亩产（公斤）	总产（万吨）	年份	面积（万亩）	亩产（公斤）	总产（万吨）
1991	78.5	380	29.8	2001	48.0	456	21.9
1992	79.2	405	32.1	2002	44.4	375	16.7
1993	79.6	460	36.6	2003	42.0	396	16.5
1994	71.9	476	34.2	2004	28.4	432	12.3
1995	72.0	481	34.6	2005	56.3	437	24.6
1996	71.0	505	35.9	2006	62.7	436	27.4
1997	69.8	505	35.2	2007	62.7	436	27.3
1998	68.9	507	34.9	2008	63.6	464	29.5
1999	68.8	508	35.0	2009	67.2	477	32.0
2000	63.7	497	30.5	2010	70.1	477	31.8

种植模式 20世纪90年代，种植模式：畦宽1.7米，每畦播种6行小麦，小行距18～20厘米，大行距30～35厘米；畦宽3.1米，每畦播种12行小麦；畦宽1.8米，大小行（大行40厘米，小行20厘米）种植，播6行小麦，或宽3.6米的大畦，播12行小麦。

小麦最佳播种期在每年的10月1—5日。精播时，基本苗8万～10万株为宜。高产麦田春季肥水管理推到3月底或4月初进行。适当增施磷钾肥以达促根壮秆目的。2001—2005年，种植模式：1.7米左右的小畦，每畦播种6行小麦；3.1米左右的大畦，每畦播种12行小麦；40＋20种植模式，即每一种植带60厘米，小麦大小行种植，大行距40厘米，小行距20厘米；1.6米麦棉套种模式，即160厘米为一种植带，分别整成60厘米宽低畦一个，播种4行小麦。2006—2010年，种植模式：畦宽1.65米，畦埂35厘米，每畦播种6行小麦，小行距18～20厘米，大行距30厘米；畦宽3.3米，畦埂40厘米，每畦播种15行，小行距20厘米，大行距30厘米。

病虫害防治 小麦病虫害主要有全蚀病、白粉病、锈病、红蜘蛛、麦蚜。前3种病害使用粉锈宁“一拌两喷”综合防治，防治效果达80%以上。每年返青期均有红蜘蛛危害，用氧化乐果喷洒1～2次防治。小麦穗期麦蚜危害，用病虫灵或菊脂类农药防治1～2次。

玉米 20世纪90年代，完成由紧凑型中穗、小穗品种到紧凑型大穗品种过渡，逐步淘汰抗倒伏能力弱、产量较低的掖单4号品种。2001年，全市玉米面积43万亩，其中大穗品种农大108号25万亩，占全市玉米总面积的58.2%；掖单13号5万亩，占11.6%；其他玉米品种鲁单50号5万亩，占11.6%；掖单22号4万亩，占9.3%；登海9号4万亩，占9.3%。2001—2005年，以郑单958号、鲁单9002号、登海系列、莱农14号、金海5号为主，占整个种植面积的90%以上，其中郑单958号占50%。2006—2010年，以郑单958号、浚单20号、登海系列、金海5号、鲁单981号、先玉335号为主。2010年，全市玉米种植面积70.5万亩，其中郑单62.5万亩，占88.7%；浚单3万亩，占4.3%；金海5号3.9万亩，占5.5%。

1991—2010年寿光市（县）玉米种植面积和产量表

表6-1-3

年份	面积（万亩）	亩产（公斤）	总产（万吨）	年份	面积（万亩）	亩产（公斤）	总产（万吨）
1991	64.5	481	31.0	2001	43.0	452	19.4
1992	62.3	523	32.6	2002	45.4	379	17.2
1993	61.8	550	34.0	2003	33.6	498	12.5
1994	61.5	595	36.6	2004	49.6	454	22.5
1995	62.4	596	37.2	2005	55.9	442	24.7
1996	59.4	620	36.9	2006	58.4	446	26.0
1997	59.2	362	21.4	2007	60.5	471	28.2
1998	57.6	584	33.6	2008	64.9	491	31.9
1999	58.8	553	32.5	2009	67.8	498	33.8
2000	41.4	414	17.2	2010	70.5	464	33.4

种植模式 20世纪90年代，主要以玉米套种为主，播种期在5月20—30日。其中3米大畦种5行，畦埂2行、畦面3行；1.8米小畦种3行，畦埂2行、畦面1行。密度大

约在每亩3200～4000株左右。2001年之后，开始推广麦收后直播，以增加玉米种植密度。至2006年，播种小麦时不留套种行，推广麦收后直播玉米。至2010年，麦收后直播玉米占整个播种面积的80%以上。种植模式为等行距，一般为60～70厘米，大小行时，大行距为80～90厘米，小行距为30～40厘米，播深3～5厘米，每亩 4000～4500株左右。

种植技术　1991—2005年，主要推广破埂包肥，适时播种技术，即播前畦埂开沟包肥，亩包有机肥1000～1500公斤，碳铵40～50公斤，磷肥50公斤，钾肥10公斤，保证玉米需肥。全部条播，增行加株。麦前搞好“三个一遍”，即治一遍虫、疏一遍苗、锄一遍地。麦后抓好“四个及时”，即及时定苗、及时深刨松土、及时追提苗肥、及时浇好保苗水。加强中后期肥水管理，大喇叭口期，重追攻穗肥，亩追碳铵40～50公斤，浇足抽雄开花水，满足玉米对肥水需要。2006—2010年，主要推广夏玉米“一增四改”（合理增加种植密度、改种耐密型品种、改套种为直播、改粗放用肥为配方施肥、改人工种植为机械化作业）高产栽增技术、夏玉米直播晚收高产栽培技术、夏玉米超高产栽培技术。

杂粮作物　20世纪90年代，高粱、谷子、地瓜等均有小面积种植，高粱主要分布在卧铺、羊口、杨庄和道口一带，谷子主要分布在卧铺、羊口、杨庄、营里、道口和台头一带，地瓜主要分布在沿弥河两岸营里、上口等地。至2010年，高粱种植极少，谷子、地瓜等杂粮仍有零星种植，以自给自足为主，未形成规模种植。

第三节　经济作物

境内适宜种植经济作物，主要作物种类有蔬菜、棉花、大豆、绿豆、芝麻、马铃薯、花生等。蔬菜、棉花是主要经济作物，成为农民收入的主要来源。其中蔬菜种植自1989年冬暖式大棚蔬菜种植模式推广之后得到迅猛发展，多集中在寿光南部乡（镇）；棉花是境内传统经济作物，多集中在北部乡（镇）。2010年，经济作物播种面积113.4万亩、总产量440.6万吨，其中蔬菜种植面积84.7万亩、产量438.6万吨，棉花28.5万亩、产量1.9万吨。

蔬菜　（见第七编蔬菜）

棉花　20世纪90年代，主要以鲁棉11号为主，面积占90%以上。1999年，开始引进美国33B和99B等抗虫棉新品种。2000年，全市普及抗虫棉，种棉面积扩大。至2001年，全市植棉8.2万亩。2002—2010年，主要以鲁棉研22号、鲁棉研28号、中植棉2号、冀棉958号为主，占整个棉花种植面积的80%。2010年，全市植棉28.5万亩，其中鲁棉研28号28.1万亩，占98.6%。

种植模式　1991年，主要以大小行种植，地膜覆盖。大行距80～90厘米、小行距45厘米，平均行距65厘米，株距26厘米，每亩留苗3500株左右。机械化播种，先播种后覆膜。2001年之后，实现棉花播种、覆膜、施肥、撒药一次完成。

主推技术　盐碱地棉花丰产栽培技术、抗虫棉防早衰丰产栽培技术。其中盐碱地棉花丰产栽培技术以促进成苗、肥水运筹和简化管理为突破口，通过选用对路品种和成苗技术、科学施肥和简化整枝，并与秸秆还田、地膜覆盖、中耕培土等结合，实现棉花早熟、高产、高效。抗虫棉防早衰丰产栽培技术主要有选用对路品种和适期播种、平衡施肥和追肥后移、摘除早发棉花生殖器官、秋冬深耕翻、适时破膜和浇水等技术要点。

1991—2010 年寿光市（县）主要经济作物生产情况表

表 6-1-4

年份	总面积	其中：蔬菜			其中：棉花		
		面积（万亩）	亩产（公斤）	总产（万吨）	面积（万亩）	亩产（公斤）	总产（万吨）
1991	63.8	29.0	3360	97.5	30.8	62	1.9
1992	63.4	30.7	4215	129.4	29.7	32	1.0
1993	71.8	47.7	3742	178.5	19.9	38	0.8
1994	67.8	46.0	4454	204.9	20.5	32	0.7
1995	66.7	48.7	4107	200.0	16.0	25	0.4
1996	62.7	55.2	4038	222.9	7.0	59	0.4
1997	61.2	55.3	4038	223.3	5.4	71	0.4
1998	66.7	58.5	4202	245.8	6.8	71	0.5
1999	66.7	61.0	4241	258.7	4.8	58	0.3
2000	84.1	78.4	4029	315.9	4.9	58	0.3
2001	100.9	92.3	3998	369.0	8.2	87	0.7
2002	103.2	94.8	4076	386.4	6.8	48	0.3
2003	110.7	95.1	4115	391.3	12.6	80	1.0
2004	109.9	91.1	4318	393.4	16.8	71	1.2
2005	110.1	90.4	4262	385.3	19.6	67	1.3
2006	102.6	87.7	4307	377.7	14.9	73	1.1
2007	108.3	85.6	4401	376.7	22.7	69	1.6
2008	108.3	85.8	4631	397.3	22.4	79	1.8
2009	112.1	84.3	4923	415.0	27.7	82	2.3
2010	113.4	84.7	5178	438.6	28.5	71	1.9

其他经济作物 20 世纪 90 年代，大豆、绿豆、芝麻、马铃薯、花生等经济作物均有小面积种植，大豆、绿豆主要分布在卧铺、羊口、杨庄、道口、营里、田柳、台头、王高一带，芝麻、马铃薯、花生主要分布在沿弥河两岸营里、上口、纪台等地。种植品种以当地农家品种为主。2010 年，芝麻、大豆、绿豆、花生等经济作物仍有少量种植，主要分布在田边地头，均以自给自足为主，未形成规模种植。

第四节 良种繁育与推广

良种繁育 1991 年，实施小麦“125”工程，即在确定主要品种和配套品种的基础上，按小麦播种面积万分之一建原种田、千分之二建一级种子田、百分之五建二级种子田，繁育出良种后统一供种。境内常年种植鲁麦7号田600亩，一、二级种子田4.5万亩。1992年5月，小麦“125”工程通过专家验收，增产小麦4301.7万公斤，增加经济效益3201.1万元（按当年可比价格计算）。1993年，县种子站建立种子检验监测中心，配备种子检验仪器和种子加工设备，基本实现种子生产专业化、种子加工机械化、种子质量标准化、品种布局区域化、统一供种市场化。1996年，建成种子繁育流水线。2001—2010年，以农圣种业、市良种场为龙头，建立覆盖全市的62个农作物良种繁育推广网络，重点繁育、推广小麦、玉米良种。

良种推广 1991—1996年，共引进小麦品种（品系）25个、玉米品种18个，并建立健全市、乡、村三级良种繁育供应体系，主要农作物品种由市（县）种子公司统一供种。1997年，推广脱毒马铃薯品种荷兰7号，平均亩产3500公斤。引进推广高产、优质大葱良种掖选1号。2002年，推广小麦优质专用品种济麦20号、济麦19号、济麦17号，推广玉米优质新品种农大108号、登海9号、鲁单981号等。2008年，推广以优质、高产、抗病、抗倒伏品种济麦22号、良星99号为主。至2010年，小麦品种主要有鲁麦系列、济麦系列、山农45号、稳千1号、烟农15号、泰山23号等。玉米品种主要有掖单系列、西玉3号、鲁玉系列、农大108号、鲁单系列、郑单958号、莱农14号等。棉花品种主要有鲁棉11号、鲁棉研22号、鲁棉研28号、中植棉2号、冀棉958号等。小麦品种、玉米品种、棉花品种每次更新都使作物增产10%～15%。全市主要农作物的良种覆盖率达到99%以上。

第五节 植物保护

市植物保护站（简称市植保站）负责对全市主要病虫害和其他突发性、聚发性病虫害进行监测、防治和植保新技术推广工作。1995年，成立市植保科技中心，与市植保站一个机构、两块牌子，在各乡（镇）、重点村分设基层植物医院30余所，建立健全植保社会化服务网络。2002年，全国农作物病虫害预测预报寿光区域站建设项目作为全国最后一批项目获得农业部批准通过。2005年，寿光农业有害生物预警与控制区域站建设项目获农业部批准通过。2010年，市植保站被评为全国植保工作先进单位。

病虫害预测预报 市植保站贯彻预防为主、综合防治的植保工作方针，加强病虫害的预测预报和群防群治，建有稻田、良种场、孙家集、上口、化龙、王高、羊口7个测报点。1991—1995年，每年发布《病虫情报》20期以上，信息覆盖率达95%。1996年，将《病虫情报》改版为《寿光植保信息》，增加植保新技术、新产品的推介内容。1996—2000年，每年发布《寿光植保信息》20期，病虫害发生预测预报准确率达95%以上，推介、宣传植保新技术、新产品50余项。2001—2010年，对小麦、棉花及大棚蔬菜病虫害进行动态调查，及时作出预报，每年印发《病虫预报》18～22期，预报准确率95%以上。承担山东省植保总站和山东卫视乡村季风栏目联合举办的农作物病虫害发生电视预报节目，每年2～5期。

蝗虫查治 寿光是山东省重点沿海蝗区之一，蝗区面积20余万亩，主要分布在牛头洼、双王城、官台洼、朱家洼、丁任洼、周疃灌区、清水沟、皇洼和污水处理厂等地。1991—2000年，东亚飞蝗、夏蝗发生频繁，每年发生面积4万亩以上。省植保总站每年调飞机对蝗灾严重的双王城水库进行飞机防治，对其他发生分散、环境复杂、不宜飞机防治的蝗区，以50台机动弥雾机为一组成立机防队，进行地面防治。2004年，进行1983年以来第二次蝗区勘查，对全市蝗区进行GPS卫星定位，对蝗区内的植被、生态状况进行详细勘查。之后，蝗灾得到有效控制。

技术推广 1991年始，引进推广植保新技术，先后立项进行保护地蔬菜使用粉虫剂防治病虫害防治技术、立克秀防治小麦根病技术、玉米粗缩病综合防治技术等项目研究。在防治手段上推广粉虫剂、烟雾机及超低容量喷雾等先进防治技术。推广应用生物农药防治技术，主要品种有灭幼脲防治卷叶蛾、阿维菌素类防治班潜蝇、井冈霉素防治小麦纹枯病等。在保护地蔬菜病虫害防治上，提倡生态控制和生物防治技术。1993年7月，县植保站完成的大面积推广粉锈宁防治小麦白粉病项目获县科委科技进步二等奖。1995年8月，市农技站完成的玉米田化学除草技术推广项目获市科委科技进步一等奖。1999年，市植物检疫站完成的美洲斑潜蝇大面积防治技术研究与示范项目获市科委科技进步二等奖，TS-克病剂防治玉米粗缩病综合技术推广应用项目获市科技进步奖三等奖。2002—2004年，配合农业部，完成《东部沿海无公害蔬菜生产关键技术研究组装与开发》，承担科技部《微生物农药发酵新技术新工艺》田间示范研究等一系列项目研究。2009年12月，市农业局完成的抗性品种控制根结线虫病技术研究与推广项目获潍坊市科技进步二等奖。2001—2010年，市植保站每年都根据情况进行30～50次的新农药、新技术的试验示范工作，特别是引进高效、低毒、无污染的新产品、新技术。主要有：频振灯诱杀甜菜夜蛾、棉铃虫等幼虫成虫；利用废麦穰、氰氨化钙高温闷棚进行大棚土壤消毒杀灭根结线虫及其他土传病害；生物杀菌剂武夷菌素（BO-10）防治番茄叶霉病、瓜类白粉病；银杏提取液防治蔬菜灰霉病等。

第六节 科学施肥

土壤肥料动态监测 1991年以后，进行3次土壤肥力调查。1998年，根据不同作物和产量水平布点采样976个，化验7128项次，获取化验数据3564个，其中检测大棚蔬菜土样289个、露地蔬菜土样12个、粮田土样613个、果园土样62个，分别对土壤有机质、碱解氮、速效磷、速效钾及部分微量元素进行检测。2002年，根据不同作物和产量水平布点采样217个，检测土壤有机质、碱解氮、速效磷、速效钾、盐分、pH值、有效铁、有效锌、有效铜、有效钼、有效锰、有效硼、氯等13个项目。2005—2010年，承担全国测土配方施肥项目，根据不同作物和产量水平布点采样1万余个，检测土壤有机质、碱解氮、速效磷、速效钾、盐分、pH值、有效铁、有效锌、有效铜、

市农业局技术人员指导病虫害防治（2010年摄）

有效钼、有效锰、有效硼、氯等16个项目。

测土配方施肥 即在农业科技人员指导下科学施用配方肥。1991年，全县普遍使用复合肥、磷酸二铵、复混肥等肥料。1993年始，开展配方施肥和平衡施肥技术示范推广。1999年始，年均指导优化配方施肥10万亩。2005年10月，农业部秋收秋种和测土施肥检查组对寿光市测土施肥工作进行重点检查，走访2个镇4个村。2006年5月，中央电视台、新华社等8家中央新闻媒体对寿光市测土施肥工作进行采访、播报和刊登。2006年，寿光市被农业部评为全国测土施肥工作先进单位。至2010年，测土配方施肥面积达55.2万亩。

秸秆还田 1991年，秸秆还田主要形式有夏季高温堆肥、果园压草。1995年，随着小麦机械收获、小麦高留茬以及玉米地铺盖麦穰、麦糠的面积逐年扩大，至2000年秸秆还田面积达35万亩，平均每亩还田秸秆110公斤。2003年，全市秸秆还田面积59万亩，平均每亩还田秸秆170公斤。2005年，推广玉米机械收获，玉米秸秆直接还田。2010年，秸秆还田面积达到91.2万亩，其中小麦秸秆还田70万亩，玉米秸秆直接还田21.2万亩，平均每亩还田秸秆180公斤。1991—2010年，每年都举办培训班30次左右，印发明白纸1万余份，宣传秸秆还田、培肥地力的重要性。

小麦高留茬秸秆还田（2010年摄）

第二章 林果业

第一节 管理机构

1993年11月，市林业局改称市林业服务中心，为市政府直属事业单位，定编38人。下设办公室、林业站、企财科、森保站、林政科、公安科6个股级职能科室。34个乡（镇）林业站工作人员编制列入乡（镇）正式编制。1996年12月，市林业服务中心复名为市林业局，为市政府职能部门。2001年12月，市林业局改为市政府直属事业单位，参照公务员法管理，正科级规格。下设办公室、资源和林政科、公安科3个股级职能科室及4个事业单位。2010年，市林业局定编12人，下设办公室、资源和林政科2个股级职能科室及4个事业单位，性质和编制未变。

第二节 林政管理

1991—1995年，按照《中华人民共和国森林法》，实行林木采伐许可证、木材运输证、木材加工许可证三证管理，每年发放竹木业加工许可证100～300个，木材采伐量控制在4000立方米之内。加强林政管理队伍培训，培训林政管理人员58人，有47名乡（镇）林业技术人员成为兼职林政管理员。林政管理队伍由1991年的2600人发展到1995年的3500人，路林管护房发展到900处。1996—2000年，整顿林政管理队伍，统一着装，持证上岗。对寿光城里、西关竹器及侯镇、邢姚等竹木材交易市场，定期巡回监督检查，处理非法占用林地案件5起。2000年，全市有路林管护人员3000人，每公里设立一个路林管护房，路林管护房发展到1000处。2001—2010年，林政科工作人员6人，全部持证上岗。设立木材运输签证点4个，每年办理省内、省外木材运输证5000份左右。2007年，实施大袋蛾、卷叶蛾和灰斑病、腐烂病等病虫害防治，至2010年累计发放用于林木病虫害防治的毒签52万支。

第三节 育苗造林

1991年，对全县林木资源进行全面调查摸底，制定造林10年发展规划。当年，全县共有林地面积17.7万亩，寿光县被列为全国沿海防护林体系建设启动县。1993年始，按照林业生产重点向北部转移的战略部署，实施北部盐碱地区以鸭梨为主的林果生产工程，当年完成省“八五”绿化任务。1995年，寿光市被国家绿化委员会授予全国造林绿化百佳县和全国造林绿化先进单位称号。1996年，将育苗造林、农田林网、林果业生产列为全市优先发展的12大主导产业之一，确立林业产业化发展战略。当年实有农田林网化面积122.7万亩，成林抚育林17.4万亩，“四旁”植树102万株。1999年始，受市场等因素影响，盲目砍伐果树及经济林，林地面积逐年减少。2001年始，实施“两高一优”（高产、高效、优质）林业建设工程，寿北造林树种以绒毛白蜡、旱柳、冬枣等为主，当年造林面积达到5.6万亩；中南部地区发展以速生杨为主的经济林基地，当年造林面积达到8万亩；城镇村庄绿化体系以街道绿化、小绿地、小景点、小游园建设和市区大环境绿化为主，树种以常绿、长寿、珍稀树种和各种花卉为主，采取乔灌花草结合，点线面配套的方式绿化美化，当年共栽植各类

寿光北部造林绿化工程（2010年摄）

苗木花卉600余万株，新增绿化面积2.6万亩。2004年后，随着农业结构调整及群众绿化意识不断提高，育苗造林呈快速发展态势。至2010年，全市有林地面积38万亩，其中防护林面积23.9万亩、经济林面积10.7万亩、用材林面积3.4万亩。全市农田林网化面积128万亩，“四旁”植树1955.7万株，林木覆盖率达到18.1%。

第四节 果品生产

境内传统果品主要有：苹果、梨、桃、葡萄、杏、李、枣、山楂、樱桃等。苹果主要品种有红富士、红星、金帅。梨树主要品种有茌梨、香水梨、长把梨等。1991年后，先后引进优质红富士、新乔纳金、滕牧1号、早捷、欠拉、嘎拉、北斗、北海道9号、红津轻、2001、世界一、甜油桃、寒露密、北京303号、鸭梨、酥梨、雪花梨、水晶梨、丰水葡萄矢富、罗莎、京秀、无核白鸡心、红宝石无核、8612无核、双红味等60多个菜果名优新特品种。1993年，新的果树管理技术开始推广应用。1994年，穴贮肥水技术得到推广，收到良好效果。1999年始，在北部乡（镇）发展冬枣、梨，在南部利用温室大棚发展葡萄、油桃、杏、李子、大樱桃、无花果等名优品种。2001年之后，推广果树保护地栽培技术。市兴华大棚果树研究所开发的草地杏园超早熟高密度栽培技术、纪台的“一边倒”桃栽培技术得到推广普及。2004年始，推广果实套袋、摘叶转果、辅反光膜等新技术。2009年，密植园改造丰产技术（提高通风度、透光度）、矮化密植篱壁形栽培技术（起垄栽培、加大行距）得到推广。至2010年年底，全市换代果树总数达110多种。

红星苹果（2010年摄）

1991—2010年寿光市（县）果品生产情况表

表6-2-1　　　　单位：亩、吨

年份	总果品		苹果		梨		桃		葡萄		其他	
	面积	产量	面积	产量	面积	产量	面积	产量	面积	产量	面积	产量
1991	110715	27004	94240	18997	3414	413	7746	5591	2244	1375	3071	628

续表 6-2-1

年份	总果品		苹果		梨		桃		葡萄		其他	
	面积	产量	面积	产量	面积	产量	面积	产量	面积	产量	面积	产量
1992	115965	39664	101402	33839	4055	393	7365	3079	2490	1576	653	777
1993	159930	66369	126315	53941	18870	523	9795	8169	3525	2446	1425	1290
1994	155085	117551	124920	100808	18045	1271	8625	11157	2445	2900	1050	1415
1995	157395	145806	125295	123360	16740	1335	10485	15199	3825	4346	1050	1566
1996	160095	179138	123000	159744	23625	2586	8625	11705	2625	2761	2220	2342
1997	152550	172802	119160	156073	23235	3583	7140	8437	2025	3717	990	992
1998	143086	174622	103240	146507	26114	11692	8970	12371	2426	2943	2336	1109
1999	124624	198311	88286	152986	22849	27633	9727	12933	2149	3246	1613	1513
2000	113799	213279	70852	129758	24789	54320	12196	23810	2847	3982	3115	1409
2001	93072	223278	50359	130339	21169	66011	11890	19991	3612	5498	6042	1439
2002	77729	105569	38355	44626	16085	45379	12032	11379	3288	2244	7969	1941
2003	91458	205480	40118	121363	11728	48334	13018	28742	3596	4412	22998	2629
2004	72431	195187	39823	114264	11422	49411	8710	20445	2226	4664	10250	6403
2005	52712	139761	31909	87432	7310	32375	6598	14379	1332	2911	5563	2664
2006	44231	111952	28306	74221	6334	19847	5434	12942	1177	2328	2980	2614
2007	39959	111334	26002	77913	4849	17115	4482	12380	950	1991	3676	1935
2008	36065	114518	24535	84966	4508	14733	3247	11215	652	1511	3123	2093
2009	33229	117895	22588	87362	3753	11315	3962	15283	744	2105	2182	1830
2010	32391	110236	22884	83298	2998	8169	4000	14282	851	2501	1658	1986

第五节 古树名木

2010 年，境内古树名木多分布在各镇（街道）自然村及单位庭院内，主要品种有银杏、刺柏、侧柏、文冠果、皂荚、国槐、枣树、紫藤计 8 个品种，单株数量共计 188 株，枣树古树群 2 组。其中一级古树名木 44 株，二级古树名木 84 株，三级古树名木 26 株。树龄最小的 103 年，最大的 2000 余年，其中树龄 600 年以上的 29 株。以国槐数量最多。

银杏 别名白果树、公孙树，银杏科，银杏属。是中国特有树种，著名古生植物，被称为“活化石 ”。雌雄异株，树高可达 40 米，幼树皮浅纵裂，大树皮灰褐色，深纵裂，粗糙。幼树及壮年树树冠圆锥形。枝近轮生，斜向上伸展。叶扇形，在短枝上常波状缺刻，幼树叶大而有深裂，秋季落叶前变黄色。花期 4—5 月，种子 9—10 月成熟。幼苗生长 20 年后结果。喜光，对气候、土壤适应性广，抗烟尘能力强，但在土壤瘠薄干燥多石山地生长不良。孙家集街道张家寨子村银杏小学内的一棵银杏树树龄达600年。

国槐 别名家槐，豆科，槐属。原产中国，黄河流域分布较集中，树高可达25米。树皮深灰色浅纵裂，奇数羽状复叶7～15片，叶片上面深绿色，无毛，下面灰白色疏生短柔毛。花淡黄色，花期6—8月。果期9—10月，荚果2～7厘米，深绿色，多浆肉质，圆筒形，熟时不开裂，经冬不落，含胶质。中等喜光，对土壤要求不严，但喜肥沃深厚土壤。生长慢，寿命长。市区槐香园（也称古槐公园）内一棵国槐树龄达2000余年。

市区槐香园古槐树（2009年摄）

2010年寿光市树龄600年以上古树名木统计表

表6-2-2

树种	责任单位或位置	树龄（年）	树高（米）	树围（厘米）	地围（厘米）	冠幅（米）
国槐	市区槐香园	2000	10.8	357	300	8.7/8.1
国槐	洛城街道丁家店子村	1000	8.0	380	1300	8.3/8.0
枣树	上口镇口子老庄村	1000	6.0	\	\	5.0/4.5
国槐	侯镇仉家村	850	13.0	430	430	10.0/14.0
国槐	亚亨集团	800	9.2	\	360	5.4/5.6
国槐	圣城街道南胡原小学	800	20.0	355	380	16.0/16.0
国槐	圣城街道南马范村	700	5.5	157	188	8.5/9.0
国槐	文家街道南潘曲村	700	15.0	382	315	10.0/9.5
国槐	纪台镇殷家村	700	10.0	480	740	8.1/8.6
国槐	纪台镇青龙孙村	700	12.0	277	337	8.7/9.2
国槐	纪台镇青龙孙村	700	18.0	332	360	11.0/10.6
枣树	侯镇挑沟村	700	7.0	155	131	7.0/6.5

续表6-2-2

树种	责任单位或位置	树龄（年）	树高（米）	树围（厘米）	地围（厘米）	冠幅（米）
国槐	侯镇挑沟村	700	11.0	266	650	10.3/12.0
国槐	孙家集街道胡营二村	650	12.0	465	1280	12.0/9.0
国槐	古城街道曹家小学	650	12.0	220～300	380	8.0/8.0
国槐	田柳镇田柳村	650	18.0	171	340	14.0/14.0
国槐	田柳镇王里村小学	650	12.0	320	720	12.5/12.0
国槐	特殊教育学校	620	9.0	252	283	7.5/9.0
国槐	纪台镇青龙孙村	600	16.0	210	220	14.2/12.7
银杏	孙家集街道张家寨子村	600	28.5	481	860	30.0/30.0
国槐	侯镇李家官庄村	600	10.0	190	284	8.6/8.7
枣树	洛城街道留吕村	600	8.2	275	252	7.0/7.0
国槐	营里镇九曲村	600	12.0	264	510	9.5/8.0
国槐	侯镇王家巷村	600	11.0	298	345	6.0/6.5
国槐	营里北单村	600	10.0	299	408	11.3/13.2
国槐	营里北单村	600	13.0	251	283	10.0/13.5
国槐	侯镇李家河东村	600	10.0	283	600	12.0/11.0
国槐	台头镇三座楼村	600	7.0	329	345	6.0/7.0
枣树	台头镇三座楼村	600	7.5	110	141	7.0/8.0

第三章 水 利

第一节 管理机构

1991年，县水利局下设办公室、财务科及13个事业单位。同年3月，增设政工科。1993年12月，行政编制17人，下设办公室、政工科及9个事业单位。34个乡（镇）水利站划归乡（镇）政府管理。1995年7月，成立市水土保持监督管理站、市抗旱防汛指挥部办公室，均为股级事业单位。同年8月，成立市水利局综合服务中心，为股级事业单位，定编85人。撤销市水利局机井站、机械修配服务站。1997年12月，成立市河道工程维护管理费征管办公室，为股级事业单位。1999 年 4 月，成立市抗旱服务队，与市水利局综合服务中心一套机构，挂两块牌子。2001 年 12 月，下设办公室、政工科、财务科、水政科及 11 个事业单位。2003 年 4 月，市弥河管理处由副科级事业单位升格为正科级事业单位，更名为市弥河管理局。同年 10 月，市水利局综合服务中心改为企业。2004 年 6 月，市抗旱防汛指挥部办公室更名为市政府防汛抗旱指挥部办公室，其隶属关系、单位规格、人员编制、经费渠道不变。2006 年 2 月，市水利局物资服务站更名为市水利局综合经营站。同年 4 月，增设农田水利科，股级规格。2007 年 3 月，撤销水政科，成立水政监察大队；撤销后勤服务站，成立节约用水办公室，均为股级规格。市水政水资源办公室更名为市水资源管理办公室，原规格、人员编制、隶属关系不变。2008 年 1 月，撤销乡（镇）水利站，将管理职能移交乡（镇）农业综合服务站。同年 6 月，市弥河管理局定为准公益性差额拨款事业单位，定编 20 人。市小清河扬水站定为公益性事业单位，定编 7 人。2010 年 7 月，成立市农村公共供水管理办公室，为股级全额拨款事业单位，定编 5 人。同年 12 月，市弥河管理局更名为市弥河管理处，原规格、性质、隶属关系不变。至 2010 年年底，市水利局下设办公室、组织人事科、财务科、农田水利科 4 个职能科室，机关行政编制 14 人。

第二节 水利设施建设

机井建设 1991 年始，按照“统筹规划、控制总量、合理布局、合理开发利用和保护地下水”的原则，实施寿南地区缺井少井地片和寿北地区机井建设。寿南，主要在缺井少井地片新打和更新机井、修复病井，搞配套建设和挖潜改造。寿北，主要对超采地下水、打挖深井加强管理，保证成井质量。1994 年，全市机井数量达到 1.8 万眼。1995 年，寿南平均单井控制面积 40 亩，寿北平均单井控制面积 450 亩。1999 年，机井大孔隙率管增水技术普及，单井出水量增加 30% 左右。至 2000 年，寿南井灌区新打和更新机井 1.2 万眼，修复旧井 1.3 万眼，配套机井 1.1 万眼；寿北地区新打和更新机井 1360 眼。之后，机井数量逐年增加。至 2010 年年底，全市机井保有量 2.6 万眼。

闸坝建设 弥河王口拦河闸 1991 年 10 月建成，位于圣城街道王口村东弥河上。采用开敞式，桥长 238 米，桥面宽 15 米，孔跨 5.8 米，共设 40 孔，其中 5×3 米（宽 × 高）

弥河王口拦河闸（2010 年摄）

自动翻板闸门孔 36 孔，3.4×2.6 米（宽 × 高）调节闸 4 孔。设计正常拦水位 25.5 米（黄海高程），总工程量 14.2 万立方米，总投资 502 万元。2009 年 10 月，对弥河王口拦河闸改建，将自动翻板闸门改为橡胶坝，采用蓝色橡胶坝型式，自动化控制，桥面宽由原来的15米加宽至30米。

引弥回灌东干渠首闸　1992年10月建成，位于洛城街道南李家庄村西弥河堤上。为砌石墩混凝土闸门2孔，孔宽2米、高2.5米。总投资45万元，工程量1.2万立方米。

弥河张建桥溢流坝　1998年10月建成，位于弥河张建桥大桥北100米处。设计为驼峰型浆砌石坝，坝长240米，坝中间设8孔5×3米砼自动翻板闸门，翻板水位23.5米，高程23米，坝前拦水深度3米，回水至王口拦河闸处水深1米，总投资167万元。

弥河寒桥拦河闸　2001年7月建成，位于洛城街道寒桥村西弥河上。采用开敞式拦河闸附公路桥型式，共设13孔，每孔净宽16米，采用露顶式平面钢闸门，柱塞式油压启闭机，侧设公路桥，桥面净宽18米，闸两侧设置桥头堡，内布设油压启闭控制设备，闸总长230米。总工程量10.5万立方米，投资2472万元。

弥河纪台橡胶坝　2004年11月建成，位于纪台镇弥河上。共3孔，每孔净宽70.5米，坝袋高4米，长度211.5米，橡胶坝总长290米，拦水高度5米，一次拦蓄水量850万立方米，年回灌补源量3000万立方米。共计完成工程量10.5万立方米，总投资1251.2万元。

弥河吕家橡胶坝　2005年4月建成，位于纪台镇吕家村西北弥河上。橡胶坝共1孔，净宽109米，总长度160米，坝袋高2.5米，拦水高度3米，一次拦蓄水量500万立方米，年回灌补源量1800万立方米。工程量6.1万立方米，投资402万元。

弥河钓鱼台溢流坝　2005年5月建成，位于孙家集街道钓鱼台村以东弥河上。采用浆砌石贴面米花池槽及人行道，总宽38米，橡胶坝袋14孔，交通桥14孔，混凝土溢流坝型式，拦水高度2.5米，坝总长185米，一次拦蓄水量250万立方米，年回灌补源量800万立方米。工程量2.8万立方米，总投资97万元。

弥河杨庄橡胶坝　2005年8月建成，位于古城街道杨庄村东弥河上。坝总长233.4米，其中橡胶坝长213.8米，有3节橡胶坝和4孔调节闸组成，坝高4米，拦水高度5米，一次拦蓄水量800万立方米，年可调蓄水量2000万立方米。工程量9.8万立方米，投资1293.6万元。

弥河半截河橡胶坝　2008年10月建成，位于上口镇半截河村西北弥河上。坝总长190米，其中橡胶坝长160米，有2节橡胶坝和2孔调节闸组成，坝高3米，拦水高度3.5米，一次拦蓄水量600万立方米，年可调蓄水量1200万立方米。工程量14.8万立方米，投资824.2万元。

弥河纪台橡胶坝（2010年摄）

第三节　河道治理

境内有河流17条，其中小清河从境内北端入海，水上运输便利，其余河流为季节性间歇河。径流量最大的河流是弥河，纵贯市境南北。自20世纪

80年代，陆续对各河流进行治理，至2010年，各河流基本治理完毕，其中弥河城区段成为休闲、游乐、观光胜地。

弥河 1991—2010年，先后治理11次，累计治理长度85公里，总蓄水量4600多万立方米，回灌补源量4亿多立方米。1993年10月，实施河槽疏浚治理，治理长度28.8公里，土方114.7万立方米。1998年3月，对弥河张建桥上、下游2公里河段修建排污暗渠，建溢流坝，两岸砌石墙，整修护坡，完成工程量178.5万立方米，投资1001万元。2002年5月，实施移堤工程，对王口拦河闸下游海漫采用100#浆砌石进行维修加固，张建桥溢流坝下游海漫采用100#浆砌石加固，下游防冲槽进行干砌石加固，总投资220万元。同年12月，对张建桥大桥到寒桥拦河闸下游500米河段进行开挖、疏通、拓宽、整平，治理长度5.4公里，投资566.8万元。2003年2月，实施张建桥溢流坝至寒桥拦河闸以北500米段浆砌石护坡工程，治理长度5.5公里，工程量40万立方米，投资1982万元。同年11月，对钓鱼台至寿青边界段进行河槽开挖、疏通、整平、切滩及两岸顺河路填筑治理，长度13.4公里，完成土方195万立方米，投资727.5万元。2004年2月，对纪台桥两侧实施护砌加固工程，长度4.2公里，工程量19.7万立方米，投资785.7万元。同年11月，实施杨庄拦河闸至寒桥拦河闸北土方工程，左、右岸顺河路修筑，切滩及主河槽整平，工程量113万立方米，投资556.8万元。2005年3月，完成钓鱼台溢流坝至纪台橡胶坝段整修左右岸顺河路，整平河底，工程量16.1万立方米，投资39.5万元。同年，实施南马范险工护岸工程，护砌长度125米，投资20万元。2008年，实施王口至纪台段河槽扩挖、河底整平工程，长度4.5公里，投资2300万元。

张僧河 1992年10月，实施张僧河东支治理，从潍高路起到弥河分流止。按5年一遇排涝标准，治理长度35.4公里，清淤土方33.8万立方米。同年，实施西张僧河治理，自2号县路到跃龙河入口止，根据河道现状，从河道中间开挖一条子河槽，弃土和滩地分段整平，治理全长14.5公里，土方17.3万立方米。2001年，实施张僧河东支改道工程，全长2.3公里，投资108.6万元。2003年，实施张僧河东支北环路以北暗河工程，总长度650米，浆砌石增钢筋混凝土盖板，过水断面8平方米，流量每秒16.8立方米，投资224.4万元。同年10月，建设市开发区热电厂区段尚临干沟改道工程，新挖渠道1.4公里，配套桥涵1座（西张僧河顺河路交通桥），完成土方5.2万立方米。2004年10月，实施西张僧河下游清淤治理工程，从3号县路南侧

弥河新貌（2010年摄）

污水沟穿西张僧河渡槽南100米始至营子沟，全长22.4公里，清淤土方43.8万立方米。2009年4月，投资1000万元，实施张僧河东支暗渠修建工程，自城区东环路至寿济路段，采用浆砌石墩混凝土盖板，全长2公里；修建长度4公里、宽度5米水泥结石路面；修建桥梁6座。

小清河 在羊口镇以东注入渤海，是全国5条重要的国防战备河道之一，具有防洪、防潮、除涝、航运、灌溉等功能。1993—1995年，连续3年实施防潮、防洪、加固处理，治理长度21.7公里，完成土石方55.6万立方米，投资101万元。1996—1998年，实施干流治理工程，完成土方552.8万立方米，投资1.2亿元。1999年，利用国家计委水利第一批国债专项资金600万元和小清河干流治理工程专项资金180.5万元，按20年一遇防洪、50年一遇防潮标准，在羊口镇区段完成防洪挡潮石墙3.2公里，配套建筑物4座。2002年3月，实施右堤辛沙路桥以东河道维护工程，长度3公里，植树6000株，总投资81万元。2003年4月，实施分洪道泄洪闸维修工程，投资111.3万元。2004年3月，实施河道维护工程，工程量1.8万立方米，投资112万元。2005年10月，实施羊口镇刘旺村后右河岸除险加固工程，工程量4850立方米，投资51万元。2006年，实施羊口西河道维护、八面河村后右堤堤顶路面硬化等工程，工程量5591立方米，投资77.3万元。2008年，实施刘旺险工护砌、辛沙公路桥至泄洪闸堤顶路面硬化工程，工程量1.1万立方米，投资135万元。2009年4月，实施堤顶硬化工程，全长1.6公里，工程量2658立方米，投资67万元。2010年5月，实施分洪道泄水闸防洪维护工程，投资57.9万元。同年，实施辛海公路大桥至羊口西大坝汛后维修工程，长18公里，工程量1.3万立方米，投资24.3万元。

丹河 境内东部最大河流，为引弥灌溉送水河道，主要灌溉农田。1993年9月，实施分洪清淤工程，从马家闸至弥河，治理长度13公里，完成土方24.8万立方米。1995年4月，实施拦河闸枢纽工程，位于纪台镇丁家尧河村东北。拦河闸为5孔，单孔宽4.5米。西堤进水洞为2孔，单孔宽2.1米，东堤引水洞为1孔，孔宽3米，总投资110万元。1999年10月，实施河道下游疏浚工程，改善引水灌溉条件和防洪除涝功能，治理长度19.4公里，完成土方14.8万立方米。

王钦河 1991年年底，实施裁弯取直、疏浚河道工程，治理标准为5年一遇排涝。治理长度15.7公里，完成土方15.4万立方米。

其他河道 1991年，完成普四沟、劳改沟、污水沟治理，计治理长度40.4公里，完成土石方28.8万立方米。1992年3月，完成东、西马塘沟治理，治理长度21.5公里，完成土石方6.6万立方米。1993年3月，实施小红窖沟治理工程，治理长度9.7公里，完成土石方13.1万立方米。1993年10月，完成伏龙河疏浚河槽和整形改貌治理，治理长度3.7公里。1995年9月，对官庄沟进行治理，治理长度9.4

官庄沟河道清淤现场（1995年9月摄）

公里，完成土石方7.9万立方米。2006年冬，实施羊田路丰产河进口闸至羊口段清淤治理，治理长度13公里。2008年4月，实施城区排水主要干沟治理工程，治理长度1.5公里，总投资800万元。2010年4月，实施塌河、联四沟、新老织女河清淤治理工程，全长29.8公里，土方105万立方米，完成投资525万元。

第四节 农村饮用水工程

1991年，农村饮用水取水方式主要以村为单位打饮水井，安装供水设备，采用单村集中供水方式，或建设乡（镇）集中供水工程。1993年始，市政府制定《关于加快小城镇建设的意见》，全面实施农村饮用水工程。至1995年，全市新增自来水受益乡（镇）31个、村庄453个。1997年始，实施农村饮用水安全工程，当年，建成侯镇供水管道工程，解决沿线村4000人吃水问题。1999年5月，建设羊口供水管道续建工程，解决羊口镇3万人生活用水问题。2001—2004年，按照省和潍坊市农村人畜吃水工程要求，实施人畜吃水工程建设，解决营里、台头、侯镇、羊口、上口、田柳、化龙、稻田、文家等乡（镇）6万余人吃水问题。至2005年，全市镇（街道）自来水通水率达100%。2007年，市政府印发《关于成立寿光市饮水安全示范县建设工作领导小组的通知》，加强对农村饮用水工程的组织领导。2008年1月，寿光市被列为全国农村饮水安全示范县。2009年，实施农村供水城市化、城乡供水一体化的发展战略，至2010年全市共建成后疃、东城、田马、化龙、一甲、双王城等6座水厂和留吕、台头、营里、上口4个加压站，铺设供水主管道433.7公里，建设农村饮水安全工程21个，农村饮用水安全问题基本得到解决。

农村安全饮水工程建设（2009年3月摄）

1997—2010年寿光市农村饮用水工程统计表

表6-3-1　　单位：万元

建设年份	项目	投资额
1997—1998	侯镇供水管道第一、二期工程	230.0
1997—1999	岔河供水管道第一、二期工程	243.0
1997—1999	羊口供水管道续建工程	480.0

续表 6-3-1

建设年份	项目	投资额
2001	农村人畜吃水工程项目	67.5
2002	农村人畜吃水工程项目	118.0
2003	农村人畜吃水工程项目	208.6
2004	农村人畜吃水工程项目	218.4
2006	侯镇集中供水工程	429.5
2007	留吕集中供水工程	211.0
2008	田马集中供水工程、化龙镇集中供水工程、后疃水厂建设工程	1500.0
2009	建设台头镇、营里镇加压站 2 座，农村饮用水安全项目管道工程	4010.0
2010	农村联村管道工程	1520.0

第五节　引黄济青

山东省引黄济青工程寿光指挥部成立于 1986 年 5 月。2009 年 10 月，更名为山东省胶东调水工程寿光管理处，正科级省属事业单位，内设办公室、工程管理科、计划财务科、事业发展科、水政科 5 个股级科室，下设宋庄泵站、弥河、塌河 3 个副科级管理所。

引黄济青工程寿光段全长 40 公里，横贯寿光北部咸水区，自羊口镇李家坞村入境，经台头、田柳、营里、上口 4 镇，从侯镇赵辛村出境，流入寒亭区。引黄济青工程 1986 年 6 月始建，1989 年 10 月竣工通水，总投资近亿元。主体工程建有大型泵站一座，位于田柳镇，称为宋庄泵站，是引黄济青工程寿光段的主体工程，装有 7 台扬水泵，扬程 9.5 米，设计流量每秒 34.5 立方米，总装机容量 5440 千瓦。引黄济青工程在输水河与境内河流塌河、西张僧河、东张僧河、弥河、官庄沟、新丹河、丹河交叉处建有大倒虹吸 7 座、分水闸 9 座。沿途建有公路桥 5 座、铁路桥 1 座、生产桥 30 多座、分水涵管 20 多处。至 2010 年，共引黄河水 15 亿立方米，向青岛市供水 14 亿立方米，为寿光北部供水 6000 多万立方米，灌溉农田 60 多万亩次，地下水漏斗区回灌补源 4000 多万立方米，沿线林木覆盖率达

山东省胶东调水工程宋庄泵站（2010 年摄）

100%，宜林地绿化率100%。山东省胶东调水工程寿光管理处先后获全国农林水系统和谐事业单位、国家级绿色通道、山东省部门绿化先进单位等称号。

第六节 水土保持

境内水土流失情况南北差别明显。咸淡水分界线（台头镇—巨淀湖—侯镇）以南属轻度侵蚀区，平均土壤侵蚀模数为742吨/年·平方公里，面积1005平方公里，是粮菜主产区，林木资源丰富，沟、路、林网配套，水土保持基础较好。水土流失的主要原因是建设项目开发、地面砂场开采和砖厂生产。咸淡水分界线以北属中度侵蚀区，是省政府划定的平原风沙区，面积985平方公里，包括羊口、营里2镇全部区域以及台头、田柳、侯镇3镇部分区域，水土流失面积672平方公里，平均土壤侵蚀模数为2850吨/年·平方公里。该区内受干旱、风沙、海潮、洪涝、盐碱等灾害影响，植被覆盖率低，农业生产条件和土壤生产能力不高。

水土流失治理 1991年始，按照《中华人民共和国水土保持法》要求，实施植树造林、保持水土工程。1995年，开发滩涂、盐田面积103平方公里，植树12万棵。1998年，开发北部盐碱风沙地59平方公里。1999年，张僧河流域宋庄风沙片被财政部、水利部列为全国水土保持生态环境建设十百千工程。至2000年，寿北地区种植经济林3.7万亩、水保林1.1万亩，种植芦苇1.1万亩、林粮间作26.8万亩、农田林网14.3万亩。2003年，建设寿北生态林100平方公里。2006年，实施园区荒碱地生态治理，治理面积52平方公里。2008年，实施骨干河道、废旧坑塘治理工程，治理面积69平方公里。至2010年，全市累计治理水土流失面积537平方公里。

水土保持监督管理 1990年，县水利局水土保持监督管理站成立，主要职责是行使对水土保持工作监督检查和行政执法权。1995年9月，市政府出台《寿光市水土保持监督管理暂行办法》。1998年，寿光市被省水利厅确定为水土保持监督执法试点市。同年，市政府印发《寿光市水土保持监督执法试点方案》。1999年，对全市水土流失重点区域进行划分，确定重点预防保护区、重点监督区和重点治理区。同年12月，市政府出台《寿光市治理开发农村"四荒"资源管理办法》，2000年出台《寿光市水土保持监督管理办法》。同年，寿光市被水利部确定为全国水土保持生态环境规范化建设示范市。1995—2010年，共审批水土保持方案报告书(表)370多份，验收水土保持治理工程298项，合格率95%以上。

第七节 水资源管理

1991年始，按照1990年11月县政府印发的《关于搞好县城区水资源归口管理的意见》，全市（县）水资源实现城乡"五统一"管理，即统一规划，统一调度，统一征收水资源费，统一管理水质、水量，统一发放取水许可证。1992年，对全县工业取水进行首次取水登记，发放"取水许可证"200份，实行计划用水、计量用水。1994—1995年，进行第二次发证工作，对全市除农业灌溉取水以外的生产经营性取水和企事业单位生活取水进行登记，发放取水许可证497份。1995年，市水利局被省水利厅授予取水登记和发证工作集体一等奖。同年，发放农业灌溉和农村生产取水许可证947份。2001年始，每年年底对企事业单位下达次年用水计划，并审核当年用水量，控制企事业单位超计划用水，至2010年累计换发和新办理取水许可证1300

多份。2002年5月，市政府印发《寿光市北部地下水资源开采管理办法》。2007年6月，市政府办公室印发《寿光市机井建设管理办法》，加强对水资源管理保护力度。2010年5月，市政府办公室印发《寿光市水资源管理专项整治行动实施方案》，对水资源管理开展专项整治行动，共排查非农业取用水户805家，其中自备井取水户548家，日取水量达12.6万立方米。

1991年，全县宜井区共布设观测井点33个，平均密度为3个/百平方公里；盐碱区（深层承压淡水）布设观测井点5个，平均密度为4.4个/千平方公里。1991—2005年，每年对纪台、侯镇、田柳、稻田4个水质监测井进行水质分析。2006年始，对全市22个水位观测井进行实时远程监测，并对境内主要用水大户的取水和排水水质进行取样分析，年均取样分析60多个。

第八节 水政执法

1991年始，依照《中华人民共和国水法》及相关法律、法规、规章的规定开展水政执法工作，重点对未经批准擅自打井、破坏水利工程设施、私自建设采砂场、在弥河等河道中建设妨碍行洪障碍（构筑）物、拒不缴纳水资源费等违法行为进行查处，并根据工作需要开展集中整治专项行动。1998年2月，市水利局印发《寿光市河道采沙补充规定》，实施乡（镇）砂场个体承包经营办法。河道砂场审批与管理以水利部门为主，国土部门按照相关法规文件参与管理。2006年7月，市政府转发《寿光市城市规划区封闭自备水源实施方案》，市水利局、公安局、建设局、城市管理行政执法局、圣城街道、文家街道、洛城街道、自来水公司组成工作组，历时2年，共封闭城区自备水源井182眼。2010年8月，市水利局印发《关于对全市河道采砂经营活动进行集中整治的通知》，成立联合执法队伍，对河道采砂活动进行集中整治，河砂开采得到规范、有序开展。1991—2010年，共查处破坏河道、损毁水利工程、擅自开源、拖欠或拒缴水利规费等案件460余起，避免和挽回经济损失660余万元。

水政监察（1996年摄）

第四章 畜 牧

第一节 管理机构

1993年，县畜牧局更名为市畜牧服务中心，编制8人。1997年，又更名为市畜牧局，为市政府序列部门，编制9人。下设畜牧工作站、饲料管理科、药械站、畜禽疫病防治站。2001年，单位性质改为市政府直属事业单位，参照国家公务员法管理，正科级规格，编制12人。2007年11月，更名为市畜牧兽医管理局，为市政府直属事业单位，正科级规格，内设办公室、计划财务科、畜牧生产管理科、兽医兽药与饲料管理科。撤销市兽药监督所、市饲料管理站、市动物防疫监督站，整合其职能成立市畜牧兽医管理局监察所，为财政全额拨款事业单位，副科级规格，编制17人。2009年9月，各镇（街道）畜牧兽医工作站更名为镇（街道）畜牧兽医管理站，股级规格，实行全额预算管理。

第二节 畜禽饲养

20世纪90年代，主要以家庭饲养为主，饲养品种有猪、牛、羊、马、骡、兔、鸡、鸭等。2000年以后，生猪、肉鸡、肉鸭等主导产业迅速发展，畜牧业产值迅速攀升。至2010年，全市畜牧业逐步形成饲养规模化、管理科学化、品种优良化、设施先进化、生产标准化、产业经营化的“六化”发展模式，饲养以生猪、肉鸡、肉鸭为主，奶牛、蛋鸡、鹌鹑、肉鸽、狐貂等养殖为辅。肉类总产量42.2万吨，蛋类总产量2.1万吨，奶类总产量1.5万吨，畜牧业总产值25.5亿元，占农业总产值的19.7%。

猪 传统养殖种类。1991年始，引进英系大约克、美系杜洛克、比利时皮特蓝等多种瘦肉型良种猪，早期引进的昌潍白猪和本土猪种基本绝迹。饲养品种主要是引进良种猪的二元杂交和三元杂交猪，饲养规模逐年增大。2008年始，推广自然养猪法，提高冬季猪舍温度，增加生猪抵抗能力，饲养优质保健肉猪。2009年，落实省生猪良种补贴政策，

养猪场（2010年摄）

整体改良境内猪种，良种覆盖率达100%。2010年年底，全市建有养猪场590个，其中年出栏500头以上的标准化猪场182个；生猪年存栏46.9万头，年出栏89.1万头，其中年出栏生态猪25万头。

改良羊（2010年摄）

牛　传统牛种是役用鲁西黄牛。1990年后，随着农业机械化的快速发展，役用牛数量逐渐减少，养牛业逐步向以肉用鲁西黄牛、利木赞牛、西门塔尔牛等为主的肉牛养殖和以荷斯坦奶牛为主的奶牛饲养过渡。肉牛养殖一直发展平稳。1998年始，奶牛饲养发展迅速，至2002年存栏突破3000头。2003年后奶牛存栏逐年上升，至2005年奶牛存栏达到5946头，为历史最高峰。2007—2009年，连续3年实施山东省奶牛冻精补贴项目和优质后备母牛饲养补贴项目（冻精补贴项目的后续政策），全市奶牛饲养人工受精覆盖率达到100%，奶牛良种覆盖率达到95%以上，年均奶产量达到5.8吨。至2010年，全市肉牛存栏3895头、出栏3517头；奶牛存栏2970头，奶产量1.5万吨。

养牛场（2010年摄）

羊　境内草场面积不大，天然饲草资源主要分布于田间地边及改碱沟壑地带。化龙镇、台头镇、田柳镇、营里镇、上口镇、侯镇、羊口镇存栏量较大。1991年，主要品种是本土洼地绵羊与高加索、斯达夫、考力代、林肯羊等杂交育成的改良羊。1992年，开始引入小尾寒羊、夏洛来、多赛特等品种。1999年，又先后引入波尔山羊、特克赛尔和南非杜泊羊。至2010年年底，境内肉羊养殖主要是杜泊羊与本土洼地绵羊及其他引进品种的杂交改良羊。全市存栏9.2万只，出栏11万只。

马、驴、骡　1991年前，主要为役用，通常用于短途运输和田间耕作。1992—1996年，全市（县）马、驴、骡年存栏2.2万匹（头）以上。1997年之后，随着农业机械化的提高和交通运输业的快速发展，养殖量逐年减少。2010年年末，全市仅存栏马、驴、骡共255匹（头）。

兔　1995年前，境内主要养殖肉用兔，品种以中国白兔为主。1996年，引入新西兰、比利时等兔种进行杂交改良，兔养殖数量逐渐增多，品种主要是安哥拉长毛兔。2002年，引入纯血统皮肉兼用型法系獭兔，该品种体型匀称，耳长直立，皮毛光亮，毛纤维细长，经济效益明显提高。2010 年，全市兔存栏 1.7 万只，出栏 12 万只。

鸡 1991 年前，境内存栏主要是蛋鸡，农户普遍进行小规模散养，主要品种是本土寿光鸡、白洛克、星杂 288 号、京白等白壳

养鸡场（2009 年摄）

蛋鸡品种和星杂 579 号、海赛、迪卡等褐壳蛋鸡品种。2005 年，开始标准化养殖。至 2010 年，建成年出栏 80 万只以上的标准化鸡场 55 个，蛋鸡总存栏 186.6 万只，肉鸡存栏 666.3 万只，出栏 2843.6 万只。

鸭 原有鸭种是白鸭和麻鸭，为肉蛋兼用型鸭，主要在靠近水塘、湾池的农户分散饲养。2001 年后，鸭饲养发展很快，至 2005 年鸭养殖达到历史最高峰，存栏 1344.9 万只，出栏 4182.2 万只。之后，肉鸭发展趋向平稳。2010 年，全市有存栏 1 万只以上标准化鸭场 80 个，鸭存栏 736.5 万只、出栏 3853 万只。

特种养殖 兴起于 1991 年后，品种涉及野猪、鹌鹑、狐狸、水貂、貉子、梅花鹿、肉鸽、火鸡、七彩山鸡、朗德鹅、蚂蚱等，分布于全市（县）各乡（镇、街道）。成规模的主要是狐狸、水貂养殖，主要集中于侯镇、羊口镇。2010 年，全市狐狸存栏 1.2 万只、出栏 5 万只；水貂存栏 1 万只、出栏 5.1 万只。

狐狸养殖（2009 年摄）

水貂养殖（2009 年摄）

1991—2010 年寿光市（县）部分畜禽存栏量表

表 6-4-1　　单位：万匹（头）、万只

年份	大牲畜	猪	羊	鸡	鸭	兔
1991	5.4	17.2	5.7	545.4	57.6	22.9
1992	5.4	17.5	6.1	468.1	38.3	50.1
1993	5.7	19.6	6.4	818.4	40.0	37.8
1994	6.5	22.5	6.8	1354.6	40.3	34.9

续表 6-4-1

年份	大牲畜	猪	羊	鸡	鸭	兔
1995	7.0	29.7	9.1	1536.7	48.3	48.7
1996	7.6	34.1	9.6	2310.7	83.7	60.8
1997	4.0	21.0	5.4	1339.4	58.7	14.2
1998	4.0	20.4	6.4	1409.1	58.3	17.8
1999	4.2	25.9	7.7	1461.3	63.3	22.5
2000	4.2	25.8	8.6	1324.6	59.7	46.7
2001	3.1	23.8	8.4	1134.3	61.1	42.1
2002	2.5	25.3	10.1	1059.0	279.5	32.9
2003	2.7	26.6	14.6	924.3	579.9	20.8
2004	2.8	30.8	15.9	777.0	771.9	11.4
2005	2.5	32.0	16.5	795.5	1344.9	6.2
2006	1.5	25.3	8.8	624.4	1069.8	4.6
2007	1.2	26.7	7.1	405.1	208.4	6.2
2008	1.0	31.9	6.2	604.0	594.2	5.0
2009	0.8	35.9	8.7	890.0	791.3	1.5
2010	0.7	46.9	9.2	852.9	736.5	1.7

说明：大牲畜包括马、驴、骡、牛等

1991—2010年寿光市（县）部分畜禽出栏量表

表 6-4-2　　　　单位：万匹（头）、万只

年份	大牲畜	猪	羊	鸡	鸭	兔
1991	1.2	20.3	2.7	—	—	—
1992	1.4	23.3	3.0	—	—	—
1993	1.4	25.8	3.3	—	—	—
1994	—	—	—	—	—	—
1995	2.7	47.2	5.6	—	—	—
1996	3.5	53.2	8.4	—	—	—
1997	2.0	34.9	4.6	—	—	—
1998	1.6	36.0	5.3	—	—	—

续表 6-4-2

年份	大牲畜	猪	羊	鸡	鸭	兔
1999	2.5	39.5	5.8	1305.5	60.4	96.1
2000	2.6	42.9	7.2	1195.4	50.4	97.5
2001	2.5	45.2	9.1	1435.2	78.3	82.0
2002	2.3	46.0	10.8	1241.0	591.8	61.1
2003	3.6	51.4	13.5	1387.4	977.8	34.2
2004	3.5	64.6	15.2	1254.8	1931.8	24.6
2005	2.0	67.4	19.3	1573.9	4182.2	14.1
2006	1.5	57.7	14.5	2094.3	3808.5	12.8
2007	1.5	58.2	13.1	2112.4	2246.8	52.3
2008	0.6	46.1	14.2	1713.6	2088.3	19.6
2009	0.4	50.0	9.1	2345.8	2742.8	3.1
2010	0.4	89.1	11.0	2843.6	3853.0	12.0

说明：大牲畜包括马、驴、骡、牛等

第三节 养殖服务

兽药生产 2005年9月，市富康动物药业有限公司取得兽药甲氧苄啶的国家GMP（优良制造标准）证书，12月取得注册批准文号，成为寿光市首家兽药生产企业，年均实现销售收入3600万元。2006年5月，市富源药业有限公司取得兽药GMP认证，验收通过7条GMP生产线，共生产59种兽药商品，年产量达到200多吨。至2010年年底，全市拥有2家兽药生产企业，年产量300吨。有兽药经营企业24家，其中16家通过国家兽药GSP(《药品经营质量管理规范》）认证。

饲料生产 最早的饲料公司是县饲料公司。2000年12月，市饲料公司与北京大北农集团合作，更名为山东省寿光市大北农饲料有限公司。2003年，全市饲料加工企业28家，年加工能力63万吨。2007年、2008年、2009年，饲料总产量分别为85.2万吨、110.33万吨、95.8万吨。2010年，全市取得饲料生产许可证、饲料生产企业审查合格证、动物源性饲料生产企业安全卫生合格证的饲料生产企业共32家，其中配合浓缩料和预混料生产企业16家、单一饲料生产企业5家、动物源性饲料生产企业5家、饲料添加剂生产企业6家。饲料总产量达到132.5万吨，饲料工业总产值44.6亿元。

动物卫生监督 市畜牧兽医管理局和各基层畜牧兽医管理站全面负责动物防疫、动物及动物产品检疫及证照的发放、使用和管理工作。1991年，向加工企业派驻场检疫员。1998年，全市畜禽检疫实行报检制度。2002年，开始生猪定点屠宰，集中检疫。2005年，规模饲养场派驻监管兽医。2008年，市畜牧局成立执法中队，年均检查加工企业20余次。

2010 年，市政府出台《寿光市畜产品安全生产示范区建设实施意见》《寿光市畜牧业产品质量安全生产示范区创建标准》，产地检疫率达到 95%。

第四节 标准化生产基地建设

2001 年 4 月，《寿光市 2002—2004 年畜牧业发展规划》实施，畜牧业标准化改造全面启动，市政府每年出资 25 万元用于鼓励发展标准化养殖场建设。2002 年始，实施畜禽养殖“退院入区”战略，兴建标准化养殖小区。至 2009 年，建成标准化饲养小区山东亚太中慧集团规模化肉鸭养殖场 3500 多个，100% 的家禽养殖、95% 的生猪养殖实现生产标准化。2010 年，实施标准化畜牧园区建设，当年新建标准化畜牧园区 64 个。至 2010 年年底，全市共有 6 家单位被评为省级龙头企业，8 家单位被评为潍坊市级龙头企业，12 个畜禽生产单位通过农业部和省无公害畜产品和产地认证。

山东亚太中慧集团规模化肉鸭养殖场（2009 年 9 月摄）

第五节 疫病防控

1991 年，境内无大的动物疫情发生。1992—1997 年，按照国务院《家畜家禽防疫条例》及省和潍坊市规定，对猪瘟、猪肺疫、禽霍乱、狂犬病等动物疫病进行防疫，疫苗按计划供应。1998 年 1 月，按照《中华人民共和国动物防疫法》要求，强制免疫动物实行疫病标识。2002 年，独立开展血清学检测和细菌学检测，各类畜禽的重大动物疫病免疫密度平均 95% 以上。免费供应养殖户口蹄疫疫苗，免疫密度达到 100%。2005 年，免费供应高致病性禽流感疫苗，免疫密度达到 100%。2007 年，免费供应猪瘟、高致病性猪蓝耳病疫苗，猪瘟、高致病性猪蓝耳病免疫密度达到 100%。2010 年，全市共免疫高致病性禽流感 5494 万只，牛、羊口蹄疫 68.5 万头（只），猪口蹄疫 242.2 万头，猪瘟 242.2 万头，高致病性猪蓝耳病 242.2 万头，重大动物疫病免疫率均保持 100%。

第六节 畜禽名优特产

寿光大鸡 为我国优良品种之一，因产于稻田镇慈家、伦家一带，故又名慈伦鸡。寿光大鸡个体肥重，红冠巨爪，全身黑羽，腿高，骨骼结实。耐粗饲，抗瘟疫，适应性强，生长发育快。大型公鸡平均体重 3.8 公斤，母鸡平均体重 3.1 公斤，蛋重 70 ～ 75 克。中型公鸡平均体重 3.6 公斤，母鸡平均体重 2.5 公斤，蛋重 65 ～ 70 克。蛋壳较厚而红艳，便于运输。蛋质浓稠，蛋黄色深，特别是蛋质浓稠这一特点，在国际市场上一直被认为是一个突出优点。鸡的屠宰率也比较高，肌肉丰满，皮薄肉嫩，味道鲜美。2010 年 12 月，被农业部认定为“农产品地理标志产品”。

渤海马 是从 1953 年以来引进苏高血、

苏纯血、奥尔罗夫等轻型和乘挽兼用型父本，对本地土种马经过20多年的杂交改良而成的挽乘兼用型马种，主要分布于寿光北部。寿光渤海马分乘挽兼用和挽乘兼用两个品系，既具有轻型马的气质和灵活性，又具有重挽马的温驯和稳重。因此，渤海马有大而不笨，结构匀称，紧凑结实的兼用型特点。渤海马头大小适中，耳小直立，眼大有神，颈脊胳隆起，耆甲宽长，胸肋展，胸肌突出，背腰平直；中躯胳显粗短，尻方正、四肢腿明显，略干燥粗壮，后肢球节下部多外向，距毛多少不等，蹄大小适中，较坚实，步幅较快而稳重，力大而持久，并有耐粗饲，抗病力强和较好的适应性能等特点。毛色以栗、骝为主，沙毛、青毛很少。渤海马生长发育快，繁育性能好，遗传性较稳定。成熟早，公马一般两岁半可配种，并表现出较旺盛的性欲，有悍威。成年公马平均体高150厘米、体长157.5厘米、胸围178厘米、管围20.5厘米、体重462公斤。成年母马成熟早，繁殖力高，一般12月龄出现初情期，24月龄参加配种，受胎率达50%以上，繁殖成活率80～90%。

第五章　海洋与渔业

第一节 管理机构

1991年，称为县水产局。1996年12月，更名为市海洋与水产局。2001年12月，更名为市海洋与渔业局。2003年4月，成立市海淡水养殖服务中心，为正科级事业单位，隶属于市海洋与渔业局。2004年11月，市水产研究所更名为市渔业技术推广站。2007年9月，成立市海洋环境监测站，隶属于市海洋与渔业局，同时挂国家海洋局寿光海洋环境监测站、市水生动物疫病防治站、市渔业产品质量检测站牌子。2010年12月，市海洋与渔业局内设办公室、财务科、渔业科，下辖市渔政监督管理站、渔港监督站、海洋环境监测站、渔业技术推广站、海洋管理站5个直属事业单位。机关行政编制12人。

第二节 海洋捕捞

1991年始，海洋捕捞方式随着近海渔业资源持续衰退不断发生变化。从扒贝生产逐渐过渡到使用双拖网和弓子网生产，生产品种也逐步由单一的鳀鱼生产转变为以经济鱼类为主的多品种生产。1995年，全市有渔船600艘、4.6万马力。当年海洋捕捞产量13.7万吨，收入4.3亿元。2001年6月，中日、中韩渔业协定签订生效，全市每年都有120余艘大马力渔船到涉日、涉韩水域从事捕捞生产。2002年始，每年利用伏季休渔期间，组织50～60艘大马力钢质拖网渔船到朝鲜以东海域从事鱿鱼捕捞，经济效益明显。2005年，全市有捕捞渔船535艘、10万马力。当年完成捕捞产量34.2万吨，产值7.5亿元。至2010年年底，全市有海洋捕捞渔船582艘、11.2万马力。其中450马力以上钢质渔船150艘，主要在黄海水域、中日暂定措施水域以及朝鲜以东海域从事双拖网捕捞；150～300马力钢质渔船210艘，主要在渤海和黄海海域从事刺网、双拖网和弓子网生产；150马力以下渔船222艘，多为木质渔船，主要在渤海内从事刺网和弓子网生产。当年全市完成海洋捕捞产量12万吨，实现产值9.7亿元。

首批远洋渔船归来鱼满舱（2010年3月摄）

第三节 海水养殖

1992年以前，海水养殖以养虾为主，养虾的产量、效益在全省名列前茅。1993年，虾病暴发，海水养殖产量和效益大幅度下降。1994年，实施封闭和半封闭养虾、鱼虾蟹混养、鱼蟹单养等多样化养殖模式。育苗品种由中国对虾扩大到日本对虾、梭子蟹、中华绒螯蟹等。1995年，全市8家育苗单位生产对虾苗种1.1亿尾、中华绒螯蟹苗种1600斤、梭子蟹苗种180斤，产值1213万元，纯收入210万元。2000年，培育的中国对虾、日本对虾、三疣梭子蟹苗种基本满足全市养殖单位放养需要。当年海水养殖总产量达1165吨，收入5545万元；海水育苗总收入1500万元。2001年始，实施海水养殖承包稳定政策，鼓励养殖户引进新品种，进行多品种、多轮次综合养殖，至2003年全市海水养殖面积达5.3万亩。2004年始，受盐化工高效益和水污染导致的养殖环境恶化等影响，海水养殖场改为盐田，至2005年海水养殖面积降至3.1万亩。当年海水育苗总收入780万元。之后，海水养殖品种由南美白对虾逐步代替日本对虾和三疣梭子蟹。2008年，全市海水养殖面积18.9万亩（含浅海滩涂贝类养殖面积16万亩），产量4.2万吨。2010年，海水养殖品种主要以南美白对虾为主。当年全市海水养殖面积18.2万亩，产量3.1万吨。

寿光祥润养殖场南美白对虾工厂化养殖场（2010年6月摄）

第四节 淡水养殖

1991年，全县淡水养殖面积7400亩，年产量1064吨。1994年，国营机械林场建成1万平方米的甲鱼恒温棚、200亩鱼池，养殖甲鱼3万只、产蛋2万枚，年收入300万元。1995年，全市淡水养殖面积2.3万亩，年产量5236吨，养殖品种主要有雄性化罗非鱼、淡水白鲳鱼、异育银鲫鱼、日本斑鳅鱼等。1996年始，养殖品种加快由传统品种向名优品种推进。2000年年底，淡水养

鲤鱼养殖（2010 年摄）

殖面积（纯水面）发展到 2.4 万亩，养殖产量（鱼、蟹类）4791 吨，创产值 4349 万元。2005 年，养殖品种有罗非鱼、淡水白鲳鱼、鲤鱼、草鱼、鲢鱼、鳙鱼、鲫鱼、南美白对虾等。养殖产量达到 3362 吨，产值 5145 万元。同年，淡水休闲渔业得到较快发展。2006 年，林海生态博览园被省海洋与渔业厅和省旅游局评为省级休闲渔业示范点。2008 年，淡水养殖面积 1 万亩，产量 4010 吨。至 2010 年，全市淡水养殖面积 1.1 万亩，产量 6500 吨。拥有淡水养殖类省级水产健康养殖基地 2 家，3 家淡水养殖单位通过无公害农产品产地认证。

第五节　海洋与渔业管理

1991 年，县渔政监督管理站隶属于县水产局，编制 39 人，副科级全额拨款事业单位，内设办公室、安全电信科、管理科 3 个科室。主要负责渔业资源保护和管理、海上渔业安全执法和抢险救助、渔业无线电通信管理、水产品质量安全执法、水生野生动物保护和管理、渔业水域污染事故调查处理、渔业生产秩序维护和渔业生产纠纷调查处理等工作。1996 年始，按照依法治渔、依法兴渔、强化管理、公正严明的方针，所属中国渔政 37303 船年均出动 60 多个航次，航程达 8000 余海里，检查渔船 1000 余艘次，查处违规渔船 100 余艘次。年均组织抢险救助 10 次以上，救助渔民 20 人以上，为渔民挽回经济损失 500 多万元。2009 年，市渔政监督管理站被山东省人民政府记集体一等功。

中国渔政 37303 海上执行任务（2010 年摄）

渔政人员对渔船进行检查（2010 年摄）

第六节　渔业名优特产

寿光蚂蚬　学名叫菲律宾蛤仔，寿光一带俗称花蛤，主要分布在营里镇老河口沿海一带。其贝壳呈三角卵圆形，具有前倾的壳顶，小月面椭圆形或略呈梭形，盾面梭形。贝壳前端边缘椭圆，后端边缘略呈截形。壳表面灰黄色或深褐色，有的带褐色斑点。水管基部愈合，入水管口喙触手不分叉。前闭壳肌痕半圆形，后闭壳肌痕近卵形，放射肋与生长线交错形成布纹状。壳面厚而斑点大，离水后存活时间在相同条件下比其他地区的长30%以上。2010年12月，被农业部认定为“农产品地理标志产品”。

寿光毛蛤 又名毛蚶，生活在寿北莱州湾内湾浅海低潮线下至水深10多米的泥砂底中，尤喜于淡水流出的河口附近。形态特征成体壳长4～5厘米，壳面膨胀呈椭圆型、两壳不等，壳顶突出而内卷且偏于前方；壳面放射肋30～40条，肋口显出方型小结节；铰合部平直，有齿约50枚；壳内面白色，被有褐色绒毛状的表皮。2010年12月，被农业部认定为“农产品地理标志产品”。

小清河银鱼 （见第十编第九章第四节地方特产与名吃）

羊角沟对虾 （见第十编第九章第四节地方特产与名吃）

巨淀湖泥鳅 （见第十编第九章第四节地方特产与名吃）

寿光梭子蟹 （见第十编第九章第四节地方特产与名吃）

第六章　农业机械

第一节 管理机构

1993年11月，市农业机械服务中心成立，正科级事业单位，参照国家公务员法管理，定编33人。1997年5月，更名为市农业机械管理局，定编33人。2001年12月，单位性质改为市政府直属事业单位，定编37人，下设办公室、财务科、农机安全监理站、农业机械化学校、农机管理推广站、农机维修站。至2010年未变。

第二节 机械设备

1991年，全县拥有各类农用拖拉机8169台，动力11.7万千瓦；联合收割机1台；机引田间作业机械1.4万台。1992—1998年，农用拖拉机数量基本持平，年均8500台；联合收割机数量逐年增加，至1998年达到670台。2000年，首次统计田园管理机、电动卷帘机等蔬菜大棚机械数量。当年拥有各类田园管理机1545台，动力5762千瓦；电动卷帘机488台。到2009年，田园管理机增至6575台，动力3.2万千瓦；电动卷帘机5.1万台。至2010年年底，全市拥有农用拖拉机1.5万台，总动力24.6万千瓦；联合收割机2549台，总动力7.5万千瓦。农业机械总动力达到133.6万千瓦，农业机械净值8.8亿元。

1991—2010年寿光市（县）主要农机具数量与动力统计表

表 6-6-1

年份	农机总动力（万千瓦）	农用拖拉机		农用柴油机		联合收割机		田园管理机		电动卷帘机（台）
		数量（万台）	动力（万千瓦）	数量（万台）	动力（万千瓦）	数量（台）	动力（千瓦）	数量（台）	动力（千瓦）	
1991	46.5	0.8	11.7	1.6	14.5	1	44	—	—	—
1992	38.3	0.8	11.2	0.8	7.0	8	316	—	—	—
1993	48.7	0.9	12.5	1.4	12.8	17	154	—	—	—
1994	59.2	0.9	12.8	1.6	14.1	7	326	—	—	—
1995	66.7	0.9	11.3	1.4	12.7	30	208	—	—	—
1996	70.0	0.9	11.7	2.1	18.8	63	1101	—	—	—
1997	76.9	0.8	11.6	1.6	19.4	347	3546	—	—	—
1998	82.6	0.9	12.4	1.3	12.6	670	11718	—	—	—
1999	89.9	1.1	14.7	1.8	11.7	1096	13772	—	—	—
2000	100.1	1.0	14.0	1.8	17.7	1265	16452	1545	5762	488
2001	105.0	1.0	14.3	1.9	18.7	1264	17844	1660	5682	1085
2002	109.5	1.0	14.7	1.6	16.2	1460	22222	1676	7324	1423
2003	110.0	1.0	15.8	1.3	13.0	779	31551	1755	8148	3486
2004	114.1	1.0	15.5	1.3	13.4	805	34259	1847	9285	6212
2005	118.3	1.0	16.6	1.3	13.2	836	36748	1898	9752	13947
2006	118.4	1.1	17.2	1.3	12.5	869	38432	2042	10460	17303
2007	123.8	1.2	19.6	0.9	9.7	835	39493	2518	11069	25505
2008	130.1	1.5	24.9	0.8	7.5	1984	50694	3723	16178	30790
2009	134.0	1.6	27.4	—	—	2258	65050	6575	32445	51189
2010	133.6	1.5	24.6	—	—	2549	74860	6804	33575	68000

第三节 农机技术推广

小麦精播和半精播技术 1991年，引进莱芜产ZBJM-6-II型小麦精密播种机。该机械是全国唯一星火计划播种产品。1992年，引进地轮传动式精密播种机50台，强制式链轮传动精密播种机147台。1994年，半精播机和精播机保有量达2734台。之后，境内适宜小麦精播和小麦半精播的地块，全部应用该项技术。

玉米套种技术 主要机械是玉米套种耧，采用半机械化套种，解决了用人工无法实现的密植问题。2010年，利用玉米套种耧播种52.8万亩。

小麦联合收获技术 1992年，先后推广背负式小麦联合收获机和自走式小麦联合收获机。背负式小麦联合收获机结构简单，操作方便，与拖拉机配套使用。自走式小麦联合收获机自带动力设施，不需要外力搭载。2010年年底，小麦联合收获机保有量达1209余台，其中自走式小麦联合收获机达915台。当年境内小麦全部实现联合收获机收获。

玉米联合收获技术 1997年始，引进背负式玉米联合收获机，并逐步推广背负式玉米联合收获机、自走式玉米联合收获机和与自走式小麦联合收获机配套使用的玉米割台。2005年后，玉米联合收获机数量逐年增加，至2010年保有量达1340台，玉米机收率达80%以上。

蔬菜机械化生产新技术、新机具 1992年，县农机局大棚草帘机试制成功并得到推广，温室用保温草帘编制由人工向机械化迈进。1997年，引进田园管理机、电动卷帘机。此后，引进二氧化碳精准施肥器、臭氧发生器、声频仪、补光设备、空间电场等技术设备，至2010年田园管理机保有量达6804台，电动卷帘机保有量达6.8万台，全市大棚蔬菜生产全部实现机械化耕作，设施农业机械化水平在全省名列前茅。

保护性耕作技术 保护性耕作是以机械化作业为主要手段，采取少耕或免耕方法，将耕作强度减少到最低，用农作物秸秆及残茬覆盖地表，并主要用农药控制杂草和病虫害的一种耕作技术。2005年，先后在羊口、侯镇、化龙等镇推广保护性耕作，效果明显。2010年，利用保护性耕作技术达到30万亩。

棉花复式作业技术 1994年，引进棉花铺膜、播种、施肥机械。该技术不仅作业效率高，播种均匀，行距一致，还有利于防治病虫害。2010年年底，棉花铺膜、播种、施肥复式作业机达2497台，全市28.5万亩棉花播种全部实现复式机械作业。

跨区作业 每年夏、秋农忙季节，利用各地农作物成熟时间差，进行农机跨区作业。1991—2010年，全市（县）每年到河南省、鲁西南等地参加跨区作业的农机达500余台，到境内跨区作业的外地机械300余台。

第四节 农机专业合作社

农机专业合作社是以从事农业生产和农机作业服务的农民为主体，组织机械化生产、收割和农产品初加工等，并提供信息、技术、维修、培训、咨询等服务。2008年12月，全市首家农机专业合作社——寿光市大丰农机服务专业合作社正式成立，之后得到快速发展，至2010年农机专业合作社达31家。

2008—2010年寿光市农机专业合作社一览表

表6-6-2　　单位：万元

合作社名称	固定资产	成立时间	合作社名称	固定资产	成立时间
市大丰农机服务专业合作社	190	2008.12	市美福农机农民专业合作社	370	2010.04
市惠农农机专业合作社	200	2009.02	市利民农机专业合作社	52	2010.04
市富民农机专业合作社	350	2009.03	市便民农机专业合作社	80	2010.05
市强民农机专业合作社	28	2009.03	市凤凰岭农机专业合作社	8	2010.08
市瑞沃农机专业合作社	72	2009.07	市富达农机专业合作社	140	2010.08
市源兴农机专业合作社	133	2009.11	市鹏宇农机专业合作社	60	2010.09

续表 6-6-2

合作社名称	固定资产	成立时间	合作社名称	固定资产	成立时间
市顺昌农机专业合作社	200	2010.09	台头镇禹王沟农机专业合作社	25	2010.11
市少华农机专业合作社	10	2010.09	市诚伟农机专业合作社	10	2010.11
市金穗农机专业合作社	120	2010.09	市在义农机专业合作社	120	2010.11
市鸣晟农机专业合作社	311	2010.09	市好顺农机专业合作社	50	2010.12
市农友农机专业合作社	30.2	2010.09	市农顺农机专业合作社	20	2010.12
市天马农机专业合作社	150	2010.09	市鑫袖农机专业合作社	120	2010.12
市东顺农机专业合作社	100	2010.10	台头镇马家庄农机专业合作社	22	2010.12
市农家乐农机专业合作社	180	2010.10	市法昌农机专业合作社	44	2010.12
市福江农机专业合作社	50	2010.10	市胜举农机专业合作社	245	2010.12
市昊天农机专业合作社	100	2010.11	—	—	—

第五节 农机管理

1991—1995年，以市（县）农业机械化学校为主体，利用自办、联办、函授等培训形式，为社会培训各类农机技术人员3万人次，其中培训拖拉机驾驶员0.5万人次、联合收割机驾驶员0.8万人次、各类专业机械手1.7万人次。1995—2000年，开展“黑车非驾”（无证车辆，非法驾驶）综合治理活动，共检验拖拉机2.7万台次，审验驾驶员3.1万人次，纠正违章8560次。2001年，对农机配件供应点和修理工进行检验和考核，发放维修行业标志牌。2005年，全市共有农机维修网点181家，农机配件供应点151家，修理工311人，各项年审指标均达到100%。2008年年底，逐步建立起市镇村三级农机管理机构，开始成立农机专业合作社。至2010年，农机具检修3020台次，农机职业技能鉴定1300人次，进行执法检查17次。

拖拉机年审现场（2010年摄）

1991—2010年寿光市（县）农机管理情况表

表6-6-3

年份	培训（人次）		农机登记（台）	农机维修网点（家）	农机配件经营网点（家）	农机年审检验（台次）
	驾驶员	专业机械手				
1991	1892	3127	144	30	28	2256
1992	2011	3563	198	55	54	2180
1993	2632	3959	222	69	78	3109
1994	3091	3345	678	88	90	3456
1995	3321	2965	453	109	114	3256
1996	2849	4107	336	121	128	4499
1997	2450	3133	1430	133	127	3879
1998	2976	3045	791	138	133	4420
1999	1952	3899	1491	149	135	4108
2000	2777	2922	976	158	143	3221
2001	3539	2843	900	165	140	4384
2002	3051	3445	1227	177	144	4202
2003	2722	3233	1385	183	156	4013
2004	2583	2190	2067	179	155	5600
2005	2572	2103	924	181	151	4890
2006	3899	2556	1074	184	151	4455
2007	2086	3051	905	182	154	4178
2008	3220	2607	947	180	158	4680
2009	4300	2557	611	182	155	3701
2010	3139	2359	436	180	160	5161

第七章　农业综合开发

第一节　管理机构

1989年，成立县黄淮海平原农业开发领导小组办公室，为副科级事业单位。1993年12月，市黄淮海开发办并入市农业委员会。成立开发科，具体负责黄淮海开发业务。1995年，与市农业委员会剥离，成立市农业综合开发办公室，正科级财政拨款事业单位，编制7人。2006年6月，市寿北开发办公室并入市农业综合开发办公室，核定事业编制9人。2010年2月，市农业综合开发办公室隶属于市财政局。

第二节　项目开发

1991—2010年，先后改善农田水利基础设施，提高林木覆盖率，改造中低产田，累计投资3.3亿元，其中市财政拨款1.7亿元、争取上级开发资金1.6亿元。开发旱涝碱中低产田17万亩，开垦宜农荒地4.8万亩，渔农结合项目3100亩，机械林场上林下藕1500亩，土地治理项目18.7万亩，建设优质蔬菜基地0.5万亩，优质枣粮基地0.7万亩。

1991—2010年寿光市（县）农业综合开发情况表

表6-7-1　　单位：万元

年份	投资额	投资项目	投资效果
1991—1993	1938.9	营里、大家洼等6个乡（镇）6.8万亩旱涝碱中低产田改造等项目	增收1.5亿元，投入产出比为1∶6.8
1994—1996	1651.3	寒桥、上口等5个乡（镇）5.23万亩中低产田开发和台头1万亩宜农荒地改造项目	增收1亿元，投入产出比1∶6.3
1997	846.0	台头、牛头2镇交界处1.5万亩中低产田开发等项目	良种基地良种普及率100%
1998	1147.0	北洛、牛头、台头3个乡（镇）3.5万亩中低产田改造等项目	农民人均纯收入增加1300元
1999	1449.0	稻田、牛头等镇3.4万亩土地开发等项目	局域化布局、基地化生产、规模化经营、一体化服务比重达到90%以上
2000	3797.0	洛城等5个乡（镇）5.2万亩土地开发项目	通过潍坊市对下达计划的总体验收
2001	875.0	孙家集镇1万亩土地治理等项目	农民人均纯收入增加1700元

续表6-7-1

年份	投资额	投资项目	投资效果
2002	1796.0	纪台、孙家集等4个乡（镇）和市机械林场3万亩土地治理等项目	农民人均纯收入增加1000元
2003	1369.0	稻田镇0.5万亩优质蔬菜基地建设等项目	农民人均纯收入增加420元
2004	1364.0	上口、机械林场改造2.2万亩中低产田项目	新增农民纯收入908.7万元
2005	734.0	留吕、羊口开发2万亩中低产田项目	林木覆盖率提高到22%，良种普及率达100%
2006	3938.0	营里镇1万亩中低产田改造等项目	户均增收2万元，新增农业总产值910万元
2007	2223.3	侯镇、营里镇1.3万亩农田改造等项目	新增农业总产值1234万元
2008	2685.0	机械林场1.2万亩中低产田改造等项目	新增农业总产值1078万元
2009	4425.7	稻田省级农业综合开发试点1.2万亩中低产田改造等项目	新增农业总产值1931万元
2010	3185.1	古城街道0.9万亩中低产田改造等项目	农民人均纯收入增加636元

第七编

蔬菜

1989年，孙家集镇三元朱村党支部书记王乐义带领全村17名党员建起17个冬暖式蔬菜大棚，种植黄瓜并取得成功。之后，寿光蔬菜种植模式迅速由季节性露天栽培向冬暖式大棚蔬菜种植转变，大棚蔬菜种植面积迅速扩大，并在3年时间内辐射带动全县、全省乃至全国20多个省（自治区、直辖市）的规模种植。1995年，寿光市被国务院命名为中国蔬菜之乡。在推广大棚蔬菜规模种植的同时，寿光市始终站在农业最前沿，不断引进、研发和推广各类蔬菜种子、种苗的新品种、新产品、新技术，实施龙头企业带动战略，培育发展蔬菜龙头企业。自2000年始，每年举办一届寿光蔬菜博览会，至2010年已举办11届。2010年，全市蔬菜种植面积达到84.7万亩，冬暖式蔬菜大棚40万个；农业新技术、新品种覆盖率95%以上；各类农业龙头企业410家，辐射带动80%的农户进入产业化经营体系；寿光蔬菜销往全国30多个省（市、自治区）的200多个大中城市，并远销日本、韩国、俄罗斯、美国、委内瑞拉等国家。

第一章 蔬菜品种

第一节 菜 类

1991年，境内蔬菜品种有胡萝卜、青萝卜、大头菜、大白菜、甘蓝、花菜、芹菜、菠菜、油菜、茼蒿、莴苣、大葱、大蒜、韭菜、圆葱、茄子、辣椒、西红柿、黄瓜、冬瓜、南瓜、西葫芦、丝瓜、芸豆、豆角、扁豆、马铃薯、山药和莲藕等30余种。至1995年，品种增加5种，形成以文家、马店、丰城为中心的8万亩韭菜基地；以留吕镇为中心的5000亩脱毒马铃薯基地和万亩茄子基地；以赵庙村为中心的万亩冬贮秋芹菜基地；以北洛、田柳、寒桥、五台、上口为中心的5万亩大葱基地。2005年品种达到40多种。至2010年，露地蔬菜品种有胡萝卜、大葱、大头菜、青萝卜、大白菜、甘蓝、花菜、芹菜、菠菜、油菜、茼蒿、莴苣、大蒜、韭菜、圆葱等；拱棚蔬菜品种有韭菜、西红柿、茄子、辣椒、菠菜、芹菜、黄瓜、冬瓜、南瓜、西葫芦、豆角、芫荽、油菜、茼蒿、莴苣、青萝卜等；冬暖大棚蔬菜品种有黄瓜、西红柿、茄子、辣椒、冬瓜、南瓜、西葫芦、丝瓜、苦瓜、芸豆、扁豆、油豆等。茄果类蔬菜中，国外品种占主体，其中西红柿国外品种占全市西红柿种植面积的71%，占全市蔬菜总种植面积的23%；彩椒国外品种占彩椒种植面积的85%，占全市总种植面积的11%；西葫芦国外品种占西葫芦种植面积的50%，占全市总种植面积的0.6%；茄子国外品种占茄子种植面积的40%。黄瓜、苦瓜、丝瓜、韭菜等以国内品种为主体。至2010年，从全市蔬菜种植总面积看，国内、国外品种各占50%。

第二节 瓜 类

境内瓜类主要是甜瓜、西瓜。甜瓜主要有薄皮甜瓜和厚皮甜瓜2大类，厚皮甜瓜种

稻田镇王婆牌香瓜（2005 年摄）

植集中于稻田镇田马、赵庙一带。1992 年开始种植，注册商标为王婆牌甜瓜，主要有伊丽莎白、状元、台农、丰甜、蜜露等 30 多个系列 100 多个品种。2000 年 6 月，田马镇被中国农学会特产专业委员会命名为中国香瓜第一镇。2010 年，田马及周边种植面积达 10 万亩，年产量 3 亿公斤，产品销往全国各地和日本、韩国、俄罗斯以及东南亚等国家和地区，成为全国最大的香瓜集散中心。薄皮甜瓜境内各地均有零星种植，以圣城街道刘旺村及其周边种植面积最大。西瓜主要有露地西瓜和保护地西瓜，其中露地西瓜主要分布在寿北一带，保护地西瓜主要分布在纪台镇一带，品种主要有京欣、风光、红宝丰和红和平等。2010 年，西瓜种植面积 5 万亩，年产量 1.3 亿公斤。

第三节 食用菌

寿光食用菌栽培始于 1980 年，在寿光镇南关村及周边发展，只栽培平菇。至 1990 年，平菇产量达到高峰，年投棉籽皮量超过 3.5 万吨。1991 年，境内食用菌主要有金针菇、

圣泉菇业公司菇房（2008 年摄）

草菇、鸡腿菇、白灵菇、双孢菇、杏鲍菇、天麻菇、灵芝菇、猴头菇、香菇、榆黄蘑等品种。1991年后，随着冬暖式蔬菜大棚的推广，寿光食用菌种植户逐渐减少，种类和产量相应减少。2000年后，食用菌价格上涨，寿光食用菌产量又开始逐年增加，形成田柳镇刘桥村等食用菌生产专业村。其间，寿光市食用菌研究所建成国家一级菌种场，培育和推广一系列食用菌品种，主要有寿研1号、寿研4号、大丰425号、早秋609号、秋冬8002号、丰抗4号、低温9001号、北风1号、寿平007号等平菇品种，金针新19号、金针2619号、白金HE-1号、优丰14号等金针菇品种，白灵1号、白灵720号、白灵801号、白灵6号等白灵菇品种。2005年，寿光圣泉菇业公司创造出第5代菇房，实现周年栽培，企业通过ISO 9001认证。至2010年，境内食用菌投料量1.5万吨，总产值512万元。种植品种以平菇为主，金针菇次之，洛城、田柳、侯镇、营里等镇（街道）的150多个村的1300多家农户从事种植生产。

第二章 蔬菜种植

第一节 露地蔬菜种植

1991年，全县露地蔬菜种植面积20万亩，品种主要以胡萝卜、大葱为主，主要分布在文家、上口、营里等乡（镇）。胡萝卜主要采用一年二作种植模式，春茬和秋茬栽培，均采用起垄栽培，春茬覆盖地膜。大葱主要采用间作套种模式，小麦收割后定植大葱，每年的10月5日前后定植沟内套种小麦。1991年后，随着保护地蔬菜和大棚蔬菜种植的不断发展，露地蔬菜面积逐渐减少。至2010年，全市露地蔬菜播种面积12.3万亩，约占全市蔬菜面积的14.5%。

第二节 拱棚蔬菜种植

1991年，全县大小拱棚蔬菜播种面积7万亩，以小拱棚为主。2000年以后，小拱棚蔬菜减少，大拱棚蔬菜种植面积逐年增加，至2010年，全市大小拱棚蔬菜种植面积12.4万亩，占全市蔬菜面积的14.6%。

小拱棚蔬菜主要以韭菜种植为主，主要分布在文家、化龙一带。小拱棚韭菜主要推广韭菜强控早盖栽培技术，秋季提前控制肥水，冬前提早覆盖，早春或深冬割1次，亩产2000公斤。受冬暖式蔬菜大棚发展和小拱棚技术原因影响，2000年以后小拱棚韭菜面积逐年缩小，至2010年，小拱棚蔬菜种植面积5万亩，其中韭菜种植面积从1990年的5万亩缩减到3万亩，其他如西红柿、茄子、辣椒等小拱棚蔬菜2万亩。

大拱棚蔬菜以甜瓜、西瓜、菠菜、芹菜、西红柿、茄子为主，主要分布在稻田、纪台、洛城一带。主要种植模式为早春茬2月开始种植，秋10月底拉秧，覆盖遮阳网越夏。

大拱棚（2000年摄）

1993年春，留吕乡进行大拱棚早春小长茄的试种推广，到1995年年底共发展大拱棚1000个，种植面积1000亩。2000年以后，大拱棚蔬菜种植得到快速发展，至2010年，全市大拱棚数量达5万个，面积7.4万亩。

第三节 大棚蔬菜种植

1991年，冬暖式蔬菜大棚的数量从1990年的5000个猛增到2.5万个，次年达到7.5万个。至2010年年底，全市冬暖式蔬菜大棚40万个，面积60万亩，约占全市蔬菜面积的70.8%。

大棚蔬菜种植（2004年摄）

冬暖式大棚蔬菜种植面积较大的品种有黄瓜、西红柿、茄子、辣椒等，主要分布在古城、圣城、洛城、稻田、孙家集、纪台等镇（街道）。大棚蔬菜种植模式主要包括越冬茬、秋延茬和早春茬。越冬茬指整个冬季不换茬，瓜类一般在9—10月定植，次年6月结束；茄果类在8月前后定植，次年6—7月结束。此类型大棚夏季多闲置。秋延茬指秋季定植，深冬结束，一般在7—8月定植，元旦结束。早春茬指早春定植，夏初结束，一般在2月初定植，育苗期在12月至次年1月。越冬茬种植模式约占冬暖式大棚种植面积的30%，秋延茬和早春茬约占70%。

1991—2010年寿光市（县）蔬菜种植面积与产量表

表7-2-1

年份	面积（万亩）	亩产（公斤）	总产（万吨）
1991	29.0	3360	97.5
1992	30.7	4215	129.4
1993	47.7	3742	178.5
1994	46.0	4454	204.9
1995	48.7	4107	200.0
1996	55.2	4038	222.9

续表 7-2-1

年份	面积（万亩）	亩产（公斤）	总产（万吨）
1997	55.3	4038	223.3
1998	58.5	4202	245.8
1999	61.0	4241	258.7
2000	78.4	4029	315.9
2001	92.3	3998	369.0
2002	94.8	4076	386.4
2003	95.1	4115	391.3
2004	91.1	4318	393.4
2005	90.4	4262	385.3
2006	87.7	4307	377.7
2007	85.6	4401	376.7
2008	85.8	4631	397.3
2009	84.3	4923	415.0
2010	84.7	5178	438.6

第三章 蔬菜病虫害与防治

第一节 主要病虫害

境内危害蔬菜作物的主要病虫害有 120 种，其中病害 108 种、虫害 12 种。常发性的病虫害有 39 种，其中危害较重的有 15 种。

主要病害 黄瓜主要有立枯病、猝倒病、霜霉病、灰霉病、炭疽病、蔓枯病、靶斑病、白粉病、黑星病、枯萎病、拟茎点霉根腐病、细菌性角斑病、病毒病（ToMV、CMV、TLCV 和 AMV）等；西红柿主要有早疫病、晚疫病、灰霉病、叶霉病、白粉病、溃疡病、青枯病、细菌性髓部坏死病、病毒病（TYLCV、TMV）等；辣（甜）椒主要有猝倒病、立枯病、叶霉病、灰霉病、菌核病、疫病、炭疽病、根腐病、白粉病、细菌性叶斑病、软腐病、疮痂病、病毒病（ToMV、CMV、TLCV 和 AMV）等；茄子主要有绵疫病、褐纹病、早疫病、灰霉病、叶霉病、菌核病、斑枯病、细菌性褐斑病、病毒病（ToMV、CMV、TLCV 和 AMV）等。

主要虫害 蚜虫、白粉虱、烟粉虱、蓟马、美洲斑潜蝇、茶黄螨和南方根结线虫病等。

蔬菜病虫害演替趋势 病毒病、疫病、灰霉病、霜霉病、蚜虫、菜青虫、棉铃虫、甘蓝夜蛾、螨虫类等病虫害常年持续发生。2000年后，根结线虫、蓟马、粉虱、白粉病、蜗牛等原系次要病虫害，因种群上升迅速，成为主要病虫害；猝倒病、炭疽病、立枯病、金针虫、蟋蟀等原来主要病虫害，成为次要病虫害。2003年，细胞性溃疡病、银叶病等偶发性病害连续发生，成为常发性病害。2009年，西红柿黄化曲叶病毒病开始发生。疫病、病毒病、灰霉病、霜霉病、白粉病、细菌性溃疡病发生面积逐年加大，危害加重。根结线虫、根腐病、枯萎病等土传病害发展迅速，危害更重。

利用粘虫板进行病虫害防治（1996年摄）

第二节 病虫害防治

1991年前后，大棚黄瓜开始采用嫁接育苗防治枯萎病等土传病害，防治率达90%以上。1993年，推广细菌农药Bt，对菜青虫等鳞翅目害虫的幼虫防治效果在95%以上。

1995年，引进防虫网、粘虫板、银色膜等物理技术，采用防虫网阻隔白粉虱、蚜虫等虫害，悬挂粘虫板诱杀白粉虱、蚜虫、蓟马等虫害，悬挂银色膜趋避害虫，取得良好效果。2000年始，推广氰胺化钙（石灰氮）土壤熏蒸防治大棚土传病害，对根结线虫等土传病害的防治效果达到95%以上。2003年，茄子、西红柿等开始通过嫁接技术防治根结线虫，其中采用托鲁巴姆嫁接的茄子植株抗根结线虫效果较好，防治率达95%以上。2005年前后，开始引进丽蚜小蜂、捕食螨等生防昆虫防治蔬菜害虫，丽蚜小蜂对白粉虱、烟粉虱的防治效果在80%以上，捕食螨对蓟马的防治效果在75%以上。2007年7月始，甲胺磷、甲基对硫磷、对硫磷、久效磷、磷胺等5种杀虫剂严禁在蔬菜上使用，随之出现吡虫啉、毒死蜱、锐劲特、阿维菌素和拟除虫菊醋等替代产品，同时引进大量生防制剂和植物源农药。2008年，在大棚蔬菜上推广应用座壳孢菌剂防治温室白粉虱，对白粉虱若虫的防治效果在80%以上。2009年，大棚西红柿黄化曲叶病毒病爆发，开始推广抗性品种控制黄化曲叶病毒病。至2010年，低毒化学农药、生物农药成为蔬菜病虫害防治的首选农药推广使用。

第四章　蔬菜研发与推广

第一节 种苗研发

良种研发　2000年以前，保护地蔬菜品种主要是本地传统品种，良种研发较少。2000年后，部分种子销售商买断品种育种权，开始繁种和育种。2002年，良种研发单位根据市场需求对寿光的农家优质品种进行开发，寿光羊角椒、大葱、芸豆得到提纯复壮，形成一定规模。2004年，寿光市研发独根红韭菜的改良与创新利用项目，从寿光独根红韭菜中筛选出9-1和9-3新品种，通过专家鉴定。2005年后，寿光市先后与多家权威科研机构合作，建立起蔬菜博士后科研工作站，成立中国农业大学寿光蔬菜研究院、山东蔬菜工程研究中心，开展新品种选育工作。2006—2008年，培育出寿研1号、寿研2号、寿研3号、寿研4号4个厚皮甜瓜新品种，比同类型进口品种增产10%以上。2009年，寿光蔬菜产业集团有限公司从绿实杆芹菜中筛选出桂河绿实杆芹菜和桂河黄实杆芹菜2个芹菜品种，通过专家鉴定。2007—2010年，寿光市新世纪种苗有限公司选育出抗病耐贮高产西红柿新品种“粉丽莎”，通过山东省农作物品种审定委员会的审定。2010年4月，选育出中寿12号辣椒新品种，通过教育部组织的专家鉴定。至2010年，全市选育和研发各类蔬菜新品种达50余个。

南瓜良种推广示范区（2004年摄）

良种推广　1991年始，实施以种子更新为主题的蔬菜良种产业化工程，组建起蔬菜良种科研创新体系，建成蔬菜良种科技示范园、蔬菜智能工厂化育苗室、蔬菜良种繁育制种基地、大型蔬菜种子市场。1997年，瑞士诺华种子有限公司落户寿光，引进200多个世界一流的蔬菜、瓜果名优品种，并在10余个乡（镇）试种成功。1998年后，先后有世界第三大种子公司瑞士先正达公司、世界第五大蔬菜种子公司荷兰瑞克斯旺公司及以色列海泽拉优质种子公司、以色列尼瑞特种子公司、荷兰安莎种子集团、中荷合资纽内姆公司等30余家外国公司进驻寿光，示范推广国外种子。2000年始，依托国外优质蔬菜种植基地，引进国外蔬菜新品种，至2010年年底，共引进国外蔬菜品种1000多个，筛选推广200多个，国外品种占到50%以上。全市有种子经营户398家，其中持种子经营许可证企业25家（农业部发证企业1家，山东省农业厅发证企业1家，潍坊市发证企业1家，寿光市发证企业22家）。

种苗培育 1991年，境内种苗培育机构缺乏。1998年始，实施蔬菜工厂化育苗工程，是在人工控制的环境条件下，运用机械化和自动化手段，生产蔬菜秧苗的一种高科技育苗方法。1999年，寿光市高科技示范园引进美国、德国、法国、荷兰、以色列、日本等多个国家先进设备和技术，建成2个国内一流水平的智能工厂化育苗室，总面积6100平方米。引进德国、英国的设备和技术，建成穴播车间和智能化催芽室。与北京大学合作建成组培室，培育七彩椒1000万株、西红柿苗1300万株、脱毒马铃薯200万粒、其他名优蔬菜种苗500万株。2000年始，寿光红梅园艺公司在寿光及周边地区推广穴盘育苗，育苗规模从10余万株扩大到6000万株。2003年，红梅园艺公司研发设计第一代实用型育苗温室，成为经典户型在寿光市及周边地区普及。至2010年，全市从事蔬菜种苗的单位150家，育苗设施面积120万平方米，从业人员4000多人，年育苗规模1000万株以上企业50家，其中持有经营许可证育苗企业9家，育苗规模过3000万株的企业9家。以培育西红柿、辣椒和嫁接茄子、黄瓜等茄果类蔬菜苗为主，主要供应寿光市及周边地区以及北京、河北、山西、天津、江苏、东北等地。

2010年寿光市持有经营许可证蔬菜育苗企业表

表7-4-1

序号	企业名称	法人代表	许可证编号
1	寿光市永盛种子有限公司	梁增文	（寿）农种经许字〔2001〕第0405002号
2	山东省寿光市三木种苗有限公司	刘树森	（寿）农种经许字〔2001〕第0405012号
3	寿光市寿丰种苗开发中心	李少波	（寿）农种经许字〔2001〕第0405013号
4	寿光市宏丰种苗商行	杨丙光	（寿）农种经许字〔2001〕第0405018号
5	寿光市科园春种业有限公司	侯忠诚	（寿）农种经许字〔2001〕第0405019号
6	寿光市丰田种业有限公司	郑　涛	（寿）农种经许字〔2001〕第0405032号
7	寿光市七彩庄园种业科技有限公司	刘晓斌	（寿）农种经许字〔2010〕第0405037号
8	寿光市新世纪种苗有限公司	桑毅振	（寿）农种经许字〔2010〕第0405039号
9	山东东方誉源现代农业集团有限责任公司	刘爱武	（寿）农种经许字〔2010〕第0405045号

第二节 技术推广

1991年，县委、县政府实施建蔬菜大棚抓精品蔬菜的大棚带动战略。至1993年，寿光冬暖式蔬菜大棚遍及全市、全省，传至大江南北。全国各地前来参观考察大棚的人数增至100万人次，派出农民种菜技术员4万人次。仅三元朱村，1991—1993年，每年派出技术员150多人，足迹遍布福建、安徽、北京、新疆、天津、山西等10多个省（市、自治区），其中2人被聘为科技副县长，27人被聘为科技副乡（镇）长。1995年，全市实施名牌立市、名牌兴市战略，蔬菜名牌被确定为名牌兴市的重中之重。1997年，全国“菜篮子”产品进入买方市场以后，实施抓科技、创“绿色”、以质量求发展的发展战略，特聘国内知名专家客座寿光科技顾问。孙家集镇建成全国最大的蔬菜贮藏保鲜加工区，寿光农业高科技走廊、寿光蔬菜高科技示范园和镇村的26处蔬菜科技示范园相继建成。2000年6月，中国农学会、中国特产之乡推荐宣传组委会联合命名田马镇为中国香瓜第一镇，文家乡为中国韭菜第一乡，化龙镇为中国胡萝卜第一镇。2001—2005年，对农业生产难题进行科研攻关，其中保护地蔬菜二氧化碳施肥等技术得到推广应用。与山东农业大学联合组织实施国家“十五”重大专项食品安全关键技术应用——寿光蔬菜示范区项目开发，发展西红柿、胡萝卜等绿色食品基地30万亩。与瑞士先正达、荷兰瑞克斯旺、以色列海泽拉等外资农业基地合作，先后推广300多个蔬菜新品种和大棚滴灌、臭氧抑菌等200多项标准化新技术。建成蔬菜高科技示范园、孙家集三元朱村、卧铺刘旺村等5大无土栽培蔬菜示范基地，16个镇（街道）都建立起无土栽培大棚蔬菜示范点。2006年始，寿光推广普及第5代冬暖式蔬菜大棚技术，引进推广蔬菜嫁接育苗技术、绿色防控杀虫技术、生物反应堆技术、熊蜂授粉技术等300多项国内外新技术，以及立体栽培、生物组培、滚筒式栽培、蔬菜艺术盆景栽培、庭院立体栽培、海水蔬菜栽培等30多个种植新模式。至2010年，全市农业新技术、新品种覆盖率达95%以上。

蔬菜立体栽培种植模式（2006年摄）

第五章 蔬菜标准化生产

第一节 无公害蔬菜基地建设

1996年始，以企业为主体，高标准建设蔬菜基地，建成洛城农发、燎原果菜、三元朱、欧亚特等生产示范基地20多个。市农业局编制《绿色食品蔬菜生产技术规程》，从产前、产中、产后各个环节加强无公害、标准化蔬菜生产监控，建立健全蔬菜生产记录档案，为全市14万个蔬菜种植户、40万个蔬菜大棚编制身份证。20个种类、100多个品种通过国家绿色食品发展中心的认证，获得绿色食品证书。2001年，强化标准化管理措施，提高质量监控力度，开展无公害蔬菜基地认定、产品认证和商标注册，种植土地按同一标准进行结构调整。当年，建成6个国家级农业标准化示范园区。2002年，建设21处无公害蔬菜基地和20处农产品质量检测机构，无公害蔬菜基地面积发展到40万亩，有61个农产品品种获得国家无公害农产品标志使用权。2005年，新建改建蔬菜大棚2.5万个，新认定无公害农产品基地6.5万亩，寿光市被评为全国农业标准化示范区建设单位。全市先后投入15亿元，引进外资3000万美元，规划建设16个镇（街道）无公害蔬菜基地和市蔬菜高科技示范园等6大示范工程。2007年，累计有215个农产品品种获得国家优质农产品认证。2008年，市质监部门印发《寿光市农业标准化生产操作规程汇编》，对无公害农产品生产标准、生产程序、等级要求作出规定。2010年，新建千亩以上有机蔬菜园区14个，新增无公害有机蔬菜基地5万亩。至2010年，无公害蔬菜基地面积达到60万亩。

第二节 品牌创建

2001年始，实施“三品”（中国名牌农产品、国家地理标志产品、山东省名牌农产品）认证、商标注册和名牌申报战略，推进品牌创建工作。2007年，乐义牌黄瓜获得中国名牌农产品称号，洛城牌黄瓜获得山东省名牌农产品称号。2009年，桂河芹菜、独根红韭菜被评为国家地理标志产品。2010年，寿光大葱、浮桥萝卜被评为国家地理标志产品。同年，寿光市出台鼓励品牌农业发展的政策规定，凡获得“三品”称号的，由市财政最高奖励50万元。至2010年年底，全市有503个蔬菜品种获得“三品”认证。发放品牌农

工作人员进行乐义牌蔬菜装箱（2001年摄）

业发展奖励资金150万元，其中乐义黄瓜50万元，桂河芹菜、独根红韭菜、寿光大葱、浮桥萝卜等分别奖励20万元。乐义蔬菜、七彩庄园等品牌蔬菜成为十一届全运会直供菜，蔬菜产业集团、农圣庄园等10多家公司的“三品”蔬菜在北京、上海、广州、深圳等大中城市的260多家超市销售。

第三节 龙头企业

1991年始，实施龙头企业带动战略，推进农业产业化、标准化、国际化。蔬菜产业集团进入全国151家农业产业化龙头企业行列。天成食品公司、维多利公司、金玉米公司等13家龙头企业进入省重点扶持行列。田苑公司、赛维科技公司、裴家岭公司、洛城农发公司等56家龙头企业进入潍坊市级重点龙头企业行列。2007年，全市农业龙头企业达到288家。到2010年，全市各类农业龙头企业410家，其中国家级农业龙头企业1家、省级农业龙头企业13家、潍坊市级农业龙头企业56家，辐射带动80%的农户进入产业化经营体系。

2010年寿光市省级及以上农业龙头企业表

表7-5-1

序号	企业名称	级别
1	山东省寿光蔬菜产业集团有限公司	国家级
2	山东寿光巨能金玉米开发有限公司	省级
3	山东寿光天成食品集团有限公司	省级
4	潍坊金正食品有限公司	省级
5	山东海惠集团有限公司	省级
6	山东维多利现代农业发展有限公司	省级
7	寿光东方誉源有限公司	省级
8	潍坊海恒威渔业有限公司	省级
9	山东赛维绿色科技有限公司	省级
10	山东寿光鑫隆农牧发展有限公司	省级
11	山东亿嘉农化有限公司	省级
12	寿光市华银食品有限公司	省级
13	山东省天惠食品有限公司	省级
14	寿光市大自然食品有限公司	省级

第六章 蔬菜大棚升级改造

第一节 第一代冬暖式蔬菜大棚

1989年，创建的第一代冬暖式蔬菜大棚主要有以下特点。

确定朝向 用竹竿投影的办法测量出太阳正午位置。大棚定位时采取偏西5°的方位。这样做的依据是：朝向偏西，可延长下午光照时间，有利于提高棚温和夜间保温。

设计面积 大棚单个面积越大，总面积和散热面积的比例就越小，越有利保温，但受地块和管理限制，第一代冬暖大棚确定的长度是80米、60米2种，棚宽7.5米。棚与棚间距18米，避免在冬至前后日投影最长的时候前棚对后棚遮阴。

构建墙体 棚墙用板打土筑成。三面墙体的厚度设计为下部1米、顶部0.9米，大致是最深冻土层的2倍。具备储热量大，保温性强，散热缓慢、均匀等优点。之后，墙体再加改进。提高三面土墙高度，后墙增加到1.8米，两山墙再起高加山尖，山尖距后墙0.7米，高2.4米。在东西两山的北面建成斜坡，用木棒斜撑，玉米秸盖严，加盖厚厚的土层，方便人工上下放卷草帘。两山起高，让棚体高点前移，加大受光棚面的角度，增强阳光对棚面的穿透能力，提高阳光利用率。

设计拱坡 两山山脊向南顺坡而下，坡面略呈拱形，形成一定弓弧，到前脸稍斜插而下，棚中埋设的水泥支撑柱东西平行方向放置竹竿，与两山成水平线，覆盖薄膜后棚面形成弓弧面。从最前面0.8米开始，增加拱面前半部的高度，满足作物的生长空间和劳作需要，加大太阳光线和棚面的投射角，光透性增强，棚温提升快。

建棚材料 蔬菜大棚兴起之初，使用的是大竹竿支撑棚面，竹竿口径一般在10厘米以上，密布在棚面，极易遮光。之后，用铁丝代替竹竿横拉，减少遮光，增加强度，棚面弧度均匀，节省成本。蔬菜大棚兴起之初，在低温棚上使用的白色聚乙烯薄膜，虽然透光性好，但薄而脆，易老化，保温性能差，且极易形成大滴水珠，水珠滴落在作物上引发病害。之后，改用易透光且有韧性的环保棚膜。棚面使用的草帘改用稻草打制，加厚到3厘米，比原先使用的蒲子草帘保温效果好。

第一代冬暖式蔬菜大棚外景（1989年摄）

第二节 第二、三代冬暖式蔬菜大棚

第二代冬暖式蔬菜大棚 1991年，第二代大棚出现。墙体由土打改为麦穰泥托建，具有防雨浸、不干裂、透气好等特点。

第三代冬暖式蔬菜大棚 始建于1996年，主要有以下特点：

改造结构 纵梁选用钢筋弧梁代替竹竿，省去原先的棚内密布的水泥立柱，扩大棚内活动空间，方便在棚内机械化操作，但这种结构，资金投入较大。

增加棚宽墙高 三代棚长增加到100米，宽度增加到9米，方便生产管理和棚内劳作。墙体适当加高，东西两山山尖加高到3.6米，外层用砖砌成永久性墙体，增加耐雨防浸防护板。

采光保温 后墙挂设反光布，利用反射的阳光增加作物采光，增强作物的光合作用。墙面加设保温板，将保温草帘适当加厚。夜间再加盖一层覆膜，两膜一苫，增强保温和防雨雪能力。

配备机械 在棚顶安装上拉式的电动卷帘机，铺设滴灌设备，及时掌握补水时机、调控棚内湿度。滴灌设备造价高，普通农户受制于过高的成本采用率低。同时配套使用机动悬耕机、汽油机动喷雾机等器械。

第二代冬暖式蔬菜大棚外景（1993年摄）

第三代冬暖式蔬菜大棚外景（1996年摄）

第三节 第四代冬暖式蔬菜大棚

2002年始，第四代更科学实用的冬暖大棚兴起。大棚在连续多年使用以后，各种构件老化，墙体坍塌剥落，保温性能降低，土壤重茬厉害，病菌、病毒、虫害增加，生产效益降低，多数农民需要翻建新棚。

第四代冬暖式蔬菜大棚的改进之处是墙体加厚，地面下挖，棚体更宽。最大特点和突出优点是充分利用地热，廉价又环保。构筑墙体用挖掘机从棚内取土顺墙基上加，用链轨车层层压实，到达墙体规定高度后，在内侧垂直切割成墙面，墙外侧形成斜坡，厚度在3米左右，为防雨水渗透侵蚀，外坡加盖一层旧薄膜。在调用大量泥土培筑墙体后，棚内地面下挖近1米深。这种构造使冬暖大棚的保温性能成倍提高，完全可以防止任何恶劣寒冷天气下发生的蔬菜冻害。

在保温系数提高以后，棚面进一步加宽，棚长宽不尽统一，长一般在50～70米之间，宽大致在10～11米之间。宽度增加以后，棚面需要用水泥立柱支撑，纵梁改用钢管，横向用钢丝拉平。采光效果和保温性能优于第三代冬暖大棚。

第四节 第五代冬暖式蔬菜大棚

2006年6月始，第五代冬暖大棚兴起。整体结构布局和细节设计上兼顾实用性、永久性，保温、采光性能和耕作管理、机动程度都优于前代。大棚东西长100米，南北跨度11米，内面积1100平方米，单个建筑资金10余万元。大棚墙体外侧面用12厘米砖砌体加水泥沙浆出光保护，内墙及两山内外用24厘米砖垒砌，水泥砂浆抹平出光，顶坡加保温板，水泥钢筋预制保护，构成永久墙体。棚架为钢架结构。拉放毡被、草帘的卷帘机为下推式滑轨电动卷帘机，每棚设东、西2个。棚内走道铺地面砖硬化，便于小型车辆运输。

第五代无立柱冬暖式蔬菜大棚内景（2009年摄）

第七章 加工 销售

第一节 蔬菜加工

1991年，境内蔬菜加工企业2家，冷藏企业10家。1994年，全市蔬菜加工企业18家，库容量6450吨、加工量1.1万吨。冷藏企业62家，库容量1.8万吨、加工量10.9万吨。1999年，全市共有冷藏企业28家，加工量4.2万吨，其中蔬菜4709吨。恒温库发展到55座，加工量3.4万吨，其中蔬菜2.7万吨。蔬菜脱水企业2家，加工蔬菜产品310吨，创产值1600万元。酱菜企业6家（村里生产酱菜的农户以村为单位进行统计），加工酱菜2.7万吨。全市“菜篮子”产品加工企业91家，加工产品10.3万吨，其中蔬菜5.9万吨，创产值4.6亿元。2001年始，蔬菜加工企业作用渐显，蔬菜产业集团、天成食品有限责任公司、秀峰实业公司等20多家公司成为潍坊市级以上龙头企业，形成268家固定资产过百万元的农业龙头企业，带动和辐射近20万农民参与生产经营，年农产品加工能力40万吨。2002年5月，全市种植业加工龙头企业

蔬菜深加工车间（2005年摄）

33家，安置员工3698人，销售收入6.3亿元，利税3992.5万元，出口创汇达682万美元。至2005年，全市蔬菜产品加工企业达320家，年加工能力500万吨，上百种产品直接或间接通过加工进入20多个国家和地区。2006年始，实施农业龙头企业扶持战略，山东赛维绿色科技有限公司、寿光大森食品有限责任公司、山东寿光天成食品集团有限公司等重点农业龙头企业辐射带动功能增强。至2010年，全市加工蔬菜食品、有机食品种类企业发展到199家，实现销售收入4.9亿元，利税4577万元。

第二节 市场销售

1991年，寿光蔬菜以寿光蔬菜批发市场为主体销售。1995年5月，第一条"绿色通道"寿光－北京线建成，寿光蔬菜直供北京。1998年，寿光蔬菜产业集团有限公司下设5个分公司，寿光蔬菜批发市场由蔬菜产业集团有限公司监管。1999年3月，海南瓜菜批发中心在寿光蔬菜批发中心设立。此后，海南、广东、广西的尖椒、菜豆，江苏的莲藕，甘肃、四川的圆葱，东北、内蒙古的马铃薯，汇集寿光再转销到全国各地，外地菜占到寿光蔬菜市场份额的30%以上。同年，相继开通寿光－哈尔滨、寿光－湛江2条"绿色通道"。2001年，寿光蔬菜批发市场常年上市蔬菜200多个品种，累计销售141亿公斤，其中寿光菜占80%以上，辐射全国20多个省（市、自治区），并出口日本、韩国、东南亚等10多个国家和地区，成为全国最大的蔬菜集散中心、价格形成中心和信息交流中心。同年始，实施市乡两级蔬菜批发市场建设，在8个乡（镇）建成蔬菜、果品等12个农产品专业批发市场，全市农贸批发市场发展到26处、集贸市场186处；发展蔬菜果品等经营公司510家，蔬菜运销专业户、协会、联合体、经纪公司等中介组织1.7万个，流通从业人员10万人。寿光当地产蔬菜90%以上通过各大批发市场及各类中介组织销往全国各地。2002年8月，寿光蔬菜批发市场借鉴荷兰花卉流通模式，建成蔬菜电子拍卖系统，是中国蔬菜流通方式的重大变革。2003年，寿光蔬菜产业集团与全国上市农产品企业——深圳农产品股份有限公司合作，共同出资1.1亿元（其中深圳6000万元，寿光5028万元）成立山东寿光蔬菜批发市场有限公司，实现南北两大农业龙头企业的强强联合。2005年2月，建成中国蔬菜市场网，进行蔬菜网上交易。至2008年，在全国各地设立电子分交易厅10多处、代办处42家，交易遍及全国各省市及15个国家，开户达5500多家，交易额突破120亿元。2009年，对现有蔬菜批发市场进行整合，投资26亿元建成占地面积3000多亩的农产品物流园。在各镇（街道）发展专业市场40多处，集贸市场196处。开通面向国际市场的"海上通道"和"网上通道"，蔬菜销售范围辐射到全国30个省（市、自治区）和10多个国家和地区。

第三节 蔬菜名优特产

寿光大葱　寿光早在明代就有种植大葱习惯，至清代中叶，成为寿光县的重要农产品。1991年，栽培面积10万亩，产量2.3亿公斤。主要品种有"鸡腿葱""八叶齐""硬叶葱"3种。"鸡腿葱"株高60～70厘米，基部肥大向上渐细，形似鸡腿倒置。"八叶齐"茎株粗壮，成株一般八叶，叶片整齐紧密。"硬叶葱"植株高大，直立生长，叶片粗硬，株高平均1米，抗风耐寒，霜后仍能生长。寿光大葱是寿光地方葱的总称，维生素含量丰富，食用、药用价值高，远销全国各地。2010年12月，

寿光大葱（2010年摄）

被农业部评为“农产品地理标志产品”。

樱桃西红柿 古城街道是西红柿之乡。西红柿品种主要有大果类型、樱桃类型、中果类型3大类，其中樱桃类型是该街道特色农业产业，自2007年起承担国家1.5万亩西红柿标准化种植示范区建设任务。2010年，获批1.5万亩国家级西红柿标准化示范区，西红柿种植面积达3万亩，年培育樱桃西红柿种苗1亿株，年产优质樱桃西红柿20万吨，共种植圣女、罗曼、紫玉、粉姑娘、黑贵妃、佩坦赞、荷兰丽莎等国内外名优樱桃西红柿品种100多个。樱桃西红柿果实硬度高，抗病高产，耐储运，具有良好的口感和丰富的营养价值。

胡萝卜 境内气候温和，土质疏松肥沃，富含磷、钾，水质纯净，具有生产胡萝卜的地理条件。种植上全部采用垄栽模式。外观表皮光滑，粗细均匀，具有红皮、红肉、红芯“三红”及肉厚芯小的特点，富含胡萝卜素、维生素、果胶、淀粉、无机盐和多种氨基酸以及钙、磷、铁等矿物质。2000年6月，化龙镇被中国农学会评为中国胡萝卜第一镇。2010年，该镇胡萝卜种植面积5.4万亩。

桂河芹菜 桂河一带为河流冲积地，土质褐化砂壤，富含矿物质等多种微量元素。所种芹菜为春种夏收、夏种秋收一年两作轮换制，生长期约为70天，成菜后株高约80厘米，绿秆空心。含有丰富的钙、铁、胡萝卜素、维生素B1、维生素B2、维生素A、维生素C等多种人体所需元素。2009年11月，桂河芹菜被农业部评为国家地理标志产品，地域保护范围为稻田镇38个村。

寿光韭菜 文家韭菜是寿光特产，叶子翠绿，中间泛黄，根部雪白。1989年，文家街道先锋营村成为韭菜种植专业村。此后规模不断扩大。2000年，被农业部、山东省人民政府授予无农药残毒放心菜生产基地称号。同年6月，被中国农学会评为中国韭菜第一乡。2009年，文家韭菜被国家工商总局批准使用“文家坡”商标。2010年，独根红韭菜通过农业部专家评审，成为寿光市首批获得地理标志认证的蔬菜产品。该村带动周边16个韭菜种植专业村，种植面积发展到2.8万亩，近2万人专业从事韭菜生产，年产值2亿元。

桂河芹菜（2010年摄）

田马香瓜 稻田镇田马一带，位于市境东南部，有香瓜大棚2万多个，占地4万亩，年产量1.5亿公斤，并带动周边地区形成10万亩的种植规模。种植品种有伊丽莎白、状元、台农、丰甜、蜜露等30多个系列，100多个品种。所产香瓜个大皮薄肉厚、含糖丰富、汁液粘稠。2000年，田马香瓜被中国果菜大赛组委会授予“中国百姓喜爱的名产名品”称号，同年，该镇被中国农学会命名为中国香瓜第一镇。2001年3月，王婆牌香瓜无形资产被上海新世纪投资服务公司评估为3.3亿元。2010年，香瓜市场辐射全国各省（市、自治区），产品出口日本、韩国、俄罗斯以及东南亚等国家，成为全国较大的香瓜集散中心、价格平抑中心。

田马香瓜（2010年摄）

浮桥萝卜 因主产于洛城街道浮桥村而得名，已有300多年的栽培历史。浮桥萝卜特征为根形直立，表皮光滑鲜嫩，叶色深绿，皮薄质脆，口感脆甜、多汁，辣味适，营养丰富，含有糖、粗纤维、干物质、钙、铁、锌、硒等营养物质。2010年12月，被农业部认定为“农产品地理标志产品”。

第八章 蔬菜博览会

第一节 运作思路

20世纪90年代，冬暖式大棚蔬菜种植技术兴起，带动当地农民广泛种植。1995年，寿光市被农业部、国务院农村发展研究中心联合命名为中国蔬菜之乡。之后，蔬菜种植面积得到更快发展，至2000年，全市蔬菜种植面积达78.4万亩，其中冬暖式大棚蔬菜种植面积58万亩。依托蔬菜种植的大发展，寿光市蔬菜交易批发市场随之发展壮大，至2000年，全市有各

菜博会展厅一角（2003年摄）

类蔬菜批发交易市场（网点）206处，其中位于圣城街道九巷村、潍高路南侧的寿光蔬菜批发市场是市内最大的蔬菜交易市场，年交易额13亿元，成为全国蔬菜集散中心、价格形成中心和信息交流中心。2000年，寿光市适应蔬菜种植、运销发展的新形势，以展示蔬菜之乡风采，加强技术交流合作，创造繁荣交易环境，倡导绿色市场文明为主题，依托寿光蔬菜批发市场，举办首届中国（寿光）国际蔬菜科技博览会（简称菜博会）。菜博会由科学技术部、农业部、商务部等14个部委和山东省人民政府主办，省农业厅、科技厅和潍坊市人民政府、寿光市人民政府承办，形成以菜为媒、政府搭台、经贸唱戏、农民得实惠的运作路子。菜博会每年举办一届，至2010年，已连续举办11届。

第二节 设施建设

2000年，首届菜博会位于圣城街道九巷村的寿光蔬菜批发市场，只有一个展厅，面积3500平方米，设寿光辉煌成就展区和150个国际标准展位。2001年，在洛城街道建成寿光市蔬菜高科技示范园，该示范园累计投资5.5亿元，核心区规划面积2万亩，示范区面积7.5万亩，设1个主展区和10个分展区，主展区总展览面积3.3万平方米，厅内面积9000平方米，设500个室内外展位。2002年，1万平方米的三号厅建成使用，主展区总展览面积扩大到8万平方米，室内面积3万平方米，共4个展厅和1个组培楼，设室内外展位900余个。2005年，第六届菜博会总面积15万平方米，室内面积5万平方米，共6大展厅，次年展厅达到8个。2007年，第八届菜博会总面积18万平方米，室内面积8.5万平方米，建成4个高档日光温室。2008年，第九届菜博会总面积达到35万平方米，室内面积13.5万平方米，共9个展馆（厅）、4个高档日光温室、2个冬暖式大棚。投资3.5亿元，建筑面积5万平方米的农展馆建成投入使用。2010年4月，投资5000多万元，建成蔬菜博物馆，是国内唯一以蔬菜文化为主题的专业博物馆，总面积3000平方米，文物藏品3000余件，有百余种壁画、雕塑、彩绘等艺术作品。同年6月，该馆获山东省旅游产业创新奖三等奖，成为潍坊市唯一一家获此称号的博物馆。

蔬菜博物馆外景（2010年摄）

第三节 经济交流

2000年，首届菜博会有15个国家和地区以及国内20多个省（市、自治区）的28万人次参会参展，共签订协议合同项目230个，签约额11.9亿元。2002年，第三届菜博会签订合同、协议92个，签约32亿元，贸易额20.5亿元。2003年，第四届菜博会有来自50多个国家和地区及国内27个省（市、自治区）的24万人次参会参展，签订合资、合作及独资项目76个，签约额42.8亿元。2004年始，商务部正式批准菜博会为年度例会。共有来自美国、荷兰、韩国、日本等50多个国家和地区以及全国30个省（市、自治区）的71.6万人次参会参展，签订合同、协议77个，签约额达52亿元。2005年，第六届菜

综合性农业交流展厅（2005 年摄）

博会共签订合资、合作及独资项目 117 个，签约额 96.7 亿元，各类贸易额达 153 亿元。2007 年，第八届菜博会同期举办首届山东省肥料信息交流暨产品交易会等经贸活动，有美国、法国、韩国、日本、以色列等 20 多个国家和地区，国内 29 个省（市、自治区）的 1100 多家企业参展，签约项目 73 个。2009 年，第十届菜博会与 20 多个国家和地区、100 多个经贸代表团开展合资合作，共签约项目 65 个，签约额 106 亿元。2010 年，第十一届菜博会开展大项目签约、首届中国寿光农产品交易会等经贸活动，共签约项目 41 个，签约额 144.7 亿元，贸易额 160 亿元。至 2010 年，共签约项目 1049 个，签约额 820.4 亿元，贸易额 1087.9 亿元。

第四节 专题活动

历届菜博会同期举办蔬菜文化艺术节、民间工艺美术制作表演等多项专题文化娱乐活动，还同期举办贾思勰与《齐民要术》研讨会、蔬菜质量安全论坛、国际农业科技论坛等一系列具有前瞻性、针对性、时效性的学术研讨活动。2001 年，开展瓜王、菜王、果王评选活动。2002 年，第三届菜博会立足农科教相结合，举办蔬菜产业发展远程论坛。之后，每届均举办蔬菜专题论坛。2006 年 4 月，第七届菜博会期间，台湾水果首次在菜博会展出，在国内外产生广泛影响。2009 年 4 月，召开联合国贸发会官员演讲报告会。2010 年，举办蔬菜病虫害技术培训班、农业科技大讲堂等多项活动，向参会农民群众传授农业科技知识。

菜王南瓜（2005 年摄）

2000—2010 年寿光市历届菜博会部分专题活动表

表 7-8-1

届 次	时间	内容	主办（承办）单位	地点
第一届	4 月 20 日	绿色食品包装设计	菜博会组委会	主会场
	4 月 20 日	蔬菜加工、出口产品大赛	菜博会组委会	主会场
	4 月 20 日	菜果雕刻、拼盘、造型艺术	菜博会组委会	主会场
	4 月 20 日	蔬菜园艺	菜博会组委会	主会场

续表 7-8-1

届　次	时间	内容	主办（承办）单位	地点
第二届	4月20日	国际农业科技论坛	菜博会组委会	主展厅新闻发布中心
	4月20日	种子、农膜、肥料等生产资料金奖评审	菜博会组委会	主会场
	4月20日	瓜王、菜王、果王评选	菜博会组委会	菜博会主展厅
第三届	4月20日	中国果蔬产业十大杰出人物颁奖及事迹报告会	菜博会组委会	主展厅新闻发布中心
	4月21日	蔬菜产业发展远程论坛	市农业局	主展厅新闻发布中心
	4月21日	农业新技术成果发布会	中国农科院蔬菜花卉所、山东农业大学、山东省农科院蔬菜研究所	菜博会主展厅
	4月22日	山东国际农牧业及食品加工经贸洽谈	市农业局	市蔬菜高科技示范园
	4月27日	金奖产品颁奖仪式	菜博会组委会	主展厅新闻发布中心
第四届	4月19日	寿光市蔬菜高科技示范园博士后科研工作站国家级引智成果示范推广基地揭牌仪式	菜博会组委会	市蔬菜高科技示范园
	4月21日	蔬菜质量安全与生产标准化论坛	市农业局、市教育局	市政府招待所会议厅
	4月22日	蔬菜安全技术讲座与新成果发布会	市科技局	市政府招待所会议厅
	4月26日	金（银）奖产品颁奖仪式	菜博会组委会	主展厅新闻发布中心
	4月27日	荷兰温室新技术推广论坛	山东省—北荷兰省农业基金会	市蔬菜高科技示范园
第五届	4月22日	蔬菜质量安全论坛	菜博会组委会	市府招待所
第六届	4月21日	农资企业自律宣传活动	菜博会组委会	主展厅新闻发布中心
	4月25日	贾思勰农学思想研讨会	菜博会组委会	温泉大酒店
第七届	4月25日	贾思勰与《齐民要术》研讨会	菜博会组委会	温泉大酒店
	5月15日	山东寿光蔬菜电子交易市场开业仪式	菜博会组委会	温泉大酒店
第八届	4月25日	贾思勰与《齐民要术》研讨会	市政府、菜博会组委会	温泉大酒店
第九届	4月20日	寿光蔬菜育种基地揭牌仪式暨甜瓜雌性系统选育和应用研究成果鉴定会	市政府办公室、山东省蔬菜工程技术研究中心	市蔬菜育种基地
	4月20日	山东省农科院农产品有效供给科技助推计划启动仪式	市委农工办	主会场
	4月21日	农业标准化助奥运暨中国名牌农产品授牌仪式	市政府办公室、市农业局	主会场
	4月21日	中国—欧盟企业家论坛会议	市委办公室、市政府办公室、外经贸局	晨鸣国际大酒店
	4月24日	2008军转干部创业成功论坛	市人事局、寿光阳光集团	温泉大酒店
	4月24日	品维益蔬贝胶囊项目签约仪式	市外经贸局、市妇联	菜博会新闻发布中心

续表 7-8-1

届 次	时间	内容	主办（承办）单位	地点
第九届	4月25日	《齐民要术》与饮食文化研讨会	市齐民要术研究会、寿光日报、潍坊科技职业学院	温泉大酒店
	4月26日	聘请市政府经济科技顾问仪式暨中国寿光经济社会发展院士座谈会	市人事局	温泉大酒店
	4月29日	引进国外番茄新品种示范园揭牌仪式	市政府办公室、山东省蔬菜工程技术研究中心	市蔬菜育种基地
	4月21日—5月20日	农业科技培训	市农业局	主会场
第十届	4月20日	中国优秀旅游城市市长高峰论坛	市旅游局	主会场
	4月20日	中国寿光国际设施园艺高层学术论坛	中国农业科学院、市政府	温泉大酒店
	4月20日	联合国贸发会官员演讲报告会	市外经贸局	晨鸣国际大酒店
	4月20日	国家蔬菜工程技术研究中心、山东省蔬菜工程技术研究中心、寿光蔬菜育种与示范工作站揭牌仪式	山东省蔬菜工程技术研究中心	市蔬菜育种基地
	4月22日	《跟王乐义学种大棚菜》丛书首发仪式	市委宣传部	主会场
	4月25日	中国绿色食品蔬菜研讨会	市科协	温泉大酒店
	4月27日	中国绿色食品蔬菜研讨会	市齐民要术研究会	温泉大酒店
第十一届	4月19日	中国农业大学教学实践基地揭牌仪式	寿光蔬菜研究院	市蔬菜育种基地
	4月20日	肥料产业现状与发展论坛	山东省土肥站	菜博会新闻发布中心
	4月20日	首届中国（寿光）农副产品行业工作交流会	市农产品物流园	晨鸣国际大酒店
	4月20日	蔬菜研究院辣椒新品种鉴定会	寿光蔬菜研究院	晨鸣国际大酒店
	4月21日	中国种子协会蔬菜种子分会成立大会暨第二届蔬菜种业高层论坛	南澳绿亨有限公司	晨鸣国际大酒店
	4月21日	贾思勰农学院揭牌仪式	潍坊科技学院	潍坊科技学院
	4月22日	维护寿光蔬菜生产质量安全对接会	市蔬菜协会	菜博会新闻发布中心
	4月23日	贾思勰农业科技大讲堂	市农业局、市科技局、市科协	菜博会新闻发布中心
	4月24日	黄河三角洲盐业考古国际学术研讨会	市文广新局	晨鸣国际大酒店
	4月26日	农圣文化国际研讨会	潍坊科技学院	潍坊科技学院
	4月26日	农药连锁经营经验交流会	山东亿嘉集团有限公司	温泉大酒店
	4月27日	首届中国农业电视节目（寿光）论坛暨颁奖年会	市广播影视集团	寿光广电大厦
	5月16日	中国设施蔬菜病虫害控制与安全生产关键技术高级培训班	市蔬菜产业集团	温泉大酒店

第五节 历届蔬菜博览会简介

植物工厂（2010年摄）

2000年，首届菜博会全称为中国（寿光）蔬菜博览会，以蔬菜批发市场为展览场地，展区面积不足3500平方米。第二届菜博会移至寿光蔬菜高科技示范园（以后历届均在此举办），设立专门场地，名字中加入“国际”两字，成为国内规模较大的国际性蔬菜专业盛会。第三届菜博会通过国务院正式审批，成为中国加入WTO之后的首个农业专业盛会，并首次将科技写进名称，全称为中国（寿光）国际蔬菜科技博览会。2004年始，菜博会被商务部批准为国际年度例会，规格进一步提高，大会主题在“绿色与科技”之上加入“未来”两字。第七届菜博会主打寿光蔬菜、观光旅游两大品牌，并首次设立台湾展区。第九届菜博会，建筑面积5.1万平方米的现代化农展馆落成启用，主展区面积增加到35万平方米，是第一届菜博会的100倍，国内外3000多家企业、1万多名客商参展。第十届菜博会以绿色、科技、创新、发展为主题，展示国际蔬菜生产尖端技术的植物工厂投入使用。侧枝蔓不定根诱导技术、一株生多苗等技术成果首次引进。2010年，参展品种由首届时的200个发展到2000个，参会人数由首届的28万人次发展到186万人次。山东电视台、山东人民广播电台经济频道直播历届菜博会盛况。

菜博会展馆内西红柿树（2010年摄）

2000—2010 年中国（寿光）国际蔬菜科技博览会基本情况表

表 7-8-2

届次	举办时间	室内面积（平方米）	参展品种(个)	参会人数（万人次）	签约项目(个)	贸易额(亿元)
一	2000.04.20—04.26	3500	200	28.0	230	3.0
二	2001.04.20—05.27	9000	500	38.0	75	14.8
三	2002.04.20—05.07	30000	650	51.0	92	20.5
四	2003.04.20—05.07	30000	700	24.0	76	27.0
五	2004.04.20—05.07	30000	1000	71.6	77	31.0
六	2005.04.20—05.07	50000	1200	106.0	117	153.0
七	2006.04.20—05.20	70000	1500	136.0	72	157.6
八	2007.04.20—05.20	85000	2000	146.0	73	158.0
九	2008.04.20—05.20	135000	2000	152.0	131	202.0
十	2009.04.20—05.20	135000	2000	171.0	65	161.0
十一	2010.04.20—05.20	135000	2000	186.0	41	160.0

附：

冬暖式蔬菜大棚之父——王乐义

王乐义，男，1941 年 11 月生，孙家集街道三元朱村人。1965 年加入中国共产党，1978 年 9 月开始任孙家集街道三元朱村党支部书记。王乐义始终牢记党的宗旨，大力发展蔬菜生产，为冬暖式蔬菜大棚及其种植技术的发明、传播推广做出了巨大贡献。

寿光素有种菜的传统，20 世纪 80 年代中期出现用塑料大棚反季节种菜模式，但老式大棚保温效果差，冬季需烧五六吨煤加温且只能种植叶菜。为改变这一状况，王乐义上北京，跑周边，跑遍全县无数个菜棚、温室，笔记记了几十万字。1989 年大年初六，王乐义远赴辽宁省瓦房店市，向当地农民韩永山学习大棚蔬菜种植技术。回乡后，王乐义结合寿光实际对大棚及蔬菜种植技术进行了 5 项改进。同

孙家集街道三元朱村党支部书记王乐义（前）指导蔬菜种植（2000 年摄）

年8月，王乐义带领全村17名党员建成17个冬暖式蔬菜大棚，当年年底第一批越冬黄瓜上市，棚均收入2.7万元。之后，三元朱村投资100万元，建起集科研推广、物资服务、科普培训于一体的科技大楼，从中国农科院、山东农业大学等单位长期聘请专家教授进行蔬菜种植技术指导，并派人到日本、荷兰学习引进新技术、新品种。1992年，成功地进行无公害蔬菜生产试验。1993年，大棚桃、葡萄、杏、甲鱼、螺旋藻开发获得成功，亩收入都在10万元以上。1996年，集大棚滴灌、保温毡、模板护墙、电动卷帘机、钢架支撑、微机控制于一体的新一代高标准大棚试验成功。1997年始，大面积开发绿色蔬菜。1998年，与哈慈集团合作，投资1000万元对大棚保健菜进行试验开发。至2010年，三元朱村人均纯收入达到1.2万元，全村户均存款达到20万元。

为传播种植技术，1990年王乐义在寿光县奔波4万多公里，指导建起5130个大棚，全部获得成功。1991年，又指导建起1万多个大棚。之后，寿光大棚蔬菜种植面积迅速扩大，至1995年寿光大棚蔬菜种植面积达到37.5万亩，当年被国务院命名为中国蔬菜之乡。在指导当地群众种植蔬菜大棚的同时，王乐义跑遍全国29个省（市、自治区），带动亿万农民掌握大棚蔬菜种植技术。至2010年，三元朱村有350多名技术人员常年在外传授技术，其中30余人被当地聘为科技副乡（镇）长，6人被聘为科技副县长。

王乐义发明和推广的蔬菜大棚种植技术，带动中国农业的二次革命，改写中国北方冬季蔬菜短缺的历史。1992年，王乐义被授予中国改革勋章；自1997年起被推选为中共十五大、十六大、十七大、十八大代表；2000年5月，被国务院授予全国劳动模范称号；2001年7月，被中共中央组织部授予全国优秀共产党员称号；2004年10月，在第四届全国村长论坛上当选为中国十大杰出村干部；2006年，王乐义被确定为全国保持共产党员先进性、建设社会主义新农村重大典型，在北京人民大会堂举办先进事迹报告会。

第八编

工 业

寿光市工业起步较早，基础较为雄厚。1991年，全县完成工业总产值30.6亿元，其中乡（镇）及以上工业产值21.3亿元。县属工业实现利税2亿元、利润9817万元，开发增补县以上空白产品80余种，推广应用新技术20余项。1993年始，采取股份制、股份合作制、外资嫁接、产权转让、破产、租赁、兼并重组等形式，对城乡企业实行产权制度改革。通过改革，工业发展步伐加快，至2000年，工业销售收入过500万元以上企业达到172家，资产规模列潍坊市各县市区首位，利税、利润、增加值、总资产、净资产5项指标绝对值均列潍坊市各县市区首位。2010年，境内工业形成汽车制造、石油装备、海洋化工、轻工纺织、生物医药、新型材料、节能环保以及新型能源8大主导产业。规模以上工业企业661家，完成工业总产值978.1亿元、工业增加值251.7亿元，实现主营业务收入1006.7亿元、利税96.5亿元、利润71.7亿元。民营企业5867家，实现营业收入1347亿元、利税157.6亿元、利润111亿元。

第一章 工业体制

第一节 管理机构

市经济和信息化局 1991年，称县经济委员会。1997年，更名为市经济贸易委员会。2001年12月，更名为市经济贸易局（简称市经贸局）。同年3月，成立市工业工作领导小组，办公室设在市经贸局。2010年2月，撤销市经济贸易局、信息产业局、中小企业局，组建市经济和信息化局，将原市经济贸易局的工业行业管理职责和经济运行调节职责、原市信息产业局的职责、原市中小企业局的职责，整合划入市经济和信息化局。设立市中小企业管理办公室、市信息产业管理办公室，为市经济和信息化局所属事业单位。

市中小企业管理办公室 1991年，称县乡镇企业管理局。2001年8月，更名为市中小企业办公室，保留市乡镇企业管理局名称，加挂市个体私营经济发展委员会办公室牌子。同年12月，更名为市民营经济发展局。2003年4月，挂市中小企业局牌子，不再挂乡镇企业管理局牌子。2010年2月，更名为市中小企业管理办公室。内设综合科、规划发展科、科技管理科，核定编制12人，隶属于市经济和信息化局。

市信息产业管理办公室 2006年6月，成立市信息产业局，正科级全额拨款事业单位，挂靠市发展和改革局，行使全市电子信息产品制造业、软件业和通信等网络规划建设方面的管理职能，定编5人。2008年1月，其隶属关系由挂靠市发展和改革局改为市政府直属事业单位，单位性质、规格、编制不变。同年12月，成立市综合信息中心，为股级全额拨款事业单位，定编8人，隶属于市信息产业局。2010年2月，市信息产业局更名为市信息产业管理办公室，隶属于市经济和信息化局。

第二节 体制改革

承包经营责任制 1987年始，在县属工业企业中，全面推行承包经营责任制，在不改变所有权的情况下，把资产占有权、使用权、支配权交给企业，强化企业在经营上的责任。承包经营责任制共进行两轮，第一轮1987—1990年，承包期4年，承包形式主要采取“两包一挂”（包上缴利润、包技术改造任务，工资总额与经济效益挂钩）。承包主体是个人挑头承包，实行厂长（经理）负责制。承包内容包括产值、销售收入、实现利润、归还贷款和资产保值增值等方面。第二轮1991—1993年，承包期3年。承包的形式除“两包一挂”和“两定一挂”（定目标利润、定技术改造任务，工资总额与经济效益挂钩）外，实行千分制考核。承包主体由个人承包改为由领导班子集体承包，承包内容除经济指标外，还增加技术进步、质量、消耗、安全等指标，并强化企业的约束机制。至1993年年底承包经营责任制结束。

产权制度改革 共分三个阶段进行。1992—1993年，开始第一轮企业改制，试点推进阶段。对城乡企业进行以产权改革为主的试点改制，主要采取股份制、股份合作制、外资嫁接、产权转让、破产、租赁、兼并重组7种形式，其中股份合作制为主要形式。其间，寿光县造纸厂作为全省首批50家国有大（中）型企业股份制改革试点单位之一，通过公开发行股份方式正式改组为山东寿光造纸印刷包装（集团）股份有限公司，实现企业所有制形式的根本变革。

1994—2000年，进行第二轮企业改制，全面实施阶段。市委、市政府印发《寿光市关于企业产权制度改革的实施意见》，实施内部职工增资扩股、转让银行贷款扩股、量化新增资产扩股、吸收社会资金扩股和调整股权结构的“四扩一调”战略，优化股权，促进分配制度改革，完善股份合作制企业的利益机制，拓宽融资渠道，建立现代企业制度。至1994年年底，全市80%以上的市属企业、乡（镇）企业和村级企业完成改制。全市新上技改项目108项，总投资完成3.7亿元，乡（镇）及以上工业企业实现销售收入44亿元。1995年，全市共有744家企业完成改制，融资总额4.3亿元。全市股份合作制企业达720家。1996年，实施工业企业改革、改组、改造、管理同步推进，工业企业达到5651家，其中乡(镇)及以上独立核算企业190家。同年，市化工总厂合并市磷肥厂、曲轴机械制造股份有限公司，改制为山东寿光联盟化工集团有限责任公司。1997—2000年，先后完成市制药厂的买断改制，市聚宝车辆总厂与市内配厂、市抽纱总厂与市第一人造板厂的兼并联合，市金鹏玩具厂与市工艺品总厂的分离，市袜厂、市鞋厂、市轮胎厂的破产，以及市健元春公司、市拖配厂等中小企业的改制。市属工业共盘活存量资产1.1亿元，优化存量资产1.4亿元。

2001—2005年，进行第三轮企业改制，深化巩固阶段。主要将原来的股份合作制企业升级改造为规范的公司制企业，由最初的以明晰产权为主的“抓大放小”转向以资本运营、战略重组为主的“抓大带小”发展。通过“三化四完善”（企业产权人格化、生产要素商品化、市场主体多元化，完善按劳分配与按生产要素分配相结合的分配制度、完善新型经营管理机制、完善社会保障体系、完善宏观调控体系），进一步促进企业发展。2003年，山东联盟化工集团由国有企业改制为民营企业。至年底，全市列入改制范围的企业改制面达到99%以上，企业所有制结构多元化和投资主体多元化基本形成。2004年，市巨能电力集团以买断辅业资产方式完成改制。至2005年年底，除市供电公司、菜央子盐场、晨鸣纸业集团为国有或国有控股企业外，其他全部转为民营企业。至此，全市所有企业完成改制。

第三节 民营企业

1991年，乡镇企业已形成机电、化工、冶金、建材和纺织等门类。1993年始，乡镇企业进行经营体制改革，实现向民营经济的转变。1997年，进入大规模产权制度改革时期，全市乡镇企业按照市委、市政府制订的《关于深化企业改革工作实施方案》要求，以产权制度改革为重点，采取股份合作制、拍卖出售、破产兼并、租赁承包、以资抵债等形式，全方位深化企业改革，至2000年年底，乡镇企业全部完成改制。2004年始，市政府陆续出台《企业划型与动态管理办法》《加快中小企业发展的十项政策措施》等文件，不分企业性质、隶属关系，根据企业上缴的税金，对全市纳税过100万元的企业进行分类，大中型民营企业享有与国有、集体等其他性质的企业同等待遇。至2003年年底，全市民营企业2.1万家，从业人员18.1万人，实现总产值278.4亿元、工业增加值64.8亿元、税金4.8亿元。44家民营企业进入省成长型中小企业行列，54家小企业列入潍坊市小企业培育计划。

2004年始，实行园区发展战略，对晨鸣、开发区、东城3大工业园区企业，全部实行“三零一低”（零收费、零收益、零距离服务，低地价）政策。2007年，寿光市被确定为山东省中小企业信息化示范市（县），新龙电化公司等2家企业被评为山东省信息化示范企业。同年，科技工业园、东城工业园及晨鸣工业园3大园区原规划的园区用地全部落户企业。之后，开发建设羊口临港工业园和侯镇、台头、王高3个项目区，全市民营经济形成4园3区的聚集化发展格局。在园区内搭建公共服务平台，为园区内企业免费提供项目立项、工商登记、税务登记、财务核算、法律咨询等一条龙服务，统一开展产品检测、职工培训、安全保卫等企业有共性需求的服务活动。侯镇项目区、软件园小企业创业基地被认定为省级小企业创业基地。寿光防水材料技术中心、寿光市软件园发展中心等6家企业技术中心被评为省级、潍坊市级服务平台。

2009年，在全国率先发行涉农中小企业集合票据，募集资金5亿元。2010年，发行10年期10亿元企业治污减排债券。全市有300多家民营企业通过国际质量认证。银宝橡胶公司、新龙电化公司2家企业通过省级精细化管理示范企业验收，近百家中小企业被评为潍坊市级以上诚信民营企业。成功申报省级企业技术中心4家、潍坊市级企业技术中心5家、县级示范企业15家。搭建起市中小企业网站，发展企业信息化套餐用户50多家，200多家民营企业入网。台头镇橡胶轮胎等3个产业集群成为省级产业集群，侯镇、台头、上口被命名为山东省特色产业镇。2010年，民营企业发展到5867家，从业人员15.7万人，实现营业收入1347亿元、利润111亿元、税金46.6亿元。

第二章 工业门类

第一节 轻 工

造纸 1991年，造纸行业进行产品结构调整，全部关停草浆生产，改为废纸造纸，同时对原有设备进行技术改造更新，年生产能力提高到2.2万吨。当年，全县造纸及纸制品业企业13家。1995年，晨鸣牌双胶纸被中国社会调查事务所、国家经贸委经济研究咨询中心评为中国公认名牌产品。1996年，全市造纸及纸制品业企业达19家，完成工业总产值8.7亿元。1997年始，全市造纸行业进入快速发展时期，至2005年，全市工业总产值突破百亿元，达到118.1亿元，造纸及纸制品业企业达59家。2008年，全国造纸行业处于调整阶段和市场复苏期，经济效益趋于平稳。当年，全市造纸及纸制品业企业达52家，完成工业总产值182.4亿元、主营业务收入211.5亿元、利税24.9亿元。2009年，全国造纸行业受亚洲金融危机影响，经济效益明显下降。当年，全市造纸行业实现主营业务收入86.7亿元，利税16.8亿元。2010年，造纸行业摆脱金融危机之后的低迷状态，经济效益提高，全市造纸及纸制品业企业51家，实现主营业务收入112.3亿元，占全市工业主营业务收入的11.2%；利税22.9亿元，占全市工业利税的23.7%；利润18.5亿元，占全市工业利润的25.8%。

造纸车间（2000年摄）

木器 1991年，主要分为木材加工和家具制造2个行业，其中木材加工业企业9家、家具制造企业14家，年生产家具31.1万件、人造板1.5万立方米。当年，完成工业总产值1662万元，出口产品产值72万元。1997年，生产家具12.9万件。2000年，木器家具市场竞争激烈，境内木器家具制造业效益下滑，一些规模较小的家具木器制造企业倒闭，一些新的木器制造企业崛起。至年底，全市木材加工业企业7家，家具制造业企业3家。之后，全市木制品加工进入快速发展时期，至2010年，全市有木制品加工企业41家，其中较大的木制品加工企业有富士木业公司、鲁丽木业公司、晨鸣板材公司、汇源建材公司、三洋木业公司、童安木业公司、黄河木业公司、东宇鸿翔木业公司、兴源木业公司、双兴精美木业公司、大森木业公司等。职工2万余人，产品有板材、家具、建筑用材3大类300多个品种，完成工业总产值80亿元，占全市工业总产值的8.2%。

服装 1991年前，境内骨干企业设备陈旧，产品样式落后，行业发展缓慢。1992年始，全县服装加工业进入快速发展阶段，服装企业5家，生产服装134.8万件，完成工业总产值1773万元。1995年，市服装厂作为改制重点企业，成立山东仙霞集团公司，引进服装技术设备，改变原有单一服装产品，年生产服装276.5万件，完成工业总产值1.7亿元。1996年，全市服装企业9家，生产服装334.7万件，其中西服87.2万件、衬衫174万件，完成工业总产值1.6亿元。1998年，随着计划经济向市场经济体制转变，市奥凯服装厂、市奥华服装厂、羊口服装厂先后关闭。2000年，全市有服装企业2家，生产服装65.7万件，完成工业总产值9876万元。2001年，成立寿光仙霞服饰有限公司，全市纺织服装制造企业达到11家，完成工业总产值6376万元。2009年，全市纺织服装制造企业7家，年生产服装1448.8万件，完成工业总产值4.8亿元。2010年，纺织服装制造企业9家，完成工业总产值6.5亿元。

印刷 1991年，境内印刷企业3家，具备中高档印刷品的生产能力，主要产品为社会生活印刷品、塑料包装产品、学生练习本、台历、挂历等，完成工业总产值979万元。同年，县印刷厂改组为县印刷包装装潢股份有限公司。1993年，印刷企业3家，完成工业总产值1750万元。1994—1995年，随着印刷市场需求不断增加，陆续开办一批印刷厂，但规模都不大。1996年，境内印刷业引进德国四色印刷机，铅字印刷逐渐被淘汰。同年，印刷企业达5家，完成工业总产值4925万元。2000—2003年，全市规模以上印刷企业只有1家，其余的印刷企业规模相对较小。2010年，全市规模以上印刷业企业达到5家，主营业务收入1.4亿元，利润1128万元。

工艺品 1991年，境内工艺品制造业企业8家，主要生产手工绣花产品，完成工业总产值3360万元。1993年，成立市抽纱总厂。1998年9月，成立市金艺发制品有限责任公司，主要生产假发、发网、发帘子、绵纶丝织带等5大系列、近百个花色品种，产品远销世界30多个国家和地区，先后获得山东省信得过基层工会、山东省模范职工之家称号。2004年，市抽纱总厂更名为山东千榕家纺有限公司，主要生产各种工艺的床上用精品、功能性家纺、医院用品、儿童家纺等，产品80%以上出口。2005年，全市工艺品制造企业5家，主要产品有传统抽纱、刺绣、印花、大机花边、假发等。当年完成工业总产值2.6亿元。2010年，全市工艺品制造企业8家，完成工业总产值8亿元，主营业务收入7.9亿元，利润1359万元。

纺织 1991年，县内纺织企业21家，完成工业总产值2.2亿元。1992年，随着企业股份合作制改革，纺织企业活力增强，全年生产纱5488吨、布659万米、麻袋651万条，完成工业总产值2.9亿元。1995—1998年，麻纺织企业达到历史鼎盛时期，特别是主导产品麻袋，各项经济技术指标在全国同行业居领先地位。1997年10月，成立山东寿光健元春集团有限公司，年生产麻袋820万条，完成工业总产值6248万元。2000年，成立寿光大地纺织有限公司，主要生产普梳高配纯棉、涤棉、天丝纱等。2001年之后，纺织企业得到较快发展，经济效益逐年提高，至2003年，全市纺织企业17家，完成工业总产值6.1亿元、利税4328.6万元。2006年，全市纺织企业31家，完成工业总产值10.3亿元。2010年，全市纺织企业41家，完成工业总产值19.3亿元、主营业务收入18.8亿元、利润1亿元。

第二节 建材

1991年，境内有建材生产厂家52家，年产砖12亿块、水泥4.1万吨，实现工业总产值7533万元。之后，随着改革开放步伐加快，建材工业逐渐发展壮大。至2010年，全市有建材工业企业88家，其中规模较大的有山东汇源建材集团有限公司、潍坊市宏源防水材料有限公司、潍坊宇虹防水材料集团有限公司、山东光耀超薄玻璃有限公司、潍坊潍洲水泥科技有限公司等，主要产品有防水卷材、防水涂料、超薄玻璃、水泥等。当年，实现销售收入46.1亿元，完成工业总产值47.1亿元，占全市工业总产值的4.8%。

砖瓦 1991年，全县年产砖12亿块。1997年，产砖19.2亿块。2002年始，按照省政府要求，在全市范围内逐步禁止使用实心黏土砖。1998年，开展墙体材料革新，建成市晨鸣热电公司新型墙体材料厂，以煤渣、废煤灰为主要原料生产节能空心砖，主要生产390×240×190和390×190×190 2种规格的空心砖，年产能力6000立方米。2001年，砖瓦、石灰及轻质建筑材料制造企业33家，完成工业总产值5.5亿元。2008年，境内没有实心砖生产企业。2009年，山东鸿泰建设集团研发出利用粉煤灰等废料生产保温混凝土多孔砖技术，年产混凝土多孔砖能力7400万块。2010年，全市砖瓦、石材及其他建筑材料生产企业67家，完成工业总产值37.5亿元、利税1.9亿元。

水泥 1991年，境内有水泥厂1家，年生产水泥4.1万吨，实现工业总产值546万元。1997年，年产水泥5.3万吨，水泥预制构件129万立方米。2002年，市晨鸣水泥有限公司建成30万吨水泥粉磨站项目，主要生产晨鸣牌32.5R、42.5R普通硅酸盐水泥、砌筑水泥和公路水泥，实现利税500万元。2006年，潍坊潍洲水泥科技有限公司成立，年生产能力100万吨以上，主要产品有潍洲牌普通硅酸盐水泥、矿渣硅酸盐水泥、潍洲牌混凝土外加剂。2010年，全市水泥制造企业3家，生产水泥54.9万吨，完成工业总产值1.6亿元，实现销售收入1.2亿元、利税1250万元。

玻璃 2005年以前，境内没有玻璃制品企业。2005年，山东光耀超薄玻璃有限公司成立，是山东省唯一超薄玻璃生产企业。主要生产超薄浮法玻璃、LOW-E玻璃和光学玻璃，可广泛用于节能建筑、高档装饰、汽车制造、工业制镜、光学仪器等行业。2006年，全市玻璃制品企业3家，实现工业总产值1.1亿元。2007年，全市玻璃制品企业3家，实现工业总产值1.4亿元，主营业务收入1.3亿元。2010年，全市生产平板玻璃150万重量箱，完成工业总产值2亿元，实现主营业务收入2.1亿元，利税1177.2万元。

防水卷材 20世纪90年代初，境内防水卷材企业规模较小，没有形成大的产业。90年代中期后，进入快速发展阶段。至2001年，防水卷材年产量达到3000万捆，成为全国最大的防水卷材生产基地。主要产品有纸胎沥青油毡、SBS、SBR、APP等防水卷材以及防水卷材机械设备等，产品销往国内市场及东南亚、中东、西欧、南美、印度等国家和地区，年出口创汇150万美元。有宏源、宇虹2个中国驰名商标，9个省著名商标，6种产品获省名牌产品。2010年，全市防水卷材行业规模以上工业企业61家，实现主营业务收入35亿元，其中汇源建材、宇虹防水、宏源防水等7家企业收入过亿元。

新兴能源产业 该产业起步较晚，规模较小，属国家加快培育和发展的7大战略性新兴产业之一。2005年2月，成立山东海能科技有限公司，是集地（水）源热泵中央空调产品研发、生产、销售、安装、服务于一体的专业空调企业，公司研发的地（水）源热泵机组通过省级可再生能源建筑应用技术产品认定，成为全省仅5家通过该认定的地源热泵企业之一。2008年之后，新兴能源产业得到较快发展，至2010年，有企业5家，其中直接生产新兴能源的企业2家（市华能风电公司、市华天新能源公司）；为新能源提供原料或装备的企业3家（市新龙硅业公司、市建隆贝尔公司、市海能科技公司）。当年，全市新兴能源产业完成主营业务收入1.4亿元。

第三节 化 工

1991年，境内化学工业企业26家，完成工业总产值6.2亿元。主要产品有氮肥、磷肥、橡胶鞋、橡胶内外轮胎、硫酸、烧碱、纯碱、合成氨及各种塑料制品等。1992—2006年，化学工业快速发展，企业数量不断增多，企业规模不断壮大，产品种类越来越丰富。2010年，共有规模以上化学原料及化学制品制造企业154家，完成主营业务收入357亿元，占全市工业主营业务的35.5%。主要产品有尿素、复合肥、合成氨、溴素、阻燃剂、甲醇、硫酸、山梨醇、溴化钾、溴乙烷、烧碱、盐酸、液氯、聚氯乙烯、电石、有机硅、各种内外胎、汽车橡塑件、塑料包装制品、塑料泡沫、塑料日用品、油田化学品等。

化肥 1991年，境内有县化肥厂、县磷肥厂各1家，其中县化肥厂主要生产氨水、碳酸氢氨等，年产量2.8万吨，实现销售收入6281万元；县磷肥厂主要生产磷肥（过磷酸钙），年产量4200吨，销售收入2535万元。1992年，县化肥厂尿素生产线投产，结束境内不能生产尿素历史。1994年，市磷肥厂改组为山东寿光天利化工股份有限公司，年产磷肥3474吨，完成工业总产值5906万元，实现销售收入4872万元。1997年，全市有化肥企业6家，生产氮肥（折纯）16.7万吨、尿素15.5万吨、磷肥7980吨。2000年，联盟化工集团自主研发2-丙烯酰胺基-2-甲基丙磺酸（AMPS）产品，填补国内空白，中国成为继美国、日本之后的第三生产国。2005年，全市化肥企业12家，完成工业总产值25.8亿元。2007年，全市化肥企业18家，生产合成氨51.8万吨、氮肥39.4万吨、尿素37万吨，完成工业总产值44.2亿元。2009年下半年，联盟化工集团磷肥生产线关闭，转产复合肥。2010年，境内化肥企业24家，生产合成氨76.2万吨、尿素63万吨、复合肥31.5万吨，完成工业总产值91亿元，占全市工业总产值的9.3%；利税8.7亿元，占全市工业利税的9%。

橡胶 1991年，境内有橡胶企业2家，

台头镇跃龙橡胶轮胎生产车间（2002年摄）

实现工业总产值580万元，产品销售收入254万元。1994年，成立潍坊顺福昌橡塑有限公司。1996年，成立山东银宝轮胎集团有限公司，主要生产全钢载重子午线轮胎、全钢轻卡轮胎、工程机械轮胎等。1997年，全市有橡胶制品企业3家，生产橡胶胶管296万标米，完成工业总产值4681万元。2001年，橡胶制品企业发展到14家，其中轮胎制造业9家，橡胶板、管、带制造业4家，橡胶零件制品业1家。当年实现工业总产值3.9亿元。台头镇及其周边成为山东半岛最大的橡胶轮胎生产基地。2003年，橡胶制品企业达18家，年产橡胶轮胎外胎84.9万条，实现工业总产值7亿元，产品销售收入6.3亿元。2006年，橡胶制品企业13家，实现工业总产值7.1亿元。2010年，全市橡胶制品企业18家，实现工业总产值40.6亿元，占全市工业总产值的4.2%。

塑料制品 1991年，境内有塑料制品企业8家，年产塑料制品4861吨，完成工业总产值3827万元，销售收入3696万元。1997年，全市塑料制品企业8家，其中塑料薄膜制造企业1家，塑料板、管棒材制造企业2家，塑料丝编织品制造企业1家，泡沫塑料及人造革、合成革制造企业3家，其他塑料制品企业1家，年产塑料制品3.6万吨，完成工业总产值7428.4万元。2001年，全市有塑料制品企业4家，完成工业总产值1.3亿元。之后，塑料制品企业数量连年增加，至2005年，塑料制品企业达18家，实现工业总产值5.4亿元，利税4385.9万元。2009年，山东寿光健元春有限公司生产的塑料薄膜成为省名牌产品。市鑫地塑业股份有限公司生产的新型宽幅EVA棚膜，填补国内空白。2010年，全市塑料制品企业31家，实现工业总产值18.7亿元、销售收入18.1亿元、利税1.2亿元。

医药制造业 1993年，境内制药企业只有县制药厂1家。1997年，全市有制药企业3家，完成工业总产值6493万元。2000年12月，寿光富康制药有限公司（前身为市制药厂）通过买断形式完成股份制改造，下设富康化学、富康动物药业、永康化学、瑞康精化、富康制溴等12个生产性企业，主要生产甲氧苄啶。2005年，全市医药制造业企业6家，完成工业总产值4.7亿元。至2010年，医药制造业企业发展到15家，实现销售收入34.1亿元，完成工业总产值33.3亿元，占全市工业总产值的3.4%。

盐化工 （见第九编第四章盐化工）

第四节 机 械

1991年，境内机械工业企业31家，拥有固定资产6539万元，主要产品为铸铁件、毛纺机机械、麻纺机机械、曲轴、农用三轮车以及内燃机配件、拖拉机配件等，完成工业总产值8743万元，实现销售收入6155万元。2010年，境内机械工业发展成为以汽车及零部件制造为主，食品机械、造纸机械、铸锻机械、其他机械及配件并重发展的优势产业。规模以上企业100多家，主导产品为汽车、专用汽车、农用车、摩托车、电动车以及车桥、子午胎钢丝、车厢、车轮、油箱、坚固件、模具等40多个大类。年生产汽车10.8万辆、摩托车1.5万辆、车架10万余套、模具3737吨、制动器449万只。

汽车与摩托车制造 1992年，县纺织机械厂更名为县聚宝农用车辆总厂，转产四轮农用车，全县生产农用车的企业共2家。1995年，山东寿光万龙实业有限公司成立。1996年，全市年产农用车2.2万辆。1999年，市华源凯马机械股份有限公司整体购并山东奥峰农用车集团有限公司。2001年，市华源凯马机械股份有限公司通过国家汽车生产条

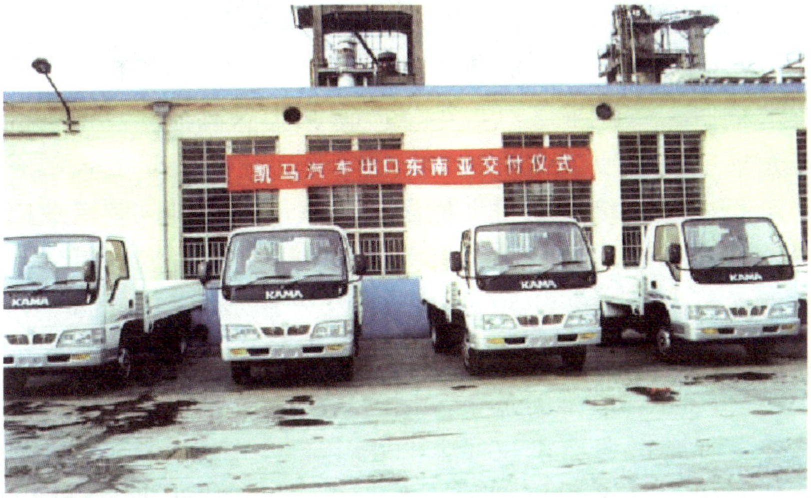

凯马汽车2004年开始出口东南亚地区（2004年摄）

件验收，取得汽车生产目录，结束寿光不能生产汽车的历史。2003年，山东寿光万龙实业有限公司开始生产三轮摩托车，年产川野牌小型机动三轮摩托车3000辆左右。2004年始，山东凯马汽车制造有限公司产品出口东南亚及埃及、伊朗、巴基斯坦、南非、英国、法国等国家。2007年，全市汽车和摩托车制造企业11家，生产载货汽车6.6万辆、三轮摩托车1万辆，实现工业总产值21.8亿元。2010年，全市汽车和摩托车制造业企业发展到22家，其中汽车整车制造企业2家、摩托车制造企业1家、汽车零部件及配件制造19家，年产汽车10.8万辆、三轮摩托车1.5万辆，产业链延伸到汽车零配件、轮胎、铸造、机电、增压器等多个相关产业，实现产品设计—技术开发—零部件制造—整装检测—市场营销—售后服务一体化生产经营格局。全市实现工业总产值59.3亿元、利税6.5亿元。

专用车制造 1997年，开始生产汽车专用车，只进行简单改装。2004年，市树山集装箱制造有限公司成立，拥有车床、钻床、电焊机、剪板机、折弯机、空气压缩机、双联动数控折弯机等先进设备320台（套），生产自卸车、混凝土搅拌机、城市环卫车等10多个车型，年生产专用车1万台。2006年，山东恒同机车制造有限公司成立，开发吸污车、扫路车、洒水车、垃圾压缩车等环卫系列专用车10多个车型。2010年，市内专用车生产企业3家，生产的改装车销往全国10多个省（市、自治区）及蒙古、中非、阿联酋等国家和地区。全市专用车制造企业完成工业总产值2.1亿元，实现销售收入1.9亿元。

钢铁冶炼 1991年，境内钢铁冶炼企业3家，实现工业总产值1374万元。1993年，山东鲁丽钢铁有限公司建厂，主产钢锭、钢坯等，境内钢铁冶炼企业增至7家。2002年，成立山东寿光巨能特钢有限公司，生产碳结钢、碳工钢、合结钢、弹簧钢、轴承钢等各类特种钢材。2010年，境内钢铁冶炼企业5家，完成工业总产值12亿元，实现销售收入12.3亿元。

机械制造 1991年，境内机械制造企业56家，主要产品有纺织机械、锻压机械、种

毛纺机配件（1992年摄）

植机械、建筑机械等，年完成工业总产值1.2亿元。同年，寿光县机械总厂开发新产品8项，其中FB551绒细纱机填补省纺机技术空白，性能达国内先进水平。1993年，寿光华星机械股份有限公司同中国农机化研究所联合研制TY975A、TY975P、TY975Z农用三轮运输车转向器，填补省内空白。1994年，市拖拉机总站改制为寿光曲轴机械制造股份有限公司。2004年，成立寿光万龙车业有限公司，产品有模具及模具延伸产品，车架、油箱、驾驶室散件等汽车配件，电动车，机电产品等。同年，山东墨龙石油机械股份有限公司在香港联交所创业板H股上市，之后完成由创业板转主板上市和A股在深交所上市。2007—2009年，寿光市泰丰汽车底盘制造有限公司生产的并蒂莲牌制动器、威能环保电源公司生产的锂电池被认定为山东名牌产品。2010年，境内机械制造业82家，其中交通运输设备制造企业25家、通用设备制造企业16家、专用设备制造企业28家、电气机械及器材制造企业13家。主要产品有汽车车桥、车架、底盘、增压器等汽车配件以及饲料粉碎机、石油机械等。全年实现工业总产值149.4亿元，占全市工业总产值的15.3%；销售收入141.1亿元，占全市工业销售收入的14.4%。

农机具制造　1991年，境内农机具制造企业2家，年生产铁制小农具9.6万件、机引耕作机械3015台、种植机械582台。随着境内农村大棚蔬菜的发展，农机具制造业向与蔬菜种植有关的大棚卷帘机等农机具生产转变，铁制小农具的生产逐步减少。1998年，市金鹏现代农业设施有限公司成立，是境内最早的蔬菜大棚卷帘机生产企业，当年生产卷帘机80台。2005年，全市农、林、牧、渔专用机械制造企业5家，完成工业总产值5亿元。2010年，境内农机具制造业7家，主要产品有BL系列大棚卷帘机、保温被、滴喷罐设施、田园管理机等，产品销往新疆、西藏等10多个省（市、自治区）。当年实现销售收入2.3亿元。

第五节　食　品

酿酒　1991年，境内有酿酒企业5家，完成工业总产值6302万元。主要产品有老白干、寿春香、宏源老酒、宏源老窖等品种。1992年，县酒厂由侯镇迁至县城，更名为寿光酿酒总厂。境内酿酒企业3家，生产白酒2.2

康跃科技股份有限公司增压器车间（2006年摄）

万吨、啤酒7.5万吨、黄酒90吨、果酒124吨，完成工业总产值2.2亿元。1994年，青岛啤酒（寿光）有限公司综合经济效益居全省同行业第4位、全国第18位。2000年，寿光酿酒总厂更名为山东寿光齐民思酒业有限责任公司，生产齐民思白酒、法思顿葡萄酒。2001年，寿光侯镇酒厂改制为山东宏源酒业有限公司，年产粮食酒5000吨。2010年，境内酿酒企业5家，其中白酒制造企业4家、啤酒制造企业1家。主要产品为齐民思系列酒、宏源系列酒、崂山啤酒等，产品种类达上百个品种，完成工业总产值4.6亿元。

面食 糕点 20世纪90年代后，随着经济的快速发展，人民群众生活水平的提高，面食、糕点业随之较快发展。1991年，共有6家初具规模的面食糕点加工企业，主要加工中点、西点、蛋糕、面包、月饼、生日蛋糕、大馒头等。1996年，投资5000万元的寿光市亚星食品厂建成投产，主要生产各种高档面包、蛋糕、中点、西点、月饼等200多个品种，产品销往潍坊、泰安、莱芜、烟台、济南、日照等地区的500多家大型超市，年销售收入3000万元。2002年，市天成集团投资成立市天成宏利食品有限公司，年生产面食0.3万吨。2006年，全市有糕点制造企业1家、方便食品制造企业1家，实现工业总产值1.2亿元、销售收入1.1亿元。2010年，全市面食、糕点企业3家，实现工业总产值1.4亿元，完成销售收入1.3亿元、利税1395万元。

果蔬制品 1991年，境内果品加工企业1家，主要产品为山楂、苹果、黄（白）桃罐头以及果脯、胡萝卜脯等，年生产罐头1300吨，完成工业总产值88万元。1993年，境内果品加工乡（镇）以上企业4家，年产罐头300吨，完成工业总产值546万元。1994—2002年，境内果品加工企业生产经营出现困难，产品滞销，出现亏损，先后停产，境内一度没有果制品加工企业。2003年，山东赛维绿色科技有限公司建成投产，年产果蔬脆片3000多吨、果蔬汁饮料2000多吨，自营联营绿色无公害果蔬生产基地超过5万亩。该公司自主研发生产的品维牌果蔬制品有4大系列100个品种，远销全国各地及日本、韩国、东南亚、欧美等国外市场。2006年，全市有果蔬制品企业13家，实现工业总产值2.7亿元、销售收入2.5亿元、利税1810万元。2009年，品维牌系列果蔬制品，成为第十一届全运会指定产品。2010年，全市有果蔬制品企业18家，实现工业总产值5.1亿元、销售收入4.9亿元、利税4577万元。

肉制品 1991年，境内肉制品加工企业5家，主要产品为白条肉、鲜冻畜禽肉、畜肉制品、禽肉制品等，全年完成工业总产值5318万元。1999年，受国内外复杂经济形势的影响，境内肉制品加工企业面临严峻考验，市场竞争激烈。2000年，随着国家对肉类食品安全标准提升和监管力度的加强，个体屠宰户和小型屠宰场逐渐减少，产业集中度逐步提高。2001年，市第二食品加工公司改制，成立市天成食品有限公司。当年全市肉制品加工企业3家，完成工业总产值3.2亿元，实现销售收入2.7亿元。2005年，成立市天成食品有限公司第二种鸭厂、第三种鸭厂、第一孵化厂，形成种养加工一体化、产供销售一条龙的产业链条。2006年，全市肉制品企业15家，实现工业总产值13.5亿元、利润5747万元。2010年，全市肉制品企业18家，实现工业总产值45.8亿元，占全市工业总产值的4.7%；利税3.1亿元，占全市工业利税的3.2%。

第三章 名优产品

第一节 名牌产品

1996年，国务院颁布《质量振兴纲要》，鼓励企业生产优质产品，实施名牌发展战略。2002年，山东省启动名牌战略。2004年，寿光市申报第一批工业产品26项，至2010年，共申报工业产品100余项，其中获中国名牌产品3项、山东省级名牌产品40项。

2005—2010年寿光市省级以上名牌产品情况表

表8-3-1

产品名称	企业名称	级别	认定年份
玉米淀粉	山东寿光巨能金玉米开发有限公司	国家级	2005
男西服套装	山东仙霞集团有限公司	国家级	2006
胶合板	鲁丽集团有限公司	国家级	2007
赖氨酸盐酸盐	山东寿光巨能金玉米开发有限公司	省级	2004
弹性体改性沥青防水卷材	潍坊市宏源防水材料有限公司	省级	2004
弹性体改性沥青防水卷材	潍坊市宇虹防水材料（集团）有限公司	省级	2005
床上用品	山东千榕家纺有限公司	省级	2005
装饰板	鲁丽集团有限公司	省级	2005
精制盐	山东菜央子盐场	省级	2005
甲氧苄啶	寿光富康制药有限公司	省级	2005
四溴双酚A	山东默锐化学有限公司	省级	2006
载货汽车	山东凯马汽车制造有限公司	省级	2006
胶版印刷纸	山东晨鸣纸业集团股份有限公司	省级	2007
高档铜版纸	山东晨鸣纸业集团股份有限公司	省级	2007
高档低定量涂布纸	山东晨鸣纸业集团股份有限公司	省级	2007
轮胎	寿光市银宝轮胎集团	省级	2007
聚乙烯丙纶复合防水卷材	潍坊市宏源防水材料有限公司	省级	2007
制动器	寿光市泰丰汽车底盘制造有限公司	省级	2007

续表 8-3-1

产品名称	企业名称	级别	认定年份
果蔬脆片	山东赛维绿色科技有限公司	省级	2007
弹性体改性沥青防水卷材	潍坊市晨鸣新型防水材料有限公司	省级	2007
涡轮增压器	寿光市康跃增压器有限公司	省级	2008
烧碱	山东寿光新龙电化集团	省级	2008
农业用尿素	山东联盟化工集团有限公司	省级	2008
复合肥料	山东联盟化工集团有限公司	省级	2008
塑料薄膜（农用及工业用）	山东寿光健元春有限公司	省级	2009
锂电池	山东威能环保电源公司	省级	2009
聚氯乙烯	山东寿光新龙电化集团	省级	2009
塑料异型材	山东寿光新龙电化集团	省级	2009
苯醚甲环唑原药制剂	山东寿光双星农药有限公司	省级	2009
阻燃剂（八溴醚）	山东兄弟实业集团	省级	2009
高碳铬轴承钢	山东寿光巨能特钢有限公司	省级	2009
优质碳素结构钢热轧圆钢	山东寿光巨能特钢有限公司	省级	2009
抽油杆	山东墨龙石油机械股份有限公司	省级	2010
工业甲醇	山东联盟化工集团有限公司	省级	2010
静电复印纸	山东晨鸣纸业集团股份有限公司	省级	2010
丙环唑	山东亿嘉农化集团	省级	2010
职业装	山东仙霞集团有限公司	省级	2010
弹性体改性沥青防水卷材	潍坊京九防水材料有限公司	省级	2010
聚氯乙烯防水卷材	潍坊市宏源防水材料有限公司	省级	2010
自粘聚合物改性沥青防水卷材	潍坊市宇虹防水材料（集团）有限公司	省级	2010
高强度螺栓用钢	山东寿光巨能特钢有限公司	省级	2010
工程机械轮胎	寿光市银宝轮胎集团	省级	2010
木地板	鲁丽集团有限公司	省级	2010

第二节 中国驰名商标

1996 年、2001 年，国家工商行政管理局、最高人民法院分别开始驰名商标的认定，至 2010 年，寿光市工业产品获中国驰名商标 9 项，其中工商部门认定 4 项、人民法院认定 5 项。

2003—2010年寿光市中国驰名商标情况表

表8-3-2

商标名称	企业名称	认定年份	认定形式
仙霞	山东仙霞集团有限公司	2003	司法
晨鸣	山东晨鸣纸业集团股份有限公司	2007	行政
千榕	山东千榕家纺有限公司	2008	司法
宏源	潍坊市宏源防水材料有限公司	2008	司法
宇虹及图	潍坊市宇虹防水材料（集团）有限公司	2008	司法
侯镇宏源	山东宏源酒业有限公司	2009	司法
鲁丽	鲁丽集团有限公司	2009	行政
联盟及图	山东联盟化工集团有限公司	2010	行政
乐义蔬菜	寿光乐义集团有限公司	2010	行政

第三节 山东省著名商标

2000年，山东凯马汽车制造有限公司的“聚宝及图”被山东省工商行政管理局认定为山东省著名商标。之后，寿光市加快省级著名商标认定步伐，至2010年，全市共有37项工业产品被认定为山东省著名商标。

2000—2010年寿光市省级著名商标情况表

表8-3-3

商标名称	企业名称	认定年份
聚宝及图	山东凯马汽车制造有限公司	2000
图形	山东晨鸣纸业集团股份有限公司	2001
鲁丽及图	鲁丽集团有限公司	2001
侯镇宏源及图	山东宏源酒业有限公司	2001
宏源	潍坊市宏源防水材料有限公司	2002
占峰及图	寿光联盟磷复肥有限公司	2003
宇虹及图	潍坊市宇虹防水材料（集团）有限公司	2003
银宝及图	寿光市银宝橡胶工业有限公司	2003
千榕及图	山东千榕家纺有限公司	2004
强城	潍坊市禹神防水材料有限公司	2005
康跃及图	寿光市康跃增压器有限公司	2005
雪玉春及图	山东菜央子盐场	2005

续表 8-3-3

商标名称	企业名称	认定年份
春光蕾	寿光市春光蕾福利棉纺有限公司	2005
驼王	潍坊京九防水材料有限公司	2005
王婆及图	寿光市田马洋香瓜生产销售服务中心	2006
KAMA	山东凯马汽车制造有限公司	2006
乐义	寿光乐义集团有限公司	2007
华麟及图	山东华麟面业有限公司	2007
图形	寿光市晨鸣水泥有限公司	2007
燎原	寿光市田苑果菜生产有限公司	2007
晨鸣及图	山东晨鸣板材有限责任公司	2008
跃龙	潍坊市跃龙橡胶有限公司	2008
墨龙及图	山东墨龙石油机械股份有限公司	2008
BING DI LIAN 及图	寿光市泰丰汽车底盘制造有限公司	2008
艳珊及图	山东大地盐化集团有限公司	2009
益龙及图	山东宏恒达防水材料工程有限公司	2009
洛城	山东洛城农发有限公司	2009
东旺及图	潍坊市东旺新型防水材料有限公司	2009
春美及图	山东省潍坊市春美防水工程集团有限公司	2009
圣龙及图	潍坊市正大防水材料有限公司	2009
金盾及图	潍坊市华东橡胶有限公司	2010
亿嘉及图	山东亿嘉农化集团	2010
泽源及图	潍坊市泽源防水材料有限公司	2010
格瑞贝及图	山东兄弟科技股份有限公司	2010
六丰及图	山东省寿光市六丰实业有限公司	2010
金鲁丽及图	鲁丽集团有限公司	2010
石花	潍坊石花化工建材有限公司	2010

第四章 大中型企业

1995年，全市主要有山东省寿光纸业股份有限公司、寿光市化工总厂、山东寿光聚宝农用车辆总厂等骨干企业14家。2000年，全市主要有造纸、化肥、白酒、啤酒、农用运输车、人造板、盐化工、服装等重点调度骨干企业28家。2004年始，实施企业划型与动态管理办法，打破隶属关系，不分行业和所有制性质，统一按上年度实缴税金进行划型排序。实缴税金5000万元以上的企业为特大型企业，1000万～5000万元的为大型企业，100万～1000万元的为中型企业，100万元以下的为小型企业。每年划定一次，对大中型企业实施动态管理。至2007年，全市大中型企业共95家，其中特大型企业7家、大型企业20家、中型企业68家。至2010年，全市有大中型企业123家，其中特大型企业12家、大型企业18家、中型企业93家。

第一节 特大型企业

2004年，实施企业划型与动态管理办法后，全市共有特大型企业3家，分别是山东晨鸣纸业集团股份有限公司、山东巨能电力集团有限公司、山东联盟化工集团有限公司。至2006年，全市新增特大型企业2家，分别是山东墨龙石油机械股份有限公司、寿光富康制药有限公司。之后，企业进入快速发展轨道，至2010年，特大型企业发展到12家，实现工业总产值514.5亿元、利税60.6亿元，实缴税金25.1亿元。其中，实缴税金超过1亿元的企业7家。

山东晨鸣纸业集团股份有限公司 1993年5月，寿光县造纸厂更名为山东寿光造纸印刷包装（集团）股份有限公司，同年8月又更名为山东寿光造纸（集团）股份有限公司。1996年12月，更名为山东晨鸣纸业集团股份有限公司。2007年，晨鸣商标被国家工商总局认定为中国驰名商标。2010年，晨鸣集团总资产350亿元，拥有员工1.6万人，年纸品生产能力400万吨，销售收入221亿元，是全国首家A、B、H三种股票上市公司。拥有武汉晨鸣、江西晨鸣、吉林晨鸣、湛江晨鸣等多家子公司。企业经济效益主要指标连续16年保持全国同行业首位，进入中国企业500强和世界纸业50强，被评为中国上市公司百强企业和中国最具竞争力的50家蓝筹公司之一。以制浆、造纸为主业，主导产品为高档铜版纸、白卡纸、轻涂纸、新闻纸、双胶纸、生活纸等，其中7个产品被科技部等部委评为国家级新产品，23个产品填补国内空白，4种产品列入国家免检产品，产品远销50多个国家和地区。先后获全国五一劳动奖章、轻工业全国十佳企业、中国企业管理杰出贡献奖、全国精神文明建设先进单位等省级以上荣誉称号150余项。

艰苦创业期（1958—1988年） 1958年，县造纸厂动工兴建，共设2个车间，主要生产一些简单的草纸，日产2吨。1968年，造纸厂筹建第3车间，先后购进2台1092纸机以及切草机、制浆机、蒸球等设备，日产板纸5吨。1969—1986年，企业发展缓慢，年生产能力仅0.6万吨。1987年2月，陈永兴接任亏损20多万元、负债1100万元的县造纸厂厂长后，先后实行股份制改造、操作股票上市和建立现代企业制度，1988年产量增至1.5万吨，实现利润632万元，企业进入良性发展期。

晨鸣集团生产车间（2009年摄）

良性发展期（1989—2000年） 1989年，企业进入良性发展期，当年经济效益主要指标跃居全省同行业第1位。1992年，第2台1760纸机投产，总产量增至2.7万吨，实现利润1000万元，企业发展成为全市大型重点企业，在全省同行业位居前列，厂长陈永兴被全国总工会评为全国优秀经营管理者，获全国五一劳动奖章奖励。1993年，与香港第一东方集团有限公司、英国广华投资基金有限公司合资建立寿光永立纸业有限公司，注册资本1100万美元。1994年，公司投资4500万元，建成年产2万吨高档薄页印刷纸的2640长网纸机项目。公司经济效益由全国同行业第4位上升至全国第1位。1996年12月，企业实现在深圳证券交易所B种股票上市，一次融资5.5亿元。2000年，晨鸣纸业A股在深交所上市，成为全国造纸行业首家同时拥有A、B股的上市公司。2000年，晨鸣集团总资产180亿元，年纸品产量300万吨，销售收入171.5亿元，利税15亿元。

快速发展期（2001—2010年） 2001年，陈洪国接任晨鸣集团董事长。2002年，投资7亿元，在湖北武汉成立晨鸣汉阳纸业股份有限公司，当年实现产值13亿元。2003年9月，在江西南昌市成立江西晨鸣纸业有限责任公司。2004年，在深圳证券交易所完成20亿元可转债上市。2005年9月，收购吉林纸业资产，成立吉林晨鸣纸业公司。2008年9月，在湖北黄冈成立黄冈晨鸣浆纸有限公司，注册资本12亿元，投产后年实现销售收入206亿元、利税40亿元。同年，晨鸣集团H股在香港联交所上市，共募集资金36亿元。2009年11月，在广东湛江成立湛江晨鸣浆纸有限公司，总投资94.3亿元，年产能141.4万吨。2010年11月，建成年产80万吨高档低定量铜版纸、9.8万吨高档生活用纸等项目。至2010年年底，公司实现主营业务收入154亿元（含非寿光属地收入）、利税21.6亿元。

山东联盟化工集团有限公司 前身是始建于1969年的寿光县化肥厂。1989年10月，县化肥厂化工建材（炼油）车间升格为寿光县石油化工厂，隶属于县化肥厂。同年，县化肥厂晋升为国家二级企业，先后获国家二级、国家一级计量单位，国家一级无泄漏工厂等称号。1992年3月，成立寿光县化工总厂，下设化肥分厂和石油化工分厂。1996年，成立山东寿光联盟化工集团有限责任公司，2003年1月改制为民营企业，更名为山东联盟化工集团有限公司。2005年，成立山东天力生物科技有限公司。2010年，联盟集团共下辖5个分公司，有员工近7000人。产品以化肥为主导，集煤化工、石油化工、生物化工于一体，完成主营业务收入82.7亿元、利税7.8亿元。是山东省百强民营企业、山东省200家重点工业集团、中国化工百强企业、中国企业千强企业、全国肥料制造业十佳企业、全国化肥生产先进企业、国家技术进步先进企业、国家节能先进企业。

创业发展阶段（1969—1980年） 1970年3月，寿光县化肥厂建成投产，年产合成氨3000吨。1975年，进行技术挖潜改造，年产合成氨增至5000吨。1976年10月，新建年产5000吨合成氨新系统项目，年产合成氨增至1万吨。1979年8月，投产固体化肥碳酸氢铵，年产4万吨。1980年，企业完成工业总产值810.4万元，实现利润40.8万元，结束连续10年亏损历史。当年，公司总资产达到1114.2万元，拥有职工901人。

联盟化工集团厂区一角（2010年摄）

快速发展阶段（1981—1995年） 1981年始，试行奖金包干制和大班奖。1983年始，推行承包合同经营模式，当年碳铵产量提高到5.1万吨，上缴利税210万元。企业注册的联盟牌商标通过省级验收，联盟牌碳酸氢铵分获省、化工部优质产品称号。1985年，企业获潍坊市质量管理奖，1988年获省质量管理奖，并晋升为省级企业。同年10月，合成氨生产蒸汽自给项目通过国家鉴定，标志着企业在全国同行业率先实现两煤变一煤，被化工部誉为小氮之光。合成氨生产蒸汽自给项目分别于1990年12月、1995年12月获化工部科技进步二等奖和国家科技进步三等奖。1992年4月，年产尿素4万吨工程投产。1993年9月，企业跻身中国500家最大型化学工业企业行列。1995年，企业总产值达到1.9亿元、利税2628万元。

规模发展阶段（1996—2010年） 1996年，寿光市化工总厂、寿光市磷肥厂、寿光市曲轴机械制造有限公司合并成立山东寿光联盟化工集团有限责任公司，杨志强任总经理、党委书记。之后，公司进入规模发展时期。2004年5月，联盟石化公司在文家街道成立。2005年6月，投资14亿元，建设年产36万吨合成氨、60万吨尿素并联产甲醇项目，年增加销售收入6亿元，企业跻身中国大企业集团竞争力500强。同月，企业将38%的股权出让给山西晋城煤业集团，两集团结成战略联盟。同年11月，年产5000吨甘露醇项目建成投产，标志着天力生物公司由生物化工向医药化工转变。同年12月，天力生物公司与新加坡新达科技公司下属的三达公司合资组建山东天力生物科技有限公司。2007年1月，投资985万元，建设年产10万吨硫酸基复合肥项目，年增加销售收入2亿元。同月，天力生物科技公司投资5800万元的15万吨淀粉项目投产，年增加销售收入1500万元。2008年始，先后建立全国山梨醇研究检测技术中心、省级企业技术中心、潍坊有机胺技术研究中心，每年引进2名研究生从事科技研究与创新。2009年2月，投资3000万元的15万吨硫酸钾复合肥系统开车成功，年增加销售收入 2000 万元。2010 年 1 月，联盟商标被国家工商总局认定为中国驰名商标。这一时期，联盟集团销售收入年均增长超过 40%，经济效益年均增长超过 80%，上缴税金年均增长超过 50%，是全国同行业发展最快的企业之一。

山东墨龙石油机械股份有限公司 前身是上口镇农机修造厂。1987 年，在农修厂基础上成立寿光县石油机械配件厂。1989 年，企业更名为寿光县石油机械厂。1994 年，在县石油机械厂基础上，组建山东墨龙集团总公司，产品涉及石油机械整机、高压电气开关、精密铸造。2001 年，公司改制为股份有限公司，更名为山东墨龙石油机械股份有限公司。2010 年，公司下辖 10 个分公司，拥有干部职工 2720 人，以石油装备产品制造为主，是中石油、中石化、中海油、延长石油 4 大石油集团公司的供应商，主导产品油套管、管线管、钻杆、抽油机、抽油杆、抽油泵获美国石油学会 API 会标使用权，无缝管、阀类产品获欧盟 CE 证书。产品远销大庆、克拉玛依等国内各大油田和欧洲、美洲、非洲、东南亚等世界主要产油区。建有山东省级企业技术中心、墨龙博士后科研工作站等科研平台，是国家火炬计划重点高新技术企业。先后被评为山东省机械工业百强企业、山东省高新技术企业、山东省重点培育和发展的出口名牌。2010 年，实现主营业务收入 54.5 亿元、利税 4.9 亿元。

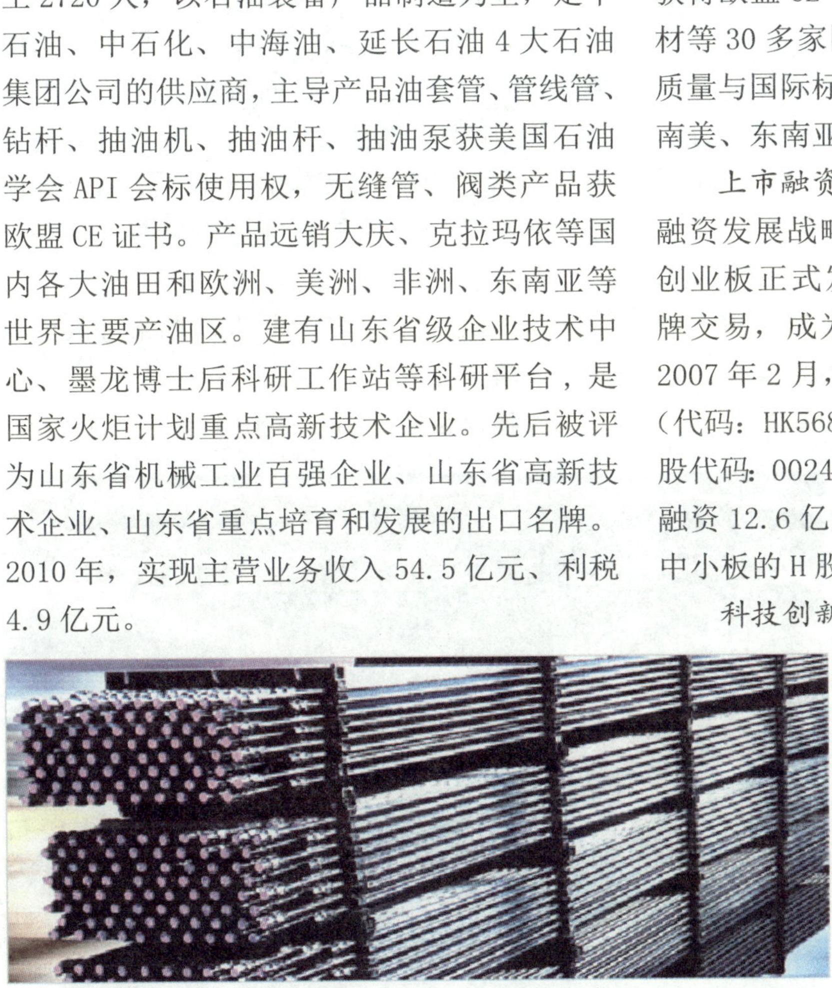
山东墨龙公司主导产品之一抽油杆（2010 年摄）

艰苦创业 1986 年，张恩荣接任年产值不足 20 万元的上口镇农机修造厂厂长后，企业开始转型升级。初期为铁路生产配件夹子，后来为油田制造潜油泵电缆夹子，农修厂逐渐摆脱破产困局。在胜利油田打开销路后，又开拓大庆、新疆等外区域油田。1994 年，产品利润达到 1500 万元，职工发展到 490 人。1995 年，总投资 3500 万元，将企业总部迁至寿光城区，当年实现利润 1200 余万元。

开拓市场 1996 年，公司先后成为中石油、中石化、中海油、延长石油 4 大石油集团的合格供应商。同年 1 月公司取得自营进出口权，12 月通过 ISO 9000 质量体系认证。2009 年 1 月，企业通过 ISO 14001 环境体系、GB/T28001 职业健康体系认证，2010 年 1 月获得欧盟 CE 认证，并通过法国道达尔、英管材等 30 多家国际石油公司的产品认证，产品质量与国际标准接轨，出口中东、非洲、北美、南美、东南亚、中亚等 30 多个国家和地区。

上市融资 进入 21 世纪，公司确立上市融资发展战略。2004 年 4 月，在香港联交所创业板正式发行 H 股（代码：HK8261）并挂牌交易，成为潍坊市首家上市的民营企业。2007 年 2 月，又由香港创业板转至主板上市（代码：HK568）。2010 年 10 月，墨龙 A 股（A 股代码：002490）在深圳证券交易所挂牌上市，融资 12.6 亿元，成为国内第一家回归深交所中小板的 H 股公司。

科技创新 20 世纪 90 年代始至 2010 年，与西安交通大学、中国石油大学合作成立石油工程材料研究中心、石油机械研究中心等研究机构，开展技术交流合作。2007 年，投资 1000 万元建成标准高、配有各类先进试验器材的企业技术中心。2009 年，经省科技厅批准，组建全省首

个石油专用管工程技术研究中心，2010年被认定为省级企业技术中心。同年，经人社部批准，设立博士后科研工作站。凭借研发平台优势，研制出ML90SS抗硫化氢腐蚀油管、ML95TS抗硫高抗挤毁套管等多种高抗挤毁、特殊通径、高钢级、高附加值产品，成为企业参与世界同行业市场竞争的拳头产品。

寿光富康制药有限公司 （见第九编第六章第二节盐化工企业）

山东凯马汽车制造有限公司 由原山东寿光聚宝农用车辆总厂、山东奥峰农用车集团有限公司、华源凯马机械股份有限公司潍坊冲压件分公司3个企业先后整合组建而成，隶属于恒天凯马股份有限公司（上海市），是从事载货车生产的专业化企业，全国大型工业企业之一。主导产品凯马牌载货汽车和聚宝、奥峰牌低速载货汽车产品，销往全国各地和40多个国家。2010年，公司产销各类载货汽车10.8万辆，实现销售收入35亿元、利税4亿元，公司跻身中国商用车前10强、轻卡行业前4强。

转型发展期（1992—1999年） 1992年，山东寿光纺织机械厂更名为山东寿光聚宝农用车辆总厂（简称聚宝厂）。1996年4月，聚宝厂兼并寿光市机械总厂。1997年6月，聚宝厂与中国华源集团有限公司合资成立山东寿光华源聚宝农用车有限公司（简称华源聚宝）。同年，华源凯马机械股份有限公司（简称华源机械）成立，华源聚宝为华源机械的子公司。1998年3月，华源机械在寿光经济技术开发区筹建华源凯马机械股份有限公司潍坊冲压件分公司（简称凯马冲压）。1998年，农用车年产量位居全国同行业前10强。1999年2月，华源聚宝更名为山东华源凯马车辆有限公司（简称凯马车辆），新上汽车装备生产线。同年10月，华源机械整体购并山东奥峰农用车集团有限公司，成立寿光市凯马奥峰车辆有限公司（简称凯马奥峰），主要生产奥峰牌三轮、四轮农用运输车。当年，企业产值达1.4亿元、利税5124.8万元、利润4287.6万元。

快速发展期（2000—2004年） 2000年6月，华源机械整合寿光板块的农用车生产资源，成立非法人建制的华源凯马汽车事业部（简称汽车事业部），下辖凯马车辆、凯马奥峰、凯马冲压、凯马车辆销售分公司。汽车事业部成立后，对企业进行改革，实施产品开发、市场营销、物资采购、财务结算、人事管理“五统一”制度。2001年7月，公司通过国家汽车生产条件验收，取得汽车生产目录，实现凯马产品由农用车行业向汽车行业的转型。2002年10月，投资2.5亿元，在寿光经济技术开发区建设凯马汽车工业城（二期轻卡项目），形成年产载货汽车、低速载货车（农用车）5万辆的生产能力。2004年，公司实现工业总产值10.2亿元，凯马轻卡产销量进入全国同行业前7强。

规模效益期（2005—2010年） 2005年5

山东凯马汽车制造生产线（2009年摄）

月始，建设凯马汽车工业城三期工程（中卡、重卡项目）。同年6月，在汽车事业部基础上，成立山东凯马汽车制造有限公司。2007年11月，三期工程中的重卡项目投入生产，年产能达到8万辆。2009年10月，东风汽车股份有限公司参股凯马汽车10%的股份，双方出资2.8亿元成立山东东风凯马车辆有限公司。同年11月，凯马汽车投资18.3亿元，建设20万辆卡车及零部件生产基地，2011年10月建成投产。

鲁丽集团有限公司 前身是1983年薛茂林家庭木匠作坊。1994年，组建成立山东鲁丽集团有限公司。同年，获中国乡镇企业行业最大经营规模100家第1名、中国乡镇企业500佳第49名。2002年，被农业部授予全国乡镇企业创名牌重点企业。2007—2010年，鲁丽商标或产品先后被评为中国名牌产品、中国驰名商标、山东省著名商标。2010年，公司下设山东鲁丽钢铁有限公司、寿光市鲁丽木业有限公司、寿光市侯镇福利胶合板厂、山东省寿光市鲁丽纸业有限公司、山东金丽进出口有限公司、寿光市鲁丽水泥制品有限公司、寿光市鲁丽物流有限公司等10余家子公司。总资产达60亿元，年实现销售收入70亿元、利税4.8亿元。

鲁丽集团办公楼（2004年摄）

板材业务 1985年，在家庭木匠作坊的基础上成立侯镇木器厂。1986年，新建胶合板厂，盈利17万元。1993年，投资1600万元，新建装饰板、宝丽板等生产线。次年，先后投资6500万元，新建、扩建刨花板、中密度纤维板等生产线。在全国率先开发杨木胶合板、仿曲柳木纹装饰板等6大系列200多个品种，其中仿曲柳木纹装饰板在世界上是首创，产品出口美国、韩国、日本、中东等国家和地区。1996年，鲁丽集团成为山东省乡镇企业第一批被国家经贸委、农业部批准的国家级企业集团。1997年2月，新建年产3万立方米的高档装饰板生产线，年产值达8000万元。2000年10月，成立鲁丽木业有限公司，年产值8700万元。2004年5月，投资4.7亿元，新建年产20万立方米定向刨花板生产线，年产值5亿元。2005年，研发生产的内置双卡扣地板廓形获得国家专利。2007年4月，投资1.3亿元，新上环保型DV装饰板项目，年产值2亿元。2008年，投资5000万元，建设指接板生产线，年产值7000万元。2009年，定向刨花板制造技术获潍坊科技创新成果奖。

钢材业务 1993年3月，投资3000万元建设10万吨轧钢厂，配套建设3.5万伏变电站项目，主要生产螺纹钢及型钢，年产值5亿元。2002年，投资5800万元，建设2×35吨电炉项目和2×380立方米高炉项目，主要生产钢锭、钢坯，解决钢厂无自产铁水问题。2003年，投资1亿元，改造棒材生产线和建设90平方米烧结生产线项目。2004年，投资3000万元，建设50吨转炉项目，主要产品为钢坯。2007年2月，投资2.6亿元，新建高炉及配套工程技术改造项目，实现由落后炼铁小炉型向现代化冶炼的跨越，各项生产指标和环保、节能指标均居冶金同行业炉型的前列。2009年始，先后投资4906万元建设180平方米烧结机烟气环保脱硫技术改造项目，投资4.3亿元建设1080立方米高炉及配套项目，投资6.9亿元建设120吨转炉项目，投资2.1亿元搬迁改造建设高速全连轧生产线，年创产值100亿元。投资1400万元，建设投运热电厂锅炉烟气脱硫除尘装置。投资5000万元，建设投运钢铁公司烧结机烟气脱硫设施，脱硫效率达到95%以上，被省环保厅认定为全省示范推广工程。投资1亿元，新建鲁丽集团污水处理工程，日处理污水1.5万吨，年节水100万立方米。2010年4月，投资4.6亿元，建设占地面积150亩的建筑用成品钢筋加工配送中心项目，成为国内最大的商品建筑钢筋加工配送基地，年创产值30亿元。

青岛啤酒（寿光）有限公司外景（2003年摄）

山东新龙集团有限公司 （见第九编第六章第二节盐化工企业）

山东大地盐化集团有限公司 （见第九编第六章第二节盐化工企业）

青岛啤酒（寿光）有限公司 位于渤海路与农圣街交叉路口东北角。前身是1985年筹建、1987年投产的山东省寿光啤酒厂。1991年9月，与加拿大卢堡公司合作，成立山东卢堡啤酒有限公司。2001年，加盟青岛啤酒股份有限公司，更名为青岛啤酒（寿光）有限公司。主导产品有青岛冰醇、瓶装崂山啤酒系列和听装崂山啤酒，年产能33.6万吨。2010年，公司完成主营业务收入3.9亿元、利税1.1亿元。公司先后获山东省AAA级纳税信用企业、守合同重信用企业、轻工行业安全生产先进单位等称号。

创业发展期（1987—2002年） 1987年，引进罗马尼亚先进灌装线2条，注册商标为奥蕾牌啤酒，投产当年获山东省第一轻工业厅优良产品证书，并列为潍坊国际风筝会专用啤酒。1988年，获省优质产品奖，在首届中国食品博览会上获银质奖。1989年，生产啤酒1.3万吨，实现总产值580万元、利税498.5万元。1991年，公司与加拿大卢堡公司合作后，产量逐年提高，至2000年，年产蓝仔系列品牌啤酒6万千升。2001年，公司加盟青岛啤酒，产品采用青岛啤酒技术和工艺，企业开始走出低谷。

快速发展期（2003—2010年） 2003年4月，公司在生产蓝仔啤酒的基础上，取得崂山品牌啤酒生产资格，当年实现企业加盟青啤后首次扭亏为盈。至2005年，销量达到11.3万千升。2006年，公司主打品牌由蓝仔向崂山全面过渡，当年销量突破16万千升，成为专业崂山啤酒生产基地。2007年，将原来每小时2万瓶包装线改造为每小时3.6万瓶包装线，年均产能提升到28万千升。2008年，企业开发生产青岛干啤、青岛冰醇新品牌，次年公司销量提升到18万千升。2008年、2009年，公司连续获得青啤公司最佳市场支持奖，跻身集团内同规模生产线前列。2010年，企业产能33.6万千升，产销量突破20万千升，成为青岛啤酒厂产能前10位企业。

寿光卫东化工有限公司 （见第九编第六章第二节盐化工企业）

2010年寿光市特大型企业一览表

表8-4-1　　　　单位：万元

企业名称	主导产品或经营项目	主营业务收入	利税	实缴税金
山东晨鸣纸业集团股份有限公司	造纸、制浆、板材	967371	216160	76733
山东寿光巨能控股集团有限公司	特钢、淀粉、发电	1200899	86601	50501
山东联盟化工集团有限公司	化肥、石油化工、精细化工	826779	78252	29546
山东墨龙石油机械股份有限公司	油管、抽油杆、抽油泵	544738	49136	17297
寿光富康制药有限公司	原料药、医药中间体	254454	27817	15599
山东凯马汽车制造有限公司	农用运输车、汽车及配附件	345730	40485	12720
鲁丽集团有限公司	板材、型钢	669634	48435	11050
山东新龙集团有限公司	烧碱、液氯、盐酸	206203	21775	8751
山东大地盐化集团有限公司	原盐、溴素、烧碱	182109	13257	8522
青岛啤酒（寿光）有限公司	啤酒	38761	10882	8276
寿光市鲁清防水建材有限公司	建筑沥青、防水卷材	343656	15080	6158
寿光卫东化工有限公司	工业盐、工业溴、阻燃剂	76406	9873	5993

第二节 大型企业

1995年，全市大型企业13家。1997年，根据潍坊市经贸部门划分标准，全市有市属大型企业12家、乡镇1家。2005年，鲁丽集团、青啤（寿光）公司、大地盐化公司等17家企业进入大型企业行列。2010年，全市大型企业发展到18家，共实缴税金3.4亿元。

2010年寿光市大型企业一览表

表8-4-2　　　　单位：万元

企业名称	主导产品或经营项目	主营业务收入	利税	实缴税金
寿光市蔡伦申兴精细化工有限公司	60级、95级浆钙，增白剂	37829	11859	2776
寿光市泰丰汽车底盘制造有限公司	汽车车架、制动器、传动轴	124780	13079	2656
寿光市天成食品有限公司	肉鸭、蔬菜加工，钢结构	179442	14037	2651
山东菜央子盐场	食盐、原盐、化工	38897	6048	2631

续表 8-4-2　　单位：万元

企业名称	主导产品或经营项目	主营业务收入	利税	实缴税金
寿光市新能化工有限公司	液化气	83094	5162	2432
山东默锐化学有限公司	溴丙烷、四溴双酚 A	74713	2417	2191
寿光市富士木业有限公司	人造板、家具	48055	5546	2014
寿光市康跃增压器有限公司	增压器	20441	4639	1900
山东博润实业有限公司	冰醋酸、胚芽	35570	3221	1885
山东仙霞服装有限公司	西服及服饰产品	46146	5133	1863
寿光市岔河富源盐场	原盐、氯化镁	5986	467	1809
山东银宝轮胎集团有限公司	全钢子午胎、斜胶胎	92528	6025	1553
华能寿光风力发电有限公司	供电	7196	5451	1296
山东寿光健元春有限公司	塑编袋、纸塑复合材料	64739	1356	1288
寿光市嘉信纺织有限公司	纺织、纤维染色、热电联产	27187	2622	1250
山东千榕家纺有限公司	抽纱、刺绣、印花	50040	1378	1196
寿光市海宁盐场	原盐、溴素	3287	383	1087
山东金河纺织集团有限公司	棉纱、包纱线	17066	1144	1083

第三节　中型企业

1995 年，全市中型企业发展到 18 家。1997 年，根据潍坊市经贸部门划分标准，全市有中型企业 18 家，其中市属 12 家、乡镇 6 家。2005 年，中型企业达到 68 家。2010 年，全市中型企业发展到 93 家，实缴税金 2.7 亿元。其中实缴税金过 500 万元的中型企业 17 家，100 万～ 499 万元的中型企业 76 家。

2010 年寿光市实缴税金过 500 万元中型企业一览表

表 8-4-3　　单位：万元

企业名称	主导产品或经营项目	主营业务收入	利税	实缴税金
山东龙威集团寿光制盐场	原盐	3767	1160	971
新华制药（寿光）有限公司	化学原料药、医药制剂、设备	30838	3064	947
潍坊市华东橡胶有限公司	汽车轮胎、丙纶非织布	78826	11794	943
山东兄弟实业集团有限公司	新型阻燃剂、油田机械	40003	4165	788
潍坊顺福昌橡塑有限公司	轮胎外胎、汽车密封条	67606	1272	718
寿光市汇丰机械有限公司	聚乙烯塑料管材	17974	3194	706
寿光市三洋木制品有限公司	胶合板、细木工板、家具	16354	797	642

续表 8-4-3

企业名称	主导产品或经营项目	主营业务收入	利税	实缴税金
山东汇源建材集团有限公司	防水卷材、防水涂料	33450	3988	635
潍坊市跃龙橡胶有限公司	全钢子午胎、工程胎	99153	2041	617
寿光市金艺发制品有限责任公司	假发配件	5311	619	580
山东富通化学有限公司	氟化苯、溴素	12269	1614	580
寿光市道口联营盐场	原盐	14039	1746	569
山东寿光神润发海洋化工有限公司	阻燃剂	30001	758	534
潍坊市宏源防水材料有限公司	改性沥青防水卷材、涂料	17970	971	524
寿光市宏宇化工有限公司	原盐、阻燃剂、溴素及深加工	30239	1513	523
寿光市鲁源盐化有限公司	盐、溴素	8005	1069	512
寿光大地纺织有限公司	棉纱、包纱线	11420	1191	500

第五章 电 业

第一节 管理机构

1992年4月，县供电公司更名为县电业局，县供电公司名称仍然使用，实行两个牌子一套班子。1999年4月，市供电公司国有资产由山东电力集团公司代管。2010年2月，市供电公司国有资产整体划归山东电力集团公司，成为山东电力集团公司直属子公司。当年市供电公司下设办公室、工会、政工部、人事部等11个部室、3个二级机构、17个供电所。有干部职工864人、农电工475人。

第二节 电网建设

1993年，全县所有自然村实现户户通电。1994年，寿光市被评为山东省首批农村电气化县。1994—1995年，新建大家洼、稻田110千伏变电站和牛头镇35千伏变电站，其中牛头镇35千伏变电站在全市第一个达到无人值守条件。1995年，全市有110千伏变电站6座、35千伏变电站21座、主变压器51台，总装容量44.4万千伏安，高低压输配电线路6248公里。1996年，全市18座变电站具备无人值守条件。同年12月，寿光市通过部级调度自动化系统实用化验收。1999—2000年，先后完成寿光、益城、王高、新城4座110千伏变电站增容扩建工程，建成110千伏马店变电站，成为潍坊市110千伏等级最大装机容量的县。2000年，市农网建设改造工程通过竣工验收。全市拥有110千伏变电站8座，主变压器15台，装机容量43.9万千伏

岔东110千伏变电站（2000年摄）

安；35千伏变电站35座，主变压器74台，装机容量39.9万千伏安。高低压输配电线路7258公里，当年完成供电量12.4亿千瓦时，列潍坊各县（市、区）第1位。2001年11月，220千伏田柳变电站建成投运，成为王高、上口变电站主供电源和寿光变电站第二电源，形成以延庆、田柳2座220千伏变电站为中心、南北分片供电且互为备用的供电格局。2005年，全市所有变电站全部实现双电源供电，开关无油化率达到98%。2008年，建成丰台、北海2座220千伏变电站以及寿光热电厂220千伏升压站，220千伏网架结构日趋完善。同时，实施110千伏网架结构建设，先后建成台头、北洛、建桥、金家、尧河、神树、盐化、跃华8座110千伏变电站及复兴、清河2座35千伏变电站，成为全省规模最大的县级电网。2010年，先后建成岔河、营里、稻田、牛头镇4座35千伏变电站和大家洼、开发区、益城、新城4座110千伏变电站，扩建220千伏延庆变电站主变系统。至2010年年底，全市拥有500千伏变电站1座、220千伏变电站4座、110千伏公用变电站15座、35千伏公用变电站18座，全市电网主变总装容量163万千伏安，输配电线路总长3300公里，完成网供电量31.6亿千瓦时。

第三节 供用电管理

供售电量 1991年，全县社会供电量4.1亿千瓦时，人均用电量481千瓦时。1995年，全市社会供电量6.5亿千瓦时。到1999年，全市供电量、售电量同时突破10亿千瓦时，分别达到10.4亿千瓦时、10亿千瓦时。这段时期用电量增大主要是由于农林牧渔水利业用电量、工业用电量的增长引起。2000—2010年，全市供电量、售电量持续增长，至2008年突破20亿千瓦时，分别达到21.9亿千瓦时、21.4亿千瓦时。这一时期供电量增大主要是由工业用电及育苗、养殖等产业用电增大引起。2010年，全市供电量、售电量分别突破30亿千瓦时。

电力员工检修（2000年摄）

1991—2010 年寿光市（县）供售电量统计表

表 8-5-1　　　　单位：万千瓦时

年份	供电量	售电量
1991	41050.9	39624.9
1992	51593.5	49350.0
1993	53130.5	50822.9
1994	60009.9	57271.1
1995	64529.7	62007.8
1996	73070.0	69810.3
1997	81201.9	77938.1
1998	81150.3	77963.2
1999	104011.3	100163.1
2000	124223.6	119582.4
2001	130130.5	124681.1
2002	128332.8	123253.9
2003	125993.3	121331.0
2004	153311.9	147472.8
2005	174004.1	167786.5
2006	175852.6	170035.8
2007	191278.1	185509.0
2008	219472.5	213646.5
2009	254816.2	249548.4
2010	316269.3	307423.7

电价　1991 年，境内照明用户的单相照明表计量用电和工业、农业动力的三相三线计量用电均发展成为三相四线计量。对实行峰谷用电的用户，安装机械和电子式分时计费表。1991—1998 年，执行的分类电价标准为居民照明用电 0.421 元 / 千瓦时，非居民照明用电 0.7484 元 / 千瓦时，农业生产用电 0.5574 元 / 千瓦时，非普工业用电 1 ～ 10 千伏为 0.5574 元 / 千瓦时、35 千伏为 0.663 元 / 千瓦时、化肥生产 0.233 元 / 千瓦时。1998 年，对部分用户推行预付费电能表。2000 年，实施乡（镇）供电站体制改革，改变传统管电模式，按每 6 ～ 10 个行政村设置 1 个电工组。统一全市农业生产、生活照明和工副业生产到户电价，推行电力营销“五统一”（统一电价、统一发票、统一抄表、统一核算、统一考核）、“三公开”（电量公开、电价公开、电费公开）、“四到户”（销售到户、抄表到户、收费到户、服务到户），农村用电实行一户一表，统一电脑打印票据收费。2003—2010 年，电价相应进行 8 次调整。其中，2007 年 12 月起，实行城乡用电分类同价。2008 年 6 月，适当调整销售电价结构，非居民照明用电与非普工业用电合并为“一般工商业”用电，实行同价。2009 年 11 月起，执行到户电价为居民生活照明电价 0.5469 元 / 千瓦时，一般工商业 0.7753 元 / 千瓦时，农业生产 0.5539 元 / 千瓦时，农业排灌 0.5339 元 / 千瓦时。超出 1 千伏的，适当调整电价。2010 年，执行标准未有变动。

2010 年寿光市分类售电价标准一览表

表 8-5-2　　　　单位：元 / 千瓦时

用电分类		平段价格	尖峰段价格	峰段价格	谷段价格
		7：00 ～ 8：30 11：30 ～ 18：00	10：30 ～ 11：30 19：00 ～ 21：00	18：00 ～ 19：00 21：00 ～ 23：00 8：30 ～ 10：30	23：00 ～ 7：00
居民生活用电	不满 1 千伏	0.5469	—	—	—
	1 千伏及以上	0.4929	—	—	—

续表 8-5-2

用电分类		平段价格 7：00～8：30 11：30～18：00	尖峰段价格 10：30～11：30 19：00～21：00	峰段价格 18：00～19：00 21：00～23：00 8：30～10：30	谷段价格 23：00～7：00
一般工商业用电	不满1千伏	0.7753	—	—	—
	1～10千伏	0.7603	1.2434	1.1744	0.3462
	35～110千伏	0.7453	1.2179	1.1504	0.3402
中、小化肥生产用电	1～10千伏	0.3584	0.5884	0.5556	0.1612
	35～110千伏以下	0.3434	0.5629	0.5316	0.1552
	110～220千伏以下	0.3284	0.5374	0.5076	0.1492
	基本电价	变压器容量	28元/kVA/月		—
		最大需量	38元/kVA/月		—
农业生产用电	不满1千伏	0.5539	—	—	—
	1～10千伏	0.5389	—	—	—
	35～110千伏	0.5239	—	—	—
农业排灌用电	不满1千伏	0.5339	—	—	—
	1～10千伏	0.5189	—	—	—
	35～110千伏	0.5039	—	—	—

第九编

盐业

寿光市是全国重要的海盐产地。寿北沿海地区有总面积155平方公里的地下卤水储藏区，卤水静储量达39.6亿立方米。1995年，国家改革工业盐经营政策后，寿光盐业进行一系列技术和经营创新，盐业得到转型升级和较快发展。2000年，盐业民营经济迅速崛起，初步形成盐溴联产、一卤多用、制盐、提溴、精细化工的循环经济产业链条。2010年，全市盐田面积143.1万公亩，产量466.5万吨，约占全国的1/13。盐化工企业实现销售收入100亿元、利税26亿元。

第一章 盐务管理

计划经济时期，盐的开发、经营、运输等实行统一计划管理。1996年改进两碱工业盐供销和价格管理办法之后，盐业管理由计划经济体制转入社会主义市场经济体制，盐业行业管理随之转变管理观念和方式，本着指导、协调、服务的原则，按照调结构、转方式、抓改革、促发展的总体部署，盐业主管部门协助各生产单位建立健全安全生产管理、设备管理、生产工艺管理等规章制度，为生产经营单位无偿提供技术指导和服务。

第一节 管理机构

1992年1月，县盐务局成立，为县盐业行政主管部门，负责全县盐业行政执法工作，与县盐业公司一套机构两块牌子，人员编制不变。1993年3月，县盐业集团总公司成立，隶属于县盐务局。同年4月，成立县盐化工经营公司，隶属于县盐务局。1994年4月，成立市人民法院盐业法规执行室。1997年2月，在辽宁省大连市设立公司办事处，负责大连化工厂的原盐销售和货款回收、以物抵款的处理，以及东北市场的开发。在羊口镇设立市盐业公司质量检测中心，负责代办原盐及有关原盐销售质量的检验工作。2002年4月，成立市盐政执法稽查大队，为正科级全额拨款事业单位，定编36人。2003年11月，成立市食盐专营公司，对食盐实行专营，与市

市盐务局办公大楼外景（2006年摄）

盐政执法稽查大队一套机构两块牌子。同年，市盐业公司由自收自支事业单位改为企业。撤销市盐业干休所，人员转入市盐业公司。2004年4月，成立圣城盐业有限公司。2010年，市盐务局设办公室、工会、行管科、财务科、司机室、盐政科、经营科、老干所，在职人员47人。

第二节 管理办法

1991年，按照国务院《盐业管理条例》，县盐业公司对原盐生产经营实行计划管理。1993年7月，依照《潍坊市卤水资源监督管理暂行办法》规定，盐的开发、生产、销售、运输实行统一管理，县盐务局（公司）负责全县的盐业行政管理工作。1994年2月，按照国务院食用盐专营、工业盐计划管理精神，市盐务局出台《关于加强盐业管理的若干规定》和《关于加强运销管理的若干规定》，实行准运证制度。1995年6月，市政府制定《寿光市食（碘）盐市场管理意见》，对食盐实行专营。同年，市政府制定《消除碘缺乏病工作意见》，提出到1996年年底全市实现消除碘缺乏病的目标，全市除工业用盐外，居民食用盐、饭店、食堂、食品加工等单位使用碘盐合格率达到95%以上。1996年1月始，国家逐步放开工业盐市场，改计划调拨为合同定货，盐价随市场调节，缴纳增值税。1997年2月，根据国家《食盐专营办法》要求，山东羊口盐场洗盐厂、山东莱央子盐场获得食盐生产资格，盐种为粉精盐，注册商标分别为渤羊牌和雪玉春牌。同年7月，市政府制定《寿光市食盐加碘消除碘缺乏危害实施办法》《寿光市加碘食盐运销管理办法》，规定市盐业公司负责境内碘盐专营管理工作。2000年，市盐务局出台《关于加强全市畜牧、酿造用盐和小工业盐管理的意见》，把畜牧用盐列为单独盐种，全部供应加碘盐，确定其价格为批发价每吨488元。2001年，根据潍坊市《整顿盐业产销秩序2001年工作要点》精神，本着合理布局、方便群众、保证供应的原则，逐步建立以盐业公司为核心的销售网络，全市共设立1处盐产品批发中心、6处盐业站（中队）、32处代批点、1000个零售点。同年9月，市盐务局依据《山东省盐业管理条例》，印发《关于盐产品运销管理实施办法》，销售两碱（纯碱、烧碱）工业用盐，必须由生产厂家与化工企业签订购销合同，由市盐务局盐政处审查备案；食盐（含饲料、食品加工、畜牧、酿造等用盐）按规定实行专营。2004年7月，按照潍坊市政府《关于进一步加强全市盐业产销管理工作的意见》，开展盐业产销秩序集中整顿，对达到5万吨以上的20家制盐企业统一核发制盐许可证，对私自开工建设的盐场和一批产能达不到5万吨的企业进行清理和整顿。至年底，全市共有大小盐场369家。2005年7月，市政府印发《寿光市整顿和规范盐业市场秩序工作方案》，开展食盐市场清理整顿和生产领域规范治理，全市408家“弱、小、散、乱”制盐业户通过挂靠、联合等不同形式，按年产能力5万吨进行组合和清理整顿。2007年，市政府出台《制盐工业结构调整意见》，用1～3年时间，采取集约销售、控股、兼并、联合等形式，将全市所有盐场全部整合为年产能力30万吨以上、规范运作的大型公司制企业，逐步淘汰或关停年产能力30万吨以下、资源浪费、冲销市场的小盐场。至年底，全市盐业共整合成35家制盐企业，并依法取得制盐许可证。2009年5月，按照《山东省碘缺乏病防治规划（2001—2010年）》要求，北部羊口、侯镇、营里3个镇按照每人每年2.5公斤、南部乡（镇）按照每人每年3公斤的标准供应碘盐。到2010年年底，全市合格碘盐食用率达到

95% 以上，学龄儿童尿碘含量大于 100 微克 / 升，8 ～ 10 岁儿童甲状腺肿大率小于 5%，群众防治碘缺乏病知晓率达到 95% 以上。

第三节 盐税征收

1991 年，食盐税额调整，原盐食盐税由每吨 124 元调为 125 元，洗精盐由 102 元调为 95 元，洗粉盐不作调整，工业盐、农牧渔用盐与食盐同税。1993 年 12 月，根据《中华人民共和国资源税暂行条例》和《中华人民共和国增值税暂行条例》，取消盐税，改征资源税和增值税，其中资源税每吨 25 元，以销售量为计税依据。同时，开征增值税，按现行盐价的 17% 税率计征，自 1994 年 1 月 1 日起实施。1995 年 1 月，将盐资源税由原来的每吨 25 元减至 20 元。同年 11 月，市政府制定《寿光市盐业税收管理暂行办法》，实行税收基数管理。以盐场所有权为依据，按盐田有效面积和地下卤水浓度分配全市盐税基数到各盐场（乡镇）。在纳税环节上，按照谁销售结算谁纳税的原则，同时抵扣盐场或所属乡（镇）的税收基数。在管理措施上，实行销售专用票制度，由税务、盐业公司联合监制销盐用票，并加盖盐业公司、联营、销盐单位印章。专用票由盐业公司统一发放，无专用票运盐的一律视为私盐处理。同年 12 月，市政府制定《寿光市盐资源税征收管理暂行办法》，盐资源税征收基数随财政包干体制一定年限不变，增长速度一年一定。2001 年 4 月，对承包盐场实行核定税额征收的办法，定额标准根据寿光市实际、盐场负担能力及邻近县市做法确定。依据测算的原盐产量，下调 10% 确定销盐数量，以此核定税额，另外按每吨原盐 2 元征收其他地方税。2008 年 8 月，出台《寿光市盐资源税征收管理办法》，盐资源税征收标准统一按照每吨 20 元征收。2010 年 12 月，按照潍坊市《关于对原盐、溴素开征价格调节基金的通知》要求，境内原盐、溴素按生产企业实际销售量征收，自产自用的按实际产量征收，原盐以每吨 100 元为起征点，每吨 3 元；溴素每吨 200 元。

第四节 盐政执法

1992 年 11 月，成立县查缉私盐办公室，负责盐业违法案件稽查。至年底，查获违法车辆 68 辆，查缉私盐 350 吨，补税罚款 3.7 万元。1994 年 4 月，成立市人民法院盐业法规执行室，依法审理盐业违法案件，制止和处罚违反《盐业管理条例》行为。同年 6 月，成立市盐政联合稽查大队，下设 3 个分队，由市盐务局 18 人，税务局 3 人，市检察院、公安、财政、工商、交通等部门各 2 人组成。1997 年，实施食盐市场清理整顿，共查获私盐、无碘盐、劣质盐 251 吨，捣毁非法生产经营

盐政执法检查（1999 年摄）

点15个，没收非法生产经营设备15台（套）。1998年，受暴利驱使，私盐活动泛滥，实施2次拉网式食盐市场清理整顿，市盐政、工商、公安、卫生防疫、技术监督等部门参与，共捣毁私盐加工窝点18个，取缔非法销售网点20个，没收非法加工设备22台（套），收缴非法盐产品78吨。2001年5月，市盐政、公安、工商、卫生防疫等部门共同组成联合打假行动队，组织执法车辆5部，执法人员30人，分成南北中3个行动分队，查处制假窝点3个，没收假碘盐20吨、原盐311吨、粉碎盐35吨。与周边县市区盐政部门开展边界联合打假行动，查获边界制售假盐案件7起。2002年4月，成立盐政执法稽查大队，全年累计查处盐业违法案件60起，查获私盐800吨，挖掉私盐窝点35处。2003年3月，市盐政稽查大队与市公安局刑警大队成立联合执法办公室，至年底联合办案30余起，没收违法盐产品110吨，罚没款40万元。2004年，共查获涉盐违法案件83起，上交市财政罚没收入59万元。2006年，利用最高人民检察院关于非法经营食盐罪的司法解释，实施大案要案查处战略，共查处涉盐案件68起。2008年始，实行产销秩序、食盐专营、地磅计量“三统一”管理制度。2010年，共查处涉盐案件178起，上缴市财政罚没收入150万元。

第二章　盐资源分布与储量

寿光盐区，属海滨平原，地势平坦辽阔，且潜水埋藏浅，矿化度较高，蒸发作用强，土壤有不同程度的盐渍化。土壤渗漏系数小，土壤中含盐量、水量及密度等指标均符合建盐滩要求。地下卤水资源丰富，卤水浓度平均12波美度，卤水含溴量每立方米200～240克，发展盐化工具备得天独厚的资源条件。

第一节　卤水资源分布

寿光市北部沿海滩涂，北纬37°1′～37°17′，东经118°37′～119°10′范围内，总面积155平方公里，是全国地下卤水贮量较大、浓度较高的地区。根据山东省制盐工业科学研究所《山东省莱州湾地下卤水析盐规律试验总结报告》，勘测地下卤水浓度由海向陆方向呈低—高—低规律变化，近岸带和远岸带卤水浓度低，中间带卤水浓度高。其中近岸低浓度带宽4～8公里，地面高程1.7米以下，卤水浓度低于10波美度，也称卤水生成带。中间高浓度带宽5～10公里，地面高程1.7～3.9米，卤水浓度在10波美度以上，是地下卤水的主要开采区，既适合生产原盐，也适合生产溴素等化工产品。远岸低浓度带，位于卤水开采区外侧，极少受海潮波及，宽约5～10公里，地面高程3.9米以上，卤水浓度低于10波美度。

第二节 卤水资源储量

寿光北部沿海地下卤水主要有2个来源，一是海水入侵遗留的海水，其中滞留在海积土层中的海水，经过自然蒸发和地下浓缩方式逐渐形成。二是涨潮补给的海水，涨潮、落潮时的潮间带不断形成新的卤水渗入地下，这是地下卤水的一个重要补给源。地下卤水储量按80米深度和圈定5波美度等值线范围计算，2005年，卤水静储量39.6亿立方米、氯化钠3.2亿吨、溴素136万吨、氯化镁4800万吨，此外还有碘、硼、锶等多种经济价值较高的有益元素。2005年后，随着原盐和溴素生产能力的急剧提高，地下卤水资源因过度开发日渐减少。

第三节 卤水化学成分

地下卤水与海水物理性质相似，水味苦咸。化学成份大致相似，所含主要元素的种类相同，离子含量的排列顺序也一致，不同之处是地下卤水的浓度和含盐量较海水高2～6倍，地下卤水中钾、钠、钙、硫酸根、溴及多种微量元素的离子含量低于海水中对应离子的含量，而镁及微量元素锰的离子含量却高于海水中对应离子的含量。地下卤水的组成以氯化钠、氯化镁和硫酸镁为主，氯化钾、硫酸钙和溴化镁的含量次之。另外，还含有碘、铁、锰、锂、锶、硼、铜等微量元素。各种微量元素的含量随地下卤水浓度的增大而升高。

第三章 原盐生产与加工

进入20世纪90年代，寿光海盐生产的产量、质量随着工艺技术的改进和社会需求的增加而不断提高。寿光通过得天独厚的地下卤水资源优势转化为规模优势和效益优势，发展起一大批原盐生产企业和加工企业，使寿光成为全省、全国知名的原盐产地。海盐作为寿光盐业的主导产品，对保障民食工需、增加财政收入都作出了巨大贡献。

第一节 原盐产量

原盐产能，随着盐田规模、技术改进的增加而增加，但受天气等要素影响大，产量丰歉不一，加之市场供求关系的原因，时而滞销，时而供不应求。1991年，原盐产销形势好转，从1986年开始的产大于销变为销大于产。寿光在进行技术改造、对老盐区挖潜提高产量的同时，有计划地建设一批新项目。

原盐生产（2010年摄）

当年，原盐产量达到255.4万吨。1993—1998年，原盐产大于销。主要原因是前期全国原盐发展过快，两碱产业没有按原计划发展，生产宏观调控乏力，造成原盐产销失调，原盐价格一直低价位运行。

1999—2003年，盐业进入大发展时期。1996年国家改革两碱工业盐供销和价格管理办法后，寿光盐业发展潜力得到极大释放，民营资本开始进入盐业领域。至2000年，民营资本注册企业数、投资额、开采规模大幅度增加，当年全市经工商部门注册有法人纳税资格的原盐生产单位369家，盐田面积139.7万公亩，原盐年生产能力209.2万吨。2004年始，原盐生产进入平稳发展期。当年，市政府控制盐业过度发展，原则上不再审批新建、扩建原盐生产项目。对侯镇联营、营里镇联营、羊口镇联营所属的村办盐场进行整合。2005年始，盐业企业通过进行技术改造、结构调整、生产工艺改进，实现经济效益健康增长。至2010年，全市盐田面积143.1万公亩，原盐产量466.5万吨，约占全国的1/13。

1991—2010年寿光市（县）原盐生产情况表

表9-3-1

年份	生产面积（万公亩）	产量（万吨）	利税（万元）
1991	153.9	255.4	2378.9
1992	153.9	314.2	2490.8
1993	161.7	335.0	2507.9
1994	161.6	375.9	2921.8
1995	143.6	244.7	2328.8
1996	142.3	268.5	1804.1
1997	102.9	144.5	1938.8
1998	64.3	90.3	1089.1
1999	105.2	146.7	1756.0
2000	139.7	186.1	2778.3

续表9-3-1

年份	生产面积（万公亩）	产量（万吨）	利税（万元）
2001	127.2	144.6	4188.9
2002	130.9	183.5	4308.9
2003	132.2	134.1	3125.8
2004	194.1	116.4	5700.0
2005	120.1	208.4	11621.0
2006	153.7	331.0	13451.0
2007	152.8	305.6	12219.0
2008	148.3	304.0	11998.0
2009	145.5	356.3	14598.0
2010	143.1	466.5	17490.0

第二节 原盐质量

1991年，按照省盐务局《关于加强原盐质量管理的暂行办法》精神，推行新、深、长制盐新工艺，开发新卤区，塑苫结晶池卤水深度保持在15厘米以上，平晒结晶池在10厘米以上。当年，全县原盐优一级品率达到100%，其中优级品率达到65%以上，氯化钠平均含纯98.5%以上。1992年，开展盐业质量年活动，以五场十联营为单位实行优质优价，优级盐每吨价格85元，一级盐每吨75元。1995年，结合贯彻《中华人民共和国产品质量法》，实施质量否决权，对达不到质量标准的原盐，不予销售。1997年，成立市盐业公司质量检测中心，负责代办原盐及有关原盐销售质量的检测工作。购进大吨位压池机，增加池板密度，将黏土改造为沙池板，提高盐滩质量。2000年始，每季度对全市食盐生产、运销企业进行一次抽检，企业生产线每2小时进行一次碘含量测定。

2001年始，在重点制盐企业中开展质量体系认证工作，先后有菜央子盐场、卫东化工有限公司、大地盐化集团有限公司等企业通过 ISO 9000 质量管理体系认证。2003 年，对商业库存食用盐，入库前必检 1 次，库存食用盐每月抽检 2 次。2005 年始，每年分批对企业检测人员进行技术培训，考试合格后发证上岗，至 2010 年在岗质检人员取得专业培训资格证书合格率达到 100%。2006 年，开展质量管理年活动，对达不到原盐质量标准的不计产量、不予销售。2007 年，山东省盐及盐化工产品质量监督检验站对全市的原盐质量进行 2 次抽查，全市原盐优一级品率达到 98%，较上年提高 7.5%。2010 年，实施质量兴盐战略，将工作重点由原来的低价竞争转移到以优取胜、以质量求生存上来。

第三节 原盐加工

1991 年，加工盐产品主要有再制盐、加碘盐、洗粉盐、洗精盐、多品种营养盐等。2010 年，原盐加工的系列产品年生产能力达到 50 万吨，主要产品有加碘盐、洗精盐、精制盐等。此外，还有营养盐（含人体需要的营养元素）、融雪盐（用于冰雪融化）、足浴盐、畜牧盐（用于畜牧业生产）等其他类加工用盐，这类盐需求量、产量较小，未形成规模生产。

加碘盐 为防治地方性甲状腺肿病而专门生产的特殊盐种。20 世纪 80 年代，境内羊口盐场、菜央子盐场先后建成加碘盐生产线，产量较小。1992 年 3 月，经山东省盐务局、省地方病研究所抽查，认定羊口盐场、菜央子盐场符合碘盐加工条件，所产加碘盐达到质量要求。1995 年，羊口、菜央子两盐场被省盐务局正式确定为加碘食盐定点生产企业，并确定菜央子盐场为地产地销加碘盐生产企业。当年，羊口、菜央子两盐场共生产加碘盐 9.9 万吨。2001 年始，取消 1000 克塑料包

菜央子盐场碘盐库房（2001 年摄）

装，全部改用 500 克复合膜小包装。2004 年，推行环保无污染的 500 克纸塑小包装。2005 年始，推广再制盐碘盐品种，全市合格碘盐食用率达到 92.1%，碘盐覆盖率达到 97%，碘盐合格率达到 97.8%。2010 年，生产加碘盐 12.7 万吨。

洗精盐 是经多次粉碎、多次洗涤的加工盐产品。20 世纪 80 年代，羊口盐场、菜央子盐场分别建成年产 20 万吨、15 万吨的洗精盐厂。1990 年，山东菜央子盐场生产的洗精盐被化工部评为优质产品。2010 年，全市生产洗精盐 6.9 万吨。

精制盐 也称再制盐，是将原盐溶化成卤水后，经强制蒸发而得到的氯化钠结晶体。国家对精制盐生产实行计划管理，每年由上

精制盐（2010 年摄）

级根据企业生产能力和供需情况，逐级下达生产调拨计划，企业按计划组织生产、调拨。随着人民生活水平逐步提高，精制盐的需求越来越大，精制盐的生产规模和产量随之提高。2001年，山东菜央子盐场开始利用真空制盐工艺生产精制盐。2005年，山东菜央子盐场生产的雪玉牌精制盐，获山东省名牌产品称号。至2010年，全市精制盐产量达到6.5万吨。

1991—2010年寿光市（县）部分加工盐产量表

表9-3-2　　单位：万吨

年份	加碘盐	洗精盐	精制盐	年份	加碘盐	洗精盐	精制盐
1991	4.6	3.5	—	2001	7.1	7.2	1.1
1992	5.0	2.7	0.5	2002	6.6	6.4	1.2
1993	6.0	1.7	1.0	2003	7.7	6.4	1.2
1994	7.8	0.9	0.8	2004	8.9	7.1	2.1
1995	9.9	1.9	1.1	2005	11.1	5.0	4.1
1996	5.5	1.6	1.4	2006	12.3	4.1	4.3
1997	6.0	1.7	1.3	2007	16.0	3.3	6.2
1998	4.8	5.1	1.2	2008	14.7	3.5	5.8
1999	4.7	6.0	1.8	2009	12.6	7.2	8.8
2000	5.6	8.5	1.9	2010	12.7	6.9	6.5

第四章　盐化工

1991年，县政府出台《关于加快盐化工开发步伐若干规定》，盐化工业步入健康发展轨道。境内盐化工企业共有21家，形成年产纯碱60万吨、烧碱4.5万吨、氯化镁1.5万吨、氯化钾1500吨、溴素5800吨、溴系列精细化工产品2050吨的生产能力。主要产品有四溴双酚A、1211灭火剂、溴化钾、溴化钠、溴化铵、氢溴酸、氯化钾、氯化镁、溴化锂、小苏打等23种，其中溴素生产能力占全国的一半，寿光被轻工部确定为全国溴素生产基地。1994年，全市盐化工产品包括碱、溴、镁3大系列33个品种，实现产值1.5亿元，利税1419万元，盐化工在盐业中的地位和作用不断增大。2002年，实施稳定发展盐系列、深化发展溴系列、储备开发碱系列战略，全市盐化工产品形成溴素、药、镁3大系列20多个品种。2006年，按照产品精细化、技术高新化、市场国际化的要求，依托高新技术，加快深层开发，全市形成医药、阻燃剂、感光材料、苦卤化工等系列40余个品种。同年，寿光盐业公司毕新民工程师自行研发3-溴-4-羟基苯甲醛获得成功，填补世界空白。2007年，山东大地盐化集团公司研制的二溴甲烷、溴氯甲烷产品合成工艺达到国内领先水平，填补国内空白。2010年，全市盐化工形成碱、溴、医药、阻燃等系列50余个品种，实现销售收入100亿元，利税26亿元，成为国内重要的盐化工基地。

第一节 溴 素

溴是制取各种溴盐的基本原料，用于工业、农业、照相、电影、塑料、灭火剂、制冷等领域。进入20世纪90年代后，寿光溴素企业得到长足发展，全市相继新建、扩建大批溴素厂（车间）。1991年，岔河盐场扩大溴素生产能力，建成年产2000吨溴素项目，与新建的35万吨盐田配套联产，当年收回30%的投资。该制溴工艺，采用亚硫酸喷雾、空气吹出封闭循环，为国内首创。全县溴素年产量达到5800吨，占全国溴素产量的一半，被轻工部确定为全国溴素生产基地。羊口、岔河等盐场生产的溴素获国家银质奖和化工部优质产品称号。1994年3月，岔河盐场自筹资金400万元，对溴素车间进行工艺改造，新扩1000吨溴素生产能力，溴素年产量达到4000吨，列全国同行业第2位。至2000年，全市溴素年生产能力达到2万吨以上。2005年，全市溴素产量1.8万吨，占全国总产量的1/3。2006年，海源盐化集团通过工艺革新，提高溴素质量，年产溴素1.2万吨，同比增长12%，当年全市溴素总产量达到3.5万吨。同年冬季，市盐务部门出台文件，对溴素生产实行停产、限产制度，防止卤水资源过度开采。2010年，全市共有溴素生产企业49家，溴素年生产能力达到4万吨，其中年生产能力1000吨以上的有山东大地盐化有限公司、寿光卫东化工有限公司化工厂、寿光宏宇化工有限公司、寿光润达化工有限公司、潍坊寿光远大化工有限公司、山东富通化学有限公司等。当年，全市溴素产量超过10万吨，占潍坊市总产量的1/3。

溴素（2003年摄）

2010 年寿光市部分溴素生产企业统计表

表 9-4-1　　单位：吨 / 年

企业名称	生产能力	企业名称	生产能力
山东大地盐化有限公司	6000	寿光市龙潭化工厂	500
寿光卫东化工有限公司化工厂	1500	寿光鲁源盐化公司	500
寿光宏宇化工有限公司	1500	寿光市东信化工厂	500
寿光润达化工有限公司	1000	寿光市泰和化工有限公司	500
寿光市海惠制溴有限公司	800	寿光远大化工有限公司	1000
寿光市福阳化工厂	300	寿光市富源化工有限公司	300
寿光市林海化工有限公司	500	寿光盛远基业有限公司	500
寿光市富海经贸化工有限公司	500	寿光市四海科技有限公司	300
寿光市永康第一分公司	500	寿光市豪源化工有限公司	500
寿光市永康第二分公司	500	寿光市海宁盐场	500
山东富通化学有限公司	1000	—	—

1991—2010 年寿光市（县）溴素产量统计表

表 9-4-2　　单位：吨

年份	产量	年份	产量
1991	5800	2001	7990
1992	6223	2002	9476
1993	6200	2003	8552
1994	5476	2004	8404
1995	7000	2005	18294
1996	6174	2006	35443
1997	7620	2007	36997
1998	7433	2008	84072
1999	7800	2009	94491
2000	7811	2010	102593

第二节　溴系列深加工

1995 年以前，溴系列深加工生产规模较小，产量较低。1996 年以后，境内先后新建、扩建一批溴系列深加工项目，至 2000 年，全市溴系列深加工年生产能力达到 2 万吨，约占全国的 1/4，医药产品 TMP 生产能力每年 700 吨，约占全国的 1/2。2005 年，寿光卫东化工有限公司建设年生产能力 5000 吨的 MCA

（氰尿酸三聚氰胺）、年生产能力为1000吨的新型无卤环保阻燃剂（FR-NP）和500吨的FR-MP，开发出年产2000吨的溴氮结合型阻燃剂等多种新型环保阻燃剂，实现多样化发展。2010年，全市溴系列产品主要有阻燃剂系列产品（四溴双酚A、十溴二苯醚、十溴二苯乙烷、MCA等）、染料中间体系列产品（2，4-二硝基-6-溴苯胺、2，6-二溴-四硝基苯胺、1-氨基-4-溴蒽醌-2-磺酸钠等）、医药中间体系列产品（二溴醛等）、农药中间体系列产品（溴乙烷、溴丙烷）等。

四溴双酚A 属阻燃剂系列产品，为白色或淡黄色结晶粉末状，不溶于水，是塑料、橡胶、建筑材料制造业的阻燃添加剂。1991年，岔河盐场生产的四溴双酚A获得山东省优质产品称号。1997年8月，山东大地盐化集团有限公司建成年生产能力1000吨的四溴双酚A项目，2001年进行技术改造，次年生产能力扩大到2000吨，2005年再进行扩建改造，年生产能力达到3000吨。2006年，山东寿光神润发海洋化工有限公司新上四溴双酚A生产线，当年产量达3000吨，至2010年产量达到1万吨。2007年，山东富通化学有限公司生产四溴双酚A 5372吨，2010年产量为833吨。2010年，全市产量达到1.6万吨。

四溴双酚A（2009年摄）

十溴二苯醚 是一种广谱、高效、添加剂型的阻燃剂，应用于橡胶、纺织、电子、塑料等行业。1995年，寿光卫东化工有限公司建成年产能力150吨的生产线车间，后逐步增加生产线，改进工艺技术，至2005年建成5个车间19条生产线，生产能力达到1万吨，2010年产量为6618吨。1999—2000年，海源盐化集团投资900万元，分别建成年产700吨十溴二苯醚、1000吨十溴二苯醚项目，完成利税740万元。2001年，山东大地盐化集团有限公司建成年生产能力1000吨的十溴二苯醚项目，2003—2004年投资180万元进行技术改造，增加产能1000吨，2005年进行扩建，当年产量达到2380吨。2006年，寿光市与北京理工大学联合，建立国家级溴类阻燃剂生产基地，专产十溴二苯醚阻燃剂，技术达到国内领先。至2010年年底，全市产量2.6万吨。

十溴二苯醚（2008年摄）

十溴二苯乙烷 属阻燃剂系列产品，应用于苯乙烯类高聚物、绝缘体、弹性体等。2002年，寿光卫东化工有限公司建成十溴二苯乙烷生产车间共3条生产线，后经技术改造，产品产量和质量明显提高。2004年，该企业又增加2个车间共6条生产线，年生产能力达到5000吨。2005年建成4个车间6条生

十溴二苯乙烷（2010年摄）

产线，年生产能力达到8000吨。2008年，山东富通化学有限公司新上十溴二苯乙烷生产线，年生产能力1000吨。2010年，山东寿光神润发海洋化工有限公司建成十溴二苯乙烷生产车间，当年产量达到3000吨。2010年，全市生产十溴二苯乙烷2.3万吨。

2，4-二硝基-6-溴苯胺　属染料中间体系列产品，用于生产高活性和分散性染料。2005年，山东大地盐化集团有限公司投资500万元，建成2，4-二硝基-6-溴苯胺车间，年生产能力5000吨，2010年产量3819吨。至2010年年底，全市产量达到6544吨。

溴丙烷　属农药中间体系列产品，也是一种新型清洗剂。2004年，寿光卫东化工有限公司开工建设溴丙烷项目，年生产能力1.5万吨，至2010年产量达到2396吨。2008年，寿光富康制药有限公司新上溴丙烷生产线，当年产量2728吨。2010年，山东寿光神润发海洋化工有限公司建成溴丙烷生产车间，当年产量达3000吨。2010年，全市产量达到1.1万吨。

二溴醛　属医药中间体系列产品，外观为棕黄色片状晶体，夹有少量深色颗粒。1991年，卫东盐场建成年产100吨的二溴醛项目，次年产量60吨。1995年，卫东盐场进行扩产，年产量达到1000吨，次年对生产工艺再次进行改进，产品含纯从95%提高到98%，1997年因市场原因停产。1993年，寿光县岔河盐场投资96万元建成年产能力250吨的二溴醛项目，当年产二溴醛33.4吨、氢溴酸200吨，1996年因销路原因停产。2008年，寿光富康制药有限公司新上二溴醛生产线，当年生产3396吨。2010年，全市生产二溴醛5500吨。

1991—2010年寿光市（县）部分溴系列深加工产品产量表

表9-4-3　　　　单位：吨

年份	四溴双酚A	十溴二苯醚	十溴二苯乙烷	2，4-二硝基-6-溴苯胺	溴丙烷	二溴醛
1991	119	201	\	89	309	60
1992	101	222	\	98	831	77
1993	155	219	\	57	1026	102
1994	209	560	\	55	1374	114
1995	546	688	1722	89	1432	1200
1996	621	232	1900	199	1288	879
1997	1650	479	2911	195	1732	78
1998	1621	440	3109	258	1891	30
1999	1821	445	2239	222	2219	68
2000	1509	765	4312	394	3124	102
2001	2589	2210	3456	209	5134	390
2002	2709	5397	7568	560	7006	443
2003	2319	7277	9440	432	5924	521

续表 9-4-3

年份	四溴双酚 A	十溴二苯醚	十溴二苯乙烷	2，4- 二硝基 -6- 溴苯胺	溴丙烷	二溴醛
2004	3401	5351	10697	523	5099	234
2005	3219	6165	22419	819	6109	632
2006	6989	13122	18620	1553	8001	451
2007	10820	12650	9981	2389	7770	647
2008	8798	19761	15601	3109	8742	4536
2009	18409	22178	19022	5216	11749	4389
2010	16329	26364	23089	6544	11067	5500

第三节 其他盐化工

氢溴酸 又称溴氢酸、溴化氢，在医药上用以合成镇静剂、麻醉剂等医药用品，在工业上是一些金属矿物的溶剂，在石油工业上可作为烷基化催化剂。1993 年，国内溴素销售困难，岔河盐场调整产品结构，开发出氢溴酸项目，年产 300 吨。1995 年，寿光卫东化工有限公司氢溴酸生产线投产，年生产能力 3.5 万吨。1999 年，海源盐化集团投资 500 万元，建设年产 2000 吨精品氢溴酸项目，实现利税 500 万元。同年，卫东盐场的精制氢溴酸等产品远销欧美、东南亚等 18 个国家和地区，实现出口创汇 2558 万元。2000 年，寿光卫东化工有限公司氢溴酸通过 ISO 9000 标准认证。2005 年，山东大地盐化集团有限公司新上氢溴酸生产线，次年产量 4456 吨。2006 年，寿光市引进先进技术，将十溴二苯醚附产的氢溴酸进行精深加工，开发精制氢溴酸、溴化锂等产品，畅销国内外市场。2008 年，山东富通化学有限公司新上氢溴酸生产线，当年生产 213 吨。至 2010 年，全市产量为 3.6 万吨。

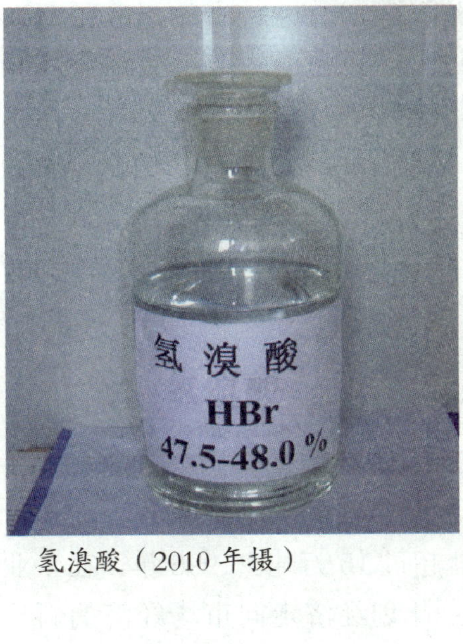

氢溴酸（2010 年摄）

二苯醚 主要用于有机合成，大量用于香料工业，还可作合成树脂和其他有机合成工业的原料。2005 年 8 月，山东大地盐化集团有限公司投资 767 万元，建成年生产能力 1000 吨的二苯醚项目，2009 年生产二苯醚 1122 吨。至 2010 年，全市产量 1206 吨。

对甲基苯酚 为无色透明液体或晶体，是制成抗氧剂 2，6- 二叔丁基对甲酚和橡胶防老剂的原料，也是生产医药 TMP 和染料可利西丁磺酸的重要基础原料。1995 年 7 月，菜央子盐场建成对甲基苯酚生产车间，年生产能力 1500 吨，后经扩产改造，2005 年生产能力达到 4000 吨，2010 年该企业产量 5000 吨。2010 年，全市产量 6219 吨。

1991—2010年寿光市（县）其他盐化工部分产品产量表

表 9-4-4　　单位：吨

年份	氢溴酸	二苯醚	对甲基苯酚	年份	氢溴酸	二苯醚	对甲基苯酚
1991	\	\	\	2001	11956	452	1734
1992	\	\	\	2002	14857	342	2109
1993	338	179	\	2003	14150	653	2433
1994	476	244	555	2004	11847	439	3456
1995	1293	333	987	2005	15155	659	3909
1996	3652	210	1099	2006	24765	1190	4016
1997	7905	322	783	2007	28142	1489	3954
1998	6591	211	990	2008	30409	1521	5129
1999	9833	356	648	2009	33268	1798	4872
2000	8720	587	1266	2010	36219	1206	6219

第五章　原盐运销

1991—1995年，盐产品属国家统销物资，实行计划调拨。1996年5月，国家颁布《食盐专营办法》，确定食盐经营体制，盐行业产销统一归口管理，盐产品实行总量控制，食盐实行专营，制碱工业盐逐步进入市场，其他工业盐由盐业公司组织供应。2010年，组织运销337.9万吨。

盐场运销（1999年摄）

第一节　运　输

1991年，组建40部载重车辆和2部铲车组成的短途集港运输车队。1994年8月，投资85万元购买300吨位的自航船1艘，专门从事海上原盐运输。益羊铁路专门从事原盐铁路运输，经羊口火车站运至潍坊火车站或昌乐盐运站，然后销往全国各地。1995—2001年，每年经运盐码头输往大连、龙口、威海等地原盐超过15万吨。1996年，在工业盐运销管理由计划经济走向市场经济的新形势下，投资230万元，在羊口火车站建成原盐货场，占地面积1.4万平方米，可供整列火车装卸。2010年，原盐外运能力提高，是全省盐业较大的自备原盐货场。

第二节 销 售

1992年，对基层供销社食盐销售与所属乡（镇）财税收入直接挂钩，实行优质优价，将原盐公收价78.9元/吨，调整为优级盐83.9元/吨、一级盐73.9元/吨。下放销售权，制盐企业自行联系销盐，按规定上缴税费。调整产品结构，增加不同规格的原盐和加工粉洗盐等多个品种，满足用户需求。1993年，全国原盐实行计划调拨和自销2种销售方式。同年2月，县盐务局实行“三定一包”（定地区、定销售量、定货款回收，包工资费用）联销计酬承包责任制。根据市场现状，实行销售吨盐奖和货款回收奖，每销售1吨盐，提取0.05元，超计划部分，每销售1吨盐提取0.1元；回收当年货款按0.1%提取，以前的货款按0.15%提取。1994年，实行统一分配销售计划、统一组织调拨、统一计量、统一结算、统一代扣代缴两税、统一行业管理的“六统一”政策。全市自销原盐达到41.5万吨。1995年，本着统一管理、搞活价格、理顺关系、定点直供的原则，出台《全市原盐运销结算工作意见》，菜央子、卫东、岔河盐场生产、销售计划分别实行国家、省级计划单列，乡（镇）及其以下盐场的生产、销售计划，全市按统一比例分配下达。凡超计划生产的原盐，全部放开，由生产单位自定价格，自行销售。同年9月，按照国家对盐业放开经营的要求，确定上海化轻总公司为寿光市盐化工产品在上海地区的销售业务总代理，与中盐总公司上海运销站签订8万吨原盐销售合同。1996年5月，根据国务院《食盐专营办法》精神，对食盐实行专营管理，小工业盐、其他用盐实行计划管理。1997年，根据盐业供销体制改革新形势，采取多方销售灵活经营的方式，货款回收以收现汇为主，发挥市场的调节性，灵活经营，当年销售原盐150万吨。1998年，海源盐化集团面对市场新格局，建立以买方市场为主的销售机制，拓展国际市场，原盐产销率达到97%。2000年，原盐再度积压，销售困难。采取以物抵账的办法，从大连化学股份有限公司以及南方盐碱企业抵回价值2100万元的化肥、农药、机电等物资。2003年下半年，原盐欠产，盐价上升，平均价格由每吨70元提高到100元。次年春，新盐未捞之前价格涨到每吨130元。2004年，原盐欠产更为严重，原盐价格从5月份的每吨100元，上升到12月份的330元，最高价格达到350元。在盐源紧张的情况下，采取跨区调运、多方购盐等措施。2005年，受进口盐和井矿盐冲击，价格回落到正常水平。当年销售原盐161.7万吨。2006—2007年，原盐产销基本平衡，但由于市场竞争加剧，导致价格处在较低水平。2008年，受需求拉动，原盐价格涨跌明显，从年初的每吨120元上升到9月份的340元，到年底维持在每吨115元左右。在食盐的销售上，出台《食盐专营三级网络管理指导意见》，完善县级批发、乡（镇）配送、村级送销的管理体系，全年销售加碘食盐5901吨，完成国家计划的107%。2009年，受井矿盐产量增加影响，内陆市场竞争激烈。境内圣城盐业公司与8家用盐企业签订原盐供货合同。利用南方井矿盐成本高、生产经营亏损的有利时机，抢占前几年被井矿盐夺走的河南、安徽、湖南、湖北、江苏、浙江一带的盐业市场，并与韩国签订5万吨融雪盐出口计划。2010年，全年销售原盐389.5万吨，产销率达83.5%以上。

第三节 票证管理

1991年，除销售收款使用销售发票外，其他运输一律使用原盐运输五联单，一联为存根，二联为收货单位，三联装卸费结算，四联运费结算，五联生产单位。各场放销1人监车，1人开票。1995年，凡属从海上调运的原盐，由盐业集运站具体负责发放调拨单、准运证和筑装计量调运工作。凡属直供、干线运输和计划内销区的原盐运销，由盐业销售服务公司办理调拨单、准运证等有关手续。各生产场自行联系的计划外销原盐业务，由市盐业公司开具“计划外原盐通知单”，盐业销售服务公司或集运站根据通知单期限、数量、地点办理具体运销手续，盐所组织实施。盐款结算由公司统一开具增值税发票，销售单位负责将盐款回收到总公司账户，留足上缴税费后，即返企业。1996年，两碱工业盐市场放开后，各制盐企业（取得制盐许可资格）携工业盐购销合同、单位公章到省盐务局领取准运证，并到潍坊市盐务局备案。调运时，由各盐所计量处开具计量、收费五联单。对没有取得制盐许可的部分企业，由市盐业公司代为签订合同、领取准运证和办理调运手续。至2010年，票证管理无变化。

第六章 主要盐业企业

1995年，全市盐业企业主要有山东菜央子盐场、卫东盐场、岔河盐场3家市属盐业企业，羊口镇盐场、清水泊农场盐场等9家乡镇盐业企业。当年，市属企业实现销售收入1.2亿元、利税3072万元（包括增值税、资源税），成为全国最大的盐及盐化工基地。2009年，按照国家发改委《全国制盐工业结构调整意见》要求，将全市36家5万吨以上生产规模的制盐企业，融合为14家年产能力达到30万吨以上的规模制盐企业。2010年，全市盐及盐化工企业127家。

第一节 原盐生产及加工企业

山东菜央子盐场 始建于1959年，原为安徽国营菜央子盐场。1992年3月，正式复名为山东菜央子盐场。企业位于寿光市北部，占地面积24平方公里。企业经过近60年的发展，形成以原盐为基础、食盐为主导、化工为开发重点的3大系列100多个品种。2010年，总资产3.7亿元，有职工1200人。原盐生产能力50万吨、食盐55万吨、溴素2000吨。雪玉春牌精制食盐及粉洗盐、海晶盐等通过中国绿色食品认证，并获山东省著名商标、山东省名牌产品等称号。产品畅销国内15个省（市、自治区），出口欧洲、美国、日本、韩国、印度、巴基斯坦、东盟、非洲等国家和地区。企业先后获中国海盐生产示范企业、山东省盐业系统先进企业等称号。是山东省盐业集团直属国家食盐定点生产企业。

艰苦创业期（1959—1989年） 1959年2月，在寿光北部动工新建安徽国营菜央子盐

场，建成4个工区，生产能力4万吨。之后，盐场多方筹资，艰苦创业，陆续扩建，至1979年，盐田面积达68.1公亩，原盐产量达到22.1万吨。1980年9月，建成氯化钾厂（山东莱央子医药化工厂前身），先后生产TMB、溴素、八溴醚、对甲酚、硫酸等产品。1982年春，省一轻厅盐业公司投资10万元，在盐场建设加碘盐车间，成立加碘队。1985年1月，企业推行经营体制改革，对6个生产工区实行“三定一奖”（定产、定购、定售，超产奖励）和“节约分成”制度。1988年，建成年产1000吨溴素扩改项目，年增加产值700万元。1989年，企业被全国加强企业管理指导委员会授予国家二级企业称号，进入良性发展快车道。

山东莱央子盐场成品仓库各类盐产品(2010年摄)

快速发展期（1990—1997年） 1990年11月始，投入资金扩大盐田面积，提高盐滩质量。至1992年，全盐场的结晶面积基本实现塑苫化。同年5月，医药化工厂承担的火炬计划项目（新产品）3，4，5-三甲氧基苯甲醛（TMB）经山东省一轻厅、潍坊市科委鉴定为出口创汇附加值新产品，填补省内空白，技术达到国内先进水平。1995年，建成主导化工产品对甲酚项目，年产对甲酚5000吨、硫酸1万吨、亚钠1.2万吨，年产值3000万元。1996年始，进行食盐精加工生产，形成以精制盐为主导，粉精盐、粉洗盐、绿色海盐、海藻碘盐、低钠盐、日晒盐、肠衣盐、多品种营养盐、足浴盐、沐浴盐为补充的100多个品种食盐生产格局。同年，国家对食盐市场实行专营，盐场被确定为首批国家食盐定点生产企业。1998年4月，杨国富调入盐场任场长兼党委书记，调整理顺营销机构，引进意大利萨西布公司加碘包装机（1000克/袋）2台，实现自动化包装。当年，实现利税1045万元，完成年计划的123%，首次突破千万元大关，为企业的后续发展提供强劲动力。

现代企业发展期（1998—2010年） 1998年，改革工资分配办法，由计时工资制改为岗位工资制。1999年8月，八溴醚项目与对甲酚精馏车间改造竣工投产，年增产值2450万元。同年，被山东省盐务局授予盐业系统先进企业称号。2000年，投资750万元，新上水洗盐、八溴醚项目，对甲酚精制、硫酸、磺酸车间进行技术改造。2001年，投资4000万元建成年产能力10万吨的加碘精制盐生产线。2002年，雪玉春牌精制盐通过中国绿色食品认证。2004年，建成国内一流的30万吨现代化食盐物流配送中心和食盐自动化包装物流配送车间。2004年，实施溴盐联产，实现卤水资源合理有效利用。新上塑苫结晶面积2392公亩，更新改造塑苫8048公亩，原盐产能由17万吨增加到25万吨。2005年，企业生产八溴醚1137吨、对甲酚3117.8吨、硫酸产品1.5万吨，日产小包装食盐600吨。同年雪玉春牌精制盐被评为山东名牌产品。2008年8月，建成1.7万平方米现代化食盐物流配送中心，具体承担省内11个地市的食盐配送和安徽、江苏、上海、湖南、北京等10多个省（市）配送任务，同时产品出口欧美、非洲、日本、韩国、印度等18个国家和地区。

2009年，累计产销各类食用盐40万吨，被山东省盐业总公司确立为全省食盐调拨配送中心。2010年，完成主营业务收入3.9亿元，实现利税6048万元。

寿光市岔河富源盐场 位于寿光滨海（羊口）经济开发区侯镇海洋化工园区，始建于1976年12月，原名侯镇人民公社联营盐场，是镇村联营企业。2010年，盐场占地21.5万公亩，有效面积14.8万公亩，主导产品原盐，年生产能力55万吨，产品优、一级率达90%以上。

侯镇北部各村历史上素有农、盐、牧、渔、马业并举的传统。20世纪60—70年代，侯镇、岔河公社通过扩大盐田面积、改进生产工艺促进盐业生产，至1977年盐田面积达到5500公亩，年产原盐2万吨。1976年12月，为便于生产调度、销售与税费收缴管理，组建侯镇公社联营盐场。之后，原盐生产进入良性发展时期。1984年，公社改乡镇，岔河乡从侯镇析出，原侯镇公社联营盐场划归岔河乡，更名为寿光县岔河乡联营盐场。1986年，将隶属于侯镇的村办盐田实行集中管理，成立侯镇联营盐场。

1990年3月，开始新上捞盐机、活茬机等机械设备，原盐生产基本实现机械化。1992年2月，县盐业公司拨款，联营盐场统一实行薄膜塑苫结晶新工艺。2000年12月，寿光市岔河镇联营盐场更名为寿光市岔河富源盐场。2001年，侯镇、岔河两镇合并，原侯镇联营盐场与寿光市岔河富源盐场同时并存。2005年1月，侯镇联营盐场并入寿光市岔河富源盐场，当年盐田面积28.1万公亩，年产原盐100万吨。2006年，成立寿光滨海（羊口）经济开发区侯镇海洋化工园区，盐田面积压缩为13.3万公亩。2010年12月，岔河富源盐场有有效盐田面积14.8万公亩，原盐生产基本实现机械化，结晶池全部推行塑苫化。年产原盐55万吨，上缴税金1809万元。

2010年寿光市部分原盐及加工企业情况表

表9-6-1 单位：万元

企业名称	主导产品或经营项目	主营业务收入	利税	实缴税金
山东菜央子盐场	原盐、食盐、多品种盐	38897	6048	2631
寿光市岔河富源盐场	原盐	5986	467	1809
寿光市海宁盐场	原盐	3287	383	1087
山东龙威集团寿光制盐场	原盐	3767	1160	971
寿光市道口联营盐场	原盐	14039	1746	569
寿光市圣泉盐业有限公司	工业盐	780	98	121
寿光市鲁源盐化有限公司	盐、溴素	8005	1069	512
寿光市东信工贸有限公司	原盐、溴素	4892	488	417
寿光市豪源化工有限公司	原盐、溴素	9206	1972	400

第二节 盐化工企业

寿光富康制药有限公司 前身是1993年兴建的寿光县制药厂，位于城区北海路168号。1997年6月，寿光市制药厂更名为寿光富康制药有限公司，2000年进行股份制改造。2005年，企业迁至学院东街5号，生产区占地面积2000亩。2010年，公司由建厂初期仅生产甲氧苄啶（TMP）1个产品，发展成为拥有富康制药、富康化学、瑞康精化、永康化学、华康经贸、富康动物药业、富康制溴等12个生产性企业的国家级高新技术企业，产品65%以上出口美国、德国、英国、日本、韩国等60多个国家和地区，居中国医药工业企业42强。当年，完成销售收入25.5亿元，实现利税2.8亿元。

艰苦创业阶段(1994—2000年) 1994年10月，寿光市制药厂建成投产，产品只有甲氧苄啶（TMP）1个品种，年产不到20吨。1997年，与华东理工大学合作，引进开发高压反应法生产新工艺，对主导产品TMP的关键中间体进行新技术改造，质量稳步达到欧美药典标准。同年11月，企业扭亏为盈。2000年，TMP年生产能力由建厂初期的20吨，提高到2400吨。

快速发展阶段(2000—2005年) 2000年3月，在侯镇工业园成立寿光永康化学工业有限公司，主导产品二溴醛、溴丙烷，占国内市场份额的50%以上。同年12月，在全市率先完成企业改制，当年完成工业产值2.5亿元、销售收入1.2亿元，实现利税600万元。2001年10月，原料药TMP再次扩产，年产达到1600吨，公司逐渐成为世界上最大的TMP生产企业，市场份额占全球的60%。同年，民康溴素厂投产，形成溴素—二溴醛—TMB-TMP一条龙生产格局。2002年12月，在昌邑市成立昌邑民康制溴有限公司，下设8家溴素厂，其中昌邑市柳疃镇5家、寿光3家，年产溴素1万吨，成为全国最大的溴化物生产出口基地。2003年，企业开发出当时世界上仅美国、日本2个国家能够生产的一种新型热敏染料ODB-II。2004年7月，与瑞士汽巴公司正式签约成立瑞康精化有限公司，投资1650万美元建设年产900吨的ODB项目，成为全市第一家与世界500强企业合作的企业。同年，通过国家新版GMP认证和ISO 9001、ISO 14001、OHSAS 18001三个体系认证。2004年7月，成立寿光市富康化学工业有限公司，TMP产品产销量占全球市场份额75%以上，原料药奥美拉唑、新诺明、盐酸二甲双胍产销量居全国首位。至2005年年底，企业总资产达5.3亿元，完成销售收入8.7亿元，实现利税1.5亿元，跨入全国医药工业百强。

富康制药生产车间（2010年摄）

转型发展阶段(2006—2010年) 2006年，与解放军301医院合作开发具有降血糖和抗疲劳双重疗效的生物制剂富康藻中宝。同年12月，企业被认定为山东省溴系列医药化工工程技术研究中心。2008年5月，奥美拉唑微丸生产线第一个成品药车间试生产，企业由原料药开始向成品药发展，主导产品 TMP、SMZ、奥美拉唑、二甲双胍、氯氮平等通过美国食品药品监督管理局（USFDA）现场认证，并获得欧洲药品质量理事会（EDQM）颁发的 COS 证书。同年 12 月，奥美拉唑原料药及其肠溶微丸被列为国家火炬计划项目。2009 年 9 月，企业被认定为山东省级企业技术中心。2010 年 2 月，公司成为国家综合性新药研发技术大平台（山东）产业化示范企业；同年 3 月，甲氧苄啶（TMP）资源综合利用节能减排改进技术、奥美拉唑技术改造关键技术 2 个项目列入国家“十一五”重大新药创制科技重大专项；6 月，奥美拉唑改造关键技术、盐酸二甲双胍大品种改造关键技术 2 个项目列入国家“十二五”重大新药创制科技重大专项；8 月，公司成为山东省第二批创新型试点企业；12 月，省政府批准设立泰山学者 - 药学特聘专家岗位，并引进药学特聘专家 1 人。2010 年，主导产品 TMP，占全球市场份额的 80% 以上，产品销往全国各地及 60 多个国家和地区。

山东新龙集团有限公司 前身是隶属于乡镇企业的寿光县氯碱厂，1989 年 8 月建成投产，2002 年改制成为寿光市新龙电化有限责任公司，2003 年组建寿光新龙电化集团，2009 年改名为山东新龙集团有限公司。主要产品有氯碱、热电、三氯氢硅、三氯乙烯、四氯乙烯、特种气体、山梨糖醇、低汞触媒等。2010 年，企业实现销售收入 20.6 亿元、利税 2.2 亿元。公司先后获全国优秀化工企业、全国化工行业技术创新示范企业、全国守合同重信用企业等称号。

创业发展阶段（1988—2002 年） 1988 年 4 月，县委投资 3000 万元建设寿光县电化厂（后改名寿光县氯碱厂），1989 年 8 月建成投产，属集体企业，主要产品有液氯、烧碱、盐酸、漂白液、固碱等，当年实现产值 950 万元，销售收入 815 万元、利税 49 万元。1990 年、1995 年、1997 年，寿光县氯碱厂先后进行 3 次扩产，虽然产量有所增加，但产品结构单一，且受电费高等因素影响，企业长期亏损。1999 年，李法曾接任寿光县氯碱厂厂长后，进行一系列改革创新，企业逐步走出困境，当年烧碱产量提高到 3 万吨，完成销售收入 4618.6 万元，上缴税金 349.1 万元。2000 年，投资 2500 万元建设自备热电厂，解决电费过高问题。2002 年 2 月，企业实施股份制改造，更名为寿光市新龙电化有限责任公司，企业进入快速发展期。

快速发展阶段（2003—2007 年） 2003 年，投资 6000 万元，建成热电厂二期工程，当年发电 9420 万千瓦时。2005 年，投资 2 亿元，建成 PVC 项目，年产优等级 PVC 2.6 万吨。2007 年，投资 1 亿元，建成 PVC 二期工程，PVC 产能提高到 12 万吨。同年，投资 1.6 亿元，实施烧碱扩产工程，烧碱产能由年产 6 万吨提高到 12 万吨。投资 3 亿元，建设热电

山东新龙集团有限公司化工车间（2008 年摄）

厂三期技术改造项目，企业发展用电问题得到彻底解决。至2007年年底，企业实现销售收入12亿元、利税1.3亿元，实缴税金5306万元。

转调发展阶段（2008—2010年） 2008年，企业确定调整、改造、转移发展方针，制定产品结构调整一年大突破、两年大推进、三年大转移的发展目标。当年投资1亿元建设三氯氢硅项目，产品纯度达到99.5%以上，质量达到国内领先水平，年产值达2.5亿元。2009年，投资6亿多元建设集中供热项目和离子膜烧碱改造项目，次年建成投产，进一步加快产品结构调整步伐。2010年8月，山东省氯碱行业协会举行三氯氢硅分会成立大会，新龙电化集团被推选为三氯氢硅行业协会会长单位。

山东大地盐化集团有限公司 前身为始建于1956年的寿光县岔河盐场。1992年，晋升为国家大型二级企业。2003年12月，改制为山东大地盐化有限公司。2004年1月，组建山东大地盐化集团有限公司，成为以盐化工新兴产业为主导，集生产、经营、科研、内外贸易于一体的综合型、现代化大型企业集团。2010年，公司占地总面积3.9万亩，资产总额25亿元，有职工3000余人。下设12个子公司、10个化工厂、8个制盐分场。

大地盐化集团液氯产品（2010年摄）

年产烧碱75万吨、液氯60万吨、原盐75万吨、其他盐化工产品100万吨，成为全国具有较大规模和较强实力的盐化工产品生产、研发、出口基地。先后获得中国专利山东明星企业、中国海洋化工（寿光）产业基地重点企业等称号，是中国盐业协会常务理事单位、中国氯碱工业协会会员单位。

创业发展阶段（1956—1986年） 1956年，岔河盐区3处盐业合作社合并为2处高级盐业生产合作社，后合并为1处，称岔河盐业生产合作社。同年，原盐生产面积7432公亩，生产能力1.9万吨。1960年，岔河盐业生产合作社改名为寿光县岔河合作盐场，隶属于寿光县盐务局。1966年，归并于山东羊角沟盐场，隶属于中国盐业公司，由省盐业公司代管。1971年，投资230万元，建成以生产溴素和无水硝为主的化工厂，年产无水硝2400吨、溴素30吨。同年，完成第一期改滩任务，建成第一、第二产盐工区，原盐生产面积1.6万公亩，生产能力3万吨。1975年，改造第三、第四工区盐田面积9352公亩，增加生产能力2.3万吨。购进第一台联合收盐机和5台运盐车，基本实现捞盐机械化。1979年，建成第五工区，新增盐田面积1.5万公亩，增加生产能力3万吨。1986年，投资270万元，建成年产500吨的空气吹溴车间和年产100吨溴酸钠车间，企业从此步入良性发展阶段。

良性发展阶段（1987—2003年） 1987年，企业利用全县寿北开发有利时机，建设年产35万吨盐田，企业原盐生产面积达到21.8万公亩，生产能力46万吨。1991年，投资780万元，成立第二化工厂，建成年产1500吨盐田配套溴素项目。1992年，岔河盐场晋升为国家大型二级企业。1994年，投资456万元，对原500吨吹溴项目进行酸法工艺改造和新扩建年产1000吨溴素生产项目，溴素生产能力达到4000吨，列全国第2位。1996年，投资450万元，成立第三化工厂，建成年产1000吨溴素生产项目。1997年，投资250万元，新建1000吨四溴双酚A项目。2001年，新建1000吨十溴二苯醚项目。2003年12月，寿光市岔河盐场改制，成立山东大地盐化有限公司，孙文勇任董事长兼总经理，当年完成工业总产值1.4亿元，实现销售收入8487.3万元、利税1070.8万元。

高速发展阶段（2004—2010年） 2004年，成立寿光金太阳热电有限公司。通过兼并重组、改建扩建等方式，企业溴素生产能力迅速达到1.2万吨，十溴二苯醚产能达到4000吨、四溴双酚A 3000吨、氢溴酸2000吨。同年12月，组建山东大地盐化集团。2007年5月，建成ECB项目，年产白炭黑2万吨，公司成为省高新技术企业。同年11月，年产15万吨离子膜烧碱一期工程试车投产；12月，热电二期工程建成投产，总装机容量5万千瓦时。成立化工六厂、化工八厂、寿光市万瑞化工有限公司。2008年9月，成立山东昊邦化学股份有限公司。2009年，60万吨离子膜烧碱项目开工建设；热电三期工程建成投产，总装机容量达到20万千瓦时；供热站项目投入建设；白炭黑二期建成投产，达到3万吨的年生产能力。艳珊商标被评为山东省著名商标。2010年，60万吨氯碱项目一期一段15万吨装置投入生产，产能达到30万吨。当年，企业完成销售收入18.2亿元、利税1.3亿元。产品涉及氯碱、原盐、溴素、溴系阻燃剂、医药、染料等领域，其中氯碱、原盐、溴素、溴系阻燃剂的产能和质量位居全国同行业前列。

寿光卫东化工有限公司 前身是始建于1956年的羊角沟盐业合作社。1967年，改为寿光县卫东盐场。2004年，发展为国家大型骨干盐化企业，并进行整体改制，更名为寿光卫东化工有限公司。公司地处寿光市北部，占地面积20平方公里，注册资本5000万元，拥有员工1500余人。至2010年，下辖13部1室、4个化工基地、5个制盐工区，产品近30种，年可生产溴系阻燃剂2.8万吨、氮磷系阻燃剂3万吨、工业盐50万吨、工业六氟化硫1000吨以及其他化工产品。先后通过国际质量、环境管理、职业健康安全管理三大体系认证，是国内较大的阻燃剂开发生产基地、中国海洋化工产业基地和国家卤水资源综合利用示范基地。

创业发展期（1967—1989年） 1967年，羊角沟盐业合作社改制为寿光县卫东盐场后，对老滩分期分批进行技术改造，采用塑苫结晶新技术保证原盐稳产高产。至1978年，先后建成新盐田生产面积12.1万公亩，年产原盐由1967年的10万吨提高到28.7万吨。1985年，所产原盐获山东省第一轻工业厅优良产品证书。1988年，获全省盐业先进企业称号。

快速发展期（1990—2010年） 进入20世纪90年代，在国内率先研制生产的十溴二苯醚，带动全省乃至全国溴系阻燃剂产业发展。2004年，企业改制为寿光卫东化工有限

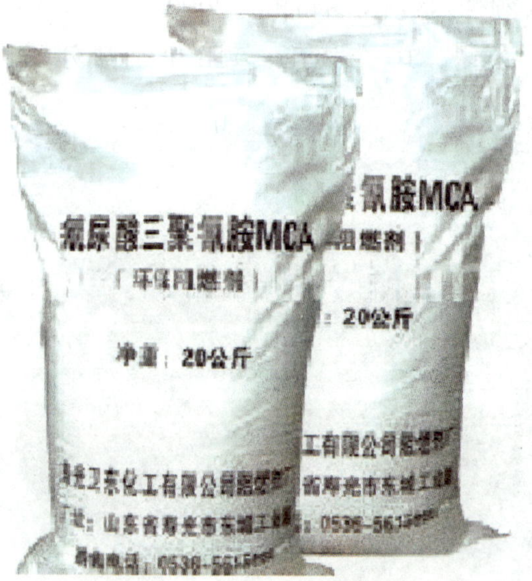

寿光卫东化工有限公司阻燃剂产品（2010年摄）

公司，袁德洪任董事长。之后，公司重点发展盐化工，形成原盐、溴素系列、盐化工多业发展新格局。2006年，企业发展成为国内最大的溴系、氮磷系阻燃剂生产商，年综合产能达到6万吨，产品种类30余种，产品销往国内30多个省（市、自治区），银光玉牌阻燃产品远销世界30多个国家和地区。2007年，企业加大科技创新力度，研发应用DOPO新生产工艺，在节能降耗、环境保护、工艺控制自动化等方面优于国内传统生产工艺。2009年，发明RDT-7新生产工艺，填补国内空白。2010年，公司实现主营业务收入7.6亿元，利税9873万元。

2010年寿光市部分盐化工企业情况表

表9-6-2 单位：万元

企业名称	主导产品或经营项目	主营业务收入	利税	实缴税金
寿光富康制药有限公司	原料药、医药中间体	254454	27817	15599
山东新龙集团有限公司	烧碱、液氯、盐酸	206203	21775	8751
山东大地盐化集团有限公司	原盐、溴素、烧碱	182109	13257	8522
寿光卫东化工有限公司	工业盐、工业溴、阻燃剂	76406	9873	5993
山东默锐化学有限公司	溴丙烷、四溴双酚A	74713	2417	2191
山东富通化学有限公司	氟化苯、溴素	12269	1614	580
山东寿光神润发海洋化工有限公司	阻燃剂	30001	758	534
寿光市宏宇化工有限公司	原盐、阻燃剂、溴素及深加工	30239	1513	523
寿光市鲁源盐化有限公司	盐、溴素	8005	1069	512
寿光市东信工贸有限公司	原盐、溴素	4892	488	417
寿光市豪源化工有限公司	原盐、溴素	9206	1972	400
寿光阳波化工有限公司	溴素、阻燃剂	7664	283	199

第十编

商贸服务业

1991—2010 年，正是中国经济体制改革由计划经济向市场经济转变的重要时期。这一时期内，全市（县）的商业无论是在流通体制、经营方式、商业结构，还是在购销业务、网点建设等方面均发生了深刻变化。前后通过承包经营、租赁经营、外资嫁接、产权转让、兼并重组、股份合作制、破产等多轮次改革，国有和集体商业资产逐步退出，国营、集体商业企业和经营网点转为私营。同时，个体私营商业经济也由小到大，从弱到强，不断发展壮大，在商业经济中由最初补充成分逐步转变为主体成分。改革开放的不断深入和商业体制的转变推进，促进了全市商业经济的发展繁荣，商业成为支撑全市经济的重要支柱之一。2010 年，实现社会消费品零售额 136.6 亿元。

第一章 商业

第一节 管理机构

1992 年，县商业局所属企业组建成立县商业总公司，同时新组建成立县商业储运公司、食物开发公司。1998 年 6 月，成立市生猪定点屠宰加工厂，为全民企业，隶属于市商业总公司。2002 年，市商业局更名为市商业贸易局，为市政府直属事业单位。2004 年，内设办公室、政工科、流通管理科、行业规划指导科、财务审计科、定点屠宰管理办公室、第三产业规划管理办公室。2010 年 2 月，市商业贸易局更名为市商务局，为市政府工作部门。将原市对外贸易经济合作局和原市商业贸易局的职责整合，划归市商务局。将原市经济贸易局的典当、报废汽车回收、汽车以旧换新、牵头整顿和规范市场经济秩序等内贸管理，以及机电产品进出口职责划归市商务局。将原市劳动和社会保障局的境外就业管理职责划归市商务局。取消管理引进技术再出口业务的职责。

第二节 经营体制改革

1991—1995 年，全县商业系统以经营、价格、分配、用工“四放开”为突破口，对商业企业实行经理（厂长）负责制以及全员风险抵押金制度，提出“卖、租、包”的改革办法。突破老的用工制度，推行“三制”（全员劳动合同制、干部聘任制、内部待业制）、“三岗”（上岗、试岗、待岗），实行内部股份合作制经营、租赁经营、抽本经营等多种形式的经营管理办法。在此基础上，以明晰产权关系、转变企业经营机制为重点，进行股份制改革试点。至 1995 年，全系统实行“卖、租、包”改革的门店 273 家，完成股份制改造企业 11 家。

1996 年始，加强国有商业企业内部体制和机制改革力度，“租、包、卖”和集体承包多种经营形式进一步深化。1998 年，全面推行风险抵押、股份合作的内部改革，在用工上优化劳动组合、竞争上岗、减人增效，打破“铁饭碗”。同时改革过去单纯批发、零售、柜台经营的旧模式，实行厂商联营、开架经营、直购直销、品牌经营等新的经营方式，兴办专卖店、连锁店、超市，在行业组织结构、业态结构调整上实现转变。2000年始，市委、市政府提出企业改制重点是产权制度改革，企业股份制改革全面铺开。当年，市商业大厦作为改制试点改组为有限责任公司；市肉类禽蛋公司、商业综合公司2家企业由内部职工对企业整体买断；市五交化公司、储运公司等单位实行股份合作制或其他有效的改制形式。至2002年年底，原国有商业企业全部改制为股份制企业。

第三节 网点建设

1991年，全县有27处农村工业品下伸批发网点和代批点，当年网点销售1540万元，实现社会消费品零售总额7.3亿元。1993年，开拓农村市场和外埠市场22处，完成销售收入1972万元。1994年，狠抓商业网点建设，完成投入1100万元。当年商业网点达455处，全市实现社会消费品零售总额14.3亿元。1995年，新建大型网点1万平方米的商业购物中心。1997年，工业品下乡完成销售收入5400万元，其中下伸网点销售收入1900万元，下乡下厂到基层送货3500多万元。当年实现社会消费品零售总额23.5亿元。1998年，投资200多万元，建设盛隆超市和2处连锁店。全市乡村集镇连锁店达53处，连锁店销售2400万元。外埠市场发展加快，在济南、东营、青州等市外市场实现销售收入3600万元。与海尔集团、海信集团、大阳摩托车厂、金羚洗衣机厂、威力电器集团等全国90多个名优厂家建立区域性总代理关系，总代理品牌达210多个，完成总代理销售收入6400万元。1999年，商业系统在全市乡村、集镇发展下伸连锁店55处，工业品下乡完成销售收入5800多万元，工业品销售网络辐射东营、广饶等周边县（市、区），在东营、青州等市外市场扩销4300多万元。

2003年，商贸企业先后投资2亿多元，新建扩建网点10多处，扩大营业面积6万多平方米。市副食品公司、百货大楼等单位先后在全市乡村发展连锁店、超市60多处。当年全市实现社会消费品零售总额35.7亿元。2004年，第三产业投资达到4亿多元，新建、扩建大型商业网点8处，扩大营业面积12万多平方米，城市假日广场、新天地广场、文化广场、中百大厦等大型网点投入经营。当年全市实现社会消费品零售总额41.9亿元。2005年始，现代化流通网络建设得到较快发展，市百货大楼完成投入3650万元，营业面积3.6万平方米，建成现代化物流配送中心、汽车交易中心，在侯镇、卧铺、西兴王、留吕、古城、胡营等村镇新增6处连锁超市。市副食品公司在营里、仉家、广饶大王新建3处连锁超市，完成资金投入300万元。2006年，全市实现社会消费品零售总额63.3亿元。2010年，“万村千乡”工程升级发展，新建和改造农家店200处以上，累计达到1100处，覆盖95%以上行政村。当年全市商业网点发展到2456处，实现社会消费品零售总额136.6亿元。

第四节 商品经营

商品计划 1991年以前，商品流通实行或部分实行宏观调控。1991年，计划管理的商品仅有肥皂、彩电等。同年11月，按照省政府《关于流通的通知》，将计划调控力度减弱。1993年始，全部商品均实行放开供应，计划商品随之退出，所有商品步入市场化运行。

商品购进 20世纪90年代，零售商品主要从工厂进货，批发企业业务减少，县商业系统各公司开始增加零售网点，批零兼营。1991年，完成商品购进2亿元，次年完成商品购进2.2亿元。1993年，商品购进达2.8亿元。1994年，各类批发市场形成，零售企业除直接从工厂进货外，一般商品直接从批发市场进货。1995年始，逐步完善大件耐用消费品、名优产品等总经销、总代理业务，商品购进完全市场化运作。

商品销售 1991年，放开省及省以下管价的51种商品价格，全县放开价格商品达1700多种（类）。当年，县商业系统完成商品总销售2.2亿元，实现利税661万元。1993年始，市场作用逐步加大，商品销售价格由企业根据市场自主确定。1996年，商业企业更新改造零售网点，开展争创文明商店、重合同守信用企业等活动。至2000年，市商业系统共完成商品销售额32.6亿元，实现利税9091.9万元。2002年，以城区大型商场为中心，以乡（镇、街道）连锁店、专卖店、经营网点为依托的商品流通网络形成。2004年，商贸流通企业完成商品销售额24.8亿元，实现利税7192万元。2006年，全市完成商品销售总额63.9亿元，其中商品流通9家企业完成销售额35.9亿元，实现利税9653万元。2010年，全市实现商品销售收入167.6亿元，其中销售收入过亿元的商贸企业有山东全福元商业集团（30.2亿元）、市石油公司（7.9亿元）、市烟草公司（6.9亿元）、佳乐家寿光超市（2.6亿元）、市副食品公司（1.3亿元）、银座集团寿光商城（1.2亿元）和寿光中百大厦（1.1亿元）。

乡镇农资连锁销售店（2003年摄）

第五节 主要企业

山东全福元商业集团 前身是创建于1981年的寿光百货大楼。2000年，营业面积达3万平方米，经营品种5万个，完成销售额1.9亿元、利税542万元。2005年，拥有职工6000人，完成销售额10亿元、利税3300万元。2009年，寿光百货大楼有限公司正式组建为山东全福元集团，营业面积达到30万平方米。2010年，经营领域包括超市、百货、家电、物流、生鲜冷链、房产、农资等，营业网点遍布寿光、青州、广饶、滨海、昌邑、临朐等地，下设寿光市全福元置业有限公司、青州全福元置业有限公司、广饶佳乐购物广场有限公司、寿光市全福元生鲜冷链配送有限公司、寿光市全福元农业科技有限公司、昌邑全福元商业有限公司、寿光市全福元商务宾馆有限公司7个子公司。完成销售额30.2亿元、利税1.1亿元，从业人员1万人，列中国连锁百强第

山东全福元集团购物中心外景（2001 年摄）

87 位，连续 8 年列全国县级同行业首位。

寿光市蔬菜批发市场 由寿光县工商局于 1984 年 3 月组建。位于圣城街道九巷村南侧。当年销售蔬菜 1.5 亿公斤，实现交易额 5500 多万元。1989 年，冬暖式大棚试种成功并大规模推广，寿光蔬菜批发市场流通作用提高，逐渐成为中国北方最大的蔬菜批发市场之一。1997 年，投资 3600 万元，建成面积 3.2 万平方米的全封闭蔬菜交易大厅。1998 年，投资 1000 万元，建成外省市蔬菜交易中心。同年，在寿光市蔬菜批发市场的基础上，组建寿光蔬菜产业集团，实行管办分离（原为工商部门所办所管），一套人马两套牌子（另一牌子是寿光市蔬菜市场管理处），企业化管理。2000 年，投资 1000 万元，建成全封闭式放心菜专营区。2002 年 8 月，投资 5000 万元，建成全国第一个蔬菜电子拍卖市场。2003 年 7 月，深圳市农产品股份有限公司和寿光蔬菜产业集团合作，注册资金 1.1 亿元，组建山东寿光蔬菜批发市场有限公司，年成交蔬菜 40 亿公斤，交易额 56 亿元。2009 年 11 月，依托原蔬菜批发市场，投资 26 亿元，在文圣街以北、菜都路以西建成国家大型基础设施建设项目寿光农产品物流园。物流园占地面积 3000 亩，分为蔬菜交易区、水果交易区、地方特产及其他农产品中转交易区、种子生资交易区、蔬菜电子商务交易区、理货配送区、汽修汽配区和综合办公配套服务区等 8 大功能区。2010 年，日交易量 2000 多万公斤，交易额 4000 万元。

寿光市商业大厦有限公司 1986 年 11 月成立。位于城区渤海路中段，占地 22 亩。1990 年年底，更名为寿光县商业大厦。1996 年 4 月，原寿光市饮食服务公司并入，开始经营摩托城、塑料商场和商业宾馆，被评为山东省消费者满意单位和省级重合同守信用企业。1999 年，对商场进行扩建，增加营业面积 3000 多平方米。2000 年 1 月，企业进行产权改制，成为寿光第一家股份制商流企业。2002 年 8 月，公司综合超市与全福元商业集团合作经营，自营电脑、摩托车、重卡汽车及塑料制品。与全福元集团共同经营管理的世纪广场，年销售额 1.6 亿元。2010 年，下设世纪广场、电脑城和大运重卡 4S 店，总建筑面积 2 万平方米，营业面积 1.2 万平方米。员工 260 余人，资产总值 6000 多万元。

寿光市五金交电化工有限公司 原为寿光县百货公司下属单位，1976 年 5 月单独成立公司。1992 年，下设 20 个科室，10 多个零售班组，职工 170 多人。主营家用电器、交通电缆、五金工具、油漆化工、劳保用品等。当年，公司营业额 4000 多万元，利税 150 多万元。1999年，通过个人认租方式改造公司东边一排沿街房。2002年1月，公司进行改制，职工成为股东，公司注册资本200万元。2003年，公司通过向银行贷款和职工集资方式，筹集资金翻建原零售营业楼和家电批发楼。2004年8月，为归还银行贷款，拍卖新建的营业楼。2008年8月，资金周转困难，职工下岗。

第二章 供销合作商业

第一节 管理机构

1991年，县供销社下设办公室、政工科、业务科、财务基建科、审计物价科。1993年，更名为市供销合作社联合社（简称市联社）。1994年，下设办公室、党群办、人事劳资科、综合科、财务审计科、开发公司、职工学校。1995年6月，市供销社集团总公司成立。2002年1月，核定全额事业编制20人，参照国家机关工资标准执行。内设办公室、财务审计科、政工科、业务科、安全科5个股级科室。设立市物资配送中心，核定编制12人，实行财政差额预算管理。2010年，编制20人，内设办公室、财务审计科、组织人事科、业务科、安全科5个职能科室，主要职责是加强行业管理，承担政府委托的各项任务，行使政府授予的职能。

第二节 经营体制改革

1991年，全系统推行以经营、用工、价格、分配为内容的“四开放”改革，有221个经营班组实行大包干，占所有经营班组的45%，有35个经营班组实行租赁经营。1993年，根据潍坊市商委“租、包、卖”改革座谈会精神，在基层社推行以租赁经营、大包干、拍卖为主要内容的改革，500个经营班组中有116个班组实行抽本经营，抽回本金206万元；有114个经营班组实行大包干责任制形式；有10个经营班组实行租赁经营。1994年，进一步深化基层社体制创新工作，有132个经营班组实行抽本租赁经营，收回本金257.1万元，收取租赁费88.3万元，拍卖门店3处。1995年2月，按照中共中央、国务院《关于深化供销合作社改革的决定》精神，围绕服务“三农”，在基层社进行体制改革和创新，建立果品、蔬菜、棉花、农资、农技5大综合服务体系。同年3月，在全系统开展农资销售“质量、信誉、服务”月活动，建立保质监销点25处。

1998年始，本着宜包则包、宜租则租、宜股则股、宜卖则卖原则，对基层社龙头骨干班组，实行招标承包等形式，使职工利益与企业利益直接挂钩。对基层社规模较小和经营不景气的边、小、微、亏门店，按照“四不变”（供销社宗旨不变、集体所有制性质不变、门店隶属关系不变、职工身份不变）、“五不管”（不管资金、不管分配、不管进货、不管库存、不管税费）、“六自主”（经营自主、价格自主、人员自主、盈亏自主、风险自主、安全自主）的原则，实行抽本租赁经营。2000年，完成市供销大世界、食品工业公司、联社蔬菜公司、农资公司等4家企业和城区供销总公司农药分公司等内部经营实体股份制改造。至2000年年底，系统除规模较大的班组及楼店外，基本完成抽本租赁经营。2001年，市棉纺织厂整体出售给香港资佳公司，出售资产总值2502万元。2003年，对前杨、台头等8处资产状况相对良好的基层社进行股份制改造。2005年，全市13个基层社完成改制，其余12处资不抵债、经营困难的基层社，实行全员离岗的办法，消化人员，遏制亏损。至此，供销合作社系统的企业改制完毕。

上口供销社口子社区综合服务中心（2006年摄）

第三节 网点建设

1991年，供销社系统内销售网点布局较少。1995年后，面对市场竞争日趋激烈的严峻形势，重点发展农村销售网络。1996年，开展“一人联百户、四供一服务”活动，21处基层社的职工每人联系100个农户，对农户需要的农业生产资料、大件生活资料、建筑材料、婚丧嫁娶用品直接供应到户，同时提供农业科技咨询服务。至2000年，全系统共联系农户近19万户，占全市农户总数的85%以上。1997年，本着租赁设施、不增人员、方便管理的原则，在100户以上的村建立村级综合服务站560处，实行统一挂牌、统一制度、统一供货。在21处基层社设立39处庄稼医院，聘请80名农艺师和技术员担任庄稼大夫，免费为农民提供技术咨询。1999年，市供销社投资600万元，在潍坊纯碱厂生活区建成营业面积2400平方米的隆源商厦。2000年6月，投资4000万元，在市区黄金地段建成占地面积63亩的农业生产资料市场，市场内经营业户154家，经营品种1000多个，业务范围辐射全国10多个省（市、自治区）的130多个县（市、区），年销售额7亿元。

2001年，按照先试点再推广、先镇区再村庄、边发展边推广的原则，大力发展乡村

供销社盛宜祥超市（2001年摄）

超市，建成上口供销社盛宜祥超市、口子村超市等。2005年4月，省联社启动农村社区服务中心试点，寿光市被确定为首批试点单位。同年8月，上口供销社投资85万元，建成集日用消费品、美容美发、维修安装、体育健身、文化娱乐等于一体的口子社区服务中心。当年，全系统农村社区综合服务中心达到6处，生活资料超市34处（其中村级14处），超市年销售额1.3亿元。之后，城乡经营网点数量逐年增多，至2010年，城乡经营网点达到820处，总营业面积14.2万平方米，年销售额13.2亿元。

第四节 商品经营

供销社是农业生产资料和生活资料流通的主渠道，主要经营化肥、农药、农膜、五金、家电、日用百货、食用油等。1990年始，对化肥、农药、农膜等农业生产资料实行专营。随着市场经营的变化，1994年始，实行“一主二辅”（农资公司及基层供销社为主渠道，化肥生产企业和农业“三站”为辅助渠道）的办法进行经营。1995年始，随着买方市场逐步形成和个体私营工商户大量涌现，生活资料经营方式更加灵活，管理上多以承包经营为主，市供销社在生活资料供应市场上的份额越来越小。1997年，农资流通中不再有计划外和计划内化肥，化肥经营转为市场调节。1998年，“一主二辅”范围扩大，生产化肥企业、农业技术推广站、植物保护站、土壤肥料工作站也可以直接设点经营，其他单位和个人不得从事化肥批发业务。2001年始，发展农资综合服务中心或超市，实行送货进村。2005年，市供销系统农资供应额9亿元，其中化肥30万吨、农药1万吨、农膜2万吨。2006年始，先后与全国10多个大中城市的30多家超市、市场建立业务联系，将寿光反季节大棚蔬菜直供上海家乐福、南京苏果等大型超市，年直供优质蔬菜4000吨。2010年，供销系统经营的化肥品种达90多个、农药品种1100多个、农膜品种30多个，农资供应额达10亿元。

第三章 粮油

第一节 管理机构

1992年8月，县粮食局撤销，成立县粮油总公司，代行行政职能。下辖的27处粮食管理所均成立粮食分公司。1996年12月，撤销市粮油总公司，复设市粮食局，行使政府职能。1999年1月，成立市粮食收储公司，专门从事粮食收储业务，各乡（镇）粮食管理所成立粮食收储站。2000年，所属粮食工业企业第一面粉厂、第二面粉厂、植物油厂改为股份制企业，饲料公司整体出售给企业内部职工，股份制改造完成。2005年5月，成立市地方粮食管理中心。2006年3月，成立市粮食执法检查大队，与市地方储备粮食管理中心合署，为股级事业单位。2008年，市粮食执法检查大队升格为副科级。2010年，市粮食局内设办公室、财务审计科、综合业务科、监督检查科4个职能科室，下辖副科级单位市粮食执法检查大队和股级单位市粮油质量检测中心。

第二节 粮油征购

1991年，继续执行国家定购，定购品种仍为小麦、玉米、稻谷，粮食一定2年，食油一定1年。1992年4月，调整粮食购销价格，达到购销同价，并放开粮油价格。1993年，粮食收购政策再做重大调整，实行保证数量、放开价格、建立粮食保护价制度，对挂钩奖售化肥、柴油改为差价补贴，即每收购50公斤小麦或玉米补贴4.2元。收购价同市场价基本一致，年底出现粮油抢购风潮。1994年12月，粮食价格比上年上涨66.2%，牌市价格再次倒挂。1995年，实行粮食行政首长负责制，继续执行收购奖售化肥政策，恢复食油定购。同年，按照《山东省国家定购粮食管理暂行规定》，国家下达粮食定购价和浮动幅度，省政府确定具体价格，统一调控、统一调拨，主要用于城镇居民、军队、农村需救助人口的基本口粮。国家连续2年提高粮食购销价格，在粮食开始出现市场疲软情况下，大量粮食库存积压，粮食调拨工作基本停止，粮储企业挂亏猛增。1997年，按省政府要求，现存定购粮可以按市场价销售，并提出按定购价收购定购粮，按保护价敞开收购议价粮，挂钩奖售物资基本停止。同年，国务院颁布《粮食收购条例》，粮食工作步入有法可依的轨道。1998年后，粮食收购价格逐步下调。1999年，定购价执行保护价，两者并轨。1991—2002年，全市共收购定购粮食57.3万吨，平均每年完成4.1万吨。2003年以后，随着国家取消粮油定购任务，粮油收购全面实现市场化运作。

第三节 粮油销售

1991年，调整有关粮油品种的购销价格，压缩平价粮油销售，其范围为定量人口用粮、事业供应用粮、糕点业用粮、酿造业用粮等。其间，粮油供应矛盾突出，价格上涨，购销倒挂，财政补贴增加。1992年，放开粮食销售价格，保量不保价，食油价格全部放开。粮食企业代政府收购的定购粮，转议销售，差价款留给粮食部门，用于粮食经营费用。1993年，实施40年的城镇居民粮食供应制度被取消，粮票正式退出历史舞台。1993—1994年，全国粮价大幅上涨，不同程度出现抢购现象，全市所有粮店（所）挂牌明码标价，限价销售。城镇居民重新启用粮本，每人每月限购15公斤。1996年始，全面放开粮食销售，国家不再控制，价格随行就市。

第四节 仓储与调拨

粮食仓储 1991年，县粮食局有县直属粮库、第一面粉厂、第二面粉厂及27处粮食管理所等储粮企业，储粮仓库590座，容量12.4万吨。投资92万元对130处危旧仓库改造维修，硬化地面1万平方米。执行以防为主、防治并举的保粮方针，推广运用低药、低氧、低温保粮法科学储粮。1993年9月，投资450万元，在市九巷蔬菜批发市场建立寿光市粮油蔬菜公司，占地40亩，经营性房屋120间，建筑面积2.7万平方米，交易大棚3000平方米。1996年始，实行十日一大查，一月一普查、风雨雪天随时查的查仓制度，无虫害、无霉变、无鼠雀、无事故的“四无”仓库一直保持在99.5%以上。2000年5月，在市开发区新建粮食储备库，占地27.5亩，

地方粮储备库工作人员在储粮（1999 年摄）

仓容量 1.2 万吨。2006 年 1 月，在北洛粮食管理所的基础上，投资 460 万元，组建寿光市地方粮储备库，占地 58 亩，共 3 处 61 座仓库，分设中心库区、北洛分库、胡营分库，总容量 2.3 万吨。2010 年 4 月，投资 2000 万元，新建寿光市粮食储备库，占地 30 亩，仓容量 3 万吨。同年年底，粮食储存能力达到 8.6 万吨。其间，粮仓全部采用“双笆隔温层”，35% 的仓库配备双门双窗，70% 以上的仓库安装塑料管槽，仓仓设有防虫线、防鼠板、防雀网和垫板铺路。同时科技保粮、绿色保粮、生态保粮等新技术得到应用，市粮食储备库、市地方粮食储备库均配套机械通风、环流熏蒸、电子测温等新技术，库区全部实现视频监控和红外线无盲区对射监控。

粮食调拨 寿光属粮食调拨市（县），调出品种主要为小麦，调入品种主要为大米，调拨数量每年在 2.5 万吨左右，油料基本自给自足。1991 年，粮食调拨仍执行国家指令性计划，由国家下达调拨任务，县粮食局组织实施。调拨价格依照国家定购价格、质量标准、论价办法确定，外加经营管理费。1993 年始，经营管理费改为收购费用。1997 年，全国实行粮食调拨包干，国家在调拨计划内按比例价调拨。1998 年后，粮食实行顺价销售，国家不再下达调拨计划。

第五节 粮油加工

1991 年，县粮食局下辖 3 家粮油加工企业：寿光县第一面粉厂、寿光县第二面粉厂（原南河公社驻地）、寿光县油脂食品厂。主要产品有特一粉、特二粉、标准粉、标准粉挂面及各种精制食物油等。当年，粮油加工企业完成总产值 3396 万元、利润 170.2 万元。1992 年，完成总产值 6054 万元、利润 173.9 万元。1994—1996 年，国家指令性计划逐年减少，粮油加工企业产量、利润略有起伏。2000 年 12 月，寿光市第一面粉厂、寿光市第二面粉厂、寿光市植物油厂完成股份制改造，分别更名为山东华麟面业有限公司、寿光市欣达美制粉有限公司、寿光市永泰植物油有限公司，人、财、物从市粮食局剥离，业务受市粮食局指导。

第六节 主要企业

县第一面粉厂 1991 年，与香港永康实业有限公司合作成立潍坊永春食品有限公司。1995 年，投资 150 万元建成日处理小麦 150 吨的等级粉车间，结束寿光不能生产特一粉历史。1998—2000 年，兼并城关粮食管理所、第一粮店、小康馒头厂等，组建山东华麟面业有限公司。2002 年，华麟牌、寿春牌小麦面粉获中国放心面粉信誉品牌称号。2004

年，公司迁至东城工业园。2005年6月，投资7500万元建成日处理小麦400吨的专用粉车间。2008年起，陆续投资660余万元进行技术改造，自主研发出小麦冷加工制粉技术，相继推出特精麦芯粉、麦芯饺子粉等高端蒸煮类产品，填补国内空白。同年，兼并市欣达美制粉有限公司。2010年，与中国农业大学合作，开展小麦加工产业链延伸项目专题技术攻关，研发出神珍源牌小麦胚。

县第二面粉厂 1991年4月，投资50万元对原面粉车间进行技术改造，创新短粉路光辊研磨技术，同时改用干法清理小麦，填补国内空白。1992年，并购寿光县雷达饲料酵母厂。1994年，成立寿光市面粉总厂。2000年11月，在寿光市面粉总厂和寿光市第二面粉厂的基础上改制组建寿光市欣达美制粉有限公司。2008年5月，由于资金短缺、经营困难等原因，欣达美制粉有限公司并入山东华麟面业有限公司。

县植物油厂 1991年7月，投资360万元，新上日产80吨浸出生产线1条，年生产能力达到2万吨。此后，多次进行技术攻关，日产能力达到200吨。2000年6月，投资400万元，改造浸出设备，年生产能力达到10万吨。2000年11月，实行股份制改造，注册资金93.8万元，更名为寿光市永泰植物油有限公司。2001年4月，山东省华良粮油有限公司投入200万元，双方开展合作经营。2005年8月，投资3000万元，公司整体由新兴街搬迁至洛城工业园。2008年7月，公司股份全部转让给山东晨曦集团有限公司，并由该公司经营管理。2010年，日加工植物油400吨。

第四章 物资

第一节 管理机构

1991年3月，县物资公司成立职工生活服务公司。1992年1月，县生产资料服务公司与县金属材料公司合并，成立县金属材料公司。同年4月，成立县物资液化气公司。同年6月，成立县汽车销售公司，为全民企业。同年7月，县物资公司成立县钢模板租赁公司，为全民企业。同年8月，建立县欣鑫宾馆，为全民企业，隶属于县物资总公司。1993年1月，成立县物资开发公司和县物资装饰工程公司，均为全民企业。同年10月，筹建市生产资料市场和丽都大酒店。1994年11月，在北京设立市人民政府驻京蔬菜经销办事处，隶属于市物资总公司。1996年3月，市物资总公司并入市贸易局。

第二节 经营体制改革

1993年11月，市物资总公司全面转变职能成为法人企业，下设14个企业，职工475人，固定资产2600万元。1994年，市物资总公司对所属企业实行股份制改造，推行全员风险抵押金制度，建立干部风险机制。同年，物资开发公司、物资装饰公司、物资供应公司等公司合并为市物资开发贸易中心。1995年3月，市物资装饰公司从市物资开发贸易中心分离，实行自主经营、独立核算，业务归市物资总公司管理。1996年3月，市物资总公司并入市贸易局，所属企业宣布破产倒闭。

第三节 物资购销

1988年以前，县物资局各公司实行与其名称相应的专业化经营，品种单一。之后，各公司在抓好主业经营的同时，推行交叉经营，经营种类包括燃料、钢材、木材、汽车、机电产品、化工、建材、废钢铁及生活资料2000多个品种。1992年，在东北、北京、上海、青岛、济南等地增设40多处联络机构。县燃料公司在阳泉、大同等20多个煤矿派常驻人员，与生产厂家合作经营，利用时间差、地域差、季节差开展物资协作，全年购进煤炭35.2万吨。县金属材料公司与包钢、本钢、济钢、莱钢、石钢、鞍钢等大型钢厂互通有无，完成购销1.9万吨。县化轻公司开拓江南市场，销往浙江、江苏等地各种化工产品6500吨，经销纯碱1.5万吨、钢材800吨、水泥2000吨。县木材公司全年购进木材2.6万立方米。当年，全县完成商品销售总额4.1亿元，利税428万元。1993年后，销售大幅下滑，至1995年，市物资系统企业停止物资销售活动。1996年，计划物资购进取消。

1991—1995年寿光市（县）物资系统主要经济指标情况表

表10-4-1　　单位：万元

年份	购进	销售	利税
1991	30933.4	32152.5	361.4
1992	38881.0	40639.4	427.7
1993	56000.0	483.0	—
1994	10000.0	70.0	—
1995	9501.0	—	—

第五章 石 油

第一节 管理机构

1991年，县石油公司直属县商业局管理。1993年，更名为山东石油集团寿光石油公司，为省属国有商业流通企业。1999年，市石油公司随同山东省石油公司划入中石化集团公司。2000年2月，市石油公司相应成立中国石油化工股份有限公司山东潍坊寿光石油分公司，有从业人员450人，固定资产3800万元。2010年，有员工356人，下设综合管理科、财务科、非油品管理科及72处加油站。

第二节 成品油经营

1991—1995年，是石油销售行业由计划经济向市场经济转轨的过渡时期。1992年，实行劳动、人事、分配3项制度改革，率先在潍坊石油系统实行经理聘任制和全员劳动合同制。1993年，县石油公司更名为山东石油集团寿光石油公司。投资1200万元，建成1000立方米油库1座和2100米铁路专用线，年销售油品3万吨，上缴利税100万元。1994年5月，根据国务院关于原油、成品油流通体制改革精神，成立寿光市原油、成品油流通体制改革领导小组，对全市原油、成品油流通市场进行治理整顿，市场秩序好转。同年，公司投资20万元，修建40平方米化验室2个，配备专门计量员。1995年，开展“百城万店无假货，顾客满意在我店”活动。1996年，完成成品油销售5.8万吨、销售额1亿元、利税179万元。2000年，加油站发展到50处，油品经营部30个，库容5000立方米以上的石油库2座，销售成品油8.5万吨。2005年始，实行夜间安全巡查制度，至2010年共进行安全检查80次，查出安全隐患72处，提出整改措施123条。2005—2010年，寿光市成品油供应受到国际原油紧张和油品价格飙升的影响，油品供应趋紧，年供应汽油6.5万吨、柴油8.6万吨。

第三节 售油网点

1991年，公司仅有油库1座、加油站3处，且发展不均衡，市场占有量低。1992年始，提出稳固城区、延伸农村、全面开发经营策略。至1995年，发展到加油站15处、门市部20个。之后，加油网点得到平稳发展，至2010年，中石化寿光加油站发展到72处，其中城区11处、镇（街道）61处。

中石化寿光北环路加油站（2010年摄）

第六章 医 药

第一节 管理机构

1991年，潍坊医药公司寿光分公司隶属于国有企业潍坊医药公司管理，设7个科室。1993年11月，潍坊医药公司实行股份制改革，寿光医药公司更名为潍坊医药集团股份有限公司寿光公司，设人秘科、业务科、财务科、

圣达康缘医药连锁有限公司第40店（2010年摄）

企管科、质检科。新设潍坊医药集团股份有限公司寿光公司东环分公司。2000年，有职工153人，固定资产1100万元。2003年11月，企业改制，更名为寿光圣达医药有限公司，企业性质由国有企业改为民营企业。2004年，撤销4个批发经营部，只保留一个批发部。2006年，设立药品批发配送中心。2009年10月，成立子公司——寿光圣达康缘医药连锁有限公司，将寿光圣达医药有限公司旗下的42个零售药店纳入连锁公司，实现零售药店连锁经营。

第二节 经营网点

1991年，潍坊医药公司寿光分公司有批发网点6处，即县城批发部、南河批发部、侯镇批发部、稻田批发部、丰城批发部、羊口批发部。零售网点5处，即县城零售部、侯镇零售部、稻田零售部、丰城零售部和上口零售部。2000年，共有医药批发、零售经营网点18处，其中批发网点7处、零售网点11处，经营仓储面积2200平方米，经营中药、中成药、西药、化学试剂、玻璃仪器、医药保健品等6大类、4300多个品种。2001年，个体药店兴起，当年审批个体药店6家。2002年1月，撤销5个乡（镇）分公司，新设立城区4个批发经营部、6个零售药店，总数达到11个。2003年5月，山东省全面放开药品零售市场，个体药店迅速发展，当年成立22家。2005年，成立个体药店128家。2006年始，对全市个体药店进行清理整顿，严格审批程序，注销不规范药店，至2009年，共注销34家。2010年，全市共有药品经营单位564家，其中批发企业4家、连锁企业4家、零售连锁门店173家、个体零售药店383家。

个体药店（2005年摄）

第三节 医药购销

1991—2010年，药品器械的购进渠道主要有2个：一是从潍坊、济南等医药商业企业购进，约占总购进的70%。二是从药厂等生产企业购进，约占30%，购货采用以销订购的方式。1991—2003年，企业改制前的购货金额，一般年增长率8%～10%，即1991年购进额为800万元，2003年为2282万元。2004—2010年企业改制后，一般年增长率在13%～15%左右，即2004年购进额为2624万元，2010年为5007万元。

1991—2010年，药品器械销售，从总的形势看，逐年增长，企业改制前的1991—2003年，一般年增长率为8%，即1991年销售额880万元，2003年为2761万元。从销售比重看，零售占10%，批发占90%。企业改制后的2004—2010年，一般增长率为12%，即2004年销售额为3092万元，2010年为6203万元。从销售比重看，零售额占比逐年增长，批发额逐年下降。2010年，零售额占总销售收入的65%，批发额占35%。零售的主要对象是本市居民，批发的主要对象是市内医疗单位。

第七章 烟 草

第一节 管理机构

县烟草专卖局成立于1984年，与山东省烟草公司寿光支公司合署办公，归潍坊市烟草专卖局、山东省烟草公司潍坊分公司统一管理。1995年，寿光市烟草公司更名为东方烟草集团公司寿光分公司。1998年8月，更名为山东烟草购销集团有限公司（潍坊）寿光分公司。2000年9月，更名为山东潍坊烟草有限公司寿光分公司，继续沿用政企合一体制，称寿光市烟草专卖局（分公司）。2005年9月，根据行业改革要求，改称山东潍坊烟草有限公司寿光营销部，与寿光市烟草专卖局一套班子、两块牌子。2010年，有职工165人，下设综合办公室、专卖管理科等6个科室，1个配送分部，5个专卖管理所，5个专卖稽查中队，3个卷烟市场部。

工作人员指导客户经营（2002年摄）

第二节 卷烟销售

1993年，烟草销售开始推行配送服务。1994年1月，第一个下伸批发网点在侯镇开业。当年，发展下伸网点10处，自办卷烟零售店5处。1996年，在纪台等镇新建3处营业楼，当年销售卷烟2.2万箱，销售额8071万元。2000年年底，在全市推行卷烟零售“一价制”管理办法，全市2900个零售户纳入网络化管理，实现销售卷烟2.3万箱，销售收入8161万元。2001年3月，在城区推行“访送分离”营销模式。2002年4月，在全市推行“城乡一体、全面访销配送”经营模式，撤销原有11处卷烟批发网点，设立市区、田马、大洼、营里4个基层访销站。2003年，推行“电话访销”工作。2005年6月，取消电话访销部，划归潍坊烟草有限公司统一管理。2006年7月，根据山东潍坊烟草有限公司要求，推行“订单供货”试点工作，扩大电子结算，新增农村电子结算户 1347 户，销售卷烟 3.6 万箱，销售收入 3.6 亿元。2007 年，开展卷烟零售客户培训，共开班培训 33 期。2008 年 5 月，实施以“五个一”（一牌、一柜、一签、一册、一店）为主要内容的“亮丽终端”工程，更换卷烟展示柜 3150 个，实现销售卷烟 3.8 万箱，销售收入 5.1 亿元。2009 年，实施“精品终端”工程，全年发展卷烟加盟店 70 家、形象店 10 家，更换卷烟货架 620 个。2010 年，开展重点品牌“上餐桌、进客房、驻酒店”和“高端品牌、高端市场重点突破”活动，全年发展自制货架 1226 个、烟柜 398 个，加盟店达到 246 家，年销售卷烟 4.2 万箱，销售收入 5.5 亿元。

第三节 专卖管理

1991 年，《中华人民共和国烟草专卖法》颁布实施，寿光县烟草专卖局依法打击走私、制售假冒伪劣卷烟等非法行为。1997 年，“三局一室”（烟草专卖局、公安局、工商局、检察室）成立，加强对卷烟市场管理。1998—1999 年，投资 92 万元，更换 6 辆专卖稽查车，购进激光防伪打标机。至 2000 年，增设 5 个专卖稽查中队，共查处各类涉烟违法案件 1 万余起，其中千元以上案件 92 起、万元以上大案 18 起。2001 年，成立打击“非法三烟”（假烟、走私烟、非正常渠道购进烟）领导小组，稽查人员增至 40 人，稽查车 11 辆。同年 5 月，在西关副食商场查扣非法卷烟 6796 条，价值 12.7 万元。2006 年，建成开发区、文家、营里、上口、大家洼、田马 6 个专卖管理所。开展整治卷烟市场经营秩序专项行动，捣毁售假、匿假窝点 44 个，刑事拘留 2 人。2007 年，专卖工作机构包括专卖监督管理科、法制科、专卖稽查大队、6 个专卖管理所、6 个稽查中队，形成“查、处、管、核”机构分设的格局。2008 年，开展清理整顿货运站和高档卷烟经营场所专项行动，检查各类经营场所 866 户次，清理无证经营户 38 户，查扣卷烟 4652 条，案值 41.6 万元。2010 年，开展卷烟市场“利剑行动”，查处涉烟违法案件 114 起，查获非法卷烟 59.4 万支，依法刑事拘留 4 人。

市烟草专卖局召开全市烟草市场秩序整治动员大会（2010 年摄）

第八章 市场

第一节 专业市场

1991年，全县市场体系不断向规范化、科学化、现代化方向发展、完善。1994年，建成以西苑大世界商场为主体的工业品交易中心。1995年，投资5000万元，新建市场11处。至同年年底，全市专业批发市场发展到28处。1998年，开展争创“文明集贸市场”和“市场规范化管理达标”活动，132处市场达到市场规范化管理标准。2000年，大型专业蔬菜市场发展到34处。2005—2010年，专业批发市场发展平稳，专业市场数保持在22处。

2010年寿光市部分专业市场表

表10-8-1

名称	地址	主要经营品种	占地面积（亩）	交易额（亿元）
农产品物流园	文圣街以北、菜都路以西	蔬菜、种子	3000	0.4
万泉钢材市场	圣城街道北环路与幸福路交叉路口北	钢材	76	6.3
东宇铝型材装饰材料批发市场	圣城街道正阳路与新兴街交叉路口南	铝型材、装饰材料	30	0.5
南魏摩托车市场	圣城街道渤海路与建新街交叉路口南	摩托车、三轮车	40	1.4
南魏钢材市场	圣城街道渤海路与建新街交叉路口东	钢材、型材	40	10.5
北关汽车维修市场	圣城街道渤海路北段	汽车维修	40	0.6
北关陶瓷建材市场	圣城街道渤海路与文圣街交叉路口北	卫浴、洁具	30	1.3
西关农贸市场	圣城街道广场街与石马路交叉路口南	瓜菜、肉类	40	1.0
南关装饰材料市场	圣城街道圣城街以北、迎宾路以东	铝型材、装饰材料	20	1.2
国际商贸城	圣城街道圣城街以南、菜都路以东	机械、模具	在建	在建
东郭农贸市场	圣城街道圣城街以南、学院路以东	瓜菜、肉类	10	0.6
文家汽车交易市场	文家街道圣城西街路南	汽车	760	7.2
桑家花卉市场	文家街道横五路以北	花卉	300	0.3
东宇鸿翔汽车交易市场	洛城街道圣城东街路南	汽车	80	0.3
圣龙汽车交易市场	洛城街道圣城东街路北	汽车	150	0.7
羊口镇综合农贸市场	羊口镇太平西街11号	菜果、水产、百货	7	1.0
中国工业盐电子交易平台	侯镇	原盐	1	0.8

续表 10-8-1

名称	地址	主要经营品种	占地面积（亩）	交易额（亿元）
稻田蔬菜批发市场	潍高路与昌大路交汇处	蔬菜批发	150	7.0
胡萝卜批发市场	化龙镇裴家岭村	胡萝卜	20	2.0

第二节 集贸市场

中共十一届三中全会以后，寿光城乡贸易日益活跃，集市逐步得到恢复、扩大和增加，1984—1991 年发展迅速。至 1995 年，全市集贸市场达 140 处，集贸市场成交额达 31.7 亿元。2000 年，农村集贸市场发展至 180 处，市场交易额达 59.9 亿元。2005 年，镇（街道）集贸市场发展到 156 处。至 2010 年，全市有镇（街道）集市 194 处，市场成交额完成 82.2 亿元。规模较大的有：稻田、北洛、李家官庄、纪台、邢姚、王高、官台、菜央子、侯镇、刘旺、古城、岔河、胡营、北洋头、洛城、建桥、上口、文家、田柳、马店、丰城、台后、临泽等。

2010 年寿光市各镇（街道）集贸市场表

表 10-8-2

镇（街道）	集贸市场名称
圣城街道	李家仕庄、张建桥、韩家仕庄、李二、刘旺、西关、东郭、南后三里、东关、新兴街、后朴里、西公孙
文家街道	文家、桑家、张家河头、南潘曲、韩家、高家、西河、蔡西、大庄
洛城街道	洛城、寒桥、留吕、屯田、李家、董家营子、西高湛、斟灌、牟城、冯家尧河、南庄、南范、尧水、高淮、丁楼、高东、后尹
古城街道	周家、北洛、临泽、北孙、南孙、庵头、野虎、尚家、罗桥、桥子、顶盖、古城、垒村
孙家集街道	三元朱、范于、一甲、岳寺韩、营子、西张、大李、边线王、钓鱼台、胡营、孙集、石门董、寨子
稻田镇	田马、南里任、南韩、陶前、陶中、东赵庙、西赵庙、卜家、桂河二、桂河三、东稻田、西稻田、李营、张家营、北河崖、大伦、南慈、何家、官庄、阁上、孟家、王望一、王望二、王望三、董家稻庄
侯镇	侯镇、东毕、台后、南仉、岔河、西柴、河沟、李家官庄、西毕、草碾、黄桥、大泊头、赵辛、马家、地沟、挑沟
纪台镇	纪台、东埠、吴庙、张庙、冉家、方东、堠坡、三官、丁家
化龙镇	南柴、丰城、高家、张屯、鲍家、北柴、辛家、裴家岭、务本、辛店、夏店、前王、后王、钦西、板桥
上口镇	上口、方吕、林一、南半、口子、广陵、后牟邵村、郎家南邵、南邵一、赵王南楼、张北楼、王北楼

续表 10-8-2

镇（街道）	集贸市场名称
田柳镇	邢姚、西王高、朱崖、常家、丁家、王高、田柳、袁桥、王里、后疃
营里镇	孙家庄、益隆道口、北单、大北河、东黑、杨柳、吴营、宋家、孙河南、东油北、南岔河、西黑、陈营、前南河、道口
台头镇	北台头、北洋头、彭家道口、刘家河头、郑辇、大坨、三座楼、马家庄、张家庄、北孙、马家茅坨、牛头镇
羊口镇	寇家坞、卧铺、北木桥、羊口、杨庄、齐庄、官台、王庄、营子、菜央子、东宅科、西宅科、郑家庄子、单家庄子、曹辛、侯辛

第三节 物资交流会

物资交流会是境内解放以后商贸流通部门举办的一种交易活动，一般在县城和农村较大的集市举办，特点是商家多、商品多、消费者多。20 世纪 90 年代，物资交流会举办期间出现戏班唱戏、马戏团表演等节目。1995 年，全市共举办物资交流会 110 场次，交易额 3.9 亿元。2000 年前后，物资交流会一般举办 3～5 天。辖区最有影响的交流会有稻田、九巷、寇家坞、王高、李家官庄、侯镇、东方、纪台、斟灌等。2010 年，随着各商业网点迅速发展，群众随时都能购买到所需物品，物资交流会虽仍举办，但规模缩小，已失去原有意义。

第四节 市场管理

1991 年，对城区各农副产品批发市场、乡（镇）各集市和专业批发市场强化管理，打击强买强卖、短斤少两等市场违章行为，保证交易公平。1992 年 3 月，寿光蔬菜批发市场被评为全国 10 大专业集贸批发市场之一。1993 年，对粮食、油料、生资、文化等市场进行集中整顿，打击欺行霸市、非法牟取暴利、不正当竞争等违法违章行为，共查处违法案件 133 起。1994 年，在全市开展争创文明集贸市场活动，9 处市场被评为潍坊市级以上文明集贸市场。1995 年，全市各类市场发展到 168 处，其中专业批发市场 28 处，集贸市场 140 处，全市集贸市场成交额达 31.7 亿元。1996 年，按照国务院关于市场实行办、管分离的指示精神，全市各市场成立市场服务中心，加强市场监管，实行办、管分离。2000 年，全市大型专业蔬菜市场发展到 34 处，农村集贸市场 180 处，瓜菜购销公司、运销专业户等购销组织 1.7 万多个，流通大军 11 万人，全市集贸市场成交额达 46 亿元。2002 年，在全市实行市场巡查制、市场执法不作为追究制，加强市场监管。2007 年，在全市开展农资市场专项整治行动，出动检查人员 500 余人次，抽检农资产品 90 余批次，查获假种子、不合格化肥、劣质农药共计价值 80 万元。2010 年，开展农村市场专项整治年活动，查处商品交易市场违法违章案件 4 起，案值 55 万元。

第九章 服务业

第一节 餐 饮

1991年始，随着人们生活水平的提高，消费需求日益扩大，饮食服务业得到长足发展，呈现出投资主体多元化、经营设施高档化、服务功能多样化的发展格局。至1995年，全市各类饮食服务网点达到3716家，从业人员9769人，营业收入6.5亿元，分别比1994年增长16.8%、20.3%和24.1%。1996年始，饮食服务业逐渐改变传统的单一模式，大多数宾馆、酒店增添婚庆宴、生日宴等经营方式。1998年，全市企业改制后，餐饮业户和餐饮企业达到4100余家，从业人员1.3万人。2000年始，个体餐饮业户得到较快发展，至2005年，仅蔬菜批发市场周边餐饮业户达900家。2006年，整顿餐饮行业，全市餐饮业网点8730家，营业面积达350万平方米，从业人员1.5万人。2008年，有三星级以上酒店6家。至2010年，全市有餐饮业户和餐饮企业9833家，营业面积460万平方米，从业人员3.2万人，年销售收入17.2亿元。

第二节 宾馆 饭店

1991年，东都宾馆建成营业。1994年，盐业大厦、菜都大酒店相继建成。1995年，家庭式宾馆出现，多集中在南关村、城里村、南魏村等城中村。1997年，对全市个体宾馆进行清理整顿，当年个体宾馆、饭店达到263家。1999年，全市宾馆、饭店规模较大的有市政府招待所、电业宾馆、市供销社宾馆等。2000年始，仅有住宿功能的宾馆逐渐减少，融住宿、餐饮、娱乐、休闲、保健等功能于一体的高档酒店、宾馆得到较快发展。2003年，投资1.6亿元，建成建筑面积4.8万平方米的温泉大酒店。至2005年，全市有大小宾馆、旅馆696家，全年实现营业总收入9.9亿元。2007年，投资2500万元，建成寿光华纳大酒店。2008年，投资4.5亿元，建成晨鸣国际大酒店。全市集吃、住、娱乐、休闲、保健于一体的高档宾馆、酒店有晨鸣国际大酒店、温泉大酒店、寿光宾馆、新华大酒店、凯德华大酒店等。2010年，全市有星级酒店7家，其中四星级酒店2家、三星级5家。

晨鸣国际大酒店 由山东晨鸣纸业集团股份有限公司投资兴建。总投资4.5亿元，占地面积180亩，建筑面积7.5万平方米，集餐饮、客房、娱乐、休闲为一体，酒店结构整体上分为主楼、附楼、别墅楼3部分，欧式组群式建筑风格。2008年4月份建成营业，至2010年，共接待国内外宾客6.2万人次。

阳光温泉大酒店 是一家四星级涉外商务酒店，2003年4月投入使用，总投资1.6亿元，建筑面积4.8万平方米。拥有客房212间，另有总统套房及贵宾楼各1套。酒店餐饮部以“绿色、健康”为主题，以绿色无公害蔬菜为原料，研究开发代表寿光饮食风格的地方特色菜。一楼餐厅以鲁菜为主，二楼主营齐民大宴、燕鲍翅等高档宴席和菜品。2005 年 4 月 7—8 日，成功接待时任中共中央总书记、国家主席、中央军委主席胡锦涛入住。同年 10 月 13 日，被评为四星级酒店。

寿光富华大酒店 是集会议接待、客房、餐饮、娱乐为一体的以四星级标准建设的新型商务酒店。地处圣城街与渤海路交叉路口东南角，酒店主楼 13 层，总建筑面积 1.2 万平方米，可容纳 350 人同时用餐，主营鲁菜、胶东菜、川菜及具有特色的本地名菜。2006 年 7 月建成营业，2007 年 12 月，被评为三星级酒店。

寿光华纳大酒店 是一家集客房、餐饮、娱乐于一体的星级酒店，地处圣城街 555 号，属繁华黄金地段。2007 年 4 月，投资 2500 多万元建成营业。酒店主楼 5 层，可容纳近 400 人同时用餐，餐厅以粤菜、湘菜和鲁菜为主。酒店设有高档中餐厅、会议室、棋牌室、商务中心等配套项目和设施。2009 年 12 月，被评为三星级酒店。

第三节 新兴服务业

20 世纪 90 年代，婚纱影楼、皮肤护理、洗浴按摩等新兴服务业开始出现。1997 年后，传统服务业如美容美发、照相、沐浴、旅馆等逐步适应新形势，服务方式推陈出新。1999 年，装饰、拍卖、典当、咨询、认证等新兴服务业进一步发展。2001 年前后，婚庆、职业中介等服务业兴起，全市有固定经营场所的婚庆公司 19 家、劳动服务中介 8 家。2005 年，家政服务、美容美发、法律服务、会计服务、汽车装潢、家电维修等服务业快速发展，各类家政服务业经营实体达 205 家，从业人员 1200 人；美容美发业经营网点 702 处，从业人员 1700 多人；法律服务机构 21 家；会计服务机构 11 家；从事汽车装潢、家电经营维修业务的投资者日益增多。2006 年，以生产要素为主体的劳动力、会计、审计、税务、广告代理等中介业不断发展，成为全市服务业发展的新亮点。当年全市各类中介组织达 333 家，从业人员 1900 人，范围涵盖咨询、广告、认证、代理、行业协会等领域。2010 年，信息传输、金融、房地产、商务服务等现代业企业达 500 余家，完成税收 2.4 亿元。连锁经营等新兴业态加速成长，新增各类连锁店 266 家，从业人员 22.3 万人。初步形成门类齐全、各业并举的发展格局。

第四节 地方特产与名吃

20 世纪 90 年代，伴随着饮食业的不断发展，境内小吃也随之发生变化，从满足吃饱到吃好、吃精、吃特色。2006 年，经寿光权威部门认定的寿光美食小吃有小清河银鱼、羊角沟对虾、巨淀湖泥鳅、羊口老咸菜、王高虎头鸡、寿光扒谷、寿光梭子蟹、羊口咸蟹子、寿光青萝卜、东郭全猪等。

小清河银鱼 境内小清河入海处生长的一种鱼，周身纯白，闪闪如银，故称银鱼。银鱼身长一般在 6 ～ 9 厘米，宽如韭叶，形似面条，所以又称面鱼或面条鱼。多在海水和河口淡水混合处繁殖，产区狭小，产量不丰。每年清明节前后，银鱼游入小清河下游，

小清河银鱼（1995 年摄）

5月产卵后，再游回深海域。银鱼肉中蛋白质含量72.1%，氨基酸含量也相当丰富，其养生益寿的功能为国际营养学界确认。

羊角沟对虾 因盛产于寿光羊角沟（后改为羊口镇）而得名。学名中国对虾，属对虾科，体长大而侧扁，甲壳薄，光滑透明，雌体青蓝色，雄体棕黄色。对虾主要分布于中国渤海、黄海和朝鲜西部沿海，辽宁、河北、山东、天津沿海是对虾的重要产地。捕捞季节为每年春秋两季。对虾肉质鲜嫩，每100克虾肉含蛋白质20.6克、脂肪0.7克，并含有多种维生素及人体必需的微量元素，系高蛋白营养水产品。用羊角沟对虾制作的鲁菜清蒸大虾、烹虾段、炸虾段、红烧大虾等均久负盛名。

巨淀湖泥鳅 因寿光巨淀湖盛产而得名。属小型鱼，体长偏圆形，鳞极其细小，体背及体侧2/3以上部位呈灰黑色，体侧下半部灰白色。巨淀湖是寿光唯一的天然湖泊，湖区芦苇茂密，湖水富含有机质、腐殖质，略带盐度，造就巨淀湖一带泥鳅资源丰富、个

巨淀湖泥鳅（2009年摄）

体肥满和口感鲜美等特点。泥鳅含优质蛋白质、脂肪、维生素A、维生素B1、烟酸、铁、磷、钙等。其肉质细嫩，味甘、性平。巨淀湖泥鳅在当地有多种烹饪方法，如砂锅泥鳅、红烧泥鳅、椒盐泥鳅、石锅耙泥鳅、干煸泥鳅等。

羊口老咸菜 寿光民间的一种普及腌菜。

羊口老咸菜（2009年摄）

用料学名芥菜，其形状为圆球形，地下生长，有须根，样子像疙瘩，吃起来有股辣味，故当地人称辣疙瘩。羊口老咸菜采用优质辣疙瘩，加入鱼卤、虾油，经多年翻、晒、倒缸等10多道传统工艺，纯天然发酵后腌制成菜。正宗羊口老咸菜色泽棕红、油亮，味道咸而香脆。因其腌制时间越长越好吃，所以称之为老咸菜。寿光老咸菜尤以羊口、侯镇两地产的味道最好。

寿光饹饸 方言读作“pā gū”，旧志亦称虚糕，今多写作“扒谷”。寿光民间的一种传统菜肴，制作方法是将绿豆用水泡透，跟剁碎的菠菜、绿萝卜（可不用）一起用料理机打成泥（传统制作方法是用石磨），捏成拳头大小的团状或制成10厘米左右宽、厚的块状，放到锅里蒸熟，颜色呈现暗绿色。烹调的时候先炝锅，放入大料、肉片、粉条等勾兑好汤汁，将饹饸团捏碎放入锅中，中火翻炒五六分钟，炒好后加韭菜末或香菜末调匀出锅。上盘后的外形有点类似当地蔬菜豆腐。寿光饹饸风味独特，解毒易消化。

王高虎头鸡 寿光传统地方名吃，因将鸡剁成块、挂糊炸成金黄色，状如虎头，故名虎头鸡。虎头鸡有数百年的历史，最早起

虎头鸡（2001年摄）

源于清朝时期的寿光王高村。其特点是：炖熟后鸡酥肉烂、醇香可口，鸡汤鲜美。关于王高虎头鸡的制作起源，通常的说法是，旧时人们生活困难，各种食材短缺，鸡是奢侈的美味，人们既想待客讲究，又不想造成大的经济负担，聪明的王高人便把鸡剁成小块挂上面糊，用油炸制，再加入山药、土豆等食材，分量更多，可招待若干宾朋。2006年，王高虎头鸡被寿光市人民政府评定为寿光标志性地方名吃。

寿光梭子蟹 俗称大海蟹，学名三疣梭子蟹，因其甲壳呈织布梭子形，中央有三个疣状突起而得名。梭子蟹属渤海区域内大型蟹类。境内小清河入海口一带，滩涂辽阔，饵料丰富，所产蟹个大，肉肥细嫩，蟹黄丰满，蛋白含量高。梭子蟹在深海越冬，清明节后洄游河口浅海一带，5月产卵。幼蟹喜于咸淡水混合处栖息、觅食。雌蟹腹部呈半圆型（俗称团脐），雄蟹腹部呈锐三角型（俗称长脐）。雌蟹在抛子前，肉肥黄满，大者斤余重。产卵后体肉渐少，质量下降。待中秋节后，蟹日渐丰腴，至霜降壳满肉肥，当地称之“顶盖肥”，是一年中食蟹最佳时节。

羊口咸蟹子 以渤海莱州湾产的三疣梭子蟹的雌蟹为原料腌制而成。羊口咸蟹子主要有清香型和鱼香型两种口味。制作时，用盐将热水制成过饱和盐水，然后将过饱和盐水放凉，把洗净的螃蟹浸入盐水中，使其头胸甲朝下，腹部朝上。辅料包括味素、姜、香葱、料酒、糖、花椒、大蒜等。室温条件下，腌制20个小时左右捞出，放到密封罐中保存，然后放入冰箱冷冻，随吃随取。羊口咸蟹子富含维生素A、维生素E、维生素B1、维生素B2、尼克酸以及钙、磷、铁等多种矿物质。羊口咸蟹子具有工艺讲究、“咸而不咸”等特点，产品销往全国各地，是代表寿光的特产之一。2010年12月，被农业部认定为“农产品地理标志产品”。

第五节 服务业管理

1991年，县第三产业规划管理委员会成立。1993年3月，设立县第三产业规划管理委员会办公室（简称县三产办），定编3人。1997年，市政府制定《寿光市第三产业工作要点》，进一步培育市场体系，搞活商贸流通，鼓励企业和个人参与第三产业发展。1998年始，引导建立行业协会，推进行业自律。至2002年，先后建立起美容美发、酒业、建筑材料等7个商贸流通业发展协会。2004年，新建、改建、续建服务业重点项目29个。2005年，先后建立起互联网、证券期货、汽车服务、烹饪等14个服务业协会。同年，指导协会举办寿光市春季汽车展销会、烹饪大赛、招商引资恳谈会等活动。2007年，市三产办完成《寿光市城市商业网点规划》和《寿光市专业批发市场发展规划》的编制工作，对行业发展进行规划定位。2008年，起草《关于加快寿光市服务业发展的若干规定》，提出服务业发展的任务目标和工作重点。同年6月，撤销市三产办，其职能整体划归新成立的市服务业管理办公室。2010年，全市服务业协会发展到38家，累计培训协会会员4500余人次。

第十一编

开放 开发

1991—2010年，是寿光外向型经济和招商工作快速发展的时期。贸易规模逐步扩大，市场持续扩展，出口商品结构不断得到优化。1991年，全县出口商品2186.8万美元，至2010年，达到9.9亿美元，增长44.1倍。对外经济合作和利用外资方面，规模和质量不断发展和提高。至2010年，全市获得自营进出口权企业565家、"三资"企业60家，完成进出口总额16.1亿美元。

第一章 对外贸易

第一节 管理机构

1992年以前，县对外经济贸易委员会与县对外贸易公司合署办公，实行政企合一制。1992年6月，撤销县对外经济贸易委员会和对外贸易公司，组建新的县对外经济贸易委员会和县对外贸易总公司，分别为县政府序列部门和全民所有制企业。对外经济贸易委员会内设办公室、人秘科、企业管理科、综合业务科和外商投资管理科5个科室，均为股级规格。2001年，市对外经济贸易委员会更名为市对外贸易经济合作局（简称市外经贸局）。2002年8月，成立中国国际商会寿光商会，为正科级事业单位，与市外经贸局、市招商局合署办公。2009年1月，市招商局与市外经贸局分立，各自独立办公。2010年，市外经贸局与市商业贸易局合并成立市商务局。内设办公室、组织人事科、财务科、商业贸易服务管理科、流通管理科、市场运行调节科、市场秩序科、外商投资促进与管理科、对外贸易管理科、对外经济合作与境外投资管理科、机电产品进出口管理科等11个职能科室。

第二节 外贸体制

1994年前，全市进出口贸易由山东省对外贸易委员会管理。1994年1月，经对外经济贸易合作部授权，寿光市成为潍坊市第一个取得进出口经营权的县（市、区）。同年12月，经省口岸办公室对羊口港验收，确定羊口港实行二类口岸开放，成为潍坊市第一个对外开放口岸。1995年，完成自营出口创汇410万美元，建成仓储能力达1万吨的保税仓库。1996年，全市共有7家工贸企业获得自营进出口权。三资企业完成出口创汇5660万元。2000年1月，全市拥有自营进出口权企业30家。2001年，将内资企业原实行的进出口经营资格审批制改为登记制和核准制，取消私营企业在进出口贸易方面的准入限制，私营企业可以从事外贸业务，进出口企业数成倍增加。2005年，全市拥有自营进出口权企业170家，次年达到234家。至2010年，全市获得自营进出口权的企业565家，有进出口实绩的企业169家。

第三节 外贸进出口

1991年，对外贸易出口商品以工业产品如抽纱、服装为主，外贸方式主要有自营进出口和出口交货两种方式。1994年始，全市主要发展自营出口，同时也为上级外贸出口公司、外地自营进出口企业以及边贸公司供货。当年，全市有200多家企业获得单项或多项进出口权，有1家企业获得综合进出口权，出口生产厂家发展到300多个。1995年，全市有6家企业获得产品自营进出口权，出口产品发展到12个大类、161个品种，远销世界40多个国家和地区，年出口能力达到1亿美元以上。1998年，完成出口创汇7046.8万美元，晨鸣集团在美国建成海外企业1家。2000年，全市新批利用外资项目13个，出口创汇完成7709.5万美元，进口6826.7万美元。2005年，产品出口60多个国家和地区。与荷兰、美国、俄罗斯、韩国等30多个国家和地区建立经济合作关系，设立海外企业（机构）11家。2006年始，实施出口信用保险、融资担保和中小企业开拓资金等促进外贸发展政策，当年全市农产品自营出口额达8800万美元。2007年，全市农产品自营出口额1.5亿美元，产品出口到世界80多个国家和地区。2010年，全市完成进出口总额16.1亿美元，其中出口9.9亿美元、进口6.2亿美元。

1991—2010年寿光市（县）进出口情况统计表

表11-1-1　　单位：万美元

年份	出口额	进口额	对外贸易额
1991	2186.8	528.1	2714.9
1992	3109.8	727.6	3837.4
1993	4128.5	819.6	4948.1
1994	4790.2	633.2	5423.4
1995	5211.4	788.9	6000.3
1996	6484.9	1529.2	8014.1
1997	8052.0	3267.5	11319.5
1998	7046.8	7315.3	14362.1
1999	1785.6	4011.9	5797.5
2000	7709.5	6826.7	14536.2
2001	6187.0	1999.0	8186.0
2002	6773.0	20227.0	27000.0
2003	12296.0	12397.0	24693.0
2004	17202.0	23987.0	41189.0
2005	41653.0	22920.0	64573.0
2006	57000.0	39000.0	96000.0
2007	72000.0	33000.0	105000.0

续表 11-1-1

年份	出口额	进口额	对外贸易额
2008	86000.0	40000.0	126000.0
2009	70353.0	36013.0	106366.0
2010	98617.0	62012.0	160629.0

说明：未统计外地外贸公司供货值、外地出口企业及边贸供货值

第二章 交流与合作

第一节 项目考察

1991年11月，应美国加利福尼亚州环太平洋公司邀请，县内燃机配件厂组团到美国考察合资经营项目。1992年6月，县委书记李光信率团赴美国考察创汇高效农业，会见和接触客户11家，签订合同1项、协议1项、意向书6项。1993—1995年，全市共派出经贸出国团组53个，报批人数184人次。1996年7月，市政府组团赴德国、法国考察贴标机设备及食用菌项目。同年9月，应俄罗斯莫斯科远达股份公司邀请，市外经贸委、市国际经济技术合作公司等单位组团赴俄罗斯考察蔬菜基地项目。1998年，组团参加鲁台经贸洽谈会、青岛小交会、北京中美企业投资贸易洽谈会和厦门第二届经贸洽谈会、上海贸易洽谈会等一系列大型对外经贸活动，新结交美国、日本、韩国、澳大利亚、西欧及中国港台等10多个国家和地区的客商100多人，共计草签合同协议24项，外资额1.2亿美元；签订进出口贸易11笔，贸易额1880万美元。1999年，市政府组团对日本、韩国进行为期11天的农业技术合作、农副产品加工、出口贸易等项目的洽谈活动。2000年10月，市长刘德成一行6人赴美国、日本考察合资项目及出口贸易业务。2005年1月，市委书记徐振溪一行6人赴美国纽约、洛杉矶、威斯康辛州等地考察经贸合作项目。2009年10月，市政府组团参加第六届中国—东盟博览会。

第二节 科技交流

1992年，先后派出20多人次到深圳、南京等地与外国客户洽谈经济技术合作，达成合同协议20多项。先后办理39个团组的82人到美国、新加坡等20个国家和地区考察，结交海内外客户200多家，签订经济技术合作和贸易协议56项。1994年，先后组织参加9次涉外活动，共签订利用外资项目协议合同150多份，合同协议外资额8亿美元。当年，共办成海外企业4家，其中市优质蔬菜经销服务公司在俄罗斯设立贸易公司，马店乡在

美国注册贸易公司、蔬菜农场及餐馆。先后举办3期涉外培训班，200多人次受训。共外派劳务133人次。1995年，开展劳务承包业务，共派出53名建筑劳工、31名蔬菜种植技术人员。1998年，在美国设立帝国集团寿光产品展览中心，寿光产品直接在国外展览。派出41名技术人员分赴芬兰、美国、瑞典进行技术培训。寿光晨鸣集团派出36名技术员到美国学习，并由晨鸣集团在美国办成海外企业1家。1999年，劳务输出8人，完成劳务工程额33万美元。2000年，外派劳务人员30人，劳务合同额100万美元。2001年，与俄罗斯思麦科公司签署蔬菜品种研究协议，标志着寿光向科技合作国际化迈出第一步。2002年，共输出劳务180人，劳务合同额535万美元，共有海外企业4家。2004年，寿光果树大棚栽培研究所与匈牙利开展大棚樱桃高产技术研究，引进匈牙利大樱桃品种40个，试验筛选出适合大棚栽培品种2个。2005年，劳务输出2010人次，完成境外工程额2900万美元。2006—2010年，每年都组团参加中国（广州）进出口商品交易会，全市共有150家企业参与科技交流。2009年（青岛）潍坊周期间，青岛专家到寿光对接洽谈，螺旋藻生物肥等一批技术成果在寿光得到推广。至2010年，全市共承担科技交流项目260项，取得各类科技成果127项，其中获省科技进步奖27项，获省科技进步一等奖2项。全市累计举办援疆、援藏培训班50多期，为中西部地区培训科技管理和技术人员2万多人。当年，市商务局被省商务厅确定为山东省外派劳务培训基地。

第三节 宣传推介

1993年6月，在香港成功举办寿光县经贸洽谈会暨新闻发布会，宣传寿光工农业产品及投资环境。1994年10月，市委、市政府在青岛东方饭店举行产品出口新闻发布会，省经贸委、青岛市政府、青岛市经贸委等80家单位出席，副市长王守福介绍寿光市出口产品及主要生产厂家情况。至年底，全市直接或间接同世界上40多个国家和地区建立经济贸易关系，出口商品发展到12个大类、150多个品种。1995年12月，市委副书记王炳富、市政协主席姜洪佩一行10人赴韩国汉城、釜山两市进行宣传寿光、开拓出口贸易等经贸活动，签订项目合同协议4个，总投资644万美元。2001年，组织举办寿光（北京）招商引资恳谈会，部分驻华使馆的大使、参赞，驻华机构、跨国公司、外资企业的高层管理人员和商务代表共80余人参会，集中宣传推介寿光投资环境和招商项目，签订合作协议、意向23个，投资额1.7亿美元。2006年1月，寿光市召开2005年度进出口过6亿美元庆祝大会，进出口总额达到6.5亿美元，其中出口创汇4.2亿美元，同比分别增长56.8%和142.1%。2008年9月，寿光市在福建厦门举行第12届中国国际投资贸易洽谈会，重点针对港澳台及厦门周边地区，宣传、推介寿光市发展和投资环境。2009年9月，寿光商会随团赴哈萨克斯坦、吉尔吉斯坦、蒙古3国进行经贸洽谈及招商推介工作。

第四节 城市结好

1993年9月，寿光市与陕西省洛南县缔结为友好市县。同年10月，与新疆维吾尔自治区库尔勒市缔结为友好城市。1995年5月，与黑龙江省宁安市缔结为友好城市。同年12月，与新疆维吾尔自治区于田县缔结为友好市县。1996年7月，分别与德州市齐河县，新疆维吾尔自治区阜康市、石河子市、昌吉市缔结为友好城市。同年10月，与新疆维吾尔自治区阿勒泰市缔结为友好城市。1997年3月，与河南省新蔡县缔结为友好市县。至此，与外地共缔结友好市（县、城市）23个。2005年7月，与新疆维吾尔自治区吐鲁番市缔结为友好城市。2006年4月，与黑龙江省逊克县缔结为友好市县。2007年4月，与内蒙古自治区克什克腾旗缔结为友好城市。2008年9月，与延安市宝塔区缔结为友好市区。同年10月，（青岛）潍坊周期间，与青岛胶州市缔结为友好城市。2009年3月，孙家集街道三元朱村与陕西省安塞县侯沟门村缔结为友好村。两村在党建、集体经济建设、新农村建设等方面达成合作。2010年3月，与四川省蓬溪县缔结为友好市县。同年4月，与陕西省咸阳市杨陵区缔结为友好市区。6月，与四川省宜宾县缔结为友好市县。

第三章　招商引资

第一节 管理机构

1999年以前，寿光没有专门的招商引资工作部门，招商引资工作由市对外贸易经济合作局负责。2000年6月，成立市招商局，为正科级全额拨款事业单位，具体负责全市的招商引资工作。2002年，市招商局与市对外贸易经济合作局合署办公。2003年2月，市招商局改称市招商工作委员会办公室。同时从全市有关单位抽调人员分别成立市招商局一局、市招商局二局、市招商局三局、市招商局四局、市招商局五局5个招商局。2004年8月，5个招商局撤销。2009年1月，市招商工作委员会办公室又改称市招商局，不再与市对外贸易经济合作局合署办公。2010年，市招商局内设办公室、投资信息科、招商科、投资服务科，负责对全市招商引资工作的协调、督促、指导、调度。

第二节 政策环境

1991—2010年，尤其是1992年邓小平南方谈话后，先后出台《寿光市外商投资企业管理办法》（1993年）、《鼓励外商投资意见》（1995）、《招商引资奖励暂行办法》（2000年）、《寿光市鼓励利用境外资金扩大出口创汇的暂行规定》（2002年）、《关于实施招商引资及外经贸工作目标责任制的意见》（2004年）等一系列优惠和激励政策，对引进资金、投资客商和重点项目实行“一事一议”，在规费征收、土地使用、资金、人才等方面给予优惠和激励。在服务方面，成立市行政服务中心，对招商引资项目实行一门受理、联合审批、一口收费、限时办结的“一站式服务”。加强社会监督，组建经济发展软环境投诉中心和机关效能监察中心，设置举报电话“5108500”，对违反政策的部门和个人进行严厉查处。至2010年，对80个部门单位进行评议7次，提出建议、意见1355条，对机关效能工作明查暗访40余次，督查单位146个，纠正问题37个。受理群众投诉35件，处结率100%。

第三节 利用外资

1991年，先后参加潍坊风筝会、青岛小交会、哈尔滨洽谈会、上海海洋化工新闻发布会、厦门恳谈会、香港深圳洽谈会等若干大型涉外活动，参与人员500多人次，签订合作项目40多个，合同利用外资1000多万美元。当年全县实际利用外资1025万美元。1995年，争取外借（贷）款项目，其中市经济开发总公司从中国投资银行借款68万美元，市水产经贸公司从山东国际信托公司借款40万美元，市永立纸业有限公司通过山东工商银行借款190万美元，市邮电局利用德国政府贷款90.7万美元，市造纸厂商业贷款190万美元，市计委利用荷兰贷款280万美元。当年全市利用外资4314万美元。1996年，共办理出国审批手续100多人，新结识客户200多人，签订合作贸易项目30多个，实际利用外资4433万美元。晨鸣纸业集团通过发行B股上市，募集境外资金6657万美元。聚宝集团和奥峰集团挂靠中国华源集团，通过出售企业股权，搭车上市引进外资。借鉴国际通行的BOT、TOT方式，办成对外贷款项目2个，合同金额460万美元，实用额200万美元。当年全市利用外资项目8个，利用外资8942万美元。1999年，全市新批利用外资项目8个，合同利用外资2552万美元，实际利用外资2338万美元。当年全市“三资”（中外合资、中外合作、外商独资）企业发展到9家。2001年始，开展网上招商、专业招商、委托招商、以商引商、二次招商、代理招商等招商活动。2002年，与荷兰瑞克斯旺、韩国真成化学、日本山下株式会社等国际知名涉农公司签订合同、协议92个，利用外资5.1亿美元。利用寿光一中校庆举办时机，签订引资合同协议11个，资金5522万美元。总投资1000多万美元的韩国自康塑膜项目和投资343万美元的香港无纺布项目开工建设。2004年，全年新批利用外资项目25个，到位资金8756万美元。当年“三资”企业达到34家。2006年，全市合同利用市外资金5321.2万美元，实际到位资金5704万美元。2008年10月，在深圳举办山东寿光（深圳）投资合作恳谈会，邀请客商62人，洽谈项目15个，引资2.8亿美元。2010年，利用外资项目16个，利用外资2.2亿美元。“三资”企业发展到60家。

1992—2010年寿光市（县）“三资”企业情况表

表11-3-1

企业名称	外资形式	批准时间	合同期限（年）
寿光金鹏玩具有限公司	合资	1992.01	30
寿光兴华毛纺有限公司	合资	1993.07	10
富氏饲料（潍坊）有限公司	独资	1994.11	50
寿光万龙汽车车身制造有限公司	合资	1995.11	32
寿光东盈养殖有限公司	独资	1996.03	40
寿光富康制药有限公司	合资	1997.06	20
亚细亚（潍坊）农业机械有限公司	独资	1998.01	20

续表 11-3-1

企业名称	外资形式	批准时间	合同期限（年）
寿光先正达种子有限公司	合作	1998.12	30
山东晨鸣新力热电有限公司	合资	1999.12	22
寿光万友食品有限公司	合资	2000.01	30
寿光万龙模具制造有限公司	合资	2000.04	20
寿光童安木业有限公司	合资	2000.05	16
寿光九元复合纸业有限公司	独资	2000.06	50
潍坊玉土味食品有限公司	独资	2001.01	15
寿光墨龙机电设备有限公司	合资	2001.01	30
潍坊宏达工艺制品有限公司	合资	2001.05	13
山东和信化工集团有限公司	合资	2002.01	30
实耐格（潍坊）包装有限公司	独资	2002.02	50
山东自康塑料有限公司	独资	2002.04	30
寿光田野食品有限公司	独资	2002.05	31
寿光俊富纺织品有限公司	合资	2002.07	20
寿光海之源发制品有限公司	合资	2002.12	15
寿光龙兴塑编有限公司	合资	2003.01	20
潍坊华奥食品有限公司	独资	2003.02	12
寿光裕立化工有限公司	合作	2003.04	20
寿光蔡伦北海粉体有限公司	合资	2003.07	20
寿光伟华化工有限公司	合资	2003.12	20
潍坊大地昭日化工有限公司	合资	2004.01	30
寿光天成饲料有限公司	合资	2004.04	12
山东潍坊埃乐德机械有限公司	合资	2004.06	20
潍坊名仕裳制衣有限公司	独资	2004.06	50
潍坊沃尔泰肥料有限公司	独资	2004.07	15
山东中印环球软件科技发展有限公司	合资	2004.09	10
寿光金远东变性淀粉有限公司	合资	2004.09	50
寿光中慧生物饲料有限公司	合资	2005.01	12
寿光永益贸易有限公司	合资	2005.05	22
澳特莱（山东）农产品开发有限公司	合资	2005.05	20
山东御景大酒店有限公司	合资	2005.05	30

续表 11-3-1

企业名称	外资形式	批准时间	合同期限（年）
富氏食品（中国）有限公司	独资	2005.06	50
潍坊嘉华医疗产品有限公司	独资	2005.07	15
山东天力药业有限公司	合资	2005.11	20
寿光华宇钉业有限公司	合资	2005.12	20
山东大铨羽绒制品有限公司	独资	2006.06	11
寿光晨鸣美术纸有限公司	合资	2007.04	15
寿光永升化工有限公司	独资	2007.05	50
美凯华生态农化（潍坊）有限公司	独资	2007.09	20
寿光市豪源化工有限公司	独资	2007.12	20
霍氏（寿光）国际划艇俱乐部发展有限公司	合资	2008.02	50
寿光农产品物流园有限公司	独资	2008.12	30
建隆贝尔（山东）光电科技有限公司	合资	2009.01	20
寿光田中沃生物有机肥有限公司	合资	2009.07	20
寿光宝源酒业有限公司	合资	2009.08	20
寿光山奥天然气有限公司	合资	2009.11	15
寿光凯凯置业有限公司	合资	2010.01	40
寿光蔬菜产业集团有限公司	独资	2010.01	20
寿光卡诺岛物业管理发展有限公司	独资	2010.03	30
寿光农康生物科技有限公司	合资	2010.03	20
寿光霍氏六宝国际赛艇俱乐部管理有限公司	独资	2010.06	30
美高斯麦化妆品有限公司	合资	2010.08	20
有美味食品有限公司	独资	2010.09	30

第四章 经济园区

第一节 经济开发区

1992年12月，由省政府批准设立寿光县经济开发区，位于张建桥乡，总面积30.2平方公里，规划区面积9平方公里。1994年6月，开发区与原张建桥乡合并，实行区乡合一建制。2003年，经济开发区位置由张建桥乡调整至北洛镇，总规划面积33.2平方公里。同年9月，古城乡与北洛镇合并成立古城街道，实行区街合一建制。同月，创设科技工业园，规划总面积40平方公里，按照“城市新区、生态型工业区、高新技术产业区、多功能服务区”目标建设。至2010年，形成冶金、化工、新型建材、石油机械、精密机械、食品加工6大主导产业。入园工业项目112个，实现销售收入431.3亿元，利税13.9亿元，工业总产值86.7亿元。经济开发区被中国化工学会命名为中国石油装备产业基地。

2010年寿光市经济开发区部分企业情况表

表11-4-1　　单位：万元

始建年份	企业名称	主导产品或经营项目	产值	利税
1963.10	寿光市康跃科技股份有限公司	增压器制造	22380	4639
1991.10	山东寿光胜利化工有限公司	油田助剂	2259	160
1995.08	山东墨龙石油机械股份有限公司	油管、抽油杆、抽油泵	555967	49136
1995.10	寿光市日升纸业有限公司	箱板纸	2240	24
2000.08	寿光市宗鑫塑编有限公司	塑料编织袋	4076	230
2001.04	山东金穗木业股份有限公司	实木门	1175	171
2002.02	寿光市新海化工有限公司	油田助剂	1550	94
2002.11	寿光市三洋木制品有限公司	胶合板、细木工板、家具	17358	797
2002.12	寿光市光正包装有限公司	镀铝膜	1687	163
2003.05	寿光市永泰齿轮箱有限公司	齿轮室盖	721	17
2004.10	山东福瑞化工有限公司	复混肥	10132	6
2004.11	寿光市吉泰轩木业有限公司	家具	2441	121
2004.11	潍坊名仕裟制衣有限公司	针织内衣	10205	377

续表 11-4-1

始建年份	企业名称	主导产品或经营项目	产值	利税
2005.04	山东科润生物化工有限公司	对甲基苯酚	34508	4782
2005.05	山东喜丰塑业有限公司	薄膜制造	25594	568
2006.01	潍坊嘉华医疗产品有限公司	一次性输液器	2834	100
2006.03	寿光市玉龙管业有限公司	塑料橡胶制品	2007	251
2006.03	寿光德力生物农化有限公司	农药	6525	455
2006.04	寿光市环宇混凝土有限公司	商品混凝土	6943	271
2006.05	潍坊玉晶镜业有限公司	银镜	4555	59
2006.06	山东光耀超薄玻璃有限公司	无色光学玻璃制造	12929	1181
2006.08	潍坊兰茜服装有限公司	服装加工	1029	10
2007.01	寿光市佳泰工贸有限公司	胶合板	3402	383
2007.02	寿光市冠龙橡塑有限公司	塑料薄膜	2636	64
2007.03	山东瑞杰照明器材有限公司	照明器材	897	10
2007.05	寿光市佳艺印刷包装有限公司	包装装潢印刷	3364	57
2009.01	潍坊华鑫电机有限公司	发电机组制造	4858	263
2009.01	寿光市群胜电器有限公司	照明配电箱	4431	296
2009.02	寿光盛源净水材料厂	聚合氯化铝	3030	180
2009.03	寿光市凯米尔生物工程有限公司	复合肥	4238	79
2010.08	山东寿光东龙聚酯有限公司	聚酯纤维	4873	427
2010.08	寿光市润达新型建材有限公司	商砼	2382	243

第二节 晨鸣工业园

2002年12月，经市委、市政府批准设立，位于城区西侧，共涉及圣城、文家2个街道，南起南环路，北至潍高路，东至静山路，西至西环路，控制性规划面积33.8平方公里，首期开发面积12.3平方公里。园区投资发展的方向和重点是规模效益型企业和劳动密集型产业，以及环保型、高附加值、科技含量高的项目。设立综合性工业园区、民营工业园区。建设目标以轻型工业为基本架构，以民营经济为主要经济成分，侧重发展中小企业，形成以造纸、机电化工、电子产业制造为主要形式，兼居住、生产、物流、文化办公于一体的综合性现代化工业园区。至2010年，园区内基础设施完善，入园企业150余家，固定资产投资达240亿元，形成集造纸、制药、建材、板材、塑编、机械制造等多产业相支撑的工业生产体系。

2010年寿光市晨鸣工业园部分企业情况表

表 11-4-2　　　　单位：万元

始建年份	企业名称	主导产品或经营项目	产值	利税
1993.02	山东晨鸣纸业集团股份有限公司	造纸、制浆、板材	978372	216160
2001.01	寿光维斯佳家用纺织品有限公司	床上用品	5373	687
2001.05	寿光市鑫凯包装有限公司	纸箱	5053	566
2001.06	寿光市圣亚化工有限公司	造纸助剂	2896	319
2001.11	寿光精益木业有限公司	板材加工	3473	413
2002.01	寿光市蔡伦申兴精细化工有限公司	60级、95级浆钙，增白剂	39564	11859
2002.02	实耐格（潍坊）包装有限公司	纸芯	8297	963
2002.05	寿光市龙泰包装有限公司	纸箱	7502	923
2002.06	寿光市鹏泰工贸有限公司	纸箱	1894	196
2002.11	山东荣邦化工有限公司	农药	8720	915
2003.01	寿光市龙腾纸业有限责任公司	裁剪纸	8702	1274
2003.03	寿光市金晨纸业有限公司	裁剪纸	2821	279
2003.03	寿光市恒翔纸箱包装有限公司	纸箱	3394	392
2003.04	寿光市爱华包装制品厂	泡沫塑料制品	5123	531
2003.08	寿光蔡伦北海粉体有限公司	石粉	4481	558
2003.08	山东万事达建筑机械制造有限公司	免烧砖机	3980	486
2004.02	潍坊奥蕾饮品有限公司	纯净水	3218	347
2004.04	寿光市树山集装箱制造有限公司	汽车改装与制造	5599	747
2004.04	寿光市百灵木业有限公司	板材加工	5219	497
2004.05	寿光春明纸业有限公司	涂布纸加工	4167	680
2004.06	山东潍坊埃乐德机械有限公司	造纸机械	3742	488
2004.08	寿光市环球环卫设备有限公司	移动轻体房、环卫产品	1546	175
2005.06	寿光蔡伦中科肥料有限责任公司	有机肥	2229	343
2005.12	寿光海鑫无纺布有限公司	无纺布	6445	768
2006.01	寿光市德圣造纸化工有限公司	造纸助剂	6707	699
2006.01	寿光市崇凌建材有限公司	木地板加工	7111	713
2006.08	寿光市粤邦木业有限公司	板材加工	2751	441
2006.10	寿光鑫盛化工有限公司	化学助剂	3508	389
2007.01	潍坊天方工贸有限公司	造纸助剂	4473	476
2007.04	寿光市中兴塑料有限公司	塑料编织袋	4515	307

续表 11-4-2

始建年份	企业名称	主导产品或经营项目	产值	利税
2007.05	山东彩霆生态照明器材科技有限公司	三基色荧光粉	5743	786
2007.05	寿光市鹏朔维根斯包装有限公司	纸芯	2809	382
2008.04	广德工贸有限公司	环氧树脂	2839	174
2008.06	山东申达作物科技有限公司	农药	4564	709
2009.08	隆恺机械制造有限公司	汽车零配件	2408	296
2009.10	宏安新型节能材料有限公司	商品混凝土	2195	403

第三节 东城工业园

2003年7月，经市委、市政府批准设立，位于洛城街道永乐路以东、永丰路以西、文圣街以南、潍高路以北，总规划面积46.3平方公里，首期开发面积15.8平方公里（分两期开发），规划建设主干道路15条。开发建设目标是发展高新技术产业和先进制造业，围绕汽车及零部件、机械装备、木制板材及家具生产、纺织服装、生物医药、新能源、饲料、食品加工等产业领域已形成的人才、技术、资源优势，建成高新技术产业密集区、可持续发展示范区。2005年，东城工业园完成拆迁和整理土地9000多亩，安置投资过千万元项目99个，其中过亿元项目19个、过5000万元项目36个。完成投资36亿元，其中招商引资到位资金13.6亿元。至2010年，园区累计投入建设资金160亿元，建成道路、排水、供电、路灯等基础设施。安置投资过千万元项目135个，其中过亿元项目32个，总投资139亿元。有规模以上企业78家，实现工业销售收入116.4亿元、利税16.3亿元。

2010年寿光市东城工业园部分企业情况表

表 11-4-3　　　　单位：万元

始建年份	企业名称	主导产品或经营项目	产值	利税
1992.10	山东寿光万龙实业有限公司	三轮摩托车整车制造	11664	1413
1995.03	山东凯马汽车制造有限公司	农用运输车、汽车及配附件	355732	40485
1995.03	山东寿光福达竹木精制品有限公司	竹签制造	7510	681
1995.08	寿光市兴源木业有限公司	胶合板制造	4539	515
1997.08	寿光市泰丰汽车底盘制造有限公司	汽车车架、制动器、传动轴	132869	13079
1998.02	寿光万龙模具制造有限公司	汽车模具制造	9548	1005
2000.03	寿光鸿泰墙材有限公司	墙体材料玻璃板材	5583	812
2000.04	潍坊六和饲料有限公司寿光分公司	混合饲料加工	79681	5156
2000.04	寿光市金丰汽车配件有限公司	汽车零部件及配件制造	5058	672

续表 11-4-3

始建年份	企业名称	主导产品或经营项目	产值	利税
2000.05	山东宗鑫钢结构集团有限公司	钢结构加工	26136	3258
2001.02	寿光润丰生物科技有限公司	肥料加工	3996	410
2001.05	寿光市泰丰模具有限公司	模具制造	3611	464
2001.05	寿光市宏盛塑料包装有限公司	加工纸箱	3113	463
2001.06	寿光市巨龙机械制造有限公司	汽车配件	8039	1002
2001.07	山东志达机械有限公司	模具制造	3089	366
2001.08	寿光鸿泰钢构有限公司	钢结构工程制作	12926	1600
2001.10	寿光市富田物之源肥业科技有限公司	生物有机肥	2447	208
2002.03	寿光鑫隆包装有限公司	纸箱	3441	453
2002.04	寿光润华机械有限公司	钢管	7338	676
2002.05	寿光三申科教装备有限责任公司	木质家具制造	4541	564
2002.06	潍坊鑫壬祥油墨有限公司	油墨	4006	522
2002.07	寿光市寿保食品有限公司	焙烤食品制造	7557	830
2002.08	山东寿光鑫隆农牧发展有限公司	饲料加工	6047	429
2003.02	寿光市新华印业有限公司	包装装潢	4214	438
2003.04	寿光大地纺织有限公司	棉纱、包纱线	11988	1191
2003.04	寿光市泰丰汽车制动系统有限公司	汽车制动器制造	10257	1219
2003.05	寿光市大自然食品有限公司	冻肉加工	5129	610
2003.05	寿光市盛林木业有限公司	木质家具制造	3608	555
2003.08	寿光中慧生物饲料有限公司	饲料加工	82480	5363
2003.08	山东东宝钢管有限公司	采油钢管	31865	2868
2004.02	山东恒同机车制造有限公司	汽车车身制造	7131	854
2004.02	潍坊威能环保电源有限公司	锂离子电池制造	8545	825
2004.03	寿光市恒利源板材有限公司	纤维板制造	7284	904
2004.05	山东益生源微生物技术有限公司	饲料添加剂	7316	932
2004.05	寿光市坤都木业有限公司	胶合板生产	8108	1011
2004.06	潍坊市布恩饲料有限公司	饲料加工	11304	986
2004.08	寿光市加勒比尔木业有限公司	木质家具制造	9081	1163
2004.08	山东鑫锐模具制造有限公司	模具制造	6040	832
2005.01	山东亚太力神石油装备有限公司	抽油机、油泵电机制造	4702	379
2005.01	潍坊金华拉链有限公司	拉链	4310	215

续表 11-4-3

始建年份	企业名称	主导产品或经营项目	产值	利税
2005.02	寿光市东宇鸿翔木业有限公司	人造板制造	20364	2612
2005.03	寿光市富格琳窗饰材料有限公司	塑料百叶窗制造	7575	801
2005.06	山东省寿光市晨泰机械有限公司	石油钻采配件制造	5705	720
2005.07	潍坊奥泰机械有限公司	插秧机	5749	636
2006.04	潍坊懿和兴纺织有限公司	棉纱	2022	193
2006.05	寿光市汇丰机械有限公司	聚乙烯塑料管材	19109	3194
2007.03	山东神龟食品有限公司	蔬菜肉制品	6376	835
2007.03	寿光市鑫龙农业设施有限公司	大棚卷帘机制造	2911	272
2007.05	寿光六和鑫隆农牧有限公司	配合饲料	30417	1363
2007.05	寿光市润骅植物油有限公司	棉油	6399	786
2008.03	寿光阳光造纸机械技术服务有限公司	造纸机械加工	3153	381
2008.03	寿光丽水肥料有限公司	复混肥料制造	2900	306
2008.08	寿光市清水塑料有限公司	农用塑料薄膜制造	3161	305

第四节 渤海化工园

2005年12月，经市委、市政府批准设立，又称渤海项目区，位于境内北部羊口镇，外靠渤海湾，西至西营子沟，东至羊临路，北至北营子沟，南至普一路，规划总面积30平方公里。园区辖3个村庄，有省道羊临路和羊益铁路通过，距国家二类开放码头羊口港和荣乌高速公路各10公里，是当地海运、河运、公路、铁路4联网的交通枢纽点，是山东省“环渤海经济圈”的重点开发区域。园区以发展盐化工工业为主，同时发展石油化工、海洋生物化工等相关产业，逐步形成以盐化工产业为主的生态综合工业区。先后有寿光和润化工有限公司、寿光和谐化工有限公司、山东昊泽化工有限公司、寿光富民化工有限公司、山东巨定化工有限公司、山东瑞邦涂层科技有限公司等工业项目奠基。2008年，园区实现工业增加值8亿元、主营业务收入32亿元、利税9825万元、利润8247万元。2009年园区实现工业增加值11亿元、主营业务收入47亿元、利税2.3亿元、利润1.1亿元。2010年，园区共有企业51家，其中规模以上企业28家，总资产65亿元，从业人员6000多人。全年共实现工业增加值17亿元、主营业务收入70亿元、利税10亿元、利润5亿元。骨干企业有鲁清防水、默锐化学、博润实业等。

2010 年寿光市渤海化工园部分企业情况表

表 11-4-4　　单位：万元

始建年份	企业名称	主要产品	产值	利税
1995.04	寿光市海宁盐场	原盐、溴素	4400	383
1999.10	山东默锐化学有限公司	溴丙烷、四溴双酚 A	74928	2417
2000.08	山东寿光鲁清石化有限公司	聚丙烯、柴油、汽油	348466	15080
2000.11	山东博润实业有限公司	冰醋酸、胚芽	34696	3221
2002.03	山东富通化学有限公司	氟化苯、溴素	13261	1614
2005.07	潍坊盛瑜药业有限公司	医药中间体	3007	120
2006.11	寿光市正通化工有限公司	焦亚硫酸钠	3758	9
2007.01	山东寿光神润发海洋化工有限公司	阻燃剂	32698	758
2007.06	寿光德润化学有限公司	磷酸甲苯二苯酯	1175	82
2008.03	寿光岱星化工有限公司	六溴环十二烷	8307	441
2008.03	寿光新丰化工有限责任公司	溴化物	884	15
2008.04	山东亿嘉农化有限公司	化学农药	2174	421
2008.11	寿光新泰精细化工有限公司	BIT 杀菌剂	5421	525
2009.07	寿光和谐化工有限公司	硝基麝香	2039	325
2010.09	山东瑞邦涂层科技有限公司	彩钢涂层、汽车涂层	550	109

第五节 侯镇项目区

2007 年 2 月，经市委、市政府批准设立，位于侯镇境内，南起荣乌高速，北临潍坊滨海经济开发区，东接潍坊滨海新城，西至丹河分洪，是山东半岛蓝色经济区和黄河三角洲高效生态经济区开发关键节点，也是全国知名的原盐及盐化工生产基地。园区总规划面积 50 平方公里，建设起步区 12 平方公里，以盐化工、海洋化工、石油化工、装备制造、仓储物流 5 大产业为发展目标，以引进大集团和高新技术项目为重点，规划 10 个集团工业园、1 个企业物流园、1 个职工生活服务区。2009 年，建成日供水 6 万立方米的供水厂、日处理 4 万吨的污水处理厂和投资 2 亿元的职工生活服务区。至 2010 年，园区共完成基础设施投入 8 亿元，入园区企业 80 家，总投资 150 亿元，实现工业增加值 26 亿元、主营业务收入 175.6 亿元、利税 7.1 亿元。

2010年寿光市侯镇项目区部分企业情况表

表11-4-5　　单位：万元

始建年份	企业名称	主导产品或经营项目	产值	利税
1956	山东大地盐化集团有限公司	原盐、烧碱、溴素	197111	13257
1987	寿光市岔河富源盐场	原盐、氯化镁	5999	467
1987.06	寿光市南宋盐场	原盐	1946	108
1997.01	山东寿光龙潭化工厂	溴素	2407	62
2000.10	寿光兴海化工有限公司	染料中间体	2047	230
2004.12	寿光市泰和化工有限公司	溴素	1247	37
2005.01	寿光市鲁源盐化有限公司	盐、溴素	8188	1069
2005.04	潍坊日兴化工有限公司	氯化镁、氯化钙、医药中间体	200	4.5
2005.04	潍坊贝尔化工有限公司	氯化物、溴化物	2162	86
2005.08	寿光景源化工有限公司	氯化钙	1529	43
2005.08	寿光新鹏化工有限公司	水泥外加剂	142	23
2005.08	寿光市博飞化学有限公司	油田用减水剂	2195	108
2005.08	寿光润德化工有限公司	spms	500	35
2005.08	寿光浩特化工有限公司	油田用减水剂	650	45
2005.08	寿光博诚化工有限公司	镁系列、碳酸钙	2399	103
2005.09	潍坊浩丰化工有限公司	固碱	1981	74
2005.09	潍坊腾顺化工有限公司	氯化钙	1200	55
2005.11	寿光昊邦化学股份有限公司	烧碱	—	—
2006.01	潍坊晶润化工有限公司	精镁	933	11
2006.01	潍坊源源化工有限公司	溴化钠	1500	120
2006.01	寿光市阳波化工有限公司	六溴环十二烷	9204	283
2006.04	寿光市东信工贸有限公司	溴素	3899	360
2006.04	寿光市义和化工有限公司	融雪盐、水泥添加剂	580	55
2006.04	寿光市宏伟化工有限公司	融雪剂	1250	85
2006.04	寿光市禄友化工有限公司	蝶酸单麸氨酸	839	37
2006.04	潍坊鑫润精细化工有限公司	溴化物	880	45
2006.05	潍坊长兴化工有限公司	溴化物	765	7
2006.05	寿光市泷源化工有限公司	溴化物	580	25
2006.05	潍坊万博化工有限公司	溴化物	2446	127
2006.05	潍坊祥铭化工有限公司	溴化物	1997	64

续表 11-4-5

始建年份	企业名称	主导产品或经营项目	产值	利税
2006.05	新华制药（寿光）有限公司	化学原料药、医药制剂、设备	32582	3064
2006.08	寿光天创化工有限公司	焦亚硫酸钠	1703	53
2006.09	山东天信化工有限公司	溴化物	5321	222
2006.10	山东荣源橡塑有限公司	塑胶	716	25
2006.10	潍坊汇达化工有限公司	cpvc	850	36
2006.10	寿光市科翔化工有限公司	抗氧剂	950	45
2006.10	寿光市华威精细化工有限公司	磷酸肌酸酐	—	—
2006.11	寿光市大坤盐化有限公司	原盐、盐膜	—	—
2006.11	寿光金太阳热电有限公司	电力、蒸汽	—	—
2006.11	寿光市恒聚源商业有限公司	商业、餐饮	580	25
2006.12	山东东信化学工业有限公司	六溴环十二烷	2600	120
2006.12	潍坊大邦化工有限公司	融雪剂	1769	49
2006.12	寿光市新能化工有限公司	液化气	85645	5162
2007.03	寿光市诺倍得化工厂	镍基催化剂	680	30
2007.03	寿光华晟化工有限公司	磺胺脒、磺胺二甲嘧啶	2056	85
2007.03	寿光市泉成机电化工有限公司	氯化镁、氯化钙、融雪剂	777	49
2007.03	寿光诚信盐化有限公司	氯丁烷	670	36
2007.03	寿光蓝海化学有限公司	四丁基溴化铵	690	38
2007.03	寿光市联盟石油化工有限公司	汽柴油	300997	577
2007.03	寿光市联盟磷复肥有限公司	磷复肥	70550	6982
2007.03	寿光市永康化学工业有限公司	溴化物、医药中间体	56947	6022
2007.05	寿光市膦德化工有限公司	草甘膦	—	—
2007.05	山东龙华橡塑有限公司	二仲辛酯	—	—
2007.06	潍坊华源水务有限公司	污水处理	—	—
2007.07	寿光永升化工有限公司	水性合成树脂乳液及有关助剂	1916	189
2007.12	山东英合生物科技有限公司	头孢塞利医药中间体	3	0.2
2007.12	寿光嘉柏化学有限公司	塑料助剂	—	—
2008.03	潍坊坤阳化工有限公司	融雪剂	1852	33
2008.05	寿光凯博化学有限公司	亚磷酸二甲酯	—	—
2008.05	寿光博苑精细化工有限公司	双草酸酯和溶剂	2288	72
2008.06	潍坊龙泽水务有限公司	工业用水	—	—

续表 11-4-5

始建年份	企业名称	主导产品或经营项目	产值	利税
2009.01	山东东方宏业化工有限公司	聚丙烯、聚丁烯、粉体材料	22073	116
2009.03	山东同成医药科技有限公司	医药中间体	5467	107
2009.05	山东寿光广汇化工有限公司	保险粉	—	—
2009.06	潍坊市立多塑料有限公司	氯化聚乙烯	—	—
2009.06	山东海澜化工有限公司	硝酸钠、亚硝酸钠	—	—
2009.08	潍坊绿橄榄化工有限公司	吡啶	—	—
2009.08	寿光茂源包装制品有限公司	印刷包装	—	—
2009.08	山东寿光金利源医疗器械股份有限公司	医疗器械	2001	2
2009.09	山东寿光健元春有限公司	塑编袋、纸塑复合材料	65898	1356
2009.12	寿光市凯瑞建材有限公司	改性萘系和聚羧酸减水剂	—	—
2009.12	潍坊三盛化工有限公司	卡巴肼	300	30
2009.12	潍坊振湖化工有限公司	磷酸酯增塑阻燃剂系列产品	—	—
2010.04	寿光市海盟化工有限公司	阻燃剂	—	—
2010.06	寿光龙兴农膜有限公司	BOPP 膜	—	—
2010.10	山东昊华轮胎有限公司	半钢子午线轮胎	—	—
2010.12	潍坊鹏通化工有限公司	高等级道路沥青	—	—

第十二编

财政 税务 金融

1991—2010年，全市（县）的财政、税务和金融工作正处于不断深化改革阶段。党中央“一个中心，两个基本点”基本路线的提出和确立，给财税金融工作注入了生机和活力。经过20年的改革发展，财税、金融、保险、证券在管理体制、服务方式等方面都发生了深刻变化，全市财政收入、税务收入、各银行存贷款余额实现数倍乃至数十倍增长，保险业务覆盖经济和社会生活的各个方面，证券服务从无到有，业务量逐年增大。2010年，全市地方财政收入32.3亿元、国税收入27.6亿元、地税收入21.2亿元，各金融机构存款余额394.6亿元、贷款余额307.6亿元。

第一章 财政

第一节 管理机构

1993年8月，撤县设市，县财政局更名为市财政局。1994年12月，市国有资产管理局升格为正科级事业单位。1996年10月，成立市预算外资金管理局，为正科级事业单位。1998年，成立市财政监督局，为副科级事业单位。2001年8月，成立社会保障科。2002年4月，市住房资金管理中心调整为副科级事业单位。同年7月，成立市农业税征收管理局，为副科级事业单位。2003年6月，成立市基础设施建设资金管理中心，为正科级事业单位。2004年11月，成立市政府投资项目管理办公室，为股级事业单位，挂靠市基础设施建设资金管理中心。政府采购中心升格为副科级事业单位。2005年8月，成立市国库集中支付中心，为副科级事业单位。2008年7月，设立债务金融科，为局机关内部科室。2009年4月，成立市财政投资评审中心，为副科级全额拨款事业单位。同年6月，市农业税征收管理局更名为市基层财政管理局，其隶属关系、机构规格、人员编制不变。9月，成立市财政政策研究室，为股级事业单位。2010年2月，市农业综合开发办公室由市政府直属事业单位，调整为市财政局所属事业单位。市国有资产管理局改为市国有资产监督管理办公室，市预算外资金管理局更名为市预算外资金管理办公室，市财政监督局更名为市财政监督办公室，市基层财政管理局更名为市基层财政管理办公室，原规格、性质、隶属关系不变。至2010年，内设9个职能科室（办公室、预算科、农业科、综合科、社会保障科、企业科、债务金融科、会计科、行政事业财务管理科），下辖10个事业单位（国有资产监督管理办公室、预算外资金管理办公室、基础设施建设资金管理中心、财政监督办公室、政府采购中心、基层财政管理办公室、国库集中支付中心、财政投资评审中心、财政政策研究室、农业综合开发办公室）。有干部职工112人。

第二节 财政体制

县级财政体制 1991年，潍坊市对寿光县实行定额上缴加比例递增的财政体制，即定收定支，收支余额为定额上缴，以1986年为基数，每年递增3.5%包干上缴，收入超过3.5%以上的部分，再上缴潍坊市30%。1994年，中央对地方统一实行分税制财政体制后，在新体制运行的同时，老体制下的定额上缴仍继续存在，并按一定比例逐年递增。上级核定寿光市的年递增上缴比例为7.5%，上缴基数6617万元。1995年，因大家洼镇划入潍坊市，上缴比例调减为5%。到2006年，当年体制上缴8891万元。2007年，实行税收属地管理，除潍坊市商业银行及分支机构缴纳的各项地方税收及附加作为潍坊市级收入外，其他全部下放属地管理。实行增量分享制度，以2005年为基期年，根据基期年各县（市、区）一般预算收入决算数和潍坊市级下放收入数，按照2006年潍坊市人代会通过的一般预算收入增幅和1—9月一般预算收入增幅的平均数计算增长确定收入基数，自2007年起，对一般预算收入实行潍坊市与县（市、区）1∶9分享。2007年起，各县（市、区）原体制递增上解比例由5%降为3%。同年，寿光市上缴潍坊市基数4318万元，至2010年未变。

镇级财政体制　1991年，对乡（镇）实行“定收定支、收入上缴、超收分成、短收扣减支出指标、支出下拨、超支不补、结余留用、一年一定”的财政体制。当年，21个乡（镇）超收分成65万元。1992年，22个乡（镇）超收分成33万元。1994—2006年，对乡（镇）实行“核定收支、定额包干”的财政体制，由乡（镇）自行安排财政支出，自求平衡。1997年，维持现有的乡（镇）财政体制，适当调减资源税收入基数。1999—2000年，分配各乡（镇）一次性困难补助1565万元。2001年，分配各乡（镇、街道）转移支付资金1200万元，全部用于工资政策兑现。2002年，实施农村税费改革，安排转移支付资金2100万元。同年，将乡（镇、街道）农村中小学教师工资上划市级管理，由市财政统一发放。对各乡（镇、街道）所得税、营业税收入基数进行核定，核定乡（镇、街道）个人所得税税收返还补助基数794万元，营业税税收返还补助基数397万元，企业所得税税收返还补助基数1835万元。2004年，取消除烟叶外的农业特产税，农业税税率降低3个百分点，安排转移支付资金4731万元。2005年，全部取消农业税，由此减少的地方财政收入，通过转移支付给予适当补助，分配各乡（镇、街道）转移支付资金2831万元。2007年起，在分税制大框架下，市与镇（街道）实行“核定收支、定额上缴（补助）、增量分享、一定5年”的财政体制。按照属地征收的原则，除市属企业年纳税额在500万元以上、潍坊市级以上企业及市三大工业园区企业的税收不予下放外，其余企业税收全部下放划归为所驻镇（街道）财政收入。

第三节　财政收入

全市财政收入主要来自工商税收、农业税收、企业收入、排污费、水资源费、教育费附加、行政事业性收费、罚没收入等。

工商税收入　1991年，主要项目有电力、机械、化工、制造业、建筑材料、盐业、交通运输、商业、服务业等。当年工商税收1.2亿元，占财政收入的88.8%。同年，取消集市交易税、牲畜交易税、烧油特别税、奖金税和工资调节税等税，开征消费税、营业税、增值税等主要税种，工商税制中的税种由32个减少到18个，一些重要行业的营业税划为中央税收，工商税收在全部财政收入中的比重下降。1994年，工商税收9075万元，占财政收入的75.1%。2010年，工商税收21.3亿元，占财政收入的65.9%。

农业税收入　1991年，全县农业税收入923万元，占财政收入的6.6%。1991—2004年，农业税制未变，农业税征收和减免工作由乡（镇、街道）财政机构负责，不征收实物，一律征收代金，常年征收。1991年按公粮每公斤0.5元征收，1993年调为每公斤1.5元，1999年调为1.4元，2000年调为1.2元，2002年调为每公斤1.1元。2003年，深化农村税费改革，取消乡统筹、农村教育集资等专门向农民征收的行政事业性收费和政府性基金、集资，取消屠宰税，取消统一规定的劳动义务工，调整农业税和农业特产税政策，改革村提留征收使用办法。2004年，农业税税率降低3个百分点，按3%执行，农业税附加为现行农业税应纳税额的40%。2005年始，全面免征农业税，只征收耕地占用税和契税。当年，全市征收耕地占用税3520万元、契税5781万元。2010年，全市征收耕地占用税1.7亿元、契税3.5亿元。

企业收入　1991年，全县企业所得税收入346万元，占财政收入的2.4%。1994年，税制改革后，将国营企业所得税、集体企业所得税和私营企业所得税合并为企业所得税，统一实行33%的基本税率。1995年后，企业所得税成为全市财政收入增长较快的税种。2001年，全市企业所得税收入1.5亿元，占地方财政收入的28.3%。2002年，所得税体制改革，企业所得税实行中央、省、县按50：10：40比例分成，当年征收企业所得税4759万元。2005年，按60：8：32比例分成，企业所得税收入9735万元。2010年，全市企业所得税收入2.7亿元，增长28.7%。

专项及其他收入　全市专项收入及其他收入主要有排污费、水资源费、教育费附加、行政事业性收费、罚没收入等。1991年，此项收入502万元，占地方财政收入的3.6%，其中专项收入331万元。1996年，部分政府性基金及按规定收取的税费附加纳入财政预算，该项目收入增加，全年收入1963万元。2001年，全市收入3560万元，占地方财政收入的6.7%，其中专项收入2316万元。2010年，全市收入3.1亿元，占地方财政收入的9.6%，其中专项收入1亿元。

1991—2010年寿光市（县）财政收入情况表

表12-1-1　　单位：万元

年份	财政收入	
	决算数	增长（%）
1991	13981	1.2
1992	14233	1.8
1993	15580	9.5
1994	11895	-23.7
1995	13506	13.5
1996	21525	59.4
1997	27408	27.3
1998	33528	22.3
1999	38692	15.4
2000	43927	13.5
2001	52958	20.6
2002	51622	-2.5
2003	60518	17.2
2004	73018	20.7
2005	100318	37.4
2006	126600	26.2
2007	170016	34.3
2008	210007	23.5
2009	251189	19.6
2010	323000	28.6

第四节 财政支出

1991—1995年，财政支出按照“保证重点、压缩一般”的方针，保工资、保稳定、保机构正常运转，其间一般预算支出5.1亿元。1996—2000年，按照“工业强市、农业富民、改善环境”的思路安排财政支出，资金向企业和农业、改善居民居住环境倾斜。其间一般预算支出18.3亿元。2001—2005年，集中财力办大事，全力支持地方经济发展，侧重城建、关注“三农”、重视教育，优化专项资金支出结构，其间一般预算支出43.1亿元。2006—2010年，加大民生支出在财政中的比重，重点实施城乡一体化建设，其间地方公共财政预算支出119.5亿元，其中教育36.7亿元，占总支出30.7%；城乡社区事务1.8亿元，占总支出15.4%。

1991—2010年寿光市（县）财政支出情况表

表12-1-2　　单位：万元

年份	财政支出	
	决算数	增长（%）
1991	6747	-13.3
1992	8049	19.3
1993	7620	-5.3
1994	13410	76.0
1995	14709	9.7
1996	24346	65.5
1997	31582	29.7
1998	37266	18.0
1999	41968	12.6
2000	47774	13.8
2001	71788	50.3
2002	63543	-11.5

续表12-1-2

年份	财政支出	
	决算数	增长（%）
2003	73648	15.9
2004	95909	30.2
2005	125778	31.1
2006	145440	15.6
2007	189445	30.3
2008	229869	21.3
2009	273717	19.1
2010	356629	30.3

第五节 财政管理与监督

企业财务管理　1992年，实行企业成本核算制度，防止乱摊成本。1993年，改革企业固定资产折旧办法，取消折旧资金专款专用制度，允许统筹使用，并实行“税利分流、税后还贷、税后分利”办法。1994年9月，全市实施税制改革，市财政停止征收国营企业所得税，改由市国家税务局和市地方税务局负责征收，推进建立适应社会主义市场经济要求的企业财务管理体制，实施地方民营经济发展考核奖励机制。1997年，按照全面考核、重点突出的原则，实行企业财务管理考核奖惩。2000年后，财政部门对企业财务由管理型转向服务型。1994—2010年，共投入挖潜改造资金16亿元，科学技术研发支出5.9亿元。

行政事业单位财务管理　1991年，实施行政事业单位财务内部审计制度。1997年，实行财政第二预算管理制度，将各单位预算外资金收入纳入财政预决算管理范围，实行定员定额管理，特别对会议费、购置费、业务招待费等重点支出加强管理。2000年始，住房补贴随工资发放，标准为基本工资的20%。2001年，对行政事业性收费、政府性基金全面推行票款分离办法，严格专项零基预算和综合预算，建立支出进度均衡机制，对专项资金实行全程跟踪。2002年5月，乡（镇、街道）教师工资实现市级财政统一发放。2004年8月起，乡（镇、街道）行政和全额拨款事业单位在职人员工资由市级财政管理并发放。同年11月，成立市政府投资项目管理办公室，对政府投资的各类项目从立项、招投标、施工、验收、决算进行全程监督检查。2005年5月，对全市党政机关事业单位干部职工虚报、冒领工资及补贴问题进行集中清理，共清理虚报、冒领工资人员33人，涉及金额19.5万元。同年9月，对市直部门单位全部推行国库集中支付制度改革。根据山东省人民政府办公厅转发省财政厅、教育厅《关于对农村义务教育阶段贫困家庭学生实施“两免一补”工作的意见的通知》要求，对全市12.1万名学生进行核查，选定符合条件556人，发放政府助学金184万元。2007年10月，根据《寿光市规范市直机关公务员津贴补贴实施方案》的要求，公务员和参照国家公务员法管理人员津贴补贴项目统一归并为工作性津贴和生活性补贴两大类。2008年12月，市直机关工资发放采用网上银行支付方式，由市财政部门通过网银将工资发放到个人账户。2010年7月始，财政、税务部门联合开发的财政统发工资人员个人所得税申报系统上线运行，财政部门在统发工资的同时，代扣个人所得税并代各单位申报纳税。

预算外资金管理 1992年，对预算外资金改为专户储存、收支两户的管理办法，各单位开设收支2个账户，收入账户只收不支，支出账户只支不收。1993年，实行企业财务与会计制度改革，国有企业折旧基金和税后留用资金不再作为预算外资金管理。1996年，根据国务院《关于加强预算外资金管理的决定》，实行收支两条线管理，预算外资金统一纳入地方财政预算，作为地方财政的固定收入。2001年2月起，对行政事业性收费、政府性基金实行票款分离办法，107家收费单位、241项收费（基金）录入票款分离系统。2004年1月，启用新版山东省非税收入征收管理系统，寿光市非税收入征管步入规范化、科学化和制度化轨道。2007年，按照《山东省国有土地使用权出让收支管理办法》规定，土地出让收入纳入政府基金预算管理，收入全部上缴国库，支出一律通过政府基金预算。2008—2009年，按照省财政厅、物价局关于削减行政事业性收费项目的要求，全市累计取消行政事业性收费项目92项。2010年5月，按照潍坊市有关文件要求，调整全市人防建设收费标准。

会计管理 1992年始，对在职会计人员实行专业技术资格考试制度，不再进行相应会计专业职务任职资格的评审工作。1997年，对会计人员上岗培训、办证、年检等管理进行改革。次年，会计专业技术资格考试改为助理会计师、会计师2个层次。2000年，会计职称考试报名工作改由市人事部门负责。2003年，企业推行会计电算化。2006年，根据财政部、人事部《会计从业资格管理办法》的规定和省财政厅有关文件要求，共换发2005年新版会计从业资格证书2100余册。当年，会计从业资格考试报考人数剧增，达998人，及格率78%。2008年，全省会计从业资格考试实行网上报名、网上考试，寿光市设考点1处，报考生源包括寿光、青州、昌乐、临朐、海化等县（市、区）考生。至2010年，全市持有会计从业资格证书8650人，累计完成会计人员继续教育3.1万人次。

社会保障资金管理 （见第二十编第九

章社会保障）

财政支农资金管理 1991年始，先后实施农业综合开发、境内河道综合治理、“双增”（农业增效、农民增收）工程、中低产田改造、农村饮水安全、农田节水灌溉、城乡环卫一体化等重点项目建设，落实粮食直补和农机具购置补贴等惠农资金政策。2000年，被省财政厅列为省级“双增”工程试点县。2004年，开展第二批“双增”工程示范乡（镇）申报工作，化龙镇被确定为省级示范乡（镇）。同年，省、市、县财政扶持140万元，乡（镇、街道）自筹100万元，农民自筹2800万元，其他投入4200万元，培育农产品加工企业4家，扩建农产品交易市场6000平方米，新发展优质蔬菜面积1.6万亩。实施种粮农民直接补贴，补贴标准每亩每年14元。2005年，中央财政安排专项资金对小麦良种进行补贴，每亩10元。同年，国家对农民及农机服务组织购买农机具实行补贴，补贴标准为农机具购置金额的30%。2007年，对所有存栏能繁母猪进行补贴，每头补助100元，其中省财政补贴40%、潍坊市补贴6%、县（市、区）承担54%，至2010年政策暂停执行。2008年，中央财政安排专项资金对玉米良种每亩补贴10元。2009年，中央财政安排专项资金对棉花良种每亩补贴15元。

住房资金管理 1993年8月，成立市住房资金管理中心。1994年7月，根据国务院《关于深化城镇住房制度改革的决定》精神，在全市市直单位试行住房公积金制度，缴交额为工资总额的10%，单位和个人各占5%。到1996年年底，住房公积金滚存余额为1219万元。1997年，实施住房公积金储蓄卡管理制度，当年公积金滚存余额2007万元。1998年7月，开始在乡（镇）推行住房公积金管理制度，至2002年全面推开。1999年1月，实行住房补贴制度。同年4月，对全市32个单位进行账户调整，调整资金800多万元。至年底，住房公积金滚存余额4433万元。2000年9月始，住房补贴随工资发放，到年底住房公积金滚存余额9635万元。2003年7月，调整住房公积金缴交比例，职工和单位各为6%，外商投资企业和独资企业各为8%。2008年7月，再次调整住房公积金缴交比例，职工和单位各为12%。2010年4月，对公积金贷款政策进行调整，公积金首套房贷款，90平方米以上房屋贷款首付至少三成，90平米以下房屋贷款可首付两成；公积金二套房贷款，首付由原来四成调高至五成；暂停发放公积金三套房贷款。1994—2010年，累计归集住房公积金13.4亿元，支取4.9亿元，发放个人住房贷款8.2亿元。

政府采购管理 1998年前，政府采购一般由各单位自行采购。1999年4月，成立市政府采购中心，对所有政府投资和将来可能形成政府债务的项目，全部采取政府采购运作，市纪委、检察院、审计局派人参与监督，开标时从政府采购评审专家库随机抽取评委组成评委会，公证处进行公证，评审专家库每2年更新1次。2000—2010年，共完成政府采购项目832项，预算采购规模47亿元，实际采购额40亿元，比预算节约资金7亿元，资金节支率16.5%。

财政监督 1998年，成立市财政监督局，实行“一口对外”财政监督检查办法。同年，对全市1997年度国有土地出让金征收管理使用情况进行检查，涉合同地价款1亿元，应征地价款1340万元，实际征收957万元，应征未征拖欠款383万元。同年，对农村养老保险金使用情况进行专项检查。对市公安局、检察院、法院及市工商局4部门的收费及罚没收入进行专项检查，涉及收费项目19个、罚款项目5个，资金3291.8万元，查出违纪金额134.6万元。1999年，对全市水利专项资金、住房资金、土地出让金、环保费、农村养老保险金等征收、使用情况进行检查。对市自来水公司第三水厂基本建设财务情况进行专项检查。对市广播局、卫生局等全市第一批委派会计财务进行清理交接。2000年，对市机械林场、万芳花卉、水产开发公司、水产养殖有限公司、海洋捕捞公司等单位1997—1999年农业特产税征收情况进行检查，查出欠税716万元。2001年，对市建设局、卫生局、教育局及有关学校的会计管理和财务情况进行检查，没收非法资金9.6万元，上缴财政专户70.8万元，调整账务156.9万元。2005年，对15个企事业单位开展财税法规执行情况检查，共查处欠费187.1万元。2007年，对市顺福昌橡塑有限公司、光耀超薄玻璃公司、金丰汽配公司等20家企业进行财税法规执行情况大检查，查补税款218万元。2009年，对全市225个单位开展小金库专项治理工作。2010年，对46家企业进行会计信息质量检查，共查处欠费1057.7万元。

第六节 国有资产管理

清产核资 1994年，对境内26家国有企业进行清产核资，清查资产总额3.5亿元，负债总额1.7亿元，所有者权益1.8亿元。对1.7亿元的固定资产原值进行价值重估，固定资产净值由1.4亿元增加为2亿元。1997年5月，对全市60家城镇集体企业进行清产核资，共清查资产总额16.6亿元，负债总额12.1亿元，清查出经营性亏损挂账1亿元，所有者权益4.5亿元。2003年，共清产核资单位124家，资产总额210.9亿元，其中国有资产43.2亿元。2007年，按照中央及省、潍坊市部署，聘请寿光圣诚会计师事务所对全市行政事业单位资产进行核查和审计，共清查户数152户，清查资产39.1亿元。

产权管理 1991—1992年，实行国有企业产权制度改革，企业之间的横向联合、兼并破产等产权流动行为涌现，出现企业集团和股份制等新的企业组织形式。1992年8月始，在县造纸厂进行股份制改革试点工作，到2002年年底，全市设有股权的股份公司3家（晨鸣股份、联盟股份、热电股份），总股本10.6亿元，其中国家股3.9亿元，占37.7%。1994年始，通过组建集团、企业兼并等多种形式对企业进行嫁接改造。到2002年，组建起山东晨鸣纸业集团股份有限公司、山东寿光蔬菜产业集团有限公司、山东省寿光市联盟化工集团有限责任公司、山东仙霞集团有限公司、市齐民思集团、市海源盐化6家企业集团。2003年始，继续深化和完善企事业单位的改制工作，进一步明晰产权关系。当年，对26家企业进行改制，改制资产总额4.2亿元。2005年，对全市全额拨款的市级党政机关、民主党派、人民团体及部分有行政延伸职能的事业单位占有使用的不动产（房屋和土地），按照“政府统一所有、授权公司运营、单位占有使用、国有资产管理部门监督”的原则，由市政府授权市金财公有资产经营公司统一运营，共划转房产7.9亿元、土地3100万元。2006年，市人民医院改制，改制总资产为2.2亿元，总负债0.6亿元，净资产1.6亿元，其中国有控股33%、医院职工35%、北京东君医院投资管理有限公司32%。对污水处理厂的改制采用TOT（转让—有偿运营—期满移交）方式，以1亿元的价格将资产整体转让给安徽中科环水务公司，由其运营30年后，再将资产整体交还给寿光市人民政府。当年还对市水利局综合服务中心、勘察设计研究院、工程建设监理中心、城建物业服务中心等实施改革。

国有产权转让 2005年12月，经山东省人民政府、国务院国资委批准，山东晨鸣纸业集团股份有限公司31.4%的国家股权对外出资，与山东三维油脂集团股份有限公司、山东金升有色集团有限公司、山东永丰纸业有限公司合资设立寿光晨鸣控股有限公司。其中寿光市以持有的晨鸣纸业国家股权出资17.8亿元，三维油脂、金升集团、永丰纸业分别以现金出资2.4亿元、1.2亿元和0.5亿元。合资后，寿光市和三维油脂、金升集团、永丰纸业分别持有晨鸣控股81.3%、10.9%、5.5%、2.3%的股权。晨鸣纸业相应变更为寿光晨鸣控股有限公司的子公司。2008年，晨鸣集团H股在香港联交所上市，共募集资金36亿元。H股发行后，晨鸣集团成为同时拥有A股、B股、H股3只股票的上市公司。随着晨鸣集团总股本的扩大，国有股占晨鸣集团总股本的比例变为10.8%。2009年，将市电影公司、网络传输中心整建制划入市广播电视局，组建寿光广播影视集团股份有限公司，为国有控股企业。同年，深圳市农产品股份有限公司将其持有的山东寿光蔬菜批发市场有限公司54.4%的股权，通过深圳市产权交易中心挂牌协议转让给寿光市，挂牌转让价为8654万元，深圳市农产品股份有限公司与寿光市始于2003年的合资终止。2010年，市供电公司100%国有产权无偿划转给山东电力集团公司，共划转资产总额5.7亿元，负债总额1.5亿元，所有者权益总额4.3亿元。

第二章 国家税务

第一节 管理机构

1991年，县税务局内设办公室、政工科、计划会计科、国合企业税政科、农村企业税政科、监察科、盐税科、征收管理科、集体企业财务管理科、稽查队共10个股级职能科室及火车站税务检查站、发票管理所2个股级事业单位。同年3月，增设老干部管理科。1993年8月，寿光撤县设市，更名为市税务局，内设7个职能科室：办公室、人事监察科、计划会计统计科、涉外税收稽征科、资源税所资税科、税政科、征收管理科，下设2个事业单位：发票所、稽查队。同年9月，成立市税务局发票印刷厂。1994年6月，市税务局机构改革，分设市国家税务局（简称市国税局）和市地方税务局（简称市地税局）。市国税局为正科级行政机构，由国家税务总局垂直管理，负责征收中央税和中央地方共享税。内设办公室、政工科、计会科、税政科、征管科、监察科6个职能科室；下设涉外税收管理分局、税务稽查分局、信息中心、发票管理所4个股级事业单位；辖大家洼征收分局、市直征收一分局、市直征收二分局、外向型工业加工区分局、羊口征收分局5个基层征收分局和22个基层征收所。1995年，撤销大家洼分局、道口国税所，与原潍坊市国税局驻寿光盐碱征收处合并，成立潍坊市国税局海洋化工开发区征收分局（正科级）。1996年4月，进行农村征管机构改革，原22

个农村征收单位合并成立10个农村征收分局。同年5月，成立市税务师事务所，隶属于市国税局。1997年4月，撤销原城区一、二分局，设立市国税局直属分局。撤销火车站税务所，并入外向型工业加工区分局。设立稽查局、涉外分局。2000年4月，成立市场分局。2002年1月，成立市国税局城区分局，寒桥分局更名为洛城分局。2005年9月，下设8个科室、1个事业单位、1个直属单位和11个派驻机构。2010年10月，全省国税系统机构改革，内设11个科室：办公室、税源管理一科、税源管理二科、收入核算科、人事教育科、纳税服务科、税政科、政策法规科、征收管理科、监察室、机关党委办公室。

第二节 税 制

1991年7月，实施《中华人民共和国外商投资企业和外国企业所得税法》，外商投资企业和外国企业生产、经营所得和其他所得应缴纳所得税，税率为30%。当年起，开征固定资产投资方向调节税，税率分为0%、5%、10%、15%、30%5个档次。同年，停征建筑税。1993年，调整和核定部分出口产品退税税率为3%～18%。增值税取消“实耗扣税法”，一律按“购进扣税法”计算当期扣除税额。烟叶产品税税率由38%调整为31%。1994年，开征消费税，停征集市交易税、牲畜交易税、烧油特别税、奖金税和工资调节税。工商税种由1994年以前的32种减至18种。废止产品税，将原征收产品税的产品改征增值税，酒实行交叉征收消费税。集体企业所得税、私营企业所得税，从工商税中划出，与国营企业所得税并列设立企业所得税，税率统一调为33%。对利润较低或规模小的企业，年应税所得额3万元（含）以下暂减按18%征收所得税，年应税所得额在10万元（含）以下至3万元的暂减按27%征收所得税。1997年1月始，金融、保险企业所得税税率由55%降为33%，金融、保险业营业税税率由5%提高到8%。1998年7月始，卷烟消费税税率由40%调整为：一类卷烟50%，二、三类卷烟40%，四、五类卷烟和雪茄烟25%，进口卷烟调整为50%。2001年1月，开征车辆购置税，停征车辆购置附加费。2003年1月，调整部分进出口货物税目、税率，降低3019个税目进口关税税率，进口关税算术平均税率从12%降至11%。2006年3月始，暂停出口汽油和石脑油的增值税退税。2007年9月，工业盐、食用盐增值税适用税率由17%调整为13%。2008年1月，对生产销售的磷酸二铵免征增值税。同年6月起，免征生产销售和批发零售有机肥增值税。2009年1月，对2009年1月20日至12月31日期间购买的排气量在1.6升（含）以下的小排量乘用车，暂减按5%的税率征收车辆购置税。

第三节 税种 税率

1991年，征收税种和各类基金有产品税、增值税、营业税、集体企业所得税、城建税、个人收入调节税、车船使用税、房产税、牲畜交易税、奖金税、建筑税、印花税、盐税、国营企业所得税、能源交通建设基金、教育费附加。1994年，将原税制合并、简化，分为中央税、地方税、中央地方共享税3类，调节中央与地方、国家与企业及个人分配关系。至2010年，市国税局征收的税种有：增值税、消费税、企业所得税（分为中央企业和非银行金融企业所得税、涉外企业所得税）、个人所得税（银行存款利息）、车辆购置税。

增值税 1994年，工商税制改革后，增值税适用范围扩至所有货物的销售（除不动产）以及加工修理、修配业务，实行价外计征，即以不包含增值税税额的商品价格为税基计算征收，增值税基本税率为17%，基本生活资料和农业生产资料实行13%的低税率，出口商品实行零税率。1998年7月始，年应征销售额在180万元以下的商业性质的增值税一般纳税人，全部划转为小规模纳税人，同时商业小规模纳税人的征收率由6%改为4%。2010年6月，将一般纳税人认定标准改为工业企业年销售收入50万元（不含税，下同）、商业企业80万元。1994—2010年，共完成增值税113.9亿元，年均增幅22.9%。

消费税 1994年1月1日，新设置并实行的税种，同时取消产品税、特别消费税、烧油特别税、工商统一税。消费税共设置20个税目、13个子目、24个征税项目，采取从价定率和从量定额征收方法，在生产销售环节征收。1995年始，金银首饰消费品税由生产销售环节改为零售环节征收，税率由原来的10%调为5%。1994—2010年，全市共完成消费税5.9亿元，年均增幅为9.1%。

企业所得税 1994年1月1日开征，分为内资企业所得税和外资企业所得税，税率均为33%，但对一些特殊区域的外资企业实行24%、15%的优惠税率，对内资微利企业分别实行27%、18%的二档税率。2002年1月始，对企业所得税征管范围进行调整，新增的企业所得税由市国税局征管。2008年，所得税改革以后，内资企业所得税和外资企业所得税合并，统一实行25%的税率。1994—2010年，全市国税系统共完成企业所得税113.9亿元。

银行存款利息个人所得税 1999年11月开征。对个人从国内储蓄机构取得的人民币、外币储蓄存款利息所得中征收，开征比例税率为20%，2007年8月改为5%。1999—2010年，全市共完成银行存款利息个人所得税2.6亿元。

车辆购置税 2001年1月开征。是在特定的环节向车辆购置者征收的一种税。征收范围为汽车、摩托车、电车、挂车、农用运输车，由市交通局按税率10%征收。2007年7月始，车辆购置税交由市国税局征收。2009年1月，排量在1.6及以下的乘用车，按5%征收。2007—2010年，全市共完成车辆购置税10.2亿元。

第四节 税收收入

1994—2010年，共完成各项国税税收收入151.7亿元，年均增幅23.7%。其中完成中央级收入111.9亿元，年均增幅23.5%；完成地方级收入37.4亿元，年均增幅24.1%。

1994—2010年寿光市国税收入表

表12-2-1　　单位：万元

年份	全口径入库	年份	全口径入库
1994	9154	2003	59838
1995	10261	2004	71254
1996	13628	2005	110598
1997	21024	2006	132948
1998	27034	2007	180864
1999	37165	2008	216979
2000	40447	2009	220172
2001	41682	2010	276183
2002	47281	—	—

第五节 税收征管

1993年9月，成立市税务局发票印刷厂。1994年7月，成立市国家税务局稽查局，专门进行打击偷税骗税行为。同年始，根据国家税务总局《增值税专用发票使用规定》要求，对增值税专用发票的使用、保管作出明确规定。1996 年 2 月，按照山东省国家税务局下发的《山东省国税系统农村税收征管改革实施方案》，市国税局开始农村税收征管改革，将全市 22 个国税所合并为 11 个征收分局，取消专管员管户制度，各征收分局建立征收服务厅，实行税收金融一体化服务。此后，新的税收征管模式开始运行。同年，市国税局出台《注册税务师资格制度暂行规定》，对税务师资格的认定、税务代理机构、税务代理业务范围、税务代理关系的确立和终止、税务代理人的权利和义务都作出明确规定。1997 年 1 月，按照国家税务总局要求，更换新版普通发票。2000 年起，进行税收征管工作改革，实行银行网点微机网上报税。2002 年 7 月，市国税局根据潍坊市国税局批复，成立市国税局发票管理所，建立购、销、存发票管理制度。2004 年 1 月起，国家改革出口退税机制，明确出口退税基数部分中央与地方按 75 ∶ 25 比例负担出口税。2005 年起，出口退税超基数部分，在原批准核定基数不变的基础上，按 92.5 ∶ 7.5 的比例由中央与地方财政共同负担。2008 年，国务院重新调整系列税收政策，采用结构性减税政策，至 2010 年，全市 3 年减免各类税金 31.9 亿元。

第三章 地方税务

第一节 管理机构

1991 年，县税务局内设 10 个股级职能科室及 2 个股级事业单位。1993 年 8 月，下设 7 个职能科室、2 个事业单位。1994 年 6 月，市税务局机构改革，分设市国家税务局（简称市国税局）和市地方税务局（简称市地税局）。市地税局内设办公室、政工科、计会科、资源税科、征管科、税政科、监察室，辖稽查局、直属局及城关所、古城所等 21 个基层地税所。1997 年 10 月，成立上口分局、孙家集分局等 10 个分局、22 个征管站。1998 年 10 月，全省地税系统实行垂直管理。2000 年 11 月，设立地税经济走廊渤海分局。2003 年 8 月，设立信息管理科，计划统计科更名为计划财务科，组织人事科

寿光市地方税务局办公楼（2010 年摄）

更名为人事政工科，税政科更名为税收管理科，征管科更名为法规征管科，城区分局更名为圣城分局。2004年11月，在市行政服务中心设立市地税局纳税服务中心，直属分局和圣城、古城、洛城分局的办税、发票等服务功能全部合并到纳税服务中心。2010年12月，市地税局内设办公室、计划财务科、人事政工科、税收管理科、法规征管科、监察室、信息管理科、信息中心8个科室，辖稽查局、直属局以及圣城、洛城、古城、孙家集、文家、上口、田柳、羊口8个中心地税所。

第二节 税 制

1994年，税制改革，新税制由流转税制、所得税制、资源税制、财产税制和行为税制5大类、22个税种组成。统一内资企业所得税，按33%税率征收，同时规定的国家能源交通重点建设基金和国家预算调节基金，取消税前还贷27%和18%的优惠税率。将原个人所得税、个人收入调节税、城乡个体工商业户所得税统一为个人所得税，按不同的所得项目采用超额累进税率和比例税率，并规定相应扣除标准。新流转税制由增值税、消费税、营业税组成。在工业生产领域和批发零售商业征收增值税，对特定消费品征收消费税，对非增值税劳务和不动产销售征收营业税，营业税税目由14个调整到9个。将盐税并入资源税，分产品从量定额计算征税。开征土地增值税，采用四级超率累进税率。调整城乡维护建设税、城镇土地使用税，取消集市交易税、牲畜交易税、烧油特别税、奖金税和工资调节税。开征社会治安费、水利建设专项资金。1994年，市地税征收的税种有11个：营业税、企业所得税、个人所得税、城市维护建设税、车船使用税、房产税、屠宰税、资源税、城镇土地使用税、印花税、固定资产投资方向调节税。1996年5月，根据省地税局关于《山东省教育费附加征收管理暂行办法》，凡在省内应缴纳增值税、消费税、营业税的单位与个人缴纳教育费附加。同年11月，对体育彩票发行收入征收企业所得税（但不征增值税和营业税），对代销单位代销所得手续费征收营业税，个人彩票中奖收入按20%税率征收个人所得税。1997年7月，对从事娱乐业、广告业单位和个人征收文化事业建设费，费率为3%。同年10月，对依法注册、登记的事业单位和社会团体生产、经营所得和其他所得征收企业所得税。1998年，对农村信用社按6%税率征收营业税，次年提高到7%。2000年1月始，暂停征收固定资产投资方向调节税。同年9月，对电信部门及其下属公司销售电话号码簿业务所得收入征收营业税。2003年1月始，保险企业开展业务所支付代理手续费，在不超过当年本企业全部实收保费收入8%的范围内据实扣除。个体工商业户营业税起征点提高为月营业额1000元，对达不到起征点的个体业户，不征收增值税、营业税、城建税、教育费附加，但不免征个人所得税。2006年4月，开征烟叶税。同年7月1日起，企业所得税税前扣除的计税工资定额标准统一调整为每人每月1600元，停止执行按20%比例上浮政策。同年12月，将外商投资企业和外国企业土地使用税纳入征税范围，按一级土地每平方米6元、二级土地每平方米4元、建制镇和工矿区每平方米3元标准开征。

第三节 税种 税率

1994年，实施税制改革，分为中央税、地方税、中央地方共享税3大类，调节中央与地方、国家与企业及个人间的分配关系。同年，将产品税改为屠宰税，2003年停征。

2004年1月，暂停征收固定资产投资方向调节税。至2010年，市地税局计征的税种和各类基金有资源税、营业税、企业所得税、个人所得税、城市维护建设税、房产税、车船使用税、城镇土地使用税、土地增值税、印花税、文化事业建设费、教育费附加、地方教育附加、残疾人就业保障基金。

营业税 1994年起，商品零售、商品批发营业税改为增值税，营业税由原来14个税目减为9个。1997年2月，国务院下发《关于调整金融保险业税收政策有关问题的通知》，将金融保险业营业税税率由5%提高到8%，提高的3%归中央财政收入，由市国税局征收。市地税局征税范围为交通运输业、建筑业、金融保险业、邮电通信业、文化体育业、娱乐业、服务业、转让无形资产及销售不动产，计税依据为纳税人提供应税劳务、转让无形资产或者销售不动产向对方收取的全部价款和价外费用。交通运输业、建筑业、邮电通信业、文化体育业税率为3%，金融保险业、服务业、转让无形资产、销售不动产为5%，娱乐业20%。1994—2010年，共征收营业税25.7亿元。

企业所得税 1994年1月1日开征。对境内企业（外商投资企业和外国企业除外）的生产经营所得和其他所得征收的税种，税率为33%。对年应纳税所得额在3万元（含）以下的企业，暂减按18%的税率征收；年应纳税所得额在10万元（含）以下至3万元以上的企业，暂减按27%的税率征收；年应纳税所得额超过10万元的，适用33%的税率，由市地税局征收。2002年1月1日起，国家对企业所得税征管范围进行调整，新增企业所得税由市国税局征管。2009年起，对企业所得税征管范围进行调整，除银行（信用社）、保险公司（由市国税局征管）之外的其他各类金融企业的企业所得税由市地税局征收。1994—2010年，共征收企业所得税21.2亿元。

个人所得税 1994年1月1日开征，征税范围包括工资、薪金所得，个体工商户的生产经营所得，对企事业单位的承包经营、承租经营所得，利息、股息、红利所得，财产租赁所得，财产转让所得，偶然所得，经国家财政部确定征税的其他所得。根据所得的性质，税率分别按5%～35%、5%～45%的超额累进税率和20%的比例计算。1994—2010年，共征收个人所得税8.7亿元。

城市维护建设税 1985年计征。1994年，由按流转税额附征改为以实际缴纳的增值税、消费税、营业税为计税依据，成立独立税种，税率为5%。1994—2010年，共征收8.1亿元。

车船使用税 1987年1月，对机动车辆开征车船使用税。1994年起，由市地税局征收。征收范围为国境内公共道路或航道上行驶的车船（另有规定者除外）。计税依据为车船数量、载重吨位、净吨位，实行从量计征。寿光市征收车辆税款，年税额为小型客车每辆260元，大型客车每辆300元，载货汽车按净吨位每吨60元，二轮摩托车每辆56元，三轮摩托车每辆72元。2006年12月，按照国务院《车船使用牌照税暂行条例》和《中华人民共和国车船使用税暂行条例》规定，对车船税税目税额进行调整，征收的税目税额为小型客车每辆420元，大型客车每辆600元，载货汽车按净吨位每吨96元，二轮摩托车每辆60元，三轮摩托车每辆60元。1994—2010年，共征税款1.4亿元。

房产税 1987年1月开征。1994年，废止1951年颁布的《城市房地产税暂行条例》，颁布《中华人民共和国房产税暂行条例》，征税范围为市区、建制镇、工矿区内的房屋。计税依据为房产的计税余值或房产的租金收入。按照房产余值缴纳的税率为1.2%；按照房产租金收入缴纳的税率为12%。1994—2010

年，共征收房产税 3.7 亿元。

城镇土地使用税 1989 年 1 月开征。1994 年，改为土地使用税，征收范围为市区、建制镇、工矿区内的国有土地和集体土地。计税依据为纳税人实际占用的土地面积。土地使用税单位税额为城区每平方米 3 元、建制镇每平方米 1 元。2007 年 1 月，根据省政府《关于调整城镇土地使用税税额标准的通知》要求，调整城镇土地使用税征收标准，城区每平方米 6 元、建制镇和工矿区每平方米 3 元。1994—2010 年，共征税款 7.9 亿元。

土地增值税 1994 年 1 月 1 日开征。是以转让国有土地使用权、地上建筑物及其附着物取得的增值额为课税对象，以纳税人转让房地产取得的增值额为计税依据。增值额为纳税人转让房地产取得的收入减除规定扣除项目金额之后的余额。土地增值税实行四级超额累进税率，即增值额未超过扣除项目金额 50% 的部分，税率为 30%；增值额超过扣除项目金额 50%、未超过扣除项目金额 100% 的部分，税率为 40%；增值额超过扣除项目金额 100%、未超过扣除项目金额 200% 的部分，税率为 50%；增值额超过扣除项目金额 200% 的部分，税率为 60%。1994—2010 年，累计征收土地增值税 4.7 亿元。

资源税 1984 年 9 月 18 日，根据国务院《资源税条例》计征资源税。1994 年税制改革后，资源税征管范围扩大为原油、天然气、煤炭、其他非金属矿原矿、黑色金属矿原矿、有色金属矿原矿、盐（包括固体盐、液体盐）。计税依据为纳税人应税产品的课税数量，实行从量定额征收。税额为铁矿石每吨 10 元、石灰质每吨 2 元、花岗石每立方米 3 元、煤炭每吨 1.2 元、宝石每克拉 10 元、天然矿泉水每吨 3 元、建筑用砂每立方米 1 元、其他黏土每立方米 1 元、其他建筑石料每立方米 1 元、北方海盐每吨 25 元。2007 年 2 月，按照财政部、国家税务总局《关于调整资源税适用税额标准的通知》精神，对提取地下天然卤水晒制的海盐按每吨 20 元征收。2009 年，按照财政部、国家税务总局《关于调整岩矿石等品目资源税税额标准的通知》精神，对液体盐按每吨 2 元征收。1994—2010 年，累计征收资源税 7.8 亿元。

印花税 1988 年起，全国范围内恢复征收印花税。纳税人为在境内书立、领受或使用应税凭证的单位和个人。征税范围为各类经济合同及具有合同性质的凭证、产权转移数据、营业账簿、权利许可证照等。计税依据为应税凭证记载的金额或应税凭证件数。税率为各类经济合同、产权转移数据、记载资金的营业账簿适用比例税率，共设万分之零点五、万分之三、万分之五、千分之一 4 个档次；权利许可证照和其他营业账簿按件贴花 5 元。1994—2010 年，共征收印花税 1.1 亿元。

教育费附加 依照国务院颁布的《征收教育费附加的暂行规定》，以单位和个人实际缴纳的增值税、消费税、营业税税额为计税依据，按照 3% 的税率征收。1994—2010 年，共征收 3.6 亿元。

文化事业建设费 1997 年开征，是针对经营娱乐业、广告业的纳税人实现的收入征收的一项专项资金，计税率为 3%。至 2010 年，共征收 124 万元。

残疾人就业保障基金 2004 年，凡市内的机关、团体、企业事业单位，不分所有制形式和组织形式，必须不低于本单位在职职工总数 1.5% 的比例安排残疾人就业，凡达不到规定比例的用人单位，每年按实际差额比例缴纳残疾人就业保障金。计算公式为：应缴纳的保障金 =（用人单位上年末实际在职职工总数 ×1.5% －用人单位上年末在职残疾职工数）× 本地区上年度职工平均工资额。至

2010年，代收1718万元。

地方教育附加 2005年开征，是专项用于教育事业发展的政府性基金。根据省政府办公厅《关于征收地方教育附加有关问题的通知》规定，辖区内凡缴纳增值税、消费税、营业税的纳税人，按照实际缴纳三税税额的1%缴纳地方教育附加。2005—2010年，共征收6989万元。

第四节 税收收入

1995年，市地税局完成各项税收收入8003万元，其中资源税2362万元，占税收收入的29.5%。2000年，完成地税税收收入2.3亿元，其中企业所得税6455万元、营业税4763万元。2005年，完成地税税收收入5.7亿元，其中个人所得税5659万元、城市维护建设税5955万元。2010年，完成各项税收收入21.2亿元，比1991年增长25.5倍。

1995—2010年寿光市地税收入表

表12-3-1　　　　单位：万元

年份	全口径入库	年份	全口径入库
1995	8003	2003	31034
1996	13362	2004	41927
1997	16917	2005	56602
1998	20329	2006	75721
1999	22450	2007	100192
2000	23184	2008	122277
2001	29766	2009	149397
2002	29835	2010	211959

第五节 税收征管

1992年，成立县税务稽查队。至1993年，建成以市局稽查队为中心、乡（镇）所稽查组为基础的稽查监督网。1994年7月，开始征收管理营业税等12个税种。1995年9月，实施单项考核制度、责任跟踪制度、代扣代缴制度和税务稽查制度，保证个人所得税足额征收。1998年，开发单机软件，实施微机开票和计算机汇总报表。1999年6月，按照省、潍坊市地税局关于《重新核定和调整个体工商户纳税定额的通知》精神，市地税局制定《关于个体工商户、私营企业税收管理暂行办法》《双委托申报征收管理办法实施方案》，与226个有源头控管职能的部门和单位签订委托代征协议书，组织实施双委托征收管理。2002年，财税库银联网系统上线运行，实现同城通办，此经验做法在全省地税系统推广。次年，市地税局被国家税务总局评为全国税务系统信息化建设先进单位。2004年3月始，对货物运输、医药生产购销、房地产开发、餐饮娱乐、电力、金融、汽车销售7个重点行业的地方税收进行专项检查，对年销售额在1000万元以下、账务不健全、达不到查账征收要求的企业实行企业所得税核定征收。以城区为重点，加强租房和装修房税收管理，初步形成政府领导、地税主管、部门参与、综合治理的房地产税收一体化管理模式。同年起，探索建设以“三个结合”（集约与分别、全面与个性、直面与网络相结合）为主要内涵，以集合式、专业化为主要方式的需求型和人性化纳税服务体系。2006年，创新盐资源税联合控管，实施自行申报与摊票双控措施，促进盐资源税的应收尽收。2008年，市地税局创新应用存量房交易评估新技术，加强存量房交易税收管理，年增税收千万元以上。2009年，实施行政、事业单位工资薪金个人所得税全员全额明细申报，加强工资薪金个人所得税管理，被省地税局在全省地税系统推广。2010年，开发土地使用税宗地管理系统，创新土地使用税宗地管理，促进土地使用税征管。创新先税后审管理措施，加强车船税联合控管，当年征收车船税2479万元，较上年增长728万元。

第四章 银行

第一节 机构

1991年，境内金融机构有中国人民银行寿光县支行、中国银行股份有限公司寿光县支行、中国工商银行寿光县支行、中国农业银行寿光县支行和中国建设银行寿光县支行5家银行及县城市信用合作社、县邮政局储汇分局。至2010年，全市银行机构有13家，分别是中国人民银行寿光市支行、中国银行业监督管理委员会潍坊监管分局寿光办事处、中国农业发展银行寿光市支行、中国工商银行股份有限公司寿光市支行、中国农业银行股份有限公司寿光市支行、中国银行股份有限公司寿光支行、中国建设银行股份有限公司寿光市支行、交通银行潍坊寿光市支行、中国邮政储蓄银行有限责任公司寿光市支行、招商银行股份有限公司潍坊寿光支行、潍坊银行股份有限公司寿光支行、山东寿光农村商业银行股份有限公司、寿光张农商村镇银行股份有限公司。

中国人民银行寿光市支行 1991年，内设金融稽核管理科、计划调研科、办公室、人事科、货币发行科、国库会计科、外汇管理科、监察室8个科室，负责全县金融机构的监管，维护辖区金融体系安全有效运行。2004年起，对银行业金融机构的监管职能从人民银行寿光市支行分离，由新成立的中国银行业监督管理委员会潍坊监管分局寿光办事处承担。寿光市支行的职能定位为执行货币政策、维护金融稳定、提供金融服务。2006年，根据人民银行济南分行关于县（市）支行内设机构改革的部署，内设办公室、综合业务部、调查信息部、监察内审室。

中国银行业监督管理委员会潍坊监管分局寿光办事处 简称市银监会，2004年5月成立，编制4人。负责辖区有关金融机构的监管，履行原属人民银行审批和监督管理银行、农村信用社、邮政储蓄等存款类金融机构的职责，重点是对农村信用社和邮政储蓄的现场监管，收集辖区有关金融风险的信息并报上级监管机构。

中国农业发展银行寿光市支行 1996年11月成立，简称市农发银行，位于城区石马路52号。主要承担国家规定的农业政策性金融业务，代理粮、棉、油的收购、储备、调销等方面的资金支持，之后逐步扩大到涉农龙头企业。2003年12月，迁址至市北海路146号。2005年，在限定的范围内开办商业性贷款业务。2010年，人民币存款余额2.2亿元、贷款余额6亿元。

中国工商银行股份有限公司寿光市支行 1995年4月，设立国际业务部，承担工商企业国际业务汇兑结算。2000年11月，迁址至城区银海路171号。2004年8月，内部机构整合，设办公室、业务管理部、市场营销部。2005年12月，中国工商银行寿光市支行更名为中国工商银行股份有限公司寿光市支行。2010年，人民币存款余额52.3亿元、贷款余额60亿元。

中国农业银行股份有限公司寿光市支行 1996年10月，中国农业发展银行与中国农业银行脱钩，中国农业银行由国家专业银行转化为国有商业银行。2009年1月，整体改制为股份有限公司，更名为中国农业银行股份有限公司寿光市支行。2010年，人民币存款余额86.6亿元、贷款余额64.1亿元。

中国银行股份有限公司寿光支行 1990年12月成立。1991年6月，第一个储蓄所开业。1991年12月，城里街储蓄所开业。1992年11月，城东储蓄所开业。1993年12月，公园街储蓄所开业。2010年，人民币存款余额23.7亿元、贷款余额26亿元。

中国建设银行股份有限公司寿光市支行 1991年，有7个科室，辖9处储蓄网点。1995年，达到13处储蓄网点。1996年，更名为中国建设银行寿光市支行。1998年，撤销台头储蓄所。1999年，撤销稻田储蓄所。2001年，内设综合部、客户服务部、营业室。撤销洛城储蓄所、文化路储蓄所。2003年，撤销三里、东关、城建、城区储蓄所。2004年，更名为中国建设银行股份有限公司寿光市支行。2010年，人民币存款余额27.5亿元、贷款余额25亿元。

中国邮政储蓄银行有限责任公司寿光市支行 2008年5月成立，简称市邮储银行，位于城区新兴街240号，是在改革邮政储蓄管理体制基础上组建的商业银行，承继原经营的邮政金融业务。2010年，人民币存款余额34.3亿元、贷款余额1.9亿元。

交通银行潍坊寿光市支行 由原潍坊分行东风西街支行迁址至寿光设立，2010年1月试营业，是交通银行第一家县级分支机构。主要办理人民币存款、贷款、结算，票据贴现，代理发行债券，外汇存贷款，外币兑换，国际结算等业务。2010年，人民币存款余额7.4亿元、贷款余额15.6亿元。

招商银行股份有限公司潍坊寿光支行 2010年12月成立，是潍坊招商银行设立的首家异地支行。2010年，人民币存款余额3.5亿元、贷款余额3.7亿元。

潍坊银行股份有限公司寿光支行 2005年4月成立。2009年，下设营业室、客户服务部、小微客户部和农村客户部4个部室。2010年，人民币存款余额15.1亿元、贷款余额13.3亿元。

山东寿光农村商业银行股份有限公司 1994年3月，市信用社与市农业银行实行分门办公。同年4月，市农村信用合作社联合社成立，内设人秘科、计划信贷科、财务会计科、监察审计科。1996年，与市农业银行脱离行政隶属关系，改由潍坊市农村金融体制改革领导小组办公室领导。2000年，兼并市城市信用社。2005年12月，更名为市农村合作银行。2009年2月，更名为山东寿光农村商业银行股份有限公司。2010年，人民币存款余额137.8亿元、贷款余额102亿元。

寿光张农商村镇银行股份有限公司 2008年11月成立，简称寿光村镇银行，是经国家银监会批准设立的新型农村金融机构，主要经营吸收公众存款，发放短期、中期和长期贷款，办理国内结算，票据承兑与贴现，从事同业拆借、银行卡业务，代理发行、兑付、承销政府债券，代理收付款项及代理保险业务。注册资本1亿元，江苏张家港农村商业银行股份有限公司作为主发起人，持股比例71%，山东寿光农村商业银行持股比例19%，山东乐义金融担保投资有限公司持股比例10%。2010年，人民币存款余额4.2亿元、贷款余额4.3亿元。

第二节 业 务

货币 1991年，全县流通国家发行的第三套人民币和第四套人民币。流通的人民币纸币面值有壹佰圆、伍拾圆、拾圆、伍圆、贰圆、壹圆、伍角、贰角、壹角、伍分、贰分、壹分共12种，硬币面值有壹圆、伍角、贰角、壹角、伍分、贰分、壹分共7种。1992年6月，发行1991年版壹角、伍角、壹圆流通金属币。同年8月，开始发行1990年版带安全防伪线的伍拾圆和壹佰圆券。1995年3月，发行1990年版壹佰圆券。1999年9月，为庆祝中华人民共和国成立50周年，首次发行面值伍拾元纸制流通纪念钞1套（张）。同年10月，发行第五套人民币，与第三套、第四套人民币同时流通。2000年7月，第三套人民币停止流通使用。同年10月起，陆续发行第五套人民币纸币贰拾圆和硬币壹圆、壹角。2005年，大量发行第五套人民币纸币贰拾圆券。同年10月始，第二套人民币纸分币开始只收不付，2007年停止流通。至2010年，第四套、第五套人民币混合流通。

存款 根据国家规定，银行存款由企事业单位存款和城乡个人储蓄存款两大部分组成。1991年，全县外汇存款以肉禽冷藏加工、工艺品加工等出口企业为主，个人存款极少。至年末，金融机构各项存款余额10.6亿元，其中企事业单位存款2.4亿元、城乡个人储蓄存款8.2亿元。1993年以后，随着涉外经济发展，外汇存款业务逐步扩大。1992—1998年，辖区内中国银行、农业银行、建设银行、工商银行相继开办外汇存款业务。2010年年末，各金融机构的各项存款余额394.6亿元，是1991年的37.2倍。其中企业单位存款余额141.2亿元，占存款总额的35.8%；城乡个人储蓄存款253.4亿元，占存款总额64.2%。外汇存款 664.8万美元，其中居民外汇存款余额89.2万美元。

1991—2010年寿光市（县）各金融机构存款统计表

表12-4-1 单位：万元

年份	农发银行	工商银行	农业银行	中国银行	建设银行	邮储银行	交通银行	招商银行	潍坊银行	农村商业银行	村镇银行
1991	—	20110	26382	491	7318	—	—	—	—	52191	—
1992	—	24180	31343	1437	9209	—	—	—	—	57021	—
1993	—	27468	37043	3112	11354	—	—	—	—	49307	—
1994	251	32941	74971	5472	15604	—	—	—	—	92009	—
1995	1059	43116	69914	8021	34261	—	—	—	—	117858	—
1996	123	59550	90013	10766	58434	—	—	—	—	146099	—
1997	759	77427	106742	13054	71279	—	—	—	—	165667	—
1998	527	90208	134802	17029	87608	—	—	—	—	191891	—
1999	314	107806	159779	18068	103040	—	—	—	—	248529	—
2000	613	122016	171230	26764	104650	—	—	—	—	274815	—
2001	324	137805	193350	36666	110844	—	—	—	—	306971	—
2002	—	159311	222315	54287	117097	—	—	—	—	349137	—

续表 12-4-1

年份	农发银行	工商银行	农业银行	中国银行	建设银行	邮储银行	交通银行	招商银行	潍坊银行	农村商业银行	村镇银行
2003	—	184632	257753	55050	135109	—	—	—	—	373670	—
2004	—	199494	307854	66841	156424	—	—	—	—	445834	—
2005	—	236603	364218	78525	156495	—	—	—	32175	532906	—
2006	—	256796	402097	86681	178422	—	—	—	50414	615000	—
2007	—	290276	448454	107626	217196	—	—	—	59000	715593	—
2008	—	338174	566179	155053	305410	—	—	—	71423	901720	—
2009	14324	443218	733815	234485	238076	326498	—	—	108891	1136322	23954
2010	22116	522788	866059	236663	275211	343385	74199	34635	150715	1378365	41812

贷款 1991年，全县贷款总额为9.7亿元，到2010年，全市贷款总额321.8亿元，增长32.2倍。1993年，市农业银行、信用社分别向市抽纱厂、造纸厂、化工总厂等市属骨干企业注入资金600多万元，缓解资金紧张状况。1997年，市政府出台《关于充分发挥银行参与职能的实施意见》，银行业务在参与项目建设决策、参与企业生产经营决策等方面发挥重要作用。2000—2003年，实施金融部门支持经济发展“10+100”工程，即筛选10大类100个经济主体，作为金融部门的信贷支持重点。4年间，金融机构综合授信规模由25.8亿元扩大到89亿元，累计签发银行承兑汇票26.1亿元、信用证3.9亿美元、办理贴现25.6亿元，为企业减息1917万元。2008年，创新银行与企业合作新模式，探索政府、银行、企业联手支持小企业发展新模式。2009年，制定蔬菜大棚、农村住房、土地使用权抵押借款暂行办法，解决农民贷款抵押问题。2010年，加大对涉农中小企业商业承兑汇票推广力度，全年累计办理贴现3.2亿元，办理再贴现2.9亿元，签发商业承兑汇票4.9亿元，发放支农再贷款2.5亿元。

1991—2010年寿光市（县）各金融机构贷款统计表

表 12-4-2　　单位：万元

年份	农发银行	工商银行	农业银行	中国银行	建设银行	邮储银行	交通银行	招商银行	潍坊银行	农村商业银行	村镇银行
1991	—	19550	35937	1700	4444	—	—	—	—	35393	—
1992	—	22831	35434	2710	5309	—	—	—	—	42812	—
1993	—	28190	4116	3280	4855	—	—	—	—	49307	—
1994	—	33765	31055	4005	5146	—	—	—	—	60794	—
1995	—	32801	33985	4600	40061	—	—	—	—	73963	—
1996	—	52403	41500	4850	50659	—	—	—	—	94946	—

续表 12-4-2

年份	农发银行	工商银行	农业银行	中国银行	建设银行	邮储银行	交通银行	招商银行	潍坊银行	农村商业银行	村镇银行
1997	—	61467	50899	5282	57729	—	—	—	—	120924	—
1998	—	65453	55083	6430	60573	—	—	—	—	134475	—
1999	—	90086	72859	6816	66331	—	—	—	—	167240	—
2000	—	109560	78834	10488	72784	—	—	—	—	195176	—
2001	—	147239	86130	12589	79966	—	—	—	—	227696	—
2002	—	164636	110413	34212	79282	—	—	—	—	258801	—
2003	—	219871	141803	70521	70079	—	—	—	—	288362	—
2004	—	219790	163373	146898	103924	—	—	—	—	345567	—
2005	—	247942	216958	198816	142012	—	—	—	18024	408302	—
2006	—	273343	293734	38329	210498	—	—	—	41841	4555554	—
2007	—	349489	364659	77348	226396	—	—	—	55740	513741	—
2008	—	322640	468903	196072	232149	1577	—	—	70051	644195	—
2009	51100	468982	579089	277882	263792	12929	—	—	98499	848114	20009
2010	59980	600153	640874	260294	249666	19370	155986	36520	132974	1019812	42839

结算 1991年，县内金融结算方式为银行汇票、本票、支票、汇兑和委托收款。1992年3月，中国银行寿光县支行开办信用卡和国际结算业务。次年，县建设银行、工商银行也相继开办信用卡业务。1994年，市工商银行开办国际结算业务。1995年，市农业银行开办金穗卡业务。2001年，市人民银行接入电子联行系统，方便各商业银行跨系统汇兑。2006年4月始，县级金融机构参与小额支付系统。同年下半年始，试点推广非现金支付工具。2007年6月，全国支票影像交换系统运行，全市金融机构实现支票全国通存通用。至2010年，寿光辖区布放POS机885台、ATM机189台、银行自助终端209台、转账电话4902台，发行银行卡121.5万张，注册网上银行17.3万个；全市开立银行结算账户1.5万个，其中基本结算账户8361个、一般结算账户5534个、临时存款账户52个、专用存款账户708个；全市累计办理跨境贸易人民币结算业务0.8亿元。

外汇 1991—1994年，境内外汇管理体制经历计划经济向市场经济转轨。1994年，实行人民币经常项目有条件可兑换。1996年12月，取消经常项目下尚存的其他汇兑限制，实现人民币经常项目可兑换。2005年7月，实行出口收汇网上核销。至2010年，开立经常项目外汇账户1395个，全市各项外汇存款4402.7万美元（其中对公外汇存款3812.1万美元，储蓄存款590.6万美元），各项外汇贷款2.2亿美元（其中短期贷款5480万美元，中长期贷款1亿美元，进出口贸易融资5952.3万美元，境外筹资转贷款75.5万美元）。1996—2010年，累计为出口企业发放核销单证19.1万份，核销金额69.8亿美元；

为进口企业发放核销单证 2.1 万份，核销金额 36.8 亿美元。

第三节 监 管

1991—1995 年，全市（县）共按程序设立金融机构（营业网点）18 家，更名、撤并、搬迁金融机构（营业网点）32 家。1994—1995 年，根据国家金融有关法律法规，分别制定实施《储蓄代办网点管理暂行规定》和《现金管理登记证制度》，在潍坊市率先对全市 1497 个储蓄代办网点和 2316 个开户单位现金实施规范化管理。1995 年，对 4 家商业银行和信用社开展 6 项稽核活动，稽核金融机构 8 家，查处违规资金 9575 万元，对部分严重违规的金融机构实施罚款、罚息。1996—2000 年，制定实施《农村金融监管工作责任制》《防范和化解信用社风险分类实施细则》和《防范和处置信用社风险预警方案》等文件，建立起农村金融机构跟踪监控系统。1999—2000 年，配合政府有关部门清理整顿农村合作基金会，全市 31 家农村合作基金会中有 20 家业务并入农村信用社，并入资产 3.6 亿元、负债 3.4 亿元，清盘关闭基金会首期兑付存款 3408 万元，占全部存款的 30%。2001—2005 年，建立市推进金融安全区创建工作联席会议制度，与信用社签订专项中央银行票据协议书，共认购专项票据 8442 万元，全部置换不良贷款，成为全省首批专项票据发行单位。2006—2010 年，从维护区域金融稳定出发，先后对国有商业银行进行全面检查，加强账户管理及审批，加强人民币及反洗钱管理，化解和处置地方金融风险。

第五章 保险

第一节 机 构

1991 年，境内仅有县保险公司 1 家保险机构。1994 年，中国太平洋保险公司寿光营销部成立，主要开展财产保险业务。1996 年，中国人民保险公司寿光支公司分设为中国人民财产保险股份有限公司寿光支公司和中国人寿保险股份有限公司寿光支公司。之后，又陆续成立中国平安人寿保险股份有限公司寿光支公司等多家财产保险和人寿保险公司（代办处）。至 2010 年，全市保险机构 29 家，从业人员 1200 余人，年保费收入 8.8 亿元。

中国人民财产保险股份有限公司寿光支公司 1949 年成立。1996 年，更名为中国人民财产保险股份有限公司寿光支公司，位于城区银海路 51 号。经营险种有机动车辆保险、企业财产保险、家庭财产保险、国内外货物运输保险、人身意外保险、治安保险、政策性农业保险、政策性贷款保证保险和各种责任保险等 30 余个险种。2010 年，有职工 100 余人，内设 10 个科室，外设 7 个营销服务部。当年保费收入 9000 多万元，支付各类赔款 3500 万元。

中国人寿保险股份有限公司寿光市支公司 1996年成立。1999年3月，更名为中国人寿保险公司寿光市支公司。2003年，重组改制为中国人寿保险股份有限公司寿光市支公司。业务范围涵盖寿险、人身意外险、健康险、年金类等人身保险的全部领域。2010年，公司总体保费收入3.2亿元，短期险保费收入1054万元，理赔支出657万元，综合赔付率62.3%。

中国太平洋人寿保险股份有限公司寿光支公司 2000年12月成立，位于城区银海路北首。在售险种200余个，覆盖人寿保险、年金保险、健康保险、意外伤害保险等多个领域。2010年，实现保费收入1.9亿元，理赔支出511.7万元。

中国平安人寿保险股份有限公司潍坊市寿光支公司 2003年1月成立，经营业务包括人寿保险、健康保险、意外伤害保险等保险业务；办理各种法定人身保险业务；代理国内外保险机构检验、理赔及其委托的其他有关事宜；经中国保险监督管理委员会批准的其他业务。2010年，保费收入687万元，理赔支出56.4万元，赔付率8.2%。

中国平安财产保险股份有限公司寿光支公司 2003年4月成立，位于城区公园北街北侧、渤海路与光明路之间。业务主要有企业财产损失保险、家庭财产损失保险、短期健康保险、意外伤害保险、建筑工程保险、安装工程保险、货物运输保险、机动车辆保险、法定责任保险、保证保险、信用保险、种植保险、养殖保险等。2010年，公司迁至城区圣城东街283号建设银行大厦4楼，当年保费收入2952.2万元，理赔支出1016.7万元。

中国大地财产保险股份有限公司寿光支公司 2005年5月成立，位于工商银行寿光支行14楼。业务范围涵盖非寿险业务的各项领域，包括企业财产保险类、机动车辆保险类、工程险类、责任险类、信用保险类、保证保险类、家庭财产保险类以及短期健康保险和意外伤害保险类等。2010年，公司迁至城区公园北街东段南关利民小区，当年保费收入1482万元，理赔支出1971.9万元。

阳光财产保险股份有限公司寿光支公司 2006年1月成立，位于城区圣城街与北海路交叉路口东100米路南，主要业务是车险。2010年，保费收入5350万元，理赔支出2407万元。

中华联合财产保险股份有限公司寿光支公司 2007年2月成立，位于城区渤海路南段，主要经营企业财产保险、家庭财产保险、建筑工程保险、货物运输保险、机动车辆保险、船舶保险、一般责任保险、养殖业保险、个人意外伤害保险、团体意外伤害保险等。2010年，保费收入1384.4万元，理赔支出766万元，总赔付率83.9%。

中国人寿财产保险股份有限公司寿光支公司 2010年11月成立，主要经营财产损失保险、责任保险、信用保险和保证保险；短期健康保险和意外伤害保险；经中国保监会批准的其他业务。

第二节 财产保险

1991年，开办家庭财产保险和家庭财产长效还本险。当年保费收入1002万元。1992年，县保险公司在巩固机动车辆保险、企业财产保险等老险种基础上，发展家庭财产保险等业务。1996年，开办公众责任保险、液化气责任保险等险种。1998年，开办产品质量险和商品房抵押贷款合同履约保证保险。1999—2005年，陆续开通加油站综合险、机动车辆消费贷款保证保险、提送车险和卖场火灾险等险种。2006年，开办出口货物运输、承运责任、国内公路货运定单险。2010年，财产保险主要有财产损失保险（企业财产保险、家庭财产保险、工程保险、运输工具保险、货物运输保险等）、责任保险（公众责任保险、雇主责任保险、产品责任保险、职业责任保险等）、信用保险（出口信用保险、投资保险等）3大类60多个险种。全年实现保费收入2.2亿元。

第三节 人身保险

人身保险是以人的寿命和身体为保险标的的保险。1991年3月，开办金融职员人身意外伤害保险，全年保费收入13万元。1992—1996年，先后开办涉外人身伤害保险、厂长经理保险、养老金还本保险、重大疾病定期保险和重大疾病终身保险等险种。1996年3月，中国人民保险公司寿光支公司分设财产、人寿两个公司后，中保人寿保险公司寿光支公司相继开办独生子女两全保险、养老金保险、意外伤害险和学生平安保险等业务。1997年，开展旅游者人身意外伤害险、生命急救健康险、团体福利保险和福寿安康险等。1998年，开展义务兵养老保险、定期人寿保险和子女教育婚嫁备用金保险。1999年，中国人寿保险公司寿光支公司推出康宁终身保险、康宁定期保险、祥运定期保险、安居定期保险、人身意外伤害综合保险、人身意外伤害保险、建筑工程团体人身意外伤害保险和附加指定交通工具乘客意外伤害保险等。2001年，开展千禧理财两全分红保险。2002年，开展国寿鸿瑞两全保险（分红型）、国寿鸿星少儿两全保险（分红型）、国寿康宁重大疾病保险（分红型）等险种。2004年，中国人寿保险股份有限公司寿光支公司推出国寿鸿禧年金保险（分红型）、国寿康裕重大疾病保险、驾校人员意外伤害保险、公安干警团体定期寿险等险种。2007年，推出旅游综合人身意外伤害保险、小额贷款借贷人意外伤害保险、农村干部团体养老年金保险等险种。当年，人身保险主要包括人寿保险、健康保险、人身意外伤害保险3大类。2010年，推出国寿福禄双喜两全保险（分红型）、国寿福禄尊享两全保险（分红型）、国寿鸿盈两全保险（分红型）等险种。全年实现保费收入6.6亿元。

第四节 保险理赔

理赔工作按照正确、合理，主动、迅速的方针，各保险公司按规定承担责任，在投保人遭受财产损失、人身意外、疾病或保单期满时，给予经济补偿或赔付。1991年，赔付525万元，其中财产保险赔付512万元、人身保险赔付13万元。至2010年，理赔支出9393.2万元，是1991年的17.9倍。

重点案例

1. 刘××，于2009年3月9日投保国寿长久呵护意外伤害费用补偿医疗保险，年交保费60元，保额1万元。被保险人于2010年1月30日因支气管异物在医院就诊治疗，好转后刘××申请理赔，中国人寿保险股份有限公司寿光支公司依据保险合同，于2010年3月9日赔付7733.7元。

2. 2009年12月22日，投保人驾驶鲁G5A×××轿车行驶至孙家集街道农业银行门前时与一辆奥拓摩托车相撞，造成双方车辆损失、一人重伤的交通事故。中国人民财产保险股份有限公司寿光支公司依据保险合同赔付本车损失28.2万元，赔付第三者损失2.4万元，共计赔付30.6万元。

第六章 证券

第一节 机构

1995年7月，潍坊证券寿光营业部成立，是山东省第一家县级证券营业部。1997年，更名为山东证券寿光营业部。2000年，有员工13人。2001年，更名为天同证券寿光营业部。2007年1月，更名为齐鲁证券有限公司寿光公园北街证券营业部。2010年，有营业面积1800平方米，拥有客户终端260台，员工17人。

第二节 业务

主要业务品种涵盖：深沪A股、深沪B股、港股、基金、债券回购、三板市场、代理期货、代理保险、代理外汇、融资融券、期货业务中间介绍。具体为客户提供：开立股东账户、资金账户，（代理）申购、配售新股，银证联网、网上交易、分红派息、（电话）委托理财、手机炒股、咨询服务等。1996年，年交易额为3.9亿元。1997年，客户总数达到1000户。2000年，年交易额28亿元。至2010年，客户总数达到3万户，年交易额55亿元。

证券服务大厅（2010年摄）

第十三编

经济管理

1991—2010 年，正是中国实施对内搞活、对外开放战略的关键时期。这一时期，全市（县）的经济体制实施了重大改革，随着改革的不断推进和纵深发展，经济管理无论在管理理念、管理模式，还是在管理标准、管理措施等各个方面，均发生了一系列重大变化。由此，旧的传统管理体制被逐步打破，新的社会主义市场经济体制建立起来。顺应形势发展，全市的计划管理、土地管理、统计管理、工商行政管理、物价管理、质量技术监督管理、审计管理、农村经济管理、安全生产监督管理和海关管理也随之进入了一个新的发展时期。

第一章 计划管理

第一节 管理机构

1991 年 8 月，县计划委员会设办公室、综合科、基建科、物资科、文教科、计算中心。1992 年 5 月，成立投资公司，负责筹集资金支援经济建设。1994 年 5 月，成立市政府重大项目办公室，为正科级全额拨款事业单位，具体负责全市重大建设项目的管理工作。2000 年 10 月，成立市三峡库区移民安置办公室，办公室设在市计划委员会。2001 年 12 月，更名为市发展计划局。2005 年 2 月，更名为市发展和改革局（简称市发改局）。2006 年，信息中心升格为市信息产业局，不再列市发改局编制。2007 年 4 月，成立市服务业领导小组，办公室设在市发改局。2008 年 6 月，市服务业管理职能由市第三产业规划管理办公室整体划归市发改局。2009 年 9 月，成立市蓝色经济区、黄河三角洲高效生态经济和高端产业聚集区建设推进协调小组办公室，为正科级事业单位，隶属于市发改局。

第二节 计划编制与执行

短期计划 1991 年始，改变以往侧重于拟订全市（县）经济计划分配指标的做法，坚持面向市场、反映市场和引导市场的原则，把市场对资源配置的基础性作用与进行宏观调控的优势结合起来，使计划工作的重点转到研究战略、制定政策、搞好平衡、抓好大项目上。在计划编制中实行“四个结合”，即方针和任务结合、指导和指令结合、文字和数字结合、指标和手段结合。进入 21 世纪，进一步改进计划编制方法，加强宏观形势分析、指标预测工作，改进综合平衡方法，修订和健全各种经济参数和经济定额。改进计划编制程序，在各部门之间，以及在计划委员会内部对计划进行充分协调，反复平衡，形成方案。重大计划方案的确定，请有关专家、学者、社团参与，听取意见，完善方案。一般方案编制分提出计划初步方案、深入测算、具体编制、审议、下达等 5 个阶段。

1991—2010年寿光市（县）计划安排情况表

表13-1-1　　单位：亿元、元

年份	国内生产总值	第一产业增加值	第二产业增加值	第三产业增加值	地方财政收入	全社会固定资产投资	社会消费品零售总额	农民人均纯收入
1991	24	9	11	4	1.3	2.7	7.0	900
1992	28	10	12	6	1.4	8.2	8.5	1000
1993	44	13	21	10	1.5	14.0	9.0	1500
1994	53	16	24	13	1.3	15.0	12.0	2000
1995	64	19	27	18	1.4	16.0	15.0	2600
1996	69	21	28	20	2.0	17.0	17.0	3000
1997	75	23	29	23	3.5	19.0	18.0	3200
1998	85	25	33	27	3.1	20.0	23.0	3500
1999	90	26	35	29	3.5	20.0	24.0	3700
2000	96	27	38	31	4.0	28.0	25.0	4000
2001	105	28	44	33	5.0	32.0	27.0	4100
2002	120	30	50	40	5.0	38.0	30.0	4300
2003	140	31	63	46	6.0	53.0	33.0	4450
2004	180	33	85	62	7.0	80.0	38.0	4900
2005	220	36	110	74	9.5	95.0	50.0	5300
2006	260	39	135	86	12.0	98.0	58.0	5600
2007	335	47	176	112	15.2	115.0	74.0	6450
2008	390	49	210	131	20.0	140.0	83.0	6900
2009	436	54	235	147	23.1	215.0	103.0	8000
2010	470	55.5	246	168.5	32.0	265.0	125.0	9000

1991—2010年寿光市（县）计划执行情况表

表13-1-2　　单位：亿元、元

年份	国内生产总值	第一产业增加值	第二产业增加值	第三产业增加值	地方财政收入	全社会固定资产投资	社会消费品零售总额	农民人均纯收入
1991	24.4	9.8	10.6	4.0	1.4	10.1	7.3	1167
1992	31.1	10.9	12.9	7.3	1.4	8.5	8.8	1121
1993	53.3	16.9	22.2	14.4	1.6	17.0	10.0	1550
1994	62.0	19.3	25.6	18.2	1.2	17.4	14.3	2180
1995	59.2	17.7	24.0	17.4	1.4	17.5	18.6	2826
1996	73.9	23.4	28.6	21.9	2.2	18.5	21.4	3250

续表 13-1-2

年份	国内生产总值	第一产业增加值	第二产业增加值	第三产业增加值	地方财政收入	全社会固定资产投资	社会消费品零售总额	农民人均纯收入
1997	71.9	23.3	28.3	20.3	2.7	19.1	23.5	3314
1998	98.1	29.7	37.5	30.9	3.4	23.6	25.5	3650
1999	91.0	25.7	36.8	28.5	3.9	19.9	23.7	3850
2000	102.3	27.1	41.6	33.6	4.4	31.2	28.2	4010
2001	116.1	28.6	47.7	39.9	5.3	35.0	29.7	4256
2002	132.0	28.8	57.9	45.3	5.2	41.1	32.9	4302
2003	155.5	32.2	69.7	53.7	6.1	57.3	35.7	4508
2004	193.0	35.4	90.8	66.8	7.3	106.1	41.9	5016
2005	231.2	39.4	116.7	75.1	10.0	116.3	54.4	5566
2006	268.1	42.4	139.5	86.2	12.7	102.9	63.3	5936
2007	332.9	48.2	175.7	108.9	17.0	128.4	75.0	6619
2008	400.6	51.5	216.8	132.2	21.0	177.8	92.5	7654
2009	416.7	60.6	204.7	151.4	25.1	222.0	110.3	8274
2010	470.3	67.0	244.1	159.2	32.3	271.1	136.6	9495

中期计划 “八五”计划 1991年3月，《寿光县国民经济和社会发展第八个五年计划和十年规划》经县十一届人大二次会议审议通过。宏观调控目标体系和预期指标体系基本形成，宏观调控目标体系由经济增长速度、对外开放、固定资产投资、财政、金融、人口、土地、科技、收入9类指标构成。

1995年，全市实现国内生产总值59.2亿元。三次产业比例为30∶40.6∶29.4。实现工业总产值164.5亿元，固定资产投资17.5亿元，投资结构进一步优化。社会消费品零售总额18.6亿元。职工人均工资收入6016元，农民人均纯收入2826元。

“九五”计划 1996年1月，《关于寿光市国民经济和社会发展第九个五年计划及2010年远景目标纲要（草案）的报告》经市十二届人大四次会议审议通过。“九五”计划的主要奋斗目标为：到2000年，全市国民生产总值205亿元，年均增长22.3%。第一、二、三产业增加值分别为35亿元、90亿元和80亿元，年均分别增长5%、29%和19.5%。地方财政收入达到4.1亿元，年均增长25%。三次产业的比重调整为17∶44∶39。城镇居民人均生活费收入达到9300元，农民人均纯收入达到6000元，人民生活质量指标达到中等发达国家水平。

2000年，全市实现国内生产总值102.3亿元，年均增长8%，其中，第一产业增加值27.1亿元、第二产业增加值41.6亿元、第三产业增加值33.6亿元，三次产业结构比调整为26.5∶40.7∶32.8。完成财政总收入7.1亿元，地方财政收入4.4亿元，年均增长20%。全年实现消费品零售额28.2亿元，年均增长6%。城乡居民储蓄余额61.4亿元，比

1996年增加28.1亿元。城镇在岗职工人均工资8981元，年均增长10%。农民人均纯收入4010元，年均增长5%。

“十五”计划　2001年3月，《寿光市国民经济和社会发展第十个五年计划纲要》经市十三届人大四次会议审议通过。“十五”计划的主要奋斗目标为：到2005年，国内生产总值年均增长15%，达到205亿元，实现国内生产总值比2000年翻一番。地方财政收入年均增长15%，达到9亿元。社会消费品零售额年均增长15%，达到56亿元。城镇居民工资性收入年均增长9%，农民人均纯收入达到5500元。

2005年，全市实现国内生产总值231.2亿元，年均增长20%。三次产业结构比为17.1 ∶ 50.4 ∶ 32.5。实现财政总收入19.8亿元，年均增长30%，其中，地方财政收入10亿元，年均增长18%。社会消费品零售总额54.4亿元，年均增长17%。城乡居民储蓄余额119亿元，比2001年增加50亿元。在岗职工人均工资1.8万元，年均增长14%；农村居民人均纯收入5566元，年均增长6%。2005年，寿光市列全国综合实力百强县（市）第41位。列全国县域经济基本竞争力百强县（市）第29位。

“十一五”计划　2006年2月，《寿光市国民经济和社会发展第十一个五年总体规划纲要》经市十四届人大四次会议审议通过。“十一五”计划的主要奋斗目标为：到2010年，地区生产总值达到550亿元，年均增长18.7%，一、二、三产业增加值年均分别增长6.9%、19.6%和22.7%，产业结构调整到10 ∶ 52 ∶ 38。地方财政收入达到22亿元，年均增长17%。出口创汇达到15亿美元，年均增长30%。职工平均工资达到2.7万元，年均增长12%。农民人均纯收入达到8000元，年均增长7.5%。

“十一五”期间，寿光市发展的功能定位是铸造寿光农业品牌，巩固提高民族纸业的龙头地位，打造现代海洋化工基地，膨胀现代服务业，构筑以生态农业为主的观光带，建成山东半岛制造业基地的集群经济和配套经济示范区。2010年，全市实现国内生产总值470.3亿元，年均增长15%。三次产业比例为14.2 ∶ 51.9 ∶ 33.9。实现财政总收入56.2亿元，年均增长26%，其中，地方财政收入32.3亿元，年均增长31%。社会消费品零售总额136.6亿元，年均增长23%。城乡居民储蓄余额253.4亿元，比2006年增加118.6亿元。城镇居民人均可支配收入2.3万元，年均增长20%，农村居民人均纯收入9495元，年均增长12%。

第三节　项目审批管理

1991年始，实行投资许可证制度。1993年，从严控制项目手续审批，凡县计划权限审批的项目，一律由县政府召开专题会议研究，最后由县计划委员会按法定程序批复项目相关内容。1994年，加强对经济走势的监测、预警和预报，建立计划、金融、财政之间相互配合的制约机制。1997年，按照国家计委《关于实行建设项目法人责任制的暂行规定》《关于固定资产投资项目试行资本金制度的通知》要求，对投资体制进行调整，所有经营性投资项目必须明确项目法人，落实规定比例的资本金，全面推行招投标制度和工程管理制度，加强项目咨询论证，增强和完善投资中介服务，建立健全审批监督体系。1998年，大幅度精简行政审批事项，规范审批程序，对照上级部门取消和调整的行政审批项目，从审批部门、审批对象、审批依据、审批内容等方面进行全面核对，根据不同情况对审批项目作分类处理，提高行政审批效率。2003 年，对投资体制进行进一步改革。改革政府对企业投资的管理制度，按照谁投资、谁决策、谁收益、谁承担风险的原则，落实企业投资自主权。根据投资主体、资金来源、项目性质等方面的不同，对项目立项采取备案制、核准制和审批制，对于企业不使用政府投资建设的项目，一律不再实行审批制。对于企业使用政府补助、转贷、贴息投资建设的项目，政府只审批资金申请报告。2003—2010 年，全市共审批、核准、备案项目 1700 余个。

第二章 国土资源管理

第一节 管理机构

1991 年，称为县土地管理局。1993 年 11 月，撤销市土地管理局、市矿产资源管理局，组建市规划国土矿产局。1995 年 7 月，矿产资源管理职能从市规划国土矿产局分离，成立市地质矿产局，市规划国土矿产局更名为市规划国土局。2001 年 12 月，市规划国土局与市地质矿产局合并，组建市国土资源局。2002 年 7 月，市国土资源局更名为市规划与国土资源局。2005 年 2 月，更名为市国土资源局。至 2010 年，内设 9 个职能科室（办公室、组织人事科、政策法规科、财务审计科、耕地保护科、地籍管理科、土地利用科、矿产开发管理科、测绘管理科），下辖 7 个事业单位（市矿产资源管理中心、市土地储备中心、市国土资源执法监察大队、市土地整理中心、市土地评估所、市土地勘测规划站、市地理信息中心），14 个国土资源所（分局）。有干部职工 266 人。

第二节 土地调查与规划

土地调查 1991 年 4 月，全县土地调查通过省土地资源调查办公室验收。全县土地总面积为 2300.7 平方公里，其中耕地 1058.6 平方公里。此后，每年开展土地利用现状变更调查，更新土地各项数据。2004 年 9 月，开展全市土地利用基础图件与数据更新调查，建立起土地利用现状数据库。2007 年，开展第二次全国土地调查，完成农村、城镇土地利用现状及地籍调查，查清全市城镇和农村土地利用状况，全市土地总面积 1990.1 平方公里（298.5 万亩），其中耕地 1037.6 平方公里（155.6 万亩）、园地 36.5 平方公里（5.5 万亩）、林地 28.7 平方公里（4.3 万亩）、草地 8 平方公里（1.2 万亩）、城镇村及工矿用地 354.6 平方公里（53.2 万亩）、交通运输用地 95.3 平方公里（14.3 万亩）、水域及水利设施用地 254.9 平方公里（38.2 万亩）、其他土地 174.5 平方公里（26.2 万亩）。

土地规划 1992 年，编制完成《寿光县土地利用总体规划（1990—2000）》。1997 年 3 月始，进行土地利用总体规划的修编，至 2000 年 10 月，完成《寿光市土地利用总体规划（1996—2010）》修订。2008 年 6 月，开始编制《寿光市土地利用总体规划（2006—2020）》，2010 年 4 月获省政府批复实施。

在编制土地利用总体规划的同时，还相继编制《寿光市土地整理开发复垦规划（1996—2010）》《寿光市基本农田保护区规划（1996—2010）》等专项规划。与市级规划相匹配，各乡（镇、街道）也同步编制土地利用总体规划，经省政府或潍坊市政府批复实施。

第三节 耕地保护

基本农田保护 1995年5月，根据潍坊市政府安排，在洛城镇开展基本农田保护区试点工作。1996年年初，寿光市完成基本农田保护区的建立及划定工作。全市划定基本农田123.9万亩，占耕地总面积的79.9%。利用土地资源详查成果，以土地利用现状图为工作底图，编制完成1997—2010年1∶50000寿光市基本农田保护区图、1∶10000乡（镇）级基本农田保护区图和1∶5000村级基本农田保护区图，准确划定基本农田保护片、块的位置和面积。2001年5月，对全市基本农田保护区进行划定调整。全市共划定基本农田132.9万亩，占耕地总面积的85.7%。

土地开发整理复垦 1999年，按照占与补相结合、开发与受益相结合的原则，实施土地开发整理复垦项目建设，实现建设项目占用耕地占补平衡和全市耕地总量动态平衡。2003—2010年，承担潍坊市以上土地开发整理复垦项目15个，总投资2亿元，项目总规模13.2万亩，实现新增耕地3.2万亩。2004—2010年，寿光市本级土地开发整理复垦项目134个，总投资5600万元，项目总规模3.2万亩，实现新增耕地2.4万亩。

第四节 地籍管理

地籍调查 1995年，对城区进行第一次地籍调查，共完成调查面积2万亩，调查宗地4366宗。1998年，对全市32个乡（镇）驻地开展地籍调查。2001年11月，市规划国土局获全国地籍管理工作先进单位称号。2006—2008年，完成第二次城镇地籍调查，调查区面积13.1万亩，调查宗地4.3万宗，建成城镇地籍信息系统。2007—2009年，开展村庄地籍调查，厘清村庄内部国有土地使用权、集体土地所有权和使用权状况。2009年5—10月，对城市、建制镇（街道）内部的宗地进行地类转换和补充测量、调查，即城镇变更地籍调查。

土地登记 1991—1992年，完成全县范围内农村集体土地登记发证，土地权属调查面积345.1万亩，核发土地所有权、使用权证书21.1万本。1994年12月，市政府出台《关于土地使用权抵押贷款的若干规定》，规范土地抵押登记程序。2002年9—12月，开展城区范围内住房用地的初始登记，登记发证率80%以上。此后，居民住房用地土地登记工作纳入日常登记。同年，对全市范围内的城镇居民住房用地开始办理分割登记。2007年始，在居民住房土地登记工作中全面推行土地分割登记制度，从收件、审批到发证的各个环节，实现网上办公。2008年，将县土地管理局成立以来的发证档案数据录入土地登记管理系统。2010年3月，启动全市范围内农村集体土地所有权、集体建设用地使用权、宅基地使用权登记发证工作。同年8月底，完成全市975个行政村、27.9万宗宅基地的地形测量，建成地形信息数据库。至2010年，完成224个村的权属调查、材料收集工作。

土地权属争议调处 2000年以前，土地权属争议案件较少，工作量小。进入21世纪后，此类案件数量明显增多。2001年2月，对卧铺乡南木桥村与广饶县南堤村土地权属纠纷进行调处，争议双方达成协议，两村的土地权属界线原则上遵守1989年签订的《土地权属界线协议书》所确定的界线。2006年3月，出台《寿光市土地纠纷调处应急预案》。2007年6月，成立市土地权属争议调处办公室，负责全市日常土地权属争议调处、紧急事件应对和协调沟通等工作。2006—2010年，先后调处清水泊农场与羊口镇王家庄子村、市国有机械林场六股路村与省林业科学研究院盐碱地造林试验站、羊口镇宅科四村与王家庄子村、羊口镇寇家坞二村与营里镇孙家庄村、羊口镇杨家庄村与清水泊农场、孙家集街道高阜营子村与文家街道冀家村、古城街道久安官三村与刘官村等土地权属争议纠纷。

第五节 建设用地管理

农村集体建设用地管理 1991年11月，县政府出台《关于推行农村宅基地有偿使用的暂行规定》，对收费范围、有偿使用面积、收费标准、资金管理等作出明确规定。同年12月，县政府印发《关于妥善处理居住农村的离退休干部宅基地及有关问题的通知》，全县审批乡（镇）、村集体建设用地单位135个1337.2亩；宅基地1245处444亩。1992年，开展乡镇企业用地有偿使用的试点和推广，23个乡（镇）全部实行有偿使用，收取土地使用费73.3万元。1993年6月，根据中央减轻农民负担的要求，全县停止农村宅基地有偿使用费征收。同年，乡镇企业用地普遍实行有偿使用。1999年3月，市政府印发《关于加强农村村民用地管理的通知》，全市审批宅基地3436宗1386.2亩。2001年9月，市政府印发《关于进一步加强宅基地管理的通知》，依法治理农村居民超规划占用耕地建住宅、翻建不拆旧、乱搭乱建、未批先建等问题。至2004年，共审批宅基地6532宗2688亩，调处宅基地纠纷65起，查处骗取批准宅基地案件1起。2005—2007年，共审批农村宅基地2854宗，压缩200宗。2008年9月，土地管理部门印发《关于加强农村宅基地审核、审批工作的通知》，农村宅基地的审核、审批，以市政府批准的村庄规划为依据，继续执行一户一子一宅政策。2008—2010年，审批宅基地2917宗1145亩。

划拨、出让、转让、出租 1991年之前，建设用地使用权全部为划拨取得，实行无偿、无限期使用。1991年，根据《中华人民共和国城镇国有土地使用权出让和转让暂行条例》和省、潍坊市政府相关政策规定，开始试点国有土地使用权出让。当年出让土地2宗41.4亩，收取土地出让金25万元。1992年，全面推行国家建设用地有偿出让。1993年，对城区划拨土地使用权和土地交易市场进行清理整顿，86个单位补签出让合同，出让面积2834亩。1996年，坚持以出让为主，逐步提高地租标准，全年出让土地65宗，占全部宗地数的55%。2001年始，建设土地有形市场，对商业、旅游、娱乐和豪华住宅等经营性用地实行招标拍卖出让。2002年4月，对3宗83亩国有土地使用权进行公开拍卖，实现政府收益 3221 万元。

2003年3月，市政府印发《关于加强土地储备和土地使用权招标拍卖工作的通知》，规定商业、旅游、金融、娱乐、房地产开发等经营性用地，一律纳入政府储备，实行招标拍卖或挂牌交易。2007年，推行工业用地招拍挂出让，将全市土地级别分为10等，出让最低限价为每亩11.2万元。2009年1月起，按照国土资源部通知要求，全国县级以上国土资源管理部门全面运行土地市场动态监测与监管系统。2010年8月，第一宗商用地下空间（人防工程）出让用地挂牌成交。同年10月，市政府出台《关于进一步规范房地产开发市场管理的有关规定》，进一步规范房地产开发用地的出让程序、规划审批、开发建设等。当年出让土地127宗2.1万亩、划拨土地9宗551亩、办理土地转让手续125宗1261.8亩。

第六节 土地定级评估

分等定级 1995年3月，启动第一轮城区土地定级估价。范围为城区四环路以内3.2万亩土地。土地定级分为三级，其中商业、住宅、工业用地最高基准地价分别为860元、324元、289元，最低分别为441元、194元、143元，1996年3月实施。2002年6月，对城市建成区及部分城市规划区内的土地级别和基准地价进行调整，在1995年原三级土地基础上，增加四级地。同时增加综合用地基准地价，建立各类别用地地价指数和基准地价动态更新系统，2003年6月1日实施。2007年3月，对城区基准地价进行更新，市区分为五级，镇区分为二级。基准地价覆盖范围以外的土地价格参照末级土地价格执行，工业用地价格修正后不得低于每平方米168元，2007年10月实施。

2009年4月，对城区土地级别和基准地价再次更新调整，范围为城区（含圣城、文家、洛城、北洛）、各镇区（含古城、孙家集）22.1万亩土地。城区仍为五级，镇区二级。其中，一级地面积1.2万亩，以商业服务业用地为主；二级地面积3万亩，以住宅用地为主；三级地面积2.9万亩和四级地面积6万亩，均以工业用地为主；五级地面积9万亩，以工业用地、村镇建设用地为主，2010年10月20日实施。

2010年寿光市城区土地级别基准地价情况表

表13-2-1　　单位：元/平方米

土地级别	商业用地	住宅用地	工业用地
Ⅰ级	1415	1140	386
Ⅱ级	1120	913	335
Ⅲ级	862	680	262
Ⅳ级	526	460	225
Ⅴ级	330	306	限制区405

2010年寿光市各镇区土地级别基准地价情况表

表13-2-2　　单位：元/平方米

镇（街道）	商业用地		住宅用地		工业用地	
	Ⅰ级	Ⅱ级	Ⅰ级	Ⅱ级	Ⅰ级	Ⅱ级
化龙	300	225	225	195	218	188
纪台	420	233	240	203	219	189
田柳	345	225	225	195	219	188
田马	460	270	240	203	220	190
台头	345	225	230	203	219	189
营里	300	225	240	203	219	188
上口	415	225	260	218	227	195

续表 13-2-2

镇（街道）	商业用地		住宅用地		工业用地	
	Ⅰ级	Ⅱ级	Ⅰ级	Ⅱ级	Ⅰ级	Ⅱ级
孙家集	395	225	290	215	223	192
侯镇	420	240	260	218	226	195
古城	395	225	260	210	222	192
稻田	430	225	260	218	226	195
羊口	360	235	255	210	219	188

地价评估　1992 年 7 月，成立县土地评估交易所，隶属于县土地管理局。同年 8 月，省土地管理局批复县土地评估交易所为 B 级土地评估机构。1992—2001 年，市（县）地价评估交易所累计评估宗地 1886 宗 3.4 万亩，土地评估资产总额 1.8 亿元。2001 年 2 月，根据国土资源部《关于土地评估机构与政府主管部门脱钩的通知》要求，市土地评估交易所更名为市土地评估所，负责辖区内的地价市场管理和土地估价结果备案管理，不再承担地价评估业务。至 2010 年，共审核备案评估土地 6788 宗 21 万亩，评估总额 498.4 亿元。

第七节 地质和矿产资源管理

地质勘查　1995 年，省地质矿产局开展全省地热资源调查，将寿光地区归属为鲁北地热区。1998 年 10 月，省物化探勘查院完成寿光地热资源调查，编成寿光市地热资源研究工作报告，查清全市地热地质背景、条件和地温场状况，探明地热资源 E 级储量。2001 年，寿光市开展地热资源普查，调查面积 14.5 万亩。2002 年，完成寿光市蔬菜种植区农业地质调查，编成蔬菜适种范围规划图。2004 年，完成寿光市天然卤水矿资源勘查，基本查明区域内天然卤水的埋藏条件、分布范围及特征。2006 年，完成砂矿资源普查，大致查明矿体的规模、埋藏深度及厚度变化等情况。2008 年，完成稻田油页岩普查和双王城风景区地热资源调查。2009 年 10 月，组织实施地氟病高发区地下水勘查与供水安全示范项目，基本摸清全市高氟水和地氟病的分布范围。2010 年，完成寿光地区航磁异常区普查勘查、洛城街道煤矿普查项目。

矿产资源开发利用　1991 年 7 月始，按照《山东省征收矿产资源补偿费暂行规定》精神，对开采砖瓦黏土的矿产企业征收矿产资源补偿费。1994 年 7 月，市政府出台《寿光市征收矿产资源补偿费暂行办法》，将建筑用砂、地下卤水纳入矿产资源管理，依法征收矿产资源补偿费。1995 年，对影响自然环境、地质环境的矿产企业进行清理，关闭非法采矿点 27 家。1997 年始，为全市矿产品办理准运证，无证运输者视为非法开采。1998 年 8 月始，将全市矿产企业的临时采矿许可证换发为中华人民共和国采矿许可证，并收取采矿权使用费和采矿权价款。1999 年，市国土部门编制《寿光市矿产资源勘查开发与保护规划》，划定矿产资源可采区、保护区和禁采区。2002 年 3 月，市政府制定《关于在全市城乡建设工程中逐步禁止使用实心黏土砖的通知》，不再审批新的实心黏土砖生产企业。2003年11月始，新申请建设的溴素开采企业，必须搭配建设晒盐场和储卤库，实行溴盐联产。2004年7月，《寿光市矿产资源总体规划（2001—2010）》编制完成，原则上不再审批新建、扩建原盐和溴素生产项目。集中对侯镇联营、营里镇联营、羊口镇联营所属的村办盐场进行整合，整合后全市矿产企业64家，压减率51%。2008年3月，市政府印发《关于逐步禁止生产实心黏土砖的通知》，开始在全市逐步禁止生产实心黏土砖。同年11月，市政府发布实心黏土砖关停通告，至年底，全市所有实心黏土砖生产企业全部被关停。2010年，根据省政府《关于深化矿产资源开发整合工作的通知》要求，对北部卤水企业、南部砂场加大整合力度，整合后全市矿产企业53家。

地质环境恢复治理　境内的地质环境问题主要有地下水、天然卤水的开采导致区域水均衡遭到破坏，海咸水入侵界线南移；露天开采建筑用砂、砖瓦用黏土，造成土地植被破坏；选矿废水、矿坑水等有毒有害物质对地下水、土壤的污染等。1992年始，在咸水入侵地带，引黄河和引弥河水灌溉，补充地下水，发展节水农业，减少地下水开采，咸水入侵得到遏制。1993年，针对弥河河道内采砂严重，地质环境和地质景貌严重破坏的问题，对弥河河道进行平整并加固两岸。1998年，投资2500多万元，在杨庄、卧铺交界处的盐碱地上规划建设生态示范区，利用芦苇湿地净化城市污水，将净化后的污水用于改造盐碱地，改善寿北生态环境。1999年，市政府出台《寿光市矿山企业地质环境保护治理规划与实施方案》《关于加强城区风景区及交通沿线地质地貌景观保护工作的意见》等文件，将城区、弥河风景区、潍高路和羊临路沿线设为保护区，禁止非法采矿。2000年起，在主要交通干线沿线不再审批新砖场，实行限深取土，取土后及时复垦还田。2005年，市政府出台《关于整顿和规范矿产资源开发秩序工作实施方案》，关闭破坏生态环境、污染严重和不具备安全生产条件的采矿企业6家。2006年始，根据《山东省矿山地质环境治理保证金管理暂行办法》，对全市矿山企业征收矿山地质环境治理保证金，至2010年，共征收143万元。

第八节　测绘地理信息管理

1992年始，每年对境内测绘单位进行检查，对发现的问题限期整改。1994—1998年，开展地理信息市场专项整治与涉密测绘成果保密检查工作，查处非法测绘、侵权盗号、质量低劣地图产品2.2万张。2004年4月，市国土部门编制出版《寿光交通旅游图》。2005年6月始，对境内测绘作业单位进行验

寿光市与省、潍坊市签订共建省市县地理信息公共服务平台协议（2009年12月28日摄）

证和登记。2007年，完成寿光市D、E级GPS控制网建设，布设D级GPS点30个、E级GPS点105个。同年11月，完成辖区内测量标志的普查工作，制定《寿光市测量标志管理制度》，确定测量标志管护责任人。2009年7月，投资1936万元，建设数字寿光地理信息公共服务平台。同年8月，成立市地理信息中心，承担基础地理信息成果管理、数字寿光地理信息公共服务平台运行维护和国土资源信息化工作。至2010年年底，全市共有4等D级以上重点永久性测量标志95个，低等级永久性测量标志130个。有土地、城建、规划、房产4支专业测绘队伍，其中具有乙级测绘资质1家（寿光市圣城经纬测绘有限公司）、丁级测绘资质3家（寿光市土地整理中心、寿光市房地产管理所、潍坊鑫源勘测规划设计有限公司）。

第九节 国土资源执法监察

1991年，先后对各项建设用地清查4次，查出各项违法占地106.4亩。1992年，开展土地市场清理整顿，清查出非法转让、出租土地使用权案件91起，交易土地419宗166.1亩。1994年，查出违法占地、采矿60起，其中立案查处24起，限期办理用地采矿手续36份，依法拆除房屋14间，限期复垦沙场用地5万平方米。1995年，关停非法开采砂场62家。1996年，开展矿业秩序集中治理整顿，追缴矿产资源补偿费10万元，依法关闭采矿点7家。2000年，查处各类土地违法案件147起，立案查处75起，拆除或没收建筑物9处，涉及土地面积92.3亩，罚款88万余元。2001—2002年，对城区违法占地、违法建设、违法房地产交易情况进行清理整顿，对符合规划的违法用地补办用地手续和追缴土地出让金，对不符合用地规划的违法占地限期拆除。2005—2006年，开展整顿和规范矿产资源开发秩序工作，排查采矿企业178家，查处无证开采48家。2007年，开展土地执法百日行动，共清查出违法案件35起678亩。2010年，开展土地执法检查工作，拆除违法占地24宗223亩，补办用地手续8宗282亩，违法比例降至1.1%。同年3月，通过国家土地督察济南局例行督察，拆除违法占地58宗1036.8亩，补办手续4宗368.3亩。

第三章 统计管理

第一节 管理机构

1992年，县统计局下设农业统计科、工业统计科和办公室。1993年，撤县设市，更名为市统计局，为市政府工作部门，定编18人，内设办公室、工业科、农业科、综合科。1995年4月，增设统计法规科，股级规格。2001年1月始，全市18个乡（镇、街道）配备专职、兼职统计员，建立调查统计报表制度，进行统计调查、搜集、整理和分析资料等工作。2003年11月，成立市综合经济调查队，为统计局下属副科级事业单位，定编5人。2007年，国家统计局寿光市调查队挂牌成立。2008年6月，市综合经济调查队编制调整为10人。2009年3月，成立市招商统计办公室，为股级全额拨款事业单位，定编3人。同年7月，成立市县域经济考核办公室，为副科级事业单位，定编5人。2010年，内设办公室、综合统计科、工业交通能源统计科、服务业统计科，行政编制13人。

第二节 统计调查

1992年前，实行社会总产值和国民收入统计。1993年，国民经济综合核算方式由物质产品平衡表体系（MPS）改为国民账户体系（SNA），分别采用生产法、收入法、支出法核算地区（国内）生产总值（GDP），取消国民收入核算统计，社会总产品（总产值）核算改为社会总产品及劳务（总产出）核算。1994年始，国民经济综合核算范围扩大至乡（镇）级。1995—2010年，工业、商业、建筑等行业相继增加反映企业经济效益状况的报表和指标，国民经济综合统计由总量统计逐步转向总量、效益统计和对经济运行情况进行监督。

农业普查 1996年，进行第一次农业普查。普查对象为全市行政区域内各种类型的农业生产经营单位、农村住户、乡（镇）企业、行政村和乡（镇）。普查内容主要包括农村住户和各类农业生产经营单位情况、行政村和乡（镇）情况等。通过普查，全市共有农业生产经营单位129家，农业生产经营户21.4万户，农村从业人员55.8万人。2006年，实施第二次农业普查。普查对象为辖区内的农村住户、城镇农业生产经营户、农业生产经营单位、村民委员会和镇政府（街道办事处）。普查内容主要包括农业生产条件、农业生产经营活动、农业土地利用、农村劳动力及就业、农村基础设施以及社区环境等方面的情况。通过普查，全市共有农业生产经营户22.5万户，其中以种植业为主的农户占95.6%；农业生产经营单位157家，以农林牧渔业为主的农户占50.3%；农村劳动力资源61.3万人。

人口普查 每10年进行一次，在逢“0”的年份进行。2000年，进行第五次全国人口普查。普查对象是具有中华人民共和国国籍并在寿光境内常住的人。普查表分普查短表和普查长表2种形式，普查长表根据国家规定的办法，抽出10%的户填报。普查短表由其余的户填报。通过普查，境内总人口108.2万人，比第四次全国人口普查增加7.3万人，年均增长7.1‰。全市常住人口中，男性54.8万人、女性53.4万人，总人口性别比为102。2010年，进行第六次人口普查。普查内容主要调查人口和住户的基本情况。普查对象是具有中华人民共和国国籍并在寿光境内常住的人。通过普查，全市有总人口113.9万人，比第五次全国人口普查增加5.7万人，年均增长5.2‰。全市常住人口中，男性58万人、女性55.9万人，总人口性别比为103。

经济普查 每10年进行2次，分别在“3”和“8”的年份进行。因全国防治传染性非典型肺炎（简称非典）原因，第一次经济普查推迟到2004年。普查对象为辖区内从事第二产业、第三产业的全部法人单位、产业活动单位和个体经营业户。普查主要内容包括单位基本属性、就业人员、财务状况、生产经营情况、生产能力、原材料和能源消耗、科技活动情况等。通过普查，全市共有从事第二、三产业的法人单位2629家，从业人员15.5万人，其中企业法人单位1285家1.3万人、事业法人单位139家7417人、机关法人单位

90家5857人、社会团体法人单位65家1306人、其他法人单位1050家4828人。2008年，进行第二次经济普查。普查对象是在辖区内从事第二产业和第三产业的全部法人单位、产业活动单位和个体经营业户，以及寿光市法人单位在外地开办的二、三产业活动单位。普查主要内容包括单位基本属性、从业人员、财务状况、生产经营情况、生产能力、能源消耗、科技活动情况等。通过普查，全市共有从事第二、三产业的法人单位4595家，比2004年第一次经济普查增加1966家，增长75.8%；产业活动单位6964家，增加2189家，增长45.8%；个体户3.9万家，从业人员11.4万人。

住户调查 分农村住户和城镇住户调查。农村住户调查是通过在全市所有的农村居民中抽取一定数目的农户（通常100～150户）进行抽样调查，每月一次月报，年底一次年报。调查内容包括农村住户家庭基本情况、居住情况、农业生产技术应用情况、农村总收入与总支出情况、人均纯收入情况、现金收支情况、出售产品情况、家庭购买商品情况、家庭食品消费情况和家庭粮食收支平衡等情况。城镇住户调查于2007年开始设立城镇住户调查点，在全市范围内选定10个调查点，每个调查点根据收入情况抽取10户作为记账户，每月月底上报记账结果，由此推算出寿光市城镇居民的家庭人口、就业、收入、支出、消费、手存现金、商品需求、家庭主要耐用品和住房等的变化情况。

第三产业普查 1993年下半年，进行第一次第三产业普查。普查年度为1991年和1992年。普查内容为第三产业的机构和人员情况、经营情况、实物资产情况。第三产业的法人单位及其分支机构采用全面普查的方式进行登记，第三产业个体户采用抽样调查的方法推算。2003年，国家确定此项普查并入经济普查，不再单独进行。

工业普查 继1985年第二次全国工业普查后，1996年，实施第三次全国工业普查。普查内容包括工业企业基本经济指标、财务状况、经营效益状况、工业产品生产量、技术经济指标、企业生产能力、原材料及能源消耗、科技活动和生产设备及新旧情况、产品质量状况。2003年，国家确定此项普查并入经济普查，不再单独进行。

基本单位普查 每10年进行2次，分别在“1”和“6”的年份进行。1996年，进行第一次基本单位普查。普查范围和对象为辖区内法人单位及其所属产业活动单位和个体工商户。普查项目包括单位概况、资本状况、经营情况等。2003年，国家确定此项普查并入经济普查，不再单独进行。

第三节 统计服务

咨询服务 1991年始，每年编印1期《寿光统计年鉴》，内容包括经济和社会事业数据、图表及分析。1995年始，统计咨询数量逐年增大，市统计局根据行业或单位的咨询项目，综合运用各类统计方法，开展数据分析与专题研究，为管理和科学决策提供咨询建议或决策方案。1997年始，每月编发1期《统计月报》，每年编发1期《寿光市国民经济和社会发展统计公报》，提供上月、上年度全市经济运行情况。1991—2010年，共编发《寿光统计年鉴》20期4万余份，《统计月报》168期12.4万份，《寿光市国民经济和社会发展统计公报》14期1.4万份，接受单位或个人统计咨询1.2万余人次。

统计普法 1991年始，每年都开展宣传活动，结合大型普查、专项调查、全国宪法日、《中华人民共和国统计法》颁布纪念日、中国统计开放日等节点，在城区主要街道设立宣传站，配备讲解员，悬挂过街横幅标语，散发宣传材料。同时利用电台、电视台、网络、通讯、报刊、杂志等宣传媒介，开展《中华人民共和国统计法》《山东省统计管理条例》的宣传普及工作。1999 年，组队参加潍坊市统计法则知识电视大赛。2003 年始，开展送法进机关、工厂、农村、学校、社区活动，扩大识法、学法、用法范围，增强社会公众依法履行统计义务的法律意识，提升统计法的权威性。1991—2010 年，市统计局共举行大规模统计普查宣传活动 50 余次，发放统计宣传资料 16.9 万份，张贴、悬挂横幅标语 1100 余条。

第四章 工商行政管理

第一节 管理机构

1991 年，县工商行政管理局（简称县工商局）机关工作人员由之前的 110 人精减为 51 人，机关职能科室由原来 17 个精简合并为 9 个。1993 年 11 月，市物价局职能并入市工商局，在工商局设置市场物价科。1995 年 3 月，成立寿光蔬菜批发市场管理处，为正科级事业单位，原市工商局蔬菜批发市场管理所同时撤销。1996 年 7 月，成立市市场服务中心，为副科级事业单位，定编 30 人。1998 年 12 月，实行省以下垂直管理，人、财、物上划省工商局。2002 年 5 月，内设科室 8 个，行政编制 278 人。2010 年，有在职人员 313 人，其中国家公务员 248 人、事业人员 65 人。

第二节 企业注册登记管理

1991 年，全县在册登记个体工商户 1.7 万户、私营企业 97 家。1993 年，实施红盾帮扶工程，市政府制定出台《关于服务市场主体发展促进经济增长的意见》，优化发展环境。1997 年，推行企业回访制度，支持经营规模大、市场信誉好的科技型、外向型企业组建集团公司。1999 年，推行年检服务新方式，采取上门年检、预约年检、网上年检、认定免检企业等年检新举措。当年，新登记个体工商户 9233 户、私营企业 356 家、内资企业 129 家。2001 年，对发照企业进行全面检查，查处超范围经营企业 80 家，未按规定变更登记企业 44 家。2004 年，新登记个体工商户 1374 户、私营企业 467 家、内资企业 101 家。2005 年 12 月，国家工商总局授予市工商局外商投资企业核准登记权。2006 年，新登记个体工商户 3905 户、私营企业 665 家、内资企业 31 家、外资企业 7 家。2008 年，全面实施企业信用分类监管和个体工商户分层分类登记监管，建立健全预警机制。当年，新登记个体工商户 4122 户、私营企业 664 家、内资企业 67 家、外资企业 41 家。至 2010 年，全市个体工商户发展到 3 万户，企业发展到 7264 家。

第三节 商标广告管理

商标管理 1991 年，在全县企业中实施商标战略。至1994年，全市注册商标53件、续展6件。1995年，全市有效注册商标达到320件。同年，查处假冒商标侵权案件7件，没收销毁假冒商标4.5万件，罚款2万元。1996—2000年，新注册商标210件，其中晨鸣纸业集团和寿光市维首红葡萄开发有限公司2家企业成为国际注册商标。2000年，查处商标违法案件60起，案值168万元，收缴各类商标标识173万份。2001—2005年，新注册商标495件，全市有效注册商标达到680件，其中农产品商标128件。2005年，全市有中国驰名商标（仙霞）1件、省著名商标14件。共查处商标违法案件40起，收缴各类商标标识17.3万份。2006—2010年，市政府出台《商标战略实施意见》，把商标注册特别是蔬菜商标注册列入考核各镇（街道）工作的重要内容，对年内被认定为驰名商标的企业，奖励法定代表人100万元，年内被认定为省著名商标的企业，奖励法定代表人10万元。至2010年，全市有驰名商标9件，省著名商标37件，有效注册商标1250件。

工商工作人员对企业进行商标指导(2007年6月摄)

广告管理　1991年，全市仅1家广告经营单位。1995年，广告经营单位发展到8家，从业人员120人，经营额450万元。1994年，加强广告市场监督管理，取消1家不具备条件的广告经营单位资格。1996—2000年，开展打击非法广告经营专项治理活动，先后查处各类广告违法案件90起，检查专营店和经营单位142家，罚没款49万元，没收各类印刷品广告200多万份。2001—2005年，开展医疗、药品、保健品、美容服务等虚假违法广告专项整治活动，先后查处各类广告违法案件110起，没收各类印刷品广告200万份。至2005年年底，全市广告经营单位发展到16家，从业人员250人，经营额3000多万元。山东五洲广告有限公司、寿光市华歌装潢设计有限公司设计的广告作品，获得山东省优秀广告作品评选3次金奖、1次银奖。2006—2010年，查处各类广告违法案件80起，没收各类印刷品广告150万份，共检查医疗、药品、保健品、美容服务、广告经营单位113家，清理各类违法广告经营单位31家。

第四节　经济合同管理

1991年，继续推行合同管理制度，对经济合同实行鉴证。1993年，全面落实辖区责任制，设立合同维权投诉点，构建起县、乡、村3级合同指导帮扶网络。1994年，94家企业被评为潍坊市级重合同守信用企业，13家企业被评为山东省重合同守信用企业。至1995年，共调解、仲裁经济合同案件460起，争议金额8960万元，挽回或避免经济损失6800万元。举办经济合同培训班33期，培训经济合同管理人员2.6万人次。1998年，在全市开展文明诚信民营企业争创活动，重点查处利用购销合同、建筑合同、信贷合同、加工承揽合同和农资合同进行的欺诈行为。2000年，全市共有省级重合同守信用企业26

家、地级63家。2001—2005年，共检查各类企业1100余家，立案调查合同欺诈案件23起，挽回经济损失320多万元。举办12期企业合同法律培训班，指导360家企业建章立制，健全自我管理机制。2007年，开展企业信用分类和风险度分级管理，强化企业属地监管，推进市场主体信用体系建设。2009年，加强订单农业宣传，推广公司＋基地＋农户的农业产业化经营模式，规范合同文本，调解合同纠纷。至2010年，全市有国家级重合同守信用企业2家、省级51家、地级96家。

第五节 消费者权益保护

1991年，在消费者权益日开展宣传活动，受理消费者投诉案件59件，向消费者提供咨询服务88人次。1995年，受理消费者来电来信2.5万人次，受理投诉案件1385起，挽回经济损失154.5万元。寿光市百货大楼被中国消费者协会评为消费者满意商店，成为全国县级商业中唯一获此荣誉的单位。1997年，开展消费者满意先进单位评选活动，244家单位参选。1998年始，开展优质农膜、种子评选推荐活动，至2000年全市共评选出优质农膜经营单位45家、产品93个，优质种子经营单位56家、产品87个，省、市、县三级消费者满意先进单位174个。2002年，开展消费者权益保护进农村、进社区、进商场活动，全年受理消费者投诉、举报案件2200件，挽回经济损失330万元。2005年，全市设立消费者投诉站和“12315”申诉举报联络站546个。2001—2005年，共受理消费者申诉320起、投诉7067起，挽回经济损失2445万元。2006—2010年，共处结各类投诉3236起，挽回经济损失1320多万元。至2010年，全市有省级消费者满意单位13家、县级消费维权先进单位120家。有消协基层分会20家，消费者投诉站和“12315”申诉举报联络站946个。

受理消费者投诉（2006年8月摄）

第六节 个体私营经济管理

1991年，全县有个体工商户1.7万户、私营企业97家，从业人员4.4万人。至1995年，个体工商户发展到3.6万户、私营企业622家，其中注册资金50万元以上、产值过100万元的个体私营业户达到177家，个体私营经济从业人员发展到8.4万人。1998年，成立市个私协律师事务所，为个体和私营业户提供法律咨询和援助。2000年，个体工商户达4.7万户，从业人员10.6万人，注册资金4.4亿元；私营企业1062家，从业人员1.7万人，注册资金6.2亿元。之后，个体工商户数量有所减少，私营企业数量迅速增多。2002年8月，40名个体私营业者参加潍坊市“WTO”与民营经济高层论坛。2005年，围绕建立现代企业制度，深化国有企业改革，对改制企业采取政策扶持。当年个体工商户达到1.6万户，从业人员4.2万人，注册资金3.3亿元；私营企业2545家，从业人员3.2万人，注册资金31.7亿元。2006—2010年，帮助中小企业融资5亿元，为个私经济发展提供资金支持。2007年，开展文明诚信经营评选和光彩之星等争创活动。2010年，共举办理发、家电维修、缝纫、照相、会计、安全生产、企业管理等培训班166期，培训人员1.2万人次，其中有5700余人获得技术职称。有省级文明诚信个体私营企业3家、省级文明诚信个体工商户1户、省百强私营企业2家。个体工商户发展到3万户，从业人员7.3万人，注册资金14.6亿元；私营企业5867家，从业人员15.7万人，注册资金188亿元。

第七节 经济监督检查

1991—1993年，重点打击假冒伪劣、走私贩私和不正当竞争等违法违章行为。1994年始，在猪肉市场实行信誉卡制度，当年查处猪肉掺水案件120起。1995年，开展打假清劣、保护名牌专项行动，查获假冒寿光市名牌案件30起，案值25万元。1998年，成立“12315”投诉举报指挥中心，全市28个基层所（分局）全部开设投诉举报电话。至1999年，共接到群众举报984起，查处各类案件814起，案值达223万元。2001—2005年，开展安全食品市场准入工程和红盾护农行动，市政府印发《关于流通领域商品质量规范管理的意见》《关于加强流通领域商品质量监督管理，实施质量市场准入制度工作意见》，对流通领域商品实行进货验收、索证索票、商品检测、信用监管、限期追回等多项质量准入制度，流通领域经营业户共签订《流通领域商品质量责任书》400份。2006—2010年，深化食品安全监管，加强食品市场一户多档、实名登记、证明登记和标牌公示“四制”建设，推行流通环节食品安全数据库追溯应用系统，全市223家单位达到标准化要求。建立健全打击传销活动长效工作机制，共取缔传销窝点18处。开展网吧、兴奋剂、废旧金属收购站点、盐化工、成品油、白酒、粮食、棉花市场整顿，罚没款224万元。贯彻落实《全面推进依法行政实施纲要》精神，开展送法到企业、送法进万家、深入企业回访帮扶、严肃执法教育等活动，开办培训班21期，参训人员达2300人次。完善《案件审批管理规定》等规章制度，案件核审率100%。

取缔潍坊科技学院附近黑网吧(2008年5月摄)

第五章　物价管理

第一节 管理机构

1991年，县物价局是政府主管物价的职能部门，负责全县的物价管理工作。单设物价检查所，负责对物价方针、政策的执行情况进行监督检查。1993年11月，市物价局与市工商行政管理局合并，在市工商局设置市场物价科，负责全市物价管理工作，仍单设市物价检查所，负责全市物价监督检查工作。1994年12月，市物价检查所核定为副科级事业单位。1996年12月，复设市物价局，为正科级行政机构，下设办公室、综合科、物价检查所。1997年3月，设立市价格事务所，为股级事业单位，定编6人。同年4月，成立市人民政府价格调节基金征管办公室，为股级事业单位，定编6人，挂靠市物价局。1999年，成立市价格举报中心。2001年2月，市物价局并入市发展改革局，保留机构名称和规格，挂市物价局牌子。2002年1月，成立市价格认证中心，与市价格事务所合并办公。同年10月，设交通事故车辆定损办公室，开展车辆定损业务。2007年始，市物价局内设办公室、价格管理科、收费管理科、物价检查所、价格举报中心、价格认证中心、监审科。

第二节 价格管理

1990年1月，对棉纺织品价格进行整顿，棉纺织原料和纱布的产供销实行国家定价。1992—1993年，经济领域出现局部过热现象，市场供求趋紧，引发通货膨胀。1997年5月，对行政区域内的饭店、宾馆、招待所、培训中心、酒楼、餐馆进行等级评定，根据级别核定综合毛利率和综合差价率。同年8月，对宾馆、旅社、招待所的客房、会议室实行分类按级收费，全市共分4类，每类分6个等级。同年11月，对餐饮业价格实行等级评定管理。2000年10月，药品价格实行政府定价和政府调节价2种价格管理形式。2001年始，根据省物价局文件精神，先后11次调整成品油价格。同年3月，制定药品政府定价办法，凡列入省物价局定价范围的药品，同品种、同规格、同种生产条件的，执行统一价格。2010年4月，承担国家发改委寿光蔬菜价格指数编制工作，选定农产品物流园、稻田等6个蔬菜交易市场为数据采集点。加强价格监测预警体系建设，对粮食、蔬菜、生猪、种子等农产品加强监控，特别对大蒜价格走势情况重点监控。同年7月，对基本药物价格实行零差率控制，涉及品种523个，药品价格下降45%左右。镇（街道）卫生院及农村卫生室基本药物零差率执行率达100%。

第三节 收费管理

1992年4月，全县开展清理整顿行政事业性收费项目，整顿收费单位39家，取消收费项目12个，为420个收费单位换发收费许可证。举办收费培训班5期，培训人员210人，发放收费员证210个。1998年4月，对全市1591家收费单位进行年度审验，共审验收费资金2.7亿元，其中有问题的单位67家，查出非法收入额186万元，废止收费项目38项，降低收费标准22项。1999年，按照省物价局《收费许可证管理办法》要求，收费许可证的有效期由5年改为3年。对收费单位重新审核发放收费许可证1681套。调整幼儿园和中小学收费标准83项。2000年4月，对1395家收费单位进行年度审验，共审验收费资金2.3亿元，查出乱收费单位56家，非法收入金额290万元。2001年，对民办公助学校的培养成本进行测算，首次制定市民办公助学校收费标准。同年3月，对中国（寿光）国际蔬菜科技博览会主展厅摊位费及其他收费首次制定收费标准，规定租赁展位每个3000元，开幕式入场券每张100元。2009年11月，制定数字有线电视收视维护费标准和市区户外广告资源有偿使用费标准。2010年3月，对行政事业性收费进行审验，共审验收费单位1100家，年审行政事业性收费（含部分经营性收费）资金额8.5亿元。同年5月，调整基础设施配套费标准和基础设施配套费中管网配套费征收标准。

第四节 价格鉴证

1997年始，开展价格鉴证工作，包括价格鉴定和价格认证，主要是对赃物价格进行估价和开展价格信息有偿咨询活动。1997年3月，市价格事务所成立后，开始承担司法、行政机关办理涉案物品价格的鉴证服务业务。当年，受理市公安局、检察院、法院、司法局等单位委托的物品价值评估97起，评估价值334万元。2002年1月，成立市价格认证中心（与市价格事务所合并办公），是全市司法、行政机关委托的涉案物品价格（价值）鉴定的唯一机构，不再进行价格中介评估活动。2009年，共受理处结市公安局、检察院、法院、司法局等单位委托刑事、民事、行政等案件3000余起，认证标的额近亿元；受理处结社会委托价格认证案件40余起，认证标的额500万元。2010年，共受理办结刑事、民事、行政等案件350余起，认证标的额4200万元；接受市公安局、检察院、法院、司法局和社会的委托，办理各类物品价格鉴定业务3252件。同年，成立拆迁评估办公室，对农村房屋拆迁开展评估工作。同年12月，完成双王城水库、南环路、特钢路改造和6个自然村搬迁地面附着物补偿认证工作，认证额2亿余元。

第五节 监督检查

1991—2000年，重点检查节日市场的价格行为，包括生活必需品价格、运输价格、消费服务场所价格等，共查处日用百货价格违法案件1235起、运输价格违法案件637起、消费服务价格违法案件735起。2000年，随着旅游市场的发展，与其相关的商品、服务价格违法案件日益增加，至2007年共查处此类违法案件107起，退还金额28.6万元。2003年，针对传染性非典型肺炎（简称非典）期间消毒液等价格涨价问题，实行重点整治。2010年4月，对中国（寿光）国际蔬菜科技博览会期间市内各大中型宾馆、酒店的客房、饭菜价格实行涨幅控制，饭菜涨幅不得超50%，客房价格涨幅不得超过35%。

第六章 质量技术监督

第一节 管理机构

1990年7月，县标准计量质量管理局更名为县技术监督局。2000年1月，质监系统实行省以下垂直管理。同年11月，原市劳动局特种设备安全监察工作职能划归市技术监督局。2001年3月，更名为市质量技术监督局（简称市质监局），下设办公室、稽查队、业务科、特监科4个行政科室和市计量测试所、产品质量监督检验所2个事业单位。2008年，山东省质监局批准在市质监局设立山东省建筑防水材料质量监督检验中心和山东省农副产品质量监督检验中心2个省级检测中心。2010年，下设办公室、业务科、特监科、稽查队、区域监管大队、计量测试所、产品质量监督检验所7个科室（单位）。

第二节 质量监督管理

1991年，对800多家企业、100多种产品进行抽样检验，共抽检3070多个批次。1993年，对食品、建材、化工、轻工4大类126种商品进行监督检验，年抽检批次853个。1994年，推行质量体系认证，至1997年全市有2家企业获得ISO 9000国际质量体系认证，1家企业获得方圆认证。1999年，晨鸣纸业集团和仙霞集团分获首批山东省质量奖。2000年，有26家企业实行全面质量管理，17家企业开展质量认证，11家企业通过计量水平确认。2001年，市政府出台《寿光市质量振兴工作实施意见》，推行质量兴市战略。2004年，开展米、面、油及白酒等食品加工行业专项整治。2005年，市质监局不再承担流通领域产品质量监管职责，专门承担生产加工领域的产品质量监管。2007年，市政府出台《关于实施质量兴市战略的意见》《关于进一步加强产品质量和食品安全工作的实施意见》等文件，落实和推进全市的质量兴市工作。2008年，市产品质量监督检验所通过国家实验室认可，是山东省第3家通过国家实验室认可的县级质检机构。2010年，全市累计有3个中国名牌、40个山东名牌、2个山东服务名牌、1个山东省政府质量管理奖、2个潍坊市市长质量奖。有13家企业的30种产品通过3C认证，65家企业获得QS标志，152个企业获得工业产品生产许可证。

第三节 计量管理

1991年，全县共建有5大类12项社会公用计量标准，设立长度、力学、电学等6个工作室。开展计量管理与咨询服务，年培训企业计量人员300多人次，全县92家企业达到国家计量定级标准。1998年，对用于贸易结算、安全防护、医疗卫生、环境监测的计量器具实行强制检定，并授权市电业局、自来水公司对社会工作用电能表、水表进行检定。2000年，建立社会公用计量标准15项，强制检定30余种计量器具4.5万台（件），依法管理计量器具8000多台（件），周检率达到95%以上。2010年，市计量测试所计量实验室由省3级升为省2级。同年，建成10大类33项社会公用计量标准，开展长度、热学、力学、电磁、无线电、电离辐射、声学、化学、光学等52个项目的计量器具检定工作。当年，全市检定各类计量器具1.6万台（件），抽检定量包装商品批次951个，合格率83%。

第四节 标准化管理

工业标准化 全县标准化工作始于1974年。1989年，《中华人民共和国标准化法》颁布实施，县标准计量质量管理局配备专职人员，建立标准料库。1996年，开展消灭无标准生产活动，寿光市被国家质检总局确定为第3批消灭无标生产试点县。2000年，全市682家企业949个产品中，有944个产品执行产品质量管理标准，其中市属工业企业产品标准覆盖率达100%。90%以上的市属工业企业推行全面质量管理。2004年，全市库存标准资料达1.1万多份，其中国家级标准1万份、行业标准840份、地方标准200份、企业标准403份。有标准登记备案企业673家，库存企业代码数据3200个。2010年，全市工业产品标准覆盖率99.6%，其中规模以上工业企业产品标准覆盖率100%。全市企业采用国际标准和国外先进标准53项，使用采标标志32个，参与制（修）订国家标准28项。有1家企业获得AAA级标准化良好行为企业称号，34家企业获得AA级标准化良好行为企业称号，有1家企业获得山东省食品标准化生产示范项目称号，41家企业取得计量保证确认证书。

农业标准化 1996年始，在全市开展农业标准化工作。市政府先后制定实施《蔬菜分级标准》《洋香瓜保护地栽培技术规程》《无公害蔬菜生产标准》等35项农业标准规范。2001年始，建设寿光无公害蔬菜、田马洋香瓜等6个国家级农业标准化示范项目区。2004年，开展全国首家生产质量安全溯源体系。2008年，市质监局参与《农产品追溯要求——新鲜水果和蔬菜》国家标准草案的修订工作。编制《寿光市农业标准化生产操作规程汇编》，将无公害农产品生产标准收编入册，作为指导寿光农业标准化生产的系统材料。2009年5月和2010年4月，国家标准委连续2年在寿光举办全国农业标准化培训班，全国各省、自治区、直辖市的农业标准化人员共560多人参训。

第五节 特种设备监督管理

1991年，特种设备管理主要是锅炉、压

现场检查特种设备安全工作（2006年11月摄）

力容器等，之后种类逐渐增加。2000年11月，特种设备安全监察职能由市劳动和社会保障局划归市技术监督局。当年，全市特种设备总量为1900多台（件）。2002年，成立特种设备安全监察科。2003年，检查锅炉500台、压力容器2700余台、压力管道60公里、各类气瓶4000余只、游乐设施140多种，查处隐患486条，下达整改意见书309份，责令停用设备73台。2006年3月，市政府制订《重特大特种设备安全事故应急救援预案》，加强对特种设备作业人员的培训考核，每年培训1000人次以上。2010年，全市特种设备数据库设备总量达到8008台（件），其中在用特种设备6802台（件），特种设备专业操作人员6654人。同年，对危化品、校用锅炉、冷藏企业等重点行业和领域进行安全检查，检查单位336家，检查设备6570台（件），发现隐患128条，报废设备14台，全市特种设备隐患整改率达到95%以上，其中重要设备隐患整改率达到100%。

第六节 行政执法

1991年始，计量行政执法的重点是查处交易双方现场计量违法行为。随着《中华人民共和国计量法》《中华人民共和国标准化法》《中华人民共和国产品质量法》的颁布实施，行政执法的范围和领域扩大。1996年，对酒类、农药、建筑装修材料、食品等商品进行违法案件查处，共查办各类质量违法案件88起，挽回经济损失11万元。2002年，成立打假工作领导小组，开通“12365”和“0536-5200341”打假投诉举报电话。2003年，受理举报案件130起，查处各种违法案件100余起。2010年，共查办各类质量违法案件107起，查获假冒伪劣产品总标值150万元，捣毁制假窝点13个。受理消费者投诉197起，挽回经济损失31万余元。

第七章 审 计

第一节 管理机构

1991年，县审计局编制23人，设综合科、基建审计科、财金审计科、工交审计科、商贸审计科、行政事业审计科6个职能科室，下辖县审计师事务所（股级事业单位）。1993年8月，财金审计科与行政事业审计科合并为财金行政事业审计科。同年11月，取消综合科。1994年3月，财金行政事业审计科又分为财金审计科与行政事业审计科。同年5月，成立市鲁东审计师事务所（股级事业单位），编制10人。1997年8月，市审计师事务所升格为副科级。1999年12月，市审计师事务所、市鲁东审计师事务所与市审计局脱钩改制。2010年12月，市审计局机关行政编制18人，设办公室、法制与计算机审计管理科、财政金融审计科、行政事业审计科、经贸与外资运用审计科5个职能科室，下辖市经济责任审计办公室、市政府投资项目审计中心2个事业单位。有干部职工45人，其中行政25人、事业20人。

第二节 国家审计

财政审计 按照“规范预算管理，提高财政资金使用效益”总体要求，每年对市（县）级预算收支情况、市（县）地税系统税收征管情况，以及（县）市直部门单位财务收支情况进行审计。1995年，《中华人民共和国审计法》颁布实施后，寿光市在全省范围内率先开展一年2次的财政预算执行情况审计。2009年，部门预算执行审计范围由一级预算单位拓展到二、三级单位，预算执行情况的审计内容进一步深化。同年，围绕应对金融危机影响，结合税收征管情况审计，开展全市税收收入和企业发展状况审计调查。

政府投资审计 政府投资审计起步较晚。2004年6月，投资项目审计办公室成立，负责对市政府投资建设项目的审计监督工作。2007年，市政府出台《寿光市政府投资项目审计监督办法》，对政府投资项目和财政性资金进行详细界定，明确政府投资项目的监督程序。2008年，市审计局被评为全省农村公路建设及管理养护情况审计和审计调查县级先进单位。2009年8月，市政府投资项目审计办公室更名为市政府投资项目审计中心，升格为副科级。同年，市生态农业观光园工程竣工决算审计项目先后被评为潍坊市优秀审计项目、全省优秀审计项目。2010年2月，实行政府投资项目和部门投资重大项目必审制。当年，政府投资审计率达100%。

经济责任审计 1991—1998年，经济责任审计由对国有企业厂长、经理离任经济责任审计逐步发展到对部分行政事业单位领导干部的离任经济责任审计。2002年6月，建立经济责任审计联席会议制度，对全市机关事业单位及市属国有、国有控股企业、集体企业法定代表人原则上每3年审计1次。2003年10月，开始进行任中经济责任审计，建立任期与任中相结合审计机制。2006年7月，把经济责任审计对象划分为核心管理、重点管理、一般管理和适当管理4个层次，突出对重点单位、重点资金、重点行业、重点责任人的任中审计监督。2008年3月，经济责任审计范围扩大至市直部门（单位）、镇（街道）具有独立财务、从事相应公共事务管理和经济活动的股级机关事业单位的正职负责人。2009年12月，市政府出台《寿光市领导干部经济责任审计评价暂行办法》，对领导干部经济责任审计评价内容、审计评价标准、经济责任界定、评价结果运用等作出规定。2010年5月，市政府出台《寿光市审计结论落实工作暂行规定》，建立起审计、财政、税务、国有资产管理、建设、监察等多部门落实审计决定工作协调联动机制。同年11月，市政府印发《关于切实加强审计整改严格落实审计决定的通知》，将审计决定落实情况纳入全市党风廉政建设责任制百分考核和领导班子、领导干部年度考核重要内容。

第三节 内部审计

1991年，全县建成机关、企事业单位内部审计机构62个，其中经信系统38个、商业系统9个、行政事业单位8个、财政金融机构7个，内部审计人员155人。1995年，市政府转发市审计局《关于加强内部审计工作的报告》，政府职能部门、事业单位和大中型企业进一步健全完善内部审计机构。同年，开展对全市内部审计机构情况专项调查，建立内部审计工作统计报表报送制度。全市共建成内部审计机构98个，市供电、粮食、经信、交通、邮电、金融、盐业系统初步形成比较健全的内部审计组织体系，逐步实现审计工作的制度化。1996年，市商业局等3个单位被评为全省内部审计工作先进单位。1997年3月，市政府表彰市商业局、石油公司、人民银行、人民医院等13个内部审计工作先进单位和20名先进个人。1997—2000年，市供电公司、晨鸣集团等单位连年被评为潍坊市内部审计工作先进单位。2005年，晨鸣集团被评为全国内部审计工作先进单位。2009年，全市313名内部审计人员考取内部审计岗位资格证书。2010年，市教育局、住建局、公路局、晨鸣集团被评为潍坊市内部审计工作先进单位，市教育局被评为全省内部审计工作先进单位。

第四节 社会审计

社会审计由审计师事务所承办。1991年，全县社会审计机构只有县审计师事务所1家。1994年5月，成立市鲁东审计师事务所，全市审计师事务所增至2家。1999年始，社会审计业务范围不断拓展，从注册资金验证、企业审计查证逐步发展到基本建设工程预（决）算审计、资产评估、经济案件鉴定、厂长（经理）离任审计、会计咨询等服务，审计区域也由城区发展到乡（镇），并逐步向村级发展，社会审计人员发展到54人。先后派人参加审计署组织的中央电视台发射塔项目决算审计以及潍坊纯碱厂建设项目的审计。同年12月，按照审计署要求，审计师事务所与审计机关脱钩，成为独立的社会中介组织。2001年12月，机构改革，将市审计局指导和管理社会审计职能划归市财政局。2002—2007年，完成验资项目5532项，验证资金15.2亿元；完成工程决算审计523项，审计建设资金2.2亿元。2008—2010年，共完成社会委托审计2989项，其中查证验证1803项，涉及资金3.4亿元；基建工程决算审计606项，核减工程结算金额1.2亿元；资产评估555项，评估金额55亿元；经济案件鉴定25项，鉴定资金总额5000万元。

第八章 农村经济管理

第一节 管理机构

1996年，成立市农村经济管理局（简称市经管局），为正科级事业单位，编制11人。主要职责是“三大管理”和“三大指导”，即农村财务管理、土地承包合同管理、农民负担监督管理，农业产业化经营指导、农民专业合作组织指导、农业社会化服务体系指导。在全市乡（镇）设农村经济管理站（简称经管站），人员的人事任免、工资关系隶属于乡（镇）政府，业务指导归市经管局。2010年，下设综合科、农村财务管理科、农村土地承包合同管理科和农村合作经济管理科4个职能科室，编制15人。

第二节 农村财务管理

1991—1995 年，寿光农村财务管理模式为村级所有、村级管理、村级使用。1996 年 6 月，在东埠、营里、赵庙、孙家集 4 个乡（镇）试点推行农村财务管理“双代管、双监督”，即乡（镇）政府代管村级资金、代管村级账簿，村民主理财小组审核监督、乡（镇）经管站审计监督。至 1997 年年底，全市 33 个乡（镇）全部实行“双代管、双监督”。1998 年 8 月，市政府出台《关于在全市农村进一步推行村务公开民主管理制度的实施办法》。2003 年 4 月，出台《寿光市农村财务管理办法》，对农村财务管理工作作出更明确规定。2004 年 11 月，出台《关于农村主要干部工资市乡村三级统筹的暂行办法（试行）》。2007 年，全市农村集体资产开始实行年检制度，一年一检一填证，对集体资产的增减变动情况进行动态管理。市政府出台《关于对财务管理混乱村进行清理整顿的意见》《寿光市农村集体经济审计暂行办法》等文件，进一步规范农村账务管理。同年，承办山东省农村集体经济审计培训班，全省 60 多个县市的 350 名审计人员参训。2008 年 5 月，市政府出台《关于寿光市镇（街道）村（居）集体财产处置和工程建设招标管理及责任追究办法》。2009 年 2 月，市政府出台《寿光市农村集体三资管理办法》。2010 年 3 月，市政府印发《关于实行农村财务委托代理“双印鉴”的通知》，全市农村财务委托代理的所有账务实行“双印鉴”管理，即村财务在银行办理存取款业务时，必须同时加盖村级印鉴和镇（街道）经管部门印鉴，缺一不可。当年，收回被镇（街道）借支挪用代管资金 1105 万元。至 2010 年年底，全市实行农村财务委托代理村 964 个，占总村数的 99.7%，代理资金总额 2.3 亿元。

第三节 农村承包合同管理

1991 年，继续实行以农村土地承包合同管理为重点，深化土地承包合同的签订、鉴证工作，稳定土地承包关系。1999 年，根据中央土地延包 30 年的批示精神，市政府出台《关于延长土地承包期的实施意见》，指导农民签订土地承包合同，发放土地承包经营权证，共签订承包合同 17.3 万份，合同签订率 74.6%；颁发土地承包经营权证书 17.1 万份，涉及村 676 个。2004 年，全市 906 个应延包行政村中有 851 个完成土地延包，占 93.9%，延包土地面积 102.8 万亩。有 383 个村的 2.3 万户完成土地流转，流转土地面积 6.5 万亩。2007 年，对农村土地家庭承包、机动地承包和土地流转情况进行全面登记，建立台账 72 万份，实行网络化动态管理。建立土地流转交易大厅，对在 2009 年年底前设立土地流转交易大厅的洛城、稻田、古城、田柳、台头、羊口等 6 个镇（街道）给予 30 万元奖励资金。至 2010 年，建成镇（街道）土地流转交易大厅 9 处。全市完成土地流转的村 667 个、3.7 万户，流转土地面积 12.6 万亩。906 个应延包行政村的土地延包全部完成，签订承包合同 22.3 万份，颁发土地承包经营权证 21.3 万份，延包土地面积 119.2 万亩。

第四节 农民负担监督管理

农民负担主要包括乡（镇）统筹、村提留、劳务及行政事业性收费。1991 年，实施农民负担清理整顿工作，取消涉及农民负担项目 21 项。1993 年，开始实行统一的农民负担卡制度。1997 年以前，统筹提留人均负担比例一直控制在上一年农民人均纯收入的 5% 以内。1998 年始，根据国务院《关于切实做好减轻农民负担工作的决定》精神，对农民承担的统筹提留实行“一定三年不变”政策，即1998—2000年的计提基数以1997年的农民人均纯收入为标准计提。2000年，全市按规定程序征收统筹提留款9816.5万元，人均114.4元，占上一年人均纯收入的3%。2002年，根据上级文件精神，推行农村税费改革，改革的基本内容为“三取消、两调整、一改革”。“三取消”即取消乡统筹、取消屠宰税、取消“两工”（义务工、劳动积累工）。“两调整”即调整农业税政策和调整农业特产税政策。“一改革”即改革村提留征收使用办法。改革后村内兴办集体生产公益事业需要筹资筹劳的，采取一事一议办法解决。2004年，取消农业特产税，农业税降低3个百分点。2005年，取消农业税，至此，全市结束向农民征收农业税费的历史。

第五节 农村合作基金会

1987年，卧铺乡成立寿光县第一个农村合作基金会。1994年，成立寿光市农村合作基金会联合会，为股级事业单位，隶属于市农村经济管理服务中心，职责是对全市农村合作基金会工作进行管理。至1999年，全市共建立农村合作基金会31家。同年，按照国务院和山东省的统一部署，对全市农村合作基金会进行清盘整顿。至2000年5月，全市31家基金会，实行清盘关闭的11家，被批准并入市农村信用合作社联合社的20家，清盘整顿农村合作基金会工作结束。经过清产核资，全市31家基金会融资总额4.6亿元，投放总额2.9亿元，有效资产3.5亿元，负债总额4.7亿元，资不抵债1.2亿元。清理整顿期间，市法院共执结以农村合作基金会为债权人的案件412件，实现标的额2762万元。按照上级文件精神，原基金会全部存款自2000年由市农村信用合作社联合社开始兑付，分5年付清，每年兑付20%，至2005年，全部兑付完毕。

第九章 安全生产监督管理

第一节 管理机构

1991—1999年，全县安全生产管理工作由市（县）劳动局安全办公室负责。2000年11月，安全生产管理和职业安全监察职能划归市经济贸易委员会。2001年12月，成立市安全生产监督管理局（简称市安监局），正科级规格，隶属于市经济贸易局，设办公室和安全督查科2个职能科室，负责全市安全生产监督管理工作。2003年11月，市安监局由隶属于市经济贸易局调整为市政府直属单位。2004年6月，成立市安全生产监察大队，为股级全额拨款事业单位，定编6人。同年，成立乡镇（街道）安全生产监督管理所，隶属于乡镇（街道）。2005年2月，市安监局调整为市政府工作部门。2007 年 6 月，市安全生产监察大队由股级升格为副科级规格，增编 3 人。2008 年 7 月，市安全生产监察大队参照公务员法管理，定编 12 人。2009 年 4 月，成立镇（街道）安全生产监察中队，在各镇（街道）安全生产监督管理所挂牌。同年 5 月，市安全生产监察大队设立一中队、二中队 2 个副股级内部机构。2010 年 12 月，内设办公室、工商贸监督管理科、危险化学品安全监督管理科、宣传教育科 4 个职能科室。

第二节 宣传与培训

1991 年始，在每年 6 月份的安全生产月期间，发放安全生产明白纸、组织开展安全知识竞赛等活动。1995 年，全市开展以治理隐患、保障安全为主题的安全生产周活动，组织各种形式的安全宣传活动 230 多场次，印发宣传材料 3350 份，组织市直企业职工和部分乡（镇）企业职工参加全市安全生产知识竞赛。2003 年，共举办《中华人民共和国安全生产法》培训班 200 多期，3000 多人参训。2007 年始，对列入分级管理的企业厂长（经理）、安全管理员和特种作业人员每年培训 1 ～ 2 次。2008 年始，市安监局与寿光电视台联办宣传教育节目《安监在线》，宣传安全生产工作经验，曝光非法生产经营。2009 年 3 月，组织开展安全伴我行演讲比赛、晨鸣杯知识竞赛等安全生产文化活动，240 人参加。2010 年，共举办各类安全培训班 55 期，培训安全管理人员和特种作业人员 4040 人，持证上岗率达到 98% 以上。

第三节 监管与整治

1991 年始，每年至少组织一次安全生产大检查活动。1995 年始，实行安全生产目标管理，各企业主管部门向下属企业下达安全生产控制指标，层层订立安全生产责任书。1996 年，突出交通、化工、纺织、机械等领域管理，开展冬季安全生产监督检查。2002 年，市政府与 19 个乡（镇、街道）、21 个市直部门签订《安全生产目标管理责任书》。此后，每年年初，市政府都与各乡（镇、街道）、承担安全生产监管职责的市直部门签订安全生产目标管理责任书或承诺书。当年，全市开展安全大检查 15 次，整改隐患 2300 处次。2003 年，市政府规定市级领导班子成员负责分管部门的安全生产工作。2005 年，实施“一岗双责”安全生产责任制，推进安全生产示范企业创建活动。当年，全市排查各类安全隐患 1065 处，25 家企业达到规范化标准。2006 年，对全市存在重大危险源单位进行信息采集和卫星定位，建立隐患动态监管档案库。取缔违规经营单位 12 家，处理安全责任事故 6 起，排查各类安全隐患 1530 处。2007 年始，市安监部门聘请专家，按照专家查隐患、执法促整改的工作思路，每年对全市 400 余家危险化学品生产、经营和使用企业检查 2 次、专家指导 1 次。当年，依法关停非法企业 19 家、网吧 2 家，对 58 家隐患整改不力企业立案查处，对 47 家企业实行经济处罚。2010 年，监管生产经营单位 580 余家，开展专项行动 95 次，查处无证、证照不全等违法生产经营行为 366 起，下达隐患整改指令 338 份，提出整改意见 2704 条。

第十章 海关

第一节 管理机构

2009年11月25日，潍坊海关驻寿光办事处成立，位于城区圣城东街国际会展中心东邻。占地面积25亩，有办公楼1幢，海关监管仓库1座。办事处为副处级编制单位，有海关关员8人，内设综合业务科、通关科和监管技术科。办事处业务辖区为寿光市、青州市和临朐县。

潍坊海关驻寿光办事处办公楼外景（2010年摄）

第二节 业务工作

办事处职责是对外办理进出口报关、加工贸易、企业管理、减免税、贸易统计查询等海关业务。2010年，开展春蕾计划政策宣讲活动，共走访辖区30余家企业，解决企业难题16个，其中帮助寿光鲁清石化集团解决燃料油转关问题，共转关16批次、41.6万吨，企业缓缴税款7亿元，节省运营成本5000余万元。至2010年，管理企业1000家，共办理加工贸易手册890份、合同备案金额8.9亿美元。新企业注册277家，审核进出口报关单3.4万票，监管进出口货物216万吨、集装箱14万标箱，征收税款11.7亿元，对外提供统计咨询服务152次。

第十四编

中共地方组织

从1995年3月中共寿光市第九次代表大会召开，到2007年1月中共寿光市第十二次代表大会召开，先后选举产生了第九届、十届、十一届、十二届中共寿光市委。其间，市委组织机构几经改革，工作部门多有变动，但总体框架基本未变。历届中共寿光市委高度重视物质文明、精神文明和政治文明建设，在始终坚持以经济建设为中心的同时，积极抓好纪检、组织、宣传、统一战线、台湾事务、档案、党史研究、机关党建等各项工作，努力提高执政能力和水平，为社会主义现代化建设提供坚强领导保障。

第一章 党代表大会

第一节 党代表选举

1991—2010年，中共寿光市代表大会共召开4次，即第九次代表大会（1995年3月16—19日）、第十次代表大会（1998年2月13—15日）、第十一次代表大会（2003年1月10—11日）、第十二次代表大会（2007年1月21—22日）。每次与会党代表的产生程序：市委根据《中国共产党章程》（以下简称《党章》）规定和全市党员数量确定代表名额，将名额分配到各参选单位，各参选单位党组织根据有关规定，经反复酝酿，提出代表候选人名单，报市委组织部审查同意后，按程序以无记名投票的方式，差额选举产生出席大会的代表。对代表过于集中的领导机构的部分代表分配到有关选区参加选举。

中共寿光市第九次至第十二次代表大会代表组成情况表

表14-1-1　　单位：人

届次	总人数	领导干部	专业技术人员	工人、农民及其他劳动者	妇女
九次	400	240	80	80	55
十次	400	240	80	80	47
十一次	400	240	80	80	59
十二次	400	236	83	81	60

第二节 历次党代会

中共寿光市第九次代表大会　1995年3月16—19日召开，与会代表394人。马金忠代表中共寿光市第八届委员会向大会作题为《全党动员、团结实干，努力开创两个文明建设新局面》的工作报告。大会总结第八次党代会以来取得的成绩，确定今后5年全市经济和社会发展目标：国民生产总值年均增长22%，达到200亿元：城镇居民人均生活费收入达到8000元以上，农民人均纯收入达到4300元；自营出口创汇年均递增20%，总计达到3.04亿美元，利用外资5年累计达到3亿美元；科技进步对经济增长的贡献率达到50%以上。大会审议并通过《中共寿光市委关于加强自身建设的决定》。会议选举产生中共寿光市第九届委员会委员31人、候补委员4人、常委11人。马金忠当选书记，鞠法昌、王炳富、刘命信为副书记。

会议审议并通过市纪律检查委员会工作报告，选举产生中共寿光市纪律检查委员会委员15人，李德丰当选市纪委书记。

中共寿光市第十次代表大会 1998年2月13—15日召开，与会代表393人。刘命信代表中共寿光市第九届委员会向大会作题为《肩负起跨世纪的历史重任，为率先基本实现现代化而努力奋斗》的工作报告。大会以党的十五大精神为指导，总结第九次党代会以来的工作，确立寿光跨世纪奋斗目标和基本任务是：国民生产总值达到155亿元，递增12%；地方财政收入5.5亿元，递增15%；农民人均纯收入5500元，递增11%；出口创汇2亿元，递增20%；全市综合经济实力、社会发展和城乡人民生活达到全省领先水平，建成经济强市，初步实现现代化。会议审议并通过《中共寿光市委关于加强自身建设的决定》。大会选举产生中共寿光市第十届委员会委员31人、候补委员4人、常委11人。刘命信当选市委书记，刘德成、黄凤岩、张世臣为副书记。

会议审议并通过市纪律检查委员会工作报告，选举产生中共寿光市纪律检查委员会委员15人，杨树木当选市纪委书记。

中共寿光市第十一次代表大会 2003年1月10—11日召开，与会代表394人。市委书记徐振溪代表中共寿光市第十届委员会向大会作题为《实践“三个代表”，坚持开拓创新，为全面建设小康社会而努力奋斗》的工作报告。大会总结第十次党代会以来的工作，确立今后5年全市工作总的指导思想是：以邓小平理论和“三个代表”重要思想为指导，深入学习、宣传、贯彻中共十六大精神，到2007年国内生产总值在2002年的基础上翻一番，财政收入有较大幅度增长，保持潍坊市领先水平，全市综合经济实力显著增强；城乡居民收入明显增加，人们的物质生活更加殷实，精神文化生活更加丰富；环境质量明显改善，各项事业蓬勃发展，整个社会全面进步。会议审议并通过《关于加强自身建设的决定》。选举出参加潍坊市第九次党代会代表51人。大会选举产生中共寿光市第十一届委员会委员33人、候补委员6人、常委11人。徐振溪当选市委书记，刘中会、朱乐凯、杨德峰、张新强为副书记。

会议审议并通过市纪律检查委员会工作报告，选举产生中共寿光市纪律检查委员会委员15人，张新强当选市纪委书记。

中共寿光市第十二次代表大会 2007年1月21—22日召开，与会代表383人。市委书记刘中会代表中共寿光市第十一届委员会向大会作题为《立足新起点、实现新跨越，为加快基本实现现代化而努力奋斗》的工作报告。大会总结第十一次党代会以来的工作，确立今后5年全市工作总的指导思想是：以邓小平理论和“三个代表”重要思想为指导，以科学发展观统领经济社会发展全局，以胡锦涛总书记对寿光的“四点殷切希望”和重要批示精神为动力，突出又好又快发展这一主题，牢固树立创新发展、和谐发展、可持续发展三大理念，在更高起点上推进新型工业化、农业现代化、城乡一体化、经济国际化、社会文明化、民主法治化战略，加快经济结构调整，加快增长方式转变，加快社会主义新农村建设，加快和谐社会构建，努力把寿光建设成为经济发达、政治清明、文化繁荣、社会和谐、人民富裕、环境优美的现代化中等城市。任务目标是：争创全国县域经济30强，全面建设富强和谐新寿光，力争到2011年，全市国内生产总值达到600亿元，地方财政收入达到30亿元，经济更富活力，城市更具魅力，社会更趋和谐，文化更加繁荣，政治更加民主。会议审议并通过《关于加强自身建设的决定》。选举出参加潍坊市第十次党代会的代表51人。大会选举产生中共寿光市第十二届委员会委员45人、候补委员8人、常委11人。刘中会当选市委书记，孙明亮、刘兴明为副书记。

会议审议并通过市纪律检查委员会工作报告，选举产生中共寿光市纪律检查委员会委员27人，杨建华当选市纪委书记。

第二章 中共寿光市委

第一节 领导成员

1991—2010年，中共寿光市（县）委员会历经5届，即第八、第九、第十、第十一、第十二届。王伯祥、李光信、马金忠先后担任县委书记。1993年8月撤县设市后，马金忠、鞠法昌、刘命信、徐振溪、刘中会、孙明亮先后担任市委书记。

1991—2010年中共寿光市（县）委领导成员任职表

表14-2-1

届 别	职 务	姓 名	籍 贯	任职时间
第八届委员会（ —1995.03）	书 记	王伯祥	山东寿光	—1991.08
		李光信	山东潍城	1991.10—1993.01
		马金忠	山东寿光	1993.01—1995.03
	副书记	马金忠	山东寿光	—1993.01
		王天德	山东寿光	—1993.02
		鞠法昌	山东临朐	—1995.03
		王炳富	山东寿光	1993.01—1995.03
		王洪杰	山东平度	1993.01—1994.04

续表 14-2-1

届别	职务	姓名	籍贯	任职时间
第八届委员会（　　—1995.03）	副书记	刘命信	山东昌乐	1994.07—1995.03
	常委	王炳富	山东寿光	1990.02—1993.01
		蔺燕春	山东寿光	1990.02—1994.12
		张明海	山东寿光	1990.02—1992.05
		黄凤岩	河北饶阳	1990.02—1993.02 1995.02—1995.03
		杨树木	山东寿光	1990.02—1995.03
		李德丰	山东寿光	1990.02—1995.03
		张桂昌	山东寿光	1990.02—1993.01
		孙建兴	山东寿光	1992.09—1993.12
		孟祥志	山东寿光	1993.01—1995.03
		张延明	山东寿光	1993.01—1995.03
		王继怀	山东寿光	1993.01—1995.03
		李洪勤	山东寿光	1994.09—1995.03
第九届委员会（1995.03—1998.02）	书记	马金忠	山东寿光	1995.03—1995.04
		鞠法昌	山东临朐	1995.04—1997.12
		刘命信	山东昌乐	1997.12—1998.02
	副书记	鞠法昌	山东临朐	1995.03—1995.04
		刘命信	山东昌乐	1995.03—1997.12
		王炳富	山东寿光	1995.03—1998.01
		李　群	山东文登	1995.06—1996.10
		孟祥志	山东寿光	1997.02—1997.12
		刘德成	山东安丘	1997.12—1998.02
		黄凤岩	河北饶阳	1997.12—1998.02
		张世臣	山东诸城	1997.12—1998.02
	常委	李德丰	山东寿光	1995.03—1997.12
		黄凤岩	河北饶阳	1995.03—1997.12
		杨树木	山东寿光	1995.03—1996.02 1997.12—1998.02
		孟祥志	山东寿光	1995.03—1997.02

续表 14-2-1

届 别	职 务	姓 名	籍 贯	任职时间
第九届委员会（1995.03—1998.02）	常委	张延明	山东寿光	1995.03—1998.02
		王继怀	山东寿光	1995.03—1997.12
		李洪勤	山东寿光	1995.03—1997.12
		张焕然	山东寿光	1996.05—1998.02
		杨学荣	山东寿光	1997.12—1998.02
		王守福	山东寿光	1997.12—1998.02
		朱乐凯	山东昌邑	1997.12—1998.02
		胡凝熙	山东潍城	1997.12—1998.02
第十届委员会（1998.02—2003.01）	书记	刘命信	山东昌乐	1998.02—2001.01
		徐振溪	山东昌乐	2001.01—2003.01
	副书记	刘德成	山东安丘	1998.02—2001.01
		刘克强	江苏赣榆	2001.01—2002.12
		刘中会	山东青州	2002.12—2003.01
		黄凤岩	河北饶阳	1998.02—2001.02
		张世臣	山东诸城	1998.02—2001.05
		王守福	山东寿光	2001.02—2003.01
		朱乐凯	山东昌邑	2001.02—2003.01
		邹庆忠	山东高唐	2002.02—2002.12
		胡凝熙	山东潍城	2002.09—2002.12
	常委	杨树木	山东寿光	1998.02—2001.02
		杨学荣	山东寿光	1998.02—2001.02
		王守福	山东寿光	1998.02—2001.02
		张延明	山东寿光	1998.02—2001.02
		朱乐凯	山东昌邑	1998.02—2001.02
		张焕然	山东寿光	1998.02—1998.04
		胡凝熙	山东潍城	1998.02—2002.09
		曹树相	山东高密	1998.04—2000.02
		张新强	山东寿光	1998.12—2003.01

续表 14-2-1

届 别	职 务	姓 名	籍 贯	任职时间
第十届委员会（1998.02—2003.01）	常委	张国良	山东临朐	2000.02—2003.01
		张玉和	山东青州	2000.08—2002.12
		杨德峰	山东寿光	2001.02—2003.01
		刘兴明	山东寿光	2001.02—2003.01
		孙明亮	山东高密	2001.02—2003.01
		陈金兰	山东寿光	2001.02—2003.01
		朱兰玺	山东寒亭	2002.12—2003.01
第十一届委员会（2003.01—2007.01）	书记	徐振溪	山东昌乐	2003.01—2006.12
		刘中会	山东青州	2006.12—2007.01
	副书记	刘中会	山东青州	2003.01—2006.12
		孙明亮	山东高密	2006.12—2007.01
		朱乐凯	山东昌邑	2003.01—2006.04
		杨德峰	山东寿光	2003.01—2006.12
		张新强	山东寿光	2003.01—2006.12
		王茂兴	山东寿光	2004.02—2006.12
		刘兴明	山东寿光	2004.04—2007.01
	常委	王茂兴	山东寿光	2003.01—2004.02
		张国良	山东临朐	2003.01—2004.02
		刘兴明	山东寿光	2003.01—2004.04
		孙明亮	山东高密	2003.01—2006.12
		陈金兰	山东寿光	2003.01—2006.01
		朱兰玺	山东寒亭	2003.01—2007.01
		钟安石	山东青州	2004.02—2006.04
		马金涛	山东寿光	2004.11—2006.12
		杨建华	山东安丘	2006.12—2007.01
		刘肖宁	山东昌邑	2006.12—2007.01
		王惠玲	山东寿光	2006.04—2007.01
		郑建民	山东临朐	2006.04—2007.01

续表 14-2-1

届 别	职 务	姓 名	籍 贯	任职时间
第十一届委员会（2003.01—2007.01）	常委	刘永辉	山东诸城	2006.12—2007.01
第十二届委员会（2007.01— ）	书记	刘中会	山东青州	2007.01—2009.03
		孙明亮	山东高密	2009.04—
	副书记	孙明亮	山东高密	2007.01—2009.04
		刘兴明	山东寿光	2007.01—2009.01
		朱兰玺	山东寒亭	2009.04—
		杨建华	山东安丘	2009.04—
	常委	杨建华	山东安丘	2007.01—2009.04
		方新启	山东荣成	2007.01—
		刘肖宁	山东昌邑	2007.01—2007.10
		朱兰玺	山东寒亭	2007.01—2009.04
		李宝华	山东寿光	2007.01—
		王惠玲	山东寿光	2007.01—
		郑建民	山东临朐	2007.01—2010.08
		刘永辉	山东诸城	2007.01—
		王教法	山东高密	2007.10—
		李华刚	山东寿光	2008.02—
		崔英魁	山东寿光	2009.01—2010.01
		林立星	山东寿光	2009.04—
		高文庆	山东临朐	2010.01—
		孙成华	山东寿光	2010.01—
		高立华	山东诸城	2010.08—
		孙吉海	山东寿光	2010.11—

附

新时期县委书记的榜样——王伯祥

王伯祥，男，1943年2月出生，化龙镇北柴西村人，1965年12月加入中国共产党，1967年9月参加工作，1986年6月至1991年8月任寿光县委书记。1991年8月后，先后任潍坊市副市长，潍坊市委常委、副市长，潍坊市委副书记、市长。2002年12月因病辞去时任职务，2008年1月退休。

在担任寿光县委书记期间，王伯祥以造福一方百姓为己任，坚持求真务实、改革创新的执政理念。在他的工作中，充分体现了共产党员脚踏实地干事业的求实精神和尊重客观规律的科学态度。在计划经济占主导地位的年代里，王伯祥立足寿光市种植蔬菜的传统优势，大力发展寿光蔬菜批发市场，全力扶持寿光冬暖式蔬菜大棚试验和推广。为解决长期困扰寿光经济发展的南北不平衡问题，王伯祥在调查研究的基础上科学决策，大胆提出了突破北部的战略，连续3年组织20万劳力开发寿北，把占全县总面积60%的盐碱地改造成了良田。面对工业基础十分薄弱的局面，王伯祥主持论证上马了一批重点项目，公开考选、大胆启用优秀企业经营人才，较早地推行了企业股份制改造，为寿光企业发展打下了坚实基础。

2009年12月31日，中共中央政治局常委、书记处书记、国家副主席习近平接见王伯祥

王伯祥工作中始终保持埋头苦干、事争一流的创业精神。当年寿北开发时，王伯祥在窝棚里一住就是40多天，与民工同吃同住，中间没回过一次家。当在会议通报中听到寿光工业在潍坊市县市区中列倒数第三时，他当即带着计委、经委、财政、税务、银行等部门负责人，对全县20多个企业逐一调查走访，又带队到工业强县考察，最终找出了问题的症结所在和根治良方。在他任县委书记期间，全县企业总产值翻三番，利税增长近十倍。

王伯祥具有严于律己、淡泊名利的高尚情操，始终自觉维护共产党员的良好形象。担任寿光县委书记的多年中，王伯祥始终对自己严格要求，下基层都是在机关食堂吃便饭，从不允许超标准接待。对领导干部与群众一视同仁，对任何人不开后门，带头端正党风，狠刹歪风邪气。他廉洁奉公、两袖清风，大力弘扬艰苦奋斗的优良传统。穿着布鞋、绾着裤腿，行走在田间地头，盘坐在群众炕头，是王伯祥至今深刻印记在寿光人民记忆中的形象。他担任寿光县委副书记、书记8年时间，一直住在建于20世纪50年代的4间平房里。1991年他提拔担任潍坊市副市长搬家时，全部家当只装了一辆130卡车，充分展现了共产党人清正廉洁的思想品质和人格魅力。

2009年5月，王伯祥被中共山东省委授予优秀共产党员称号。5月26日，中共潍坊市委作出《关于在全市开展向王伯祥同志学习活动的决定》。6月29日，中共寿光市委作出《关于深入开展向王伯祥同志学习活动的决定》。6月30日，在北京召开的全国优秀共产党员代表座谈会上，王伯祥作了《牢记党的宗旨，永怀为民之心》的发言。11月17日，时任中共中央政治局常委、书记处书记、国家副主席习近平给他回信，勉励他珍惜荣誉，保重身体。之后，王伯祥被中央学习实践科学发展观活动办公室、中宣部确定为全国重大典型。12月31日，王伯祥先进事迹报告会在北京人民大会堂举行，习近平接见王伯祥及报告团其他成员指出，王伯祥同志是新时期县委书记的榜样。

第二节 机 构

工作机构 1991年，中共寿光县委工作部门设办公室、组织部、组织员办公室、宣传部、统战部、农工部、政法委、老干部局、县直机关党委、县直机关武装部、信访办公室、对台工作办公室、机要局、保密局、人武部。1993年11月，市委工作部门设有办公室、组织部、宣传部、统战部、政法委、人民武装部。1996年4月，人民武装部由地方建制划归军队建制。2001—2010年，市委工作部门设有办公室、组织部、市纪律检查委员会机关（与市监察局合署）、宣传部、统战部、政法委、市直机关工委。

市（县）委办公室 1991年4月，增设保卫科，股级规格。1993年12月，内设科室有综合科、信访办公室、机要科、秘书科、调研科、信息督查科、行政科、机关生活管理科、保卫科、车队。1995年1月，机要科规格确定为副科级。同年9月，设立党史科，股级规格。1996年3月，撤销机要科，恢复中共寿光市委机要局，副科级规格，隶属于市委办公室。撤销调研科，恢复中共寿光市委研究室，正科级规格，隶属于市委办公室。同年4月，督查科更名为督查室。同年12月，信访办公室更名为中共寿光市委、寿光市人民政府信访局。1997年5月，撤销党史科，设立中共寿光市委党史研究室，为正科级事业单位，隶属于市委办公室。2000年3月，市委机要局由副科级调整为正科级。2001年12月，市委办公室设综合科、常委值班室、督查室、秘书科、信息科、调研科、行政科、市委机关车队8个职能科室。内设机构为市委机要局、市委保密委员会办公室（挂市政府保密局牌子），均为正科级规格。市委办公室保留市档案馆（挂市档案局牌子），保留市委党史研究室，为正科级事业单位。不再保留市委研究室。设立市委农村工作领导小组办公室（简称市委农工办），设在市委办公室。2002年11月，设研究室（对外称市委研究室），可配备正科级干部。2004年8月，督查室、机关车队规格均由股级升为副科级。2005年8月，恢复市委研究室，正科级规格，挂靠市委办公室。2007年3月，撤销市委办公室督查室和市政府办公室信息督查科，成立市委、市政府督查局，正科级规格，挂靠市委办公室，下设督查一科、督查二科，均为股级规格。同年6月，成立网络管理中心，为全拨事业单位，股级规格。2009 年 4 月，市委机要局挂市密码管理局牌子。2010 年 4 月，设立组织人事科，正股级规格。

第三节 全委（扩大）会议

中共寿光市（县）第八届委员会 任期 5 年，1990 年 2 月—1995 年 3 月，共召开 8 次全委（扩大）会议。1993 年 8 月 8 日，中共寿光县委员会改称中共寿光市委员会。

第二次全委（扩大）会议 1991 年 3 月 3 日召开。县委书记王伯祥作题为《团结一致、艰苦奋斗，确保十年和“八五”计划的顺利实现》的工作报告，会议以中共十三届七中全会精神为指导，审议并原则通过《寿光县国民经济和社会发展第八个五年计划及十年规划纲要（草案）》。

第三次全委（扩大）会议 1991 年 12 月 30 日召开。会议传达贯彻中共十三届八中全会和省委五届七次全委（扩大）会议精神，紧密结合寿光实际，研究贯彻落实的具体意见。

第四次全委（扩大）会议 1992 年 3 月 31 日召开。会议传达贯彻全省深化企业改革、扩大对外开放经验交流会和潍坊市委七届四次全委（扩大）会议精神，以中央 2 号文件精神为指针，专题研究深化改革、扩大开放的问题。会议要求，全县工业企业改革，要以打破“一大三铁”（大锅饭、铁交椅、铁饭碗、铁工资）为重点，转换企业内部经营机制；流通企业改革，以实行“四放开”（经营、价格、分配、用工放开）为重点；农村改革，主要围绕完善统分结合的双层经营体制，进一步健全服务体系，举办服务实体，加快农村二、三产业和农业发展步伐；政治体制改革，围绕进一步转变职能，强化服务，搞好债券、股份制、住房、社会保障制度等改革试点工作；对外开放，着重抓好“三资”企业、出口创汇、对外经济技术交流、开发区建设等工作。

第五次全委（扩大）会议 1992 年 12 月 8 日召开。会议深入学习贯彻党的十四大和省、潍坊市全委（扩大）会议精神，研究讨论并审议通过《县委关于学习贯彻落实党的十四大和省委、市委全委（扩大）会议精神建设经济强县的决议》《寿光县 1993 年国民经济和社会发展计划》，提出调整强化工业，巩固提高农业，大力发展第三产业，力争经济发展速度和效益高于前 10 年，高于全国、全省、全潍坊市平均水平的奋斗目标。

第八次全委（扩大）会议 1995 年 1 月 6 日召开。会议学习贯彻中共十四届四中全会和省委六届三次、潍坊市委八届二次全委（扩大）会议精神，集中研究新形势下进一步加强党的建设问题。会议讨论并审议通过《中共寿光市委贯彻执行〈中共中央关于加强党的建设几个重大问题的决定〉的实施意见》，印发关于领导干部廉洁自律方面的三项制度。会议要求，全市各级党组织认真贯彻“决定”精神，提高加强党的建设自觉性，坚持民主集中制，保持全党思想、行动的统一，加强以党支部为核心的基层组织建设，培养选拔德才兼备的年轻干部，坚持不懈地抓好党风廉政建设。

中共寿光市第九届委员会 任期 3 年，1995 年 3 月—1998 年 2 月，共召开 8 次全委（扩大）会议。

第二次全委（扩大）会议 1995 年 8 月 12 日召开。会议研究部署名牌立市、名牌兴市，加快实现由小康向富裕型跨越的任务和措施，审议并通过《关于〈寿光市名牌战略实施方案〉的决议（草案）》。确定名牌战略的总体发展目标是：2000 年名牌产品、优势产业所创效益在经济中的比重达到 80%，有 10 种以上产品销售总量在全国同行业处于前10位，出口创汇达到1.5亿美元，累计利用外资达到4.5亿美元。

第三次全委（扩大）会议　1996年1月9日召开。会议审议并通过《寿光市国民经济和社会发展第九个五年计划及2010年远景目标纲要（草案）》，研究部署全年经济工作。会议要求，以中共十四届五中全会精神为指针，以实施名牌战略为动力，坚持改革、发展、稳定同步推进，一、二、三产业协调发展，进一步膨胀经济规模，扩大经济总量，提高经济效益，促进全市综合经济实力、市场竞争能力、发展后续能力的全面提高。

第四次全委（扩大）会议　1996年6月10日召开。会议专题研究新形势下加强党的建设、精神文明建设和民主法制建设的任务措施，审议并通过中共寿光市委《关于加强党的建设、精神文明建设和民主法制建设的意见》。会议决定，集中40天时间，在全市副科级以上干部中开展一次教育整顿活动。

第五次全委（扩大）会议　1996年12月24日召开。会议总结交流全市精神文明建设情况，研究部署今后一个时期精神文明建设的任务和措施，讨论并通过《寿光市“九五”期间社会主义精神文明建设规划》。该规划提出，今后要着力组织实施好精神支柱工程、文明形象工程、文化精品工程、社会长安工程、科教兴寿工程。

第六次全委（扩大）会议　1997年1月15日召开。会议审议并通过中共寿光市委《1997年工作要点》，部署1997年全面工作。会议要求，全市广大党员干部群众，继续发扬求实创新、敬业奉献、拼抢赶超、争创一流的寿光精神，齐心协力，扎实工作，卓有成效地实现各项任务目标。

第七次全委（扩大）会议　1997年11月12日召开。会议以中共十五大和省委六届九次全委（扩大）会议精神为指导，研究确定1998年及今后一个时期的工作思路和目标，提出到本世纪末实现由小康型向富裕型跨越。在此基础上，再经过三五年的努力，到下世纪初基本实现现代化，争创全省第一强。

第八次全委（扩大）会议　1998年2月9日召开。会议就市第十次党代会召开的有关问题进行讨论和安排；通报市委、市纪委工作报告起草和修改情况，听取委员修改意见；酝酿中共寿光市第十届委员会委员、候补委员、纪委委员候选人预备人选建议名单；研究确定市第十次党代会召开的时间；强调大会期间注意的问题。

中共寿光市第十届委员会　任期5年，1998年2月—2003年1月，共召开8次全委（扩大）会议。

第二次全委（扩大）会议　1998年12月31日召开。会议学习贯彻省第七次党代会和潍坊市委八届八次全委（扩大）会议精神，总结1998年的工作，研究部署1999年的任务和措施。会议确定“瞄准一个目标”（率先实现现代化），实施“三大战略”（调整优化结构战略、科技突破战略、经济国际化战略），打好“六个硬仗”（加快农业现代化建设、加快组建企业集团、深化企业改革、膨胀个体私营经济、全力开拓市场、加快城镇建设）的工作思路。

第三次全委（扩大）会议　1999年12月13日召开。会议学习贯彻中共十五届四中全会及全国、省和潍坊市经济工作会议精神，回顾总结1999年的工作，讨论研究2000年工作思路和目标。会议确定，集中培植5大经济增长点：以培植骨干企业为重点，加快建设工业强市；以调整优化结构为重点，突出发展高效、高税、高创汇农业；以挖掘资源优势为重点，加快寿北开发；以园区和大户建设为重点，大力发展个体私营经济；以拓宽领域为重点，加快发展第三产业。

第四次全委(扩大)会议 2000年8月3—4日召开。会议总结2000年的工作，研究部署下半年的工作。会议要求做到“三严”（严格恪守宗旨观念、严格遵守党的纪律、严格落实党风廉政建设责任制）、“六慎”（慎权、慎欲、慎独、慎微、慎节、慎友），力争用5年左右的时间，把寿光建成一个现代化的中等城市。

第五次全委（扩大）会议 2000年10月8日召开。会议审议并通过《寿光市国民经济和社会发展第十个五年计划及2010年远景目标纲要（草案）》。“纲要”指出：“十五”期间，全市着重完成4项任务，即继续加快结构调整步伐，加快经济结构优化升级；坚定不移地扩大开发，推进经济国际化；突出高新技术产业化，实现科技进步的新突破；以体制创新为重点，推进各项改革向纵深发展。

第六次全委（扩大）会议 2001年7月22—23日召开。会议审议并通过中共寿光市委《关于按照“三个代表”要求加强和改进党的基层组织建设的意见（审议稿）》，研究讨论《寿光市实施三大跨越战略规划要点（讨论稿）》。会议确定：由传统农业向现代农业跨越，由传统工业向现代工业跨越，由普通县级城市向现代化中等城市跨越。

第七次全委（扩大）会议 2002年7月7—8日召开。会议总结上半年经济工作运行情况，审议讨论《中共寿光市委关于全面加快国际化进程的意见（讨论稿）》。会议确定：大力推行标准化生产，加强龙头企业建设，搞好载体建设，推进农业国际化；加快工业园区建设，加快企业重组，加大市场营销力度，推进工业国际化；建立完善的开放型流通体系，加快经济信息化建设，全面提升第三产业国际化水平；加快现有建成区改造步伐，高标准规划开发新区，高效能经营城市，加快现代化、开放型城市建设。

第八次全委（扩大）会议 2003年1月8日召开。会议就寿光市第十一次党代会召开的有关问题进行讨论和安排；通报市委、市纪委工作报告起草和修改情况，听取委员的修改意见；酝酿中共寿光市第十一届委员会委员、候补委员、纪委委员候选人预备人选建议名单；研究确定市第十一次党代会召开时间；强调大会期间注意的问题。

中共寿光市第十一届委员会 任期4年，2003年1月—2007年1月，共召开9次全委(扩大）会议。

第二次全委（扩大）会议 2003年5月19—21日召开。会议审议并通过《中共寿光市委关于贯彻落实“两个务必”加强廉政建设的决定》。会议提出“全市学荣成、乡（镇）学大王、村级学西水”，全面提升寿光整体水平。部分与会人员现场观摩全市招商引资、工业投入情况。

第三次全委（扩大）会议 2004年1月5日召开。会议提出到2007年，全市国内生产总值达到300亿元，财政总收入达到20亿元，地方财政收入达到10亿元，农民人均纯收入达到7000元，在全省率先基本实现现代化。

第四次全委(扩大)会议 2004年7月6—9日召开。会议深入学习贯彻省八届七次和潍坊市九届五次全委会议精神，通过《中共寿光市委关于牢固树立和认真落实科学发展观，加速经济社会发展的决定》。

第五次全委（扩大）会议 2005年4月14日召开。会议决定，认真落实总书记的重要指示，以科学发展观统领经济社会发展全局，全面建设和谐寿光，力争大干1000天，各项主要经济指标翻一番。

第六次全委会议 2006年1月22日召开。

会议传达贯彻中共十六届五中全会、省和潍坊市全委会议及中央、省、潍坊市经济工作会议精神，审议《寿光市国民经济和社会发展第十一个五年总体规划纲要（草案）》。会议确立的奋斗目标是：力争到“十一五”末，国内生产总值达到550亿元，三次产业比调整到10 ：52 ：38；五年完成全社会固定资产投资600亿元以上，限额以上企业销售收入超过1200亿元，地方财政收入突破22亿元，努力在率先全面建成小康社会的基础上，向实现现代化的伟大目标迈进。

第七次全委（扩大）会议　2006年7月29日召开。会议深入学习贯彻胡锦涛总书记在庆祝建党85周年大会上的重要讲话和对寿光市先进性教育活动的重要批示，着重研究实现科学发展、促进社会和谐、建立保持党的先进性长效机制的任务措施。

第八次全委（扩大）会议　2006年11月6日召开。会议确立全市和谐社会建设的指导思想和目标任务是：坚持以“三个代表”重要思想和科学发展观为指导，以胡锦涛总书记对寿光的“四点殷切希望”和重要批示精神为动力，按照民主法治、公平正义、诚信友爱、充满活力、安定有序、人与自然和谐相处的总要求，全面构建社会主义和谐寿光，力争在和谐社会建设上走在全省乃至全国前列。

第九次全委（扩大）会议　2007年1月19日召开。会议总结十一届党代会以来的工作，提出今后五年全市经济社会发展的总体思路和工作目标，对市第十二次党代会召开的有关问题进行讨论和安排，研究确定市第十二次党代会召开的时间等问题。

中共寿光市第十二届委员会　任期4年，2007年1月—2010年12月，共召开8次全委（扩大）会议。

第二次全委（扩大）会议　2007年7月27日召开。会议确立全市工作总的要求是：紧紧围绕争创全国县域经济30强、全面建设富强和谐新寿光这一总体目标，强力推进工业经济、城市经济、新农村建设，努力实现富民强市新跨越，确保各项工作走在全省前列。

第三次全委（扩大）会议　2007年12月8日召开。会议学习贯彻中共十七大和中央经济工作会议、省委九届二次全体会议、潍坊市委十届二次全体会议精神，确立全市工作总的要求是：紧紧围绕建设富强文明和谐的现代化强市总目标，全力提升新型工业化水平、新农村建设水平、城市经济发展水平、社会和谐水平和党的建设水平，努力实现经济社会又好又快发展。

第四次全委（扩大）会议　2008年8月23—24日召开。会议回顾总结2008年以来的工作，研究部署当前和今后一个时期的任务，确立全市工作总的要求是：紧紧围绕建设富强文明和谐的现代化强市总目标，不断创新发展理念，转变发展方式，优化发展环境，进一步提升综合实力，全面统筹经济、政治、文化、社会建设和党的建设，努力推动经济社会实现新跨越。

第五次全委（扩大）会议　2009年1月4日召开。会议回顾总结2008年工作，确立2009年全市工作总的要求是：大力实施寿北开发、自主创新、生态环保、文化强市“四大战略”，加快推进工业转型、农业升级、三产繁荣、城乡统筹、和谐创建“五大重点”，不断强化党的建设、深化改革、优化环境“三大保障”，努力推进经济社会在新起点上实现新跨越。

第六次全委（扩大）会议　2009年6月23日召开。会议深入学习贯彻省委九届七次和潍坊市委十届六次会议精神，回顾总结2009年以来的工作，安排部署下步任务。

第七次全委会议　2009年10月11日召开。会议深入学习贯彻中共十七届四中全会和省委九届八次、潍坊市委十届八次全体会议精神，回顾总结2009年以来的工作，安排部署下步任务。会议就加强和改进新形势下党的建设提出新要求。

第八次全委（扩大）会议　2010年7月16日召开。会议传达贯彻潍坊市委十届十次全体会议精神，指出全市工作的重点和核心是在科学投入上大见成效，在产业转型上大见成效，在加快城镇化上大见成效，在生态文明上大见成效，在民生稳定上大见成效。

第四节　重大决策

1991—1995年　实施农业产业化战略　以发展高产优质高效农业为目标，重点围绕粮、棉、果、菜、畜、水产等主导产业和重点产品，狠抓兴办龙头企业、加强基地建设、健全服务体系、强化组织协调4个环节，并把龙头企业建设作为关键，以此牵动生产、加工、储运、销售诸环节，实现全市（县）农业增加值每年以17.8%的速度递增。

改革企业产权制度　实行“两改造一拍卖”，即把一部分企业改造成股份制企业，把一部分企业改造成合资企业，对一部分小型企业特别是微利亏损企业拍卖、租赁、兼并或实行国有、民营。至1995年年底，全市乡（镇）以上企业有720余家完成股份制改造，组建完善企业集团26家，全市工业增加值和乡（镇）以上独立核算工业实现利税平均每年分别以19.3%和42.4%的幅度递增。

发展乡镇企业　1991—1995年，由市（县）委、市（县）政府分管副书记和副市（县）长及财税、金融等部门组成乡（镇）企业协调领导小组，各乡（镇）均抽调2～3名副乡级领导干部专抓乡镇企业发展，形成一级抓一级、一级保一级的工作体系。同时，先后出台《关于对乡镇企业厂长（经理）的考核奖惩办法》《关于市直部门及市属企业帮扶乡镇企业扭亏增盈的意见》等促进乡镇企业发展的政策性规定。1995年与1990年相比，乡镇企业总个数由1.2万家发展到2.4万家，从业人员由10.6万人增加到19.5万人，销售收入和利税总额分别由9.4亿元、1.1亿元增加到88.6亿元、11.5亿元。

强化小城镇建设　1993年寿光撤县设市后，确立以发展城镇经济为重点，推进农业产业化、农村城市化、城乡一体化和以城带镇、以镇促城、城镇一体、共同繁荣的新思路。通过抓规划、抓基础、抓典型、抓特色，制定优惠政策，鼓励农民进城务工经商。到1995年年底，寿光城区建成面积10.9平方公里，城市建设综合开发率91.5%。34个乡（镇）政府驻地基础设施基本配套。1995年，寿光市被山东省政府评为村镇建设先进市。

扩大对外开放　在对外开放总体布局上，实行三个层次推进战略，即扩大出口创汇，兴办“三资”企业，到海外设“窗口”、办企业。在扩大出口创汇上，重点抓农副产品出口生产基地建设。在兴办“三资”企业方面，重点抓大中型企业的高、精、尖项目和乡镇企业合资改造。鼓励和支持各乡（镇）各部门各企业到海外设窗口、办企业。至1995年，全市对外贸易额由1991年的2714.9万美元增加到6000.3万美元，增长121%。

1996—2000年　实施科技兴寿战略　市委出台《关于加速科学技术进步的意见》，提出全面推动农业和农村科技进步，提高工业增长质量和效益；以科技为先导，加速“海上寿光”建设步伐；加快社会发展领域的科技进步，实现经济、社会的协调发展；不断深化科技体制改革，促进科技与经济紧密结合；多渠道筹集资金，提高科技投入总体水平。

实施工业立市战略 市委先后出台《关于加快工业发展的决定》《关于企业产权制度改革的实施意见》《关于加快企业改革和发展的意见》《关于深化企业改革工作实施方案》《关于加快工业发展的十条意见》《关于促进工业经济平稳较快发展的暂行办法》等政策措施，促进工业持续较快发展。至2010年，全市661家规模以上工业企业实现工业增加值251.7亿元。

实施“民心工程” 市委印发《关于实施“民心工程”的意见》，要求各级领导干部深入基层、深入群众，摸实情、办实事、解难题、送温暖，开展便民、利民、安民、富民活动。之后，每年出台落实关于实施“民心工程”的意见和《关于在全市开展“千名干部下乡驻村”实施方案》《关于实施农村贫困户帮扶工程的意见》《关于开展“百村扶强”活动的意见》等政策措施，促进全市经济社会和谐发展。

开展“三讲”教育 市委印发《关于深入开展“三讲”教育实施方案》，要求通过“三讲”教育重点解决5个方面的问题：一是坚定对马克思主义的信仰和对建设有中国特色的社会主义，最终实现共产主义的信念；二是坚决、全面地执行党的路线方针政策和中央的重大决策；三是牢固树立全心全意为人民服务的思想；四是严格遵守民主集中制的各项规定；五是树立求真务实、真抓实干、依靠群众、商量办事的好作风。

2001—2005年 开展“三个代表”重要思想学习教育活动 市委印发《关于在全市开展“三个代表”重要思想学习教育活动的实施方案》，要求通过学习教育活动，使干部思想作风和工作作风有明显转变，增加农民收入取得新进展，减轻农民负担切实见到成效，精神文明建设和民主法制建设得到进一步加强。

实施蔬菜标准化生产 市委印发《关于发展无公害蔬菜的意见》，推动蔬菜产业可持续发展。2003年，寿光蔬菜标准化生产在全国37个试点城市中名列第3位。2004年，出台《“平安菜乡”实施方案》《蔬菜标准化生产等五项考核奖惩办法》，大力发展绿色有机蔬菜和无公害农产品。至2005年，新建、改建蔬菜大棚2.5万个，新认定无公害农产品基地6.5万亩，认证无公害农产品32个，寿光市被评为全国农业标准化示范区建设单位。

加快寿北综合开发 2002年4月，市委印发《寿光市2002—2004年寿北综合开发规划方案》，提出加快寿北综合开发进程，进一步改善生产条件和生态环境，提高效益，把寿北地区建设成为特色鲜明、城乡一体、充满活力的新型经济示范区。

发展第三产业 市委印发《关于进一步加强第三产业发展的决定》，把加快发展第三产业摆上经济社会可持续发展重要位置。之后印发《关于进一步促进服务业发展的若干意见》《关于进一步加快服务业发展的实施意见》等文件，通过落实各项促进第三产业发展措施，第三产业增加值由2001年的39.9亿元增加到2005年的75.1亿元。

2006—2010年 开展社会主义新农村建设 市委印发《关于加快社会主义新农村建设的实施意见》，在全市掀起社会主义新农村建设热潮。2008年，印发《关于推进城镇化和农村社区化，加快建设社会主义新农村的意见》。2010年4月，市委召开全市迁村并点现场会，部署将全市975个行政村（居）合并为300个左右的农村新型社区工作任务，推动寿光城乡一体化建设和新农村建设不断发展。

加强文化建设 市委印发《关于加强文化建设的意见》，要求全面贯彻党的十七大精神，深入实践科学发展观，充分发挥寿光文化资源优势，以投入为支撑，以改革创新为动力，以人才为根本，以政策为保障，全面提升寿光文化竞争力，不断满足人民群众精神文化需求，打造文化名市，建设文化强市。

开展学习实践科学发展观活动　市委印发《关于深入开展学习实践科学发展观活动的意见》，通过开展活动，达到提高思想认识、解决突出问题、创新体制机制、促进科学发展；着力解决科学发展的理念问题、核心问题、目标问题、方法问题、保障问题，推动全市经济社会又好又快、可持续科学发展。

第五节　政策研究与信息督查

政策研究　1991年始，政策研究工作就转型升级、城镇化建设、改革创新、社会管理、民生稳定等领导重视、群众关心的问题，深入农村、社区、企业开展调查研究，及时形成有情况、有分析、有建议的调研报告、呈阅件等材料。至2010年，先后完成全市（县）三级干部会议、市（县）委全委（扩大）会议、市（县）委领导出席的会议和活动等领导讲话及各种发言、汇报、文件材料的撰写、修改、呈报与印发工作。其中，1993—1995年，完成上海市等外地党政代表团到寿光考察工作汇报和寿光市无公害蔬菜进京直供直销座谈会等会议领导讲话、发言、汇报、文件等材料的撰写、呈报与印发。2001—2006年，共撰写领导讲话125篇，撰写全省县域经济发展座谈会等各类汇报材料、主持词、致辞等150余篇，到南方、胶东等考察并撰写考察报告30余篇，在潍坊市级以上刊物发表文章120余篇。2006年，与中央党校合作出版《和谐发展看寿光》一书，全面提升寿光的知名度和影响力。2007—2008年，共撰写领导讲话105篇，撰写在省委九届二次全体会议、潍坊市委理论学习中心组读书会上讨论发言等材料49篇，在潍坊市级刊物上发表稿件76篇，其中《立足农业优势实现跨越发展》一文在《人民日报》发表。2009—2010年，完成潍坊市委常委（扩大）会议、黄河三角洲高效生态经济区建设座谈会、全省新农村建设交流会议、全省党风廉政建设与县域经济发展等会议交流发言材料34篇，完成各类工作汇报、主持词、致辞等材料41篇，在潍坊市级以上刊物上发表稿件70余篇，其中《全力建设城乡一体均衡寿光》一文在中共中央《学习与研究》刊物发表。

信息督查　1991年，信息督查科为县委办公室的内部科室。1996年4月，信息督查科更名为督查室，2004年8月升格为副科级。2007年3月，成立市委、市政府督查局，正科级规格，挂靠市委办公室。随着信息督查机构设置的衍变，其职能也由督办、查办转变为督查、考核相结合，形成大督查、大考核工作格局。1991—2010年，信息督查围绕党委、政府中心工作，建立从任务布置、督查落实到责任追究、实绩评价的工作机制。共上报省和潍坊市委督查室《督查专报》300多期，其中《寿光市科学谋划破解发展要素制约》等23篇文章在省级刊物发表，《寿光市五措并举加快农业转型升级》等70多篇文章在潍坊市级刊物发表。编印、下发《督查通报》570期，专供市委领导参阅的《督查专报》（内部参阅件）210期，其中《全国百强县综合考核评价体系解读》《关于寿光市高新技术企业发展现状及对策的汇报》等180多期专报，市委主要领导作出批示和安排。

第三章 纪检 监察

第一节 管理机构

1991年，县纪律检查委员会内设办公室、审理室、检查室、信访室、研究室、教育室；县监察局内设办公室、监察科、审理科、信访科、举报中心。1993年4月，县纪委、监察局合署办公，内设办公室、监察综合室、教育研究室、审理室、信访室（举报中心）、党风廉政建设室、执法监察室、纪检监察室。同年11月，市纪委、市监察局审理室更名为案件审理室。2003年4月，成立市机关效能监察中心、市经济软环境投诉中心。2009年5月，增设纠风室，副科级规格。2010年3月，增设干部室、第一纪检监察室、第二纪检监察室。实施纪检监察派驻统一管理改革，在市直部门、单位组建6个纪检组、监察室，主要负责监督检查和联系110个部门（单位）的纪检监察工作，6个纪检组、监察室规格均为正科级。

1991—2010年中共寿光市（县）纪律检查委员会书记任职表

表14-3-1

姓　名	任职时间
蔺燕春	1990.03—1993.02
李德丰	1993.02—1997.12
杨树木	1997.12—2001.03
朱乐凯	2001.03—2003.01
张新强	2003.01—2006.04
刘兴明	2004.04—2006.12
杨建华	2006.12—2007.10
王教法	2007.10—

说明：张新强2004年4月—2006年4月在聊城市冠县挂职

第二节 队伍建设

1991年，县纪委采取以会代训、办班集训、在职培训等方式，对新上岗的纪检干部进行业务培训，共举办短期培训班2期。对纪检干部每月进行一次业务知识测试。至1994年，共有20余人参加电大、夜大、函大和上级党校举办的学习班、培训班。1996年1月，市纪委、监察局制订《1996—1998年纪检监察干部培训规划》，对纪检监察干部培训工作的指导思想、目标要求、培训手段、主要内容等作出明确规定。至2001年，全市参加培训的纪检监察干部达123人次。2002年，组织23名基层纪检监察干部和市纪委机关干部参加潍坊市纪委举办的培训班。先后分7批到全国纪检监察先进县（市）学习经验。2003年，对全市专职纪检监察干部进行业务考试。2004—2010年，每年都组织新任纪检监察干部参加潍坊市纪委组织的业务培训，年均培训20余人。2008年，市纪检监察系统组织开展“三带双优”（带头加强学习、努力提高素质，带头实践科学发展观、促进经济社会率先发展，带头总结提高、促进制度规范；评选优秀纪检监察组织、优秀纪检监察干部）活动，举办全市纪检监察干部学习工作规划专题培训班。2009年，市纪委组织机关人员先后到胶州、五莲、聊城、宁波、徐州等地学习9次。2010年，制定落实《关于加强学习型机关建设的意见》《鼓励机关干部进修学习制度》《机关工作人员绩效考核办法》等制度，设立教育预防、监督、办案惩处、干部管理服务4个中心，建立权责明确的党风廉政建设领导决策机制、协调组织机制和执行落实机制。

第三节 党风廉政建设

廉政责任制 1991年始，县委与基层党委、基层党委与党支部层层签订《党风党纪责任书》，将党风党纪和廉政建设的任务指标层层分解到具体党组织和党员领导干部。1993年，落实省纪委、监察厅《关于党政机关保持清正廉洁的若干规定》，对24个行业和部门的作风建设状况进行民主测评。1994年，在教育、卫生等10个系统和寿光镇进行党风廉政建设千人问卷调查，其中副科级以上领导干部129人、一般机关干部640人、职工231人。1996年，先后2次组织党员干部参加中纪委、省纪委举办的党纪政纪条规知识竞赛，党员干部参赛率达100%。市纪委制定《关于进一步加强党政机关干部作风建设的规定》，突出解决车子、房子、公款吃喝接待、公款配置通讯工具等问题。1999年，对33个乡（镇）和57个与市委、市政府签订责任状的市直部门落实党风廉政建设责任制情况进行全面检查。

2000年，落实市委廉政建设有关规定，领导干部上交收受的礼品和礼金25件次，价值1.7万元。2004年，实行党政领导班子成员“一岗双责”制度，党风廉政建设和业务工作同部署、同检查、同考核、同落实。2006年，各镇（街道）党政主要负责人定期在各自党委全委会和民主评议会上述职述廉。2008年，全市1500多名科级干部廉政档案录入电子管理系统。2010年，市纪委制定《关于在全市开展廉政风险防范管理工作的实施意见》，选取市国税局、市公安局等13个部门（单位）和镇（街）的42个村（社区），开展廉政风险防范管理工作，推行查、评、防、用廉政建设四步防控法。

廉政宣传 1991—1994年，市（县）纪委共编发内部刊物《纪检情况》72期、《党风信息》53期。1995年，市纪委共在新闻单位发稿113篇，其中省级以上用稿15篇。2001年始，在《寿光日报》《寿光纪检监察信息》上开设专栏，宣传遵纪守法、清正廉洁的先进典型。2003年始，对55个市直部门（单位）“行风热线”上线解答群众提出的热点问题和解决问题的情况在《寿光日报》刊登。2005年，刻录下发100套中央纪委《建立健全教育、制度、监督并重的惩治和预防腐败体系实施纲要》辅导报告光盘。2007年，全市各新闻媒体先后刊发或播放党风廉政建设新闻稿件31期，涉及单位326个次。2008年，在寿光电视台、寿光廉政网站开设党风廉政建设专栏，先后刊发或播放新闻稿件143篇次。2009—2010年，《中国纪检监察报》采用寿光市纪委稿件18篇，《大众日报》采用3篇，《潍坊日报》采用6篇，潍坊市纪委《党风与廉政》采用17篇。

廉政教育 1991年，县委、县纪委分8批对6300名村级干部进行党的农村政策、党的传统和作风、勤政廉政等方面的教育轮训。同年5月，举办副科级以上党员领导干部培训班，全县党员参加教育率达到96%以上。1996年，在全市党员干部中开展学条规、守纪律、做表率教育活动。1997—2000年，开展讲学习、讲政治、讲正气党性党风教育活动。2001年，在全市副科级以上干部中开展珍惜党和人民赋予的权力大讨论，举办党风廉政建设有奖征文，组织党纪条规知识答卷。2003年，建立党风廉政建设宣传教育联席会议制度，举办反腐倡廉知识竞赛和测试。2005年，组织开展廉洁奉公、执政为民主题教育活动，全市100多名党政主要负责人为所在部门（单位）党员干部上党风廉政教育党课。2008年，开展讲党性、重品行、作表率、促发展主题教育活动，深入全市100家大中型企业和21个在建重点项目，收集到企业对软环境建设的意见建议46条。2009年，组织各部门（单位）参观预防职务犯罪警示教育基地80余次，邀请检察院专家举办预防职务犯罪专题讲座60余场次。2010年，成立农村基层党风廉政建设研究会和廉政文化建设研究会，创办《县域廉政》杂志，编辑发行《寿光勤廉人物》邮票纪念册。

廉政文化 2005年，市纪委制订《关于切实加强廉政文化建设的实施意见》，对廉政文化进学校、进机关、进社区、进家庭、进企业、进农村作出详细规划安排，建成世纪学校、现代中学、兆祥社区、晨鸣集团4个廉政文化建设示范点。2008年，举办寿光市艺术名家廉政文化书画大奖赛，参赛作品400余幅，近5万名干部群众观看展览。开展“清风润圣城、廉洁在我心”廉政征文活动，收集各类稿件110篇。建设廉政文化十里长街，在圣城街东起弥河大桥西至银海路的街道两旁路灯杆上安装150多幅廉政公益广告。建立“财政专款为主、单位适当投入、民间自觉支持”的廉政文化建设经费保障机制，每年廉政文化建设投入达1200多万元。

纠风工作 1991年，狠刹公款请客送礼歪风，347人退赔索要的物品，2963人退赔吃喝款，共计2.9万元。1993—1994年，对行业不正之风进行治理，查处行政性收费违纪单位24个，违纪金额19.7万元，1995—1996年，治理“三乱”（公路乱设卡、乱收费、乱罚款，中小学乱收费，向农民乱摊派、乱收费），共查处涉及“三乱”问题的信访案件23起。1997年，开展 “窗口”行业作风整顿，涉及部门（单位）22个，有关人员共退赔收受的钱物、回扣计18.5万元。1998年，开展专项治理，对查出的寿光公安非正式交警上路查车罚款问题向全市通报，对3名违规上路查车的基层交管所所长给予免职调离岗位处理。1999—2009年，继续开展行业作风整顿，共查处向企业违规收费单位9个，取缔非法私人诊所106个，查处中小学乱收费案件48起，压缩公款出国（境）费42万元。2010年，开发应用网上评议部门管理系统，实行网上双评。开展千人评议基层站（所）活动，对全市266个基层站（所）进行民主评议。

软环境建设 1991年，县纪委会同有关部门共清查罚款项目30个，各种收费项目288个，为企业和群众减轻负担480余万元。1992年，共清理影响改革开放和经济建设的文件62份，修改或停止执行6份。1994年，查处盐业、水产、交通、运输等行业影响经济发展的问题25项。2000年，市政府出台《关于支持个体私营经济发展的意见》，清理整顿8个中介机构，取消7个不合理收费项目，年减轻企业负担200万元。2001年，全市实施挂牌保护的重点企业由41家增加到67家。2004年，全市58个部门（单位）向400多家企业和70多名经济发展软环境监督员进行述职。2006年，市纪委制定《寿光市行政效能监察暂行办法》，向社会印发部门承诺书2000多本，在寿光廉政网站开设职能部门述职专栏，组织55个执法服务部门开展网上述职。2008年，新增16家企业（项目）作为软环境建设联系点，全市监测联系点达到51家。2009年，“寿光民声”上线部门（单位）由最初的28个扩大到88个，受理群众留言2.6万条，回复率100%。市纪委制定《损害软环境行为问责办法》，对工作中存在的55个损害软环境的行为实施问责。2010年，建立公共资源交易中心，为电子监察、政府信息公开管理、行政权力网络运行三大系统提供平台，将各类公共资源的市场交易活动、竞标信息发布、评标专家库管理使用，以及与交易相关的投标、开标、评标、定标、签约等事务，统一由该中心办理。

第四节 案件查处

信访举报 1991年，县纪检监察系统共受理信访819件次，其中来信706件次、来访113人次，信访案件处结率97%。1992年，共受理信访715件次，初信初访一次结案率99%。1995年，来信来访结案率、优质结案率均达100%，越级上访和集体上访控制在2%以内。1996—1999年，共受理信访举报2208件次，初信初访一次结案率98%以上。2004年，共受理来信来访及举报电话495件次，其中来信399件次、来访48件次、举报电话48件次，信访处结率96%。2005—2010年，共受理来信来访及举报电话2684件次，处结率95%以上。

检查审理 1991年，共立案查处违纪违法案件424起，其中党纪处分30人、政纪处分8人，挽回经济损失10万元。1993年，共立案查处各类违纪违法案件107起，其中经济案件79起、大要案22起。1995—1999年，共立案查处各类违纪案件533起（含万元以上大案要案10起），挽回经济损失876万元。2002年，全市初查案件136起、立案100起、结案96起。其中大案要案31起、万元以上案件25起、涉及副科级以上领导干部案件6起、移交司法机关7起，挽回经济损失320多万元。2004年，共立案查处各类违法违纪案件100起，党纪、政纪处分39人。2006年，共立案查处各类违纪违法案件119起，结案99起。2007—2010年，共立案查处党员干部违纪违法案件376起，其中大案要案43起，挽回经济损失110余万元。

1991—2010年寿光市（县）党纪政纪处分情况表

表14-3-2　　单位：人

年份	合计	党纪处分	政纪处分
合计	1401	1251	150
1991	38	30	8
1992	42	33	9
1993	46	39	7
1994	68	60	8
1995	62	53	9
1996	69	60	9
1997	65	63	2
1998	52	49	3
1999	71	67	4
2000	51	49	2
2001	61	60	1
2002	76	70	6
2003	49	39	10
2004	39	38	1
2005	109	95	14
2006	115	91	24

续表 14-3-2

年份	合计	党纪处分	政纪处分
2007	111	92	19
2008	79	73	6
2009	97	94	3
2010	101	96	5

第五节 执法监察

1991—1997年，市（县）监察局共完成执法监察72项，检查金额21.4亿元，提出整改建议715条。2000—2005年，开展执法监察项目66项，检查单位280个，查出并纠正违规违纪金额906.9万元。2006年，先后对行政许可法贯彻执行、化肥与农药及种子监管、经营性土地储备及交易监督等情况进行执法检查。其中，监督重点项目招投标38项，节约资金4030万元。2008年，共查出镇（街道）财务收支问题15项，违纪金额167.1万元。清理中介机构和社会团体26家。检查重点项目招投标94项，节约资金8032.6万元。集中开展环保专项行动13期次，限期整改企业269家，强制拆除违法小企业53家，经济处罚48家。2009—2010年，对26个非税收入征管的中介机构、社会团体进行检查，收缴违规资金30万元。参加政府投资项目招投标监督131次，其中工程类84次，节约资金7535万元；货物类40次，节约资金606万元；服务类7次，节约资金144万元。共催缴土地出让金和滞纳金1.4亿元，清理非法占地1190亩。

第六节 源头治理

1991年，县纪委共设立党风党纪举报箱200个，走访群众300多人次，收到群众意见和要求130多条。1993年始，加强行政性收费和罚没款管理，全市有101个单位实行收支两条线管理。至1995年，全市（县）连续4年保持无信访老户、无信访积案、无集体上访记录。1998年，对市公安局、检察院、法院、工商局4部门的收费和罚没收入进行专项检查，共查出违规违纪金额134.6万元。2000年，市政府制定《寿光市政府采购管理办法》，实行政府采购，当年节省资金855万元。2003年，市纪委出台《关于干部选拔任用工作监督责任制试行办法》，提高干部选拔任用工作的公正性和透明度。2005年，开展经济发展软环境服务承诺年建设活动，全市43个政府执法服务部门向社会公开承诺。市纪委下发《关于严肃财政国库制度改革纪律的通知》，有107个单位财务开支实行国库统一集中支付。2006年，村级实行阳光村务和阳光星期一制度，即每周一村干部集中办公，公开处理村级事务；每月第3个星期一民主议政，传授致富技术和信息。2008年，开通“12388”全国纪检监察系统统一举报电话，共排查信访苗头32个。2009年始，全市实行民主公开管理工作（包括党务、政务、厂务、村务公开），由市纪委总协调。全年经济责任审计项目36个，查出违纪违规资金1.8亿元，管理不规范资金1.3亿元。2010年，建立健全村务监督委员会，制定廉政风险防范排查流程，“四步”（查、评、防、用）防控法逐渐制度化、常态化。

第四章　组织工作

第一节 管理机构

1991年，县委组织部内设办公室、组织科、干部科、知识分子工作科。1992年12月，增设干审科、干训科。1993年11月，撤销干审科、干训科。原市委组织员办公室撤销正科级规格，成为组织部内设科室。1994年1月，增设党员电化教育中心，为副科级事业单位。1995年6月，复设干审科。2000年3月，复设市委组织员办公室，为正科级行政单位，挂靠市委组织部，原市委组织部组织员办公室同时撤销。2001年12月，市委组织部内设办公室、组织科、干部科、干部教育科、干部监督科、调研科6个科室，辖党员电教中心。2002年8月，在干部科加挂知识分子工作办公室牌子。2003年11月，成立市农村党员干部现代远程教育管理中心（与党员电教中心合署办公），为正科级事业单位。2004年8月，设立人才工作科，挂知识分子工作办公室牌子，股级规格，干部科不再挂知识分子工作办公室牌子。2006年4月，市农村党员干部现代远程教育管理中心设立综合科，股级规格。8月，成立干部信息管理中心，副科级规格。2008年4月，设立寿光市委党的建设工作领导小组办公室（简称市委党建办）和市党建研究会（与市委组织员办公室合署办公）。2009年11月，设立农村干部科（与组织科合署办公），股级规格。2010年7月，设立宣传科（与研究室合署办公），股级规格。

1991—2010年寿光市（县）委组织部部长任职表

表14-4-1

姓名	任职时间	姓名	任职时间
张明海	—1992.05	朱兰玺	2006.05—2006.12
孙建兴	1992.09—1993.12	刘肖宁	2006.12—2007.10
孟祥志	1994.03—1997.12	杨建华	2007.10—2010.01
胡凝熙	1997.12—2002.12	高文庆	2010.01—
孙明亮	2002.12—2006.05	—	—

第二节 基层党组织建设

1991年6月，寿光县被评为全省农村党建工作先进县。同年11月始，召开全县国营大中型企业和县乡骨干企业基层党组织建设工作会议，提出加强党支部班子建设、强化党员教育管理等任务目标。1992年，县委组织部制订《关于进一步加强乡镇企业党组织建设的意见》《关于加强中外合资合作经营企业党的建设的试行意见》，开展农民党员学科技、用科技、比贡献竞赛活动。当年，全县农民党员共建立实验基地276个，1.6万名农村党员每人掌握1～2门实用技术。1995年6月，开展第二批市直部门包村工作，50个市直部门结对包靠全市14个薄弱村，帮助健全班子、规范制度、发展经济。1999年4月始，开展农村“两整顿一帮扶”活动，即整顿社会秩序不稳定村、整顿班子软弱涣散村、帮扶经济薄弱村，从市直部门单位抽调64名机关干部，组成2～3人工作组驻村进行整顿帮扶。2005年4月，时任中共中央总书记、国家主席、中央军委主席胡锦涛，到联系点寿光市调研视察，指导先进性教育活动。2009年1月，全国党建研究会暨改革开放30年与农村党的建设理论研讨会在寿光市召开，共收到研讨文章47篇。2010年3月始，在全市集中推行党员队伍纯洁机制，共对14名党员暂缓登记、14名党员不予登记。至2010年年底，全市共有党组、党（工）委、党总支、党支部2319个，党员6.1万人。

1991—2010年寿光市（县）基层党组织情况表

表14-4-2　　　　单位：个

年份	党组	党（工）委	党总支	党支部
1991	46	51	55	1986
1992	35	53	79	2041
1993	26	57	102	2175
1994	28	58	104	2219
1995	37	57	118	2220
1996	37	57	118	2221
1997	48	64	107	2208
1998	40	64	101	2216

续表14-4-2

年份	党组	党（工）委	党总支	党支部
1999	39	67	98	2206
2000	39	66	84	2152
2001	38	68	79	2159
2002	35	69	68	2387
2003	33	69	61	2382
2004	27	69	70	2258
2005	27	70	77	2198
2006	27	70	98	2179
2007	27	68	118	2099
2008	27	67	148	2097
2009	27	67	164	2088
2010	21	66	156	2076

1991—2010年寿光市（县）党员队伍情况表

表14-4-3　　　　单位：人

年份	党员数	新发展党员数
1991	41785	1178
1992	42886	1172
1993	43354	1175
1994	44884	1374
1995	46427	1656
1996	46998	1599
1997	47640	1587
1998	48416	1346
1999	49406	1281
2000	50480	1261
2001	51178	1219
2002	51989	1107
2003	52236	1060
2004	53787	1165
2005	54681	1149

续表 14-4-3

年份	党员数	新发展党员数
2006	56117	1287
2007	57124	1299
2008	58107	1320
2009	59260	1294
2010	60936	1200

第三节 干部人事制度改革

1993年11月，进行机构改革，市直共保留行政机构46个，其中党政工作部门34个，工作人员723人。市直设置事业单位136个，配备4704人。乡（镇）机关党委、政府设置“一办五委”（党政办公室、政法委员会、农业委员会、经济委员会、建设环保委员会、教科文卫委员会），正、副乡（镇）级干部339人。1996年始，对党政机关、事业单位新进工作人员实行考录制。1997年始，市委、市政府先后出台《关于对党政群机关中层职位实行竞争上岗的意见》《寿光市党政机关事业单位竞争上岗实施办法》，在全市党政群机关和事业单位中普遍推行中层职位竞争上岗。1999年始，干部实行试用制、聘任制，当年对12名干部实行试用制，14名干部实行聘任制。2001年始，市委、市政府先后出台《关于实行党政领导干部任前公示的意见》《干部选拔任用工作流程》等文件，实行干部考察预告制、干部任前公示制、干部试用制和事业单位干部提拔任职聘任制。实行“三差额”（差额推荐、差额考察、差额酝酿）、“两延伸”（延伸推荐、延伸考察）、“一票决”（市委常委会和全委会讨论任免干部选择性票决）办法，进一步扩大民主选拔任用干部工作，提高选人用人公信度。2003年3月，实行机关工作人员轮岗制度，市、乡两级党政群机关、具有行政职能的事业单位工作人员，按20%的比例进行轮岗，至2005年1月轮岗制度结束，全市共选派1342人次从事民营经济工作。2006年始，对空缺的镇（街道）党政正职采取“两公开四差额”（公开拟选拔配备的职位及职位要求，公开选任方法及选任程序，实行差额推荐、差额考察、差额酝酿、差额票决）的方式进行选拔。2008年，根据省委组织部、省人事厅有关文件规定，开展从优秀村“两委”（党支部委员会、村民委员会）成员中考录镇（街道）机关公务员试点工作，共从全市60名符合条件者中考录20人。至2010年，通过公开选拔方式先后考选科级干部、市直重要部门工作人员104人。

第四节 干部教育培训

1991—1995年，先后以学习马克思主义基本理论、中共十四大精神和邓小平视察南方谈话、社会主义市场经济理论等为重点，对全市干部进行政治理论培训，同时加强外经外贸、法律知识和业务知识培训。至1995年，全市共举办各类干部培训班728期，培训6万人次。1996—2000年，市委党校及市直10处培训中心共举办各类培训班578期，6万余人参训。2001年，市委组织部制定《寿光市干部教育培训管理办法》，按照强化职能、合理布局、优化结构、注重实效的原则，将原来市直10处培训基地，整合为市委党校、公务员培训中心、农业技术培训中心、政法干警培训中心等6大培训中心。至2005年，共举办各类培训班1265期，参训干部46万人次。2006—2010年，市委组织部制订《2006—2010年寿光市干部教育培训规划》，每年培训科级干部300余人。创办“弥水大讲堂”，定期邀请在国内外有影响、知名度高的专家、学者到寿光授课。开展专题培训，先后在北京大学、清华大学举办党政干部公共管理研修班和优秀企业家高级经营管理研修班，在中组部全国组织干部学院举办干部能力建设专题培训班，在韩国全州大学举办新农村建设培训班等20多个班次，2000余人参训。

第五节 干部监督管理

1991—1995年，共接待来信来访613件次，处结率96%。先后为180个单位、631人次办理因公出国政审手续，为9名党员办理出国（境）探亲审查手续。先后为224名在职干部办理离退休手续。1996年始，以加强对领导干部的监督管理为重点，市委组织部先后制定《干部审查工作联系制度》《领导班子和领导干部诫勉制度》等一系列制度，至2000年，共与有苗头性问题的干部谈话250余人次，诫勉领导班子3个、领导干部6人。2001—2005年，继续加强干部监督管理，在全省率先出台的《干部选拔任用工作监督责任制试行办法》，作为范本在全省推广。市委组织部制定《科级后备干部管理暂行办法》，对干部进行组织培训、挂职、轮岗等重点培养锻炼。2006—2010年，市委组织部制定《干部选拔任用工作全程记实制度实施办法》，推行干部选拔任用工作全程记实制度。制订《“四项监督制度”学习宣传方案》，翻印学习材料4000多份，组织5700名党员干部进行知识测试，培训领导干部和组织人事干部1200人次。市委组织部出台《组织工作群众举报管理办法》《受理组织工作群众举报工作百分制考核办法》，开通“12380”举报网站和干部监督专线电话，畅通组织工作群众举报渠道，规范举报案件受理处理制度。

第五章 宣传工作

第一节 管理机构

1991年，中共寿光县委宣传部内设新闻科、企政科，均为股级规格。下辖县精神文明建设协调委员会办公室，为正科级事业单位。1997年，成立市新闻出版管理办公室，为副科级行政单位。1999年4月，成立市新闻中心，为副科级全额拨款事业单位，定编5人，隶属于市委宣传部。2001年12月，市委宣传部内设4个职能科室：办公室、调研科、新闻科、综合科。2002年4月，市新闻出版管理办公室由副科级行政单位调整为正科级全额拨款事业单位，定编4人。同年11月，市新闻中心规格由副科级升格为正科级。2003年7月，设立网络宣传科，股级规格。2004年11月，成立市文学艺术界联合会，正科级规格，挂靠市委宣传部。2005年8月，市文联核定行政编制3人。2008年7月，增设文化科，股级规格。2009年2月，市新闻中心更名为市新闻网络管理中心，定编7人，原规格、隶属关系、经费形式不变，同时增加文化产业、网络文化管理职能。同年，市新闻出版管理办公室职能并入市文化广电新闻出版局。原新闻出版管理办公室人员并入新成立的市文化市场综合执法局。2010年，市委宣传部内设办公室、调研科、新闻科、综合科、网络宣传科、文化科。下辖正科级行政单位2个：市精神文明建设委员会办公室、市文联；正科级事业单位1个：市新闻网络管理中心。

1991—2010年寿光市（县）委宣传部部长任职表

表14-5-1

姓名	任职时间	姓名	任职时间
黄凤岩	—1992.12	朱兰玺	2003.01—2006.05
张延明	1992.12—2001.02	王惠玲	2006.05—2006.12
孙明亮	2001.02—2003.01	刘永辉	2006.12—

第二节 理论教育

1991年，开展以企业为重点的城区社会主义思想教育和党政机关社会主义思想教育，全县250多个单位、6.2万多名干部职工参加教育活动。1992年始，结合学习贯彻中共十四大精神，在县乡机关开展解放思想、转变职能大讨论活动。1995年，以《邓小平建设有中国特色社会主义理论学习纲要》为主要辅导材料，组织全市党员干部学习《邓小平文选》和社会主义市场经济基本理论。1996年始，重点加强市委中心组和各乡（镇）、部门党委中心组理论学习。1999年9月，召开理论中心组读书会，提出坚定信心、乘势而上、争创山东第一强的目标。2000年始，各级党委中心组把“三个代表”重要思想的学习作为重点，促进理论教育工作的深入开展和理论在社会实践中的研究与运用。2003年6月，全市开展党员干部解放思想读书月活动，共集中辅导100多场次，集中交流300多场次，举行专题报告会3场，参加人员10余万人次。2004年，寿光市被评为山东省党员教育工作先进单位。2005年，开展保持共产党员先进性教育活动，全市2145个基层党组织、5.3万名党员参加。2009年始，开展科学发展观教育实践活动，至2010年3月，全市共199个单位的5.5万名党员参加，平均每人撰写笔记1.5万字以上。

第三节 思想政治工作

1991年，以基本路线、基本国情为重点，对全县130个企业、事业单位的1.5万名35岁以下青年职工进行脱产或半脱产政治轮训，省、潍坊市宣传系统内部刊物推广寿光县加强党员教育的经验。1992年，在企业中开展发挥党组织政治核心作用，全心全意依靠工人阶级的宣传教育，总结推广深化改革和思想政治工作先进企业、先进个人的经验。当年，寿光市职工思想道德政治工作研究会被评为省级优秀研究会，寿光造纸集团股份有限公司被评为省级优秀政工企业。1995年，参加潍坊市文明知识竞赛，开展“扫黄”（清理黄色书刊、黄色音像制品及歌舞娱乐场所、服务行业的色情服务）、“打非”（打击非法出版物）活动，净化文化市场。1999年，以转变干部作风为重点，加强机关思想政治建设，密切党群、干群关系。2000年7月，三元朱村党支部书记王乐义作为全省思想政治工作先进典型，被省委、省政府授予山东省思想政治工作先进工作者称号。同年9月，召开全市思想政治工作会议，在全市集中开展以学理论、讲政治、学技术、讲奉献为主要内容的教育活动。2002年，贯彻落实《公民道德建设实施纲要》，深化信用寿光建设活动。2006年，市委宣传部被评为全省思想政治工作先进单位。2009年，在全市开展以和谐单位、和谐社区（村庄）、和谐家庭为主要内容的和谐创建活动。2010年，组织全市企业参加山东省思想政治工作“双十佳”活动，仙霞集团被评为山东省思想政治工作优秀企业。

第四节 新闻宣传

1991年，继续实行农村“四大员”（通讯报道员、宣传员、党课教员、夜校辅导员）制度，建立县、乡、村三级宣传网络。1995年12月，全市开展新闻宣传精品工程评选，表彰优秀通讯员、先进报道集体和优秀新闻作品。1998年，市委宣传部出台《关于对重点新闻稿件进行奖励的意见》，设立奖金5万元，对在地级以上新闻单位发表的重点新闻稿件进行奖励。2007—2010年，强化对“一报两台”（寿光日报、寿光电视台、寿光电台）调控指导力度，每周印发宣传要点、每月召开新闻例会、每季进行新闻阅评，确保市内媒体正确宣传导向。建立健全社会舆情分析研判、网络监管联席会议和突发事件新闻发布3项制度，杜绝影响恶劣的新闻事故发生。

形象宣传 1991年7月，《大众日报》头版头条发表介绍寿光县委、县政府密切联系群众的题为《焦裕禄精神在这里闪光》和《经济日报》头版头条刊登《寿光有个好班子——记山东省寿光县干部密切联系群众的事迹》的长篇通讯。1992年1月，《人民日报》头版刊登《合同订购量扩大国际市场——寿光无公害蔬菜成为抢手货》的报道，《中国青年报》二版、《齐鲁晚报》头版头条、《农村开发报》《信息快报》及中央、省广播电台等10多家新闻单位进行转载、播发。1994年12月，寿光市无公害蔬菜进京直供直销座谈会在首都人民大会堂陕西厅举行，中央电视台晚间《新闻联播》予以报道，随后其他中央级及北京各大新闻媒体共登稿86篇，至2000年寿光无公害蔬菜在京销售量由每年0.5亿公斤增至5亿公斤。2004年，省委宣传部组织省主流媒体对寿光市发展现代农业、促进粮食生产和农民增收的经验进行集中宣传。2005年，中央媒体新闻采访团对三元朱村党支部书记王乐义先进事迹进行集中采访宣传。2006年，出版介绍寿光的大型画册，并在寿光、济南等地举办大型摄影展。2008年6月，全国推进党的先进性建设研讨会在寿光市召开，新华社、人民日报、中央电视台、农民日报社、经济日报社等新闻媒体对寿光市党建品牌进行集中宣传。同年10月，中国特色发展之路课题调研组评选“在中国特色社会主义旗帜指引下开拓成功发展之路”典型地区，寿光市以发挥农业比较优势，靠农业富民、工业强市，实现城市和农村协调发展的经验成为改革开放30年全国18个典型地区之一，新华社、人民日报、中央电视台等各大媒体进行全面深入宣传。同年，寿光市援助南方抗击冰雪灾害天气情况，中央电视台《新闻联播》和省电视台《新闻联播》均播发重头报道。

典型宣传 1991年，开展弘扬雷锋精神和“我为风筝城添光彩”活动，先后组织先进模范报告团、老干部报告团、党史报告团、两个文明建设先进模范事迹报告团，巡回报告118场，听众130多万人次。1993年，全市开展“学云华”（董翠云、孙建华）精神、做四有新人活动，授予董翠云雷锋式的好母亲、孙建华舍己救人的好职工称号。1996年，对评选出的寿光市首届人民功勋获得者陈永兴、王乐义和社会治安见义勇为模范孙宝华等一批先进模范人物进行深入宣传，共组织巡回报告33场次，听众2万多人次。2000年2月，市委印发《关于开展向王乐义同志学习的决定》，5月新华社发通稿《新时期农村党支部书记的好榜样——王乐义》，《人民日报》头版发表通讯《“三个代表”的实践者——王乐义》。筹备召开近万人参加的王乐义先进事迹报告会，出版《王乐义事迹专辑》。2006年，王乐义被中共中央宣传部确定为全国保持共产党员先进性、建设社会主义新农村的重大典型，中央电视台焦点访谈、新闻联播先后3次播出王乐义的事迹。邀请著名词曲作家车行、戚建波为王乐义创作的歌曲《好当家》，制成音乐电视，在中央电视台和山东卫视播放。制作完成以王乐义事迹为原型的20集电视连续剧《乐意为人》。当年，寿光市被评为潍坊市典型宣传工作先进单位。2007年，对评选出的全市“十大职业道德模范”“全国十大诚实守信模范”及潍坊市保持共产党员先进性、践行社会主义荣辱观的重大典型进行宣传。2009年5月，中共山东省委授予王伯祥优秀共产党员称号。同年6月，在北京召开的全国优秀共产党员代表座谈会上，王伯祥作《牢记党的宗旨，永怀为民之心》的发言。同年12月，中组部、中宣部、中央深入学习科学发展观活动领导小组、山东省委在人民大会堂联合举办王伯祥同志先进事迹报告会。

第六章 统一战线工作

第一节 管理机构

1991年，县委统战部为县委主管全市统一战线工作的职能部门。1993年12月，市委对台工作办公室职能并入市委统战部，增设市委统战部对台工作科。1995年，恢复中共寿光市委台湾工作办公室，与中共寿光市委统战部合署办公，同时撤销统战部对台工作科。2001年12月，党政机构改革，市委统战部内设市民族宗教事务办公室（挂市政府民族宗教事务局牌子）、市委台湾工作办公室（挂市政府台湾事务办公室牌子），市委统战部职能科室只有办公室。2004年8月，市委台湾工作办公室析出，独立办公。2009年，成立市民族宗教局，与市委统战部合署办公，在市委统战部内部单独设立民族宗教科，配备3名民族宗教执法人员。2010年，市委统战部内设办公室、经济科、民族宗教科。编制9人，其中行政8人、工勤1人。

第二节 党外人士

民主党派 2010年前，民主党派无具体统计。2010年，全市共有民主党派成员10人，其中中国民主同盟7人、中国民主促进会1人、中国致公党1人、九三学社1人。

党外知识分子 1991年起，县委统战部多次对党外知识分子的年龄、学历、任职情况进行调查摸底，建立党外知识分子数据库。1996年始，开展对党外知识分子和海外留学人员的调查，至2000年，全市共有党外知识分子1.3万多人，其中具有专业技术职称的1万多人。2005年，根据中共中央有关文件精神，市委制定党与党外知识分子联系的实施意见，建立党外知识分子联络员制度，确定36名党外知识分子为联络员，成为加强党与党外知识分子联系的纽带和桥梁。2007年，全市具有高级职称党外知识分子500多人、中级职称5000多人。有114人担任各级人大代表，155人担任各级政协委员。2009年，全市共有党外知识分子1.2万余人，其中1166人拥有各级各类技术职称，96人担任各级人大代表，170人担任各级政协委员。2010年，成立由16名党外博士组成的博士智囊团，开展课题对接、联合调研、参政议政等工作。

党外干部 1991年始，对党外干部加强理论培训，保证每年脱产学习不少于半年。市委统战部出台《关于进一步做好选拔培养党外干部工作的意见》，按照群众推荐、各级党委班子推荐、党外人士推荐的三推荐办法，建立优秀党外后备干部队伍。至1995年，先后有15名非党干部担任副科级以上领导职务，其中副县级6人、副科级9人。1999年，乡（镇）领导班子换届，3名优秀党外干部被任命为副镇长。至2000年，全市共有党外干部1.4万人，占干部总数的60.3%；有260多名党外人士被提拔重用，其中担任县级领导职务4人。先后有102名党外干部参加交流、挂职、轮岗和市里组织的农村综合治理工作组，在实践中得到锻炼。2001—2005年，落实党外干部培训措施，先后举办各类党外干部培训班7期，培训300多人。先后有70多名后备干部到基层挂职锻炼。为29名副科级以上党外干部、44名科级后备干部建立花名册，做到举荐有人才。全市先后公开招考副科级党外领导干部10人。2005年，全市共有副科级以上党外干部26人，其中县级5人、列为党外副县级后备干部6人、党外科级后备干部44人。2006—2010年，先后举办各类党外干部培训班17期，培训2000多人，培训率、合格率均达100%。有100多名后备干部到基层挂职锻炼。至2010年年底，全市共有副科级以上党外领导干部43人。

第三节 宗教工作

1991年，寿光宗教主要有基督教、天主教2大教种，其中基督教4500人、天主教50人。同年，县民族宗教管理部门将《中华人民共和国宗教活动场所管理条例》《中华人民共和国境内外国人宗教活动管理规定》《山东省宗教活动场所管理办法》3个宗教法规编印成册，发放2000余册。1993年，先后举办各活动场所负责人和教徒骨干培训班6期，2000多人参训。1995年，对全市40处批准开放的宗教活动场所进行审核登记，其中教堂18处、活动点22处。当年，全市共有教徒5500人、教职员11人，其中牧师1人、长老10人。1996年始，举办各类农村知识讲座，帮助指导信教群众发展生产，增加收入，提高物质文化生活水平。至2000年，全市信教群众发展到6527人，其中基督教6387人、佛教100人、天主教40人，分布在全市19个乡（镇）、594个行政村。2004年，基督教三自爱国运动委员会建成养老护理院。2005年，全市信教群众8900多人，其中95%分布在农村。2010年，在宗教界和信教群众中开展“六个一”（人人做到有一颗爱心、做一件善事、有一技之长、有一份好家业、有一个好心情、有一个幸福家庭）活动，引导宗教界和信教群众发展生产、勤劳致富、服务社会。至2010年年底，境内共有佛教、道教、天主教、基督教4个教种，信教群众1.1万人，其中佛教500人、道教50人、天主教500人、基督教1万人；宗教爱国团体2个，宗教活动场所44处，其中佛教1处、道教1处、天主教1处、基督教41处。孙家集街道被评为全省民族团结进步模范集体，是潍坊市唯一获奖单位。

2010年基督教牧师、长老、执事情况表

表14-6-1

姓名	职务	负责堂点	姓名	职务	负责堂点
王复兴	牧师	圣城街道中心教堂	刘爱国	执事	稻田镇东里教堂
夏爱芳	牧师	圣城街道中心教堂	王桂兰	执事	上口镇广陵教堂
夏爱芬	长老	圣城街道中心教堂	刘洪喜	执事	化龙镇郝屯教堂
董文秀	执事	洛城街道屯田教堂	魏凡斌	执事	纪台镇南李官教堂
李泽强	执事	稻田镇稻田活动点	李俊英	执事	孙家集街道胡营教堂
张青云	执事	稻田镇赵庙活动点	庞思聪	执事	文家街道马店教堂
籍春美	执事	洛城街道丁楼活动点	朱建水	执事	纪台镇苏秦活动点
宋全明	执事	稻田镇常乐营教堂	郭欣荣	执事	上口镇方吕教堂
赵瑞凤	执事	稻田镇阁上活动点	冯寿堂	执事	纪台镇纪西活动点
刘秀云	执事	稻田镇何家活动点	夏秀萍	执事	营里镇营里教堂
王云生	执事	田柳镇西青教堂	杨令信	执事	纪台镇吕家活动点
李兰英	执事	营里镇营里教堂	李文兰	执事	圣城街道中心教堂

第七章　老干部工作

第一节　管理机构

1991年，县委老干部局为县委工作部门。1992年5月，设立市第二干部休养所，为股级事业单位，定编2人，隶属于县委老干部局。1993年9月，设立市老年大学，股级规格，隶属于市委老干部局。同年11月，市委老干部局划归市委组织部管理，为正科级行政机构。1998年、2003年、2008年寿光市分别被评为全省老干部工作先进单位。2005 年 8 月，市老年大学由股级升格为副科级，为全额拨款事业单位。同年，市老年大学被评为省级示范校。2006 年 12 月，市老干部活动中心被评为省级示范老干部活动中心。2009 年，市干部休养所、市第二干部休养所分别被评为省级示范干休所。2010 年，市委老干部局下辖市老干部活动中心、老年大学、干休所、第二干休所。

1991—2010 年寿光市（县）机关事业单位离退休人员统计表

表 14-7-1 单位：人

年份	合计	机关	事业	年份	合计	机关	事业
1991	84	20	64	2001	276	29	247
1992	145	26	119	2002	418	45	373
1993	269	32	237	2003	387	55	332
1994	194	31	163	2004	284	30	254
1995	238	41	197	2005	352	35	317
1996	226	29	197	2006	385	52	333
1997	172	26	146	2007	405	63	342
1998	249	45	204	2008	419	57	362
1999	204	33	171	2009	394	59	335
2000	264	51	213	2010	430	61	369

第二节 老干部待遇

1991 年 1 月，全县退休干部活动经费标准由每人每年 60 元调整为 80 元。离退休干部回农村安置的，最高一次性补助 4500 元。1994 年 5 月，离休干部护理费标准由每月 51 元提高到 70 元。1998 年 1 月，调整离退休干部交通补助费标准，厅（局）级离休干部，交通补贴由每人每月 30 元调整为 45 元，县（处）级离休干部，由每人每月 15 元调整为 25 元，其他离休干部由每人每月 10 元调整为 20 元。同年 7 月，对生活长期完全不能自理的离休干部护理费由每人每月 70 元调整为 100 元。1999 年 10 月，召开全市第九次离退休干部代表大会，表彰离退休干部工作先进集体 20 个、先进个人 131 人。2000 年，离休干部的公用经费和特需费由离休干部所在单位按每人每年 650 元（地专级 700 元）列支，一般退休干部活动经费按每人每年 80 元列支。2003 年 1 月，建立离休干部医疗费统筹金制度。2005 年，建立离退休专业技术人员数据信息库，共收录 1500 名机关事业单位年龄 70 岁以下、身体健康的离退休专业技术人员的信息，并通过市人才市场向用人单位推荐使用。每年 4—5 月份组织老干部参观考察全市经济社会发展情况和蔬菜科技博览会。2007 年始，每年都组织老干部到外地参观学习。2008 年，将 207 名企业离休干部医疗费纳入医保统筹。市财政拨出专款 264.5 万元，为医药费统筹前商业、粮食、供销等系统困难破产企业补交拖欠的离休干部医疗费。2008年后，凡行政事业单位离休干部工资调整，企业离休干部工资也相应同步调整。2009年，将离休干部医疗费统筹金标准由每人每年8000元提高到1.1万元，并建立同步增长机制。

第三节 文体娱乐

1987年10月，成立县离休退休干部协会。1997年5月，成立市老年书画研究会，初期会员29人，至2010年先后举办各类书画展20余次。2006年3月，在市金秋诗词学会的基础上成立市诗词楹联艺术家协会，会员1500人。2008年，举办全市“庆七一、迎奥运”离退休干部诗词楹联展，80余名离退休干部参与。2009年，举办全市离退休干部庆祝中华人民共和国成立60周年征文活动，共收到征文119篇。发挥老干部活动中心和老年大学主阵地作用，与老干部社团组织密切配合，丰富离退休干部的精神文化生活。1991—2010年，每年定期举办离退休干部门球、台球、乒乓球、太极拳、象棋等10多项文体活动，实现每周有活动、四季有比赛，其中长寿杯门球赛连续举办22届，参与离退休干部890余人次。

第八章 信访工作

第一节 管理机构

1993年，信访办公室属市委办公室内设机构，正科级规格。1994年8月，设立市委、市政府信访办公室，正科级规格，内设秘书科、查办科、接访科。1996年12月，市信访办公室更名为市信访局。2002年11月，增设督促查办科，处信查办科更名为处信科。2009年7月，成立市信访事项复查办公室，为副科级内设机构。2010年11月，市信访事项复查办公室由副科级调整为股级。市信访局内设秘书科、处信科、接访科、督查科和信访事项复查办公室，有干部职工14人。各镇（街道）均设有信访工作办公室，与所在镇（街道）维稳综治中心合署办公。

第二节 信访制度建设

1991年始，信访工作实行月分析、季通报、重大事项随时通报和信访工作半年检查、年终考核制度，制定包括基层信访、接待来访、查办案件、处结上访老户、集体上访、信访信息、办结报告等7方面的《信访工作岗位责任制》。1993年，市委印发《关于进一步加强信访工作的意见》，实行领导接访制度。1995年，国务院《信访条例》颁布后，把每年5月定为信访条例宣传月，在每年4—5月份开展宣传日、宣传周、宣传月活动。1996年始，市级领导接访制度逐渐规范化、制度化，在全市推行“一岗双责”责任制，要求部门单位主要负责人既抓好本单位工作，又抓好信访工作。2002年，市委印发《关于信访工作五项制度的通知》，对畅通信访渠道、办理信访事项、维护信访秩序、责任追究等作出明确规定。2003 年，市委制订《关于进一步做好人民来访工作的意见》，对信访案件按性质分类，采取不安定因素定期排查、重点案件集中整治等措施，按规定时限处结。2005 年 9 月始，在全市开通群众来信“绿色邮政”，群众信访信件免费收寄。2008 年始，市政府出台《关于开展市委书记大接访的实施方案》《关于实行党政领导干部公开接待群众来访的意见》等文件，市委书记、市长分别于每月 10 日、20 日接访，市委、市政府其他领导成员每个工作日轮流接访，各镇（街道）、市直部门主要负责人每月 5 日、15 日、25 日在各自单位公开接访，其他领导班子成员工作日轮流接访。至 2010 年，共接待群众来信来访和咨询 3 万余人次，群众满意率 95% 以上。

第三节 信访案件处理

信访案件处理始终坚持实事求是、平等公平、维护权益、社会稳定原则，对上级机关交办的信访案件和本地人民来信来访，由寿光市委、市政府信访局负责查处，并定期分析群众反映的重要情况和带有倾向性的问题，及时向领导机关和负责人反映，并对基层信访工作进行检查、指导、监督、协调。市委由一名副书记、市政府由一名副市长分管信访工作，对一些重要案件，亲自批办，具体指导办理。在每年年初和重要节会期间，都进行信访工作大排查，对排查出的不安定因素，实行定包案领导、定责任人、定结案时间、定办案质量的工作责任制。1997 年，市信访局被评为全省信访工作先进单位。2000 年始，开展无越级上访、无重复上访、无信访积案的“三无”乡（镇）创建活动，90% 以上的乡（镇）达标，大量信访问题在基层得到妥善解决。至 2010 年，共接待来信来访 1621 起，其中集体上访案件 723 起、7784 人次，处理信访积案 450 余件。

1991—2010 年寿光市（县）信访案件受理情况表

表 14-8-1

年份	信访（件次）	处结（件次）	处结率（%）
1991	835	830	99.4
1992	912	904	99.1
1993	1370	1348	98.4
1994	1513	1485	98.1
1995	1578	1555	98.5
1996	1632	1621	99.3
1997	1680	1655	98.5
1998	1704	1683	98.8
1999	1660	1629	98.1
2000	1424	1399	98.2
2001	1760	1743	99.0
2002	1540	1519	98.6
2003	1680	1652	98.3
2004	1420	1399	98.5
2005	1480	1453	98.2
2006	1460	1449	99.2
2007	1409	1385	98.3
2008	1636	1611	98.5
2009	1707	1689	98.9
2010	1621	1592	98.2

第九章 档案工作

第一节 管理机构

县档案馆成立于1959年10月，1980年2月更名为县档案局。1993年11月，撤销市档案局，保留市档案馆，党史、史志工作并入市档案馆。1994年9月，恢复市档案局，与档案馆合署办公。1995年9月，党史、史志工作析出。2001年12月，全市机构改革，保留市档案馆，性质为事业单位，隶属于市委办公室，挂市档案局牌子，行使有关行政管理职能。内设4个科室，即办公室、业务指导科、档案管理科、编研科。2009年9月，增设机关文件管理利用中心。2010年，市档案馆有工作人员19人，其中副研究馆员1人、馆员6人。

1995年、2007年，市档案局（馆）先后2次被人事部、国家档案局授予全国档案系统先进集体称号。2003年，市档案局（馆）被授予山东省档案系统先进集体，连续多年被授予山东省档案宣传工作先进单位等称号。2005年，寿光市被国家档案局确定为全国农业和农村档案工作联系单位。2009年，寿光市被山东省档案局确定为首批创建社会主义新农村建设档案工作示范县。

第二节 档案馆工作

征集、管理与利用 1991年始，市（县）档案局加快档案征集、整理工作，至1995年，市档案馆馆藏档案资料达到4.4万卷（册），抢救重点档案1914卷。1998年，开展档案接收进馆工作，共接收市直、乡（镇）机关档案及撤销单位的档案资料1.3万卷。2000年，馆内共保存档案资料6.5万卷（册）。至2005年，馆内共保存档案6大门类、170个全宗，馆藏档案资料数量6.9万卷（册）。2007年，全市镇（街道）机关、有关企事业单位1991—2000年2.3万余卷档案移交进馆，至2010年，市档案馆保存档案6大门类、190个全宗，馆藏档案资料9.3万卷（册），其中档案7.4万卷、资料1.9万册。馆藏珍贵资料有：1940年毛泽东、周恩来、朱德为中央保健大夫魏一斋（寿光人）的题词；毛泽东、刘少奇、周恩来、朱德等老一辈无产阶级革命家的照片345张。清嘉庆《寿光县志》、民国《寿光县志》、北魏贾思勰《齐民要术》《赵魏烈士传》《寿光地方团员调查表》、胡锦涛总书记到寿光调研的图片资料及实物、李鹏总理给侯镇人民的亲笔信等。

2002年建成现行文件利用中心，共收集现行文件3394件（册）。同年，《大众日报》以《老百姓看上“红头文件”了》为题对市档案局建立现行文件利用中心进行报道。2003年，设立档案寄存中心，接受社会各界捐赠和寄存档案126卷（册、盘）。发挥市档案馆文化载体功能和宣传教育功能，建立爱国主义教育展厅，被市委、市政府命名为全市爱国主义教育基地。2007 年 4 月，市档案馆由渤海路老市委院迁入商务小区 5 号楼，新档案馆总建筑面积 5000 平方米，拥有库房综合智能管理系统、气体灭火系统及 600 立方米的档案密集架。1991—2008 年，先后向社会开放档案 8 批、1.6 万卷。市档案馆接待利用者由 1991 年的 829 人次，利用档案资料 2007 卷（册），提升到 2010 年的接待利用者 1586 人次，提供利用档案资料 4962 卷（册），20 年共接待利用者 1.9 万人次，利用档案资料 5.2 万卷（册）。

1991 年，市档案馆晋升为省二级先进档案馆，1993 年晋升为省一级先进档案馆，1998年晋升为省规范化目标管理一级档案馆，2004 年晋升为山东省特级档案馆，2008 年在全省率先晋升为国家一级档案馆。

信息化建设 1991 年始，现代化技术应用于档案的管理和保护，先后配备计算机、摄像机、录放机等设备。1995 年始，先后配备光盘刻录机、自动监控、声像等设备，安装档案管理软件，建成机读目录数据库。2001 年，投资 10 万元，建成潍坊市档案系统首家县级档案信息局域网，并与互联网连接，实现寿光档案信息、大事记网上发布。2008 年，建立文件级目录数据库，安装数字档案馆管理系统，输入目录 66.7 万条，实现馆藏档案文件级目录检索。建成多媒体数据库，通过网上进行爱国主义教育。建成革命历史档案全文数据库、对外联络信息库。2009 年，建成寿光市政府信息公开查询中心。

第三节 机关与企事业档案工作

1991 年始，开展一年一度的机关、企事业单位文书立卷工作。1991—1995 年，机关、事业单位开展档案工作定级升级活动，至 1995 年年底，全市（县）乡（镇）以上机关实现综合管理的占 60%，有 47 个机关跨入档案管理省级先进行列。1995 年，全面推进企事业单位档案工作规范化目标管理。1998 年，推进机关单位档案工作规范化目标管理。至 2002 年，全市有 145 个机关、企事业单位档案工作步入科学化、规范化管理轨道，120 个单位达到省级以上先进标准，26 家企业跨入省部级或国家级档案管理先进行列，市国税、地税、国土、教育、金融、财政等部门达到省级档案管理先进系统标准，晨鸣集团、市供电公司达到国家一级档案管理标准。2003 年始，按照《山东省档案管理考核办法（试行）》要求，实施一年一度的档案管理考核。2005 年，对全市 124 个机关、企事业单位进行考核检查，其中有 2 个单位被确定为档案管理年度考核特级单位。加大对民营企业档案管理，市万龙车身制造公司成为全市首家档案工作目标管理达到省级先进的民营企业；新龙电化有限公司档案管理达到省一级先进标准。2006—2010 年，全市机关、企事业单位共完成文书立卷 2.2 万卷（盒）。至 2010 年年底，全市共获山东省开发档案信息资源成果奖 36 项，有 3 家企业被评为潍坊市开发档案信息资源十佳单位。

第四节 农业农村档案工作

1995 年始，开展村级建档工作。首先在田柳镇进行试点，当年该镇 33 个行政村的档案工作全部达到规范化管理要求。在试点基础上，市档案局先后制定《寿光市农村建档实施方案》《寿光市行政村档案管理暂行办法》《寿光市村级建档指南》，利用 3 年时间，分期分批组织 33 个乡（镇）、970 个行政村全面完成村级建档工作，共建立文书、会计、科技、村民、音像等 8 个门类的档案 36.6 万卷，在潍坊市率先提前完成村级建档工作任务，寿光市先后被授予全省农业农村档案工作先进单位、潍坊市农村档案工作先进市等称号，有63个行政村、11个乡（镇）先后被评为潍坊市村级建档先进村、先进乡（镇）。1999年，实施全市土地延包档案和村委换届选举2项重大活动的档案建档工作，共整理档案1.9万卷。2003年始，组织实施一年一度的农村档案指导工作，其中2004年4—7月集中开展的农村建档工作共指导立卷15.6万卷。2005年10月，市档案局参加在西安召开的全国农业和农村档案工作联系单位经验交流会议，并作为全国农业和农村档案工作联系单位在会上发言。2008年10月，山东省农业和农村档案工作联系单位座谈会在寿光市召开。2009年，国家档案局启动社会主义新农村建设档案工作示范县创建活动，寿光市被省档案局确定为首批创建县市。2009年、2010年，开展以影像、图片、文字为主要形式的城乡记忆工程，共拍摄照片1.7万张，形成文字材料4.5万字，并纳入市档案馆数据库管理。

第五节 档案宣传和编研

档案宣传 1991年始，每年9月5日前后，开展多形式宣传活动，分管档案工作的县级领导每年都在《寿光日报》发表署名文章或电视讲话。1995年6月，与寿光日报社、中国银行寿光支行联合举办以宣传《中华人民共和国档案法》为主要内容的有奖征文活动。1996年9月，在寿光电视台播放《新中国的档案事业》，时间75分钟。2000年8月，与市普法办公室联合对235名副科级以上领导干部进行《中华人民共和国档案法》《山东省档案条例》学习、辅导、考试。2001年，与市电信局、寿光日报社共同举办档案法规知识有奖答题活动。2002年，向全市21个乡（镇、街道）和市直100多个机关、企事业单位主要负责人发放征求意见信，征求对档案工作和法制建设的意见和建议。2003年，与市规划局联合印制印有档案法律法规条文的板历，进行档案法规宣传。2004年，在渤海路进行档案法规宣传并摆放反映寿光发展变化的图片展览。2005年，与市劳动保险处联合举办纪念《中华人民共和国档案法》颁布18周年档案法规知识有奖问答，获奖结果在寿光日报上公布，参与者427人，获奖17人。2007年，《寿光日报》选登市档案局编辑的《寿光历史上的今天》，引起社会关注。同年9月，与《潍坊晚报》合办历史回眸栏目，先后发表史料文章9篇。2009年10月，市档案馆建馆50周年纪念日，《寿光日报》刊发市委副书记、组织部长杨建华的《风雨兼程50载，宏图再谱新篇章》署名文章和《寿光市档案馆50年发展历程》，进行档案工作和档案法制建设宣传。

1991—2010年，在《中国档案报》《中国档案》《山东档案》《寿光日报》等报刊和各级电台、电视台进行宣传报道529篇次。

档案编研 1991—2010年，先后编辑出版《寿光之光》《黎明前的黑暗》《兰台之声》《文书处理与档案管理》《基层档案工作指南》《东西南北寿光人》《寿光市档案馆指南》《寿光历史上的今天》，编辑《兰台纵横征文汇编》《档案利用典型实例汇编》《寿光市历次党代会简介》《寿光市历届人代会简介》等书籍、资料21册，共482万字。

第六节 档案教育与学术研究

1991—2007年，共举办档案业务岗位培训班7期，对595名基层单位的档案专（兼）职人员进行档案业务课程的培训。2004年、2005年，连续2年与市农村经济管理局联合对村级文书进行档案管理知识培训。1993—

2007年，组织省委党校档案专业干部业余专科班、本科班的招生工作，共有33人参加学习。1997年、2002年，先后开展2次档案学术研讨活动，进行论文研讨交流。组织“对外联络信息库建设与开发研究”“蔬菜产业化档案模式研究”2个科研课题。其中“对外联络信息库建设与开发研究”课题获潍坊市社会科学优秀成果二等奖；“蔬菜产业化档案模式研究”课题列入国家档案局科技项目计划。1997—2008年，先后获山东省档案学优秀成果奖18项。2001—2007年，获潍坊市社会科学成果奖15项。至2010年，全市档案工作人员有1人晋升副研究馆员专业技术职务，32人晋升馆员专业技术职务，16人晋升助理馆员专业技术职务。4人被授予第五批、第六批寿光市专业技术拔尖人才称号。4人被市委组织部、市人事局、市科委联合授予跨世纪科技人才称号。

第十章　对台工作

第一节 管理机构

1991年，县委对台工作办公室，副科级行政单位，为县委工作部门。1993年12月，机构改革，撤销市委对台工作办公室，职能划归市委统战部。1995年9月，恢复中共寿光市委台湾工作办公室，为正科级行政机构，挂寿光市人民政府台湾事务办公室牌子，与中共寿光市委统战部合署办公，不增加人员编制。2001年12月，党政机构改革，市委台湾工作办公室挂靠市委统战部，加挂寿光市人民政府台湾事务办公室牌子。2004年8月，市委台湾工作办公室从市委统战部析出，独立办公，仍挂寿光市人民政府台湾事务办公室牌子，为正科级行政单位，定编4人，领导职数2人。

第二节 台胞与台属工作

1991—1994年，在寿光暂居台胞1人。1995年，定居台胞1人、暂居台胞1人、涉台婚姻1对。2000年，全市定居台胞4人、暂住台胞10人，涉台婚姻2对。之后，随着台资企业和台属企业在寿光投资，每年都有台湾人在寿光市定居或暂居，至2010年年底，全市有定居台胞23人、暂住台胞393人、涉台婚姻2对。

接待服务　1991年始，以促进祖国和平统一为目的，对回乡台胞以诚相待，力所能及的搞好接待和解决困难。1992年7月，台湾“国立政治大学新闻研究所”教授、“中华齐鲁文教协会”理事李瞻，“中兴大学植物系”教授李春序一行3人，到家乡寿光考察探亲。至1995年，共接待台湾工商界、文教卫生界、退伍老兵等多方面到寿光探亲、旅游和洽谈项目的台胞约1000余人次，出车接送台胞100多次，购买车票、机票50多张，接待在政治上、经济上有影响的台胞7人。1996—2000年，共接待到寿光探亲、旅游、洽谈项目的台胞400多人次，其中工商界人士180多人次，调解台胞台属家庭矛盾7起。

2001—2010年，把党的对台方针政策和招商引资工作结合起来，广泛团结全市台胞台属，坚决反对“台独”分裂活动，每年通过组织台胞台属春节、仲秋茶话会，向岛内寿光籍台胞邮寄贺年卡和春节慰问信等形式，联络感情，吸引台资到寿光投资发展。至2010年，共接待和参与接待来自台湾岛内及海外台胞1200多人次，其中2010年接待各类考察团组20余个、300多人次。

公益慈善　1995年始，台属田长伟献爱心助学，至2010年共资助26名学生读完小学、初中、高中、大学。台胞杨毓怀为孙家集镇宅科村捐款3万元，资助小学校舍改造。台北曹仲植基金会与市残疾人联合会合作，为寿光残疾人捐赠轮椅，至2010年共捐赠1338辆，折合人民币45万余元。1998年始，台胞陈树生每年为现代中学捐款1.6万元，至2010年累计捐款17余万元。2002年，台胞李瞻为潍坊科技学院捐赠300多本图书资料，并每年出资1万元设立李瞻优秀贫困生奖学金，奖励10名品学兼优的优秀大学生。2003年，台胞李宗正捐款20万元在纪台镇设立奖学金，至2010年共资助30名优秀学生。2005年，台胞组永熙、组永光投资30万元，在其家乡古城街道组家村建立组家村文化中心。2005—2010年，台商刘竹承共资助寿光一中、现代中学、寿光二中贫困生10人，计15余万元。2008年，在汶川抗震救灾活动中，全市台资台属企业和台属踊跃捐款，共计捐款近30万元。至2010年，台胞台属为全市各项公益事业捐款共计500多万元。

第三节　台资与台属企业

1991年始，采取发邀请函、发电报和传真、打电话、发动“三胞”（港澳同胞、台湾同胞、海外侨胞）眷属向海外亲人写一封信等多种形式，为“三引进”（引资、引智、引进项目）牵线搭桥。至1995年，全市引进利用台资项目10个，合同利用台资700万美元，实际利用台资380万美元，其中1995年全市新批台资项目3个、合同台资额1300万美元。2001年，全市台资、台属企业分别达到10家、4家。2008年1月，台属张有良被山东省台办、台联会授予山东省优秀台属企业家称号。当年，全市台资台属企业达到24家。至2010年，全市共有台资企业19家、台属企业20多家，实现工业总产值39.5亿元。

第四节　经贸文化交流

1991年始，每年三胞联谊会、潍坊鲁台经贸洽谈会期间，邀请台胞洽谈投资。至1995年，共签订合同利用台资、外资额2000万美元；签订协议20项，协议利用台资、外资额6000万美元，成交额100万美元。1996—2000年，共邀请到寿光考察的台商210多人次，应邀赴台团组1批3人。2006年4月，海峡两岸农业交流协会与台湾省农

第七届中国（寿光）国际蔬菜科技博览会首次设立台湾农产品展销区（2006年4月摄）

会首次合作，在第七届中国（寿光）国际蔬菜科技博览会上首次设立台湾农产品展销区，也是台湾蔬菜首次在大陆展销。当年共设展位 88 个，展品包括台湾水果、种子、种苗、肥料及农业科技等。2007 年 4 月，举办海峡两岸《齐民要术》与新农村建设研讨会，台湾 10 余位专家、学者参会。2008 年 10—11 月，应“台湾新生代阳光艺术工作坊”的邀请，寿光少林武术院少林功夫表演团一行 9 人，首次赴台湾进行武术文化交流。2009 年 4 月，举办鲁台农民合作创业交流周活动，国台办、海协会、山东省台办有关领导和 10 名台湾农业专家、学者，11 名台湾农业企业家，40 名台湾菜农、果农、花农等种植业带头户参加活动。当年，全市赴台团组共 4 个 34 人，接待台湾洽谈项目客商 209 人。2010 年 9 月，由省农业厅、潍坊市政府主办，寿光市政府、潍坊市农业局承办的海峡两岸精致农业合作洽谈会在寿光市召开，参会的海峡两岸客商在蔬菜、新型光源、花卉、种子、生态农业观光休闲等领域进行洽谈与交流。同年，全市赴台团组共 3 个 24 人。

第十一章 党史研究

第一节 管理机构

1991 年，设有中共寿光县党史资料征集委员会。1993 年 11 月，撤销市党史资料征集委员会，党史业务工作并入市档案馆。1995 年 9 月，成立市委办公室党史科，股级规格。1997 年 5 月，撤销党史科，恢复成立中共寿光市委党史研究室，为正科级事业单位，隶属于市委办公室。2002 年，党史研究室内设办公室、编研科，至 2010 年未变动。

第二节 征集与编辑

征集　1991—2010 年，先后到北京、辽宁等省、市采访寿光籍老党员、老干部，整理编写回忆录 165 篇 28 万字。通过信函征集党史资料，收到回忆录 60 余篇。召开老干部座谈会 20 余场次，笔录 10 余万字。先后到上海、大连等档案馆查抄、复印档案资料 486 件 126 万字。其中，2006 年到陈少敏（1902—1977 年，孙家集街道人，革命家）工作过的河南、湖北等地，收集整理陈少敏的有关史料。2008 年赴上海、安徽采访原八支队老战士马法贤、闫娟，征集整理八支队有关资料。2010 年，征集整理党和国家领导人到寿光视察的有关资料，采访当事人 30 余人，收集文字资料 20 万字、图片 300 余幅。

编辑　1991 年始，先后编辑出版《寿光党史资料》（第三辑）、《寿光风云》《中共寿光县党史大事记（1949—2001）》等党史刊物，总计 120 余万字。1997 年，编辑出版《中共寿光史简编（1924—1949）》，计 12 万字。1998 年，编辑出版《中共寿光市组织史资料

(1987—1997)》。2000年，编辑出版《中共山东党史人物辞典——寿光市入典人物》，计30万字。2002年，编辑出版《中国共产党寿光市历史大事记(1949—2001)》，计60万字。至2010年，编辑出版《中国共产党寿光市历史资料》共17期，计850万字。

第三节 研究与利用

研究 1991年始，先后开展中共寿光地执委建立、牛头镇抗日武装起义、陈毅担架连的足迹等33个专题研究，为20余名老党员证实入党时间，为8名被错杀人员恢复名誉，为100余名在县内外工作的老干部证实参加工作时间。2006年，开展抗战时期人口伤亡和财产损失课题调研，掌握寿光抗战时期人口伤亡和财产损失情况。2010年，开展寿光市革命遗址普查课题调研，征集整理文字资料6万余字、声像资料100分钟、照片180幅，掌握寿光革命遗址保存现状。

利用 1991—2010年，先后为《潍原战火》《潍武沧桑》《潍民丰碑》等书籍编写撰稿21篇6万余字；为《全国百强县改革开放纪实》撰稿6篇3万余字；为省委党史研究室编写《中共山东党史人物辞典》，征集整理80名寿光籍入典人物资料4万字；为中央党史研究室和省委党史研究室编写《人民英雄大典》，撰稿14篇。先后在《山东党史信息》《潍坊日报》《寿光日报》发表纪念文章、党史人物传、评论员文章、党史知识问答等50多篇20余万字，其中《寿光市农业产业化的实践和探索》获山东省党史系统纪念党的十一届三中全会20周年理论研讨会优秀论文奖，《党的历史发展与党史研究——关于党史工作的若干理论思考》入选国家《理论科学》纪念邓小平南方谈话10周年专辑。先后制作《峥嵘岁月》音像片1部，寿光市电视台播放2次。与寿光电视台联合制作的《光辉的历程》电视记录片和与《寿光日报》合办的《寿光百年》栏目，均获山东省党史系统优秀成果三等奖。与寿光电视台联合录制《无法忘却的记忆》等电视片12部。先后举行百名老党员话党史等党史报告会70多场次，受教育者5万余人。

第十二章 党校教育

第一节 管理机构

1992年，县委党校为中专体制，按副县级配备领导班子。1995年，学校编制36人，实有教职工35人。可同时容纳750人上课、400人食宿。

寿光市委党校外景（2006年12月摄）

2006年3月，投资5000万元新建市委党校，位于建桥路与新兴街交叉路口西南侧，占地50亩，总建筑面积1.6万平方米。2007年始，配备各种信息化设备270多台（件）。2009年，设立党建教研室。与市纪委联合设立全国首家农村基层党风廉政建设研究会。2010年，党校内设办公室、教务处、教研室、培训处、业教信息处、总务处共6个副科级处（室）。学校编制38人，实有教职工38人。聘任专职教师30人，其中高级讲师8人。

第二节 干部培训

1991—1995年，市（县）委党校按照《干部教育培训工作条例》的要求，共举办各类培训班61期，培训党员干部1.9万人次，其中副科级干部进修班15期，培训学员2042人。举办农村基层组织负责人培训班21期，1.3万余人参训。1996—2000年，先后举办领导干部进修班、青年干部培训班、纪委书记培训班、农村党支部书记与村主任轮训班、信访骨干培训班、理论宣传骨干培训班等各类培训班50期，培训学员1万余人。2001—2005年，举办各类培训班53期，培训学员8292人，其中举办科级干部培训班11期，培训干部559人。组织业务能力强的党校教师承担读书月活动、保持共产党员先进性教育活动等各种宣讲活动，共宣讲124场次，2.1万人参加。2009年，建成党校网站和电子图书室，每年上网信息200多条，干部培训实现课件教学、网上交流、信息互动、资源共享，形成适应干部教育需要的现代化网络教学体系。2006—2010年，共举办各类领导干部培训班42期，培训8525人次，学员满意率98%以上。开展大型宣讲212场次，4万余人参加。

第三节 社会培训

1991—1995年，坚持专业、务实、合作、共赢的原则，发挥蔬菜之乡品牌优势和党校设施、师资优势，立足寿光、服务全国，共开展外省、潍坊市农业技术、工业生产等方面的培训89期，3300人参训。1996—2000年，先后接待黑龙江等15个省（市、自治区）126个班次（团队）的6449人到寿光考察和培训。省内的乳山等近10个县（市）委党校，先后到市委党校举办领导干部培训班和农村党支部书记培训班。2001—2005年，先后承接10多个省（市、自治区）党校等部门2315人次的培训。2006—2010年，培训涉及20多个省（市、自治区），共接待全国各地各类培训班次和参观团队214个，培训各类干部和技术人员9197人次。

第四节 业余函授

1984年始，拓宽办学渠道，开展业余教育和函授教育，至2000年，先后开设经济管理、法律等专业的专科、本科班学历教育，共有1435人获专科学历、535人获本科学历。2001—2005年，业余函授教育共招生1440人，毕业1087人，其中本科611人、专科476人。有2名教师获省委党校业教优秀教学奖，其中2004年市委党校在省委党校业教学院召开的经验交流会上作典型发言。2006—2010年，共招生1011人，毕业1424人，其中本科640人、专科784人。2007年，率先在全省党校系统实现电子备课，潍坊市委党校在全潍坊市推广寿光党校经验。2008年，与山东师范大学MPA教育中心联合举办在职攻读MPA学位班，招生12人。2009年、2010年，分别与山东农业大学和山东财政学院联合开展研究生学历教育。至2010年，连续5年被省委党校评为业余函授教育教学管理先进学区。

第五节 教学科研

1991—1995年，共参与编定省、潍坊市级党校教材和论著7部，获省优秀论文6篇。1996—2000年，先后有21篇文稿分别在《中国律师》《教育艺术》《中华社会科学文选》等国家级刊物发表，有3篇文稿在全国党建理论研讨会和社会主义精神文明建设与知识经济研讨会上分获一等奖、二等奖，有16篇文稿被《理论学刊》《长白学刊》《山东党校通讯》等省级刊物采用。2000年，有1名教师获全省优秀教学奖，有5名教师获潍坊市优秀教学奖。2001—2004年，潍坊市党校系统教学观摩竞赛中，市委党校连获一等奖，有1人获优秀教学奖。2001—2005年，共撰写调查报告和理论文章72篇，其中国家级刊物发表7篇；有5项研究成果通过省级鉴定；有7人获全省党校系统优秀教学奖，2人获全省党校系统优秀班主任，2人获全省党校系统优秀教师和先进后勤工作者。2006—2010年，在国家刊物发表文稿28篇、省级37篇，有51篇文稿在潍坊市级以上理论研讨会上获奖，有36篇文稿被评为潍坊市社会科学优秀成果和潍坊市党校系统社会科学优秀成果。2006年、2010年，市委党校分别获全省党校系统科研工作组织奖，2007年、2009年，分获全省先进党校称号。

第十三章 市直机关党建

第一节 管理机构

1995年11月，市委在原市直机关党委的基础上组建党工委，成立中共寿光市委直属机关工作委员会，下辖8个党总支、87个党支部。2001年12月，市直机关武装部并入后，成立中共寿光市委市直机关工作委员会（简称市直机关党工委）。2010年，市直机关党工委内设2个科室，工作人员8人。下辖14个党委、15个党总支、189个党支部，拥有党员4359人。

第二节 组织建设

班子建设 1991年始，对因工作调动造成班子成员缺额的单位，及时进行增补和调整；对新建单位，帮助建立党组织；对基层党组织设置不合理的单位，坚持利于工作、便于活动的原则，及时进行调整。1995年，市直机关党工委共有8个党总支、87个党支部，党员1860人。其中新建党总支7个、党支部19个，调整增补班子成员286人，基层党组织班子健全率100%。1999年上半年，对到届的10个党总支、85个党支部进行换届，选出班子成员315人，其中女成员占15.2%，45岁以下中青年占80%，具有大中专文化程度的占74.6%。共撤并党支部9个，调整增补班子成员235人。2000年，市直机关党工委共有3个党委、5个党总支、135个党支部，党员2325人。2002年1月，市委对市直部分党组织隶属关系进行调整。同年3—5月，集中对到届的7个党委、23个党总支、182个党支部进行换届选举。2005年，市直机关党工委共有9个党委、21个党总支、214个党支部，党员4198人。其中，新建党委2个、党总支3个、党支部19个，撤并党支部9个。2006年始，先后新建5个党委、1个党总支及11个党支部；撤并党支部36个。2008年，对到届的党委、党总支、党支部集中进行换届，班子健全率100%。

发展党员 1991年始，按照坚持标准、保证质量、改善结构、慎重发展的方针和入党自愿、个别吸收原则，注重改善党员队伍的年龄、文化和分布结构。至1995年，共培训入党积极分子948人、党员发展对象566人，发展党员368人。1999年，实行发展党员工作失误追究制度和发展党员公示制度，实现发展党员工作规范化、程序化。2001—2005年，共培训入党积极分子486人，发展党员375人，其中女党员占31.7%，35岁以下青年党员占84.6%，具有大中专文化程度的党员占82.3%。2006—2010年，共培训入党积极分子1147人，发展党员355人，其中女党员占31.7%，35岁以下青年党员占84.6%，具有大中专以上文化程度的党员占82.3%。

党员管理 1991年始，推行和完善机关党建工作各项制度和每月15日集中党日活动制度，做到人员、时间、内容三落实，提高组织生活质量。坚持一年一度民主评议党支部、民主评议党员制度和先进基层党组织、优秀党员评先树优制度，保持党员队伍的纯洁性和先进性。1994年始，先后建立和完善党员电化教育播放收看、学习讨论信息反馈、党组织议事规则及党内监督等一系列制度，机关党建工作逐步制度化、规范化。1995年，重点加强流动党员管理工作。对调进、调出3个月以上的党员坚持做到及时接转组织关系，办理流动党员证。1999年年底，在市劳动服务公司、人才交流服务中心和退伍军人安置办公室设立失业职工党支部、流动人员党支部和退伍军人党支部，制定落实党员教育管理意见，将流动党员及时纳入党组织管理。2005年，重点在生产、工作一线发展党员，特别在党员老化、妇女党员空白、5年以上未发展党员的村、企业中发展党员，改善党员队伍结构。2009年始，组织开展党员定期登记工作，至2010年，共为4000多名合格党员按程序进行登记，对不合格党员不予登记、取消党籍，党员队伍纯洁性和党员党性意识得到增强。

第三节 思想建设

1991—1995年，党员干部思想建设，一年一个活动主题。其中1992年和1994年组织3300名党员参加拒腐防变知识学习，组织党员干部参观潍坊市党风廉政展览，共收看党风、党纪教育电影和录像片20多部，收看人数4.8万人次。1996—2000年，先后开展以学习邓小平建设有中国特色社会主义理论和中国共产党章程为主要内容的“双学”活动，以党的基本路线、民主集中制、理想信念、革命传统、道德法制、集体主义、爱国主义教育为主要内容的社会主义思想教育活动，以讲学习、讲政治、讲正气为主要内容的党性党风教育活动。有2个基层党组织被潍坊市委评为先进基层党组织，1名党员被中共中央组织部评为全国优秀党务工作者，1名党员被省委评为优秀共产党员。2001年始，实施“三级联创”，创建基层满意市直部门。先后开展“三个代表”重要思想学习教育活动、解放思想干事创业读书月活动、保持共产党员先进性教育活动、机关作风建设年活动、党风廉政主题教育活动等。至2005年，有1名党员被省委评为优秀共产党员，7名党员被潍坊市委评为优秀共产党员。2006—2010年，先后开展经济软环境建设年集中教育活动、廉政文化进机关活动、学习实践科学发展观活动、创先争优争做圣城先锋活动等。创办《寿光机关党建工作信息交流》和《今日寿光》机关建设专栏，先后评选表彰共产党员先锋岗400余人，有64个党组织被市委评为先进基层党组织，159人被市委评为优秀党务工作者和优秀共产党员。

第十五编

地方权力机关

寿光市（县）地方国家权力机关是寿光市（县）人民代表大会。从1991年3月召开寿光县第十一届第二次人民代表大会，到2010年1月召开寿光市第十五届第四次人民代表大会，共召开21次人民代表大会。历届人民代表大会选举产生人民代表大会常务委员会，作为本级本届人民代表大会的常设机关，行使人民代表大会职权。

第一章 人大代表选举

第一节 第十二届人大代表选举

1992年11月26日，县第十一届人大常委会第二十次会议批准成立县人大换届选举委员会，下设办公室和县直机关选举工作指导组。各乡（镇）分别成立选举委员会，负责乡（镇）人大换届选举工作。寿光县第十二届人大代表名额为400人。

该次换届选举，全县共划分195个选区，依法确认选民69.5万人。提名推荐代表候选人2279人，是应选代表的5.7倍。在法定选举日（1992年12月27日）以无记名投票的方式选出正式代表398人，其中工人及农民代表247人（占62.1%）、干部代表90人（占22.6%）、知识分子代表61人（占15.3%）、妇女代表98人（占24.6%）、党员代表242人（占60.8%）。经审查，代表资格全部有效。

县十二届人大一次会议后，先后补选县人大代表35人。

第二节 第十三届人大代表选举

1997年11月7日，市第十二届人大常委会第三十七次会议批准成立市人大换届选举委员会，成员13人，下设办公室和市直机关选举工作指导组。寿光市第十三届人大代表名额为326人。

该次换届选举，全市共划分180个选区，依法确认选民71.4万人。提名推荐代表候选人1773人，是应选代表的5.5倍。在法定选举日（1997年12月26日）以无记名投票的方式选出正式代表322人，其中工人及农民代表185人（占57.5%）、干部代表89人（占27.6%）、知识分子代表48人（占14.9%）、妇女代表79人（占24.5%）、党员代表220人（占68.3%）。经审查，代表资格全部有效。

市十三届人大一次会议后，先后补选市人大代表48人。

第三节 第十四届人大代表选举

2002年11月14日，市第十三届人大常委会第三十七次会议批准成立市人大换届选举委员会，成员11人，下设办公室和市直机关选举工作指导组。市第十四届人大代表名额为320人。

该次换届选举，全市共划分170个选区，

依法确认选民75.6万人。提名推荐代表候选人1344人，是应选代表的4.3倍。在法定选举日（2002年12月22日）以无记名投票的方式选出正式代表315人，其中工人及农民代表202人（占64.1%）、干部代表68人（占21.6%）、知识分子代表45人（占14.3%）、妇女代表85人（占27%）、党员代表211人（占67%）。经审查，代表资格全部有效。

市十四届人大一次会议后，先后补选市人大代表22人。

第四节 第十五届人大代表选举

2007年9月26日，市第十四届人大常委会第三十六次会议批准成立市人大换届选举委员会，成员15人，下设办公室和镇（街道）、市直选举工作指导组。各镇分别成立选举委员会，负责镇人大换届选举工作。市第十五届人大代表名额为322人。

该次换届选举，全市共划分143个选区，依法确认选民78.4万人。提名推荐代表候选人872人，是应选代表的2.8倍。在法定选举日（2007年11月23日）以无记名投票的方式选出正式代表317人，其中工人及农民代表194人（占61.2%）、干部代表74人（占23.3%）、知识分子代表49人（占15.5%）、妇女代表80人（占25.2%）、党员代表212人（占66.9%）。经审查，代表资格全部有效。

第五节 乡（镇）人大代表选举

1992年10月，县、乡（镇）同时进行换届选举。当年年底，选出第十三届乡（镇）人大代表2409人。1993年1月，各乡（镇）先后召开第十三届乡（镇）人民代表大会，选举产生正、副乡（镇）长161人，乡（镇）人大主席团专职常务主席34人。

1995年12月，第十四届乡（镇）人大代表换届选举工作开始，1996年1月结束，这是《中华人民共和国地方各级人民代表大会和地方各级人民政府组织法》修改之后进行的首次选举，共选出乡（镇）人大代表1989人。全市34个乡（镇）先后召开第十四届乡（镇）人民代表大会，选举产生正、副乡（镇）长166人，乡（镇）人大主席、副主席69人。

1998年12月，第十五届乡（镇）人大代表换届选举工作开始，1999年1月结束，共选出乡（镇）人大代表1935人。全市34个乡（镇）先后召开第十五届乡（镇）人民代表大会，选举产生正、副乡（镇）长171人，乡（镇）人大主席、副主席68人。

2001年3月，有关乡（镇）撤并后，按照法律规定，召开乡（镇）人民代表大会，选举产生乡（镇）政府组成人员和乡（镇）人大主席、副主席。3个街道不再设立人民代表大会。12月，第十六届乡（镇）人大代表换届选举工作开始，2002年1月结束。共选出乡（镇）人大代表1268人。各乡（镇）先后召开第十六届乡（镇）人民代表大会，选举产生正、副乡（镇）长72人，乡（镇）人大主席、副主席38人。

2003年9月，部分乡（镇）撤并调整，全市共设15个乡（镇）人大，5个街道人大工作室。2005年7月，撤并乡（镇）后，全市共设11个镇人大，5个街道人大工作室。2007年8月，部分镇撤并调整，全市共设9个镇人大，5个街道人大工作室。

2007年9月，第十七届镇人大代表换届选举工作开始，12月结束。共选举产生镇人大代表750人，选举正、副镇长38人，选举镇人大主席、副主席18人。

第二章 人民代表大会

第一节 第十一届人民代表大会会议

第二次会议 1991年3月20—23日召开，与会代表385人，列席人员121人。大会主席团由59人组成，其中常务主席10人、秘书长1人。议案组4人。

会议听取和审议县长马金忠作的《政府工作报告》、县计划委员会主任杨光成作的《关于寿光县1990年国民经济和社会发展计划执行情况及1991年计划安排意见的报告》、县财政局局长田效忠作的《关于寿光县1990年财政决算和1991年财政预算（草案）的报告》、县人大常委会主任张本诚作的《寿光县人大常委会工作报告》、县法院院长杨德钧作的《寿光县人民法院工作报告》、县检察院检察长郝新阶作的《寿光县人民检察院工作报告》。会议审查批准这6个报告，并作出相应决议。

会议补选徐洪春为县人大常委会副主任，马良亭、王江、刘志杰、张家树、秦庆平为常委会委员。

第三次会议 1992年4月9—12日召开，与会代表388人，列席人员121人。大会主席团由58人组成，其中常务主席10人、秘书长1人。议案组3人。

会议听取和审议县长马金忠作的《政府工作报告》、县计划委员会主任杨光成作的《关于寿光县1991年国民经济和社会发展计划执行情况及1992年计划安排意见的报告》、县财政局局长田效忠作的《关于寿光县1991年财政决算和1992年财政预算（草案）的报告》、县人大常委会主任张本诚作的《寿光县人大常委会工作报告》、县法院院长杨德钧作的《寿光县人民法院工作报告》、县检察院检察长郝新阶作的《寿光县人民检察院工作报告》。会议审查批准这6个报告，并作出相应决议。

会议补选张尚敏、王焕新为县人大常委会副主任，姜绍华为县人民政府副县长。

第二节 第十二届人民代表大会会议

第一次会议 1993年2月10—13日召开，与会代表396人，列席人员114人。大会主席团由68人组成，其中常务主席14人、秘书长1人。议案审查委员会主任委员1人、副主任委员2人、委员3人。

会议听取和审议县长马金忠作的《政府工作报告》、县计划委员会主任徐守禄作的《关于寿光县1992年国民经济和社会发展计划执行情况及1993年计划安排意见的报告》、县财政局局长田效忠作的《关于寿光县1992年财政决算和1993年财政预算（草案）的报告》、县人大常委会主任张本诚作的《寿光县人大常委会工作报告》、县法院院长杨德钧作的《寿光县人民法院工作报告》、县检察院检察长郝新阶作的《寿光县人民检察院工作报告》。会议审查批准这6个报告，并作出相应决议。

会议选举产生由25人组成的寿光县第

十二届人大常委会，王天德当选为主任，齐来吉、楼华皋、徐洪春、于好光、杨克谦、田效忠为副主任，委员18人。选举鞠法昌为寿光县人民政府县长，蔺燕春、黄凤岩、王坤山、杨学荣、姜绍华、李春水为副县长。选举杨德钧为寿光县人民法院院长，郝新阶为寿光县人民检察院检察长。选举潍坊市第十二届人民代表大会代表69人。

第二次会议 1994年3月16—18日召开，与会代表388人，列席人员105人。大会主席团由64人组成，其中常务主席10人、秘书长1人。议案审查委员会主任委员1人、副主任委员2人、委员3人。

会议听取和审议市长鞠法昌作的《政府工作报告》、市计划委员会主任徐守禄作的《关于寿光市1993年国民经济和社会发展计划执行情况及1994年计划安排意见的报告》、市财政局局长杨学德作的《关于寿光市1993年财政决算和1994年财政预算（草案）的报告》、市人大常委会主任王天德作的《寿光市人大常委会工作报告》、市法院院长杨德钧作的《寿光市人民法院工作报告》、市检察院检察长郝新阶作的《寿光市人民检察院工作报告》。会议审查批准这6个报告，并作出相应决议。

第三次会议 1995年3月22—25日召开，与会代表390人，列席人员117人。大会主席团由64人组成，其中常务主席10人、秘书长1人。议案审查委员会主任委员1人、副主任委员2人、委员3人。

会议听取和审议市长鞠法昌作的《政府工作报告》、市计划委员会主任徐守禄作的《关于寿光市1994年国民经济和社会发展计划执行情况及1995年计划安排意见的报告》、市财政局局长杨学德作的《关于寿光市1994年财政决算和1995年财政预算（草案）的报告》、市人大常委会主任王天德作的《寿光市人大常委会工作报告》、市法院院长杨德钧作的《寿光市人民法院工作报告》、市检察院检察长郝新阶作的《寿光市人民检察院工作报告》。会议审查批准这6个报告，并作出相应决议。

会议补选王志珍、李友春、吴占堂、张伟洪、张泮学、侯文儒为市人大常委会委员。

第四次会议 1996年1月27—30日召开，与会代表396人，列席人员117人。大会主席团由73人组成，其中常务主席10人、秘书长1人。议案审查委员会主任委员1人、副主任委员2人、委员3人。

会议听取和审议代市长李群作的《关于寿光市国民经济和社会发展第九个五年计划及2010年远景目标纲要（草案）的报告》、市计划委员会主任徐守禄作的《关于寿光市1995年国民经济和社会发展计划执行情况与1996年计划（草案）的报告》、市财政局局长杨学德作的《关于寿光市1995年财政决算和1996年财政预算（草案）的报告》、市人大常委会主任王天德作的《寿光市人大常委会工作报告》、市法院院长杨德钧作的《寿光市人民法院工作报告》、市检察院检察长郝新阶作的《寿光市人民检察院工作报告》。会议审查批准这6个报告，并作出相应决议。

大会接受齐来吉、徐洪春辞去市人大常委会副主任职务的请求，接受杨德钧辞去市人民法院院长职务的请求。会议补选杨德钧、王吉顺为市人大常委会副主任，李群为市人民政府市长，袁荫杰为市人民法院院长。

第五次会议 1997年1月21—24日召开，与会代表387人，列席人员117人。大会主席团由73人组成，其中常务主席9人、秘书长1人。议案审查委员会主任委员1人、副主任委员2人、委员3人。

会议听取和审议代市长刘命信作的《政府工作报告》、市计划委员会主任徐守禄作的《关于寿光市1996年国民经济和社会发展计划执行情况及1997年计划安排意见的报告》、市财政局局长杨学德作的《关于寿光市1996年财政决算和1997年财政预算（草案）的报告》、市人大常委会主任王天德作的《寿光市人大常委会工作报告》、市法院院长袁荫杰作的《寿光市人民法院工作报告》、市检察院检察长郝新阶作的《寿光市人民检察院工作报告》。会议审查批准这6个报告，并作出相应决议。

会议补选刘命信为寿光市人民政府市长。

第三节 第十三届人民代表大会会议

第一次会议 1998年1月15—19日召开，与会代表318人，列席人员126人。大会主席团由65人组成，其中常务主席12人、秘书长1人。议案审查委员会主任委员1人、副主任委员2人、委员2人。

会议听取和审议代市长刘德成作的《政府工作报告》、市计划委员会主任徐守禄作的《关于寿光市1997年国民经济和社会发展计划执行情况及1998年国民经济和社会发展计划（草案）的报告》、市财政局局长杨学德作的《关于寿光市1997年财政决算和1998年财政预算（草案）的报告》、市人大常委会主任王天德作的《寿光市人大常委会工作报告》、市法院院长袁荫杰作的《寿光市人民法院工作报告》、市检察院检察长郝新阶作的《寿光市人民检察院工作报告》。会议审查批准这6个报告，并作出相应决议。

会议选举产生由27人组成的市第十三届人大常委会，王天德当选主任，李德丰、王坤山、杨德钧、王焕新、田效忠、王吉顺为副主任，委员20人。选举刘德成为市人民政府市长，杨学荣、姜绍华、肖庆周、王茂兴、杨德峰、高玉国为副市长。选举袁荫杰为市人民法院院长，刘勤为市人民检察院检察长。选举潍坊市第十三届人民代表大会代表63人。

第二次会议 1999年3月5—8日召开，与会代表310人，列席人员133人。大会主席团由69人组成，其中常务主席10人、秘书长1人。议案审查委员会主任委员1人、副主任委员2人、委员2人。

会议听取和审议市长刘德成作的《政府工作报告》、市计划委员会主任薛文山作的《关于寿光市1998年国民经济和社会发展计划执行情况与1999年国民经济和社会发展计划（草案）的报告》、市财政局局长杨学德作的《关于寿光市1998年财政决算和1999年财政预算（草案）的报告》、市人大常委会主任王天德作的《寿光市人大常委会工作报告》、市法院院长袁荫杰作的《寿光市人民法院工作报告》、市检察院检察长刘勤作的《寿光市人民检察院工作报告》。会议审查批准这6个报告，并作出相应决议。

第三次会议 2000年1月21—24日召开，与会代表317人，列席人员136人。大会主席团由71人组成，其中常务主席11人、秘书长1人。议案审查委员会主任委员1人、副主任委员2人、委员2人。

会议听取和审议市长刘德成作的《政府工作报告》、市计划委员会主任薛文山作的《关于寿光市1999年国民经济和社会发展计划执行情况及2000年国民经济和社会发展计划（草案）的报告》、市财政局局长杨学德作的《关于寿光市1999年财政决算和2000年财政预算（草案）的报告》、市人大常委会主任王天德作的《寿光市人大常委会工作报告》、市法院院长袁荫杰作的《寿光市人民法院工作报告》、市检察院检察长刘勤作的《寿光市人民检察院工作报告》。会议审查批准这6个报告，并作出相应决议。

会议补选王江、王宏志、李树兴为市人大常委会委员。

第四次会议 2001年3月3—6日召开，

与会代表 313 人，列席人员 134 人。大会主席团由 70 人组成，其中常务主席 12 人、秘书长 1 人。议案审查委员会主任委员 1 人、副主任委员 2 人、委员 2 人。

会议听取和审议代市长刘克强作的《政府工作报告》、市计划委员会主任薛文山作的《关于寿光市 2000 年国民经济和社会发展计划执行情况及 2001 年国民经济和社会发展计划（草案）的报告》、市财政局局长毛德荣作的《关于寿光市 2000 年财政决算和 2001 年财政预算（草案）的报告》、市人大常委会主任王天德作的《寿光市人大常委会工作报告》、市法院院长袁荫杰作的《寿光市人民法院工作报告》、市检察院检察长刘勤作的《寿光市人民检察院工作报告》。会议审查批准这 6 个报告，并作出相应决议。

会议接受王天德辞去市人大常委会主任职务的请求；接受李德丰、杨德钧、田效忠、王吉顺辞去副主任职务的请求。会议补选徐振溪为市人大常委会主任，黄凤岩、杨树木、杨学荣、张延明为副主任，张延安为委员。补选刘克强为市人民政府市长。

第五次会议 2002 年 2 月 22—25 日召开，与会代表 318 人，列席人员 151 人。大会主席团由 61 人组成，其中常务主席 9 人、秘书长 1 人。议案审查委员会主任委员 1 人、副主任委员 2 人、委员 2 人。

会议听取和审议市长刘克强作的《政府工作报告》、市发展计划局局长薛文山作的《关于寿光市 2001 年国民经济和社会发展计划执行情况与 2002 年国民经济和社会发展计划（草案）的报告》、市财政局局长毛德荣作的《关于寿光市 2001 年财政决算和 2002 年财政预算（草案）的报告》、市人大常委会副主任黄凤岩作的《寿光市人大常委会工作报告》、市法院院长袁荫杰作的《寿光市人民法院工作报告》、市检察院代检察长王春吉作的《寿光市人民检察院工作报告》。会议审查批准这 6 个报告，并作出相应决议。

会议补选王春吉为市人民检察院检察长。大会表彰 33 名市优秀人大代表。

第四节 第十四届人民代表大会会议

第一次会议 2003 年 1 月 14—17 日召开，与会代表 310 人，列席人员 176 人。大会主席团由 62 人组成，其中常务主席 18 人、秘书长 1 人。议案审查委员会主任委员 1 人、副主任委员 2 人、委员 2 人。

会议听取和审议代市长刘中会作的《政府工作报告》、市发展计划局局长柴寿增作的《关于寿光市 2002 年国民经济和社会发展计划执行情况与 2003 年国民经济和社会发展计划（草案）的报告》、市财政局局长毛德荣作的《关于寿光市 2002 年财政决算和 2003 年财政预算（草案）的报告》、市人大常委会副主任黄凤岩作的《寿光市人大常委会工作报告》、市法院代院长王春花作的《寿光市人民法院工作报告》、市检察院检察长王春吉作的《寿光市人民检察院工作报告》。会议审查批准这 6 个报告，并作出相应决议。

会议选举产生由 27 人组成的市第十四届人大常委会，徐振溪当选为主任，黄凤岩、杨树木、杨学荣、张焕然、袁荫杰、王家相、武恒祥、李广前、李昌武为副主任，委员 17 人。选举刘中会为市人民政府市长，王茂兴、刘建安、马金涛、王守全、王惠玲、张顺涛为副市长。选举王春花为市人民法院院长，王春吉为市人民检察院检察长。选举潍坊市第十四届人民代表大会代表 63 人。

第二次会议 2004 年 2 月 7—9 日召开，与会代表 310 人，列席人员 186 人。大会主席团由 53 人组成，其中常务主席 13 人、秘书长 1 人。议案审查委员会主任委员 1 人、副主任委员2人、委员2人。

会议听取和审议市长刘中会作的《政府工作报告》、市发展计划局局长刘全文作的《关于寿光市2003年国民经济和社会发展计划执行情况与2004年国民经济和社会发展计划（草案）的报告》、市财政局局长毛德荣作的《关于寿光市2003年财政决算和2004年财政预算（草案）的报告》、市人大常委会副主任黄凤岩作的《寿光市人大常委会工作报告》、市法院院长王春花作的《寿光市人民法院工作报告》、市检察院检察长王春吉作的《寿光市人民检察院工作报告》。会议审查批准这6个报告，并作出相应决议。

会议补选蔺燕春为市人大常委会副主任，李成章、金树亮、姜顺田、徐福贞为委员。

第三次会议 2005年2月25—27日召开，与会代表319人，列席人员193人。大会主席团由60人组成，其中常务主席15人、秘书长1人。议案审查委员会主任委员1人、副主任委员2人、委员2人。

会议听取和审议市长刘中会作的《政府工作报告》、市人大常委会代主任黄凤岩作的《寿光市人大常委会工作报告》、市法院院长王春花作的《寿光市人民法院工作报告》、市检察院检察长王春吉作的《寿光市人民检察院工作报告》。会议印发《关于寿光市2004年国民经济和社会发展计划执行情况与2005年国民经济和社会发展计划（草案）的报告》《关于寿光市2004年财政决算和2005年财政预算（草案）的报告》。会议审查批准这6个报告，并作出相应决议。

会议补选黄凤岩为市人大常委会主任，姜颖为委员。

第四次会议 2006年2月14—16日召开，与会代表317人，列席人员195人。大会主席团由58人组成，其中常务主席15人、秘书长1人。议案审查委员会主任委员1人、副主任委员2人、委员2人。

会议听取和审议市长刘中会作的《政府工作报告》、市人大常委会主任黄凤岩作的《寿光市人大常委会工作报告》、市法院院长王春花作的《寿光市人民法院工作报告》、市检察院检察长王春吉作的《寿光市人民检察院工作报告》。会议印发《关于寿光市2005年国民经济和社会发展计划执行情况与2006年计划（草案）的报告》《关于寿光市2005年财政决算和2006年财政预算（草案）的报告》。会议审查批准这6个报告，并作出相应决议。

会议接受杨树木、杨学荣、蔺燕春、袁荫杰、武恒祥辞去市人大常委会副主任职务的请求；补选陈金兰、李志强、李俊明、丁春桂为市人大常委会副主任，寇振彦为委员。

第五次会议 2007年1月24—27日召开，与会代表318人，列席人员197人。大会主席团由64人组成，其中常务主席11人、秘书长1人。议案审查委员会主任委员1人、副主任委员2人、委员2人。

会议听取和审议代市长孙明亮作的《政府工作报告》、市人大常委会主任黄凤岩作的《寿光市人大常委会工作报告》、市法院代院长杨维波作的《寿光市人民法院工作报告》、市检察院检察长王春吉作的《寿光市人民检察院工作报告》。会议印发《关于寿光市2006年国民经济和社会发展计划执行情况与2007年计划（草案）的报告》《关于寿光市2006年财政决算和2007年财政预算（草案）的报告》。会议审查批准这6个报告，并作出相应决议。

会议接受王家相辞去市人大常委会副主任职务的请求、方新启辞去市人民政府副市长职务的请求、刘中会辞去市人民政府市长职务的请求、王春花辞去市人民法院院长职务的请求。会议补选杨德峰、马金涛、王金彩为市人大常委会副主任；补选孙明亮为市人民政府市长，毛德荣为副市长，杨维波为市人民法院院长。

第五节 第十五届人民代表大会会议

第一次会议 2007年12月10—14日召开，与会代表315人，列席人员163人。大会主席团由64人组成，其中常务主席14人、秘书长1人。议案审查委员会主任委员1人、副主任委员2人、委员2人。

会议听取和审议市长孙明亮作的《政府工作报告》、市人大常委会主任黄凤岩作的《寿光市人大常委会工作报告》、市法院院长杨维波作的《寿光市人民法院工作报告》、市检察院检察长王春吉作的《寿光市人民检察院工作报告》。会议印发《关于寿光市2007年国民经济和社会发展计划执行情况与2008年计划（草案）的报告》《关于寿光市2007年财政决算和2008年财政预算（草案）的报告》。会议审查批准这6个报告，并作出相应决议。

会议选举产生由35人组成的市第十五届人民代表大会常务委员会，刘中会当选主任，杨德峰为第一副主任，陈金兰、王金彩、李广前、李昌武为副主任，委员29人。选举孙明亮为市人民政府市长，朱兰玺、王惠玲、李华刚、聂作坤、林立星、刘煜东为副市长，杨维波为市人民法院院长，王春吉为市人民检察院检察长。选举潍坊市第十五届人民代表大会代表60人。

第二次会议 2009年1月7—10日召开，与会代表310人，列席人员175人。大会主席团由58人组成，其中常务主席12人、秘书长1人。议案审查委员会主任委员1人、副主任委员2人、委员2人。

会议听取和审议市长孙明亮作的《政府工作报告》，市人大常委会党组书记、第一副主任杨德峰作的《寿光市人大常委会工作报告》，市法院代院长王光才作的《寿光市人民法院工作报告》，市检察院检察长王春吉作的《寿光市人民检察院工作报告》。会议印发《关于寿光市2008年国民经济和社会发展计划执行情况与2009年计划（草案）的报告》《关于寿光市2008年财政决算和2009年财政预算（草案）的报告》。会议审查批准这6个报告，并作出相应决议。

会议接受丁春桂、寇振彦辞去市第十五届人大常委会委员职务的请求，杨维波辞去市人民法院院长职务的请求。会议补选张俊奎、苗光盛、董强为市第十五届人大常委会委员，王光才为市人民法院院长。

第三次会议 2009年7月8—9日召开，与会代表308人。大会主席团由59人组成，其中常务主席11人、秘书长1人。

会议听取和审议代市长朱兰玺作的《政府工作报告》、市法院院长王光才作的《寿光市人民法院2009年上半年工作报告》、市检察院检察长王春吉作的《寿光市人民检察院2009年上半年工作报告》。会议审查批准这3个报告，并作出相应决议。

会议接受孙明亮辞去市人民政府市长职务的请求。补选孙明亮为市第十五届人大常委会主任，朱兰玺为市人民政府市长。

第四次会议 2010年1月12—15日召开，与会代表310人，列席人员175人。大会主席团由60人组成，其中常务主席11人、秘书长1人。议案审查委员会主任委员1人、副主任委员2人、委员2人。

会议听取和审议市长朱兰玺作的《政府工作报告》、市人大常委会党组书记、第一副主任杨德峰作的《寿光市人大常委会工作报告》、市法院院长王光才作的《寿光市人民法院工作报告》、市检察院检察长王春吉作的《寿光市人民检察院工作报告》。会议印发《关于寿光市2009年国民经济和社会发展计划执行情况与2010年计划（草案）的报告》《关于寿光市2009年财政决算和2010年财政预算（草案）的报告》。会议审查批准这6个报告，并作出相应决议。

寿光市第十五届人大第四次会议现场（2010年1月12日摄）

会议接受陈金兰辞去市人大常委会副主任职务的请求。补选房师平为市人大常委会副主任，张春然、苗光彬为委员。

第三章 人大常委会

第一节 领导成员

1991—2010年，市（县）人大常委会历经5届，即第十一、十二、十三、十四、十五届。张本诚、王天德、徐振溪、黄凤岩、刘中会、孙明亮先后担任市（县）人大常委会主任。

1991—2010年寿光市（县）人大常委会领导成员任职表

表15-3-1

届别	职务	姓名	籍贯	任职时间
第十一届人大常委会（ —1993.02）	主任	张本诚	山东寿光	—1993.02
	党组书记	张本诚	山东寿光	—1993.02
	党组副书记	齐来吉	山东青州	—1993.02
	副主任	齐来吉	山东青州	—1993.02

续表 15-3-1

届别	职务	姓名	籍贯	任职时间
第十一届人大常委会（　—1993.02）	副主任	楼华皋	浙江义乌	—1993.02
		张德香	山东寿光	—1993.02
		王树彬	山东寿光	—1993.02
		王修武	山东寿光	—1993.02
		徐洪春	山东寿光	1991.03—1993.02
		张尚敏	山东寿光	1992.04—1993.02
		王焕新	山东寿光	1992.04—1993.02
第十二届人大常委会（1993.02—1998.01）	主任	王天德	山东寿光	1993.02—1998.01
	党组书记	王天德	山东寿光	1993.02—1998.01
	党组副书记	齐来吉	山东青州	1993.02—1996.01
		杨德钧	山东寿光	1996.01—1998.01
	副主任	齐来吉	山东青州	1993.02—1996.01
		楼华皋	浙江义乌	1993.02—1998.01
		徐洪春	山东寿光	1993.02—1996.01
		于好光	山东青州	1993.02—1998.01
		杨克谦	山东寿光	1993.02—1998.01
		田效忠	山东寿光	1993.02—1998.01
		杨德钧	山东寿光	1996.01—1998.01
		王吉顺	山东寿光	1996.01—1998.01
第十三届人大常委会（1998.01—2003.01）	主任	王天德	山东寿光	1998.01—2001.03
		徐振溪	山东昌乐	2001.03—2003.01
	党组书记	王天德	山东寿光	1998.01—2001.03
		李德丰	山东寿光	1998.01—2001.03
		黄凤岩	河北饶阳	2001.03—2003.01
	党组副书记	王坤山	山东寿光	1998.01—2003.01
		杨德钧	山东寿光	1998.01—2001.03
		杨树木	山东寿光	2001.03—2003.02
		杨学荣	山东寿光	2001.03—2003.02
	副主任	李德丰	山东寿光	1998.01—2001.03
		王坤山	山东寿光	1998.01—2003.01
		杨德钧	山东寿光	1998.01—2001.03

续表 15-3-1

届 别	职 务	姓 名	籍 贯	任职时间
第十三届人大常委会（1998.01—2003.01）	副主任	王焕新	山东寿光	1998.01—2003.01
第十三届人大常委会（1998.01—2003.01）	副主任	田效忠	山东寿光	1998.01—2001.03
第十三届人大常委会（1998.01—2003.01）	副主任	王吉顺	山东寿光	1998.01—2001.03
第十三届人大常委会（1998.01—2003.01）	副主任	黄凤岩	河北饶阳	2001.03—2003.01
第十三届人大常委会（1998.01—2003.01）	副主任	杨树木	山东寿光	2001.03—2003.01
第十三届人大常委会（1998.01—2003.01）	副主任	杨学荣	山东寿光	2001.03—2003.01
第十三届人大常委会（1998.01—2003.01）	副主任	张延明	山东寿光	2001.03—2003.01
第十四届人大常委会（2003.01—2007.12）	主任	徐振溪	山东昌乐	2003.01—2005.02
第十四届人大常委会（2003.01—2007.12）	主任	黄凤岩	河北饶阳	2005.02—2007.12
第十四届人大常委会（2003.01—2007.12）	党组书记	黄凤岩	河北饶阳	2003.01—2007.12
第十四届人大常委会（2003.01—2007.12）	党组书记	杨德峰	山东寿光	2006.12—2007.12
第十四届人大常委会（2003.01—2007.12）	党组副书记	杨树木	山东寿光	2003.01—2006.02
第十四届人大常委会（2003.01—2007.12）	党组副书记	杨学荣	山东寿光	2003.01—2006.02
第十四届人大常委会（2003.01—2007.12）	党组副书记	蔺燕春	山东寿光	2004.02—2006.02
第十四届人大常委会（2003.01—2007.12）	党组副书记	张焕然	山东寿光	2006.02—2007.12
第十四届人大常委会（2003.01—2007.12）	党组副书记	王家相	山东寿光	2006.02—2007.01
第十四届人大常委会（2003.01—2007.12）	党组副书记	陈金兰	山东寿光	2006.02—2007.12
第十四届人大常委会（2003.01—2007.12）	党组副书记	马金涛	山东寿光	2007.01—2007.12
第十四届人大常委会（2003.01—2007.12）	党组副书记	王金彩	山东寿光	2007.01—2007.12
第十四届人大常委会（2003.01—2007.12）	副主任	黄凤岩	河北饶阳	2003.01—2005.02
第十四届人大常委会（2003.01—2007.12）	副主任	杨树木	山东寿光	2003.01—2006.02
第十四届人大常委会（2003.01—2007.12）	副主任	杨学荣	山东寿光	2003.01—2006.02
第十四届人大常委会（2003.01—2007.12）	副主任	张焕然	山东寿光	2003.01—2007.12
第十四届人大常委会（2003.01—2007.12）	副主任	袁荫杰	山东寒亭	2003.01—2006.02
第十四届人大常委会（2003.01—2007.12）	副主任	王家相	山东寿光	2003.01—2007.01
第十四届人大常委会（2003.01—2007.12）	副主任	武恒祥	山东寿光	2003.01—2006.02
第十四届人大常委会（2003.01—2007.12）	副主任	李广前	安徽灵璧	2003.01—2007.12
第十四届人大常委会（2003.01—2007.12）	副主任	李昌武	山东寿光	2003.01—2007.12
第十四届人大常委会（2003.01—2007.12）	副主任	蔺燕春	山东寿光	2004.02—2006.02
第十四届人大常委会（2003.01—2007.12）	副主任	陈金兰	山东寿光	2006.02—2007.12
第十四届人大常委会（2003.01—2007.12）	副主任	李志强	山东寿光	2006.02—2007.12

续表 15-3-1

届别	职务	姓名	籍贯	任职时间
第十四届人大常委会（2003.01—2007.12）	副主任	李俊明	山东寿光	2006.02—2007.12
		丁春桂	山东寿光	2006.02—2007.12
		杨德峰	山东寿光	2007.02—2007.12
		马金涛	山东寿光	2007.02—2007.12
		王金彩	山东寿光	2007.02—2007.12
第十五届人大常委会（2007.12— ）	主任	刘中会	山东青州	2007.12—2009.02
		孙明亮	山东高密	2009.07—
	党组书记	杨德峰	山东寿光	2006.12—
	党组副书记	陈金兰	山东寿光	2007.12—2010.01
		马金涛	山东寿光	2007.12—
		王金彩	山东寿光	2007.12—
		李广前	安徽灵璧	2010.02—
		李志强	山东寿光	2010.02—
		李俊明	山东寿光	2010.02—
	第一副主任	杨德峰	山东寿光	2007.12—
	副主任	陈金兰	山东寿光	2007.12—2010.01
		王金彩	山东寿光	2007.12—
		李广前	安徽灵璧	2007.12—
		李昌武	山东寿光	2007.12—
		房师平	山东寿光	2010.01—

第二节 机 构

1991年4月，县十一届人大常委会第八次会议决定撤销办公室下设的人事代表科，增设人事代表工作委员会；常委会办事机构由原来的“一室四委”改为“一室五委”，即办公室、人事代表工作委员会、法制工作委员会、农村经济工作委员会、财经工作委员会、教科文卫工作委员会。1997年7月，设立市人大常委会调查研究室、人事代表工作室、城建环保工作委员会，均为正科级行政单位。同时，撤销人事代表工作委员会。2004年1月，市人大常委会办公室增设老干部管理办公室，规格为副科级事业单位；同时撤销市人大常委会办公室老干部管理科。2006年6月，增设市人大常委会信访工作室，正科级规格。2009年10月，市人大常委会老干部管理办公室升格为正科级事业单位。

第三节 人大常委会会议

第十一届人大常委会 1991年召开第6次至第12次会议。听取审议关于春节物资供应准备、社会治安综合治理、贯彻实施环保法、贯彻实施水法、1991年上半年财政预算执行、1991年上半年国民经济与社会发展计划执行、开展质量品种效益年活动等工作情况汇报。听取县十一届人大二次会议筹备工作情况的汇报和代表资格审查委员会关于补选代表的代表资格审查报告，听取县人大常委会农工委、教工委、财工委、法工委对相关议题的调查报告。作出关于召开县十一届人大二次会议、贯彻执行《潍坊市乡（镇）人民代表大会主席团工作试行办法》、补选县十一届人大代表、实施《寿光县社会治安综合治理五年规划》、贯彻实施标准化法、捐资修建清代名医李莪华先生纪念厅和塑像等工作的决定或决议。拟定县十一届人大二次会议议程、日程、主席团和秘书长名单（草案），决定列席会议人员名单，接受刘兴明辞去县十一届人大常委会委员职务的请求，通过县人大常委会在县十一届人大二次会议上的工作报告和县人大常委会1991年工作要点。听取评议县教育局、审计局、物价局主要负责人的述职报告，补选潍坊市第十一届人大代表。作出关于建议罢免桑福云寿光县十一届人大代表资格的决定。听取县委组织部、县人事局对被任命人员的情况介绍。决定人事任免事项。

1992年2月—1993年2月召开第13次至第23次会议。听取审议关于贯彻落实第二个五年普法规划、贯彻实施《中华人民共和国全民所有制工业企业法》、贯彻实施文化市场管理条例等工作情况汇报。听取人大常委会法工委等工作委对相关议题的调查报告和代表资格审查委员会关于补选代表的代表资格审查报告。听取县乡两级人民代表大会换届选举工作情况的汇报和县十二届人大一次会议召开日期的说明。作出关于召开县十一届人大第三次会议、视察《山东省农民负担管理条例》贯彻执行情况、贯彻实施《中华人民共和国全国人民代表大会和地方各级人民代表大会代表法》、批准《寿光县实施九年义务教育的具体意见》、寿光县第十二届人民代表大会第一次会议召开日期等工作的决定或决议。拟定县十一届人大三次会议议程（草案），县十二届人大一次会议议程、日程、主席团和秘书长名单、主席团常务主席名单、议案审查委员会和预算审查委员会组成人员名单（草案），决定会议列席人员名单。议定县人大常委会在县十一届人大三次会议上的工作报告、在县十二届人大一次会议上的工作报告。通过1992年县人大常委会工作要点，县十二届人大一次会议筹备工作方案、报告、代表资格审查报告。决定人事任免事项。

第十二届人大常委会 1993年3—12月召开第1次至第7次会议。审议通过县十二届人大常委会代表资格审查委员会组成人员名单、县人大常委会1993年工作计划、关于批准《寿光县城镇住房制度改革实施方案》、贯彻实施国务院《农民承担费用和劳务管理条例》等工作情况的汇报。作出关于批准《寿北绿色工程规划实施方案》、维护农民利益切实减轻农民负担、撤销寿光县设立寿光市有关问题、城市道路名称等工作的决定或决议。修订《寿光县人大常委会议事规则》《寿光县人大常委会主任会议议事规则》，通过人大常委会人事任免办法和联系人大代表办法、《关于加强对所作决议决定和审议意见落实情况的检查监督办法》，听取人大常委会法工委、农工委、财工委对相关议题的调查报告。决定人事任免事项。

1994年召开第8次至第15次会议。议定市人大常委会在市十二届人大二次会议上的工作报告，拟定市十二届人大二次会议议程、日程、主席团名单、秘书长名单、预算审查委员会名单、议案审查委员会名单（草案），决定会议列席人员。通过市人大常委会1994年工作计划。审议关于全市个体经济发展、市属企业转换经营机制、反贪污贿赂、1994年上半年国民经济和社会发展计划执行、1994年上半年财政预算执行、办理市十二届人大二次会议代表所提议案及建议与批评和意见等工作情况的汇报，并作出相应决定。听取市人大常委会财工委、农工委、法工委、教工委对相关议题的调查报告和关于视察企业改制情况的报告，关于召开市十二届人大三次会议的说明，并作出相应决定。作出关于视察社会治安综合治理的决定。决定人事任免事项。

1995年召开第16次至第24次会议。通过补选市十二届人大代表的决定、市人大常委会1995年工作计划。听取审议关于市十二届人大三次会议筹备工作、贯彻实施专利法、贯彻实施土地管理法、贯彻实施义务教育法等情况的汇报。通过关于补选代表的代表资格审查报告、《寿光市人大常委会关于授予“寿光人民勋章”的办法（草案）》、1996年市人大常委会工作计划。议定市人大常委会在市十二届人大三次会议上的工作报告，拟定会议议程、主席团和秘书长名单、预算审查委员会名单（草案）、议案审查委员会名单（草案），决定会议列席人员。听取市人大常委会法工委、教工委、财工委、人事代表工作委、农工委对相关议题的调查报告。作出关于视察城市规划法贯彻实施、寿光市国家机关实行执法责任制、召开市十二届人大四次会议日期的决定。任命各乡（镇）选举委员会组成人员，确定各乡（镇）人大代表名额。决定人事任免事项。

1996年召开第25次至第31次会议。听取审议关于市十二届人大四次会议筹备工作、1995年财政预算调整、全市农民负担监督管理、视察环境保护法的贯彻实施、1996年上半年国民经济和社会发展计划执行、1996年上半年财政预算执行、刑事检察工作、农村经济工作等情况的汇报。议定市人大常委会在市十二届人大四次会议上的工作报告，拟定市十二届人大四次会议议程、主席团和秘书长名单、预算审查委员会和议案审查委员会名单（草案），决定列席人员。作出同意将马店乡贾家村和南王村划归丰城乡、深入开展依法治市、授予陈永兴和王乐义寿光人民勋章等决定，关于召开市十二届人大五次会议的决定。听取市人大常委会财工委、法工委、人事代表工作委对相关议题的调查报告，通过市人大常委会信访处理办法。决定人事任免事项。

1997—1998年1月召开第32次至第39次会议。通过市人大常委会1997年工作计划，拟定市十二届人大五次会议议程、主席团和秘书长名单、议案审查委员会和预算审查委员会名单（草案），拟定市人大常委会在市十二届人大五次会议上的工作报告，决定列席人员名单，作出关于批准市政府调整1996年财政预算的决定。听取审议关于预算外资金使用管理、文化工作、贯彻实施水污染防治法、打击刑事犯罪、新一轮城市总体规划编制、市十三届人大一次会议筹备工作等情况的汇报。审议通过关于加强预算外资金监督管理、市十三届人民代表大会代表名额和选举问题、召开寿光市第十三届人民代表大会第一次会议、批准市政府调整1997年财政预算等工作情况的决定。通过1998年市人大换届选举安排意见和市选举委员会组成人员名单，议定市人大常委会在市十三届人大一次会议上的工作报告，决定市十三届人大一次会议列席人员，拟定市十三届人大一次会议议程、主席团和秘书长名单、预算审查委员会和议案审查委员会名单（草案）。决定人事任免事项。

第十三届人大常委会 1998年3—12月召开第1次至第6次会议。议定市十三届人大常委会1998年工作计划。听取审议关于推进农业产业化、贯彻实施“三五”普法规划和未成年人保护法、山东省建设工程招标投标管理条例、全市个体私营经济发展、上半年财政预算执行、反腐败查办大案要案等情况的汇报。听取市人大常委会农工委、法工委、教工委、财工委、城建环保工作委对相关议题的调查报告，作出市十三届人大二次会议召开日期的决定，批准市政府关于城区街路命名、更名的议案，议定市人大常委会1999年工作计划。决定人事任免事项。

1999年召开第7次至第13次会议。议定市人大常委会在市十三届人大二次会议上的工作报告，通过关于补选的市人大代表的代表资格审查报告。听取审议市十三届人大二次会议筹备工作、1998年市级财政预算执行和其他财政收支情况的审计工作报告、贯彻实施森林法等工作情况的汇报。拟定市十三届人大二次会议议程、主席团和秘书长名单、议案审查委员会和预算审查委员会名单（草案），决定会议列席人员。听取市人大常委会农工委、法工委、财工委、城建环保工作委对相关议题的调查报告，议定市人大常委会2000年工作计划，作出补选寿光市十三届人大代表的决定，通过有关代表的辞呈并作出相应决定，通过市十三届人大三次会议召开日期的决定。决定人事任免事项。

2000年召开第14次至第20次会议。听取审议关于市十三届人大三次会议筹备工作、代表资格审查委员会关于补选代表的代表资格审查、2000年上半年国民经济和社会发展计划执行、2000年上半年财政预算执行、市十三届人大三次会议代表所提议案及建议与批评和意见办理、小城镇建设等工作情况汇报。议定市人大常委会在市十三届人大三次会议上的工作报告，议定市十三届人大三次会议议程、主席团和秘书长名单、议案审查委员会名单、预算审查委员会名单（草案），决定列席会议人员范围。议定2001年市人大常委会工作计划，通过《寿光市国民经济和社会发展第十个五年计划及2010年远景目标纲要（草案）》。决定人事任免事项。

2001年召开第21次至第30次会议。听取市十三届人大四次会议筹备工作情况汇报，拟定市十三届人大四次会议议程、日程、主席团和秘书长名单、议案审查委员会名单、预算审查委员会名单（草案），决定列席会议人员范围。审议2000年市级财政预算执行和其他财政收支的审计、2001年上半年国民经济和社会发展计划执行、2001年上半年财政预算执行、城市基础设施和公路建设重点工程、2001年市级财政预算调整、教育工作、小城镇建设等工作情况的汇报。讨论市人大常委会2002年工作计划，通过市人大常委会街道人大工作室工作办法、市政府调整2001年市级财政预算和补选寿光市十三届人大代表、市十三届人大五次会议召开日期的决定，议定市人大常委会2002年工作计划，市人大常委会有关工作委（室）向会议提交的相关审议议题的调查报告和述职人员任职情况的调查报告。决定人事任免事项。

2002—2003年1月召开第31次至第39次会议。听取审议市十三届人大五次会议筹备工作情况的汇报和补选代表的代表资格审查报告。议定市人大常委会在市十三届人大五次会议上的工作报告和市十三届人大五次会议议程、主席团和秘书长名单、预算审查委员会和议案审查委员会名单（草案）、市十三届人大五次会议列席人员范围。听取审议贯彻实施防洪法、村民委员会组织法、中外合资经营企业法、社会保障和劳动就业等情况的汇报。审议市人大常委会有关工作委（室）向会议提交的相关议题的调查报告，议定市人大常委会在市十四届人大一次会议上的工作报告，研究召开市十四届人大一次会议的有关事宜。决定人事任免事项。

第十四届人大常委会 2003年2—12月召开第1次至第6次会议。议定市十四届人大常委会2003年工作计划、加强自身建设的意见、进一步加强代表工作充分发挥代表作用的意见。听取审议关于推进农业标准化生产、寿北开发、反腐败查办大案要案、2003年市级财政预算调整、刑事审判等工作情况的汇报。通过市人大常委会信访工作暂行办法、关于基础设施建设项目贷款的议案、市人大常委会有关工作委（室）分别向会议提交的相关议题的调查报告。修订市人大常委会人事任免办法、被任命干部述职评议办法，议定市人大常委会2004年度工作计划。作出召开寿光市十四届人大二次会议、补选市人大代表、批准市政府调整2003年市级财政预算的决定。决定人事任免事项。

2004年召开第7次至第13次会议。审议市十四届人大二次会议筹备工作情况汇报，议定市人大常委会在市十四届人大二次会议上的工作报告，拟定市十四届人大二次会议议程、主席团和秘书长名单、议案审查委员会和预算审查委员会名单（草案），决定列席会议人员范围，通过关于补选代表的代表资格审查报告。审议2003年市级财政预算执行和其他财政收支审计、畜牧业发展、侦查监督等情况的工作汇报。通过市人大常委会有关工作委（室）分别向会议提交的相关议题的调查报告。决定人事任免事项。

2005年召开第14次至第20次会议。听取审议贯彻实施国家公务员暂行条例、贯彻实施农业机械化促进法、贯彻实施土地管理法等工作情况的报告。补选潍坊市第十四届人大代表和寿光市十四届人大常委会代表资格审查委员会副主任委员。通过表彰寿光市优秀人大代表、召开市十四届人大三次会议的决定。议定市人大常委会2005年工作计划。通过补选代表的代表资格审查报告、市人大常委会在市十四届人大三次会议上的工作报告、《寿光市城市总体规划》和向银行贷款融资的议案。审议市十四届人大三次会议筹备工作，决定会议列席人员范围，拟定市十四届人大三次会议议程、主席团和秘书长名单、议案审查委员会、预算审查委员会名单（草案）。审议2005年上半年国民经济和社会发展计划执行、2005年上半年财政预算执行、对失地农民利益维护等工作情况的汇报。议定市人大常委会2006年工作计划。作出批准市政府调整2005年市级财政预算的决定。通过市人大常委会有关工作委（室）分别向会议提交的相关议题的调查报告。决定人事任免事项。

2006年召开第21次至第29次会议。审议关于授予崔效杰寿光人民勋章的议案、召开市十四届人大四次会议的说明、补选寿光市人大代表的说明，并作出相应的决定。议定市人大常委会在市十四届人大四次会议上的工作报告，审议市十四届人大四次会议筹备工作情况的报告，通过市人大常委会代表资格审查委员会关于补选的代表资格审查报告，拟定市十四届人大四次会议议程、主席团和秘书长名单、议案审查委员会和预算审查委员会名单（草案），决定会议列席人员范围。审议市人大常委会有关工作委（室）分别向会议提交的相关议题的调查报告、

2005年市级财政预算执行和其他财政收支审计、2006年上半年国民经济和社会发展计划执行、2006年上半年财政预算执行等工作情况汇报。通过市人大常委会2007年工作计划、表彰寿光市优秀人大代表的决定。决定人事任免事项。

2007年召开第30次至第37次会议。听取审议补选市人大代表、补选代表的代表资格审查、市十四届人大五次会议筹备、建设生态市、贯彻落实传染病防治法、贯彻落实义务教育法、寿北工业发展、新农村建设等工作情况的汇报。通过召开十四届人大五次会议的决定、人大常委会工作报告、人大常委会审议意见办理的暂行办法、2007年市镇人大换届选举工作安排意见等工作情况的决定。审议寿光市第十五届人大一次会议的说明及筹备工作情况、代表资格审查报告、市人大常委会在市十五届人大一次会议上的工作报告，拟定市十五届人大一次会议主席团、秘书长名单和市十五届人大一次会议议案、预算审查委员会名单，决定市十五届人大一次会议列席人员范围。听取2007年市镇人民代表大会换届选举工作情况汇报。表决通过人事任免事项。

第十五届人大常委会 2008年2—12月召开第1次至第8次会议。修订市人大常委会议事规则、市人大常委会人事任免办法。通过市人大常委会关于加强自身建设的意见、市人大常委会2008年工作计划等工作情况报告。审议贯彻实施动物防疫法、贯彻实施环保法、农村公共服务社区化、第三产业发展等工作情况汇报。听取审议寿光市2007年国民经济和社会发展计划执行情况与2008年国民经济和社会发展计划（草案）的报告、寿光市2007年预算执行情况和2008年预算（草案）的报告。审查批准寿光市2007年市级财政决算。表决通过人事任免事项。

2009年召开第9次至第16次会议。通过补选代表的资格审查报告，市十五届人大二次会议主席团和秘书长名单（草案）、议案和预算审查委员会名单（草案），通过会议议程（草案），决定列席人员范围。听取审议发行企业债券的议案、弥河污染综合治理工程、造林绿化、贯彻实施人口与计划生育法、贯彻实施科技进步法等工作情况汇报。审查批准2008年市级财政决算。听取审议2008年市级财政预算执行和其他财政收支的审计工作报告、2009年地方政府债券收支安排及市级预算调整方案的报告。作出召开市十五届人大三次会议、表彰市优秀人大代表、授予寿光市荣誉市民、召开市十五届人大四次会议的决定。表决通过人事任免事项。

2010年召开第17次至第24次会议。听取市十五届人大四次会议筹备工作情况的汇报，拟定十五届人大四次会议各项名单草案，议定市人大常委会2010年工作计划。审议通过造林绿化、建设国家科技进步示范市、小清河等河流污染治理、城市新区基础设施配套建设、新型农村合作医疗等工作情况报告。审议通过市人大常委会组成人员守则、人大常委会关于对政府组成部门主要负责人和法院与检察院副职负责人进行年度履职测评的办法。审查批准2009年市级财政决算。表决通过人事任免事项。

第四章 履行职责

第一节 考察与调研

1991年，县人大常委会组织部分委员和潍坊市住寿光及县人大代表，先后对全县计划生育工作、贯彻实施《中华人民共和国食品卫生法》情况、棉花收购工作、重点排污单位和污染区域进行视察。1992年5月，县人大常委会组织住寿光的各级人大代表对全县农民负担情况进行视察，向县委和潍坊市人大常委会作出专题汇报。1993年，市（县）人大常委会带领部分委员和代表及部分潍坊市人大代表，对张建桥、文家等16个乡（镇）的乡镇企业进行视察。1994年4月，市人大常委会带领部分委员和代表，对市啤酒厂等9家市、镇重点污染企业和桂河等5条河流的污染情况进行视察。1995年5月，市人大常委会组织部分委员和代表，就贯彻实施《中华人民共和国城市规划法》和城市及小城镇建设情况进行视察。

1996年5月，市人大常委会组织部分委员和代表，就全市水污染现状及其治理情况进行视察，向市政府及有关单位提出“环保一票否决制”等6条意见。同年8月，开展食品、药品、生产资料市场打假视察活动，执法部门当众销毁价值30多万元的假冒伪劣商品。1997年，市人大常委会组织市、乡（镇）人大代表对全市“窗口”行业作风整顿情况进行3次视察，对视察中发现的170多个问题进行跟踪调查，督促有关部门限期整改。1998年5月，市人大常委会组织部分委员和代表，到孙家集等9个乡（镇），就学习贯彻《中华人民共和国农业法》、农业科技推广网络建设、农产品流通等工作情况进行视察。1999年，市人大常委会组织720名各级人大代表，就贯彻落实中共十五届三中全会决定情况，视察市、乡（镇）两级政府部门和单位163个，接触干部群众3370人，填写调查问卷1109份，重点征求第二轮土地延包等6个方面的建议意见715条。

2000年7月，市人大常委会主任、副主任、部分委员和潍坊市人大代表共28人，就全市“三五”普法和“二五”依法治市工作进行视察。2001年，市人大常委会组织382名各级人大代表，对全市实施“民心工程”情况进行视察，走访干部群众7630多人次，发放调查问卷4180多份，收到各方面的建议意见1980条。2002年，市人大常委会组织部分委员和代表，对全市污染治理、社会治安综合治理和“政府提速”工作进行视察。2003年5月，市人大常委会对全市经济发展软环境建设情况进行视察，提出4个方面意见和建议，均得到落实。2004年，市人大常委会党组书记、副主任带领部分委员和潍坊市住寿光及市人大代表，先后对“三农”问题、小城镇建设、工业发展及三大工业园区的20多个重点企业进行视察，提出5个方面建议。2005年5月，市人大常委会组织全体人员和部分省、潍坊市和寿光市企业界人大代表，到三大工业园、28家企业和8个镇（街道）视察全市工业发展暨“三个一批”（培植一批支柱产业，做强一批企业集团，创立一批知名品牌）实施情况。

2006年，市人大常委会主任、副主任带领部分委员和人大代表，对全市16个镇（街道）的社会主义新农村建设情况进行视察，实地察看村庄建设情况。2007年8月，市人大常委会组织部分委员和代表，就全市社会主义新农村建设和城建工作进行视察。2008年，集中开展市人大常委会组成人员联系代表和代表联系群众活动，联系走访住寿光的全国、省、潍坊市和市人大代表308人，召开座谈会18场次，收集整理代表建议意见73条。2009年9月，市人大常委会全体领导成员、办事机构负责人、视察组成员对全市农业基础设施建设情况进行视察，提出5个方面要求。2010年7月，市人大常委会带领部分委员和代表及各办事机构负责人，对全市迎接国家卫生城市复审工作进行集中视察，提出5个方面要求。同年，对全市工业经济发展和农村社区建设情况进行视察，提出8个方面要求。

第二节 议案意见办理

1993年5月，制定《寿光县人民代表大会常务委员会联系县人大代表办法》，建立常委会组成人员分工负责联系代表制度，并委托乡（镇）人大主席团加强同代表的联系。2001年4月，制定《寿光市人民代表大会常务委员会街道人大工作室工作办法》，对街道人大工作进行规范。2003年3月，制订《关于加强代表工作充分发挥代表作用的意见》，推进代表小组活动，开展“五带头、五个一”（带头学习、带头遵纪守法、带头履行职责、带头发展致富、带头扶贫济困；每位人大代表每年联系一个企事业单位或农户，选择一个课题进行专题调研，在代表小组会上作一次专题发言，提一条好建议，帮助贫困群众找一条致富门路）及访代表、听民生活动。2008年4月，制订《寿光市人民代表大会常务委员会组成人员联系代表办法》。2009年2月，制定《关于加强和规范市人大代表活动的意见》，按照“六有”（有场所、有制度、有计划、有档案、有电话、有征求意见箱）标准，建立26处代表小组活动室。拓宽代表履职渠道，实行人大代表列席常委会会议制度，日常联系和集中走访相结合，每年广泛征求代表和群众对人大常委会及“一府两院”（市政府、检察院、法院）工作的建议意见。同年6月，制定《寿光市人民代表大会议案处理办法》《寿光市人民代表大会代表建议、批评和意见处理办法》，对事关全市大局和群众切身利益、经过努力能够办结的议案建议，市人大常委会领导成员结合工作分工重点督办，办理情况代表不满意的，责成重新办理，促进代表意见建议的落实。

1991—2010年，共收到代表议案、建议、批评、意见1932件。人代会期间代表议案、建议、批评、意见都采取会前会中集中收集、会后办理的办法，及时转交市（县）政府及有关部门（单位）办理，办结率94.9%。

1991—2010年寿光市（县）人大代表议案、建议、批评、意见办理情况表

表15-4-1

届次	会议数（次）	议案（件）	建议、批评、意见（件）	办结（件）	继续办理（件）	不能解决（件）
十一	2	4	135	99	27	9

续表 15-4-1

届次	会议数（次）	议案（件）	建议、批评、意见（件）	办结（件）	继续办理（件）	不能解决（件）
十一	3	11	100	67	28	5
十二	1	38	115	60	40	9
	2	41	78	34	40	4
	3	51	91	40	46	5
	4	44	63	22	33	8
	5	34	57	18	31	8
十三	1	32	46	19	19	8
	2	42	67	21	38	8
	3	27	42	15	19	8
	4	33	48	17	26	5
	5	52	39	8	21	10
十四	1	43	61	18	32	11
	2	30	44	24	19	1
	3	34	49	22	25	2
	4	38	47	22	25	0
	5	2	57	19	37	1
十五	1	2	39	11	27	1
	2	3	61	20	39	2
	3	3	67	22	43	2
	4	2	60	18	41	1

第三节 评 议

对部门工作的评议 1991年，县人大常委会办公室印发《寿光县人大常委会关于开展人大代表评议政府工作的意见》，开始对县直各机关驻乡（镇）基层单位和乡（镇）政府职能部门进行政府工作评议。当年参加评议代表1816人，占全县各级人大代表总数的63%，收到代表建议意见4600余条。被评议的13个部门中，11个部门获得信任票，2个部门获得基本信任票。1992年11月，县人大常委会组织全县各级人大代表，再次对县直驻乡（镇）的13个职能部门的工作进行评议，13个部门全部获得信任票。1994年11月，市人大常委会召开人大代表评议大会，146名直接参评的代表进行投票评议，被评议部门根据代表的评议意见向市人大常委会写出整改报告。1995年6月，在全市国家机关中落实执法责任，建立健全与监督制约机制相匹配的执法责任制。至年底，集中评议公安、检察院、法院、司法、农业、教育、计生、民政、卫生9个系统，共有各级人大代表1332人参加，调查走访干部群众1.3万人次，收集建议、批评、意见3418条（件）。1997年，市人大常委会分3次组织市、乡人大代表对22个“窗口”行业进行评议。2004年3月，市十四届人大常委会对市国税局、地税局、工商局等7个驻寿光的垂直管理部门进行工作评议，评议结果通报其上级主管机关。2008年，市人大常委会分4批对全市17个职能部门进行工作评议，市人大常委会和各级人大代表共提出建议意见230多条。2009年4月，市十五届人大常委会第十二次会议审议通过《寿光市人大常委会工作评议办法》，对评议对象、评议方式、评议结果的运用作出明确规定。同年6月，市人大常委会对全市软环境情况进行视察，其间组织常委会全体组成人员、寿光市级以上企业界人大代表、各镇人大副主席、街道人大工作室副主任和部分外来投资商103人，对在工业项目和房地产项目中审批权限大、收费项目多、反映问题相对突出的20个市直部门进行评议，现场打分，并在新闻媒体进行通报。

对被任命人员的评议 1991年12月，县十一届人大常委会第十二次会议对被任命的干部试行听述职报告制度。先后听取并评议县教育局、物价局、审计局负责人的述职报告。1992年11月，县十一届人大常委会第二十次会议听取并评议县经委主任、建委主任的述职报告。1994年1月，市十二届人大常委会第八次会议听取评议市公安局局长、税务局局长述职。此后，市人大常委会开始有计划、有重点、分期分批听取评议被任命人员述职报告。1994—1996年，市人大常委会共听取评议市水产局、交通局、工商局等9位部门负责人的述职报告。1997年3月，市人大常委会对被任命的185名法官进行评议。市十三届人大常委会共听取评议21位部门负责人的述职报告。市十四届人大常委会第六次会议通过《寿光市人民代表大会常务委员会述职评议工作办法》，述职评议工作更加规范和完善。干部任命前，由人大主任会议审查把关；任命时，被任命人员到会与委员见面，组织部门介绍有关情况；任命后，被任命人员向市人大常委会提交任职报告，明确和落实任职目标；任期内向常委会述职，接受监督。2004年11月，市第十四届人大常委会第十三次会议听取7位副市长的述职报告，对每位副市长的任职情况，分优秀、称职、不称职3个档次进行无记名投票评议。评议后，由市委主要领导向每位副市长反馈意见。

对潍坊市人大代表的评议 根据《潍坊市人大常委会关于组织开展市人大代表述职评议活动的意见》，市第十四届人大常委会于2005年4月制定《关于组织开展寿光市选举的潍坊市人大代表述职评议活动的实施方案》。2005年6月—2010年12月，共有寿光市选举的丁伟等82名潍坊市人大代表在市人大常委会会议上以口头或书面形式进行述职。市人大常委会对他们的履职情况按优秀、称职、基本称职、不称职4个档次进行无记名投票测评和评议。

第四节 人事任免

市人大常委会依照宪法和法律赋予的职权，履行人事任免职责。1993年5月，县十二届人大常委会第二次会议审议通过寿光县人民代表大会常务委员会人事任免办法和联系人大代表办法。2003年8月，第十四届人大常委会通过修订后的《寿光市人民代表大会常务委员会人事任免办法》，在任免工作中，综合运用述职评议、供职发言等多种形式，增强被任命干部的公仆意识、法制意识。1990—2010年，共任命市（县）政府及其职能部门、市法院、检察院干部901人、免职487人。其中，任命市（县）政府副市（县）长37人，决定代理市（县）长8人。

第五节 人民勋章评选

1996年12月，潍坊市人民代表大会常务委员会进行潍坊人民勋章评选，齐鲁职业技术学院院长王焕新被授予潍坊人民勋章称号。2000年12月，潍坊市人民代表大会常务委员会再次进行潍坊人民勋章评选，山东晨鸣纸业集团股份有限公司董事长陈永兴、孙家集镇三元朱村党支部书记王乐义，分别被授予潍坊人民勋章称号。

寿光人民勋章评选活动从1995年开始，为寿光市最高荣誉称号，获得者必须是在全市经济建设和各项社会事业发展中作出突出贡献、影响力大的公民，其荣誉为终身荣誉。1995年10月，寿光市第十二届人民代表大会常务委员会第二十二次会议通过《寿光市人大常委会关于授予寿光人民勋章的办法》，决定开展寿光人民勋章推选工作。1996年10月，寿光市第十二届人民代表大会常务委员会第二十九次会议决定，授予陈永兴、王乐义寿光人民勋章称号。2006年1月，寿光市第十四届人民代表大会常务委员会第二十一次会议决定，授予崔效杰寿光人民勋章称号。2009年6月，寿光市第十五届人民代表大会常务委员会第十三次会议决定，授予陈洪国、杨志强、尹国良寿光人民勋章称号。至2010年，全市共有3人获得潍坊人民勋章、6人获得寿光人民勋章称号。

第十六编

地方人民政府

1991—2010年，寿光市（县）政府先后经过5次换届，市（县）长更迭9人。其间，政府工作部门和政府直属事业单位等设置多有变化。随着形势发展和社会进步，历届政府在执政方式和执政能力建设方面作了诸多改革探索，并建立起相应的工作制度。同时，以改革开放引领、推进决策行政和经济社会建设，均取得重大进展。

第一章 领导人员与机构

第一节 领导成员

1991—2010年，市（县）政府历经5届，即第十一、十二、十三、十四、十五届。马金忠、鞠法昌先后担任县长。1993年8月撤县设市后，鞠法昌、李群、刘命信、刘德成、刘克强、刘中会、孙明亮、朱兰玺先后担任市长。

1991—2010年寿光市（县）人民政府领导成员任职表

表16-1-1

届 别	职 务	姓 名	籍 贯	任职时间
第十一届县政府（ —1993.02）	县长	马金忠	山东寿光	—1993.02
	副县长	李福明	山东寿光	—1993.03
		王炳富	山东寿光	—1993.02
		王坤山	山东寿光	—1993.02
		白永生	山东寿光	—1993.03
		杨学荣	山东寿光	—1993.02
		王守福	山东寿光	1992.03—1993.02
		姜绍华	山东寿光	1992.04—1993.02
第十二届市（县）政府（1993.02—1998.01）	市（县）长	鞠法昌	山东临朐	1993.02—1995.04
		李 群	山东文登	1995.05—1996.09
		刘命信	山东昌乐	1996.10—1997.12
	副市（县）长	王坤山	山东寿光	1993.02—1998.01
		杨学荣	山东寿光	1993.02—1997.12
		王守福	山东寿光	1993.02—1997.12

续表 16-1-1

届别	职务	姓名	籍贯	任职时间
第十二届市（县）政府（1993.02—1998.01）	副市（县）长	姜绍华	山东寿光	1993.02—1998.01
		黄凤岩	河北饶阳	1993.02—1997.12
		李春水	山东寿光	1993.02—1995.01
		蔺燕春	山东寿光	1993.03—1994.12
		肖庆周	山东寿光	1994.08—1998.01
		王茂兴	山东寿光	1995.02—1998.01
		杨树木	山东寿光	1996.04—1997.12
第十三届市政府（1998.01—2003.01）	市长	刘德成	山东安丘	1998.01—2001.01
		刘克强	江苏赣榆	2001.01—2002.12
		刘中会	山东青州	2002.12—2003.01
	副市长	姜绍华	山东寿光	1998.01—1999.07
		肖庆周	山东寿光	1998.01—2000.05
		王茂兴	山东寿光	1998.01—2003.01
		杨德峰	山东寿光	1998.01—2003.01
		张焕然	山东寿光	1998.08—2003.01
		刘建安	山东寿光	1999.07—2003.01
		张玉和	山东青州	2000.08—2003.01
		马金涛	山东寿光	2000.10—2003.01
		邹庆忠	山东高唐	2000.11—2002.10
		张龙江	山东临朐	2000.12—2003.01
		李亚军	山东昌邑	2001.02—2003.01
		方新启	山东荣成	2002.07—2003.01
		张顺涛	山东寒亭	2002.12—2003.01
第十四届市政府（2003.01—2007.12）	市长	刘中会	山东青州	2003.01—2006.12
		孙明亮	山东高密	2007.01—2007.12
	副市长	王茂兴	山东寿光	2003.01—2006.05
		刘建安	山东寿光	2003.01—2007.12
		马金涛	山东寿光	2003.01—2004.11
		方新启	山东荣成	2003.01—2007.01
		张顺涛	山东寒亭	2003.01—2006.12
		王惠玲	山东寿光	2003.01—2006.04 2007.01—2007.12

续表 16-1-1

届 别	职 务	姓 名	籍 贯	任职时间
第十四届市政府（2003.01—2007.12）	副市长	王守全	山东五莲	2003.01—2006.03
		王金彩	山东寿光	2003.09—2006.12
		王教法	山东高密	2004.11—2007.10
		李华刚	山东寿光	2005.02—2007.12
		孙明亮	山东高密	2006.04—2007.01
		张志才	山东青州	2006.04—2006.12
		聂作坤	山东昌邑	2006.12—2007.12
		朱兰玺	山东寒亭	2007.01—2007.12
		毛德荣	山东莱州	2007.01—2007.12
		林立星	山东寿光	2007.03—2007.12
		刘煜东	山东五莲	2007.12—
第十五届市政府（2007.12— ）	市长	孙明亮	山东高密	2007.12—2009.04
		朱兰玺	山东寒亭	2009.04—
	副市长	王惠玲	山东寿光	2007.12—
		李华刚	山东寿光	2007.12—2008.04
		聂作坤	山东昌邑	2007.12—2010.08
		朱兰玺	山东寒亭	2007.12—2009.04
		毛德荣	山东莱州	2008.02—
		林立星	山东寿光	2007.12—2009.04
		刘煜东	山东五莲	2007.12—
		李宝华	山东寿光	2009.04—
		桑文军	山东寿光	2009.04—
		孙亚峤	山东昌乐	2010.09—

说明：部分市长任职时间含代市长时间

第二节 工作部门

1991 年，县人民政府职能部门有 54 个：县政府办公室、法制局、信访办公室、人事局、编制委员会办公室、民政局、审计局、监察局、科学技术委员会、地震局、经济体制改革委员会、经济委员会、机械纺织工业局、轻工化学工业局、二轻工业局、矿产资源管理局、交通局、技术监督局、乡镇企业管理局、农业委员会、畜牧局、水利局、水产局、土地管理局、农业机械管理局、财政委员会、财政局、税务局、工商行政管理局、商业局、粮食局、对外经济贸易委员会、计划委员会、劳动局、物价局、统计局、城乡建设委员会、环保局、教育局、文化局、广播电视局、农业局、林业局、体育运动委员会、计划生育委员会、卫生局、档案局、公安局、司法局、史志办公室、蔬菜办公室、职业教育管理办公室、区划办公室、能源办公室。1992年6月，成立新的县对外经济贸易委员会。同年8月，撤销县粮食局，退出政府序列，成立县粮油总公司，代行行政职能。1993年1月，县地震局改为县地震工作办公室，隶属于县科委。同年4月，县监察局与县纪委合署办公。同年10月，市政府法制局更名为市政府法制办公室。同年11月，机构改革，市政府工作部门调整为29个。1994—2000年，市政府工作部门增设、恢复市信访办公室、档案局、房地产管理局、农村经济管理局、地震局、市政府法制局、林业局、农业局、粮食局、畜牧局、农业机械管理局、招商局。2001年11月，机构改革，市政府工作部门39个：市政府办公室、发展计划局、教育局、科学技术局、公安局、监察局（与市纪律检查委员会合署）、民政局、司法局、财政局、人事局（市机构编制委员会办公室与其合署）、劳动和社会保障局、国土资源局、建设局、交通局、水利局、农业机械管理局、农村经济管理局、商业贸易办公室、蔬菜局、体育局、广播电视局、地震局、油区工作办公室、招商局、房地产管理局、农业综合开发办公室、机关事务管理局、经济贸易局、农业局、海洋与渔业局、对外贸易经济合作局、文化局、卫生局、计划生育局、审计局、环境保护局、统计局、粮食局、外向型工业加工区管理委员会（派出机构）。同年12月，设立市安全生产监督管理局，规格正科级，隶属于市经济贸易局。2003年11月，市安全生产监督管理局调整为市政府直属单位。2004年，机构改革，市政府工作部门调整为27个。2009年11月，寿光市食品药品监督管理局由省以下垂直管理转为地方管理，成为市政府工作部门。2010年，机构改革，市政府工作部门26个：市政府办公室、发展和改革局、经济和信息化局、财政局、监察局、人力资源和社会保障局、民政局、公安局、司法局、审计局、统计局、国土资源局、住房和城乡建设局、交通运输局、环境保护局、商务局、农业局、水利局、海洋与渔业局、科学技术局、教育局、文化广电新闻出版局、卫生局、人口和计划生育局、安全生产监督管理局、食品药品监督管理局。

第三节 市（县）政府办公室

1991年，县政府办公室内设秘书科、信访科、行政科、侨务办公室、无线电管理委员会办公室、接待办公室、外事办公室、法规议案科、法制局、保卫科、县政府驻北京联络处、县政府驻深圳联络处、车队、查办科、综合科、老干部管理科、财务科、生活管理科、农信科。1994年，增设市政府口岸办公室、市政府机关住宅区管理科。1995年，增设史志科、政工科。将信息督查科拆分为信息科、督查科。1996年，外事侨务科更名为外事侨务办公室。1997年，增设值班室，与综合科一个机构两块牌子。同年10月，撤销史志科，成立市史志办公室，为正科级事业单位。1999年，市政府法制局增挂寿光市人民政府行政复议办公室牌子。2001年，市政府办公室内设综合科、秘书科、调研科、信息督查科、外事侨务办公室、政工科、机要档案科、行政科、无线电管理办公室、车队10个职能科室，以及市史志办公室、市经济体制改革办公室、市政府法制局3个内部机构。同年，撤销市政府研究室，市政府的政策调研工作由市政府办公室承担。撤销市政府驻外办事处管理办公室，其职能移交市政府办公室。2002年4月，成立市人民防空办公室，为正科级事业单位。同年11月，市政府办公室内设研究室，配备正科级干部。2003年3月，成立市行政审批中心，为正科级事业单位。2004年8月，信息督查科、车队规格均由股级升为副科级。2005年8月，恢复市政府研究室正科级规格，挂靠市政府办公室。2006年6月，增设市长公开电话值班室。市政府研究室设立经济科和社会科，撤销市政府办公室调研科。史志办公室设立业务指导科和年鉴科；将机要档案科更名为网络科。2007年6月，成立市长值班室和信息科，均为股级规格，同时撤销网络科。同年9月，成立市外事侨务局，为正科级行政机构，挂靠市政府办公室。同年11月，成立市政府应急管理办公室，为副科级事业单位。2008年4月，成立市农产品质量安全监督管理办公室，为正科级事业单位，挂靠市政府办公室。2010年机构改革，市政府办公室内设市史志办公室、市政府法制办公室、市外事与侨务办公室、市农产品质量安全监督管理办公室、研究室、综合科、秘书科、信息科、组织人事科、行政科、市长公开电话值班室、市长值班室、无线电管理办公室、应急管理办公室，核定机关行政编制41人。

第二章 政府会议

寿光市（县）政府会议主要有政府全体会议、常务会议、市（县）长办公会议和专题会议4种。市（县）政府全体会议、常务会议、市(县)长办公会议的组织工作由市(县)政府办公室负责。各部门向会议汇报问题或提出研究事项，要有书面材料和汇报提纲，并提前报送市（县）长和分管市（县）长及市（县）政府办公室，由市（县）长、分管市（县）长提出处理意见。会议确定事项由市（县）政府办公室整理《会议纪要》，对重大事项下发督办通知，送有关部门、乡（镇、街道）及时办理。有关部门、乡（镇、街道）对市（县）政府决定事项的贯彻情况要按要求及时向市（县）政府办公室报告，市（县）政府办公室要将办结情况及时向召集并主持会议的市（县）长或副市（县）长汇报。

第一节 全体会议

由市（县）长或常务副市（县）长召集或主持，市（县）政府组成部门主要负责人参加，必要时召开扩大会议吸收各乡镇（街道）长（主任）、市（县）政府办事机构、市（县）属事业单位及部分骨干企业的主要负责人参加，视情况邀请市（县）委有关部门、市（县）人大和市（县）政协办公室负责人列席。会议的主要任务是传达贯彻中央、省、潍坊市和市（县）委、市（县）人大常委会的重要指示和决议，提报重要工作情况，研究决定市（县）政府工作中的重大问题和需要由市（县）政府全体会议决定的其他问题。

会议选录 2005年3月22日，市政府召开全体（扩大）会议，贯彻落实市人代会、“三干会”精神，分解任务，明确责任，动员各乡（镇、街道）、政府各部门进一步统一思想，狠抓落实，全面推进各项工作。2007年9月6日，市政府召开全体（扩大）会议，深入学习贯彻省第九次党代会、潍坊市政府全体（扩大）会议精神，总结年内政府工作，研究部署下一个时期的工作，动员全市上下全面落实科学发展观，增创新优势，实现新跨越，努力在新起点上实现率先发展，圆满完成和超额完成全年目标任务。

第二节 常务会议

由市（县）长召集和主持，市（县）政府班子成员参加。邀请市（县）人大、市（县）政协领导出席，市（县）人武部、监察局主要负责人、市（县）政府办公室副主任及市（县）政府法制办公室负责人列席会议，市（县）政府有关部门、单位主要负责人根据议题需要列席会议。会议的主要任务是：（1）研究决定事关全局的重大事项。主要包括：市（县）委重大决策事项和市（县）人大及其常委会决议的落实措施；提请市（县）委审议的重大事项；以市（县）政府名义作出的重要决策；有关规划的制定或修编，行政区划变更及调整；政府年度工作计划；事关人民群众切身利益的重大改革方案。（2）研究决定提请市（县）人大或市（县）人大常委会审议的有关事项。主要包括：政府工作报告；国民经济和社会发展规划、财政预算以及执行情况报告；市政府需提请市（县）人大或市（县）人大常委会审议的其他事项。（3）研究解决市（县）政府工作中的重大问题。（4）研究讨论乡镇（街道）政府（办事处）、政府部门及有关单位报请市（县）政府决定的重大事项。（5）制定或修订政府规范性文件。（6）研究确定以市（县）政府名义组织的重大活动方案，讨论通过全省或潍坊市重要活动的申办建议。（7）讨论研究政府自身建设方面的重大问题。（8）讨论决定对政府系统单位、行政领导的奖惩事项。（9）其他需要列入市（县）政府常务会议研究的事项。

会议选录 2007年6月18日，市长孙明亮在市政府201会议室主持召开市政府常务会议，先后听取寿光市工程建设项目招标监督管理办法（试行）、安全生产工作、关于加快旅游业发展的意见、第三届山东寿光荷花节实施方案、关于对重大工业项目实行补贴奖励的意见、关于企业上市融资奖励暂行办法、关于城镇基准地价更新成果（初步）情况的汇报，并研究具体意见。2009年6月2日，市长朱兰玺在市政府201会议室主持召开市政府常务会议，先后听取国土资源管理工作、2008年度节能评选情况、招商引资和外贸工作考核办法等工作的汇报，并研究安排具体实施意见。

第三节 市（县）长办公会议

由市（县）长召集和主持，市（县）政府班子成员、市（县）政府办公室副主任、市（县）政府法制办公室及政府有关部门、单位主要负责人参加。会议主要任务是：（1）传达和研究贯彻省政府、潍坊市委、潍坊市政府或省、潍坊市政府有关部门召开的有关工作会议精神。（2）研究确定市（县）政府日常工作中需要统筹安排的重要事项。（3）研究市（县）政府召开的全市（县）重要会议准备事项。（4）研究报请省、潍坊市政府及有关部门协调解决的重要事项。（5）听取市（县）政府领导赴外地考察情况汇报。（6）研究解决乡镇（街道）政府（办事处）、政府部门和有关单位报请市（县）政府解决的重要紧急事项，以及需要多个部门进行协调解决的事项，讨论群众反映的热点、难点问题。（7）研究协调重点工作推进过程中的困难和问题。

会议选录 2001年3月20日，市长刘克强主持召开市政府第1次市长办公会议，听取关于蔬菜博览会筹备工作、寿北开发、龙头企业建设、寒桥拦河闸工程建设、民营经济发展等有关情况的汇报，并研究意见。2010年10月20日，市长朱兰玺主持召开市政府第5次市长办公会议，听取关于企业总部、市民活动中心选址和中南世纪星城、金穗怡景苑规划方案，关于城镇基准地价更新情况，关于新海路、大沂路绿化方案的汇报，并研究意见。

第四节 专题会议

根据工作需要，市（县）政府专题会议由市（县）长或副市（县）长主持召开，根据会议议题，分别召集有关部门负责人、有关工作人员参加。会议主要任务是：（1）研究处理属于市（县）长、副市（县）长分工范围内需要统筹协调的事项。（2）研究处理属于市（县）政府既定工作安排、需要组织实施的重要事项。（3）研究处理全市（县）重要活动的协调实施事项。（4）研究突发性事件的处理意见。（5）研究处理上级党委、政府和市（县）委主要领导对涉及面较广或影响较为突出的具体问题所作批示的贯彻落实意见。（6）研究处理市（县）政府日常工作中的其他具体事项。

会议选录 2010年12月24日，市政府召开专题会议调度寿光港建设有关问题。会议指出，寿光港建设是寿光市一项重点工程，对发展临港物流产业、加快寿北开发建设具有重要意义。会议要求，市发改、交通、环保、国土等有关部门（单位）高度重视，通力合作，安排专人紧盯紧靠，提高工作效率，确保2011年3月动工建设。

第三章 政务纪要

第一节 第十二届人民政府

任期自1993年2月—1998年1月。市（县）政府组织和动员全市（县）人民抓住机遇、深化改革、扩大开放、促进发展、保持稳定，全力推进经济建设和社会发展，两个文明建设取得巨大成就。

粮食生产，一年一个新水平，先后建成吨粮市、小麦千斤市；蔬菜生产，以大棚更新、面积扩大、品种增多、质量提高为主要标志，被评为中国蔬菜之乡；寿北“绿色工程”全面完成，果品生产资源得到有效开发；渔业生产上的海洋捕捞能力迅速增强，水产结构得到优化升级；畜牧业规模化饲养初步形成；新兴花卉产业开始起步，全市农业开始步入高层次发展阶段，现代化进程明显加快。

全市重点培植的30家骨干企业成为工业

发展中坚力量。市属工业发展得到各级充分肯定，净资产由2.6亿元增加到23.7亿元，资产负债率由63.2%下降为48.4%，年利税过千万元的企业由2家增加到10家，经济效益保持50%以上的高速增长。乡（镇）工业有9家进入中国千家最大经营规模乡（镇）企业行列，12家进入中国千家最高利税总额乡（镇）企业行列。加大资产重组力度，积极实施资本运营，在兼并联合、跨地区承租、股票上市等方面取得实质性进展，特别是晨鸣集团的B种股票境外上市、控股汉阳造纸厂，拓展企业发展空间，实现低成本扩张。5年间，全市先后组建企业集团23家，集团企业固定资产占全市工业固定资产的比重达到65%。

开辟面向北京、天津、上海、南京等大中城市的直供直销市场，开通寿光至北京的“绿色通道”。特别注重加强寿光蔬菜批发市场建设，投资3600万元，改造建设3.2万平方米、具有国内一流水平的交易大厅和7200平方米的交易服务楼。立足实现生产要素的有效配置，扩大化肥、农药、竹杆竹器、农膜等生产资料市场，加快发展科技开发中心、信息交流中心、证券市场、劳务市场等生产要素市场，市场体系日益完善。新建、扩建大中型商业网点9处，增加营业面积6.6万平方米，新发展个体工商户1.4万户。

先后投资3.6亿元用于开发区基础设施建设，羊口港建成二类开放口岸。全市共批准利用外资项目220个，建成利用外资企业81家，实际利用外资2.5亿美元。发展出口创汇和对外经济合作业务，有8家企业获得自营进出口权，办成海外企业11家，外派劳务165人次。

城区建设，坚持建管并重，建成一批标志性高层建筑和住宅小区，道路、供水、排水、供热等城市基础设施进一步完善，城市化水平由1992年的22%提高到42%，1993年顺利完成撤县设市。重点小城镇建设步伐明显加快，建成部分标准较高的楼房村。累计投资1.4亿元，新建、改建沥青路600公里，公路密度由每百平方公里28.6公里增加到1997年的55公里，有12个乡（镇）实现村村通沥青路。邮电通信事业围绕提高综合通信能力，先后投资2亿元，率先在潍坊市建成全数字程控本地通信网，电话装机总容量突破10万线，全市累计电话装机放号、电话普及率、发展移动电话、无线寻呼等项指标均居全省各县（市区）首位。

加强基础教育，发展职业教育、成人教育，进行学校布局结构调整，改善办学条件，全市适龄儿童入学率、在校生巩固率、毕业生合格率连续5年达到或超过国家规定标准，5年向国家输送大中专学生万余名。科技事业，共组织实施各类科技计划项目159项，组织申报专利325项，取得各级各类科技成果奖175项，科技进步对经济增长的贡献率由1992年的45.2%增加到1997年的57%。卫生事业，计划免疫、妇幼保健、改水改厕继续保持全省、潍坊市先进水平。史志工作，出版首部《寿光年鉴》。环境保护和土地管理工作得到加强，全市环境质量明显改善，乱占滥用耕地得到有效控制。

第二节 第十三届人民政府

任期自1998年1月—2003年1月。5年间，全市国民经济持续快速健康发展，综合经济实力大幅度提升。2002年，实现国内生产总值132亿元，人均国内生产总值1.3万元；全市财政总收入达9.2亿元，其中地方财政收入5.2亿元；全社会固定资产投资完成41亿元，三次产业比例由1997年的32.4∶39.4∶28.2调整为2002年的21.8∶43.9∶34.3。

全市5年累计完成工业投入88.9亿元，开工建设项目1016个，其中过千万元的243个。晨鸣15.3万吨高档铜版纸、墨龙特钢、巨能电器、中泰凯马汽车工业城、鲁丽35万吨型钢等一批投资过亿元的大项目相继开工或建成投产。有13家企业实现利税过千万元。全市工业供电量12.8亿千瓦时，在全省县级市中名列前茅。工业各项主要经济指标绝对值均居潍坊市各县（市区）首位。

2002年，全市农业增加值达到28.8亿元，比1997年增加5.5亿元。建设21处无公害蔬菜基地和20处农产品质量检测机构，无公害蔬菜基地面积达到40万亩，无土栽培蔬菜发展到5000亩，有61种农产品获得国家无公害农产品标志使用权。建成国家级无规定动物疫病区。冬枣、速生杨种植、海淡水养殖、盐田改造开发成为寿北经济发展的新亮点。蔬菜高科技示范园、农业高新技术走廊、农业国际化走廊、林海生态博览园等重点科技示范工程对寿光农业产业化、标准化、国际化起到示范推进作用，各类农业示范园区达到16万亩。

2002年，全市实现社会消费品零售总额32.9亿元，年均增长12%，完成第三产业增加值45.3亿元。5年间，先后新建、改建农业科技人才市场、种子市场、购物中心、蔬菜电子拍卖市场等专业市场，发展世纪广场、盛隆超市、福隆超市、佳乐家超市等大型超市及连锁经营店50多家。

城市基础设施建设共投资8.5亿元，寿尧路改造和绿化亮化、村村通等级沥青路、城市出入口改造、人民广场等一批重点基础设施建设相继完成，美林花园、文化名园、中华牡丹园、温泉度假村等项目先后动工建设。城乡管理水平不断提高，被评为省级园林城市。邮电通信事业快速发展，建成移动电话市、无线市话市、程控电话市。

累计实施潍坊市级以上科技计划项目56个，获省级以上奖励28次，建成晨鸣、蔬菜示范园2个博士后科研工作站，引进高层次人才130多人，成为全国唯一同时拥有工业和农业2个博士后科研工作站的县级市。教育工作实现均衡协调跨越式发展，潍坊科技职业学院创建成全省第一家县级全日制高等学校，现代中学成为全市教育一大亮点。医疗卫生条件不断改善。全民健身活动和群众性体育运动广泛开展，举办第二届、第三届全民运动会，被评为全国体育先进县（市）。城乡文化事业日益繁荣，被评为全国文化先进市。广播电视事业发展迅速，被评为全省广播电视先进市，在潍坊市率先建成有线广播电视市。

第三节 第十四届人民政府

任期自2003年1月—2007年12月。2007年，实现地区生产总值332.9亿元；财政总收入33.1亿元，其中地方财政收入17亿元；全社会固定资产投资128.4亿元；农民人均纯收入6619元，城镇居民人均可支配收入1.4万元。工业规模企业由2002年的210家发展到500家，主营业务收入、利税、利润年均分别增长36%、26.4%和27.8%。农业优势地位更加突出，农业龙头企业增加288家，有215种农产品获得国家优质农产品认证，全市优质蔬菜基地达到60万亩；蔬菜博览会规模和影响逐年扩大，寿光蔬菜品牌效应进一步提升。第三产业繁荣发展，网上交易、连锁配送等现代营销方式发展迅速，现代物流、休闲旅游等成为经济增长新亮点，金融保险、邮政通讯等服务业加快发展。三次产业比例调整为14.5 ∶ 52.8 ∶ 32.7。

新一轮城市总体规划、城镇体系规划等编制完成，中心城区和小城镇的集聚功能增强。农村环境面貌明显改善，累计投入村庄基础设施建设资金15亿元，有300个村进入先进村行列。先后创建成国家园林城市、中国优秀旅游城市、国家卫生城市、国家环保模范城市。

城乡基础教育均衡发展，职业教育、成人教育融合发展，在全省率先基本普及高中阶段教育，普通高考本科上线率由42.2%上升到62.8%。卫生服务网络不断健全，群众就医条件得到改善。人口出生率始终控制在10‰之内。精神文明创建活动蓬勃开展，法律知识全面普及，市民素质普遍提高。先后获全国科技进步先进市、全国两基教育工作先进市、全国文化先进市、全国民政工作先进市、全国社会治安综合治理先进集体等称号。

第四节 第十五届人民政府

断限内任期自2007年12月—2010年12月。市政府在市委的领导下，在市人大及其常委会的依法监督和市政协的支持下，全面贯彻落实科学发展观，抢抓机遇、务实大干。国内生产总值、地方财政收入、进出口总额分别迈上450亿元、30亿元、15亿美元的新台阶，高新技术产业产值比重较2007年提高11.6个百分点，规模以上工业企业主营业务收入突破千亿元大关。

着力提升中心城区辐射带动能力，城市建成区面积扩大到49.5平方公里，城区绿化覆盖率达到44%。完成小城镇建设投入49亿元，城镇化水平达到55.5%。城乡环卫、污水处理、安全饮水等一体化工程加快实施，通过国家卫生城市复核，获得国家绿色能源示范市等称号。

城镇居民人均可支配收入、农民人均纯收入年均分别增长17.1%和12.8%。建成文化中心、建桥学校等一批重点民生工程，在全省率先实施新农保、新农合试点和基本药物制度，市财政用于民生领域的支出累计达到77.9亿元。被评为全国文化先进市、全国民政工作先进市和全国计生优质服务先进市。

认真贯彻落实市委决策，自觉接受市人大依法监督和市政协民主监督，人大议案、建议和政协提案按时办结率均达100%。坚持廉洁勤政，推进民主决策和政务公开，畅通社情民意表达渠道，财政资金使用规范透明，法制政府、阳光政府建设成效显著。

第四章 综合政务

第一节 调研与信息督查

调研 市政府政策研究部门始终按照市委、市政府的决策部署，重点围绕工业、农业、服务业发展和城乡建设、民生改善等重点工作开展调查研究。1991—1995年，围绕全市产值过百亿、强市上位次的奋斗目标，组织开展寿北开发、兴寿工程、名牌战略等方面的调研工作，形成调研报告、呈阅件140余篇，其中40余篇被市（县）政府主要领导签批，进入决策层。1996—2000年，参与筹办中国寿光国际蔬菜科技博览会，组织开展工业体制改革、农业现代化建设等重点领域的调查研究。2001—2005年，按照科学发展观的要求，开展新型工业化、“三农”工作、蔬菜品牌建设、招商引资等调研，在上级刊物发表文章100多篇，各类讲话、汇报300多篇。2006—2010年，开展工业提质增效、城乡统筹发展、加快民生建设等领域调研，参与国家园林城市、国家卫生城市和国家环保模范城市等称号的申报工作，累计形成调研报告121篇。

信息督查 1993年，信息督查科为县政府办公室内部科室。1995年，信息督查科拆分为信息科、督查科。1998年，信息督查科更名为秘书五科。2003年，秘书五科又更名为信息督查科，其职能为政务信息上报、对市政府领导安排的重点工作开展督查。2004年8月，信息督查科规格由股级升为副科级。2005年，信息督查科更名为信息网络科，同时调整为股级规格，其职能转变为信息搜集、上报、网络收发文。2007年，信息网络科更名为信息科，股级规格，负责全市政务信息的搜集、上报工作。同年6月，撤销督查科。1991—2010年，信息科共向上级提报《政务信息》1.6万条，《每日动态》4200余条，上报省、潍坊市信息4920条，其中880条被国务院办公厅、省政府信息处和潍坊市政府办公室采用。督查科对政府工作报告、市长办公会等确定的事项和重点项目建设情况开展督查，形成督查报告100多篇，为市政府领导及时准确掌握情况提供第一手资料。

第二节 史志编纂

1991年，县地方史志编纂委员会下设办公室，挂靠县政府办公室。1993年11月，市史志办公室与市党史办并入市档案馆。1995年9月，市政府办公室设立史志科，股级规格，行使从市档案馆析出的史志工作职能。1997年10月，撤销史志科，成立市史志办公室，为正科级事业单位，编制5人。2006年6月，增设业务指导科和年鉴科。

志书与年鉴编纂 1992年12月，历经10年编纂的《寿光县志》，由中国大百科全书出版社上海分社正式出版发行。次年，该书在全国新编地方志优秀成果评奖中获二等奖。至1995年，陆续完稿出版的部门志有《寿光人事志》《寿光供销社志》《寿光商业志》《寿光广播电视志》等20余部，乡（镇）志有《田柳乡志》《古城乡志》等10多部。村志有《尚家庄村志》等。1997年9月，《寿光年鉴》（1991—1995）正式出版，共82万字，是寿光市历史上第一部年鉴，也是潍坊市第一部县级年鉴，被评为全省年鉴特等奖。1999年5月，出版发行实用工具书《寿光指南》。

1996—2000年，指导编写、正式出版的基层志有《牛头镇村志》《邢姚村志》《东关村志》等10余部。2001年3月，出版《山东省志·诸子名家志》之《贾思勰志》，成为全省第一部由地方独立编写的人物志。2001—2005年，出版的史志类著述有《白话齐民要术》《寿光年鉴》（1996—2000）、《寿光民政志》等。2006—2010年，出版的志书有《寿光市人大志》《三元朱村志》《东关村志》（重修）等20余部。先后翻印1992版《寿光县志》，康熙版、民国版《寿光县志》，修订出版1960年版《寿光县志》。同时，指导10多个大姓宗族的族谱编修。2010年12月，根据《山东省地方史志工作条例》精神，市政府办公室出台《寿光市地方史志工作管理暂行办法》，从志书编修指导思想到篇目设置，从收集资料到印刷出版等都作出规范，寿光市成为潍坊市各县（市、区）第一个出台史志规章的县级市。

方志馆 市方志馆与市图书馆采取两馆共建、两馆共管、资源共享的方式运作，于2010年6月筹建，12月开馆。位于市文化中心4楼，建筑面积300平方米，是潍坊市最早建成的县级馆，成为全省仅次于广饶县方志馆的第二大县级馆。其间，通过寿光电视台、寿光网、《寿光日报》发征集文史资料启事，用《寿光县志》《寿光年鉴》以及各基层部门志与外地交换，以及购买、捐赠等方式，共征集、收藏各类志鉴、史料1000余种、5000余册，年均借阅量1000余人次。

第三节 外事侨务与港澳事务

1991年，侨务办公室、外事办公室分设，都属于县政府办公室内部科室。1993年，侨务、外事职能合并，称为外事侨务科。1996年，外事侨务科更名为市外事侨务办公室。2007年9月，成立市外事侨务局，正科级行政机构，挂靠市政府办公室。2010年12月，市外事侨务局更名为市外事侨务办公室，具体负责外事侨务工作。

外事 1991年始，外宾到寿光学习、旅游、考察的人数逐年增加。1992年、1993年，先后2次接待日本慈善机构代表团28人次。1994年4月，以色列农业部长率领农业代表团，参观考察寿光果树微喷灌技术和从以色列引进的大棚蔬菜滴灌技术。1995年12月，圭亚那外交部长率领政府代表团，参观胡营乡电动冬暖式蔬菜大棚和蔬菜批发市场。1996—2000年，全市共接待外宾350多人次，其中包括旅居韩国的华侨陈国章，加拿大阿尔伯特大学研究生院院长贾福相等。2008年8月，密克罗尼西亚联邦总统伊曼纽尔·莫里到寿光进行考察。至2010年，共接待来自23个国家和地区的外宾468批1583人次。

侨务及港澳事务 1995年，侨居海外的华侨、华人、港澳同胞共计4300多人，分别侨居在美国、日本、韩国、澳大利亚、加拿大、新加坡、法国等20多个国家。华侨的职业主要分布于联合国、侨居国的政府部门以及科研、工商、医疗等部门。海外华侨、华人在国外成立各种侨团组织，其中旅居美国南加州的山东华侨，于20世纪80年代初成立山东同乡会，第一、二任会长董信武，祖籍稻田镇西丹河村；第五任会长刘范英女士，祖籍寒桥镇肖家牟城村。1995年6月，中国驻韩国大使馆一秘兼秘书领事高善海亲临寿光调查了解国内侨情，寿光同乡会会长朱文耀率团一行7人第一次回到祖籍寿光，受到市政府热情接待，市侨办、侨联向同乡会代表团赠送“青山隔不断、绿水紧相连”锦旗。国家主席江泽民访问韩国时，有4名寿光籍华侨受到接见并合影留念。至2010年，有国外亲属为其国内眷属办理移民手续的共6人，分别侨居在美国、韩国、澳大利亚等国家。

1991—2010年，为归国华侨和侨眷解决实际困难320多件，春节走访慰问归侨侨眷800多人次。2006年，按照省侨办《关于发放归国华侨生活困难补助的通知》精神，对无退休金收入的归国华侨给予适当生活补助。2009年，按照潍坊市侨联《关于对侨资企业、归侨侨眷民营企业、港澳同胞在潍坊投资企业经济发展情况进行调研的通知》精神，为2家侨资企业解决生产难题5件。2010年7月，调整早期归国华侨企业退休职工生活困难补贴，由每人每月30元提高到每人每月150元。

当年共为130户归国华侨发放生活困难补助4.7万元。

1992年，新移民、侨居日本的国蕾女士（侯镇西河南一村），从日本争取到800万日元无偿捐款，建设寿光市中日友好学校。1996年，旅美华侨张政权，向寿光一中捐赠10万元，设立寿光一中张政权奖学基金。1998年起，旅韩华侨陈国章，在现代中学设立奖学金，每年捐赠人民币1.6万元。至2010年，华侨、华人、港澳同胞共为寿光捐赠折合人民币400万元。

第四节 政府法制工作

1990年4月，成立县法制局，为正科级行政单位，挂靠县政府办公室。1993年10月，市法制局更名为市政府法制办公室。1996年4月，恢复市政府法制局名称。1999年11月，加挂寿光市人民政府行政复议办公室牌子。2010年2月，更名为市人民政府法制办公室。寿光市先后被授予全省法制宣传工作先进单位、行政复议工作先进单位、依法行政工作先进单位等称号。

规范性文件管理 1991年始，不断建立和完善规范性文件制定体系，每年都按照法定权限和程序起草制发文件。凡属规范性文件，一律通过法制办审查把关才准予出台实施。至2010年，共审核出台规范性文件540余件。2010年，再次对市政府在依法行政“四五”规划期间出台的文件进行清理，共审查报备规范性文件100多件，对存在问题的30件予以废止和修订。市政府出台《寿光市规范性文件管理办法》，从制定计划、起草、审查、发布、备案、清理等方面进一步加以完善。

行政执法管理与监督检查 1995年7月始，实行执法责任制，加快法治政府建设进程。1996年始，实行罚缴分离制度，实施罚缴分离的单位与农业银行签订代收罚款协议，实行收支两条线管理。1997年始，实行行政处罚错案责任追究制度和行政执法证件管理制度，年均追究责任人1.2人，发放行政执法证件1600本。1998年始，实行重大行政处罚案件备案审查制度和行政处罚案件统计报告制度。2004年始，对相对集中行使的行政处罚权进行整合，将市容卫生、城市规划、城市绿化、环境保护及工商、公安等方面的法律、法规处罚权集中到市城市管理行政执法局。2005年，对全市各部门的行政处罚主体资格进行审查和清理，确认58个部门和单位具有行政处罚主体资格。2009年，推行行政处罚自由裁量基准制度，各部门制定相应的行政执法责任制文本。至2010年，市政府法制办每年对行政执法单位进行执法检查2次以上。先后对涉及城市规划、建筑市场、公路“三乱”（乱设站卡、乱罚款、乱收费）、农民减负等多部法律法规的贯彻执行情况进行跟踪检查，提出改进建议100多条，纠正违法行为10余起。

执法培训与法制宣传 1990—2003年，先后邀请省或潍坊市法院、政府法制部门及潍坊学院的专家、教授到寿光市举办培训班9期，培训执法人员3000余人，为3000多名执法人员办理行政执法证。1997年，《山东省行政执法证件管理办法》颁布实施之后，每2年一次办理、换发、审验行政执法证件，共办理行政执法证件1800多个，收缴离岗人员证件1500多个。《中华人民共和国行政复议法》实施后，先后为参加培训并考试合格的198名听证主持人和900名行政复议应诉人员办理资格证书，建立健全个人档案。2007—2010年，将每年的7月份定为依法行政宣传月，通过开辟专栏、举办电视讲座、开通电台行风热线、出动宣传车、上街散发宣传材料、解答群众咨询等形式，开展《中华人民共和国行政复议法》《中华人民共和国行政复议法实施条例》宣传工作。同时将每月15日定为领导干部学法日。寿光市领导干部学法用法的做法得到中组部、中宣部、司法部和全国普法办的肯定并在全国推广。

行政复议应诉 1991年开始开展行政复议应诉工作。2007年始，市财政每年拨付经费3万元，用于行政复议办案。2010年，落实潍坊市政府《关于推行相对集中行政复议职权和政府行政裁决职权工作实施方案》，成立寿光市人民政府行政复议裁决委员会，作为行政复议裁决工作的议事协调机构。委员会下设行政复议裁决办公室，原行政复议办公室同时撤销，工作职能整体转入行政复议裁决办公室。在有关部门、镇（街道）、社区聘用复议联络员900多人，获取信访信息，化解信访矛盾。建立信访、法制部门定期通报和案件移交制度，拓宽复议渠道，解决行政争议，通过信访渠道共移交复议案件25件。与市法院建立联席会议制度，不定期对典型案例进行讨论、沟通，提高办案效率和质量。1991—2010年，共审结行政复议案件240余起，代表政府出庭应诉25起，提供法律咨询3000多次，接待行政复议咨询1700多次。

第五节 金融工作

2005年，成立市金融证券业发展协调办公室，为正科级行政机构，隶属于市政府办公室。2010年，市金融证券业发展协调办公室更名为市金融工作办公室，由正科级行政机构改为市政府直属正科级事业单位，编制5人。至2010年年底，全市共有13家银行机构、29家保险机构、1家证券类机构、26家担保公司、3家小额贷款公司。

政策性农业保险试点 2006年10月，按照省政府确定的政策性农业保险试点工作部署，先后对小麦、大棚蔬菜、玉米和棉花等险种进行保险试点工作。2008年，共承保农业种植面积73.6万亩，赔付138.2万元。2009年，承保102.9万亩，赔付526.9万元。2010年，承保104万亩，赔付88.4万元。

农村贷款担保试点 2008年11月始，根据潍坊市关于加快农村金融改革的总体要求，实施以蔬菜大棚产权、农村住房产权、土地使用收益权为抵押的农村贷款担保新模式。2010年，又扩大到林权、海域使用权、渔船抵押贷款等。该模式先后被新华社、人民日报等中央媒体报道。2009年4月，寿光市获中国金融生态城市称号。同年9月，时任省委书记姜异康、副省长王仁元先后作出在全省推广寿光金融创新经验的批示。至2010年年底，累计发放贷款10亿元。

农村小额人身保险试点 2009年9月，寿光市被确定为全省首批开办农村小额人身保险工作试点县（市），该保险是一种保费低廉、保障适度，为低收入农民的疾病、死亡和残疾等特定风险提供的保险服务。至2010年年底，有2000多人参保。

企业上市 1996年，晨鸣纸业集团有限公司B股上市，募集资金5.5亿元港币。2000年11月，晨鸣纸业集团有限公司在深圳证券交易所A股上市，募集资金14.6亿元人民币，创山东省和全国造纸行业通过股市融资之最。2004年4月，山东墨龙石油机械股份有限公司在香港上市，注册资本4亿元。2006年12月，寿光市豪源化工有限公司在美国上市，投资总额3.3亿元，注册资本3亿元。2007年9月，山东寿光巨能金玉米开发有限公司在香港上市，投资总额4.6亿元，注册资本3.8亿元。同年11月，富氏食品（中国）有限公司在英国上市，投资总额2600万美元，注册资本2000万美元。2008年6月，晨鸣纸业集团有限公司H股在香港联交所主板上市，募集资金36亿元，成为全国首家A、B、H三种股票同时上市公司。2010年6月，中国新博润集团在美国纽约证券交易所主板上市，其上市主体为山东博润实业有限公司。1996—2010年，先后有6家企业的9支股票实现首发上市和再融资，累计从资本市场融资186.8亿元，在全省各县（市、区）位居前列。

政银企交流会 2005年前，市（县）政府、银行、企业3方各自履行职责，没有建立共同交流机制。2005年，由市政府主导建立起政府、银行、企业3方共赢的政银企合作交流会，促进银行与企业间的资金供需衔接，每年举办一届，至2010年共连续举办6届。2010年3月，邀请省内外19家银行组织召开政银企合作交流会，签订贷款授信协议333亿元。当年2月，寿光市被省政府授予金融生态环境建设模范奖。

第六节 行政审批服务

2003年3月，成立市行政审批中心，为正科级事业单位。2005年5月，市行政审批中心更名为市行政服务中心，内设办公室、业务科、督查科，编制14人。主要负责对部门审批及收费窗口的组织、协调、监督和管理。

市行政审批中心成立后，先后出台《行政审批中心操作规程》《窗口单位和工作人员考核办法》《考勤制度》《卫生制度》等18项规章制度。对审批事项推行“六制”（即办、承诺、并联审批、上报、补办、退回制）办理法。当年共设有服务窗口46个，审批服务项目360多项。2007年7月，建成潍坊市第一家网上行政审批服务系统。2008年8月始，推行领导现场审批制度，各派出窗口单位主要领导或分管领导定期到审批服务大厅窗口现场办公、现场审批。2009年9月，市政府出台《寿光市建设项目一口收费方案》，将全市建设项目涉及的行政事业性和经营服务性收费全部纳入市行政服务中心一口收取。同年10月始，设立专门收费窗口，按照“单位开票、银行收款、财政统管”的模式对各项收费统一进行管理。2010年7月，网上行政审批系统并入电子政务平台，与全市各部门（单位）审批业务实现互联互通。当年行政审批服务大厅共有窗口部门19个，工作人员80余人，各类行政许可和便民服务事项189项。至2010年，累计办理各类审批服务事项13.6万件，按时办结率100%，群众满意率99.9%；为投资者和人民群众提供咨询服务13.1万余人次。

寿光市行政服务中心外景（2010年摄）

第七节 农产品质量安全监督管理

村头市场整顿 市农产品质量安全监督管理办公室（简称市农安办）成立于2008年4月，为正科级全额拨款事业单位，挂靠市政府办公室。2008年前，全市的村头地边市场特别是蔬菜市场众多，这些市场对于满足人民群众生产生活需求发挥一定作用，但由于缺乏管理，运转不规范，秩序相对混乱，农产品质量安全存在隐患。2008年始，本着大村保留一个市场或几个小村共用一个市场的原则，按照“六有标准”（有固定交易场所、有稳定工作人员、有先进检测设备、有详细交易台账、有健全规章制度、有齐全前置许可）要求，对村头地边交易市场进行规范整合，对布局合理、设施完善、运转规范的交易市场，由工商部门统一办理营业执照，规范交易场所，健全交易台账，配备检测仪器，开展质量检测；对管理混乱、运转不规范的市场予以取缔。至2010年，全市共建设规范农产品固定交易市场800处，其中较大的有孙家集街道郑家村北的法学蔬菜市场和洛城街道东斟灌村的东斟灌彩椒市场，年交易量达1700万斤，年交易额5000万元。

质量检测 2008年5月，各镇（街道）相继设立农产品检测室，各农产品经营场所先后建立检测点，形成市、镇（街道）、市场3级农产品质量检测网络。各镇（街道）共配备流动检测车14辆、先进检测仪器26台，在村头地边市场安装检测设备575台。每月随机抽取2个镇（街道）的2个村所有大棚蔬菜和露天蔬菜进行检测。同年，对全市25万个蔬菜大棚进行统一编码、建档管理，与13万个蔬菜大棚种植户签订质量安全合同或责任状。2009年，建立全市农产品质量安全视频监控与信息管理平台，将各镇（街道）、“三品”（无公害、绿色、有机）基地、蔬菜生产加工企业、超市、市蔬菜交易市场检测室纳入视频监控和检测信息采集范围。同年6月始，先后对各镇（街道）农产品质量监管办公室、执法中队、各蔬菜市场、超市、农产品加工企业、农民合作组织负责人和检测人员等1290多人，进行法律法规以及检测理论、操作程序和仪器维修等系统培训。市农产品检测中心年均定性定量检测蔬菜样品1500个左右。对使用剧毒农药的2个蔬菜大棚进行销毁，对4名非法生产经营违禁农药者依法拘留。

第八节 市级机关事务管理

2002年1月，成立寿光市市级机关事务管理局，为市政府直属正科级事业单位，内设办公室、财务房产科、基建维修科、生活管理科、卫生保卫科。2007年，内设机构调整为办公室、财务科、房产基建科、设备管理维修科、卫生保卫科、后勤服务科。2009年，增设节能管理科，负责全市公共机构日常节能工作。

基础设施建设 2002年4月，市市级机关事务管理局印发《市级机关办公区管理规定》《市级机关生活区管理规定》《市级机关办公区、生活区维护与维修办法》，加强市级机关基础设施建设和管理维护。当年，投资4000余万元，完成市级机关9幢宿舍楼建设任务，全部达到潍坊市级以上优良工程标准。2004年，投资250万元，对市人大、市政协办公楼进行立面装饰。聘用6名工程师、2名技术员对机关住房工程质量实行全程监督和监理。2005年，筹资180万元，完成建筑面积1651平方米的单身职工公寓楼的审批、设计及配套工程建设和分配工作。2007年，投资200万元，对市委、市政府生活区内水、电、暖线路及院内道路进行改造。成立商务小区机关餐饮部，解决2000多名机关工作人员就餐问题。投资3900万元，在商务小区建成多媒体会议系统、计算机网络系统、楼宇自控系统、综合布线系统、车辆管理系统。2008年，投资300多万元，对市委、市政府生活区道路、供给水管道、供暖及绿化进行改造。2009年，投资720万元，翻建市政府生活区单身职工公寓楼2幢，建筑面积6479.5平方米，配套建设两层钢构换热机房1处。2010年，为商务小区各办公单位安装数字有线电视，对市委、市政府生活区照明设施进行改造，在商务小区东侧及北侧安装红外电子墙设施。对商务小区会务中心楼进行防水维修，维修面积1700平方米。

会议接待 2007年以前，会议接待由各单位自行负责。2007年，市市级机关事务管理局制定会议接待服务规章制度，规范会议流程。2008年共接待各种会议2000余场次，2009年共接待各种会议2134场次，2010年共接待各种会议2344场次。

第十七编

政协地方组织

寿光市政协按照政协全国委员会制定并通过的《中国人民政治协商会议章程》开展工作。历届政协委员由境内中国共产党、民主党派、无党派人士、人民团体、各界代表、台胞、归国侨胞的代表以及特邀人士组成。自1991年3月召开政协第四届第二次寿光县委员会会议，到2010年1月召开政协第八届第三次寿光市委员会会议，共召开20次政协寿光市（县）委员会全体会议。历届政协寿光市（县）委员会全体会议选举产生政协常务委员会，作为本级本届政协寿光市（县）委员会的常设机关，行使政协委员会的职权。

第一章　组织机构

第一节　领导成员

政协寿光县委员会成立于1979年12月，首届任期5年。之后，任期为每届3年，1993年始，调整为每届任期5年。1991—2010年，寿光地方政协历经5届，即第四、五、六、七、八届。王书德、姜洪佩、王炳富、王守福、王茂兴先后担任市（县）政协主席。

1991—2010年政协寿光市（县）委员会领导成员任职表

表17-1-1

届　别	职　务	姓　名	籍　贯	任职时间
政协第四届寿光县委员会（　—1993.02）	主席	王书德	山东寿光	—1993.02
	副主席	杨光成	山东寿光	—1993.02
		张继功	山东寿光	—1993.02
		孙占岐	山东坊子	—1993.02
		傅桂英	山东寿光	—1993.02
		魏涌洋	山东寿光	—1993.02
		组冠奎	山东寿光	1991.03—1993.02
政协第五届寿光市（县）委员会（1993.02—1998.01）	主席	姜洪佩	山东平度	1993.02—1998.01
	副主席	韩冠生	山东寿光	1993.02—1998.01
		张继功	山东寿光	1993.02—1998.01
		孙占岐	山东坊子	1993.02—1998.01

续表 17-1-1

届别	职务	姓名	籍贯	任职时间
政协第五届寿光市（县）委员会（1993.02—1998.01）	副主席	王焕新	山东寿光	1993.02—1998.01
		刘玉福	山东寿光	1993.02—1998.01
		栾玉芬	黑龙江拜泉	1993.02—1998.01
政协第六届寿光市委员会（1998.01—2003.01）	主席	王炳富	山东寿光	1998.01—2003.01
	副主席	刘玉福	山东寿光	1998.01—2001.02
		郝新阶	山东寿光	1998.01—2001.02
		张继功	山东寿光	1998.01—2001.05
		孙占岐	山东坊子	1998.01—2003.01
		栾玉芬	黑龙江拜泉	1998.01—2003.01
		梁行忠	山东寿光	1998.01—2003.01
		赵树森	山东寿光	2001.03—2003.01
		武恒祥	山东寿光	2001.02—2003.01
政协第七届寿光市委员会（2003.01—2007.12）	主席	王守福	山东寿光	2003.01—2007.12
	副主席	赵树森	山东寿光	2003.01—2006.02
		栾玉芬	黑龙江拜泉	2003.01—2006.02
		孙作生	山东寿光	2003.01—2007.01
		郑守林	山东寿光	2003.01—2007.12
		夏德起	山东寿光	2003.01—2007.12
		袁昌彪	山东寒亭	2003.01—2007.12
		陈洪国	山东寿光	2006.02—2007.12
		王茂兴	山东寿光	2007.01—2007.12
		王春花	山东寿光	2007.01—2007.12
		刘来源	山东寿光	2007.01—2007.12
政协第八届寿光市委员会（2007.12— ）	主席	王守福	山东寿光	2007.12—2009.01
		王茂兴	山东寿光	2009.01—
	副主席	王茂兴	山东寿光	2007.12—2009.01
		刘建安	山东寿光	2007.12—
		夏德起	山东寿光	2007.12—
		袁昌彪	山东寒亭	2007.12—
		陈洪国	山东寿光	2007.12—
		王春花	山东寿光	2007.12—2009.01

续表 17-1-1

届别	职务	姓名	籍贯	任职时间
政协第八届寿光市委员会（2007.12— ）	副主席	杨茂森	山东寿光	2009.01—
		陈明智	山东寿光	2009.01—
		丁世波	山东寿光	2010.01—
		崔建军	山东寿光	2011.01—
		寇振彦	山东寿光	2011.01—

第二节 县级政协机关

1991 年 3 月，县政协的办事机构建制设置为“一室、五委”，即办公室、提案信访委、文史资料委、经济科技委、祖国统一联谊委、文教卫生社会法制委。1995 年 11 月，调整为新的“一室、五委”，即办公室、经济科技委、学习委、提案委、祖国统一联谊委、文史资料委。1998 年 3 月，将文史资料委调整为学习宣传文史资料委，祖国统一联谊委调整为祖国统一“三胞”联谊委，增设专门委员会综合办公室。2004 年 6 月，专门委员会综合办公室改称研究室，祖国统一联谊委改称港澳台侨和外事委，学习宣传文史资料委改称文教卫生和文史资料委。

第三节 乡级政协联络组织

1991 年 3 月，全县 34 个乡（镇）政协工作联络委员会全部升格为正科级。1993 年 11 月，撤销政协工作联络委员会，各乡（镇）成立“一室、五委”，但多数乡（镇）政协联络委主任未免职。1995 年 1 月，重新恢复建立乡（镇）政协联络委员会。2001 年 3 月，再次撤销乡（镇）政协联络委员会，由乡镇（街道）党（工）委分管党务工作的副书记负责联系政协工作。各乡（镇、街道）政协联络组织随着行政区划变动而变动，至 2010 年，全市共有 9 个镇、5 个街道政协联络组织。各镇（街道）政协联络组织在各镇（街道）党（工）委的领导和市（县）政协的指导下，就当地政治、经济和社会事业建设，组织驻当地的政协委员，团结各界进步人士，围绕党政工作大局，开展调查和视察，提出意见建议。

第二章　全委会议

第一节　政协第四届寿光县委员会

第二次会议　1991年3月15—18日召开，与会委员201人，住寿光的省和潍坊市政协委员，各乡（镇）、县直部门（单位）负责人列席会议。县委副书记王天德到会讲话，县政协主席王书德作常务委员会工作报告，县政协副主席张继功作关于文史资料工作的报告，审议通过关于提案工作的报告。补选组冠奎为县政协副主席，袁卓震、曹金龙为常务委员会委员。通过大会决议。与会委员列席县第十一届人民代表大会第二次会议。

第三次会议　1992年3月10—13日召开，与会委员230人，住寿光的省和潍坊市政协委员，各乡（镇）、县直部门（单位）负责人列席会议。县委书记李光信到会讲话，县政协主席王书德作常务委员会工作报告，审议通过关于提案委工作的报告和其他各专门委员会工作情况的报告，13名委员交流为“四化”建设服务的经验。通过大会决议。与会委员列席县第十一届人民代表大会第三次会议。

第二节　政协第五届寿光市（县）委员会

第一次会议　1993年2月8—13日召开，与会委员207人，住寿光的省和潍坊市政协委员，各乡（镇）、县直部门（单位）负责人列席会议。县委书记马金忠到会讲话，县政协副主席张继功作常务委员会工作报告，审议各专门委员会工作情况的报告。选举产生县政协第五届常务委员会，委员35人。选举姜洪佩为县政协主席，韩冠生、张继功、孙占岐、王焕新、刘玉

政协第四届寿光县委员会第三次会议现场（1992年3月10日摄）

福、栾玉芬为副主席。通过大会决议。与会委员列席县第十二届人民代表大会第一次会议。

第二次会议 1994年3月15—18日召开，与会委员220人，住寿光的潍坊市政协委员，各乡（镇）、市直部门（单位）负责人列席会议。市委书记马金忠到会讲话，市政协主席姜洪佩作常务委员会工作报告，市政协副主席张继功作文史工作报告，市政协副主席孙占岐作提案委员会工作报告，审议通过其他专门委员会工作情况的报告，10名委员作大会发言。增选王乐义、陈永兴、孟庆元为常务委员会委员。通过大会决议。与会委员列席市第十二届人民代表大会第二次会议。

第三次会议 1995年3月21—24日召开，与会委员235人，住寿光的潍坊市政协委员，各乡（镇）、市直部门（单位）负责人列席会议。潍坊市委常委、寿光市委书记马金忠到会讲话，市政协主席姜洪佩作常务委员会工作报告，审议通过各专门委员会的工作报告，对市政协五届一次会议以来的优秀提案、优秀提案人、先进承办单位、办理提案先进个人进行表彰。补选王兴民等6人为常务委员会委员。通过大会决议。与会委员列席市第十二届人民代表大会第三次会议。

第四次会议 1996年1月26—29日召开，与会委员240人，住寿光的潍坊市政协委员，各乡（镇）、市直部门（单位）负责人列席会议。市委书记鞠法昌到会讲话，市政协主席姜洪佩作常务委员会工作报告，审议通过5个专门委员会的工作报告，学习人民政协工作者的光辉榜样匡宗仪有关先进事迹材料。增选赵树森为常务委员会委员。通过大会决议。与会委员列席市第十二届人民代表大会第四次会议。

第五次会议暨全市政协工作会议 1997年1月20—23日召开，与会委员230人，住寿光的潍坊市政协委员，各乡（镇）、市直部门（单位）负责人列席会议。市委书记鞠法昌，市委副书记、代市长刘命信到会分别讲话，市政协主席姜洪佩作常务委员会工作报告，审议通过各专门委员会工作情况的报告，表彰市政协五届三次会议以来22件优秀提案、10个先进提案承办单位、34名优秀提案人和21名办理提案先进个人。通过大会决议。与会委员列席市第十二届人民代表大会第五次会议。

第三节 政协第六届寿光市委员会

第一次会议 1998年1月14—18日召开，与会委员230人，住寿光的潍坊市政协委员，各乡（镇）、市直部门（单位）负责人列席会议。市委书记刘命信到会讲话，市政协主席姜洪佩作常务委员会工作报告，市政协副主席韩冠生作提案工作报告，审议通过其他各专门委员会的工作报告。选举产生市政协第六届常务委员会，委员46人。选举王炳富为市政协主席，刘玉福、郝新阶、张继功、孙占岐、栾玉芬、梁行忠为副主席，权林为秘书长。通过大会决议。与会委员列席市第十三届人民代表大会第一次会议。

第二次会议 1999年3月4—6日，与会委员222人，住寿光的省和潍坊市政协委员，各乡（镇）、市直部门（单位）负责人列席会议。市委书记刘命信到会讲话，市政协主席王炳富作常务委员会工作报告，市政协副主席梁行忠作关于提案工作的报告，审议通过各专门委员会的工作报告。增选王乐义、王宏志、韩清香为常务委员会委员。通过大会决议。与会委员列席市第十三届人民代表大会第二次会议。

第三次会议 2000年1月20—22日召开，与会委员226人，住寿光的省和潍坊市政协委员，各乡（镇）、市直部门（单位）负责人列席会议。市委书记刘命信到会讲话，市政协主席王炳富作常务委员会工作报告，市政协副主席梁行忠作提案工作情况的报告，表彰市政协六届一次会议以来优秀提案、承办提案先进单位和办理提案先进个人。通过大会决议。与会委员列席市第十三届人民代表大会第三次会议。

第四次会议 2001年3月2—5日，与会委员236人，住寿光的潍坊市政协委员，各乡（镇）、市直部门（单位）负责人列席会议。市委书记徐振溪到会讲话，市政协主席王炳富作常务委员会工作报告，市政协副主席梁行忠作提案工作报告，11名委员作大会发言。补选赵树森、武恒祥为市政协副主席，增选王平金等6人为常务委员会委员。通过大会决议。与会委员列席市第十三届人民代表大会第四次会议。

第五次会议 2002年2月21—23日召开，与会委员236人，住寿光的省和潍坊市政协委员，各乡（镇、街道）、市直部门（单位）负责人列席会议。市委书记徐振溪到会讲话，市政协主席王炳富作常务委员会工作报告，市政协副主席孙占岐作提案工作报告。通过大会决议。与会委员列席市第十三届人民代表大会第五次会议。

第四节 政协第七届寿光市委员会

第一次会议 2003年1月13—16日召开，与会委员235人，住寿光的省和潍坊市政协委员，各乡（镇、街道）、市直部门（单位）负责人列席会议。市委书记徐振溪到会讲话，市政协主席王炳富作第六届常务委员会工作报告，市政协副主席梁行忠作关于提案工作情况的报告。选举产生市政协第七届常务委员会，委员48人。选举王守福为市政协主席，赵树森、栾玉芬、孙作生、郑守林、夏德起、袁昌彪为副主席，权林为秘书长。通过大会决议。与会委员列席市第十四届人民代表大会第一次会议。

第二次会议 2004年2月6—8日召开，与会委员243人，住寿光的潍坊市政协委员，各乡（镇、街道）、市直部门（单位）负责人列席会议。市委书记徐振溪到会讲话，市政协主席王守福作常务委员会工作报告，市政协副主席郑守林作提案工作情况的报告。增补张文南等5人为常务委员会委员。通过大会决议。与会委员列席市第十四届人民代表大会第二次会议。

第三次会议 2005年2月24—26日召开，与会委员248人，住寿光的潍坊市政协委员，各乡（镇、街道）、市直部门（单位）负责人列席会议。市委书记徐振溪到会讲话，市政协主席王守福作常务委员会工作报告，市政协副主席郑守林作提案工作情况的报告，20名委员作大会发言。通过大会决议。与会委员列席市第十四届人民代表大会第三次会议。

第四次会议 2006年2月12—15日召开，与会委员249人，住寿光的潍坊市政协委员，各镇（街道）、市直部门（单位）负责人列席会议。潍坊市委常委、寿光市委书记徐振溪到会讲话，寿光市政协主席王守福作常务委员会工作报告，市政协副主席郑守林作提案工作报告，15名委员作大会发言。补选陈洪国为市政协副主席，增选李广学等4人为常务委员会委员。通过大会决议。与会委员列席市第十四届人民代表大会第四次会议。

第五次会议 2007年1月24—26日召开，与会委员258人，住寿光的潍坊市政协委员，各镇（街道）、市直部门（单位）负责人列席会议。市委书记刘中会到会讲话，市政协主席王守福作常务委员会工作报告，市政协副主席郑守林作提案工作报告，11 名委员作大会发言。补选王茂兴、王春花、刘来源为市政协副主席，寇振彤为秘书长，增选于家亭等 4 人为常务委员会委员。通过大会决议。与会委员列席市第十四届人民代表大会第五次会议。

第五节 政协第八届寿光市委员会

第一次会议 2007 年 12 月 10—13 日召开，与会委员 291 人，住寿光的潍坊市政协委员，各镇（街道）、市直部门（单位）负责人列席会议。市委书记刘中会到会讲话，市政协主席王守福作第七届常务委员会工作报告，市政协副主席郑守林作关于提案情况的工作报告。选举产生市政协第八届常务委员会，委员 57 人。选举王守福为市政协主席，王茂兴、刘建安、夏德起、袁昌彪、陈洪国、王春花为副主席，寇振彤为秘书长。通过大会决议。与会委员列席市第十五届人民代表大会第一次会议。

第二次会议 2009 年 1 月 7—9 日召开，与会委员 286 人，住寿光的省和潍坊市政协委员，各镇（街道）、市直部门（单位）负责人列席会议。市委书记刘中会到会讲话，市政协主席王守福作常务委员会工作报告，市政协副主席王茂兴作提案工作报告。补选王茂兴为市政协主席，杨茂森、陈明智为副主席，增选王光义等 11 人为常务委员会委员。通过大会决议。与会委员列席市第十五届人民代表大会第二次会议。

第三次会议 2010 年 1 月 12—14 日召开，与会委员 302 人，住寿光的省和潍坊市政协委员，各镇（街道）、市直部门（单位）负责人列席会议。市委书记孙明亮到会讲话，市政协主席王茂兴作常务委员会工作报告，市政协副主席刘建安作提案工作报告。补选丁世波为市政协副主席，增选尹克功等 9 人为常务委员会委员。通过大会决议。与会委员列席市第十五届人民代表大会第四次会议。

第三章 常务委员会会议

第一节 第四届县政协常委会议

1990 年 2 月 8 日—1991 年 3 月 17 日，政协第四届寿光县委员会召开第 1 次至第 7 次常委会议。会议传达省政协六届三次会议精神，学习中共中央《关于坚持和完善中国共产党领导的多党合作和政治协商制度的意见》、全国政协《关于政治协商、民主监督的暂行规定》，审议通过县政协 5 个专门委员会及其所属工作组的组成人员名单和政协办事机构负责人名单；通过政协寿光县委员会《关于政治协商和民主监督的实施细则》；传达学习全国、省、潍坊市统战工作会议精神和潍坊市政协七届十二次常委会议精神；听取县纪委关于廉政建设情况的通报，通过政协寿光县委员会《乡（镇）政协工作联络委员会工作简则》和增补政协常委名单；审议通过召开县政协四届二次会议的有关事项。

1991年4月16日—1992年3月12日，政协第四届寿光县委员会召开第8次至第14次常委会议。会议审议通过政协机关工作机构设置和人事任免事项；通报政府工作情况，县环保局通报全县环保工作情况，总结县政协工作，增补郭金銮等22人为县政协委员；研究贯彻落实县委工作会议精神、搞好搞活国营大中型企业和县乡骨干企业的问题；学习中共十三届八中全会、省委五届七次全委（扩大）会议和县委八届三次全委（扩大）会议精神，动员全县政协组织和政协委员，为开创农业和农村工作新局面献计出力；研究召开县政协四届三次会议有关事项。

1992年5月21日—1993年1月13日，政协第四届寿光县委员会召开第15次至18次常委会议。会议传达全县对外开放工作会议精神，审议县政协有关委室《关于我县农科教结合情况的调查报告》和《关于对全县商品鸡生产情况的调查报告》，增补权林、张自立为县政协委员；学习江泽民在中央党校的重要讲话，听取县直有关部门关于外向型经济开展情况和开发区建设情况的通报，通过优秀政协委员评选办法；学习中共十四大报告等文件；研究筹备召开县政协五届一次会议有关事项，通过《政协寿光县委员会提案工作条例》。

第二节 第五届市（县）政协常委会议

1993年3月22日—1994年3月17日，政协第五届寿光市（县）委员会召开第1次至第7次常委会议。会议传达潍坊市政协第八届一次会议精神，通过政协第五届寿光县委员会各专门委员会专业工作组人员名单（草案）、各专门委员会年度工作计划；听取关于建设经济强县工业、农业方面的情况，审议县政协经科委《关于我县部分工业企业发展情况的调查报告》；通过寿光撤县设市后政协的有关组织事项和县政协提案委提案办理情况的报告；听取全市外经外贸工作和开发区建设情况的通报、全市外向型经济和“三资”企业发展情况的调查报告；听取市计划委员会关于寿光市年度国民经济和社会发展预计完成情况及计划安排意见的报告；通报全市党政机关机构改革的情况；通过有关人事任免事项；研究召开市政协五届二次会议有关事项。

1994年6月2日—1995年3月23日，政协第五届寿光市委员会召开第8次至第12次常委会议。会议传达省政协七届六次常委会议精神，听取关于市属企业改制情况的介绍、关于全市税制改革情况的报告、关于全市企业股份制改造情况的调查报告，通过《寿光市政协联系社会各界人士和政协委员制度》《寿光市政协组织委员视察制度》《寿光市政协专门委员会活动制度》；听取市政协提案办理情况的报告、关于全市社会治安综合治理情况的调查报告、全市社会治安综合治理情况的通报；传达中共寿光市委《关于印发〈中共山东省委关于进一步加强人民政协工作的意见〉的通知》和中共寿光市委、寿光市人民政府《关于办理政协视察、调查报告的试行办法》，听取关于发展生态农业的研究和探索的报告、关于全市大中型企业发展情况的调查报告；增补王兴民等6人为市政协委员，通过有关人事任免事项；通过召开市政协五届三次会议有关事项。

1995年6月28日—1996年1月25日，政协第五届寿光市委员会召开第13次至第16次常委会议。会议听取关于沿海经济开发建设情况的调查与思考的报告和盐化工生产研讨会情况的报告，通过《关于加强市政协常务委员会建设的规定》和人事任免事项；通报政协提案办理情况；听取市政协关于非公有制经济发展情况的调查报告、关于待业青年和城镇退伍军人安置就业情况的调查报告；传达学习中共十四届五中全会、潍坊市政协八届十二次常委会议精神；研究筹备召开市政协五届四次会议有关事项，增选赵树森为市政协委员。

1996 年 1 月 29 日—1997 年 1 月 22 日，政协第五届寿光市委员会召开第 17 次至第 22 次常委会议。会议传达潍坊市政协有关会议精神，听取全市盐化工生产情况的调查报告、市政协主席会议关于农资市场管理和打击假劣农资协商情况的报告，通过人事任免事项；听取关于全市乡镇企业调查情况的报告、全市环保工作视察情况的报告，通报市政协五届四次会议提案办理情况；学习中共中央《关于加强社会主义精神文明建设若干重要问题的决议》；研究召开市政协五届五次会议事项。

1997 年 4 月 1 日—1998 年 1 月 9 日，政协第五届寿光市委员会召开第 23 次至第 26 次常委会议。会议传达全国政协八届五次会议、省政协七届五次会议、潍坊市政协八届五次会议精神；通报市政协五届五次会议提案办理情况，增补李振永等 17 人为市政协委员；传达中共十五大精神，听取关于视察农资市场和蔬菜批发市场的情况报告；研究召开市政协六届一次会议有关事项。

第三节 第六届市政协常委会议

1998 年 3 月 18 日 —1999 年 3 月 5 日，政协第六届寿光市委员会召开第 1 次至第 5 次常委会议。会议学习《中国人民政治协商会议章程》和《怎样做好政协提案工作》，通过《关于加强市政协常务委员会建设的规定》，协商决定市政协第六届委员会工作机构、办事机构的设置；通过人事任免事项；听取关于蔬菜出口情况的调查报告；传达潍坊市政协九届三次常委会议精神，听取关于个体私营经济发展情况的考察报告，通过常委会工作规则、专委会组织通则、提案工作规则，通报市政协提案办理情况；增补王乐义等 9 人为市政协委员，研究召开市政协六届二次会议有关事项。

1999 年 7 月 27 日—2000 年 1 月 21 日，政协第六届寿光市委员会召开第 6 次至第 9 次常委会议。会议听取审议关于个体私营经济调查情况的报告；通报市政协提案办理情况，讨论《关于我市果业生产情况的调查与建议》，集体观看市政协举办的“双庆一迎”（庆祝中华人民共和国成立 50 周年、人民政协成立 50 周年，迎接澳门回归祖国）书画展；研究召开市政协六届三次会议有关事宜。

2000 年 6 月 28 日 —2001 年 3 月 4 日，政协第六届寿光市委员会召开第 10 次至第 14 次常委会议。会议通过政协寿光市委员会《提案工作规则》、政协寿光市委员会《社会监督员工作规则（试行）》，通报市政协党组领导班子及领导干部“三讲”教育的情况；通报市政协提案办理情况，通过有关人事任免事项；讨论寿光市国民经济和社会发展第十个五年计划纲要（草案）、关于寿光市“十五”计划编制情况的说明；增补武恒祥等 14 人为市政协委员，研究召开市政协六届四次会议有关事项。

2001 年 7 月 26 日—2002 年 2 月 22 日，政协第六届寿光市委员会召开第 15 次至第 18 次常委会议。会议审议《关于加快我市农产品加工龙头企业发展的调查与建议》，通过干部任免事项；通报市政协提案办理情况，市环保局等单位和有关委员介绍办理优秀提案的经验；研究召开市政协六届五次会议有关事项和市政协机关干部任免事项。

2002 年 7 月 10 日—2002 年 10 月 18 日，政协第六届寿光市委员会召开第 19 次至 20 次常委会议。会议传达中共寿光市十届七次全委（扩大）会议精神，讨论《关于我市当前标准化生产情况调查及我们的建议》；通报市政协提案办理情况，审议《关于寿北农业开发情况的调查与建议》，传达省、潍坊市政协宣传发行工作会议精神，研究 2003 年市政协报刊征订工作的意见。

第四节 第七届市政协常委会议

2003 年 3 月 14 日—2004 年 2 月 7 日，政协第七届寿光市委员会召开第 1 次至第 7 次常委会议。会议审议通过《关于加强市政协常委会建设的规定》，传达潍坊市政协十届一次会议精神；3 次增补市政协委员共 11 人；协商通过增补市政协常委候选人名单；通报市政协提案办理情况；审议通过召开市政协七届二次会议的有关事项；2 次审议通过干部任免事项；审议通过市政协七届二次会议决议（草案）。

2004 年 6 月 29 日—2005 年 2 月 25 日，政协第七届寿光市委员会召开第 8 次至第 12 次常委会议。会议通过市政协更改有关委室名称及其主任、副主任相应任职的决定，讨论修改市政协《关于寿北开发情况的调研报告》；通报市政协提案办理情况；审议通过人事任免事项；2 次增补 16 名市政协委员；审议通过召开市政协七届三次会议的有关事项；审议通过市政协七届三次会议决议（草案）。

2005 年 7 月 6 日—2006 年 2 月 12 日，政协第七届寿光市委员会召开第 13 次至第 16 次常委会议。会议学习《关于加强市政协领导班子自身建设的意见》，审议通过政协寿光市委员会《提案工作规定》；通报市政协提案办理情况；审议通过召开市政协七届四次会议有关事项；增补王霞等 17 人为市政协委员。

2006 年 7 月 5 日—2007 年 1 月 10 日，政协第七届寿光市委员会召开第 17 次至第 20 次常委会议。会议审议通过政协寿光市委员会《关于学习贯彻〈中共中央关于加强人民政协工作的意见〉的意见》；通报市政协提案办理情况；先后研究干部任免事项 2 次，2 次共增补市政协委员 25 人；研究召开市政协七届五次会议有关事项。

2007 年 7 月 13 日—12 月 3 日，政协第七届寿光市委员会召开第 21 次至第 23 次常委会议。会议审议通过政协寿光市委员会《关于市政协委员参加活动履行职责的有关规定（试行）》；通报市政协提案办理情况；研究召开市政协八届一次会议有关事项。

第五节 第八届市政协常委会议

2007 年 12 月 13 日—2009 年 1 月 4 日，政协第八届寿光市委员会召开第 1 次至第 4 次常委会议。会议审议通过政协寿光市委员会《关于加强常务委员会建设的规定》；学习全国政协十一届一次会议精神，审议通过政协寿光市委员会常务委员会《工作规则》、政协寿光市委员会专门委员会《组织通则》、政协寿光市委员会《关于市政协委员参加活动履行职责的规定》，通过人事任免事项；学习中共十七届三中全会公报，通报市政协提案办理情况；先后 2 次共增补 15 名市政协委员；审议通过召开市政协八届二次会议的有关事项。

2009 年 3 月 31 日—2010 年 1 月 8 日，政协第八届寿光市委员会召开第 5 次至第 8 次常委会议。会议传达全国政协十一届二次会议精神，听取市计生局、建设局、经贸局、农业局工作情况的通报；通过有关人事任免事项；通报市政协提案的办理情况；先后2次共增补27名市政协委员；审议通过召开市政协八届三次会议有关事项。

2010年3月22日—11月9日，政协第八届寿光市委员会召开第9次至第11次常委会议。会议传达全国政协十一届三次会议精神，听取市交通局、卫生局、教育局、国土资源局、水利局、商务局工作情况的通报；通报市政协提案办理情况；学习中共十七届五中全会精神。

第四章　履行职责

第一节 提 案

第四届县政协共收到委员提案304件，经审查立案288件，至1992年9月底全部办复完毕。第五届市（县）政协共收到委员提案600件，经审查立案585件。其中，涉及经济建设方面的315件，科技、教育、文化、卫生、体育方面的138件，统战综合方面的132件，至1997年8月底全部办复完毕。第六届市政协共收到委员提案605件，经审查立案586件。其中，涉及经济建设方面的319件，科技、教育、文化、卫生、体育方面的140件，统战综合方面的127件，均在规定时限内办理完毕。第七届市政协共收到委员提案694件，经审查立案658件。其中，涉及经济建设方面的336件，社会事业方面的158件，民情民意等方面的164件，均在规定时限内办复完毕。第八届市政协共收到委员提案545件，经审查立案481件。其中，涉及改革发展和经济建设方面的214件，文化、教育、卫生方面的123件，社会保障、劳动人事、社会法制方面的144件，均在规定时限内办复完毕。委员对提案办理结果的满意率均达98%以上。

第二节 政治协商

第四届县政协就事关全县国民经济和社会发展的一些重大问题以及政府每个时期的重要工作进行协商。1991年，县政府出台《关于密切与人民政协的联系，加强政治协商、自觉接受民主监督的几项规定》。1993年，县政协出台《关于政治协商和民主监督的实施细则》。

第五届市（县）政协围绕建设小康市和实施名牌战略等一系列重大问题，通过听取报告、小组讨论、会议发言、书写提案等形式，搞好协商议政，累计提出意见建议1300多条，为市委、市政府科学决策提供依据。1997年，市政府出台《关于支持市政协履行政治协商、民主监督、参政议政职能的决定》。

第六届市政协围绕全市改革和发展大局进行民主协商。在对全局工作进行总体协商、专题协商的同时，通过对口协商会、专题议政会、咨议恳谈会等多种形式，围绕全市创新事业和关键工作进行协商。组织学校德育教育、下岗职工再就业、社会稳定工作、全市财税情况和经营城市等方面的协商活动。2000年，市委出台《关于进一步加强人民政协工作的意见》。

第七届市政协形成全委会集中协商、常委会专题协商、主席会重点协商制度。在每年召开的政协全委会上，委员们听取讨论《政府工作报告》，提出意见建议。2006年，市委出台《关于进一步加强人民政协工作的意见》，市政府出台《关于支持人民政协工作的意见》。

第八届市政协注重各个层次的协商议政，共召开全委会议4次、常委会议16次、主席会议48次、专题协商议政会议35次。2010年全委会上，委员们就《寿光市国民经济和社会发展第十二个五年规划纲要》进行协商，提出具有前瞻性和可操作性的意见。

第三节 参政议政

第四届县政协共组织专题调研8次，其中关于如何培肥地力增强农业后劲、部分企业污染现状及治理、小清河污染给养虾生产带来严重危害、农科教结合等方面的调查报告，引起县委、县政府重视。

第五届市（县）政协先后组织和完成调查活动73次，向市委、市政府报送调查报告70篇。其中关于市场农业发展、工业企业股份制改造、个体私营经济发展、社会综合治理、沿海经济开发建设、非公有制经济发展、寿北以鸭梨为主经济林开发利用等方面的意见和建议，进入市（县）委、市（县）政府的决策。先后举办盐化工生产理论研讨会、发酵工业发展研讨会、蔬菜生产及深加工理论研讨会、全市工业实现两个根本性转变理论研讨会，为全市经济工作热点、难点问题的解决提出合理化意见、建议。

第六届市政协共开展调研活动22次，提出各类意见建议136条。围绕工业投入、招商引资、城市建设、农资市场经营与管理、蔬菜生产、环境保护、卫生保健、高等教育、文化市场管理等问题开展一系列视察活动，对促进有关事业发展起到积极作用。

第七届市政协每年都根据年初全市三级干部会议精神，围绕全市经济社会发展大事、要事选题，积极参政议政。共组织专题调研54次，提出意见建议320余条，其中关于农业标准化生产、建设平安菜乡、科技创新、招商引资、大中型企业扩张、新型农村合作医疗、安全生产、人口和计划生育、对人文自然遗产保护开发利用等调研报告，被市委、市政府转发至全市。进入党政决策程序的意见和建议达85%。

第八届市政协共组织专题调研42次，其中关于农村社区建设、企业上市、成长型企业发展、旅游业发展、人才强市、自主创新、服务业发展、农产品质量安全、物流业发展等调研报告，被市级领导批示以《内部情况》转发至全市。2010年，按照市委、市政府意见，市政协就全市城乡一体化工作开展调研，调研报告所提建议得到采纳，市政府以寿政发〔2010〕46号文件印发《寿光市城乡环卫一体化实施办法》。

第四节 文史资料

1981年4月，寿光县政协成立文史资料工作组。1991年，编辑出版《辛亥革命在寿光》，收录文章6篇、3万余字。1992年6月，寿光县文史资料第10辑《陈少敏专辑》出版，计11万字。1993年，出版《文史资料选辑》第11辑，收录文章32篇、10余万字。1994年，编辑出版《寿光知名企业家风采》。1995年，编辑文史资料第12辑《抗日战争寿光纪实》（专辑），编辑出版《张成之书法集》。与市环保局联合举办蓝天杯书画大赛，展出作品160多幅。1996年，编印《文史资料选辑》第13辑，计12万字。与市交通局联合筹办迎香港回归书画展。1997年，成立寿光诗词学会，出版《寿光诗刊》迎香港回归专辑和《寿光诗刊》第2辑。1998年，先后出版《文史资料选辑》第15辑、《寿光书画集粹》。1999年，举办“双庆一迎”书画展。2000年，征集各类文史资料30余篇，共计15万字。2001年，与潍坊市政协共同承办山东省14市政协书画联谊潍坊会议暨书画作品展，展出作品200余幅。2002年，编辑出版文史资料第17辑《伟业忠魂》和120万字的《寿光文史资料汇编》。2003年，编辑出版文史资料第18辑《纪念寿光建市十周年专辑》，计20余万字。2004年，编辑出版文史资料选辑第19辑，收录史料21篇、17万字。举办市政协庆祝中华人民共和国成立55周年、人民政协成立55周年大型书画展，展出作品100余幅。参与筹办首届菜乡情全国百名画家中国画作品提名展。2005年，编辑出版文史资料选辑第20辑《寿光历史名人（一）》，收录史料15万字。筹办市政协庆祝中华人民共和国成立56周年大型书画展。承办潍坊市民盟在寿光举办的书画笔会活动。2006年，编辑出版文史资料选辑第21辑《李植庭传略》，计14万字。举办庆国庆潍坊市美协主席团成员书画作品展。2007年，编辑出版文史资料选辑第22辑《伟业忠魂》（中集），共22万字。举办市政协庆国庆书画名家作品展。编辑的《李植庭传略》一书获省优秀文史书刊二等奖。2008年，与市文化局共同举办刘延风国画精品展和庆祝国庆59周年、纪念改革开放30周年书画作品展。2009年，编纂出版《寿光市政协志（1979—2009）》，计102万字。编辑出版文史资料选辑第23辑《伯祥书记》，共36万字。举行寿光市、莒县政协书画联谊会笔会。举办庆祝中华人民共和国成立60周年、人民政协成立60周年书画摄影作品联展。2010年，成立寿光市人文自然遗产保护与开发促进会，举办庆祝中华人民共和国成立61周年书画作品展。

第五节 “三胞”联谊

政协外事委成立后，每年都开展“三胞”（港澳同胞、台湾同胞、海外侨胞）暨眷属走访活动，利用清明节、中秋节、春节3大传统节日对回乡探亲“三胞”，定居台胞，台资、外资企业负责人、眷属登门走访或召开座谈会、茶话会，宣传寿光的改革开放形势和经济社会建设情况，征求“三胞”和眷属的意见建议，帮助解决工作、生活中遇到的困难。1991年，召开70多人参加的纪念辛亥革命80周年座谈会。1992年、1994年，召开“三胞”暨眷属联谊座谈会。1997年，召开迎香港回归“三胞”暨眷属联谊座谈会和征文活动。2004年，市政协赴台湾进行考察和招商引资活动，宣传推介寿光的招商引资政策和项目。同年，市政协接待台湾桃园县政府及各级农会考察团一行74人。2009年，市政协参加潍坊市海峡两岸经济文化发展促进会代表团，赴台湾考察，国民党中央委员会副主席蒋孝严会见全体成员并进行交谈。

第十八编

社会团体

本编包括寿光市总工会、共青团寿光市委员会、寿光市妇女联合会、寿光市工商联合会、寿光市科学技术协会、寿光市残疾人联合会、寿光市文学艺术联合会7个社会团体。上述社会团体具有准政府组织性质，其主要任务、机构编制和领导职数直接由市委管理确定，同时很大程度上行使着部分政府职能。也有部分群团组织是政府部门牵头组建，其办公机构设在部门内部，办公室人员为部门正式工作人员，工作任务同部门统筹安排，如个体劳动者协会、消费者协会、计生协会等等。本编对上述社团及民间自发、由民政部门登记管理的社团组织不作记述。

第一章 总工会

第一节 组织建设

1991年，县总工会下设办公室、组织部、生产保障部、宣教部、财务部、女工部、工人文化宫，辖县总工会职工学校。全县共有基层工会组织250个，会员3.5万人。1992年2月，成立县总工会针织厂。1993年4月，县总工会职工学校更名为县职工中等专业学校，规格由副科级升为正科级。1994年4月，成立市职工篮球协会，7月成立市总工会实业公司，10月在全市34个乡（镇）设立乡（镇）工会工作委员会。1995年，全市建有乡（镇）企业工会56个、外商投资企业工会5个、股份制企业工会3个。2000年，全市建立7个工会联合会，覆盖基层工会组织350个，会员2000人。2004年5月，成立市困难职工帮扶中心。2005年，在全省率先开展党建带工建、工建促党建活动，新建工会569个，涵盖法人单位4246个，发展会员4.1万人。2006年，首次把农民工纳入到工会组织，被潍坊市总工会誉为“寿光模式”并在全潍坊市推广。2008年1月，古城街道成立总工会。之后，全市14个镇（街道）全部成立总工会。2010年，市总工会下设办公室、研究室、组

全国工会组织农民工入会工作现场经验交流会在寿光市召开（2007年9月摄）

织部、民管部、生产保障部、宣教部、财务部、女工部、职工维权中心。全市共有各类工会组织2410个，涵盖法人单位1.9万个，会员28.3万人。

第二节 代表大会

县总工会第十次代表大会 1993年3月3—4日召开。与会正式代表184人、特邀代表30人、列席代表168人。会议听取王效东代表县总工会第九届委员会作的《解放思想、团结奋进，在我县改革开放和经济建设中作出更大贡献》工作报告和工会财务工作报告；审议通过关于寿光县总工会第九届委员会工作报告的决议、寿光县总工会第九届委员会财务工作报告的决议、寿光县总工会第九届经费审查委员会工作报告的决议。大会选举产生县总工会第十届委员会委员27人，经费审查委员会委员5人。王效东当选主席。

市总工会第十一次代表大会 1999年4月14—15日召开。与会正式代表213人、特邀代表13人、列席代表184人。会议听取吴占堂代表市总工会第十届委员会作的《高举邓小平理论伟大旗帜，团结动员全市职工为实现我市跨世纪宏伟目标而奋斗》工作报告和工会财务工作报告；审议通过关于寿光市总工会第十届委员会工作报告的决议、寿光市总工会第十届委员会财务工作报告的决议、寿光市总工会第十届经费审查委员会工作报告的决议。市委副书记黄凤岩代表市委、市政府向大会致闭幕词。大会选举产生市总工会第十一届委员会委员27人，经费审查委员会委员5人。吴占堂当选主席。

第三节 主要活动

民主管理 1991年，实行职代会申报、审批、检查、通报制度，把召开职代会、职工意见建议落实情况列为年终评比内容。当年140个基层工会建立职代会制度，1995年增至252个。1997年，市总工会印发《民主评议领导班子和领导干部实施细则（试行）》，开始对全市19家大中型企业的领导班子和160名领导干部进行一年一次职代会民主评议。同年，印发《关于健全和完善企业职工（代表）大会审核制度的意见》，先后有143个单位按规定召开职代会，职工提案落实率达85%。全市30个改制企业中，有24个企业工会主席进入董事会。2000年，建立市总工会与市政府联席（联系）会议制度，就涉及职工切身利益且带有全局性的问题及时沟通。2003年，市总工会制定《关于深化厂务公开民主管理工作的意见》《寿光市厂务公开民主管理工作实施细则》，全市共有282个企事业单位推行厂（政）务公开制度。2006年，市总工会贯彻《山东省企业职工代表大会条例》，全市1.1万余名职工参加知识竞赛，获省总工会优秀组织奖。2009年，聘任200名厂务公开民主管理工作监督信息员，向市总工会及时反映和解决企事业单位存在的问题。2010年11月，潍坊市厂务公开民主管理工作现场经验交流会议在寿光召开，推广寿光经验。全市建立工会组织的非公有制企业厂务公开民主管理推行面达100%，其中非公有制企业职代会建制率100%。1991—2010年，职工共提合理化建议46万多条，创造效益6.1亿元。

维护职工权益 1991—1995年，筹资52万元，帮助困难企业职工1200多人。1997年，筹资60万元创建送温暖帮困再就业工程基金。开展献爱心、送温暖活动，有9000多名职工捐款10.2万元，救助困难职工126人，其中特困职工48人。2000年，市总工会制订《关于特困职工享受有关优惠待遇的意见》，为

凯马汽车制造有限公司职工开展技能比赛（2008年摄）

全市30个单位的49名特困职工发放优待证。2004年，推行平等协商签订集体合同制度，全市344家应签企业全部签订集体合同，市总工会被省总工会评为推进协调劳动关系先进单位。2006年10月，召开全国工会推进女职工权益保护专项集体合同现场经验交流会议，寿光作为全国唯一县级工会介绍经验。2009年，对全市1100多家企业一线职工开展夏季送清凉活动，惠及职工9.8万人。市总工会获全国职工互助保障工作先进单位称号。2010年，全市有1995家企业参与劳动关系和谐企业创建，创建率100%，涵盖职工21.2万人，其中规模以上企业全部达到劳动关系和谐企业标准。全市开展工资集体协商企业1106家，涵盖职工13万人，其中规模以上企业推行面100%。普推“一合同两协议”（集体合同，劳动安全卫生专项协议、女职工专项协议），全市规模以上企业“一合同两协议”签订率100%，职工满意率98%。

技术比武与劳动竞赛 1991年，开展质量、品牌、效益年活动，创出仙霞西服、晨鸣机制纸、奥蕾啤酒、齐民思白酒、风筝牌刨花板等一系列名优产品，涌现出552名质量能手、198名革新能手、275名节约能手、621名服务能手。1997年始，开展劳动竞赛和窗口行业优质服务竞赛，参赛职工3万人，创优质产品39个。2004年始，开展多种形式的劳动竞赛和技能比赛360场次，举办技术练兵130场次，参加职工1.4万人次。2009年，举办各类技术技能比赛266场次，推广应用新工艺新技术154项。联盟化工集团净化Ⅱ车间被授予山东省工人先锋号称号。2010年，组织参加第三届山东省职工优秀技术创新成果评选和潍坊市第四届职工职业技能大赛叉车、钳工比赛，其中叉车比赛包揽冠、亚军。

劳动模范评选 1991—2010年，先后有156人被寿光市政府授予寿光市劳动模范称号，530人获寿光市总工会颁发的富民兴寿劳动奖章；100人被潍坊市政府授予潍坊市劳动模范称号，53人获潍坊市总工会颁发的富民兴潍劳动奖章；17人被省政府授予山东省劳动模范称号，37人获省总工会颁发的富民兴鲁劳动奖章；6人被国务院授予全国劳动模范称号，8人获全国总工会颁发的五一劳动奖章。

1995—2010年寿光市全国及省劳动模范名录

表18-1-1

姓名	性别	工作单位及职务	荣誉称号	授予时间
陈永兴	男	寿光造纸集团股份有限公司董事长	全国劳动模范	1995.04
王乐义	男	孙家集镇三元朱村党支部书记	全国劳动模范	2000.05

续表 18-1-1

姓名	性别	工作单位及职务	荣誉称号	授予时间
李雪芹	女	山东晨鸣纸业集团股份有限公司审计部长	全国劳动模范	2000.05
薛茂林	男	鲁丽集团有限公司董事长、党委书记	全国劳动模范	2005.04
陈洪国	男	山东晨鸣纸业集团股份有限公司董事长、党委书记、总经理	全国劳动模范	2010.04
李学海	男	山东寿光北海滩涂养殖公司董事长	全国劳动模范	2010.04
薛临友	男	寿光县实验中学教师	山东省劳动模范	1992.04
郝俊惠	男	寿光市啤酒厂厂长	山东省劳动模范	1995.04
薛茂林	男	鲁丽集团有限公司董事长、党委书记	山东省劳动模范	1998.04
王金栋	男	山东仙霞集团总经理	山东省劳动模范	1998.04
李雪芹	女	山东晨鸣纸业集团股份有限公司审计部长	山东省劳动模范	1998.04
刘子祥	男	山东齐民思集团总经理、党委书记	山东省劳动模范	1998.04
孙福荣	男	孙家集镇钓鱼台村党支部书记	山东省劳动模范	1998.04
丁立华	男	羊口镇党委副书记、山东圣海集团公司总经理、党委书记	山东省劳动模范	2003.04
陈洪国	男	山东晨鸣纸业集团股份有限公司董事长	山东省劳动模范	2003.04
王新建	男	寿光市新丰淀粉有限公司总经理	山东省劳动模范	2003.05
田其祥	男	山东寿光巨能控股集团有限公司董事长、总经理	山东省劳动模范	2003.05
郭笃华	男	侯镇东岔河村党支部书记	山东省劳动模范	2003.05
张云三	男	山东墨龙石油机械股份有限公司总经理	山东省劳动模范	2008.04
杨志强	男	山东联盟化工集团有限公司董事长、总经理、党委书记	山东省劳动模范	2008.04
范学祖	男	圣城街道城里社区党委书记	山东省劳动模范	2008.04
郭洪谦	男	寿光市天成食品有限公司董事长	山东省劳动模范	2008.04
董宜顺	男	山东凯马汽车制造有限公司党委书记、总经理	山东省劳动模范	2008.04

第二章 共青团

第一节 组织建设

1992年，成立县青少年服务中心，为股级事业单位。1995年，共青团市委内设办公室、团务部，均为股级规格。全市共有共青团员5.3万人，其中女团员1.9万人。共有基层共青团委120个、团总支106个、团支部2171个。1998年6月，成立市青少年活动中心，为股级事业单位。2004年11月，成立市关心下一代工作委员会办公室，为股级事业单位。2007年，市青少年活动中心改为企业，主要开展节假日、双休日少儿艺术培训工作。2010年，全市共有共青团员、青年29.3万人，基层共青团委71个、团总支（支部）2213个。2002年、2009年，孙家集镇（街道）三元朱村团支部先后获团中央五四红旗团支部称号。

第二节 代表大会

共青团寿光市第十三次代表大会 1994年5月13—14日召开，与会代表290人，其中女代表77人。会议听取并审议韩文国作的《团结带领全市团员青年为振兴寿光而努力奋斗》工作报告。选举产生共青团寿光市第十三届委员会委员35人、常委9人、候补委员5人。韩文国当选书记。

共青团寿光市第十四次代表大会 1998年4月7—8日召开，与会代表205人。会议总结第十三次团代会以来的工作，部署新时期共青团工作任务，对全市132个先进团（总）支部、134名优秀团干部进行表彰。会议号召全市团员青年进一步解放思想、更新观念、抢抓机遇，为寿光的改革开放和现代化建设作出更大贡献。选举产生共青团寿光市第十四届委员会委员40人、候补委员7人。李华刚当选书记。

共青团寿光市第十五次代表大会 2002年4月6日召开，与会代表185人，其中女代表48人。会议听取审议杨维田作的《以“三个代表”重要思想为指针，再铸二十一世纪寿光共青团事业的辉煌》工作报告。选举产生共青团寿光市第十五届委员会委员41人、常委9人、候补委员7人。杨维田当选书记。

共青团寿光市第十六次代表大会 2007年8月9—10日召开，与会代表272人，其中女代表104人。会议听取审议桑海强作的《与时俱进、务实创新，在建设富强和谐新寿光的伟大实践中贡献青春》工作报告。选举产生共青团寿光市第十六届委员会委员41人、常委9人、候补委员8人。桑海强当选书记。

共青团寿光市第十七次代表大会 2010年11月22日召开，与会代表267人。会议听取审议苗光彬作的《勇担时代重任、弘扬青年新风，团结带领广大团员青年为建设城乡一体均衡寿光而奋斗》工作报告。选举产生共青团寿光市第十七届委员会委员34人、常委9人、候补委员7人。苗光彬当选书记。

第三节 主要活动

青少年思想教育 1992年始，开展学赖宁、爱劳动、争十星活动，发放各类星60万颗，家庭监督表5万多份，次年参与活动的学生达8万多人。2000年，开展让未成年人远离三厅一台（歌舞厅、录像厅、电子游戏厅，电话信息台）活动。2006年，开展寿光党史知识教育活动和传承长征精神、弘扬民族精神主题教育活动，提高青少年道德情操和参与现代化建设的能力。2008年，组织实施“收旧利废红领巾”行动，提高青少年环保意识。2009年，组织关爱工作团深入中小学学校、社区，对青少年学生进行法制宣传教育20场次，近5万名中小学生受到教育。2010年，举办“低碳生活你我同行”演讲比赛暨金点子展示大赛，来自全市14个镇（街道）和市直学校的40多名中小学生参加比赛。

青年志愿者行动 1994年始，开展“学习雷锋、学习徐洪刚、热心献社会、真情暖人间”青年志愿者活动，重点开展以助残、敬老、爱幼、尊师、扶贫为主要内容的青年志愿者一对一服务。1995年，共组织70多支青年志愿者队伍，3000多名青年志愿者参与活动。1998年，开展“让圣城更美丽——青年志愿者在行动”和青年志愿者“1+1”帮困活动，全市共有100余名青年志愿者与下岗青年工人结成帮扶对子。2000年，开展“110青年志愿者服务”活动，在全市成立110青年志愿者服务队25支，配合市公安局“110”指挥中心开展工作。2003年，开展创三城、万名青年志愿行动，有1万余名青年志愿者每月轮流上街打扫卫生、清除垃圾，为三城创建奉献青年力量。2006年，开展青年志愿者“文化助残”活动。2010年，开展关爱农民工子女志愿服务行动，参与志愿者300余人。

青年文明号创建活动 1994年始，开展青年文明号创建活动。青年文明号是以青年为主体，在生产、经营、管理和服务中体现高度职业文明、创造一流工作成绩的青年集体、青年岗位和青年工程。当年，全市首批命名青年文明号的单位和个人50个。之后，多次进行青年文明号的评选活动，至2010年，共命名青年文明号967个，全市青年立足本岗位诚实劳动、文明从业观念进一步加强。

希望工程 1993年始，开展希望工程百万爱心行动，共捐款5.9万元，救助失学儿童85人。1994年，设立希望工程基金，共捐款6.6万元，救助困难学生216人。1995年，开展希望工程爱心储蓄活动，共存款305万元。1997年，开展希望工程百万企业献百元活动，共捐款6.3万元。1998年，组织希望工程志愿者劝募行动，共向遭受洪灾地区捐款13万元。希望工程累计捐款23.9万元，救助失学或濒临失学儿童1146人，资助建设希望小学1所。2000年，开展献爱心、扶困助学活动。2006年，开展“希望工程3+1”活动。2010年，开展寻找阳光学子爱心捐赠行动，向全市中小学贫困学生捐赠价值188万元的眼镜片。实施希望工程圆梦大学行动，共筹集资金13.8万元，救助困难学生95人。

第三章 妇女联合会

第一节 组织建设

1991年，县妇女联合会（简称县妇联）辖党政机关、科教文卫事业单位妇委会6个，乡（镇）妇联34个，基层妇代会1006个。1994年，在九巷蔬菜批发市场、西苑商场设立2处市场妇代会。1995年，成立市少年儿童工作委员会，隶属于市妇联。1996年，成立市妇女儿童工作委员会，隶属于市妇联。2001年，建有乡（镇、街道）妇联共21个。2002年，与市司法局联合成立市妇女维权服务中心。2004年，市妇联内设办公室，辖14个镇妇联、5个街道妇联、22个市直妇女组织、1个女企业家协会。2010年，市妇联有行政编制5人，辖14个镇（街道）妇联、975个村妇代会、60个市直部门（单位）妇（工）委会、1个女企业家协会、1处“阳光大姐”家庭服务中心。

第二节 代表大会

寿光市第十二次妇女代表大会现场(2009年11月16日摄)

1991—2010年，共召开4次妇女代表大会。

市第九次妇女代表大会 1993年11月11—12日召开，与会代表300人。大会审议通过刘金惠代表市妇联八届执委作的《解放思想、开拓进取，为振兴寿光经济建功立业》工作报告，表彰全市“三八”红旗集体、“三八”红旗手、五好家庭、优秀妇女工作者、巾帼建功能手、“双学双比”女能手和优秀家长。选举产生市妇联第九届执委31人，刘金惠当选主席。

市第十次妇女代表大会 1999年4月26—27日召开，与会代表318人。大会审议通过陈金兰代表市妇联第九届执委作的《高举邓小平理论伟大旗帜，团结带领全市妇女胜利迈向21世纪》工作报告，表彰全市50个“三八”红旗集体和150名“三八”红旗手。选举产生市妇联第十届执委31人，陈金兰当选主席。

市第十一次妇女代表大会 2004年10月17—18日召开，与会代表336人。大会审议通过王爱香代表市妇联第十届执委作的《以科学发展观为指导，团结动员全市妇女为全面建设小康社会而奋斗》工作报告，表彰全市60个“三八”红旗集体、165名“三八”红旗手和30名科技致富女能手。会议选举产生市妇联第十一届执委35人，王爱香当选主席。

市第十二次妇女代表大会 2009年11月16日召开，与会代表337人。大会审议通过杨秀英代表第十一届执委作的《深入学习实践科学发展观，团结动员全市妇女为建设魅力寿光、开创科学率先发展新局面而奋斗》工作报告，表彰全市“十大创业女杰”“三八”红旗集体、“三八”红旗手、红旗妇代会、优秀妇女干部和科技致富女能手。会议选举产生市妇联第十二届执委37人，杨秀英当选主席。

第三节 主要活动

“双学双比”竞赛 1991年，在全县农村妇女中开展学文化、学技术、比成绩、比贡献的“双学双比”竞赛活动。举行全县妇女农业技术知识抢答赛，县、乡、村三级妇女干部1200余人参赛，评出一、二、三等奖15人。1995年，建立市、乡、村三级农村妇女科技培训网络，开展农村妇女科技培训，建立巾帼科技示范基地、培训基地、见习基地23处。1998年10月，省妇联、省农业厅联合在寿光市召开“百万农家女、十大新技术”培训推广经验交流会，推广寿光经验。至2000年，全市各级妇女组织共举办各类农技培训班1000多期，组织万名妇女农业知识答卷活动3次，系统培训妇女骨干10万余人。2001年始，将推行农业标准化纳入农村妇女“双学双比”竞赛活动内容。至2005年，共举办农业标准化生产和无公害蔬菜生产技术培训班1330多期，培训妇女55万多人次，覆盖面达95%以上，有80%的农村妇女掌握2种以上新技术。2006—2010年，举办各类培训班2000余期，培训妇女15万多人次，农村妇女培训覆盖面100%。共建成由妇女领办、参办的合作组织178个，以妇女为主体的标准化果蔬示范基地45万亩，标准化养殖基地600个，“妇字号”企业200家，“三八”绿色工程773个。

“巾帼建功”竞赛 1991年始，开展“巾帼建功”竞赛活动，组织城镇广大妇女岗位练兵、岗位奉献、岗位建功、岗位成才，争创巾帼文明岗，争当岗位明星。1994年，在城区各专业市场开展“巾帼文明商号”创评，至1995年，全市各行各业组织练兵比武500场次，表彰巾帼能手、女明星、女标兵350人，先进集体27个，其中受省、潍坊市级表彰25人。1998年6月，市妇联印发《关于在全市城镇女职工中继续深入开展巾帼建功竞赛活动的意见》，在全市各行各业女职工中开展争创巾帼文明岗和岗位明星活动，向社会重点宣传100名岗位标兵。2001年始，对巾帼文明岗实行动态规范化管理。2006年始，围绕新农村建设开展巾帼示范村创建活动。2007年，孙家集街道三元朱村被评为首批全国妇联巾帼示范村。2010年，全市共创建省级巾帼示范村3个、潍坊市级16个，各级巾帼文明岗232个，各级岗位明星355人，有1人被全国妇联评为全国城乡妇女岗位建功先进个人，市妇联被省妇联评为巾帼建功竞赛活动先进单位。

维护妇女权益 1991年始，建立市、乡、村三级信访网络，每年都举办大型法律宣传活动。1992年4月，《中华人民共和国妇女权益保障法》颁布实施后，开展宣传月活动，共印发宣传材料1万份，举办广播讲座4次。至1995年，县、乡两级妇联共举办法律知识培训班650期，培训妇女骨干4.5万余人次。共处理妇女信访案件4500件次，结案率98%，配合有关部门解救被拐卖妇女40人。当年，市妇联被省妇儿工委评为维护妇女儿童合法权益先进单位。1996—2000年，共印发维护妇女合法权益宣传材料20万份，张贴宣传标语1万多条，普法文艺演出2000多场次，举办法律知识讲座45次。受理妇女群众来信来访812件，处结率98%以上。2002年，与市司法局联合成立市妇女维权服务中心，开通“148”妇女法律咨询热线，聘请10名律师为妇女维权法律顾问。至2005年，共受理妇女群众来信来访860多件，接待妇女法律咨询1500多人次，案件处结率保持在98%以上。2008年，与市法院联合开展家庭纠纷案件委托调解工作，至2010年共调解家庭纠纷案件86件。同年始，开展平安家庭和零家庭暴力村庄（社区）创建活动，先后建成5处省级或潍坊市级妇女维权岗。2009—2010年，全市妇联组织共处理信访案件300多件，处结率达99%以上，先后为140多名妇女申请司法援助。1992年、1997年、2000年、2008年，市妇联分别被省妇联评为全省妇联系统信访工作先进集体。

春蕾计划 1995年6月始，实施救助失学女童“春蕾计划”，先后开展春蕾计划城乡手拉手结对、优秀春蕾女童事迹报告会、牵手留守儿童温暖行动等活动16场，在各乡（镇）举办捐助仪式50余次。全市有220名贫困儿童得到资助，其中有35名女童被资助到初中毕业。至2000年，全市共结春蕾对子600多个，资助贫困学生1万多人次，其中有

1200 名贫困学生完成学业。2001—2005 年，社会各界捐款捐物计 80 多万元，资助贫困女童 3000 多人次，缔结长期帮扶对子 320 多个，有 70 多名受助女童被评为寿光市级以上优秀春蕾女童。2007 年始，面向贫困儿童发起女企业家代理妈妈活动，向社会公开设立“牵手春蕾、奉献爱心”捐助账户。至 2010 年，共有 60 多名孤儿找到代理妈妈，500 多名贫困儿童得到长期有效救助，80 多名贫困母亲脱贫致富。

第四章 工商联合会

第一节 组织建设

1956 年，成立县工商业联合会（简称县工商联），1970 年撤销。1994 年 10 月，恢复市工商业联合会，为正科级行政单位，编制 4 人。1995 年，共有会员 2154 人，其中个体会员 1970 人、企业会员 183 人、团体会员 1 人，下设 30 个乡（镇）商会。2010 年，成立浙江商会、江苏商会和福建商会 3 个异地商会，成立市盐业、畜牧业 2 个行业商会。市工商联编制 4 人，无内设机构。全市共有会员 1295 人，其中企业会员 1051 人、团体会员 19 人、个体会员 225 人。

第二节 代表大会

县工商联自恢复建立至 2010 年，共召开 3 届会员代表大会。

第三届会员代表大会 1994 年 10 月 12 日召开。会议听取姜顺田作的大会筹备工作报告；审议通过寿光市工商业联合会第三届会员大会决议和大会发给全市工商业界的倡议书。选举产生由 42 人组成的市工商业联合会第三届执行委员会，姜顺田当选会长。

第四届会员代表大会 2000 年 12 月 27 日召开，与会代表 159 人。会议听取审议通过姜顺田代表市工商联第三届执行委员会作的工作报告，市委书记徐振溪到会讲话。选举产生寿光市工商业联合会第四届执行委员会委员 33 人，姜顺田当选会长。

第五届会员代表大会 2009 年 12 月 4 日召开，与会代表 169 人。会议听取审议通过袁志刚代表市工商联第四届执行委员会作的工作报告。大会选举产生寿光市工商业联合会第五届执行委员会委员 65 人，袁志刚当选主席。

第三节 主要活动

1995 年，对个体私营经济代表人士和会员开展 2 次创业教育，印发《发展个体私营经济文件汇编》2500 余册，先后为 6 名会员解决发展资金 35 万元。办理来信来访案件 6 件。1995—1999 年，开展“光彩事业”扶贫活动，先后捐款捐物资助社会公益福利事业 30 多万元。2000 年，非公有制经济人士共为社会公益福利事业捐款 300 多万元。有 50

多家民营企业先后安置下岗职工300多人。2005年5月，创办寿光总商会网络信息服务平台，设商会动态等12个板块。同年始，聘请国内专家举办民营企业管理论坛，每年举办4期，首期与会企业120多家，与会企业董事长、总经理、管理骨干3200多人。2001—2005年，共为50多家企业的5900多名干部职工进行培训。为社会公益福利事业捐款捐物价值1200多万元。民营企业提出60多条维权提案，均得到落实。2010年1月，开通市工商联网站，及时公开政策法规、人才招聘、会员活动等信息。4月，开展千名干部访万户活动，先后为30多个贫困户送致富书籍170册。5月，以市委党校为依托建立市工商联培训基地。

第五章　科学技术协会

第一节　组织建设

1991年，县科学技术协会（简称县科协）内设办公室、科普科，辖直属事业单位科技咨询服务中心、果树实验中心。1993年12月，保留市科协名称，其职能及人、财、物并入市科学技术委员会，乡（镇）科协亦撤并到乡（镇）科教文委。1996年12月，复设市科学技术协会，内设办公室、科普部、学会部、科技咨询服务中心。2003年11月，成立市反邪教协会，与市委防范和处理邪教问题领导小组办公室合署办公，为正科级事业单位。2007年3月，市反邪教协会划归市科协管理。2010年，市科协设有办公室、科普部、学会部，均为股级规格，有干部职工9人。

第二节　主要活动

科普宣传　1990年5月始，每年开展一次科普宣传月活动，集中进行科普宣传和科技、文化、卫生“三下乡”活动，强化全民科技意识，提高全民科技文化素质。至1995年，共举办各种科技讲座900余场次、听众达5万人次，组织赶科普大集200余场次，举办科技展览30余场，印发科技资料20余万份，举办科技兴农知识竞赛2次，引进推广实用技术30余项。1996—2000年，全市推广新技术、新品种136项，举办科技报告会、科技讲座680场次，播放科技电影和科技录像带2335场次，为农民解决生产中技术难题1926个。2001年始，开展科普一条街活动。2004年，聘请大专院校科研单位专家教授到寿光讲学和技术指导32人次，组织学术交流43次。2005年始，组织实施科普村村通工程，在全市每个村建设1处科普宣传栏，每个宣传栏每年张贴12期以上科普挂图、科普资料及科技市场信息。2006年，寿光市被省科协确定为全省“一站、一栏、一员”建设工作试点单位。建立镇、村两级科普活动站。至2010年，共制作发放科普挂图8期，每期975套；制作发放科普光盘15种、2.3万余套；发放科普图书 7 种、4 万余本。

科技交流与创新 1993 年下半年，加拿大生防专家实地考察蔬菜生产情况，提出利用生物防治病虫害的具体措施。1994—1996 年，进行学术交流 642 次，其中参加全国交流 31 人次。举办会刊 214 期，提合理建议 1425 条。1997—2002 年，在各种刊物发表科普文章 368 篇，其中国家级 45 篇。撰写科技论文 986 篇，其中获省科技论文奖 48 篇。引进推广重大科技项目 124 项，上报科研成果 136 项，申报潍坊市青年科技奖 78 项，其中 58 项获潍坊市奖励、12 项获潍坊市青年科技奖，尿素四改六技术改革等 6 个项目获省优秀成果一等奖。2006 年，组织有关企业参加海峡两岸科技成果交流暨百名院士潍坊行活动，达成技术合作意向 11 项，解决技术难题 9 个。2009 年，与荷兰科伯特有限公司、中国科学院、北京农林科学院签订《蔬菜病虫害生物防治科技合作协议》，探索利用病虫害天敌防治蔬菜病虫害技术。2010 年，全市企业科协共完成技术攻关 336 项，难题招标 152 项，献技献艺新技术演示 123 场，实施技术扶贫 87 项，上报科研成果 153 项，其中 50 项获潍坊市奖励。

第六章 残疾人联合会

第一节 组织建设

1991 年 4 月，成立县残疾人联合会（简称县残联），隶属于县民政局。1992 年，全县 34 个乡（镇）先后成立残联组织，1008 个行政村（居）成立残疾人工作领导小组，80% 的福利企业成立残疾人协会。1995 年 5 月，市残联正式列编，为正科级事业单位。1997 年 5 月，成立市残疾人用品用具服务部。建立全市第一个盲人按摩诊所。同年 12 月，市残联与市民政局分离，独立行使职能。1998 年 3 月，设立市残疾人服务总社，为集体企业。同年 4 月，成立市残疾人劳动就业服务所，为正股级自收自支事业单位。当年，先后设立市盲人协会、市聋人协会、市肢体残疾人协会。2002 年 8 月，市残联内设办公室、教育就业科、康复科、宣文科、组联维权科，均为股级规格。2003 年，设立市精神残疾人亲友协会、市智力残疾人亲友协会。2009 年 9 月，市残联设立残疾人综合服务中心，为副科级全额拨款事业单位。同年 10 月，总投资 500 万元、建筑面积 3439 平方米的市残疾人综合服务中心投入使用。2010 年，市残联机关内设办公室、组织联络部、康复部、教育就业部、宣传文体部 5 个科室，下辖市残疾人综合服务中心、市残疾人劳动就业服务所 2 个事业单位，管理指导盲人协会、聋人协会、肢残人协会、智力残疾人亲友协会、精神残疾人亲友协会 5 个群众性协会。寿光市被民政部、卫生部、中国残联命名为全国残疾人社区康复示范市，被全国残疾人康复工作办公室命名为全国白内障无障碍市。

第二节 代表大会

1991—2010年，共召开5次残疾人代表大会。

县第一次残疾人代表大会 1991年4月28日召开，与会代表132人，其中残疾人代表72人。会议听取审议通过郭光荣作的《团结奋斗，开创寿光县残疾人事业新局面》工作报告；选举产生县第一届残联主席及执行理事会，王炳富当选主席，郭光荣为理事长。

县第二次残疾人代表大会 1993年4月22日召开，与会代表133人，其中残疾人代表68人。会议听取审议通过郭光荣作的《抓住机遇、团结奋进，促进寿光县残疾人事业的新发展》工作报告；选举产生县第二届残联主席及执行理事会，王坤山当选主席，郭光荣为理事长（11月于桂花接任理事长）。

市第三次残疾人代表大会 1998年7月1日召开，与会代表150人，其中残疾人代表80人。会议听取审议通过于桂花作的《扎根基层、夯实基础，全面推动残疾人事业步入二十一世纪》工作报告；选举产生市第三届残联主席及执行理事会，杨德峰当选主席，于桂花为理事长（1999年2月周相斌接任理事长，2003年3月刘元庆接任理事长）。

市第四次残疾人代表大会 2003年7月4日召开，与会代表121人，其中残疾人代表62人。会议听取审议通过刘元庆作的《多渠道就业、多形式助残，努力实现残疾人平等参与社会生活》工作报告；选举产生市第四届残联主席及执行理事会，王茂兴当选主席，刘元庆为理事长（2006年1月蔡荣华接任理事长，2008年1月寇兴志接任理事长）。

市第五次残疾人代表大会 2008年3月2日召开，与会代表121人，其中残疾人代表74人。会议听取审议通过寇兴志作的《以人为本、科学发展，努力实现残疾人平等参与社会生活》工作报告；选举产生市第五届残联主席及执行理事会，王惠玲当选主席，寇兴志为理事长。

第三节 主要活动

残疾人康复 1995年始，连续3年对100名精神病人每人每年给予360元的药费补助。当年，共收治精神病人1684人。1998年始，实施“视觉第一，中国行动”工程，为163名贫困白内障患者免费实施复明手术，脱残率100%。2001—2005年，对1000多名残疾人给予医疗救助，金额30余万元。为残疾人捐款捐物120余万元，帮扶1000余人。有1406名残疾人享受最低生活保障。对150多名残疾人实施法律援助，挽回损失20多万元。2006—2010年，出资70.5万元，为238名听力残疾儿童捐赠助听器，为4名听力残疾儿童实施耳蜗植入手术，以市特殊教育学校和辛欣特教中心为依托，为180名聋儿实施听力语言训练。2009年，对农村重度残疾人免费实施新型农村养老保险，在每人普惠30元的基础上，按最低每人每年100元标准由政府代缴。2010年下半年始，对全市776名重度低保残疾人在享受低保基础上每人每月增加生活补贴50元。至2010年，先后投资78万元为市残疾人综合服务中心、镇（街道）康复指导站和村（社区）康复站配置康复器材1155件，康复训练各类残疾人6945人。为各类残疾人免费发放各类生活辅助器具3500余件。投资502.5万元免费改造农村残疾人危房550多户。争取上级扶贫贷款160余万元，扶持200余名残疾人脱贫致富。

残疾人就业 1998年，成立市残疾人劳动就业服务所，隶属于市残联。1996—2000年，共举办家电维修、裁剪、养殖、种植等实用技术培训班21期，培训残疾人381人次。先后扶持956名残疾人从事个体加工服务和经营，扶持6096名残疾人从事养殖和种植业生产。2001—2005年，全市30家福利企业共集中安置残疾人2962人，各用人单位分散安置2326人。扶持残疾人从事农业生产和个体经营3.9万多人次，其中从事盲人按摩、汽车装饰、服装加工、餐饮等服务业200多人。举办各种残疾人就业培训班7期，培训600多人。2006—2010年，共集中安置残疾人2600人，分散安置960余人，扶持残疾人从事农业、畜牧业、蔬菜大棚生产和个体经营2.9万人次。2010年6月，潍坊市残疾人职业技能竞赛在寿光市举行，寿光残疾人选手夺得全部12个竞赛项目中的9个项目第1名。

第七章 文学艺术界联合会

第一节 组织建设

1991年3月，成立县文学艺术界联合会，与县文展馆合署办公。1993年11月撤销。2004年11月，复设市文学艺术界联合会（简称市文联），实行团体会员制。至2010年，市文联有10个协会，4400余名会员。

第二节 代表大会

作家协会 2005年8月成立，周习当选主席。2010年4月，召开第二届第一次代表大会，选举产生新一届作协班子，周习当选主席。全市共有会员150余人，其中中国作协会员2人、省作协会员5人、潍坊市作协会员16人。

音乐家协会 2005年10月成立。同年召开第一次代表大会，滕杰当选主席。2010年共有会员112人。

美术家协会 2005年6月成立。同年召开首届代表大会，夏德起当选主席，聘请董率真担任名誉主席。2010年5月，召开第二届代表大会，杨国春当选主席，聘请杨德峰、夏德起担任名誉主席。全市共有会员214人，其中中国美协会员3人、省美协会员15人、潍坊市美协会员40人、寿光市美协会员156人。

书法家协会 2005年7月成立。同年召开第一次代表大会，张嘉庆当选主席，聘请李建国、何洪涛担任名誉主席。2010年5月，在市蔬菜高科技示范园举行换届大会，张嘉庆当选主席。全市共有会员531人（含台头分会106人，羊口分会45人）。

民间文艺家协会 2005年10月成立。同年在文家街道长安民俗村召开首届代表大会，李长明当选主席。2010年7月，在现代中学会议室举行第二届会员代表大会，苏爱国当选主席。全市共有会员102人，其中省级会员9人、潍坊市级会员7人。

诗词楹联艺术家协会 1997年5月，市委老干部自发组成寿光诗词学会，2002年10

月更名为寿光市金秋诗词学会，姜洪佩担任会长，共有会员15人。2006年3月，在市金秋诗词学会的基础上，成立寿光市诗词楹联艺术家协会，并在寿光日报社会议室召开首届代表大会，姜洪佩当选主席。2010年5月，在菜博会新闻会议中心举行第二届会员代表大会，姜洪佩当选主席。全市共有会员2000人。

舞蹈家协会 2005年8月成立。同年在寿光日报社会议室召开第一届会员代表大会，黄冠群当选主席。2010年6月，在寿光市香格里拉酒店会议室召开第二届会员代表大会，黄冠群当选主席。全市共有会员270人。

京剧协会 2005年8月成立。同年召开第一届会员代表大会，董宜顺当选主席。2010年5月，召开市京剧协会第二届会员代表大会，董宜顺当选主席。全市共有会员500余人。

摄影家协会 2008年6月成立。同年召开第一届会员大会，刘增武当选主席，聘请杨树木、郑守林为名誉主席。2010年6月，市摄影家协会召开第二届会员大会，刘增武当选主席，聘请杨树木、方新启、毛德荣、聂作坤为名誉主席。全市共有会员186人。

中外舞蹈交流协会 2009年11月成立。范亚群担任主席，聘请王坤山担任名誉主席。2010年，共有会员360人。

第三节 主要活动

2005年8月，举办纪念抗日战争胜利60周年书画展暨现代中学艺术馆落成典礼，共展出书画作品200幅。同年11月，举办首届书协会员书法展，共展出会员作品180件。2006年4月，组织举办“梨园飘香”京剧票友演唱大赛，60余人获奖。举办寿光市首届“相约春天”音乐舞蹈大赛，共选出44个获奖节目参加决赛。举办首届“菜乡风情”摄影大赛，共展出作品80件。2007年1月，举办全市首届新年朗诵会，来自市作协、舞协、音协的80余位艺术家参与。同年4月，举办全市首届硬笔书法大赛，共收到参赛作品2000余件。2008年9—12月，举办纪念改革开放30周年“我心目中的白衣天使”征文活动，共收到参赛作品330篇。2009年3月，举办首届蔬菜文化纪念品设计大赛，共收到参赛作品110件。同年4月，举办“相约寿光”全国书法名家作品邀请展，中国书法最高奖“兰亭奖”的获奖者和入围者，中国书法家协会会员，中国书协顾问、副主席、理事等近50人应邀参展，共征集作品400幅。2010年3月，举办“传承农圣文化，绿播丝绸之路”文化采风活动，共采访地市级、县市级城市和重点乡（镇）22个，行程1200多公里。举办“农圣杯”《影像寿光》全国摄影大赛，共收到省内外摄影家和摄影爱好者报送的摄影作品2000多幅，评出的铜奖以上9幅（组）作品在《大众摄影》杂志上发表。至2010年，市文联共有20多家协会，会员达7000多人，其中潍坊市级协会会员145人、省级会员89人、国家级会员53人。各类作品先后获全国展览奖、全国演出奖、全国各类文艺作品评选奖等190余件，获“泰山文艺奖”等省级奖项270多件，潍坊市级奖项100余件。

第十九编

民政

民政局为政府主管社会事业的职能部门之一，负责基层组织自治、拥军优属、社会救济、社会福利、婚姻登记、收养登记、殡葬管理、社会组织管理、勘界与地名管理、老龄等工作。1991 年 1 月，县民政局内设 7 个科室。1993 年 12 月，科室调整为 5 个。2010 年 12 月，科室再次调整，设为办公室、优抚安置科、社会福利救灾救济科、基层政权和社区建设科、社会事务科、民间组织管理科、财务科 7 个职能科室，编制 21 人。1991—2010 年，寿光市先后被授予全国爱心献功臣先进市、全国村民自治规范市、全国村务公开民主管理示范市、全国农村社区建设实验全覆盖示范单位等称号。

第一章　基层自治组织建设

第一节 村（居）民委员会换届选举

1991—2010 年，全市（县）共进行 7 次村（居）换届选举。

县第三届村民委员会换届选举　1990 年 12 月 9 日—1991 年 1 月 6 日，全县 34 个乡（镇）的 1001 个村（居）委会，有 995 个村（居）委完成换届，占 99.4%，选民参选率 92.8%。村（居）委会主任连选连任的 805 人，占 80.4%；正（副）主任中，45 岁以上的 1014 人，45 至 35 岁的 2326 人。村（居）委会成员高中以上文化程度 1068 人、初中 2391 人、初中以下 1176 人，平均年龄 38.7 岁。完成换届选举的村（居）委会同时建立民政调解、治安保卫、文教卫生委员会，建立村民小组 5627 个，推选村民小组组长 5627 人、副组长 2259 人。该次换届选举实行的是直接差额无记名选举，县、乡（镇）共抽调 600 多名干部驻村包靠，重点督导。

市第四届村（居）民委员会换届选举　1993 年 12 月 12 日—1994 年 1 月 18 日，全市共 1007 个村（居）委会，完成换届选举的 960 个，占 95.3%；未按期换届的 47 个，其后均相继完成换届工作。该次换届选举实行的是候选人按姓氏笔画排列差额选举的办法，全市选民参选率 88%。村（居）委主任连选连任的 740 人，占 73.5%；副主任连选连任的 2709 人，占 76%；成员 4491 人，平均年龄 37.1 岁，具有初中以上文化程度的占 72%，比上届提高 9.6%。已换届的村（居）建成人

村（居）民委员会换届选举现场（1993 年摄）

民调解委员会、治安保卫和居民小组5627个。

市第五届村(居)民委员会换届选举 1995年10月24日—12月1日，全市34个乡（镇）的995个村民委员会、13个居民委员会中，有960个村委、13个居委完成换届选举，分别占96.5%和100%，未按时换届的35个村委，其后均相继完成换届选举工作。全市选民参选率90.2%。村（居）委主任兼任村党支部书记的34人，兼任村党支部副书记的395人，连选连任的784人。村（居）委成员共4373人，其中高中以上文化程度427人、初中1673人、小学以下92人。各村（居）委均建立治安保卫、文教卫生、计划生育、社会保障、经济管理委员会，建立村（居）民小组5698个，村（居）民代表42127人。各村（居）委均制定村（居）民自治章程和村规民约等制度。

市第六届村(居)民委员会换届选举 1998年11月26日—12月31日，按照“大面不动、个别调整、强化教育、整顿后进”和“多换思想少换人、不换思想再换人”的指导思想，采取由村民直选候选人，然后按照直选、差额、无记名的方法选举。全市33个乡（镇）的976个村（居）委会，完成换届选举957个，占98.1%，未完成换届的19个村委会于1999年上半年先后完成换届。村（居）委会主任连任的673人，占69%；未连任的284人中，有107人改任村党支部书记，有177人落选。换届后村（居）委会成员3853人，其中高中以上文化程度的1334人。村（居）委会与党支部成员交叉兼职的1661人，其中村（居）委会主任进党支部的723人，兼任村（居）党支部副书记的312人，村（居）党支部书记和主任一人兼任的62人。建立4612个村（居）民小组，推选出村（居）民代表25627人。寿光市依法搞好换届选举的做法，《大众日报》《潍坊日报》均专题报道。

市第七届村(居)民委员会换届选举 2001年11月27日开始试点，12月17日全面铺开，至2002年11月25日基本结束。该次村（居）委会换届选举与农村党支部换届同时展开，在经过“两推一选”（党员推荐、群众推荐、党内选举）建立党支部班子后，合理安排村（居）委会换届选举。全市共21个乡（镇、街道）975个村（居）民委员会，完成换届选举的932个，占95.6%；因故延期换届的43个，占4.4%。换届后村（居）“两委”（党支部委员会、村民或居民委员会）成员共3786人，交叉兼职的占80.2%。其中村（居）委会成员共3510人，平均年龄42.5岁；具有高中以上文化程度的1390人。共建立村民小组4612个，选出村民代表19592人，民主理财小组成员3764人。

市第八届村(居)民委员会换届选举 2004年10月22日开始试点，11月5日全面铺开，至12月22日基本结束。全市参与村“两委”换届的922个，完成换届的896个，占97.2%。换届后，全市村“两委”成员共3008人，其中村党支部成员2420人，村委会成员2602人，交叉任职人数2014人。村党支部书记和主任一人兼任的村共758个，村“两委”成员交叉任职的占83.2%；居委会党支部书记和主任一人兼任的居委共13个，居“两委”成员交叉任职的占91.7%。

市第九届村(居)民委员会换届选举 2007年9月14日—11月10日，全市975个村（居）委会，完成村（居）“两委”换届选举的966个，延期换届9个。完成村（居）党支部换届选举的975个，其中“两推直选”（党内民主推荐、部分群众推荐，党员直接选举）的49个。换届后，全市村（居）“两委”成员共3240人。其中，村（居）党支部成员2744人，兼村委会成员的2322人；村（居）党支部书记和主任由一人兼任的858人。村

（居）委会成员2818人，其中“双高双强”（政治素质高、群众威信高，致富能力强、带富能力强）型的2210人，占78.4%。

第二节 村民自治

1984年，全县建立村民委员会。1988年，国家颁布《中华人民共和国村民委员会组织法（试行）》后，全县各村均建立健全村务公开、民主管理等各项规章制度。1998年，市政府出台《关于在全市农村进一步推行村务公开民主管理制度的实施办法》，村务公开实行集中公开、垂直公开、对应公开。各村建立村务公开栏，每月的16日为全市农村民主公开日。2003年，寿光市被民政部评为全国村民自治模范市。2004年，市政府出台《关于进一步健全和完善村务公开和民主管理制度的实施意见》，建立村级事务民主决策责任追究制度。2006年始，开展村务公开示范镇（街道）、示范村创建活动，出台《关于全面推行“阳光村务”制度促进农村社会和谐的意见（试行）》《“阳光村务”制度实施细则（试行）》，全市村务公开内容细化为5类27项，内容涉及农民负担、财务管理、土地管理、党务政务决策和事务管理等。2009年，寿光市被全国村务公开协调小组评为全国村务公开民主管理示范市。2010年，市民政部门出台《关于在全市推行党支部领导下的村级治理机制“五事”工作法的实施意见》。“五事”工作法以民主提事、联席议事、票决定事、集中办事、制度监事为主要内容，保障群众对村级重大事务的知情权、参与权、表达权和监督权。

第二章 拥军优抚安置

第一节 拥军优属

每年“八一”建军节、春节期间，市（县）委、市（县）政府主要领导都分别带队走访慰问在潍坊及寿光的各驻军单位，并远赴青岛慰问海军“寿光艇”全体官兵。1991—1995年，开展创建双拥模范城（县）活动。1996年5月，市政府制定实施《寿光市拥军优属工作的若干规定》，支持部队完成训练演习、战备执勤和抢险救灾等多样化军事任务。先后为人民武装部解决靶场维修费、民兵应急分队装备经费、装备仓库设施改善经费等80多万元。1997年始，开展以为“三老”（老烈属、老伤残军人、老复员军人）解“三难”（生活难、住房难、医疗难）为主题的爱心献功臣行动，为106名军人解决随军家属就业、子女上学、转业安置等问题。1999年，寿光市被民政部授予全国爱心献功臣行动先进市称号。2005年，在和平使命－中俄联合军事演习期间，协调解决参演航空兵部队在田柳镇设立飞机导航点问题，为参演部队无偿提供价值4万余元的蔬菜等慰问品。2006—2007年，投资2650万元，帮助市人民武装部建设民兵训练基地和民兵武器装备仓库。2007年，寿光市被省委、省政府、省军区命名为双拥模范城。2010年，先后为济南军区、新疆军区、二炮等军事单位培训大棚蔬菜种植技术员2200余人。

第二节 优 抚

1991年始，寿光市（县）落实国家各项优抚政策，先后数次提高优抚对象抚恤补助和义务兵家属优待金标准。市民政局先后制定实施《寿光市优抚对象优待办法》《寿光市优抚对象抚恤定补自然增长机制办法》《寿光市重点优抚对象医疗保障暂行办法》等规范性文件，解决重点优抚对象生活难、医疗难、住房难问题。1994年1月，国家调整在乡复员军人定期定量补助标准，其中抗日战争时期复员军人每月补助27元，解放战争时期每月补助25元，中华人民共和国成立后每月补助23元。2003年始，为全市优抚对象免费加入新型农村合作医疗，并对药费开支较大、造成生活困难的，由市政府按照适当比例给予大病救助。2004年10月，国家对伤残等级作出调整，原来的特等、一等、二等甲级、二等乙级、三等甲级、三等乙级改为1至10级，同级同性质伤残军人不论城乡，一律享受同等数额的抚恤金。2008年5月，市民政局制订实施《寿光市抚恤定补优抚对象医疗保障实施办法》和《实施细则》，规定未参保的1至6级残疾军人、“三属”（烈士家属、因公牺牲军人家属、病故军人家属）、复员军人、参战涉核军队退役人员，免费参加城镇职工基本医疗保险。2009年1月始，开展医疗报销一站式即时结算服务，从根本上解决全市参合重点优抚对象医疗保障难问题。至2010年，先后为优抚对象发放门诊补助费200多万元，累计为750名参加新型农村合作医疗优抚对象报销住院医疗费140多万元。

第三节 退役士兵安置

1991年始，按照《中华人民共和国退伍义务兵安置条例》和《中国人民解放军士官退出现役安置暂行办法》要求，强化政府指令性安置，安置率始终保持在100%。1999年始，根据新的《中华人民共和国兵役法》，先后为城镇退役士兵发放待安置期间生活补助费340多万元。2000年，根据省、潍坊市有关要求，采取考试与考核相结合办法，按照不低于当年城镇退役士兵总人数10%的比例，择优安置部分城镇退役士兵到行政事业单位工作，至2010年，共安置退役士兵286人。2002年12月，根据《山东省城镇退役士兵自谋职业办法》，开始实施自谋职业政策，一次性发给自谋职业补助费，实现退役士兵自谋职业与指令性安置双向安置。至2010年，全市共安置城镇退役士兵（包括转业志愿兵，后为三级以上士官）3580人，其中安置到企业2800人。共有469名退役士兵申请自谋职业，先后发放自谋职业补助费1025万元。

第四节 烈士褒扬

1990年6月，县革命烈士陵园被省政府确定为省级烈士纪念建筑物重点保护单位。之后，按照国家《革命烈士纪念建筑物管理保护办法》要求，加强陵园建设与管理。1994年10月，修建烈士英名录碑廊3座。1995年6月，修建纪念亭1座。1997年，成立烈士事迹史料征集小组，赴沈阳、北京、天津等地收集资料，对烈士纪念堂进行重新布展。1999年5月，核查确定全市烈士3558人，编辑出版《寿光市著名烈士传》，入传烈士42人。2004年，投资100多万元，对烈士陵园进行建园以来第一次大规模改造建设，全面修缮园内纪念亭等古建筑，将原2000多块立式青石烈士墓碑全部更换成卧式大理石纪念碑。2009年8月，投资500万元，改建革命烈士纪念馆，在原40名著名烈士事迹基础上，新增34个历史人物、18个历史事件。1991—2010年，先后有30多所中小学校在烈士陵园建立德育教育基地，每年入伍新兵和新入党党员都到烈士陵园瞻仰宣誓，每年到陵园接受教育人员达10万余人次。

第三章 社会救济

第一节 救 济

临时救济 1991—2000年，市（县）民政部门每年都对城乡生活困难的群众进行救济，发放救济款、救济粮和衣物等，各级领导都分别对特困户进行重点走访慰问。2001年，拨款16万元为500多名困难学生支付学杂费。2002—2003年，共发放临时救济款7.3万元。2004—2007年，发放春节救济面粉1490.7吨，救助特困大学生和特困群众2.2万人次，发放救助金34.2万元，其中共为200余名特困大学生发放助学金22.6万元。2008—2010年，实施“六大救助工程”（阳光助学、情暖万家、夕阳扶老、康复助医、节日送暖、应急救助）和其他各类救助活动，共发放救助金765.5万余元，直接救助困难群众4100余人。

捐助 1991—1994年，开展为贫困地区捐衣被活动，共为蒙阴革命老区捐衣被12个大类5.4万件。1996年8月，对口支援滨州市，5天时间共捐资金20万元、化肥25吨。2003年1月，组织市直单位献爱心捐款活动，共收到捐款62.8万元。2004年9月，开展捐赠衣被与支援新疆活动，共捐赠衣被13.8万件。2007年11月，市慈善总会成立，筹建期间共收到社会各界捐赠善款719万多元。2008年5月12日四川汶川大地震发生后，1个月的时间共收到社会各界捐款2100多笔2394万元。同年9月底，开展向汶川地震灾区捐赠衣被活动，5天时间获捐棉被2000余条，折款30余万元。2010年4月，开展爱心捐助活动，支援玉树地震灾区，共收到捐款1200多万元。

慈善超市 2004年12月，市爱心救助超市成立并营业，主要以实物形式救助病、老、孤寡等弱势群体。至2008年，共救助550余人次。2009年8月，市慈善总会慈善超市成立，爱心救助超市并入慈善超市。主要业务是接受、处理和销售市民捐赠的旧物，并且用所得善款为弱势群体提供生产、生活上的帮助。该超市位于城区银海路4451号院内的便民服务大厅一楼，建筑面积200平方米，配有衣服、棉被、图书、学习用品等物品。凡城乡低保户的困难群众持有效证件，可在慈善超市内领取相应物品，缓解生活困难。至2010年，共为困难户提供物品537件次。

“慈心一日捐”活动 2004年，由山东省慈善总会发起，倡导个人捐赠不低于一天的经济收入，生产和经营性企业捐赠1天的利润，同时鼓励国有企业和民营企业认捐设立慈善专项基金。“慈心一日捐”活动捐款逐年增加，至2009年5月，“慈心一日捐”活动累计收到365个单位和个人捐款331万元。2010年，收到社会各界爱心捐款732万元。

第二节 救 灾

1991—2010年，寿光市（县）共遭受较大规模大风、冰雹、洪涝、干旱、虫灾、风暴潮等自然灾害袭击26次，每次灾害发生后，市（县）委、市（县）政府及时组织全市（县）干部群众抗灾救灾，累计发放救灾款（含物资折款）1.1亿元。

第三节 医疗救助

2006年7月，出台《寿光市城乡医疗救助办法》，在潍坊市率先建立城乡一体的医疗救助制度，城乡低保对象、五保对象、重点优抚对象未参加基本医疗保险的人员，其医疗救助资金由市民政局于每年7月和12月发放。同年11月，市民政局、市卫生局、市财政局联合下发《寿光市城乡医疗救助实施细则》，为符合救助条件人员发放医疗救助资金，为农村低保、农村五保、重点优抚对象免费加入新型农村合作医疗（简称新农合）。2007年，为医疗救助对象免费实施白内障切除手术。2010年，建成民政社会救助信息平台，提供民政医疗救助与城镇居民基本医疗保险、新农合相衔接的三位一体即时结算服务。至2010年，共为3422名符合救助条件人员发放医疗救助资金316.5万元；投入131.8万元，为6.2万人次免费加入新农合；投入66.6万元，为266名医疗救助对象免费实施白内障切除手术。

第四章 社会福利

第一节 城乡居民最低生活保障

城镇居民最低生活保障 1997年7月，市政府出台《寿光市城镇居民最低生活保障暂行办法》，规定城镇居民最低生活保障标准为每人每月110元，当年纳入低保范围共27户56人，发放低保资金2.4万元。之后，最低生活保障标准逐年提高。1999年提高到170元，2006年提高到190元，2008年提高到260元，2009年提高到280元，2010年提高到310元。当年，全市城镇低保户共388户823人，全年发放低保资金157.9万元。

农村居民最低生活保障 始于1996年7月。对家庭年人均收入600元以下的农户给予补差。当年，全市共有特困家庭1435户3040人，发放农村最低生活保障金36.5万元。1997年1月，市政府印发《寿光市农村居民最低生活保障暂行办法》，农村低保标准为每人每年660元，低保资金由市、乡（镇）

财政各承担50%。1998年，对农村特困户重新调查摸底，全市共有农村低保户1716户3636人，共发放低保资金57.1万元。之后，每年都对农村特困户进行核实，特困户户数略有变动。2006年1月始，农村低保标准由每人每年660元提高至800元，实现农村低保资金通过银行按季社会化发放。2007年7月始，农村低保标准提高至每人每年1000元，共为5131户7964名农村特困户发放低保资金225.7万元。2008年1月始，实行农村低保资金由市级财政统筹统发。同年7月始，农村低保标准提高至每人每年1100元。2009年1月始，农村低保标准提高至每人每年1300元。2010年7月始，农村低保标准提高至每人每年1600元，全市农村低保家庭1.5万户2.8万人，共发放农村低保资金1633.6万元。

第二节 “五保”供养

1991年，实行农村“五保户”（保吃、保穿、保住、保医、保葬）统筹供养制度，人均资金973元，全县五保对象2335人。乡（镇）、村敬老院共51所，集中供养1251人。胡营、南柴、卧铺、王高4所敬老院被省民政厅授予省级先进敬老院称号。1998年，投资5万元新建张建桥乡敬老院。洛城、道口、岔河3所敬老院被评为潍坊市级先进敬老院。2003年，市政府出台《寿光市农村五保供养工作暂行办法》，建成以市、镇（街道）财政为主的供养体制，确定集中供养标准每人每年2200元，分散供养每人每年1500元，其中市财政承担供养经费40%、镇（街道）和村承担供养经费60%（村级承担500斤小麦或折款）。2006年，实行“五保”供养资金市财政承担部分通过银行社会化发放。2007年，寿光市被省民政厅评为全省农村“五保”供养工作先进县。2008年，实行农村“五保”供养资金市级财政统筹统发，“五保”集中供养标准由每人每年2200元提高至2400元。同年4月，市社会福利中心开工建设，总投资7700万元，占地面积128亩，总建筑面积5.7万平方米，床位1560个。2009年，市社会福利中心供养标准确定为每人每年4200元，其中正常供养经费2400元、水电暖等运行费用1800元。同年10月，“五保”集中供养标准提高至2600元、分散供养标准提高至1600元。圣城、洛城、孙家集、古城、文家、稻田、化龙7个镇（街道）敬老院的525名集中供养人员首批入住市社会福利中心。同年12月，纪台、田柳、台头、羊口、上口、营里6个镇的敬老院集中供养人员入住市社会福利中心。2010年，侯镇养老中心集中供养人员及其余各镇（街道）居住在农村并已办理“五保”集中供养手续的人员入住市社会福利中心，至此全市镇（街道）敬老院全部撤销。至2010年年底，全市“五保”对象1312人，其中集中供养1123人，分散供养189人，集中供养率85.6%，社会化发放“五保”供养金355万元。

第三节 有奖募捐

1991年，成立县福利彩票募捐委员会办公室，发行即开型社会福利彩票。1992—1999年，发行福利彩票924.3万元，募集福利基金124.7万元。2000年4月，潍坊市社会福利有奖募捐委员会更名为潍坊市福利彩票发行中心，寿光市福利彩票募捐委员会办公室更名为寿光市福彩管理所。同年5月，寿光市开始发行齐鲁风采电脑福利彩票。2004年，全市福彩投注站均归属潍坊市福利彩票发行中心，市民政局代为管理。2007年，发行中福在线视频彩票和刮刮乐即开型福利彩票。2000—2010年，发行福利彩票2.9亿元，募集福利基金991.7万元。2010年，全市共有福彩投注站81个，其中城区站点45个，镇（街道）、村站点36个，共发行彩票6058万元，筹集基金242.3万元。募集的福利基金主要用于敬老院、社区服务中心、特殊教育、福利企业、民生事业、见义勇为、扶贫助学、临时救济等的捐赠。

第四节 福利企业

1991年，对全县福利企业进行清理整顿，为83家福利企业换发新证书，安置残疾人1699人，实现年产值2.4亿元，利润1549万元。1992年，全县86家福利企业完成年检，共提取福利基金278万元。1993年，有福利企业90家，安置残疾职工2124人，年产值4.6亿元，实现利润2972.4万元。之后，全市福利企业数逐年下降，至1998年，全市福利企业59家，安置残疾职工1808人，全年产值6.2亿元，利税4100万元。2004年，全市福利企业32家，安置残疾职工1791人，年产值19.8亿元，利润5470万元。2007年10月，落实省民政厅《关于贯彻落实民政部〈福利企业资格认定办法〉的实施意见》，对全市福利企业进行重新认定，确定福利企业24家，安置残疾职工1751人，利润1.5亿元。2008年，各福利企业与全部残疾职工签订劳动合同，为1813名残疾职工缴纳基本养老保险、医疗保险等5项社会保险。2010年，全市福利企业20家，安置残疾职工1986人，年产值27.8亿元，利润7382.3万元。

第五章 婚姻 收养 殡葬

第一节 婚姻登记

1992年以前，婚姻登记由各乡（镇）婚姻登记室具体负责。1993年6月，设立县直婚姻登记处，为县直单位工作人员和县以上驻县城的非农业户口人员办理结婚登记手续。1997年4月，全市婚姻登记集中在市民政局婚姻登记处办理，除大家洼镇设立婚姻登记点外，33个乡（镇）不再办理婚姻登记。1999年，成立市婚姻登记管理办公室。2003年8月，对办理婚姻登记需由单位出具证明改为当事人书面声明，婚前检查由强制改为自愿。2006年，市婚姻登记管理办公室经费形式改为财政全额拨款。2008年，民政部授予市民政局婚姻登记处全国婚姻登记规范化单位称号。至2010年，结婚登记9344对，提供咨询服务5000人次，档案服务800人次，历年婚姻登记合格率均为100%。

随着经济社会的发展，人们的婚恋观也随之发生变化，离婚率逐年提高。1991年，协议离婚登记30对，2010年达到992对，约为1991年的33倍。

1991—2010年寿光市（县）婚姻登记情况表

表 19-5-1　　　　单位：对

年份	结婚登记	离婚登记	年份	结婚登记	离婚登记
1991	8893	30	2001	6779	194
1992	8961	38	2002	7338	200
1993	9789	25	2003	7142	237
1994	10946	53	2004	8775	362
1995	10124	52	2005	8528	411
1996	10305	66	2006	8396	518
1997	8221	52	2007	8553	624
1998	8474	99	2008	7782	736
1999	9696	106	2009	9696	891
2000	7713	174	2010	9344	992

第二节 收养登记

1991—2000年，寿光市（县）的收养登记工作全部在潍坊市民政局办理。2001年始，办理收养登记工作交由寿光市民政局办理。收养人须具备年满30周岁、无子女、有抚养教育被收养人的能力等条件。登记过程中按照计划生育规定，无一例违反。2001—2010年，共办理收养登记799件。

2001—2010年寿光市收养登记情况表

表 19-5-2　　　　单位：件

年份	办理收养登记	年份	办理收养登记
2001	142	2006	78
2002	82	2007	55
2003	68	2008	69
2004	89	2009	70
2005	89	2010	57

第三节 殡葬管理

1992年5月以前，寿光没有骨灰集中存放设施，机关、企事业人员亡故后均在老家安葬。同年6月，投资19万元，在县烈士陵园东侧建成干部骨灰堂1处，存放亡故干部、城区部分非农业人口和个别农业人口的骨灰。1993年3月，按照民政部《关于尸体运输管理的若干规定》，尸体运送由当地殡仪馆承办。1994年，全市共建有骨灰堂21个、标准公墓73处。1996年，成立市殡葬管理所，为副科级事业单位，下设市殡葬管理所营里分所。同年10月，成立市第一火化场，为股级事业单位，同时市殡葬管理所营里分所更名为市第二火化场。1999年，各乡（镇）以敬老院为依托，建立殡葬服务站，承办遗体运输，开展殡葬服务。2003年11月，市第一火化场上划潍坊市民政局，称潍坊市第二殡仪馆。2006年6月，市第二火化场更名为寿光市殡仪馆。同年11月，投资200多万元，将烈士陵园东侧原骨灰堂拆除，在烈士陵园新建仿古式骨灰堂，共有骨灰存放格位1万个，主要存放城区亡故居民的骨灰。2009年11月，市殡仪馆建成608平方米告别厅和接待室及6000多平方米的停车场。1991—2010年，全市（县）死亡人口火化率始终保持100%，丧事办理中存在的封建迷信、铺张浪费现象得到有效遏制，但农村尸体火化后大多仍按旧习俗殡葬。至2010年，全市共有骨灰堂56个、公益性公墓960处。

1991—2010年寿光市（县）亡故人员遗体火化情况表

表19-5-3

年份	火化数（具）	年份	火化数（具）
1991	5798	2001	5729
1992	6416	2002	5588
1993	6429	2003	5533
1994	6294	2004	5465
1995	5956	2005	5509
1996	6509	2006	5967
1997	6258	2007	6800
1998	5981	2008	6895
1999	5866	2009	6900
2000	5823	2010	7112

第六章 社会组织管理

第一节 社会团体管理

1991年，全县普查登记各类社会团体280个，会员7.7万人，其中申请登记133个。1994年，为160个社会团体颁发证书、更换印章。1997年，对166个社会团体进行清理整顿，注销社会团体87个、保留79个（包括法人社团15个、非法人社团64个）。1999年，进行第二次社会团体清理整顿，注册登记26个、注销55个，另外核准注册登记2个，各类会员18.9万人。2002年，全市复查登记各类社会团体133个，其中申请登记29个、批准登记98个，各类会员19万人。2007年，社会团体管理改革，除特殊行业协会外，所有国家工作人员一律不再担任社团领导职务。2010年，全市注册登记社会团体31个，各类会员19.9万人。分别是：市太阳能协会、美术家协会、文化新闻出版业协会、廉政文化建设研究会、农村基层党风廉政建设研究会、寿光鸡保护发展协会、无线电运动协会、洛城街道青萝卜协会、防水行业协会、国学研究会、有毒有害生物防制协会、大棚卷帘机协会、价格协会、庆典行业协会、人文自然遗产保护与开发协会、保安协会、电子商务协会、稻田镇有机蔬菜协会、党外知识分子联谊会、仓颉研究会、蔬菜温室大棚设计建设协会、抗癌协会、雕塑艺术协会、净水行业协会、田柳镇供水用水协会、营里镇供水用水协会、洛城街道供水用水协会、上口镇供水用水协会、侯镇供水用水协会、台头镇供水用水协会、古城街道供水用水协会。

第二节 民办非企业单位管理

民办非企业单位是指企事业单位、社会团体和其他社会力量以及公民个人利用非国有资产兴办的、从事非营利社会服务活动的组织。1998 年 9 月，根据国务院《民办非企业单位登记管理暂行条例》要求，社会组织由民政部门与业务主管部门(单位)双重管理，民政部门侧重于宏观规划、制定政策和监督管理，业务主管部门（单位）侧重资格审查和日常管理。同年 11 月，对全市民办非企业单位开展调查，民办非企业单位 311 个，其中市级 82 个、乡（镇）及以下 229 个，主要分布在教育、卫生、文化、科技、体育、劳动、民政等行业。2004 年，进行第二次民办非企业单位调查，有民办非企业单位 154 个。2006 年 9 月，市人民医院改制成为民办非企业单位。至 2010 年年底，全市共有登记注册民办非企业单位 127 个。

第七章 勘界与地名管理

第一节 勘 界

1997 年，成立市勘界工作领导小组，组织专业人员对县级行政区域边界进行勘定，至 2001 年 5 月，共完成与周边 5 个县（市、区）边界线勘定任务。其中，寿光—广饶边界线，长 114.5 公里，设立界桩 12 块；寿光—寒亭边界线，长 164.8 公里，设立界桩 9 块；寿光—昌乐边界线，长 42.6 公里，设立界桩 4 块；寿光—潍城边界线，长 15 公里，设立界桩 1 块；寿光—青州边界线，长 52.3 公里，设立界桩 4 块。

第二节 地名管理

按照尊重历史、照顾习惯、体现规划、突出特点、含义健康、好想好记的原则，由市地名管理委员会负责。

名称管理 乡（镇）的命名、更名，报经省地名委员会批准，村（居）的命名、更名，报经市（县）政府批准。1993 年 8 月，对城区 29 条街、路正式命名。羊角沟镇更名为羊口镇。1994 年，南柴乡更名为化龙镇。道口镇河西道口村复为益隆道口村，稻田镇镇区增设居委会，命名为金三角居民委员会。1996 年，对孙家集、羊口等 11 个乡（镇）政府驻地的 90 条街、路进行命名。1998 年，侯镇西河南一村村委更名为鲁丽居民委员会。2005 年 1 月，公布晨鸣工业园、开发区工业园、东城工业园 46 条街、路名称。同年 9 月，公布渤海化工园 9 条街、路名称。

标志牌管理 1995 年 5 月，对城区 23 条街、路、巷统一制作大型道路指示牌 695

个、小型道路指示牌2967个。同年8月，在《寿光报》上向社会公布主要机关门牌号码。1999年3月，在城区新命名、更名的各路口处，设置道路指示牌262块。制作城区街、路大型门牌503块、小型门牌3171块，并将原来的搪瓷门牌改为铜制门牌。2005年5月，门牌管理职能移交市公安局。2006—2010年，共制作、更新城区主要街、路大小门牌5000余块、道路指示牌1.2万块。

第八章 老龄工作

第一节 主要活动

1991年始，全县倡导树立尊老爱幼新风。1992年9月，开展老人节庆祝活动，对五保政策的落实和敬老院建设情况进行检查，各级领导分片看望慰问老年人。1996年10月始，每年开展一次爱老敬老活动。每年老人节、春节前，市领导及民政等部门领导走访慰问全市百岁以上老年人、60岁以上的全国及省劳动模范、老年优抚对象代表和退下来的农村老干部代表。2001年始，相继组织开展全市敬老模范单位、模范个人和全市“十大寿星”“十大孝星”等评选表彰活动。2003年，开展老年人调查摸底工作，60岁以上老年人14.9万人，占总人口的14.6%，其中农村特困老年人1.3万人。2009年始，开展老龄、敬老工作先进单位和个人评选活动。2010年，对全市35名敬老模范、35名模范老人、66个“银龄安康工程”先进单位和“十大寿星”“十大孝星”进行表彰奖励。

第二节 老年人优待

1998—2003年，为百岁以上老年人每人每年发放长寿补贴金1200元。2004年，市政府印发《寿光市关于优待老年人规定的通知》，落实60周岁以上老年人待遇，在出行、旅游、入住、就医等方面享受特殊优待。2009年，百岁以上老年人长寿补贴金增发至每人每年4800元，其中省、潍坊市各配套资金1200元。

第三节 百岁老人

1991—2000年，全市（县）百岁以上老年人数量在7人左右，之后数量逐年增多，至2006年全市百岁以上老年人12人，2007年15人，2008年23人，2009年21人。2010年，全市百岁以上老人达到26人，其中上口镇3人、田柳镇3人、纪台镇2人、侯镇3人、洛城街道2人、文家街道1人、营里镇2人、羊口镇1人、稻田镇3人、台头镇1人、圣城街道1人、化龙镇1人、孙家集街道2人、古城街道1人。

第二十编

人力资源和社会保障

人力资源和社会保障局为政府主管行政事务的职能部门之一，由原人事局、原劳动和社会保障局合并而来，负责股级干部队伍、人才智力、工资福利、专业技术职称、就业、劳动执法、社会保障等管理工作。1991—2010年，人力资源和社会保障部门在管理理念、管理模式及管理措施等方面积极探索、大胆创新，各项工作走在了潍坊市乃至全省、全国前列。

第一章 管理机构

第一节 人 事

1991年，县人事局（与县机构编制委员会办公室合署）内设办公室、干部调配科、工资福利科、奖惩任免科、干部退休科。下辖县人才交流培训中心，为副科级事业单位。1994年1月，成立市机关事业单位社会保险事业处，副科级事业单位。1997年3月，成立市引进国外智力管理办公室，股级事业单位。1998年7月，市人才交流培训中心加挂市国家公务员培训中心牌子。1999年1月，市人才交流培训中心更名为市人才服务中心。同年10月，成立山东农业科技人才市场。2002年4月，市引进国外智力办公室升格为副科级（对外称市外国专家局）。同年6月，市大中专毕业生就业指导中心更名为市人事局大中专毕业生就业办公室。2003年11月，市事业单位登记管理办公室升格为副科级。2004年，市国家公务员培训中心单独对外办公。同年12月，市事业单位登记管理办公室更名为市事业单位登记管理局。2010年2月，市人事局、市劳动和社会保障局合并为市人力资源和社会保障局（简称市人社局）。

第二节 劳 动

1993年，县劳动局内设办公室、劳动工资科、劳动争议仲裁办公室、劳力调配科、安全办公室、锅炉科。下辖县劳动保险事业管理处和县劳动服务公司2个副科级事业单位。1995年5月，增设劳动保障监察科，股级规格。1999年6月，市人事部门承担的机关事业单位社会保险职能、民政部门承担的农村社会保险职能、卫生部门承担的社会医疗保险职能移交市劳动局，同时市劳动局更名为市劳动和社会保障局。2000年11月，将市劳动和社会保障局承担的安全生产管理、职业安全监察职能划归市经济贸易委员会；锅炉、压力容器、电梯、防暴电器等特种设备的安全监察、监督管理、检测职能划归市技术监督局；市劳动和社会保障局安全办公室整建制移交市经济贸易委员会。2001年12月，内设办公室、劳动争议处理科、监督监察科、综合科。下辖市社会劳动保险事业管理处、城镇职工医疗保险事业处、机关事业单位社会保险事业处、农村社会养老保险事业处、劳动技工学校5个二级单位。2005年

5月，成立市劳动保障监察大队，副科级全额拨款事业单位；撤销市劳动和社会保障局监督监察科。2010年2月，市劳动和社会保障局、市人事局合并为市人社局。

第三节 社会保障

1986年10月，成立县社会劳动保险事业管理处，副科级事业单位，隶属于县劳动局。1991年12月，成立县农村社会养老保险事业处，股级自收自支事业单位，隶属于县民政局。各乡（镇）设有农村社会养老保险所。1995年5月，市劳动局增设工伤科。1999年6月，市人事部门承担的机关事业单位社会保险职能、民政部门承担的农村社会保险职能、卫生部门承担的社会医疗保险职能移交市劳动局。2001年6月，成立市城镇职工医疗保险事业处，副科级全额拨款事业单位。2002年，撤销乡（镇）农村社会养老保险所。市农村社会养老保险事业处转为全额拨款事业单位。2005年5月，市社会劳动保险事业处设立工伤生育保险科。2008年2月，市劳动和社会保障局设立失业保险科。同年，撤销机关事业单位社会保险事业处、农村社会养老保险事业处、城镇职工医疗保险事业处、社会劳动保险事业管理处，组建市社会保险事业管理局，正科级全额拨款事业单位，隶属于市劳动和社会保障局。2010年，市社会保险事业管理局更名为市社会保险事业管理中心，隶属于市人社局。

第二章 干部队伍管理

第一节 编制管理

1991年，全县党政机关、事业单位增加人员实行编制审批制度。县直党政群机关79个，行政编制数937人，实有940人。乡（镇）34个，行政编制数1134人，实有1127人。政法专项编制523人，实有545人。除教育、卫生以外的事业单位411个，实有3818人。1993年12月，机构改革后，全市共设行政机构46个。1998年始，全面清理清退机关事业单位临时工、借调人员和代课教师，至2001年，共分流清退各类临时工2912人，其中清退临时工758人、代课教师2154人。2001年12月，机构改革，市委工作部门设7个，市政府工作部门由36个调整为25个。乡（镇）党政工作机构由9个减为4个。市政府制定《寿光市党政机关事业单位竞争上岗实施办法》《寿光市市乡党政机关事业单位机构改革人员分流意见》，全市共分流1001人，其中提前退休160人、提前离岗467人、离职从事民营经济24人、自主择业7人、辞职辞退16人、分流到自收自支事业单位327人。2004年6月，根据潍坊市委《关于市县两级人大、政协机关机构改革的实施意见》，对市人大机关、政协机关、总工会、团市委、妇联、科协、残联、工商联进行改革。同年11月，市政府制订《寿光市人民政府机构改革方案》，对部分部门单位职能和机构设置进行调整。2008年1月，镇（街道）机构改革，全市各镇（街道）共核定行政编制590人，减少198人。核定全额拨款事业编制520人，减少219人。2010年8月，根据省编办等8部门《关于在部分经济发达镇开展行政管理体制改革试点工作的通知》精神，羊口镇被确定为全省8个经济发达镇行政管理体制改革试点镇之一。同年12月，根据省委、省政府《关于进一步深化乡（镇）机构改革的实施意见》，各镇（街道）核定行政编制605人、事业编制573人（不含羊口镇）。

第二节 股级干部管理

1991年，股级干部的任免，由县人事局提报县长办公会研究，由县人事局行文公布。股级科（室）一般配备正、副科长（主任）各1人，个别工作量大，人数在6人以上的综合性科（室）可增配副职1人。股级事业单位一般配备正、副站长（主任等）各1人，个别工作量较大，人数在8人以上的可增配副职1～2人。1993年始，扩大单位用人自主权，股级干部由市人事局审批改为备案。1999年3月，市人事局出台《关于加强和改进国家行政机关事业单位股级干部管理的意见》，恢复对股级干部的考察考核制度，建立中层干部退二线制度。其中，市直和乡（镇）行政机关中的股级干部和股级事业单位班子成员的任免，由市人事局审批，其他股级干部仍实行备案制度。2005年3月，将市政府直属事业单位股级干部的任免也纳入市人事局审批范围。股级干部实行逐级提拔制度。2008年，对财务独立的股级单位负责人进行离任或任期审计，当年审计12人，次年审计14人。2010年10月，市政府出台《寿光市行政机关事业单位股级干部管理暂行办法》，股级干部任免须经单位推荐、任前考察、研究同意、任前公示等程序。对在重点领域和关键岗位任职的股级干部，加大轮岗交流的力度。对在同一重点岗位任正职满3年或副职满5年的，或在同一一般岗位任正职满5年或任副职满8年的，原则上进行轮岗。

第三节 事业单位招聘

1992年5月，开展全民所有制事业单位干部聘用工作，有1652人报名，其中230名具有中级以上技术职务或大专以上学历的免予考试，1422名与单位签订聘用合同。1998年始，通过公开招考方式选拔事业单位工作人员，当年为市直和乡（镇）事业站所择优招考45人。2000年始，以固定的形式将每年9月份的第一个星期天作为事业单位公开招考时间。2004年，市人事局出台《寿光市人事考试考务工作规则》，将报名、考点、考场设置、考场规则、命题、评卷、面试、监督、组织管理等以文件的形式固定下来。2006年，人事部《事业单位公开招聘人员暂行规定》颁布后，事业单位进人实行凡进必考制度。对事业单位公开招聘的招聘范围、条件、程序、招聘计划、信息发布、资格审查、考试、考核、体检、聘用、监督等方面都作出明确规定。至2010年，一直沿用该招聘办法。

第四节 公务员管理

过渡 1996年始，依据国务院1993年10月制定的《国家公务员暂行条例》，在市、乡两级行政机关推行国家公务员制度。同年6月，成立市推行国家公务员制度领导小组，确定全市国家公务员制度按职位分类、人员过渡、检查验收3个阶段进行。同年7月27日和8月3日，分2批进行过渡考试，市直50个部门（单位）和33个乡（镇）的1777名机关工作人员参加考试，其中首批919人、第二批858人。考试分为开卷和闭卷2种形式，成绩及格1775人，不及格2人。成绩不及格者，参加潍坊市组织的补考。当年，各项过渡工作顺利完成。全市共有83个单位、1703人按规定程序过渡为国家公务员。

考录 1991年，机关事业单位干部主要从统招统配大中专毕业生中招录。同年6月，从县直党政群机关代干工人中录用9名国家干部，条件为1988年年底前进机关工作并在代干岗位，年龄45岁以下，具有高中以上文化程度。1992年6月，从国家二级企业、省级先进企业优秀工人和受省级表彰的农民企业家中吸收录用部分国家干部，全县共上报初审合格人员32人。同年8月，开始部署全民所有制企业聘用干部工作。1996年，开始实行考录制，至2010年，先后10次面向社会公开考录公务员。考录人数最多的一次是2010年，共80人；最少的一次是2006年，共12人。寿光历次公务员考录都是由潍坊市委组织部、潍坊市人社局组织实施。

1997—2010年寿光市公务员考录人员情况表

表20-2-1　　单位：人

年份	招录人数	男	女	报考人数
1997	38	32	6	837
2002	36	21	15	1088
2003	35	18	17	938
2004	24	11	13	898
2005	13	6	7	890
2006	12	8	4	842
2007	14	7	7	900
2008	35	14	21	2519

续表20-2-1

年份	招录人数	男	女	报考人数
2009	28	13	15	2742
2010	80	41	39	5444

登记 2006年11月，根据《潍坊市实施〈中华人民共和国公务员法〉工作方案》《潍坊市公务员登记实施方案》有关规定，对全市16个镇（街道）和43个市直部门以及总工会、共青团、妇联3个参照管理机关同步开展登记工作，经单位申报、组织人事部门审核、潍坊市组织和人事部门审批，依法对符合条件的2078名机关工作人员登记为国家公务员。至2010年，全市公务员共2176人，参照公务员法管理事业单位人员317人，参照公务员法管理的群团机关人员42人。公务员分布，市直1902人，镇（街道）274人。

第五节 军队转业干部管理

每年军转干部安置前，都由潍坊市组织、人社部门统一对军转干部进行岗前培训，培训内容有公务员知识、行政管理和自主择业3项，分专业培训、社会调查、全员适应性培训3个阶段进行，为期1个月左右。1991年始，军队转业干部（简称军转干部）安置工作由市（县）人事局干部调配科负责。2001年12月，市人事局设录用流动科（挂市军官转业安置办公室牌子）。2005年，安置军转干部23人，随调家属6人。2008年4月，寿光市举办第三届全国军转干部创业论坛。同年，成立山东寿光军转干部创业基地，有针对性地对军队转业干部进行培训。2009年6月，市军官转业安置办公室升格为副科级。2010年11月，市军官转业安置办公室规格调整为股级。全市30余名军转干部参加国务院军转办与清华大学联合举办的自主择业军队转业干部教育培训网络课堂。当年，共接收军队转业干部15人，其中团职3人、营职3人、连职5人、技术干部4人。

1991—2010年寿光市（县）军队转业干部及随调家属安置情况表

表20-2-2 单位：人

年份	军转干部				随调家属
	团职	营职	连排职	技术干部	
1991	2	16	4	4	19
1992	6	10	4	9	24
1993	9	16	13	8	25
1994	6	15	10	10	29
1995	7	12	5	6	20
1996	8	5	6	4	11
1997	3	10	1	4	14
1998	7	9	8	3	17
1999	34	9	20	5	13
2000	9	10	18	13	18
2001	5	12	10	4	19
2002	4	5	7	—	8
2003	4	2	8	3	5
2004	2	7	22	5	6
2005	1	7	13	2	6
2006	3	17	11	8	11
2007	4	3	16	4	6
2008	5	5	9	4	3
2009	4	8	3	4	7
2010	3	3	5	4	5

第六节 年度考核

1991—1993年，推行党政机关岗位责任制考评办法。1994年3月始，执行《国家公务员考核暂行规定》，对党政机关工作人员进行年度考核。考核程序分为个人总结、民主评议、主考人评鉴、审核、反馈、总结等。考核分优秀、称职（合格）、不称职3个等次。优秀人员比例控制在15%以内。1995年，自收自支、企业化管理的事业单位也列入机关工作人员年度考核的范围，考核内容包括德、能、勤、绩4个方面，重点考核工作实绩。2000年以后，考核结果改为优秀、称职（合格）、基本称职（基本合格）、不称职（不合格）4个等次。至2010年，干部考核工作一直基本沿用这一模式。2010年，全市机关事业单位参加考核3061人，被确定优秀475人。

1995—2010年寿光市年度考核情况表

表20-2-3　　单位：人

年份	考核总人数	其中			优秀总数	其中			记三等功
		领导干部	一般干部	工勤		领导干部	一般干部	工勤	
1995	3001	974	1654	373	429	138	240	51	55
1996	3082	1064	1664	354	437	141	248	48	56
1997	3199	1137	1725	337	450	156	254	40	64
1998	3197	1231	1618	348	452	186	235	31	57
1999	2847	1185	1371	296	386	158	201	27	48
2000	2994	1249	1433	262	440	184	230	26	51
2001	2816	1162	1403	251	429	180	223	26	49
2002	2688	1154	1242	292	384	175	181	28	51
2003	2753	1143	1287	321	401	174	193	34	52
2004	2647	1075	1276	294	367	166	170	31	45
2005	2587	1044	1220	323	366	176	159	31	39
2006	2556	1015	1194	347	356	184	139	33	43
2007	2604	962	1313	329	385	172	177	36	51
2008	2651	1030	1283	338	401	173	194	34	48
2009	2693	1024	1188	381	386	154	196	36	53
2010	3061	1238	1423	410	475	208	223	44	65

第三章　人才智力管理

第一节　人才引进

1991年始，实施人才引进战略。1997年，每周三、周六定期举办人才集市。1999年，引进首位博士。2000年，山东农业科技人才市场网站开通，每年通过网络获取高层次人才信息3000多份。2003年3月，与青岛、济南、湖北、西安等地20多家人才市场建立长期合作关系。同年始，每年组织人员赴沈阳、天津、西安、济南、青岛等大中城市参加各类人才招聘会100余场，与高层次人才洽谈3000多人。2005年，市政府出台《寿光市引进高层次人才规定》，每年拨付100万元用于高层次人才开发。2008年，市政府出台《关于进一步加强人才工作的意见》，以项目吸引人才。至2010年，共举办各类人才交流会800余场，引进硕士及以上学历高层次人才1047人，其中博士39人、硕士1008人。

第二节 人才培训

1991年始，县人才交流培训中心每年培训各类人才600余人。1998年7月，市人才交流培训中心加挂市国家公务员培训中心牌子，与省内有关院校联合开展电大、函授学历教育，每年培训3000余人。1999年，与宁夏中卫县联合开展农业实用技术推广培训项目，1240人参训。2002年3月，国家外国专家局培训中心建立寿光蔬菜新技术培训基地，开展智力拥军、智力支持西部开发、智力支持东北地区经济转型等培训活动。2006年11月，投资3000万元，迁建占地38亩、建筑面积1.5万平方米的市人才培训中心（行政管理学校），可同时容纳800人培训。2007年2月，与香港金融管理学院合作，成立香港金融管理学院寿光分院，是山东省对外输出培训定点单位之一，也是部分高校的定点函授站（点、学习中心）。至2010年，先后举办蔬菜栽培、市场营销、会计继续教育、中层干部任职、转岗等各类培训班150余期，26.5万人参训。

第三节 专业技术拔尖人才管理

1991—2001年，市（县）专业技术拔尖人才选拔管理工作由市（县）委组织部负责，共组织选拔潍坊市专业技术拔尖人才6批36人，寿光市专业技术拔尖人才5批142人。2002年，按照市乡机构改革方案，专业技术拔尖人才的选拔评审及综合管理服务职能划归市人事局。2005年10月，市政府出台《寿光市专业技术拔尖人才选拔管理办法》，对专业技术拔尖人才的选拔条件、调整条件、选拔程序、工作生活待遇和考核管理等各个方面作出新规定。2007年8月，启动“专家带徒”青年人才培养工程，先后安排2批专家带徒培养工作，74名专家带徒弟137人，共确立攻关课题90项，新技术推广实验14项。至2010年，全市共有享受国务院特殊津贴专家1人，潍坊市级专业技术拔尖人才58人，寿光市级专业技术拔尖人才211人。

第四节 国外智力引进

1991—1992年，引进国外智力工作由县科委负责，1993年划归市人才交流培训中心。1997年3月，成立市引进国外智力管理办公室，负责国外专家和国外先进技术引进、交流工作。1999年1月，在孙家集镇三元朱村建成省级引进国外蔬菜新技术新成果示范园。同年3月，引进法国马铃薯专家皮埃尔瓦莱先生到留吕镇丁楼村、高淮村现场指导马铃薯种植，2000余人参训。同年4月，晨鸣纸业集团被省外国专家局确定为省级重点引智企业。2000年1月，经人事部批准，在晨鸣纸业集团设立寿光市第一家博士后科研工作站。2001年4月，为潍坊科技职业学院聘请10名客座教授。同年9月，寿光圣园种业公司与俄罗斯思麦科种业公司合作成立蔬菜研究中心，引进俄罗斯蔬菜品种68个。同年12月，引进黑井哲思等7名日本专家，同时引进农作物新品种11个、郁金香品种20个、果树新品种4个。当年，共接待外国专家、参观考察人员230多人。2002年3月，建成国家外国专家局培训中心寿光蔬菜新技术培训基地，是国家外国专家局唯一设在县级市的培训基地，也是寿光市第一家国家级培训基地。同年6月，设立市蔬菜高科技示范园博士后科研工作站，这是全国第一家设在农业示范园区的博士后科研工作站，至此寿光成为全国同时拥有工业和农业博士后科研工作站的唯一县级市。2004年10月，建成省级引进国外水产高效养殖技术示范园。2006年5月，邀请清华大学科技中心5名科技人员到寿光，就蔬菜废弃物资源化、企业节能减排等事项进行考察论证，形成可行性报告书。经人事部批准，在寿光巨能金玉米开发有限公司设立博士后科研工作站。2007年12月，组织全市15名分管新农村建设的基层干部赴韩国进行为期半月的新农村建设专题培训，这是山东省2007年度唯一经国家和省外国专家局立项批准的新农村建设培训项目，全体参训学员均获韩中文化交流协会颁发的结业证。2008年1月，法国威马公司寿光育种示范中心的法国专家理查德·赫伯来先生获潍坊市政府鸢都友谊奖。同年5月，设立市康跃增压器有限公司博士后科研工作站。同年12月，市外国专家局被国家外国专家局评为国家引进国外智力先进单位。2009年7月，寿光丰谷牧业有限公司被国家外国专家局批准设立国家级自然养猪法示范推广基地。2010年9月，设立山东墨龙机械股份有限公司博士后科研工作站。同年12月，在市康跃增压器有限公司工作的美国专家阿诺德·史蒂夫先生，获潍坊市政府鸢都友谊奖。到2010年年底，全市共建成2个国家级、3个省级引智示范园，1个国家外国专家局培训中心建立的寿光蔬菜新技术培训基地，5个博士后科研工作站，1个中国（寿光）博士后创新创业基地。共引进20多个国家的各类专家886人，解决管理与技术难题430多个，研发的新产品中有7个产品被评为国家级新产品、30多个产品填补国内空白。与10余个国家和地区的23家农业企业建立合作关系，引进国外先进种植技术200多项、优良品种500多个、花卉品种70多个、瓜果新品种120多个，推广面积达100多万亩。接待世界各国交流团700多人，每年接待农业参观学习200多万人次。有19名海外博士、专家被聘为市政府科技顾问，5名外国专家获齐鲁友谊奖、鸢都友谊奖。

荷兰专家（中）指导番茄种植（2010年摄）

第四章 工资 福利

第一节 机关事业工资

1991年12月，全县162名工作人员调整工资，其中变动行政职务工资151人，变动专业技术职务工资11人。为全县164名在农业生产第一线工作满8年的科技人员办理浮动工资转固定手续。1993年10月，机关事业单位进行工资制度改革，行政人员基本工资分职务工资、级别工资、基础工资和工龄工资4部分，事业单位管理人员分职务（岗位）工资和津贴2部分，共为820个党政群机关事业单位的2万余名工作人员上调工资标准，人均月增资120元。1995年后，机关事业单位工作人员连续2年考核称职（合格）的晋升一级职务工资，机关干部连续3年优秀或连续5年称职的晋升一级级别工资。1999年1月始，调整机关事业单位工资标准，人均月增资120元。2001年1月，再次提高机关事业单位工作人员工资标准，人均月增资100元。2003年3月，为3120名机关事业单位工作人员晋升工资档次，1390名机关工作人员晋升级别工资，新取得技术等级的335名机关事业单位技术工人兑现工资待遇。同年12月，为2.3万名机关事业单位在职人员提高工资标准，为5343名离退休人员增加离退休费。2004年4月，重新调整困难企业军转干部补助标准，其中在职人员中连职900人、营职930人、团职960人，退休人员中连职770人、营职800人、团职830人。2007年2月，对机关事业单位人员工资进行改革，全市共有2.6万人参加，人均月增资500元。

第二节 劳动工资

1991年，继续实行工资总额与经济效益挂钩制度，为全民所有制企业、县以上集体企业的5.9万名职工办理工资进档手续，发放工资总额1.4亿元。1993年，职工收入与标准工资脱钩，与岗位技能和劳动贡献挂钩，劳动工资逐步向岗位技能工资制过渡。1995年，企业职工工资实行岗位技能工资制度。次年，为6.8万名企业职工发放工资4.6亿元。1998年，为5.5万余名企业职工发放工资4亿元，人均年工资7349元。2001年始，政府对企业工资支付逐步从钢性管理转向宏观调控，按照省政府发布的企业工资指导线，建立健全企业内部分配制度。2004年，为5万余名企业职工发放工资7.6亿元，人均年工资1.5万元。2007年，企业工资分配宏观调控体系建设逐步完善，各项劳动法律、法规及政策得以落实，劳动者权益得到较好维护。2010年，为7.1万名企业职工发放工资26.9亿元，人均年工资达到3.8万元。

第三节 福 利

粮价补贴 1992年，提高粮食统销价格后，机关、企事业单位在职职工、离退休人员和按国发〔1978〕104号文件规定退职的人员，每人每月发粮价补贴5元；国家供应统销价定量口粮人员和享受民政部门定期发放生活费的优抚救济对象，每人每月5元；中小学民办教师和普通高等学校、中等专业学校在校学生，每人每月3元；享受生活补助的精简退职干部，每人每月8元。1998年1月，对机关事业单位在职及离退休人员的粮油等补贴、津贴进行简化归并，其中在职人员归并后统称为地方福利补贴，标准为每人每月125元；1985年工资制度改革前离退休人员归并后统称为物价补贴，标准为离休人员每人每月81元，退休人员每人每月73元；1985年工资制度改革后至1993年9月底前离退休人员归并后统称为物价补贴，标准为每人每月51元；1993年10月工资制度改革后离退休的人员，其补贴、津贴的简化归并与在职人员相同。

图书补助费、洗理费和交通补贴 1993年9月，图书补助费由每人每月7元、8元，均调整为15元，次年图书补助费纳入新工资标准。洗理费月标准由男职工每人7元、女职工每人8元，分别调整为男职工15元、女职工17元；交通补贴由每人每月5元，调整为10元。1998年6月，洗理费和交通补贴简化归并，统称为地方福利补贴。

职务补贴、工龄津贴 1992年1月，国家机关、事业单位工作人员的工龄津贴由每月0.5元提高为每月1元，同时相应提高离退休人员的工资待遇。全县共有1.5万余人提高工龄津贴，有3224名离退休人员增加离退休费。同年5月，国家机关、事业单位工作人员实行职务（岗位）补贴（按职务高低分若干档次按月发放），同时增发行政机关岗位责任制考评奖（人均20元）。全县实行职务（岗位）补贴共1.5万人，增发岗位责任制考评奖的3160人。1993年，事业单位工作人员工龄津贴纳入新工资标准，不再单列。2006年7月，实行第4次工资制度改革，机关工作人员工龄津贴不再保留。

独生子女费 1996年10月始，独生子女父母奖励费标准由每月不少于5元，提高到不少于10元。奖励费从申请当月起至子女14岁止，由父母双方所在单位各自负担50%。父母退休时退休费比数提高5%。

遗属生活补助 1993年，调整国家机关工作人员遗属生活补助标准，符合遗属补助条件，系非农业户口的，在1990年标准的基础上分别增加20元；系农业户口的分别增加15元。烈士的遗属或孤独单身的遗属，每人每月再增加10元。1999年，对符合生活困难补助条件的遗属，系非农业人口的，每人每月补助170元；系农业人口的，每人每月补助82.5元。至2005年7月，共为1872名死者的2137名遗属调整或新办理遗属补助。同年10月，户籍制度改革后，取消遗属补助标准的城乡差别，执行每人每月170元标准，共为符合条件的1100多名原农村居民遗属人均提高补助标准约80元。2006年1月，遗属补助标准由170元提高到190元，2007年10月提高到235元，2008年7月提高到260元，2009年1月提高到280元，2010年7月提高到310元。

住房补贴 1999年1月，实行住房补贴制度。2000年，住房补贴开始随工资发放，标准为基本工资的20%，次年调整为25%。2002年7月始，离退休人员和按国务院国发〔1978〕104号文件规定退职的人员，住房补贴发放标准为离退休费的25%。2003年2月，圣城街道、文家街道、羊口镇等5个镇（街道）教师开始发放住房补贴，2004年1月扩大至全部镇（街道）。2005年1月，调整住房补贴发放标准为基本工资的35%。

第五章 专业技术职称评定

第一节 职称制度改革

1991年3月，职称制度改革工作由县科技局移交县人事局。同年5月，县职称改革领导小组办公室对全县1.4万名专业技术人员进行考核，其中优秀775人。当年，开始实行双轨制，即在继续实行专业技术职务聘任制的基础上，建立与职务聘任制并行的职业资格制度。会计、经济、审计、统计等专业技术资格实行国家统一考试，涉及职业资格54种。同年11月，经济专业职务资格首次实行全国统考，全县415人参加。1997年始，职称制度由评聘合一逐渐转向评聘分开，即实行专业技术职务任职资格社会化评审，评审通过后个人只有资格，单位根据岗位情况择优聘任，并逐渐实行竞争上岗聘任制度。2002年，市人事局出台《寿光市事业单位专业技术职务岗位聘任实行竞争上岗的试行意见》，2005年出台《关于对事业单位专业技术职务岗位实行分类管理的意见》，外语、价格、出版、审计等20多个专业相继推行资格考试制度。2006年，在事业单位实行专业技术岗位设置管理，不再组织与岗位聘任无关的评审，逐渐推行新的评聘合一职称制度。将专业技术岗位由原来高、中、初3个大的等级分为13个等级，包括高级、中级和初级岗位，其中高级岗位7个等级，中级岗位3个等级，初级岗位3个等级。2009年9月，实行中小学教师职称制度改革，全市31个教育事业单位列入改革范畴，涉及专业技术人员1.1万人。其中，1万余名教师过渡到新的教师职称序列，649人未予过渡。按照评聘合一办法，38名教师竞聘为高级教师，1名教师竞聘为正高级教师。

第二节 专业技术职务任职资格评审

职务系列 1991年，有29个专业（系列）实行专业技术职务任职资格评审制度，包括高等学校教师、中等专业学校教师、中学教师、小学教师、技校教师、实验技术、自然科学研究、社会科学研究、工程技术、经济、会计、审计、统计、农业、卫生、新闻、出版、工艺美术、图书资料、文物博物、档案、艺术、海关船舶、民用航空飞行技术人员、体育教练员、翻译、广播电视播音、律师、公证员。1992年始，经济、会计、审计、统计、出版、翻译逐渐实行以考代评，即通过全国统一考试取得资格，其他专业仍实行每年一次的评审办法。2000年，经潍坊市人事局授权，寿光市组建中小学教师中级评审委员会，负责全市中小学教师中级资格评审。2009年，寿光市列入全国中小学教师职称制度改革试点，中学教师职务和小学教师职务合并为中小学教师一个职务系列。

评审办法 1991—2001年，实行评聘合一制度，即分配指标、单位推荐、评委会评审。

2002年始，推行评聘分开、按需设岗、竞争择优、聘约管理的社会化评审机制和岗位聘任制度，逐步放开指标限制，只要具备规定条件都可以推荐申报高一级专业技术职务。2008—2010年，逐渐实行指标管理，适度控制评审规模。

评审条件 评审专业技术职务任职资格，要求具备一定专业技术理论知识和业务能力；任职期间各年度考核合格以上；任职年限内每年的继续教育学习达到20学分；规定的学历、专业年限和任职年限。1991年始，评审条件不断微调。1992年始，凡评审中级、高级专业技术职务者，必须参加全国职称外语水平考试并取得有效成绩。2003年始，必须参加人事部统一组织的全国专业技术人员计算机应用能力考试并取得相应模块合格证书。至2010年，全市共有专业技术人员6.1万人。

1991—2010年寿光市（县）专业技术人员统计表

表20-5-1　　单位：人

年份	总人数	年份	总人数
1991	16082	2001	26602
1992	16166	2002	28796
1993	17219	2003	32216
1994	18248	2004	34772
1995	18458	2005	38440
1996	21333	2006	41309
1997	22604	2007	43644
1998	22776	2008	48751
1999	24680	2009	54523
2000	25742	2010	60784

第三节 农民与乡（镇）企业职称评审

1991年8月，全县2205名农民技术员获得职称证书。1993年5月，成立县农业技术初级职务评审委员会。同年11月，市人事局出台《农民技术人员职称评定与晋升暂行规定实施细则》，成立市农民技术人员初级评定委员会。1996年，分别成立市农民农机技术职称初级评定委员会、市农民经营管理技术职称初级评定委员会。1998年，市人事局制订《关于加强农村妇女农民技术职称评定工作的意见》，在农村妇女中开展职称评定工作。2006年始，农民技术职称评定经常化。至2010年，共有19517名农民技术人员获得农民技术职称，其中高级39人、中级295人、助级6348人、员级12835人。

1991年始，乡（镇）企业专业技术人员职称评审转入正常化。至2010年，共评审通过10089人，其中高级126人、中级1648人、初级8315人。

第四节 技术工人等级考核

1995年11月，首次组织机关事业单位工人技术等级考核，共有1663人取得相应技术等级证书。1996年4月，有1604人取得技术工人等级证书。同年始，技术工人等级考核改为每2年1次。1995—2010年，共有5281人取得技术等级证书。

1995—2010年寿光市颁发技术等级证书统计表

表20-5-2　　单位：人

年份	人数	年份	人数
1995	1663	2004	252
1996	1604	2006	214
1998	446	2008	157
2000	327	2010	270
2002	348	—	—

第六章 就业

第一节 大中专毕业生就业

1991—1996年，共安置大中专毕业生5400人，其中专科以上270人。1997年，非师范类毕业生就业分配职能由市计委移交市人事局，师范类毕业生就业工作由市教育局负责。毕业生就业分配主要面向基层、工矿企业，按照指令性分配和双向选择结合、专业对口、优生优分的原则进行。1998年始，事业单位接收大中专毕业生，按照公开、平等、竞争、择优的原则统一考录。考录分笔试和面试2部分，按总分由高到低依次录取。1991—2010年，全市共接收大中专毕业生2.9万人，就业安置2.8万人，就业率95.6%。

1991—2010年寿光市（县）大中专毕业生就业情况表

表20-6-1　　单位：人

年份	报到人数	就业人数
1991—1996	5402	5400
1997	791	772
1998	805	795
1999	1011	1009
2000	1051	1038
2001	1557	1470
2002	1402	1316
2003	1107	1001
2004	1717	1636
2005	2204	2079
2006	2331	2278
2007	1784	1664
2008	2958	2687
2009	2638	2505
2010	2590	2421

第二节 劳动就业

1991年秋，废除企业招工统一考试制度。1992年，实行破“三铁”（铁饭碗、铁交椅、铁工资）国有企业用工制度改革，职工可以合理流动。1993年始，企业实行全员合同制用工制度。同年，成立市职业介绍所，负责职业介绍、职业指导服务。企业招工、劳动者择业通过劳动力市场进行，实行双向选择，录用人员由招工审批改为录用备案制度。1998年5月，成立市再就业服务中心。2000年始，放宽农村劳动力进城务工限制。2001年12月，整顿规范全市自发农民工劳务市场，实行注册审批制度。2002年11月，市劳动服务公司更名为市劳动就业办公室。2003年始，推行城乡一体就业制度，取消临时工用工形式，鼓励农村劳动力进城务工。当年8月，建成市劳动力市场，总使用面积500平方米，

寿光人力资源市场外景（2010年摄）

是潍坊市面积最大、服务功能最全的县级劳动力市场。2006年，市劳动力市场更名为寿光人力资源市场。至2010年，每年组织举办近百期招聘洽谈会，年平均3500家用人单位和10万人次求职者进场交流洽谈，有1.2万多名求职者通过市场实现就业，单位招工和个人求职完全市场化。历年城镇登记失业率控制在2.9%以内。

第七章　劳动管理

第一节　劳动力管理

劳动合同管理　1991年，实行劳动合同鉴证管理办法，即合同制工人就工、投保、劳动合同签订及鉴证依序办理。1992年10月，寿光县被省劳动厅确定为全省劳动制度综合配套改革试点县，全面推行全员合同制度。1993年始，实行劳动制度改革，打破干部、固定职工、合同制职工的身份界限。1995年，市及市以上企业全员合同制推行工作基本结束，全市签订劳动合同3万余份。1996年始，在乡（镇）企业、私营企业中推行劳动合同制工作。当年，全市各类企业劳动合同签订率达到98%。2000年，将劳动用工备案与企业招工、社会保险立户相结合，推行劳动用工备案制度。2004年5月，劳动和社会保障部《集体合同规定》颁布实施后，加大集体合同审查力度，至2005年共审查企业23家，涉及职工9805人。至2010年，全市参保企业均实行劳动用工变动备案制度，先后有975家企业的7.6万名职工办理劳动用工全面备案。

劳动保障事务代理　1991—1995年，对全市（县）199家企业的3.6万份档案实行统一管理，为3344名经济组织自主创业人员代办劳动事务服务，代缴各项社会保险费390.6万元。1999年，建成新型档案室，共托管职工档案4.6万份。为580名下岗失业人员和自主创业人员代缴各项社会保险费46万元。2005—2010年，对全市880家企业的3万份档案实行集中管理，为2.3万人提供劳动保障事务代理服务。

第二节　劳动争议仲裁

1991年，县劳动争议仲裁委员会成立，办事机构为县劳动局劳动争议仲裁科，全年共受理劳动争议案件30起。1995—1999年，共受理劳动争议案件229起，其中调解处理106起、裁决123起，挽回经济损失516万元。2000年起，受用工主体、用工形式的多元化和普法观念的影响，在劳动报酬、社会保险等方面引起的劳动争议逐渐增多。2001—2005年，共受理劳动争议案件1362起，涉及职工2530人，挽回经济损失1293万元。2008年8月，撤销劳动争议仲裁科，成立市劳动争议仲裁院，为股级全额拨款事业单位，设专职和兼职仲裁员、书记员。同年，《中华人民共和国劳动合同法》及《中华人民共和国劳动争议调解仲裁法》颁布实施，劳动争议仲裁委员会创新办案流程，完善劳动争议基层调解组织，至2010年，累计处理劳动争议仲裁案件2500余起。其中，调解1800余起，接待来信来访咨询1.5万人次，结案率100%、调解率60%以上。

第三节 劳动保障监察

1995年，设立劳动保障监察科，配备专职监察员3人，进行劳动执法检查。至2000年，共组织执法专项检查11次，下达劳动保障监察限期整改指令书111份，纠正违法行为419次，立案65起，补签劳动合同1.2万份，追缴职工社会保险399.3万元。2004年12月始，贯彻落实国务院《劳动保障监察条例》，劳动保障监察所需经费列入本级财政预算。2005年5月，成立市劳动保障监察大队，为财政全额拨款副科级事业单位，编制5人。至2010年，共检查用人单位8000家，受理投诉案件2000余件，追缴各项社会保险费2541万元，为职工追回拖欠工资610万元，追回风险金、押金、集资款140万元，补办各类职业资格证书1648份，清退童工23人。

第八章 职业技能开发与鉴定

第一节 职业技能开发

寿光县技工学校成立于1987年5月，负责全市（县）劳动就业培训工作。1994年，成立市职业技术中等专业学校，与市技工学校一个机构挂两块牌子。学校开设钳工、电工、机电、纺织保全、建筑、烹饪等12个专业，当年培训各类技术人员4400余人，其中2600余人获得职业资格证书。1996年始，加强民办培训机构办学质量管理，当年指导18家民办培训机构累计培训1.1万人。2001年，设立市劳动和社会保障局培训就业科，负责全市职业技能培训工作。2002年2月，市技工学校被劳动部认定为国家级重点技工学校。2003年，全市开展高技能人才培养选拔工作，5名企业一线工人获潍坊市突出贡献技师称号。2005年，组织参加全省首批首席技师评选活动，有2名企业技术工人获山东省首席技师称号，6名企业技术工人获潍坊市首席技师称号。2008年2月，市技工学校整建制并入潍坊科技职业学院，仍保留市技工学校牌子和原有职能，业务上接受市劳动和社会保障局指导。2009—2010年，全市共培训9.7万人，其中技工学校3.9万人，各类民办培训机构5.8万人，取得技师职业资格者达98%以上。

第二节 职业技能鉴定

1996年，经潍坊市劳动局批准，成立市职业技能鉴定所，负责全市职业技能鉴定工作。当年，鉴定初级工1550人，发放初级职业资格证书1550份，报送潍坊市职业技能鉴定中心中级工资格鉴定62份，换发中级以上职业资格证书82份。2002年始，推行国家职业资格证书制度，组织开展初级工、中级工、高级工职业技能培训鉴定和技师培训评审。当年，共鉴定初级工469人、中级工580人、高级工23人、技师37人。2003年，实行就业准入制度，完成初级工、中级工、高级工和技师培训鉴定6662人。2007年3月，市政府出台《寿光市高技能人才选拔管理暂行办法》。2008年8月，评选出首批寿光市首席技师20人、寿光市有突出贡献技师29人。2009年、2010年分别命名表彰寿光市技术能手42人、43人。2009年，推行全省专项职业能力鉴定试点，出台大棚建造、大棚蔬菜种植、大棚育苗、蔬菜运输、蔬菜保鲜5个职业的考核规范，成为全国考核标准。至2010年，完成鉴定4.5万人，其中初中级工3.6万人、高级工6715人，技师1680人、高级技师181人。

第九章 社会保障

第一节 企业职工养老保险

1991年，合同制工人按工资总额的18%缴纳养老保险基金。1992年1月始，企业固定职工退休费实行全潍坊市统筹，每月收缴的合同制工人养老保险基金按40%的比例上缴潍坊市劳动保险处，其余60%由县代存。1993年1月始，固定职工、合同制工人、城镇户口临时工个人按工资总额的2%缴纳基本养老金，单位按工资之和的22%缴纳。1996年1月始，对参加基本养老保险的人员建立基本养老保险个人账户，将职工个人缴费的全部和企业缴费的一部分按11%计入个人账户。1997年10月，全市企业离退休人员养老金实行社会化发放，社会发放率100%。1998年，对企业和职工个人缴费比例、个人账户计入比例，基本养老金发放办法等作出进一步规范和统一。1999年1月，对企业离退休人员因病或非因工死亡有直系亲属的，按规定发给10个月全省平均工资的救济费。2006年，对基本养老金计发、个体工商户参保政策、养老保险个人账户等方面作出统一规定和要求。至2010年，先后7次调整退休人员待遇。

1991—2010年寿光市（县）企业职工养老保险统计表

表 20-9-1

年份	收入（万元）	支出（万元）	参保人数（人）
1991	1999.30	1432.18	\
1992	2022.27	1084.70	\
1993	2668.46	2050.55	\
1994	3392.42	3276.92	\
1995	4022.44	3619.74	\
1996	4068.83	3217.19	\
1997	4642.81	3459.14	\
1998	5402.81	3719.94	\
1999	5498.78	3955.03	\
2000	6452.69	4365.57	\
2001	7884.26	4541.02	\
2002	8621.90	5757.98	\
2003	12200.55	6149.77	\
2004	11628.99	6721.96	\
2005	13484.37	8361.41	64703
2006	16371.01	10194.10	69756
2007	24609.30	12685.23	77054
2008	26703.52	15628.36	88581
2009	38186.57	18848.84	100594
2010	47256.37	24122.55	109198

第二节 城镇职工基本医疗保险

1991年，县卫生局公费医疗办公室负责全县公费医疗工作。机关干部和文教卫生等事业单位工作人员实行公费医疗制度，厂、矿企业职工实行劳动保险医疗制度。1994年，公费医疗实行统管与分管相结合，划片定点就医，经费包干，结余留用，超支不补。1998年12月，按照国务院《关于建立城镇职工基本医疗保险制度的决定》要求，开始实施城镇职工基本医疗保险制度。2001年11月，正式启动城镇职工基本医疗保险，至2007年，基本覆盖全市所有用人单位。参保范围为城镇所有用人单位及其职工和退休人员；城镇个体经济组织业主及其从业人员；自由职业者和灵活就业人员。2010年，城镇居民医疗保险一个医疗年度内最高支付限额为未成年人4.8万元、一般和老年居民3万元。城镇职工医保参保者在一、二、三级医院的住院报销比例由开展之初的在职职工84%、82%、80%提高到88%、86%、84%，退休职工由92%、91%、90%提高到94%、93%、92%。同年6月，根据潍坊市政府《关于城镇职工医疗保险具体问题的处理意见》，劳动人事代理人员开始享受门诊特殊慢性病待遇；增加门诊特殊慢性病种9种。2010年，全市共有参保单位1242家，参保人员13.1万人。

2001—2010年寿光市城镇职工基本医疗保险统计表

表20-9-2

年份	收入（万元）	支出（万元）	参保人数（人）
2001—2002	3857.03	558.81	\
2003	5854.84	1524.29	\
2004	10054.94	3294.05	\
2005	6690.11	5302.06	67225
2006	8792.92	5501.28	77490
2007	11005.56	7809.86	87012
2008	16281.99	9876.08	107950
2009	20945.14	14274.36	119914
2010	25473.20	23290.66	130884

第三节 机关事业单位养老保险

1995年7月始，先后开展机关事业单位合同制工人养老保险、乡（镇）选聘制干部养老保险、自收自支事业单位养老保险和机关事业单位养老保险全员统筹工作，至1996年11月在所有机关事业单位中铺开。按照以支定收、略有结余、留有部分积累的原则，对养老金收缴比例多次调整。其中：1994—1999年，单位缴纳为23%、个人缴纳2%；2000年1—6月，单位为19%、个人2%；2000年7月—2001年，单位不缴费，个人缴纳2%；2002年，单位18%、个人2%；2003—2004年，单位23.5%、个人2%；2005—2007年3月，单位26%、个人2%；2007年4—12月，单位29%、个人3%。至2010年，共为3.2万名机关事业单位工作人员征收养老金2.5亿元，收缴率和拨付率均为100%。

1995—2010年寿光市机关事业单位养老保险统计表

表20-9-3

年份	收入（万元）	支出（万元）	参保人数（人）
1995	380.17	316.76	1800
1996	785.18	521.13	1900

续表 20-9-3

年份	收入（万元）	支出（万元）	参保人数（人）
1997	3483.32	2932.41	21997
1998	4121.45	3343.50	22490
1999	5264.68	4354.84	23588
2000	4685.02	4924.99	24384
2001	4521.75	5478.95	25403
2002	5827.31	7335.76	27035
2003	7156.31	6822.53	27804
2004	7967.75	8395.94	28607
2005	10042.51	9933.84	29453
2006	11235.74	11461.59	29316
2007	14041.22	15177.90	29563
2008	20106.59	19095.47	30181
2009	23291.47	21900.10	30472
2010	24966.80	24035.80	31543

第四节 农村社会养老保险

1991年，农村社会养老保险工作开始试点，1992年全面展开，保险形式以个人缴费为主，集体补助为辅，国家予以政策扶持，农村户籍的公民为保险对象。当年，缴费2188.6万元。2001年，实施农村干部养老保险制度，市政府出台《寿光市农村干部参加农村社会养老保险的暂行办法（试行）》，实行个人缴纳与村集体补贴相结合的办法。2006年9月，农村干部养老保险投保资金比例由市、镇（街道）财政和村集体、个人共同负担。2004年8月，按照《寿光市失地农民基本养老保障办法》《寿光市关于做好失地农民就业和保障工作的意见》，开展失地农民养老保障试点工作，2005年10月全面展开，是全省首个开展失地农民保险的县（市）。2009年，市政府制定《寿光市新型农村社会养老保险暂行办法》，次年11月，新型农村社会养老保险工作（简称新农保）全面展开。2010年，全市共5个镇（街道）的24个村参加失地农民养老保险，4759人参保。全市971个行政村建立新农保，57.7万人参保。共征收农村社会养老保险金4.3亿元，其中个人缴费1.8亿元。

1992—2010 年寿光市（县）农村社会养老保险统计表

表 20-9-4

年份	收入（万元）	支出（万元）	参保人数（人）
1992	2188.64	\	\
1993	35.91	\	\
1994	861.79	1.95	\
1995	2384.20	12.07	\
1996	300.95	19.35	\
1997	544.33	29.11	\
1998	199.86	84.54	\
1999	89.43	71.62	\
2000	203.36	137.33	\
2001	271.80	146.41	\
2002	200.45	167.37	\
2003	387.50	200.38	\
2004	626.54	274.63	\
2005	1096.28	264.9	\
2006	1129.41	434.93	\
2007	1214.18	519.02	\
2008	1121.00	653.00	388030
2009	1989.23	42.78	5836
2010	43229.69	10695.35	576500

第五节 城镇居民医疗保险

2008 年，成立城镇居民医疗保险科，隶属于市劳动和社会保障局。同年 9 月，在全市启动城镇居民基本医疗保险业务。参保范围是城镇职工基本医疗保险和新型农村合作医疗范围以外的具有本市户籍和非从业城镇居民，包括未成年城镇居民、老年城镇居民和一般城镇居民。缴费标准是未成年居民每人每年缴纳 20 元，政府补助每人每年不低于 120 元；一般居民每人每年缴纳 200 元，政府补助每人每年不低于 120 元；老年居民每人每年缴纳 140 元，政府补助每人每年不低于 120 元。2010 年 6 月始，城镇居民基本医疗保险年度统筹基金最高支付限额由原来的未成年人 4.8 万元、成年和老年居民各 3 万元，统一提高到 6 万元；参保人员按规定转外地就医的，由原来个人先负担 10% 降低为 5%；在异地发生急诊住院的，由原来个人先负担 20% 降为 10%。2010 年，共为 5661 人支付医保费 645.6 万元。

2008—2010 年寿光市城镇居民医疗保险统计表

表 20-9-5

年份	收入（万元）	支出（万元）	参保人数（人）
2008	185.06	0.00	33143
2009	460.92	351.48	
2010	980.52	645.61	43616

第六节 工伤保险

1995 年 7 月，根据《寿光市企业职工工伤保险暂行办法》规定，开始实行工伤保险制度。参保缴费、工伤鉴定、工伤待遇等事项按照《潍坊市企业职工工伤保险规定》标准执行。2004 年 1 月起，执行国务院颁布的《工伤保险条例》。2005 年 6 月，对工伤保险基准费率进行调整。至 2006 年年底，全市 22 个单位的 2 万多名农民工参保。2008 年，工伤保险参保率达 100%。2009 年 4 月，在灵活就业人员群体中实行工伤保险制度，参保人数达 10.3 万人。2010 年，共为 4353 人支付工伤保险费 1259 万元。

1995—2010 年寿光市工伤保险统计表

表 20-9-6

年份	收入（万元）	支出（万元）	参保人数（人）
1995	39.99	0.80	\
1996	98.15	34.21	\
1997	121.68	53.74	\
1998	137.95	30.96	\
1999	139.06	76.05	\
2000	152.64	93.82	\
2001	171.16	238.93	\
2002	213.80	193.66	\
2003	210.30	411.93	\
2004	261.65	373.64	\
2005	311.80	280.00	41808
2006	429.42	322.62	44684
2007	633.57	432.23	49711
2008	996.70	978.50	62730
2009	1605.06	1205.68	103204
2010	2395.95	1259.02	113510

第七节 生育保险

2005年5月，开始实施生育保险，参保对象主要是企业单位的女职工，市社保中心为经办机构。2008年3月，男职工首次享受生育保险待遇。2009年5月，率先在潍坊市大幅提高生育医疗费定额标准。2010年，共为3760人支付生育保险金770.3万元。

2005—2010年寿光市生育保险统计表

表20-9-7

年份	收入（万元）	支出（万元）	参保人数（人）
2005	241.90	33.34	35474
2006	406.40	277.10	37850
2007	494.10	248.68	42583
2008	671.95	378.18	51353
2009	925.19	458.25	56871
2010	1223.64	770.33	61547

第八节 失业保险

1987年，寿光开始实行失业保险办法，县劳动服务公司负责失业保险基金的筹集、管理、支付等工作。1998年7月起，提高失业保险基金缴纳标准，各类企业和单位按职工工资总额的2%缴纳，个人按本人工资总额的1%缴纳。2000年始，贯彻落实《山东省失业保险条例》，失业保险范围扩大到国家机关除公务员之外的职工、社会团体及其专职人员、有雇工的城镇个体工商户及其雇工。2008年，随着全市社会保险“五险合一、一票征缴”工作深入推进，失业保险征缴于当年8月、10月和次年4月按单位分3批纳入社保中心统一办理。至此，凡参加基本养老保险等险种的单位，均全部按规定参加失业保险。2010年10月，失业保险由原来的县级统筹改为潍坊市统筹。

1991—2010年寿光市（县）失业保险统计表

表20-9-8

年份	收入（万元）	支出（万元）	参保人数（人）
1991	44	15	44255
1992	53	20	49500
1993	115	71	52000
1994	156	96	52864
1995	184	110	44056

续表 20-9-8

年份	收入（万元）	支出（万元）	参保人数（人）
1996	285	150	41012
1997	246	248	42214
1998	371	444	36840
1999	501	329	44000
2000	505	450	59000
2001	556	661	57000
2002	736	674	49135
2003	716	913	51428
2004	878	802	55735
2005	835	567	55836
2006	842	540	58616
2007	1136	574	57653
2008	2027	433	69194
2009	4445	5753	70489
2010	4305	1987	72015

第二十一编

法治 武装

1991—2010年，中国正处在改革发展的关键时期。这一时期内，寿光市(县)的公安、检察、审判、司法行政等工作，认真贯彻落实党的路线、方针、政策，切实履行部门职能，围绕全市(县)经济建设、社会稳定大局，抓源头、抓根本、抓基础，在社会治安、矛盾化解、管理创新、廉洁执法和队伍建设等各个方面，均取得较大成绩。同时，人民武装适应经济社会发展和国防建设需要，在兵役工作、民兵建设、预备役工作、拥政爱民等方面，进行了相应的调整和改进。2010年，寿光市被表彰为首批全国法治县（市、区）创建活动先进单位。

第一章 公安

第一节 管理机构

1991年，县公安局内设办公室、政工科、政保科、内保科、治安行政管理科、户籍科、预审科、法制科、装备通讯科、消防大队、边防科、信访科、财务科、老干部管理科、刑事侦查队、看守所、治安拘留所（均为正股级规格）、交通警察大队（副科级规格），辖城区、大家洼、羊角沟3个公安分局（均为副科级规格）和寿光、九巷市场、站前、稻田等35个派出所（均为正股级规格）。1993年，成立刑事警察大队，副科级规格。成立工业区派出所，正股级规格。增设开发区分局，副科级规格。1994年1月，成立巡逻警察大队，副科级规格。1995年7月，大家洼分局划归潍坊市公安局辖制。1996年10月，成立寿光市公安局指挥中心，副科级规格。1997年5月，成立交通事故施救中心。1998年7月，成立督察大队，副科级规格。1999年4月，成立经济犯罪侦查大队，副科级规格。2001年8月，成立反邪教大队，副科级规格。同年11月，撤销治安行政管理科，成立治安行政管理大队，副科级规格。2002年2月，政工科更名为政工办公室，副科级规格。成立公共信息网络安全监察科，正股级规格。侯镇、上口、洛城、纪台、台头派出所分别更名为分局，均为副科级规格。2003年，政工办公室更名为政治处，同时撤销宣传科。成立晨鸣分局，副科级规格。成立法制案审大队，副科级规格。2004年，成立消防科，正股级规格。成立公共信息网络安全监察大队，副科级规格，同时撤销公共信息网络安全监察科。成立保安管理办公室，副科级规格。2006年9月，治安行政管理大队更名为治安大队，正科级规格。2008年2月，巡逻警察大队更名为特巡警大队。同年6月，成立交警大队驾驶员考试中心，撤销交警大队驾驶员培训考试科。2009年，成立生态农业观光园派出所，副科级规格。成立物证鉴定中心，为正科级全额拨款事业单位。至2010年年底，市公安局下设指挥中心、政治处、国内安全保卫大队、刑事警察大队、交通警察大队、治安大队、经济犯罪侦查大队、特巡警大队、法制案审大队、督察大队、监管大队、警务保障处、市级机关警卫科13个内部机构，辖圣城、站前、清河油田、边防等25个派出所。

第二节 刑事侦查

打击刑事犯罪 1991年1月，按照潍坊市公安局统一部署，实施全县范围内集中收捕行动，共抓获各类违法犯罪嫌疑人39人，清查旅馆248家、出租房屋1050间。1993—1994年，共开展专项斗争和治安清查19次，抓获逃犯13人。1995—1999年，以打团伙、追逃犯为主线，开展严打整治斗争，共破获各类刑事案件（现案、积案、隐案）5500余起，抓获刑事犯罪嫌疑人1000余人，打掉犯罪团伙120余个，缴获赃款及赃物折款计800万元。2000—2004年，以破大案恶案为主攻方向，以治安落后区域为整治重点，共破获刑事案件4000余起，抓获作案成员789人，摧毁犯罪团伙93个，缴获赃款赃物折款600余万元。2005—2007年，多次开展反扒打流、打盗抢、破案会战、严打冬季攻势等专项斗争，共破获各类刑事案件2981起，抓获犯罪嫌疑人939人，摧毁犯罪团伙68个，缴获赃款赃物折款及挽回损失共416.4万元。2008年11月中旬至2009年2月底，开展为期100天的雷霆行动破案大会战，共破获各类案件1045起，抓获违法犯罪嫌疑人595人，打掉犯罪团伙15个，抓获逃犯72人。2010年，以打击严重暴力犯罪、涉命犯罪和霸痞犯罪等社会关注的大要案件和入室盗窃、砸车玻璃盗窃等群众关心的民生案件为重点，开展猎鹰追逃、破案会战、平安全运百日攻坚等专项行动，共破获刑事案件2909起，抓获处理违法犯罪嫌疑人2135人，刑事拘留980人，追回各类逃犯381人。

寿光公安机关严厉打击涉黑犯罪团伙(2001年摄)

刑事技术 1993年3月，县公安局配置全省县级第一台具有先进水平的测谎仪。1999年，市公安局技术中队被省公安厅评为先进技术中队。2001年，投资180余万元，在全省县级率先建成面积1000平方米的刑事技术楼，配置502熏显箱等高科技设备，实现勘验勘查数字化办公。2003年，市公安局技术室被评为全国一级示范刑事科

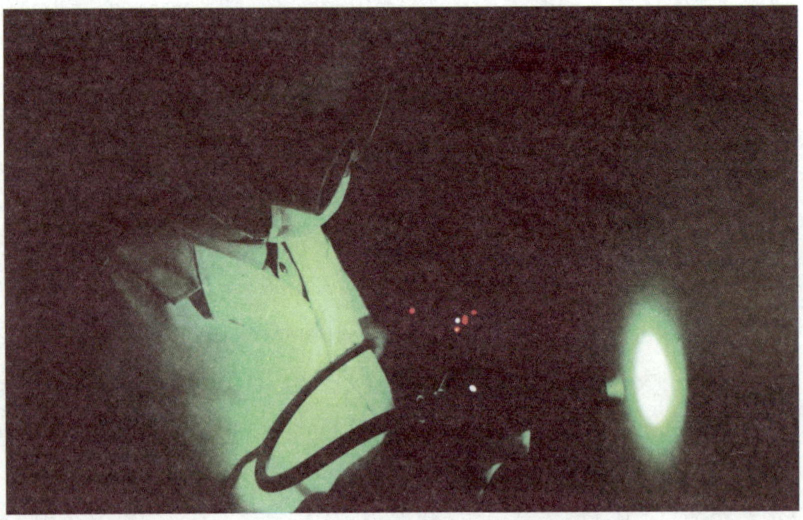

利用激光物证搜索仪进行物证取证(2008年摄)

学技术室。2006年，以公安4级网为依托，建成刑侦基础工作信息化管理应用系统并在全省推广。自行研发刑事犯罪有奖举报系统，配置容量为10万十指指纹、30万现场指纹数据服务器，4个查询终端，与案件信息通报系统有机融合。2008年，投资1000万元，建成实用办公面积3000平方米的技术实验室，配置紫外CCD系统等仪器设备，建成国家标准的DNA、气相色谱、法化毒化、痕文检、心理测试、激光物证等实验室。利用技术手段破案数始终保持在破案总数的26.5%以上。

第三节 经济犯罪侦查

1991年，按照“一要坚决，二要慎重、务必搞准”的原则，以反贪污贿赂为重点，以查处大要案为主攻方向，加大查案立案力度，严厉打击各类经济犯罪。至1995年，共立案查处各类经济犯罪案件314件，其中大要案137件，挽回经济损失900余万元。1999年4月，设立打击经济犯罪的专门机构——市公安局经济犯罪侦查大队。当年，共破获经济诈骗案件18起。2001年，开展打击制贩假币、生产销售伪劣商品专项斗争，共侦破各类经济案件28起，抓获犯罪嫌疑人30人。2002—2003年，开展打击涉税犯罪、信用卡诈骗、保险诈骗等专项斗争，惩处危害社会经济秩序的犯罪行为，共侦破各类经济案件33起，抓获犯罪嫌疑人33人，挽回经济损失7000余万元。2004年，市公安、工商、税务、银行、电力等部门（单位）联合执法，共破获各类经济违法案件21起，抓获各类违法犯罪嫌疑人20人，挽回经济损失500余万元。2005—2007年，开展打击金融犯罪、制售假发票、非法集资、非法经营、非法传销等专项斗争，共破获各类经济犯罪案件25起，挽回经济损失800余万元。2008—2010年，以打击假烟、假币、假发票3个专项行动为重点，共破获各类经济案件43起，打掉1个传销团伙，挽回经济损失1000余万元。

第四节 治安管理

特种行业及公共秩序管理 1991—1997年，多次对全市（县）废旧金属收购站点进行清理整顿，依法办理有关证件。1998年始，会同有关部门对全市文化市场进行清理，至2000年依法取缔128家有奖电子游戏厅和113台赌博机。2001—2004年，多次开展清理整顿公共场所、特种行业专项活动，共清理特种行业765家、公共场所1075家。2005年始，改进公共场所和特种行业管理办法，放宽开办娱乐场所条件，以端“黄、赌、毒”窝点为重点，多次开展禁娼禁赌、扫黄打非等专项行动，共消除安全隐患321项，取缔非法网站11个，破案9起。2009—2010年，健全完善旅馆业、公章刻制业、典当业等特种行业管理长效机制，建立旅店业信息管理系统，通过旅馆治安管理报警系统抓获网上逃犯18人。

危险物品管理 1994年7月始，按照全省收缴流散社会非法枪支电话会议精神，在全市持续开展集中清理收缴非法枪支弹药和管制刀具工作。至2000年共查缴非法枪支611支、管制刀具290件，查处制贩枪支案件5起。对全市易燃易爆物品存放场所、加油站及生产化学物品场所进行治理整顿，对达到标准者发放合格证书。2001—2004年，在全市范围内集中开展6次烟花爆竹专项治理行动，共查处非法存储、销售烟花爆竹案件6起，治安处罚7人，与各经营业主和单位负责人签订《治安管理责任书》1000余份。2005年，继续开展枪支弹药和爆炸、剧毒危险品专项

市公安局集中销毁收缴的枪支（1999年摄）

清理整治行动，对全市烟花厂、化工厂、刀具销售网点等进行审查，建立生产、销售、运输爆炸物品台账，共收缴枪支7支、炮弹头6枚、子弹86发、毒鼠强2650克；破获非法运输、存储、销售烟花爆竹犯罪案件3起，处罚7人。2010年，强化枪爆危物品安全监管工作，全市34家剧毒化学品企业实现网上审批。

公共信息网络安全监察　2002年2月，成立市公安局公共信息网络安全监察科，负责全市网络安全工作。2004年8月，更名为市公安局公共信息网络安全监察大队。至2008年，跟踪删除网上有害信息8900余条，抓获犯罪嫌疑人36人。2009年，完善网络舆情应对机制，组建50余人的舆情观察员和网络评论员队伍，及时进行舆情会商，开展互联网信息巡查处置，共封堵、删除网上有害信息895条，抓获犯罪嫌疑人18人。2010年，加强网络舆情引导控制，市公安局制订《舆情引导控制培训方案》，将媒体舆情观察员和网络评论员增至100人，及时封堵、删除网上有害信息372条，严控恶意炒作现象。

第五节　出入境管理

1991年9月，组织全县具有留宿外国人资格的宾馆、招待所中的7名外事管理员，参加潍坊市公安局组织的培训，并为涉外单位配备17名外事保卫员。1992年，对86名进入境内的外国人、外籍华人、华侨、港澳台同胞进行安全管理，共处理涉外事件1起，办理出国申请16件。1994年，对“三资”（中外合资、中外合作、外商独资）企业做到特事特办，急事急办，先后为16名出境人员办理政审手续，为26名入境人员办理居留、暂住、定居手续。1999年，成立市公安局出入境管理科，当年办理出境政审手续41人，入境居留和暂住、定居手续52人，为97家“三资”企业办理登记注册手续。2005年，对出国（境）人员实行按需申领护照制，对入境人员实行户口登记、申报制，先后办理出国（境）证件1220人次。2006—2007年，受理公民出入

民警热情为外商办理出入境手续（2006年摄）

境1155人次，为外国人办理居留证66人次，为台胞办理停留延期97人次。2007年，市公安局被省公安厅出入境管理局评为省级文明窗口。2008—2010年，实行出入境“警E通”便民利民服务，部分出入境证件免费速递送证上门，增设公民出入境证件受理站点，至2010年共办理公民出境8239人次，为台胞和外国人办理签证69人次、居留许可证175人次。

第六节 道路交通管理

交通秩序管理 1991—1992年，开展《中华人民共和国道路交通管理条例》和交通安全常识宣传教育，组织驾驶员和中小学生8900余人，观看潍坊市交警支队等单位举办的大型交通安全图片展览。实施路面管理，共出动警力1.2万人次，消除各种非交通占路、摊点、阻塞点961处。1993年11月，开展集中整顿城乡道路交通秩序活动，至1994年共处结交通事故800余起，破获交通肇事逃逸案件37起，破案率达80%。1995—1999年，开展向济南交警学习活动，对“三无”（无证、无牌、无保险）车辆和市区交通秩序进行整治，共处理违章驾驶员1561人。2000—2001年，实施“创建平安大道”工程，清理取缔占道经营的店外店、无证业户、路边摊点及城区人力三轮车。开展“警校共建”活动，在全市复杂交通路段设立26处交通助学岗。

2002年始，开展加强交通整治、告别交通违章活动，落实“六定一包”（定人员、定车辆、定路段、定时间、定职责、定奖惩、包安全畅通）责任制，至2006年平安大道路段交通事故发生率每年降低约10个百分点。2007年，建成集自动抓拍、车辆测速、电视监控、流量检测、事件检测、卡口堵控、交通疏导、接处警调度、执法监督等10大功能于一体的交通管理系统，将城区主要道路纳入全程监控，初步实现交通管理智能化。2008年，加强校车管理，对全市校车进行“两统一、四规范”（统一学校管理、车辆外观，规范车票价格、驾驶员资质、行车路线、学生上下车地点）整顿。2009年，打破道路交通管理固有界限，由交警大队统一调度中队勤务，实行每日换防、异地执勤。2010年，投入586.2万元，配套完善移动红绿灯、标志牌、隔离护栏、太阳能防撞墩等设施。

车辆管理 20世纪90年代始，随着本地经济及道路交通事业的发展，机动车保有量以年均2万辆的速度增长。2009年始，每年以4万辆的速度增长。至2010年，全市机动车保有量达37万辆。

民警护送南关小学学生过马路（2003年摄）

1991年，县交警大队与县运输公司共同建立机动车检测线，共检审各类机动车8154辆，办理机动车牌照3660副。与全县56家个体客运户签订安全行车合同。县交警大队及全县38处公安分局和派出所对辖区内摩托车集中开展专项治理活动。建

车管所服务大厅工作人员为群众办理车辆证件手续（2007年摄）

立大客车及驾驶员季审制度，对66辆大客车及197名驾驶员进行检验考核，这一做法被潍坊市公安局在全潍坊市范围内推广。1992年10月，换发新的机动车号牌及驾驶证，寿光县号段为鲁G5XXXX，共审验机动车驾驶员8690人，检验各类机动车6327辆，办理摩托车牌照6438副。1996年，在公园北街与晨鸣路交叉路口东北侧建立机动车检测线。同年7月底，按照《中华人民共和国机动车驾驶员考试办法》，取消驾驶期限在性别上的差别，取消实习驾驶证，规定驾驶证有效期为6年，第一年为实习期。至2001年，共审验各类机动车5.9万辆，挂牌8.5万辆。2004年10月，建立机动车及驾驶人信息数据库并实现全国联网。2008年6月，使用全省统一的新版驾驶证，新版证芯、塑封膜设有防伪标记33处。2010年，审验机动车15.2万辆，办理机动车挂牌7.9万副。

驾驶员管理　1991年始，对驾驶员进行管理，凡受理申请办理驾驶证的，车管所严格执行《机动车驾驶人考试工作纪律》，做到凡进必训、凡证必考、合格发证。当年，为驾驶员上安全教育课98场次，受教育2000余人；举办违章驾驶员培训班20期，受训378人。2002年，“五小”车辆（轻便摩托车、二轮摩托车、三轮摩托车、三轮汽车、低速载货汽车）办证业务全部下放基层中队，设立年审综合服务厅，启用流动车检线。当年办理驾驶员学习证6200个、正式证5980个、牌照2万副，审验机动车2.5万辆、驾驶证4.4万个。2009年，共有机动车驾驶人24.1万人，其中汽车驾驶人13.7万人、“五小”车驾驶人10.4万人。共发放“五小”车辆驾驶证5928个，补换驾驶证2.4万人次。2010年，共有机动车驾驶员28万人，培训“三小”车辆（摩托车、三轮汽车、四轮低速载货汽车）驾驶员1.6万人，发放“五小”车辆驾驶证6704人，补换驾驶证2.7万人次。

交通事故处理　1991年始，每年都对民警进行事故处理有关法律法规培训。1997年始，道路交通事故处理实行经济赔偿和回访制度。1998年始，道路交通事故处理使用简易程序。2000年，实行事故现场勘察与处理分岗制。2003年，推行现场勘察、责任认定与公开调处分离制度，对事故责任集体研究、公开定责，并设置调处室，实行阳光作业。2006年，深化事故处理机制改革，把只有车损未有人伤的道路交通事故的处理权限下放到基层中队。市公安局制订《恶劣天气情况下事故处理预案》，保证在恶劣天气下相关中队能就近出警。2007年，市公安局制定《事故处理民警考核准则》，规范民警执法行为，加强事故处理业务素质培训，有25名事故处理民警获得中级资格证章。同年3月，在市公安局交警大队设立寿光市人民法院交通事故处理合议庭，方便事故当事人的民事诉讼。2009年，将重特大道路交通事故以外的伤人事故、财产损失事故的处理权限下放到基层中队。建成交警大队道路交通事故处理协同

公安部户政管理局1994年印制的户口迁移证样品（2000年摄）

办公系统，实现道路交通事故办公自动化。2010 年，加强事故预防，组织有关人员对全市省道、市乡道路进行严密排查，共排查交通安全隐患 61 处。

第七节 户政管理

常住人口管理 1991 年始，参照城市管理办法，对农村实行户口簿、门牌号和方位图三位一体的正规化管理。1994 年，根据山东省人民政府《关于实施地方城镇居民户口有关问题的通知》要求，办理无地农民城镇户口 6942 人，办理山东省地方城镇户口 3000 人，办理职工家属农转非、教师农转非、计划生育农转非、退伍军人农转非共 338 人。2000 年，建成集业务咨询、受理审批、办证流水服务于一体的户政服务大厅，全年办理身份证 6 万个、快证 5857 个。2002 年，按照省、潍坊市公安户政工作提速会议精神，共清理审批事项 6 项，取消 2 项，下放审批权限 1 项。2003 年，执行《山东省公安机关服务群众、服务经济发展的若干规定》中有关户籍管理的 8 项规定，对当年考取高校的，迁移户口自愿；新生婴儿的常住户口登记，随父随母自愿；取消出国（境）1 年以上人员注销户口的规定；取消被判处徒刑、被决定劳动教养人员注销户口的规定。

2004 年，深化户籍管理制度改革，在全市取消农业、非农业户口性质划分，实行统一的户口登记管理制度。2005 年始，按照山东省人民政府办公厅转发省公安厅《关于进一步深化户籍管理制度改革意见的通知》要求，全面放开境内户口迁移政策，放宽企业职工落户条件、购房落户政策、“三投靠”（未婚子女投靠父母、夫妻投靠、老年父母投靠子女）人员落户政策。2007 年，按照省公安厅要求，开展户籍清理核对工作，纠正人口信息库中存在的错误姓氏、疑似乳名、行政区划错误等问题，对大中专毕业生的“口袋户口”集中办理。至 2010 年，共办理户口业务 3 万余份，换发户口簿 2.6 万余本。

暂住人口管理 1992 年，全县共有暂住人员 18873 人（其中务工 12280 人、务农 62 人、经商 3649 人、服务及其他 2882 人），核发暂住证 7205 人次，有租赁房屋 3854 户。1995 年，市政府出台《寿光市暂住人口登记管理实施办法》，开始对全市出租房屋、暂住人口进行清理整顿。1998 年，市公安局制定《寿光市暂住流动人口及租赁房屋考核办法》，将全市暂住流动人口管理纳入正常户口登记，依法进行管理。2000 年，结合全国第五次人口普查，以整治出租房屋为重点，强化暂住人口管理工作，共登记暂住人口 13832 人，核发暂住证 13140 个。

2001 年，成立市公安局暂住人口管理办公室，各派出所设立暂住人口管理站，负责辖区内对出租房屋的承租审批及暂住人口登记、发证和治安管理等工作。2002 年始，试行暂住人口网上函查通报制度。2004 年，建立完善 3 大类 20 种流动人口管理工作台账，强化日常治安管理。2007年始，开展以出租房屋暂住人口为重点的清理整顿，对“两口一屋”（暂住人口、流动人口，出租房屋）实行一查二访三上门四登记五办证的“五步”工作法。2008—2010年，把“两口一屋”管理工作纳入社区警务工作室和社区民警职责范围，对出租房屋实行动态管理，并逐户签订治安责任保证书。2010年，全市暂住人口75933人，租赁房屋24335间，查获违法犯罪嫌疑人201人，破获刑事案件122人，查处治安案件419起。

居民身份证管理 1988年7月，开始办理第一代居民身份证，当年共办理4.6万个。1992年始，按照公安部《关于居民身份证启用新标准相片的通知》要求，启用加大头像的居民身份证，共办理2.6万个。1995年7月始，制发具有防伪性能的居民身份证。1996年，办理新生婴儿申报出生以及16周岁以下的公民户口登记，编定或补编公民身份证件编号。1997年，确立公民社会保障号采用居民身份证编号。同年8月，按照公安部《关于认真做好居民身份证编号清理纠错工作的通知》要求，开展居民身份证清理纠错工作。2000年4月，启用18位公民身份号码的公民身份证。2001年，按照省公安厅《关于做好军队和武警部队人员公民身份号码编制工作的通知》要求，对全市入伍军人编制公民身份号码。2002年始，开展居民身份证特快专递工作。2005年11月，启用第二代居民身份证，至2009年共换发5.8万个，办理临时身份证7091个。2010年，完成全市标准地址信息采集工作，全年换发二代身份证6万余个。

第八节 “110”报警服务

1997年1月，开通“110”报警服务，实行“110”“119”“122”报警三台合一，集中接警、统一指挥、分类处警。同年4月，投资50万元，建成“110”报警服务台。同年10月，投资200万元，建成350兆集群通讯系统。全年接警5221起（当场答复261起、出警处置4960起），为群众排忧解难1378次，调处纠纷596起。2000年，全市400余家金融营业网点与“110”实现报警联动。在大型企业和学校内部，成立“110”服务队。至2002年，“110”共接警1万起，出警处置1万次，为群众排忧解难1923次，调解纠纷1272起，挽救群众生命192人。

2003年始，在沿街门店、居民小区、大型商场、市场及农村安装防盗监控报警装置，与派出所报警系统联网。至2005年，全市党政机关、重点要害单位及65家企事业单位、350余处金融网点、市区5大路口监控系统与“110”联网，实现24小时监控。2009年，研发使用“110”现场证据管理系统，建立信息采集录入终身负责制。率先启用打防管控平台，建立信息研判中心，每周发布打防指导，随时发布研判指令和预警信息。2010年，坚持信息主导警务、情报引领实战的工作模式，加强对全市不安定因素、各类矛盾纠纷的跟踪研判，每日编发《信

民警上门为残疾人办理第二代居民身份证（2006年摄）

市公安局“110”指挥中心（2000 年摄）

息日报》，及时上报预警信息和《要情专报》183 起，化解各类矛盾纠纷 263 起。

第九节 监所管理

看守所 1991 年始，每年开展一次以打击牢头狱霸、整顿狱内秩序、强化重刑犯管理为主要内容的百日安全整肃活动。1995 年，投资 1100 万元新建占地 50 亩、建筑面积 1.2 万平方米的看守所，有高标准监室 40 间及中型养猪场、纸箱厂、纯净水厂各 1 处。2000 年，推进看守所正规化建设，成立未决犯管教中队和留执犯管教中队，实行大课教育与个别谈话、重点教育与普遍教育相结合的管教模式，变严管为管教。2006 年 10 月，看守所被公安部评为信息化应用先进单位。2007 年，实施监所规范化建设，安装电视监控系统、红外线报警系统、钢网狱墙、狱墙灯，建设全封闭式提审走廊、监门岗亭、AB 门，设置监门哨。当年，共收押各类犯罪嫌疑人 1154 人。2008 年，通过国家二级看守所等级达标现场评定。2009 年，建立看守所信息网站，研发信息管理系统，安装全方位电子监控系统。2010 年，健全留执犯基础台账，监所管理进一步规范化。

治安拘留所 原址位于城区永安路市公安局家属院 9 号楼与 10 号楼之间，1997 年 10 月迁建于市公安局看守所狱墙内，设有拘留室 10 间，最大羁押 150 人。2000 年，按照公安部关于不得把治安拘留所设在看守所院内的要求，将治安拘留所迁建至看守所狱墙以北。新建治安拘留所占地 0.9 亩，建筑面积 320 平方米，设有会见室 1 间、民警办公室 1 间、收拘大厅 1 间、拘留室 9 间（其中女性拘留室 1 间、司法拘留室 1 间、普通拘留室 7 间），最大羁押 50 人。2008 年，市公安局治安拘留所被评为国家三级拘留所。

第十节 安全保卫

警卫工作 按照中共中央办公厅、国务院办公厅《警卫工作规定》，对到寿光视察和途经寿光的党和国家领导人实施警卫任务。1991—2010 年，共实施警卫 180 余批次，其中一级警卫 15 批次、二级 46 批次、三级 120 余批次。历次警卫工作，市公安局按照实战要求，制定警卫工作总体方案和公路路线警卫、参观现场警卫等具体方案，对桥梁、涵洞、制高点和主要路口严格控制，全线警戒，保证车队畅通无阻。1992—2000 年，先后完成尉建行、温家宝、朱镕基、李鹏、曾庆红等党和国家领导人视察时的警卫任务。2001—2010 年，先后完成李岚清、贾庆林、李长春、胡锦涛、李瑞环、吴邦国、江泽民、习近平等视察时的警卫任务。

基层治保组织建设 1991 年，新建、完善保卫制度 209 项，增设保卫科 9 处，调整充实保卫人员 114 人，建立治保组织 298 个。在教育系统建立校园保卫队伍，全县各乡（镇）

乡（镇）治安联防队在巡逻（2000年摄）

初中以上学校都配备专职保卫干部，县教育局和规模较大的学校成立保卫科，共建保卫科8个，配备保卫干部59人。同年5月，对全县1391名治保、调解主任进行集中培训。建成乡（镇）级治安联防队41支、联防队员179人，村级治安联防队612支、联防队员2137人。至1996年，各级联防组织共抓获违法犯罪嫌疑人141人，协助公安机关查破案件322起，制止违法犯罪行为216次。2000年始，推广稻田分局对农村治保会、治保主任“四统一”（统一管理、统一考核、统一报酬、统一奖惩）管理模式。2003年始，在全市859个村庄、237个单位推行治安防范责任制，覆盖面达85%。2007—2010年，在全市实行村党支部书记兼任综治办主任、村两委成员兼任治保主任的办法，将综治经费全部纳入村级财务管理。

保安工作　1991年4月，组建县公安局保安公司，为16家企事业单位实施保安服务。全年共制止刑事案件20余起，预防治安灾害事故15起。2004年，保安人员发展到300余人。2005年，成立市公安局保安管理办公室，副科级规格。至2010年，保安人员发展到1000余人，派驻单位206个，先后为1500余家企业、门店安装无线专网报警系统。成立保安机动队，配备执勤车4部，协助派出所处置刑事、行政案件。

第十一节　消防管理

1991年，县消防大队为县公安局内部科室，主要负责境内的防火监督、执勤灭火、各类事故的抢险救援以及社会救助等任务。1991年始，按照预防为主、防消结合的方针，对重点防火单位实行等级划分管理。1997年始，对108处易燃易爆场所进行消防安全检查验收，对大型商场、市场、宾馆等开展消防专项整治，共查处违章20多起，整改火险隐患320处，保护财产价值420余万元。2004年，加强对全市所有在建工地的图纸审核、施工监督、竣工验收管理。开展对加油站点、液化气站、公共场所、消防安全重点单位等专项整治活动。2005年始，加强消防基础工作，开展8次消防安全大检查，整改火灾隐患465处，扑救一般火灾事故192起，挽回经济损失310余万元。2009年，开展大清查、大整改、大

消防官兵扑灭火灾现场（2003年摄）

培训专项行动，检查单位2434家，消除火灾隐患9672处。2010年，在东升路与新兴街路口东北侧新建占地15亩、建筑面积6000平方米的消防站。同年，全省公安消防部队打造铁军训练观摩现场会在寿光市召开。

第二章 检察

第一节 管理机构

1991年，县检察院内设刑事检察一科、刑事检察二科、法纪检察科、经济检察科、监所检察科、控告申诉检察科、政工科、办公室、打击经济领域犯罪活动领导小组办公室（简称打经办）、技术科、经济法纪罪案举报中心、派驻税务检察室、驻潍坊纯碱厂检察室。1993年5月，撤销驻潍坊纯碱厂检察室，成立大家洼检察室。同年9月，增设派驻工商行政管理检察室。11月，撤销经济检察科，成立反贪污贿赂局，内设综合科、侦查一科、侦查二科。1994年1月，增设民事行政检察科。6月，撤销派驻税务检察室，设立派驻国税检察室。1995年3月，增设派驻地税检察室。1996年4月，增设派驻城区检察室。1997年9月，撤销国税检察室、地税检察室、工商烟草检察室，设立派驻羊口检察室。1999年4月，增设法警队。2002年4月，市检察院内设办公室、政治处、侦查监督科、公诉科、反贪污贿赂局、渎职犯罪侦查局、监所检察科、民事行政检察科、控告申诉检察科、检察技术科、法律政策研究室、法警大队。2006年7月，渎职犯罪侦查局更名为反渎职侵权局。2007年11月，增设人民监督员办公室。大家洼检察室划归寒亭区检察院管辖。2009年10月，增设信息中心。2010年8月，增设案件管理科。至2010年年底，市检察院内设办公室等17个科室，下辖反贪污贿赂局（正科级事业单位）。有干部职工122人。

第二节 经济检察

1991—1995年，计划经济向市场经济过渡过程中，经济犯罪呈高发态势。其中，1991年受理经济犯罪案件139件，挽回经济损失95万元。1995年受理172件。之后，经济犯罪率下降至每年20件左右。1999—2000年，将管理不善、亏损严重的企业和群众举报较多的经济案件作为查办重点，共立案查处47件。2001—2006年，重点查处贪污、贿赂和挪用公款案件，共立案查处贪污贿赂案105件，其中贪污案35件、贿赂案39件、挪用公款案31件，挽回经济损失2000余万元。2007—2008年，继续重点立案查处贪污、贿赂案件，共查处35件40人。2009年，与市法院联合制订《关于办理职务犯罪案件加强联系的意见》，有罪判决数占立案数的比例达99%，实刑判决率达44.2%。2010年，立案查处贪污贿赂案16件18人，其中贪污案10

件11人、贿赂案5件6人、挪用公款案1件1人。

第三节 刑事检察

1991—1993年，先后开展反盗窃、打假、路边店整顿等专项斗争，共审查批捕案件436件，受理公安机关移送审查起诉419件628人。1994年，开展破大案、挖团伙、追逃犯专项行动，批捕268人。1997年，按照《中华人民共和国刑事诉讼法》要求，庭审方式由以前的纠问式变为控辩式。当年审查批捕案件147件200人，起诉173件226人。2000—2006年，审查批捕工作的重点为打击盗窃、杀人、破坏电力交通设施等违法犯罪行为，共审查批捕案件2437件3630人，受理公安机关移送审查起诉3313件4971人，起诉2894件4217人，追诉70人，上呈潍坊市检察院137件262人。2008年，受理公安机关移送审查起诉617件887人，起诉541件772人，追诉16人，上呈潍坊市检察院10件33人。2010年，先后探索建立不捕不诉答疑说理、轻伤害案件分流、不捕案件跟踪监督、继续羁押必要性审查、量刑建议等办案机制。当年，共审查批捕405件587人，逮捕416人，受理公安机关移送审查起诉548件827人，起诉517件759人。

第四节 职务犯罪检察

1991—1995年，立案侦查以侵权、渎职犯罪为重点的各类法纪案件12件15人。共向发案单位提出检察建议320余条。1996—1998年，共向发案单位提出检察建议150余条，建议和协助完善各类规章制度39项，对社会治安问题开展综合和专题调查6次，向各级党政组织提出建议12条。1998年起，实施修改后的《中华人民共和国刑事诉讼法》，检察机关不再受理查办偷税、抗税、假冒商标等经济案件，着力开展对党政机关、行政执法机关、司法机关和经济管理部门发生的侵权、渎职等职务犯罪案件的查办。至2004年，受理贪污贿赂和重大挪用公款案件291件，立案侦查156件161人，为国家和集体挽回经济损失2132万元。2005年，开展发案单位个案预防、重点行业系统预防、重大工程建设项目专项预防等一系列活动，有针对性地向党委、政府和有关单位提出建议，从源头上防范和减少职务犯罪。2006年，集中开展查办国家工作人员和利用职权侵犯人权犯罪的专项行动，立案侦查9件12人。2007年，在市委党校和市公务员培训中心挂牌成立寿光市预防职务犯罪法制教育基地，每年接待学员2600人。成立预防职务犯罪宣讲团巡回宣讲，先后举办警示教育展览30余场，有2000余名农村干部和市直机关人员参观展览，为有关单位提供预防咨询85次。2008—2010年，共查处贪污贿赂、侵权渎职职务犯罪案件54件62人，其中大案21件26人，移送起诉16件20人。

第五节 监所检察

1991—1992年，派驻县看守所检察室对监所进行安全检查52次，自行检查91次，考察外执犯罪92人次，进行个人帮教660人次，落实帮教措施170条。1993—1994年，提出监管纠正意见和建议18条，消除事故隐患4起，协助建立帮教组织23个。1995—1996年，查办监管干警犯罪案件2件2人，办理被监管人员又犯罪案件3件6人，办理被监管人员申诉案件2件。1997—1998年，查办被监管人员重新犯罪案件3件5人，提出监管纠正意见37件次，对监管改造活动提出纠正意见68件次，敦促在押人犯检举揭发犯罪线索721件，经查证破案170件。2002—2003年，对被监管人员集体教育11次，个别谈话教育259人次，促使被监管改造人员揭发犯罪线索24条。办理罪犯又犯罪案件8件12人，其中批捕案件3件4人，起诉案件5件8人。2004年，率先在全省实行与看守所监控和信息联网，实现驻所检察工作同步监督。当年，办理罪犯又犯罪案件14件21人。2005年，提出检察建议23次，办理罪犯又犯罪案件17件21人。2006—2008年，办理罪犯又犯罪案件38件75人，审查起诉案件9件25人。2007年，寿光驻所检察室被最高人民检察院评为全国检察机关派驻监管场所一级规范化检察室。2009—2010年，提出检察建议6件，书面纠正违法案件13件，办理罪犯又犯罪案件3件3人。

第六节 民事行政检察

1996年，开始启动民事行政检察工作。主要负责受理申诉民事、经济纠纷、行政等案件。其中，受理申诉的民事案件包括债务、赔偿、继承、宅基地、房屋、知识产权、家庭、人身权利等案件；受理申诉的经济纠纷案件包括合同、运输、涉外经济、海事海商、经济损害赔偿等案件；受理申诉的行政案件包括治安、土地、林木、工商税务、卫生、环保等案件。至1997年，共受理申诉案件26件。1998—2002年，共受理申诉案件116件、立案74件、提请抗诉55件。2003—2007年，共受理申诉案件154件、立案95件、提请抗诉68件，潍坊市检察院采纳抗诉82件，法院改判23件；服判息诉8件；立案审查国有资产流失案15件，挽回经济损失120余万元。2008—2010年，共受理申诉案件82件、立案69件、提请抗诉63件，潍坊市检察院采纳56件，法院改判26件，办理支持起诉、督促起诉案件27件。

第七节 控告申诉检察

1991年始，市（县）检察院对上访案件实行定领导、定人员、定措施、定期限和包处理、包息诉的“四定两包”责任制，受理群众的控告、申诉、举报。每年开展一次举报宣传周活动，至1993年受理各类举报680件，立案193件；受理人民来信来访845件次，办理控申案41件。1994—1995年，受理人民来信来访797件次、各类举报612件，初查案件328件，自行办结案53件。1996年，复查各类申诉案16件。1997—2003年，受理人民来信来访1359件次、各类举报519件。2004年，对2003年以来的289件举报进行集中处理，其中办结217件、妥善处理老上访案件26件。2005—2010年，受理人民来信来访177件次、各类举报439件，化解信访积案23件。

第八节 司法检察

1991—1998年，法警工作主要由市（县）检察院办公室负责。1999年4月，成立法警队，专门负责司法检察工作。2002年4月，改称法警大队，配备专用警械和车辆等设备。至2005年，共保护现场120次，执行传唤107次，执行拘传13次，参与搜查36次，看管犯罪嫌疑人和被告人253人次，送达文书365份，追逃5次。2006—2010年，市检察院制定《司法警察安全职责》《寿光市检察院办案工作区使用管理规定》《寿光市人民检察院司法警察参与办案及办案工作区安全防范应急方案》等各项司法警察管理规章制度。至2010年，共保护现场2530次，执行传唤247次，执行拘传33次，参与搜查43次，看管犯罪嫌疑人和被告人544人次，送达文书465份，追逃6次，实现法警办案安全零事故。

第九节 检察技术

检察技术科自1988年成立后，通过引进技术、人才，配备先进技术设备，逐步成为具有法医、文检、痕检、视听、电子计算机、会计等多个门类检验鉴定能力的技术机构。2001年、2003年先后参加广东顺德、江苏昆山等地的检察技术会议，并在全国首届检察技术会议和第二届全国检察技术会议上介绍工作经验。1991—2000年，办理各类检验鉴定案件2272件，其中法医鉴定1166件、文证516件、视听988件、尸检506具、解剖36具、现场勘查261次、物证照相259次，出具各类检验鉴定书（检验报告）932份。2001—2010年，办理法医检验鉴定及文证案3758件，出具检验鉴定书934份，通过文证改变原鉴定结论35份。

第三章 法院

第一节 管理机构

1991年，县法院内设办公室、政工科、刑事审判庭、民事审判庭、经济审判庭、执行庭、政策研究室、告判庭。下辖稻田、侯镇等34处人民法庭。1995年，告判庭更名为告诉申诉庭。1997年，增设立案庭、审判监督庭、技术室、研究室、法警大队、监察室。1998年，全市11处人民法庭合并为稻田、胡营等8处。2001年，政工科更名为政治处，执行庭更名为执行局，均为正科级规格。2004年，设立晨鸣工业园人民法庭。2006年，增设信息网络管理科。2007年，增设民事审判第三庭，负责交通事故案件处理。成立信访办公室。大家洼法庭划归潍坊市寒亭区人民法院。2008年，增设法庭指导办公室、审判委员会办公室。2009年，增设书记员管理办公室。2010年，撤销晨鸣工业园人民法庭。增设速裁庭、少年审判庭。当年年底，市法院设办公室、政治处、立案庭、速裁庭、刑事审判庭、民事审判庭、行政审判庭、审判监督庭、研究室、法警大队、执行局、监察室、信访办公室、法庭指导办公室、审判委员会办公室、技术室、信息科17个科室，下辖城郊、田柳、稻田、丰城、羊口、胡营、侯镇7处派出法庭。有干部职工154人。

第二节 立案 信访

1991—1996年，市（县）法院告诉、申诉工作一般由告诉申诉庭办理，部分案件由审判业务庭室受理。1997年，市法院设立立案庭，实现立案、审判、执行彻底分离。1998年，市法院首创行政管理与流程管理相分离、司法辅助工作与庭审裁判相分离的“大

案件受理中心大厅内景（2010 年摄）

立案”审判流程管理模式，被最高法院称为寿光经验推广。2008 年，新立案大厅建成投入使用，大厅内设案件受理中心、庭前准备中心、诉讼服务中心和执行接待中心。信访办公室也在立案大厅设置专门接待服务窗口，当事人可以在导诉员的指引下，得到诉讼有人引、材料有人收、案件有人查、咨询有人答、法官有人找、上诉有人办、信访有人接的一站式、全方位诉讼服务。2010 年，全年共受理各类案件 8569 件，其中办结 7067 件，办结率 82.5%。

1991—2010 年寿光市（县）人民法院案件受理与办结情况表

表 21-3-1　　　　单位：件

年份	受理	办结	年份	受理	办结
1991	2603	2585	2001	7400	8471
1992	3134	3257	2002	7322	7394
1993	3110	3099	2003	8518	8535
1994	2902	2844	2004	8520	7834
1995	3126	3032	2005	8480	7892
1996	5202	4926	2006	9431	9326
1997	6576	6817	2007	12033	10547
1998	8627	7571	2008	11328	9791
1999	9467	9741	2009	8506	7138
2000	11496	12255	2010	8569	7067

第三节 刑事审判

市（县）法院刑事审判工作主要由刑事审判庭（简称刑庭）和少年法庭承担。主要职责是惩处严重危害公民生命健康和财产安全的多发性犯罪，特别是“两抢一盗”（抢劫、抢夺、盗窃）等严重危害社会治安的犯罪；依法审理和惩治职务侵占、挪用资金、贪污贿赂等经济领域犯罪与职务犯罪案件；对主观恶性不大、罪行较轻的被告人依法适用缓刑、管制等非监禁刑。

刑庭　1991—1996 年，市（县）法院刑事审判庭与公安、检察机关分工协作，开展专项整治和严打行动，依法严惩刑事犯罪。1997 年，修改后的《中华人民共和国刑事诉讼法》和《中华人民共和国刑法》分别生效实施后，市法院强化受害人及其家属的诉讼地位，实施罪刑法定原则、无罪推定原则，不再用法律类推。至年底，共受理各类刑事案件 1565 件、审结 1558 件。2001 年始，市法院在刑事审判中引入庭前会议程序，对普通程序案件实行简易化审理，即一堂审清、当庭宣判，提高当事人服判息诉率。同年，最高法院联合全国人大、最高人民检察院、司法部等有关部门在寿光召开现场会，研究和论证其可行性。2002 年 8 月，中华人民共和国最高人民法院《人民法院报》头版头条介绍一堂审清、当庭宣判的寿光经验。2005 年，市法院会同市检察院、司法局，与中国人民大学诉讼制度与司法改革研究中心联合试点刑事证据开示制度改革。2010 年，全年受理刑事案件 520 件，办结率 100%。

少年法庭　1988 年，县法院在刑庭内成立专门审理少年刑事案件的少年合议庭。2001 年 8 月，少年法庭被团中央、最高人民法院评为全国优秀青少年维权岗。2001—

2009 年，共审理未成年人犯罪案件 415 件 519 人。2010 年，根据省高级人民法院关于设立独立建制少年法庭的要求，市法院增设少年审判庭，专门审理未成年人案件。当年审理青少年犯罪案件 25 件 37 人。

1991—2010 年寿光市（县）法院刑事案件审结情况表

表 21-3-2　　单位：件

年份	收案	结案	年份	收案	结案
1991	209	202	2001	341	360
1992	194	204	2002	356	350
1993	121	117	2003	375	375
1994	211	203	2004	468	454
1995	260	263	2005	515	520
1996	357	357	2006	538	532
1997	213	212	2007	552	584
1998	305	298	2008	573	575
1999	340	321	2009	540	543
2000	372	373	2010	520	522

第四节 民事审判

民事审判工作主要由民事审判第一庭、第二庭、第三庭和 7 处派出人民法庭承担。1991—1995 年，共依法受理婚姻家庭、房地产、赡养、继承等民事案件 5000 余件，审结 4900 余件。2001—2005 年，受案类型以买卖纠纷、借款合同纠纷、建筑工程承包合同纠纷等案件为主。2007 年，成立民事审判三庭，负责审理道路交通事故损害赔偿纠纷案件。2008 年，民事审判一庭被山东省高级人民法院表彰为践行社会主义法治理念先进集体。2010 年，稻田人民法庭被山东省高级人民法院表彰为指导人民调解工作先进基层单位。

1991—2010 年寿光市（县）法院民事案件审结情况表

表 21-3-3　　单位：件

年份	收案	结案	年份	收案	结案
1991	929	915	2001	1992	2185
1992	1053	1062	2002	2836	2820
1993	980	990	2003	3491	3388
1994	1087	1071	2004	3318	3124
1995	959	946	2005	3411	3228
1996	1614	1412	2006	3469	3546
1997	1624	1627	2007	3586	3934
1998	1867	1888	2008	3735	3819
1999	2124	2071	2009	2337	2361
2000	2022	2034	2010	2460	2459

第五节 经济审判（商事审判）

1991—1999 年，市（县）法院经济审判庭负责经济案件的审判工作。其间，处于计划经济向市场经济转轨阶段，市法院经济审判庭依法处理经济纠纷以及相关企业破产等案件，重点办理乡镇企业改制、农村基金会清理中产生的各类经济纠纷。实施为企业服务“五个一”（审理一起案件、发现一处问题、提出一条建议、堵塞一个漏洞、强化一项管理）综治工程，共办结集体企业破产案件 24 件。2000 年 8 月，根据最高法院要求，撤销经济审判庭，设立民事审判第二庭，又称商事审判庭，划属民事审判，专职商事审判。以为农业和企业服务为重点，依法审结涉及农村经济纠纷、企业改制、企业破产、流通领域的纠纷案件，当年办结各类经济案件 4916 件。2003 年，7 处派出法庭依法审理农村承包纠纷特别是土地承包纠纷案件 505 件。2010 年，全年受理各类经济案件 1641 件，审结 1640 件，办结率 99.9%。

1991—2010 年寿光市（县）法院经济案件审结情况表

表 21-3-4　　单位：件

年份	收案	结案	年份	收案	结案
1991	1457	1460	2001	2342	2594
1992	1887	1910	2002	1892	1881
1993	1992	1975	2003	2328	2260
1994	1574	1539	2004	2212	2084
1995	1880	1803	2005	2274	2153
1996	1935	1724	2006	2314	2364
1997	3637	3775	2007	2392	2623
1998	3788	3675	2008	2490	2547
1999	4192	4199	2009	1559	1575
2000	4931	4916	2010	1641	1640

第六节 行政审判

1991 年，共受理行政诉讼案件 8 件，审结 8 件，结案率 100%。1995 年，行政诉讼案件涉及领域增至治安、土地、工商、税务、城建等行政主管部门。2000 年，开展行政审判“三下乡”（送法下乡、受案下乡、庭审下乡）活动，宣传《中华人民共和国行政诉讼法》《中华人民共和国农业法》以及减轻农民负担方面的法律法规。2005 年，审结涉及土地征用、城市拆迁等行政诉讼案件 476 件，处结率 100%。2009 年，实施行政争议协调和解机制，原告主动撤诉、被告改变原具体行政行为后原告自愿撤诉的案件达到行政诉讼结案总数的 90%。

1991—2010 年寿光市（县）法院行政案件审结情况表

表 21-3-5　　单位：件

年份	收案	结案	年份	收案	结案
1991	8	8	2001	419	450
1992	—	—	2002	301	300
1993	17	17	2003	578	569
1994	30	31	2004	534	544
1995	27	20	2005	475	476
1996	63	60	2006	402	399
1997	76	73	2007	486	487
1998	132	94	2008	470	471
1999	440	387	2009	466	468
2000	438	508	2010	409	408

第七节 案件执行

1991—1997 年，市（县）法院各审判业务庭（室）审结的案件，由本审判业务庭（室）负责执行，审判业务庭（室）难执行结案的案件，移交执行庭执行。1997 年，设立立案庭，负责执行立案工作，执行实施工作由执行庭负责专项办理。1999 年，落实中共中央关于转发《中共最高人民法院党组关于解决人民法院“执行难”问题的报告》精神，集中开展执行案件清理活动。2001 年，成立执行局，内设执行一、二、三庭，专项负责案件执行工作。2008 年，设立执行接待窗口，每周二、周四为接待日，执行局负责人到岗接受群众问询，通过和解得到有效解决的执行案件达 30% 以上。同年，开展全国统一部署的集中清理执行积案活动，及时办结一批长期积累案件。2010 年 8 月，市法院被评为全省集中清理执行积案活动先进单位。当年，办结各类执行案件 1764 件。

1991—2010 年寿光市（县）法院办结各类执行案件情况表

表 21-3-6　　　　单位：件

年份	办结	年份	办结
1991	—	2001	2882
1992	250	2002	2008
1993	212	2003	1893
1994	255	2004	1608
1995	1223	2005	1399
1996	1373	2006	2173
1997	1130	2007	2507
1998	1616	2008	2065
1999	2763	2009	1739
2000	4424	2010	1764

第八节　审判监督

1991—1996 年，告诉申诉庭负责申诉、再审案件的审查与办理工作。1997 年，设立审判监督庭，负责审理市法院院长提交本院审判委员会讨论决定应当按审判监督程序审理的各类再审案件；审理市人民检察院提起抗诉的刑事、民事（不含知识产权）、行政再审案件；审理上级人民法院指令再审的各类再审案件；具体负责市法院各类案件的流程监控、质量监督、绩效考核等工作。同年，设立审判监督中心，对案件审理流程中的立案、庭前准备、审判等各个环节，综合利用案件评查、庭审观摩、案件抽查、网络监控、视频监控等多种方式和手段实行实体监督。在不干涉审判组织独立办案的前提下，实现审判监督由被动监督向主动监督，静态监督向动态监督，事后监督向事前、事中、事后立体化监督的转变。1996—2010 年，共办结各类再审案件 184 件。

第四章　司法行政

第一节　管理机构

1991 年，县司法局内设办公室、基层工作科、法制宣传科，下辖县法律顾问处、公证处。同年 9 月，县法律顾问处更名为县律师事务所。全县 34 个乡（镇）均成立司法所，均为股级行政单位，由县司法局和乡（镇）政府双重管理，每个司法所配备 1 ～ 2 名司法助理员。1997 年，成立寿光、张建桥等 15 处法律服务所，隶属于市司法局。1999 年 2 月，成立市“148”法律服务协调指挥中心。同年 4 月，成立刑释解教人员安置帮教科。同年 10 月，成立市法律援助中心。2000 年，全市律师事务所改制为社会中介机构。2001 年，寿光司法所更名为圣城司法所。撤销马店、寒桥、丰城、岔河、五台、杨庄 6 处司法所。全市法律服务所由事业单位改制为社会中介机构。2002 年，撤销安置帮教科，设立公证律师管理科。成立圣城、求真法律服务所。

2003年，撤销北洛、张建桥司法所。2004年，将全市19个乡（镇）司法所由乡（镇）管理为主改为由市司法局管理为主，列行政编制，取消司法助理员。2005年，撤销卧铺、王高、道口3处司法所。2007年11月，成立市社区矫正工作办公室，次年确定为正科级事业单位。2009年，局机关增设财务科。市公证处调整为副科级全额拨款事业单位。

第二节 普法宣传

1991—2010年，先后组织实施“二五”“三五”“四五”“五五”普法宣传活动。“二五”（1991—1995年）期间，主要以宣传宪法为核心、以专业法为重点。1991年始，加强对领导干部和青少年的普法教育，建立市（县）委常委、市（县）长集体学法制度，领导干部学法逐步常态化。全市中小学每年从政法部门聘任法制副校长或辅导员，聘任率达34%。1992年始，对提请任命的干部进行有关法律知识考试。“三五”（1996—2000年）期间，主要是学习邓小平关于社会主义民主与法制建设的理论，开展宪法和与公民工作生活密切相关的基本法律、与维护社会稳定有关的法律、与社会主义市场经济有关的法律知识教育普及。每年组织全市副科级以上干部普法考试，参考率保持在95%以上。

“四五”（2001—2005年）期间，继续学习邓小平关于社会主义民主与法制建设理论，宣传宪法和国家基本法律，宣传保障和促进国家西部大开发、加入世界贸易组织、维护社会稳定等社会发展迫切要求的各项法律法规。成立38人的普法讲师团，为全市公务员、青少年、企业经营管理人员、农村群众及特殊人员开展经常性的法制教育讲座66场次。“五五”（2006—2010年）期间，主要是通过开展“法律六进”（法律进机关、进乡村、进社区、进学校、进企业、进单位）和创建法治城市、法治县活动，提升法制宣传教育的文化品位和社会法治化管理水平。至2010年，全市共征订普法教材13余万套，下发指导性文件155份，编发普法简报212期，建成普法一条街1895条、普法一面墙5000余段。寿光市先后被评为全国普法先进县、全国普法先进单位、首批全国法治县创建活动先进单位。

第三节 依法治理

1991年始，开展以学法促用法、以用法深化普法和依法治县、治厂、治校、治村等活动。至1995年，依法治村、治校、治厂、治店、治街、治乡（镇）的比例分别达到99%、98.9%、99%、88.2%、100%、100%。1996年，市政府印发《寿光市关于深入开展依法治市的实施意见》，建立执法用法责任制，将普法执法工作列为各乡（镇）、有关部门（单位）年度工作考核内容。至1998年，全市实行普法执法责任制的乡（镇）和部门达到80%。2003年，市司法局、农村信用合作社联合制订《关于开展“信用守法村户”评定活动的实施方案》，开展信用守法村户创评活动，建立诚信守法褒奖、失信违法惩戒的农村社会信用制度。2004年始，实施民主法治示范村创建活动。2008年，开始创建“法治寿光”。2010年6月，潍坊市政府在寿光市召开潍坊市法治创建工作现场会，推广寿光经验。当年年底，全市共有全国民主法治示范村3个，分别是稻田镇马寨村、孙家集街道三元朱村、圣城街道东关村；全省民主法治示范村6个，分别是稻田镇马寨村、洛城街道屯西村、上口镇郎家南邵村、圣城街道东关村、侯镇地沟村、营里镇益隆道口村。

第四节 安置帮教

安置帮教工作始于1999年4月。当年，成立市刑满释放和解除劳教人员安置帮教工作领导小组，市司法局设立刑释解教人员安置帮教科，各乡（镇）建立相应的领导和办事机构，负责对刑满释放5年以内和解除社区矫正3年以内的人员实施引导、扶助、教育和管理。同年，建立和完善刑释解教人员接收、登记、定期走访等规章制度，对刑释解教人员按年度、分乡（镇）建立管理档案，实现时间、地址、岗位、流动情况“四明确”。当年共安置帮教各类刑释解教人员442人。2001年，各乡（镇）设立防范处置刑释解教重点人员突发事件应急指挥小组，办公室设在各乡（镇）司法所。2006年，按照《山东省刑释解教人员安置帮教工作重要信息报告通报制度》要求，对2004年以来接收的686名省厅刑释解教人员进行逐村、逐人走访调查，共落实582人，刑释解教人员衔接率达95%。2009年，推进教育改造帮教安置一体化建设，在教育矫治、改造质量评估、接茬安置和帮教管控等方面提出新要求。当年，全市新增享受城市低保的刑释解教人员183人。2010年，市司法局印发《关于开展安置帮教工作专项整治活动的实施方案》，建成4处刑释解教人员安置基地，为刑释解教人员就业安置创造条件。当年，全市共安置帮教刑满释放人员787人，解除劳教人员85人，安置率达96%以上。

第五节 公证 律师

公证 县公证处成立于1981年。1990年开始办理涉外公证。1991年，共办理涉外公证26件。1994年始，按照《山东省公证员执照注册管理暂行办法》，对公证员工作执照实行注册申报制。1996年3月，公证员注册证书的名称由公证员工作执照统一更名为公证员执业证。2005年，市公证处创新办理的采光权保全证据公证，获全省公证业务创新发展成果奖。同年始，在全市公证队伍中开展“三个提高”（提高公证队伍素质、公证质量、公证公信力）、“三项教育”（政治思想、业务素质、职业道德教育）、“四个规范”（规范公证服务秩序、办证程序、运行机制、公证管理行为）树形象活动，提高公证公信力。2008年始，新开拓计生合同公证、婚前财产公证、离婚协议公证、招投标公证等业务，年提高业务量30%以上。2010年，建成公证信息化平台，推广使用公证业务软件。1992—2010年，市公证处累计办理各类公证10.7万件，其中涉外及港澳台公证2.2万件，国内公证8.5万件（其中经济类2.6万件，民事类5.9万件），履约率99.8%。制止不法合同2100多件，避免经济损失4000多万元。

律师 1991年9月，县法律顾问处更名为县律师事务所。1994年，成立羊口律师事务所、西苑律师事务所。当年办理刑事辩护案件265件。1995年，羊口律师事务所更名为潍坊正泰律师事务所，西苑律师事务所更名为潍坊西苑律师事务所，市律师事务所更名为潍坊新光律师事务所。1996年，潍坊西苑律师事务所、潍坊正泰律师事务所确定为自收自支股级事业单位。1998年，潍坊西苑律师所更名为潍坊联邦律师事务所。1999年，撤销潍坊正泰律师事务所，成立山东寿城律师事务所。潍坊新光律师事务所更名为山东仓圣律师事务所，潍坊联邦律师事务所更名为山东联邦律师事务所。2000年3月，律师事务所进行脱钩改制。同年11月，山东仓圣律师事务所、山东联邦律师事务所、山东寿城律师事务所单位性质由事业单位改制为社会中介机构。当年办理刑事辩护案件1209件，民事诉讼代理案件4900余件。2007年，成立全市首家合作制律师事务所——山东德泽律师事务所。2008年，成立山东菜城律师事务所。2009年，成立山东圣龙律师事务所、山东互诚律师事务所，均为个人律师事务所。同年，山东菜城律师事务所更名为山东鲁祥律师事务所。2010年，成立山东舜泰律师事务所、山东高厚佳律师事务所，均为个人律师事务所。成立市政府法律顾问团，受聘律师8人。至2010年，全市共有律师事务所9家（其中合伙5家、个人4家），执业律师 55人、实习律师19人，其中一级律师1人、三级律师12人、四级律师16人，潍坊市优秀律师8人。当年共办理刑事辩护案件2665件，民事诉讼代理案件1.2万件，非诉讼法律事务3008件，解答法律咨询8000余人次，避免和挽回经济损失4500余万元。

第六节 基层法律服务

1991年始，建立并强化大调解网络，建成市（县）、乡（镇）、片、村、户五位一体法律服务格局，至1995年各级调解组织累计调处纠纷1.3万件，调解成功率93.8%。1997年10月，成立寿光、张建桥、文家、丰城、化龙、台头、田柳等15个法律服务所，为自收自支股级事业单位。2001年，法律服务所脱钩改制，由事业单位改为社会中介机构。同年，成立圣东、羊口、侯镇、联谊、新庭5个法律服务所。2002年，成立圣城、求真2个法律服务所。2003年，成立圣都法律服务所。2004年，市司法局下发关于对寿光市基层法律服务工作者协会的资格审查意见，对法律服务工作者协会的资格进行审查，当年共有协会团体16个、会员78人。2006年，成立博鳌法律服务所。2008年，在全市法律服务工作者队伍中开展行业作风建设年活动，次年在全市基层法律服务所和法律服务工作者队伍中开展诚信执业创品牌活动。2010年，成立孙家集、纪台、营里3个法律服务所，全市法律服务所的数量达到16家。同年5月，开展法律服务所规范化建设年活动和基层法律服务工作者集中教育整顿活动，市委办公室、市政府办公室下发《关于在全市实施“法律顾问全覆盖”工程的意见》，在全市农村和学校实施法律顾问全覆盖工程，当年有26名基层法律服务工作者为73个农村和学校担任法律顾问。

2006年始，招录法律服务工作者。先后于2006年、2008年、2010年3次招录部分法律服务工作者，至2010年年底，全市共有正式执业法律服务工作者75人。

第七节 法律援助

2003年以前，市内无专门的法律援助机构，法律援助工作依托律师事务所、公证处和基层法律服务所进行。2003年，市法律援助中心在市残联建立法律援助工作站。2004年，在妇联建立法律援助工作站。2005年，在全市14个镇（街道）建立法律援助工作站，全市所有自然村、居委会均设立兼职法律援助联络员。2009年，市司法局出台法律援助案件办案补贴办法，每承办一件法律援助案件补贴100元，次年提高至300元。在潍坊科技学院组建第一支大学生法律援助社会志愿者队伍，首批120人。实行法律援助直通卡制度，持卡人免费到各法律服务机构进行咨询，申请法律援助免经济困难审查。2010年，建立法律援助律师自选超市，全市47名执业律师的个人信息，按个人业务特长分9大类录入信息库，受援人可根据案件需要自由挑选律师。至2010年，全市共建立企业法律援助站点40个、农民工维权法律援助联络处3个、律师所法律援助便民服务站8个、法律援助工作站14个，聘请法律援助联络员和志愿者1110人，发放法律援助直通卡1.6万张，办理法律援助案件1651件（其中刑事案件371件、民事案件1280件），免费提供咨询1.1万人次。

第五章 武装

第一节 武装组织

市（县）人民武装部 1991年，县人民武装部（简称县人武部）内设军事、政工、后勤3个科室，归地方建制，副县级规格，实行潍坊军分区和寿光县委、县人民政府双重领导。1996年4月，市人武部收归军队建制，改称中国人民解放军山东省寿光市人民武装部，机构等级正团级，仍实行双重领导。2004年12月起，编制部长、政治委员、副部长各1人，现役干部12人。至2010年，规格、编制未变动。

1999年，市人武部被省军区表彰为武器装备管理工作先进单位。2001年9月，被山东省政府、省军区表彰为山东省国防教育先进单位。2004年12月，被济南军区表彰为基层建设先进单位、民兵预备役训练基地建设先进单位，被山东省人民政府征兵办公室表彰为征兵工作先进单位。2005年9月，被山东省政府、省军区表彰为山东省国防教育先进单位。

1991—2010年寿光市（县）人武部副团职以上干部一览表

表21-5-1

姓 名	职 务	任职时间
王伯祥	党委第一书记	1986.06—1991.08
李光信	党委第一书记	1991.10—1993.01
马金忠	党委第一书记	1993.01—1995.04
鞠法昌	党委第一书记	1995.04—1997.12
刘命信	党委第一书记	1997.12—2001.01
徐振溪	党委第一书记	2001.01—2006.12
刘中会	党委第一书记	2006.12—2009.04
孙明亮	党委第一书记	2009.04—
张焕然	部长	1986.02—1996.04

续表 21-5-1

姓 名	职 务	任职时间
李广前	部长	1996.04—2002.01
卫清涛	部长	2002.01—2004.01
郑建民	部长	2004.01—2006.01
宋湘江	部长	2006.01—2008.01
高立华	部长	2008.01—2010.04
魏广利	部长	2010.04—
杨树木	政治委员	1985.12—1996.03
张焕然	政治委员	1996.04—1998.01
曹树相	政治委员	1998.01—2000.01
张国良	政治委员	2000.01—2004.01
钟安石	政治委员	2004.01—2006.01
郑建民	政治委员	2006.01—2010.04
高立华	政治委员	2010.04—
杨佃贤	副部长	1989.04—1994.06
刘 波	副部长	1994.08—1996.03
马文谦	副部长	1996.04—2000.01
刘文秀	副部长	1998.04—2000.08
张林峰	副部长	2000.02—2003.01
李学仁	副部长	2003.01—2007.02
肖继林	副部长	2007.02—2008.01
张克锡	副部长	2007.04—2008.01
王锡庆	副部长	2008.01—
李文丰	副部长	2009.01—

说明：党委第一书记均由市（县）委书记兼任

基层武装部 乡（镇）、企事业单位人民武装部，简称基层武装部。从事基层武装工作的专职干部，称为基层专职人民武装干部（简称专武干部）。基层武装部不列入军队编制。1993年，按照总参谋部等7部门联合下发的《关于企业民兵预备役工作的规定》精神，企业武装部按职工人数分层次配备，职工人数在1000人左右的企业配专武干部1人；1000人以上5000人以下的，配部长1人、干事1～2人；5000人以上的酌情配部长1人、副部长1人、干事1～2人。至同年年底，全市共设35个基层武装部，配备专武干部48人。1999年，乡（镇）武装部一般配备部长、干事各1人。其中贫困地区、军事工作任务较轻的乡（镇），根据实际情况只编配部长1人，边海防一线和社情复杂地区等军事工作任务较重的乡（镇）武装部，增配1名干事。至同年年底，全市共设37个基层武装部，配备专武干部52人。专武干部的选拔、录用和考核，统一纳入公务员管理范围。至2010年，全市共设24个基层武装部，配备专武干部43人。

预备役部队 根据省军区《预备役部队实施调整改革命令》精神，潍坊陆军预备役高射炮兵团某高炮营于2004年12月正式组建，2005年1月按照新的体制编制和隶属关系运转。营部设在文家街道办事处，一连连部设在晨鸣集团，二连连部设在古城街道办事处，三连连部设在圣城街道办事处。均以现役军人为骨干，以预备役官兵为基础，按照军队统一的编制进行编组。预备役部队军事训练除按照训练大纲的规定施训外，还逐年按照战时隶属关系，建立与现役部队的挂钩训练制度，普遍开展基地化、模拟化、网络化训练。其中干部训练，主要是采取院校培训、在职轮训和部队带训3种形式；专业技术兵训练，原则上由预备役团组织实施，或与野战部队就近挂钩，实施专业对口训练；步兵训练，一般以营或连为单位集中组织实施。

武警中队 全称中国人民武装警察部队寿光市中队，简称武警寿光市中队。1991年，称为武警寿光县大队直属中队，隶属于武警潍坊市支队。1993年6月，为正连级建制，接受武警潍坊市支队和县公安局双重领导，主要担负保卫市看守所和处置突发事件等任务。1997年10月，武警寿光市中队迁入新营房。2005年5月，武警寿光市中队协助市公安局成功处置劫持人质事件。历届中国（寿光）国际蔬菜科技博览会执行任务共出动干警600人次。

羊口边防派出所 位于小清河入海口莱州湾畔，东临潍坊市滨海经济开发区，西依东营市广饶县，戍守潍坊市北大门。1991年，称山东省羊角沟边防工作站，正营级建制。1993年，更名为山东省羊口边防工作站。2002年，更名为市公安局羊口边防派出所。既是市公安局的派出机构，又是武警潍坊市边防支队的基层单位，承担着边防和治安管理任务，是集防范、管理、打击、服务等多项职能于一体的基层综合战斗实体，是全线设防的二类边防派出所。辖区面积471平方公里，海岸线长30公里，有3座码头、6处停泊点。

大家洼边防派出所 位于莱州湾西南岸，潍坊市滨海经济开发区北部，东以新弥河为界与央子边防辖区相邻，西以弥河支流为界与羊口边防辖区连接。成立于1987年2月，正连级建制。1996年6月，改称山东省大家洼边防工作站，正营级建制。2002年2月，更名为大家洼边防派出所。辖区面积240平方公里。主要职能与羊口边防派出所相同。2007年8月，划归潍坊市寒亭区辖制。

第二节 兵役工作

20世纪80年代，实行以义务兵役制为主体的义务兵与志愿兵相结合、民兵与预备役相结合的兵役制度。1998年12月，修改后的《中华人民共和国兵役法》将义务兵服现役期限由陆军3年，海军、空军4年，均改为2年，并取消义务兵超期服役规定。

兵役登记 1991年后，每年6月上旬，市（县）人武部制定兵役登记工作实施计划，组织各基层武装部部长召开全市（县）兵役登记工作会议，对搞好全市（县）兵役登记工作提出具体要求。6月中旬，市（县）政府向全市（县）发布兵役登记通告，对兵役登记工作的时间、方法步骤和完成时限等作出规定。人武部、卫生、教育、公安等部门组建办公室，设立兵役登记站，做好兵役登记准备工作。7—9月，对年满18周岁的男性公民，由各单位民兵连长统一组织到各乡（镇、街道）、企事业单位兵役登记站集中登记。市（县）人武部对兵役登记情况逐个核查、联合审查，参照上年度境内征集任务数，按1∶3的比例选定政治思想好、文化程度高、身体素质强的应征公民作为预征对象，发放“预征对象通知书”。通过逐人逐户走访座谈、查对档案资料，准确掌握预征人员现实表现、文化程度、出生时间、病历以及对服兵役的态度等情况，经初检、初审合格后，对当年12月31日前年满18～22周岁的男性公民填写“预征对象登记表”，依法确定应服兵役、免服兵役和不得服兵役人员。同时，以科技文化程度为主要因素，对预征对象的素质进行排序并建立人才库，以利征兵实施时择优录取。

征兵　每年征兵工作开始前，都成立由市（县）政府、人武部、公安、卫生、教育、宣传、民政、交通等部门组成的征兵工作领导小组，召开全市（县）征兵工作会议，设置征兵体检站。各基层单位也相应成立征兵工作领导机构，搞好宣传动员，从兵役登记中确定预征对象，组织好应征公民的目测初审。

义务兵征集　1991年始，按照国防部新颁发的《应征公民体格检查标准》《应征公民体格检查办法》，对应征公民进行体格检查。体检结束后，对每个预定新兵进行全面审查。之后，从体检、政审合格人员中挑选政治思想好、身体好、文化程度高的优秀青年作为初定兵员，召开全市（县）定兵大会，部队派出的接兵人员逐个走访初定兵员，发现因政治、身体情况变化不符合新兵条件的，及时调换。2008年，征集对象由以往的农村青年、城镇待业青年为主体向各级各类院校应届毕业生为主体转移，主要包括各级各类本科、专科、高中（含职业高中、中专、技工学校）应届毕业生。2010年前，实行部队派人接兵，接兵人员在当地政府和军事机关的领导下，协助征兵办公室做好征兵和运输新兵工作。2010年，实施接兵制度改革，除政治条件兵和身体条件兵外，普通兵全部采取部队领兵的方式。部队接兵干部不再参与征兵过程，新兵质量由兵役机关负全责。部队派人接兵和派人领兵，交接双方均按照《新兵花名册》当面点交清楚，并在《新兵花名册》上签名、盖章，新兵的档案材料和组织介绍信一并交给部队。全市每年适龄青年应征报名率达95%以上，体检合格率达75%以上，党团员约占75%，高中以上文化程度约占65%。

特殊兵员征集　1999年12月、2000年12月，对体检、政审合格的青年，优先由驻港、进藏部队挑选。对驻港、进藏部队初定的新兵，由驻港、进藏部队派出政审干部和医务人员就地复查，不合格的及时调换。分别为驻香港部队、进藏（西藏自治区）部队征集新兵多名。2006年12月，为北京武警总队某中队征集新兵。2007年12月，分别为北京卫戍区警备某师（仪仗条件兵）、广州军区司令部（驻香港条件兵）征集新兵多名。2008年12月，为武警西藏总队征集政治条件兵。2009年12月，为中央警卫团征集政治条件兵。2010年12月，为武警北京总队、兰州军区、武警新疆总队、第二炮兵（青海驻地）、广州军区某集团军特种大队和南海舰队陆战队分别征集政治条件和身体条件兵多名。

第三节 民 兵

组织建设　1991年始，按照组织落实、政治落实、军事落实的要求，强化全县乡（镇）、村和企业的民兵连队建设，至1994年全市建制民兵连“部、室、家”（民兵连部、执勤室、民兵之家）达标率99%，基层武装部规范化建设达标率100%。寿光镇、岔河乡人武部被省政府、省军区评为先进单位。1998年始，对全市民兵编组进行调整改革，在普遍建、全面编的基础上，突出向企业集团倾斜和加强专业对口分队民兵组织建设。晨鸣集团、联盟化工集团等企业建成武装部、民兵连。依据11个主导产业，以实用、管用为原则，组建9个专业技术分队。1999年，加强基层武装部和民兵连基础设施、资料、“民兵之家”建设，当年20多个基层武装部和100多个民兵连达到规范标准，其中“民兵之家”建设被济南军区评为先进单位。2000年，成立市民兵工作调整改革领导小组，市人武部制订《关于搞好民兵工作调整改革的意见》，派出5个工作组，对全市各乡（镇）、村进行专题调研。每年的第一季度进行民兵组织整顿，包括工作部署、潜力核查、宣传发动、干部选配、队员调整、集结政治审查、点验7个环节，基干民兵到点率达90%以上。至2010年年底，全市建有相应的民兵基层营（连）组织和对口专业技术分队、民兵专业技术分队256个，基干民兵达1万余人。

政治教育　内容包括国防教育、形势任务教育、理想道德教育和时事政治、党的方针政策教育等，基本方式有集中教育、函授教育、专题教育、文化阵地与媒体宣传教育等。至2010年，全市（县）基干民兵每年集中政治思想教育时间达到16个课时以上，每年集中教育不少于4次。基干民兵集中训练期间，将政治教育纳入训练计划，统一安排和组织实施。其中，民兵干部、专业技术分队政治教育时间为3天，民兵应急分队和专业分队、步兵分队新入队的民兵政治教育时间为2天，对口专业分队政治教育时间为半天，民兵哨所和重要目标守护分队由军分区或市（县）人武部按不低于年度训练时间的10%确定。普通民兵政治教育结合组织整顿、征兵、重大节日活动进行，每年不少于2次，每次教育时间不少于4个课时。

军事训练　1991年始，贯彻民兵预备役规范化训练精神，就近与潍坊驻军、辖区潍坊科技学院建立协作训练关系，应急分队与当地武警部队建立协作训练关系，军种、兵种勤务保障分队分别与就近的场站、基地建立协作训练关系，提高整体协同作战能力。1992年6月，组织全县1200名民兵预备役人员举行阅兵。同年始，每年从当年复退军人骨干中培训选拔一批民兵教练员，保证市（县）民兵训练基地常年有15名左右民兵教练员驻训。先后有1人被总参谋部、2人被省军区、14人被潍坊市军分区评为优秀民兵教练员。1998年6月，市人武部安装JCP252传真密码机，实现与省军区、潍坊市军分区和各县（市、区）人武部之间普通密码加密传真通信。2000年上半年，投资100万元，建成占地面积2.1亩，集民兵住宿、教学于一体的多功能民兵综合训练基地楼。2005年，以提高信息化条件下谋划决策和指挥控制能力为目标，开展参谋“六会”（读、记、算、写、画、传）新技能训练和专业技术、军事理论等网上训练。2007年，全国民兵新大纲集训现场观摩会议代表到寿光市观摩。2010年，每年民兵军事训练累计时间不少于10天。

第四节　预备役

军官登记与训练　登记　包括退出现役转入预备役的军官、确定服军官预备役的退出现役士兵、确定服军官预备役的高等院校毕业学生、确定服军官预备役的非军事部门干部等。1991年始，由市（县）人武部负责办理预备役军官登记。各级、各单位每年以6月30日为准，对经过登记确定服预备役的军官逐一核定。已办理登记手续的预备役军官，由市人武部出具登记证明，到当地派出所办理落户手续。因工作调动或迁居需要变更预备役登记的，本人到市人武部办理预备役军官登记手续。

训练　1991年始，每年7—9月，市（县）人武部都对新入队预备役军官进行基本素质培训，对新晋职预备役军官进行岗前培训，对基层预任党委（支部）书记进行职责培训，对预备役军官执行重大任务前进行随机培训。在培训内容上，坚持用什么学什么、缺什么补什么、弱什么强什么的原则，组织预备役军官参加编组作业、野营训练和演习、演练。在培训时间上，预备役军官在服预备役期间均完成3～6个月的军事训练。

士兵登记与训练　登记　1991年始，市（县）人武部每年与市（县）民政局联合办公，填写“退伍军人登记表”“退伍军人预备役登记卡片”，在退伍证上加盖服预备役或免服预备役专用章。对部队漏登、错登的，根据退伍军人实际情况补登、改登。登记分2类，一类为编入基干民兵组织的人员，或在无民兵组织的单位经过预备役登记的28岁以下的退出现役的士兵，和经过预备役登记的28岁以下的专业技术人员。第二类为编入普通民兵组织的人员，或在无民兵组织的单位经过预备役登记的29～35岁的退出现役的士兵。第一类预备役士兵，29岁转入第二类预备役，第二类预备役士兵，35岁退出预备役。

训练　根据《中华人民共和国兵役法》规定，确立义务兵与志愿兵相结合、民兵与预备役相结合的训练制度。预备役士兵训练在民兵组织中进行，或者单独进行。未服过现役的基干民兵，在18～20岁期间，进行30～40天的军事训练，炮兵、装甲兵、工程兵、通信兵、防化兵和后勤等专业技术民兵的训练时间适当延长。

第五节　学生军训

1991年，由县人武部和县教育局联合，继续对高等学校、中等专业学校和高级中学在校生进行军事基础知识传授和基本军事技能训练。县人武部每年选派业务过硬的军事教官到有军训任务的学校组织学生军训。1993年，按照中共中央、国务院《中国教育改革和发展纲要》要求，对适合担任军官职务的学生，进行短期集中再训练，经考核合格，优先服军官预备役。1995年，高级中学在校生军训时间为2～3周，军事理论课教学时间为36学时。学生军训的范围下延至小学高年级。2001年6月，国务院办公厅、中央军委办公厅转发教育部、总参谋部、总政治部《关于在普通高等学校和高级中学开展学生军事训练工作的意见》，对学生军事训练的目的、规划、工作机构、师资配备、训练保障等作出明确规定。此后，寿光市学生军训主要在初中、高中、大中专院校新生中进行，多安排在暑假结束、秋季开学之后，军训时间为15天左右。2005—2010年，市人武部年均训练入校新生1.2万人。

第六节　拥政爱民

1991—1995年，市（县）人武部共建大中型民兵富民工程20多项，先后组织民兵参加寿北开发、引黄济青、弥河治理、“菜篮子工程”等重点工程建设。1996年，根据省委、省政府要求，市人武部组建民兵团，对小清河干流进行综合治理，共完成土方451.6万立方米。1997年3月，小清河工地遭受海潮侵袭，市民兵应急分队将69名被海水围困民工全部救出。2001年，市人武部帮扶营里镇郝家柳杭村新建占地80亩畜牧小区3个，新建大棚6个，完成100亩黄金梨的嫁接改造，种植苜蓿150亩。2003年9月11日，寿光北部沿海遭受风暴潮袭击，大家洼边防派出所及时将30名被海水围困的群众抢救上岸，抢救遇险船舶20余艘，挽回经济损失150余万元。2009年，出资3万元帮扶纪台镇桃园村硬化村内道路3000多米。同年6月，市人武部在全体干部职工中开展以携手慈善、共建和谐为主题的慈善捐赠活动。2006—2010年，全市人武系统10480名民兵与38个村、133个特困户建立帮扶点，捐款、捐物价值11.3万元，提供致富信息5000多条，帮助发展蔬菜大棚400多个，发展畜牧养殖小区100多个，帮扶17个后进村年人均收入增长30%，21个特困户彻底摆脱贫困。市人武部每年都选派200名民兵预备役人员参加中国（寿光）国际蔬菜科技博览会，承担站岗执勤和维护治安等任务。

第七节 人民防空

1991年，战备防空工作由县人武部兼管。2002年4月，成立寿光市人民防空办公室（简称市人防办），为正科级事业单位，编制5人，隶属于市政府办公室。同年12月，市人防办正式挂牌成立，实行市政府和市人武部军地双重管理，业务上受潍坊市人防办指导。2005年7月，内设综合科、业务科。2007年9月，加挂市民防局牌子，实行防空防灾一体化建设和管理。

2002年9月，寿光市被确定为山东省人防重点城市。2003年3月，根据潍坊市人防办、潍坊市公安局等9部门联合下发的《关于建立多种媒体防空防灾警报鸣放系统的通知》要求，确定每年8月1日为防空警报鸣放日，从上午10～11时，在市区鸣放防空警报。2003年12月，市人防办被省人防办评为全省通信警报社会化管理先进单位。2006年始，潍坊市对警报鸣放时间作统一调整，改为每年6月15日（潍坊解放纪念日）11时30分～12时。防空防灾警报信号按照全国统一规定执行。有关警报鸣放的组织由市人防办牵头，市信息产业局、广播电视局协助实施。2008年3月，稻田镇、纪台镇、化龙镇、上口镇、侯镇、田柳镇、台头镇、羊口镇等8个镇被山东省人防办、民防局确定为省级人民防空重点镇，纳入人民防空重点城市管理。按照潍坊市人防办关于人防宣传“四进”（进机关、进党校、进校园、进社区）要求，通过组织参观人防设施、举办培训班、开展训练等形式，提高全市人民防空防灾意识和处置突发事件能力。市人防办与市教育局、城区各社区建立起人民防空宣传教育体制。至2010年，全市共有防空警报器7台，分别安放在潍坊科技职业学院（东校、原西校）、原计生局、新华书店、原农机局、晨鸣集团、寿光日报社，共进行9次防空防灾警报试鸣，音响覆盖率60%以上。

第二十二编

教育

1991—2010年，寿光市（县）的教育正处于改革发展的重要时期。1991年始，寿光调整教育结构，改善办学条件，教育事业得到全面发展。至1995年，全市共有小学623所、初中59所、高中8所、普通中专2所、职业中学12所、特殊教育学校1所，在校生19万人，教职工1.3万人。1996年始，寿光教育进入大调整、大改革、大发展时期，至2000年年底，全市共有各级各类学校385所，在校生19.9万人，教职工1.1万人。2004年，寿光世纪学校建成投用。2008年4月，潍坊科技职业学院升格为全日制本科院校。同年8月，寿光市第一中学新校建成投用。至2010年年底，全市有学校171所，其中省级规范化学校36所、潍坊市级82所；在校生19.6万人，教职工1.2万人。寿光市先后获全国职业教育先进县、全国“两基”工作先进市、国家级教育现代化实验区、全国幼儿教育先进市等称号。

第一章 管理体制

第一节 管理机构

1993年，县教育局更名为县教育委员会，下设办公室、督导室、政工科、普教科、职教科、成教科、计财科7个职能科室。1995年3月，乡（镇）教育组改称乡（镇）教育委员会。1997年12月，增设体育卫生与艺术教育科。2001年，市教育委员会更名为市教育局。2002年10月，市教育局增设教师教育科。2003年3月，乡（镇、街道）教育委员会改称乡（镇、街道）教育管理办公室，由中心学校校长兼任办公室主任，另配备5名工作人员，事业编制。2010年，市教育局内设办公室、组织人事科、财务审计科、普教科、教师教育科、职业教育与成人教育科、学校安全工作科7个职能科室，行政编制14人。

第二节 教职工

师资来源 教职工包括高中、初中、小学、幼儿园和中专学校、高等学校的全体在编员工。师资来源是：每年大中专学生考录（分配）、民办教师转正、民办教师招录、代课教师考取师范院校毕业后再分配。其间，1996年，接收安置师范类大中专学校毕业生457人，其中本科生28人、大专毕业生279人（含民办教师专科毕业生12人，寿光电大分校毕业生55人，潍坊教育学院民师自费生62人）、中专毕业生150人（含民办教师中专毕业生59人）。1997年，接收安置大中专学校毕业生881人，其中包括已在岗的师范民师班毕业生81人，从代课教师中招收的民师专科生360人。1998年，接收分配大中专学校毕业生841人，其中包括已在岗的师范民师班毕业生93人，从代课教师中招收的民师自费专科生271人。2003年，派遣到寿光市师范类大中专毕业生286人，通过统一考试，录用200人。2009年，扩大招考范围，非师范类英语专业本科生可报考，共择优安置大学毕业生340人，重点充实到农村小学。2010年，共择优安置大学毕业生248人。至2010年年底，全市共有教职工12445人，其中高等学校教职工1144人、职业学校教职工1602人、高中教职工1896人、初中教职工2698人、小学教职工2570人、幼儿教师2535人。

师资培训 1991年，各乡（镇）教育组依托教师进修培训管理机构，通过函授、网络等渠道对教师进行培训。1993年冬季、1995年暑期2次在全市范围内对教育干部和教职工进行集中教育整顿活动。1997—1999年，先后开展行业作风整顿、教育民心工程等活动。2000年，开展教师队伍建设年活动。2003年，新成立的教师教育科专门负责教师教育工作的管理、指导和培训的筹划安排，之后教师教育工作实现常态化。2005年始，市教育局每年投资100多万元，利用暑期在世纪学校进行中小学干部教师培训，培训内容主要有师德教育、新课程理念、新课程标准与新课程教材培训，以及英语口语、音乐、美术、会计、计算机等专业技能培训。至2010年，累计培训4万人次。2008年，开展高中15个学科教师的全员远程培训，全市1321名在职任课教师参训。2009年，省暑期远程培训拓展到初中教师，全市1234名高中教师和1022名初中语文、数学、英语教师参训。2010年，组织全市1334名高中教师及388名初中物理、化学、生物学科教师参加培训。至2010年，全市有全国模范（优秀）教师9人、省特级教师3人、省优秀教师29人、齐鲁名师1人、齐鲁名师建设工程人选2人、潍坊市特级教师12人。全市小学教师中专以上学历占99.8%，其中研究生占2.4%、本科59.6%；初中教师大专以上学历99.6%，其中研究生1.9%、本科88.1%；高中教师本科以上学历97.9%，其中研究生6.6%、本科90.9%；职业中专教师本科以上学历99.4%；高等学校教师本科以上学历99.2%。

寿光市暑期教师全员培训现场（2005年7月摄）

教师待遇 标准工资 1993年10月始，工资套改，事业单位的新工资构成分为固定部分和津贴。1995年10月始，凡有2年考核成绩称职以上的人员，在本职务所对应的职务工资标准内晋升一个工资档次。1997年7月始，调整教职工工资标准，高级职务每月318～846元、中级职务241～692元、助级职务197～514元、员级职务181～425元。1999年7月，再次调整教职工工资标准，高级职务每月442～1102元、中级职务344～795元、助级职务286～603元、员级职务260～504元。2001年1月，第三次调整教职工工资标准，高级职务每月548～1305元、中级职务427～911元、助级职务356～706元、员级职务317～588元。同年10月，第四次调整教职工工资标准，高级职务每月634～1549元、中级职务482～1049元、助级职务400～811元、员级职务357～656

元。2003 年 7 月，第五次调整教职工工资标准，高级职务每月 708 ～ 1623 元、中级职务 530 ～ 1096 元、助级职务 432 ～ 843 元、员级职务 381 ～ 680 元。2006 年 7 月始，对教职工实施岗位绩效工资制度。事业单位岗位分为专业技术岗位、管理岗位和工勤技能岗位，分别按本人 2006 年 6 月 30 日在聘的岗位执行相应的岗位工资标准。同月始，年度考核结果为合格以上等次的工作人员，每年增加一个薪级工资，年度考核结果为基本合格、不合格的，不能正常增加薪级工资。

补贴　1992 年 1 月始，实行第一次职务补贴，高级职务每月 40 元、中级职务 30 元、初级职务 20 元、工人 20 元。同年 12 月始，第二次增发职务补贴，不同职务的教师根据工作年限不同发放，见习期间每月 15 元。同年，实行公办教师班主任津贴制，中学班主任每人每月 10 ～ 15 元。1995 年 12 月始，第三次增发职务补贴，高级职务每月 110 元、中级职务 95 元、助级职务 77 元、员级职务 70 元、高级工 80 元、中级工 70 元、初级工（普工）65 元。1998 年 1 月，将机关事业单位工作人员中的交通补贴、洗理费、粮油补贴、粮价补贴、开放城市补贴、误餐补贴 6 项归并为地方福利性补贴，标准为每人每月 125 元。2003 年 2 月，乡镇教师开始发放住房补贴。2005 年 1 月，增发机关事业单位工作人员岗位津贴和交通补贴，其中岗位津贴高级职务每月 265 元、中级职务 210 元、助级职务 155 元、员级职务 130 元。交通补贴每人每月 50 元。2006 年 1 月，机关事业单位工作人员发放考勤奖和目标管理奖，标准为每人每月 100 元和 40 元。2007 年 6 月，事业单位工作人员增发岗位补贴，补贴标准为：高级职务每月 375 元、中级职务 310 元、助级职务 245 元、员级职务 240 元、见习人员 200 元。2008 年 7 月，再次增加事业单位工作人员岗位补贴，调整标准为：高级职务每月 660 元、中级职务 590 元、助级职务 490 元、员级职务 470 元、见习人员 380 元。2010 年 1 月，第三次增加事业单位工作人员岗位补贴，调整标准为：高级职务每月 120 元、中级职务 110 元、助级职务 90 元、员级职务 85 元、见习人员 70 元。

第三节　人事管理改革

1998 年，在全市中小学实行以校长负责制、教职工全员聘任制、岗位目标责任制、结构工资制和考核奖惩制为主要内容的“五制”改革。1999 年 1 月，建立教育干部考核任用制度，确定人员编制和岗位职责，所有工作人员全部实行聘任制，每年通过考试考核选拔一批优秀人才，作为教育后备干部。2000 年，本着多劳多得、优质高酬、奖惩罚懒的原则，出台“五制”改革实施细则，进一步深化人事管理制度。2001 年 12 月，市教育局在“五制”改革基础上，出台教育系统改革的“三定”（定职能、定机构、定编制）方案。2003 年 3 月，市教育局制定《深化中小学人事制度改革的意见》，以推行聘用制度和岗位管理为重点，实行全员合同制管理。中层干部可通过就职演说、答辩，最后按全部考核项目综合得分情况择优聘用。2004 年，市教育局出台《关于推行中小学校长职级制度的实施意见》《关于中小学校长职级评审认定及工资待遇暂行办法》，取消中小学校长行政级别，规定中小学校长任职年限，实行任期制和职级制管理。当年有 36 名校长纳入市教育局职级管理体系。2009 年，市教育局修订校长职级认定办法，对全市中小学校长进行重新职级认定，干部任职终身制被彻底打破。至此，全市中小学全部实行“五制”为主要内容的人事制度。

第二章 幼儿教育

第一节 园所设置

1991年，县教育局按照教育部《幼儿园管理条例》《幼儿园工作规程》的要求，对全县幼儿园（学前班）进行首批注册登记。1996年，市教育委员会成立市托幼办公室，负责全市幼儿园所管理工作。1997年，市教育部门确定在乡（镇）3000人口左右的村庄建1所幼儿园，小村庄可在交通方便、适于入园的前提下联合办园，当年幼儿园达到723所。1999年，市教育部门制订《关于加强全市幼儿园建设的意见》，对幼儿园布局结构进行调整设置。至2005年，全市幼儿园282所，其中公办幼儿园251所、民办31所，在园幼儿3.1万人，学前一年入园率100%，3～5周岁入园率96%。2006年，市教育局出台《关于进一步规范幼儿园布局调整规划的指导意见》，对全市幼儿园进行优化整合。2009年，市教育局出台《关于标准化学校建设的实施意见》，将幼儿园纳入新农村建设规划，在编制、审批、建设新区、住宅小区及旧城改造时，与幼儿园的规划、建设同步进行。至2010年，全市共有幼儿园188所，其中公办幼儿园151所、民办37所，在园幼儿3万余人。

第二节 示范园所建设

1991年始，本着高标准、高层次原则，每年由市（县）政府牵头，公安、消防、供电、建设、卫生等部门（单位）参与，针对幼儿园校舍安全工作开展专项督导检查。至1995年，全市共新建、改建幼儿园200余所，108所幼儿园达到潍坊市一类园所标准。1996年，加大园所内部设施配套建设，全市幼儿园大型玩具平均拥有量3～5件，中型玩具5件以上，小型体育器械10件以上，基本达到每园有1台录音机，班班有风琴、玩具架、图书架和游艺室。1996—2000年，全市共投资1500万元，新建、扩建幼儿园22所，总建筑面积7800平方米。至2000年，全市有2所幼儿园被评为省级示范园，8所幼儿园被评为潍坊市级示范园，30所幼儿园被评为潍坊市一类幼儿园。2001年始，提出政府办园为

寿光文汇苑幼儿园（2009年摄）

示范，社会力量办园为主体，个人办园为补充的办园思路，全市幼儿园整体办园质量进一步提高。至2005年，全市14所镇（街道）中心幼儿园全部达到省、潍坊市级示范园所标准，其中2所幼儿园被评为省级示范幼儿园，43所被评为潍坊市级示范幼儿园。2006年始，继续开展示范园所创建活动，优化整合园所，配套内部设施。至2010年，全市幼儿园达188所，其中县级以上标准化幼儿园154所，占园所总数的81.9%。

第三节 教学管理

1992年，按照潍坊市《幼儿园管理办法》要求，严格按物价部门核定的收费标准收取保育、教育费用。1993—1999年，使用全国统编教材，涉及语言、计算、常识、体育、音乐、游戏、英语等科。2000年始，以民间游戏为切入点，编写出“八个一”（一个沙包、一个皮球、一根跳绳、一块橡皮泥、一张纸、一根线、一个毽子、一个呼啦圈）等系列教学方案，锻炼幼儿手、脑、身体灵活性和协调性。2002年始，打破托与幼分离的陈旧教育模式，把0～5岁婴幼儿早期教育作为一个整体，形成幼儿园、家庭和社会为一体的教育体系，全市0～3岁婴幼儿受教育率达到80%以上，镇中心家长对家庭教育知识的知晓率达到93.6%以上，各村家长对家教知识的知晓率达到65%以上。2004年，山东省早期教育工作会议在寿光市召开，寿光市作典型发言。2005年，幼儿教育小学化倾向问题研究获潍坊市政府成果奖。2010年，“八个一”系列教学方案被吸收为国家级“十一五”幼儿教育科研课题研究内容，在潍坊市教育教学（管理）方法创新燎原奖评选中获二等奖。

第三章 小学教育

第一节 学校设置

1991年，全县共有小学708所，在校生8.3万人，适龄儿童入学率、巩固率均达100%，小学毕业生全部免试升入初中就读。1996年12月，寿光市被评为全国“两基”（基本实施九年义务教育、基本扫除青壮年文盲）先进市。

文家街道西城小学（2006年9月摄）

1991—2001年，全市合并小学420所、保留288所。之后，学校结构几经整合、调整，学校数量逐年下降。2001年9月，市财贸小学撤销，教师、学生合并到市实验小学和市圣城小学。市圣城中学、实验中学增设小学部，成为九年一贯制学校。2006年，学校数量优化整合为199所，在校生8.4万人。2010年9月，圣城街道建桥小学整体合并到新建的建桥学校。至2010年，全市小学总数125所，在校生6.8万人。

2010年寿光市小学学校分布表

表22-3-1

镇（街道）	学校名称及数量
圣城街道	西关小学、北关小学、南关小学、东关小学、九巷小学、师范附属小学、徐家小学、公孙小学、崔家小学、东营小学、延庆小学、东城小学、朴里小学共13所
文家街道	中心小学、仉家小学、逢源小学、西城小学、西文联小共5所
洛城街道	中心小学、屯田小学、寒桥小学、韩中小学、尧水小学、浮桥小学、留吕小学、留吕实验小学共8所
古城街道	桥子小学、罗桥小学、北洛小学、杨庄小学、垒村小学、杨家小学共6所
孙家集街道	孙家集小学、石门小学、营子小学、大李小学、边线小学、乐义实验小学、达字刘小学、胡营小学、马疃小学、西屯小学、岳寺小学、一甲小学共12所
稻田镇	中心小学、赵家小学、营里小学、兴吴小学、田马小学、南韩小学、阁上小学、稻庄小学、赵庙小学、实验小学、丹河小学、崔岭联合小学、大伦小学、东稻田小学共14所
侯镇	中心小学、河沟小学、泊头小学、地沟小学、王辛小学、岔河小学、东岔河小学、李官小学、刘官小学、黄桥小学、台后小学、南仉小学、实验小学共13所
纪台镇	中心小学、吴庙小学共2所
化龙镇	实验小学、中心小学、王庄小学、马庄小学、辛家小学、务本小学、张屯小学、北柴小学、辛店小学、裴家岭小学共10所
上口镇	中心小学、北上口小学、南邵小学、方吕小学、邵村小学、河疃小学、东堤小学、前王小学、景明小学、口子小学、南半小学、下口小学共12所
田柳镇	田柳小学、植庭小学、邢姚小学、阎黎小学、刘家小学、朱崖小学、张僧小学、王高小学、常宋小学、郎家小学、实验小学、后疃小学共12所
营里镇	第一实验小学、第二实验小学、西黑前小学、中心小学共4所
台头镇	中心小学、牛头小学、实验小学、台头小学、大坨小学、郑辇小学、赵埠小学共7所
羊口镇	第一小学、第二小学、杨庄小学、卧铺小学、寇家坞小学共5所
市直学校	实验小学、圣城小学共2所

第二节 学制 课程

学制 1991年，小学实行六年制。1992—1998年，改为五年制。1999年秋季开始，小学学制又由五年制改为六年制，至2010年未变。

课程 1991年，使用全国统编九年义务教育“五四”制小学教材，思想品德、健康教育课本由省编写，个别学校使用经有关部门审定的实验教材。开设思想品德教育、语文、数学、自然常识、音乐、体育、图画等课程，高年级增设历史、地理课。1994年，国家公布《九年义务教育“五四”学制小学、初级中学课程安排表》，将历史、地理2科合并为社会课。自然课从一年级开设，社会课从三年级开设。2000年始，全市小学全部开设信息技术课。2001年，全市小学自三年级开始全面开设英语课，使用外语教学与研究出版社的《新标准英语》课本。至2010年，全市小学开设的课程主要有语文、数学、英语、思想品德、社会、音乐、体育、图画、信息技术等。

第三节 学校管理

1991年始，小学合班并校，多为数村联办，村级办学和管理职能多上交至乡（镇），由乡（镇）教委代乡（镇）政府行使。1998年之前，乡（镇）中心小学校长、教导主任和学区小学校长由市教育部门任命。1998年始，乡（镇）中心小学校长由市教育部门任命，学区小学校长和教导主任由乡（镇）教委（教办）任命。学校实行校长负责制，校长全面负责学校行政管理和教学管理工作。2000年，在全省率先实施政务、校务、教务“三公开”，实现透明管理、透明教学，一些群众关心的热点、难点问题得到解决，中央电视台、新华社等新闻媒体对“三公开”的做法进行专题报道。2004年，实行校长任期制和职级管理制度，对实行校长职级管理的36名校长统一由市教育局发放职级工资。同年始，在全市小学推广小学生行为习惯养成教育，启动实施朝阳读书计划。2006年始，建立督学责任区制度，实行工作目标责任制，督促、检查、指导学校依法办学、科学办学。2008年，市教育局印发《关于努力办好人民满意教育有关问题的通知》，建立市、乡（镇）、村3级教育投诉网络，开展群众满意度测评，对违规办学行为进行处罚。

小学选介 市实验小学 位于城区金光街中段路北。1912年创建于同文书院内，初名寿光实业学校。1993年称为市实验小学。1995年，初中部析出。学校属省级规范化学校，占地33.2亩，总建筑面积1.7万平方米。2010年，有小学教学班42个、学生2560余人、教职工101人；幼儿教学班10个、幼儿485人、教职工23人。拥有国家级骨干教师1人、省级骨干教师4人，被授予全国创造教育先进集体等称号。

第四章　中学教育

第一节　学校设置

1991年，全县有初中学校71所。1991年后，各乡（镇）因地制宜，改善办学条件、整合教育资源，进行学校的新建、合并，学校数量不断减少，办学规模不断扩大，办学条件不断改善。至2001年，全市21个乡（镇、街道）共有初中50所，另有圣城中学、实验中学2所市直初中。2010年，全市有初中学校34所、在校生4.8万人，其中镇（街道）初中31所、市直初中3所（圣城中学、实验中学、世纪学校）。

高中学校随着教育发展的需要也不断变化。1991年，全县有高中学校9所。同年8月，县第四中学改为县轻工职业高中（县职业学校）。1993年，县第六中学高中生迁入新城中学，原县第六中学改办职业教育。1995年5月，市第三中学恢复中华人民共和国成立之后的第一个校名寿光中学。2000年8月，现代中学建成投用，学校实行公办民助，实验中学高中部师生迁入现代中学。原市第十一中学并入现代中学。同年9月，市实验中学创办复读学校。2002年8月，市实验中学重办高中应届班。2008年8月，市第一中学迁入新校，原校址成立市圣都高级中学。市实验中学高中部迁出，组建市圣都中学应届教学部。2009年7月，市第五中学成建制、第七中学部分师资迁入市圣都中学，合并后的市圣都中学仍保留市第五中学编制，市第七中学转型为市中小学生综合实践基地。至2010年，全市有普通高中学校6所（第一中学、现代中学、第二中学、寿光中学、第五中学、圣都中学），在校生1.8万人。

2010年寿光市初级中学分布表

表22-4-1

镇（街道）	学校名称及数量
圣城街道	第一初级中学、市建桥学校共2所
文家街道	第一初级中学、第二初级中学共2所
洛城街道	第一初级中学、第二初级中学、留吕初中共3所
古城街道	古城初级中学、北洛初级中学共2所
孙家集街道	第一初级中学、第二初级中学共2所
稻田镇	第一初级中学、第二初级中学、第三初级中学、第四初级中学共4所
侯镇	第一初级中学、第二初级中学、第三初级中学共3所

续表 22-4-1

镇（街道）	学校名称及数量
纪台镇	第一初级中学、第二初级中学共 2 所
化龙镇	化龙初级中学、丰城初级中学共 2 所
上口镇	第一初级中学、第三初级中学共 2 所
田柳镇	第一初级中学、第二初级中学共 2 所
营里镇	第一初级中学、第二初级中学共 2 所
台头镇	第一初级中学、第二初级中学共 2 所
羊口镇	羊口初级中学共 1 所
市直学校	市世纪学校、实验中学、圣城中学共 3 所

第二节 学制 课程

学制 1991 年 10 月，县政府出台《寿光县九年义务教育及教育发展规划（草案）》，确定实施初级中学义务教育。1993 年 8 月，初中学制由三年改为四年，每年有三分之一的乡（镇）整体改制，至 1996 年所有乡（镇）初中学校全部改为四年制，全市初中使用九年义务教育“五四”学制全日制教材。1999 年秋季新学期开始，中小学校由“五四”学制又改为“六三”学制，初中学制由四年改为三年，新学制改后至 2010 年未变。高中学制一直沿用三年制。

课程 1992 年，初中课程设政治、语文、数学、英语、历史、地理、物理、化学、生物、体育、音乐、美术和劳动技术等学科。高中开设语文、数学、英语、物理、化学、历史、地理、政治、生物、体育、音乐、美术和劳动技术等学科。1995 年，计算机课程作为必修课在中学开设。2002 年，在初中开始进行课改实验，执行新的课程标准，新课程执行国家、地方和学校 3 级课程管理政策，其中国家课程按九年一贯制设置；地方课程由省一级教育主管部门组织开发，学校选择实施；学校课程由学校根据当地的课程资源和学生学习需求自主开发，是体现学校特色的校本课程。高中课程结构由必修课程和选修课程 2 部分组成，其中必修课有政治、语文、数学、外语、物理、化学、生物、历史、地理、体育和劳动技术共 11 科。选修课分 2 类，一种是单科性选修，在高一、高二年级开设；另一种是分科性选修，分文科、理科、外语、艺术、体育、职业技术 6 类课程，在高中三年级开设。2004 年，实行新课程标准，高中课程设置语言与文学、数学、人文与社会、科学、技术、艺术、体育与健康、综合实践活动 8 个学习领域，共包括语文、数学、外语（英语、日语、俄语等）、思想政治、历史、地理、物理、化学、生物、艺术（音乐、美术）、体育与健康、技术等 12 ～ 13 个科目。鼓励有条件的学校开设 2 种或多种外语。

第三节 学校管理

1991 年，学校管理组织机构主要包括行政组织（政教处、教务处、总务处、办公室等）、业务组织（各科教研组、科研室等）、群众组织（共青团、少先队、工会等）和其他组织（家长委员会等）。1994年，全市所有中学实行分级部管理，初中由级部主任管理，高中每个级部由一名副校长分管。1996年始，实施素质教育工程，引进先进教育理念，改革和加强德育培养，深化教育教学改革。

1998年，市教委在全市中学全面推行“五制”改革，即实行校长负责制、教职工聘任制、岗位目标责任制、结构工资制、考核奖惩制，落实岗位职责，合理配置教育资源。乡（镇）初中一般不设党支部，市直初中一般设有党支部。高中设党支部，工会设专职主席。2006年始，制定“控流保学”（控制学生流失，保证在校生数量）实施办法，定期对义务教育阶段学校入学率、巩固率进行检查，至2010年全市初中入学率100%，在校生巩固率99%以上。2010年，开展“文明校园”创建活动，在潍坊市中学文明校园评选中，全市有8所初中被评为潍坊市文明校园，8个自主开发的活动类课程被评为百佳课程。

中学选介　寿光世纪学校　位于城区农圣街东段，2003年建校，占地380亩，建筑面积13多万平方米，总投资3.3亿元，是民办九年一贯制学校。2010年，有幼儿、小学、初中130个教学班、4680名学生，实行小班化、寄宿制、双语教学。先后与新加坡宏文等4所精英学校签署交流合作协议，与澳大利亚UIL联合语言学院签署姊妹校合作协议。有168名省市教学能手、学科带头人，有5项国家级研究课题结题，成果在省内推广。

寿光世纪学校校貌（2005年7月摄）

寿光市第一中学　原名寿光县第三中学，创建于1957年。2008年以前，学校位于渤海路北首、文庙街西段，属省级规范化重点高中。2008年8月，寿光一中迁入幸福路以东、文圣街以南的新校，占地480亩，建筑面积18万平方米。至2010年，有教职工620人，140个教学班，7000名学生。多项教学研究、科研课题获国家级、省级奖励。学校先后获全国教育科学九五规划重点课题组的重点实验基地、全国中学生奥林匹克物理竞赛十佳学校等70多项称号。

寿光现代中学　位于弥河西岸，圣城街南、金海路以西。1999年7月动工建设，2000年8月建成投入使用，占地30.6万平方米，总投资3亿多元。2001年，通过山东省规范化学校验收。至2010年，有136个教学班，在校师生8000余人。承担13项国家级、17项省级科研课题的研究任务；突出外语教学、美术教育、名生培养三大特色。学校先后被授予全国素质教育示范校、全国创新教育示范校、全国奥赛金牌学校等称号。

第五章 职业教育和高等教育

第一节 中等专业教育

寿光师范学校 成立于1959年9月。1993年，被省教委确定为全省7所五年一贯制中师大专试点学校之一。1997年8月，与寿光市教师进修学校、潍坊广播电视大学寿光分校合并，有教师166人、教学班18个。1999年12月底，寿光师范学校人、财、物整体并入市第一中学。至此，寿光师范学校正式撤销。

生源主要来自寿光、潍城、寒亭、坊子、昌邑、昌乐、安丘、诸城、临朐、高密等县（市、区）。1991—1997年，共培养中等专业师范毕业生（简称中师生）1833人。1998年，省政府调整中师教育结构，寿光师范停止招收中师生，当年用益都师范学校计划指标从寿光市招收中师生80人，用新疆维吾尔自治区计划指标从新疆招收中师生（音乐、美术专业）43人。1999年，继续招生471人。

寿光市教师进修学校 成立于1979年。1997年，并入寿光师范学校。1999年12月，从寿光师范学校析出，与市技工学校合并，实行一套班子，挂两块校牌。有教职工63人，业余进修生4000人。山东大学、山东师范大学、省教育学院、昌潍师范专科学校等6所高等院校在该校设立函授站，与联合国儿童基金会共同开发远距离师资培训项目，在校内建立教育电视收转台。2003年9月，并入潍坊科技职业学院。

1991年1月，山东师范大学在校内设立函授站，开设汉语言文学、数学、教育3个专业，招收学员226人。1992年10月，与省教育学院联合，招收音像、历史专业123人、卫电高师体育专业75人。同年11月，举办中学教师培训，12个专业的2646人参训。1994年10月，招收山东经济干部管理学院寿光教学班115人。到1995年年底，全市中小学教师学历教育任务基本完成，市教师进修学校工作重心转向继续教育。1999年12月，与市技工学校合并后，机构相应调整，设师训、干训2处，配干部、教师12人，开展教师口语、三笔字、简笔画、教具制作、教育活动、师德规范、教育法规等培训。

潍坊市化工学校 1993年，在县第一职业中等专业学校的基础上建立。占地面积150亩，建筑面积6.1万平方米，有教师350人。1999年12月，并入齐鲁经济学院。

1994年，设制盐、化工机械、有机化工、无机化工、化工仪表、工业发酵6个专业，招生222人。1995年，经省教委批准，增设计算机及应用、包装装潢2个专业。当年9月招生379人。1996年，首招山西籍学生。1997年，首招河北籍学生。1998年，生源扩大至河南、安徽、新疆和内蒙古等省（自治区）。1999年9月，专业增至12个。同年12月并入齐鲁经济学院。2000年9月，由齐鲁经济学院负责，以潍坊市化工学校名义继续招收

16个班642人。2001年9月，齐鲁经济学院更名为潍坊科技职业学院后，学院分设大专部和中专部，原潍坊市化工学校和寿光中等专业学校编制同时撤销，其职能由学院中专部接管。

潍坊市科技中等专业学校 2010年6月成立，位于潍坊科技学院院内。是全日制普通中等专业学校，实施全日制普通中等专业教育，学制三年，同时举办中等层次的职业教育及各类短期实用技术培训。

第二节 中等职业技术教育

寿光市第一职业中等专业学校 是潍坊市化工学校的前身。1991年，称县职业教育中心。1992年，改称县第一职业中等专业学校。占地面积150亩，建筑面积6.1万平方米，有教职工350人，在校生80个班4060人。生源遍及山东、安徽、江苏、山西、河南、河北、新疆、内蒙古等省（自治区）。初招电工、机械、工业仪表及自动化等6个专业，学制三年，招生对象为应届初中毕业生，之后开设化工、财经、机电、艺术4大类20个专业。引进35万美元世界银行贷款项目，建成语音教室、微机教室和1个中央演播室，图书馆藏书20万册。1993年，学校更名为潍坊市化工学校。

寿光市第二职业中等专业学校 1992年6月，县职业中等专业学校分校更名为县第二职业中等专业学校。1998年3月，市第五职业高级中学并入。位于上口镇政府驻地，占地面积150亩，建筑面积2.3万平方米，有32个教学班，教职工122人。开设蔬菜与花卉、机电、汽修、服装、财会、计算机等专业。2001年4月，被教育部认定为国家级重点中等职业学校。2003年招生1115人。2005年1月，被认定为山东省职业学校省级教学示范校。2010年招生886人。

寿光工贸职业中等专业学校 前身是始建于1969年的古城公社中学。1994年1月，更名为寿光工贸职业中等专业学校。位于古城街道，占地面积86亩，建筑面积1.5万平方米。1994年招生302人。1998年3月，市第三职业高级中学并入，在校生1935人、教职工167人。设有机电、汽修、服装、计算机、财会、营销、种植等专业。2005年，被教育部认定为国家级重点中等职业学校。2010年招生727人。

潍坊市水产职业中等专业学校 前身是始建于1969年的羊角沟公社中学。1993年，更名为寿光市水产技术高级中学，当年招生161人。1995年，更名为潍坊市水产职业中等专业学校。1999年12月，被省教育厅评为省级重点职业学校。当年有16个教学班741名学生、78名教职工。2000年，开设水产养殖、家电与制冷、海洋捕捞、汽车驾驶与维修、计算机应用等专业。2005年1月，并入潍坊科技职业学院。

第三节 技工教育

寿光市技工学校成立于1987年，与县第十三中学同院。1994年12月，加挂市职业技术中等专业学校牌子。1999年12月，市教师进修学校迁入，两校并存。2002年2月，市技工学校被劳动部认定为国家级重点技工学校。2004年3月，市盐业技工学校整体并入，市技工学校加挂市盐业技工学校牌子。2008年2月，市技工学校整建制并入潍坊科技职业学院，其管理职能划归潍坊科技职业学院，但在专业设置、教学计划、教学管理、技能培养等方面仍按技校系统原有方式运作。至2010年，有教职工107人，各类专业技术人员90人，其中高级讲师20人、讲师38人。

学校先后开设电工、纺织保全、建筑、

烹饪、电钳、商品经营、机电、财会、计算机应用、市场营销、汽修、车工、数控加工、会计电算化、农机使用与维修等20个专业。2003年以前，除1987年、1989年、1993年招收的烹饪班（皆高中毕业生）、93级机电三、四班为二年制外，其余各级各班均为三年制。2003年以后招收的学生学制有二年、三年、四年，其中二年的为高中生高级班，四年的为初中生高级班。2005年，开始招收技能扶贫生，当年招收首批技能扶贫生60人，通过省级统考录取45人。2010年，以电工、财会、钳工、车工、机电、数控加工为骨干专业，其中电工、钳工专业为山东省名牌专业，车工、机电、数控加工为潍坊市名牌专业。1991—2010年，共招生8152人。

潍坊科技学院举行揭牌庆典（2008年4月摄）

第四节 高等教育

潍坊科技学院 1999年12月，寿光市委、市政府决定，以山东经济职业技术进修学院（寿光市成人中等专业学校）为依托，合并潍坊市化工学校（寿光市第一职业中专），兼并寿光市中等专业学校（寿光师范学校，含潍坊电大寿光分校）职能，组建齐鲁经济学院（筹），举办高等职业教育。2001年9月，经山东省人民政府批准，在山东经济职业技术进修学院、潍坊市化工学校、寿光市中等专业学校、寿光市成人中等专业学校、寿光市第一职业中等专业学校5校实质性合并的基础上，成立潍坊科技职业学院，学院系专科层次的全日制普通高等学校。2002—2008年，寿光市职工中等专业学校、寿光市第七职业高级中学、寿光市教师进修学校、潍坊市水产职业中等专业学校、寿光市第六中学、寿光市体育竞技学校、寿光市技工学校先后并入学院。2008年4月，经教育部批准，潍坊科技职业学院升格为全日制普通本科高校，更名为潍坊科技学院。学院以实施本科教育为主，同时举办专科层次高等职业教育。至2010年，学校占地面积1951亩，建筑面积70.8万平方米，设有11个院系、54个本专科专业，教职工1462人，在校生2万人。

潍坊广播电视大学寿光分校 前身为山东广播电视大学寿光工作站，成立于1984年10月。1992年4月，更名为潍坊广播电视大学寿光分校（简称寿光电大），为县属高等教育事业单位。1997年，寿光师范学校、寿光市教师进修学校、寿光电大三校合一。1999年12月，寿光电大职能并入齐鲁经济学院（筹）。对外仍称潍坊广播电视大学寿光分校，继续对外招生。

2000年以前，寿光电大主要办学形式有电大普通班、成人脱产班、成人业余班，主要开设汉语言文学、会计学、计算机科学与技术等专业。2000年春季开始招收中央广播电视大学远程开放教育试点学生，开设教育管理、小学教育2个专科专业，办学形式为成人脱产、成人业余、普通班、开放教育4种形式，在校生531人。2003年6月，本科专业达到8个、专科专业5个。2004年，专业开设实现制度化，每学期增加1个本科专业、2个专科专业。同年6月，建立学校网站。2005年6月，首次与西安交通大学、东北师范大学、福建师范大学、大连理工大学联合办学，当年被评为全省示范县级电大。同年，寿光电大申报教育部一村一名大学生计划项目、申报全国统考考点均获中央电大批准。2009年，学校办学形式为成人脱产、成人业余、开放教育、一村一名大学生计划、奥鹏远程教育、普通高专6种。本科专业达20多个、专科专业30多个，在校生1280人。2010年10月，成为全国大学英语专业教学测试四八级考试考点。

第六章　成人教育

第一节　农村职业教育

1991年3月，县政府印发《关于经科教结合实施方案》，利用县、乡、村3级成人技术文化机构，对从业人员进行文化技术培训。当年，全县县属部门兴办成人学校5所，乡（镇）兴办农民文化技术学校34所，村兴办农民文化技术学校475所。1992年9月，县教育局根据潍坊市示范乡（镇）评估标准，组织“燎原计划”示范乡（镇）验收，留吕、洛城、北洛等14个乡（镇）达到标准要求。1995年8月始，根据潍坊市教委《关于大力开展回乡初、高中毕业生实用技术培训的意见》，市教委指导各乡（镇）中心成人学校与农业、科技、乡（镇）企业等部门（单位）配合，对未升入高一级学校的初、高中毕业生进行短、平、快的实用技术培训，当年培训468期。2000年6—8月，组织绿色证书培训，参训农民达10万人次以上，其中有4.1万人获绿色证书资格，1.8万人获得农民技术员以上职称。2002年，市教育部门印发《寿光市乡村两级成人学校建设规范标准》《关于加强成人教育工作的意见》，全市各级成人学校共举办实用技术培训班1500余期，培训农村劳动力11万人次，播放科技录像、电影近600场次，发放《科技小报》、明白纸500余期。2003年3月，根据资源共享、优势互补原则，以各职业学校为依托，成立圣城、上口、古城、羊口、道口、纪台6个社区成人教育中心。建立开通全市成人教育中心师资库，录入全市成人学校专兼职教师和职业学校专业课教师共445人，专业涉及农学、园艺、水产养殖、计算机等门类。创建寿光市职成教融合、成人教育科技信息服务网。2004年，圣城社区成人教育中心联合农业、林业、蔬菜等部门，开设蔬菜、花卉等专业，并与荷兰王国北荷兰省联合举办中荷农业培训中心，为全市及全国培训2000余名无公害蔬菜种植技术人员。上口社区成教中心与团市委联合，为陕西、青海、新疆等省（自治区）农村青年星火带头人举办冬暖式大棚种植等农业科技知识培训班，100余人参训。羊口社区成人教育中心与羊口镇成人文化技术学校实施渔民富脑工程，举办船员培训班25期，培训船员4000余人次。2005—2010年，全市共培训农民30万人次，出刊科技小报2016期，向农民发放科技小报16万份，发放科技明白纸3000余份，下乡巡回播放科技录像100余场次，收看人员达5000人次。

第二节 企业干部职工教育

1991年，全县应训的1.5万名青年工人普遍接受一次系统的思想政治教育，234名企业领导干部普训一遍，568名车间主任接受车间管理培训，1500名中层干部和2696名职工参加各类应急培训。1992年，以深化改革开放教育内容为重点进行政治轮训，共举办培训班、宣讲会360余个，受教育面达95%以上。同年8月，经山东省委组织部、山东省编委批准，中共寿光县委党校改为中专体制，县委书记兼任校长。1993年4月，县总工会职工学校更名为县职工中等专业学校，新招中专班6个、大专班4个，学员432人。当年全市各行业、企业在职工中普遍开展社会主义市场经济教育活动，培训领导干部128人、车间主任293人、一般管理人员450人。1994年，500人以上企业都建立起职工学校或培训中心，各企业按照先培训、后上岗制度要求，培训新工人985人。1998年，市直企业共举办各级各类技能培训班680期，培训干部职工5.7万人次。2002年，全市共培训企业职工20万人次。此后，每年培训企业职工20万人次以上。2005年3月，经潍坊市劳动和社会保障局批准，成立潍坊科技职业学院技能鉴定所，开展技能鉴定工作。2006—2010年，中共寿光市委党校为山东、上海、贵州、陕西、海南等29个省（市、自治区）培训企业干部职工4.3万余人次。

第七章 特殊教育

第一节 教师 招生

县聋哑学校成立于1983年8月，附设在县十三中院内。1989年秋，新校建成并投入使用，位于文庙街406号。2010年10月，更名为市特殊教育学校。学生分别来自寿光、滨海及周边地区。1991年，有教职工26人、在校生44人。至1995年，有教职工48人、教学班11个、在校生148人。之后，学校招生数量保持平稳。至2010年，有教学班12个（其中听障班6个、智障班5个、孤独症班1个），在校生145人。教职工52人，其中专任教师47人，硕士及以上学历2人，儿童感觉统合训练师2人，儿童结构化训练师1人，儿童数字化干预训练师3人，儿童行为训练师2人，国家二级心理咨询师2人。

第二节 学制 课程

1991—1992年，只设有小学部，学制8年。1993年，增设聋儿康复部。1996年，增设初中部，实行九年制义务教育。1999年，增设职专部，即在初中阶段八、九年级增加职业教育内容。2008年始，招收智障学生，初定学制为九年制义务教育。学生入学年龄为6～12周岁，班额为8～12人，多为住宿生。2009年，正式将职专学制设为三年。

1990年起，开设地方课。1996年以前，学校使用人民教育出版社的全日制聋哑学校一至九年级实验教材。1996年以后，改用九年制义务教育全日制聋校实验教材。学校九年制义务教育阶段依据国家教委《聋校义务教育课程设置实验方案》和《培智学校义务教育课程设置实验方案》设置课程。2008年，智障班使用上海教育出版社的辅读学校教材。2009年，职专班选修普通学校八、九年级语文、数学、政治、历史、物理、化学、生物等教材，并加设职业教育学校专用教材。至2010年，职专部根据学生需要开设语文、数学、生物、政治、职业教育、劳动技术等课程。培智部开设生活语文、生活数学、生活适应、劳动技能、唱游与律动、绘画与手工、运动与保健、信息技术等课程。开展的活动主要有晨会、班团队活动、体育锻炼、兴趣活动、康复训练、社会实践和学校传统活动等。地方及校本课程有缝纫、手工编织、自行车维修、木工、丝网花、面食制作、烹饪、剪纸、刻瓷、鸟笼制作等。

第三节 教育 教学

1989年，县聋哑学校与福利企业建立起校厂挂钩制度，解决聋哑毕业生就业问题。1998年，市教育委员会、市民政局、市残联联合制订《关于开展资助残疾儿童、少年接受义务教育工作实施方案》，帮助残疾儿童少年解决生活和教育等方面难题，保证义务教育顺利实施。2000年，学校全面实施素质教育，对外实行厂校挂钩，对内加强补偿教育和职业技术教育，形成集康复补偿教育—文化教育—职业技术教育—就业安置—职后培训于一体的特殊教育办学模式，并在全国推广。2010年，学校在潍坊市第八届残疾人运动会上获得10枚金牌、7枚银牌。先后有11名学生考入大学，开创县级特教学校直升大学的先例。学校先后获山东省残疾人之家、潍坊市素质教育先进单位等称号。

第八章 民办教育

第一节 全日制民办学校

2000年9月，中澳现代外语学校、寿光现代中学同时成立，两所学校同属公办民助办学形式，其中现代中学招收高中学生，中澳现代外语学校主要面向全省及周边省市招收初中生，学校采取全寄宿、全封闭管理模式。2004年9月，寿光世纪学校成立，学校属民办公助形式，招收对象为全市幼儿园、小学、初中学生。至2010年，寿光世纪学校共招收学生3.1万余人。

1991—2010 年寿光市（县）全日制民办学校情况表

表 22-8-1　　单位：万平方米

学校名称	办学层次	设立时间	办学体制	占地面积	建筑面积
寿光现代中学	高中	2000.09	公办民助	30.6	16.6
中澳现代外语学校	初中	2000.09	公办民助	30.6	16.6
寿光世纪学校	初中、小学、幼儿园	2004.09	民办公助	20.0	9.7

第二节 民办培训机构

1991 年始，个人投资办学得到较快发展。至 1997 年，共兴办民办培训机构 19 家。其间，市教育部门撤销 6 家办学条件差、师资不足的培训机构，保留 13 家。1998 年，对全市的社会力量办学进行清理整顿，对办学条件、师资力量达标的 10 所培训机构重新颁发办学许可证。民办培训机构课程涵盖文化、书画、舞蹈、柔道、口吃矫正等。至 2010 年，共批准设立民办培训机构 32 家，在校学生 8000 余人。

2010 年寿光市民办培训机构统计表

表 22-8-2

学校名称	主办方或校长	地　址	许可证编号
市洪德口吃矫正学校	吴洪德	上口镇广陵村	137078370000011
市国栋外语培训学校	刘文玺	建新街 238 号	137078370000021
市墨香斋书画艺术培训学校	魏泮玮	人民广场南首路西	137078370000031
市青少年活动中心	范亚群	晨鸣路与新兴街路口	137078370000041
市美丽英语培训学校	郝美玲	时代广场	137078370000071
市金思路艺术培训学校	魏　亮	光明路 282 号	137078370000091
稻田镇 E 英英语培训学校	刘　强	稻田镇政府驻地	137078370000101
市阳光英语培训学校	游龙涛	城市假日广场	137078370000111
市智多星儿童潜能培训学校	刘巍巍	建新街 78 号	137078370000121
市世纪星艺术培训学校	武玲玲	圣城街 558 号	137078370000131
市银河少儿艺术培训学校	崔云河	迎宾路与龙泉街路口	137078370000141
市希望教育培训学校	张玉梅	金光街 135 号	137078370000161
市尚艺美术培训学校	桑晓军	石马路 35 号	137078370000171
市奥博智能培训学校	刘炳炎	清华名园	137078370000181
市博才培训学校	范洪斌	古城街道范家西村	137078370000191
市爱心天歌培训学校	李桂林	文庙街古槐公园西侧	137078370000201

续表 22-8-2

学校名称	主办方或校长	地　址	许可证编号
市黑骏马书画培训学校	王春英	温泉大酒店东	137078370000211
市世纪雅思培训学校	世纪学校	南环路 55 号	137078370000221
立信教育培训学校	王瑞山	建新街世纪花园对面	137078370000231
哈佛外语培训学校	陈玉军	文庙街中段	137078370000241
市启航教育培训学校	徐　梅	金光街 135 号	137078370000261
市易学堂培训学校	王增芹	市委党校	137078370000271
市田雨书画培训学校	田炳新	文庙街东首	137078370000281
市翰林文化艺术培训学校	李荣德	文庙街东段	137078370000291
市誉欣教育培训学校	朱志海	文庙街清华名园内	137078370000301
海艺钢琴培训学校	单凌志	晨鸣路与文庙街路口	137078370000311
市成才教育培训学校	齐小英	文庙街东首	137078370000331
市模特艺术培训学校	王淮勇	迎宾路 49 号	137078370000341
市新航文化艺术培训学校	刘　巍	渤海路 128 号	137078370000351
市金阳光文化艺术培训学校	刘秀敏	洛城街道复兴村	137078370000371
市小博士文化艺术培训学校	马凤娟	稻田镇镇区	137078370000381
市佳韵文化艺术培训学校	李　伟	北环路软件园 166 号	137078370000361

第九章　教学教研与督导评估

第一节 教 学

县教学研究室（简称县教研室）成立于1956年7月，负责全市（县）的中小学教学研究工作。1991—1992年，县教研室的工作中心是“两基”（基本普及九年义务教育、基本扫除青壮年文盲）的实施研究。1992年以后是“两基”的巩固阶段，逐步加强规范化管理，深化教育改革，提高教育质量。1992—1996年，全市初中进行单元达标教学改革和实验。1993—1997年，寿光市珠心算实验代表队先后在潍坊市、山东省、全国大赛中屡获大奖。1996年，全市开展教学水平十达标活动。1997年8月，全市在33所乡（镇）中心小学和3所城区小学一年级开展探究教育实验活动。同年下半年始，在义务教育阶段进行考试命题、教学评价改革，取消百分制，实行分项考试、等级评价，体现素质教育要求。1999年始，开展优质课评选活动，隔年评选一次。2001—2002年，在全市中小学开展百人样板课、千人示范课、万人达标课的课堂教学创新活动。2003年3月，在义务教育学校开展以说普通话、读经典书、写规范字为内容的“人文童子功教育”研究，并将诵读、书写内容列入期末质量检测。2004年，对全市自1984年以来教学能手进行重新认定，之后与教学能手评选交叉进行。2007年，在全市小学教师中开展课堂教学大比武活动。2009年，开展以知识竞赛、技能展示、实验操作、实践活动等为主要内容的小学生综合素质教育系列活动。同年9月，编辑出版具有地方特色的《综合实践活动资源包》校本教材，成为全国样板。2010年9月，市教育局印发《关于实施小学教学质量监测的意见》，进一步规范质量监测工作。至2010年年底，全市共评出教学能手2372人、优质课2723节、学科带头人139人。

第二节 教 研

1991—1995年，市教研室基本延续1978年恢复高考制度以后的教研内容、方式和方法，并侧重升学教育的研究。2001年，新一轮课程改革启动并试点，倡导专家引领、同伴互助、实践反思的教研方式，突出并强调行动研究。2002年9月，在全市初中、小学开展新课程实验与实践。2004年9月，全市普通高中开始实验新课程方案，校本教研制度开始实施。2005年2月，市教学研究室更名为市教育科学研究中心（简称市教研中心），职能由教学研究扩展到科研领域。2008年1月，山东省出台素质教育新政，市教育局出台《关于加强寿光市教育科研管理工作的意见》和《寿光市教育局教学创新成果奖励办法》，基础教育进入以提高质量为目标的新阶段。2009年，成立教学质量监测中心，主要承担教育质量监测与分析、教学经验挖掘与推广等职能，隶属于市教研中心。同年，市政府出台《关于优秀教育教学成果奖励办法的通知》，提高在教育系统开展科研创新经费标准。同年3月，寿光市被山东省教育科学研究所授予创新教育先进单位称号。2010年始，根据教育部《国家中长期教育改革与发展纲要》精神，教研工作重点转到“培养什么人以及怎样培养人”的素质教育上，育人为本、德育为先的要求得以强化。

第三节 督导评估

1992年11月，成立县人民政府教育督导室。1993年11月，机构改革，撤销督导室正科级规格，成为市教育委员会下设的股级科室。1994年，复设市人民政府教育督导室。1995年3月，市人民政府教育督导室为正科级事业单位，编制5人，挂靠市教委，隶属于市人民政府，至2010年未变。

1992年，组织迎接省政府对寿光“两基”（基本实施九年义务教育、基本扫除青壮年文盲）工作的验收。1997年始，市教育督导室每年春季对各乡（镇）的教育水平进行一次全面评估。2001年始，每年均按照《寿光市职能部门教育执法目标责任制评估方案》要求，对各乡（镇）教育工作开展5项督导评估。2002年始，潍坊对各县（市、区）教育工作的5项督导评估变更为综合督导评估。2003年，寿光市被命名为山东省教育工作示范县（市、区）。2005年始，市教育督导室制定普通高中、职业学校、教管办、初中、小学、幼儿6个督导评估方案，建立完善市、乡、校3级督导评估机制，开展对各级各类学校（园）办学水平的督导评估，年终根据督导评估成绩表彰奖励。2007年，根据《山东省教育督导条例》，市政府办公室出台《关于建立督学责任区制度的意见》，督促、检查、指导学校依法办学，落实新课程方案，减轻学生课业负担。2008年，深化督学责任区长效机制建设，督学责任区实行工作目标责任制，纳入市教育局项目管理范围。2010年，建成市、镇（街道）、校三级督导网络，开展群众投诉、督学信息公开、群众满意度测评等活动。

第十章　教育经费与校舍改造

第一节 教育经费来源

教育经费来源渠道主要有财政拨款、城市教育费附加、农村教育费附加、地方教育附加等，其中财政预算安排的教育拨款是教育经费的主要来源。

财政拨款　1991—1993年，延续1986年教育体制改革后的办法，各乡（镇）的教育经费直接由县财政部门拨付到乡（镇）。1994年后，实行乡（镇）财政包干，乡（镇）教育经费由乡（镇）财政所拨付。2007年，实行义务教育经费保障机制改革，贯彻中央以县为主的教育管理体制，将义务教育经费、教育费附加上收到市（县），由市财政局定期拨付。财政预算内经费的主要部分是教育事业费，分个人部分和公用部分。个人部分（主要为工资发放）约占90%，公用部分（主要为公务、设备购置费）约占10%。预算内教育经费，从1991年2419.2万元增加到2010年9.9亿元，增长39.9倍。

城市教育费附加　1986年开征。1994年2月，依照国务院颁布的《征收教育费附加的暂行规定》，按单位和个人实际缴纳的增值税、营业税、消费税的3%计征。全市城市教育费附加的征收由税务部门负责，缴财政国库，由财政部门拨付给教育部门，财政、教育部门协商安排使用。1992—2010年，全市共征收3.7亿元。

农村教育费附加　1984年始，根据国务院关于筹措农村学校办学经费的文件征收，主要用于农村中小学民办教师的工资福利和职业技术学校的办学经费。2003年，根据中共中央、国务院《关于进行农村税费改革工作的通知》精神，取消农村教育费附加的征收。1991—2002年，全市共征收2.6亿元。

地方教育附加　根据国务院《中国教育改革和发展纲要》精神，于1993年开征，称作“四项教育费”。2005年始，山东省政府取消“四项教育费”的征收渠道，改按单位和个人实际缴纳的增值税、营业税、消费税的1%征收地方教育附加，2010年12月征收比例提高至2%。1993—2010年，全市共征收1.2亿元。

1991—2010 年寿光市（县）教育经费来源情况表

表 22-10-1 单位：万元

年份	财政拨款	城市教育费附加	农村教育费附加	地方教育附加	收入总计
1991	2419.2	—	1398.6	—	3817.8
1992	2963.2	103.3	1712.9	—	4779.4
1993	3412.1	100.1	1514.5	104.7	5131.4
1994	6015.3	266.0	1817.5	152.0	8250.8
1995	6575.8	26.0	2056.4	213.9	8872.1
1996	8811.5	329.0	2462.6	225.0	11828.1
1997	9674.6	488.0	2854.9	227.2	13244.7
1998	11440.0	611.0	2830.0	271.0	15152.0
1999	14817.0	801.0	2966.8	502.0	19086.8
2000	16512.0	1036.0	2840.6	597.0	20985.6
2001	19090.0	1065.0	2317.0	703.0	23282.1
2002	21190.0	1441.0	972.7	761.4	24365.1
2003	23576.0	1494.0	—	783.3	25853.3
2004	28745.0	2096.0	—	860.0	31701.0
2005	33496.0	2636.0	—	320.0	36452.0
2006	41675.0	3427.0	—	873.0	45975.0
2007	53736.0	4140.0	—	930.0	58806.0
2008	69324.0	4772.0	—	1280.0	75376.0
2009	80599.0	5087.0	—	1432.0	87118.0
2010	98874.0	6880.0	—	2154.0	107908.0

第二节 教育经费支出

全市教育经费支出增长较快。1991 年支出 2419.4 万元，其中工资支出 787.3 万元，占 32.5%。1998 年，教育经费支出突破 1 亿元，达到 1.1 亿元。2008 年，教育经费支出突破 10 亿元，其中人员经费 6.5 亿元，占 64.4%。至 2010 年，教育经费支出 14.7 亿元，其中人员经费 7.7 亿元，公用经费 7 亿元。

1991—2010 年寿光市（县）教育经费支出情况表

表 22-10-2 单位：万元

年份	经费支出	年份	经费支出
1991	2419.4	1997	9674.6
1992	2963.2	1998	11440.0
1993	3412.1	1999	14817.0
1994	6015.3	2000	16512.0
1995	6575.8	2001	32822.0
1996	8811.5	2002	37019.0

续表 22-10-2

年份	经费支出	年份	经费支出
2003	44513.0	2007	94541.2
2004	52824.0	2008	100893.0
2005	56347.0	2009	113366.0
2006	63294.0	2010	147046.0

第三节 教育经费保障

1995 年，按照《中国教育改革和发展纲要》和省、潍坊市教育工作会议精神，市政府印发《关于切实增加教育投入的意见》，进一步拓宽筹资渠道。2001 年，根据全国和省基础教育工作会议精神，市政府出台《寿光市乡（镇）财政体制调整方案》。2007 年春季开学起，全面实施农村义务教育经费保障机制改革，一律停止收取农村义务教育阶段学校学生杂费，学校只收取课本费、作业本费两项代收费和寄宿学生住宿费。同年 3 月，市政府印发《关于实施农村义务教育经费保障机制改革的通知》，对免收杂费、课本费、作业本费，提高公用经费和农村中小学教师工资保障作出详细规定。市教育局、市财政局联合印发《关于成立教育财务集中核算中心的通知》，在市教育局成立财务集中核算中心，对预算资金、集中支付、备用资金管理作出具体规定，城区四环路以内的 16 所学校和 4 所市直学校作为城市学校，继续按原规定标准收取杂费；其他义务教育阶段学校作为农村学校，实行农村义务教育经费保障机制改革政策，由市财政按学生数拨付公用经费。所有义务教育学校的公用经费标准统一，并全部纳入市级财政预算。2008 年春季开始，对农村学生全部免除国家级课程和地方课程课本费，由省级政府采购，通过新华书店直接将课本供应到学校。2009 年始，全部取消农村义务教育阶段学生住宿费。寿光市根据省义务教育示范市公用经费标准，按初中每生每年 720 元、小学 510 元的标准补助，2010 年提高到初中 820 元、小学 610 元。对享受免费教科书的学校，按初中每生每年 180 元、小学 90 元标准发放经费，对义务教育阶段城市低保家庭的子女全部实行“两免一补”（免杂费、免书本费，补助寄宿生生活费）。

第四节 校舍改造

1991 年，全县投入 350 余万元，新建、改建 9 所初中、59 所小学、19 所幼儿园，总建筑面积达到 10 余万平方米。1992 年，侯镇争取 500 万日元资金，建成县中日友好学校。1995 年，投资 1600 万元，在幸福路以东筹建占地 94.5 亩、建筑面积 2.2 万平方米、容纳 48 个教学班的市圣城中学。同年，投资 3000 万元，新建寿光市第五中学楼房 16 幢、平房 1219 间。至 1995 年年底，62 所初中和小学建成语音室和微机室。1996—2005 年，继续实施校舍改造工程，至 2006 年全市学校占地面积达 9300 亩，校舍建筑总面积 154 万平方米。2008 年，汶川大地震后，实施中小学校舍安全工程，市政府与各镇政府、街道办事处签订《寿光市中小学校舍安全责任书》，明确市、镇（街道）2 级在工程实施中的责任。2009 年 5 月下旬始，对全市范围内中小学（含幼儿园）校舍进行安全鉴定，形成书面鉴定报告 219 份，责令停止使用安全隐患校舍 5 万余平方米。同年 9 月中旬始，对新学年开学仍在使用的 297 所中小学（含民办幼儿园和民办教育机构）的校舍，按照一校不漏、一校一册、一幢一表的要求，在校舍防震、防汛、防火、防地质灾害、防雷、防污染等综合防灾方面进行全面排查，编制全市中小学校舍安全工程 3 年改造规划和年度实施计划。

第二十三编

科学技术

1991—2010 年，市（县）委、市（县）政府认真贯彻落实“科学技术是第一生产力”的指导方针，积极实施“科技兴寿”战略，不断加大科技事业的发展力度。至 2010 年，全市共建有各类工程技术研究中心 42 家、省级院士工作站 2 家、产业技术创新战略联盟 2 家、省级工程技术研究中心 8 家、国家级科技示范园区 1 家、省级以上高新技术企业 25 家、民营科技机构 225 家；有 503 项科研成果获得奖励，其中国家级 1 项、省级 55 项、潍坊市级 172 项、寿光市级 275 项。同时，气象、地震、知识产权工作也有了较大发展。特别是气象设备的现代化和气象信息的网络化，使天气测报的准确率有很大提高。

第一章 科技组织

第一节 管理机构

1991 年，县科学技术委员会（简称县科委）内设人秘科、计划管理科、成果管理科、科技管理科等科室。1993 年 12 月，市科委与市科学技术协会（简称市科协）合并办公。同年，设市地震工作办公室，隶属于市科委。成立市专利局，挂靠市科委。1996 年，撤销市地震工作办公室，成立市地震局。同年 12 月，市科协分设。1998 年，市科委加挂市技术市场管理办公室牌子。1999 年，科技部批准寿光市成立国家星火计划蔬菜行业培训中心，隶属于市科委。2001 年 12 月，更名为市科学技术局（简称市科技局），同时加挂市知识产权局牌子。2002 年，山东省科技厅批准市科技局设立生产力促进中心（试点）。2004 年 11 月，市知识产权局从市科技局析出。2005 年，市科技局内设办公室、科技合作管理科、科技发展计划科、科技成果科。2009 年，正式设立市生产力促进中心，为股级全额拨款事业单位。

第二节 科技创新体系建设

院士工作站 2009 年 3 月，山东省启动院士工作站建设工作，首批设立 60 家。同年 9 月，山东省蔬菜院士工作站在寿光市成立，成为寿光市首个院士工作站。山东省蔬菜院士工作站先后对 626 个日光温室蔬菜新品种进行对比试验和生态适应性研究，成功筛选出番茄、甜（辣）椒、甜瓜等 43 个国产蔬菜新品种。2010 年 4 月，山东省蔬菜院士工作站研发的辣椒雄性不育种质创新技术、中寿 12 号尖椒选育技术，分别通过教育部成果鉴定，其中辣椒雄性不育种质创新技术达到国际先进水平，中寿 12 号尖椒品种在产量、抗病性、抗逆性等方面均达到或超过同类型国外品种水平。2010 年 6 月，成立山东默锐化学院士工作站，依托山东默锐化工股份有限公司产业化基础，研发的四溴双酚 A 制备新工艺项目被列为国家重大科技成果转化项目。

至2010年，共建有省级院士工作站2家。

示范企业和战略联盟 2010年1月，国家综合性新药研究开发技术大平台落户山东，山东省科技厅启动国家综合性新药研发技术大平台（山东）产业化示范企业（简称示范企业）创建工作。同年2月，寿光富康制药有限公司获批示范企业，同时获得山东省泰山学者特聘专家岗位，争取到2个国家重大新药创制项目和1个省自主创新成果转化重大专题项目，获得科研扶持资金900多万元。

2009年8月，山东省启动首批产业技术创新战略联盟申报工作。2010年3月，寿光市成立卤水精细化工产业技术创新战略联盟，内含13家企业、4所高校和1所科研机构，其中联盟企业研发生产的有机溴化物、离子膜电解槽、TMP原料药和溴素等产品的产量连年居全国乃至世界首位。同年4月，成立设施蔬菜产业技术创新战略联盟，内含7家企业、2所高校和4所科研机构，围绕设施蔬菜、育苗和培训等10个领域进行技术和系统集成创新，先后组织实施包括省自主创新成果转化重大专项在内的重大课题20多项。同年12月，卤水精细化工产业技术创新战略联盟和设施蔬菜产业技术创新战略联盟同时获批山东省产业技术创新战略联盟。至2010年，全市共有1家示范企业和2家创新战略联盟。

工程技术研究中心 20世纪90年代，山东省开始创建工程技术研究中心。寿光市受限于当时科研水平和经济实力，直到2000年，山东省蔬菜工程技术研究中心在寿光市成立，成为全市首家省级工程技术研究中心。2006年始，全市加快推进企业自主创新内核建设，至2010年，全市共建有各类工程技术研究中心42家，其中省级8家、潍坊市级34家。

2010年寿光市工程技术研究中心统计表

表23-1-1

工程技术研究中心名称	建设单位名称	批准时间	等级
山东省蔬菜工程技术研究中心	寿光市蔬菜高科技示范园	2000.04	省级
山东省增压器工程技术研究中心	寿光市康跃增压器有限公司	2006.10	省级
山东省溴系列医药化工工程技术研究中心	寿光富康制药有限公司	2006.12	省级
山东省卤水资源综合利用工程技术研究中心	山东默锐化学有限公司	2008.12	省级
山东省造纸有机废弃物综合利用工程技术研究中心	寿光蔡伦申兴精细化工有限公司	2009.12	省级
山东省石油专用管工程技术研究中心	山东墨龙石油机械股份有限公司	2009.12	省级
山东省无卤阻燃剂工程技术研究中心	山东兄弟科技股份有限公司	2010.12	省级
山东省蔬菜栽培工程技术研究中心	寿光市新世纪种苗有限公司	2010.12	省级
潍坊市石油机械工程技术研究中心	山东墨龙石油机械股份有限公司	2006.05	潍坊市级
潍坊市医药化工工程技术研究中心	寿光富康制药有限公司	2006.05	潍坊市级
潍坊市炭黑机械设备工程技术研究中心	潍坊凯力石油化工机械有限公司	2006.07	潍坊市级
潍坊市增压器工程技术研究中心	寿光市康跃增压器有限公司	2006.07	潍坊市级
潍坊市制浆造纸工程技术研究中心	山东晨鸣纸业集团股份有限公司	2006.11	潍坊市级
潍坊市田苑蔬菜安全工程技术研究中心	寿光市田苑果菜生产有限公司	2006.11	潍坊市级

续表 23-1-1

工程技术研究中心名称	建设单位名称	批准时间	等级
潍坊市溴系列清洗剂工程技术研究中心	山东默锐化学有限公司	2007.06	潍坊市级
潍坊市有机废弃物综合利用工程技术研究中心	寿光蔡伦申兴精细化工有限公司	2007.06	潍坊市级
潍坊市保温墙材工程技术研究中心	山东鸿泰建设集团有限公司	2007.08	潍坊市级
潍坊市新世纪蔬菜种苗工程技术研究中心	寿光市新世纪种苗有限公司	2007.12	潍坊市级
潍坊市电动车工程技术研究中心	山东寿光万龙实业有限公司	2007.12	潍坊市级
潍坊市改性沥青防水材料工程技术研究中心	潍坊市宇虹防水材料（集团）有限公司	2007.12	潍坊市级
潍坊市高分子防水材料工程技术研究中心	潍坊市宏源防水材料有限公司	2007.12	潍坊市级
潍坊市节能换热设备工程技术研究中心	寿光市亚亨节能设备制造有限公司	2007.12	潍坊市级
潍坊市低速货车工程技术研究中心	山东凯马汽车制造有限公司	2008.06	潍坊市级
潍坊市造纸功能性化学品工程技术研究中心	寿光蔡伦申兴精细化工有限公司	2008.06	潍坊市级
潍坊市七彩蔬菜种质资源工程技术研究中心	山东寿光蔬菜集团有限公司	2008.11	潍坊市级
潍坊市功能性橡塑助剂工程技术研究中心	山东兄弟化工科技发展有限公司	2008.12	潍坊市级
潍坊市聚合新材料工程技术研究中心	寿光天健化工有限公司	2008.12	潍坊市级
潍坊市氯碱综合利用工程技术研究中心	寿光新龙电化有限责任公司	2009.07	潍坊市级
潍坊市稀土荧光多功能材料工程技术研究中心	山东豪源实业集团有限公司	2009.07	潍坊市级
潍坊市果蔬食品加工工程技术研究中心	山东赛维绿色科技有限公司	2009.08	潍坊市级
潍坊市温室自动化设备工程技术研究中心	山东寿光纪元农机有限公司	2009.08	潍坊市级
潍坊市亿嘉农药工程技术研究中心	山东亿嘉农化有限公司	2009.12	潍坊市级
潍坊市益生源应用微生物工程技术研究中心	山东益生源微生物技术有限公司	2009.12	潍坊市级
潍坊市卤水化工工程技术研究中心	山东大地盐化集团有限公司	2009.12	潍坊市级
潍坊市医用功能性纺织品工程技术研究中心	山东千榕家纺有限公司	2009.12	潍坊市级
潍坊市巨型工程轮胎工程技术研究中心	山东银宝轮胎集团有限公司	2009.12	潍坊市级
潍坊市锂离子电池工程技术研究中心	潍坊威能环保电源有限公司	2010.08	潍坊市级
潍坊市光学树脂单体工程技术研究中心	寿光市鲁源盐化有限公司	2010.08	潍坊市级
潍坊市蔬菜专用肥工程技术研究中心	寿光市利丰农业发展股份有限公司	2010.10	潍坊市级
潍坊市饲料微生态制剂工程技术研究中心	山东寿光富士达生物科技有限公司	2010.10	潍坊市级
潍坊市全钢子午线轮胎工程技术研究中心	潍坊市跃龙橡胶有限公司	2010.11	潍坊市级
潍坊市自粘防水材料工程技术研究中心	山东汇源建材集团有限公司	2010.12	潍坊市级

科技示范园区　寿光市蔬菜高科技示范园建于1999年8月。2001年7月，科技部启动农业科技园区试点工作。同年9月，寿光市蔬菜高科技示范园成为科技部认定的首批

国家农业科技园区（试点）之一，2010年1月正式批准为国家农业科技园区。蔬菜高科技示范园核心区面积2万亩，示范区7.5万亩，辐射区35万亩，先后成立山东省蔬菜工程技术研究中心、中国农业大学寿光蔬菜研究院、博士后科研工作站、鸢都学者岗位站。承担名优蔬菜种苗组培快繁技术体系研究与产业化开发、东部沿海地区无公害蔬菜生产技术集成与产业化开发示范、蔬菜安全技术综合示范与科技服务体系建设等20多项科技部、省科技厅研发项目。2010年，全市共建有农业科技示范园区4家，其中国家级1家、潍坊市级3家。

2010年寿光市农业科技园区统计表

表23-1-2

农业科技园区名称	建设单位名称	批准时间	等级
寿光市蔬菜高科技示范园	寿光市人民政府	2010	国家级
寿光林海高效生态农业科技示范园	寿光市国有机械林场	—	潍坊市级
寿光市新世纪种苗农业科技示范园	寿光市新世纪种苗有限公司	2006	潍坊市级
寿光红梅园艺农业科技示范园区	寿光红梅园艺科技有限公司	2007	潍坊市级

高新技术企业　20世纪90年代，全市（县）高新技术产业发展缓慢，产品科技含量和附加值低。进入21世纪，实施高新技术产业化战略，壮大高新技术产业群。2009年3月，寿光富康制药有限公司被评为国家火炬计划重点高新技术企业，自主创新甲氧苄啶、奥美拉唑、盐酸二甲双胍等16项核心技术，其中8项技术国内领先、3项技术国际领先。同年3月，寿光康跃科技股份有限公司被评为国家火炬计划重点高新技术企业，拥有5项发明专利、21项实用新型专利、17项外观专利，并有39项（发明22项、实用11项、外观6项）专利取得专利申请受理通知书。涡轮增压器被誉为国家级新产品称号，被列为国家火炬计划项目。2010年12月，山东兄弟科技股份有限公司被评为国家火炬计划重点高新技术企业，研发生产的四溴双酚A和八溴醚产量和质量均在行业内居于领先地位。至2010年，全市共有各级高新技术企业26家，其中国家火炬计划重点高新技术企业3家、省级高新技术企业23家。

2010年寿光市高新技术企业统计表

表23-1-3

企业名称	批准时间	等级
寿光富康制药有限公司	2009.03	国家级
寿光市康跃科技股份有限公司	2009.03	国家级
山东兄弟科技股份有限公司	2010.12	国家级
寿光市康跃增压器有限公司	2009.01	省级
潍坊凯力石油化工机械有限公司	2009.01	省级

续表 23-1-3

企业名称	批准时间	等级
寿光万龙模具制造有限公司	2009.01	省级
寿光蔡伦申兴精细化工有限公司	2009.01	省级
山东墨龙石油机械股份有限公司	2009.01	省级
潍坊市宏源防水材料有限公司	2009.01	省级
潍坊市宇虹防水材料（集团）有限公司	2009.01	省级
山东默锐化学有限公司	2009.02	省级
寿光富康制药有限公司	2009.02	省级
山东晨鸣纸业集团股份有限公司	2009.07	省级
山东凯马汽车制造有限公司	2009.09	省级
山东大地盐化集团有限公司	2010.03	省级
山东兄弟科技股份有限公司	2010.03	省级
山东银宝轮胎集团有限公司	2010.03	省级
山东千榕科技有限公司	2010.03	省级
利丰化工股份有限公司	2010.03	省级
山东益生源微生物技术有限公司	2010.03	省级
山东寿光市坤隆石油机械股份有限公司	2010.03	省级
山东亿嘉农化有限公司	2010.09	省级
寿光德圣造纸化工有限公司	2010.09	省级
山东汇源建材集团有限公司	2010.11	省级
潍坊市跃龙橡胶有限公司	2010.11	省级
寿光市泰丰汽车制动系统有限公司	2010.11	省级

第三节 民营科技

1991 年，全县民营科技机构数量较少。至 1996 年，各类民营科技机构发展到 62 家，其中科技类民办非企业 6 家。1997 年后，民营科技机构得到较快发展。至 2005 年，机构数量达 122 家，其中科技类民办非企业 34 家。2008—2009 年，寿光市一边倒果树研究所先后被认评为山东星火科技服务示范基地、中国果菜示范基地。2010 年，寿光市亿嘉生物工程科学研究所研发的 3000 吨 0.3% 丁子香酚生物农药项目入选国家发改委专项资金项目，每升 60 克戊唑醇种子包衣剂、5% 甲维盐水分散性颗粒剂等产品均打入欧洲及南美市场。至 2010 年，全市有各类民营科技机构 225 家，其中科技类民办非企业 43 家，潍坊市民营科技企业 182 家。

2010年寿光市科技类民办非企业单位统计表

表23-1-4

单位名称	成立时间	单位名称	成立时间
寿光市四维电子工程研究所	1993.08	寿光市启明汽车专用液开发中心	2003.05
寿光市造纸研究所	1994.03	寿光市福山肉鸽研究所	2003.10
寿光市油桃研究所	1994.10	寿光市洪禄中医研究所	2003.10
寿光市得峰农业技术研究所	1995.08	寿光市光明眼科研究所	2003.10
寿光市力源通信研究所	1995.10	寿光市康锐疼痛研究所	2003.10
寿光市职教植保研究所	1996.10	寿光市华凌装饰装修设计研究所	2003.12
寿光市果菜神农化研究所	1998.09	寿光市鼎立农业装备研究所	2004.03
寿光市兴明水果保护栽培研究所	2000.06	寿光市生产力促进中心	2004.08
寿光市中昌农业自动化研究所	2000.11	寿光市新世纪果树研究所	2004.11
寿光市三和农业化工研究所	2001.08	寿光东方誉源土壤肥料研究所	2005.01
寿光市北方园艺研究所	2001.10	寿光市食用菌研究所	2005.06
寿光市维东天麻研究所	2001.10	寿光市永芳香油研究所	2005.08
寿光市德云绿色农业技术研究所	2001.11	寿光市新型墙材与建筑节能技术服务中心	2006.03
寿光市兴华大棚果树研究所	2002.04	寿光市土壤肥料测试与研究中心	2006.05
寿光市华远计算机技术研究所	2002.04	寿光市城市管理科技服务中心	2006.07
寿光市海发冬枣研究所	2002.06	寿光市义刚蔬菜技术研究所	2006.08
寿光市秀芹中医妇科研究所	2002.06	寿光市北苑绿化苗木技术推广中心	2006.08
寿光市一边倒果树研究所	2002.09	寿光市现代农业技术服务中心	2007.09
寿光市东方计算机科技研究所	2002.09	寿光市亿嘉生物工程科学研究所	2008.07
寿光市渤海农业技术研究所	2003.04	寿光市新源水处理研究所	2008.12
寿光市营丰山药研究所	2003.04	寿光市百草中医针灸推拿研究所	2009.06
寿光市天码科技推广服务中心	2003.05	—	—

第二章　科技成果

第一节　国家级科技进步奖

1991—2010年，全市（县）共有1个项目获得国家级科技进步奖。1987年，合成氨生产蒸汽自给项目，由山东联盟化工集团成功开发应用，主要研发人员有张世钦、於子方、孙士金、王高华、孔祥林。1991年，国家支持资金6.1亿元在国内438家小氮肥厂推广应用该技术，使小合成氨能耗下降6.9%，产量提高16.1%。1995年12月，该技术被授予国家科学技术进步三等奖。

第二节 省级科技进步奖

1992年，由县农业区划委员会提报的县级农业区划滚动研究获省级科技进步二等奖。2000年，全市获省级科技进步奖39个。至2010年，全市（县）共有55个项目获省级科技进步奖，其中17个项目获二等奖，38个项目获三等奖。

1991—2010年寿光市（县）获省级科技进步奖统计表

表23-2-1

项目名称	完成年份	完成单位	获奖等级
DN7-5,DN7-10,10/0.22千伏型减轻触电单相农用变压器	1991	县供电公司	3
县级农业区划滚动研究	1992	县农业区划委员会	2
寿光县农业区域开发总体规划	1993	县农业区划办	3
胶东地区海水、咸水入侵现状和防渗途径与措施的研究	1993	县水资办	3
螺旋式节能开水器和系列燃气水炉的研制	1993	县节能设备厂	3
滚动粉末渗锌产品技术开发	1993	县供电公司	3
麦汁一段冷却节能新技术研究	1994	寿光啤酒厂	2
对苯二甲醛及感光级溴化钾	1994	市盐业化工厂	2
提高棉花光能利用与濒海盐碱地棉花综合丰产技术开发	1994	卧铺乡、杨庄乡、清水泊农场	3
微电机闭合穿刺射频控温凝固阻断输精管的动物实验与临床应用研究	1994	市人民医院	3
利用股一股转流的急症体外循环方法抢救复杂胸内大血管破裂	1994	市人民医院	3
混合型溶剂抽提棉油去除棉酚制取饲料蛋白及酒精废醪液生产饲料蛋白的研制	1994	寿光酿酒总厂	3
SYK-Ⅰ，SYK-Ⅱ型高压计量失压控制装置研制	1994	市供电公司	3
SW-91疏松砂岩稳定剂	1994	市工贸实业公司胜利化工厂	3
二灰砂桩地基处理新技术	1995	市第二建筑工程公司	2
儿童专用读物纸的研究	1995	寿光造纸集团股份有限公司	3
3Gjs-1型涡轮增压器	1995	市增压器厂	3
9FQ-40A型锤片饲料粉碎机	1995	市齿轮箱厂	3
SMJ-Ⅰ,SMJ-Ⅱ数字脉冲型漏电继电保护器	1995	市供电公司	3
DPL-100四元木材阻燃剂	1995	市助剂厂	3

续表 23-2-1

项目名称	完成年份	完成单位	获奖等级
克瘟宁综合防治鸡传染病的研究	1996	市外贸种鸡场	2
三疣梭子蟹全人工养殖技术研究	1996	山东寿光海惠水产总公司	2
蓝仔冰啤新产品的开发研究	1996	山东卢堡啤酒有限公司	2
县长决策支持系统设计与应用	1996	市农业区划服务中心	2
寿光市城区土地定级估价课题研究	1996	市规划国土局	3
200QL20-40/3、200QL20-54/4 型潜卤电泵	1996	市永安实业公司盐化机械厂	3
J76S-1 型涡轮增压器	1996	市增压器厂	3
JWZG 节能型微热再生空气干燥器	1996	潍坊市石油化工机械厂	3
灌注桩套管螺旋钻孔技术	1996	市第二建筑工程公司	3
资产评估 SAET 系统研究与应用	1996	市财政局	3
万亩果园微喷灌技术开发研究	1997	市水利局	2
带皮筋膜蒂耻骨瓣入路尿道外前列腺切除术的临床研究	1997	市人民医院	2
寿光市名牌战略研究及组织实施	1997	市委、市政府	3
楔氏桩端扩大器扩孔技术	1998	市第二建筑工程公司	2
寿光市农业资源及农村经济动态监测研究	1998	市农业资源区划办公室	3
QT63/80 及 QTZ20 塔式起重机	1998	市建筑公司	3
寿光绿色工程配套技术研究与开发	1999	—	3
高档低定量涂布纸	2000	山东晨鸣纸业集团股份有限公司	2
FXBW4-35/100-110/100 高压线路用棒形悬式复合绝缘子	2000	市电力电气设备厂	3
高档防粘原纸	2001	山东晨鸣纸业集团股份有限公司	3
涂布新闻纸	2002	—	3
E1 级环保型刨花板	2002	—	3
小清河下游地区地方性氟中毒调查与防治措施研究	2002	—	3
淀粉施胶剂 CGS-3 的研制生产	2003	市明鑫助剂责任有限公司	3
机关事业单位工资管理系统	2003	市人事局	2
甲氧苄啶（TMP）研制与开发	2004	市富康制药有限公司	3
独根红韭菜种质资源的改良与创新利用研究	2005	市技术开发中心	3
日光温室建造与无公害蔬菜生产技术标准化研究	2006	寿光蔬菜产业集团有限公司	2
EAN/UCC 编码体系在蔬菜安全可追溯性信息系统的应用研究与示范工程	2006	市田园果菜生产有限公司	3
滨海平原海水入侵动态监测技术与数值模拟研究	2007	市水利局	2

续表 23-2-1

项目名称	完成年份	完成单位	获奖等级
速生杨新型碱性过氧化氢机械制浆（P-RCAPMP）技术	2007	山东晨鸣纸业集团股份有限公司	2
J60S 防爆涡轮增压器	2007	市康跃增压器有限公司	3
KT605 双层通道（DLP）可变截面涡轮增压器	2010	市康跃增压器有限公司	2
反馈控制锥面耦合软启动系统的研发	2010	市泰丰汽车制动系统有限公司	3
培南类药物中间体 4AA 的研制及产业化	2010	市富康制药有限公司、市富康化学工业有限公司	3

第三节 潍坊市级科技进步奖

1991 年，60 万亩小麦高产开发项目获潍坊市科技进步二等奖，盐田多用清淤机等 3 个项目获三等奖。1996 年，由寿光海惠水产总公司研发的三疣梭子蟹全人工养殖技术获潍坊市科技进步一等奖。2000 年，由山东晨鸣纸业集团股份有限公司研发的高档低定量涂布纸技术获潍坊市科技进步二等奖。当年全市共获潍坊市科技进步奖 59 项。2005 年，大棚蔬菜高效节水技术研究应用、名优蔬菜独根红韭菜的改良与创新利用等 3 个项目获二等奖，潍北地区海参试养技术与研究、无公害蔬菜生产的条件及农产品残毒检测等 4 个项目获三等奖。2007 年始，寿光市申报和获奖数量明显增多。当年获得奖项 17 个，其中二等奖 10 项、三等奖 7 项。1991—2010 年，全市共获得潍坊市科技进步奖 172 项，其中一等奖 1 项、二等奖 77 项、三等奖 94 项。

1991—2010 年寿光市（县）获潍坊市级科技进步奖统计表

表 23-2-2　　单位：项

年份	合计	一等	二等	三等
合计	172	1	77	94

续表 23-2-2

年份	合计	一等	二等	三等
1991	4	—	1	3
1992	5	—	1	4
1993	7	—	1	6
1994	7	—	—	7
1995	6	—	1	5
1996	8	1	2	5
1997	7	—	2	5
1998	4	—	1	3
1999	8	—	—	8
2000	3	—	1	2
2001	3	—	1	2
2002	1	—	—	1
2003	3	—	1	2
2004	4	—	1	3
2005	7	—	3	4
2006	7	—	4	3
2007	17	—	10	7
2008	18	—	12	6
2009	23	—	15	8
2010	30	—	20	10

第四节 寿光市级科技进步奖

1991—2010年，全市（县）共有275个项目获得寿光市科技进步奖，其中特等奖3项、一等奖65项、二等奖90项、三等奖117项。

1991—2010年寿光市（县）级科技进步奖统计表

表23-2-3 单位：项

年份	合计	特等	一等	二等	三等
合计	275	3	65	90	117
1991—1992	36	—	7	13	16
1993—1994	32	—	10	10	12
1995—1996	24	1	6	6	11
1997—1998	48	—	12	18	18
1999—2000	29	1	8	9	11
2001—2002	18	1	6	7	4
2003—2005	19	—	6	8	5
2006—2008	33	—	4	9	20
2009—2010	36	—	6	10	20

第三章 科技服务

第一节 科普宣传

1991—1995年，每年都开展科普宣传月活动，组织科技人员先后16次下乡开展科普宣传和指导服务，直接受教育农民25万人次。1996—2000年，利用每年的科普宣传月活动，共举办科技报告、科技讲座680场次，播放科技电影和科技录像2335次，发放科普资料书籍15万余份（册）。2001—2005年，预防“非典”（传染性非典型肺炎）期间，组织7个市直部门、6个学会成立科普宣传队，以科普展览、电视录像、文艺节目等形式进行科普宣传32场次。举办科技兴农知识竞赛2次，通过广播、电视、报纸等形式宣传表扬优秀科技工作者80余人。2006—2010年，利用镇（街道）及村远程教育接收站点、农技综合服务站、科普夜校、科普阅览室和农资服务站等场所，建立镇村科普活动站42处，建成科普宣传栏65处。市科协与市委宣传部、市委农工办、市财政局、市卫生局联合，制作、发放科普光盘2.4万盘、挂图7520套、图书3.9万本。开展青少年科普活动10次，在校中小学生参与率达90%以上。2010年，举办首届中小学科技节，共有230个代表队、1万余名学生参加。

第二节 科技培训

1991—1995年，中国农村致富函授大学寿光分校累计招生2450余人，结业2400余人。市（县）、乡（镇）科协组织及所属团体，每年培训科技人才2万多人次。1996—

1999 年，实施农业技术培训战略，开展农机、畜牧、水利、蔬菜等方面的科技培训 922 期，培训 13.2 万人次。组织赶科普大集 200 余场次，举办科技展览 30 余场次。2000 年始，按照科教兴市战略部署，举办现代农业、畜牧业、特种养殖种植专题培训班 125 期，5.9 万人次受训；设立技术咨询服务处 29 处，接受咨询 10.2 万人次。2005—2010 年，开展星火科技培训，邀请科研院校教授、专家 23 人，举办蔬菜种植、水产养殖、生产加工、新型农民等培训或讲座 135 期（场），培训 11 余万人次。

新型农民科技培训现场（2009 年 10 月摄）

第三节 科技交流与推广

1993 年，墨西哥专家对对虾养殖和盐田综合利用合作项目进行考察，这是潍坊市首次代表国家，独立进行政府间科技项目合作。1995 年，邀请 2 批外国专家到寿光帮助指导工作，达成蔬菜良种引进推广协议。1996—2000 年，与全国 180 多所大专院校和科研单位建立横向联系，聘任 107 名专家担任经济技术顾问。2001—2005 年，对外科技合作交流 70 多次，其中与国外开展科技合作交流 20 多次，寿光大棚果树栽培研究所承担中国与匈牙利政府间科技合作项目，双方开展大樱桃品种的引进、试验和示范技术合作。荷兰、以色列等国际知名种子公司在寿光市建立科技示范基地，潍坊科技职业学院与印度、韩国联合办学，中国农业大学与寿光市联合成立寿光蔬菜研究院。2006 年 10 月，组织 10 家高新技术企业参加深圳高新技术成果交易会，有 3 个过亿元的重点项目签约，3 个项目达成合作意向。2009 年，与湖北英山科技局、西藏日喀则科技局达成科技帮扶协议，建立设施蔬菜种植科技示范园，带动当地蔬菜产业发展。国家可持续发展实验区专家组一行 10 人，就寿光市黄河三角洲高效生态经济区规划建设工作进行考察指导，为示范区建设提出建议。2010 年 10 月，与中科院化学所联合签定《中国科学院化学研究所与寿光市人民政府科技合作协议》，开展技术合作 16 项。至 2010 年，全市举办各类科技交流会、研讨会、论证会 775 场次，参加人员 19.3 万人次，交流和发表学术论文 1605 篇。

第四章 地震测防

第一节 管理机构

1993年1月，寿光县地震局更名为寿光县地震工作办公室，隶属于县科委。1996年3月，撤销地震工作办公室，复设地震局。2001年，成立市地震行政执法大队。2010年，内设办公室、业务科，负责全市地震监测预报、地震安全性评价、地震应急、防震减灾宣传教育等管理工作。

第二节 地震监测

观测点 1991年，县地震局对土地电、土地磁、土地应力仪器进行清理，保留水井与动物观测点7处，信息报送员66人。1994年，市地震部门制定《群测群防网点观测规范》，开始建立群测群防地震观测网点，至1996年3月在全市建成地震监测、地震速报、地震宣传三位一体的群测群防网点23处。之后，观测点数量几经变化。至2010年，地震群测群防观测点28处，其中潍坊市级观测点18处、寿光市级10处。

监测及通讯设施 1991年，全县建有羊口自来水公司深水井观测点SW40型日记水位计1台。同年，建成无线通讯网络，装备车载台1部、座机1部、手持机6部。1992年，配备多用工程监测仪1台。1996年，监测人员配备手机、BP机。配备测氡仪1台，用于地震工程监测。1998年，购置电脑2台，配备打印机扫描仪，实现与潍坊市地震局的业务联网。2001年，王高深水井观测点安装SW40型日记水位计，并在该观测点建造专用机房12平方米。2004年，在稻田镇政府院内建成强震台1处，安装数字强震仪。安装直通省地震台网的信息接点1处，实现与省地震局的信息共享。2007年，新装座机4部、电脑6台，实现手机、电话、无线电三位一体通信网络。2010年，新购置电脑1台、打印机1台。每周向潍坊市地震局地震监测中心发送会商意见。

第三节 震灾预防

1991年，按照《中国地震烈度区划图（1977）》，城区属于基本烈度Ⅵ度区，建筑物一般未考虑抗震设防。1992年，按照国家新颁布的《中国地震烈度区划图》，城区由基本烈度Ⅵ度提高到Ⅶ度，建筑物随之按照Ⅶ度进行抗震设防。当年始，对全县未按Ⅶ度设防的建筑物进行排查，有计划地开展建筑物抗震性能综合评价和震害预测。1998年，市政府出台《寿光市地震安全性评价实施细则》，将地震安全性评价和抗震设防标准审核纳入基建程序。同年7月，结合新一轮城市总体规划，邀请山东省地震工程研究院专家完成寿光市抗震防灾规划。2000年，对建设大厦、电信大厦、农信大厦、金玉米公司等重点工程，邀请省地震工程研究院专家进行地震安全性评价。对新建、在建项目进行执法大检查，按规定办理防震手续。2001年，按照国家颁布的《中国地震动参数区划图》，对重要工程和易产生次生灾害的工程进行地震安全性评价。2005年，市政府发布《关于公布市级行政许可实施主体（组织）的公告》，确定市地震局的行政许可实施主体资格。2007年，举办群测群防技术骨干培训班，定期对全市群测群防网点进行技术指导。2009年，将社会地震观测员补贴费用纳入市级财政预算，保证地震观测队伍稳定性。

第四节 地震应急

1990年，县政府制订《寿光市破坏性地震应急预案》（简称《应急预案》），根据形势与任务需要，1996年、2001年和2007年分别对地震应急的部门分工、应急准备、应急职责等进行修订。1996年，各乡（镇）和26个生命线工程单位依据《应急预案》，制订各自具体行动方案。1998年，市地震部门印发《地震速报实施细则》，各乡（镇）、单位建成地震速报网络。2002年9月，市政府出台《寿光市地震应急工作细则》，实行地震应急工作责任制，对地震应急的人员组成、应急物资、通信工具、交通工具等作出明确分工，责任到人。2007年，在城区人民广场和仓圣公园建成容纳14.2万人的地震应急避难场所2处。2008年始，每年在中小学校开展地震应急演练活动，至2010年累计组织10余次。

第五章 气象测报

第一节 管理机构

寿光县气象局始建于1958年9月，1993年8月，县气象局更名为市气象局，下设3个内部科室，干部职工12人。2010年，内设办公室、气象台、人工影响天气办公室、雷电防护技术中心。有干部职工12人，其中高级工程师1人、工程师8人、助理工程师3人。主要担负地面观测、天气预报、农业气象观测与服务、气象服务和人工影响天气等任务。

第二节 气象观测

20世纪90年代初，每日08时、14时、20时分3次观测。云、能见度、天气现象、气压、气温、湿度、降水、风向、风速、地温等项目均由人工观测取得。20世纪90年代末，县级气象现代化建设开始起步。2003年10月，建成CAWS600B型自动气象站，气压、气温、湿度、降水、地温等项目通过仪器自动采集、记录。2005—2006年，安装气象观测区域自动站16个，其中10个二要素站、5个四要素站、1个六要素站。2007年11月，在市高科技示范园蔬菜大棚内安装辐射、温度、湿度、五层地温四要素自动气象站，用于蔬菜大棚小气候的观测、研究。

第三节 气象信息网络

1991年，县气象局利用高频电话，实现与潍坊市气象局、周边县气象部门信息传递和天气会商。1999年8月，建成地面卫星接收小站，与全国气象卫星综合应用系统联网。同年12月，加入CHNAPAC分组交换网，用于与潍坊市及周边县市之间上行、下行信息传输。2001年，接入因特网，实现与外部网的资源共享。2004年9月，潍坊市到县2兆宽带局域网开通，实现气象资料共享。2005年6月，安装可视化电视会商系统，与潍坊市气象局及各县市区联网，进行可视化电视天气预报会商。

第四节 气象服务

1991年，主要利用有线广播、发送简报、电话通知、当面汇报等预报方式提供对外服务。1995年，乡（镇）政府建起警报发射中转机，部分村庄安装警报接收机，气象局每天定时3次广播，突发性天气随时开机广播。1998年6月，购置天气预报制作设备，每天下午制作电视天气预报节目录像带通过电视台播放。1999年，组建气象警报系统，乡（镇）、部分企业安装警报接收机，对公众开展气象服务。同年9月，市气象局与市网通公司合作开通“121”天气预报自动答询电话系统。2000年，购买火箭发射系统1套，开展流动人工增雨消雹作业。2001年始，利用卫星接收手段，开展盐业、蔬菜、海上等气象预报。2005年，“121”电话升位为“12121”。同年，开展季气候影响评价工作。2007年2月，电视天气预报节目由电视台制作发布。建设镇（街道）气象信息员等基层气象灾害防御队伍，发现突发性天气或灾情及时上报。同年5月，建立手机短信预警平台，以手机短信方式向市、镇（街道）、村三级以及相关部门和企业发送气象预警信息。

第六章 知识产权

第一节 管理机构

1993年12月，设立市专利局，挂靠市科学技术委员会，副科级规格。1995年，成立市专利开发中心，隶属于市专利局，正股级规格。2004年11月，市专利局更名为市知识产权局，从市科技局析出，为市政府直属事业单位，正科级规格，定编5人。至2010年未变。

第二节 专利项目

1991—1995年，全市（县）共申请专利230项，186件获得专利权，实施专利92项，专利实施率35%以上，累计实现产值3.2亿元、利税6750万元、创汇320万美元。1996—2000年，全市共申请专利484项、授权268项、实施193项，累计实现产值7.8亿元、利税1.2亿元、创汇5600万美元。2005年9月，市政府出台《关于加快高新技术产业发展的意见》，设立专利专项补助资金，每年地方财政收入的0.1%作为专利项目扶持资金。经过扶持发展，至2010年，累计申请4215项。

1991—2010年寿光市（县）专利申请情况表

表23-6-1　　　　单位：项

年份	申请量	累计量	年份	申请量	累计量
1991—1995	230	473	2007	421	2298
1996—2000	484	957	2008	540	2838
2001—2004	493	1450	2009	643	3481
2005	171	1621	2010	734	4215
2006	256	1877	—	—	—

第三节 专利明星企业

1991—1995年，市节能设备厂、寿光抽纱总厂等6家企业被授予省、潍坊市专利明星企业和专利先导企业。1996—2000年，市属24家重点企业和36家乡（镇）企业设立专利工作领导小组。稻田镇成为潍坊市唯一的山东省专利乡（镇）。市百货大楼等5家商业企业获经销专利产品信得过单位称号。2006年，山东鸿泰建设集团有限公司、山东仙霞服装有限公司、寿光市万龙实业有限公司等10家企业开展专利试点工作，从专利权申请、实施与保护入手，完善知识产权工作规范。2008年、2009年，先后有山东仙霞服装有限公司、寿光市康跃科技股份有限公司等参加中国国际专利与名牌博览会。至2010年，全市大中型企业普遍建立健全专利工作制度，技术人员专利知识普及率达80%以上。全市有11家企业被命名为中国专利山东明星企业。分别是：山东鸿泰建设集团有限公司、山东寿光巨能控股集团有限公司、山东千榕家纺有限公司、寿光三申科教装备有限责任公司、山东仙霞服装有限公司、寿光市亚亨节能设备制造有限公司、山东汇源建材集团有限公司、山东大地盐化集团有限公司、寿光市康跃增压器有限公司、潍坊市宏源防水材料有限公司、山东银宝轮胎集团有限公司。

第二十四编

卫生 体育

1991年以来，寿光市（县）大力实施科技兴医战略，积极推行乡村卫生一体化管理，建立和完善新型农村合作医疗机制，改革人事、分配制度，实行药品集中招标采购，卫生服务体系不断完善，医疗条件逐步改进，全市（县）医疗卫生事业有了较大发展。2006年，寿光市被评为国家卫生城市。这一时期，寿光的体育事业也得到长足发展，尤其在竞技体育方面取得较好成绩。2008年，寿光籍选手奚爱华与队友合作夺得第29届北京奥运会女子四人双桨赛艇比赛冠军，实现中国赛艇在奥运历史上金牌零的突破。

第一章 卫生

第一节 管理机构

1991年，县卫生局内设人秘科、业务科、会统科、审计科、老干部科5个科室，行政编制17人，下辖县爱国卫生运动委员会办公室（简称县爱卫办）、县地方病防治领导小组办公室、县红十字会办公室3个事业单位。1993年，市爱卫办、红十字会办公室职能合并至市地方病防治领导小组办公室。1998年，市地方病防治领导小组办公室改称市爱国卫生运动委员会办公室，正科级规格。2001年，市卫生局行政编制22人、工勤2人，内设办公室、政工科、财务审计科、业务科、医政科。2002年，复设市红十字会办公室，编制3人。2004年，成立市新型农村合作医疗管理委员会办公室，正科级规格，编制5人。至2010年，市卫生局内设办公室、政工科、财务审计科、业务科、医政科，行政编制22人。下辖事业单位3个（市爱国卫生运动委员会办公室、红十字会办公室、新型农村合作医疗管理委员会办公室）。

第二节 卫生体制改革

乡村卫生一体化改革 1991年，县政府颁发《关于改革和加强农村医疗卫生工作的意见》，逐步扩大各级医疗卫生单位的经营管理自主权，改革干部人事管理制度，对乡（镇）卫生院院长和市直医疗卫生单位的领导干部实行任命制与聘任制相结合制度。1994年，对乡（镇）卫生院财会人员实行技术职务评聘分开双轨制试点。同年，对各村卫生所管理实行改革，按照1公里服务半径内设置1处卫生所的要求，整合组建成380个村级卫生所，各卫生所由原来的自负盈亏改为乡（镇）统筹统支、统一管理。1995年，34个乡（镇）卫生院全部实行全员聘任制，评聘分开、绩效挂钩，980名卫生技术人员签订聘任协议。市卫生局出台《关于卫生改革与发展的决定》，在规模和功能上把乡（镇）卫生院逐步调整为中心卫生院和一般卫生院2个层次。1997年，市委、市政府出台《关于卫生改革和发展的决定》，对卫生资源进行统一配置，卫生所是村级卫生组织的唯一形式，实行乡村卫生一体化管理。2001年，结合乡（镇）行政区划调整，每个乡（镇、街道）设置1个卫生院，对卫生系统副科级和股级单位的内部科室统一进行规划设置。2002年始，在侯镇中心卫生院、孙家集街道卫生院、台头中心卫生院试点推行人事分配制度改革，实行绩效工资制，次年全面铺开。2005—2008年，改革医院建设模式，鼓励社会或企业进入医疗领域建设医院，鲁丽集团公司、圣城街道城里村分别出资建成新医院。2009年4月，按照中共中央、国务院《关于深化医药卫生体制改革的意见》要求，推进公立医院改革试点，建立国家基本药物制度，健全基层医疗卫生服务体系，至2010年建成镇（街道）卫生院14个、镇级专科医院3个、乡村卫生所（室）571个。

农村合作医疗制度改革　2001年以前，合作医疗模式筹资数额低、管理欠规范、群众受益面窄，合作医疗基本停办。2002年9月，寿光市被潍坊市确定为潍坊市级新型农村合作医疗试点市，在羊口、台头2镇试点以“两险共担、三方筹款、四面规范”（两险共担：保小病，重点保大病；三方筹款：个人和村集体、财政、定点医疗机构三方筹集资金；四面规范：筹资、管理、使用和服务规范）为主要内容的新型农村合作医疗制度（简称新农合），农民个人缴纳15元，政府（或村集体）和医院人均补贴6元。当年为群众报销医药费61.2万元。2003年，将范围扩大到圣城、侯镇、稻田、孙家集4个镇（街道）。2004年，寿光市被山东省政府确定为省级新农合试点市，农民个人缴纳15元，省、潍坊和寿光市政府按3元、2元、5元标准给予补贴。至同年年底，共有70.3万名农民加入新农合，报销医药费1679.2万元。2005—2008年，财政补助标准由10元提高到69元，报销医药费用由2115.6万元上升到7377.2万元。2009年，新农合人均筹资额增加到110元，将恶性肿瘤放、化疗项目纳入门诊慢性病管理。新农合门诊报销比例从2008年的20%提高到25%，二级、三级医院住院报销比例比2008年分别提高10%。2010年，将镇（街道）卫生院住院的起付线从300元降低为200元，将基本药物门诊费用提高到30%，二级定点医疗机构住院费用提高5%。在潍坊市率先实现与民政部门低保优抚一站式报销联网，被山东省卫生厅确定为新农合支付方式改革试点市。当年，新农合人均筹资额达到143元，农民参合率97.7%。

第三节　医　疗

西医　1991年，全县有医疗机构121家，从事西医技术人员1524人。同年，县人民医院在全省县级医院率先开展体外循环下心内直视手术，至2010年开展冠状动脉搭桥等各类心脏手术400多例，成功率100%。1994年，市人民医院购置美国产SYTEC2000J全身CT扫描仪1台。同年，市中医院眼科率先开展角膜移植、人工晶体植入高难手术。1995年，寿光市道路交通事故伤员急救中心在市人民医院成立，“120”急救电话同时开通，市、乡2级急救网络初步形成。同年7月，市人民医院实施拇指再造手术获成功。1996—2000年，各医疗单位先后购置万元以上诊疗设备366台（件）。其间，1996年市妇保站购进奥林巴斯宫腔镜1台，市中医院及稻田、马店、文家卫生院先后购进全身CT扫描仪。1997年，在市人民医院开始推行系统化整体护理。1998年，市人民医院购进直线加速器、核磁共振设备。同年，市人民医院建成远程会诊系统，2项护理技术革新成果获国家专利。2002年4月，市人民医院实施第一例肾移植手术获得成功，至2004年共成功实施5例同种异体肾移植手术。2003年12月，市人民医院成功开展首例肝移植手术。2005年5月，市人民医院投资800多万元新进16层螺旋CT扫描仪，在潍坊市首家开展经皮肾镜取石术及输尿管镜气压弹道碎石术。2007年，市人民医院将心脏救护工作的院外预防、院外抢救和院内治疗实现一体化，在国内推行先进的心脏救护新模式。2008年，国家天使工程肿瘤专科医院落户市中医院，世界顶级的美国产瓦里安21EX型医用直线加速器在中医院投入使用。2009年11月，市人民医院耗资2000万元引进西门子64排双源CT—SOMATOM Definition，此双源CT国内仅有17台。2010年1月，市人民医院成立全省首家急诊科重症监护室。至2010年，全市共有西医技术人员2040人。

中医 1991—1995年，注重发挥中医优势，以中医院为龙头，乡（镇）卫生院中医科为枢纽，农村卫生室中医药人员为基础，建立起中医药3级网络。1999年，乡（镇）医院开设中医门诊，年接诊20.3万人次。2002年始，每年都组织省级中医专家对乡村医生进行中医药知识与技能、中医药适宜技术推广培训。2005年4月，市中医院迁址新建，开放病床400张。市中医院针灸科、中风科、眼科被评为潍坊市重点中医专科。2006年，市中医院针灸科引进运动疗法、小针刀疗法、冯氏定点旋转复位疗法3种新技术，年治疗患者750余例。2007年，市中医院科研课题《活血通痹膏治疗腰椎间盘突出症临床研究》经专家鉴定达国内领先水平，《菜农职业病防治》科研课题在省卫生厅立项。2008年，将中医药服务项目、中药饮片、中药制剂等纳入新农合补偿范围，中医门诊报销比例比西医高出10个百分点。2009年，寿光市被评为山东省中医工作先进市。2010年，市中医院针灸科被评为省级重点中医专科，上口、侯镇、稻田、纪台4个中心卫生院被评为寿光市中医特色乡镇卫生院。至2010年年底，全市共有中医医院1所、中医科室56个。全市16个镇（街）医院全部设有中医门诊，有中医药技术人员332人、中医乡村医生206人，年接诊门诊病人37.4万人次。

医学教育 1993年始，市卫生学校实行社区医学专业职业中专教育，生源毕业后重点充实到乡村医疗机构。1994年7月，首次与山东医科大学联合举办临床医学专业大专班，当年招生89人。1995年2月，学校门诊部建成并投入使用，解决在校学生实习难问题。1996年始，开展在职乡村医生学历教育，当年招生250人，乡村医生合格率100%。1998年，山东大学成人教育基地正式在市卫生学校挂牌，与山东大学联合招收成人高教大专班。2000年，市卫生学校与山东省教育学院、潍坊医学院联合办学。2001年，医务人员继续教育参与率和合格率均达到98%以上。2005年，选派学科带头人参加学术会、培训班220人次，外请50多名知名专家到寿光教学、会诊和开展示范手术。至2010年年底，市卫生学校固定资产达600万元，校舍建筑面积600平方米。办学层次包括成教本科、专科、普通中专、职业中专。专业有临床医学、护理学、卫生事业管理、中医、英语、财会、计算机等，生源扩展到东营、滨州、青岛、日照等地。

第四节 疾病预防与控制

疫情报告管理 1991年，县、乡（镇）、村三级医疗卫生单位实行疫情报告制度，甲类及乙类传染病中的艾滋病、肺炭疽发生后城区6小时内、农村12小时内报告，其余乙类传染病发生后城区12小时内、农村24小时内上报。疫情统计报告采用手工填写、人工计算方式进行。1997年始，疫情报告实行计算机局域网直报和手工报表相结合的方式进行。2003年，传染性非典型肺炎（简称非典）流行，参与建成全国非典网络直报系统。2004年始，全市疫情报告全部实现网络直报，发现法定传染病，当日完成网上报告。

传染病与地方病防治 结核病 1992年11月，按照卫生部结核病实行规范化、法制化管理的要求，对具有传染性的结核病人进行免费治疗和管理，该项目于2001年12月结束。共接诊可疑结核患者1.8万人次，发现活动性肺结核排菌者1439例，患者规则服药率达98%。2002年始，对传染性结核病人继续执行免费治疗和检查，至2008年共接诊可疑病人3060例，发现活动性肺结核269例，治愈率94%。2010年6月，洛城街道高东村、高西村、林家村、卞家村4个村被省卫生厅确定为结核病流行病学调查省级流调点，共调查1690人，查出肺结核2例、肺癌1例、其他胸片异常128例。

艾滋病 1991年，艾滋病作为法定传染病报告和管理，防治任务主要由县皮肤病防治站负责。2004年10月，首次发现潍坊科技职业学院1名外籍教师为艾滋病病毒感染者。2005年1月，成立防治艾滋病工作委员会，对1990—1998年有偿献血人员和外来妇女进行HIV抗体检测，未检出感染者。2006年8月始，各医院对就诊的性病病人、结核病人、临床可疑病人、手术者、受血者、血液透析者以及孕产妇和自愿检测者进行HIV抗体检测。2006—2008年，全市共累计发现艾滋病病毒感染者13例，其中2006年发现4例，2007年6例，2008年3例。死亡2例。2009—2010年，全市发现艾滋病病毒感染者27例。

传染性非典型肺炎 2003年4月，针对中国部分省市发生传染性非典型肺炎（简称非典）疫情，启动防治应急预案，成立市长任总指挥的寿光市防治非典指挥部，市乡两级医院设立发热门诊，对就诊病人实行“一问”（是否来自疫区）、“三查”（检查体温、血常规、胸透）、“一记”（登记建册立档）、“一报”（每天上报）制度。在各交通路口、车站、渔港设岗检查，24小时值班，对外来人员测体温和询查。2003年7月，全国疫情得到有效控制。其间，寿光市未发现非典病例和疑似病例。

麻风病 1991年年底，全县未治愈麻风病患者8人，达到省级“基本消灭麻风病”标准。1994年，“基本消灭麻风病”通过卫生部验收。2003年、2005年、2007年，市皮防站对全市400多个自然村进行麻风病线索调查和重点人群（历年单疗治愈的多菌型病人、现症病人、监测病人，近5年新复发病人及家属）普查，基本掌握畸残分布情况。

霍乱病 1999年6月，上口镇付二村发生中华人民共和国成立以来寿光首例霍乱病人。市卫生防疫站对1处疫点、6处疫区进行彻底消毒、灭蝇和疫源检索，对密切接触者5500人进行服药预防和观察，未出现二代病例。2001年8月，文家街道南马店村发生4例腹泻病例，确诊为霍乱。2005年始，每年成立防治机动队，配备抢救和消杀药品、器械，公布热线电话，加强技术培训，建立疫情监测和报告制度，霍乱病得到根本控制。

病毒性肝炎 1991年，对羊口地区进行调查，渔民乙肝表面抗原阳性率6.4%，居民乙肝表面抗原阳性率5.9%。1992年1月，将乙肝疫苗列入计划免疫管理，对新生儿按出生、出生1个月、出生6个月分3次进行基础免疫，医院对孕妇进行乙肝表面抗原检查，阳性者及其出生婴儿先接种免疫球蛋白，再进行乙肝疫苗基础免疫。2002年，儿童甲肝疫苗的免疫由满周岁接种1针改为满周岁接种第1针、6个月后接种第2针。2010年，甲肝的发病率处在较低水平。

脊髓灰质炎　1991—2003年，每年对0～4岁儿童开展脊灰疫苗强化免疫。1992年，建成脊髓灰质炎快速报告系统。1993年，实行报病奖励制度。1991—2010年，发现非脊灰患者20例，均得到及时治疗。

麻疹　1992年有27人发病。1993年11月起，将麻疹疫情报告纳入脊灰疫情专报系统，实行零病例旬报和快速报告制度。1995—2004年，年发病在10例左右。1996—1999年，对儿童开展麻疹疫苗的强化免疫工作，完善免疫保障。2003年，发生麻疹病1例。2005年之后，随着流动人口的增加和外地民工流入，麻疹发病率有所增加。至2010年，全市未形成暴发和流行。

蛔虫等肠道寄生虫病　1993—1997年，对中小学生每年进行一次服药驱虫工作，服药率均达95%以上。2000年始，对群众开展全民服药防治。同年2月，对居民肠道寄生虫感染情况进行调查，总感染率42%，共有58万余人服药。2003年始，连续3年组织全民服药驱虫。2010年4月，山东省寄研所在侯镇刘官村、洛城街道李家村、稻田镇大伦村开展肠道寄生虫病调查，共采集粪便标本1010份，总感染率0.89%，其中蛔虫感染率0.7%、钩虫感染率0.2%、儿童鞭虫感染率3.4%。

狂犬病　1991年，发布《寿光县养犬管理办法》，发病村犬一律捕杀，无病村犬进行免疫。至1992年，兽医部门对全县1.6万只犬进行免疫接种。对被犬咬伤者及时清创，进行狂犬疫苗接种。当年接种3131人，次年接种3106人，接种率均达98%以上。1993年始，每年狂犬疫苗接种达5000～7000人。2000年发现1例狂犬病人，2007年发现1例，2008年发现2例，2009年发现1例，2010年发现1例。

流行性出血热　1991—1994年，年发病率小于5/10万。1995年始，发病率呈逐年增高趋势，其中1997—1999年连续3年发病率超过15/10万。1999—2000年，采取对重点人群接种HFRS疫苗为主的控制措施，2000年后发病率逐年下降。2001年始，每年都安排统一灭鼠2次。2010年，流行性出血热发病率为每10万人0.9例。

碘缺乏病　1991年，全县普查，患病率平均回升至16.3%，儿童甲状腺肿大率达33%，个别村庄高达45%。当年始，每年开展碘盐供应以及病区儿童和新婚育龄妇女等重点人群补服碘油丸工作。1996年，共发放碘油丸40万粒。到2002年，全市8～10岁儿童甲状腺肿大率为4.9%，碘缺乏地区居民的碘营养状况得到明显改善。同年，寿光市代表山东省圆满完成卫生部消除碘缺乏病综合预防措施试点项目评估。2004年后，寿光市的碘盐入户率下降，甲状腺肿大率略有上升。2007—2008年，对饮水碘含量和水氟含量进行监测，饮水碘含量大于150微克/升的村庄集中在羊口镇，高氟村主要分布在稻田镇和羊口镇。2010年，合格碘盐食用率达91.3%。

接种门诊建设　1993年始，疫苗由村卫生室的分散式接种逐步过渡为乡（镇）集中接种。全面实行一人一针一管制度，避免交叉感染。1996年，全市33个乡（镇）都成立集中式接种门诊。1997年始，扩大接种门诊的服务内容，至2000年，在普及“四苗”（脊灰糖丸、麻疹疫苗、卡介苗、白百破）接种的基础上，引入乙肝、乙脑、流脑、风疹、麻腮风、甲肝等新疫苗。2002年始，“四苗”接种率保持在95%以上。2004年，开展接种门诊规范化建设，至2007年全市所有接种门诊全部达到省

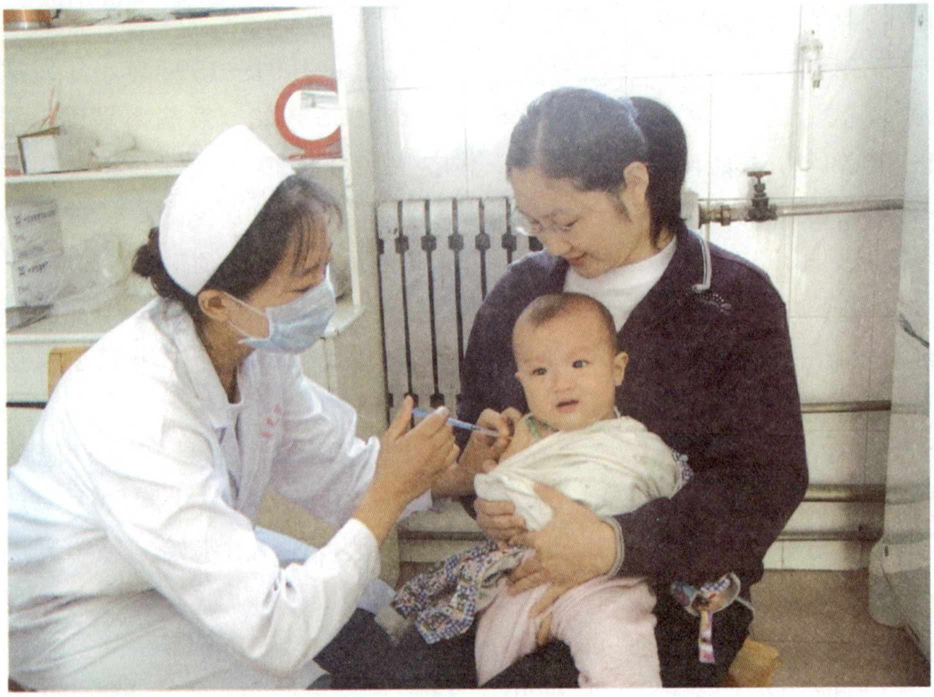
预防接种（2007年8月摄）

级规范化标准。2008年5月始，将甲肝、流脑等疾病纳入国家免疫规划。

第五节 卫生监督

食品卫生 1991年，开展食品卫生达标县活动，所有食品生产经营单位都健全卫生制度，办理卫生许可证，从业人员健康查体率达100%。1992年年底，食品卫生达标县通过省级达标验收。1999年，市卫生防疫站充实监督执法队伍，监督科由原来的2个科增至4个。2001年，开展卫生监督执法新世纪行动，共抽检食品样品5440份，办理卫生许可证6413个，查处违法单位422家。2002年，调整组建市卫生监督执法大队和台头、上口、侯镇、纪台、稻田、羊口、营里7个执法中队。2005年，全面推行食品卫生监督量化分级管理工作，对新办理（审核）卫生许可证的单位进行卫生许可量化评分，按评分高低分类管理。2004—2006年，以创建国家卫生城市为工作中心，强化对城区食品生产经营单位的管理。2006年，开展食品卫生监督执法行动，共检查学校、建筑工地食堂等1142家，没收不合格食品560多公斤，依法取缔17家。同年5月，寿光国家卫生城市通过全国爱卫会的考核验收。2009年6月，《中华人民共和国食品安全法》实施后，食品生产、食品流通环节的管理职能分别移交质检、工商部门。2010年，开展食品卫生执法检查，共检查餐饮、学校食堂等666家，依法取缔5家。

劳动卫生 1991年，实行劳动卫生监测许可证制度，监测合格者发放许可证，有效期3年。1995年4月，对从事有害作业的890名工人进行健康检查，对接触粉尘的267人进行拍胸片检查，对查出的47名非正常表现者由潍坊市人民医院复查确诊。2001年7月，在全市开展职业病防治执法月活动。2006年始，每年监督检查企业150多家，有害作业点2500多个。2010年，举办职业卫生管理人员培训班10多期，培训岗前和在职人员8000余人次。

公共场所卫生 1992年，对城区所有公共场所单位进行调查，摸清单位分布、从业人数及基本卫生状况。1995年2月，市卫生防疫站卫生科与食品卫生科合并，开始实行公共场所卫生和食品卫生综合执法。同年，共监测公共场所475个，办理卫生许可证729个。2001—2005年，重点开展对小饭店的卫生整顿、公共场所微小气候的卫生监测和生活饮用水的采样检测。2006年，配合创建国家卫生城市，开展对小浴室、小美容美发厅、小歌舞厅、小旅馆、小网吧等公共场所“五小”行业的专项整治。2010年，在全市公共场所单位开展监督管理“五四制”（四加强、四统一、四建立、四及时、四做到）。

学校卫生 1991年，在北洛、留吕2个乡（镇）进行学校卫生建设试点，内容包括健全学校卫生工作网络，百名以上学生的学校设卫生室，学生每年查体1次，开展蛔虫、龋齿、营养性贫血、头虱、沙眼等常见病调查防治，90%的学生每年至少接受4学时健康教育课。1998年以后，重点开展学生查体和建档工作，同时对学校食堂和眼镜店进行监督管理。2002年，全市中小学生共查体12.5万人，查体率98%以上。2003年，加强学校食品卫生管理，取缔校内食品摊点和流动食品摊贩。同年，设立学校卫生科，专门从事学校卫生的监督监测、技术指导工作。2006年，结合创建国家卫生城市工作，在全市学校食堂实施食品卫生量化分级管理，城区学校食堂食品卫生量化分级管理率达100%。2008年，继续建立健全学校卫生监督档案，600人以上的学校卫生监督档案建档率达100%。2010年5月，卫生、教育两部门联合开展学校卫生安全监督检查，以手足口病等传染病防控和学生入托入学接种证查验为主要内容，共检查各类学校359所（含幼儿园）。

放射卫生 1991年，县内有医用放射诊断X光机47台，监测合格45台；计划生育透环X光机40台，监测合格39台，从事放射人员107人。工业探伤X线机4台，从业人员4人。1992年始，对所有从事放射工作人员实行资格证制度，对无证人员禁止从事放射工作。1999—2004年，共监测医用和工业探伤X光机286台次，监测防护点3355点次，培训从业人员845人次，查体845人次。2005年，根据国家《放射性同位素与射线装置放射防护条例》，对有放射装置单位换发放射卫生工作许可证，同时对放射工作人员进行查体、培训。2010年，共监测放射作业点292个，合格276个，点合格率94.5%。

第六节 卫生城市创建

1992年，提出创建省级卫生城市的目标，当年即达到省级卫生城市标准要求。1993年，提出加快城区开发，创建全国卫生城市的目标。实施城区硬化、绿化、美化、亮化工程。1995年、1998年，省爱卫会对寿光市创建卫生城市工作分别给予充分肯定。2002年年底，提出“创三城”（创建国家卫生城市、国家环保模范城市和全国文明城市）目标。2003年9月，通过省爱卫会灭蚊蝇、灭蟑考核验收。同年12月，通过省爱卫会“灭鼠”考核验收。至此，除四害各项标准均达到要求。2004年，通过划片包街、目标考核等措施，加大对食品卫生、公共场所卫生、饮用水卫生、传染病防治等整治力度。同年8月，省爱卫会专家组对寿光市创建国家卫生城市工作进行省级考核验收，基本达到标准要求。2006年5月，全国爱卫会专家组对寿光市创建国家卫生城市工作进行检查验收。7月，寿光市被授予国家级卫生城市称号。

第七节 基层卫生与妇幼卫生

农村初级卫生保健 1990年，寿光县被确定为山东省初级卫生保健（简称初保）试点县。1991年，在27个乡（镇）建立初保基金，用于乡村医生薪酬和发展预防保健事业。至年底，全县22个乡（镇）被评为潍坊市农村卫生工作先进乡（镇）。1992年，通过全省初保达标验收和全国复核，被列为全国初级卫生保健试点达标县。1993年，寿光市被评为山东省农村卫生建设先进单位。1994年，突出农村卫生、预防保健、中医中药3大卫生工作重点，进一步巩固初保达标成果。1995年6月，代表山东省迎接卫生部、国家计委、农业部、国家环保总局、全国爱卫会组织的初保中期评估验收，获全国第3名。1998年，寿光市被卫生部评为2000年人人享有卫生保健普及阶段先进县。同年，在全市范围内开展争创初级卫生保健合格乡（镇）活动，全市所有乡（镇）提前2年达到潍坊市确定的初保标准。2002年10月，寿光市被卫生部、国家计委、农业部、国家环保总局、全国爱卫会联合确定为全国农村初级卫生保健工作先进县。

城市社区卫生服务 始于1999年。同年，在羊口镇6个居委会实行社区卫生服务试点，建成4个社区卫生服务站。2000年，市人民医院、中医院、卫生学校和寿光镇卫生院先后设置10个社区服务站，全部配齐人员、完善办公场所、设备及规章制度。2002年，市卫生学校设置兆祥社区卫生服务站，张建桥街道卫生院设置现代社区卫生服务站。2007年，建成圣城社区卫生服务中心和兆祥、现代、汇文社区卫生服务站。2008年，建成晨鸣、建新、向阳3处社区卫生服务站。至此，卫生服务站基本覆盖城区全体居民。同年始，每年投入70余万元，通过财政购买方式为社区居民提供卫生诊断、建立居民健康档案等10项公共卫生服务。至2010年，共为社区居民建立健康档案11.7万份、电子档案3.6万份；进行慢性病随访和健康指导30余次，1.2万余名老年患者受益。

妇女儿童保健 1991年始，推广妇幼保健系统责任制和出生婴儿规范化管理，全部填写统一印制的《出生医学证明》。1995年6月，各乡（镇）医院设立妇幼保健科，村卫生所配备专（兼）职妇幼保健员，至年底全市妇幼保健人员总数达到1381人，其中村级妇幼保健员1062人。1998年，35处接产单位全部创建为爱婴医院和爱婴卫生院。2010年，共办理出生医学证明9053份，孕产妇和3岁以下儿童系统化管理率达到98.7%，孕产妇死亡率降低到0。

优生优育 1991年，开展高危妊娠管理工作，降低孕产妇和围产儿死亡率。1995年始，在全市范围内开展婚前医学保健，共查体1.9万人次，查出疾病814人。1996年，市卫生部门制定寿光市出生缺陷防治方案。2000年，对全市出生的新生儿进行苯酮尿症、甲状腺机能低下、听力筛查和黄疸测试。对高危妊娠孕产妇全部实行专案管理。至2010年，全市新生儿出生缺陷率降低到

为居民办理健康档案（2010年8月摄）

3.9‰，婴儿死亡率降低到3.5‰。

第八节 重点医院简介

市人民医院 始建于1953年7月，位于城区健康街中段北侧，是潍坊医学院和益都卫生学校教学医院。1992年10月，通过山东省医院等级评审委员会评审，被命名为全省首批二级甲等医院。2005年2月，动工建设综合病房大楼，建筑面积6万平方米，地下2层、地上21层，总投资2亿元。2010年，有干部职工1200人，科室83个，治疗中心6个，潍坊市B级重点专科1个，开放病床1100张，门诊量36万人次，住院1.8万人次。

市中医医院 又名寿光市中心医院，是一所具有中医特色、中西医结合的现代化综合性国家二级甲等医院。始建于1984年，2005年4月迁入新院，位于城区圣城街98号，占地40亩，建筑面积3万平方米，医疗用房2.5万平方米。有32个临床、医技科室，开放病床526张，职工261人。2010年，门诊量16万人次，住院8600人次。

市妇幼保健院 1992年，县妇幼保健站位于城区迎宾路251号。2005年，改称市妇幼保健院。2008年8月，搬迁至城区银海路与圣城街交叉路口东北侧。占地面积21.8亩，建筑面积2.1万平方米。设有妇科、产科、儿科、检验、影像、理疗等36个业务和职能科室，有职工294人。2010年，年门诊量7.7万人次，住院7083人次。

第二章 体 育

第一节 管理机构

1993年11月，市体育运动委员会与市文化局合并为市文化体育委员会。1994年6月，撤销文化体育委员会，恢复体育运动委员会。1999年，成立市体育总会，负责统筹协调各单项体育协会组织。2001年12月，更名为市体育局，为市政府直属事业单位，参照公务员法管理，负责全市的体育工作。2010年，内设办公室、业务科、群众体育科3个科室，有干部职工7人。寿光市（县）先后被国家体育总局评为全国体育先进县、全国群众体育先进单位。

第二节 设施建设

寿光体育中心 1991年动工建设，占地60亩，投资600多万元，位于城区渤海路与文庙街交叉路口西南侧的文化名园旧址上。包括体育场、广场、田径场、体校等，是一处融健身、竞赛、娱乐于一体的体育活动场所。体育中心举办过各个级别的乒乓球、武术、排球、篮球、象棋、门球、台球、田径等比赛，年均举办各种规模的比赛20余场次。2003年，因城市总体规划拆除。

市市民健身活动中心 2008年建设，位于东城新区，总规划占地面积530亩，主要包括体育场、体育馆、游泳馆、辅助性热身田径场等。一期工程于2010年4月建成使用，占地112亩（包括附属篮球场、羽毛球场、网球场及健身广场等），总建筑面积4.8万平方米，可容纳观众2.9万人，建筑高度36.8米，总投资2.5亿元。2010年4月19日晚，在此举办第十一届中国（寿光）国际蔬菜科技博览会大型文艺演出《中华情》。

农民体育健身设施　1992年，结合争创省、潍坊市体育先进乡（镇），600多个村建成体育活动场所。1994年始，先后在各乡（镇）和社区适宜人群活动场所建设不同规模、不同档次的体育健身设施，其中篮球场、室外乒乓球台、网球场、羽毛球场、门球场、旱冰场等利用率达到100%。1997年始，在城区新建和改造居民住宅时，都按有关规定规划和建设相应体育配套设施。2004年，组织体育、统计、教育等部门参与开展第5次全国体育设施普查工作。2005年始，实施农民体育健身工程，共投资1000万元，为全市镇村和社区配套建设体育健身设施，至2009年农村体育设施覆盖率达71.9%。2008年，在商务小区4号楼建成国民素质检测站1处，配置监测设备18套，对全市市民体质状况和变化规律进行监测，至2010年监测市民600余人。

2010年寿光市部分体育场馆设施一览表

表24-2-1

场馆名称	位置	场地面积（平方米）		观众席位（个）
		占地面积	建筑面积	
世纪学校体育场	世纪学校校内	15000	14100	4600
世纪学校体育馆	世纪学校校内	18200	17000	2600
潍坊科技学院体育场	金光街东首	130000	—	5000
潍坊科技学院体育馆	金光街东首	130000	12100	—
霍氏皮划艇俱乐部	弥河西岸中段	6660	—	2000
市民健身活动中心体育场	东城新区	74000	47500	29000
寿光一中体育馆	一中校内	6300	—	2700
现代中学体育场	圣城街东首	—	—	4000
建桥初中体育场	金光街东首	57393	—	—
建桥初中体育馆	金光街东首	—	9137	—
市民健身活动中心游泳馆	东城新区	—	14000	1700
市民健身活动中心体育馆	东城新区	—	25000	6000
圣都高级中学体育馆	圣都中学校内	—	2000	1800
晨鸣集团羽网球馆	晨鸣国际大酒店内	—	12000	500
晨鸣集团游泳馆	晨鸣国际大酒店内	—	1500	—
公安局游泳馆	公安局办公楼内	—	1500	—

第三节 群众体育

1991—2010年，每年都利用元宵节、菜博会文化艺术节、全民健身活动宣传月、全民健身日、老人节等各类节点时机，举办象棋、乒乓球、篮球、门球、武术、拔河、大秧歌、健身舞、柔力球操、太极拳（剑）、交谊舞、广播体操等健身项目30余场次。1992年，农村体育以争创省、潍坊市体育先进乡（镇）为重点，50%以上的村开展体育活动，突出的有台头镇南洋头村、上口镇李家南邵村、马店乡韩家村等。1995年6月，自行车代表队代表潍坊市参加省第三届农民体育运动会，获得团体第3名。1995年、1998年、2001年、2005年、2008年连续举办5届全民运动会，每届全运会分乡（镇）、行业和学校3个组别，参赛人数在5000人左右。1999年6月，举办首届老年人运动会。2008年9月，举办首届环城跑。2009年10月，寿光市被国家体育总局授予全国群众体育先进单位称号。2010年7月，举办首届广场系列体育活动，连续14个晚上分别进行乒乓球、健身操等6个项目的比赛和武术、老年体操2个活动专场表演，参与群众达1000多人次。

健身舞（2010年摄）

第四节 学校体育

全市（县）中小学校每年举行一次全校性运动会，先后举办优苗杯、萌芽杯、希望杯、振兴杯、长寿杯、丰收杯等传统届次比赛及中小学选拔人才比赛等，全市各级各类学校在校学生体育合格率和体育锻炼达标率由1994年的93%上升到2010年的100%。1991年始，贯彻《国家体育锻炼标准》，全县中小学开展体育达标活动，每年对各类学校达标活动进行验收，全县参加活动人数占学生总数的97%，达标率保持在90%以上。1992年，初中升高中加试体育，测试总分50分计入中考成绩。1999年，寿光市被评为山东省体育达标先进县（市）。2002年，实行体育考试成绩及格制。2004年，按照国家《新课标》要求，对体育教学进行新课改，树立健康第一思想，由过去的学生被动锻炼向促进身心健康转变。至2010年，全市中小学普遍建立篮球、乒乓球、田径等运动队。有省级体育传统项目学校3所，分别是寿光一中、现代中学和杨庄初中；潍坊市级体育传统项目学校8所，分别是世纪学校、建桥初中、西关联中、田马中学、台头一中、杨庄小学、洛城一中、古城初中。在历年高考中，体育本科上线率、入学率在潍坊市名列前茅。

第五节 竞技体育

市（县）竞技体育学校成立于1987年，

第29届北京奥运会女子四人双桨赛艇冠军得主奚爱华(2008年摄)

由体育局和教育局联合兴建，担负培养、输送体育后备人才的任务。开设田径、排球、举重、武术、摔跤、乒乓球、篮球等训练项目。2003年，学校被评为全国青少年体育俱乐部。2005年9月，市竞技体育学校整体划归潍坊科技学院，同时成立市体育市场管理办公室。

1987—2004年，学校先后向国家队输送优秀运动员孙文利、孙文勇2人；向国家青年队输送王强、奚爱华、李恩亮、武学亮4人；向八一队输送刘明金1人；向山东省队输送郭素霞等8人；向山东省体校输送刘凤娟等17人；向潍坊市体校输送123人。有11人次代表中国参加亚洲及国际性比赛，获金牌9枚、银牌3枚、铜牌2枚。有85人次代表山东省参加全国性比赛，获金牌41枚、银牌28枚、铜牌20枚。有149人次代表潍坊市参加省级比赛，获金牌102枚、银牌82枚、铜牌48枚。2007年6月，寿光籍奚爱华在荷兰首都阿姆斯特丹举行的赛艇世界杯女子四人双桨决赛中获得冠军。2008年，奚爱华与队友获第29届北京奥运女子四人双桨赛金牌，实现中国赛艇在奥运历史上金牌零的突破。2010年，寿光市取得山东省第二十二届运动会36.34枚金牌，列潍坊市各县市区第1名。

1995—2010年寿光籍运动员参加国际比赛一览表

表24-2-2

姓名	性别	运动会名称	比赛项目	名次	获奖时间
奚爱华	女	世界赛艇锦标赛	1000米双人双桨赛艇	4	2003.09
		亚洲赛艇锦标赛	女子单人双桨赛艇	1	2005
		世界赛艇锦标赛	女子4人双桨赛艇	4	2006
		波兹南赛艇世界杯	女子4人双桨赛艇	2	2006
		世界赛艇锦标赛	女子4人双桨赛艇	3	2007
		阿姆斯特丹赛艇世界杯	女子4人双桨赛艇	1	2007
		北京奥运会	女子4人双桨赛艇	1	2008
孙文勇	男	韩国田径运动会	10000米跑	1	1995
		亚洲青年田径锦标赛	3000米障碍跑	1	1996.12

续表 24-2-2

姓名	性别	运动会名称	比赛项目	名次	获奖时间
孙文勇	男	亚洲青年田径锦标赛	5000 米跑	5	1996.12
孙文利	男	亚洲青年田径锦标赛	3000 米障碍跑	1	1997.08
		亚洲田径锦标赛	3000 米障碍跑	3	2000
		韩国田径运动会	10000 米跑	2	1995
王强	男	亚洲青年排球锦标赛	排球	1	1996.08

1995—2010 年寿光籍运动员参加国家比赛一览表

表 24-2-3

姓名	性别	运动会名称	比赛项目	名次	获奖时间
奚爱华	女	全国青年赛艇锦标赛	二人双桨赛艇	1	2001.09
		全国第九届运动会	女子八人单桨赛艇	2	2001.11
		全国第九届运动会	女子四人单桨赛艇	6	2001.11
		全国青年赛艇锦标赛	女子单人双桨赛艇	2	2002.07
		全国青年赛艇锦标赛	4 人双桨赛艇	3	2002.07
		全国赛艇锦标赛	1000 米单人双桨赛艇	1	2004.05
		全国第十届运动会	女子单人双桨赛艇	2	2005.10
		全国第十一届运动会	四人单桨无舵手赛艇	1	2009.10
		全国第十一届运动会	八人单浆有舵手赛艇	1	2009.10
孙文利	男	全国第八届运动会	3000 米障碍跑	3	1997.10
		全国第九届运动会	3000 米障碍跑	1	2001.11
		全国田径大奖赛达标赛	3000 米障碍跑	1	2001.04
		全国田径锦标赛预选赛	1500 米跑	2	2001.06
		全国田径锦标赛预选赛	3000 米障碍跑	8	2001.06
		全国田径锦标赛	3000 米障碍跑	1	2002.06
		全国第十届运动会	3000 米障碍跑	1	2005.10
		全国第十一届运动会	3000 米障碍跑	1	2009.10
		全国第十一届运动会	1500 米跑	1	2009.10
孙文勇	男	全国田径室内锦标赛	3000 米跑	3	2001.02
		全国田径大奖赛达标赛	3000 米障碍跑	3	2001.04
		全国田径大奖赛	5000 米跑	1	2002.08
		全国田径冠军赛	10000 米跑	3	2002.10

续表 24-2-3

姓名	性别	运动会名称	比赛项目	名次	获奖时间
孙文勇	男	全国第十届运动会	5000 米跑	1	2005.10
		全国第十届运动会	3000 米障碍跑	2	2005.10
杨亚宁	男	全国青少年（甲组）锦标赛	排球	4	2001.01
		全国“永林杯”软排锦标赛	软排	1	2001.07
		全国第十届运动会	男排	4	2005.10
李恩亮	男	全国第九届运动会	男排	4	2001.11
		全国排球锦标赛	排球	5	2002.08
		全国第十届运动会	男排	4	2005.10
李志芬	女	全国第十届运动会	摔跤	7	2005.10
马　俊	男	全国第十一届运动会	手球	2	2009.10
武学亮	男	全国第九届运动会	排球	4	2001.11

第二十五编

文化 旅游

1991—2010年，寿光市（县）文化和旅游事业得到长足发展，从基础设施建设到工作活动开展，都取得了较大成绩。1997年5月，寿光市被文化部命名为第五批全国文化先进县(市)。2003年，《寿光日报》经全国报刊整顿后，成为山东省仅存的2家县级报纸之一。2006年，寿光市被评为中国优秀旅游城市。2008年，双王城盐业遗址被评为全国十大考古发现之一。至2010年，全市有1000多人的文艺创作队伍，其作品屡次获奖。拥有非物质文化遗产60项，其中省级5项、潍坊市级12项。广播、有线电视网络实现城乡范围全覆盖。农村电影年放映1万余场次。有国家A级景区5家，其中AAAA级3家。

第一章 文化机构

第一节 管理机构

1991年，县文化局下设县文化馆、图书馆、博物馆、电影发行放映公司、京剧团、文艺创作室、羊角沟文化馆、书画协会及34个乡（镇）文化站、7个县中心文化站。1993年11月，市文化局、市体育运动委员会合并为市文化体育委员会（简称市文体委）。成立市文化市场稽查队，定编10人，为股级事业单位，隶属于市文体委。1994年，市文体委分为市文化局、市体育运动委员会。成立市书画院，副科级事业单位，定编10人，隶属于市文化局。2001年9月，市文化局内设办公室、文化事业管理科、财务科3个职能科室，机关编制12人。2006年，增设文化产业科，股级规格。2008年7月，行政编制由12人调整为14人。2010年2月，文化体制改革，市文化局、市广播电视管理局、市新闻出版管理办公室合并，组建市文化广电新闻出版局（简称市文广新局），加挂市版权局牌子，行政编制13人。

第二节 业务馆站

市文艺创作室 成立于1984年7月。1991年，属财政全额拨款事业单位，编制10人。1994年1月，创办《寿光文艺报》，报社与市文艺创作室合署办公。2010年，有干部职工12人，其中中级专业技术职称2人、初级专业技术职称3人。主要负责全市群众文学艺术创作的辅导、统计，组织群众业余文艺创作活动，落实上级下达的创作计划，管理全市对外文化艺术创作交流等工作。

市文化馆 1991年，建成县文化中心（位于城区迎宾路139号）。县文化馆位于县文化中心大院内，内设办公室、文艺部、美术部、创作部、财务科，编制24人，主要负责对全市（县）群众文化活动的辅导培训工作。1993年12月，由全额事业单位改为差额事业单位。1994年，定编17人。1997年，市文化馆被山东省文化厅、人事厅授予农村文化先进集体称号。2004年，被文化部命名为国家二级馆。2008年，被文化部命名为国家一级馆。2010年，馆址迁至农圣街以南、金海路以西新建成的市文化中心，室内面积5000平方米。组建少儿舞蹈队、中老年舞蹈队、农民艺术团和业余京剧队等群众文艺团体，多次举办庄户剧团大赛、京剧票友大赛、迎春征联大赛，常年举办不同形式的舞蹈、声乐、器乐、书法、美术等多门类的艺术培训和比赛。

市图书馆 1991年，位于县文化中心大院内。图书馆为一座4层仿古建筑，建筑面积2412平方米，设有借书室、阅览室、电子阅览室、少儿阅览室、地方文献室、采编部、辅导部等对外业务窗口，职工7人，馆藏图书14246册。2008年，馆藏古籍图书1950册、2217卷、善本书籍786卷。其中，毛氏论语注疏正本、毛氏孟子注疏正本、续资治通鉴纲目、玉堂鑑纲4册古籍收录到第一批国家珍贵古籍名录中。2010年1月，馆址迁至农圣街以南、金海路以西新建成的市文化中心。馆藏“电子图书”10万册，电子期刊8000余种，宽带上网配备计算机120台。建成自动化办公区，设立盲人阅览室，从图书采编、借阅流程、业务管理、服务内容等方面全部采用自动化管理，年均借阅量20万人次。

市博物馆 1991年，位于县文化中心大院西北侧，是一座3层连体楼组成的四合院，建筑面积3000平方米。馆内设有陈少敏革命业绩陈列、寿光历史文物陈列、边线王龙山文化城堡陈列、呙宋台遗址出土文物陈列、纪国故城址陈列、八支队诞生及革命文物陈列以及盐业生产、渔业生产、蔬菜生产等专项陈列。馆内收藏和展出的石刻有碑碣墓志、石佛造像、盘龙雕柱、石雕荷花池等上百件。2010年，馆址迁至农圣街以南、金海路以西新建成的市文化中心。设有办公室、保卫科、文物考古部、群工宣传部。有专业技术人员12人，其中副高1人、中级6人、初级5人。馆内累计收集文物近9000件（套），其中三级以上珍贵文物614件（套），年均接待参观者1.1万人次。

市京剧团 1992年，称县京剧艺术团，编制56人。1997年5月，由正股级事业单位升格为副科级事业单位。2002年，从全市选拔40名京剧小学员，送北京培训学习。2006年，有京剧毕业学员37人。2010年，市京剧团办公地点在城区迎宾路49号，内设办公室、演出队、喜庆公司等科室。主要从事歌舞、戏曲演出等业务，年均演出150场次。

市电影发行放映公司 1991年，下设办公室、财务股、发行股、放管技术股、三产管理办公室、电影院、影剧院，乡（镇）设电影管理站23个、集镇影院11个、厂（矿）俱乐部4个。1993年12月，撤销发行股和放管技术股，成立农村电影经营科，财务股改称财务科。2009年6月，整建制并入市广播电视局，组建成立市广播影视集团，年均放映电影500余场次。

羊口文化馆 位于羊口镇太平街18号，为国有差额拨款事业单位，股级规格，编制3人，主要从事群众文化、艺术创作、辅导培训等业务。1991年，称为寿光县羊角沟文化馆。1993年，定编3人，更名为寿光市羊口文化馆。2010年，编制3人，有专业技术人员2人。

寿光书画院 成立于1994年12月，属自筹副科级事业单位，编制10人，实有2人。1995年调入1人，2003年调入1人，调出1人。2010年6月，寿光书画院撤销。至2010年，共举办书画活动2500余场次。

第二章 文化艺术

第一节 文 学

20世纪90年代始，寿光市（县）文化艺术创作步入繁荣时期。专业文艺工作者和社会各界业余文艺爱好者坚持“两为”（为人民服务、为社会主义服务）方针，创作大量优秀作品。1992年，由李树高、马效禹创作的长篇纪实小说《马保三传奇》获人民文学特等奖。1996—2000年，实施文化精品工程，每年召开重点作者座谈会和业余文艺培训班3～5期，培训业余文艺作者500余人次，向潍坊市级以上报刊投稿发表作品700余篇（部）。1999年，桑炳明创作的七律诗《故乡皓月照长城》获全国文学作品大赛优秀奖。2003年，郭元亮创作的诗词《想念你：朱镕基总理》，获世纪采风国家级银奖。2004—2010年，省级以上出版的文学作品有小说《婚姻危机》《县委书记》等120余部，散文集《飞扬的真情》《朝花朝拾》等60余部，报告文学《西行先锋》等46部。2008年始，设立农圣文化奖，由市财政每年拨付600万元，专门奖励各类文学艺术作品和作出重大贡献的文化工作者。当年，姜洪佩创作的《寿光诗词》由中国诗词楹联出版社出版。2009年，由安涛和张晓青创作的小说《纪国演义》被评为山东省文化艺术科学优秀成果三等奖。2010年，全市有《寿光文化》《弥河诗韵》等内部期刊10余种。

1991—2010年，全市（县）共在省级以上报刊发表文学作品5600余篇（部），其中小说2900余篇、散文及报告文学700余篇、诗歌及诗词1900余篇、文学专著90余部，100余人获省级以上表彰奖励。

第二节 艺 术

1991—1995年，在潍坊市级以上出版物发表各类艺术作品1085件，其中450件获省级以上奖励。2001—2005年，文艺队伍不断发展壮大，由2001年的150余人发展到2005年的350余人。2006—2010年，艺术创作实行社团化管理，创建各类文学艺术协会、学会、研究会29个，创建国画、摄影等文化艺术网站11家，文艺创作骨干人才达600余人，其中40人成为国家级会员，130余人成为潍坊市级以上会员。

戏剧 曲艺 音乐 舞蹈 1991年始，全市（县）戏剧、曲艺、音乐、舞蹈等门类的艺术事业均有不同程度发展。当年，在潍坊市中青年戏曲演员大赛中，4名演员分别获一、二、三等奖。郝漫生创作的《远走千里把你想》等18首歌曲入选中国电视广播出版社出版的《希望的田野》歌曲集和《全国企业歌曲选》，张嘉庆创作的《十里长堤赏梨花》等3首歌曲获全国首届黄河杯征歌大赛金奖。滕洁获全国青年歌手电视大赛荧屏奖。1992年，李长明创作，李建武、刘素梅演出的小品《仙丹妙药》，获山东省第四届艺术节创作奖和表演奖。1993年，市京剧艺术团在传统戏、现代戏基础上，增加歌舞艺术，先后编排演出京剧《冷娘》《野猪林》等，编排大型歌舞剧目《颂寿光》《唱百强》等。1994年，郝子奇获山东电视台声乐大赛优秀奖。张庆国、温玉洁编导并表演的双人舞《哥哥你带我走》获山东省企业文艺比赛表演三等奖和优秀创作奖。1998年，在“世纪之声”全国音乐作品大赛中，有3首歌曲分别获金、银奖。1999年6月，舞蹈《菜乡的祝福》获山东省“小飞天”舞蹈比赛一等奖，并代表山东省参加全国第二届“小荷风采”少儿舞蹈会演，获表演奖。同年12月，由中国音乐出版社、中国音乐报社举办的“迎接新世纪”全国校园歌曲征集活动中，郝漫生创作的校歌《走向辉煌》入选《全国校园歌曲选集》，作者获校园歌曲优秀曲作家称号。2004年，长篇小说《县委书记》被改编成话剧，由山东吕剧院演出。2010年，电影《另类村姑》、电视记录片《齐民要术》等在中央电视台栏目播出，大型现代吕剧《百姓书记》、动漫片《星孩》等50余部文艺作品获省级以上表彰奖励。

1991—2010年，全市（县）共创作优秀戏剧、曲艺、音乐、舞蹈等作品6900余部，其中获得省以上奖励作品1090余部，80余人获省以上表彰奖励。

美术 书法 篆刻 摄影 1991—1995年，寿光市（县）美术、书法活动活跃，群众性书画热逐步升温，优秀作品涌现。在潍坊市级以上出版、发表、参赛的作品达1400余件，获省级以上奖励的有120余人次、250多件作品。1992年，于新生为《中国儿歌一千首》一书创作的全部插图，作为中国唯一作品入选意大利第25届世界儿童图书插图展览，并获中国优秀儿童读物评比二等奖。1994年，于新生创作的《中国古代寓言》连环画长卷获第八届全国美展最高奖。1996—2000年，先后举办山东省国画人物展、全国第二届花鸟画展、全国第七届中青年书法展、全国龙宫杯摄影作品大赛等大型展览。2001—2005年，共举办大型书画展览30余场次，参观人数3万人次。省级以上展览获奖作品50余件。全市书画作者先后加入全国美协、书协6人。2005年，梁伟松创作的《小雨早春》获第八届海内外国画精品展金奖，《雪域阳光》在澳大利亚、悉尼中华文化节中获金奖。张立军的书法作品在“金鼎奖”全国书法美术大展中获优秀奖。同年，开展百大杯、城建杯、金盾杯、圣城杯、菜乡风情等摄影展，全市摄影爱好者达120余人。2006—2010年，结合重大节日、庆典活动，举办跨地区舞台、影视剧本创作商谈会、楹联大奖赛、全国廉政书法、全国联墨书法展等高层次文化交流活动20余场次。

1991—2010年，全市（县）共创作优秀美术、书法、篆刻、摄影等作品3400余件，其中获得省以上奖励作品990余件，60余人获省以上表彰奖励。

第三节 群众文化

随着经济的发展，群众性文化活动日益活跃。1991年始，由市（县）文化局组织的文艺节目参加一年一度的潍坊国际风筝会开幕式民间艺术大展演，其中1992年的群舞《闹海》，2000年的集体舞《孔雀开屏》获一等奖。每年元宵节期间在城区进行文艺大游行和灯展一条街活动，演出节目有龙灯、狮子舞、高跷、秧歌等10多种形式，出动彩车100余辆，参演3000多人。每年的中国（寿光）国际蔬菜科技博览会、蔬菜文化艺术节、荷花节等展会期间，都举办大型文艺演出，市直部门、乡（镇）、学校、部队等单位组织各类文艺会演和专题文艺演出500余场次。1996年始，先后整理改进民间舞蹈《菜乡情韵》《秧歌情》以及傣族舞蹈《孔雀开屏》等表演形式，丰富发展民间秧歌、高跷、狮舞、艺术彩车等街头节目。1997年始，先后邀请540多个国家级艺术团体到寿光演出。先后组建、发展侯镇龙灯、稻田镇秧歌、纪台镇舞狮、文家街道高跷等民间文艺表演队30多支，常年以自娱自乐形式活跃在农村。2001年，开展送千部电影进村、送百部戏曲下乡、送图书科技兴农、送春联干群联谊等文化下乡活动。2006年始，以弘扬农圣文化品牌为重点，每年都开展绿色之春、文明之夏、丰硕之秋、欢乐之冬为主题的“和谐四季”系列群众文化活动，年均参演2500余人次。多次举办庄户剧团大赛、家族才艺展示、“社区情、和谐颂”系列社区文化活动等47项群众性活动。2010年，市文化局、镇（街道）文化站共组织各类大型群众性文化活动400余场次，中小型活动常年不断。

第四节 文化市场管理

1993年4月，成立文化市场管理办公室，与县文化局文化科一套班子两块牌子，负责文化市场的日常管理。1994年4月，成立市文化市场稽查队，正股级自收自支事业单位，编制10人。1999年，市文化市场稽查队改为全额拨款事业单位，与市文化市场管理办公室合署办公，具体负责全市文化市场的监督检查，依法处理各类违规违法行为。2009年，文化体制改革后，成立新闻出版管理科，负责全市出版物经营单位、印刷复印企业的审批和年检工作。

1993年始，文化市场管理工作逐步有序展开。1994年，实行许可证制度，对从事游艺、歌舞、台球、音像制品零售、出租、放映等娱乐场所文化经营活动的单位和个人，颁发经营许可证等相关证件，共发证90个。1998年始，文化、公安等部门对全市文化市场进行清理整顿，依法取缔电子游戏厅120余家、赌博机110余台。2001年，全市网吧实行许可经营，统一颁发网络文化准营证。2002年8月，网吧等互联网上网服务营业场所管理职能调整，由原来的市电信部门主管移交市文化部门主管，合格者颁发网络文化经营许可证。2002年，加强全市音像制品经营市场规范化管理，查缴并集中销毁盗版光盘、磁带等音像制品10万余件。有40多家音像制品经营业户加盟爱书人音像制品连锁经营，正版音像制品占有率达80%以上。2003年10月，首批40家符合条件的网吧加入万佳网络文化园，实行连锁经营。2004年，成立由市文化、公安、工商、教育等9部门参加的寿光市文化市场治理工作领导小组。2005年，全市共发展网吧82家、音像42家、娱乐场所38家。同年8月，文化市场开通全国统一举报电话号码“12318”。同年10月，对市内网吧统一安装省文化厅净网先锋管理软件。2006年，有42家音像店加盟爱书人音像制品连锁经营。2010年，对全市文化经营单位进行年检和登记，共审批和年检登记出版物零售经营单位55家、印刷企业59家、复印打印经营单位85家。

第三章 非物质文化遗产

第一节 省级非物质文化遗产

2009年9月，山东省公布第二批省级非物质文化遗产名录，寿光市有宏源白酒传统酿造技艺、闹海、月宫图3个项目入选。

宏源白酒传统酿造技艺 侯镇酿酒有1500多年历史。早在北魏时期，寿光人贾思勰所著《齐民要术》就有1.6万余字记录神曲制作、白酒酿制工艺技术。经历代传承发展，至明末清初，侯镇街已有洪元、裕成、万顺成、太源恒、四合成、钟房聚等28家较规范的老烧酒作坊。清末民初，洪元老酒坊掌门人、侯镇商会会长刘子厚，在传承古法酿酒的基础上，博采众家之长，以当地产小麦、高粱“斑鸠眼”“元宝粒”为原料，形成“麦季进料伏制曲，秋冬酿酒春开窖”的酿制模式和“子夜蒸粮，黎明踩曲，分段摘酒，酒头酒尾养窖”等系列酿酒秘方，形成口味独特、绵甜爽净的洪元酒。洪元老酒坊东至青岛、西至济南均设有洪元商号。至解放战争期间，收归众商号成立渤海军区白酒厂，所产白酒供应部队，行销全省各地。1980年，侯镇酒厂成立后，深入挖掘洪元酿酒技艺和文化，于2002年改制为山东宏源酒业有限公司。2008年7月，列入寿光市首批非物质文化遗产名录。同年12月，列入潍坊市第二批非物质文化遗产名录。2009年9月，列入山东省第二批非物质文化遗产名录。

宏源白酒传统酿造工艺（2007年摄）

闹海 属群舞。根据海水动物中鱼、龟、虾、蟹等形象，用竹、纸、布扎制成鲜明生动的海水动物道具，装扮在表演者头部或上半身进行有序的表演，表达对美好生活的向往和对出海人的祝福。其表演队形有辫子花、里梅花、梅花斗、正反推磨、四门八斗等。角色分海仙、众仙、舞云者、丑婆。表演人数不等，少则几十人，多则百余人。扮演者男女相间，表演形式以跑场为主线。其中丑婆以半疯、半憨、半丑、半媚形象出现，手持破芭蕉扇，动作随意，踏着锣鼓点诙谐风趣即兴表演，表演手法夸

闹海（2000 年摄）

张、浪漫，既粗犷又细腻，闹中有序，千姿百态。表演伴着大堂鼓、大钹、大锣、大镲、小锣等打击乐器和唢呐、笙、笛等，曲调以秧歌调为主。在寿光境内，每年的农历正月十五日闹元宵时，北部镇村多有演出。每年在羊口镇举行的渔船出海祭海盛典活动中，被列入重要项目。2008 年 12 月，列入潍坊市第二批非物质文化遗产名录。2009 年 9 月，列入山东省第二批非物质文化遗产名录。

月宫图 发源于圣城街道南关村。1982 年，县文化馆工作人员与南关村成立专业班子，组织队伍进行整理和排演。舞蹈开始，由 16 名舞女手持 64 只小灯笼翩翩起舞，数十只小灯笼形成一个美丽的大月亮，在月亮中间拼凑出 3 个篆体大字“月宫图”。月宫图采用构图丰富、表演多变的艺术手法，讲究形式美。以个体的小灯笼作为构图中的点，以点的运动连接为画面的线，又以点线的律动变化，构成形形色色的月亮图案。64 只小灯笼相继构成大月亮、两月对照、四季平安、黄龙摆尾、天下太平等图形。同时，还以摔灯、卷箔、双换、对灯、挂帘等形式构成月宫图的丰富画面。整个舞蹈采取大小、前后、里外、单双、点线、纵横 8 种变换形式、16 个舞节、72 个多变画面，在朦胧的月色灯光下，组成各种形式的月亮，寄托人们对天下太平的美好愿望。2007 年 3 月，列入潍坊市第一批非物质文化遗产名录。2009 年 9 月，列入山东省第二批非物质文化遗产名录。

月宫图彩排现场（2000 年摄）

第二节 潍坊市级非物质文化遗产

2007 年 3 月，潍坊市公布第一批潍坊市非物质文化遗产名录，寿光市有仓颉造字的传说、月宫图 2 个项目入选。2008 年 12 月，潍坊市公布第二批潍坊市非物质文化遗产名录，寿光市有寿光卤水制盐技艺、汉武帝躬耕巨淀的传说、齐民大宴烹饪技艺、王高虎头鸡制作技艺、羊口祭海节、宏源白酒传统酿造技艺、闹海 7 个项目入选。

仓颉造字的传说 是中国汉族古代神话传说之一。仓颉，也称苍颉，轩辕黄帝史官。相传他根据野兽的脚印创造出汉字，被后人尊为文圣。周朝时仓颉墓和石室在寿光境内被发现，出土仓颉鸟迹书。至春秋时，孔子偕弟子来寿光造访石室，产生孔子问经石室的典故。汉代《说文解字》："仓颉，见鸟兽蹄迒之迹，知分理之可相别异也，初造书契"。北魏《水经注》："巨洋水（即弥河）东北流，……经县故城（故城即洛城街道安全牟城村）西，城之西南，水东有孔子石室"。今仓圣公园建有仓颉纪念堂。2007年3月，列入潍坊市第一批非物质文化遗产名录。

月宫图（见上节）

宏源白酒传统酿造技艺（见上节）

闹海（见上节）

寿光卤水制盐技艺 起源于商、周时代。分布在境内北部官台、双王城水库一带，面积155平方公里。原始制盐技艺是用陶罐收卤水，然后用火煮熬，待水分蒸发剩余白粉沫为盐，称煮海为盐。至汉代，改为煎盐，先淋卤、制卤，然后用铜盘或铁盘（盘直径丈余，深尺许）煎，每昼夜为一伏火，每盘得盐百斤。明代改为锅熬盐。到清康熙年间，开始由熬制改为晒制，先是人工挖掘一口大卤井，上大下小，口宽约百余米，深计10余米，卤水即自然生成，再选平地，建用红泥做底的盐池，然后再将卤井之水人工用条编水斗分两级打上水盘，引入盐池晾晒、蒸发，结晶成盐。卤水制盐技艺是劳动人民在长期的实践中汗水和智慧的结晶，是宝贵的历史遗产。2008年12月，被列入潍坊市第二批非物质文化遗产名录。

汉武帝躬耕巨淀的传说 汉代武帝（刘彻）年老时，偏听偏信，沉迷于修道成仙，不理政务，上行下效，加之连年战乱，农桑重创，田园荒芜。某一年，汉武帝东寻长生不老药未果返回，途径寿光北部巨淀湖南畔，见此处水清草绿，但田园荒芜、耕民穷困、欲耕无力，便问："此处何地方？"大臣报曰："此乃已故丞相公孙弘故里"（公孙弘，西汉布衣丞相，辅佐汉武帝20多年，使西汉国力日渐强盛）。武帝忽然明白丞相重农利民强国的道理。时值三月，正逢春耕之时，于是下轿进田，与民同耕。乡民见皇上亲耕，重归田园，种粮植棉。自此，这里农桑兴盛，人民富足。武帝甚喜并诏告天下：削减税赋，恢复民力，扶助农耕，发展农桑。汉武帝躬耕巨淀的传说在2000多年的漫长流传过程中，因其教化内容同"民以食为天"的民众需要相适应，又体现君爱民、民拥君的社会和谐之风，流传至今。2008年12月，被列入潍坊市第二批非物质文化遗产名录。

齐民大宴烹饪技艺 齐民大宴源自北魏时期寿光人贾思勰《齐民要术》一书，菜品考究，色、香、味、形、器兼收并蓄。其搭配合理，就地取材，就地烹饪，并随季节的变换而变化菜系，适宜不同层次消费者的需求。齐民大宴共有菜点200余款，皆为寿光传统烹饪菜做法，包括凉拌热炒、煎炸焖炖、蒸煮烧烤等，有特色小吃宴、海鲜宴、荤素搭配宴、官府宴、庄户宴等，并伴有多道点心、杂粮粽子、五彩煎饼等农家面食。主要特点为：选料精细，刀工精湛，工于火候，装盘丰满，成菜鲜香脆嫩，兼顾官府菜和民间饮食。2008年12月，被列入潍坊市第二批非物质文化遗产名录。

王高虎头鸡制作技艺 王高虎头鸡是寿光一带宴宾席"九大碗"的首道菜，有"一鸡、二鱼、三凉菜、四喜丸子"之说。至北魏时期，贾思勰将寿光大鸡培育写入《齐民要术》，养鸡第五十九篇载："春二月，耕作田一亩，秫粥洒之，割白茅覆上，自生白虫，母十雄一，自成，炙食之，良也。"此处所说"炙食"，就是公鸡宰杀后，将鸡斩块入味，挂以蛋糊，油炸至透，保存至来年春时而味不变。因鸡块挂糊油炸后，满身金黄，状如虎头，故名虎头鸡。又因王高村一带所炸制虎头鸡最为正宗，故名王高虎头鸡。干吃或清炖，外脆里嫩、骨酥肉鲜。2008 年 12 月，被列入潍坊市第二批非物质文化遗产名录。

羊口祭海节 每年的农历正月十六日在羊口镇举行，家家户户蒸好嵌枣饽饽，备好猪头、大炸鱼、褪了毛穿了红衣的公鸡、各种点心、瓜果、生菜等供品，带上纸马、纸币、纸元宝、高香、鞭炮，身穿盛装，手提莲花灯、鲤鱼灯、小船灯等五颜六色各式各样的小渔灯，由当地有一定威望或影响的族人、长辈、地方官员上香、宣读祭文，率众人燃纸、烧香、敬酒，跪拜叩首、祈海赐福。同时，人们将自制的小渔灯点燃放入水中，寓意是送给诸神，祈求人船平安，满载早归。接着鞭炮齐鸣，锣鼓喧天，龙腾狮跃，跑旱船，扭秧歌，香烟缭绕。羊口祭海节有固定的时间、地点、形式，具有广泛的群众性，是当地渔民在长期海上作业中形成的独具特色的渔海文化。2008 年 12 月，列入潍坊市第二批非物质文化遗产名录。

羊口祭海节现场（2008 年摄）

第三节 寿光市级非物质文化遗产

寿光市非物质文化遗产种类繁多，包括民间文学、民间音乐、传统舞蹈、曲艺、传统体育与游艺、传统拳术、传统技艺、传统医药和民俗等 9 大类。至 2010 年年底，全市共有寿光市级非物质文化遗产代表性项目 60 个。

2010 年寿光市级非物质文化遗产代表性项目一览表

表 25-3-1

项目名称	类别	公布时间	项目名称	类别	公布时间
月宫图	传统舞蹈	2008.07	文家贡韭栽培技艺	传统技艺	2008.07
闹海	传统舞蹈	2008.07	蓝花布印染工艺	传统技艺	2008.07
荷花秧歌	传统舞蹈	2008.07	扒谷的制作工艺	传统技艺	2008.07
百鸟朝凤	传统舞蹈	2008.07	寿光发制品制作工艺	传统技艺	2008.07
仓颉造字的传说	民间文学	2008.07	寿光花边制作工艺	传统技艺	2008.07
西汉名相公孙弘	民间文学	2008.07	三疣梭子蟹腌制工艺	传统技艺	2008.07
一代名相王猛	民间文学	2008.07	羊口蜢子酱制作工艺	传统技艺	2008.07
薛仁贵征东的传说	民间文学	2008.07	羊口老咸菜腌制技艺	传统技艺	2008.07

续表 25-3-1

项目名称	类别	公布时间	项目名称	类别	公布时间
张飞勒马看古槐的传说	民间文学	2008.07	羊口祭海节	民俗	2008.07
孔圣母的传说	民间文学	2008.07	李莪华庙会	民俗	2008.07
王季槐的传说	民间文学	2008.07	寿光民谣	民间文学	2010.07
后羿射日的传说	民间文学	2008.07	寿光“稿”的传说	民间文学	2010.07
跃龙河的传说	民间文学	2008.07	弥河的传说	民间文学	2010.07
静山的传说	民间文学	2008.07	纪国的传说	民间文学	2010.07
东方朔的传说	民间文学	2008.07	寿光大鼓	曲艺	2010.07
秦始皇筑台观海	民间文学	2008.07	拉洋片	曲艺	2010.07
汉武帝躬耕巨淀的传说	民间文学	2008.07	五福棋	传统体育、游艺	2010.07
刘阁老妙计扶桑梓	民间文学	2008.07	寿光毛毽舞	传统体育、游艺	2010.07
纪公墓的传说	民间文学	2008.07	寿光盐卤膏制作技艺	传统技艺	2010.07
捻军血战北冯沟	民间文学	2008.07	范氏泥塑技艺	传统技艺	2010.07
送情郎（情歌）	民间文学	2008.07	绣球蝈蝈笼制作技艺	传统技艺	2010.07
寿光卤水制盐技艺	传统技艺	2008.07	工艺葫芦制作技艺	传统技艺	2010.07
宏源白酒传统酿造技艺	传统技艺	2008.07	留吕烧饼制作技艺	传统技艺	2010.07
王高虎头鸡制作技艺	传统技艺	2008.07	岳庄镰制作技艺	传统技艺	2010.07
齐民大宴烹饪技艺	传统技艺	2008.07	东头箩制作技艺	传统技艺	2010.07
草碾子草编技艺	传统技艺	2008.07	南邵风箱制作技艺	传统技艺	2010.07
仉家龙灯扎制技艺	传统技艺	2008.07	杠子头火烧制作技艺	传统技艺	2010.07
方吕鸟笼制作技艺	传统技艺	2008.07	西黑豆腐制作技艺	传统技艺	2010.07
柴庄土陶制作技艺	传统技艺	2008.07	寿光礼仪习俗	民俗	2010.07
羊口铜镜制作技艺	传统技艺	2008.07	寿光蔬菜生产习俗	民俗	2010.07

第四章 古迹 文物

第一节 古遗址

1991—2010 年，全市新发现各类古遗址（群）13 处，包括双王城、大荒北央、王家庄子、单家庄子、西桃园 5 处盐业遗址群和 8 处其他类遗址点。至 2010 年，寿光境内共发现古文化遗址（群）156 处。

1992 年 6 月，边线王遗址、赵旺铺遗址被山东省人民政府确定为第二批省级文物保护单位；2000 年 4 月，南台头遗址、三元王遗址、安家遗址被潍坊市人民政府确定为第一批潍坊市级文物保护单位；2007 年 6 月，埠子顶遗址被确定为第二批潍坊市级文物保护单位。至 2010 年年底，寿光市共有各级文物保护单位（古遗址）17 处，其中省级 4 处、潍坊市级 4 处、寿光市（县）级 9 处。

边线王龙山文化城址 位于孙家集街道边线王村北，1984—1986 年对边线王遗址进行局部发掘发现。这是山东地区经科学发掘证实的第一座龙山文化城址，由内城圈和外城圈组成，其中内城面积约 2 万平方米，外城面积约 5.5 万平方米。内城筑于龙山文化早中期，城垣基槽断面呈倒梯形，破坏较重；外城筑于龙山文化中晚期，城垣基槽断面呈倒三角形，保存基本完整。城垣基槽内普遍发现奠基坑，内有陶器、猪、狗以及人殉现象，特别是发现“活殉”现象，标志着阶级或特殊“公共权力”出现，龙山文化城址或许已步入文明门槛。边线王城址继河南登封王成岗、淮阳平粮台后中国发现的第 3 座龙山文化城址，其内外城的布局别处未见，也是当时所知面积最大的龙山文化城址。1992 年 6 月，被山东省人民政府确定为省级文物保护单位。

边线王遗址全景（2007 年摄）

赵旺铺遗址 位于圣城街道赵旺铺村北的“北大埠”，遗址面积约 9 万平方米，文化堆积厚约 3.4 米。暴露有灰坑、龙山文化墓葬。出土物有大汶口文化夹砂红陶鼎足、

赵旺铺遗址远景（2009 年摄）

泥质红陶钵、泥质黑陶壶，龙山文化夹砂黑陶碗、夹砂褐陶、红陶鼎足、泥质黑陶杯，商代夹砂灰陶绳纹鬲足、泥质灰陶簋口、罐口，西周泥质灰陶罐口、豆盘，东周时期泥质灰陶豆盘、鼎足等。赵旺铺遗址是一处多种文化互相叠压的遗址，内涵丰富。1992年6月，被山东省人民政府确定为省级文物保护单位。

双王城盐业遗址群 位于双王城生态经济园区双王城水库周围。南界至寇家坞村西南，北至六股路村南，东至马塘沟，西至新塌河东岸。遗址群发现于2003年夏，后经7次较大规模的田野考古调查、钻探和试掘工作。遗址群面积达30平方公里，发现古遗址89处，其中龙山文化时期遗址3处（属于龙山中期偏晚）、商代至西周初期76处、东周

双王城遗址商周时期盐灶（2008年摄）

时期4处、金元时期遗址6处，是渤海南岸地区迄今所发现的数量最多、规模最大的商周盐业遗址群。2008—2010年，北京大学考古文博学院、山东省文物考古研究所、寿光市文化局等单位联合对遗址进行抢救性发掘，全面揭露了商周及金元时期的制盐工艺流程。此次发掘于2009年4月被评为2008年度全国十大考古发现之一。

大荒北央盐业遗址群 位于双王城生态经济园区郭井子村西南2.5公里，新塌河西北部、辛沙公路西南岸。1980年第二次全国文物普查时被发现，2001年山东大学东方考古研究中心对该遗址进行过试掘。2007年春季、冬季，北京大学考古文博学院与寿光市博物馆先后多次对该遗址区域进行系统性调查，共发现盐业遗址点33处，其中西周早期27处、东周时期遗址6处。遗址集中在面积约3平方公里的范围内，文化堆积距地表深约30厘米。该遗址群的发现，对于研究西周早期及东周时期鲁北地区盐业史具有重要意义。

王家庄子盐业遗址群 位于羊口镇王家庄子村周围。2009年6月，寿光市博物馆在进行第三次全国文物普查时，在王家庄子村周围面积约6平公里的范围内，发现近50处西周及东周时期盐业遗存。这是环渤海地区最大的东周时期盐业遗址群，对于研究西周早期及东周时期鲁北地区盐业史具有重要意义。

1991—2010年寿光市（县）新发现古遗址情况表

表25-4-1

古遗址名称	保护级别	发现时间	年代	位置
双王城盐业遗址群	未核定	2003.07	龙山文化、商周、东周、金、元	双王城生态经济园区双王城水库周围
圣城中央花园遗址	未核定	2004.08	战国、汉、南北朝、唐、宋、金、元、明、清	圣城街道圣城中央花园小区及周边
西桃园盐业遗址群	未核定	2007.04	商、西周、东周	羊口镇西桃园村西南部、小清河东岸
大荒北央盐业遗址群	未核定	2007.04	西周、东周	双王城生态经济园区郭井子村西南2.5公里

续表 25-4-1

古遗址名称	保护级别	发现时间	年代	位置
羊口老码头遗址	未核定	2009.06	清	羊口镇区东北约 7.5 公里处
王家庄子盐业遗址群	未核定	2009.06	西周、东周	羊口镇王家庄子村周围
单家庄子盐业遗址群	未核定	2009.06	东周	羊口镇单家庄子村西
三元朱遗址	未核定	2009.07	战国	孙家集街道三元朱村北
张家遗址	未核定	2009.07	龙山文化	洛城街道张家庄村南
景明寺遗址	未核定	2010.03	唐	上口镇西景明村东约 200 米
郝屯遗址	未核定	2010.03	东周、汉	化龙镇高家庄村东 300 米
大坨村遗址	未核定	2010.05	西周、东周、汉	台头镇大坨村南
徐家庄遗址	未核定	2010.05	东周	圣城街道徐家庄村北

2010 年寿光市各级文物保护单位（古遗址）情况表

表 25-4-2

古遗址名称	保护级别	公布时间	年代	位置
呙宋台遗址	省级	1977.12	商、西周、东周、汉、南北朝	孙家集街道呙宋台村以西
纪国城址	省级	1977.12	战国、汉	纪台镇纪东、纪西、黄孟、冯家村周围
边线王遗址	省级	1992.06	龙山文化、商、西周	孙家集街道边线王村北
赵旺铺遗址	省级	1992.06	大汶口文化、龙山文化、商、西周、东周	圣城街道赵旺铺村北
南台头遗址	潍坊市级	2000.04	龙山文化、商、西周	台头镇南台头村西北
三元王遗址	潍坊市级	2000.04	大汶口文化	孙家集街道三元王村北 20 米
安家遗址	潍坊市级	2000.04	大汶口文化、龙山文化、西周、东周	纪台镇安家村东 1000 米
埠子顶遗址	潍坊市级	2007.06	龙山文化、商、西周、东周	化龙镇埠西一村东约 200 米
三元王遗址	县级	1980.04	大汶口文化	孙家集街道三元王村北
后胡营遗址	县级	1980.04	大汶口文化	孙家集街道后胡营村东北
杨家遗址	县级	1980.04	龙山文化、商、周	圣城街道杨家村西南
益都侯城城址	县级	1980.04	商、汉	古城街道古城村南 100 米
斟灌故城	县级	1980.04	东周、汉	洛城街道斟灌城里村周围
椒园遗址	县级	1983.09	龙山文化、东周、汉	圣城街道椒园村西南

续表 25-4-2

古遗址名称	保护级别	公布时间	年代	位置
王庄遗址	县级	1983.09	大汶口文化、龙山文化、西周	化龙镇王庄村东南 50 米
高家庄遗址	县级	1983.09	龙山文化、岳石文化、商、西周	化龙镇高家庄村南
薛家庄遗址	县级	1983.09	大汶口文化、龙山文化、商、西周、战国、汉	田柳镇薛家庄村东北 1000 米

第二节 古墓葬

1991—2010 年，境内新发现古墓葬 11 处，其中纪台镇 7 处，圣城街道、上口镇、稻田镇、化龙镇各 1 处。至 2010 年，全市共登记在册古墓葬 24 处，其中仅三元孙墓群、贾思同墓 2 处被发掘。

三元孙墓群 位于孙家集街道三元孙村南 400 米，分布面积约 12.5 万平方米。1989—1990 年山东省文物考古研究所进行勘探和发掘，探明汉墓 180 座以上，发掘 158 座，多数为西汉时期墓葬。发掘墓葬中，除一座有高 6 米、底径约 40 米、顶径约 15 米的圆台状夯筑封土外，其余皆无封土。出土陶器有罐、壶、扁壶、熏壶、钵、耳杯等，均为泥质灰陶；铜器有镜、熏炉、带沟、铃、磬手、刷柄及车马器、五铢钱等；铁器有剑、锛、锸、锄，另有牙雕、石饰等。2009 年，寿光市博物馆对该墓葬群进行复查时，确定“马陵台”也为一座大型夯土墓。

贾思同墓 位于圣城街道李二村东北，东距贾思伯墓 15 米。1995 年 10 月，市博物馆组织人员对该墓进行抢救性发掘。墓之封土呈圆丘形，高 3.7 米，直径 11.4 ～ 14 米，以黄、黑、细砂土分层夯筑而成，每层约 20 厘米。墓室平面呈圆角方形，砖室，穹窿顶。南北长 4 米，东西宽 3.8 米。墓门位于墓室西南角，拱形，长方形砖错缝砌成。墓道位于墓门南侧，呈斜坡状，南北向，平面呈长

三元孙墓群之“马陵台”近景（2010 年摄）

贾思同墓出土的陶侍俑（2010 年摄）

方形，长 13 米，高 2 米，宽 1.35 米。贾思同墓出土各类陶俑、陶模型、瓷质碗等可辨识文物 80 余件，对研究东魏时期墓葬制度、社会生活、风俗习惯、服饰制度等提供了珍贵的实物资料。

1991—2010 年寿光市（县）新发现古墓葬情况表

表 25-4-3

古墓葬名称	保护级别	年代	位置
梁武赵墓	未核定	汉	稻田镇梁武赵村南 400 米
吕家墓	未核定	汉	纪台镇吕家庄村西南
纪西刘墓	未核定	汉	纪台镇纪西刘村西
王桥墓	未核定	汉	纪台镇王桥村东南 50 米
冯家庄墓	未核定	汉	纪台镇冯家庄村南 500 米
王府墓	未核定	汉	纪台镇王府庄村西北 50 米
王府西南墓	未核定	汉	纪台镇王府庄村西南 500 米
东方墓	未核定	汉	纪台镇东方村北 100 米
高家庄墓	未核定	战国	化龙镇高家庄村南 150 米
宋彦墓	未核定	元	上口镇回河口村北 300 米
南马范墓	未核定	战国	圣城街道南马范村西北 200 米

第三节 古建筑

1991—2010 年，全市新登记在册古建筑 2 处（常治官庄古楼、浮桥石桥）。至 2010 年，全市登记在册古建筑共 4 处（古城街道、洛城街道、营里镇、纪台镇各 1 处）。

安致远晚读堂 位于纪台镇安家村中部，坐北朝南，建筑面积 52.5 平方米，二级台阶。房屋 3 间，长 11 米，宽 4 米，房高 4.6 米，面南，一门二窗，四周墙壁由青砖垒砌。安致远（1628—1701），字静子，别号拙石老人，清代贡生，纪台镇安家村人，其著作除《寿光县志》外，还有《玉硙集》《纪城文稿》《纪城诗稿》《吴江旅啸》等，均收

安致远晚读堂（2010 年摄）

入《四库全书》。晚读堂是其终生著述之地。

常治官庄古楼 位于古城街道常治官庄村社区楼西北角。该楼正门面南略偏西，长10.7米，宽6米，高12米。外部为砖瓦结构，共2层，铁皮木门，木窗。其中南墙一门五窗，北墙中部上下两窗，东西墙二楼中部各一圆窗。楼梯位于一楼西侧，木质，共12级。二楼南侧为廊，其北分隔为3间，都是木结构。此楼是清末该村地主曹万庆所建四合院建筑的主楼，1950年土改时收归集体所有，2003年9月进行过修缮。

常治官庄古楼外景（2010年摄）

2010年寿光市古建筑情况表

表25-4-4

古建筑名称	保护级别	年代	位 置
北单菩萨庙	未核定	明、清	营里镇北单村内
安致远晚读堂	未核定	清	纪台镇安家村中部
常治官庄古楼	未核定	清	古城街道常治官庄村社区楼房西北角
浮桥石桥	未核定	清	洛城街道浮桥村新村西南角100米

第四节 古石刻

2010年，境内古代石刻在文化大革命期间因受“破四旧”（破除旧思想、旧文化、旧风俗、旧习惯）影响，多遭破坏。境内保存较好、价值较大的碑刻主要有：

评事李公墓志碑 位于李铉家族墓地内。碑青石质，龟趺。碑高4.1米，宽1.1米，厚0.3米。碑阳额题“评事李公墓志”，碑文楷书，由前提领寿光县事孟过撰写。此碑由“宣差山东东路御前亲卫军左翼千户怀远大将军兼同知博兴州事李铉立石，弟李鏻同立”，碑文寥寥数语记录李铉之父母品德操守，大量记载李铉功绩，可看作是李铉纪念碑。碑阴额题“李侯宗派之图”，碑文为李氏家族谱系。李铉（？—1342），上口镇东北上口村人，元代怀远大将军、都统领、同知博兴州事。

安致远寿圹碑 亦称才子碑，位于纪台镇安家庄村东约1.5公里的安致远墓地内。墓地封土无存，仅存此碑。碑辞写于安致远去世的前一年（康熙三十九年，1700年）重阳日，正文共250句，每句4字，共1000字，是对安致远一生读书为文、息影荒村、俯仰进退、踬扑坎坷、饱经忧患的高度概括。

第五节 近现代纪念建筑物

2010年，境内登记在册的近现代纪念建筑物共6处，其中寿光烈士陵园为县级保护单位（1980年4月由寿光县人民政府公布）。

马保三旧居 位于台头镇牛头镇村西北部，建于1852年，为四合院式院落。东西宽

21米，南北长21.3米。原有北屋7间，东屋3间，西屋2间，南屋2间，皆为砖墙木桁，

马保三旧居（1995年摄）

两面坡草屋顶。2010年仅存北屋7间，其中东端3间原为马保三住室。1937年10月在此召开中共寿光县委扩大会议，筹划抗日武装起义，后设为接待站、印刷厂等。院内有石磨1座。原先院中的地道、墙中夹壁已损坏。马保三（1887—1964），牛头镇村人，1924年加入中国共产党，1937年组建国民革命军第八路军鲁东游击队第八支队，开展武装抗日。1949年青岛解放后，任青岛市长，1950年当选为山东省各界人民代表会议副主席，1955年当选为省政协副主席。1964年2月，病逝于济南。

张玉山故居　位于台头镇张家庄村内，是潍坊市第一个党支部寿广支部以及第一届寿光县委成立旧址。建于民国时期，2010年仅存北屋平房3间和一小院。张玉山（1898—1927），原名张振儒，字玉山，中共寿光党团组织创始人，历任中共寿（光）广（饶）支部书记、中共寿光支部书记、中共寿光地方执行委员会书记（即寿光县委第一任书记）等职。1927年12月病逝。

张玉山故居（2010年摄）

植庭学校旧址　位于田柳镇崔家庄村内，2010年仅存北屋5间，长15.3米，宽6.3米，砖木结构，红墙红瓦，两面坡顶，门上方书“大礼堂”3个大字。李植庭（1871—1964），原名李三槐，田柳镇崔家庄村人。早年从事教育事业，主张教育救国，1915年带头集资在村东娘娘庙创立双凤小学。1926年，中共寿光县委成立后，该校成为党的活动场所。1929年拆除旧房，迁至村内新建校舍，改名寿光县立第八小学。1937年，抗日战争爆发后，李植庭参加抗日救亡运动，1944年被选为渤海区参议长。1946年，因该校为革命培养人才，贡献很大，经中共渤海区党委批准，命名为“植庭学校”，县长张竹天为学校题写校匾。同年11月，李植庭加入中国共产党，1949年当选为山东省各界人民代表大会委员、山东省政协委员。1964年去世。

植庭学校旧址大礼堂（2009年摄）

2010 年寿光市近现代纪念建筑物情况表

表 25-4-5

建筑物名称	建设时间	位置
羊口灯塔	20 世纪 50 年代	羊口镇区太平东路东路口向东约 1000 米
羊口新码头	1974 年	羊口镇区望海街、和平街向北，小清河河畔
植庭学校旧址	民国	田柳镇崔家庄村内
马保三旧居	民国	台头镇牛头镇村内
张玉山故居	民国	台头镇张家庄村内
寿光烈士陵园	1959 年	圣城街道北关村西偏北

第六节 馆藏文物

2010 年，市博物馆经过历年文物搜集、整理，馆藏可移动文物共有 2300 余件（套），其中国家一级文物 11 件（套）、二级 105 件（套）、三级 498 件（套）。

青铜器 商代兽面纹铜鼎 1983 年 12 月 23 日出土于古城街道古城村前益都侯城故址，1993 年 3 月确定为国家一级文物。通高 33.4 厘米，口径 28 厘米。大口，方唇，沿面略内倾，口沿之上立二耳，圆腹，圜底，圆柱形足。口沿下腹外侧饰饕餮纹三组，扉棱六条（三条作饕餮鼻梁，三条作隔梁）云雷纹地。沿下腹内铸阴铭“己 ”，铭文位于两耳之间，与一足相对应。腹底外侧、足部有烟炱迹。

商代兽面纹铜鼎（2010 年摄）

东汉镂孔铜熏炉 1992 年 10 月出土于纪台镇纪国故城遗址，1993 年 3 月确定为国家一级文物。通高 24.5 厘米。炉下为直沿圆盘，口径 11 厘米。圆盘内以圆柱为中心饰有十角星纹。盘下三足为三力士，面目似人似兽，头戴尖帽，窄额，高鼻，招风大耳，嘴裂开至耳部。垂头，身体后倾作用力状，双腿微屈并分开，双足踏与横板之上。其中，一力士双手置于胸前，另外两力士双臂前伸，双手合十略微上扬。力士几近裸身，唯有腰部缠布条，至腹部交叉搭于双腿之上。盘与炉身由一中空圆柱相连。炉身子母口，上窄下宽，底部下弧。炉中部镂孔，19 个六瓣纹小圆饼连接炉身上下部；上部饰菱形田字纹，下部饰曲线形云纹。上有镂孔盖，盖身主纹为 4 个白虎形神兽，下端饰一周重三角纹。盖顶有一立雕凤鸟，造型优美，展翅欲飞。（见卷首插图）

西周铜甗 1972 年 3 月出土于孙家集街道丰顺王遗址，1993 年 3 月确定为国家二级文物。高 43 厘米，口径 32.1 厘米，足高 7.6 厘米，方唇，翻沿，深腹。沿下腹部饰一纹带，中间九组重环纹和圆涡纹，釜、鬲连体，

西周铜甗（2010 年摄）

鬲为分裆。鬲足中部两侧各饰一个铆钉纹，兽蹄形实足。箅近三角圆形，上有长条形气孔九道，一端用铜条固定于腹内，另一端装铜鼻 1 个，作揭箅之用，腹内下沿设 3 个三角形铜钮搁置箅子。

玉器 商玉戈 1983 年 12 月出土于古城街道古一村益都侯城遗址，1993 年 3 月确定为国家一级文物。通长 13.6 厘米，宽 4.4 厘米。质细腻，温润，深绿色，有绿、红天然气纹理，磨制精致。直援，上下有刃，前锋呈三角形，援后部有一圆穿。中间起脊，脊线由锋贯至内。内较短，后缘稍斜。（见卷首插图）

新石器时代大汶口文化玉铲 1974 年 4 月 28 日出土于孙家集街道后胡营遗址，未定级。长 13 厘米，宽 8.1 厘米，孔径 1.3 厘米。梯形，平顶，正锋，两面刃，靠近顶部穿一孔，两面对钻而成。通体磨光。器身呈淡黄色，有较细的白色纹理。

战国涡纹玉璧 1972 年 11 月 19 日出土于纪国故城以西“西乓冢”，1993 年 3 月确定为国家二级文物。直径 15.5 厘米，孔径 4.6 厘米，厚 0.45 厘米。青玉，质地细腻，局部

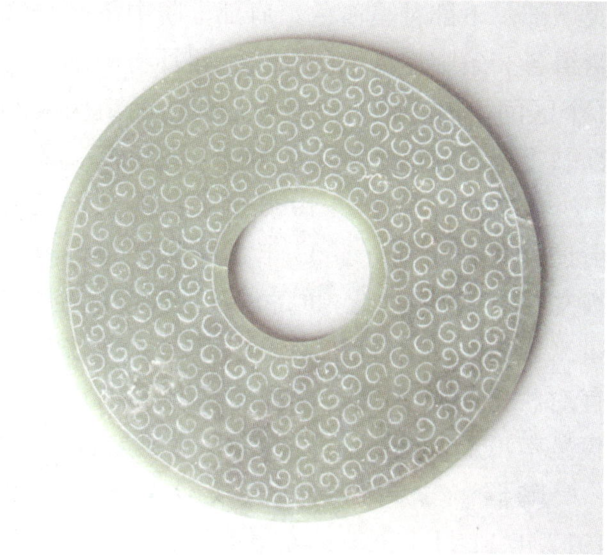

战国涡纹玉璧（1999 年摄）

有少量黑色纹理，通体磨制光滑。圆形，肉倍于好。有内、外廓，中间饰排列规矩的圆涡纹。

瓷器 元磁州窑“家和贫也好不义富如何”四系瓶 1992 年 1 月出土于文家街道岳家铺西村，1993 年 3 月确定为国家三级文物。高 34.1 厘米，口径 5.7 厘米。圆唇，细矮颈，溜肩，鼓腹，最大腹径位于中下部，下腹渐内收至底，小圈足。肩部竖四耳。施灰黄色釉至

元磁州窑“家和贫也好不义富如何”四系瓶（2010 年摄）

腹下部，下部釉呈酱色。肩部、腹中下部分饰两组各 3 条中粗外细的弦纹。四耳将肩部分为 4 个区间，内各饰有三叶瓣形纹；两组弦纹间行书“家和贫也好不义富如何”绕瓶腹 1 周。

唐鸡形二彩壶 1988 年 7 月出土于圣城街道北关村遗址，1993 年 3 月确定为国家二级文物。饮茶器皿。通高 8.8 厘米，口径 3.5 厘米。短流，直管状，子母口。壶肩部两侧有对称的堆塑鸡翅，鋬捏塑成外卷的尾巴，腹呈南瓜形，施黄釉，未及底。（见卷首插图）

陶器 *新石器时代大汶口文化黑陶豆* 1977 年 11 月出土于孙家集街道火山埠遗址，1993 年 3 月确定为国家一级文物。泥质黑灰陶，盛器。通高 19.2 厘米、口径 21.2 厘米。圆唇，大敞口，浅盘，细柄，覆碗形圈足。（见卷首插图）

新石器时代龙山文化黑陶罍 1977 年 11 月出土于火山埠遗址，1993 年 3 月确定为国家一级文物。卷沿、口微侈，高颈、折肩、最大腹径偏于下部，小平底。泥质黑陶。高 31.4 厘米，口径 11 厘米。

新石器时代龙山文化蛋壳陶杯 1974 年 6 月出土于化龙镇埠子顶遗址，1993 年 3 月确定为国家二级文物。高 14.2 厘米，口径 12.4 厘米，盘口薄 0.3 毫米，底座薄 0.8 毫米。杯口作浅盘状，杯部深粗，圜底，底套入柄内，粗高柄。柄部饰凹弦纹数周。细泥质黑陶，表面黝黑有光泽。

新石器时代龙山文化蛋壳陶杯（2010 年摄）

新石器时代大汶口文化褐陶鬶 1977 年 11 月出土于孙家集街道火山埠遗址，1993 年 3 月确定为国家一级文物。夹砂褐陶，高 21.6 厘米。侈口，大翻沿，流上翘，细颈，乳袋足，前二足平齐，后足明显后伸，体向前倾，颈下端、腹间装带形鋬。鋬下端、腹中部饰附加堆纹 1 周。

新石器时代大汶口文化褐陶鬶（2010 年摄）

档案文书 *清三代圣旨* 共 6 轴，保存完好，为清康熙、雍正、乾隆年间封给董思恭及其亲属爵位的。均为绢本，楷书，竖写，右为汉书，左为满文。骑年压月钤赤红玉玺，康熙《奉天敕命》2 轴为“敕命之宝”，雍正、乾隆《奉天诰命》4 轴为“敕诰之宝”。董思恭（1692 ～ 1788），字作肃，稻田镇桂河村人，1717 年中解元，1721 年中进士，授翰林院庶吉士，著有《述怀十六韵》《拟古乐府》《新塘吟》《晦庵文稿》等。

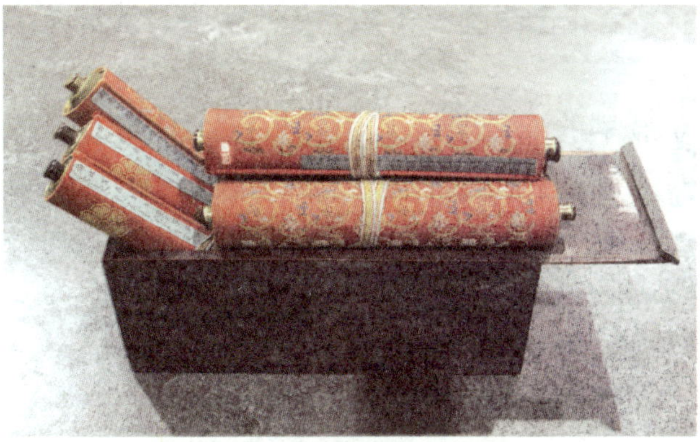

清三代圣旨（2000 年摄）

雕塑造像 汉彩绘陶骑俑 1992 年 10 月出土于稻田镇步家楼遗址，1993 年 3 月确定为国家二级文物。通高 57.5 厘米，马长 43.5 厘米。骑者头戴幞头，面视前方，上身直立，两腿垂下，跨座马背上，上身着左衽长裙，广袖下垂，左手屈置腹间，作牵缰状，右手下垂，全身涂白彩。马昂头，竖耳，张嘴，粗颈，体肥，尾插制，尾尖打结，四腿直立，周身饰红彩大都脱落。

汉彩绘陶骑俑（2010 年摄）

东魏右胁侍菩萨像 1992 年出土于纪台镇东方村龙兴寺遗址，1993 年 3 月确定为国家三级文物。石灰石质，只保留了背屏式造像右胁侍部分，高 51 厘米。菩萨头戴宝冠，宝缯垂直耳下，脑后头发分成两束，自颈后沿双肩垂于臂，前额头发梳成 4 个花瓣形。菩萨面相方圆丰润，弯眉，丹凤目，面带微笑。溜肩，平胸，腹微凸，体态修长。肩饰二圆形发卡，袒上身，颈佩项圈，腰系长裙。绅带自腰部垂下，在中间结成蝴蝶结下垂。披帛覆双肩沿胸侧垂至膝下相交后，翻卷向上，绕肘垂于体侧。胁侍菩萨左侧下部背屏上残留浮雕的龙体。

东魏右胁侍菩萨像（2010 年摄）

碑刻类 北魏贾思伯墓志 1973 年 12 月出土于圣城街道李二村东北贾思伯墓，1993 年 3 月确定为国家二级文物。志石高 57.2 厘米，宽 58 厘米，厚 13 厘米。青石镌刻。志盖（出土后遗失），盝顶，无字。志文 34 行，满行 33 字，最后一行在志石的左侧面，共 1114 字。每字都界有方格，字刻写在方格内，通篇整齐，纵横有序。首行题：“魏故散骑常侍、尚书右仆射、使持节镇东将军、青州使君贾君墓志铭”27 字。

文具类 宋灰陶砚 1992 年出土于稻田镇远水村，1993 年 3 月确定为国家二级文物。长 19.8 厘米，宽 18.1 厘米，高 10.1 厘米，泥质灰陶，整体作不规则六面体。砚面平面呈斧钺形，砚额较对边略低，下端更低，形成箕形砚心。砚心已磨穿，形成一不规则孔洞。砚额上排3圆孔，便于置笔。砚壁中部皆镂孔，其中3面为不规则花瓣状；最高的一面砚壁中部为倒梯形，平底，基本呈正方形。

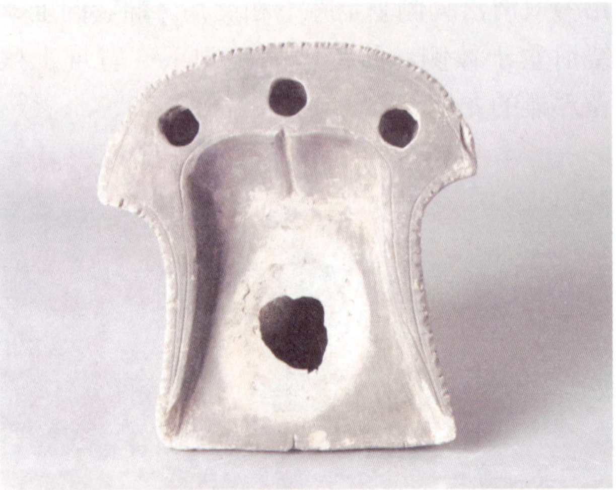

宋灰陶砚（2010年摄）

钱币类　清银锭　市博物馆所藏银锭共11件，1996年12月13日出土于田柳镇邢姚村，未定级。银锭皆元宝形，底部呈蜂窝状。重1.839～1.88公斤，长11.5厘米左右，宽7.2厘米左右，高6厘米左右。从铭文看，有元祥、恒吉、德州、丰泰、协吉、恒记、协盛福、协盛炉、福源炉共9种，其中元祥、丰泰各2锭。铭文多为戳印阳文，位于锭面近翅处。其中，一件铭文为“元祥”的银锭，在侧面中上部阴刻清晰的阿拉伯数字“5357”，或为银锭的编号。

清银锭（2010年摄）

古籍图书类　清康熙三十七年（1698年）安致远著《寿光县志》刻本　此书是寿光现存最早的一部县志，由安致远主持编纂。编书期间，“不费官家之烛”；书成之后，被评为“一时惇史”。全书共32卷，10万余字。书之牌记钤白文印“晚读堂图书”，应为安致远所私藏。

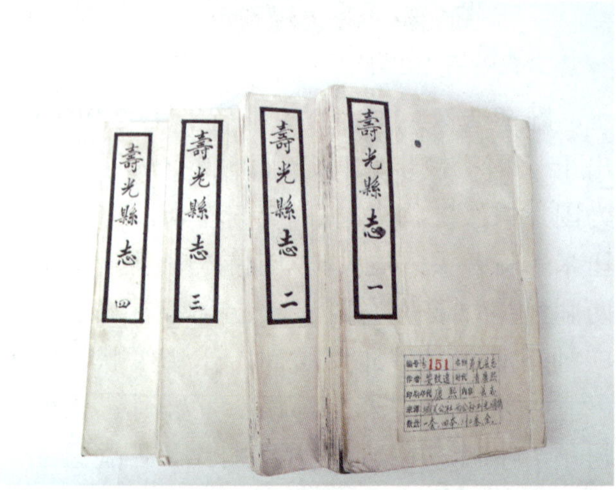

清康熙三十七年安致远著《寿光县志》刻本（2010年摄）

书法绘画类　清王季槐书画册页　1993年3月确定为国家三级文物，全市定级的书画类文物仅此1件。画折纵26.7厘米，横16厘米，共26页，其中书4页、画22页。王季槐，字植庭，别号三混道人，营里镇南河北村人。

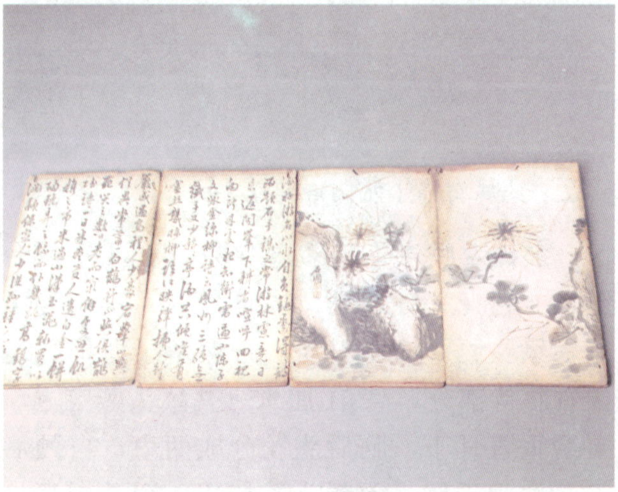

清王季槐书画册页（2010年摄）

生于清乾隆年间，1796年贡生，后执教于沂水，善书画。卒于嘉庆年间。

武器类 商曲内铜戈 1986年出土于边线王遗址。直援，略呈等腰三角形，无脊，前锋、及内外刃部圆钝；下部一阑；曲内，上有一圆穿。内尾端弯曲处两面皆饰变形云雷纹。戈通长28.8厘米，援长8.1厘米，通宽7厘米。

商曲内铜戈（2010年摄）

商铜刀 1983年出土于益都侯城遗址，1993年3月确定为国家三级文物。长40.3厘米，宽7.2厘米，厚0.9厘米。长条形，刀身、柄分界明显。刃中部略凹，前端尖部上翘。

商铜刀（2010年摄）

牙骨角器 周骨钓钩 1985年出土于边线王遗址。通长3.1厘米，通宽1.1厘米。骨制，前端弯曲成钩，尖端锐利；尾部两侧有相对的凹槽，尾端平。

周骨钓钩（2010年摄）

商鸟首骨簪 1978年8月出土于呙宋台遗址，1993年3月确定为一级文物。簪长14.7厘米，骨制，簪首略扁平，呈变形鸟首状，双目圆睁；鸟首后端作王字形。簪身为圆柱形，尾端稍尖。

商鸟首骨簪（2010年摄）

第五章　广播 影视

第一节　管理机构

1991年，县广播电视局下辖电台、电视台。1999年2月，组建市广播电视网络传输中心，隶属于市广播电视局，为副科级事业单位，承担有线广播电视网络规划建设及乡（镇）广播电视站的管理职能。2005年9月，市广播电视网络传输中心与市广播电视局分离。2009年6月，市电影公司、市广播电视网络传输中心整建制并入市广播电视局，组建成立寿光广播影视集团，为国有控股股份制公司，市政府直属正科级自收自支事业单位，与市广播电视局合署办公。共有干部职工500人，内设40个中层部室、18处基层广电营业厅，下辖广电传媒有限公司、广电网络股份有限公司、移动数字电视有限公司、电影公司、广通数据宽带有限公司、讯泰传媒6个子公司。2010年2月，撤销寿光市广播电视局、寿光电视台、寿光人民广播电台3个正科级事业单位，组建成立寿光市广播电视台，与寿光广播影视集团合署办公，属国有控股集团公司，市政府直属正科级自收自支事业单位。

第二节　广　播

1989年11月，寿光人民广播站更名为寿光人民广播电台，除转播中央、省、潍坊市广播电台的节目外，还有自己采编录制的节目。1993年8月，购置安装300瓦调频发射机，正式开通调频广播，实现有线与无线同步传输。广播电台发射机辐射半径50公里，覆盖寿光全境及潍城、淄博、广饶、临朐等20个县（市、区）的部分地区。1994年3月，电台打破沿袭30多年的传统模式，对栏目设置、播出形式等各个环节进行改革创新，采取节目主持人形式，推出“1064”播音室新闻节目和空中百花厅文艺综合节目。2002年始，不断深化改革、创新发展，硬件设施逐步上档升级，添置运行平稳的音频工作站和全套数字化编辑、录播、直播设备，并投资130多万元购置集现场直播、转播、录制、发射为一体的广播直播车。2007年，寿光电台增加交通音乐频率。2009年，首次加入中国电台联盟、山东县级电台联盟等广播组织，购置一系列新节目，每天不间断播出18小时。2010年，对电台2个频率进行重新定位，设立定位明确的汽车电台和蔬菜电台。行风热线、绿色讲堂、直通百姓等自办节目锁定不同收听群体。寿光人民广播电台连续18年被山东省广播电视局、山东人民广播电台评为先进集体一等奖，2010年被评为全省广播宣传先进单位一等奖。

第三节　电　视

电视节目　1990年10月，开办每周一期的寿光新闻栏目。1993年7月，投资700多万元，建成建筑面积3700平方米的寿光广播电视中心，位于圣城街以南、银海路以西，局机关及电台、电视台迁入。1995年5月，寿光新闻栏目由每周2期增加到每周3期，1999年5月增加到每周6期。2003年4月，在周日开设一周要闻综述节目，基本实现天天有新闻的目标。2006年，开办社教专题弥水两岸、菜乡播报2个栏目，2010年又推出天南地北寿光人专题栏目。2008年始，寿光电视台通过黄河电视台在美国的卫星电视频道，每年在美国、加拿大、墨西哥等北美地区播出反映寿光经济社会发展的专题节目50多部。2010年，撤销农科频道，开办蔬菜频道，陆续开办三农新时空、乡村、蔬菜中国、菜乡人菜乡事、菜乡英雄、旮旮旯旯等栏目。每届中国（寿光）国际蔬菜科技博览会期间，联合省电视台农科频道、省电台经济频道及潍坊人民广播电台进行现场直播。至2010年年底，有新闻、蔬菜、生活、综艺4个主频道，并开办点歌、图文、购物3个辅频道，每天自办节目播出量达180分钟，自办节目总量居全省县级台前列，其中自办节目寿光新闻、菜乡播报均实现每日播出、全天候覆盖。

有线电视 起步于20世纪90年代初。1991年10月，在地处城区中心的县交通局旧址建成卫星地面接收站。1994年，投入50多万元，对有线电视系统进行更新改造。开通自办节目频道，传送中央及省、潍坊市台节目15套。到1995年12月，发展联网1.2万户。1997年10月，全市首批14个乡（镇）有线广播电视光（电）缆网络信号正式开通。1999年，全市架设有线广播电视光缆干线740杆公里，有502个村开通光缆信号，城乡有线电视网上用户发展到4.5万户。2001—2005年，全市有线广播电视网络建设工程共投资6000多万元，架设光缆干线1600多杆公里，有线广播电视网络日趋完善。至2005年年底，有线电视网上用户达到21万户，入户率超过90%。2008年11月，投资1.4亿元，建成建筑面积2.8万平方米的广电大厦，广播、电视的摄制、编播全部实现数字化、自动化。2010年，投资2亿多元，全面推行有线电视网络双向改造和有线电视数字化整体转换，至年底，改造光缆干线1600杆公里，新上万兆路由交换设施，采用EPON+LAN或EOC技术，并实行光机直接带用户技术，城区及975个行政村（居）的双向网络全部完成改造，实现有线电视市域全覆盖。

第四节 电 影

电影发行放映起步于1956年，到20世纪90年代末，寿光市电影公司和少数个体放映队坚持在农村放映，城区、乡（镇）影院时映时停，电影放映事业跌入低谷。1998年，根据文化部和国家广播电影电视总局“2131工程”（即21世纪初，达到每村每月放映一场电影）要求，连续10年发放农村电影放映补贴。2007年以后，贯彻落实中央和国家广播电影电视总局提出的企业经营、市场运作、政府买服务的农村电影改革发展新思路，通过市场运作与政府推动有机结合，寿光电影放映事业逐步走出低谷。2009年6月，市电影公司整建制并入市广播电视局，所有人员、资产、业务等均由市广播电视局统一管理。同年9月，寿光广播影视集团在市文化中心一楼新建新世纪电影城，日均放映40余场次。2010年10月，新世纪电影城4个厅的总座席数达379个，并加入院线联盟，所有最新影片与全国各大城市同步上映。到2010年，新世纪电影城票房收入100万元，全市农村电影年放映1万多场次。

第六章 寿光日报

第一节 管理机构

1993年6月，寿光报社成立，为正科级事业单位，定编15人。1998年，《寿光报》更名为《寿光日报》，报社更名为寿光日报社。2004年12月，寿光日报社由自收自支事业单位改制为寿光日报传媒有限公司。2010年，内设办公室、人力资源部、财务部、品牌运营部、印务部5个职能部室，下辖寿光日报全媒体平台、北方蔬菜报事业部、光讯交通传媒事业部、小记者事业部、光讯农业发展有限公司5个事业部。有干部职工98人。

第二节 报纸发行

1993年7月，《寿光报》获得由山东省新闻出版局批准的省内刊号，内部发行。同年8月，《寿光报》正式创刊，为一周一刊，逢周四出版，由市印刷厂排版印刷，市邮电局在全市范围内发行，期发量4万份。版面有寿光要闻、寿光经济、寿光政文和副刊版。1995年，经新闻出版署批复，《寿光报》获国内统一刊号（CN37-0102），转为正式报纸，在全国公开发行。同年，刊次改为一周三刊。版面改为要闻版、综合新闻版、社会生活版和副刊版。2003年，全国报刊治理整顿，《寿光日报》成为山东省保留的2家（另一家是《滕州日报》）、全国保留的48家县级报纸之一。2006年7月，《北方蔬菜报》获得全国统一刊号（CN37-0123），2007年1月正式创刊。2010年，《寿光日报》一周六刊，周一至周五32版，周六24版，期发量4.5万份。栏目主要有政治、经济、生活服务、外闻焦点、外闻综合、外闻娱乐、百姓关注、寿光民生等。发行范围覆盖14个镇（街道）及城区，发行员150人。《北方蔬菜报》一周一刊，每期24版，期发量12万份。在寿光和周边地区建成市、乡、村3级自办发行网络，在省内建成66个县级发行站、175个乡级发行站，村级发行员3000余人。

第三节 中国寿光网运行

中国寿光网（www.sgnet.cc）前身为《寿光日报》电子版，2008年1月正式运行。下设近100个频道和栏目、1200个子网页，其中重点栏目31个，包括开心论坛、寿光民声、图片新闻、本地新闻等。同年4月，中国寿光网首次实现对中国（寿光）国际蔬菜科技博览会（简称菜博会）开幕式现场图文直播。2009年，实现对菜博会盛况视频直播。2010年，对菜博会文艺晚会“中华情之走进生态寿光”进行立体式报道。至2010年，网站点击量120万人次，全国中文网站排名最高1200位。子栏目开心论坛注册用户20余万人，日均发帖1.1万余条，同时在线人数4500人。

第七章 旅 游

第一节 管理机构

2002年以前，没有旅游管理部门。2002年11月，成立市旅游局，定编6人，未配备正式办公人员，同市委、市政府接待办公室合署办公。2003年5月，正式配备工作人员3人，开展旅游管理工作。2009年，成立市旅游信息咨询服务中心，股级事业单位。2010年，下设办公室、规划发展科、市场开发科、监督管理科，在编工作人员11人。

第二节 旅游景点

寿光旅游业起步较晚，基础条件薄弱，天然旅游资源贫乏，传统意义上的旅游景点几乎没有。2002年市旅游局成立后，按照突出农业生态特色，发展农业观光旅游的总体思路，全力打造生态、特色旅游景点、景区。至2010年，全市有国家AAAA级景区3家（市林海生态博览园、蔬菜高科技示范园、弥河生态农业观光园），国家AAA级景区1家（三元朱村），国家AA级景区1家（市航海博物馆）；国家级农业旅游示范点2家（市林海生态博览园、蔬菜高科技示范园）；山东省旅游强乡（镇）3家（洛城街道、羊口镇、孙家集街道）；山东省旅游特色村1家（三元朱村）；山东省农业旅游示范点2家（三元朱村、洛城绿色食品示范基地）；山东省工业旅游示范点1家（山东宏源酒业有限公司）。2006年，寿光市被评为中国优秀旅游城市。

市林海生态博览园 位于境内西北部。占地面积1万亩，1998年投资建设，是全国首批农业旅游示范点、国家AAAA级旅游景区、环渤海森林公园和湿地公园，是建立在滨海重度盐碱地上的旅游景区。建有东方不沉湖、神州第一鼎、休闲垂钓中心、霜雪湖水上运动中心、高尔夫练球场、素质拓展中心、荷香园、槐香园、果实采摘园、天然湿地保护区、森林度假村等一系列游乐及服务设施。园内每3年举办1次的荷花节，被列为省级展会。2008年，被评为国家AAAA级旅游景区。

市林海生态博览园浮桥（2000年摄）

市蔬菜高科技示范园 位于东部城区洛城街道。1999年6月动工建设，累计投资5.5

市蔬菜高科技示范园南门（2010 年摄）

亿元，中心区 500 亩、核心区规划面积 2 万亩、示范区 7.5 万亩、辐射区 35 万亩，建筑面积 60 万平方米。集生物工程种苗开发、蔬菜标准化生产、蔬菜加工销售、科研技术培训、会展信息交流及农业观光旅游于一体，是国家农业科技园区试点单位、山东省农业科技示范园区建设单位、山东省蔬菜工程技术研究中心、博士后科研工作站、国家引进国外智力成果示范基地、全国农业旅游示范点、国家 AAAA 级旅游景区。自 2000 年起，每年举办中国（寿光）国际蔬菜科技博览会，共接待参会观众 1100 余万人次。2009 年，被评为国家 AAAA 级旅游景区。

市弥河生态农业观光园 南起弥河张建桥大桥，北至寒桥大桥，东西两向各至弥河防护堤，占地面积 5557 亩，其中河流面积 1815 亩，河滩地面积 3742 亩。

市弥河生态农业观光园一角（2010 年摄）

以弥河自然水体串联蔬菜博览区、花城风采区、林果绿洲区、水上游览区 4 大主题景区，形成“一轴一环四区五瀑八桥三十六景”的景观格局，是一处集休闲、娱乐、旅游观光、科普教育于一体的综合性开放式游园。至 2010 年，先后获国家级水利风景区、中国人居环境范例奖、山东人居环境范例奖、优秀园林工程金奖等称号。2010 年，被评为国家 AAAA 级旅游景区。

三元朱村 位于境内最南端孙家集街道，是冬暖式大棚发祥地、中国特色经济村。1989 年，三元朱村 17 名党员干部克服困难，一举试验成功冬暖式蔬菜大棚种植模式，当年棚均收入 2.7 万元，引发一场改变农业产业结构的绿色革命。2005 年，三元朱村被确定为全国社会主义新农村典型示范村。村里建成高科技农业示范基地和山东农业科技职业培训学校。至 2009 年共接待外地参观、考察、学习人员 100 多万人次。先后试验、改进并推广五代冬暖式大棚技术，引进、试验、推广滴灌、微机控制、无土栽培、生物防治等 20 余项技术和 20 大类 300 余个作物新品种。2010 年，全村共有居民 216 户 865 人，耕地面积 1295 亩，冬暖式蔬菜大棚 530 个，精品果园 310 亩。全村年总产值 4780 万元，人均收入 12400 元。同年，被评为国家 AAA 级旅

孙家集街道三元朱村村貌（2009 年摄）

游景区。

市航海博物馆 位于羊口镇小清河北岸，占地15亩，建筑面积338平方米，外周墙红色，屋顶为黄色琉璃瓦，整个建筑呈古典庙宇式建筑风格。是一家以海洋渔业文化为主题的大型专业博物馆。馆内有海洋生物标本、船具模型、传统捕捞工具、开埠石碑以及妈祖文化等。2009年，被评为国家AA级旅游景区。

市航海博物馆外景（2010年摄）

第三节 旅游管理

2002年，市旅游局成立后，对全市旅游景点进行清查摸底，景点内厕所、道路、照明、指示牌等硬件设施得到进一步配套完善和规范。2003年始，成立旅游业市场管理执法队伍，每年会同工商、公安、文化、消防等部门和单位联合执法，对全市所有景点、景区、旅行社、星级酒店、宾馆进行集中清理整顿。2004年，市蔬菜高科技示范园、林海生态博览园分别被国家旅游局授予首批国家农业旅游示范点。2006年，寿光市被国家旅游局认定为中国优秀旅游城市。2007年，市旅游局成立整顿和规范旅游市场工作领导小组，制订《寿光市整顿和规范旅游市场秩序工作方案》，明确整顿和规范工作的重点。至2010年，共整顿旅游市场36次，受理旅游投诉208起，依法查处无旅游资质的旅行社9家、取缔1家。2007年，组建林海生态博览园荷花仙子职业化导游团队。2008年始，按照《好客山东旅游服务标准》要求，邀请社会人士和市民代表等组成社会监督员，不定期对涉旅单位满意度进行测评。市旅游局制定《导游科学服务流程标准》《优秀导游员评比办法》《意见卡管理规定》等一系列管理制度，举办导游员培训班2期，参训人员150余人，有18名优秀导游被市总工会、团市委授予寿光市技术能手、寿光青年岗位能手等称号。2009年始，每年举办一届绿色天使讲解员选拔大赛，通过形体、才艺等展示形式，从全国选拔高素质导游员，负责菜博会接待任务。至2010年，全市建成仓圣公园、中华牡丹园、弥河生态农业观光园、弥河城市湿地公园等大型开放式公园4个，旅行社发展到14家。

2010年寿光市旅行社一览表

表25-7-1

名　称	地　址	人员数
寿光远山旅行社	迎宾路139号	10
寿光泰华旅行社	迎宾路水产局沿街楼	6
寿光开元旅行社	公园街4559号	4
寿光时代旅行社	圣城街211号	10
寿光假日旅行社	迎宾路272号	6

续表 25-7-1

名　称	地　址	人员数
寿光阳光旅行社	公园街 248 号	6
潍坊长荣旅行社	银海路文化广场一楼	8
寿光三元旅行社	市软件园内	3
寿光大昌旅行社	迎宾路 306 号	2
寿光中海旅行社	仓圣公园门口南	7
寿光市平安旅行社	金光街与幸福路路口西 100 米	3
寿光市青年旅行社	圣城街 2039 号	12
寿光瑞元旅行社	圣城东街 368 号	4
寿光市金舰旅行社	公园北街 262 号	6

第二十六编

社会生活

1991—2010年，随着改革开放的不断深入和经济社会的快速发展，全市（县）社会生活的方方面面均发生巨大变化。由于经济的快速发展，带动城乡居民家庭收入和生活质量的提高，生活环境明显改善，实现了从吃饱穿暖的温饱型向生活富裕的小康型转变和跨越。与此同时，由于家庭收入和生活质量的提高，又促进精神文明建设的发展，涌现出一批文明村镇、文明单位和道德模范。至2010年，全市共有文明单位169家，其中国家级1家、省级24家；三元朱村党支部书记王乐义、原寿光县委书记王伯祥，被确定为全国重大典型，分别在北京人民大会堂举办先进事迹报告会。2010年12月，寿光市被评为中国十佳和谐可持续发展城市和中国十佳休闲宜居生态城市。

第一章 人民生活

第一节 经济收入

农村居民收入 1991年，全县农民人均总收入1737.3元，其中家庭经营收入1568.5元，占总收入的90.3%。在家庭经营收入中，人均出售蔬菜629公斤、收入351元；从集体和经济联合体得到收入89元；其他非生产性收入79元，其中工资性收入23元。全县农民人均纯收入1167元，人均手存现金和存款余额794.7元。随着农民收入方式的多样化和收入水平的提高，收入结构随之发生变化，统计指标和统计口径也相应调整。2000年，全市农民人均总收入6315.2元，其中基本收入6000.7元。在基本收入中，工资性收入968.8元，占总收入的15.3%；家庭经营收入5031.9元，占总收入的79.7%。在家庭经营收入中，人均出售蔬菜1549.8公斤、收入2438.2元，转移性收入66.4元，财产性收入248.1元。全市农民人均纯收入4010元，人均手存现金和存款余额6538.2元。2010年，全市农民人均总收入15700元，其中工资性收入2945.3元，占总收入的18.8%；家庭经营收入1.2万元，占总收入的78.3%。在家庭经营收入中，人均出售蔬菜2359.1公斤、收入7538.7元，财产性收入319.2元，转移性收入143.1元。全市农民人均纯收入9495元，人均手存现金和存款余额23553元。20年间，农民人均总收入、人均纯收入、人均手存现金和存款余额分别增长8倍、7.1倍、28.6倍。

城区居民收入 1991年，全县城镇在岗职工平均工资2203元，其中全民所有制单位职工2599元，集体所有制单位职工2157元。1995年，城镇在岗职工平均工资6016元，其中国有单位职工6660元，集体单位职工4395元。2000年，城镇在岗职工平均工资8981元，其中国有单位职工9752元，集体单位职工1.1万元。2005年，城镇在岗职工平均工资1.8万元，其中国有单位职工2万元，集体单位职工1.3万元。2007年，全市城镇居民人均可支配收入1.4万元。2010年，城镇在岗职工平均工资3.8万元，其中国有单位职工3.5万元，集体单位职工4.1万元；全市城镇居民人均可支配收入2.3万元。

第二节　消费支出

农村居民消费　1991年，农民人均总支出1349.7元，其中家庭经营费用支出441元、生产性固定资产支出29.4元、税款7.6元、集体承包缴费99.1元、生活消费支出749.1元。生活消费支出中，食品支出325.9元、衣着支出66.9元、住房支出147.9元。住房和耐用消费品成为农村居民家庭财富的主要表现形式。1991年年末，人均拥有住房面积24.3平方米，每百户拥有自行车263辆、缝纫机83架、手表194只、电风扇119台、洗衣机8台、电冰箱2台、摩托车4辆、收音机81台、黑白电视机66台、彩色电视机18台、收录机31台。2000年，全市农民人均总支出4497.9元，其中家庭经营费用支出1949.8元、生产性固定资产支出150.2元、税款68.7元、集体承包缴费和摊派158.6元、生活消费支出2122元。生活消费支出中，食品支出808元、衣着支出146.1元、住房支出116.2元。2000年年末，人均拥有住房面积23.8平方米，每百户拥有自行车237辆、电风扇262台、洗衣机33台、电冰箱13台、摩托车63辆、黑白电视机30台、彩色电视机90台、收录机33台、录像机1台、照相机10架。2010年，全市农民人均总支出14875.1元，其中家庭经营费用支出5621.3元、生产性固定资产支出332.1元、税款22.9元、生活消费支出8527.4元。生活消费支出中，食品支出1996.8元、衣着支出460元、住房支出2264元。2010年年末，人均拥有住房面积52.1平方米，每百户拥有自行车211辆、洗衣机92台、电冰箱95台、摩托车81辆、彩色电视机126台、影碟机75台、照相机8架、抽油烟机40台、空调机23台、微波炉15台、热水器57台、家用计算机40台、生活用汽车18辆。

城区居民消费　2007年前，没有城区居民消费统计。2007年，城区居民人均消费10578元，其中食品类支出5045.7元、衣着类支出736.2元、居住类支出1013.4元、家庭设备用品及服务类支出963.7元、医疗保健类支出638.9元、交通和通信类支出977.4元、教育文化娱乐服务类支出1200.6元、其他商品和服务类支出2.1元。2008年，城区居民人均消费11860元，其中食品类支出3490.1元、衣着类支出1893.3元、居住类支出655.9元、家庭设备用品及服务类支出700.2元、医疗保健类支出483.4元、交通和通信类支出3270.6元、教育文化娱乐服务类支出1000.3元、其他商品和服务类支出366.3元。2009年，城区居民人均消费14042元，其中食品类支出3402.4元、衣着类支出1820.7元、居住类支出1439.8元、家庭设备用品及服务类支出1083.1元、医疗保健类支出614.4元、交通和通信类支出4188.3元、教育文化娱乐服务类支出1122元、其他商品和服务类支出371.1元。2010年，城区居民人均消费16039元，其中食品类支出4987.4元、衣着类支出2663.3元、居住类支出1495.6元、家庭设备用品及服务类支出1267.3元、医疗保健类支出941元、交通和通信类支出2684.8元、教育文化娱乐服务类支出1502.8元、其他商品和服务类支出496.7元。

第二章 精神文明建设

第一节 文明城市创建

1991 年始，围绕创建全省精神文明建设工作先进县，开展一系列精神文明创建活动。1992 年，寿光县被省委、省政府表彰为全省第一届精神文明建设工作先进县，第四届、第五届连续保持此荣誉。2002 年，提出创建全国文明城市目标，以群众满意为标准，开展以树“三德”（社会公德、职业道德、家庭美德）、创“三优”（优良秩序、优美环境、优质服务）为主要内容的“做文明市民，迎蔬菜盛会”等活动。同年 10 月，寿光市被中共中央文明委评为全国创建文明村镇工作先进市，2004 年被评为全省第六届精神文明建设工作先进市，2005 年 7 月被省委、省政府评为首批省级文明市。2007 年，深入推进城市综合整治，征集提炼出务实、创新、争先、诚信的城市精神。2008 年，以重品行、促和谐为全民行动纲领，组织开展迎奥运、讲文明、树新风文明服务暨服务品牌创建等活动。2009 年、2010 年，着眼文明城市创建常态化，实施市民素质提升工程，开展政务优化、文明养成、诚信铸造、“窗口”塑形、文化繁荣、“细胞”创优、科普环保、城乡清洁、平安建设和志愿服务十大活动，创建全国文明城、建设幸福新寿光成为市民共识。

第二节 文明村镇创建

1991 年 5 月，推广上口镇“三文明”（文明单位、文明村民小组、文明户）创建活动经验，争创“三文明”活动在全县铺开。1998 年，组织开展评选文明户、文明户标兵活动。1999 年 4 月，在上口镇召开农村精神文明建设工作现场会，“双十”（十星级文明村、十星级文明户）创评活动在全市农村全面推开。2002 年 7 月，召开建设信用菜乡暨创建文明城镇活动大会，全面开展以“五信”（文明信用菜农、文明信用村、文明信用蔬菜基地、文明信用农业龙头企业、文明信用经营业户）创建为主要内容的信用菜乡创建活动。同年，寿光市信用菜乡创建活动经验被省文明办评为精神文明建设创新案例，并被中共中央文明委收入《精神文明建设年鉴》。2003 年，在全市农村广泛开展建设文明一条街活动。2005 年，出台新农村建设“五化五通两改一有”（五化：绿化、硬化、净化、亮化、美化；五通：通电、通沥青路、通电话、通自来水、通有线电视；二改：改厕、改灶；一有：有必要的文体场所和文体设施）建设标准。孙家集街道三元朱村被授予全国创建文明村镇工作先进村镇称号；寿光市被省文明办确定为全省建设社会主义新农村联系点。2006 年

营里镇怡圆广场（2010年摄）

6月，提出“三室一街一场一校”（三室：图书阅览室、文体活动室、荣誉室；一街：文明一条街；一场：健身广场；一校：农民夜校）建设标准，并在圣城街道西公孙村、侯镇丰台岭村等10个村先期进行试点。市委宣传部出台《开展和谐村庄创建活动的意见》，提出和谐村庄建设“十化”（农业现代化、农民非农化、素质文明化、生活富裕化、住房城市化、道路硬面化、通讯网络化、电视有线化、管理民主化、环境优良化）标准，被《农民日报》头条刊发。2007年，市委宣传部印发《关于加强农村文化大院建设的意见》，把农村文化大院建设列入为民服务10件实事之一。2009年始，市委宣传部印发《实施“文明帮扶”工程，推进农家书屋建设的意见》，推进农家书屋建设，完善基层公共文化服务体系。至2010年，共协调60个潍坊市级以上文明单位帮助经济薄弱村建成农家书屋60个，投入资金和物资200多万元。全市30%的村建成示范型文化大院，60%的村建成普及型文化大院。

第三节 文明单位创建

1993年，寿光市委、市政府作出关于进一步加强全市精神文明建设的决定，对文明单位实行一票否决制度。1994年，废除文明单位终身制，对原有县级文明单位一律摘牌，重新命名县级文明单位411个。寿光市文明单位动态管理经验在全省推广。1996年，在市直机关中恢复文明单位评选活动，重新制定《文明单位管理暂行规定》。1997年，在省文明委组织实施的精神文明示范工程中，寿光市有4个单位被确定为全省示范点，数量居潍坊市各县（市、区）之首。1998年，市政府修订《寿光市文明单位创建及管理暂行办法》，县级文明单位实行2年一评定，动态管理。当年，全市共创建成5个省级文明单位、43个潍坊市级文明单位。1999年10月，晨鸣集团被中央文明委命名为全国精神文明创建先进单位。2003年，再次修订《寿光市文明单位创建及管理暂行办法》，对文明单位实行淘汰制。农行寿光市支行被中共中央文明委评为全国精神文明建设工作先进单位。至2010年，全市共有全国文明单位1家、省级24家、潍坊市级44家、县级100家。

第四节 文明行业创建

1992—1996年，连续5年开展“我为圣城添光彩”暨文明杯跨行业优质服务竞赛活动，共有200多个单位的25万多人次参加竞赛。1999年，在城镇集中开展以争创优质服务、优美环境为主要内容的双优活动。2000年，市委宣传部出台《关于继续深入开展创建文明行业活动的意见》，召开全市创建文明行业工作经验交流会议，推广市国税局等6个单位经验。同年6月，在全市执法监督部门中开展“文明执法竞赛”活动，对28个市直执法监督部门进行“行风万人评”活动。2004年始，组织开展十佳文明行业和十佳文明站所评选活动，至2010年，每2年评选1次，行业服务水平整体提升。

第五节 公民思想道德建设

1994年，集中开展移风易俗宣传教育活动，各村广泛建立起农民道德评议会、红白理事会，并制定村规民约，对不文明现象进行公开评议和劝诫。1996年，召开全市精神文明建设工作暨移风易俗现场会，推广北洛、五台等乡（镇）经验。1997年7月始，开展讲文明、树新风活动。2003年始，开始评选感动寿光年度人物。2004年12月，面向一线职工和普通劳动者，开展百佳文明市民评选活动。2005年，面向市直机关企事业单位及所属镇（街道）站所的一线干部职工，开展十大职业道德建设标兵评选活动。2007年，开展首届道德模范评选活动，2008年、2010年分别评选表彰第二届、第三届道德模范，共评出寿光市级道德模范42人、提名奖获得者50人。其中，王乐义、李学海被评为全国道德模范，有4人被评为全省道德模范、8人被评为潍坊市道德模范。王乐义、王伯祥分别于2006年、2009年被确定为全国重大典型，并分别在北京人民大会堂举办先进事迹报告会。

第三章 节日习俗

第一节 传统节日

春节 农历正月初一，即阴历年，是中华民族传统隆重的节日。从进入腊月（农历十二月）即开始准备服饰，备办鸡鱼肉和各种蔬菜、糖果、春联、鞭炮、年画，添置碗筷等。做豆腐、蒸年糕，寓意“都福年高”。腊月二十三开始卫生大扫除，传说腊月二十三是灶王爷上天的日子。除夕贴春联、挂年画，下午包水饺、上坟祭祖。子夜12点过后至清晨5点左右起床下水饺，祭拜天地、鸣放鞭炮，然后吃水饺。饭后，更换新衣，给长辈拜年，邻里同辈见面互相问好说吉祥话，称为“拜年”。之后亲朋好友欢聚一堂，叙亲情话友谊。正月初二，结了婚的夫妇到岳父母家拜年，初三开始亲戚朋友间相互探望、走访。进入21世纪，随着蔬菜大棚和养殖业的迅猛发展，农村过年的风俗也逐渐改变，正月初一拜完年后由休闲娱乐进入日常劳作。

五马日 农历正月初五，传说是马的生日，广泛的说法是一切牲畜的生日。20世纪80年代之前的农村，马牛驴骡是人们农耕不可缺少的帮手，鸡犬猪羊等家禽与人们的日常生活息息相关。该日早晨祭祀牲畜，鸣放鞭炮，人畜同乐，以示祝贺。进入20世纪90年代，只鸣放鞭炮。

十磨日 农历正月初十，传说是碾磨的生日。该日早晨吃面条，用面条等贡品供奉碾磨，感谢一切劳动工具、生活用具为人们做出的贡献，然后发纸码、放鞭炮。随着农村机械化程度不断提高，应用几千年的碾磨于20世纪70年代逐渐退出历史舞台，该日供奉碾磨的风俗也随之不复存在。今只鸣放鞭炮。

元宵节 农历正月十五，是中国传统的元宵佳节，相传在2000多年前的秦朝就有了，汉文帝时，下令将正月十五定为元宵节。另有一说是元宵燃灯的习俗起源于道教的“三元说”，正月十五日为上元节，七月十五日为中元节，十月十五日为下元节。主管上、中、下三元的分别为天、地、人三官，天官喜乐，故上元节要燃灯。元宵节早上吃水饺，放鞭炮。应时食品为用糯米做成的“元宵”。十四日至十六日晚上，城镇铺店门前挂各式灯笼。元宵之夜，大街小巷张灯结彩，人们点起万盏花灯，携亲伴友出门赏花灯、放焰火。文艺节目有踩高跷、彩车游行、跑旱船、舞狮、舞龙、玩闹海等。改革开放后，有关企事业单位利用元宵之夜的各种娱乐活动，宣传工作成果，树立良好形象，至今此风俗依旧。

添仓日 农历正月二十五，又称“填仓日”“天仓日”。不过，各地在时间上有所不同，有正月十九过的，也有正月二十五过的。在农村，此日早晨于院中以柴灰撒成圆形囤，放上五谷杂粮寓丰收之意。20世纪70年代后，此风俗逐渐淡化消失。

二月二 农历二月初二，习俗是龙头节，又称青龙节、春耕节、农事节，是一个汉族传统节日，也是一个企盼学业有成的日子，还是媳妇回娘家的日子。传说龙头节最早起源于伏羲氏时代，伏羲“重农桑，务耕田”，每年二月初二“皇娘送饭，御驾亲耕”。又传二月初二是轩辕黄帝出生的日子，到了元朝时期就明确为“龙抬头”了。农谚说：“二月二龙抬头、大家小户使耕牛”“二月二龙抬头、大仓满小仓流”，祈求风调雨顺，五谷丰登。在寿光当地，俗称土地爷的生日，旧时到土地爷庙烧香烧纸供奉，吃炒豆。土地爷庙消失后，二月二烧香烧纸、吃炒豆的风俗尚存。

清明节 在仲春与暮春之交，冬至后第104天，是二十四节气之一，已有2500多年历史，古时又叫踏青节、三月节、祭祖节、扫墓节、扫坟节、鬼节等，因与“寒食”节日期相近，民间多把两个节日合二为一。2006年被列入第一批国家级非物质文化遗产名录。清明节前1～3日为寒食节，古时人们在这一天断火冷食，相传是为纪念春秋时期晋国人介之推而立。清明节又是扫墓祭祖的日子，晚辈节前给长辈坟墓先添土后祭祀，学校师生给革命烈士扫墓。清明节除祭祖扫墓之外，还有各项户外健身活动，如踏青、郊游、荡秋千、踢足球、插柳、拔河、放风筝等。

端午节 农历五月初五，也称端阳节，俗称五月单五。在春秋之前端午节是祛病防疫的节日，后因爱国诗人屈原在此日殉国明志而演变成中国汉族人民祭奠屈原以及缅怀华夏民族高洁情怀的节日。旧时过此节，门前插艾蒿、吃粽子、带香料荷包等。20世纪70年代后，门前插艾蒿、吃粽子的习俗仍存续，但粽子已不再是过节食品，超市内常年供应。“端午节”为国家法定节假日之一，并被列入世界非物质文化遗产名录。

六月六 农历六月初六，是汉族上坟祭祖的传统节日，有的称天贶节、翻经节、回娘家节、姑姑节、虫王节。晚辈在该日以饺子、瓜果之类做祭品祭祀已故先人。出嫁的闺女在这一日回娘家，与兄弟姐妹一起给长辈上坟。

夏至 公历6月21日或22日，是二十四节气中最早被确定的一个节气，该日白天最长，山东各地习俗吃凉面，有“冬至饺子夏至面”的谚语。夏至期间全国气温较高，日照充足，作物生长很快，生理和生态需水均较多。

中秋节 农历八月十五，因时值秋季中期，故名中秋，又称仲秋节、团圆节等，是中国众多民族的传统节日。始于唐朝初年，盛行于宋朝，至明清时，已成为与元旦齐名仅次于春节的第二大传统节日，也是东亚和东南亚一些国家尤其是当地华人华侨的传统节日。2006年5月20日被国务院列入首批国家级非物质文化遗产名录，2008年被列为国家法定节假日。此夜的月亮更圆更明亮，人们仰望天空明月，期盼家人团聚。远在他乡的游子，也借此寄托自己对故乡和亲人的思念之情。中秋夜有全家分食月饼，饮酒赏月，亲朋好友互送月饼，节前看望出嫁闺女等习俗。

重阳节 农历九月初九。民间在该日有登高的风俗，又称“登高节”。《易经》中把九定为阳数，九九相重，故为重阳节，有长久长寿的含意。该节日起源于春秋战国时期，正值金秋时节，有出游赏景、登高远眺、赏菊、喝菊花酒、吃重阳糕、插茱萸等习俗。吃重阳糕祝愿子女百事俱高，插茱萸避难消灾。2012年12月，国家确定每年农历九月初九为老年节。

十月一 农历十月初一，称祭祖节，又称寒衣节、冥阴节。该日是冬天的第1天，人们特别注重祭奠亡故先人，怕在冥间的祖先灵魂缺衣少穿，因此祭祀时除了食物、香烛、纸钱等一般供物外，还有一种不可缺少的供物是冥衣。在祭祀时，把冥衣焚化给祖先，叫作“送寒衣”。有家祭、也有墓祭，以示孝敬，不忘本。同时，也是父母、爱人等为所关心的人送御寒衣物的日子。随着社会进步，此习俗已淡化，唯上坟祭祀风俗依旧。

腊八日 农历十二月初八，俗称腊月初八，简称“腊八”，该日家家户户有喝腊八粥的习俗。喝腊八粥据说传自印度，已有一千多年历史，最早始于宋代，每逢腊八日，不论朝廷、官府、寺院还是黎民百姓家都要做腊八粥。这天早上以米面煮粥，放上用豆腐切成的碎块、葱花、粉条炒成菜肴，掺入粥中，香味可口，称为腊八粥。20世纪80年代后，喝腊八粥的习惯逐渐淡化。随着农村经济发展，腊八粥的用料发生变化，多用糯米、红豆、红枣、栗子、花生、白果、莲子 、百合、核桃、桂圆等煮成甜粥。同时，在腊月初八这天有用醋泡蒜的习俗，叫“腊八蒜”。

辞灶日 农历十二月二十三，是民间“辞灶”的日子，人们称之为“过小年”“小过年”。“辞灶”也称“送灶王爷爷”。传说，这天灶王爷要升天向玉皇大帝汇报一家功过，辞灶便是送灶王爷起程。此日傍晚，家家户户在堂屋内灶王神像前，供奉麦芽做的糖、柿饼、软枣等，祈祷灶王爷享用美食后，“上天言好事，回宫降吉祥”。供以麦芽糖，意在粘住他的嘴，以防他上天去“胡说”。此俗虽淡化，但贴灶王爷像者还为数不少。

第二节 社会节日

元旦 1月1日，指公元纪年的岁首第1天，俗称阳历年。自公历传入中国后，元旦一词便专用于新年，传统的旧历年则称春节。1949年9月国家确定新年（元旦）为中国的法定节日，也是世界上很多国家或地区的法定节日。这天全国各地机关、团体、学校、企事业单位放假，一般总结过去，计划来年，举办各种文娱活动。农村无过此节的习俗。很多青年选择这天为结婚的日子。

国际劳动妇女节 3月8日，为国际劳动妇女节，全称“联合国妇女权益和国际和平日”，是为庆祝妇女在经济、政治和社会等领域做出的重要贡献和取得的巨大成就而设立的节日。同时，也是为了纪念在1911年美国纽约三角内衣工厂火灾中丧生的140多名女工。在中国又称国际妇女节、三八节和三八妇女节。1924年3月，中国在广州首度公开、正式庆祝“三八”国际妇女节。三八妇女节属于部分公民放假的节日及纪念日，妇女放假半天。在该节日前夕，全国多开展“三八红旗手标兵”“三八红旗集体”等评选活动，表彰妇女做出的业绩。

国际劳动节 5月1日，是全世界劳动人民共同的节日。1889年7月，恩格斯领导的第二国际将每年的5月1日定为国际劳动节。1949年12月，中国将5月1日确定为法定劳动节。1999年9月，国家出台新的法定休假制度，“五一”劳动节法定休假3天，2008年改为放假1天。每年的这一天，举国欢庆，人们聚集在公园、剧院、广场，参加各种庆祝集会或文体娱乐活动，并对有突出贡献的劳动者进行表彰。

青年节 5月4日，为中国青年节，是为纪念1919年5月4日爆发的五四运动而设立的。1939年，陕甘宁边区西北青年救国联合会规定5月4日为中国青年节。1949年12月，中央政府政务院正式宣布5月4日为中国青年节。青年节期间，全国各地都举行丰富多采的纪念活动，青年们还要集中进行各种社会志愿和社会实践活动，还有许多地方在青年节期间举行成人仪式。

儿童节 6月1日，又称“六一国际儿童节”，1949年确立，是全世界少年儿童的节日。这一天全国少年儿童放假1天，学校一般为此组织相关的集体活动，并要求学生着校服（普及校服为白衬衣蓝线裤）。民间庆祝的方式多以送玩具等礼物给小朋友，或陪小孩外出吃大餐、游玩等。

建党节 7月1日。中国共产党于1921年7月成立后，1938年5月毛泽东提出把7月1日作为中国共产党的诞辰纪念日。此后，每年的7月1日作为建党节进行纪念。“七一”当天，各级党政机关一般开展庆祝活动，进行革命传统教育。

建军节 8月1日，是中国人民解放军建军纪念日，俗称“八一”建军节。1927年8月1日，中国共产党带领北伐军在江西南昌举行武装起义，打响反对国民党反动派的第一枪。1933年7月中国共产党决定8月1日为中国工农红军（中国人民解放军前身）成立纪念日。中华人民共和国成立后，将此纪念日改称为中国人民解放军建军节。建军节期间，全国各地都集中开展“拥军优属、拥政爱民　”活动，纪念人民军队的诞生。2007年12月，确定中国人民解放军建军纪念日现役军人放假半天。

教师节 9月10日。1951年，教育部和全国教育工会曾宣布“五一”劳动节同时为“教师节”，但执行的结果是教师节没有了。1985年1月恢复并确定每年的9月10日为教师节（联合国教科文组织于1994年将每年的10月5日定为世界教师节）。全国各地学校均评选和表彰先进教师、举行专题演讲会，举办教师书画展、摄影艺术展，有的学校进行教学比赛活动。学生多通过赠送礼物、发送短信等形式表达对老师的敬爱。

国庆节 10月1日，又称国庆日、国庆纪念日。1949年12月，确定自1950年起，每年的10月1日为中华人民共和国的国庆日，全国各地人民都举行不同形式的庆祝活动，如各单位门前摆放鲜花，悬挂红灯笼，举行升国旗仪式或组织文艺演出等，增强全民爱国意识和国家凝聚力。1998年起国庆的法定休假时间为3天，再将前后2个周末调整为一起休假，共计7天。

第四章 礼仪习俗

第一节 婚 嫁

婚嫁即结婚嫁娶，20 世纪 90 年代后，随着改革开放和经济社会的发展，婚姻介绍所和传媒征婚相继出现，跨乡（镇、街道）、跨县婚姻普遍，跨省婚姻亦常出现，跨国婚姻数量极少。

订婚 即男女订立婚约，一般包含婚书、交换礼物等。20 世纪 90 年代，随着人民生活水平逐渐提高，订婚仪式逐渐恢复。初只设订婚宴席，后出现男方赠送女方订婚礼品、礼金，其中经济状况好的家庭所赠礼金已逾万元。至 2010 年，少数经济状况特别优越的家庭赠送住房或轿车、金银首饰等贵重物品。

婚期 泛指婚礼的日期。城乡有区别，20 世纪 90 年代，城区男女婚期多选择国家法定节日，以“五一”“十一”“元旦”居多。农村男女婚期多请人择定，且保留“请庚”（男家与女家，互相留下对方的生辰八字，请人测算是否相合后留下的凭证）习俗。进入 21 世纪，为避开法定节日结婚高峰期，城乡男女婚期多趋向于择期成婚，“请庚”习俗成为常态。

迎娶 20 世纪 90 年代，随着经济社会发展，迎娶工具由吉普车、面包车、轿车等代替以往的自行车、马车和极少数机动车，车辆档次和数量也逐年提高。20 世纪末，商业性婚庆公司出现，迎娶车辆多由婚庆公司提供。迎亲彩车多用高档轿车，数量取双数，4 ～ 10 辆不等。车辆多从亲朋好友处及有关单位借用或从婚庆公司雇用。结婚日，新郎多选择主街干道，带迎娶车队去新娘家，称为娶亲，俗称娶媳妇。在迎亲沿途张贴小红色喜字，在女方家大门外张贴大红喜（禧）字。到达新娘家后，女方以糖果茶点、鸡鱼等代表吉祥的菜肴、酒、水饺接待新郎及傧相；待新娘装扮毕，新郎到新娘房中施礼邀新娘启程，随后新郎新娘向新娘父母及至亲长辈鞠躬请行，然后新娘随新郎坐婚车原路到新郎家。

婚礼 即结婚典礼。婚礼前一日，新郎家贴喜对联，并在大门两侧贴龙、虎二字，傍晚由同辈兄长或父辈夫妇铺床，由侄辈少儿在铺好的床上滚压，俗称压床。婚礼当日，迎娶车队回到男方家门后，燃放鞭炮，并在大门上方压放红纸包砖 2 块、筷子 2 双。20 世纪 90 年代始，聘请专业司仪主持结婚者增多，多以拜天地、敬父母为主旨，组合音响在结婚典礼中广泛应用。新婚日，乡亲宾朋可随时进新房“闹洞房”，此习俗自 20 世纪 90 年代末日趋淡化。一般当日下午新郎新娘填枕头，晚间共饮合婚酒。新婚次日，新郎新娘到祖坟祭拜，向族中长辈磕头谒拜，长辈以礼金馈答，数额不限。新婚三日，回娘家谒拜，俗称回门，一般当日返回。人们对于婚礼的描述，当地流传这样几句话：上世纪 50 年代一张床，60 年代一包糖，70 年代红宝书（毛泽东语录手册），80 年代“三转一响”（自行车、缝纫机、手表，收音机），90 年代星级宾馆讲排场，21 世纪特色婚礼个性张扬。几句简单的话，描绘出当地婚礼的变化过程。

婚宴 又称喜宴，为答谢宾客而举办的筵席，一般在婚后或婚礼当天由男方操办。农村婚宴一般聘请厨师，在庭院垒灶设厨，招待客人；城区居民多在宾馆、酒店设宴待客。赴宴者贺喜多为礼品，后逐渐以礼金代之，数量因人而异。

结婚影像 20 世纪 90 年代在城区兴起结婚录像，留存结婚盛况。最初只录实况，后加入影视艺术手法，全程摄录迎娶及宴请过程，并迅速在乡村流行。至 20 世纪末，录像留存由磁带转为光盘。

旅游结婚 各个时期均有，进入 21 世纪，旅游结婚与度蜜月相结合成了热门的结婚方式，但旅程结束后，多在父母处、生活住地或工作单位举办婚宴，邀请宾客庆贺。

再婚 男子再婚，若女方为初婚，婚礼仪式与初婚相同；如女方也为再婚，婚礼仪式相对简略。老年人再婚，一般不举行婚礼。

入赘 俗称“招养老女婿”“倒插门”，指男女结婚后，男到女家成亲落户。旧社会入赘的不多，中华人民共和国成立后，观念逐渐改变，男方到女方家中生活已常见。

第二节 祝寿

境内居民素有过生日习俗，年轻人过生日较为简单，多以吃面条、水饺庆贺。一般从 60 岁开始做寿，祝寿不仅庆祝生日，还有对过生日者尊敬之意。按照旧礼俗，不论年龄多大，只要家中还有老人健在，只能接受晚辈或亲朋好友的贺礼，不能有正式祝寿的提法和大规模庆祝活动。20 世纪 90 年代始，许多家庭到酒店包办酒席祝寿，有的在电视台、广播电台点歌或包电影为老人祝寿。同时，具有西方文化特色的祝寿形式进入祝寿礼仪，如吃生日蛋糕、点蜡烛许愿、唱生日快乐歌曲等。进入21世纪，家庭对儿童生日日趋重视。

第三节 丧葬

20 世纪 70 年代末，对亡故者开始推行火化制度，80 年代后覆盖率 100%。农村殡葬礼仪沿袭传统习俗，变化不大，骨灰以殡葬仪式入公墓。城区居民及公职人员亡故火化后，有的迁葬原籍乡村公墓，有的骨灰存放殡仪馆或烈士陵园内的奉安堂。为死者召开追悼会的习俗一直沿用，多在传统仪式的基础上增加向遗体告别仪式。

葬礼多由族中长辈或丧事司仪主持。以零时界定人的去世日期，决定发丧日。除因亲人未归等特殊情况延迟发丧外，多数在第三日发丧。亡人遗体或骨灰多由人力抬至墓地，后用拖拉机、汽车等机动车辆渐多。20 世纪 90 年代末，商业性殡葬车辆出现，成为主流运载工具，哀乐在葬礼中亦有应用。专营寿衣、冥器的商家也开始出现，寿衣巾帽仍采用传统式样制作，但质地、价格有别。

人去世后，亲属首先尽快给亡人换穿寿衣，并通知族人，启动丧葬事宜。如亡人为女性，其子女须立即到其娘家报丧。儿女亲属要披孝陪灵，夜间则由男性亲属守灵；部分家庭要请人扎制佣仆、箱柜、轿舆等陪葬器物。20 世纪 90 年代后扎制汽车、电视机等现代内容的陪葬物。丧后第三日为发丧日，下午 1～3 点举行发丧安葬仪式。安葬完毕筑起坟包后，主家设宴，答谢丧事人员，再由子女及其他送葬亲友为亡人圆坟，意寓葬礼圆满完成。父、母亡后子女上“三七坟”（亲人去世后的第 21 天）、“五七坟”“百日坟”的习俗仍存。

第四节 祭 祖

即上坟。日期为清明节、农历六月初六、农历十月初一、春节前除夕日及亡者逝世之日（忌日）等，沿袭至今。清明扫墓最普遍，除祭祀外，还要为坟墓添土。除夕祭墓最隆重，后辈一般在除夕下午带鸡、鱼、水饺、酒水等祭品至墓前祭祀先人，焚香烧纸，燃放鞭炮。

第五章 生活习俗

第一节 饮 食

日常饮食 20 世纪 90 年代，境内家庭以小麦面粉为主食，兼以玉米、小米、大豆、大米等杂粮为辅食。进入 21 世纪后，辅食消费比重上升，糕点、肉、蛋、鱼、奶等食用量逐渐增加，一日三餐开始讲求质量和营养。

节日饮食 春节、中秋节等节日期间，每个家庭备齐肉、蛋、奶、水产品、新鲜蔬菜及多种干鲜果品、酒等物品，家人团聚，居家庆贺。进入 21 世纪后，到酒店包桌或从酒店订购酒菜带到家中祝贺的逐渐增多，其酒类亦由低中档白酒向档次较高的白酒、啤酒、果酒、红酒过渡。妇女儿童大多饮用果汁等饮料。

待客饮食 逢家中有客或朋友造访，以酒菜热情款待。菜肴讲究冷热荤素搭配、鸡鱼肉蛋俱全，或四菜一汤或六菜一汤等。20 世纪 90 年代后，许多具有当地特色的菜肴如炸鸡、全鸡、全鱼、全羊等成为待客家常菜肴，在家烹制或就近从酒店订购，或在酒店招待。

第二节 服 饰

服装 1991 年后，境内城乡居民服装逐步多样化，西服、夹克、毛衣、裙装等成为穿着主流，夹克衫、运动装、风衣、面包服、牛仔服、健美服、休闲服、T 恤衫等开始流行。20 世纪 90 年代末，个性化、高档化服装倍受青睐。春秋季节，许多中青年男子穿西装，老年人多穿宽松舒适的休闲装、运动装，女装则为短裙、短上衣、短裤、紧身衣裤及套装、裙装等。冬季穿棉袄、棉裤者逐年减少，穿毛衣、毛裤者增多，外套多为羽绒服、皮衣、棉大衣等。

鞋帽 20 世纪 90 年代起，皮鞋、凉鞋的颜色、样式变化大，有传统的黑、棕色外，还有红、黄、白、绿、蓝、紫等时装鞋及各种布质、皮质、线编、塑料水晶鞋。高跟、半高跟、粗跟、坡跟、高筒皮靴等品种受到女士青睐。中青年男子多数四季不戴帽，年长者春秋季戴鸭舌帽、遮阳帽，冬季戴棉帽、皮帽、呢子帽，夏季戴草帽、凉帽。女子春秋季戴帽者较少，冬季戴各种毛线帽、时装帽等，夏季戴遮阳帽。

佩饰 家庭富裕的中老年妇女有佩戴金、银饰物的习俗。20 世纪 90 年代始，女性佩饰有项链、戒指、手镯、胸花、手链、耳环等，品质有黄金、白金、铂金、白银、钻石、玉、珍珠、塑料、玻璃等。女青年多在结婚时购置饰物；男青年亦有戴扳指、玉佩、戒指者，但人数较少。

第三节 居 住

20 世纪 90 年代初，境内农村新建居住房多由平房改为出厦平房。90 年代中后期，部分村庄统一规划二层楼房。圣城街道的曹家村、西关村、东关村、南关村、北关村、城里村，孙家集街道的钓鱼台村，侯镇的东岔河村等村庄，二层楼房使用钢筋混凝土浇筑圈梁，门窗采用铝合金，门楼及正房墙面贴瓷瓦，地面铺地板砖，院内多建有影壁。一般二层楼房长辈住下层、晚辈住上层。进入 21 世纪，随着新农村建设的不断推进，更多村庄建起楼房，居住面积扩大，住房条件大为改善。城镇居民一户多宅者增加，多余房屋或出租或备用或变卖。随着城市化建设速度加快，一批环境优美、功能齐全、管理规范的住宅小区相继出现。

化龙镇裴家岭农村住宅小区（2010 年摄）

第四节 出行工具

中华人民共和国成立初期，人们出行以步行为主，骑马、骑驴和坐马车、坐驴车者极少，新娘在结婚时坐花轿。20 世纪 70 年代开始，自行车成为时尚的代步工具。80 年代后，各种型号的摩托车、三轮摩托车进入人们的生活，成为仅次于自行车的代步工具。90 年代末，各类农用机动车成为农民外出的交通工具，私家车开始逐渐进入工薪家庭。进入 21 世纪，各种型号的电动自行车迅猛发展，自行车逐渐减少，私家车逐年增多。公交车、出租汽车、出租三轮车是城区居民主要出行工具。大批量、多品牌的电动三轮车、电动自行车、私家汽车成为城乡居民家庭便捷的交通工具。

第五节 器 具

炊具 20 世纪 90 年代起，境内逐渐广泛使用液化气灶和电炊具。高压锅、电饭煲、不粘锅、电烤箱、抽油烟机、消毒柜、微波炉、电炒锅、电磁炉等开始进入居民家庭，但农村少数家庭仍保留传统灶台。

家具 20 世纪 90 年代始，境内普及组合橱、书柜，流行组合沙发、电视柜等。农村土炕大多废弃，改用床；城区居民时兴席梦思床、棕垫床等。床上用品日趋多样化，开始逐渐使用毛巾被、毛毯、床罩、电热毯、太空被、羽绒被等。

家用电器 20 世纪 90 年代始，城镇居民所用电视机由 14 英寸、18 英寸逐步更新为 21 英寸、25 英寸、29 英寸、34 英寸彩电，黑白电视机逐渐被淘汰；农村以 21 英寸、25 英寸彩电为主，黑白电视机逐步减少。各种录放像机、组合音响、影碟机、冰柜、冰箱、空调、洗衣机、电热壶、电暖器、饮水机等逐步进入城乡居民家庭。照明灯具也由白炽灯逐渐更换为日光灯。进入 21 世纪，开始应用新能源 LED 灯。

取暖 20 世纪 90 年代，机关、企事业单位多由各自的单位烧锅炉供暖，之后城区集中供暖范围逐步扩大，城区居民土暖气逐步减少，农村土暖气开始逐年增多。至2010年，城区多由热力公司统一供暖，有时城乡居民也使用空调取暖。

洗浴 20世纪90年代初，居民多到商业性浴池或机关、企事业单位设立的浴室洗澡，农户多无洗浴设施。随着经济社会发展，太阳能热水器、燃气热水器、电热水器逐步进入家庭并日趋普及，城乡也相继出现个体浴室、澡堂、桑拿浴房、洗头房、足浴店等，为居民洗浴提供服务。

第六章 时代新语

随着经济社会的不断发展，群众生活的逐步提高，改革开放的进一步深化，人们交往频繁，获取的信息增多，顺应社会需求的语言也不断更新。时代新语与时俱进，或外域传入，或网络传播，或俚语演化，或老词新组，或他方衍生，应用于时政、科技、生活、经济等社会各个领域。

第一节 时政类

中国特色、改革开放、与时俱进、和谐社会、以人为本、两个文明、招商引资、计划生育、一孩化、老龄化、奥运、通货紧缩、通货预期、心理预期、即期消费、知识经济、希望工程、安居工程、民生工程、政府提速、绿色革命、人才市场、档案工资、世界遗产、软环境、零距离、托福、举措、运作、跳槽、待业、调研、内退、二线、离岗、下岗、失业、再就业、民工潮等。

第二节 科技类

科学发展观、信息高速公路、网络时代、信息时代、信息港、电子邮件、数码相机、数码电话、移动通信、网上聊天、网上购物、电脑黑客、电脑病毒、数字通信、激光照排、纳米技术、小灵通、大哥大、摄像机、伊妹儿、互联网、数据库、老虎机、智能卡、遥控器、扫描仪、信息网、网吧、话吧、网站、上网、网虫、网瘾、手机、短信、博客、下载、探头、视频、监控、刷卡、彩超、B超、BP机、U盘、MP3、MP4、VCD、DVD、CT、QQ等。

第三节 生活类

物业管理、桑拿浴、洗头房、洗脚房、足浴、美容院、发廊、练歌厅、追星族、双休日、家政、面膜、纹眉、纹身、养眼、美眉、打的、面的、摩的、饭局、埋单、单挑、酒吧、帅呆、帅哥、靓妹、酷毙、哇塞、粉丝、大款、大腕、富婆、小秘、小三、二奶、拜拜、网民、网友、网恋、的哥、的姐、沙龙、AA制、OK、PK、欧了、宅男、宅女、剩男、剩女、老烂等。

第四节 经济类

市场经济、泡沫经济、民营经济、民营企业、民营业户、四个轮子、三资企业、中介公司、中介服务、劳务市场、物流、超级市场、生态农业、观光农业、皮包公司、绿色食品、专业户、专业村、开发区、一条龙服务、大棚菜、连锁店、楼市、楼盘、楼花、股市、炒股、洗钱、老板、老总、员工、下海、走穴、传销、WTO、GDP、PM2.5等。

第二十七编

镇（街道）概况

1991年，全县有乡（镇）34个，其中乡24个、镇10个。2001年，全市有乡（镇、街道）、开发区23个，其中乡2个、镇17个、街道3个、开发区1个。2010年，全市有镇（街道）14个，其中镇9个、街道5个，分别是羊口镇、侯镇、稻田镇、台头镇、化龙镇、纪台镇、田柳镇、营里镇、上口镇、圣城街道、洛城街道、文家街道、古城街道（与市经济开发区街区合一建制）、孙家集街道。有975个村（居）委，其中村民委员会922个、居民委员会53个。

第一章 街道

第一节 圣城街道

地处城区中心。1991年，称为寿光镇。2001年3月，更名为圣城街道。2003年9月，张建桥街道整建制并入圣城街道。

1995年，总面积38平方公里，辖45个行政村，8784户，3.4万人。实现农村社会总产值18.6亿元，农村经济总收入13.9亿元，农民人均纯收入3060元，储蓄余额突破3亿元。2000年，农村社会总产值25.3亿元，农民人均纯收入4229元，地方财政收入2650万元。2010年，总面积65.2平方公里，辖70个村（居），总人口25.1万人。完成地区生产总值75亿元，实现财政总收入5.8亿元，城镇居民人均可支配收入2.4万元，农民人均纯收入9310元。街道先后获全国千强乡镇、中国乡镇投资潜力500强、山东省和谐示范街道、山东省文明街道等多项称号。

1993年，率先在全县进行作物布局调整，粮经比例由6∶4调为2∶8。无公害蔬菜面积1.2万亩。发展畜牧专业村15个，其中省级畜牧强村2个。1995年，先后开发建设宏达钢材木材、寿光大厦、东关东亚家具商城等20余家专业市场或商场，实现第三产业增加值3亿元。以实现初级卫生保健为目标，在农村实行合作医疗，参保家庭达97%以上。

2000年，有民营企业265家，年创营业收入8.8亿元。个体私营业户6500户，年创营业收入3.8亿元，涉及机械制造、食品生产、塑料编织、房地产开发、冷藏保鲜等10个骨干行业。高温棚达7000余个，29个村成为蔬菜种植村。畜牧业在巩固猪、鸡生产的基础上，徐家村兔场成为省畜牧研究所实验基地，东关村建成全市首家珍珠长毛兔场。规划建设高档居民公寓楼8幢、别墅楼600多幢，其中九巷村310幢，建设沿街商业楼房5万平方米。有2所初中，13所小学、幼儿园，教师693人，在校生1.3万人。2001年始，三产服务业驶入快车道，新建改建中百大厦、时代广场、银座商城等专业市场及大型超市50余个。2008年，建立起街道、社区、小组长、楼长4级工作网络，实现城市社区管理服务的全覆盖。现代社区、兆祥社区、学院社区先后获国家级最佳环境生态社区、省级绿色社区等称号。2009年，设立圣城街道爱心救助基金，爱心救助金每年发放1次，年均发放救助金300万元。

2010年，现代农业向园区化、产业化、标准化方向发展，无公害蔬菜基地2万亩，农业专业合作社45家、农业龙头企业15家。有科技、晨鸣、寿尧路3大工业园，形成以精密机械、冶金制造、纺织服装、食品加工、医药化工5大支柱产业为主导的新型工业体系。各类商品交易额超过100亿元，三产服务业占全街道GDP比重达75%。拥有国美电器、银座商城、肯德基、麦当劳等众多国际国内大品牌，建设巨能嘉园、中南城市金典、正阳花园、新城明珠、水木清华等十大城市综合体。先后实施东夏、椒园、三官庙等村的城中村改造。有初中2所、小学13所、幼儿园12所，教师944人，在校生1.2万人。城区及农村设立社区卫生及农村医疗卫生室90多所，基本实现小病不出村、不出社区，一般病不出街道的要求。过半农民住上新楼房，小汽车保有量2万余辆，手机普及。物质生活满足后，农民开始追求精神生活的富足，运动健身、广场舞、文化娱乐等活动广泛普及。

渤海路商业街夜景（2010年摄）

2010年圣城街道各村（居）基本情况表

表27-1-1

村（居）名称	户数	人口数	经济总收入（万元）	人均纯收入（元）
东关居委	622	2380	3800.00	11500
南关居委	460	1715	447.80	10200
城里居委	780	2983	1895.70	12300
小东关居委	203	675	224.28	10000
北坦居委	87	310	32.72	9300
岳家庄	330	1220	17.55	8000
大仓	294	782	22.00	8300
刘旺居委	230	917	28.36	9300
东夏家庄居委	90	260	167.68	10000
北魏家庄居委	100	310	20.61	8000
南后三里居委	102	285	220.20	10491

续表 27-1-1

村（居）名称	户数	人口数	经济总收入（万元）	人均纯收入（元）
东玉兔埠	164	575	5.00	8400
西玉兔埠	230	801	5.53	7800
曹家	190	650	403.00	6700
郝家	65	232	3.20	9267
范家	88	297	2.28	9300
十里铺	145	535	4.17	9100
李二	220	832	56.17	8360
田家庄居委	125	445	8.18	8500
燕家庄居委	175	670	51.35	9000
东公孙居委	239	910	76.39	9000
西公孙居委	560	2012	309.51	9300
南前三里居委	126	486	134.54	9400
南魏家庄子居委	254	970	1626.00	12000
小李家庄居委	160	560	7.39	9375
仁和居委	105	367	129.25	9300
东石	210	780	106.56	9500
西石	190	660	84.86	9000
沙阿	160	600	12.49	8500
益城	120	430	15.11	9300
南胡家庄	230	760	0.61	9200
徐家居委	283	928	43.34	10000
前张家庄居委	153	535	28.65	8500
后张家庄居委	160	640	102.35	8200
北关居委	570	2016	594.69	9980
西关居委	860	3300	1600.00	9400
九巷居委	535	1975	638.39	9964
杨家居委	289	928	62.18	9300
梨园居委	224	861	60.45	9300
高家居委	88	316	20.09	9000
于家庄子	105	340	3.20	9000
北前三里	46	179	27.13	8100

续表 27-1-1

村（居）名称	户数	人口数	经济总收入（万元）	人均纯收入（元）
北后三里	108	374	6.40	7600
北郭家庄	64	230	21.90	8100
夏家庄	70	289	3.38	7800
张建桥居委	799	2789	1394.69	9165
王家口子居委	420	1640	514.16	9300
东付家庄居委	240	940	246.84	9500
椒园居委	156	558	113.70	9500
赵家仕庄居委	356	1300	367.14	9000
桑家仕庄	152	595	91.10	9000
肖家楼	136	460	3.18	7500
南马范	615	2100	78.89	9300
崔家居委	382	1470	270.55	9700
东七居委	500	2000	465.80	9500
西三官庙居委	164	660	7.24	9500
父子侯居委	86	348	135.63	9200
金马寨	160	620	5.60	9000
东营居委	240	930	77.69	9300
东郭居委	240	900	883.20	11000
南辛庄居委	100	380	67.42	9000
延庆寺居委	162	603	99.66	9500
前朴里居委	230	760	10.52	8710
后朴里居委	420	1388	279.58	9000
赵旺铺	327	1270	32.32	9000
金家庄子	32	108	8.86	9260
杨家仕庄	190	703	2.27	9175
李家仕庄居委	300	1003	35.31	9400
张家仕庄	150	470	8.40	9210
韩家仕庄	110	418	2.59	8133

第二节 洛城街道

位于城区东部，西依弥河，东临丹河。1994年12月，撤销洛城乡设立洛城镇。2001年3月，寒桥镇整建制合并到洛城镇。2003年10月，撤镇设街道。2007年8月，留吕镇整建制并入洛城街道。

1995年，辖35个行政村，7037户，2.7万人，总面积43平方公里。完成国民生产总值2.6亿元，工农业总产值4.2亿元，农村经济总收入4.8亿元，农民人均纯收入2572元。2000年，全镇完成工农业生产总值9.3亿元，农村经济总收入18.3亿元，农民人均纯收入4100元。2010年，辖118个行政村，2.9万户，11.6万人，总面积136平方公里。完成地区生产总值37.5亿元，实现地方财政总收入1亿元，农民人均纯收入9416元。先后被评为省级文明单位、省级卫生镇、省级旅游强镇、潍坊市十佳魅力城镇。

1995年，形成粮食、蔬菜、果品、畜牧、食用菌5大支柱产业新格局，粮经比例由6∶4调整至4.9∶5.1。蔬菜面积1.5万亩，其中无公害蔬菜面积1万亩，蔬菜大棚7500个。完成固定资产投入5000万元，实现利税2439万元，其中镇办企业产值4622万元、利税256.5万元。学龄儿童入学率、巩固率、初中升学率和九年义务教育普及率均达100%。村级甲级卫生室占70%以上，计划免疫保偿率、镇办合作医疗覆盖率均达100%，农村医疗预防保健网点普及率92%。有程控电话999门，普及率35%，农户通电率100%。

2000年，有民营企业66家，职工人数1679人，总资产1.5亿元，实现年销售收入1.5亿元、利税757.2万元。新城规划突出现代宜居、滨水生态两大特色。2005年始，实施生态旅游、农业观光旅游战略。电话普及率77.8%，有线电视入户率70%，居民存款余额2.8亿元。以弥河为轴，跨河发展，实施东部新城建设。2007年，有初中3所、小学18所、幼儿园18所，教师767人，在校生1.3万人。

2010年，无公害蔬菜种植面积6.2万亩，大型种养基地28个，农民专业合作社41家，农业龙头企业50多家，先后获全国农业标准化示范区、无农药残毒放心菜基地等称号。洛城街道浮桥萝卜被评为国家地理标志产品。投资过千万元项目150多家，其中规模以上企业75家，实现主营业务收入79.5亿元、利税8.8亿元。有初中3所、小学8所、幼儿园 10所，教师796人，在校生1.4万人。有乡村卫生室65个，乡村医生132人，全面实行新型农村合作医疗制度，农民参合率100%。生态旅游景区主体部分弥河新区，规划面积33平方公里，区内生态旅游点包括中国（寿光）国际蔬菜科技博览会主会场、寿光市洛城绿色食品示范基地、中华牡丹园、弥河生态农业观光园等景点，年接待游客200多万人次。118个村规划为20个社区，重点推进洛城、屯田、桥南李、浮桥、尹家、寒桥7大社区建设。居民生活从温饱

国家地理标志产品浮桥萝卜（2010年摄）

向肉、蛋、奶合理搭配的营养饮食方面发展，身体健康状况日益好转，人均期望寿命从72岁增长到75岁。

2010年洛城街道各村基本情况表

表27-1-2

村名称	户数	人口数	经济总收入（万元）	人均纯收入（元）
洛城西	400	1380	10989	9785
洛城中	340	1050	7580	9300
洛城东	230	731	4790	9489
坡子	63	237	1390	9222
小官道	192	650	2316	9192
安平	80	270	1592	9202
官桥	170	643	3720	9300
阎家庄	153	599	2485	9202
四里	170	609	3130	9192
董家庄前	148	510	4362	9758
董家庄后	172	552	2975	9380
屯田东	378	1415	7383	9301
屯田西	780	2996	14668	9548
六股路	167	618	3111	9508
邵家庄子	270	930	4720	9340
桥南李	126	360	1968	9370
西范	142	464	2083	9340
褚庄	430	1620	8600	9271
南亍疃	73	223	1181	9242
黄家庄	242	944	5213	9281
薛家庙子	135	504	2618	9192
朱家	136	502	2650	9214
南李家庄	406	1647	8253	9289
东孙家庄	397	1458	7700	9294
唐家	78	264	1353	9322
南范	530	1801	9347	9302
马家齐村前	298	1059	5460	9287

续表 27-1-2

村名称	户数	人口数	经济总收入（万元）	人均纯收入（元）
马家齐村后	286	998	4956	9299
南官庄	182	637	3351	9278
北官庄	70	154	1301	9242
康家尧水	238	830	4223	9290
李家尧水后	325	1030	3500	9290
李家尧水前	192	592	3250	9290
王家尧水西	290	1080	6600	9290
王家尧水东	249	825	4300	9290
张家尧水	260	870	4400	9290
梁家尧水	218	713	3400	9290
黄家尧水	132	532	2805	9290
东刘	215	715	3959	9291
东高家庄	255	883	4747	9390
丁家店子	374	1210	5513	9192
董家营子	335	1150	6182	9291
岔河	234	798	4346	9094
浮桥	289	999	5422	9390
东范	60	210	4346	8995
谷家齐村	270	968	6527	8995
西高湛	341	1169	6762	9291
王家	82	276	1388	9390
陈屯	69	216	1134	9291
复盛	110	390	1819	9291
刘家尧河	223	767	3418	9291
冯家尧河	343	1232	10180	9390
杨家尧河	194	674	3019	9192
查芦	102	380	1649	9094
于家尧河	220	718	3039	9291
张桥	106	375	1639	9094
东马家庄	177	615	2835	9291
段家尧河	124	453	2205	9192

续表 27-1-2

村名称	户数	人口数	经济总收入（万元）	人均纯收入（元）
吕家尧河	222	794	3492	9192
寒桥东	205	680	2090	9192
寒桥西	76	262	768	9242
太平	120	400	2054	9390
复兴	140	475	2350	9271
惠民	103	327	1650	9242
西刘	305	1168	5600	9370
河东隅	210	750	4180	9301
北亓疃	400	1445	2120	9390
寺西	132	474	2442	9291
南纸房	112	362	500	9242
北纸房	340	1377	7282	9291
南徐	235	776	4440	9271
饮马	365	1363	4850	9291
后牟城东	460	1556	5368	9274
后牟城西	340	1170	5513	9267
安全牟城	180	580	2536	9287
中心牟城	275	964	3936	9310
韩家牟城	285	1065	5290	9299
东锡家邵村	150	505	2792	9238
西锡家邵村	114	385	2296	9243
贤疃	210	708	4320	9256
王家疃	209	630	3380	9272
贤村东	105	379	1966	9284
贤村西	145	523	2360	9260
北徐	262	910	4390	9352
寨里	195	664	3810	9258
留吕	680	2140	8385	9489
东陈家庄	120	438	1250	9291
北马家庄	103	406	1020	9291
东张家庄	270	961	3703	9588

续表 27-1-2

村名称	户数	人口数	经济总收入（万元）	人均纯收入（元）
郎家庄	280	1015	2958	9291
南庄	340	1220	2900	9390
后寨	350	1230	3730	9390
金家庄子	203	672	1256	9291
斗鸡台	77	314	550	9192
郭家营	339	1166	2900	9281
东于	48	147	395	9291
高淮	560	1977	8700	9360
成家	220	760	2100	9311
东高湛东	248	851	2660	9321
东高湛西	235	747	2375	9271
卞家	241	900	2550	9281
崔家庄子	230	828	3220	9291
贾家	230	831	3350	9301
丁家楼	398	1342	3600	9311
柴家	280	980	3220	9271
刘家	148	538	1410	9261
尹家前	210	769	1500	9311
尹家后	298	1053	2990	9281
林家	210	667	1980	9271
东斟灌	578	2006	6947	9291
西斟灌	350	1338	2895	9291
斟灌城里	240	880	1700	9348
斟灌城南	156	532	1650	9291
北城西	230	856	2100	9242
南城西	125	462	990	8896
辛庄子	110	405	1175	9785
屯上	102	349	730	9093
董家庄子	148	490	1022	9340

第三节 文家街道

地处城区西部，西南与青州市接壤。2001年3月，撤销文家乡、马店乡，合并成立文家街道。是国家命名的中国韭菜第一乡。

1995年，总面积27平方公里，辖24个行政村，5382户，2.1万人。完成工农业总产值4.1亿元，农村经济总收入3亿元，财政收入118万元，农民人均纯收入3200元。2000年，地方财政收入387.4万元，农村经济总收入4.4亿元，农民人均纯收入4200元。2010年，总面积69平方公里，其中耕地面积46平方公里。辖4个居委会，52个行政村，5.1万人。完成地区生产总值20亿元，地方财政收入7145万元，农民人均纯收入9200元。

1995年，蔬菜面积由1991年的8300亩发展到1.6万亩，其中大棚种植面积6000亩，韭菜种植面积1万亩。年产蔬菜1亿公斤，收入1.2亿元。畜牧业总收入2175万元。林业生产实现农田林网化，达到省“八五”绿化标准。有帆布染织、皮鞋制造等乡办企业14家、村办企业18家，固定资产1640万元，完成工业总产值2亿元、利税850万元。有宾馆8家，从事饮食、维修、日用百货、生产资料经营等服务业户430户，年收入1500万元。全乡完成第三产业增加值1.2亿元。建成高标准初级中学2所、联办小学6所。乡成人文化技术学校被评为潍坊市星火燎原计划先进单位。有整骨专科医院1所，村级卫生室21个。1996年始，先后筹建财政所办公楼、派出所办公楼等楼房16幢，建筑面积3.6万平方米。

2000年4月，被中国农学会特色农业推荐委员会授予中国韭菜第一乡称号。2001年，有初级中学1所、小学7所，在校学生3731人。有乡村卫生室18个，覆盖24个自然村。2009年，独根红韭菜被评为国家地理标志产品。完成工业投入1384万元。以总规划面积32.1平方公里的晨鸣工业园为依托，引进各类工业企业135家，形成以造纸、板材、精细化工、包装材料、肥料加工、机械配件制造为主的6大主导产业。同年11月，投资26亿元，建设占地面积3000亩的寿光农产品物流园，分为蔬菜交易区、水果交易区等8大功能区。

国家地理标志产品文家独根红韭菜（2009年摄）

2010年，有农民专业合作社31家，农业龙头企业40多家。完成工业投入10亿元，限额以上企业49家，实现主营业务收入21亿元、利税3.2亿元。形成以农产品物流园为带动，多种专业市场同步发展的商贸服务业新格局。有初中2所、小学5所、公办幼儿园5所，在校学生7656人，适龄儿童入学率100%。全面实行新型农村合作医疗制度，农民参合率100%。有各类机动车1.2万辆，有线电视入户数2.1万户，固定电话6200部。有村级文化大院56个、农家书屋56个，实现文化场所全覆盖。8个村有农民自发组织的民俗表演队伍（如跑旱船），42个村有农民自发组织的农村文艺演出队伍。

2010年文家街道各村（居）基本情况表

表 27-1-3

村（居）名称	户数	人口数	经济总收入（万元）	人均纯收入（元）
文家居委	760	3100	6588	12500
前游居委	260	891	3263	10900
后游居委	168	625	1628	8000
仉家居委	220	685	15540	10500
西赵家庄子	194	750	6667	9100
先锋营	204	810	4128	9200
王家大庄	354	1510	3713	9300
朱桥	217	795	2625	9200
八里	479	1795	6310	9500
王家老庄	234	847	1431	9200
高家庄	126	405	1487	9100
庞家庄	356	1276	4231	20000
刘桥	230	820	1578	8000
冯家	82	320	162	9600
西文	180	620	1270	9500
南官桥	180	652	1248	9600
北官桥	100	386	750	9600
王端宇	248	846	2541	15000
王家营西	210	780	1680	8800
王家营东	132	500	1522	8000
西河	216	894	2850	8700
东河	162	608	1377	8400
冀家	165	610	1800	8400
高家官庄	190	696	1790	9000
业家官庄	228	850	3176	8800
蔡家营西	109	429	1382	8600
蔡家营东	251	767	2028	8000
二黄	150	380	1396	8000
前刘家庄子	140	489	1294	8000
布政	385	1360	2824	8500

续表 27-1-3

村（居）名称	户数	人口数	经济总收入（万元）	人均纯收入（元）
安乐屯	80	266	762	7000
南马店	548	1900	17922	6800
北马店	396	1410	4688	9200
钱埠	75	302	660	9000
邱家庄	91	310	566	8000
苏家庄	190	722	1880	9300
韩家庄	550	2260	9475	8200
四合	267	900	3092	9000
北付家庄	304	1185	10322	9200
桐业官庄	31	110	577	8500
台柳庄	108	370	1673	9000
西陈	460	1840	11355	9000
西潘曲	110	428	1687	9100
北潘曲	303	1209	3803	6000
逢源	56	230	1352	9200
南潘曲	352	1306	4606	9000
张家河头	650	2486	9051	9300
岳家铺东	300	1020	6400	8000
岳家铺西	242	896	6133	8000
大尧	141	925	3716	9000
小尧	139	556	1925	9000
董家屯	160	600	3145	10000
北胡家庄	163	635	3450	9000
桑家庄	532	1996	3660	10100
桑家营子	250	1070	11514	9200
吕家庄	340	1039	1302	8500

第四节 古城街道

位于城区北郊。2003 年 9 月，由古城乡和北洛镇合并为古城街道，实行与寿光经济开发区区街合一建制。

1995 年，总面积 34 平方公里，辖 35 个行政村，5800 户，2.2 万人。实现工农业总产值 3.6 亿元，农村经济总收入 2.8 亿元，财政收入 161.6 万元，农民人均纯收入 2908 元，农村储蓄余额 6900 万元。2002 年，完成地区生产总值1.8亿元，地方财政收入400万元，农民人均纯收入4290元。2010年，总面积85.8平方公里，辖61个行政村，1.5万户，5.7万人。完成地区生产总值35.1亿元，地方财政收入1.4亿元，农民人均纯收入9215元。

1995年，全乡粮经比例由1994年的7∶3调整为6∶4。乡村企业发展到29家，其中乡办12家。固定资产达到1656万元，实现利税1600万元。有个体工商户200户，从业人员450人。1999年，有初中3所、小学17所、幼儿园16所、中等专业学校（寿光工贸职业中等专业学校）1所，教职工310余人，在校生7500人。村村建成卫生室，甲级卫生室达到90%以上。20%农户装有程控电话。

2001年，有耕地4万亩，其中粮田2.1万亩、蔬菜1.8万亩（西红柿面积1.5万亩）。发展饲养小区30个，实现农业总产值3.7亿元。2002年，乡村及民营企业实现工业总产值1.2亿元，利税500万元。有个体工商户370户，从业人员800人。集贸市场5个，完成第三产业经营性收入4000万元。公路通车里程达到36.8公里。2005年，全面实行新型农村合作医疗制度，农民参合率93%。2007年始，以打造城乡一体化示范区为定位，将全街道61个村统筹规划为弥香苑、弥景苑等10大农村社区。2008年，投资1200万元建成文化中心，平均每周开放时间40小时以上。

2010年，有耕地8.1万亩，其中粮田4万亩。建成500亩以上的农业园区6个、蔬菜育苗基地15个、蔬菜大棚近2万个，西红柿种植面积3万亩，被誉为西红柿之乡。建成标准化饲养小区56个。农业总产值4.6亿元。寿光经济开发区科技工业园有工业项目112个，实现销售收入131.3亿元、利税13.9亿元、工业总产值23.7亿元。形成冶金、化工、新型建材、石油机械、精密机械、食品加工6大主导产业，经济开发区被冠名为中国石油装备产业基地。有个体工商户759户，从业人员1600人。集贸市场10个，年交易额1.5亿元。有初中2所、小学6所、幼儿园16所、中等专业学校1所，适龄儿童入学率99%。有卫生院2所，分别为古城医院和寿光市精神卫生中心。有乡村卫生所21所，乡村医生72人。电话普及率达到100%，汽车普及率达到每百人2.5辆，有线电视入户率93%，农家书屋和文化大院建设实现全覆盖，23个村建成文艺宣传队伍。

樱桃西红柿（2008年摄）

2010年古城街道各村基本情况表

表27-1-4

村名称	户数	人口数	经济总收入（万元）	人均纯收入（元）
古城一	203	710	2464	9239

续表 27-1-4

村名称	户数	人口数	经济总收入（万元）	人均纯收入（元）
古城二	170	570	1820	9210
前王	161	601	2120	9534
后王	407	1584	3183	9205
义和	135	543	2800	9260
莱坞	68	250	600	9200
贺家西	83	262	791	9200
贺家东	108	353	836	9206
金旺	73	273	728	9200
瓦庙	126	413	915	9200
前疃	370	1275	2850	9100
久安官一	230	756	1715	9206
久安官二	160	660	1506	9196
久安官三	82	300	638	9233
石头屋	134	440	714	9272
更新庄	39	140	280	9280
兴旺官	43	98	215	9286
桥子	337	1070	2100	9196
顶盖	320	1070	2473	9200
苗家桥	230	756	1789	9200
徐家庄子	118	435	1120	9149
单家庄	116	455	980	9200
东罗桥	185	653	2950	9555
西罗桥	288	1050	4200	9304
古城十里铺	174	533	653	9493
常治官	160	504	735	9384
太平官	160	600	1229	9200
袁家官	138	473	1500	9300
赵家庄	338	1320	2820	9280
赵家井子	93	380	980	9132
庵头	160	600	1905	9267
北冯	190	599	1892	9215

续表 27-1-4

村名称	户数	人口数	经济总收入（万元）	人均纯收入（元）
俎家庄	122	452	1612	9203
桑家官庄	270	804	2500	9204
刘官庄	280	1070	2200	9197
曹家庄	465	1818	4618	9295
杨家庄	345	1329	2985	9352
野虎	300	1095	2828	9351
罗家庄	170	620	1638	9200
尚家庄	848	3310	8150	9425
临泽一	215	818	1310	9290
临泽二	395	1258	1830	9300
临泽三	450	1192	2580	9203
北孙云子	500	1700	11500	9300
南孙云子	857	3047	5650	9346
垒村	862	3360	11050	9348
杨庄	553	2001	3027	9250
北马范	261	1024	2272	9296
北洛	207	660	1400	9300
刘家庄	420	1268	2850	9200
范家沟子	216	784	2121	9375
范家庄东	95	343	625	9125
范家庄西	215	820	1320	9205
安家庄	180	670	520	9298
刘家崖子	150	530	606	9240
沙埠屯	310	1108	2550	9305
周家庄	292	1130	2346	9240
戴家庄子	198	653	1288	9260
王家庄	135	507	720	9200
贾庄	153	508	753	9193
罗庄	165	630	1371	9206

第五节 孙家集街道

位于境内西南部，东面与纪台镇相邻，西面和南面与青州市接壤，北面与圣城街道、文家街道毗邻。青银高速横穿东西，羊益铁路、羊临公路、寿尧公路、卧甲公路纵贯南北，弥河、东跃龙河、益寿河穿境而过。2000年9月，胡营乡整建制并入孙家集镇。2003年9月，撤镇设街道。

1995年，总面积42平方公里，辖41个行政村，7000户，3万人。完成国民生产总值1.8亿元，实现工农业总产值5.9亿元，财政收入133.1万元；农村经济总收入5.7亿元，农民人均纯收入3102元。2010年，总面积78平方公里，有耕地8.2万亩，辖78个行政村、1.5万户，5.6万人。农村经济总收入（包括专业合作社）59.8亿元，地方财政收入2783万元，集体经济总收入（包括专业合作社）3692万元，农民人均纯收入9306元。

1989年，三元朱村冬暖式蔬菜大棚种植试验成功。1993年，镇蔬菜基地被评为山东省无公害蔬菜生产基地。1995年，有畜牧小区56个，畜牧业收入6000万元。镇村企业实现利税560万元。投资1600万元，新建供电、邮电等大楼18幢。全镇有初中2所、小学38所、幼儿园26所，在校生5000人，学龄儿童入学率、巩固率和初中升学率均达100%。甲级卫生室达到90%以上。张家寨子村直径1.8米的银杏树，系明代以前栽植，银杏承云被誉为寿光新八景之一。仅有0.35米高的地中山脉——静山，是少有的景观。

静山（2009年摄）

2000年，蔬菜大棚达到1.7万个、1.8万亩，被评为中国大棚蔬菜第一镇。2005年，民营企业完成工业投入12亿元。形成以蔬菜加工、洁净煤加工、节能设备、钢结构、电器设备等为主的民营企业90余家，年实现销售收入9亿元，利税8000万元。个体工商户200余户，从业人员2000人。按集中开发、连片建设原则，规划出镇环路、工业区、商业区、生活区等版块5平方公里。有初中2所、小学13所、幼儿园31所。被评为潍坊市教育工作先进单位。安装程控电话1.1万门，移动电话3万部。2001年6月，孙家集医院与胡营医院合并为孙家集医院，一体化管理卫生所增加至40所，乡村医生72人。2007年，限额以上批零企业实现销售额2615万元。2009年，全街道29所小学合并为13所，实现教育资源的优化配置。电话普及率达到92%，移动电话4万部，有线电视实现村村通。有5个村建成文化大院，建立农民文艺演出队伍37支，新建农家书屋12个。

2010年，农作物播种总面积16.5万亩，其中粮食播种面积8.2万亩、总产量4.1万吨，蔬菜播种面积7.8万亩、总产量52.9万吨。家禽存栏数317.3万只，出栏数268.3万只，禽蛋产量25.2万公斤，肉类总产量1.2万吨。规模以上企业38家，工业总产值14.6亿元，实现利税1.4亿元。有个体工商户867户，从业人员1734人，限额以上批零企业实现销售额4079万元。共有初中2所、小学12所，在职教职工432人，在校生5662人。有村卫生室39个，乡村医生83人。全面实行新型农村合作医疗制度，农民参合率98%。投资

800万元建成街道文化中心，农家书屋和文化大院建设实现全覆盖。沥青路通车里程达80公里，座机电话6100部，有线电视入户率90%。

2010年孙家集街道各村基本情况表

表27-1-5

村名称	户数	人口数	经济总收入（万元）	人均纯收入（元）
孙家集	362	1266	4423	9450
彭家庄	145	560	1750	9375
潘家	245	885	2250	9260
张家寨子	240	860	2082	9140
郭家庄	65	205	582	9150
张家埠子	150	607	1323	9070
王裴	120	450	1375	9200
小董家庄	125	501	1422	9293
石门董	615	2380	6050	9444
三甲	260	930	2610	9204
朱家峪	65	221	550	9367
前杨	212	900	2900	9256
齐家	110	403	1010	9206
后杨	103	430	1200	9258
孙家	193	780	1700	9333
三元朱	258	870	4490	12425
三元孙	198	691	1986	9203
三元王	100	398	1060	9240
王庙	103	395	1083	9419
尚家	91	350	856	9005
蒋家集	160	610	1670	9328
南王	240	921	2700	9068
范于	319	1112	2793	9404
五合	92	310	860	9419
岳寺高	190	686	1733	9263
岳寺李	341	1342	3735	9314
岳寺韩	400	1510	4643	9583

续表 27-1-5

村名称	户数	人口数	经济总收入（万元）	人均纯收入（元）
南刘	170	650	1730	9538
丁家庄	151	512	1174	9355
一甲	300	1114	3200	9305
二甲	190	712	1920	9284
西马家	125	506	1393	8969
贾家庄	165	538	1548	9089
西张家庄	230	850	2507	9072
前周家庄	150	530	1350	9040
石家庄	165	668	1734	9050
高阜营子	360	1300	3600	9154
邢家庄	78	293	788	8938
牟家庄	65	232	610	9138
西崔家庄	221	780	1891	9141
泽科	300	1090	2650	9141
大李家庄	425	1560	3700	9335
小店铺	225	755	1800	8938
宋家庄	230	785	1900	9312
肖家营	136	464	1060	9342
边线王	365	1253	3493	9470
小杨家庄	75	309	823	9467
胡营一	280	1020	2700	9473
胡营二	255	950	2400	9358
后胡营	235	900	2400	9411
胡营西庄子	150	558	1450	9044
淄河店	47	170	530	9012
胡营王	163	615	1500	9031
胡营孙	130	504	1100	8964
达字刘	194	709	2020	9320
黄埠	102	360	970	8956
东颜方	125	510	1700	8930
西颜方	58	237	630	8967

续表 27-1-5

村名称	户数	人口数	经济总收入（万元）	人均纯收入（元）
汤家庄	200	681	1750	9280
汤家埠	100	356	850	9010
陈家庄	132	420	1040	9238
楼子李	170	610	1600	8974
郑家庄	157	590	1880	9277
钓鱼台	170	718	2230	9100
堤里	243	883	2650	9207
北马疃	150	600	1690	9356
南马疃	165	666	1923	9300
马疃卢家	96	390	860	9333
东马疃	178	672	1682	9122
马疃张家庄	160	580	1758	9248
鲍家楼	167	640	2009	9368
邴宋台	368	1380	3396	9230
东侯家庄子	160	555	1490	9148
西侯家庄子	135	518	1373	9202
西屯	280	1006	2225	9135
河涯王	194	713	2133	9397
丰顺王	230	810	2104	9309
高松	100	350	1097	9400

第二章　镇

第一节　羊口镇

1993 年 8 月，经省政府批准，羊角沟镇更名为羊口镇。地处寿光市最北部，莱州湾西南侧，北面、西面与东营市接壤，南面与营里镇毗邻。2001 年 3 月，杨庄乡整建制并入该镇。2005 年 7 月，卧铺乡整建制并入该镇。

1995年，总面积157平方公里，辖6个居民委员会、4168户，2.5万人。完成国民生产总值1.8亿元。工渔业总收入10.8亿元，实现利税3656万元。2010年，面积471平方公里，其中耕地面积21万亩，碱洼地、滩涂和海域25万亩，盐田面积20万公亩。辖37个行政村（其中杨家围子村、六股路村列清水泊农场）、6个居委会，6.5万人。完成社会固定资产投资60亿元，其中工业投入46亿元，实现工业销售收入70亿元，财政总收入3亿元，其中地方财政收入1.7亿元，农民人均纯收入9346元。被评为山东省渔业生产先进镇。

渔业生产是支柱产业之一。1995年，185马力以上钢壳船64条，船员1100余人。水产捕获量9万吨，渔业捕捞收入4.9亿元。水产冷藏厂8家，库位容量2300吨。被省政府授予全省水产先进单位称号。共有个体工商户873户，从业人员4148人。有中学1所、成人文化技术学校1所、小学2所、幼儿园2所、教职员工200余人，在校生2400多人。小学入学率、巩固率达到100%，初中入学率、巩固率达到95%。有村卫生室7个，乡村医生21人。建成电话镇和全市第一个有线电视镇。1999年，全镇程控电话发展到5490部，公路通车里程110公里，实现村村通沥青路。

2000年始，陆续推广抗虫棉种植。投资1360万元，规划建设鑫源水产品加工园和靖海门鲜活水产品市场，年销售额2000万元。2004年，被建设部、国家发改委、国土资源部、农业部、科技部、民政部确定为全国重点镇。2005年，全镇有企业165家，固定资产总值8.2亿元，实现利税5.9亿元，形成以水产加工、渔船修造、网具制造、原油加工、石油配件制造、服装鞋帽、盐及盐化工、化纤等为主的工业项目。有初中3所、小学9所，在校生5000余人。羊口镇第一初级中学、第二初级中学、第一小学创建成省级规范化学校。有村级卫生室26个、分院2所，乡村医生70人。同年4月，设立弱势群体救助基金，为第一批100户弱势家庭每户发放救助金2000元。2006年始，投资4000万元对羊田路北段进行高标准绿化改造，投资4亿元对三居委居民点实施改造。总投资9000万元，在镇区建成1.5万平方米的全福元超市和高标准的社区服务中心、文化中心、老年活动中心。投资1200万元新建库容1万立方米的城市自来水厂。

2010年，投资1.3亿元新建高标准畜牧业养殖小区3个。建成国内首个海水蔬菜大棚，带动沿海滩涂农业和无土栽培、立体种植等现代农业发展。棉花种植面积20万亩，小麦面积9300亩。开发建设的现代化工业新区，以发展新型工业和高端产业为主。临港物流园以港口建设、大型仓储、物流、配送等物流产业为主。新能源及生态旅游基地以建设风能发电和发展生态旅游业为主。沿河经济带西部建设渔港经济区，东部深水区发展船舶制造业。先后投资2.5亿元，建设占地1158亩集仓储、冷冻、加工、销售于一体的渤海水产城。个体工商户发展到1500余户，从业人员6000余人。以“三路”（东环路、南环路、中心街）、“三中心”（职教中心、职工生活服务中心、行政商务中心）建设为

国内首个海水蔬菜大棚（2010年摄）

重点，开工建设羊口新城。有初中1所、小学5所、幼儿园9所（其中民办园3所），在职教职工498人，中小学生4750人、入园幼儿1524人。有卫生院1所，卫生院分院2所，村卫生所37所，乡村医生70人。参合农民3.7万人，参合率99.2%。出生婴儿性别比为105，计划生育率98.5%。

2010年羊口镇各村（居）基本情况表

表27-2-1

村（居）名称	户数	人口数	经济总收入（万元）	人均纯收入（元）
杨家庄子	938	3300	13411	12536
官台	583	2214	6511	14411
营子	400	1297	3475	14611
齐家庄子	230	780	4414	15667
王家庄子	168	514	1602	13804
菜央子	386	1042	4428	14672
宅科一	340	1200	2943	11969
宅科二	301	922	3103	12301
宅科三	320	1006	3119	12485
宅科四	250	820	3969	13159
宅科五	350	1080	3740	12759
南宅科	300	990	2538	11722
丁家庄子	180	537	2840	12849
单家庄子	169	610	1333	12397
任家庄子	165	575	3696	14497
郑家庄子	350	920	4408	12304
刘旺庄	644	1734	4025	12935
曹辛庄	510	1830	3828	12761
侯辛庄	320	1050	4218	12349
东桃园	56	170	503	15325
西桃园	67	210	372	12333
八面河	252	852	1556	12131
第一居委	470	1640	6451	11778
第二居委	941	2800	26782	12376
第三居委	700	1500	4008	9373
第四居委	710	1761	34309	13873

续表 27-2-1

村（居）名称	户数	人口数	经济总收入（万元）	人均纯收入（元）
第五居委	1200	3500	49831	13539
第六居委	1240	3282	156234	13405
吴家卧铺	75	280	4180	9464
卧铺	660	2300	3614	10309
南木桥	410	1174	2013	9404
北木桥	533	1637	2605	8210
寇家坞一	265	842	1951	9489
寇家坞二	326	1080	1825	9509
寇家坞三	350	1290	1916	9302
寇家坞四	430	1480	2070	8986
寇家坞五	150	504	1180	9722
寇家坞六	200	680	1000	9603
寇家坞七	53	185	403	9676
李家坞	515	1810	2698	9696
郭井子	480	1380	3530	9855
杨家围子	62	237	190	8100
六股路	112	390	117	3100

第二节 侯 镇

位于寿光市东北部，东邻寒亭区，西毗上口镇，北依潍坊滨海经济开发区，南与洛城街道接壤。2001年3月，岔河镇、五台镇整建制并入该镇。

1995年，总面积81平方公里，辖41个行政村，1.1万户，4.5万人。被评为省级新型小城镇。2008年，列为全国千强乡镇之一。2010年，总面积218平方公里，辖86个行政村，1个居委会，有3.2万户，10万人。农村经济总收入40亿元，农民人均纯收入9260元，各类存款余额6.8亿元。财政总收入3.3亿元，其中地方财政收入1.6亿元。

1991年，有耕地5.2万亩。建供水站2个，供水能力达到40万立方米，解决全镇80%的村庄人畜吃水问题。形成人造板、钢材、机械加工、酿酒、建筑建材、木器加工、原盐等8个支柱产业，拥有鲁丽等省域名牌。个体工商户100多户，从业人员400多人。有初中3所、小学23所，教职工352人，在校生5230人。1995年，果品面积发展到1.1万亩。镇村企业完成产值9.4亿元，实现利税6800万元。有医院1所，41个村全部建起甲级卫生室。各类金融机构10余所，金融从业人员100余人。1998年，被评为省级卫生保健合格乡镇。

鲁丽集团钢厂炼钢车间（2010年摄）

2000年，实现农业经济总收入23亿元。完成工业总产值17亿元，实现利税2.1亿元。有个体工商户275户，从业人员1200多人，商品零售总额3亿元。建成供销社大楼、盛隆超市第八连锁店、商业街等20处设施，经营项目300多种。90%的村内主要街道实现硬化，12个村的村内大街小巷无柴草堆积，65个村实行村卫生统管。每百户电视机拥有率达97.6%。2001年，实施镇区新一轮规划，镇区开发面积6平方公里，投入城镇建设资金1亿元，建成行政、商贸、工业、文教卫生、饮食服务、娱乐、居住7大功能小区和沿大沂路10里经济长廊。有初中3所、小学14所，教职工376人，在校生5738人。2002年，投资2000万元建设寿光市第二人民医院。

2010年，有耕地13.9万亩，粮田7.9万亩。蔬菜种植面积4.6万亩。高标准饲养小区130个，其中野猪养殖基地等60亩以上的标准化养殖小区8个。建设百信有机蔬菜产业园等1000亩以上的农业示范区5个，成立农业专业合作组织16个。限额以上工业企业31家，实现工业投入50亿元，工业销售收入200亿元，实现利税17亿元，实缴税金1.6亿元。规划建设侯镇项目区和鲁丽工业园2个工业发展板块。有个体工商户1653户，从业人员3306人。有初中3所、小学13所，教职工714人，在校生1万余人。有村卫生室52个，乡村医生183人。全面实行新型农村合作医疗制度，农民参合率达98.6%。有沥青路198公里，拥有各类机动车3万余辆，其中轿车1.1万余辆。固定电话入户率93%，有线电视入户率98%。人均居住面积60平方米。有村级文化大院57个，农家书屋62个。群众文体活动丰富，有仉家村的龙灯，西河南二村的旱船、高跷，岳庄村的竹马，侯四、黄疃、大道、马家、西岔河等20多个村的秧歌队。

2010年侯镇各村（居）基本情况表

表27-2-2

村（居）名称	户数	人口数	经济总收入（万元）	人均纯收入（元）
大道	180	540	14.00	9000
台东	147	518	5.50	8591
黄桥魏家	228	740	27.08	9000
南宋岭	147	442	4.80	8620
王家巷	260	795	17.70	9434
台西	220	798	16.00	9085
温家	68	190	26.30	8947
北杨家	110	356	9.60	9101

续表 27-2-2

村（居）名称	户数	人口数	经济总收入（万元）	人均纯收入（元）
张家庄子	30	102	8.00	9000
西毕	630	2250	55.00	8800
李家台	207	741	38.00	8731
北崔家庄子	355	1072	12.00	8993
西河南二	241	830	26.80	9193
草碾子	450	1595	20.00	9204
台后	450	1530	36.30	8889
黄家庄子	457	1350	14.00	8978
东南岭三	110	330	61.50	9424
西黄家庄子	105	389	6.50	9100
侯镇一	550	1762	17.09	9171
侯镇四	425	1470	23.33	9197
东柴庄	108	360	5.50	9111
西柴庄	596	2074	49.00	9002
西岔河一	550	1830	140.01	9000
红庙子	180	610	3.90	8525
果子园	160	550	8.60	9182
黄桥王家	171	513	8.60	9181
王疃	260	1023	13.27	8798
神树坡	25	61	11.00	9836
河沟	400	1520	67.00	8868
申明亭	303	1038	9.59	9152
泊头子	700	2500	53.00	8588
前下舟	343	1080	7.82	9009
钟家	150	450	27.00	9044
李家	67	200	20.50	9200
黄桥张家东	240	780	18.30	9000
李家官庄	860	2952	132.80	9451
斜庙子	340	888	138.00	9167
刘家官庄	800	2447	12.81	9113
西岔河二	518	1690	69.10	8970

续表 27-2-2

村（居）名称	户数	人口数	经济总收入（万元）	人均纯收入（元）
侯家河东	140	440	8.00	9000
北寨	204	610	26.76	8377
东岔河	1080	3340	1609.61	9754
丰台岭	154	435	38.00	9011
后下舟	326	1104	2.90	9004
地沟	731	2630	809.00	9251
小泊头	109	350	8.20	8857
王家辛章	514	1793	18.00	8901
北宋岭	183	573	32.00	9302
李家河东	290	920	15.90	9163
东南岭一	118	347	12.60	9222
三屋子	253	693	7.00	9004
四岐仓	296	855	19.00	9608
炉房	123	447	3.50	8993
孟家河东	203	650	7.00	8738
南仉庄西	450	1560	67.96	9000
赵家辛章	490	1350	2.30	9126
东毕一	334	1173	35.00	9054
碱疃	180	690	28.00	8420
黄疃	330	1111	7.10	8461
马家	526	1832	16.00	9121
李桥	298	1083	45.90	9095
南仉庄东	620	2150	22.30	8605
岳庄	485	1607	16.30	9147
侯镇	255	765	21.50	9150
河西	253	802	9.50	8791
杨官庄	240	710	8.50	9014
东河南	384	1144	58.50	8960
郭家洼	72	265	120.00	9245
北辛庄	92	290	5.00	9000
黄桥张家西	320	948	20.00	8924

续表 27-2-2

村（居）名称	户数	人口数	经济总收入（万元）	人均纯收入（元）
甫刘	236	665	42.00	9203
仉家	260	760	8.00	9000
东毕三	331	1193	64.32	9204
佛屋	246	892	34.30	8991
侯镇三	620	1973	60.00	9199
南寨	341	1076	175.88	9154
北仉庄	618	2328	52.00	9051
东毕二	341	1210	135.73	9198
挑沟子	886	3056	56.62	9100
老大营	430	1430	41.00	9098
侯镇二	115	346	20.00	9191
许家岭	67	196	144.00	9184
东南岭二	73	201	59.15	8955
张家围子	72	214	224.00	9019
刘家辛章	125	421	1.50	8836
小地沟	144	454	123.00	9141
鲁丽居委	302	974	0.00	19507

第三节 稻田镇

位于寿光市东部，西连洛城街道，东接潍坊市潍城区，是寿光的东大门，也是潍坊市区与寿光市之间的重要节点。2000 年 9 月，王望镇整建制并入稻田镇。2007 年 8 月，田马镇整建制并入稻田镇。

1995 年，总面积 44 平方公里，辖 35 个行政村、1 个居民委员会，7300 户，3.2 万人。完成工农业总产值 7.6 亿元，农村经济总收入 3.8 亿元，农民人均纯收入 2628 元。2005 年，国内生产总值达到 8.9 亿元，财政收入 1109 万元，固定资产投资额达到 4.2 亿元，农民人均纯收入 5600 元。2010 年，总面积 136 平方公里，耕地面积 14.3 万亩，辖 112 个行政村，总人口 9.3 万人。完成地区生产总值 26.9 亿元，实现地方财政收入 3554 万元，农民人均纯收入 9260 元。有国家级生态镇、中国香瓜第一镇之称。先后获山东省先进基层党组织、山东省创安工作先进镇、山东省信访工作先进乡（镇）、山东省畜牧业强镇等称号。

1995 年，有冬暖式蔬菜大棚 5300 个、1.8 万亩。畜牧小区 60 个，饲养专业村 18 个，成为全省重要的禽蛋基地。工业总产值 3.8 亿元，实现利税 150 万元。动力机械厂生产的奥峰牌农用运输车创全省名牌产品，助剂厂生产的塑料薄膜、无滴剂、木材阻燃剂填补国内空白。个体工商户发展到 1530 户、私营企业6家，第三产业从业人员6000人。有1所高中、2所初中、16所小学，校舍改造全部达标，适龄儿童入学率100%。农民全部参保合作医疗，享有初级卫生保健。

2005年，蔬菜大棚总数达到2.2万个、3.6万亩，有营丰、燎原、富源、思源等6个蔬菜品牌。有19家农业龙头企业，辐射带动基地2万亩。建有高标准饲养小区80个。限额以上工业企业31家，完成工业投入9.6亿元、总产值30亿元，实现利税2.8亿元，完成出口创汇4000万美元。潍坊宏达发工艺制品有限公司、寿光市天宜发制品有限公司生产的发制品销往美国、英国、韩国、日本等地。有占地面积200亩的寿光第二蔬菜批发市场，年交易额15亿元。建有潍坊中百集团综合超市、竹器市场、生产资料市场、鸡蛋批发市场、建材市场等专业市场或商场。

2010年，桂河芹菜和寿光大鸡被评为国家地理标志产品，王婆香瓜和燎原果菜被评为山东省著名商标。法国威马、瑞士先正达、荷兰安莎等世界知名种苗公司纷纷落户该镇。拥有稻田蔬菜批发市场、田马甜瓜市场2大

国家地理标志产品寿光大鸡（2010年摄）

瓜菜交易中心，日交易量200多吨。有稻田、王望2大工业园区，限额以上企业26家，形成机械制造、工艺美术、木器加工、建筑建材、纺织服装、化工肥料、食品加工等8大支柱产业。富氏生物科技有限公司于2007年在伦敦证交所上市。形成商业流通、饮食服务、金融保险、运输运销等门类齐全的第三产业发展格局。新农村建设步伐加快，西刘营、马寨、官路等20多个村建成楼房村。有初中4所、小学14所、幼儿园10所，教师499人，在校生5500余人。新型农村合作医疗参合率达到100%。

2010年稻田镇各村基本情况表

表27-2-3

村名称	户数	人口数	经济总收入（万元）	人均纯收入（元）
西丹河	560	1870	34.4	9258
东丹河	280	850	1.1	9248
潘家庄	135	477	0.1	9218
南齐	253	952	26.4	9248
崔岭西	255	785	31.3	9245
崔岭东	260	930	3.7	9251
田家	109	389	3.1	9218
北董	47	150	0.6	9258
东稻田	560	1900	136.1	9600

续表 27-2-3

村名称	户数	人口数	经济总收入（万元）	人均纯收入（元）
西稻田	950	3200	40.9	9198
梁武赵	398	1404	14.6	9233
魏方	240	760	2.4	9258
德胜张	147	523	0.3	9198
官路	285	1115	0.7	9278
李营	370	1250	18.0	9274
杨家营	410	1550	21.2	9258
张家营后	260	888	28.6	9268
张家营前	227	846	—	9208
高家营	120	445	0.5	9154
常乐营	70	258	18.6	9220
西刘营	440	1632	7.1	9613
东刘营	205	660	5.6	9248
蒋家营	180	670	9.2	9198
前东刘	150	580	2.1	9253
东河沟	50	179	0.9	9207
马寨	170	706	—	9398
牛寨	81	298	0.1	9226
李寨	96	311	—	9262
宋家稻庄一	110	382	0.3	9207
宋家稻庄二	123	452	4.7	9198
宋家稻庄三	119	398	28.9	9278
宋家稻庄四	132	480	13.5	9268
董家稻庄一	250	868	37.4	9384
董家稻庄二	190	685	1.8	9251
潘家稻庄	305	1040	14.9	9281
王望一	170	640	—	9255
王望二	165	590	0.4	9261
王望三	240	820	7.9	9415
水南	252	940	50.7	9257
常流	180	610	6.7	9251

续表 27-2-3

村名称	户数	人口数	经济总收入（万元）	人均纯收入（元）
吴家	230	807	—	9255
兴隆	258	977	6.7	9258
管村	318	1200	1.0	9206
安埠	120	405	—	9258
刘埠	40	134	0.4	9203
大伦	530	1853	17.5	9240
小伦	38	161	3.3	9228
南慈	460	1810	13.0	9211
北慈	350	1180	4.6	9232
谭何	147	528	2.6	9198
谭家	80	279	0.3	9161
赵家	329	1124	11.9	9198
何家	600	2100	43.6	9208
卜家庄	170	574	9.1	9163
南河涯	215	739	15.9	9232
北河涯	398	1375	35.8	9218
田马一	110	435	35.1	9248
田马二	350	1200	26.4	9283
南韩	350	1094	159.3	9268
增圣	90	240	—	9198
灶户	130	501	2.0	9198
毕家庄	130	450	—	9238
马家村	200	658	—	9248
高家埠	78	280	—	9223
南里任	260	894	5.6	9237
青田胡	340	1156	25.1	9250
西里	170	579	3.1	9217
东里	325	1062	4.0	9250
河东里	80	306	—	9183
殷家	183	683	11.3	9198
北屯	115	470	1.7	9158

续表 27-2-3

村名称	户数	人口数	经济总收入（万元）	人均纯收入（元）
宋家	170	718	34.5	9248
西风亭	208	810	—	9198
东风亭	200	715	—	9198
孟家庄	260	980	—	9244
太平寺	180	600	0.5	9208
步家楼	160	510	1.8	9258
阁上	340	1195	2.6	9268
阁后张	210	726	5.8	9168
阁后王	155	600	2.2	9248
孟家桥	218	796	—	9248
圈子	109	388	—	9218
官家庄	250	898	3.0	9213
拉塔埠	104	350	—	9248
东桂	72	242	0.4	9230
西桂	150	510	—	9148
葛家	245	890	0.2	9160
西庞	268	893	—	9157
南陈家庄	310	1088	6.6	9243
南夏	160	590	1.2	9198
娄家	132	465	—	9118
北夏	102	353	3.5	9248
桂河一	276	1025	9.0	9310
桂河二	220	900	—	9248
桂河三	260	1012	—	9192
杨家	230	863	1.6	9278
卜家	257	986	8.5	9216
芳林院	203	754	25.8	9598
东赵庙	98	350	1.6	9285
西赵庙	180	710	25.9	9298
东菜园	105	360	0.2	9236
西菜园	330	1112	49.4	9616

续表 27-2-3

村名称	户数	人口数	经济总收入（万元）	人均纯收入（元）
韩家埠	150	628	5.9	9245
狮子王	230	762	9.7	9248
东庞陈	330	1076	20.1	9205
于家	109	430	6.4	9261
陶官前	220	879	4.1	9248
陶官中	225	815	2.0	9298
陶官后	220	780	8.9	9268
尹家	175	620	10.0	9675
魏家口	260	910	3.7	9296
国家埠	140	483	0.5	9288

第四节 台头镇

位于寿光市西北部。1995 年，辖 28 个行政村，9100 户，3.7 万人，总面积 70 平方公里。完成国民生产总值 1.6 亿元，工农业总产值 9.1 亿元，农村经济总收入 7.8 亿元，农民人均纯收入 2600 元。1999 年，完成国民生产总值 3.8 亿元，农村经济总收入 14.9 亿元，农民人均纯收入 3865 元，全镇农民储蓄余额 2.5 亿元。2000 年 9 月，牛头镇整建制并入该镇。2010 年，辖 42 个行政村，1.8 万户，5.8 万人，总面积 142 平方公里。完成地区生产总值 27.9 亿元，实现地方财政总收入 3419 万元，农民人均纯收入 9260 元。2007 年、2008 年、2010 年分获中国建筑防水之乡、省级特色产业镇、中国建筑防水产业基地等称号。

1995 年，形成粮、棉、菜、果 4 大支柱产业。粮田平均亩产 1002 公斤，总产 3916.3 万公斤。棉花 1.3 万亩，总产 72.3 万公斤。蔬菜种植面积 3500 亩，蔬菜纯收入 1200 万元。建成饲养小区 8 个，农业总产值 1.5 亿元，畜牧业总收入 4721 万元。镇村企业 153 家，其中个体私营企业 121 家，从业人员 1 万人。完成工业总产值 7.5 亿元、利税 6400 万元、固定资产投资 1.8 亿元。其中防水卷材和橡胶轮胎的年产量分别达到 3000 万捆和 120 万条，成为全国有名的防水卷材和橡胶轮胎生产基地。有初中 2 所、小学 23 所、幼儿园 28 所。全镇有镇医院 1 所、卫生室 24 个，其中甲级卫生室 19 个，卫生技术人员 117 人。有京剧协会 4 个，北台头村建有锣鼓队，全镇常年参加业余文体活动的人数达 3000 人以上。有巨淀湖旅游区，是寿光市唯一的自然湖泊，盛产芦苇、鱼、虾、蟹等。抗日战争时期，马保三领导的八路军鲁东抗日游击队第八支队在此打击、袭扰日军，是重要的红色旅游基地。

2000 年，个体私营经济实现销售收入 12.9 亿元、利税 1.1 亿元。农村医疗保健网点普及率 100%，农村合作医疗覆盖率 100%。固定电话达到 1.1 万部，有线电视 8000 户。有初中 3 所、小学 32 所、幼儿园 39 所，在校生 9000 人，教职工 704 人。2007 年，被评

台头镇轮胎企业生产线（2010 年摄）

为中国建筑防水之乡。同年，组织举办台头镇第一届文化艺术节，参与群众 3000 多人。2009 年，防水企业年产量 40 亿平方米，产值 40 亿元以上。橡胶轮胎企业 23 家，年产轮胎 3000 万条，成为中国一汽、中国重汽、北汽福田等国内知名汽车制造厂的重点供应商。

2010 年，全镇标准化蔬菜大棚 3500 个，标准化饲养小区 16 个，高标准自动化养殖小区 1 个，养殖协会 3 个，淡水养殖面积近 4000 亩。拥有投资 5 亿元的天成种鸭养殖项目、投资 1 亿元的山东寿光睿农农业科技园、投资 6000 万元的系农专业合作社高科技有机蔬菜种植基地、投资 8846 万元的潍坊映康养殖有限公司。有幼儿园 12 所、小学 7 所、初中 2 所。在校学生（含入园幼儿）6000 人，各类学校教职工 652 人。全镇有村级卫生室 28 个，建成农村医疗网络。电话普及率每百人 95 部，电脑普及率每百人 8 台，汽车普及率每百人 30 辆，有线电视入户率 70%，人均居住面积 46.8 平方米。农家书屋和文化大院建设实现全覆盖。

2010 年台头镇各村基本情况表

表 27-2-4

村名称	户数	人口数	经济总收入（万元）	人均纯收入（元）
南兵	245	780	10932	8667
北孙家庄子	325	1100	2116	9136
前赵埠	315	1180	11021	9212
后赵埠	132	420	1667	9214
南台头	310	1070	2611	9299
南洋头	480	1650	8615	9200
北台头	970	3490	9914	9301
北洋头	800	2850	20937	9597
郑辇	980	3567	9567	9198
官庄	270	870	1568	9103
大坨	725	2726	48053	9387
小坨	346	1274	31302	9490
三益	107	432	1458	8819
一座楼	235	908	2060	8998
禹王沟	80	269	1200	9200

续表 27-2-4

村名称	户数	人口数	经济总收入（万元）	人均纯收入（元）
三座楼	650	2610	28876	9253
刘家河头	670	2347	47250	10571
东庄	560	1952	16120	9180
后寨子	246	780	5880	8949
汪家营	230	490	4330	9041
连城庄子	90	360	2290	9306
付家庄	267	873	3100	9209
彭家道口一	320	1070	8805	9200
彭家道口二	248	810	9310	9200
彭家道口三	430	1350	16052	9200
彭家道口四	165	585	7555	9487
明楼	104	400	4223	9200
韩家庄子	310	1070	12600	9234
牛头镇	2300	8000	22995	9200
张家庄	850	2810	9200	9199
马家庄	538	2086	6340	9204
北蔺家庄	184	595	996	9227
辛庄	118	410	1300	8756
李王庄	260	810	3600	9146
纪家桥子	198	677	1430	9202
太平庄	160	505	1044	—
付家茅坨	398	1300	3910	9200
刘家茅坨	186	621	1633	9565
马家茅坨	352	1201	2500	9200
邢家茅坨东	181	688	1737	9030
邢家茅坨西	282	976	2500	8852
夏家茅坨	42	140	460	9200

第五节 化龙镇

位于寿光市西部，东邻文家、古城街道，西连东营市广饶县，南接青州市，北与台头镇接壤。1994年4月，撤销南柴乡设立化龙镇。2001年3月，丰城乡整建制并入化龙镇。

1995年，全镇辖20个行政村，总人口2.3万人，总面积39平方公里。完成国民生产总值0.8亿元，工农业总产值3.5亿元，农村经济总收入2.1亿元，农民人均纯收入2266元。2000年，完成国民生产总值2.6亿元，工农业总产值7亿元，财政收入298万元，农民人均纯收入2800元，农民储蓄余额9940万元。2010年，辖53个行政村，1.4万户，5.3万人，总面积75平方公里。实现地区生产总值14亿元，地方财政收入1525万元，农民人均纯收入9181元，居民储蓄余额8.1亿元。

1995年，实现农业总产值1.5亿元，粮食亩产1212.5公斤，总产2546万公斤；蔬菜种植面积1.7万亩，其中蔬菜大棚1500个，韭菜种植面积5500亩，菜籽种植面积5400亩。有畜牧小区8个，饲养大户290家，畜牧业收入5000万元。有镇村企业28家，固定资产4100万元，实现利税810万元。个体工商户650户，从业人员1100人，第三产业增加值500万元。有中小学22所，在校生3939人，其中潍坊市规范化学校1所。村村都建起甲级卫生室，合作医疗全面实施。农户通电率、自来水普及率均达100%。

2000年，有冬暖式蔬菜大棚6500个、6000亩，大田菜2.9万亩，其中胡萝卜种植面积1.5万亩。被农业部授予中国胡萝卜第一镇称号。建起胡萝卜、韭菜、菠菜3大特色蔬菜交易市场，年交易量40万吨。建有寿光绿惠食品有限公司、潍坊海洋绿色食品有限公司、裴家岭蔬菜绿色有限公司等20多家农产品加工企业。全镇企业完成销售收入2.1亿元，实现利税1902万元。有个体私营企业450家，总资产4.3亿元，形成以橡塑、医疗器械、毛纺、油毡、蔬菜加工、小麦加工为主的工业体系。有个体工商户1900户，从业人员4500余人，实现总产值1.2亿元。2005年，化龙一中、化龙二中、丰城初中、实验小学、中心小学被评为潍坊市教育现代化示范学校。2009年，完成集中供水工程，全镇居民实现安全饮水。

化龙镇裴家岭加工园胡萝卜加工车间(2010年摄)

2010年，有耕地面积10.1万亩，其中粮食作物3.7万亩、蔬菜6.4万亩。胡萝卜种植面积5.4万亩，有胡萝卜加工企业45家，建成全国最大的胡萝卜种植加工园区——裴家岭加工园区，占地面积1500亩。规模以上企业33家，自营进出口权企业15家，实现工业总产值18.5亿元、利税1.1亿元。有个体工商户356户，从业人员5891人，年交易额1.6亿元。被评为省级环境优美乡镇。建成裴家岭、辛店、北柴、马庄、化龙桥等6个新型农村社区，建成公寓楼40幢、别墅楼230幢。有初中2所、小学10所、幼儿园10所，教职工389人，在校生6723人，适龄儿童入学率100%。有乡村卫生室32个，乡村医生80人。全面实行新型农村合作医疗制度，农民参合率100%。人均居住面积31平方米。有村级文化大院46个、农家书屋42个。务本村有农民自发组织的跑旱船文艺队，板桥、辛店、南柴、辛家等村有农民自发组织的农村文艺演出队伍。南柴村有农民根雕艺术馆。

2010年化龙镇各村基本情况表

表 27-2-5

村名称	户数	人口数	经济总收入（万元）	人均纯收入（元）
化龙桥	280	1107	3996	18500
南柴	840	2969	10781	19100
务本	465	1842	6070	18900
辛家庄	554	2008	6965	18600
魏家	281	1011	3227	18500
鲍家	353	1273	4281	19100
张屯	508	1871	6334	19400
苏社	155	601	1993	18400
北柴东	503	1740	6106	19100
北柴西	479	1808	7596	19100
裴家岭	468	1773	15200	19800
裴西	73	237	1380	19900
前张	120	458	1952	18400
马家庄子	175	560	1470	18300
和平	174	285	998	18900
岳家	113	364	1411	18800
安乐	121	443	2698	18700
丰城一	191	710	2791	19200
丰城二	288	1045	3978	19100
丰城三	226	795	2573	19200
丰城西	285	925	3309	19100
西庄子	147	488	1033	19100
城南	364	1258	5045	19200
辛旺庄	283	988	3224	19100
西贾家庄	505	1945	7351	19100
南王庄	202	740	1730	19100
小王庄	102	316	756	18900
王庄前	265	887	3140	19200
王庄后	278	1065	2860	18900
李家庄	328	1178	6450	19900

续表 27-2-5

村名称	户数	人口数	经济总收入（万元）	人均纯收入（元）
崔家庄	319	1161	4175	18900
二十里铺	129	445	1161	18800
夏家店子	423	1540	7669	18900
辛店	438	1632	4820	19100
信家桥	405	1415	4862	18500
李家屯	259	847	2591	18500
芦家营	227	751	2072	18400
蔺家庄	174	688	1015	18600
三合	122	460	1491	18700
姚屯	129	374	1117	18600
信老	146	508	1476	18500
钦西	317	1104	3889	18700
马庄	445	1655	6013	19100
庆家庄	252	879	3582	18800
埠西一	125	519	1899	18700
埠西二	149	519	1954	18700
埠西三	88	334	965	18600
白家桥	42	216	597	18500
郝屯	174	599	562	18500
乐业	75	252	920	18700
板桥	356	1246	2788	19100
中李	118	487	1651	18800
高家庄	328	1200	3635	18700

第六节 纪台镇

位于寿光市南部，弥河东岸，东临稻田镇，西隔弥河与孙家集街道相望，南与昌乐县、青州市接壤，北依洛城街道。1996 年 5 月，撤销纪台乡，设立纪台镇。2000 年 9 月，东埠乡整建制并入纪台镇。

1995 年，辖 38 个行政村，总人口 2.9 万人，总面积 53 平方公里。实现国民生产总值 2.1 亿元，工农业总产值 4.2 亿元，农村经济总收入 3.7 亿元，农民人均纯收入 2500 元，农村储蓄余额 8000 万元。2010 年，辖 72 个行政村，1.4 万户，5.3 万人，总面积 90 平方公里。完成地区生产总值 13.1 亿元，地方财政收入 1272 万元，农民人均纯收入 9400 元，人均存款 1.5 万元。

1992 年，开始大规模发展冬暖式蔬菜大棚，主要种植辣椒、小油菜。1994 年，形成粮、菜、瓜、果、畜牧 5 大支柱产业。当年，蔬菜种植面积 2.5 万亩，发展冬暖式蔬菜大棚 1.2 万个、1.2 万亩。38 个行政村全部成为瓜菜生产专业村，大棚蔬菜专业户 6500 家，年蔬菜收入 2.5 亿元以上，建成寿光最大的大棚辣椒和大拱棚西瓜生产基地。1995 年，果园面积 8500 亩，果品 750 万公斤，收入 2400 万元。畜牧业专业村 14 个，饲养大户 850 家，畜牧业总收入 5000 万元。建成分别占地 1 万亩的 2 个国家设施蔬菜标准园基地和七彩庄园、黄桃基地、农圣庄园等 12 个农业示范园区，成立 28 家专业合作社。有乡办企业 9 家，村办和集体企业 66 家，个体、联合体企业 230 多家。乡村企业完成产值 1.3 亿元，实现利税 750 万元。第三产业增加值 8000 万元。有初中 2 所、成人技术学校 1 所、小学 19 所、幼儿园 33 所，在校生 5535 人。实行乡办合作医疗制度。1997 年，中心小学获山东省第二届珠心算大赛三等奖。纪国古城位于纪台镇纪台村。纪国，周朝时期重要诸侯国之一。有纪国古点将台、古城墙遗址、东方朔祠、安致远才子碑等名胜古迹。

2005 年，形成以蔬菜标准化生产、畜牧养殖、水产养殖和农业龙头企业为主导的产业结构，粮经比例调整到 2:8。建成年产值过亿元的兴源食品和潍坊正康食品 2 个农业龙头企业，辐射带动全镇发展肉鸭、肉鸡、蛋鸡、肉猪等标准畜牧饲养小区 82 个。有个体工商户 2100 余户，从业人员 5200 余人，第三产业增加值 1.5 亿元。有初中 2 所、小学 9 所、幼儿园 14 所。有中心卫生院 1 所，村级卫生室 29 个。推行新型农村合作医疗制度，农民参保率 91%。2009 年，成立标准化生产技术指导小组，以镇蔬菜基地为依托，建立无公害蔬菜检测室，每月检测瓜菜 120 余次。

纪台黄桃（2010 年摄）

2010 年，有高温蔬菜大棚 3.1 万个、拱棚 1.2 万个，保护地种植面积 5.5 万亩，形成以畜牧养殖和蔬菜种植为主的公司＋基地＋农户的生产模式。有化肥、水泥预制、食品、纺织、机械加工、家具、建筑、禽畜加工、果蔬保鲜、纸箱制作等 10 个行业、150 多家企业，实现工业总产值 13.1 亿元、利税 7947 万元。有银行、超市、旅馆、饭店等 500 家，形成寿尧路商业区。建成村头地边蔬菜市场 272 个。完成第三产业增加值 1.7 亿元。以建设寿光南大门为目标，以镇区改造为重点，实施亮化、硬化、绿化、美化、净化“五化”工程。规划 7 大居民社区集中居住组团。有初中 2 所、小学 2 所，学生入学率 100%、巩固率 98.5%。有中心卫生院 1 所、村卫生室 37 个，参加新型农村合作医疗人数 4.8 万人，参合率 98.6%。

2010 年纪台镇各村基本情况表

表 27-2-6

村名称	户数	人口数	经济总收入（万元）	人均纯收入（元）
纪台东	315	1050	1034	9848

续表 27-2-6

村名称	户数	人口数	经济总收入（万元）	人均纯收入（元）
纪台西	230	782	711	9092
黄孟庄	127	501	483	9641
周家庄	260	946	877	9271
王府庄	267	1019	933	9156
殷家庄	127	472	433	9174
安家	408	1388	1312	9452
冯家庄	380	1261	1167	9255
王桥	67	238	218	9160
青龙孙	210	740	730	9865
吕家庄一	230	880	806	9159
吕家庄二	256	926	848	9158
吕家庄三	225	826	757	9165
吕家庄四	235	900	824	9156
王牟	215	830	777	9361
西常家庄子	65	247	227	9190
郝家庄	58	205	189	9220
纪西刘	250	842	772	9169
东常家庄	128	503	466	9264
南李家官庄	380	1362	1255	9214
魏家官庄	240	885	811	9164
东刘家庄子	118	410	397	9683
孟家官庄	394	1334	1252	9385
前曹	162	591	583	9865
后曹	188	700	642	9171
西曹	102	400	367	9175
任家庄	250	950	890	9368
韩家	120	416	386	9279
赵家庄子	208	716	657	9176
桃园	316	1168	1071	9170
吴家庙子	340	1250	1171	9368
青邱	365	1430	1311	9168

续表 27-2-6

村名称	户数	人口数	经济总收入（万元）	人均纯收入（元）
寨子	380	1495	1370	9164
张家楼子	220	725	665	9172
丁家尧河	300	1150	1053	9157
耿家庄子	66	245	240	9302
房家庄	177	658	604	9179
西高家庄	145	550	511	9291
吴西刘	145	545	509	9339
张家庙子	374	1341	1229	9165
小王家	62	237	234	9873
冉家庄子	192	682	606	8886
任家洼	125	450	422	9378
东方东	290	1000	916	9160
东方西	320	1085	993	9152
宋家庄子	319	1253	1147	9154
镇武庙	180	690	638	9246
齐家庄	175	650	600	9231
郭家庄	130	510	467	9157
姜家庄子	90	350	320	9143
赵家尧河	290	1002	918	9162
凤凰庄子	155	553	506	9150
苏秦庄	210	770	706	9169
东埠	110	427	405	9485
三官庙	420	1530	1418	9268
前老庄	160	579	560	9672
后老庄	95	350	328	9371
堠子坡	127	475	459	9663
远水庄	145	520	477	9173
玉皇庙	165	624	554	8878
铁匠庄子	91	352	323	9176
王家辛庄子	108	408	375	9191
于家桥子	48	177	167	9435

续表 27-2-6

村名称	户数	人口数	经济总收入（万元）	人均纯收入（元）
牛角	48	167	153	9162
陈家尧河	220	780	715	9167
曹官庄	123	430	404	9395
尹官庄	103	367	326	8883
同兴庄	142	548	502	9161
礼乐王	163	623	570	9149
桂家	65	240	224	9333
尧河店子	252	945	867	9175
九阜官庄	99	374	344	9198

第七节 田柳镇

位于寿光市中部，东邻上口镇、西毗台头镇、南接古城街道、北连营里镇，荣乌高速公路、省道羊临公路、市三号公路和益羊铁路穿境而过，南距济（南）青（岛）高速公路约15公里。北距羊口港、东距潍坊港均20公里。1994年7月，撤乡设镇。2005年7月，王高镇整建制并入该镇。

1994年，辖33个行政村，总人口3.4万人，总面积47平方公里。完成国民生产总值1.3亿元、工农业总产值9亿元、财政收入140万元、农村经济总收入7.8亿元，农民人均纯收入2800元。2005年，完成国民生产总值10.2亿元、工农业总产值9亿元、财政收入1200万元。2010年，辖68个行政村，1.8万户，6.7万人，总面积108平方公里。完成地方财政收入3560万元，招商引资到位资金5亿元，引进外资300万美元，农民人均纯收入9200元。先后获得省级生态镇、省级卫生镇等称号。

1995年，农业总产值由1991年的6021万元增长到1.5亿元。粮食总产达到3010万公斤，蔬菜种植面积由1991年的1.5万亩扩大到2万亩，果园面积600亩，粮经比例由6∶4调整到5∶5。有畜牧专业村12个，饲养专业户300家，畜牧收入8000万元。有乡镇企业60家，其中镇办企业7家，固定资产5000万元，完成工业总产值5.5亿元，实现利税3780万元。有初中3所、小学13所，中小学在校生6500多人。被评为潍坊市社会治安治理先进乡镇。1996年10月，实行乡村卫生“五项统管”，即医院院委会统一管理卫生所；医院药库负责统一购进药品、器材；卫生所填报用药计划，医院药库统一配送药品；卫生所收入统一上缴医院财务；卫生所乡医工资由医院统一发放。

2002年，全镇形成菜、果、牧、粮4大支柱产业。建设王高工业项目区，入园企业46家，其中过5000万元项目8个、过亿元项目3个。2004年7月，全面实行新型农村合作医疗。2005年，王高工业项目区实现销售收入10亿元、利税过亿元，被评为省级循环经济示范园区。2009年，建成方佳商城、行政服务中心、计划生育服务站等惠民工程。规划建设凤翔苑、文汇苑、福瑞、文苑等6个集中居住小区。投资1.8亿元，规划建设薛家社区10幢公寓楼和14幢老年公寓楼。筹资6000万元，完成实验小学、田柳小学、田柳初中等学校的图书实验楼、公寓楼建设工程。

2010年，耕地面积10.3万亩。冬暖式大棚6000个，豆瓣大棚300个。年产优质无公害蔬菜2亿公斤，收入1.5亿元。果品400亩，收入450万元。成立农业专业合作社40多家，以南王里村为主产地的寿光大葱注册为国家地理标志产品。全镇工业企业完成主营业务收入31亿元，实现利税3.1亿元，完成固定资产投入23.5亿元。先后建设离子膜烧碱、集中供热、三氯乙烯、四氯乙烯、阳森机械、大地绿园等一批高新技术项目。投资2.1亿元，组团开发泰庄园社区，规划建设公寓楼26幢，实现东青、西青、马塘三村合村并居。有初中2所、小学12所、幼儿园9所，教职工440人，在校生7400人，适龄儿童入学率100%。有卫生院1所、卫生院分院1所、乡村卫生室43个，乡村医生105人。全面实行新型农村合作医疗制度，农民参合率100%。农民人均纯收入由1991年的996元增加到9200元。全镇每个村都有娱乐广场，村民自发组建秧歌队、广场舞队等文化娱乐队伍。乡村图书室、文化大院普及率100%。

田柳镇文汇苑居住小区（2010年摄）

2010年田柳镇各村基本情况表

表27-2-7

村名称	户数	人口数	经济总收入（万元）	人均纯收入（元）
田柳	650	2200	7800	9430
西埠头	120	403	880	9080
中埠头	96	303	770	9100
东埠头	80	265	620	9060
申明亭	170	590	1450	9230
坡里	139	351	820	9230
北崔家庄	670	2508	8500	9430
赵家庄	170	580	1360	9260
芦家庄	175	580	1300	9090
李家庄子	330	1129	2720	9230
前王家庄子	400	1270	2900	9280
北王里	350	1300	3000	9260
前古河	90	295	700	9330
后古河	104	350	820	9280

续表 27-2-7

村名称	户数	人口数	经济总收入（万元）	人均纯收入（元）
寨里	310	977	2250	9280
朱家崖	329	1020	2470	9290
苇园子	210	712	1660	9230
张僧疃前	260	886	2050	9280
张僧疃后	245	943	2270	9280
孙家岭	242	860	2100	9280
邵家岭	169	478	1120	9280
王家庄	278	930	2100	9250
邢姚一	496	1740	4100	9250
邢姚二	487	1890	4400	9240
邢姚三	240	750	1750	9260
邢姚四	236	740	1780	9260
毛家庄	120	402	1000	9250
南袁	242	774	1780	9230
阁黎院	560	1700	4250	9230
阎家庄子	220	725	1760	9230
东马庄	205	605	1450	9180
西马庄	110	390	900	9130
刘家庄子	560	2088	5000	9260
东头	550	1936	4750	9250
王高二	225	710	1750	9190
王高三	200	700	1600	9190
王高四	170	510	1300	9190
王高五	210	701	1700	—
王高六	440	1317	3000	9190
王高七	125	449	950	9190
王高八	128	365	700	9190
杨疃	259	858	3100	9240
东青冢子	156	510	1200	9200
西青冢子	300	975	2100	9220
北岭	180	570	1460	9180

续表 27-2-7

村名称	户数	人口数	经济总收入（万元）	人均纯收入（元）
于家庄	215	753	1280	9440
马家塘	86	289	500	9170
西兴王	165	517	1100	9240
西王高	210	640	1100	9200
薛家庄	287	910	2150	9210
朱家庄子	200	620	1100	9190
巨家庄	450	1500	3800	9300
常家庄	770	2525	6900	9270
李家宋	205	790	1200	9300
尹家宋	208	760	1200	9210
冯家宋	230	766	1200	9210
郎家营	700	2150	6800	9220
陈家马庄	430	1428	3100	9390
丁家庄子	227	734	1460	9260
桑家庄子	105	315	550	9220
南王里	136	485	900	9220
后王家庄子	128	388	700	9240
洼底桥	138	433	720	9260
后疃	451	1880	3800	9160
袁家桥	603	2075	5000	9300
永甫庄	117	502	800	9260
唐家庄	140	503	1200	9240
刘家桥	240	850	2000	9200

第八节 营里镇

位于寿光市北部，东邻滨海经济开发区，南与田柳镇相邻，西面、北面与羊口镇接壤，省道新海路、南大路横贯东西，羊临路、羊田路纵贯南北，荣乌高速穿境而过。1993 年 7 月，撤销南河乡设立营里镇。2005 年 7 月，道口镇整建制并入该镇。

1995 年，辖 23 个行政村，8138 户，3.1 万人，总面积 77.5 平方公里。实现农村经济总收入 3.1 亿元、工农业总产值 2.8 亿元、财政收入 86.1 万元，农民人均纯收入 2400 元。2003 年，完成工业投入 9600 万元、地方财政收入 300 万元，农民人均纯收入 4500 元。2010 年，辖 50 个行政村，5.6 万人，总面积

303 平方公里。完成地区生产总值 20.2 亿元、固定资产投资 16 亿元、地方财政收入 4886 万元，农民人均纯收入 9266 元。

1995 年，形成粮食、棉花、蔬菜、林果、畜牧业、淡水养殖多种经营模式，实现农业总产值 1.3 亿元，粮食亩产 825 公斤，总产 3170 万公斤。植棉 1 万亩，交售皮棉 9300 担。果园种植面积 8000 亩，枣粮间作 5 万亩。建成饲养小区 5 个，发展饲养大户 90 家，畜牧业总收入 3956 万元。有企业 83 家，形成以建筑建材、纸箱彩印、石油化工、食品加工为主的工业体系。完成工业总产值 1.5 亿元，利税 1200 万元。以辛沙路、羊临路、南大路为框架，全面实施路域带动战略，镇区总面积 2.1 平方公里。全镇 23 个村全部完成新村规划和街道建设。在校中学生 1570 人、小学生 4100 人，有潍坊市规范化学校 2 所、潍坊市一类园所 4 所。23 个村的甲级卫生室达标率达到 90%，农村初级卫生保健通过卫生部检查验收。7 个村达到电话村标准。16 个村建成村委办公室和文化大院，83% 的村实现村村通沥青路。

2000 年，实现工业总产值 2500 万元，工业增加值 2200 万元，完成销售收入 1.1 亿元，实现利税 920 万元。完成收盐机组的大型技改，新开发盐田 2000 亩。新增民营企业 206 家，实现利税 800 多万元。辛沙路两侧新建高标准商品楼 16 幢，高标准商品房 35 间，投资总额 800 多万元。第三产业实现增加值 2500 万元。投资 800 万元新建的镇二中成为全市 8 所重点学校之一，一中成为全市教育示范园地之一。2005 年，投资 100 万元，对镇敬老院进行改造，“五保”对象集中供养率达到 80% 以上。

2010 年，有耕地 10 万亩、滩涂 10 万亩，海岸线 11.6 公里。有大型畜牧养殖园区 16 个、海水养殖园区 3 个、蔬菜种植园区 1 个，有文蛤、扇贝、南美白对虾等特色养殖基地 3 万亩，枣园、梨园、果园 2 万亩，年产鲜枣 800 万斤。金正食品在美国成功上市，寿光“麻蚬”（一种海产品，方言）成为国家地理标志产品，海惠等 12 个农产品成为中国绿色 A 级食品，有山东海惠、潍坊金正等省级农业龙头企业，建立起万亩高效农业示范基地和千亩特色农业示范园区。有宜盐面积 30 万公亩，年产原盐 100 万吨、溴素 1 万吨，是国内重要的原盐及盐化工生产基地。全镇企业达到 110 家，限额以上企业 30 家，形成风电能源、盐及盐化工、海洋化工、石油化工、畜禽产品深加工为主导的新型工业体系。全年完成工业投入 15.7 亿元，规模以上企业实现利税 2.3 亿元。开工怡圆、盈圆、西黑、盈湖 4 大新型社区，建设全福元商场、怡圆广场、锦圆商务楼、政和商务楼、海惠商务楼等城镇重点项目，城镇建设投入 3.6 亿元以上。有初中 2 所、小学 4 所、幼儿园 10 所，教职工 454 人，在校生 6207 人，适龄儿童入学率 100%。有中心卫生院 1 所、乡村卫生室 29 个，乡村医生 73 人。全面实行新型农村合作医疗制度，农民参合率 100%。配套完善浊北、营里、杨柳、北单、孙河南、道口 6 大新型农村社区。投资 3000 万元建成农贸市场和农机配件市场。建设 20 多个文化大院和游园广场，农家书屋在全镇 50 个村实现全覆盖。

营里镇风力发电（2010 年摄）

2010年营里镇各村基本情况表

表27-2-8

村名称	户数	人口数	经济总收入（万元）	人均纯收入（元）
营里社	490	1732	4946	8902
前南河	420	1410	3520	8606
北南河	520	1540	6600	9828
九曲	400	1470	3521	7959
西北河	540	1800	5022	9933
大北河	425	1540	5022	9825
东北河	402	1385	2293	8650
郝家柳杭	368	1180	2490	8308
西浊北	440	1500	7240	9164
东浊北	465	1421	1846	7973
前浊北	180	575	480	6638
孙家庄	600	2030	4817	8903
晋家疃	124	412	709	9000
西中疃	281	889	2240	7859
东中疃	295	922	1418	7621
北李家庄	70	234	316	8122
王家柳杭	210	670	914	8160
杨家柳杭	439	1398	2311	7824
北岔河	200	700	1222	8329
南岔河	480	1600	3606	8325
中营	360	1203	2800	8875
吴家营	530	1760	3730	8900
袁刘	256	806	1180	8935
周家庄子	200	800	1258	7893
吴家庄子	180	600	2599	8783
南王家庄子	117	426	690	7416
益隆道口	230	615	4061	8600
西道口	216	620	989	8500
河北道口	260	810	1117	8472
东道口	116	370	648	8823

续表 27-2-8

村名称	户数	人口数	经济总收入（万元）	人均纯收入（元）
孙河南	410	1290	3300	9558
王河南	140	435	685	8913
东黑冢子	365	1150	1790	9033
齐家黑冢子	175	573	825	8970
陈家营	320	910	1818	7742
李家营	184	554	1200	8399
牟家营	59	192	310	8854
王家圈	71	210	360	7633
河崖子	145	502	1027	8670
南单前	340	1155	1210	8630
南单后	280	852	1300	9027
北单	980	3300	6089	8933
北陈家	180	508	760	8730
北宋家庄子	456	1648	2454	9614
央子	165	614	886	9456
李家湾	212	631	749	8019
西黑冢子前	530	1900	2551	9432
西黑冢子后	560	1770	2713	9680
北辛庄子	260	900	1238	8330
鹿家庄子	340	1150	1589	8328

第九节 上口镇

位于寿光市中北部，东邻侯镇，南面与洛城街道接壤，西连田柳镇，北倚营里镇，荣乌高速路、羊田路、新海路穿越镇境。2000年9月，广陵乡整建制并入该镇。2008年12月，被列为省级中心镇。2010年1月，被命名为省级卫生镇、省级特色产业镇。

1995年，总面积50.6平方公里，辖47个行政村，1.2万户，4.5万人。完成国民生产总值3.6亿元，农村经济总收入6.5亿元，财政收入238.4万元，农民人均纯收入2956元，储蓄余额1亿元。2000年，实现农村经济总收入15.8亿元，国民生产总值6.8亿元，地方财政收入946万元，农民人均纯收入3996元。2010年，总面积80.6平方公里，辖65个村，6.6万人，耕地面积7.9万亩，以汉族居多，另有回族、土家族等少数民族。实现地方财政收入4010万元，农民人均纯收入9181元。

1995年，形成粮、菜、果、牧4大支柱

产业。粮食亩产达到1220公斤。饲养大户发展到851家。蔬菜和果园面积分别扩大到1.1万亩，年产量分别为1.4亿公斤和1500万公斤。工业有10多个行业、1000余个产品，涉及机械、食品、橡胶、造纸、纸制品、化工、建筑建材、木制家具、工艺品等，工业产值8.6亿元，利税8500万元。服务业从业人员1.3万人，占劳力总数的50%以上。完成商贸增加值6.3亿元，实现利税4865万元。有初中2所、职业中专1所、小学28所、幼儿园27所，在校生9073人。11所幼儿园被评为潍坊市一类园所。

2000年，粮食总产达到3920万公斤，冬暖式大棚2002个、2730亩。大拱棚457个、920亩。蔬菜总面积1.9万亩。先后规划建设占地1500多亩的双堤、南邵一、方吕、张屯等4个工业园区和上口商贸城，形成铝型材加工、窗帘加工、纸业包装、五金加工、建筑建材等5大龙头产业。集体及私营企业达到202家，工业完成年产值23.8亿元，实现利税2.2亿元。有个体工商户3200户，从业人员1.5万人。二中、三中被评为潍坊市规范化学校。电话入户率63%，有线电视入户率57%。

2010年，建成沼气建设示范村14个，970多户居民用上沼气。建成友春蔬菜专业合作社、增城彩椒合作社及果品专业合作社，18种农产品获得无公害认证。隆恺牌蔬菜、宇宏牌彩椒、南邵全羊成为特色品牌。工业主营业务收入65亿元，完成工业总产值62亿元、利税7亿元、利润4.2亿元。先后投资3.5亿元，规划建设上口商贸城、建筑物流中心、纸业仓储物流中心、木材门窗加工市场等。规模以上贸易服务业企业6家，个体工商业1900多家，建成盛宜祥超市、寿光全福元等大型连锁超市10余家。规划兴旺家园、祥源小区2个新社区，有初中2所、小学12所、公办幼儿园3所、民办幼儿园4所，教职工821人，在校学生8200余人，适龄儿童入学率100%。有卫生院1所、乡村卫生室32个，乡村医生91人。全面实行新型农村合作医疗制度，农民参合率100%。有各类机动车1.8万辆，其中轿车6000辆。有线电视入户数1.3万家，有彩电、电冰箱2.7万台，固定电话1.1万部。有农家书屋55个、文化大院46个。开展情义上口主题文化活动等大型文艺活动，打造具有上口特色的情义上口城镇文化品牌。上口全羊、泥人制作、鸟笼制作等传统文化，成为特色文化品牌。

上口镇传统技艺制作的鸟笼（2000年摄）

2010年上口镇各村基本情况表

表27-2-9

村名称	户数	人口数	经济总收入（万元）	人均纯收入（元）
上口一	308	1074	15.8	9215

续表 27-2-9

村名称	户数	人口数	经济总收入（万元）	人均纯收入（元）
上口二	306	1097	18.0	9219
上口三	334	1126	28.0	9209
东北上口	326	1201	55.3	9119
西北上口	265	1043	10.0	9209
程北上口	130	475	18.5	9144
赵王南楼前	330	1260	3.1	9153
赵王南楼后	170	640	9.0	9190
南楼老庄	140	455	7.0	9221
双井口	410	1450	29.6	9284
黄家河口	132	458	7.4	9112
东堤	410	1301	6.0	9149
西堤	130	476	15.0	9256
河疃	510	1700	40.7	9119
三北楼	109	392	6.6	9004
颜家北楼	102	295	10.3	9062
甄家北楼	130	507	14.8	9175
张家北楼	260	930	14.0	9231
王家北楼	360	1296	14.0	9297
西景明一	140	460	8.29	9132
西景明二	160	560	42.3	9119
西景明三	230	790	11.1	9139
兴旺庄	260	883	5.1	9189
东景明	225	812	12.8	9186
李家南邵一	655	2300	22.0	9221
李家南邵二	220	785	10.0	9306
李家南邵三	140	506	9.9	8970
许家南邵	74	274	3.8	9030
贾王南邵	322	1089	9.5	9447
郎家南邵	480	1682	79.8	9168
邵家留营	362	1285	7.9	9257
增城	228	767	16.4	9190

续表 27-2-9

村名称	户数	人口数	经济总收入（万元）	人均纯收入（元）
前牟郜村	270	1006	48.2	8941
后牟郜村	550	1930	17.0	9194
杨家郜村	202	615	6.0	9130
付吴郜村一	170	562	27.0	9151
付吴郜村二	180	640	50.0	9149
王家留营	165	540	16.3	9145
张家留营	187	610	22.7	9171
东方吕前	240	950	17.4	9221
东方吕后	425	1550	20.0	9221
西方吕东	412	1567	10.0	9222
西方吕南	410	1401	21.5	9156
西方吕北	305	1075	19.0	9178
回河口	278	912	14.9	9155
郭疃东	159	545	4.8	9149
郭疃西	79	268	0.1	9144
郭家下口	302	1001	15.9	9334
吴家下口	150	455	5.5	9187
齐家下口	235	625	10.3	9203
任家下口	246	802	4.6	9117
林家下口一	280	914	11.0	9152
林家下口二	120	446	7.0	8873
林家下口三	168	517	3.0	9016
广陵一	360	1176	62.2	9269
广陵二	270	967	22.0	9144
南广陵	171	518	15.7	9138
东伦疃	240	760	5.8	9127
西伦疃	216	819	2.3	9219
西广陵	242	820	15.0	8809
口子	1116	3933	47.8	9207
小营	220	826	27.5	9186
张家屯	335	1163	12.4	9152

续表 27-2-9

村名称	户数	人口数	经济总收入（万元）	人均纯收入（元）
南半截河	850	2860	42.2	9146
北半截河	483	1710	11.0	9221

第十节 大家洼镇

位于潍坊市东北部，地处渤海莱州湾畔，属潍坊市沿海经济重点开发区。镇区东西长18公里，南北宽14公里，总面积229平方公里。1991年，总耕地面积4.2万亩，区划人口6万人，其中非农业户口2.3万人。农村经济总收入16.5亿元，农民人均纯收入2881元。有海岸线22.5公里，盐碱滩涂15万亩。地下卤水矿藏丰富，达9.8亿立方米。益羊铁路横贯东西，公路交通四通八达。主要化工产品有原盐、纯碱、溴素、二溴茎、元明粉、氯化镁、氯化钙等。1995年8月，大家洼镇改由新成立的潍坊海洋化工高新技术产业开发区（后更名为山东潍坊滨海经济开发区）管理，但行政区划仍然隶属于寿光市，其人大、政协的工作和诉讼、审判、监察、统计、婚姻登记等项事务依法由寿光市相关机关管理。2005年1月大家洼镇更名为大家洼街道。2007年8月，大家洼街道划归为潍坊市寒亭区。

1995年大家洼镇各村基本情况表

表 27-2-10

村名称	户数	人口数	人均纯收入（元）
大家洼	650	1847	3800
刘家呈子	179	567	3637
孟家庄子	89	265	3356
太平	451	1546	3230
双河	170	545	3659
七里庄	845	2460	2842
石桥	164	1425	3013
南陈	174	614	2377
园子	173	562	2508
王家呈子	160	480	2832
张家呈子	153	515	2783
余粮店	160	505	2584
东大家洼	103	270	2611
河套	650	1850	2581

续表 27-2-10

村名称	户数	人口数	人均纯收入（元）
筱子口	500	1528	2631
贤村	150	495	2630
八里庄子	85	223	2192
柳树	80	300	2244
周家疃一	500	1644	2729
周家疃二	390	1667	2683
周家疃三	480	1500	2966
周家疃四	631	2021	2690
西周疃	242	893	2650
魏家官庄	35	120	2222
郭里央	90	350	2182
烟墩	88	283	2685
新兴	368	1354	3013
中兴	220	765	2792
榆树园子	420	1458	3068
东兴	120	370	2895
郝家呈子	220	765	2792
驾屋	67	198	2678
李家呈子	210	614	2547

人物

人物传

本编收录为寿光籍人物，依照生不立传原则，按卒年排序，由本轮断限时间内（1991—2010年）所选，共58人。

丁士采（1915—1991年）　营里镇北河村人。1938年1月入伍，同年2月加入中国共产党。在抗日战争时期，先后任八路军鲁东抗日游击队第8支队宣传员、八路军山东纵队电讯股长、政治指导员、组织干事、政治教导员、团政治处主任，渤海军区第3军分区、第5军分区政治部主任等职。解放战争时期，先后任华东野战军10纵29师副政委兼政治部主任、第3野战军28军83师政委等职。1952年2月赴朝鲜战场结合实战学习研究志愿军战时政治工作，在总政治部编写成政治工作条例，后任军事学院政治工作教授会主任。获中华人民共和国一级解放勋章和独立功勋荣誉章，1955年被授予大校军衔。后历任第28军政治部主任、副政委，福州军区南昌步校政委和福建省军区顾问等职。1978年任南京高级步兵学校政治部主任。

马冠三（1913—1991年）　台头镇牛头镇村人。1938年参加鲁东抗日游击队，同年

加入中国共产党。抗日战争时期，历任鲁东抗日游击队第8支队副区队长、八路军山东纵队第1支队司令部参谋、八路军115师教导第1旅作战科科长、鲁南军区司令部作战科科长等职。解放战争时期，先后任山东野战军第8师司令部参谋主任、华东野战军第3纵队司令部参谋处处长、第3野战军第22集团军64师师长等职。中华人民共和国成立后，历任华东军区海军参谋长、中国人民解放军海军军训部部长、海军副参谋长、第2海军学校副校长。1961年被授予少将军衔。1998年被授予中国人民解放军独立功勋荣誉章。

李瑞林（1904—1993年）　田柳镇崔家庄村人。1926年3月加入中国共产党。1927年任中共崔家庄支部书记。在土地革命战争时期，曾任中共寿光7区区委书记、中共寿光县委委员。1933年任中共寿光县委书记。抗日战争爆发后，先后担任鲁东抗日游击队第8支队司令部交通队队长、山东纵队司令部交通站站长、山东分局组织

部交通干事、清河区交通总站站长等职。解放战争时期，先后担任渤海区行政公署总务科科长，阳信县委常委、组织部部长等职。中华人民共和国成立后，历任惠民地委纪律检查办公室主任、济南冷藏制冰厂厂长、山东省水产养殖场副场长、山东省海水养殖研究所党委副书记、监委书记及名誉副所长等职。

李新源（1916—1993年）　田柳镇南王里村人。1938年1月参加八路军，5月加入中国共产党。历任政治指导员、科长、团政委、师政委、军政治部主任，陆军20军副政委，国防科委政治部副主任，解放军军政大学政治部副主任，解放军政治学院政治部副主任等职。1955年被授予大校军衔。

张用之（1905—1993年）　字心斋，台头镇张家庄村人。1924年8月加入中国共产党，1926年8月任中共张家庄支部书记。1932年4月至8月任中共寿光县委书记。任职期间，为支援中共苏区反“围剿”，领导党员开展“山东号飞机”捐款活动。同年6月根据省委指示组织暴动队策应博兴暴动，8月因暴动失败叛徒告密被捕，同年年底无供保释出狱。1935年在寿北参加第三共产国际。离休前任大连市二轻局监事会主任等职。

董翠云（1923—1993年）　女，稻田镇崔西村人，烈士。1993年3月，为救出烈火中的2名儿童，用自己的身体护住她们而英勇牺牲。1995年8月，被山东省人民政府追认为烈士。

刘东海（1913—1994年）　原名李文涛，田柳镇常家庄村人。1938年组织成立寿光县第7区抗敌后援会，1939年8月加入中国共产党。1941年3月任中共寿潍二边办事处书记兼主任，1942年任中共寿光县委组织部部长，1943年任中共广北县委副书记，1944年5月任中共寿光县委书记，1948年7月任中共寿南县委书记，1949年12月任昌潍特委组织部部长、地委委员。中华人民共和国成立后，历任上海锅炉厂副厂长、党委书记，中共杨浦区委副书记，上海市手工业局党委副书记兼政治部主任，上海柴油机厂党委书记，上海市汽车拖拉机公司党委书记。1979年4月任上海市化学工业局党委副书记、副局长。1983年1月离休。

崔次丰（1916—1994年）　原名崔乐亭，田柳镇崔家庄村人。1937年11月参加八路军鲁东抗日游击队第8支队，1938年10月加入中国共产党。1940年6月任鲁中军区1团政治保卫股长，1944年11月任鲁中军区政治部保卫科副科长、科长。1945年8月任东北抗日民主联军第3纵队1支队政治委员，1946年1月任东北抗日民主联军第4纵队12师政治部主任、代政委，同年8月任第4纵队政治部组织部部长，1947年10月任辽东分局社会部二科科长，1948年5月任鞍山市公安局局长，同年11月任沈阳市公安局行政处处长。中华人民共和国成立后，1951年3月任沈阳市公安局副局长，1953年3月任东北检察分署秘书长，1954年8月任吉林省人民检察署检察长，1959年7月任吉林省政府副省长，1964年1月任吉林市市长，1972年6月任长春市委书记，1980年4月任吉林省政协副主席，1981年10月离休。

赵欣然（1917—1994年）　田柳镇赵家庄村人。1938年8月参加八路军，1939年1

月加入中国共产党。抗日战争时期，任八路军鲁东抗日游击队第8支队特务连战士、排长，山东纵队通信营连长，鲁中军区第2军分区11团连长，军分区司令部参谋。解放战争时期，任东北辽南军区司令部副科长，辽南独立师第1团参谋长、副团长，第13师37团团长，第4野战军42军124师370团团长。中华人民共和国成立后，任师参谋长，参加抗美援朝战役。之后任广州军区某师师长，驻坦桑尼亚首席军事专家，广西军区司令员、党委副书记，广西壮族自治区党委常委、自治区革委会副主任等职。正军职。1960年晋升大校军衔。被授予中华人民共和国三级独立自由勋章、二级解放勋章，1988年被授予独立功勋荣誉章。1979年4月离休。

王文轩（1913—1996年）　原名王传五，曾用名王试航，孙家集街道丰顺王村人。1933年加入中国共产党。先后担任中共济南乡师支部委员、中共济南市委宣传委员。1934年回乡领导学生运动，建立前王、城里等支部，任支部书记。其间，多次奔波于寿光、济南之间，为中共寿光县委的恢复建立作出贡献。抗日战争爆发后，发动党员、群众参军参战，是牛头镇抗日武装起义领导人之一。先后担任八路军鲁东抗日游击队第8支队军政委员会委员兼秘书、中队长兼指导员、大队政委，山东纵队1旅1团政委，鲁中军区党校副校长，1旅政治部主任。解放战争时期，任山东解放军第3师政治部主任，沂蒙军分区副政委兼政治部主任、地委副书记，8纵第22师政委，华东野战军政治部组织部部长，第3野战军政治部组织部部长。中华人民共和国成立后，历任军委总干部部军衔处处长，特种兵干部部副部长、部长，国防部第5研究院政治部主任、副政委。1955年被授予少将军衔，获中华人民共和国二级独立自由勋章和一级解放勋章。1979年当选为中共中央纪律检查委员会委员。

李皋鸣（1922—1996年）　田柳镇崔家庄村人。1938年2月加入八路军鲁东抗日游击队第8支队，1939年2月加入中国共产党。先后在八路军8支队、八路军1支队、鲁中军区、解放军26军、南京总高级步校、南京军事学院、济南军区炮兵司令部等单位就职，历任战士、副指导员、团长、师政委、济南军区炮兵政治部主任（副军职）等职。先后参加莱芜战役、淮海战役等主要战役及抗美援朝战争。1983年离休。

单效刚（1971—1996年）　营里镇北单村人，革命烈士。1990年3月入伍。生前任海军37020部队479艇电工班长，海军一级军士长军衔。1996年7月5日，在随该艇执行任务时，因保护舰艇安全光荣牺牲，被追认为革命烈士。

刘振海（1973—1996年）　洛城街道前尹村人，革命烈士。1993年入伍，被总站司

令部选送至司训大队学习，结业后主动要求到海拔3000多米的高原上守卫边疆。1996年1月加入中国共产党。同年7月，新疆巴音布鲁克地区连降暴雨，山洪暴发，为抢救国家财产，多次跳入洪流，最后因体力不支牺牲。所在部队追记其三等功，批准为革命烈士，作出决定号召全体官兵向他学习。

李　伟（1917—1997年）　文家街道南马店村人，1938年1月参加威海起义入伍，同年6月加入中国共产党。抗日战争时期，任胶东军区海军支队政治处主任、副政治委员兼主任。解放战争时期，任东北民主联军牡丹江省军区政治部主任、1纵队3师政治部主任。参加四平、辽沈、平津、渡江、广西、滇南等战役及湘西剿匪。中华人民共和国成立后，任38军114师、中国人民志愿军114师、113师政治委员。1954年后历任总参谋部政治部主任、总参谋部防化部政治委员、总参谋部某部顾问。1955年被授予大校军衔。获中华人民共和国二级独立自由勋章、二级解放勋章、独立功勋荣誉章，朝鲜民主主义人民共和国二级国旗勋章、二级自由独立勋章。1984年定为副兵团职离休。1997年在北京去世。

张　钧（1919—1997年）　侯镇北仉村人。1935年参加革命，1937年加入中国共产党。历任山西青年抗日决死队1总队政治教导员、太岳第4军分区政治部宣教科长、太岳豫北

3支队济源独立团政委、晋冀鲁豫军区4纵队团政委、豫西南阳军分区政治部主任、第2野战军第4兵团师政治部主任、第13集团军随营党校副政委等职，参加同蒲、晋南、吕梁、豫北、豫西、淮海、渡江、两广等战役和解放大西南的作战。中华人民共和国成立后，历任第13集团军39师政委兼云南普洱军分区政委、普洱地委书记、昆明军区公安军政委、昆明军区党委常委、云南省军区副政委、国防部第5研究院一分院政委等职。1961年晋升为少将军衔。领导战略导弹研制队伍的组建工作，组织完成1058导弹的仿制和中近程导弹的研制任务。1982年5月任航天工业部部长、党组书记。其间直接领导完成固体潜地火箭和东方红2号通信卫星的研制、发射试验任务，主持实现第一代型号向第二代型号的更新换代。1995年11月离休。

王可夫（1922—1997年）　曾用名王可富，营里镇西浊北村人。高小文化，1939年6月加入中国共产党。1937—1949年，历任村、乡儿童团和青年抗日救国会副会长，八路军寿光独立团5连通讯员，八路军1支队工作团新兵连班长、排长，八路军鲁中1支队1团宣传队分队长，鲁中军区1团武工队小队长，鲁中军区1团2营4连副政治指导员，山东纵队3师政治部保卫科干事，东北野战军3纵7师21团保卫股长，东北野战军40军政治部保卫部干事，40军118师政治部保卫科科长等职。中华人

民共和国成立后，历任志愿军40军118师政治部保卫科科长、志愿军40军政治部保卫处处长、40军119师政治部主任、吉林省委财贸政治部副主任、吉林省政府办公厅副主任、吉林省政府副秘书长、吉林省政府办公厅顾问。1985年离休。其间立大功1次、三等功2次，获中华人民共和国三级独立自由勋章、三级解放勋章和朝鲜解放勋章。

张立德（1922—1997年） 田柳镇崔家庄村人。1938年1月入伍，1939年11月加入中国共产党。1939—1949年历任八路军山东纵队8支队分队长，沂蒙支队连文化教员、副政治指导员、指导员，抗大第一分校学员、文工团团员，山东纵队青年学校区队长，山东滨海支队连指导员，山东莒北县、诸城县分区区委书记，胶东军区胶高支队副政治委员、指挥，胶东军区滨北分区司令部副科长、科长等职。1950—1952年历任华东警备第5旅炮兵团副参谋长、步兵第101师炮兵团参谋长、副团长，炮兵第12师24团副团长、第一副团长兼参谋长等职，1952年赴朝鲜参战，1954年9月进入中国人民解放军军事学院炮兵系深造，1955年被授予少校军衔，后晋升为上校。1960—1970年历任炮某部副参谋长、参谋长、副师长、师长，1978年7月任长山要塞区副参谋长，1982年被授予独立功勋荣誉章、抗美援朝勋章，1988年离休，享受副军职待遇。

孙寅东（1911—1999年） 孙家集街道前王村人。1937年参加八路军鲁东抗日游击队第8支队，1938年2月加入中国共产党。历任8支队组织部指导员、营副教导员，山东纵队鲁中军区1团2营教导员、7团政治处主任等职。解放战争时期，历任辽东军区3纵队7师19团副政治委员、政治委员，40军政治部职工部副部长、部长。中华人民共和国成立后，参加抗美援朝，历任中国人民志愿军40军后勤部政治委员、干部部部长等职。1953年10月被授予中华人民共和国自由独立二级勋章，1955年被授予大校军衔。1956年12月任吉林省军区干部部部长、政治部主任、副政治委员，1957年6月被授予中华人民共和国二级独立自由勋章、二级解放勋章。1968年任新疆军区生产建设兵团副政治委员（正军职），中共新疆自治区委常委。1973年后，任吉林省军区副政治委员、顾问组组长，吉林省人大常务委员会常委，吉林省政协委员等职。1988年7月被中国人民解放军总政治部授予中华人民共和国独立功勋荣誉章。

耿学文（1919—1999年） 侯镇挑沟村人。1938年5月参加八路军鲁东抗日游击队第8支队，1939年9月加入中国共产党。1940年入抗大一分校学习，后任山东纵队青年团连政治指导员。1942年5月协助赵寄舟组建昌潍独立团。抗日战争胜利后，先后任华东野战军第6纵队第50团政治教导员、参谋长、副团长、警卫团团长，1950年任28军246团团长，1951年4月任中国人民志愿军第66军589团团长。1952年调南京军事学院学习，毕业后留院从事军事理论研究工作，历任科研处处长、参谋系副主任。1965年6月任中国人民军事博物馆副馆长，1978年4月调任河北省军区副司令员，1960年被授予大校军衔，获中华人民共和国三级独立自由勋章，1988年获独立功勋荣誉章。离休后，参加红四方面军战史的编修工作，任战史办公室副主任。

董泉才（1946—1999年） 文家街道董家屯村人。初中文化程度，1966年3月加入中国共产党。1966年8月任寿光团县委少儿部副部长，1970年2月任马店公社铁木厂厂长，同年11月任寿光县革委群工科干事。1971年3月任寿光县委常委，1975年8月任潍坊团地委副书记，1984年2月任潍坊市民政局副局长，1990年10月任潍坊市民政局局长，1995年2月任中共昌乐县委书记，1998年2月任潍坊市人大常委会副主任。是共青团全国第十一次代表大会代表，共青团山东省第七次代表大会代表。

李振远（1914—2000年） 曾用名李惠之、李常春，田柳镇李家宋村人。1933年3月参加革命，次年3月加入中国共产党。参与组建东北安东抗日义勇军，后任安东人民革命军事委员会主席。1937年抵达延安后，先后任中央党校军事教员、自卫军大队长。1938—1949年，先后在兰州、平津、东北、上海情报站任副站长、站长。1949年9月起，先后在中央情报部、军委情报部、军委联络部任处长。1955年任云南省委调查部部长、省委统战部副部长、省委候补委员。1962年任中央调查部局长。1979年后，任中央调查部局长、部务会会议成员（副部级）。1982年12月离休。

崔梦坡（1910—2000年） 田柳镇崔家庄村人。1937年12月任第18集团军第8支队12中队指导员，1938年5月加入中国共产党，任3支队10团指导员。1939年2月任鲁南边联办事处军事股长。1941年任鲁南第2军分区2科科长。解放战争时期，历任鲁南军区特务团副团长、华东后备兵团2师6团团长。先后参加孟良崮、抱犊崮、莱芜、济南等战役。1948年任华东特纵重炮团团长，参加淮海、渡江、解放南京和上海战役。中华人民共和国成立后，先后任华东炮兵后勤部副部长、军委炮兵管理处处长、宣化炮兵学院院务部副部长、军委炮兵后勤部副部长等职。1963年组织参与编写解放军炮兵第一部《地面炮兵后方勤务教程》和《陆军高射炮兵后方勤务教程》。1976年任军委炮兵后勤部顾问。1980年9月离休，正军职。

纪　刚（1922—2000年） 化龙镇板桥村人。1939年7月加入中国共产党，1940年2月入伍。抗日战争时期，历任青年中队指导员、独立团指导员等职。解放战争时期，历任副教导员、教导员、营长等职。中华人民共和国成立后，1950年任43军128师383团参谋长、团长，1953—1961年任128师副参谋长、副师长、师长，1962年在高等军事学院学习，1965年任榆林要塞区副司令员，1969年任海南军区副司令员，1978年任广州军区工程兵主任。1955年被授予中华人民共和国三级独立自由勋章、二级解放勋章。1984 年离休，正军职待遇。1988 年被授予中华人民共和国独立功勋荣誉章。

王文英（1926—2001 年） 圣城街道城里社区人，原县运输公司锅炉工。数十年如一日，以厂为家，工作勤勤恳恳，任劳任怨，无私奉献。参加工作后从未休过一次班；常年坚持到邮电局义务分发报纸，到汽车站维持秩序，接送旅客，帮扶弱势群体。没上过一天学的他，热爱知识，用自己的钱为幼儿园购买书籍，自己家里却没有一件像样的家具，生前连个罐头都没吃过。1989 年 9 月，被评为全国劳动模范。

桑子桢（1913—2001 年） 文家街道桑家庄村人，初中文化程度，1937 年加入中国共产党（1932 年参加共产党，1933 年因寿光党组织被破坏失去联系，直至 1937 年重新入党），同年参加八路军第 8 支队。历任军需干事、科长，11 团保卫股股长，军分区保卫科科长，鲁中警 1 团政委，46 师 136 团政委，35 军 311 团政委。先后参加临朐五井歼灭战（日寇）、讨吴（吴化文）战役、莱芜战役、孟良崮战役、寥芜反击战、周张战役、兖州战役、潍县战役、济南战役、淮海战役和渡江战役。渡江战役后，任浙江嘉兴军分区政治部主任，南京高等军事学院教育科长，海军系高速班主任、战役系助理，北京高等军事学院高级协理员、哲学班政委、院务部政委。1964 年奉调中共中央党校任学员部主任、校副教育长，中央党校党委常委、校委常委。1982 年离休。其间，获中华人民共和国三级独立自由勋章、二级解放勋章。

刘金亮（1974—2001 年） 上口镇西堤村人，革命烈士。生前系寿光市公安局交通警察大队一中队交通协管员。2001 年 5 月 19 日，在寿光市区执行违章车辆检查时被撞光荣牺牲。2003 年 3 月 4 日，山东省政府批准其为革命烈士。

侯连三（1916—2002 年） 台头镇北洋头村人。1931 年考入寿光师范学校，次年在学校加入中国共产党，从事党的地下工作。1937 年参加抗日武装牛头镇起义，任八路军鲁东抗日游击队第 8 支队情报队队长、供给部主任。至 1945 年，历任寿光县一区区委书记，县财经科科长兼银行主任，清东地区财经科科长、政府机关党委书记、代理县长。1946—1949 年，任济南市粮食局局长。1950—1958 年，先后任山东省抗美援朝委员会秘书长、中央水产部青岛水产公司经理兼青岛市水产局局长、青岛市水产系统党委书记、山东省水产局副局长。1959 年成立青岛海洋学院任副院长，在此期间曾任青岛市政协五届委员会常委、山东水产学会理事长、青岛海洋湖沼学会理事长、青岛市海洋老年工作者协会理事长。2002 年出版诗集《闲情杂韵录》。

马法冉（1918—2002 年） 台头镇牛头

镇村人。大专文化程度，1938年3月加入中国共产党，同年参加八路军。历任寿光独立团战士、文书、指导员，寿光县大队副政委，寿光独立团营政委。1945年起历任团副政委、政委、师政治部副主任，1952年在南京军事学院政治速成系学习，1955年在解放军政治学院工作，历任教员、班主任、系副主任、副大队长、大队长、大队政委。1970年任解放军出版社（战士出版社）社长。1983年离休。其间，获中华人民共和国二级独立自由勋章、二级解放勋章、独立功勋荣誉章。是中国书法家协会会员，作品曾多次参加全国、全军书画展并获奖，被多处博物馆和国外友人收藏。作品和传略收入《中国当代书画家大辞典》《中国当代书画名家作品集》《当代中国书法艺术大成》《中华人物辞海（当代文化卷）》等。出版有《马法冉书法集》等。

李尔华（1930—2002年）　洛城街道洛城中村人。大学文化程度，中共党员。1952年2月在二机部、三机部工作，历任技术员、科员、副科长。1963年8月在六机部工作，历任副科长、副部长秘书、副处长。1982年6月在国家经济体制改革委员会工作，历任副处长、处长、副局级巡视员、高级工程师。1991年11月离休。1994年组织编著发行《中国改革开放十五年大事记》，任副主编。1998年参加编著《中国改革开放20年大事记》。

杨星五（1917—2002年）　营里镇九曲村人，高中文化程度，中共党员。1941年3月入伍，历任区、县文协主任，区武工队指导员，区委副书记、书记。1948年8月任寿光县委组织部长、县委委员，三地委干部科科长。1950年5月任中共寿光县委副书记，1951年6月任中共寿光县委书记。1952年任福建省人事厅科长，1955年5月任福建省人事局副局长，1963年8月任福建省人事局局长。1975年11月任福建省委组织部副部长，1985年任福建省委组织部顾问，同年8月任福建省委顾问委员会委员。1990年12月离休。其间，曾任三届福建省委委员、省编制委员会副主任、省军转办公室主任、省第五届人代会代表。1945年2月在大参军运动中被评为动参模范，1953年被福建省委授予模范党员称号。

王宇光（1918—2002年）　原名王殿恩，侯镇炉房村人，初中文化，中共党员。1938年5月参加八路军鲁东抗日游击队第8支队9大队，历任战士、班长。1939年后历任排长、指导员、团教育参谋、作战参谋、3师作训参谋（营职）。1945年9月，3师进军东北后改为东北3纵7师（后118师），历任作训科副科长、科长、团参谋长、军训处长、军教导大队大队长（正团职）。1953年8月在中南军区司令部编写四野战史。1954年9月任40军作训处长，1958年11月任军事科学院战史部研究员（师职），1974年6月任沈阳军区装甲兵司令部副参谋长、司令部顾问（副军职）。1981年6月离休。其间，获东北解放、华北解放、中南解放、渡海作战、抗美援朝等纪念章多枚；获中华人民共和国三级独立自由勋章、三级解放勋章，朝鲜民主主义人民共和国二级国旗勋章、三级自由独立勋章，1988年8月被授予中华人民共和国独立自由荣誉勋章。

王在辉（1941—2003年） 营里镇前南河村人，大专文化程度。1965年5月加入中国共产党。1966年2月任寿光县丰城公社副社长、马店公社党委副书记，1977年4月任寿光县王高公社党委书记，1981年12月任寿光县委常委、副县长，1984年2月任寒亭区委常委、副区长，1986年6月任高密县委副书记、县长，1989年1月任高密县委书记兼县人大常委会主任，1990年3月任高密县委书记，1993年3月任潍坊市人民政府副市长、党组成员，1996年3月任潍坊市人大常委会副主任。

赵春鑫（1928—2003年） 圣城街道北关村人，大学文化程度，中共党员。1945年10月任北关村青救会长，1946年1月任城关区文书、区委宣教干事，1946年10月任渤海第3军分区政治部联络科干事，1948年10月任华东军区渤海俘管处秘书、华东军区解放军军官教导总团第4支团秘书，1949年5月任南京市公安学校秘书，1953年7月任中央财政部科员，1954年4月在中央财政干部学校、中央财金学院任教员、财政系副主任，1972年2月任北京市交通局财务处处长，1978年12月任中央财政金融学院（后改为中央财经大学）财政系主任、副院长，副教授、教授。1996年6月离休。其间，主编的论文《关于分配结构在形成和调控经济结构中的作用》获全国财政理论研究成果佳作奖。主编《财政理论问题》第一分册，编著全国通用高教自学考试教材《社会主义财政学》《财政学》《中央电大财政学》。

赵修德（1919—2004年） 洛城街道斟灌城里村人。1937年9月加入中国共产党，宣传发动参加抗日。1938年任八路军鲁东抗日游击队第7支队军政委员会副主席、7支队3大队政治委员，1940年任山东纵队9支队独立团政治处主任、八路军山东纵队2旅4团宣教股长，1942年任清河军区滨县县大队政治协理员，1944年任渤海军区4分区独立营副政治委员兼滨县代县长。解放战争时期，历任渤海军区4分区基干团政治处主任，津浦支队副政治委员、团政治委员，德州军分区政治部主任。中华人民共和国成立后，历任山东省兵役局动员科长、济南军区第一干部文化学校校长、临沂军分区政治部主任、济南军区人民群众工作部副部长、济南军区动员部政治部副主任、山东省军区政治部副主任。1978年7月离职休养，副军职待遇。1988年，获中华人民共和国二级红星功勋荣誉勋章。

张斟滋（1909—2004年） 圣城街道公孙庄村人。大学文化程度，中共党员。1927年在山东省第一中学学习并加入共青团，青岛大学预科学生。1928年在沈阳满洲医科大

学学习，同年加入中国共产党。1931年在上海同济大学学习，任校团支部书记，后任上海吴淞区团委书记。1936年为日本千叶医科大学学生，1940年毕业后成为东京圣路加医院内科研究生。1942年回国在潍县做开业医生，1947年在青岛任山东大学医学院附院副教授，1948年到解放区潍坊特别市乐道医院任代院长，后任昌潍区中心卫生院院长、潍坊市卫生局局长。1950年任山东省卫生厅副厅长，1982年任山东省医学科学院院长。1990年离休。

信树铭（1916—2004年） 羊口镇刘旺庄村人。1938年10月加入中国共产党，同年参加八路军，历任8支队班长、排长、连长、营长，战争中先后负伤12处，是二等甲级残疾。1948年转业至寿光县，历任民政科长、法院院长、副县长，1953年1月任寿光县县长，1954年5月调昌潍专区历任民政科长、中级法院副院长、疗养院书记。1981年离休，地专级待遇。

张文通（1905—2004年） 上口镇张家屯村人。1925年加入中国共产党，长期从事革命工作。历任山东鲁东区工作委员会组织委员，八路军鲁东游击队第8支队政治部主任、政委，上海常熟区委书记，西南局调研室主任、税务局局长、财政局局长，中央财政部人事司长，中央粮食部办公厅主任，中国科学院吉林分院副院长，吉林省科学技术协会副主席（副省级）。1984年离休。

杨东山（1917—2004年） 营里镇孙家庄村人。初中文化程度，中共党员。1939—1940年在渤海军区青东独立团警卫队、特务团、10纵队28师82团任排长、队长、连长、副营长，多次立二等功、三等功。1951年起任山东省残疾军人教养总院第5速成中学副院长、校长，1954年5月任山东省民政厅社会处副处长、处长，1957年5月任山东省单县县委副书记，1961年7月任菏泽地区水建指挥部、生产指挥部政委、副主任，1975年5月至1983年12月任菏泽地区革命委员会、行政公署副主任、副专员。

胡克明（1917—2004年） 古城街道贺家东村人。乡村师范文化程度，中共党员。1934年至1937年在莱阳乡师读书，1938年1月任八路军山东纵队第8支队组织科干事。1939年到延安军政学院学习，后任陕甘宁边区政治部组织部干事。1945年任东北民主联军后勤部第5分部政治部副主任，1949年南下任中南军区后勤建筑部政委。1958年转业到地方，任华南化工学院党委书记、广东省卫生厅副厅长。1983年离休，正厅级。

周学孟（1948—2004年） 古城街道周家庄村人，革命烈士。日照港务局建港办副

主任，高级工程师，受雇于中交第一航务工程勘探设计院中北监理所，被派往巴基斯坦承担援外任务。2004年5月3日，在前往施工现场执行工程监理任务途中，遭恐怖分子汽车炸弹袭击牺牲。同年11月22日，山东省人民政府批准其为革命烈士。

黄培圣（1936—2005年）　羊口镇宅科二村人。大专文化，中共党员。1953年3月参军入伍，先后在28军84师252团、国防科工委第21试验训练基地、第20试验训练基地（酒泉卫星发射中心）任战士、副班长、副排长、排长、政治指导员、科长、副处长、处长、检察长、技术总队政治部副主任、总队副政委、纪委专职副书记、副政委等职。立二等功1次、三等功5次。1958年获全军技术革新三等奖1次，1987年被军委评为全军优秀纪检干部。1988年9月被授予大校军衔，1991年6月晋升为少将军衔。1994年10月离休。

王士明（1923—2005年）　营里镇孙家庄村人。初中文化程度，1940年2月加入中国共产党。1942年12月在清东燎原社工作，1944年6月任寿光县六区区委宣传委员，1945年10月任寿光县六区区委书记，1947年5月任寿光县九区区委书记，1948年5月任寿南县东方区委书记，1949年12月任寿光县委宣传部副部长，1951年11月任寿南县委宣传部部长，1953年5月任寿南县县委、寿光县委副书记，1954年4月任寿光县县长，1958年5月任昌潍水利指挥部副政委，同年11月任高密县委副书记。1960年12月任羊口盐场副书记、党委书记，1979年3月至1984年5月任寿光县委顾问，1979年12月当选为寿光县第八届人大常委会副主任、党组副书记。1984年5月离职。

李　杰（1911—2005年）　原名陈增光，字耀三，台头镇北台头村人。1930年加入中国共产党。1931年参与领导县立中学学生运动，1932年任县立中学党支部书记，1935年冬组织成立中共寿光第六区区委，1936年8月任中共寿光县工委组织委员，同年10月任中共寿光县委组织委员。抗日战争爆发后，历任山东八路军8支队中队指导员、大队政治委员、垦利县县长等职。中华人民共和国成立后，历任省政协秘书长、枣庄市市长、泰安地委常委、泰安地区专员、省顾委委员等职。

刘爱芝（1924—2005年）　营里镇袁刘村人。大学文化，1939年2月加入中国共产党。1938年7月参加山东八路军8支队，历任8支队宣传队员、山东分局战服团分队长、渤海军区4分区宣传队队长、清东区宣传队队长等职。1941—1945年在山东渤海日报、大众日报任记者。解放战争时期，先后在安东日报、辽东日报、东北日报任记者、特派记者、编委。中华人民共和国成立后，从东北日报调到北京，先后在中央党校、北京大学、人民大学新闻系任教员、教研室主任。1959年调入《红旗》杂志社工作，1963年12月起任甘肃日报副总编辑、总编辑，1982年11月任光明日报社第一副总编辑兼党委书记。是新闻界高级职称评委会委员。1989年离休。其间，撰写过百万多字的通讯、报告文学和近百篇社论、短评及几十首诗歌。参加中国近代报刊史的编写。

郭　萍（1917—2006年）　古城街道南孙云子村人。1937年10月在寿光参加抗敌后援会，1938年1月入伍并加入中国共产党，同年6月到山东纵队军政干部学校学习，同年10月到山东纵队3支队工作。之后历任长山县委书记兼独立营政委、渤海军区15团政治处主任、华东野战军第6纵队50团政治处主任、三野骑兵团政委、坦克独立6团政委、志愿军坦克兵指挥所干部部部长、军委装甲兵政治部副主任等职。1964年晋升大校军衔。1982年离休，正军职。其间，获中华人民共和国三级独立自由勋章、三级解放勋章及荣誉勋章。

张　剑（1918—2006年）　原名张延庆，侯镇泊头子村人。1936年年底在县立侯镇高小毕业，后考入莱阳农学院，在校参加学生运动。1937年年底参加寿光8支队起义，从事抗日工作。1939年1月加入中国共产党。历任寿光独立团5连排长、司务长，后任团保卫干事、股长、清东军分区保卫科科长、渤海3分区保卫科科长。1947—1948年任广饶县独立团政委和渤海3分区14团、15团政委。参加过南麻、周村、张店、昌潍和济南战役。1949—1954年历任渤海军区保卫部部长、山东军区保卫部副部长、军法处处长。1955—1961年任军委军事法院审判二组组长，参加审判日本战犯。1962—1972年任军委工程兵保卫部部长、国防科委特种工程设计所政委。1963年被授予大校军衔。1973—1978年任济南军区工程兵副政委。1978—1982年任济南军区炮兵顾问组组长。1982年离休（副军级）。其间，被授予中华人民共和国三级独立勋章、二级解放勋章和独立功勋荣誉章。

陈永兴（1932—2006年）　化龙镇张屯村人。1952年7月参加工作，1955年10月加入中国共产党。历任寿光县官台公社党委秘书、寿光县南河公社党委副书记、寿光县台头镇副镇长等职。1987年2月任寿光县造纸厂厂长兼党委书记，1993年企业改制后任山东晨鸣纸业集团股份有限公司董事长兼党委书记。1995年4月，被授予全国劳动模范。1996年10月11日，寿光市第十二届人大常委会第29次会议授予其寿光人民勋章称号。2000年12月26日，潍坊市第十三届人大常委会第18次会议授予其潍坊人民勋章称号。在他管理企业期间，实行股份制改造、操作股票上市、建立现代企业制度，企业在短时间内扭亏为盈，实现跨越式发展。

郑俊杰（1915—2007年） 台头镇大坨村人。初中文化程度，中共党员。1937年12月在鲁东抗日游击队8支队任管理干事、3大队管理员。1939年5月至1940年12月在山东纵队参训班学习后任纵队特务团参谋，1支队后防司令部二科参谋、二科长。1941年在抗大四分校学习，后在沂蒙2军分区历任1团参谋、分区司令部参谋、侦察股股长。1945年4月在鲁中党校学习，后任山东8纵队23师二科长、8纵队团长。1948年7月任豫皖苏3分区司令部参谋处处长、第2野战军18军军械处副处长。1950年12月转业，历任西南政委会交通部康胜工程局党委书记、局长，中央交通部西南公路工程局副局长，交通部第六工程局局长，云南省交通厅党组书记、副局长，云南省医药局党委书记、副局长。1982年退居二线后任云南省顾问委员会委员。1991年10月离休（正厅级）。

王洋文（1919—2007年） 田柳镇后疃村人。1938年3月加入中国共产党。1938年1月任八路军鲁东抗日游击队第8支队5大队小队长、分队长。1939年以后先后担任山东抗日军政大学第一分校学员、山东纵队第3旅第1团1营排长、山东纵队第7师15团炮兵连指导员。解放战争时期，历任东北民主联军第7师18团营副教导员、教导员，东北野战军第6纵队17师49团政治处副主任。中华人民共和国成立后，1950年3月起任团副政委、政委，海南军区炮兵司令部参谋长、副司令员、司令员，桂林步兵学校副校长，解放军第42军副军长、政委。1971年5月任广西省军区第4政委、军区党委书记。1960年晋升大校军衔。被授予中华人民共和国三级独立自由勋章、二级解放勋章，1988年被授予中华人民共和国独立功勋荣誉章。是第四、五届全国人民代表大会代表，中共广西壮族自治区第三、四次代表大会代表。1979年4月离休，正军职。

朱春和（1917—2007年） 田柳镇巨家庄村人。1934年10月加入中国共产党，1938年参加八路军。土地革命战争时期，做党的秘密工作和抗日救亡宣传工作。抗日战争时期，历任八路军山东纵队第8支队干事、科长，八路军军政学院学员，中央党校学员。解放战争时期，历任渤海军区基干团副政治委员、特务团政治委员，渤海军区第4军分区政治部主任、副政治委员。中华人民共和国成立后，任华东防空军兼上海市防空军政治部副主任、中国人民解放军工程兵学校政治委员兼华东军区工兵指挥部政治委员、中国人民解放军政治学院学员、南京军区工程兵副政治委员。1961年晋升为少将军衔。1964年9月转业到地方工作，历任邮电部政治部主任、邮电生产指挥部第五办公室负责人、邮电部副部长兼党组副书记、邮电部顾问等职，1988年离休。获中华人民共和国二级独立自由勋章和一级解放勋章，是中国共产党第七次全国代表大会代表。

陈准提（1917—2007年） 台头镇北台头村人，高中文化程度，1939年11月加入中国共产党。1938年在本村劳动并参加革命活

动，任青救会长兼民兵队长。1941年7月至11月在渤海一地委任组织干事，1941年11月任广饶县六区区委书记，1945年1月任广饶县委组织部部长。1948年4月任渤海三地委组织部干部科科长、副部长。1949年3月至6月任南下干部纵队3支队3大队党委委员。1949年6月任华东人民革命大学二部组织科科长、校干部科科长、人事室主任。1951年12月任华东教育部人事处副处长。1954年任上海市高教局党委组织部部长、党委委员。1955年10月任上海市第七专门小组副组长。1956年11月任华东师范大学党委第二书记，1960年8月任上海外国语学院党委书记，1977年任华东师范大学党委书记，1979年3月任上海市高教局党组书记、副局长，顾问。1983年12月离休。

韩克辛（1914—2008年） 上口镇西景明村人。1937年参加革命，同年加入中国共产党。1938年4月任中共寿光县委委员，1940年10月任中共清东地委书记，1941年7月兼任中共寿光县委书记，1944年任渤海第三地委副书记，1945年任渤海军区第3军分区政治委员。解放战争时期，1948年7月任华东支前司令部民管处、船管部政委，1949年7月任上海航政局接管专员、华东航务管理局副局长。中华人民共和国成立后，历任交通部上海区港务管理员，海运管理局副局长、局长、副书记、书记。1964年4月任上海市交通办副主任。1970年任安徽后方基地、上海市邮电局、上海市交

运局、上海市经委、上海市交通办党委书记、局长、副主任、主任、顾问等职。

王方成（1919—2008年） 营里镇营里社村人。初中文化程度，中共党员。1938年1月在鲁东抗日游击队8支队15中队任战士，1941年6月任鲁中1团1营1连指导员，1945年2月任鲁中1团1营教导员，1947年任东北3纵7师19团主任，1950年任40军留守处政委，1954年任40军120师政治部主任，1960年任40军120师政委，1971年任辽宁省军区副政委。其间，1944年被鲁中1团评为模范指导员，1947年在3纵7师被评为模范教导员。指挥、参加作战100余次，记大功2次，负伤7次，是三等甲级残疾。

张级三（1925—2008年） 羊口镇东宅科村人。中学文化程度，中共党员。1938年至1945年在本乡、村任儿童团团长、青救会主任，1947年3月在垦利县税务所任税收员，1948年至1949年年初在华东局随军接收济南、徐州等城市，1949年任安徽合肥市税务局第二税务所副所长，1951年任安徽省茶叶公司科长，1956年至1958年先后任安徽省农产品采购厅、商业厅、省供销社生企处副处长，1959年至1962年任安徽省开发建设的山东菜央子盐场副场长（场址在寿光北部），1962年至1970年先后任安徽省茶叶公司副经理、省外贸局革命领导小组组长，1971年任省气象局业务处副处长，1980年任华东区域气象中心台台长、安徽省气象

局台长。1983年年底离休。

张剑秋（1914—2009年） 原名张守礼，羊口镇宅科五村人。1938年6月参加革命，7月加入中国共产党，并在山东纵队军政干部学校学习，同年10月任山东纵队1团连指导员。1939年3月任淮北山东纵队南进支队独立4营政委，1940年4月任苏皖纵队2团营教导员，1946年任华野2纵政治部组织科科长，1949年任警备2团政委、103师团政委，1951年任师政治部主任。1956年在北京政治学院学习，结业后任舟山军分区政委，1960年4月任杭州军分区副政委、警备区副政委，1966年至1973年任杭州大学军代表。1978年离休，副军级。其间，获中华人民共和国三级独立自由勋章、二级解放勋章、独立功勋荣誉章。

董万祥（1921—2009年） 文家街道董家屯村人。1940年7月加入中国共产党。1939年10月参加寿光县独立团，先后任寿光县独立团战士、班长、副排长，寿光七区、潍县五区、寿光十区中队副队长，寿光一区队长，寿光独立团一连指导员，寿光15团连长，县农场主任，县建设科副科长、科长，寿光县人民政府副县长、县长，1965年4月因伤残提前离休。

李义坦（1923—2010年） 田柳镇崔家庄村人。1938年2月参军入伍，1939年6月加入中国共产党，历任班长、文化干事、指导员、40军118师352团教导员等职。1946年参加东北四保临江战役，后任团政治处组织股股长、118师政治部组织科科长、团政治处主任、团政委。先后参加解放东北、渡江战役、解放武汉、挺进广西、大战粤桂、解放海南岛、抗美援朝等战役、战斗。中华人民共和国成立后，1951年任40军速成学校政委、校长，1960年任沈阳军区司令部直属政治部副主任，1969年任黑龙江生产建设兵团4师政委、党委书记。黑龙江生产建设兵团撤销后，任鞍山警备区政委、辽宁省军区政治部顾问。是二等甲级残疾军人。1983年8月离休，副军职。

王级三（1925—2010年） 台头镇小坨村人。中共党员。1940年1月参加革命，在八路军3旅任通讯员、青年干事。负伤转地方后，任寿光六区财粮助理、寿光五区税务所所长。1942年调渤海银行印钞厂任会计股股长、科长。后历任山东省银行教育科副科长，省政府财经机关党委教育科科长、副书记，山东省人委机关党委副书记兼监委书记，省直机关党委副书记，省直宣传文教口机关党委副书记，山东省第三届党代会代表等职。享受副厅级待遇。其间，1947年渤海行署发动职工开展增产节约运动，立一等功，并颁发一枚奖章。与会计孙之全根据当时印钞厂实际合写《成本会计章程》一书，立二等功。

王光辉（1923—2010年） 田柳镇前王家

庄子村人。1938年10月，参加革命并加入中国共产党。1939年1月，在渤海军区独立团历任宣传员、文书、副政治指导员，1940年6月在山东纵队3旅3团任分支书记、政治指导员，1943年8月任县大队教导员、政委，1945年8月任7师20团政治教导员，1947年1月任6纵17师50团副主任、主任，1949年3月任43军128师384团主任、副政委、政委，1952年1月任43军128师副主任，1952年4月任中南军区后勤营房部副政委，1960年7月任军事学院速成系政治处主任，1961年7月任55军215师政委，1965年8月任55军政治部主任，1968年6月任广州军区工程兵副政委。1984年5月离休。其间多次立功受奖。1955年6月被授予中华人民共和国三级独立自由勋章、二级解放勋章，1988年7月被授予中华人民共和国独立功勋荣誉章。

附录

一、重要文件辑存

中华人民共和国民政部

民行批〔1993〕116号

关于山东省撤销寿光县设立寿光市的批复

山东省人民政府：

你省一九九二年十二月四日《关于撤销寿光县设立寿光市的请示》收悉。经国务院批准，同意撤销寿光县，设立寿光市（县级），由省直辖，以原寿光县的行政区域为寿光市的行政区域。不增加机构和人员编制。

中华人民共和国民政部

一九九三年六月一日

山东省人民政府

(93)鲁政函105号

山东省人民政府
关于撤销寿光县设立寿光市的通知

潍坊市、寿光县人民政府：

经报请国务院批准，民政部以民行批[1993]116号文批复我省，同意撤销寿光县，设立寿光市(县级)，由省直辖，以原寿光县的行政区域为寿光市的行政区域，不增加机构和编制。省政府确定，寿光市由潍坊市代管。望你们抓紧做好寿光撤县设市工作，并在今后的工作中加强城市管理，充分发挥城市的中心作用，促进城乡经济的协调发展。

一九九[illegible]年[illegible]月二十三日

抄送：省委各部门，省人大常委会办公厅，省政协办公厅，省法院，省检察院，各市人民政府，行署，各大企业，各高等院校，省政府各部门，济南军区，省军区。

寿光市名牌战略实施方案

寿发〔1995〕43号

为推动全市经济持续、快速、健康发展，加快实现由小康向富裕型跨越，根据市场经济发展趋势和寿光市实际，经研究确定1995年及“九五”期间，全面组织实施以创名牌、争一流为核心内容的名牌战略，现提出以下实施方案：

一、指导思想

组织实施名牌战略的指导思想是：以建设有中国特色社会主义理论和党的基本路线为指导，以实现由小康向富裕型跨越为目标，按照发展社会主义市场经济的客观要求，立足于进一步扩大经济总量，壮大经济实力，提高经济效益，坚持以市场为导向，开发名牌产品，培植骨干企业，带动优势产业，发展规模经济，促进全市综合经济实力、市场竞争能力、发展后续能力的全面提高。使寿光在三、五年内成为“县域经济名牌”。

二、目标要求

从1995年到“九五”末全市实施名牌战略、实现由小康向富裕型跨越的总体目标是：综合经济实力强，1998年国民生产总值达到110亿元，2000年达到160亿元。地方财力强，1998年地方财政收入达到2.6亿元，2000年达到3.8亿元。人民生活水平高，1998年农民人均纯收入达到4000元，2000年达到5000元；1998年城乡各类存款达到60亿元，2000年达到80亿元。规模优势明显，1998年名牌产品、优势产业所创效益在整个经济中的比重达到60%，2000年达到80%，争取有10种以上产品销售总量在全国同行业处于前10位。经济外向度高，1998年出口创汇达到1亿美元，2000年达到1.5亿美元；1998年累计利用外资达到3亿美元，2000年达到4.5亿美元。城市化水平高，1998年城市化水平达到45%，2000年达到55%。科技进步快，1998年科技进步在经济增长中的贡献率达到56%，2000年达到62%。人口文化素质高，1998年普及高中阶段教育，2000年劳动力平均受教育程度超过10年。交通通讯发达，从1995年起，三年内实现村村通沥青路，1998年电话装机达到8万门，2000年达到10万门。社会秩序良好，政治稳定，社会安定，人民安居乐业，刑事案件发案率控制在万分之三以内。

（一）工业，按照加快改造传统产业，突出发展优势产业，大力开发高新技术产业的要求，以市场、科技为导向，加快培育发展一批高技术含量、高出口创汇、高市场占有率的拳头产品和生产规模化、经营多元化、管理现代化、牵动力强的骨干企业（集团），带动全市工业提高经济效益，再造发展优势。

市属工业。重点支持发展造纸集团股份有限公司、啤酒厂、酿酒总厂、化工总厂、盐业集团公司、农用车辆总厂、磷肥厂、热电厂、抽纱总厂、仙霞服装集团等10大骨干企业（集团）和机制纸、化肥、白酒、啤酒、服装、农用车、海洋医药化工产品、板材、工艺美术品、纺织系列产品等10大拳头产品。“九五”期间，10大骨干企业（集团）完成投入11.3亿元，占全市市属工业总投入的64%。到“九五”末，10大企业（集团）年实现销售收入超过40亿元，利税超过8亿元，分别占市属工业销售收入和利税的82%、92%，其中造纸集团股份有限公司年实现利税超过2亿元，啤酒厂、酿酒总厂、化工总厂、农用车辆总厂4家企业年实现利税分别过亿元；10大拳头产品年实现销售收入达到45亿元，利税8.5亿元，分别占市属工业销售收入和利税的85%、95%。

重点支持发展的10大骨干企业（集团）：1. 造纸集团股份有限公司。预计1995年实现销售收入3亿元、利税8000万元。“九五”期间，在抓好2640纸机达产及黑液治理的基础上，投资3亿元，完成无碳复写原纸、高级美术铜版纸的开发，到“九五”末，机制纸生产能力达到10万吨，年销售收入达到6亿元，利税超过2亿元。产品保持国家级名牌，争创世界名牌。2. 啤酒厂。预计1995年生产啤酒10万吨，实现销售收入2亿元，利税3800万元。“九五”期间，投资1.2亿元，生产能力扩大到20万吨，并完成3万吨麦芽项目建设，开发新口味啤酒饮料，到“九五″末，年销售收入达到4亿元，利税过亿元。产品确保国家级名牌，争创世界名牌。3. 酿酒总厂。预计1995年实现销售收入1亿元，利税2500万元。“九五”期间，投资6000万元，进行设备改造，开发高档酒类，到“九五”末，年销售收入达到4亿元，利税过亿元。产品确保国家级名牌，争创世界名牌。4. 化工总厂。预计1995年实现销售收入3亿元，利税3500万元。“九五”期间，投资1.2亿元，扩大生产能力，到“九五”末，合成氨、尿素、碳铵、专用肥年产量分别达到10万吨、10万吨、16万吨和6万吨，年销售收入达到6亿元，利税过亿元。尿素、多元素专用肥等产品争创国家级名牌。5. 农用车辆总厂。预计1995年实现销售收入1.3亿元，利税1000万元。“九五”期间，投入5000万元，扩大生产能力，开发新型车辆，到“九五″末，年产量达到6万辆，年销售收入达到12亿元，利税过亿元。产品创国家级名牌。6. 盐业集团公司。预计1995年实现销售收入9400万元，利税1500万元。“九五”期间，投入2亿元，开发溴、镁、医药中间体等深加工系列产品，到“九五”末，年销售收入达到3亿元，利税7500万元。4种以上产品争创国家级名牌。7. 磷肥厂。预计1995年实现销售收入6500万元，利税1000万元。“九五”期间，投资3000万元，开发生产专用肥，到“九五”末，年销售收入达到1.25亿元，利税2500万元。8. 热电厂。预计1995年实现销售收入5000万元，利税1000万元。“九五”期间，投资1.2亿元，完成三期工程，到“九五”末，年销售收入达到1亿元，利税2000万元。9. 抽纱总厂。预计1995年实现销售收入8100万元，利税600万元。“九五”期间，投资8000万元，进行设备更新改造，提高产品档次和质量，到“九五”末，年销售收入达到1.8亿元，利税3000万元。2种以上产品争创国家级名牌。10. 仙霞服装集团。预计1995年实现销售收入3000万元，利税600万元。“九五”期间，投资5000万元，扩大生产规模，到“九五”末，服装生产能力超过100万套，年销售收入2.5亿元，利税6000万元。产品确保国家级名牌，争创世界名牌。

乡村工作。突出抓好20家骨干工业企业，支持发展20种拳头产品。“九五”期间，20家骨干工业企业完成投入12亿元，占全市乡村工业投入的50%，到“九五”末，20家骨干企业年销售收入达到71亿元，实现利税8.5亿元，分别占乡村工业销售收入和利税的60%、61%。其中，侯镇胶合板厂年实现利税达到2.5亿元，寿光市动力机械厂（稻田）年实现利税达到1亿元。

20家骨干工业企业：1. 侯镇胶合板厂。“九五”期间，投资3亿元，办一处销售收入过亿元的合资项目和三个跨省公司，开发俄罗斯木材资源；年销售收入达到20亿元，利税达到2.5亿元以上。建成全国最大的人造板生产基地。2. 寿光市动力机械厂（稻田）。“九五”期间。投资2500万元，新上组装线、前后桥生产线、车辆检测线等，年生产能力达到5万辆，年销售收入达到10亿元，利税过亿元。3. 山东华宝实业总公司（田柳）。“九五”期间，投资2000万元，扩大淀粉生产能力，开发食品工业，年销售收入达到3亿元，利税3000万元。4. 潍坊风筝油毡厂（台头）。“九五”期间，投资3000万元，新上新型防水材料生产线，年销售收入达到2亿元，利税2000万元。5. 寿光市氯碱厂（王高）。“九五”期间，投资1亿元以上，完成2.3万吨隔膜烧碱项目和2万吨离子膜烧碱项目，并建设配套发电厂，年生产能力扩大到5万吨，年销售收入达到2亿元，利税2000万元。6. 山东金河纺织集团总公司（岔河）。“九五”期间，投资8000万元，完成一、二期丙纶工程、针织成衣工程和高速复合纺工程，年销售收入达到3.2亿元，利税3600万元。7. 山东墨龙实业总公司（上口）。“九五”期间，投资5000万元，配套开发石油机械系列产品，年销售收入达到2.5亿元，利税3000万元。8. 寿光市装饰总公司（开发区）。“九五”期间，投资5000万元，完成铝型材第三期工程，新增宽幅装饰布流水线，年销售收入达到4亿元，利税3000万元。9. 寿光市福利板纸厂（五台）。“九五”期间，投资3000万元，新上两条纸生产线和纸箱流水线，年销售收入达到2亿元，利税3000万元。10. 寿光市造纸机械厂（台头）。“九五”期间，投资3000万元，新上农用车后桥生产线、造纸机械系列产品生产线，年销售收入达到1.5亿元，利税2000万元。11. 寿光市田马福利水泥厂。“九五”期间，投资5500万元，合资新上30万吨抗碱水泥流水线，联营新上减水剂流水线，年销售收入达到2亿元，利税3000万元。12. 寿光市第二食品工业公司（开发区）。“九五”期间，投资3000万元，新建大型养鸡场。扩大肉鸡、水产品、出口蔬菜加工能力，年销售收入达到3亿元，利税2500万元。13. 潍坊双乐织造有限公司（五台）。“九五”期间，投资3000万元，扩大洗毛厂和精纺生产规模，年销售收入达到1.5亿元，利税2500万元。14. 羊口渔业集团总公司。“九五”期间，投资1.2亿元，更新改造250马力以上钢壳渔轮50艘。新上2～3个合资项目，年销售收入达到4.5亿元，利税6000万元。15. 寿光市鬃发厂（王望）。投资1000万元，新上年产200吨人造丝项目和年产2万顶假发项目，年销售收入达到1.1亿元，利税1500万元。16. 潍坊鲁宏塑料制品总厂（大洼）。“九五”期间，投资5000万元，开发塑料系列产品，年销售收入达到1.8亿元，利税2000万元。17. 潍坊兴达纺织品有限公司（留吕）。“九五”期间，投资2600万元，新上染整车间、大型圆织机和高档成衣生产线，年销售收入达到3亿元，利税5000万元。18. 寿光市第二拖配厂（孙家集）。“九五”期间，投资6000万元，开发机电一体化产品。年销售收入达到1.5亿元，利税1800万元。19. 寿光市节能设备厂（胡营）。“九五”期间。投资2000万元，扩大开发新型节能设备系列产品，年销售收入达到1亿元，利税1000万元。20. 寿光绿鲜食品有限公司（孙家集）。“九五”期间，投资6000万元，完成二、三期工程，年销售收人达到2亿元．利税2000万元。

重点支持发展的20种拳头产品：塑编袋、胶合板、钢材、农用车、箱板纸、人造发、特种水泥、玉米淀粉、氯碱、石油机械、油毡、帆布、溴素、铝型材、涤纶长丝、医疗器械、橡胶制品、绿鲜食品、高密支纱、针织服装。到2000年，20种拳头产品年销售收入达到 65

亿元，利税 7.5 亿元，分别占全市乡村工业销售收入和利税的 55%、54%。塑编袋、胶合板、玉米淀粉、氯碱、医疗器械 5 种产品争创国家级名牌产品。其余 15 种争创省级名牌。同时，其他企业也要立足各自优势，大力开发名牌产品，提高经济效益，加快自身发展。

建筑业。1995 年建筑业产值达到 15 亿元，建成“全省建筑之乡”；到“九五”末，建筑业总产值达到 25 亿元，利税 4 亿元，争创“全国建筑业先进县市”。

（二）农业，以基本实现现代化为目标，全面实施农业产业化战略，调整结构，强化科技，拉长优势，提高发展水平。重点开发培育粮食、蔬菜、棉花、果品、水产、畜牧 6 大支柱产业，形成小麦、玉米、优质棉、大棚蔬菜、大棚甜瓜、寿光大葱、独根红韭菜、脱毒马铃薯、食用菌、鸭梨、油桃、优质苹果、金丝小枣、对虾、中华绒毛蟹、甲鱼、肉鸡、瘦肉型猪等 18 种具有较高市场占有率的名牌产品。

1. 粮食。大力加强以吨半粮为目标的粮食持续高产技术研究与开发，抓好小麦、玉米等作物良种引进、推广、试验和合理间作、轮作、科学配方施肥及病虫害综合防治技术的研究、推广，到“九五”末，60 万亩粮田平均亩产达到 1250 公斤，争取 10 万亩高产粮田平均亩产突破 1500 公斤。2. 蔬菜。积极推广酵素菌、K100 活性菌肥和冬暖式大棚、无土栽培、模式化栽培、工厂化育苗新技术，大力发展无公害蔬菜。到“九五”末，蔬菜大棚达到 30 万个、25 万亩。以文家、马店、丰城为主形成 10 万亩韭菜生产基地；以北洛、田柳、古城为主形成 8 万亩大葱生产基地；以田马、赵庙为中心形成 2 万亩大棚甜瓜生产基地；以纪台、东埠为中心形成 2 万亩辣椒生产基地；以留吕、五台、寒桥为中心形成 3 万亩脱毒马铃薯和 2 万亩早春长茄生产基地。全市蔬菜总面积达到 60 万亩（包括复种面积），总产 30 亿公斤，纯收入 30 亿元。建成全国最大的无公害蔬菜生产基地。3. 棉花。大力推广新技术，引进新品种，提高单产，稳定总产，到“九五”末，种植面积 15 万亩，单产皮棉 100 公斤。建成全省优质棉示范区。4. 果品。以果品高产技术开发为重点，提高果品产量和质量，到“九五”末，优质果品达到 15 万亩，年产 3.5 亿公斤，收入 6 亿元。在弥河两岸和辛沙路两侧形成规模较大的优质果品生产基地。5. 水产品。海水养殖以立体混养为重点，淡水养殖以中华绒毛蟹、甲鱼等特种水产为重点，海洋捕捞以发展大马力渔船远洋捕捞为重点。到“九五”末，淡水养殖面积达到 3 万亩，185 马力以上渔船达到 200 艘。年水产品总量 30 万吨、产值 36 亿元。建成全国重要的水产品基地。6. 畜禽产品。大力发展以肉鸡、生猪为重点的现代化、规模化饲养，到“九五”末，年出栏肉鸡达到 8000 万只、生猪 60 万头、肉牛 3 万头、肉羊 8 万只。畜牧业产值达到 25 亿元。建成省内重要的畜牧生产基地。

（三）第三产业，以上规模、上档次、上水平、增效益为重点，放活政策，加大投入，促进发展。重点抓好四场、两城、一街、三带建设和个体私营经济大户发展。

“四场”：即突出抓好寿光蔬菜批发市场、竹杆竹器市场、台头油毡橡胶市场和侯镇板材市场建设，全部建成全国一流的专业批发市场。其中，蔬菜批发市场占地扩大到 550 亩，年交易额达到 25 亿元以上；侯镇板材市场（基地生产型）占地 500 亩，年交易额超过 20 亿元。

“两城”：即着重抓好寿光商城和西苑商城建设，到“九五”末，建成全省或全国规模较大的综合性商城。其中，寿光商城投资 1.2 亿元，建筑面积达到 12 万平方米，年营业额 3 亿元，利税 2500 万元；西苑商城再投资 3200 万元，建筑面积达到 10 万平方米以上，年营业额 3.5 亿元，利税 2800 万元。

“一街”：即以寿光大厦、商业大厦、寿光贸易大楼、华联商厦、五金大楼、百货大楼、西关商厦为主体，进一步扩大规模、提高档次，多成份、多元化发展商贸业，到“九五”末，形成在省内外有较大影响的“商贸一条街”。

“三带”：即加快沿潍高、昌大、羊临三条路域经济带开发，使全市形成以市区为中心，以“三线”为连接，以乡镇驻地为支点的第三产业发展格局。

个体私营经济大户：到“九五”末，发展年产值过千万元、利税过百万元的个体私营大户 50 户。

（四）外经外贸，按照发挥优势，重点突破的要求，突出抓好引进外资和出口创汇。重点扶持发展 15 家合资、出口企业（集团），带动全市外向型经济的快速发展。

1. 市造纸集团股份有限公司：引进外资 3000 万美元，完成无碳复写原纸和铜版纸项目，到“九五”末，年出口创汇达到 4000 万美元。2. 山东卢堡啤酒有限公司：引进外资 800 万美元，新上麦芽项目和扩大啤酒生产能力，到“九五”末，累计利用外资达到 2000 万美元，年出口创汇达到 1500 万美元。3. 寿光市畜禽肉食进出口公司：引进外资 800 万美元，新上肉鸡加工生产线和配套饲料厂、鸡场；到“九五”末，年出口创汇达到 2000 万美元。4. 市化工总厂：引进外资 1000 万美元，新上维生素 C 项目和万吨甘油项目。5. 市农用车辆总厂：引进外资 500 万美元，扩大 0.75 吨农用车生产规模。6. 市抽纱总厂：预计 1995 年出口创汇达到 1000 万美元以上，到“九五”末，达到 2500 万美元。7. 新城热电厂（开发区）：引进外资 1100 万美元，年发电 1.2 亿千瓦时，供汽 70 万吨。8. 市酿酒总厂：引进外资 500 万美元，扩大白酒生产能力 2000 吨，完成 100 万张皮革项目。9. 寿光市氯碱厂（王高）：引进外资 1000 万美元，新上离子膜烧碱和配套发电厂。10. 潍坊振鲁医疗器械有限公司（化龙）：引进外资 300 万美元，扩大生产能力；到“九五”末，年出口创汇达到 200 万美元。11. 山东鲁丽人造板有限公司（侯镇）：引进外资 800 万美元，扩大胶合板生产能力。12. 山东金河纺织集团公司（岔河）：预计 1995 年出口创汇完成 50 万美元，到“九五”末，达到 300 万美元。13. 潍坊兴达纺织品有限公司（留吕）：预计 1995 年出口创汇完成 50 万美元，到“九五”末，达到 300 万美元。14. 潍坊永寿有色金属有限公司（寒桥）：预计 1995 年出口创汇完成 50 万美元，到“九五”末，达到 300 万美元。15. 寿光绿鲜食品有限公司（孙家集）：引进外资 200 万美元，完成二、三期工程，到“九五”末，年出口创汇达到 1500 万美元。

（五）城乡建设，按照以城带镇、以镇带村、城乡一体、共同繁荣的总体思路，抓基础、抓典型、抓特色，不断加快城乡建设步伐、推进城乡一体化进程。

市区建设，东城抓开发，西城抓提高，到“九五”末，建成区面积达到 20 平方公里，常驻人口 18 万人。建成国家级卫生城市和全省花园式城市。

村镇建设，1998 年按省定标准建成 10 个“新型乡镇”（大洼、羊口、上口、稻田、侯镇、寒桥、台头、王高、田柳、孙家集）、30 个“明星村”；到“九五”末，建成新型乡镇 20 个和楼房村 100 个。建成“全国村镇建设样板”。

三、政策措施

（一）大力推进技术进步。要以“科教兴寿”为支撑。全面加快名牌战略的实施。一是积极推广高新技术。农业以实现良种产业化、栽培立体化、管理科学化为目标，自主研究开发与技术引进相结合，重点启动粮食，棉花、蔬菜、果品、水产、畜禽6大良种产业化工程，搞好无公害蔬菜、脱毒组培、粮食高产、有机旱作、高密度立体种植等新技术，充实加强蔬菜、水产研究机构，逐步建立起现代化农业技术体系；认真搞好"精种农区粮食高产综合技术开发研究""10万亩高效规模经营产业示范工程"建设和"黄淮海平原开发""黄河三角洲开发"2大工程建设，努力把寿光建成全国高产高效农业示范区。工业上围绕提高产品质量和档次、增加花色品种。搞好新技术、新工艺的研究、开发，不断扩大名牌产品总量，发展高新技术产业。二是积极推广优质新品种。农业上在继续抓好新技术、新品种开发试验示范区建设的同时，建立一批集种子、苗木引进、繁育、推广于一体的良种苗木繁育基地，建设好"中国北方菜果种苗繁育中心"，逐步建立健全粮食、蔬菜、果品、畜禽良种繁育体系；积极引进国外的名优稀特品种，搞好基地化生产，建立出口创汇基地。工业上着重抓好产品的更新换代，采用引进、联合、开发等多种形式，开发生产一批高技术含量、高市场占有率的拳头产品。三是抓好科技人才培训。大力发展各类职业技术教育和成人教育，培养不同类型的专业技术人才；送出去学与请进来教相结合，培养一批高科技人才，提高科技推广的水平；继续在农村和企业推行"绿色证书"和"持证上岗"制度，搞好青壮年劳力、在岗职工的技术培训，全面提高科技素质；修订完善科技人才的引进、培养、使用政策，充分发挥现有科技人才的作用，解决好科技人才浪费和断层问题。进一步加大科技投入，每年科技投入增长速度高于财政年增长速度；市乡两级财政每年用于科研、新产品开发等经费的投入在当年财政支出中的比重不低于1%。

（二）加大资金投入。按照"突出重点，扶优扶强，培植骨干，注重效益"的原则，重点扶持名牌产品、骨干企业（集团）、优势产业的研制开发、科技进步、结构调整和扩大规模等对资金的需求。市里的科技投入、金融贷款和转让国有资产收回的资金，优先用于骨干企业（集团）和名牌拳头产品生产企业实施的重大技改项目，确保这部分投入不低于全市当年工业投入的80%；对粮食高产、万元田、无公害蔬菜、绿色工程、海上寿光建设等农业开发项目，采取国家、集体、农民三方投资，实行重点扶持；特别对大棚滴灌、果园微喷等高新技术和一些名优特稀品种的开发推广，市里要拿出专门基金予以优先保证，力争到"九五"末，基本实现作物和畜禽良种产业化、100万亩大田灌溉管道化、10万亩大棚蔬菜滴灌化、10万亩果园灌溉微喷化。加大对名牌拳头产品的营销投入，充分利用广告宣传等促销手段，大力宣传名牌产品的企业形象，提高寿光产品在市场上的占有率。同时，继续加大交通、通讯、电力等基础设施建设投入，进一步提高经济水平。

（三）进一步深化改革。骨干企业（集团）和名牌产品生产企业要在抓好股份制改造、规范完善的基础上，加快建立起产权清晰、权责明确、政企分开、管理科学的现代企业制度，有条件的改造为公司制；进一步深化企业内部人事、用工、分配制度改革，建立健全激励机制，逐步达到规范要求，并积极搞好医疗、保险等社会保障制度配套改革。政府及有关部门，要从各自职能出发，支持骨干企业（集团）和名牌产品生产企业搞好各项改革。农村改革，主要围绕名牌产品的规模开发，放活土地使用权，建立土地使用权依法有偿转让制度，有条件的发展适度规模经营；大力发展农业产业化，强化集体服务功能，搞好信息、科技、流通服务，引导农民依据市场需求开发、生产名优高效产品。

（四）全方位扩大开放。骨干企业（集团）和名牌产品生产企业（单位）要积极引进国内外的资金、技术、设备，搞好嫁接改造，加强与国内外知名企业的联合，扩大原有名牌产品，开发新的名牌产品；对名牌拳头产品主要生产企业，市里优先推荐申报自营进出口权；对自营出口企业实行电价补贴政策；实行市内代理出口的，优先保证出口退税退到生产企业；对生产和组织出口商品的骨干企业，金融部门要予以资金保证；对加工贸易企业进口原料所需外汇和配套资金，金融部门要优先支持。鼓励兴办农产品加工出口企业，特别是蔬菜、水产、畜禽等优势产业。要立足现有基础，建设一批大规模、高档次、外向型的加工企业，尽快扩大农产品出口规模。鼓励骨干企业和名牌产品生产企业兴办海外企业、贸易公司，承办劳务。市里要为名牌产品有计划有组织地举办招商引资和出口展销活动，进一步提高寿光市名牌产品的知名度。

（五）健全完善激励和监督约束机制。市委、市府及各行各业、各乡镇都要根据实际，制定出实施名牌战略的各项政策，并认真抓好落实。进一步完善干部激励和监督约束机制，严格执行市委《关于对乡镇和市直领导班子工作实绩试行考核制度的意见》《关于实行领导班子、领导干部诫勉制度的意见》《关于实行同干部谈话制度的意见》和《关于加强党政干部队伍、企业家队伍和科技人才队伍建设的意见》，对在实施名牌战略中贡献突出的干部优先提拔重用；对政绩平平、无所作为的实行警诫和劝勉；对弄虚作假、贻误工作的干部坚决予以调整或组织处理。市府及经济主管部门要对名牌产品、骨干企业（集团）、优势产业和重点项目的开发建设制定出具体的奖惩政策和实施办法；其他行业和部门，也要根据各自职能，围绕促进名牌战略的实施，制定出鼓励争先创优、争创一流的激励政策。

四、组织实施

组织实施名牌战略，涉及面广，工作量大，各级各部门要密切配合，精心组织，切实抓出成效。

（一）切实加强领导。名牌战略的组织实施工作，要在市委、市政府统一领导下，实行部门负责制。市里成立市委书记、市长挂帅的名牌战略领导小组，农业、市属工业、乡镇工业、第三产业、外经外贸、城乡建设分别成立6个组织实施领导小组，实行分包一条线责任制。每条线由2～3名市级领导承包，下设承办单位和牵头部门。各领导小组要根据名牌战略的目标要求，制定好工作规划和具体实施细则，并建立明确的目标责任制，把任务指标层层分解、落实到部门、乡镇、企业，做到层层有人抓、有人管。

（二）搞好调度考核。市里要建立健全监控考核制度，每季度初由市委书记、市长调度一次，对各条线的规划目标进度情况督促检查，及时通报工作进展情况；组织、人事、统计、审计部门要强化职能作用，把实施名牌战略情况纳入干部考核体系，全面准确地考核企业、乡镇、部门创名牌的工作情况和各级干部在实施名牌战略中的工作实绩。计委、经委、农委、乡企局、商委、经贸委、城建委要按照名牌战略的总体目标要求，分别制定考核办法，每年进行1～2次考核，结果记入档案。同时，市、乡、村各级都要加强对名牌战略实施工作的调度，及时协调解决名牌战略实施过程中遇到的困难和问题，保证名牌战略的顺利实施。

（三）强化配合服务。各级各部门和各群众团体都要增强参与意识和全局观念，为配合实施名牌战略制定配套的服务工作方案，积极为实施名牌战略献计出力。对名牌产品、骨干企业（集团）、优势产业、重点项目在开发建设中遇到的技术、资金、电力、运输和原材料等方面的困难，计委、科委、金融、供电、交通、物资等部门要重点倾斜，优先安排；工商、政法、技术监督等部门要依法加强对名牌产品的保护，利用法律手段打击假冒伪劣现象；对市里出台的名牌战略的扶持政策，任何部门、单位都不准拖着不办，确保落实到位；对名牌战略实施过程中出现的好典型、好经验，新闻、宣传部门要利用多种形式搞好宣传，在全市上下形成创名牌、争一流的浓厚气氛，为名牌战略的全面组织实施创造良好的社会环境。

1995年8月12日

寿光市一九九七年第三产业工作要点

寿政发〔1997〕51号

一、指导思想和发展目标

1997年全市的第三产业工作，以市委九届五次、六次全委（扩大）会议精神和全市三级干部会议精神为指导，以实施名牌战略为契机，以建设现代化文明城市、加快由小康向富裕型跨越为目标，充分发挥第三产业的服务功能，加快城镇基础设施建设，进一步培育健全市场体系，努力搞活商贸流通，确保全市第三产业增加值完成30亿元，比上年增长30.4%，占国民生产总值的比重达到33%以上。

二、发展重点

1.市场建设与管理。继续培育完善市场体系，提高市场档次。以蔬菜批发市场为重点，搞好市场的现代化设施建设，促进蔬菜市场上档升级。蔬菜市场能否进一步繁荣、发展，直接影响到全市蔬菜生产的兴衰，关系到全市经济大局。一方面按照设施先进、功能便捷、管理一流的现代化大市场的要求，搞好硬件设施建设，提高市区蔬菜批发市场的整体水平。另一方面，进一步加强蔬菜批发市场的管理和猪肉市场、煤炭市场、农资市场的治理整顿，清理整顿村头地边市场和未经批准建设的非法市场，规范市场秩序，维护好全市蔬菜批发市场的名牌形象，保证全市各类市场健康有序运行。稻田、纪台、丰城、五台、王高、古城、田马等乡镇蔬菜（瓜果）市场的建设和管理，重点抓好硬化场地、交通通讯等基础设施建设，统一收费标准，完善管理机构和办法，提高服务水平。同时，积极培育完善金融、劳务、科技、人才、房地产等生产要素市场，积极发展市场中介、信息咨询、法律服务、审计服务等社会服务组织，逐步建立起与全市经济发展相适应的市场体系。

2.商贸流通与服务。商贸流通业是国民经济的桥梁与纽带，商贸流通繁荣与否，关系到国民经济的繁荣与发展，关系到社会的稳定。按照开拓大市场、发展大流通、强化大服务的要求，进一步放宽、放活政策，推动商贸业持续、稳定、健康发展。市区一方面重点抓好亚西亚商城等商贸流通设施建设，完善服务功能，另一方面采取有效措施，尽快繁荣寿光商贸城。同时合理规划和安排大型商业网点及饮食服务网点的布局和建设，年内出台《商业网点管理办法》，使全市的商业网点建设纳入法制化轨道。大力发展社会化服务事业。早点、餐饮、修理、家庭服务等社会服务事业涉及千家万户，应予以大力扶持发展。各有关部门要在政策、措施上给予优惠照顾，促进服务业健康发展。进一步稳定政策，鼓励和支持发展个体私营经济，特别注意培植个体私营经济大户，有条件的乡镇要抓好个体私营经济专业区（园）建设，吸引个体私营业主进区经营，提高组织化程度，促其向多领域、大规模、集约化方向发展，年内发展个体工商户3000户，个体工商大户和私营企业20家。

3.城镇建设。适应第三产业发展要求，以加快城镇基础设施配套建设为重点，以建设花园式城市为目标，进一步强化城市的载体和服务功能。一是搞好城区中心街等商贸区的建设。要根据商业街的要求，抓好中心街的建筑物外装饰、地面绿化硬化以及广告设计等，要结合不夜城工程，将中心街和夜市街的照明提高到一个新水平。城区的各商业区和商业网点也要在硬件建设上上档次、上水平。各乡镇也要规划建设相对集中的商业区、商业街。二是搞好城市绿化美化，学习大连等外地经验，实施“5188”工程，市区主要街道拆墙植绿、见缝插绿、栽花种草。建设南关街、东环路、圣城路三条绿化美化样板街，新建憩园、温泉城等5个样板游园。搞好庭院绿化美化，全市人均增加公共绿地0.6～0.8平方米。三是开展好村镇建设“十百千”活动，搞好“百村工程”，集中力量抓好小康屋、楼房村建设试点工作，年内争取再有3个乡镇达到“新型乡镇”标准，建起10个房屋建设标准高、村容村貌好的村庄建设典型，带动整个村镇建设迈上新台阶。四是搞好农业银行、农村信用社、地税局等高层营业办公楼建设。

4.交通通讯。交通通讯业作为国民经济的基础产业，又是第三产业的重要组成部分，继续放在优先发展的位置，带动其他行业的发展。一是总投资2000多万元，完成潍高路西段拓宽改造和卧甲路、寿张路、南辛路、管桂路等市乡公路的沥青工程，有条件的乡镇要在群众自愿的前提下，继续搞好村级沥青路建设。二是投资2700多万元，完成农村程控电话扩容1.8万门，寿光—洛城—稻田17.6公里光缆工程和牛头—卧铺7.5公里光缆工程，大洼、羊口、留吕等14处支局的线路改造和4个支局的电源设备、市区户线改造、200个电话村、电话装机8000部等工程，进一步提高现代化通讯能力。

5.科技、教育、文化等社会事业。以实施精神文明建设“五大工程”为核心，促进全市干群整体素质、文化生活质量和城乡文明程度的显著提高，形成两个文明协调发展的良好局面。一是坚持科技兴寿，努力提高科技进步对全市经济增长的贡献率。重点围绕“持续、高效”创汇农业的发展，实行规模式及配套技术的试验与开发，传统工业技术的更新研究和新产品的研制，盐化工、海洋水产品的增值及综合利用技术的攻关与开发，广泛开展科技宣传和科普活动等，促进“科技兴农”“科技兴工”“科技兴海”全面发展。二是以素质教育为重点，以创名校为动力，以提高义务教育、加快发展职业教育和成人教育为目标，着重搞好“富脑”“转轨”“安康”和科研促教、名牌兴教、规范化管理、文明窗口、社会助学等八大工程，提高全民文化水平。三是积极开展“全民读书”和“文化下乡”活动，加快文化基础设施和文化网络建设，大力发展乡镇、企业机关图书馆、阅览室和农村图书室，丰富、活跃农村文化生活。鼓励文艺创作，力争创出一批体现寿光特色，健康向上的文艺精品。进一步加大扫黄打非力度，净化文化市场。四是积极开展全民健身运动，大力发展体育、卫生事业，继续毫不放松地抓好计划生育、移风易俗、社会道德、文明形象等工作，促进各项社会事业健康发展。

三、主要工作措施

1. 理顺关系，强化第三产业宏观管理。第三产业的健康稳定发展，特别是交通、通讯、城市公用事业等基础行业的稳定发展，对促进国民经济的良性循环具有重要意义。但是有些行业盲目发展，势必造成资源浪费。因此，市第三产业规划管理办公室必须进一步强化第三产业的宏观调控职能，实行审批制度，特别是大型商业网点、饮食服务网点、蔬菜市场等项目建设，要适当控制，合理发展。各乡镇、市直各部门也要切实加强对第三产业工作的领导，落实专人负责，在市三产办的统一组织协调下，抓好本地、本单位的三产工作。

2. 完善政策，强化措施，为第三产业发展创造良好环境。第三产业的发展涉及面广，需要各级各部门密切配合，共同扶持，在政策上给予优惠，在措施上给予帮助。近几年，市委、市政府已出台一些鼓励第三产业发展的优惠政策，这些政策要继续贯彻执行。各级各部门要采取多种措施，鼓励扶持第三产业的发展。

3. 转变思想观念，拓宽发展领域。第三产业涉及社会经济生活的方方面面，需要全面发展、全面提高，特别是一些关系群众生产、生活的行业更应优先发展。因此，各级、各部门、社会各界都要解放思想，转变观念，拓宽第三产业发展领域，积极创办新兴行业，促进第三产业健康发展。

4. 坚持国有为主，多成分参与共同发展第三产业。国有、集体企业是第三产业的主体部门，要继续发挥国有、集体企业的主渠道作用，不断巩固主导地位。积极引导个体、私营、联合体等多种成分共同发展第三产业。要积极引导农民进城务工经商，鼓励企业下岗人员和破产企业职工创办第三产业，机关、团体、企业内部生活服务设施，也可向社会开放，服务社会，方便群众。要加大招商引资力度，吸引外商来寿光市投资兴办第三产业。

寿光市二〇〇四年寿北开发工作实施意见

寿政发〔2004〕36号

为加快寿北沿海经济开发进程，切实增加群众收入，把寿北建成特色鲜明、城乡一体、充满活力的新型经济示范区，特制定2004年寿北综合开发实施意见。

一、指导思想及任务目标

（一）指导思想。2004年寿北开发的指导思想是：坚持以市场为导向，以龙头企业建设为突破口，以发展资源开发型工农业项目为重点，加大基础设施投入，大力扶持高科技、高效益、高附加值产业，依靠示范带动，建设资源配置与产业结构合理，集种、养、加、农、工、贸、游全面发展的经济示范区，促进全市农村经济持续健康协调发展。

（二）任务目标。通过水、林、田、村、路、种、养、加、商、游综合开发，到2004年底寿北地区农村经济总收入达到102亿元，国内生产总值达到50亿元以上，农民人均纯收入达到4900元。具体任务目标是：(1) 加强冬枣的标准化、规范化管理，年内新发展冬枣1万亩。(2) 以建设侯镇、台头速生杨农业园区为主体，抓好林纸一体化项目，年内新发展速生杨2万亩。(3) 抓好棉花生产管理和流通，确保高产高效；新发展无土栽培蔬菜700亩；老果树嫁接换头1000亩。(4) 以发展鸡、鸭、猪、牛、羊、鸽、狐为重点，大力推行畜牧标准化生产，年内新发展饲养小区1万亩。（5）扩大海参、日本竹节虾、南美白对虾、梭子蟹、文蛤、特色鱼开发养殖，大力发展设施渔业，年内海水养殖面积达到10万亩，淡水养殖面积达到1.4万亩。

二、开发规划重点

1. 道口镇：(1) 高质量完成老河口防潮大坝建设任务。尽快搞好2万亩滩涂的规划和开发。以养殖海参、美国红鱼、河豚、梭子蟹、日本车虾等新品种为主，力争年内海水养殖面积达到8万亩、海参2000亩以上；扩大淡水养殖南美白对虾1100亩。(2) 依托金正食品公司，扩大镇畜牧小区面积，在全镇27个村建设规范化饲养场舍200个。同时，积极帮助金正食品公司晋升为省级龙头企业。(3) 以北单、央子、陈营等村为重点，把1.1万亩虾池改造为盐田，使全镇盐田总面积达到12万公亩。(4) 抓好冬枣规范化管理，定期举办培训班。

2. 羊口镇：(1) 抓好7400亩冬枣和2200亩苜蓿的田间管理；新发展无土栽培蔬菜大棚80个。(2) 大力发展设施渔业。镇政府拿出5万元，扶持建设1处1200平方米的大菱鲆养殖棚。同时，依托北海公司新开发滩涂6000亩。(3) 吸引六和集团投资300万元建设150亩畜牧养殖基地，年内新发展饲养小区40个。(4) 以四庄子周围区域为重点，年内新建设盐田1.8万公亩。

3. 侯镇：(1) 建设速生杨林纸一体化项目基地，年内新发展速生杨5000亩。(2) 新建盐田2万公亩，改造盐田5万公亩。(3) 建设大菱鲆养殖棚10个，总面积1万平方米。(4) 年内建成万亩冬枣示范区和万亩畜牧养殖小区。

4. 台头镇： (1) 抓好现有3000亩冬枣的规范化管理，新植冬枣1000亩，搞好300亩劣质枣树的嫁接换头。(2) 新栽种速生杨5000亩，发展50亩以上农业园区7个。(3) 新发展畜牧小区70个，面积1000亩。(4) 新发展大田菜5000亩，改造大棚1000个、1500亩，新建大棚2000个、3000亩，发展无土栽培蔬菜大棚200个、300亩。(5) 新发展淡水养殖1000亩。

5. 营里镇：(1) 新建蔬菜大棚100个，种植胡萝卜1000亩。(2) 新发展畜牧小区80～100个，面积500亩。(3) 充分利用废旧湾塘，开发1000亩淡水虾。(4) 加强冬枣管理，抓好新海路冬枣林带建设。

6. 卧铺乡：(1) 新建大菱鲆养殖大棚6000平方米以上，扩大南美白对虾养殖2000亩。(2) 抓好100亩日本光叶楮试验园区建设。(3) 建设高标准饲养小区20个。(4) 发展无土栽培蔬菜大棚100个，有土改无土栽培大棚30个。

7. 林场：(1) 抓好现有冬枣的规范化管理，新植冬枣200亩。搞好国家林业局冬枣项目建设。(2) 搞好2000亩速生杨苗圃基地建设。(3) 抓好大菱鲆、南美白对虾、武昌鱼、金鲤等水产新品种的示范养殖，新发展淡水养殖200亩。(4) 新建设300公亩塑苫滩。

8. 农场：(1) 新发展速生杨1000亩。加强现有1000亩冬枣示范园的管理。(2) 发展畜牧养殖小区3个、180亩，养殖南美白对虾50亩。(3) 新建盐田2000公亩，新上塑苫滩2000公亩。

三、保证措施

（一）调整优化农业结构，培植优势骨干产业。继续把冬枣、速生杨、海淡水养殖、盐化工、畜牧业、蔬菜生产等作为重点，立足资源优势，制定扶持政策，组织实施好产业聚集，扩大经营规模。一是加强冬枣的规范化管理。严禁在冬枣园内套种棉花等高杆作物。继续扩大适宜地片种植面积，搞好劣质枣园的嫁接改造，重点抓好营里、羊口、卧铺三乡镇沿新海路冬枣林带、侯镇刘官村万亩冬枣园以及林场的冬枣开发项目。二是抓好速生杨等经济林的种植和管理。以国家级林纸一体化项目为依托，年内新增速生杨面积2万亩，同时，加强对现有速生杨基地的科学管理。抓好卧铺乡100亩日本光叶楮的推广种植。三是科学规划，抓好老河口防潮坝围圈滩涂的开发。大力发展以海参、牙鲆、大菱鲆、南美白对虾等品种为主的海淡水养殖，扩大海参、南美白对虾养殖规模，抓好卧铺、羊口、侯镇、林场等单位大菱鲆养殖示范基地建设，搞好水产品新技术、新品种的试验、示范和推广。四是加强畜牧标准化生产。按照草、畜、乳同步发展的思路，大力发展奶牛、肉牛、肉鸭、肉鸡为主的规模化养殖，加快建设标准化养殖小区。狠抓畜禽疫病防治，提高畜产品质量和效益。五是统筹规划，年内开发盐田20万公亩。抓好老盐田设施的维修及改造，扩大塑苫滩面积。搞好盐化工系列开发，提高盐业效益。六是在基础条件较好的台头、侯镇、营里、道口南部大力实施粮食新技术、新品种的引进和开发，改善生产条件，提高粮食产量、质量和效益。七是继续抓好棉花生产。以卧铺、羊口、侯镇等乡镇为主，加强管理，抓好病虫害综合防治，提高棉花单产和效益。八是因地制宜发展蔬菜生产。重点发展无土栽培蔬菜。以道口、营里的大蒜，侯镇的辣菜为主，大力发展大田菜、拱棚菜生产。以营里的香菇、羊口的花菇生产为主，大力发展食用菌生产，扩大特色种植业面积，千方百计增加群众收入。

（二）抓好龙头企业建设，增强辐射带动能力。为鼓励龙头企业发展，市里将出台扶持龙头企业发展的优惠政策，寿北六乡镇、农场、林场也要进一步放宽政策，多渠道筹集资金扶持现有农业龙头企业发展，重点抓好圣海集团、海惠公司、金正食品、冬映红枣业等龙头企业规模扩张，提高企业经营能力和经济效益。要充分利用寿北资源优势，根据当地产业发展需求，通过招商引资等途径，新发展一批农产品加工龙头企业。积极发展龙头企业加基地联农户的产业化经营模式，提高寿北开发一体化经营水平。要强化龙头企业内部管理，围绕市场需求，狠抓产品质量，拓宽国内外市场。积极组建各类行业协会等农村专业经济组织，通过协会搞好对广大干部群众的技术指导和信息服务，提高群众的组织化程度。

（三）加快科技推广应用，提高寿北开发的科技水平。一是大力推广农业新技术、新成果。蔬菜生产，积极推广应用生物农药、生物肥和静止法无土栽培大棚蔬菜生产技术，选用良种，增加效益；果品生产，继续推广高接换头、套袋等新技术，提高果品质量和效益；海淡水养殖，大力发展海水、淡水、卤淡水、生物净化水等高产示范养殖，推广南美白对虾、海参、大菱鲆等水产品新品种和“大改小、浅改深”等水产品养殖新模式，搞好水产品新品种的引进、试验和示范；畜牧业，积极推广应用标准化饲养技术和模式，加强疫病防治，严格管理，提高畜牧业生产水平。二是加快建设农业园区和示范基地。围绕冬枣、速生杨、海淡水养殖、畜牧业等优势产业，坚持示范与推广相结合，建设一批农业园区和示范基地，推广产业化经营模式，带动寿北开发向纵深发展。三是搞好培训指导。各乡镇、有关部门和单位要充分发挥农技人员及各类协会、龙头企业的作用，抓好对广大干部群众的宣传培训和引导，积极与农业科研院校合作，聘请有关专家、教授及专业技术人员来寿光市举办培训班，进一步提高广大干部群众的科技素质和水平。

（四）落实扶持政策，调动广大群众参与开发的积极性。一是拓宽融资渠道，加大开发投入。按照“统一规划，分级负责，多渠道投入，共同开发”的方针，建立健全以市乡财政投入为引导，集体和农民投入为主体，信贷投入为依托，社会投入为补充的多元化投资机制。市乡财政要加大对寿北地区农业设施建设、龙头企业、新兴产业、高附加值产品等方面的投入，积极争取国家设立的农业综合开发等专项资金和各类支农资金扶持，同时，利用股份制等形式，广筹社会资金，鼓励群众参与开发。二是优化环境，实行招商开发。围绕寿北地区的种植、养殖、滩涂开发、盐及盐化工等项目，充分发挥寿光市土地广阔、资源丰富的有利条件，实行以地招商、以项目招商，吸引大财团、大公司等参与寿北综合开发。坚持原则性和灵活性相结合，进一步优化发展环境。凡是国家法律法规没有明令禁止的，都要放开一切限制；凡是符合寿北地区实际，对项目开发有利的措施，都要大胆试行。三是制定完善鼓励开发的有关政策。镇、村两级要结合实际，制定完善有关政策，研究落实有效的配套措施，采取统一调整土地、延长土地承包期、适当减免土地承包费等形式，激发寿北地区农民参与开发的热情。按照“谁投资、谁开发、谁受益”的原则，鼓励机关干部、农民专业户、种植大户投资投劳承包开发经营，承包者在承包期内有权转让，允许继承。对成片开发荒地、滩涂的投资者，严格落实国家有关优惠政策，对开发工作中涉及的土地调整、水电供应等问题，按照分级负责的原则，由市、乡、村分别搞好服务。

（五）加快基础设施建设，改善寿北开发条件。一是科学规划，搞好老河口防潮堤滩涂的开发，调配好养殖品种结构，尽早投入生产。二是高标准完成新海路等沿海骨干防护林带续建补植，管护政策要落实到户、到人、到路段，加强栽后管护，提高林木成活率和质量。三是多渠道筹集资金，抓好林海生态博览园综合开发，上档次，上水平。办好两个国家级农业项目建设，形成寿北集观光游乐、特色园林、特色养殖于一体的旅游业新亮点。四是搞好水利、道路、电力等基础设施建设。加强水资源的开发利用，搞好引黄济青、引小清河、引弥河水配套设施建设和小清河灌区配套开发建设。抓住南水北调工程开工的机遇，协助省、潍坊市水利部门搞好双王城水库扩建改建规划，争取尽早开工建设。同时，抓好道路修复、人畜吃水和电力基础设施建设，改善寿北开发的基础条件。

（六）切实加强组织领导，为搞好寿北开发提供保证。各乡镇、部门和单位要把寿北开发作为促进全市经济发展的重要措施来抓，列入重要议事日程，加强协调调度。在营里镇设立寿北开发领导小组督查办公室，继续督查寿北开发工作。实行乡、村干部包片、包村、包园区、包地块责任制，层层分解任务指标，落实责任。由寿北开发办和督查组牵头，加大考核力度，定期对寿北六乡镇和农、林场各项开发指标完成情况进行检查验收，年终按照考核标准兑现奖惩。各乡镇要从资源优势、经济实力、开发规模、典型带动等方面，确定 5 ～ 10 个村作为重点村，全市确定 40 个重点村，实行重点扶持、重点考核、重点奖励。继续落实市直部门包村帮扶开发责任制，包村的部门年内帮助所包村建设一处示范园或基地，切实解难题、促开发。

要充分发挥市乡两级冬枣协会和龙头企业的作用，利用组织外出参观、现场观摩、推广典型等形式加强对广大干部群众的教育培训，使他们做到思想上合心、工作上合力、行动上合拍，提高寿北开发的水平和档次，推动全市农村经济更快发展。

二〇〇四年六月十日

二、贾思勰与《齐民要术》

贾思勰，南北朝时期的北魏齐郡益都县（今寿光市）人。具体生卒年代尚不详。曾任高阳郡太守。在从政之余，博览经传，躬身实践，总结中国古代和北魏时期的农业生产经验，写成《齐民要术》一书。他在书中反复阐述农业的重要性，并详细介绍整地改土、农具革新、作物栽培、动物饲养以及农产品加工和贮藏等农业科学知识。不仅向当时的平民百姓传授了生产技术，而且给后人留下了一份宝贵的农业科学遗产。只因在中国漫长的封建社会里，统治阶级认为农是庄户小人的事，农业技术不过是“雕虫小技”，所以《齐民要术》一书，传之不广，作者贾思勰也名不见经传。就是贾思勰故里所在地寿光人，对《齐民要术》和贾思勰，也知之甚少。有鉴于此，本文拟就《齐民要术》及其作者贾思勰，进行探讨，并借此请教于专家学者。

1. 贾思勰的故里在寿光

《齐民要术》作者贾思勰在历史上是一个“人以文传”的人物，以著作古代第一部完整的农书而名扬古今中外。因历史文献资料的阙漏，他的生平履历不详。清代乾隆年间编纂的《四库全书》提要谈到《齐民要术》的作者时，说“思勰始末未详，唯知其官为高阳太守而已”。到了清代中叶，自然科学开始被重视，《齐民要术》在农业科学上的成就，引起了文人学者研究的兴趣，《齐民要术》的版本、内容及作者生平便成了争相研究的课题。贾思勰的籍贯更是争论焦点之一。清嘉庆时刘翰周编纂的《寿光县志》载：“贾思勰元魏人也，与贾思伯、贾思同是兄弟行。”〔1〕清代学者姚振宗在《隋书经籍志考证》中说：“贾思勰和《魏书》里的贾思伯、贾思同是同族兄弟。”〔2〕近代学者胡立初在《齐民要术引用书目考证》中说：“盖贾君者，青齐之旧族，高阳之太守也。贾宗双凤（思伯、思同兄弟）擅美当世，杜氏春秋，讲授颛门。家有经师，宜其博识宏通。”〔3〕据此可知，近代研究《齐民要术》的学者，大多认为贾思勰是贾思伯、贾思同的本家。可见贾思勰的籍贯，因贾思伯和贾思同在《魏书》中有传，二人均为今山东寿光人，其墓葬就在寿光市城西南 4 公里的李二庄东侧，这样，贾思勰的故里就基本上有了定论。近代有的辞书上说他是山东益都人，都是因为忽略了北郡益都县即今山东寿光之误。〔4〕

据《魏书》记载：贾思伯（468—525 年），字士休，谥号文贞；贾思同（471—540 年），字士明，谥号文献，是同胞兄弟，在北魏时期都是官居要职的人物。思伯曾先后任过荥阳（今河南地）太守、河内（今河南地）太守、南青州刺史、兖州刺史、度支尚书、侍中（皇帝机要秘书）、侍讲等职。思伯死于北魏孝明帝（元诩）孝昌元年，思同死于东魏孝静帝（元善见）兴和二年，〔5〕均归葬故里。贾思伯墓志铭（1973年出土）云：“魏故散骑常侍尚书右仆射使持节镇东将军青州使君讳思伯字士休，齐郡益都县钓台里人也。”（墓志铭现存于寿光博物馆）根据碑中所记的郡益地在今寿光，而不在益都县（1986年改为青州市），是毫无异议的。北齐天保七年（556年），益都县城从今寿光城南3公里的益城迁往东阳城（今青州市境内）。隋代复置寿光县，益都县辖区南移。〔6〕清代编修的《益都县图经志》上说：“魏之贾思伯、贾思同虽云益都人，然彼时益都实在今寿光县境，故亦不载。”1989年版《青州市志》第979页也说：“贾思勰在世时籍属益都，经查明其出世或活动地今已改属他县，则不予收录”。

至北魏时益都县钓台里在何方，因沧桑变易，难以考定。当时的基层行政组织，实行五家为邻，五邻为里，五里为党的“三长制”。一里包括25户，是范围不大的基层单位，应在益城附近。据贾氏兄弟的墓在高台测定，钓台里或即距益城不远的李二庄。由此可进一步推断贾思勰是今寿光益城附近李二庄人。

不过，这里还有一个关键性问题，就是贾思伯、贾思勰是否兄弟行，这仅是一种十分可能性的推论，尚缺其他有力的佐证。难免有人会提出质疑：只凭排行一个“思”字就这样推定，未免失于严谨。这里我们可以从贾思伯的家世和贾思勰的经历中，找出反证。据贾思伯墓志铭：“其先乃武威之冠族。远祖谊，英情迈，才峻汉朝。十世祖文和（诩）佐命黄运，经纶魏道。九世祖机，作牧幽蓟，中途值乱，避地东徙，遂宅中齐，为四履冠冕。考道最州主簿、州中正、本郡太守。伯父元寿，中书侍郎，追赠青州刺史。”这段记载说明贾氏是公元3世纪50年代，为避战乱由武威（在甘肃省）东迁齐益都县定居的望族，世代为官。再从《齐民要术》文字中，可以看出作者贾思勰曾到山西、河南、河北等地，并得以出入京都，参观吏部尚书兼左仆射元顺家的酿酒之法（见卷七造神曲并酒篇），还与黄门侍郎刘仁之谈论区田种谷之法（见卷一种谷篇）。试想，一个小小的高阳郡太守，如果没有官居显要的至亲关系，怎么能四方考察并成为皇戚贵胄之家的座上客呢？所以说贾思勰与贾思伯、贾思同为同宗同族，是毋庸置疑的。早在20世纪30年代，被称为贾学研究第一功臣的栾调甫教授，曾写成《齐民要术作者考》一文，用详尽的资料多方考证，认为贾思勰与《魏书》里的贾思同可能同为一人，只因实证不足，栾调甫终未能遽下结论。20世纪70年代出土的贾思伯及其夫人刘氏的墓志，提供了很多前所未见的资料，有益于栾调甫的考证，也有待于进一步研究，以佐证其推论，进一步解开“贾思勰之谜”。

2.《齐民要术》成书的时代背景

《齐民要术》的成书时间。大约在公元6世纪的30—40年代初，即北魏末和东魏初。当然，作者写作资料的积累，还当早于此前。“齐民”就是指平民百姓，“要术”是重要的方法，在这里是指谋生的技术。一个出身于士大夫家庭的封建官吏，能在当时写出既有理论又有实践的农业专著，是和其时代背景分不开的。

在中国历史上，西晋灭亡以后，出现了“五朝十六国”时期。黄河流域和长城内外，长期处于民族分裂割据的战乱状态，农业经济遭受极大破坏。公元386年，鲜卑族拓跋氏统一中国北方，建立起北魏政权，到公元534年以后，又分裂为东魏（534—550年）和西魏（535—556年），鲜卑族本是“畜牧迁徙、射猎为业”的游牧民族，与定居一地、从事农业生产的汉族，矛盾突出，政权很不稳固。北魏孝文帝（拓跋宏）是一个比较开明有远见的君主，为了缓和矛盾，巩固政权，主动进行了一些改革，大胆采取了一些汉化措施。在经济上实行“均田制”，规定凡15岁以上的男子和妇女统一由政府“授田”，男子每人40亩，女子每人20亩，失去劳动能力以后，再返还政府。同时他还酌量减轻人民负担，一夫一妻户每年只交一匹帛、两石粟。孝文帝的这些政令，在一定程度上调动了农民的生产积极性，农业生产得到较快的发展。在政治上，他进行了基层政权的改革，实行“三长制”，设邻长、里长和党长，负责管理生产、户口、徭役及兵役。对地方官的考绩，以生产成绩、租税多少为标准。在文化上，他极力学习汉族文化，提倡穿着汉服，研习使用汉字，将鲜卑族的姓氏都改成汉姓，拓跋氏改为元氏。京都也由山西平城（大同）迁至洛阳。这些改革措施，促使社会从落后的游牧经济向安定的农业经济过渡。从生产方式上说，是一次进步的变革，这就对农业生产提出了更高的要求。以传授、推广农业技术为主要内容的《齐民要术》，恰好适应了这一要求。另一方面，经过一段休养生息，财富不断积累增加。史书对当时有“国家殷富，库藏盈溢，钱绢露积于廊者，不可计数”〔7〕的记载。孝文帝太和十四年（490年），粮食贮备达到“一岁不收，未为大损”〔8〕的程度。处此安适的环境人们往往缺乏忧患意识而无远虑，看不到形势的反面走向，封建社会的统治者更是如此。孝文帝以后，统治阶层开始腐化，士族地主阶级利用他们把持政治特权横行霸道，公开侵占良田、大兴土木、垄断商业、营私舞弊、骄奢淫逸、挥霍浪费。为了愚弄人民，还大搞崇释拜佛，无休止地兴建宫殿、寺院、宝塔，浪费人力物力，激起破产的农民不断地组织反抗，从而破坏了社会的安定局面。有识之士从兴衰两方面的教训中，认识到只有重视农耕发展经济，才能使农民丰衣足食，只有使农民安居乐业才能求得社会的真正安定。长期担任地方官吏的贾思勰，对此深有所悟。正是这种思想的驱动，才使贾思勰“采捃经传，爰及歌谣，询之老成，验之行事”，以严谨的治学精神，费十几年之功，写出了中外著名的农学巨著《齐民要术》。

3. 贾思勰的农业经济思想

贾思勰从强国富民的基本目的出发，深入探索，对发展农业经济提出了很多先进的见解。这些见解在他的《齐民要术》序言及书的正文中，做了全面的阐述。不少观点就是以现在的标准衡量，也是具有进步意义的。

首先，他认为农业是人民衣食之本，也是治国安邦之本，当政者必须把农耕列为“政首”，这与我们今天强调农业是经济的基础的观点是一致的。他以“李悝为魏文侯作尽地利之教，国以富强，秦孝公用商君，急耕战之赏，倾夺邻国，而雄诸侯”〔9〕的事例，来阐明农业对“富国强兵”的作用，以提醒当政者对农业的重视。他还列举了被公认的盛世明君尧、舜、禹、汤如何重视农业的事迹，作为效法的榜样。并引用管仲“仓廪实知礼义，衣食足知荣辱”“一农不耕，民有饥者，一女不织，民有寒者”和晁错的“夫腹饥不得食，体寒不得衣，慈母不能保其子，君亦安得有民”〔10〕等精辟的见解，以警示当权者。说明发展农业和保障社会安定的关系。这与我们今天一再提到的“无农不稳”的论点是相近的。

其次，他已经认识到农业并不仅是单一的粮食生产，应因地制宜，多种经营。所以《齐民要术》涉及的范围很广，包括了农林牧副渔各个方面。从第10～29篇以大量篇幅记述了各种蔬菜的栽培、保管、贮运方法，从第30～50篇详细叙述了造林种果的方法；从第56～60篇，介绍了各地饲养家禽家畜及养鱼的方法。他为强调多种经营的必要性，在书的序言中举出了两个例证：一是“猗顿，鲁穷士，闻陶朱富，问术焉。造之曰，欲速富，畜五孛五，乃畜牛羊，子息万计。”二是“五原土宜其麻，而俗不知织绩，民冬月无衣……，崔实为作纺、绩、织之具教，民得以免寒苦。”〔11〕他的这些观点经过更完整更系统的发展，就是我们今天所提倡的大农业观点。

其三，他在书的序言中，高度评价了秦汉以来各地区在农业上的改革和创新。列举了一些原农业生产落后地区因推广先进技术而改变了面貌的先进事例。他引据经传说：“九真，庐江不知牛耕，每致困乏，任延，王景乃令铸作田器，教之垦辟，岁岁开广，百姓充给。敦煌不晓作犁耧，及种，人牛功力既费，而收谷更少。皇甫隆乃教作耧犁，所省佣力过半、得谷加五”。召信臣为南阳（令），……开通沟渠，起水门提阏数十处“以广灌溉，民得其利，蓄积有余。”〔12〕在作物栽培技术方面，他大量记述了因选用良种，精心管理而增产增收的实例，来宣传提倡农业技术。这说明他对科学技术是生产力的道理已有初步的感性的认识。

其四，对农产品的深加工，是《齐民要术》的重要内容。从增加农民收入着眼，贾思勰提倡在种麻养蚕的地区同时搞纺织；在有木材的地方，要学工匠，造农具、家具；在粮食多的地区，要酿酒、制酱、做糕点，也可以开饭店做菜肴。在全书92篇中，从造酒到烹饪的内容即有25篇。另外，并单列《货殖》一篇，主张争取时间，贱买贵卖，远近交流，增加积蓄。他引用谚语说：“以贫求富，农不如工，工不如商，刺绣文不如倚市门。”这些论点无异于人们所说的农贸一体的“商品经济”，只不过是处于萌芽阶段，远在1400年前这已是相当先进的了。

其五，他认为社会财富是人民通过勤俭劳动创造的。他说：“人生在勤，勤则不匮”“天为之时，而我不农，谷亦不可谋而取之”。又引用管仲的话举例说：“桀有天下而用不足，汤有七十里而用有余。”说明富裕的由来是勤俭。并且主张以勤劳改造自然。借用仲长子的话：“丛林之下，为仓庾之坻；鱼鳖之堀为耕稼之场……是以太公封而斥卤，播嘉谷，郑白成而关中无饥年”〔13〕来说明战胜自然以取得收获的成绩。他说：“夫财货之生既艰难矣，用之又无节，既饱而后轻食，既暖而向轻衣，或由年谷丰穰而忽于积蓄，布帛优赡而轻于施与，穷窘之来，所由有渐”。〔14〕他的这些思想，与我们今天反对奢华铺张、超前消费和号召勤俭持家、勤俭建国的教育、认识是一致的。

4.《齐民要术》的科学价值及其影响

《齐民要术》由序言、杂说、正文三部分组成。共92篇，约11万字，其中正文约7万字，附注约4万字，涉及农事的诸多方面。从耕作种植到酿造烹饪，凡是生产生活资料的一切技术都包括在内。正如贾思勰在序言中所说：“起自耕农，终于醯醢，资生之业，靡不毕书。”

的确不愧为一部古代的农业百科全书。他为了写好这部书，曾参阅了前人农业著述150多种，搜集民谣农谚30多条。并参与实际耕作，验证其效果后方始入书。他的这种严谨的治学精神，实属难能可贵。

《齐民要术》远在唐代就传入日本，其后又被译成20多种文字，传至世界各国，对中国乃至世界的农业，都产生巨大影响。这些技术有的现在仍被推广应用，有的正被发掘、研究、继承和创新。当然，有的技术以现代的科学标准衡量可能是低水平的，但须知在1400多年前就有如此科学成就，不能不令人叹服。

《齐民要术》是古代完整的、全面的农业著作，内容相当丰富，从以下几方面，可以看出贾思勰的历史功绩。

在农作物的栽培技术方面，他详细记叙了轮作与间作套种方法。古代农业恢复地力的方法是休闲，后来进步成换茬轮作，避免在同一块地里连续种植同一作物所引起的养分缺乏和病虫害加重使产量下降。在这方面，《齐民要术》记述了20多种轮作方法，其中最先进的是将豆科作物纳入轮作周期。在当时能认识到豆科植物有提高土壤肥力的作用，是农业上很大的进步。这要比英国的绿肥轮作制（称诺福克轮作制）早1200多年。〔15〕间作套种是充分利用光能和地力的增产措施，《齐民要术》记述着十几种办法。这反映了当时间作套种技术的成就。

对作物播种前种子的处理，提出了泥水选种、盐水选种、附子（有毒植物）拌种、雪水浸种等方法，这是科学的创见。特别是雪水浸种，书上是以“雪是五谷之精”提出的，似属荒诞，但从近代科学研究表明：雪水中重水含量少，能促进动植物的新陈代谢（重水是氢的同位素重氢和氧化合成的水，对生物体的生长发育有抑制作用）。据科学实验证明，在温室中用雪水浇灌，可使黄瓜、四季萝卜增产两成以上。〔16〕这说明在1400多年前劳动人民已从实践中觉察到雪水和普通水的不同作用，实为重要的发现。在《收种》第二篇中，对选种育种更有一整套合乎科学道理的方法：“粟、黍、穄、粱、秫，常岁岁别收选好穗纯色者，焦刈，高悬之。至春，治取别种，以拟明年种子。其别种种子，常须加锄。先治而别埋；还以所治莨草蔽窑。不尔，必有为杂之患。”这里所说的，就是我们至今沿用的田间选种、单独播种、单独收藏、加工管理的方法。

《齐民要术》还记载了我国丰富的粮食作物品种资源。粟的品种97个、黍12个、穄6个、粱7个、秫4个、小麦8个、水稻36个。贾思勰根据品种特性，分类加以命名，他对品种的命名采用三种方式：一是以培育人命名，如“巍爽”“李浴”等；二是“观形立名”，如高杆、矮杆、有芒、无芒等；三是“会义为称”，即据品种的生理特性如耐水、抗虫、早熟等命名。他归纳的这三种命名方式，直到现在也一直被采用。

在蔬菜作物的栽培技术方面，成就更多。《齐民要术》从第15～29篇都是讲的蔬菜栽培。所提到的蔬菜种类达30多种，其中约20种现在仍在继续栽培。寿光市现在之所以蔬菜品种多、技术好、质量高与此不无关系。

《齐民要术》在《种瓜第十四篇》中，提到种瓜“大豆起土法”。这是在种瓜时先用锄将地面上的干土除去，再开一个碗口大的土坑，在坑里向阳一边放4颗瓜子、3颗大豆。大豆吸水后臌胀，子叶顶土而出，瓜子的幼芽就乘势省力的跟着出土。待瓜苗长出几片真叶，再将豆苗掐断，使断口上流出的水汁，湿润瓜苗附近的土壤，这种办法，在20世纪60—70年代还被某外国农业杂志当作创新经验介绍，〔17〕殊不知贾思勰在1400年前就已经发现并总结入书了。

再如，从《种韭第二十二篇》，可以看出当时的菜农已经懂得韭菜的“跳根”现象而采取“畦欲极深”和及时培土的措施来延长采割寿命。这说明那时的贾思勰对韭菜新生鳞茎的生物学特点已经有所认识。又如，对韭菜新陈种籽的鉴别，采用了“微煮催芽法”来检验。“微煮”二字非常重要，这是科学创见，这一方法直到现在有些地方还在沿用。

在果树栽培方面，《齐民要术》写到的品种达30多种。这些果树资料，对世界各国果树的发展起过重要作用。如原苏联的植物育种家米丘林和美国、加拿大的植物育种家培育的寒带苹果，都是用《齐民要术》中提到的海棠果作亲本培育成功的。〔18〕在果树的繁殖上贾思勰记载了数种嫁接技术。为使果类增产，他还提出“嫁束”（敲打枝干）、疏化的措施，以减少养分的虚耗，促多坐果，这是很有见地的。

在畜牧养殖业方面，《齐民要术》从大小畜到各种鱼类几乎都提到过，并记之甚详。特别是对马的饲养使用了大量篇幅。从养马、相马、驯马、医马到定向选育、培育良种都作了科学的论述，现在世界各国的养马业，都继承了这些理论和方法，不过更有所提高和发展罢了。

在农产品的深加工方面，记述的餐饮制品从酒、酱到菜肴、面食等，多达数百种，制作和烹饪方法多达20余种，并且都有较高的科技水平。在《造神曲并酒第六十四篇》中的造麦曲法和《笨曲亲酒第六十六篇》中的曹操九酝酒法，记载着连续投料，使霉菌得到深层培养，以提高酒精浓度和质量的工艺。这在我国酿酒史上具有重要意义。

贾思勰除了在农业科学技术方面有重大成就以外，还在生物学上有所发现。如对植物种间相互抑制或促进的认识和利用，以及对生物遗传性、变异性和人工选择的认识和利用等等。19世纪英国博物学家、进化论的奠基人达尔文在他的《物种起源》第一章《家养状况下的变异》中提到：曾见过“一部中国古代的百科全书”，经查证这部书就是《齐民要术》。

主要参考文献

〔1〕清嘉庆时《寿光县志》第14期《人物志》。

〔2〕转引自1962年版《山东三大农学家》第27页。

〔3〕齐鲁大学《国学汇编》第2册第52页。

〔4〕《魏书·地形志》二中第六齐郡条。

〔5〕《魏书·列传》第六十。

〔6〕明嘉靖时《青州府志》。

〔7〕〔8〕《魏书》帝纪卷7及食货志。

〔9〕〔10〕〔11〕〔12〕〔13〕见《齐民要术》序言。

〔14〕〔15〕〔16〕〔17〕参考《齐民要术及其作者贾思勰》，浙江农业大学编，人民出版社出版，1976。

〔18〕［英］达尔文著：《物种起源》（修订版），周建人、叶笃庄、方宗顺译，商务印书馆出版，1995，第44页。

(【作者】李群，男，时任山东省寿光市市长。发表于1997年《自然辩证法研究》第2期)

三、寿光新八景

旧志记载，早在明代，寿光县境内有八景，分别是熙台秋月、望海崇台、仓颉双井、宋台神釜、周疃海市、雾现霜城、王高银刹、星落石臼。历代文人墨客多以此赋诗作画，其中八景木刻图载清乾隆二十年（1755年）纂修的《续寿光县志》卷首。1992年版《寿光县志》亦有记载。

2003年，为庆祝寿光撤县设市10周年，向世人展示寿光市两个文明建设的突出成就，发掘寿光旅游资源，激发全市人民热爱家乡、建设家乡的豪情，寿光日报社发起在全市范围内评选“寿光新八景”活动，评选范围为寿光境内可游览观光的人文风景、城市风光、建设成就。经广大市民参与，市评审委员会评审，最终确定出寿光新八景。

弥水环翠 即弥河自然风光带。始建于1998年，历经3期工程，风光带气势宏伟，自然风光、人文景观浑然天成。弥水连天碧波荡漾，欧式建筑异国情调，中华牡丹园中群芳争艳，仙子巨雕、牌楼、卧龙山等景点绚丽妖娆。漫步其中，清风徐来，惬意无限。

2005年3月始，对弥河自然风光带进行扩建，南起张建桥大桥，北至寒桥大桥，东西两向各至弥河防护堤，总占地面积5557亩，其中河流面积1815亩，河滩地面积3742亩。2006年10月建成开放，统称弥河生态农业观光园，是一处集休闲、娱乐、旅游观光、科普教育于一体的综合性开放式游园。该观光园以农圣贾思勰故里为内涵，以寿光“中国蔬菜之乡”生态农业文化为特色，以人本设计理念贯穿始终，以弥河自然水体串联起蔬菜博览、花城风采、林果绿洲、水上游览4大主题景区，形成“一轴一环四区五瀑八桥三十六景”的景观格局，以及“绿色植物、蓝色水体、彩色蔬菜”的锦绣风貌。先后获国家级水利风景区、中国人居环境范例奖、优秀园林绿化工程金奖、国家AAAA级旅游景区等称号。

2009年始，再次对弥河风景区进行开发建设，在弥河王口桥以南4公里范围内建成“寿光滨河城市湿地公园”，总绿化面积约810亩。依据场地内水文条件和生物特性，通过拆迁清障、基础配套、调整河道地形、恢复植被、丰富物种、水系塑造、绿化景观等各方面的建设，从南至北建成苇中语蝶、秋色云水、柳风荷韵三大景区，包括广场、桥梁、岛屿、亲水平台、亭子、钓鱼

寿光滨河城市湿地公园（2010年摄）

台等53处景点，营造出鸥鸟翔集、芦荻摇曳的独特景观。

林海览幽 即寿光林海生态博览园。位于寿光市西北部，机械林场东南部、新海路西侧，总面积1万亩，始建于1998年。景区以林为体、水为韵，成片的沿海防护林、经济林、风景林形成独特的森林景观，6000多亩水域，营造出树在水中映，水在林间流的优美景象。创立的林藕渔立体种养模式以及千亩荷塘、休闲垂钓中心、霜雪湖水上运动中心、国内独一无二的东方不沉湖、二十公里生态景观水道，形成千姿百态的湿地景观，构成一幅秀比江南的水上世界。著名的佛教文化圣地——宁国寺，以其恢弘的建筑群和浓浓的传统文化氛围，成为旅游热点。该博览园是国家AAAA级旅游景区、国家级湿地公园、全国首批农业旅游示范点、国家级休闲渔业示范园区、中国体育旅游精品景区。

寿光林海生态博览园一角（2010年摄）

圣园寻芳 即仓圣公园。位于市城区中心的渤海路以西、光明路以东、建新街以北、公园街以南。始建于1992年，占地350亩，是一处以纪念造字圣人仓颉为主题的集游玩、娱乐、休闲于一体的综合性开放式公园。园内亭台楼阁错落有致，小桥流水，曲径通幽，重檐叠翠，风光旖旎，花草树木堆秀织锦，鱼翔鸟鸣，欢歌游戏。游乐设施配套齐全，市民休闲游玩，其乐融融。

寿光仓圣公园冬景（2009年摄）

菜乡硅谷 即寿光市蔬菜高科技示范园。位于洛城街道，始建于1999年。园内建有独具特色的寿光国际会展中心、先进智能化温室、标准化绿色无公害蔬菜生产示范大棚，展示上千个蔬菜新品种栽培技术和种植模式。是国家农业科技园区试点单位、山东省农业科技示范园区建设单位、山东省蔬菜工程技术研究中心、博士后科研工作站、国家引进国外智力成果示范基地、全国农业旅游示范点、国家AAAA级景区。2000年起，每年成功举办中国（寿光）国际蔬菜科技博览会。菜博会由农业部、商务部等7部委联合主办，是AAAAA级农业展会。

寿光市蔬菜高科技示范园全景（2009年摄）

菜博会在国内外产生巨大影响，引起各级领导的高度重视和社会各界广泛关注。党和国家领导人习近平、江泽民、胡锦涛等先后亲临园区视察，并给予高度评价。

巨淀丰碑 即牛头镇抗日武装起义纪念碑、纪念馆。1993年10月，为纪念著名的牛头镇抗日武装起义，缅怀革命先辈的丰功伟绩，市委、市政府决定在牛头镇村西北部的巨淀湖畔建立牛头镇抗日武装起义纪念碑，附设纪念馆。纪念碑于1993年12月落成，碑高27.5米，碑座高6米，面向东方，巍然矗立，上写“牛头镇抗日武装起义纪念碑”12个大字。纪念碑的右方建有8支队抗日武装起义纪念馆，1994年落成，坐北向南。纪念馆是主体建筑，5间大厅展示着抗日武装起义时的实物和图片，其内容分为4部分：星火燎原、巨湖风雷、高举义旗、疆场扬威。展示出中共党组织为组建抗日武装8支队，从筹划到起义，从建立到壮大，直到东征、西进和南下的整个战斗里程及8支队在抗日战争、解放战争和抗

牛头镇抗日武装起义纪念碑（2003年摄）

美援朝战争中，浴血奋战，前赴后继，成为南征北战不可战胜的一支武装力量。

银杏承云 即位于孙家集街道张家寨子村银杏小学院内的银杏树。相传植于明代，树龄600余年，树高28.5米，树冠直径30余米，树围约5米，树冠覆盖面积300多平方米。树干挺拔，枝繁叶茂，绿意盎然，生机无限。

孙家集街道张家寨子村银杏树（2010年摄）

银滩映日 即寿北盐田风光。1987年寿光县组织12万劳力开发北大洼，年内完成条台田10万亩、养虾场3万亩、盐田17万公亩。之后，寿光历任市（县）委、市（县）政府加大对寿北地区的开发力度，至2010年，寿北盐田总面积发展到143.1万公亩，成为全国最大的盐及盐化工基地之一。放眼寿北，一个个盐坨像一座座山峰，点缀在广袤的盐田内，网格状的盐田，泛出粼粼波光，一片银色世界辉映日天。

寿北万亩盐田（2010年摄）

广场情韵 即人民广场。位于市区迎宾路东侧，新兴街与广场街之间，一期工程始建于1998年5月，占地4万平方米。有露天舞台功能的直径30米大型音乐喷泉、外径80米圆形广场，依据中华民族传统的24节气建成的环形砖图，设计构思精巧。整个广场地面由花岗岩铺成，圆形广场四周还有多个由花岗岩砌筑而成的大型花坛，花坛内花木辉映，芳草叠翠。广场周边绿树环绕，环境优美。广场西部建有地下商场和娱乐场。广场昼夜游人如织，涌泉朝夕相伴，风景四季迷人。

人民广场夜景（2010年摄）

四、《寿光市志（1991—2010）》供稿人员名单

（排名不分先后）

刘晓燕	张玉娟	杨　勇	刘龙德	朱天森	李威锋	刘　冰	丁　平	桑德春
袁京勇	于海庆	范德忠	刘春泉	苏学营	潘庆龄	宋梅臻	张建苏	张　翾
李彩华	胡永军	林俊凤	李景民	马玉龙	李法增	朱志强	刘明明	钟云山
王玉亮	汤春霞	国明艳	张艳华	张利华	葛怀圣	沈建春	杨　杨	吕　冬
程艳艳	张万杰	李钦荣	刘国栋	王　斌	夏新鑫	商荣宾	隋艳玲	高学芹
牟　非	郭　伟	王志汉	张　槅	李全德	常维霞	郑海永	张春志	崔晓兵
张树华	崔丰海	张　超	张　磊	王成果	王媛媛	刘文彬	汤秀英	王宏伟
王　平	刘建新	方建新	李廷楹	王志亭	马效伟	刘　备	刘　涛	王金城
燕　飞	孙　强	张作营	张津瑞	张培业	汤砚岗	郑光清	胡英杰	王凤山
吕洪光	王　凯	柴晓欢	刘正学	刘学宁	王　亮	魏寿忠	王　旭	王　艳
马有君	董玉方	宋立强	杨成民	刘学敏	苗德亮			

索 引

一、本索引设要目索引、表格索引两部分。
二、要目索引以汉语拼音音序排列，相同字按其后字的音序排列，同音字按声调排列。
三、表格索引以在本志中页码先后为序。
四、相同词题的索引按页码先后顺序集中排列于其下。

要目索引

D

G

H

L

M

N

S

W

X

表格索引

编后记

《寿光市志（1991—2010）》，是1992年版《寿光县志》的续志，编纂工作始于2010年7月。2012年10月由于种种原因一度停编。2013年12月，重新启动《寿光市志》续修工作，历时6年多。大致经历四个阶段。

第一阶段：筹备启动阶段。2010年7月，市政府召开常务会议，专题研究《寿光市志》编纂工作，决定续修寿光市志，志书断限为1991—2010年。市委、市政府两办下发文件，成立市地方志编纂委员会，落实专项资金，充实史志办工作人员，实现领导、经费、人员三落实。同年11月15日，邀请潍坊市史志专家到寿光对史志编纂人员进行业务培训。至此，第二轮《寿光市志》编写工作全面启动。

第二阶段：初稿撰写阶段。为保证志书质量，寿光市史志办先后聘请了9位对寿光历史比较熟悉、有一定文字基础的专家和老同志担任专职编辑，对各供稿单位上报的资料进行审核，对存在的缺、漏、错、假等材料及时纠正。对工作量大、供稿任务重、编写困难的材料，采取上门座谈或电话指导的办法，确保撰稿顺利开展。2013年12月，在前期编辑基础上，重新聘请专家、学者担任编辑，并根据专家和老同志们的业务特长重新分配编辑任务，于2015年年底形成初稿。

第三阶段：阅审把关阶段。为达到时间与质量的统一，由聘请的编辑按照各自分工先修改初稿，各篇章编写完成后，由聘请的潍坊市及寿光市专家再次阅审，最后，聘请省史志专家进行阅审把关，形成征求意见稿。征求意见稿送市委、市政府领导和相关部门审阅，由撰稿单位审核后加盖公章和主要负责人签字上报。

第四阶段：评审精修阶段。2016年6月22—24日，《寿光市志（1991—2010）》志稿评审会在寿

《寿光市志（1991—2010）》评审会议现场（2016年6月摄）

光市晨鸣国际大酒店召开。省史志办市县基层志编纂指导处处长李刚出席会议并讲话。省史志办市县基层志编纂指导处副处长李天程，省修志业务咨询组成员王笃银、郭建群、王现军、郭能勇，潍坊市史志办主任傅廷伟、副调研员李长山、秘书科科长程森枝、基层业务科科长焦凌以及潍坊市各县市区史志办主任参加会议。与会领导和专家对《寿光市志（1991—2010）》评审稿给予很高评价，也提出了修改建议。之后，市志编纂人员集中时间和精力，根据专家建议对志书进行修改和补充。经过数月修改，形成送审稿，送方志出版社和省市史志办审查。经过初审、复审和终审等程序，于 2017 年 4 月批准出版。

《寿光市志（1991—2010）》的续编成书，得益于省、潍坊市史志办领导、专家的大力支持，得益于寿光市委、市政府的正确领导，得益于各镇（街、区）、市直部门的密切配合，得益于社会各界的广泛参与，特别得到了王冠三、陈守仁、杨东旭、孙仲春、孙红岩、于海庆等专家和史志爱好者的大力帮助。《寿光市志（1991—2010）》付梓之际，谨向所有关心、支持寿光史志工作的专家、学者、社会各界朋友们表示衷心的感谢！由于时间短促，编辑经验、水平有限，疏漏和差错在所难免，恳请不吝赐教。

编 者

二〇一七年四月